KB264461

HUBERTUS R. DROBNER

LEHRBUCH DER PATROLOGIE

© Verlag Herder, Freiburg im Breisgau 1994

Translated by HA Sung-Soo
© Benedict Press, Waegwan, Korea 2001

교부학

2001년 9월 초판 | 2021년 3월 5쇄
옮긴이 · 하성수 | 펴낸이 · 박현동
펴낸곳 · 성 베네딕도회 왜관수도원 ⓒ 분도출판사
찍은곳 · 분도인쇄소
등록 · 1962년 5월 7일 라15호
04606 서울 중구 장충단로 188(분도출판사 편집부)
39889 경북 칠곡군 왜관읍 관문로 61(분도인쇄소)
분도출판사 · 전화 02-2266-3605 · 팩스 02-2271-3605
분도인쇄소 · 전화 054-970-2400 · 팩스 054-971-0179
www.bundobook.co.kr

ISBN 978-89-419-0124-2 94230
ISBN 978-89-419-0151-0 (세 트)

교 부 학

신학 텍스트 총서 2-2

H. R. 드롭너

교 부 학

한님성서연구소
하성수 옮김

분 도 출 판 사

한국어판 머리말

개론서는 전문 분야의 기초 지식을 누구나 쉽게 기억할 수 있도록 서술해야 하며, 가장 중요한 사료와 문헌의 내용을 적절히 골라 상세하게 연구할 수 있는 바탕이 되어야 한다. 또한 전문가를 위한 연구서이자 일차적인 참고서가 되어야 한다. 『교부학』은 이러한 목표로 소재, 내용, 구조, 형태를 결정하였다. 가장 중요한 저자들과 작품들은 초대 그리스도교 문헌사의 정치적·사회적·문화적 배경에 따라 배열되었다. 저자와 작품에 관한 상세한 연구를 위해서 참고문헌 목록, 편집본, 번역서, 보조자료, 참고문헌을 실었다. 또한 다양한 작품을 상세히 이해할 수 있도록, 문헌의 경우에는 각 작품을 위와 같이 자세히 나누었으며, 참고문헌의 경우에는 사전 항목, 각론서, 주석서, 편찬서, 일반 연구서와 개별 주제를 다룬 연구서를 실었다. 지도와 도표는 일목요연하게 개관을 정리하는 데 도움을 줄 것이다.

한국어판은 본디 1994년 헤르더 출판사(프라이부르크, 독일)에서 출간된 *Lehrbuch der Patrologie*를 번역하였으며, 여기에 제3판에서 수정·개정·증보된 내용을 덧붙였다. 이미 이탈리아어판(출판사 Piemme: Casale Monferrato 1998)에서는 독일어판의 모든 오식과 오류를 수정하였으며, 일부 내용과 참고문헌 목록을 보완하여 완전히 새로운 모습을 갖추었다. 1994년에 출간된 독일어판에는 다음의 내용이 없었다.

제4장 3. 테르툴리아누스: 3.2. 「영혼론」, 3.4. 「마르치온 논박」

제5장 1. 체사레아의 에우세비우스: 1.3. 성서와 성서주석 작품, 1.4. 호교서

제5장 5. 프와티에의 힐라리우스: 5.2. 성서주석 작품

제6장 2.2. 대 바실리우스: 2.2.3. 편지

제8장 2. 수도규칙서: 2.1. 파코미우스: 2.1.2. 편지

제5부: 그리스도교 동방 문헌

이 한국어판에서는 모든 오식과 오류를 수정·보완하였으며, 2000년까지 출간된 참고문헌 목록을 추가하였다.

2000년 성 아우구스티누스가 세례받은 날, 파더본에서

후베르투스 R. 드롭너

역자의 글

20세기 이후 출판된 대표적인 교부론 입문서로는 1950~1960년에 J. 콰스틴이 세 권으로 출간한 것(451년 그리스 교부까지)을 "아우구스티니아눔"의 교수진이 이어 받아 1986년(451년 라틴 교부까지)과 1996년(다마스쿠스의 요한까지)에 한 권씩 두 권을 덧붙여 모두 다섯 권으로 출판한 「교부론」과, B. 알타너/A. 스투이버가 한 권으로 쓴 「교부론」이 있다. 알타너/스투이버의 작품은 1978년에 개정·증보된 이후 지금까지 재인쇄되고 있지만 새로운 연구결과와 참고문헌을 증보하지 않은 단점이 있다.

1994년 파더본의 교부학자 H.R. 드롭너는 알타너/스투이버의 매우 정형화된 서술방식을 따르지 않고 새로운 방식으로 개론서를 저술하여 2000년에 개정·증보하였다. 이 작품의 본디 제목은 *Lehrbuch der Patrologie*(『교부론 입문』)인데, 저자는 이 작품에서 Patristik(교부학)과 Patrologie(교부론)를 구분한다. 그렇지만 우리 나라에서는 이를 구분하지 않고 "교부학"이라는 용어만 사용하고 있는 실정이다. 이때문에 역자는 책 제목을 『교부학』이라 하였다. 그러나 본문에서는 저자의 구분을 따라 원문의 Patristik을 "교부학"으로, Patrologie를 "교부론"으로 번역하였음을 밝혀 둔다.

성서와 교부들의 글은 교회에 전해진 보물이며, 그리스도교의 모든 형제 교회는 교부들을 신앙의 아버지로 받아들이고 존경한다. 또한 현대신학은 성서와 교부들의 작품을 바탕으로 오늘날 제기되는 많은 신학적 문제(토착화, 교회의 일치, 영성, 사목 등)를 올바로 평가하는 데 도움을 주고 있다. 그러나 우리 나라의 교부연구는 여전히 걸음마 수준에 머물러 있어 안타까울 뿐이다. 아직까지 변변한 개론서가 없는 우리 실정에서 이 작품이 이 땅의 교부연구에 초석이 되었으면 하는 것이 역자의 바람이다.

　번역을 마치려니 단순히 언어 지식만으로 번역한 작품명과 역자가 새로 만든 용어들이 올바른지, 오역은 없었는지 두려움이 앞선다. 부족한 점에 대해서는 많은 질책이 있기를 바란다. 또한 인명과 지명도 역자가 임의적으로 음역하였다. 이에 대한 통일안이 빨리 나와야 할 것이다.

　출판계의 어려운 사정에도 불구하고 우리 나라의 신학 연구와 발전에 필수적인 개론서들에 큰 관심을 기울이는 분도출판사의 관계자와 우리말을 다듬어 준 한님성서연구소의 연구원들에게 진심으로 감사드린다.

2001년 8월 6일, 정동에서
하 성 수

목 차

서 론
전문 분야로 "교부론"

제1부
사도시대의 문헌과 사도시대 이후의 문헌

제3부

정점으로 올라가는 제국교회의 문헌

(4세기 초~430년)

제4부

고대 후기부터 중세 초기까지의 전환기 문헌
(430년경~8세기 중엽)

제5부
그리스도교 동방교회의 문헌

이 책에 나오는 고대 지명의

지 도

F
G
H
I
J
드네프르 강
드네스트르 강
도네즈 강
피티우스
폴코스
게오르기아
흑
해
시르미움
모에시아
시노페
카우카수스
사르디카
폰투스
아르메니아
베리아
콘스탄티노플
비티니아
이보라
코마나
쿠르디스탄
칼체돈
니코메디아
간그라
제1
세바스테이아
메소포타미아
비지아
리체아
안치라
카파도키아
티그리스 강
키지코스
카파도키아
체사레아
트라키아
필립비
도릴라이온
사모사타
니시비스
테살로니카
람프사쿠스
니사
나지안즈
코마나
일리리쿰
트로아스
필로멜리움
제2 카파도키아
쿠쿠스
게르마니치아
에데사
하란
스미르나
안티오키아
티아나
몹수에스티아
유프라테스 강
리디아
사르데스
펠라
마북
델피
페푸자
이코니움
타르수스
치루스
에리트라이
파시다이
아니자르부스
안티오키아
네오체사레아
아시아
히에라
팜필리아
셀레우치아
니케르타이
델피
마그네시아
폴리스
킬리키아
아파메아
에페소스
라오디체아
시데
가발라
고린토
트랄레스
시에드라
콘스탄티아
에메사
밀레토스
미라
키프로스
아테네
아카이아
코스
베리토스
시리아
중
해
시돈
다마스쿠스
크레타
티루스
체사레아 필립비
갈릴래아
체사레아
갈멜 산
사마리아
보스트라
플라비아 네아폴리스
사마리아
디오스폴리스
느보 산
예루살렘
키레네
가자
베들레헴
키레나이카
알렉산드리아
페트라
니트리아
와디 나트룬
클리스마
이집트
시나이
리비아
옥시린쿠스
파란
테 베
리코폴리스
나그 함마디
F
G
H
J
1
2
3
4
5
6
7
8
9
10

<h1 style="text-align:center">지명 색인</h1>
(위치 표시 첨부)

가발라 I 6
가자 I 8
간그라 I 5
갈라티아 H/I 5
갈리아 C 2
갈릴래아 I 7/8
갈멜 (산) I 8
게르마니치아/시리아 I 6
게오르기아 J 3
고린토 G 6
과달퀴비르 (강) B 6 - 5 - A 5 - 6
나그 함마디 I 10
나블루스 → 플라비아 네아폴리스
나지안즈 I 5
나폴리 E 5
네오체사레아 J 6
놀라 E 5
누르시아: 노르치아/움부리아 E 4
누미디아 C/D 7
느보 (산) I 8
니사 I 5
니스 D 4
니체아 H 5
니카이아: 니스 D 4
니케르타이/아파메아와 가발라 근방 I 6
니코메디아 H 5
니트리아/하부 이집트 H 9
다마스쿠스 J 7
달마티아 E/F 4
델피 G 6
도나우(두나브) (강) D 2 - H 3
도네즈 (강) I 1-2
도릴라이온 H 5
도브룻샤 → 스키티아
드네스트르 (강) G 1 - H 2

드네프르 (강) H 1-2
디오스폴리스 I 8
라벤나 E 4
라오디체아 H 6
라인 (강) D 3 - D 1
람프사쿠스 G 5
레링 D 4
레죠 디 칼라브리아 E 6
로마 E 5
론 (강) C 4 - D 2
루그두눔: 리용 D 3
리디아 G/H 6
리미니 E 4
리비아 F/G 9
리코폴리스 I 10
릴리베움: 마르살라 E 6
마그네시아 H 6
마다우라 C 7
마르살라 → 릴리베움
마북: 히에라폴리스/시리아 J 6
마실라: 마르세이유 D 4
마우레타니아 A/B 7
마인츠 D 1
만투아 E 3
메소포타미아 J 5
메시나 E 6
모에시아 G 4
몬스 카시눔: 몬테 카시노 E 5
몹수에스티아 I 6
무르사 F 3
미라 H 7
밀라노: 메디올라눔 D 3
바가이 C 7
베들레헴 I 8
베뢰아 G 4

베르첼리 **D 3**
베리토스: 베이루트 **I 7**
보스트라 **I 8**
비엔 **D 3**
비지아/트라키아 **G 4/5**
비테라: 베지에 **C 4**
비티니아 **H 4**
사라고사 **B 4**
사룩 **J 6**
사르데스 **H 6**
사르디니아 **D 5/6**
사르디카 → 세르디카
사마리아 **I/J 8**
사모사타 **J 5**
사시마 **I 5**
살라미스 → 콘스탄티아
세르디카: 사르디카, 소피아 **G 4**
세바스테이아 **I 5**
세빌라 → 히스팔리스
셀레우치아/이사우리아 **I 6**
소피아 → 세르디카
수블라쿠스: 수비아코 **E 5**
수세 → 하드루메툼
숙 아라스 → 타가스테
스미르나 **G 6**
스칠라체움: 스퀼라체/칼라브리아 **F 6**
스키티아: 도브룻샤 **G/H 3**
시나이 (반도) **I 9/10**
시노페 **I 4**
시데 **H 6**
시돈 **I 7**
시라쿠스 **E 7**
시르미움 **F 3**
시리아 **J 7**
시에드라/팜필리아 **I 6**
시칠리아 **E 6/7**
시켐 → 플라비아 네아폴리스
아나자르부스 **I 6**
아르메니아 **J 4**

아르베르나: 클레르몽-페랑 **C 3**
아를르 **C 4**
아벨리노 **E 5**
아스콜룸: 아스콜리 **E 4**
아스토르가 **A 3**
아시아 **H 6**
아카이아 **F/G 6/7**
제2 아퀴타니아 **C 3**
아퀼레이아 **E 3**
아테네 **G 6**
아파메아 **I 6**
아프리카 **D 7**
아필레 → 엔피데
안치라 **I 5**
안티오키아/시리아 **I 6**
안티오키아/피시디아 **H 6**
알렉산드리아 **H 9**
압투그니 **D 7**
에데사 **J 5**
에리트라이 **G 6**
에메사 **I 7**
에모나: 류블리아나, 라이바흐/슬로베니아
　　E 3
에밀리아-리구리아 **D/E 4**
에브로 (강) **B 3 - C 5**
에클라눔: 아벨리노/캄파니아 근방의 미라
　　벨라 에클라노 **E 5**
에페소 **G/H 6**
엔피데: 아니오/아니에네 강가의 아필레
　　E 5
예루살렘 **I 8**
오스티아 **E 5**
옥시린쿠스 **H 10**
와디 나트룬 **H 9**
움브리아 **E 4**
유프라테스 (강) **J 6**
이보라/폰투스 **I 4**
이집트 **H/I 9**
이코니움 **I 6**

일리리쿰: 일리리아 **F 4/5**
체사레아/카파도키아 **I 5**
체사레아/팔레스티나 **I 8**
체사레아 필립비 **I 7**
치루스 **I 6**
카노사 **E 5**
카르타고 **D 7**
카르타기니엔시스(카르타게나) **B 6**
카우카수스 **J 4**
카파도키아 **I 5**
제1 카파도키아 **I 5**
제2 카파도키아 **I 6**
카푸아 **E 5**
칼라리스 **D 6**
칼라마 **C 7**
칼라브리아 **F 5**
칼체돈 **H 5**
캄파니아 **E 5**
코르도바 **A 5**
코마나/폰투스 **I 4**
코스 **G/H 6/7**
콘스탄티노플 **H 5**
콘스탄티아: 살라미스, 파마구스타 **I 7**
콘코르디아 **E 3**
콜코스 **J 3**
쾰른 **D 1**
쿠루비스 **D 7**
쿠르디스탄 **J 5**
쿠메 **E 5**
쿠쿠수스/아르메니아 **I 6**
크레타 **G 7**
클레르몽-페랑 → 아르베르나
클리스마 **I 9**
키레나이카 **G 9**
키레네 **G 8**
키지코스 **H 5**
키프로스 **I 7**
킬리키아 **I 6**
타가스테: 숙 아라스 **C 7**

타르수스 **I 6**
테라치나 **E 5**
테베 **H/I 10**
테살로니카 **G 5**
토리노 **D 3**
톨레도 **B 5**
투르 **C 2**
투부르보 **D 7**
트라키아 **G 4/5**
트랄레스 **H 6**
트로아스 **G 5**
트리어 **D 1**
티루스 **I 7**
티아나 **I 6**
파란 **I 10**
파리 **C 1**
파마구스타 → 콘스탄티아
파비아 **D 3**
팜필리아 **H/I 6**
페니키아 **I 7**
페트라/이두메아 **I 9**
페푸자 **H 6**
펜타폴리스 **E 4**
폰투스 **I 4**
프리기아 **H 5/6**
플라비아 네아폴리스: 시켐, 나블루스 **I 8**
피시디아 **H 6**
피티우스 **J 3**
픽타비스: 프와티에 **C 2**
필라델피아 **H 6**
필로멜리움 **H 6**
필립비 **G 5**
하드루메툼: 수세 **D 7**
하란 **J 6**
히스팔리스: 세빌라 **A 5/6**
히에라폴리스/아시아 **H 6**
히포 디아리투스 **D 7**
히포 레기우스 **C 7**

약어 목록

1. 정기간행물과 총서

여기에 사용되는 약어들은 슈베르트너(S. Schwertner)의 TRE (Theologische Realenzyklopädie, Berlin – New York ²1994 = IATG²) 약어 목록을 따른다.

AANL.M   Atti dell'Academia Nazionale dei Lincei – Memorie. Classe di Scienze Morali Storiche e Filologiche, Rom

AASF   *Annales Academiae Scientiarum Fennicae*, Helsinki

AAST.M   Atti dell'(a R.) Accademia delle Scienze di Torino – Classe di Scienze Morali, Storiche e Filologiche, Turin

AAWG   Abhandlungen der Akademie der Wissenschaften in Göttingen, Göttingen

AAWG.PH   Abhandlungen der Akademie der Wissenschaften in Göttingen – Philologisch-historische Klasse, Göttingen

ABAW.PH   Abhandlungen der (K.) Bayerischen Akademie der Wissenschaften – Philosophisch-historische Abteilung, München

ABenR   American Benedictine Review, New York

ABIa   Analekta Blatadon, Thessaloniki

ABR   Australian Biblical Review, Melbourne

ACIAC   Actes du Congrès International d'Archéologie Chrétienne

ACO   *Acta Conciliorum Oecumenicorum*, Berlin

ActaSS   *Acta Sanctorum*, Antwerpen u. a.

ACW   Ancient Christian Writers, Westminster/MD

ÄthF   Äthiopische Forschungen, Wiesbaden

Aevum   *Aevum*. Rassegna di scienze storiche, linguistiche e filologiche, Mailand

AGLB   Aus der Geschichte der lateinischen Bibel, Freiburg/Br.

AGWG   Abhandlungen der (K.) Gesellschaft der Wissenschaften zu Göttingen, Göttingen

AGWG.PH   Abhandlungen der (K.) Gesellschaft der Wissenschaften zu Göttingen – Philologisch-historische Klasse, Göttingen

AHAW.PH   Abhandlungen der Heidelberger Akademie der Wissenschaften – Philosophisch-historische Klasse, Heidelberg

AHB   The Ancient History Bulletin, Calgary

AHC   *Annuarium Historiae Conciliorum*, Amsterdam

AHP   *Archivum Historiae Pontificiae*, Rom

AKG   Arbeiten zur Kirchengeschichte, Berlin

AKuG   Archiv für Kulturgeschichte, Berlin

ALGHJ   Arbeiten zur Literatur und Geschichte des hellenistischen Judentums, Leiden

AlOm   Alpha-Omega. Lexika, Indizes, Konkordanzen zur klassischen Philologie, Hildesheim

Altertum   Altertum, Berlin

ALW   Archiv für Liturgiewissenschaft, Regensburg

Ambrosius   *Ambrosius*. Bollettino liturgico ambrosiano, Mailand

AnAl   Antichità Altoadriatiche, Triest u. a.

AnBib   *Analecta Biblica*, Rom

AnBoll   *Analecta Bollandiana*, Brüssel

ANFa   Ante-Nicene Fathers, New York

AnGr	*Analecta Gregoriana*, Rom
ANRW	Aufstieg und Niedergang der römischen Welt, Berlin
Ant.	*Antiquitas*, Bonn
ANTT	Arbeiten zur neutestamentlichen Textforschung, Berlin
APAW.PH	Abhandlungen der (K.) Preußischen Akademie der Wissenschaften – Philosophisch-historische Klasse, Berlin
Apocrypha	Apocrypha. Le champ des apocryphes, Turnhout
AQDGMA	Ausgewählte Quellen zur deutschen Geschichte des Mittelalters, Darmstadt
ArAmb	Archivio ambrosiano, Mailand
ARW	Archiv für Religionswissenschaft, Leipzig
ARWAW	Abhandlungen der Rheinisch-Westfälischen Akademie der Wissenschaften, Köln u. a.
ASAW	Abhandlungen der Sächsischen Akademie der Wissenschaften, Leipzig
ASAW.PH	Abhandlungen der Sächsischen Akademie der Wissenschaften – Philologisch-historische Klasse, Leipzig
ASEs	Annali di Storia dell'Esegesi, Bologna
ASNU	*Acta Seminarii Neotestamentici Upsaliensis*, Stockholm u. a.
ASTh	Amsterdam Studies in Theology, Amsterdam
At.	*Athenaeum*. Studi periodici di letteratura e storia dell'antichità, Pavia
ATA	Alttestamentliche Abhandlungen, München
ATh	L'Année Théologique, Paris
AThA	Année Théologique Augustinienne, Paris
AThANT	Abhandlungen zur Theologie des Alten und Neuen Testaments, Zürich u. a.
AThD	*Acta Theologica Danica*, Århus u. a.
AThR	Anglican Theological Review, New York u. a.
ATLA.BS	American Theological Library Association, Bibliography Series, Metuchen/NJ
AuA	Antike und Abendland, Hamburg u. a.
AUG	*Acta Universitatis Gothoburgensis*. Göteborgs Universitets Högskolas årsskrift, Göteborg
Aug.	*Augustinianum. Periodicum quadrimestre Instituti Patristici "Augustinianum"*, Rom
AugL	Augustinus-Lexikon, Basel u. a. 1986ff.
Aug(L)	*Augustiniana*. Tijdschrift voor de studie van Sint Augustinus en de Augustijnenorde, Louvain
AugSt	Augustinian Studies, Villanova
Augustinus	*Augustinus*. Revista trimestral publ. por los Padres Agustinos Recoletos, Madrid
AUL.T	*Acta Universitatis Lundensis* – Afdeling 1, Teologi, juridik och humanistiska ämen, Lund
AUU	*Acta Universitatis Upsalensis*, Uppsala u. a.
AVL	Arbeitsberichte der Stiftung. *Vetus Latina*, Beuron
AzTh	Arbeiten zur Theologie, Stuttgart u. a.
BAC	Biblioteca de Autores Cristianos, Madrid
BAIEP	Bulletin d'Information et de Liaison. Association Internationale d'Études Patristiques, Amsterdam-Turnhout
BALCL	Bulletin d'ancienne littérature chrétienne latine, Maredsous
BANH	Boletín de la Academia Nacional de la Historia, Caracas
BAR	Bonner akademische Reden, Bonn
BAug	Bibliothèque augustinienne, Paris
BAW.AC	Bibliothek der Alten Welt – Reihe: Antike und Christentum, Zürich u. a.

BBB	Bonner Biblische Beiträge, Bonn	BGQMA	Beiträge zur Geschichte und Quellenkunde des Mittelalters, Berlin u. a.
BBKL	Biographisch-Bibliographisches Kirchenlexikon, Hamm	BGrL	Bibliothek der griechischen Literatur, Stuttgart
BBL	Bulletin de la Bible Latin. Bulletin d'ancienne littérature chrétienne latine, Maredsous	BHB	Bulletin d'histoire bénédictine, Maredsous
BByz.E	Bibliothèque Byzantine. Études, Paris	BHG	*Bibliotheca Hagiographica Graeca*, Brüssel
BByz.T	Bibliothèque Byzantine. Traité d'études byzantines, Paris	BHL	*Bibliotheca Hagiographica Latina*, Brüssel
BEFAR	Bibliothèque des Écoles Françaises d'Athènes et de Rome, Paris	BHO	*Bibliotheca Hagiographica Orientalis*, Brüssel
BEHE	Bibliothèque de l'École des Hautes Études, Paris	BHRom	*Bibliotheca Helvetica Romana*, Olten
BEHE.H	Bibliothèque de l'École des Hautes Études – 4. Section des Sciences Historiques et Philologiques, Paris	BHTh	Beiträge zur historischen Theologie, Tübingen
BEL.S	*Bibliotheca "Ephemerides Liturgicae" – Subsidia*, Rom	Bib.	*Biblica. Commentarii periodici ad rem biblicam scientifice investigandam*, Rom
Ben.	*Benedictina*. Fascicoli trimestrali di studi benedettini, Rom	BiTeu	*Bibliotheca Teubneriana*, Leipzig
BenM	Benediktinische Monatsschrift zur Pflege religiösen und geistigen Lebens, Beuron	BJRL	Bulletin of the John Rylands Library, Manchester
BenR	Benedictine Review, Atchison	BJSt	Brown Judaic Studies, Missoula/MT
BenS	Benedictine Studies, Baltimore	BKAW	Bibliothek der klassischen Altertumswissenschaften, Heidelberg
BEThL	*Bibliotheca Ephemeridum Theologicarum Lovaniensium*, Louvain u. a.	BKP	Beiträge zur klassischen Philologie, Meisenheim
BFChTh	Beiträge zur Förderung christlicher Theologie, Gütersloh	BKV¹	Bibliothek der Kirchenväter, Kempten u. a. 1869~1888
BGAM	Beiträge zur Geschichte des alten Mönchtums und des Benediktinerordens, Münster	BKV²	Bibliothek der Kirchenväter, Kempten u. a. 1911~1938
BGAM.S	Beiträge zur Geschichte des alten Mönchtums und des Benediktinerordens. Supplementband, Münster	BLE	Bulletin de Littérature Ecclésiastique, Toulouse
		BMus	Bibliothèque du Muséon, Louvain
BGBE	Beiträge zur Geschichte der biblischen Exegese, Tübingen	BoBKG	Bonner Beiträge zur Kirchengeschichte, Köln u. a.
BGBH	Beiträge zur Geschichte der biblischen Hermeneutik, Tübingen	BPM	*Biblia Polyglotta Matritensia*, Madrid
		BSAC	Bulletin de la Société d'Archéologie Copte, Cairo
BGL	Benediktinisches Geistesleben, St. Ottilien	BSal.E	*Bibliotheca Salmanticensis. Estudios*, Salamanca

BSHST	Basler und Berner Studien zur historischen und systematischen Theologie, Zürich
BSPLi	Beiheft zu den *Studia Patristica et Liturgica*, Regensburg
BSReI	Biblioteca di Scienze Religiose, Rom u. a.
BSS	*Bibliotheca Sanctorum*, Rom
BSt	Biblische Studien, Neukirchen
BSt (F)	Biblische Studien, Freiburg/Br.
BT	Bibliothèque de Théologie, Paris u. a.
BTeo	Biblioteca de Teología, Pamplona u. a.
BTH	Bibliothèque de Théologie Historique, Paris
BThAM	Bulletin de théologie ancienne et médiévale, Louvain
BThS.F	*Bibliotheca Theologica Salesiana - 1. Ser., Fontes*, Zürich
BTN	*Bibliotheca Theologica Norvegica*, Oslo
BVLI	Bericht des Instituts. *Vetus Latina*-Institut der Erzabtei Beuron, Beuron
BWAT	Beiträge zur Wissenschaft vom Alten Testament, Stuttgart
ByZ	Byzantinische Zeitschrift, Leipzig u. a.
Byz.	Byzantion. Revue internationale des Études Byzantines, Brüssel
Byz.E	Bibliothèque Byzantine – Études, Paris
Byz.T	Bibliothèque Byzantine – Traité d'Études Byzantines, Paris
BZNW	Beihefte zur Zeitschrift für die neutestamentliche Wissenschaft und die Kunde der älteren Kirche, Berlin u. a.
CAnt	Christianisme Antique, Paris
Cass.	*Cassiciacum*. Eine Sammlung wissenschaftlicher Forschungen über den heiligen Augustinus und den Augustinerorden sowie wissenschaftlicher Arbeiten von Augustinern aus anderen Wissensgebieten, Würzburg
CBla	*Collectanea Biblica Latina*, Rom
CBM	Chester Beatty Monographs, London u. a.
CBQ.MS	Catholic Biblical Quarterly – Monograph Series, Washington/DC
CChr	*Corpus Christianorum*, Turnhout
CChr.CM	*Corpus Christianorum – Continuatio Mediaevalis*, Turnhout
CChr.ILL	*Corpus Christianorum – Instrumenta Lexicologica Latina*, Turnhout
CChr.LP	*Corpus Christianorum – Lingua Patrum*, Turnhout
CChr.S	*Corpus Christianorum – Sonderbände*, Turnhout
CChr.SA	*Corpus Christianorum – Series Apocryphorum*, Turnhout
CChr.SG	*Corpus Christianorum – Series Graeca*, Turnhout
CChr.SL	*Corpus Christianorum – Series Latina*, Turnhout
CCist	*Collectanea Cisterciensia*, Forges u. a.
CCSSM	Convegni del Centro di Studi sulla Spiritualità Medievale, Todi
CCWJCW	Cambridge Commentaries on Writings of the Jewish and Christian World, Cambridge
CDios	La Ciudad de Dios, El Escorial u. a.
CEA	Collection d'Études Anciennes, Paris
CEAn	Cahiers des Études Anciennes, Montreal
CEFR	Collection de l'École Française de Rome, Rom
CEMéd	Cahiers d'Études Médiévales, Montreal – Paris
CF	*Collectanea Friburgensia*, Fribourg
CFi	*Cogitatio Fidei*, Paris
CH	Cahiers d'Histoire, Lyon

CHB   Cambridge History of the Bible, Cambridge

ChH   Church History. American Society of Church History, Chicago/IL u. a.

Chiron   Chiron. Mitteilungen der Kommission für alte Geschichte und Epigraphik des Deutschen Archäologischen Instituts, München

ChMe   Christliche Meister, Einsiedeln u. a.

ChQ   Church Quarterly, London

CHR   Catholic Historical Review, Washington/DC

CistSS   Cistercian Studies Series, Shannon

CiW   Christ in der Welt, Aschaffenburg

CJAn   Christianity and Judaism in Antiquity, Notre Dame/IN

CJJC   Collection Jésus et Jésus-Christ, Paris

Clar.   *Claretianum. Commentaria theologica opera et studio Instituti Theologiae Vitae Religiosae*, Rom

CMe   Christliche Meister, Einsiedeln u. a.

COD   *Conciliorum Oecumenicorum Decreta*, Freiburg u. a.

CollLat   Collection Latomus, Brüssel

ComP   *Compostellanum*. Revista de la Archidiócesis de Santiago de Compostela, Santiago de Compostela

CoptSt   Coptic Studies, Leiden

CorpAP   *Corpus Apologetarum Christianorum saeculi secundi*, Jena

CP   Classical Philology, Chicago/IL u. a.

CPG   *Clavis Patrum Graecorum*, Turnhout

CPS   *Corona Patrum Salesiana. Sanctorum Patrum Graecorum et Latinorum opera selecta*,

CrSt   Cristianesimo nella storia, Bologna

CSCO   *Corpus Scriptorum Christianorum Orientalium*, Rom u. a.

CSEL   *Corpus Scriptorum Ecclesiasticorum Latinorum*, Wien

CTUN   Colección Teología de la Universidad de Navarra, Pamplona

CWS   Classics of Western Spirituality, London

DA   Deutsches Archiv für Erforschung des Mittelalters, Marburg u. a.

DACL   Dictionnaire d'Archéologie Chrétienne et de Liturgie, Paris

DBS   Dictionnaire de la Bible. Supplément, Paris

DH   H. Denzinger, *Enchiridion symbolorum definitionum et declarationum de rebus fidei et morum. Quod emendavit, auxit in linguam germanicam transtulit et adiuvante H. Hoping edidit* P. Hünermann, Freiburg/Br. [37]1991.

DHGE   Dictionnaire d'Histoire et de Géographie Ecclésiastiques, Paris

Did.   Didaskaleion. Studi filologici di letteratura cristiana antica, Torino

Div.   *Divinitas. Pontificiae Academiae Theologicae Romanae commentarii*, Rom

DOP   Dumbarton Oaks Papers, Cambridge/MA

DR   Downside Review, Bath

DSp   Dictionnaire de Spiritualité Ascétique et Mystique, Doctrine et Histoire, Paris

DT   *Divus Thomas. Commentarium de philosophia et theologia*, Piacenza

DThC   Dictionnaire de Théologie Catholique, Paris

DTT	Dansk Teologisk Tidsskrift, Kopenhagen
ECl	Estudios clásicos, Madrid
ED	*Euntes Docete*, Rom
EdF	Erträge der Forschung, Darmstadt
EE	Estudios Eclesiásticos, Madrid
EEC	Encyclopedia of Early Christianity, Chicago – London 1990
EECh	Encyclopedia of the Early Church, 2 vol., Cambridge 1992
EeT	Église et Théologie, Paris
EHPhR	Études d'Histoire et de Philosophie Religieuses, Paris u. a.
EHS.T	Europäische Hochschulschriften – Reihe 23, Theologie, Frankfurt u. a.
EichB	Eichstätter Beiträge, Regensburg
EkklPh	Ekklesiastikos Pharos, Alexandria
EL	*Ephemerides Liturgicae*, Vatikanstadt
EO	*Ecclesia Orans. Periodica de scientiis liturgicis*, Rom
EOr	Échos d'Orient, Bukarest u. a.
EPhM	Études de Philosophie Médiévale, Paris
EPOM	Estudios. Revista cuatrimestral/ trimestral publ. por los padres de la Orden de la Merced, Madrid
EPRO	Études préliminaires aux religions orientales dans l'empire romain, Leiden
ErJb	Eranos-Jahrbuch, Zürich
ESH	Ecumenical Studies in History, Richmond/VA
ESR	Études de Science Religieuse, Paris
EstOn	Estudios Onienses, Madrid
EstTrin	Estudios Trinitarios, Salamanca
EtB	Études Bibliques, Paris
EtFr	Études franciscaines, Paris
ETH	Études de Théologie Historique, Paris
ETHDT	Études et Textes pour l'Histoire du Dogme de la Trinité, Paris
EThL	*Ephemerides Theologicae Lovanienses*, Louvain u. a.
ETHS	Études de Théologie et d'Histoire de la Spiritualité, Paris
EThSt	Erfurter Theologische Studien, Leipzig
EtJ	Études Juives, Paris
EuA	Erbe und Auftrag. Benediktinische Monatsschrift, Beuron
FaCh	Fathers of the Church, Washington/DC
FBESG	Forschungen und Berichte der Evangelischen Studiengemeinschaft, Stuttgart u. a.
FC	*Fontes Christiani*, Freiburg u. a.
FCCO	Codificazione canonica orientale. Sacra Congregazione per la Chiesa Orientale – Fonti, Rom
FChLDG	Forschungen zur Christlichen Literatur- und Dogmengeschichte, Paderborn
FGIL	Forschungen zur Geschichte des innerkirchlichen Lebens, Innsbruck
FGPP	Forschungen zur Geschichte der Philosophie und der Pädagogik, Leipzig
FGTh	Forschungen zur Geschichte der Theologie und des innerkirchlichen Lebens, Innsbruck
FKDG	Forschungen zur Kirchen- und Dogmengeschichte, Göttingen
FKGG	Forschungen zur Kirchen- und Geistesgeschichte, Stuttgart
FlorPatr	*Florilegium Patristicum*, Bonn u. a.
FMST	Frühmittelalterliche Studien, Berlin
Folia	Studies in the Christian Perpetuation of Classics, New York
FRLANT	Forschungen zur Religion und Literatur des Alten und Neuen Testaments, Göttingen
FS	Franziskanische Studien, Münster u. a.

FThSt	Freiburger Theologische Studien, Freiburg, Br. u. a.
FTS	Frankfurter Theologische Studien, Frankfurt a.M.
FVK	Forschungen zur Volkskunde, Düsseldorf u. a.
FZPhTh	Freiburger Zeitschrift für Philosophie und Theologie, Freiburg/Schweiz
GAB	Göppinger Akademische Beiträge, Göppingen
GCP	*Graecitas Christianorum Primaeva. Studia ad sermonem Graecum pertinentia*, Nijmegen
GCS	Die Griechischen Christlichen Schriftsteller der ersten drei Jahrhunderte, Berlin
GDK	Gottesdienst der Kirche. Handbuch der Liturgiewissenschaft, Regensburg
Gerión	Gerión, Madrid
GFTP	Grenzfragen zwischen Theologie und Philosophie, Bonn
GGA	Göttingische Gelehrte Anzeigen, Göttingen
GLCP	*Graecitas et Latinitas Christianorum Primaeva – Supplementa*, Nijmegen
Glotta	*Glotta*. Zeitschrift für die griechische und lateinische Sprache, Göttingen
GÖK	Geschichte der Ökumenischen Konzilien, Mainz
GOF	Göttinger Orientforschungen, Wiesbaden
GOF.S	Göttinger Orientforschungen, Reihe 1: *Syriaca*, Wiesbaden
GOTR	Greek Orthodox Theological Review, Brookline/MA
Gr.	*Gregorianum. Commentarii de re theologica et philosophica*, Rom
GRBS	Greek, Roman and Byzantine Studies, Cambridge/MA
GrTS	Grazer Theologische Studien, Graz
GTA	Göttinger Theologische Arbeiten, Göttingen
GVSH.H	Göteborgs K. Vetenskaps- och Vitterhetssamhällets handlingar – Ser. A, Humanistiska skrifter, Göteborg
GWZ	Geist und Werk der Zeiten, Zürich
Gym.	Gymnasium. Zeitschrift für Kultur der Antike und humanistische Bildung, Heidelberg
HAW	Handbuch der Altertumswissenschaft, München
HDG	Handbuch der Dogmengeschichte, Freiburg u. a.
HDIEO	Histoire du Droit et des Institutions de l'Église en Occident, Paris
HDR	Harvard Dissertations in Religion, Missoula/MT
Helm.	*Helmantica*. Revista de humanidades clásicas, Salamanca
Hereditas	*Hereditas*. Studien zur Alten Kirchengeschichte, Bonn
Hermes.E	Hermes. Zeitschrift für klassische Philosophie – Einzelschriften, Wiesbaden
HeyJ	Heythrop Journal. A Quarterly Review of Religion, Theology and Philosophy, Oxford u. a.
HispSac	*Hispania Sacra*. Revista de historia ecclesiástica, Madrid u. a.
Hist	Historia. Zeitschrift für alte Geschichte, Wiesbaden u. a.
Hist.E	Historia. Zeitschrift für alte Geschichte. Ergänzungsband, Wiesbaden u. a.
HJ	Historisches Jahrbuch der Görresgesellschaft, München u. a.
HKAW	Handbuch der Klassischen Altertumswissenschaft, München u. a.
HLL	Handbuch der lateinischen Literatur der Antike = HAW VIII, München
HNT	Handbuch zum Neuen Testament, Tübingen

HNT.E	Handbuch zum Neuen Testament, Ergänzungsband, Tübingen
HSPh	Harvard Studies in Classical Philology, Cambridge/MA
HThR	Harvard Theological Review, Cambridge/MA
HThS	Harvard Theological Studies, Cambridge/MA u. a.
HumC.L	*Humanitas Christiana*. Griechische und lateinische Texte aus der Frühzeit des Christentums – Lateinische Reihe, München
HUTh	Hermeneutische Untersuchungen zur Theologie, Tübingen
HV	Historische Vierteljahrsschrift, Dresden u. a.
HWP	Historisches Wörterbuch der Philosophie, Basel u. a.
Hyp.	*Hypomnemata*. Untersuchungen zur Antike und zu ihrem Nachleben, Göttingen
HZ.B	Historische Zeitschrift. Beiheft, München u. a.
IATG	Internationales Abkürzungsverzeichnis für Theologie und Grenzgebiete, zusammengestellt von S. M. Schwertner, Berlin ²1992
ICA	Initiations au Christianisme Ancien, Paris
IP	*Instrumenta Patristica*, 's-Gravenhage u. a.
IPQ	International Philosophical Quarterly, New York u. a.
Irén.	Irénikon, Chevetogne u. a.
Ist.	Istina, Boulogne-sur-Seine u. a.
IThQ	Irish Theological Quarterly, Maynooth u. a.
IThS	Innsbrucker Theologische Studien, Innsbruck
JAC	Jahrbuch für Antike und Christentum, Münster
JAC.E	Jahrbuch für Antike und Christentum – Ergänzungsband, Münster
JBL	Journal of Biblical Literature, Philadelphia/PA
JBTh	Jahrbuch für biblische Theologie, Neukirchen
JEA	Journal of Egyptian Archaeology, London
JEH	Journal of Ecclesiastical History, London u. a.
JLH	Jahrbuch für Liturgik und Hymnologie, Kassel
JNG	Jahrbuch für Numismatik und Geldgeschichte, München
JPhST	Jahrbuch für Philosophie und spekulative Theologie, Paderborn u. a.
JRH	Journal of Religious History, Sydney
JRS	Journal of Roman Studies, London
JS	Journal des s(ç)avants, Paris
JSNT.S	Journal for the Study of the New Testament. Supplement Series, Sheffield
JSPE	Journal for the Study of the Pseudepigrapha (and Related Literature), Sheffield
JSPE.S	Journal for the Study of the Pseudepigrapha (and Related Literature). Supplement Series, Sheffield
JThS	Journal of Theological Studies, Oxford u. a.
JWG	Jahrbuch für Wirtschaftsgeschichte, Berlin
Kath.	Der Katholik. Eine religiöse Zeitschrift zur Belehrung und Warnung, Straßburg u. a.
KAV	Kommentar zu den Apostolischen Vätern, Göttingen
KGQS	Kirchengeschichtliche Quellen und Studien, St. Ottilien
KGS	Kirchengeschichtliche Studien, Münster
KHSt	Kerkhistorische Studiën behorende bij het Nederlands(ch) Archief voor Kerkgeschiedenis, 's-Gravenhage

KIG	Die Kirche in ihrer Geschichte. Ein Handbuch, Göttingen
KKTS	Konfessionskundliche und Kontroverstheologische Studien, Paderborn
Kl.	*Kleronomia*. Patriarchal Institute for Patristic Studies, Thessaloniki
Klio	*Klio*. Beiträge zur alten Geschichte, Leipzig u. a.
KIT	Kleine Texte (für theologische und philosophische) Vorlesungen und Übungen, Bonn
Koinonia	*Κοινωνία*. Organo dell'Associazione di Studi tardoantichi, Neapel
KPS	Klassisch-Philologische Studien, Leipzig
KuD	Kerygma und Dogma, Göttingen
Kyrios	Kyrios. Vierteljahresschrift für Kirchen- und Geistesgeschichte Osteuropas, Berlin
Lat.	*Lateranum*, Rom
Latomus	*Latomus*. Revue d'études latines, Brüssel
LCC	Library of Christian Classics, London
LCL	Loeb Classical Library, London
LCP	*Latinitas Christianorum Primaeva*, Nijmegen
LeDiv	*Lectio Divina*, Paris
Leit.	*Leiturgia*. Handbuch des evangelischen Gottesdienstes, Kassel
LHD	Library of History and Doctrine, Philadelphia/PA u. a.
LJ	Liturgisches Jahrbuch, Münster
LO	*Lex orandi*, Paris
LP	*Liber pontificalis*, Paris
LQF	Liturgiegeschichtliche Quellen und Forschungen, Münster
LWQF	Liturgiewissenschaftliche Quellen und Forschungen, Münster
MAB.L	Mémoires de l'Académie R. de Belgique – Classe des Lettres et des Sciences Morales et Politiques, Brüssel
MAe	*Medium Aevum*, Oxford
MAg	Miscellanea Agostiniana, Rom 1930-1
MAH	Mélanges d'Archéologie et d'Histoire, Paris
MAM	Mémoires de l'Académie (R., Impériale, Nationale) de Metz, Metz u. a.
Man.	*Manuscripta*, St. Louis/MO
Mar.	*Marianum. Ephemerides Mariologicae*, Rom
MAST.M	Memorie della R. Accademia delle Scienze di Torino – Classe di Scienze Morali, Storiche e Filologiche, Turin
MB	Musée Belge. Revue de Philologie Classique, Louvain u. a.
MBM	Münchener Beiträge zur Mediävistik und Renaissance-Forschung, München
MBPF	Münchener Beiträge zur Papyrusforschung und antiken Rechtsgeschichte, München
MBTh	Münsterische Beiträge zur Theologie, Münster
MCass	*Miscellanea Cassinense*, Montecassino
MCom	Miscelánea Comillas, Comillas, Santander
MCS	*Monumenta Christiana Selecta*, Tournai u. a.
MD	La Maison-Dieu. Revue de pastorale liturgique, Paris
MEFRA	Mélanges de l'École Française de Rome – Série "Antiquité", Paris
MFCL	Mémoires et Travaux publiés par des Professeurs des Facultés Catholiques de Lille, Lille
MGH.AA	*Monumenta Germaniae Historica – Auctores Antiquissimi*, Hannover
MGH.Ep	*Monumenta Germaniae Historica – Epistolae*, Hannover
MGH.GPR	*Monumenta Germaniae Historica – Gesta Pontificum Romanorum*, Hannover

MGH.SRM *Monumenta Germaniae Historica – Scriptores Rerum Merovingicarum*, Hannover
MGMA Monographien zur Geschichte des Mittelalters, Stuttgart
MH *Museum Helveticum.* Schweizerische Zeitschrift für klassische Altertumswissenschaft, Basel u. a.
ML.H *Museum Lessianum* – Section Historique, Brüssel
ML.T *Museum Lessianum* – Section Théologique, Brüssel
Mn. *Mnemosyne. Bibliotheca Classica/Philologica Batava*, Leiden
Mn.S *Mnemosyne. Bibliotheca Classica/Philologica Batava – Supplementum*, Leiden
MPF Monographien zur Philosophischen Forschung, Reutlingen u. a.
MRSt(L) Mediaeval and Renaissance Studies, London
MSLCA Miscellanea di Studi di Letteratura Cristiana Antica, Catania
MSM Modern Schoolman. A Quarterly Journal of Philosophy, St. Louis/MO
MSR Mélanges de Science Religieuse, Lille
MSSNTS Monograph Series. Society for New Testament Studies, Cambridge
MThS.H Münchener Theologische Studien – Historische Abteilung, München
MThS.S Münchener Theologische Studien – Systematische Abteilung, München
MThZ Münchener Theologische Zeitschrift, München u. a.
MüSt Münsterschwarzacher Studien. Missionsbenediktiner der Abtei Münsterschwarzach, Münsterschwarzach
Muséon Muséon. Revue d'études orientales, Louvain u. a.

MUSJ Mélanges de l'Université Saint-Joseph, Beirut
MySal *Mysterium Salutis.* Grundriß heilsgeschichtlicher Dogmatik, Einsiedeln
NAKG Nederlands(ch) archief kerkgeschiedenis, 's-Gravenhage
NAWG Nachrichten (von) der Akademie der Wissenschaften in Göttingen, Göttingen
NAWG.PH Nachrichten (von) der Akademie der Wissenschaften in Göttingen. Philologisch-Historische Klasse, Göttingen
NDid Nuovo Didaskaleion, Catania
NGWG.PH Nachrichten (von) der Gesellschaft der Wissenschaften (zu) in Göttingen – Philosophisch-Historische Klasse, Berlin
NHS Nag Hammadi Studies, Leiden
NMS Nottingham Mediaeval Studies, Cambridge u. a.
NPNF A Select Library of (the) Nicene and Post-Nicene Fathers of the Christian Church, Oxford
NRS Nuova Rivista Storica, Rom u. a.
NSGTK Neue Studien zur Geschichte der Theologie und Kirche, Berlin
NStB Neukirchener Studienbücher, Neukirchen
NT *Novum Testamentum.* An International Quarterly for New Testament and Related Studies, Leiden
NTA Neutestamentliche Abhandlungen, Münster
NTOA *Novum Testamentum et Orbis Antiquus*, Fribourg u. a.
NT.S *Novum Testamentum.* An International Quarterly for New Testament and Related Studies – Supplements, Leiden
NTS New Testament Studies. An International Journal Published Under the Auspices of *Studiorum Novi Testamenti Societas*, Cambridge u.a.

NTTS   New Testament Tools and Studies, Leiden u. a.

OA   *Orbis Academicus*. Problemgeschichten der Wissenschaft in Dokumenten und Darstellungen, München

OBO   *Orbis Biblicus et Orientalis*, Fribourg u. a.

OCA   *Orientalia Christiana Analecta*, Rom

OCP   *Orientalia Christiana Periodica*, Rom

OCT   Oxford Classical Texts, Oxford

ÖC   Das östliche Christentum, Würzburg

OECT   Oxford Early Christian Texts, Oxford

OLoP   *Orientalia Lovaniensia Periodica*, Leuven

OrChr   *Oriens Christianus*, Rom u. a.

Orph.   *Orpheus*. Rivista di umanità classica e cristiana, Catania

OrSyr   Orient Syrien, Paris

OS   Ostkirchliche Studien, Würzburg

OTM   Oxford Theological Monographs, Oxford

Paideia   Paideia. Rivista letteraria di informazione bibliografica, Genua

Pallas   Pallas. Revue d'études antiques, Toulouse u. a.

PaP   Past and Present. A Journal of Scientific History, London

Par.   *Paradosis*. Études de littérature et de théologie ancienne, Fribourg

PatMS   Patristic Monograph Series, Cambridge/MA

Patr.   *Patristica*, Paris

Patrologia   *Patrologia*. Beiträge zum Studium der Kirchenväter, Frankfurt u. a.

PatSor   *Patristica Sorbonensia*, Paris

PatSt   Patristic Studies. Catholic University of America, Washington/DC

PBA   Proceedings of the British Academy for the Promoting of Historical, Philosophical and Philological Studies, London

PCRHP.O   Publications du Centre de Recherches d'Histoire et de Philologie, École Pratique des Hautes Études 2: Hautes Études Orientales, Genf

PdK   Die Predigt der Kirche. Klassikerbibliothek der christlichen Predigtliteratur, Leipzig

PETSE   Papers of the Estonian Theological Society in Exile, Stockholm

PFLUS   Publications de la Faculté des Lettres (et Sciences Humaines) de l'Université de Strasbourg, Straßburg

PFLUT   Pubblicazioni della Facoltà di Lettere e Filosofia dell'Università di Torino, Turin

PG   *Patrologiae Cursus Completus. Accurante* J.-P. Migne – *Series Graeca*, Paris

PGW   Philosophie und Grenzwissenschaften, Innsbruck

Ph.   *Philologus*. Zeitschrift für das klassische Altertum, Wiesbaden u. a.

PhAnt   *Philosophia Antiqua*, Leiden

PhJ   Philosophisches Jahrbuch der Görres-Gesellschaft, Fulda u. a.

Phoe.   Phoenix. Bulletin uitgeven door het Vooraziatisch-Egyptisch Genootschap *"Ex oriente lux"*, Leiden

PhS   Philosophic Studies, Chicago/IL

PIOL   Publications de l'Institut Orientaliste de Louvain, Louvain

PIRHT   Publications de l'Institut de Recherche et d'Histoire des Textes. Documents, Études et Repertoires, Paris

PL   *Patrologiae Cursus Completus. Accurante* J.-P. Migne – *Series Latina*, Paris

PLS	*Patrologiae Latinae Supplementum*, Paris
PMAAR	Papers and Monographs of the American Academy in Rome, Rom u. a.
PO	*Patrologia Orientalis*, Paris u. a.
POC	Proche-Orient Chrétien, Jerusalem
PP	*Philosophia Patrum*, Leiden
PRE	Paulys Real-Encyclopädie der classischen Altertumswissenschaft, Stuttgart
PRE.S	Paulys Real-Encyclopädie der classischen Altertumswissenschaft. Supplement, Stuttgart
ProvHist	Provence Historique, Marseille
PRSA	Problemi e Ricerche di Storia Antica, Rom
PS	*Patrologia Syriaca*, Paris
PTS	Patristische Texte und Studien, Berlin
PUCSC	Pubblicazioni (Edizioni) dell'-Università Cattolica del Sacro Cuore, Mailand
PUM.T	Publications of the University of Manchester. Theological Series, Manchester
PuP	Päpste und Papsttum, Stuttgart
QD	*Quaestiones Disputatae*, Freiburg/Br. u. a.
Quellen	Quellen. Ausgewählte Texte aus der Geschichte der christlichen Kirche, Berlin
QVetChr	Quaderni di *Vetera Christianorum*, Bari
RAC	Reallexikon für Antike und Christentum, Stuttgart
RAC.S	Reallexikon für Antike und Christentum. Supplement-Bände, Stuttgart
RAM	Revue d'Ascétique et de Mystique, Toulouse
RAMi	Rivista di Ascetica e Mistica, Florenz
RB	Revue Biblique, Paris
RBen	Revue Bénédictine de critique, d'histoire et de littérature religieuses, Maredsous
RBI	Revue Biblique International, Paris
RBMA	*Repertorium Biblicum Medii Aevi*, Würzburg
RBS	*Regulae Benedicti Studia. Annuarium Internationale*, Hildesheim
RBS.S	*Regulae Benedicti Studia. Annuarium Internationale. Supplementa*, Hildesheim
RCSF	Rivista Critica di Storia della Filosofia, Mailand u. a.
REA	Revue des Études Anciennes, Bordeaux
REAug	Revue des Études Augustiniennes, Paris
RechAug	Recherches Augustiniennes, Paris
RechTh	Recherches Théologiques. Faculté de Théologie Protestante de l'Université de Strasbourg, Paris
Ren.	*Renovatio*. Zeitschrift für das interdisziplinäre Gespräch, Regensburg
RET	Revista Española de Teología, Madrid
RevSR	Revue des Sciences Religieuses. Faculté Catholique de Théologie, Straßburg u. a.
RFIC	Rivista di Filologia e di Istruzione Classica, Turin
RFNS	Rivista di Filosofia Neo-Scolastica, Mailand
RHE	Revue d'Histoire Ecclésiastique, Louvain
RHEF	Revue d'Histoire de l'Église de France, Paris
RHPhR	Revue d'Histoire et de Philosophie Religieuses, Straßburg u. a.
RHR	Revue de l'histoire des Religions, Paris
RHT	Revue d'Histoire des Textes, Paris

RivBib	*Rivista Biblica*, Rom u. a.
RivLas	Rivista Lasalliana, Turin
RKAM	Religion und Kultur der alten Mittelmeerwelt in Parallelforschungen, München u. a.
RMP	Rheinisches Museum für Philologie, Bonn u. a.
RPARA	Rendiconti della Pontificia Accademia Romana di Archeologia, Rom
RQ	Römische Quartalschrift für christliche Altertumskunde und Kirchengeschichte, Freiburg/Br.
RQ.S	Römische Quartalschrift für christliche Altertumskunde und Kirchengeschichte. Supplementhefte, Freiburg/Br.
RR	Review of Religion, New York
RSC	Rivista di Studi Classici, Turin
RSFR	Rivista Trimestrale di Studi Filosofici e Religiosi, Assisi
RSLR	Rivista di Storia e Letteratura Religiosa, Florenz
RSPhTh	Revue des Sciences Philosophiques et Théologiques, Paris u. a.
RSR	Recherches de Science Religieuse, Paris
RSSR	Ricerche di Storia Sociale e Religiosa, Rom
RSSR.M	Recherches et Synthèses de Sciences Religieuses – Section de morale, Gembloux
RSTh	Regensburger Studien zur Theologie, Bern u. a.
RThAM	Recherches de Théologie Ancienne et Médiévale, Louvain
RThom	Revue Thomiste, Bruges u. a.
RTHP	Recueil de Travaux d'Histoire et de Philologie, Louvain
RThPh	Revue de Théologie et de Philosophie, Lausanne
RTL	Revue Théologique de Louvain, Louvain
RUO	Revue de l'Université d'Ottawa, Ottawa
RVV	Religionsgeschichtliche Versuche und Vorarbeiten, Gießen u. a.
SAC	Studi di Antichità Cristiana, Rom
Sal.	*Salesianum*. Pontificio Ateneo Salesiano, Turin
Salm.	*Salmanticensis. Commentarius de sacris disciplinis cura Facultatum Pontificiae Universitatis Ecclesiasticae (Salmanticensis) editus*, Salamanca
SAM	Schriften zur antiken Mythologie, Mainz
Sap.	*Sapientia*. Revista tomista de filosofia, La Plata u. a.
SapDom	Sapienza. Rivista di filosofia e di teologia dei Domenicani d'Italia, Rom u. a.
SBA	Schweizerische Beiträge zur Altertumswissenschaft, Basel
SBAW.PH	Sitzungsberichte der Bayerischen Akademie der Wissenschaften in München – Philosophisch-historische Klasse/Abteilung, München
SBAW.PPH	Sitzungsberichte der Bayerischen Akademie der Wissenschaften in München – Philosophisch-Philologische und Historische Klasse, München
SBEC	Studies in the Bible and Early Christianity, Lewiston/NY
SBF.CMi	*Studium Biblicum Franciscanum. Collectio Minor*, Jerusalem
SC	Sources Chrétiennes, Paris
SCA	Studies in Christian Antiquity, Washington/DC
SCBE	*Scriptorum Classicorum Bibliotheca Oxoniensis*, Oxford
ScC	Scuola Cattolica. Rivista di scienze religiose, Mailand
ScEc	Sciences Ecclésiastiques. Revue philosophique et théologique, Bruges

Schol.   Scholastik. Vierteljahresschrift
             für Theologie und Philosophie,
             Freiburg/Br.
SCO   Studi Classici e Orientali, Pisa
ScrTh   *Scripta Theologica*. Facultad de
             Teología de la Universidad de
             Navarra, Pamplona
SE   *Sacris Erudiri*. Jaerboek voor
             godsdienstwetenschappen, Steen-
             brugge u. a.
SEAug   Studia Ephemeridis *"Augusti-*
             nianum", Rom
SecCen   The Second Century. A Journal
             of Early Christian Studies,
             Abilene/TX
SEHL   *Scriptores Ecclesiastici Hispa-*
             no-Latini veteris et medii aevi,
             Escorial
SeL   Storia e Letteratura. Raccolta di
             studi e testi, Rom
Seminarium   *Seminarium. Commentarii pro*
             seminariis, vocationibus eccle-
             siasticis, universitatibus, Vati-
             kanstadt
SGKA   Studien zur Geschichte und
             Kultur des Altertums, Paderborn
SGLG   *Studia Graeca et Latina Gotho-*
             burgensia, Stockholm
SGTK   Studien zur Geschichte der Theo-
             logie und der Kirche, Leipzig
SHAW   Sitzungsberichte der Heidel-
             berger Akademie der Wissen-
             schaften, Heidelberg
SHAW.PH   Sitzungsberichte der Heidel-
             berger Akademie der Wissen-
             schaften – Philosophisch-His-
             torische Klasse, Heidelberg
SHCT   Studies in the History of Chris-
             tian Thought, Leiden
SHG   *Subsidia Hagiographica*, Brüssel
SHR   Studies in the History of Reli-
             gions, Leiden
SicGym   *Siculorum Gymnasium*. Rasse-
             gna semestrale della Facoltà di
             Lettere e Filosofia dell'Univer-
             sità di Catania, Catania

Sileno   Sileno. Rivista di studi classici e
             cristiani, Rom
SIM   *Studia Instituti Missiologici So-*
             cietatis Verbi Divini, St. Augus-
             tin u. a.
SJTh   Scottish Journal of Theology,
             Edinburgh
SKG.G   Schriften der Königsberger Ge-
             lehrten Gesellschaft – Geistes-
             wissenschaftliche Klasse, Halle
SKV   Schriften der Kirchenväter,
             München
SLAG   Schriften der Luther-Agricola-
             Gesellschaft (in Finnland), Hel-
             sinki u. a.
SMGB   Studien und Mitteilungen zur
             Geschichte des Benediktiner-
             ordens und seiner Zweige, Mün-
             chen
SMH   Studies in Medieval History,
             Washington/DC
SMHVL   *Scripta Minora*. K. Humanistis-
             ka Vetenskapssamfundet i Lund,
             Lund
SMRH   Studies in Medieval and Renai-
             ssance History, Lincoln
SMRL   Studies in Medieval and Renai-
             ssance Latin (Language and
             Literature), Washington/DC.
SMSR   Studi e Materiali di Storia delle
             Religioni, Rom u. a.
SNVAO.HF   Skrifter utgitt av det Norske Vi-
             denskaps-Akademi i Oslo – His-
             torisk-Filosofisk Klasse, Oslo
SO   *Symbolae Osloenses. Societas*
             Graeco-Latina, Oslo
SÖAW.PH   Sitzungsberichte der Österrei-
             chischen Akademie der Wissen-
             schaften in Wien – Philoso-
             phisch-Historische Klasse, Wien
Sophia   Sophia. Quellen östlicher Theo-
             logie, Freiburg/Br
SPAMP   Studien zur Problemgeschichte
             der antiken und mittelalterlichen
             Philosophie, Leiden
SPAW.PH   Sitzungsberichte der Preußi-

schen Akademie der Wissenschaften. Philosophisch-Historische Klasse, Berlin

SPB *Studia Patristica et Byzantina*, Ettal

Spec. *Speculum*. A Journal of Mediaeval Studies, Cambridge/MA

SPMed Studia Patristica Mediolanensia, Mailand

SPS Salzburger Patristische Studien des Internationalen Forschungszentrums für Grundfragen der Wissenschaften Salzburg, Salzburg u. a.

SQS Sammlung ausgewählter kirchen- und dogmengeschichtlicher Quellenschriften, Tübingen

SSAM Settimana di Studio del Centro Italiano di Studi sull'Alto Medioevo, Spoleto

SSL *Spicilegium Sacrum Lovaniense*, Louvain

SSR Studi di Sociologia della Religione, Rom

SSRel Studi Storico-Religiosi, L'Aquila

SSSR Society for the Scientific Study of Religion

SST Studies in Sacred Theology, Washington/DC

STA *Studia et Testimonia Antiqua*, München

StAns *Studia Anselmiana (.). Philosophica (et) theologica*, Rom

StD Studies and Documents, London u. a.

STG Studien zur Theologie und Geschichte, St. Ottilien

STGL Studien zur Theologie des geistlichen Lebens, Würzburg

STL *Studia Theologica Lundensia*, Lund

StMed Studi Medievali, Turin u. a.

StML.E Stimmen aus Maria Laach – Ergänzungshefte, Freiburg/Br.

StMon *Studia Monastica*, Montserrat

StPat *Studia Patavina*. Rivista di filosofia e teologia, Padua

StPatr *Studia Patristica*. (z.T.:) Papers presented to (Papers of) the International Conference on Patristic Studies, Berlin u. a. (z.T. = TU)

StPB *Studia Post-Biblica*, Leiden

STPIMS Studies and Texts. Pontifical Institute of Mediaeval Studies, St. Michael's College, University of Toronto, Toronto

StPM *Stromata Patristica et Mediaevalia*, Brüssel u. a.

STRT *Studia Theologica Rheno-Traiectina*, Utrecht

StSil *Studia Silensia*, Burgos

StSR Studi di Scienze Religiose, Parma

StT Studi e Testi, Biblioteca Apostolica Vaticana, Vatikanstadt

StTh *Studia Theologica*. Scandinavian Journal of Theology, Lund u. a.

Studia *Studia*. Recherches de philosophie et de théologie publ. par les facultés S. J. de Montréal, Paris u. a.

SubMon *Subsidia Monastica*, Montserrat

SUC Schriften des Urchristentums, Darmstadt

SuPa Sussidi Patristici, Rom

SUSF Studi Urbinati di Storia, Filosofia e Letteratura, Urbino

SVigChr Supplements to *Vigiliae Christianae*, Leiden

SVSL Skrifter utgivna av Vetenskaps-Societeten i Lund, Lund

SVTP *Studia in Veteris Testamenti Pseudepigrapha*, Leiden

SWKV Sämmtliche Werke der Kirchen Väter, Kempten

TANZ Texte und Arbeiten zum Neutestamentlichen Zeitalter, Tübingen

TaS Texts and Studies. Contributions to Biblical and Patristic Literature, Cambridge u. a.

TBAW	Tübinger Beiträge zur Altertumswissenschaft, Stuttgart
TBNGP	Texte und Forschungen zur byzantinisch-neugriechischen Philologie, Berlin
TBT	Theologische Bibliothek Töpelmann, Berlin
TC	*Traditio Christiana*. Texte und Kommentare zur patristischen Theologie, Zürich
TD.T	*Textus et Documenta in usum exercitationum et praelectionum academicarum. Pontificia Universitas Gregoriana. Series Theologica*, Rom
TDT	Textes, Dossiers, Documents, Paris
TEH	Theologische Existenz heute. Eine Schriftenreihe, München
Teol.	Teología. Revista de la Facultad de Teología de la Pontificia Universidad Católica Argentina, Buenos Aires
Teol(Br)	Teologia. Rivista della Facoltà Teologica dell'Italia Settentrionale, Brescia
Test.	*Testimonia*. Schriften der altchristlichen Kirche, Düsseldorf
TET	Textes et Études Théologiques, Brugge
TeT	Temi e Testi, Rom
Theol(A)	*Theologia*. Epistēmonikon periodikon, Athen
Theol(P)	Théologie. Études publ. sous la dir. de la Faculté de Théologie S. J. de Lyon-Fourvière, Paris
Theoph.	*Theophaneia*. Beiträge zur Religions- und Kirchengeschichte des Altertums, Bonn
ThF	Theologische Forschung, Hamburg
ThGl	Theologie und Glaube, Paderborn
ThH	Théologie Historique, Paris
ThLZ	Theologische Literaturzeitung, Leipzig
Thought	Thought. A Review of Culture and Idea, New York u. a.
ThPh	Theologie und Philosophie. Vierteljahresschrift, Freiburg/Br.
ThQ	Theologische Quartalschrift, Tübingen u. a.
ThR	Theologische Rundschau, Tübingen
THS	Transactions of the R. Historical Society, London
ThSLG	Theologische Studien der (Österreichischen) Leo-Gesellschaft, Wien
ThST(B)	Theologische Studien, Zürich
ThStKr	Theologische Studien und Kritiken. Zeitschrift für das gesamte Gebiet der Theologie, Hamburg u. a.
ThWNT	Theologisches Wörterbuch zum Neuen Testament, Stuttgart
ThZ	Theologische Zeitschrift. Theologische Fakultät der Universität Basel, Basel
TICP	Travaux de l'Institut Catholique de Paris, Paris
TK	Texte und Kommentare. Eine altertumswissenschaftliche Reihe, Berlin
TKTG	Texte zur Kirchen- und Theologiegeschichte, Gütersloh
TPL	*Textus Patristici et Liturgici*, Regensburg
TRE	Theologische Realenzyklopädie, Berlin
TRSR	Testi e Ricerche di Scienze Religiose, Florenz
TS	Theological Studies. Theological Faculties of the Society of Jesus in the United States, Woodstock/MD u. a.
TSMÂO	Typologie de Sources du Moyen Âge Occidental, Turnhout
TSTP	Tübinger Studien zur Theologie und Philosophie, Mainz
TThSt	Trierer Theologische Studien, Trier
TTS	Tübinger Theologische Studien, Mainz

TU	Texte und Untersuchungen zur Geschichte der altchristlichen Literatur, Berlin u. a.
TuscBü	Tusculum-Bücher (-Bücherei), München
TzF	Texte zur Forschung, Darmstadt
UB	Urban-(Taschen-)Bücher, Stuttgart u. a.
UNHAII	Uitgaven van het Nederlands Historisch-Archeologisch Instituut te Istanbul, Istanbul
VAW	Verhandelingen der K. Akademie der Wetenschappen te Amsterdam, Amsterdam
VetChr	*Vetera Christianorum*, Bari
VF	Verkündigung und Forschung. Theologischer Jahresbericht, München
VHAAH.FF	K. Vitterhets-, Historie- och Antikvitets-Akademiens handlingar – Filologisk-filosofiska serien, Stockholm
VIEG	Veröffentlichungen des Instituts für Europäische Geschichte Mainz, Wiesbaden u. a.
VieMon	Vie Monastique, Bégrolles-en-Mauges
VigChr	*Vigiliae Christianae*. Review of Early Christian Life and Language, Amsterdam – Leiden
ViSa	Vite dei Santi, Verona
Vivarium	*Vivarium*. A Journal for Mediaeval Philosophy and the Intellectual Life of the Middle Ages, Leiden
VL	*Vetus Latina*. Die Reste der altlateinischen Bibel, Freiburg/Br.
VNAW	Verhandelingen der (K.) Nederlands(ch)e Akademie van Wetenschappen (te Amsterdam), Amsterdam
VS	Vie Spirituelle, Paris
VS.S	Vie Spirituelle. Supplément, Paris
VSen	*Verba Seniorum*. Collana di testi patristici e medievali, Albi

WB	Die Welt der Bibel, Düsseldorf
WBTh	Wiener Beiträge zur Theologie, Wien
WdF	Wege der Forschung, Darmstadt
WoodSt	Woodbrooke Studies. Christian Documents in Syriac, Arabic and Garshuni, Cambridge
WSA	The Works of St. Augustine. A Translation for the 21st Century, Hyde Park/NY
WSt	Wiener Studien. Zeitschrift für Klassische Philologie und Patristik, Wien
WUNT	Wissenschaftliche Untersuchungen zum Neuen Testament, Tübingen
WZ(H)	Wissenschaftliche Zeitschrift der Martin-Luther-Universität Halle-Wittenberg, Halle
ZDP	Zeitschrift für Deutsche Philologie, Berlin u. a.
Zet.	*Zetemata*. Monographien zur Klassischen Altertumswissenschaft, München
ZKG	Zeitschrift für Kirchengeschichte, Stuttgart u. a.
ZKTh	Zeitschrift für Katholische Theologie, Wien u. a.
ZNW	Zeitschrift für die Neutestamentliche Wissenschaft und die Kunde der älteren Kirche, Berlin u. a.
ZPE	Zeitschrift für Papyrologie und Epigraphik, Bonn
ZSRG.K	Zeitschrift der Savigny-Stiftung für Rechtsgeschichte – Kanonistische Abteilung, Weimar
ZThK	Zeitschrift für Theologie und Kirche, Tübingen u. a.
ZWTh	Zeitschrift für Wissenschaftliche Theologie, Jena u. a.

2. 출판사의 도시명

Au	아욱스부르크		Lo	런던
B	베를린		Lou	루뱅
Ba	바젤		M	마드리드
Bn	본		Mai	밀라노
Br	브레슬라우		Mn	뮌헨
Brü	브뤼셀		Ms	뮌스터
C	캠브리지		Mz	마인츠
Da	다름슈타트		N	네이메겐
Dü	뒤셀도르프		NY	뉴욕
Eins	아인지델른		O	옥스퍼드
Erl	에어랑겐		P	파리
F	프라이부르크/브라이스가우		Pb	파더본
Ffm	프랑크푸르트/마인		Ph	필라델피아
Fri	프리부륵		Pm	팜플로나
Gi	기센		R	로마
Gö	괴팅겐		Rb	레겐스부르크
Gü	귀터스로		Sa	잘츠부르크
H	함부르크		St	슈투트가르트
Hei	하이델베르크		Tu	투른아우트
Hi	힐데스하임		Tü	튀빙겐
Hn	하노버		W	빈
I	인스부르크		Wi	비스바덴
K	쾰른		Wü	뷔르츠부르크
L	라이프치히		Zü	취리히
Lei	레이덴			

3. 그밖의 약어

äthiop	에티오피아어		I	이탈리아어
AT	구약성서		Jh.	세기
at./atl.	구약성서의		K	주석서
armen	아르메니아어		k	콥트어
CNRS	국립 학술연구재단, 파리		l	라틴어
d	독일어		NF	속간(續刊)
d. Gr.	대(大)		NS	새로운 총서
d. J.	2세		NT	신약성서
E	서론		ntl	신약성서의
e	영어		s	스페인어
ed.	편집자		syr	시리아어
eds.	공동 편집자		T	본문
f	프랑스어		Ü	번역서
FS	축하기념 논문집		u. a. m.	그밖에
g	그리스어		z. B.	예를 들면
hrsg.	편집인		z. Z.	지금, 현재

총체적 참고문헌 목록

1. 참고문헌 목록

가장 좋고 상세한 교부론 참고문헌 목록은 로마의 파올로 6가 25번지에 자리한 교부학 연구소 "아우구스티니아눔"*Institutum Patristicum "Augustinianum"*에 있다. 그러나 이 목록은 연구소에서만 개인적으로 열람할 수 있다. 1992년 말부터 바티칸 도서관과 로마에 있는 다른 도서관이 전산망으로 연결되어 이 도서관들에 소장된 작품이 보완되었다.

L'Année Philologique. 고대 그리스·라틴 문헌에 관한 비평적·분석적 참고문헌 목록. 마루조J. Marouzeau를 비롯한 여러 학자가 1924년 이후 파리에서 계속 출간함.

> 저자와 전문 분야에 따라 분류하고 논평한 고전 문헌학과 고대학의 참고문헌 목록이다. 고대 그리스도교와 그 시기의 저자들을 싣고 있으며 3년마다 출판한다. 보완된 참고문헌 목록: Scarlat Lambrino, Bibliographie de l'Antiquité Classique 1896~1914, P 1951; J. Marouzeau, Dix années de bibliographie classique 1914~1924, 2 vol., P 1927-8.

Bibliographia Patristica. 국제적인 교부학 참고문헌 목록. 슈네멜허W. Schneemelcher가 편집인이며, 많은 전문가의 도움으로 1959년 이후 본에서 계속 출간됨. 26/27호(1981/82년)부터는 쉐퍼디에크K. Schäferdieck가 편집함.

> 저자와 전문 분야에 따라 분류하나 논평이 없는 참고문헌 목록이며 평론 목록도 싣고 있다. 목록에 수록된 작품들의 출판 연도에 따라 몇 년마다 출판된다.

Theologische Revue. 뮌스터 대학 가톨릭 신학부의 교수들이 편집진이며, 1902년 이후 뮌스터에서 계속 출간됨.

> 현재 해마다 6호씩 간행되는 평론지로 신학의 모든 분야를 다룬다. 1992년까지는 분야별로 분류하여 새로 출판하였다. 1993년 1호부터는 독일어로 쓴 박사학위 논문이나 교수자격 논문을 해마다 한 편씩 싣고 있다.

Revue d'histoire ecclésiastique → 8. 잡지와 연보 참조.

그밖에 정기적으로 출간되는 참고문헌 목록: BAIEP. – BBL. – BThAM. – ByZ. – OS. – RSPhTh. – RSR. – Salm.

M. Albert/R. Beylot/R.-G. Coquin/B. Outtier/Ch. Renoux, Christianismes orientaux. Introduction à l'étude des langues et des littératures = ICA 4 (1993).

> 아랍어, 아르메니아어, 콥트어, 게오르기아어, 시리아어로 씌어진 문헌을 폭넓게 분류한 참고문헌 목록. 저자들과 그들의 작품을 소개하지도 비평적으로 다루지도 않기 때문에 교부론에는 그리 도움이 되지 않는다.

→ 11.1. 전산 데이터 베이스, 참고문헌 목록 참조.

Th.A. Robinson u. a., The Early Church. An Annotated Bibliography of Literature in English, Metuchen/NJ - Lo 1993.

2. 사전/백과사전

Dizionario Patristico e di Antichità Cristiane, diretto da A. Di Berardino, 3 vol., Casale Monferrato 1983-8.

= Dictionnaire encyclopédique du christianisme ancien. Adaption française sous la direction de F. Val, 2 vol., P 1990.

= Encyclopedia of the Early Church. Translated by A. Walford. With a Foreword and Bibliographic Amendments by W.H.C. Frend, 2 vol., C 1992.

= Diccionario patrístico y de la antigüedad cristiana, 2 vol., Salamanca 1991-2.

교부론과 고대 그리스도교에 관한 일반 사전으로 여러 나라의 많은 전문가가 기고했다. 각 항목마다 집필자가 나름대로 고른 좋은 참고문헌 목록을 싣고 있다. 제3권에는 비종교, 교회, 문화, 신학 분야에서 가장 중요한 사건들을 연대기로 비교한 도표, 지도, 그림, 목록이 있다. 프랑스어판과 스페인어판은 개정 없이 번역했으며 영어판은 참고문헌 목록을 보완했다. 그러나 영어판에는 틀린 글자가 많아 모든 내용을 철저히 검토해야 한다.

Dictionnaire d'archéologie chrétienne et de liturgie (DACL), 15 vol., P 1924-53.

그리스도교 고고학에 관한 기초적이고 방대한 사전.

E. Ferguson u.a. (ed.), Encyclopedia of Early Christianity, 2 vol., NY – Lo ²1997.

고대교회에 관한 상세한 사전으로서 구성과 편집 의도는 "Dizionario Patristico e di Antichità Cristiane"와 비슷하다.

S. Döpp/W. Geerlings u.a. (eds.), Lexikon der antiken christlichen Literatur, F-Ba-W 1998.

Theologische Realenzyklopädie. 크라우제G. Krause와 뮐러G. Müller가 공동 편집인이며, 많은 전문가의 도움으로 1977년 이후 베를린과 뉴욕에서 계속 출간됨.

개신교 학자들이 주축이 되어 출판하는 국제적이고 초교파적인 사전이다. 백과사전식으로 항목을 정하고 각 항목에 관해 상세한 참고문헌 목록을 싣고 있다. 교부시대에 관해서는 드물게 항목의 차례를 세분하여 각 종파간의 서로 다른 해석을 다룬다. 슈베르트너Siegfried M. Schwertner가 작성한 약어 목록(²1994 = IATG²)은 점차 국제적 표준 약어로 굳어가고 있으며, 맨 앞에 기재된 약어를 사용해야 한다.

Reallexikon für Antike und Christentum. 그리스도교와 고대세계에 관한 사전으로 클라우저Th. Klauser와 다스만E. Dassmann이 공동 편집인이며, 많은 전문가의 도움으로 1950년 이후 슈투트가르트에서 계속 출간됨.

고대 후기의 연구를 위한 기념비적인 사전으로, 잡지 "Antike und Christentum"(6권, 뮌

스터 1929~1940년)의 유일한 편집인이자 저자인 프란츠 요셉 될거Franz Joseph Dölger
가 제안하고 이름난 전문가가 참여하여 출간하였다. 제2차 세계대전 이후부터는 테오도
르 클라우저Theodor Klauser가 편집을 맡았으며, 1955년부터는 프리드리히 빌헬름 본
대학의 프란츠 요셉 될거 연구소가 이 사전의 편찬 계획을 맡고 있다. 해가 거듭될수록
늘어나는 항목 때문에 백과사전의 가치를 지니는 중요한 사전으로 정평이 나 있다. 추
가 항목은 "Jahrbuch für Antike und Christentum"에 싣고 있다. 증보판은 추가 항목을
요약한다. Das Reallexikon für Antike und Christentum und das F.J. Dölger-Institut in
Bonn. Berichte, Erwägungen, Richtlinien vorgelegt von Theodor Klauser, St ²1970 참조.

Paulys Realencyclopädie der classischen Altertumswissenschaft. 개정판은 비소바
G. Wissowa가 발간하였고, 크롤W. Kroll과 미텔하우스K. Mittelhaus가 계속 발간함. 지글러
K. Ziegler가 편집인이며, 많은 전문가의 도움으로 1894~1978년에 슈트트가르트와 뮌헨
에서 출간되었음.
– J.P. Murphy, Index to the Supplements and Suppl. Volumes of Pauly-Wis-
sowa's R.E.², Chicago ²1980.
– Register der Nachträge und Supplemente von H. Gärtner und A. Wünsch, Mn 1980.

> 고전시대와 고전문학의 모든 영역을 다룬 기념비적 사전. 1894년에 출판되기 시작하였
> 으며, 1920년 "R"부터 두번째 시리즈가 시작되어 15권의 증보판이 보충되었다. 이를 묶
> 어 "der große Pauly" 또는 "RE"로 부르나 (슈베르트너의) TRE 약어표에서는 "PRE"로
> 부른다. 항목들이 오래 전에 출판되어 새로 연구·보완되어야 하지만 주제의 각론 연구
> 에 관하여 종종 총괄적인 고찰을 제시한다. 부록과 증보판을 위한 두 개의 목록이 있다.

Dictionnaire de spiritualité, ascétique et mystique, doctrine et histoire, P 1937 ff.

> 그리스도교의 영성에 중점을 두고 있는 거의 완벽한 사전. 특히 최근판에서 고대교회와
> 교부들에 관한 기초적인 역사 정보와 참고문헌 목록을 제시한다.

Biographisch-Bibliographisches Kirchenlexikon. 바우츠F.W. Bautz와 바우츠T. Bautz
가 공동 편집인이며 1975년 이후 함Hamm에서 계속 출간됨.

> 그리스도교에 관한 초교파적 인물 사전. 이 사전은 항목에 대한 상세하고 완벽한 참고
> 문헌 목록을 싣고 있다는 데 그 중요성이 있다. 처음에는 프리드리히 빌헬름 바우츠 혼
> 자 저술하였으나 그가 죽은 뒤 수많은 저자, 그 가운데 이름난 학자들이 참여하였다. 그
> 러나 많은 항목과 참고문헌 목록에 틀린 글자가 적지 않다는 사실에 유의해야 한다.

Dictionnaire d'histoire et de géographie ecclésiastiques, P 1912 ff.

> 고대교회와 교부론을 포함한 일반적인 교회사 사전으로 최근판에서는 중요 항목과 참고
> 문헌을 싣고 있다.

3. 교부론 입문서와 문헌사 개론서

B. Altaner/A. Stuiber, Patrologie. Leben, Schriften und Lehre der Kirchenväter, F
– Ba – W ⁸1978. 종이 표지로 된 염가판이 1993년 출간됨.

= Précis de Patrologie, adapté par H. Chirat, P – Tournai 1961.

= Patrología, trad. por E. Cuevas y U. Domínguez-Del Val, M ⁵1962.

= Patrologia, Casale ⁷1977.

= Patrology, transl. H.C. Graef, NY 1961.

교부론 입문서로, 참고문헌 목록과 교부시대의 모든 저자와 작품을 간략히 기술하며, 역사적·문헌사적 사실과 교부들의 교의 진술에 중점을 둔다. 이 작품은 1966년 제7판으로 개정판이 끝나고, 1978년 참고문헌 부록을 128쪽에 새로 실은 제8판이 나온 뒤로는 개정판이 출판되지 않는다.

A. von Harnack, Geschichte der altchristlichen Litteratur bis auf Eusebius, 3 vol., L 1893-1904. ²1958 in 4 vol., ed. K. Aland.

저자가 생존할 당시 입문적인 문헌사였을 뿐만 아니라 오늘날까지도 고전적인 문헌사 작품. 이 작품은 두 부분(I. 전승과 전승과정; II. 연대기)으로 짜여져 있다.

O. Bardenhewer, Geschichte der altkirchlichen Literatur, 5 vol., F ²1923-32.

저자가 생존할 당시 가장 완벽한 교부론 입문서. 이 작품은 연구사와 당시의 연구상황을 폭넓게 서술하고 고대 그리스도교 문헌을 상세하게 분석하였다.

J. Quasten, Patrology, 3 vol., Brü 1950-60.

= Initiation aux Pères de l'Église, trad. J. Laporte, 3 tomes, Paris 1955-62.

= Patrologia, 2 vol., Casale 1980.

= Patrología, trad. por I. Oñatibia, P.U. Farré y E.M. Llopart, 2 vol. = BAC (²1968).

알타너/스투이버의 교부론 입문서와 거의 비슷하지만 저자와 작품들에 관한 내용과 참고문헌 목록은 더 방대하다. 이 작품은 아직 완성되지 않았으며, 니체아 공의회(325년)에서 칼체돈 공의회(451년)까지 활동했던 그리스 교부들만 서술하고 다음 시대에 대해서는 전혀 기술하지 않는다. 그렇지만 후대에 관한 내용은 다음 작품에 이어 나온다.

Institutum Patristicum Augustinianum – Roma, Patrologia, vol. III: Dal Concilio di Nicea (325) al Concilio di Calcedonia (451). I Padri latini, a cura di A. Di Berardino, con presentazione di J. Quasten, Casale 1978.

= Patrología III: La edad de oro de la literatura patrística latina, trad. por J.M. Guirau = BAC 422 (1981).

= Initiation aux Pères de l'Église, vol. IV: Du concile de Nicée (325) au concile de Chalcédoine (451). Les Pères latins. Trad. par J.-P. Bagot. Révision par A.-G. Hamman, P 1986.

= Patrology IV: The Golden Age of Latin Patristic Literature. From the Council of Nicea to the Council of Chalcedon, transl. P. Solari, Westminster/MD 1986.

로마에 있는 교부학 연구소 "아우구스티니아눔"의 교수진이 위의 작품에서 보여준 서술 방식으로 칼체돈 공의회(451년)까지 활동했던 라틴 교부들을 보완하였다.

Institutum Patristicum Augustinianum - Roma, Patrologia, vol. IV: Dal Concilio di Calcedoni (451) a Beda. I Padri latini, a cura di Angelo Di Berardino, Genua 1996.

로마에 있는 교부학 연구소 "아우구스티니아눔"의 교수진이 위의 작품과 같은 방식으로 라틴 교부는 존자尊者 베다(735년)까지, 그리스 교부는 다마스쿠스의 요한(750년)까지 보완하였다.

L.J. Engels/H. Hofmann (ed.), Neues Handbuch der Literaturwissenschaft 4: Spätantike, mit einem Panorama der byzantinischen Literatur, Wi 1997.

고대 후기의 문헌을 유형과 주제에 따라 분류한 개론서.

W. von Christ/W. Schmid/O. Stählin, Geschichte der griechischen Literatur, 3 Bde. = HAW VII (⁶1912-24).

작품을 문헌사적으로만 기술한 문헌학 개론서로 교부론 입문서와 구별된다. 그렇지만 530년까지 저술된 작품을 다루었기 때문에 고대 그리스도교의 거의 모든 문헌을 실었다 (제2권 2부, 1105-492쪽). 비종교적 문헌은 장르에 따라 분류한 반면, 그리스도교 문헌은 저자와 작품에 따라 분류하였다.

M. Schanz/C. Hosius/G. Krüger, Geschichte der römischen Literatur bis zum Gesetz-gebungswerk des Kaisers Justinian, 4 Teile in 7 Bde. = HAW VIII (³1907-20).

크리스트W. von Christ의 그리스 문헌사와 서로 짝이 되는 라틴 문헌사. 그리스도교 문헌은 제3권 245-461쪽, 제4권 1부 205-550쪽, 제4권 2부 360-645쪽에 실려 있다.

R. Herzog/P.L. Schmidt (eds.), Handbuch der lateinischen Literatur der Antike = HAW VIII (1989 ff).

샨츠-호시우스Schanz-Hosius의 작품을 같은 원칙에 따라 완전히 개작하였다. 그리스도교 문헌도 될 수 있는 대로 장르에 따라 분류하였으나, 원전과 참고문헌에 관한 정보는 전반적으로 문헌학 문제나 문헌 형식에 한정된다.

H.-G. Beck, Kirche und theologische Literatur im byzantinischen Reich = HAW XII/ 2/2 (1959).

6세기부터 1453년 동로마제국이 몰락할 때까지 비잔틴 그리스도교 문헌을 다룬 기초적인 개론서. 이 시기의 문헌을 이해하기 위해서는 국가와 밀착된 교회의 구조(제국교회, 교회 조직, 전례, 성인전, 신학)를 반드시 이해해야 하기 때문에 이에 관해서도 서술한다.

4. 편집본 총서

Patrologiae cursus completus, Series Graeca, accurante J.-P. Migne, 161 vol., P 1857-66.
- Th. Hoepfner, *Index locupletissimus*, 2 vol., Paris 1928-36.
- F. Cavallera, *Indices*, P 1912.

→ 10. 마이크로 필름 카드 참조.

→ 11. 전산 데이터 베이스 참조.

사제이자 발행인인 자크–폴 미뉴Jacques-Paul Migne가 편찬한 당시까지의 그리스 교부 작품의 모음집으로 라틴어 번역을 함께 싣고 있다(1472년에 사망한 베사리온 추기경의 작품까지 수록함). 미뉴의 의도는 작품을 새롭게 편집하는 것이 아니라 당시 가장 좋은, 특히 파리 근교의 베네딕도파 성 마우루스 수도원의 마우루스판을 그대로 베끼는 것이 었다. 오늘날까지 이 모음집의 많은 작품이 새로 편집되거나 자세히 검토되어 수정되지 않았기에 아직도 가장 중요한 본문 모음집으로 여겨진다. 이 모음집은 비평본과 새로 발견된 작품으로 보완되어야 한다. 모음집의 편집인과 역사에 관해서는 A.-G. Hamman, Jacques-Paul Migne. Le retour aux Pères de l'Église, P 1975 참조.

Patrologiae cursus completus, Series Latina, accurante J.-P. Migne, 221 vol., P 1841-64 (218-221권은 목록임)

– *Elucidatio in 235 tabulas Patrologiae Latinae auctore Cartusiensi*, Rotterdam 1952.

– P. Glorieux, Pour revaloriser Migne. Tables rectificatives = MSR 9 (1952) Cahier supplémentaire.

→ 10. 마이크로 필름 카드 참조.

→ 11. 전산 데이터 베이스 참조.

"그리스 교부문헌 모음집"*Patrologia Graeca*에 짝이 되는 라틴 교부 모음집으로 인노첸 시우스 3세(1216년 사망)까지 싣고 있다.

Patrologiae cursus completus, Series Latina, Supplementum, accurante A. Hamman, 5 vol., P 1958-75 (5권은 베이A.L. Bailly와 부오J.-P. Bouhot가 편집한 색인임).

→ 10. 마이크로 필름 카드 참조.

→ 11. 전산 데이터 베이스 참조.

새로 발견된 모든 단편과 변경된 내용을 보완한 모음집으로 미뉴 편집본에 따라 분류됨.

Corpus Christianorum, Series Latina, Tu 1954 ff.

→ 10. 마이크로 필름 카드 참조.

→ 11. 전산 데이터 베이스 참조.

"교부문헌 전집"*Patrologiae cursus completus*을 새로 편찬하려는 의도에서 계획됨. 부분적 으로는 — 전체적으로는 미뉴와 같이 — 이미 출간된 비평본을 그대로 베꼈으나 대부분은 새로운 편집본으로 구성되었다. 전집의 범위와 내용은 *Clavis Patrum Latinorum*에서 732년 베다의 사망까지로 확정되었으며, 여러 권으로 이루어진 작품은 차례대로 간행되지 않는 다. 중세의 저자들은 "중세 총서"*Series mediaevalis*로 간행된다.

Corpus Christianorum, Series Graeca, Tu – Leuven 1977 ff.

→ 10. 마이크로 필름 카드 참조.

다마스쿠스의 요한(750년경 사망)까지 그리스 교부들의 작품 전집 → *Clavis Patrum Graecorum* 참조.

Corpus Christianorum, Series Apocryphorum, Tu 1983 ff.

→ 10. 마이크로 필름 카드 참조

신약성서의 외경에 관한 전집 → *Clavis Apocryphorum Novi Testamenti* 참조.

Corpus Scriptorum Ecclesiasticorum Latinorum, W 1866 ff.

미뉴본문을 보완하기 위한 라틴 교부들의 비평본 전집. 1954년부터는 *Corpus Christianorum, Series Latina*로 출간된다. 따라서 일부 본문은 두 총서에서 서로 다른 판으로 간행되었다.

→ 10. 마이크로 필름 카드 참조

Die griechischen christlichen Schriftsteller der ersten drei Jahrhunderte, B 1897 ff.

"라틴 교회저술가 전집" *Corpus Scriptorum Ecclesiasticorum Latinorum*과 짝이 되는 그리스 교부 편집본 총서로 일부 본문은 3세기 이후의 작품도 수록한다. 동독이 공산주의 치하에 있는 동안 재정적으로 어려운 상황에서도 편집본은 꾸준히 재인쇄되고 개정되었다.

→ 10. 마이크로 필름 카드 참조

Sources Chrétiennes, 드 뤼박H. de Lubac과 다니엘루J. Daniélou가 창간하였으며, 1941년 이후 파리에서 계속 출간됨.

대중적이고 널리 보급된 비평본으로 라틴 교부, 그리스 교부, 중세 저자들의 중요한 작품이 프랑스어 번역과 주석과 함께 실려 있다.

Monumenta Germaniae historica inde ab a. C. 500 usque ad a. 1500, Auctores antiquissimi, 15 Bde., Hn u. a. 1877~1919.

출판의 목표를 설정하고 출판 연도에 한정하였기에, 처음의 단행본들은 (예를 들어 마르세이유의 살비아누스, 투르의 그레고리우스 등과 같이) 게르만 민족권에서 중요한 라틴 교부 저술가들의 비평본을 수록하였다.

Patrologia Syriaca, ed. R. Graffin, 3 vol., P 1897~1927.

시리아 교부 작품들에 관한 최초의 모음집.

→ 10. 마이크로 필름 카드 참조.

Patrologia Orientalis, ed. R. Graffin, F. Nau, F. Graffin, P 1903 ff.

동방교회에서 사용된 언어로 저술활동을 한 교부들의 모든 작품을 모아놓은 방대한 작품집으로 라틴어 번역 또는 현대어 번역을 함께 싣고 있다.

Corpus Scriptorum Christianorum Orientalium, R 1903 ff.

동방 교부들, 곧 에티오피아어, 아랍어, 아르메니아어, 콥트어, 게오르기아어, 시리아어, 숩시디아어를 사용한 저술가들을 여러 총서로 나누어 다룬 기념비적 편집본 전집이다. 번역과 그 연구 결과들을 싣고 있다.

<h2 style="text-align:center">5. 번역서 총서</h2>

1. 독일어

Bibliothek der Kirchenväter. 교부들의 중요 작품의 독일어 번역. 라이트마이어F.X. Reithmayr와 탈호퍼V. Thalhofer가 공동 편집인이며 1869~1888년에 켐프텐에서 80권이 발행됨.

> 가장 많은 부수의 독일어 번역 총서.

Bibliothek der Kirchenväter. 교부들의 중요 작품의 독일어 번역. 바르덴헤버O. Bardenhewer, 쉐르만Th. Schermann, 베이만K. Weyman, 첼링거J. Zellinger, 마틴J. Martin이 공동 편집인이며, 1911~1931년에 켐프텐과 뮌스터에서 61권과 두 권의 목록이 출간됨. 두번째 총서의 편집인은 바르덴헤버, 첼링거, 마틴이며 1932~1939년 사이에 뮌스터에서 20권이 출간됨.

> 1869~1888년에 발행된 총서의 후속판으로, 가장 대중적이고 널리 보급된 독일어 번역 총서. 이 총서는 이전에 나온 총서를 다시 출판하지 않았으나 일부 작품을 이 총서에 포함하였다.

Schriften der Kirchenväter. 브록스N. Brox가 편집인이며, 1983~1984년에 뮌스터에서 10권이 출간됨.

> 앞에서 말한 총서의 일부 본문에 주석을 새로이 싣고 참고문헌을 보완하여 재인쇄하였다.

Bibliothek der griechischen Literatur. 비르트P. Wirth와 게셀W. Gessel이 공동 편집인이며 1971년 이후 슈투트가르트에서 계속 출간됨.

> 그리스어 지식이 전반적으로 줄어든 오늘날의 상황에서 중요한 본문, 특히 세 분야(고전 문헌학, 교부학, 비잔틴학)의 본문을 번역하자는 계획으로 펴낸 번역 총서. 번역 외에 전문가들이 저마다 상세하고 내용이 뛰어난 해제, 주석, 참고문헌 목록, 도표를 싣고 있다. 책의 표지가 좋은 반면 매우 비싸다.

Fontes Christiani. 고대와 중세의 그리스도교 문헌에 관한 원어와 독일어 번역을 싣고 있는 신판으로 브록스, 게어링스W. Geerlings, 그레샤케G. Greshake, 일그너R. Ilgner, 쉬퍼R. Schieffer가 공동 편집인이며, 1991년 이후 프라이부르크 등에서 계속 출간됨.

> "그리스도교의 원천"Sources Chrétiennes의 형식을 따르고 "교부 총서"Bibliothek der Kirchenväter를 다른 방식으로 계승한 총서. 일부 본문은 새롭게 편집되었고 더러는 다른 비평본을 베꼈으며, 상세한 해제 · 주석 · 색인을 싣고 있다. 지금까지는 본문을 선택하는 기준이 그리 명백하지 않았지만 앞으로 총서가 어떤 식으로 발행되느냐에 따라 간행 계획이 분명해질 것이다.

Texte der Kirchenväter. 주제별로 분류되었으며, 하일만A. Heilmann과 크라프트H. Kraft가 공동 편집인이다. 크라프트가 쓴 교부 사전과 크라프트, 귈조브H. Gülzow, 메르츠I. Merz가 작성한 목록을 첨가하여 1963~1966년에 뮌헨에서 다섯 권이 출간됨.

> 교의사적 관점(신론, 창조론, 인간론, 구원론, 교회론, 성사론, 성서, 종말론, 윤리/교회 생활, 은총론, 그리스도론, 도덕론)에서 주제별로 구성된 독일어 번역. 제5권은 사전과 상세한 목록이다.

2. 영어

The Ante-Nicene Christian Library (ANCL), 24 vol., Edinburgh 1866-72.

The Ante-Nicene Fathers (ANFa), 10 vol., NY 1886-7; Grand Rapids 1973.

The Nicene and Post-Nicene Fathers (NPNF), 28 vol., O 1886-1900; Grand Rapids 1956.

Ancient Christian Writers (ACW), Westminster/MD - Lo 1946 ff.

The Fathers of the Church (FaCh), Wa 1946 ff.

3. 프랑스어

Les pères dans la foi (CPF). Collection dirigée par A.-G. Hamman et M.-H. Congourdeau, P 1977 ff.

4. 스페인어

Biblioteca de autores cristianos (BAC), M 1944 ff.

Biblioteca de Patrística, M 1986 ff.

Fuentes patrísticas, M 1991 ff.

5. 이탈리아어

Classici delle religioni (CdR), T 1968 ff.

La teologia dei Padri. Testi dei Padri latini, greci, orientali, scelti e ordinati per temi, 5 vol., R 1974-6.

Collana di testi patristici (CTePa), R 1976 ff.

Letture cristiane delle origini (LCO), R 1979 ff.

Letture cristiane del primo millennio (LCPM), Mi 1987 ff.

Collana patristica, R 1992 ff.

M. Simonetti/E. Prinzivalli, Letteratura cristiana antica. Antologia di testi, 3 vol., Casale Monferrato 1996.

6. 포르투갈어

Patrística, São Paolo 1995 ff.

6. 보조자료

M. Geerard, *Clavis Apocryphorum Novi Testamenti*, Tu 1992.

> 신약성서의 순서(복음서, 행전, 편지, 묵시록)에 따른 모든 외경에 관한 목록. 색인에서 작품들을 총괄적으로 찾아볼 수 있다. 사본, 출판물, 기초적인 참고문헌, 문헌사적 문제점에 관한 정보도 싣고 있다.

J.-C. Haelewyck, *Clavis Apocryphorum Veteris Testamenti*, Turnhout 1998.

> 구약성서의 모든 외경에 관한 목록으로 사본, 편집본, 번역서, 기초적인 참고문헌을 역사순으로 열거하였다.

M. Geerard/F. Glorie, *Clavis Patrum Graecorum* (CPG), 5 vol. = CChr (1974-85).

Supplementum cura et studio M. Geerard et J. Noret, adiuvantibus F. Glorie et J. Desmet, 1998.

> 모든 그리스 교부 저자들을 연대순으로 싣고 있는 목록. 색인에서 저자들과 작품들을 총괄적으로 찾아볼 수 있다. 사본, 출판물, 기초적인 참고문헌, 문헌사적 문제점에 관한 정보도 싣고 있다.

E. Dekkers/Ae. Gaar, *Clavis Patrum Latinorum* = SE 3 (²1961).

> 모든 라틴 교부 저자를 연대순으로 싣고 있는 목록. 색인에서 저자와 작품을 총괄적으로 찾아볼 수 있다. 사본, 출판물, 기초적 참고문헌, 문헌사적 문제점에 관한 정보도 싣고 있다.

J. Machielsen, *Clavis patristica pseudepigraphorum medii aevi*, Tu 1990 ff.

> 라틴 교부의 작품들 가운데 고의적이거나 전승 과정에서 다른 저자의 작품으로 여겨졌거나, 친저성은 확실하지만 그 내용이 변한 중세〔베다의 사망(732년) 이후〕의 모든 저서에 관한 목록.

H.J. Frede, Kirchenschriftsteller. Verzeichnis und Sigel. *Repertorium scriptorum ecclesiasticorum latinorum saeculo nono antiquiorum siglis adpositis quae in editione Bibliorum Sacrorum iuxta veterem latinam versionem adhibentur*. 4. aktualisierte Auflage = VL 1/1 (1995). Aktualisierungsheft 1999/Compléments 1999 par Roger Gryson = VL 1/1C (1999).

> 페트루스 사바티어Petrus Sabatier가 간행본을 낸 뒤 보이론 대수도원에서 새로 편집한 "Vetus Latina". Die Reste der altlateinischen Bibel을 위한 약부略符 목록, 작품들의 편집본, 연도, 친저성, 진본성에 관한 간략한 정보 때문에 목록의 편람Nachschlagewerk이 중요하다.

Instrumenta Patristica, Steenbrugge 1959 ff.

> 교부론 연구를 위한 보조자료 총서. 교부론의 보조자료와 역사에 관한 참고문헌 목록, 일반 목록, 사전, 축하기념 출판물, 논문을 싣고 있다.

→ 10. 마이크로 필름 카드 참조.

→ 11. 전산 데이터 베이스 참조.

A. Keller, *Translationes Patristicae Graecae et Latinae*. Bibliographie der Übersetzungen altchristlicher Quellen. Erster Teil: A-H, St 1997.

> 최근의 편집본들을 바탕으로 한 고대 그리스도교 문헌의 독일어, 영어, 프랑스어, 이탈리아어, 스페인어 번역서에 관한 참고문헌 목록.

7. 각론서

Handbuch der Altertumswissenschaft(1921년까지의 표제: Handbuch der klassischen Altertumswissenschaft). 1885년 뮐러I. von Müller가 뮌스터에서 창간하였으며 오토W. Otto가 증보하고 벵트손H. Bengtson이 계속 발간함.

> 고대 후기와 비잔틴 시기의 모든 부문(문법, 수사학, 역사, 문헌사, 종교사, 고고학, 고전학古錢學 등)에 관한 광범위하고 기초적인 각론서. 단행본들은 필요에 따라 현재의 관심사를 다루거나 개정증보된다.

Handbuch der Dogmengeschichte. 편집인은 슈마우스M. Schmaus 등이며 1951년 이후 프라이부르크에서 계속 발간됨.

> 방대하지만 아직 완결되지 않았다. 교의사 전체를 네 부분, ① 신앙인의 존재, ② 삼위일체이신 하느님, 창조, 죄, ③ 그리스도론, 구원론, 마리아론, 하느님 나라, 교회, ④ 성사론, 종말론으로 분류하였는데, 네 부분의 제1권은 늘 교부들을 다루고 있다.

→ 그밖의 교부시대의 개별적인 교의사 참고문헌에 관해서는 제3부 서론 3. 참조.

Handbuch der Kirchengeschichte, 예딘H. Jedin이 편집인이며, 1962~1975년에 프라이부르크 등에서 출간됨.

> 교회사적 관점에서 교부들도 함께 다루는 기본서(I-III/1권).

Aufstieg und Niedergang der römischen Welt. 편집인은 템포리니H. Temporini 등이며 1972년 이후 베를린에서 계속 출간됨.

> 본디 튀빙겐 대학의 문헌학자 요셉 보그트Joseph Vogt를 위해서 네 권으로 만든 축하기념 논문집이었으나, 뒤에 고대 로마 세계에 관한 모든 부분을 여러 권으로 펴낸 논문 모음집이 되었다.

8. 잡지와 연보

Augustinianum. 교부학 연구소 "아우구스티니아눔"에서 1년에 네 번 출판하는 정기간행물로 1961년 이후 로마에서 계속 출간됨.

> 교부론 전 분야에 관해 각국어로 쓴 일반 잡지로 상세한 서평을 싣고 있다.

Vigiliae Christianae. Review of Early Christian Life and Language, Amsterdam – Lei 1947 ff.

고대 그리스도교와 그리스도교 문헌에 관한 국제적인 잡지로 서평을 싣고 있다.

Jahrbuch für Antike und Christentum, 편집진은 본 대학의 프란츠 요셉 될거Franz Joseph Dölger 연구소이며 1958년 이후 뮌스터에서 계속 출간됨.

"고대와 그리스도교에 관한 백과사전"Reallexikons für Antike und Christentum을 보완하는 논문, 서평, 부록, 보고서를 싣고 있는 정기간행물.

Römische Quartalschrift für christliche Altertumskunde und Kirchengeschichte, F 1887 ff.

로마의 역사와 고고학 연구를 위해 로마의 캄포 산토 테우토니코Campo Santo Teutonico 사제단이 창간한 잡지로, 상세한 서평과 함께 고대 교회사와 교부론에 관한 주요 논문을 싣고 있다.

Revue Bénédictine de critique, d'histoire et de littérature religieuses, Maredsous 1890 ff.

교부론에 관한 많은 기초적인 기사를 싣고 있는 역사 잡지.

Revue d'histoire ecclésiastique, Lou 1900 ff.

교회사와 교부론의 전 분야를 다루는 잡지로, 시대와 전문 영역에 따라 분류되어 해마다 발간되는 참고문헌 목록은 매우 유익하다.

9. 연구논문 총서

Texte und Untersuchungen zur Geschichte der altchristlichen Literatur. 겝하르트O. von Gebhardt와 하르낙A. von Harnack이 창간했고 1883년 이후 라이프치히와 베를린에서 계속 출간됨.

매우 중요한 본문과 연구논문을 싣고 있는 유명한 총서. 제2차 세계대전 이후 공산주의 치하의 동독에서 그리스도교 주제를 다루었기 때문에 출판에 큰 어려움을 겪었지만, 독일이 통일된 뒤 다시 옛 명성을 되찾았다.

→ 10. 마이크로 필름 카드 참조

Studia Patristica. 교부학 연구에 관한 국제회의에서 발표된 연구논문. 1957년 이후 베를린 등에서 계속 발간됨.

교부학 국제회의에서 발표된 강연들을 싣고 있는 총서. 크로스F.L. Cross와 리빙스톤 E.A. Livingstone이 개최자로 활동하였으며, 학자들이 1951년부터 4년마다 옥스퍼드에서 만나 교부학 분야에 관한 연구 현황과 개별 주제에 관한 논문을 발표한다. 대부분의 단행본은 동베를린에 자리한 아카데미 출판사의 Texte und Untersuchungen 총서로 간행되었으나, 공산주의 치하의 동독에서 그리스도교 작품을 출판하기가 어려웠기 때문에 더러는 다른 곳에서 출판되었다.

Patristische Texte und Studien. 괴팅겐, 하이델베르크, 마인츠 학술원 교부학 위원회에서 위임받은 알란트K. Aland, 슈네멜허W. Schneemelcher, 밀렌베르크E. Mühlenberg가 공동 편집인이며 1964년 이후 베를린과 뉴욕에서 계속 출간됨.

> 국제적으로 정평이 나 있는 편집본 총서와 연구논문 총서.

Studia Ephemeridis "Augustinianum", R 1967 ff.

> 교부론 전 분야에 관한 연구논문 총서로, 교부학 연구소 "아우구스티니아눔"*Institutum Patristicum "Augustinianum"* 교수들의 많은 출판물과 논문을 싣고 있다. 편집본과 보조 자료는 싣지 않는다.

Jahrbuch für Antike und Christentum. 증보판. 본 대학의 프란츠 요셉 될거 연구소가 편집진이며 1964년 이후 뮌스터에서 계속 출간됨.

> "고대와 그리스도교에 관한 백과사전"Reallexikons für Antike und Christentum과 "고대와 그리스도교에 관한 연보"Jahrbuchs für Antike und Christentum의 증보 연구논문 총서.

Paradosis. Études de littérature et de théologie ancienne, Fri 1947 ff.

Philosophia Patrum. 교부들의 본문에 관한 번역서. 편집인은 바스진크J. H. Waszink와 빈덴J. C.M. van Winden이며, 1971~1986년에 레이덴에서 8권이 출간됨.

> 교부론을 위한 문헌, 주석, 연구논문에 관한 총서였으나, *Vigiliae Christianae*의 증보 단행본으로 대체됨.

Supplements to *Vigiliae Christianae*. 이전의 표제는 Philosophia Patrum이었다. 초대 그리스도교 생활과 언어에 관한 문헌과 연구논문. 편집진은 클린A.F.J. Klijn, 모어만Ch. Mohrmann, 퀴스펠G. Quispel, 바스진크, 빈덴이며 1987년 이후 레이덴에서 계속 출간됨.

> "교부들의 철학"*Philosophia Patrum*의 후속 총서이자 *Vigiliae Christianae*의 증보 총서. 국제적으로 주요한 언어의 편집본, 연구논문, 참고문헌 목록, 편찬서를 싣고 있다.

Studia Patristica Mediolanensia. Collana diretta da G. Lazzati e R. Cantalamessa, Mai 1974 ff.

Sussidi Patristici, editi a cura dell'Istituto Patristico Augustinianum, R 1981 ff.

> 교부론을 간략히 다룬 입문서, 참고문헌 목록, 개요에 관한 총서로, 특히 학생들에게 도움이 된다.

Texts and studies. Contributions to biblical and patristic literature, C 1891 ff.

Theophaneia. Beiträge zur Religions- und Kirchengeschichte des Altertums, Bn 1940 ff.

The Catholic University of America Patristic Studies, Washington/DC.

> 이 대학의 중점적인 연구 경향을 반영하듯이 편집본과 연구논문 가운데 많은 작품이 교부 작품의 문헌학 문제를 다룬다.

Patristic Monograph Series, C/MA 1975 ff.

교부학 연구논문, 회의록, 본문에 관한 총서.

Traditio Christiana. Texte und Kommentare zur patristischen Theologie, Zü 1969 ff.

스위스의 랑Lang 출판사가 주도하는 기획물이며, 교부학과 고대교회의 역사적 주제에 관한 문헌 모음집으로 주제마다 해제, 본문, 이탈리아어, 프랑스어, 독일어판 번역이 있다.

Patrologia. Beiträge zum Studium der Kirchenväter, hrsg. von A. Spira, H.R. Drobner, Ch. Klock, Ffm u. a. 1991 ff.

초대 그리스도교 문헌에 관한 모든 연구논문을 폭넓게 싣고 있는 총서.

Initiations au christianisme ancien, P 1985 ff.

교부론에 관한 입문적 · 보완적 연구논문.

Hereditas. Studien zur Alten Kirchengeschichte, hrsg. von E. Dassmann, P. Stockmeier, H.-J. Vogt, Bn 1990 ff.

10. 마이크로 필름 카드

교부론에 관한 마이크로 필름 카드를 출간하는 대형 출판사는 벨기에의 투른아우트에 있는 브레폴스 출판사, 네덜란드의 레이덴에 있는 IDC 마이크로 필름 출판사, 되틴켐 Doetinchem에 있는 슬란겐부르크 수도원 세 곳이다.

10.1. 편집본

Patrologiae cursus completus, *Series Graeca*, accurante J.-P. Migne, 161 vol., P 1857-66 (IDC).

Patrologiae cursus completus, *Series Latina*, accurante J.-P. Migne, 221 vol., P 1841-64 (218-221권은 색인, IDC).

Corpus Scriptorum Ecclesiasticorum Latinorum, W 1866 ff. (Slangenburg).

Die griechischen christlichen Schriftsteller der ersten drei Jahrhunderte, B 1897 ff. (Slangenburg).

Patrologia Syriaca, ed. R. Graffin, 3 vol., P 1897-1927 (Slangenburg).

10.2. 보조자료

Cartotheca Patrologiae graeco-latinae, accurante Facultate Theologica Tilburgense, 9244 fiches (Brepols).

> 알파벳 순으로 나눈 표제어에 관한 약 3,500편의 카드와 주제별로 나눈 색인에 관한 약 6,000편의 카드.

Corpus Christianorum, Thesaurus Patrum Latinorum: Instrumenta Lexicologica Latina, Series A – Formae, Series B – Lemmata (Brepols).

Corpus Christianorum, Thesaurus Patrum Graecorum: Series A – Formae, Series B – Lemmata (Brepols).

> 계열 A는 (a) 어형의 열거Enumeratio formarum(자주 사용하는 낱말의 모든 어형에 관한 목록), (b) 어형의 일치Concordantia formarum(알파벳 순서로 된 모든 낱말의 어형 일치), (c) 역순에 따른 어형의 색인(모든 어형에 관한 역색인)으로 구성된다. 계열 B는 낱말들을 위와 같은 방식으로 보여준다.

10.3. 연구논문 총서

Texte und Untersuchungen zur Geschichte der altchristlichen Literatur. 겝하르트O. von Gebhardt와 하르낙A. von Harnack이 창간했고, 1883년 이후 라이프치히와 베를린에서 계속 출간됨(Slangenburg).

11. 전산 데이터 베이스

11.1. 참고문헌 목록

Bibliographic Information Base in Patristics, Université Laval, Québec, Canada.

> 현재 250 종류의 정기간행물, 18,000권의 단행본, 35,000편의 서평을 싣고 있는 온라인 전산망 참고문헌 목록. 계획안: R.-M. Roberge, Du projet bibliographique au système documentaire en patristique: CEAn 25 (1991) 105-10. 정보에 관하여: Professor R.-Michel Roberge, Faculté de théologie, Université Laval, Québec, Canada G1K 7P4.

11.2. 편집본

L. Berkowitz/K.A. Squitier, *Thesaurus Linguae Graecae*. Canon of Greek Authors and Works, NY – O ³1990 (Ibykus). 존슨W.A. Johnson에게서 기술적 도움을 받음.

> 호메로스에서 기원후 600년까지 모든 그리스 문헌, 고전 문헌, 그리스도교 문헌의 데이터 뱅크이다. 검색 프로그램과 인쇄된 작품 목록을 싣고 있다.

Packard Humanities Institute CD-ROM #5.

Thesaurus Linguae Graecae(TLG)의 짝이 되는 고대 라틴 문헌의 데이터 뱅크이다. 그리스도교 창설 때부터 200년까지의 모든 라틴 문헌과 후대 저자들의 일부 작품을 싣고 있으나, 점차 고대의 모든 라틴 문헌으로 확대시켜야 할 것이다. 주소: Packard Humanities Institute, 300 Second Street, Suite 201, Los Altos, California 94022, USA. e-mail: 74754.2713@compuserve.com.

Patrologia Latina (Chadwyck-Healey, Cambridge, England).

서언, 각주, 색인을 포함한 Patrologia Latina 221권의 본문 모두를 싣고 있으며, 검색 프로그램이 없는 플로피 디스크와 검색 프로그램이 있는 CD롬 디스켓이 4장 있다.

Cetedoc Library of Christian Latin Texts on CD-Rom (Brepols).

*Corpus Christianorum, Series Latina*와 *Continuatio Mediaevalis*와 일부 중요한 저자들(예: 아우구스티누스)의 본문을 모두 싣고 있으며 검색 프로그램이 있다.

Cetedoc Library of Christian Latin Texts on CD-Rom (CLCLT-3), Turnhout 1996.

11.3. 보조자료

Cetedoc-Index of Latin Forms on CD-Rom (Brepols).

라틴어로 쒸어진 그리스도교의 작품에 대한 Cetedoc 도서관의 모든 낱말과 그 어형에 관한 색인. 그리스어 색인도 만들 계획이다.

In principio. Incipit Index of Latin Texts (Brepols).

고전시대 이전부터 르네상스 시대까지 라틴어로 저술한 모든 저자의 작품에 관한 색인. 약 400,000편의 항목에 편집본, 필사본, 목록, 본문 모음집 등을 싣고 있다.

12. 인터넷 주소

M. Wallraff, Patristische Arbeitshilfen im Internet: ZAC 1 (1997) 127 f.

Th. Kuhlmei/Th. Krannich, Arbeitshilfen zur spätantiken und byzantinischen Kunst im Internet: ZAC 1 (1997) 302-4.

Th. Krannich, Arbeitshilfen zur Archäologie im Internet: ZAC 2 (1998) 299-303.

전문 분야로 "교부론"

"교부론"은 그리스어의 두 낱말 $\pi\alpha\tau\acute{\eta}\rho$(아버지)와 $\lambda\acute{o}\gamma o s$(…론, …학)가 결합된 용어로 글자 그대로 옮기면 (교회의) 아버지에 관한 학문이다.

1. 아버지(父)의 개념

그리스도교의 경칭인 "아버지"는 일반적으로 인간적 · 구약성서적 · 그리스-로마 표상들이 모두 녹아 들어간 용어이다. 아버지는 생명을 주신 분이자 가정을 돌보고 권위 있게 이끌어가야 할 책임을 지닌 가장이다. 그는 경험과 전통의 수호자이자 중개자이며, 특히 신앙의 참다운 스승이다. 로마 시대의 가장pater familias은 집안의 제의祭儀를 주관하는 사제였다. 이스라엘 가정에서 부모는 구약성서에 정통한 하느님의 대리자였으며, 선조들은 약속의 수호자이자 하느님과 맺은 계약의 은총에 대한 보증인들이었다(집회 44-50장: 루가 1,55 참조). 따라서 후손들은 그들에게 순종하고 그들을 존경해야만 했다.

　이러한 아버지 개념은 본디의 뜻에서 "교부"와 "정신적" 또는 "영적 아버지"(스승, 철학학교의 지도자, 랍비)로 확대되었다. 그리스도의 사도들(1고린 4,14-15 참조)과 교회의 주교들은 세례를 통해 새로운 생명을 낳고, 신앙을 선포하고 해석하면서 신자들을 기우고 가르치며, 공동체의 지도자로서 "가정"을 권위 있게 돌보기 때문에 전의적轉義的 의미에서 신자들의 아버지였다. 고대교회는 4세기까지는 아버지 칭호를 주교에게만 사용했으나 5세기부터는 사제(예: 히에로니무스)와 부제(예: 시리아인 에프렘)에게도 확대 사용하였다. 오늘날까지도 사제에 대한 호칭은 많은 언어에서 "아버지"로 사용되고 있다(Pater, father, père, padre).

2. 교부 – 교회학자 – 교회저술가

"교부" 개념은 복합적인 아버지의 표상들 가운데 하나의 관점, 곧 사도들을 직접 계승하고 교회 공동체에서 신앙의 계속성과 일치를 수호하는 진정한 전승자이자 참된 신앙의 보증인이라는 점에서 주교에게 적용되었다. 교부는 신앙에 관해 의심스러운 문제가 생길 경우에 확실한 증인으로 내세울 수 있는 스승이었다. 그렇지만 이러한 권위만으로 모든 교부가 모든 점에서 오류가 없다는 것은 아니다. 교부는 성서와 전 교회의 신앙의 규범regula fidei에 맞을 때에만 신앙과 교회의 가르침에 대한 진정한 증인이 된다. 4세기부터〔니체아 공의회(325년)에서 처음으로〕 특히 신앙의 전승, 설명, 변론에서 두드러진 업적을 남긴 주교들을 "교부" 또는 "거룩한 아버지"라고 불렀다.

대 바실리우스는 "교부 논증"argumentatio patristica의 의미에서 자신의 의견을 뒷받침하려고 그의 작품 「성령론」De spiritu sancto(374/75년)에 교부들의 이름(29장)을 처음으로 열거하였다. 아우구스티누스도 412년부터, 특히 펠라기우스주의 논쟁에서 교부 논증을 이용하였다. 알렉산드리아의 치릴루스는 에페소 공의회(431년)에서 자신의 정통성을 증명하기 위해 교회회의가 공식적으로 승인하고 교회회의의 문서에 실린 교부들의 작품을 발췌하여 낭독하였다.[1] 레링의 빈첸치우스는 「비망록」Commonitorium(434년)에서 "개연적 스승들"[2]에 관한 고전적 개념을 처음으로 사용하여 마침내 교부 논증의 이론을 발전시켰다(41장).

교부들은 교회의 활기찬 전통에서 특수한 지위를 인정받은 증인으로서 그들이 지닌 특별한 의미 때문에 전통적으로 네 가지 기준에 따라 결정된다.

1) 교리의 정통성Doctrina orthodoxa: 교부들의 모든 신학이론은 교회의 가르침과 일치해야 한다. 그러나 그들의 이론이 모든 점에서 절대적으로 옳다는 것은 아니다.

---

[1] B. Studer, Argumentation, patristic: EECh I, 72쪽; B. Studer, Storia della Teologia, I: Epoca patristica, Casale Monferrato 1993, 457-61쪽 참조.

[2] "개연적 스승들"(magistri probabiles)은 각 시대나 장소에서 교회와 친교와 신앙의 일치 안에 머물면서 스승으로 인정받은 저술가들을 가리킨다 — 역자 주.

2) 생애의 성덕Sanctitas vitae: 교부는 명시적인 성인으로 선포되지는 않았을지라도 고대교회의 관점에서 모범적인 삶을 살아 신자들이 인정하고 공경할 만한 성덕을 지녀야 한다.

3) 교회의 승인Approbatio ecclesiae: 명시적으로 승인하지 않았더라도 인물과 학설에 대해 교회가 인정했어야 한다.

4) 고대성Antiquitas: 교부들은 고대교회의 시기에 활동한 인물이어야 한다.

교황 보니파시우스 8세는 1295년에 라틴 교부인 암브로시우스, 히에로니무스, 아우구스티누스, 대 그레고리우스에게 "교회학자"라는 경칭을 처음으로 부여하였다. 마찬가지로 교황 비오 5세는 1568년 성무일도에서 그리스 교부인 아타나시우스, 대 바실리우스, 나지안즈의 그레고리우스, 요한 크리소스토무스를 "교회학자"로 선언하였다. 이때부터 이들은 "서방과 동방의 네 명의 위대한 교회학자"로 존경받았고, 많은 예술작품에서 교회학자로 묘사되었다. 교회학자라는 개념은 고대성을 제외하고는 교부 개념과 같다. 곧, 교회학자에게는 네번째 기준으로서 탁월한 학문적 업적eminens doctrina이 요구된다.

교부들 가운데 몇몇 교부를 교회학자로 선언한 것은 신앙과 교회의 가르침에 대한 뛰어난 전승자로서 그들의 특유한 의의를 강조하고 존경하기 위해서이다. 1722년에 세빌라의 이시도루스, 1729년에 베드로 크리솔로구스, 1754년에 대 레오, 1851년에 프와티에의 힐라리우스, 1882년에 알렉산드리아의 치릴루스와 예루살렘의 치릴루스, 1890년에 다마스쿠스의 요한, 1920년에 시리아인 에프렘이 교회학자로 승인되었다.

한편, 교부를 가늠하는 첫 세 가지 기준 가운데 하나 이상의 기준을 갖추지 못했지만, 가톨릭 교회의 신앙 안에 머문 고대 그리스도교의 저자를 "교회저술가"라고 부른다. 그밖에 교회에서 인정받지 못한 고대 그리스도교에 관한 저작물들(예: 외경, 이단자들의 작품 등)은 넓은 의미에서 "초기 그리스도교" 또는 "고대 그리스도교" 문헌에 속한다.

고대성이라는 시대 구분은 근대에 이르러서야 분명해졌다. 장 마비용Jean Mabillon(1632~1707년)은 클레르보의 베르나르두스Bernhard von Clairvaux(1153년 사망)를 마지막 교부로 여겼다. 자크-폴 미뉴Jacques-Paul Migne(1800~1875년)는 자신의 기념비적인 모음집인 *Patrologia Graeca*에는 비잔틴 시대까지, 곧 콘스탄티노플의 겐나디우스 2세(1472년 이후 사망)까지의 모든 문헌을, *Patrologia Latina*에는 교황 인노첸시우스 3세(1216년 사망)까지의 모든 문헌을 싣고 있다. 고대성이라는 시대 구분이 아직도 논의의 대상이기는 하지만 오늘날에는 대체로 일치하는 편이다. 이 책뿐만 아니라 대부분의 입문서는 서방의 교부시대를 세빌라의 이시도루스(636년 사망)로, 동방의 교부시대를 다마스쿠스의 요한(750년경 사망)으로 끝맺는다. 합당한 근거를 들어 5세기 중엽 또는 말기에 교부시대가 끝나야 한다는 의견이 늘고 있지만 아직까지 받아들이지 않는다(교부학의 시대 구분에 관해서는 제2~4부의 서론 참조).

3. 교부론 – 교부학 – 문헌사

교부론이 전문 분야로 자리를 잡아가는 과정에서, 가톨릭과 개신교 모두 종파를 구분하지 않고 세 가지 서로 다른 용어와 정의가 점차로 생겨났다.

1) 교부학Patristik은 17세기부터 성서신학, 스콜라 신학 등과 구별된 교부들의 교의학을 뜻하였다.

2) 교부론Patrologie이라는 개념은 개신교 신학자 요한네스 게르하르트Johannes Gerhard(1637년 사망)가 죽은 뒤 출판된, 「교부론 또는 초대 그리스도교 교회학자의 생애와 작품」*Patrologia sive de primitivae Ecclesiae Christianae Doctorum vita ac lucubrationibus*(Jena 1653)에서 교부들을 역사적·문헌적으로 연구한다는 의미에서 처음 사용되었다.

3) 19세기에서 20세기로 넘어오면서 역사학과 문헌학이 비약적으로 발전하여 교부론의 범위와 목표 설정에 관한 논의가 활발히 전개되었다. 학자들은 교부론을 일반적인 문헌학의 일부로 간주하여 신학적 특성을 젖혀두고 고대 그리스도교 또는 초기 그리스도교 문헌학으로 다루어야 한다고 생각하였다. 그러나 그리스도교 문헌학은 고대 그리스도교 저술가를 문헌학 관점에서 다루는 비신학적 부문이기에 교부론 또는 교부학과는 구분된다.

오늘날 이 세 가지 용어는 구분없이 사용되지만 정확한 정의에 대한 논의는 계속되고 있다. 이 책에서는 제시된 논거를 개별적으로 다룰 수 없기 때문에, "교부학"과 "교부론" 개념만 사용한다.

> "교부학" = 교부시대/고대 그리스도교 문헌이 씌어진 시기, 작품, 사상 등에 관한 학문.

> "교부론" = 고대 그리스도교 문헌에 관한 학문.

교부론은 일반 문헌학과 같지 않다. 교부론은 마땅히 신학의 전문 분야라는 사실을 강조하기 위하여 의식적으로 아버지 개념을 사용한다. 교부론의 핵심이 되는 요소는 교부들과 그들의 작품이다. 그러나 넓은 의미에서 고대 그리스도교의 모든 문헌과 그 주위세계가 교부들과 그들의 작품을 이해하고 설명하는 데 도움이 되기 때문에, 오늘날의 교부론은 고대 그리스도교의 모든 문헌을 여러 관점에서 적절한 방법으로 다루는 학문이라 할 수 있다.

참고문헌: 사전 항목: H. Emonds, Abt: RAC 1 (1950) 45-55. – L. Wenger/A. Oepke, Adoption: RAC 1 (1950) 99-112. – G. Schrenk/G. Quell, πατήρ: ThWNT 5 (1954) 946-1016. – A. Hamman, Father, Fathers of the Church: EECh I 320. – A. Hamman, Patrology – Patristics: EECh II 654-6. – E. Mühlenberg: TRE 26 (1996) 97-106.

연구서: Istituto Patristico Augustinianum (ed.), Lo studio dei Padri della Chiesa oggi, R 1977. – E. Bellini, I Padri nella tradizione cristiana, a cura di L. Saibene, Mai 1982. – E. Cavalcanti, Quindici anni di studi patristici in Italia (orientamenti metodologici): A. Garzya (ed.), Metodologie della ricerca sulla tarda antichità, Neapel 1989, 189-222. – A. Quacquarelli (ed.), Complementi interdisciplinari di Patrologia, R 1989.

지침서: Kongregation für das Katholische Bildungswesen (für die Seminare und Studieneinrichtungen), Instruktion über das Studium der Kirchenväter in der Priesterausbildung, R 1989. – A. Di Berardino, Alcuni orientamenti negli studi patristici oggi: Seminarium 42 (1990) 389-412. – H.R. Drobner, La Patrología en la formación sacerdotal según la "Instrucción sobre el estudio de los Padres de la Iglesia": La formación de los sacerdotes en las circunstancias actuales, ed. L.F. Mateo-Seco u. a. = CTUN 70 (1990) 861-73. – H.R. Drobner, Die "Instruktion über das Studium der Kirchenväter in der Priesterausbildung": ThGl 81 (1991) 190-201. – Lo studio dei Padri della Chiesa oggi: Sal. 53 (1991) 1-148, 219-72. – E. Dal Covolo/A.M. Triacca (eds.), Lo studio dei Padri della Chiesa oggi = BSRel 96 (1991). – E. dal Covolo, I Padri della Chiesa maestri di formazione sacerdotale: Sal. 55 (1993) 133-46.

제 1 부

사도시대의 문헌과 사도시대 이후의 문헌

그리스도교 문헌의 생성

1. 구전과 문헌 이전의 형태

그리스도교 문헌은 예수가 30년경 죽고 부활한 지 20년이 지난 다음에 처음 나타났다. 예수는 자신의 가르침을 말로써 선포하였으며, 원시 그리스도교 공동체들도 처음에는 그의 가르침을 문서로 기록할 필요성을 전혀 느끼지 못하였다. 그 공동체 안에는 예수를 개인적으로 알거나 그의 가르침을 직접 들은 증인들이 있었으며, 이들은 그의 복음을 확실하게 증언하였다. 더구나 그들은 메시아가 재림하리라는 약속과 하느님 나라의 완성은 예수의 첫 제자들이 살아 있을 때에 실제로 이루어지리라고 고대하였다(임박기대). 이 시기에는 역사, 신화, 금언에 대한 구전이 모든 민족에게서 고유한 구조로 생겨났으며, 이른바 "문헌 이전의 형태들"이 발전하였다. 우리가 알고 있는 한 이 형태들이 후대에 문헌이 되었다. 이 형태는 유다계 그리스도인과 헬라계 그리스도인의 문화와 주위환경이 섞여 있는 초대 공동체에서 가장 중요한 네 가지 생활 영역을 바탕으로 성장하였다.

1) 그리스도교적 생활을 권고하고 지도(παραίνεσις)하는 일상에서. 이 가운데 덕행과 악행에 관한 유명한 목록(갈라 5,19-23), 가정규범(골로 3,18 - 4,2), 이미 유다교에서 유래한 가르침이 있다(두 가지 길에 관한 가르침은 「바르나바의 편지」와 「디다케」에 실려 있으며, 그리스도인이 선의 길 또는 악의 길, 빛의 길 또는 어둠의 길 가운데 어느 길을 따라야 할지를 명시적으로 나타낸다). 문서로 된 권고문은 유다교와 그리스 대중철학의 통속적인 지혜전승에 근원을 두고 있으며, 근본적으로 구전을 회상하고 되풀이하는 데 도움이 되었다.

2) "아멘, 알렐루야, 호산나"와 같은 기도, 노래와 환호, 주님의 기도(마태 6,9-13), 마리아의 노래(루가 1,46-55), 즈가리야의 노래(루가 1,68-79)와 같은 전례에서.

3) 공동체에서 신앙을 전하고, 새로 개종한 사람을 가르치며, 특히 세례를 준비시키는 교리문답서에서〔예를 들면 신앙고백에 관한 짧은 첫 정식(사도 8,37)과 세례 정식(마태 28,19)〕.

4) 선교 설교를 요약하거나(1데살 1,9-10), 그리스도교의 유일신론을 다신론과 논쟁적으로 또는 선언적으로 분리하는(εἰς-환호, 1고린 8,6) 선포 정식인 선교 설교에서.

참고문헌: Ph. Vielhauer, Geschichte der urchristlichen Literatur. Einleitung in das Neue Testament, die Apokryphen und die Apostolischen Väter, B – NY 1975, 9-57.

5) 네 경전 복음서가 씌어질 때는 전혀 받아들이지 않았지만 두루 영향을 미친 예수의 말과 행위에 관한 특유한 문학 유형이 구전으로 형성되었다. 경전 복음서에 기록되지 않은 이른바 아그라파(기록되지 않은 주님의 말씀)가 그것이다. 이러한 구전은 때때로 매우 늦은 후대의 문헌들, 곧 복음서 이외의 작품들〔예를 들면 "주는 것이 받는 것보다 복되다고 친히 이르신 주님 예수의 말씀을 기억해야 합니다"(사도 20,35)〕, 신약성서의 외경, 교부들의 저서와 더 나아가 이슬람교의 작품에 실려 있다. 그 가운데 1897~1928년 카이로에서 남쪽으로 200km 떨어진 옥시린쿠스에서 발굴된 파피루스들과 1945년에 나그 함마디에서 발견된 영지주의의 「토마 복음」(제1장 2.3. 참조)은 매우 풍부한 내용을 싣고 있다. 「토마 복음」에는 주님의 말씀 114편이 실려 있다.

많은 아그라파는 특정한 집단이나 종파에서 그들 고유의 특수한 가르침을 뒷받침하기 위하여 의도적이고 편파적으로 꾸며졌으며, 더러는 경전 복음서에서 형성되거나 파생되었다. 그러나 몇몇 아그라파는 순수한 내용으로 경전 복음서와 동등한 인정을 받을 만한 것도 있다. 이것들은 경전 복음서가 전하는 것 이상의 어떤 새로운 소식을 전하지는 않지만, 예수가 선포한 증언들이 확실하다는 것을 뒷받침한다.

그밖에 그리스도교에서 구전으로 간주되는 모든 것은, 특히 아그라파에서 명백하게 나타난다. 구전은 그리스도교 문헌이 생겨남으로써 사라지지 않고 그리스도교의 작품들과 함께, 특히 전례와 교리문답서에서 수백 년 동안 지속되었다. 따라서 구전이 교부들의 저서와 신학에 미친 영향은 늘 함께 고려되어야 한다.

참고문헌 목록: J.H. Charlesworth, The New Testament Apocrypha and Pseudepigrapha: a guide to publications, with excursuses on apocalypses = ATLA.BS 17 (1987) 138-55.

편집본: A. Resch = TU 5/4 (1889); TU 30/3-4 (1906). – M. Asin y Palacios: PO 13/3 (1916) 327-431; 19/4 (1926) 529-624. – E. Klostermann = KlT 8 (^{3}1929); 11 (^{2}1911). – A. de Santos Otero = BAC 148 (^{3}1975) 108-22.

번역서: O. Hofius: W. Schneemelcher, Neutestamentliche Apokryphen in deutscher Übersetzung I, Tü ^{5}1987, 76-9.

참고문헌: 사전 항목: O. Hofius: TRE 2 (1978) 103-10. – M.G. Mara: EECh I 18.

연구서(일부는 본문도 싣고 있음): J.H. Ropes, Die Sprüche Jesu, die in den kanonischen Evangelien nicht überliefert sind. Eine kritische Bearbeitung des von D. Alfred Resch gesammelten Materials = TU 14/2 (1896). – J. Jeremias (unter Mitw. von O. Hofius), Unbekannte Jesusworte = BFChTh 45/2 (^{3}1963). – F. Bovon/H. Koester, Genèse de l'écriture chrétienne, Tu 1991. – J.K. Elliott, Non-Canonical Sayings of Jesus in Patristic Works and in the New Testament Manuscript Tradition: R. Gryson (ed.), *Philologia sacra* (FS H.J. Frede/W. Thiele) = VL 24/2 (1993) 343-54.

2. 사도시대 문헌의 문학 유형

오늘날 남아 있는 그리스도교 문헌 가운데 가장 오래된 작품은 사도 바울로가 51/52년 고린토에서 쓴 테살로니카인들에게 보낸 첫째 편지이다. 바울로가 쓴 그밖의 편지, 곧 갈라디아인들에게 보낸 편지, 고린토인들에게 보낸 편지, 필립비인들에게 보낸 편지, 필레몬에게 보낸 편지, 로마인들에게 보낸 편지 등은 그 뒤에 씌었다. 이 편지들은 문학작품을 쓰려는 의도에서라기보다 실제적인 필요에 의해 씌어진 것으로 그리스도교의 문헌이 어떻게 생겨났는가를 잘 보여 준다. 그리스도교가 넓은 지역에 빠르게 퍼져나감으로써 개인적으로 만나는 일이 한결 더 어렵게 되자, 이러한 만남을 대신할 편지라는 문학 형태가 나타났다. 따라서 편지는 처음에 문헌 양식에 속하지 않았지만 직접적인 만남을 대신하는 수난으로 보존되있고 이후에 문헌으로 여기게 되었다. 그렇다고 이 편지들이 비문학 형태를 띠는 것은 아니다.

그리스·로마 문화는 이미 그리스도교 이전에 고정된 문학적 틀에 따라 편지 쓰는 문화를 발전시켰으며, 교양 있는 사람들은 편지를 수신처, 호칭, 인사말 등을 제외하고는 정해진 서식에 따라 썼다(여론 2를 보라). 이 경우 편지의 대상은 소수의 사람에게 보낸 개인편지에서부터 전 국민을 대상으로 하는 공공편지까지 그 범위가 넓어졌다. 때때로 저자는 자신의 편지가 보존될 것을 알고 있거나 예상하였기 때문에 되도록 양식에 맞추어 표현하였다. 이러한 개인편지와 공공편지의 구별은 원시 그리스도교의 편지들에서도 확인된다. 그 가운데 많은 편지가 공동체 전체를 대상으로 씌었기 때문에 미사에서 공개적으로 낭독되거나 다른 공동체에 전해졌다. 따라서 이 편지들은 일반적으로 그리스도교를 선포하고 신자들에게 그리스도교적 생활을 권고하는 내용을 담고 있다.

약 20년 뒤인 70년경부터 그리스도교 문헌의 두번째 유형인 복음서가 나타난다. 복음서는 그리스도의 순수한 가르침을 후대까지 보존하려는 의도에서 씌었다. 예수가 죽고 부활한 지 40년이 지난 뒤 그리스도인들은 메시아가 곧 재림할 것이라는 "임박기대"에 실망하기 시작하였다. 예수와 직접 관계를 맺거나 그의 가르침을 직접 들은 사람들이 차츰 죽었으며, 개별 집단들은 서로 다른 구전을 증거로 제시하곤 하였다. 이때문에 참된 복음을 문서로 만들 필요가 생겨났고, 그밖에도 여러 다른 이유에서 복음서가 씌었다. 70년경에 처음으로 그리스인이 대부분인 공동체에서 마르코복음이, 80년경에 루가복음이, 90~95년에 유다인 그리스도교 공동체에서 마태오복음이, 100년경에 요한복음이 씌었다.

복음서는 예수의 탄생과 첫 공생활에서 부활까지 그의 생애와 가르침을 전하였다. 물론 복음사가들의 보고는 연대기적·역사적 서술이 아니라 신앙으로 고취되고 신학적 숙고와 공동체의 경험에 기초를 둔 신학적·교리문답적 신앙의 진술에 목표를 두었다. 예를 들어 마르코는 메시아의 비밀을 설명하기 위해서 메시아의 공생활을 준비하는 세례자 요한과 예수가 세례받은 장면으로 복음서를 시작한다. 이와 달리 마태오는 구약성서가 신약성서에서 어떻게 실현되고, 예수가 하느님의 아들이라는 사실과 그의 위대함을 강조하기 위해 조상들로부터 이어 내려온 예수의 족보를 맨 앞에 배치한다. 모든 복음서는 고유한 주제의 선택, 구성, 표현방식을 사용하였고, 이 경우 각 복음서 이전에 있던 전승 사료들을 이용하였다.

루가는 자신의 작품을 두 권으로 나누어 집필하려는 의도를 나타낸다. 그는 첫 부분에는 복음서를, 둘째 부분에는 신약성서의 세번째 문학 유형인 사도행전으로 복음서를 마무리하려고 하였다. 복음서의 머리말(루가 1.1-4)에서 알 수 있듯이, 그는 메시아에 대한 예고부터 주님의 승천과 온 땅에 구원을 알리는 사도들의 전도행위로 끝을 맺는 구원사를 매우 탐구적이고 역사적으로 알리려 하였다.

마지막으로 사도시대 문헌의 네번째 유형은 종말시기를 예언하는 계시인 묵시록이다(1세기 말에 요한 묵시록이 처음 씌었다). 이러한 묵시록은 세상의 종말이 임박했음을 경고하고 종말시기에 있을 박해와 수난에 대해 격려한다. 묵시록은 내용과 문체에서 후기 유다교에서 매우 발달한 묵시록의 문학적 전형을 따른다.

제1장

성서의 외경

참고문헌: L. Leloir, Utilité ou inutilit de l'étude des apocryphes: RTL 19 (1988) 38-70. – E. Junod, La littérature apocryphe chrétienne constitue-t-elle un objet d'études?: REA 93 (1991) 397-414. – J.-D. Kaestli/D. Marguerat (eds.), Le mystère apocryphe, Genève 1995 (i Mai 1996).

1. 서론: 경전의 형성

1.1. 신약성서

오늘날 27권으로 정해진 신약성서의 경전($\kappa\alpha\nu\acute{\omega}\nu$ = 척도, 표준)은 그리스도교의 가장 오래된 문학작품에 속한다. 그렇지만 27권의 작품이 경전으로 확정되기까지는 몇 세기가 걸렸다. 첫 5세기 동안 많은 작품(처음에는 모든 작품이 그리스도의 확실한 가르침을 문서로 남기려는 의도에서)이 신약성서의 네 가지 문학 유형으로 저술되었기 때문이다. 이 경우 작품의 확실성에 대한 결정적인 기준은 그리스도를 직접 증인으로 내세울 수 있는 사도성이었다. 따라서 사도가 아닌 사람이나 사도의 제자가 작품을 저술하였을 경우에도 사람들은 허위나 변조의 의미에서가 아니라 작품에 사도적 권위를 부여하기 위하여, 또는 확실한 신앙의 진리가 들어 있음을 일리기 위히여 시도들의 작품으로 여겼다. 물론 모든 작품이 동일한 특성이나 확실성을 나타내지는 않았다. 각 공동체는 지역적 차이로 인해 일부 작품만 전례에서 공개적으로 선포하고 성서로 인정하였다. 따라서 대략 2세기 중엽에 전통을 바탕으로 신약성서의 경전을 결정하는 기준을 정하려는 합의가 처음 이루어졌다.

2세기 교회의 이단적 사조들, 특히 영지주의는 "거룩한 책들"을 저술하고, 정통 교의와 다른 그들의 교의를 정당화하기 위하여 이 책에 사도적 권위를 부여하고 존중하기 시작하였다. 따라서 교회는 어떤 책이 신앙에 대한 확실한 진리를 담고 있으며 성서로 존경받기에 알맞고 공개적으로 선포될 수 있는가를 권위로 확정지을 수밖에 없었다. 4세기에 이르러서야 27권이 마침내 경전으로 확정되었지만 이러한 과정은 2세기 말에 대략 정해졌다. 그때까지 경전으로 여긴 책들은 공동체 또는 지역에 따라 약간의 차이가 있었다.

무라토리 경전Canon Muratori은 거의 최종적인 꼴을 갖추고 있는 신약성서 경전을 처음으로 증언한다. 이 경전은 루도비코 안토니오 무라토리(1672~1750년)가 1740년 이전에 밀라노의 암브로시아나 도서관Bibliotheca Ambrosiana에 소장된 8세기의 사본에서 발견하였기에, 그의 이름을 따서 무라토리 경전이라고 부른다. 무라토리 경전에서 200년경 로마에서 작성된 목록이[1] 중요한데, 그 목록에는 27권 가운데 22권이 실려 있다. 여기에는 히브리인들에게 보낸 편지, 야고보의 편지, 베드로의 첫째·둘째 편지, 요한의 세 편지 가운데 한 통의 편지가 없다. 그리스 교회에서 최종적으로 확정된 신약성서의 경전을 처음으로 전하는 문헌은 아타나시우스가 367년에 쓴 제39차 부활축일 서간이다. 경전에 관한 서방교회의 최초 문헌은 다음 두 가지이다. 하나는 382년 다마수스 교황의 주관으로 열린 로마 교회회의에서 유래하는 겔라시아누스 교령Decretum Gelasianum의 첫 세 부분 가운데 두번째 부분이고, 다른 하나는 393년 북아프리카 히포 레기우스에서 열린 교회회의의 기록이다.

교회에서는 작품의 제목, 내용, 형태에서 신약성서와 관계가 있고, 사도적 권위에 알맞지만 경전에 속하지 않는 다른 모든 작품을 "외경"이라고 부른다. 이러한 정의와 함께 외경이라는 용어에는 영지주의자들이 고대의 신비종교를 모방하여 그들만의 성서에 사용한 또 다른 개념이 포함된다. 영지주의는 그들의 성서를 매우 소중히 여겨 영지주의 공동체에 입회한 성별자에게만 성서에 관한 지식을

---

[1] 4세기 말 시리아 또는 팔레스티나에서 유래되었다는 최근의 주장에 관해서는 G. M. Hahneman, The Muratorian Fragment and the Development of the Canon, O 1992 참조.

가르치고, 다른 모든 사람에게는 성서를 비밀ἀπόκρυφος에 붙였다. 따라서 영지주의에서 말하는 "외경"apokryph은 최고의 존경을 뜻하였다. 그러나 영지주의의 가르침이 거짓이고 그들이 이단적 내용을 주장하였기 때문에, 정통교회는 이 낱말의 기원을 알 수 없지만 영지주의를 거부하는 "거짓의, 이단의, 비난해야 할"의 뜻으로 받아들였다. 마침내 "외경"은 경전 외의 모든 작품에 일반적으로 적용되어 근본적 의미에서 반드시 "이단의"이라는 뜻을 지니지 않는다. 많은 외경은 교회의 신학, 경건, 특히 마리아론에 대한 믿을 만한 내용도 싣고 있다. 그러나 외경은 꾸민 이야기들과 이해할 수 없는 기적사화들로 가득 차 있고, 전체적으로 경전과 같은 확실성을 나타내지 않기 때문에 경전으로 인정받지 못한다.

경전이든 외경이든 성서와 관련된 책들에 대해 더 논의할 필요가 있지만 유형의 관점에서 그리스도교의 문헌사에 속한다. 그리스도교 신앙의 기초로서 이러한 책들이 지니는 고유한 의미 때문에 이 책들은 신학의 특수 분야에서 다루어진다. 따라서 신약성서의 경전뿐만 아니라 외경도 교부론의 대상이 된다.

가르침, 내용, 형태에서 신약성서와 관련이 있지만 성서가 경전으로 확정된 뒤에 씌어진 작품들의 의도는 자연스레 변하였다. 2세기 말부터 작품들은 다음의 세 가지 유형으로 나뉘었다.

1) 믿음이 깊은 신자들의 관심사와 신학적 관심사를 바탕으로 경전의 많은 부분에서 미흡한 서술(예를 들어 마리아와 예수의 어린 시절, 또는 사도들의 운명에 관한 더 자세한 소식)을 보완하려는 복음서들과 사도행전들.

2) 경전들과 경합하기 위하여 소수의 집단과 종파의 다른 교의, 또는 지역적 관습과 전통을 정당화하려는 의도로 씌어진 작품들.

3) 인정된 사도적 권위에 근거하여 당면한 호교적·교의적 문제점을 해결하기 위해 시도된 후대의 저서들.

슈네멜허W. Schneemelcher는 신약성서의 외경들을 번역한 최신판에서 외경의 정의를 장르에 따라 다음과 같이 요약하였다(I⁵ 52). "신약성서의 외경은 교회사의 첫 몇 세기에 걸쳐 저술되고 제목, 유형, 내용에서 신약성서와 밀접한 관계가 있는 작품이다. 외경과 경전의 관계는 매우 다양하며 각각의 상황에 따라 결정되어야 한다. 외경들이 씌어진 동기도 결코 같지 않다. 특히 신약성서의 외경이 어떤 것인지를 결정할 때에는 역사적 상황을 고려해야 한다. 이것은 성인전 문헌을 구분하는 데에도 적용되며, 특히 신약성서의 경전이 생기고 최종적으로 확정된 배경을 알기 위해서도 중요하다. 따라서 외경에서는 다음의 작품들이 문제가 된다.

- 신약성서에 속하지 않지만 경전 복음서와 같은 자리를 차지하려는 일련의 복음서들(이러한 복음서에는 가장 오래된 원전이 해당된다), 또는 경전의 본문들을 다른 방식으로 보완하려는 복음서들.
- 많은 부분을 교훈적 내용으로 보완하거나 수정하여 널리 보급하려는 가명의 편지들.
- 사도들에 관한 소식과 전기를 소설처럼 (종종 매우 상세하게) 구성하여 신약성서에서 알 수 없는 사도들의 운명에 관한 소식을 보완하려는 사도행전들. 이 작품들에서는 일정한 신학적 가르침을 전하려는 의도도 종종 엿보인다.
- 유다 원전을 개정 · 증보하였거나 유다교에서 넘겨받은 '계시'의 형태를 더욱 발전시킨 묵시록들."

그리스어 신약성서

참고문헌 목록: *Elenchus biblicus* (EBB), R 1920 ff.

편집본: Nestle-Aland, *Novum Testamentum Graece*, St ²⁷1993. – Institut für Neutestamentliche Textforschung (ed.), *Novum Testamentum Graecum. Editio critica maior*, St 1997 ff.

보조자료: 용어 색인: W.F. Moulton/A.S. Geden, A Concordance to the Greek Testament, according to Westcott and Hort, Tischendorf and the English Revisers, Edinburgh 1897, ³1926 = 1957. – A. Schmoller, Handkonkordanz zum griechischen Neuen Testament (Text nach Nestle), St⁷ o.D. – K. Aland u. a., Vollständige Konkordanz zum griechischen Neuen Testament unter Zugrundelegung aller modernen kritischen Textausgaben und des *Textus receptus*, 2 vol., B - NY 1983.

사전: R.Ch. Trench, Synonyms of the New Testament, Lo ⁹1880 = Grand Rapids/MI 1953. – J.H. Moulton/G. Milligan, The vocabulary of the Greek Testament, illustrated from the papyri and other non-literary sources, Lo 1930 = 1972. – G. Kittel u.a. (ed.), Theologisches Wörterbuch zum Neuen Testament, 10 vol., St 1933-79 (e Grand Rapids 1964-76; i Brescia 1965-88). – W. Bauer, Griechisch-deutsches Wörterbuch zu den Schriften des Neuen Testaments, B - NY ⁶1988 ed. K. Aland und B. Aland (영어판은 ²1952년판을 바탕으로 1957년에 출간됨). – C. Spicq, Note di lessicografia neotestamentari, 2 vol., Brescia 1988-94 (f Fri 1978-82).

문법서: J.H. Moulton/N. Turner, A Grammar of New Testament Greek, 4 vol., Edinburgh 1906-76. – F. Blass/A. Debrunner/F. Rehkopf, Grammatik des neutestamentlichen Griechisch, Gö ¹⁴1976.

참고문헌: B.M. Metzger, The Text of the New Testament. Its Transmission, Corruption, and Restoration, O ²1968. – K. Aland (ed.), Die alten Übersetzungen des Neuen Testaments, die Kirchenväterzitate und Lektionare. Der gegenwärtige Stand ihrer Erforschung und ihre Bedeutung für die griechische Textgeschichte = ANTT 5 (1972). – B.M. Metzger, The Early Versions of the New Testament. Their Origin, Transmission, and Limitations, O 1977.

외경

참고문헌 목록: RBMA 1 (1950); 8 (1976). – G. Delling u. a., Bibliographie zur jüdisch-hellenistischen und intertestamentarischen Literatur 1900~1965 = TU 106 (1969). – J.H. Charlesworth u. a., The New Testament Apocrypha and Pseudepigrapha: a Guide to Publications, with Excursuses on Apocalypses = ATLA.BS 17 (1987). – J.H. Charlesworth, Researeh on the New Testament Apocrypha and Pseudepigrapha: ANRW II 25.5 (1988) 3919-68.

편집본: CChr.SA. – J.A. Fabricius, *Codex apocryphus Novi Testamenti*, 2 vol., H 1703-19; ²1719-43. – A. Birch, *Auctarium codicis apocryphi N.T. Fabriciani*, vol. 1, Kopenhagen 1804. – M.R. James = TaS 2/3 (1893); 5/1 (1897). – E. Preuschen, *Antilegomena*. Die Reste der außerkanonischen und urchristlichen Überlieferungen, Gi ²1905 (TdÜ). – E. Klostermann = KIT 3 (1921); 8 (²1910); 11 (²1911). – A. Harnack = KIT 12 (²1912).

번역서: E. Hennecke, Neutestamentliche Apokryphen in deutscher Übersetzung und mit Einleitungen, Tü 1904; ²1924. – W. Michaelis, Die Apokryphen Schriften zum Neuen Testament, Bremen ²1958 (ÜK). – E. Hennecke/W. Schneemelcher, Neutestamentliche Apokryphen in deutscher Übersetzung, 2 Bde., Tü ³1959-64; ⁵1987-9. – J.B. Bauer, Die neutestamentlichen Apokryphen = WB 21 (1968). – E. Weidinger, Die Apokryphen. Verborgene Bücher der Bibel, Au 1985. – A. Schindler, Apokryphen zum Alten und Neuen Testament, Zü 1988. – E. WEIDINGER, Gli apocrifi. L'altra Bibbia che non fu scritta da Dio. Ed. ital. e trad. a cura di E. Jucci, CM 1992 (ted Au 1989. Apocrifi dell'Antico e del Nuovo Testamento, tra altro: *Epistula Apostolorum*, Protovangelo di Giacomo, Vangelo di Nicodemo, Atti di Paolo, Corrispondenza fra Paolo e Seneca, Odi di Salomone). – M. Erbetta (ed.), Gli Apocrifi del Nuovo Testamento, 4 voll., CM 1966-81. – L. Moraldi (ed.), Apocrifi del Nuovo Testamento, 2 voll., T 1971; 3 voll., CM 1994. – 영어 번역서: New Testament Apocrypha. Revised Edition of the Collection initiated by Edgar Hennecke, edited by Wilhelm Schneemelcher. English translation edited by R. McL. Wilson, 2 vol, C-Louisville/KY 1991-2. – J.K. Elliott, The Apocryphal New Testament. A Collection of Apocryphal Christian Literature in an English Translation, Oxford 1993.

신약성서 문헌과 경전 형성 연구서

참고문헌: 사전 항목/각론서 항목: G. Schrenk, βίβλος, βιβλίον: ThWNT 1 (1933) 613-20. – H. W. Beyer, κανών: ThWNT 3 (1938) 600-6. – A. Oepke/R. Meyer, κρύπτω etc.: ThWNT 3 (1938) 959-99. – G. Bardy, Apokryphen: RAC 1 (1950) 516-20. – R. McL. Wilson, Apokryphen II: TRE 3 (1978) 316-62. – W. Schneemelcher, Bibel III: TRE 6 (1980) 22-48. – W. Künneth, Kanon: : TRE 17 (1988) 562-70. – M.G. Mara, Apocrypha: EECh I 56-8. – J. Gribomont, Scripture, holy: EECh II 762-4. – P.L. Schmidt/K. Zelzer: HLL 4 (1997) 378-410.

1. 서론: 경전의 형성　81

각론서: E. Hennecke, Handbuch der Neutestamentlichen Apokryphen, Tü 1904. – A. Sand, Kanon. Von den Anfängen bis zum Fragmentum Muratori = HDG I/3a(1) (1974). – Ph. Vielhauer, Geschichte der urchristlichen Literatur. Einleitung in das Neue Testament, die Apokryphen und die Apostolischen Väter, B – NY 1975. – F. Gori, Gli Apocrifi e i Padri: Complementi interdisciplinari di Patrologia, a cura di A. Quacquarelli, R 1989, 223-72. – A. Ziegenaus, Kanon. Von der Väterzeit bis zur Gegenwart = HDG I/3a(2) (1990). – P.L. Schmiat/K. Zeler: HLL (1997) 378-410.

편찬서: Aug. 23 (1983) 19-378. – ANRW II 25.5 (1988) 3919-4194; II 25.6 (1988).

연구서: H. von Campenhausen, Die Entstehung der christlichen Bibel, Tü 1968 (f Neuchâtel 1971). – W. Farmer/D. Farkasfalvy, The Formation of the New Testament Canon. An Ecurnenical Approach, NY 1983. – H.Y. Gamble, The New Testament Canon. Its Making and Meaning, Ph 1985. – D.G. Meade, Pseudonymity and Canon. An Investigation into the Relationship of Authorship and Authority in Jewish and Earliest Christian Tradition = WUNT 39 (1986). – B.M. Metzger, The Canon of the New Testament. Its Origin, Development, and Significance, O 1987. – F.F. Brown, The Canon of Scripture, Glasgow 1988. – L.M. MacDonald, The Formation of the Christian Biblical Canon, Nashville 1988. – M. Pesce, La trasformazione dei documenti religiosi: dagli scritti protocristiani al Canone neotestamentario: VetChr 26 (1989) 307-36. – E. Junod, "Apocryphes du Nouveau Testament". Une appellation erron e et une collection artificielle. Discussion de la nouvelle définition proposée par W. Schneemelcher: Apocrypha 3 (1992) 17-46. – J. Trebolle Barrera, La Biblia judía y la Biblia cristiana. Introducción a la historia de la Biblia, M 1993. – Y.-M. Blanchard, Aux sources du canon, le témoignage d'Irénée, P 1993. – J. C. VanderKam/W. Adler (ed.), The Jewish Apocalyptic Heritage in Early Christianity = CRI III 4 (1996). – J. Barton, The Spirit and the Letter. Studies in the Biblical Canon, Lo 1997.

1.2. 구약성서

"신약"성서가 경전으로 확정되면서 유다인의 성서인 "구약"성서를 경전으로 결정하는 문제가 필연적으로 대두되었다. 그리스도교의 기원은 유다교에 있기 때문에 구약성서는 이때까지 그리스도교의 유일한 성서였다. 여하튼 히브리어 성서의 경전은 유다교와 그리스도교 사이에 차이점이 나타나기 시작한 1세기 말경에 이르러서야 확정되었다. 2세기의 그리스도교에는 이미 그리스어가 널리 사용되었기 때문에, 당시의 그리스도인들은 히브리어로 씌어진 구약성서 대신 그리스어를 쓰는 디아스포라 유다교에서 기원전 3세기부터 1세기까지 그리스어로 번역된 70인역(LXX)을 사용하였다. 아리스테아스 편지에 적힌 전승에 따르면, 이집트 왕 프톨레메우스 2세(기원전 286~285년)의 위탁을 받은 72명의 팔레스티나 율법학자가 영감을 받아 모세 오경을 그리스어로 번역하였기 때문에 70인역이라고 부른다.

그때에는 아직도 히브리어 구약성서가 경전으로 확정되지 않았기 때문에, "70인역"에는 후대에 유다교에서 경전으로 받아들이지 않은 구약의 책들이 실려 있다. 그리스도교에서는 이러한 구약성서를 이른바 "제2경전"으로 여긴다. 제2경전은 다니엘서의 그리스어 부록, 에스델, 예레미야의 편지와 바룩, 마카베오 상·하, 유딧, 집회서, 솔로몬의 지혜서이다. 개신교는 이 작품들을 다시 외경으로 분리하는 반면, 트렌토 공의회는 1546년 4월 8일 「성서와 채택된 성전에 관한 교령」*Decretum de libris sacris et de traditionibus recipiendis*(DH 1501)에서 가톨릭교회의 성서로 새로 승인하였다. 따라서 개신교가 구약성서의 제2경전을 "외경"으로, 구약성서의 경전이 아닌 다른 모든 작품을 "위경"Pseudepigraphen($\psi\epsilon\upsilon\delta\hat{\omega}\varsigma$ = 가짜의, $\dot{\epsilon}\pi\iota\gamma\rho\acute{\alpha}\phi\epsilon\iota\nu$ = 전가하다)으로 부르는 반면, 가톨릭교는 경전이 아닌 구약성서의 모든 작품을 "외경"으로 여긴다.

그리스도교의 첫 수세기 동안 경전이 확정되지 않았기 때문에 개별적으로 경전으로 인정받은 구약성서의 작품수는 일정하지 않았다. 따라서 교부들이 이 작품들을 사용하고 많은 작품이 그리스도교적으로 개작되거나 확대되는 한 교부론의 대상이 된다.

70인역

참고문헌 목록: J.W. Wevers, Septuaginta Forschungen seit 1954: ThR 33 (1968) 18-76. – S.P. Brock/C.T. Fritsch/S. Jellicoe, A Classified Bibliography of the Septuagint, Lei 1973.

편집본: *Septuaginta. Vetus Testamentum Graecum. Auctoritate Scientiarum Gottingensis editum*, Go 1931 ff. (*editio maior*). – A. Rahlfs, *Septuaginta id est Vetus Testamentum graece iuxta LXX interpretes*, 2 vol., St 1935 (*editio minor*). – N. Fernández Marcos/J. R. Busto Saiz, con la colaboración de M.V. Spottorno y Díaz Caro y S.P. Cowe, El texto antioqueno de la Biblia griega, M 1989 ff.

번역서: L.L. Brenton, Lo 1976 (e). – M. Harl u.a., La Bible d'Alexandrie, P 1996 ff. (fÜK).

보조자료: 용어 색인: E. Hatch/H.A. Redpath, A Concordance to the Septuagint and the other Greek versions of the Old Testament (including the apocryphal books), 2 vol., O 1897 = Graz 1954.

사전: F. Rehkopf, Septuaginta-Vokabular, Go 1989. – J. Lust/E. Eynikel/K. Hauspie, with the collaboration of G. Chamberlain, A Greek - English Lexicon to the Septuagint, 2 vol., St 1992-6. – T. Muraoka, A Greek - English Lexicon of the Septuagint (Twelve Prophets), Lou 1993.

문법서: H. Thackeray, A Grammar of the Old Testament in Greek according to the Septuagint, C 1909 = Hi-NY 1978.

참고문헌: 사전 항목: J.L. Coole, Altes Testament: RAC 1 (1950) 354-63. – G. Dorival u.a., Versions anciennes de la Bible: DEB 2 (1987) 1302-25.

입문서: H.B. Swete/R.R. Ottley/H. St J. Thackeray, An Introduction to the Old Testament in Greek, C 1902 = NY 1968. – S. Jellicoe, The Septuagint and Modern Study, O 1968. – N. Fernández Marcos, Introducción a las versiones griegas de la Biblia, M 1979. – G. Dorival/M. Harl/O. Munnich, La Bible grecque des Septante. Du judaïsme hellénistique au christianisme ancien = ICA (1988). – M. Cimosa, Guida allo studio della Bibbia greca (LXX). Storia - lingua - testi, R 1995.

총론서: Atti dei Congressi di "International Organization for Septuagint and Cognate Studies" (IOSCS). – Septuagint and Cognate Studies, C/MA 1972 ff. – Septuaginta-Arbeiten, 2 vol., Gö 1939-43. – A. Rahlfs, Septuaginta-Studien, 3 vol., Go 1904-11; ²1965. – J. Ziegler, Sylloge. Gesammelte Aufsätze zur Septuaginta = MSU 10 (1971). – J. Schreiner (ed.), Forschung zur Bibel. Wort, Lied und Gottesspruch. Beiträge zur Septuaginta (FS J. Ziegler), Wü 1972. – S. Jellicoe, Studies in the Septuagint: Origins, Recensions, and Interpretation. Selected Essays, ed. H. M. Orlinsky, NY 1974. – H.M. Orlinsky, Essays in Biblical Culture and Biblical Translation, NY 1974. – E. Bickerman, Studies in Jewish and Christian History, 2 vol., Lei 1976-80. – D. Barthélemy, Études d'histoire du texte de l'Ancien Testament = OBO 21 (1978). – P. Casetti/O. Keel/A. Schenker (ed.), Mélanges D. Barthélemy = OBO 38 (1980). – A. Pietersma/ C. Cox (ed.), De Septuaginta (FS J. W. Wevers), Mississauga (Ontario) 1984. – M. Harl, La langue de Japhet. Quinze études sur la Septante et le grec des chrétiens, P 1994. – M. Hengel/A. M. Schwemer (ed.), Die Septuaginta zwischen Judentum und Christentum = WUNT 72 (1994). – G. Dorival/O. Munnich (ed.), *KATA TOYΣ O'* - Selon les Septante (FS M. Harl), P 1995. – H. Graf Reventlow (ed.), Theologische Probleme der Septuaginta und der hellenistischen Hermeneutik, Gü 1997.

연구서: D. Barthélemy, Les Devanciers d'Aquila. Premiere publication intégrale du texte des fragments du Dodécaprophéton trouvés dans le désert de Juda, précédée d'une étude sur les traductions et recensions grecque de la Bible, realisées au premier siècle de notre ère sous l'influence du rabbinat palestinien = VT.S 10 (1963). – A.C. Sundberg, The Old Testament in the Early Church, C - Lo 1964. – D. Barthélemy, Critique textuelle de l'Ancien Testament I-II = OBO 50/1-2 (1982-6). – P.-M. Bogaert, Les études sur la Septante. Bilan et perspectives: RTL 16 (1985) 174-200. – P. Walters, The Text of the Septuagint. Its Corruptions and their Emendation, ed. D.W. Gooding, C 1973. – St. Olofsson, The LXX Version. A Guide to the Translation Technique of the Septuagint = CB.OT 30 (1990). – St. Olofsson, God is my Rock. A Study of Translation Technique and Theological Exegesis in the Septuagint = CB.OT 31 (1990). – M. Harl, La "Bible d'Alexandrie" et les études sur la Septante. Réflexions sur une première expérience: VigChr 47 (1993) 313-40. – M. Müller, The First Bible of the Church. A Plea for the Septuagint = JSOT.S 206 (1996).

외경

편집본: J.A. Fabricius, *Codex pseudepigraphus Veteris Testamenti*, 2 vol., H 1713; ²1723. – C.C.L. Schmid, *Corpus omnium veterum apocryphorum extra biblia*, Hadamar 1804. – M.R. James = TaS 2/2 (1892). – R.L. Bensley = TaS 3/2 (1895).

번역서: E. Kautzsch, Apokryphen und Pseudepigraphen des Alten Testaments, 2 Bde., Tü 1900. – P. Riessler, Altjüdisches Schrifttum außerhalb der Bibel, F – Hei 1928. – W.G. Kümmel (ed.), Jüdische Schriften hellenistisch-römischer Zeit, 5 Bde., Gü 1973 ff.

보조자료: A.-M. Denis, Concordance grecque des pseudépigraphes d'Ancien Testament, Lou 1967. – W. Strothmann, Wörterverzeichnis der apokryphen-deuterokanonischen Schriften des Alten Testaments in der Peschitta = GOF I/27 (1988). – W. Lechner-Schmidt, Wortindex der lateinisch erhaltenen Pseudepigraphen zum Alten Testament = TANZ 3 (1990). – A.-M. Denis, Concordance latine des pseudépigraphiques d'Ancien Testament = CChr.S (1993).

참고문헌: 사전 항목/각론서 항목: H.-P. Rüger, Apokryphen I: TRE 3 (1978) 289-316. – G. Wanke/E. Plümacher, Bibel I-II: TRE 6 (1980) 1-22. – J.H. Charlesworth, Pseudepigraphen des Alten Testaments: TRE 27 (1997) 639-45. – K. Zelzer/P.L. Schmidt: HLL 4 (1997) 367-78.

잡지: Journal for the Study of the Pseudepigrapha (and Related Literature) (JSPE), Sheffield.

총서: Jahrbuch für biblische Theologie (JBTh) 3 (1989). – Study of the Pseudepigrapha (and Related Literature). Supplement Series (JSPE.S), Sheffield. – *Studia in Veteris Testamenti Pseudepigrapha* (SVTP), Lei.

연구서: JSPE – JSPE.S. – SVTP. – H. v. Campenhausen, Das Alte Testament als Bibel der Kirche vom Ausgang des Urchristentums bis zur Entstehung des Neuen Testaments: Ders., Aus der Frühzeit des Christentums. Studien zur Kirchengeschichte des ersten und zweiten Jahrhunderts, Tü 1963, 152-96. – O. Eissfeldt, Einleitung in das Alte Testament unter Einschluß der Apokryphen und Pseudepigraphen sowie der apokryphen- und pseudepigraphenartigen Qumràn-Schriften, Tü ³1964, 773-864. – L. Rost, Einleitung in die atl. Apokryphen und Pseudepigraphen, Hei 1971. – D. Kaestli/O. Wermelinger (eds.), Le Canon de l'Ancien Testament. Sa formation et son histoire, Genf 1984. – R. Beckwith, The Old Testament Canon of the New Testament Church and its Background in Early Judaism, Lo 1985. – J.H. Charlesworth, The Old Testament Pseudepigrapha and the New Testament. Prolegomena to the Study of Christian Origins = MSSNTS 54 (1985). – M. Vom "Zusammendenken" zum Kanon. Aspekte der traditionsgeschichtlichen Endstadien des Alten Testaments: JBTh 3 (1989) 115-34. – H. Hübner, *Vetus Testamentum und Vetus Testamentum in Novo receptum*. Die Frage nach dem Kanon des Alten Testaments aus neutestamentlicher Sicht: JBTh 3 (1989) 147-62.

2. 복음서

2.1. 문학 상드

복음서의 문학 유형은 경전 복음서들의 원형에 비추어 먼저 지상 예수의 삶, 행위, 가르침을 말로 전한 이야기나 설화의 소재들로 결정된다. 편집자는 복음서를 정확하게 보존하고 그리스도에 대한 신앙을 강화하고 퍼뜨리려는 목적으로 신학적·공동체적 숙고에 따라 이 소재들을 구성하였다. 따라서 유형은 내용·형식 기준에 따라 결정되었고, 에우앙겔리온(εὐαγγέλιον)이라는 낱말은 본디 복음 자체만을 뜻하였다. 대략 2세기 중엽부터 복음과 관련된 내용을 실은 책도 이와같이 부르기 시작하였는데 그 의미는 계속 유지되었다. 이런 이유로 신약성서의 많은 외경은 유형의 정의에 맞지 않으며, 동시에 다른 제목을 사용하면서도 "복음서"라는 명칭으로 전해졌다.

슈네멜허는 외경을 넓은 의미에서 "예수에 관한 성서 밖의 복음서"로 이해하였으며 다음과 같은 결론에 도달하였다. "전체적으로 볼 때 '외경 복음서들'은 자주적이고 통일된 유형을 지녔다고 볼 수 없다. 그러나 이 명칭으로 분류되는 원전들은 그리스도의 인물과 활동을 내용으로 삼는다는 점에서 복음서와 밀접한 관계를 맺고 있을 뿐만 아니라, '복음서'의 유형과 다른 방식으로 확정되고 영향을 받은 것으로 특징지을 수 있다"(I⁵ 72). 따라서 외경 복음서를 구성하는 핵심은 서로 다른 기준, 곧 내용, 문학 형태, 저자, 근원, 진술 의도, 종속성, 전승사 등에 따라 분류해야 한다. 이 기준 가운데 내용이 문헌의 신학적 특성 때문에 가장 중요하다.

1) "공관 복음서"의 전통을 따른 외경 복음서는 그 내용이 경전 복음서와 가장 비슷하다. 이 가운데 일부는 같은 원전에서 내용을 표절하였거나 경전 공관 복음서를 개작하였다. 이러한 복음서에는 「베드로 복음」, 「나자렛파 복음」, 「에비온파 복음」이 있다.

2) 마지막 두 복음서는 그 유래에서 마태오복음서와 비슷하며, 특히 유다 전통을 보존하거나 유다계 그리스도교 종파에서 유래한 복음서들이다.

3) "이단 복음서"는 정통교회와 다른 자신들의 교의를 정당화한다. 이는 나그 함마디 도서관에서 발견된 문서들 가운데 여러 복음서, 곧 「피스티스 소피아」Pistis Sophia, 예우Jeû의 두 작품, 「토마 복음」, 「바르톨로메오 복음」, 그밖의 많은 작품이 영지주의 사상을 두드러지게 전개하였다는 점에서 알 수 있다.

4) 경전 복음서가 여러 가지 면에서 경건한 신자들의 지식욕, 또는 상세한 신학적인 명확함에 대한 후대의 갈망을 채워주지 못하였다는 사실 때문에 경전

복음서를 보완하려는 많은 작품이 씌었다.

① 대부분의 작품은 경전 복음서에 상세히 기록되지 않은 예수 탄생 이전의 역사와 그의 유년기를 다룬다. 유년기 외경 복음서는 그리스도의 조상, 예수의 탄생에 대한 더 상세하고 불가사의한 상황, 어린 시절에 관한 소재를 다루었으며, 처음부터 신학적인 관점에서 어린이의 신성과 예수를 낳기 이전이나 낳을 때와 낳은 뒤 마리아의 참된 동정성도 강조한다. 이 복음서 가운데 가장 중요한 작품이 「야고보의 원原-복음」이며, 그밖에 아랍어로 씌어진 「유년기 복음」, 「가假-마태오 복음」, 「토마의 유년 설화」가 중요하다. 여기서 등장하는 인물들은 예수의 부모와 친척들까지 확대되며 목수 요셉에 관한 이야기도 나온다. 당연히 유년기 복음서는 열두 살 이후의 예수에 관한 사건은 다루지 않는다. 루가복음 2장 52절("예수는 지혜와 키가 자랐다")에서 암시하듯이 유년기 외경 복음서들에서 예수에 대한 표상은 하느님-인간(神人, θεῖος ἀνήρ)으로 발전하지 못하였다.

이 복음서들은 전례, 신자들의 경건성, 예술에 지대한 영향을 미쳤다. 예를 들어 마리아 부모의 이름인 요아킴과 안나, 예수의 구유 옆에 있던 황소와 나귀, 동방박사의 숫자와 이름 등은 이 복음서들에서 비롯된 것이다. 오늘날까지도 이 복음서들은 셀마 라거뢰프의 「그리스도 전설」(1904년)과 펠릭스 팀머만의 「플랑드르의 아기 예수」(1917년)에서 다시 이야기된다.

② 경전 복음서가 예수의 수난사를 매우 상세히 다루기 때문에 예수의 수난사를 보완하는 복음서의 수는 유년기 복음서에 비하면 적은 편이다. 그렇지만 「빌라도 행전」, 「니고데모 복음」, 「바르톨로메오 복음」, 「가말리엘 복음」은 신학적 숙고와 경건한 신자들의 상상력에 부합하여 수난에 관여한 인물들의 운명과 그리스도가 하데스(저승)에 내려간 것을 매우 상세히 기술한다.

③ 예수가 부활한 뒤 제자들에게 밀한 가르침을 보완하거나 더 명료하게 묘사하는 작품으로는 「구세주와의 대화」가 있다. 이러한 유형의 작품들은 편지의 특징과 묵시록의 요소를 띠고 있지만 보통 대화의 형태를 취한다. 「프리어-로기온」*Freer-Logion*, 「사도들의 편지」*Epistula Apostolorum*, 「야고보의 편지와 두 묵시록」이 이 유형에 속한다.

5) 마지막으로 유형상 세부적으로 분류할 수 없는 여러 파피루스에 씌어진 복음서의 단편과 예수의 단화 가운데 앞에서 언급한 구전으로 전해진 아그라파 (기록되지 않은 주님의 말씀)가 있다.

이로써 남아 있는 자료를 대략 서술하였다. 초기 그리스도교의 작품들은 서로 유사한 내용을 싣고 있다. 외경 복음서의 내용, 형식, 의도는 중요한 몇 작품을 더 상세히 살펴봄으로써 파악할 수 있다.

1.1.의 서술 참조.

참고문헌 목록: C. von Tischendorf, L ²1876. – M.G. Mara = SC 201 (1973) [*Evangelium Petri* (TfÜK)]. – A. de Santos Otero = BAC 148 (³1975) (TsÜK).

편집본: *G. Schneider, Evangelia infantiae apocrypha* = FChr 18 (1995) (TdÜK).

영어 번역서: A. Walker: ANFa 7 (1886 = 1995) 361-476. – J.A. Robinson/A. Rutherfurd: ANFa 10 (1887 = 1995) 1-31 (The Gospel of Peter).

참고문헌: 사전 항목/각론서 항목: G. Friedrich: ThWNT 2 (1935) 705-35 – O. Michel: RAC 6 (1966) 1107-60. – Vielhauer 613-92.

연구서: H. Daniel-Rops, Die apokryphen Evangelien des Neuen Testamentes, Zü 1956. – K. Beyschlag, Die verborgene Überlieferung von Christus, Mn – H 1969. – E. Haenchen, Neutestamentliche und gnostische Evangelien: Christentum und Gnosis. Aufsätze hrsg. von W. Eltester = BZNW 37 (1969) 19-45. – H. Köster, Überlieferung und Geschichte der frühchristlichen Evangelienliteratur: ANRW II 25.2 (1984) 1463-1542. – W. S. Vorster, Der Ort der Gattung Evangelium in der Literaturgeschichte: VF 29/1 (1984) 2-25. – H. Frankemölle, Evangelium: Begriff und Gattung. Ein Forschungsbericht, St 1988. – S. Gero, Apocryphal Gospels: A Survey of Textual and Literary Problems: ANRW II 25.5 (1988) 3969-96. – D. Dormeyer, Evangelium als literarische und theologische Gattung = EdF 263 (1989).

2.2. 「야고보의 원原-복음」

이른바 「야고보의 원-복음」은 경전 복음서를 보충하는 작품에 속한다. 이 복음서는 2세기 말 이전 이집트에서 씌었으며 뒤에 확충되었다. 서방교회가 「겔라시아누스 교령」(500년경)에서 이 작품을 외경으로 배척하였기 때문에, 서방에서는 완전히 잊혀진 작품이었다. 반면 에티오피아어, 아랍어, 아르메니아어, 게오르기아어, 콥트어, 슬라브어, 시리아어 번역본에서 알 수 있듯이, 이 복음서는 전승이 풍부한 동방교회에서 대단히 인기가 있었으며 널리 보급되었다. 이는 라벤나의 주교 막시미니아누스(546~556/7년)의 유명한 주교좌에서도 뒷받침된다(상아로 만든 이 주교좌에는 원-복음서에 나오는 장면들이 새겨져 있다. 라벤나는 540년부터 751년까지 비잔틴 제국에 속해 있었다). 더구나 원-복음서는 전례에도 사용되었다. 따라서 1549/50년 동방 여행에서 복음서를 가져와 라틴어로 번역한 프랑스 인문주의자 기욤 포스텔Guil-laume Postel(예수회)은 이 작품을 경전으로 생각하였다. 작품의 결론(§25)에 야고보가 저자로 기록되어 있다. 포스텔은 그를 주님의 형제로 여겨 작품의 제목을 야고보 복음이라고 불렀다. 원-복음서는 예수가 탄생하기 이전의 역사를 다루기 때문에, 연대순으로 복음서들 가운데 첫째πρῶτον 복음서로 배열되었다.

「야고보의 원-복음」은 세 부분으로 나뉜다. §1-16에서는 마리아의 가계, 탄생, 어린 시절, 예수의 잉태까지 서술한다. 하느님께서는 부유하고 경건하나 자손이 없어 괴로워하는 요아킴과 안나 부부에게 신비로운 방식으로 마리아가 태어날 것을 약속하셨다. 이 부부는 마리아를 하느님께 온전히 봉헌하였다. 마리아는 세 살 때부터 예루살렘 성전에 살았으며 그곳에서 천사가 그녀를 양육하였다. 12년 뒤 마리아가 처녀로 성장하였을 때, 그녀는 하느님께서 기적의 표징(이스라엘의 모든 홀아비가 성전에 모였을 때 한 마리의 비둘기가 요셉의 지팡이에서 날아올라 그의 머리 위에 앉았다)을 통해 선택하신 홀아비 요셉의 보호를 받았다. 이 당시 요셉에게는 이미 장성한 아들들이 있었다. 복음서는 이후 몇 년 동안의 사건을 요약하여 마리아가 성전의 다른 동정녀들과 함께 성전의 장막을 짰다는 사실, 천사의 예고, 엘리사벳의 방문, 요셉이 오랜 기간에 걸쳐 행한 토목공사에서 돌아왔을 때 마리아가 임신 6개월이었다는 사실에 당황하였다는 내용만 보고한다. "이 모든 신비스러운 일이 일어났을 때 마리아는 열여섯 살이었다"(§12). 마태오복음 1장 20-23절과 마찬가지로 요셉은 한 천사에게서 아기의 거룩한 탄생에 관한 소식을 듣고 나서 마리아와 함께 대사제 앞에서 하느님의 판결을 요청하였다. 예수 탄생에 관한 보고는 경전의 전형을 따른다. 요셉은 호적 등록을 하기 위하여 베들레헴으로 가는 도중에 마리아가 해산할 날이 다가왔기 때문에 마리아를 도시 근방의 동굴에 머물게 하고 산파를 찾으러 나섰다. 산파는 아기의 놀라운 탄생을 함께 체험하였으며, 아기를 낳은 뒤에도 마리아의 처녀성이 놀랍게도 온전하게 보존되었음을 확인하였다. 그녀가 이를 말하자 살로메라는 다른 산파가 의심하며 다시 살펴보았다. 이때문에 그녀의 손이 굳어버렸으나 아기 예수가 그녀의 손을 다시 고쳐주었다. 제3부(§22-25)에서는 즈가리야의 순교를 보고한다. 헤로데는 동방박사들에게 속고 예수도 요한도 붙잡지 못하자 즈가리 야를 살해하라고 명하였다.

「야고보의 원-복음」은 유년기 복음서에 속하나 신학적·설화적 주요 관심사는 예수의 어머니 마리아이다. 마리아에 대한 초대 그리스도교의 경건성을 보여주는 가장 중요한 자료인 원-복음서는 그녀의 탄생에 관한 하느님의 선택과 그녀의 영속적인 동정성을 증명하려 하였다. 특히 "예수는 판테라라는 로마 군인과 정식 결혼을 하지 않은 채 태어난 마리아의 아들이다"라고 추측하는 이교인 논쟁가 첼수스(178년경)와 유다인의 작품에 나타나는 주변 이야기를 반박한다. 동시에 경전 복음서(예: 마태 12,47)에서 언급되는 "예수의 형제들"이 요셉의 첫 결혼에서 얻은 아들이라고 증명하면서 이에 관한 잘못된 해석도 바로잡아야만 하였다. 기묘하게도 바로 이러한 해석은 원-복음서를 인정하지 않는 결과를 초래하였다. 히에로니무스가 요셉에게도 영속적인 동정성을 부여하기 위하여 "예수의 형제들"을 사촌형제들로 이해하고, 이를 바탕으로 야고보의 복음서를 논박하였기 때문이다.

많은 기적 이야기에만 초점을 맞춘 다른 외경과 달리 「야고보의 원-복음」은 문학 형태에서 인물들의 전기에 관한 설화들을 매우 신중하게 표현한 모음집이다. 이 이야기들은 구약성서의 전형(예: 사무엘과 삼손의 탄생)에 바탕을 두었으며, 경전 마태오복음과 루가복음에 나오는 어린 시절에 관한 보고도 활용하였다. 이 이야기들은 마리아론의 기초를 놓는 데 지대한 영향을 미쳤다.

2.1.의 서술 참조.

편집본: Tischendorf 1-50. – E. de Strycker, La forme la plus ancienne du Protévangile de Jacques. Recherches sur le Papyrus Bodmer 5 avec une édition critique du texte grec et une traduction annotée. En appendice les versions arméniennes traduites en latin par H. Quecke = SHG 33 (1961). – Santos Otero³ 126-76. – Schneider 95-145.

번역서: Michaelis 62-95. – Weidinger: 433-45. – O. Cullmann: Schneemelcher⁵ I 334-49. – 영어 번역서: A. Walker: ANFa 7 (1886 = 1995) 361-7.

보조자료: A. Fuchs (unter Mitarb. von Ch. Eckmair), Konkordanz zum Protoevangelium des

Jakobus, Linz 1978.

참고문헌: H.R. Schmid, Protevangelium Jacobi. A Commentary, Assen 1965. – E. Cothenet, Le Protévangile de Jacques: origine, genre et signification d'un premier midrash chrétien sur la Nativité de Marie: ANRW II 25.6 (1988) 4252-69. – G. Kretschmar, "Natus ex Maria virgine": Zur Konzeption und Theologie des Protoevangeliums Jacobi: C. Breytenbach/H. Paulsen/Ch. Gerber, Anfänge der Christologie (FS F. Hahn), Gö 1991, 417-28. – P.L. Schmidt: HLL 4 (1997) 381f.

2.3. 콥트어 「토마 복음」

「토마 복음」을 「토마의 유년 설화」, 또는 나그 함마디 사본 II/7에 나오는 「토마의 책」과 혼동해서는 안 된다. 나그 함마디의 도서관을 발견하고 출판할 때 (1945/48년)까지 이 복음서는 히에로니무스의 작품에 단편으로만 남아 있었으며, 사람들은 옥시린쿠스 파피루스 1, 653호와 654호에 보존되어 있었다는 사실도 몰랐다. 더 나아가 오리게네스와 에우세비우스 등은 영지주의자와 마니교도가 이 복음서를 사용하였다고 보고한다.

나그 함마디 사본 II/2는 2세기 중엽 동부 시리아에서 그리스어로 씌어진 복음서의 완전한 본문을 콥트어 번역으로 싣고 있다. 이 복음서에는 114편의 주님의 말씀이 여러 가지 문학 유형, 곧 아포프테그마타(대화체의 단화), 로기아(지혜의 말씀), 예언적·묵시적 어구, 율법과 공동체에 관한 말씀, 일인칭 문장, 비유들로 적혀 있다. 이 가운데 반 이상의 비유는 공관복음서에서, 나머지 비유는 재구성된 단화 문헌 Q에서 발견된다. 또한 일부는 이미 알려졌거나 지금까지 알려지지 않은 아그라파(기록되지 않은 주님의 말씀)로 되어 있다.

「토마 복음」의 특별한 의미는 이 작품이 예수 말씀의 단화록이고, 이 유형이 있다는 것을 처음으로 입증하였다는 데 있다. 단화 유형은 이미 마태오와 루가 공관복음서의 분석에서 출전 Q로 확인되었다. 「토마 복음」이 어느 정도까지 영지주의 작품에 속하는지는 아직도 확실하게 설명되지 않는다. 이 복음서는 영지주의 경향을 나타내지만 나그 함마디의 도서관에서 발견된 작품들과는 다른 성향을 나타낸다.

2.1.의 서술 참조.

참고문헌 목록: E. Haenchen, Literatur zum Thomasevangelium: ThR 27 (1961) 147-78, 306-38.

편집본: A. Guillaumont/H.-Ch. Puech/G. Quispel/W. Till/Y. 'Abd al Masîh, Lei 1959 (TdÜ). – J. Leipoldt = TU 101 (1967) (TdÜ). – M. Fieger = NTA NF 22 (1991) (TdÜK).

번역서: J. Leipoldt, Ein neues Evangelium? Das koptische Thomasevangelium übersetzt und besprochen: ThLZ 83 (1958) 481-96 [= Ders./H.-M. Schenke, Koptisch-gnostische Schriften aus den Papyrus-Codices von Nag Hammadi = ThF 20 (1960) 7-30]. – H. Quecke: W.C. van Unnik, Evangelien aus dem Nilsand, Ffm 1960, 161-73. – E. Haenchen, Die Botschaft des Thomas-Evangeliums = TBT 6 (1961). – R. Haardt, Die Gnosis. Wesen und Zeugnisse, Sa 1967, 189-202. – B. Blatz: Schneemelcher⁵ I 93-113.

보조자료: E. H. Degge, A Computer-Generated Concordance of the Coptic Text of the Gospel According to Thomas, Houston 1970.

참고문헌: P. de Suarez, L'Évangile selon Thomas. Traduction, Présentation et Commentaires, Montélimar 1974. – J.-E. Ménard, L'Évangile selon Thomas = NHS 5 (1975). – M. Lelyveld, Les Logia de la vie dans l'Évangile de Thomas. À la recherche d'une tradition et d'une rédaction = NHS 36 (1987). – F.T. Fallon/R. Cameron, The Gospel of Thomas: A Forschungsbericht and Analysis: ANRW II 25.6 (1988) 4195-4261. – M. Alcalá, El evangelio copto de Tomás, Salamanca 1989. – M. Fieger, Das Thomasevangelium. Einleitung, Kommentar und Systematik = NTA NF 22 (1991). – A.D. De Conick/J. Fossum, Stripped before God: A new interpretation of Logion 37 in the Gospel of Thomas: VigChr 45 (1991) 123-50. – R. Trevijano Etcheverría, La conversión de la Escatología en protología (EvTom log. 18, 19, 24, 49 y 50): Salm. 40 (1993) 133-63. – A.D. De Conick, Seek to See Him. Ascent and Vision Mysticism in the Gospel of Thomas = SVigChr 33 (1996). – Th. Zöckler, Jesu Lehren im Thomasevangelium (= Nag Hammadi and Manichaen Studies 47), Lei 1999.

2.4. 「사도들의 편지」*Epistula Apostolorum*

장르로 볼 때 「사도들의 편지」는 부활한 그리스도와 제자들이 나눈 대화에 속한다. 이러한 장르는 보통 영지주의 종파에서 유래하지만, 오히려 이 편지는 고유한 방법론으로 영지주의를 반박한다. 편지는 비밀 계시들에 반대하여 그리스도와 편지에 나오는 모든 사도와의 대화를 제시한다. 사도들이 이 대화를 편지로 출판하였다고 한다. 「사도들의 편지」는 그리스도의 참된 신성, 육화와 부활의 사실성, 심판을 받기 위해 육체가 영혼과 영과 함께 부활함, 구약의 성인들을 세례를 통하여 죄의 용서에 참여시키기 위해 그리스도가 저승에 내려갔다는 사실을 변론한다. 이 편지는 종말에 대한 묵시적 예견과 그리스도의 승천 이야기로 끝난다.

문학적으로 이 작품은 복음서의 보고 형식과 편지의 틀을 갖춘 계시 이야기이다. 신학적으로 편지는 그리스도 가현설假現說과 영지주의의 이원론적 인간학에 대해, 전체적으로 볼 때 올바른 평가라고 볼 수 있는 정통신앙의 입장들을 제시한다. 그러나 편지가 씌어진 장소나 시대(2세기 중엽 이집트에서 그리스어를 사용하는 유다계 그리스도교)를 바탕으로 알 수 있듯이 영지주의와 혼합주의의 영향을 완전히 벗어나지는 못하였다. 그밖에 편지는 그리스도교의 부활 축제와 부활 전야에 주님의 재림 기대에 관한 가장 오래된 증언을 싣고 있다(§15(26)).

이 작품이 고대교회에 어떤 영향을 미쳤는지는 알 수 없다. 19세기 말까지 편지에 관하여 아무것도 알려진 사실이 없고 그밖의 문헌 어느 곳에서도 언급되지 않기 때문이다. 1895년에 이르러서야 칼 슈미트C. Schmidt가 콥트어로 씌어진 편지의 단편을, 비크J. Bick는 라틴어로 씌어진 편지 한 장을 발견하였으며, 1912년 루이 게리어Louis Guerrier는 실뱅 그레보Sylvain Grébaut와 함께 완전한 이집트어 본문을 출판하였다. 모든 번역본은 원문이 그리스어로 씌었다는 것을 알려준다.

2.1.의 서술 참조.
편집본: L. Guerrier/S. Grébaut = PO 9/3 (1912). – C. Schmidt/I. Wajnberg = TU 43 (1919).
번역서: H. Duensing = KIT 152 (1925). – Weidinger 407-21. – C.D.G. Müller: Schneemelcher[5] I 205-33.
참고문헌: M. Hornschuh, Studien zur *Epistula Apostolorum* = PTS 5 (1965). – J.V. Hills, Tradition and Composition in the *Epistula Apostolorum* = HDR 24 (1990). – K. Zelzer: HLL 4 (1997) 412 f. – Ch.E. Hill, The *Epistula Apostolorum*: An Asian Tract from the Time of Polycarp: JECS 7 (1999) 1-53.

2.5. 「니고데모 복음」

「니고데모 복음」은 두 부분, 곧 「빌라도 행전」(1-16장)과 예수가 죽은 뒤 「서승에 내려감」*Descensus Christi ad inferos*(17-27장)으로 이루어져 있다. 따라서 이 복음서는 예수의 수난사를 보완하는 복음서에 속한다. 작품의 중심인물은 빌라도로서 그의 행위는 정당화되고 있으며, 이 영향으로 그는 성인전과 성인 공경에서 특별한 의의를 지닌다.

편집자 자신이 서론에서 진술하듯이("우리의 황제 플라비우스 테오도시우스 통치 18년, 플라비우스 발렌티니아누스가 존귀한 신분의 존칭을 받은 지 5년, 15년 주기로 햇수를 계산할 때 아홉번째 해") 작품의 최종 편집 연도는 425년이다. 제1부인 「빌라도 행전」에서는 콘스탄티아(살라미스)의 에피파니우스를 인용하기 때문에 375/76년 이전에 저술되었음이 확실하다. 더구나 이 작품이 유스티누스와 테르툴리아누스의 작품에서 두 번 언급된다는 것은 이미 150년 이전에 씌었음을 암시한다. 작품의 저술은 에우세비우스의 작품에서 언급되는 어떤 이교인이 막시미누스 다이아 황제의 박해 동안(311/12년) 그리스도인에 대한 증오를 유발하려고 쓴 「빌라도 행전」과 관련이 있는 것 같다. 여하튼 425년의 편집본이 더 오래된 소재로 이루어져 있다. 현재 남아 있는 그리스어 본문에는 「내려감」*Descensus*이 없는 반면, 「빌라도 행전」은 상세히 표현되어 있기 때문에, 프리드리히 샤이트바일러Friedrich Scheidweiler는 「내려감」을 후대에 첨가된 것으로 여긴다. 따라서 프리드리히 샤이트바일러는 425년의 편집본이 더 오래된 소재라는 견해에 이의를 제기한다. "이 작품이 완성된 뒤 더 이상 늘리지 않았다는 점은 이치에 맞지 않다." 개정판 B는 본디의 본문을 나중에 개작한 것이다. 이 본문은 10장과 11장의 내용을 상당히 늘린 반면, 「내려감」을 첨가하기 위하여 16장의 내용을 많이 축소하였다.[2] 샤이트바일러는 이 부분을 "단순히 첨가된, … 본디 더 오래된 단락"으로 여기기 때문에 이 부분이 씌어진 정확한 연도를 결정하지 못하였다. 「내려감」의 저술 연도를 4세기 말로 가정할 수 있는 진술은 시편 24장 7절("문들아, 일어서라. 영광의 왕께서 드신다")의 의미를 저승에 내려감으로 해석한다는 사실에서 알 수 있다. 이 구절이 니사의 그레고리우스 때까지 승천과 관련되어 사용되었기 때문이다.[3]

「빌라도 행전」*Acta Pilati* 자체도 두 부분으로 나뉜다. 실질적인 빌라도 행전인 1-11장에서는 빌라도 앞에서 예수에 대한 심리, 십자가에 못박힘, 무덤에 묻

---

[2] Scheidweiler: Schneemelcher⁵ I 398; 바르덴헤버(Bardenhewer² I 545³)의 견해는 다르다.

[3] H.R. Drobner, Die Himmelfahrtspredigt Gregors von Nyssa: H. Eisenberger (ed.), EPMH-NEYMATA (FS H. Hörner), Hei 1990, 106-9쪽 참조.

힘에 관해 이야기한다. 이 부분에서는 예수의 동정녀 탄생에 관한 유다인의 비방,[4] 예수의 기적이 증명하는 그의 신적 능력과 무죄성을 신학적으로 변론하며, 경전 복음서들의 많은 소재를 개작하여 빌라도가 예수를 십자가에 못박는 데 반대한 인물이라는 사실을 부각한다. 빌라도의 긍정적인 역할은 후대의 작품들에서도 계속되어 예수의 죽음에 대한 그의 행동을 정당화한다. 따라서 시리아 교회는 그를 성인으로 공경하였으며 콥트 교회는 오늘날까지도 그를 성인 축일력에 싣고 있다. 이와 달리 다른 주제에서 그의 죽음은 고통의 연속으로 묘사된다. 빌라도가 횡사橫死한 뒤 지옥의 영들이 묘지에서 미친 듯이 날뛰었기 때문에, 시신은 티베르 강에서도 론 강에서도 평온을 누릴 수가 없었다. 그래서 사람들이 시신을 알프스의 어떤 호수에 내던진 뒤에야 시신은 평온을 찾을 수 있었다. 이때문에 오늘날까지 이 호수 근처에 있는 산을 "필라투스"라고 부른다.

12-16장에서는 빌라도에 관한 내용이 아니라 예수가 죽은 뒤, 예루살렘 산헤드린의 회의를 서술한다. 집회 동안 예수의 부활, 전도 명령, 승천에 관한 소식이 의회의원들에게 전해져 이에 관한 격렬한 논쟁이 벌어졌다. 논쟁에서 니고데모와 아리마태아의 요셉은 예수를 위해 증언하였으나 유다인들을 설득하지 못하였다.

마지막 부분(17-27장)에서는 시메온의 두 아들이 죽은 뒤 하데스(저승)에서 예수를 만나 그와 함께 부활하여, 지금 예루살렘의 대사제들 앞에서 이 사실을 기록하였다는 그들의 증언을 다룬다. 이 보고는 첫 빛줄기가 하데스의 어둠을 꿰뚫고 들어오는 내용으로 시작된다. 이 첫 빛줄기는 선조들과 예언자들, 세례자 요한의 메시아 예언이 지금 이루어진다는 희망을 일깨운다. 예수가 기적을 통해 신적 능력을 계시하였음에도 욕심 많은 하데스가 예수를 삼켰기 때문에 하데스와 사탄은 서로를 미워하였다. 그때에 통치자에게 지옥의 문을 열라고 외치는 소리가 시편 23장 7절과 함께 울려퍼졌으며, 하데스와 사탄은 패하고 구

---

[4] 「야고보의 원(原)-복음」의 판테라 민담 참조.

약의 성인들이 되살아나 요르단 강에서 세례를 받고 그리스도와 함께 천국으로
인도되었다.

아랍어, 아르메니아어, 콥트어, 라틴어, 시리아어와 같은 수많은 번역본이
증명하듯이 그리스도가 하데스에 내려갔다는 이야기는 여러 번의 개작과 구전
을 통해 중세 내내 그리고 근세까지 전해졌다. 이에 이바지한 작품은 「니고데
모 복음」을 표절하고, 예수가 저승에 내려가 투쟁하였다는 것을 더 상세하고
감명깊게 서술한 「성 토요일 설교」(PG 43, 439-464)이다. 에피파니우스의 이름으로
전해지는 설교의 몇몇 단락은 오늘날까지 부활절 성무일도의 독서기도에 실려
있다.

2.1.의 서술 참조.

편집본: Tischendorf² 210-486. – M. Vandoni/T. Orlandi, Vangelo di Nicodemo, 2 vol., Mai –
Varese 1966. – A. Vaillant, L'Évangile de Nicodème: Texte slave et texte latin = PCRHP.O 1
(1968). – H.C. Kirn, The Gospel of Nicodemus, Gesta Salvatoris, Edited from the Codex Ein-
sidlensis Ms. 326, Toronto 1973. – Santos Otero³ 396-471.

번역서: J. Sedláček, Neue Pilatusakten. Besprochen und übersetzt, Prag 1908. – Michaelis 132-
214. – Weidinger 467-90. – F. Scheidweiler: Schneemelcher⁵ I 395-424. – 영어 번역서: A.
Walker: ANFa 7 (1886 = 1995) 416-67.

참고문헌: R.P. Wülcker, Das Evangelium Nicodemi in der abendländischen Literatur. Nebst
drei Excursen, Pb 1872. – R. A. Lipsius, Die Pilatus-Acten kritisch untersucht, Kiel ²1886. – E.
v. Dobschütz, Der Process Jesu nach den Acta Pilati: ZNW 3 (1902) 89-114. – Th. Mommsen,
Die Pilatus-Acten: ZNW 3 (1902) 198-205. – J. Kroll, Gott und Hölle. Der Mythos vom Des-
census-Kampfe, L – B 1932. – Z. Izydorczyk, The Unfamiliar *Evangelium Nicodemi*: Man. 33
(1989) 169-91. – J.-D. Dubois, Les "Actes de Pilate" au quatrième siècle: Apocrypha 2 (1991)
85-98. – K. Zelzer: HLL 4 (1997) 387-90.

3. 사도행전

3.1. 문학 장르

대부분 단편만 남아 있는 외경 사도행전은 외경 복음서와는 달리 루가가 쓴 사
도행전의 차례나 내용을 따르지 않는다. 오히려 외경 사도행전은 경전 사도행

전을 모방한다거나 사도행전을 보완하겠다는 의도도 없이 후대의 두 시기에 저술되었다. 2세기와 3세기에 씌어진 다섯 편의 사도행전(안드레아, 요한, 바울로, 베드로, 토마 행전)은 마니교도들이 한 권의 전집으로 묶었다. 따라서 사람들은 이 다섯 행전을 레우키오스 카리노스Leukios Charinos라는 한 저자가 엮은 작품으로 여겼다. 4세기 이후에 저술된 사도행전들은 위의 다섯 편의 사도행전을 모방하거나 다른 사도들을 다룬다. 많은 작품이 지금까지 전해지고 있는데 2~3세기의 작품과 달리 소재나 사상의 독창성이 엿보이지 않는다. 그렇지만 모든 사도행전에 공통되는 주제는 인물, 여행 또는 행위와 관련된 생애, 거룩한 사람들(θεῖοι ἄνδρες)로 불리는 한 명 또는 그 이상의 사도들의 가르침, 신앙에 대한 확실한 증언이다. 아울러 작품들은 순교에 관한 부분과 다른 개별적인 부분으로 나뉘거나 따로 전해지면서 후대 성인전의 모태가 되었다.

사도행전의 문학 유형은 매우 다양하기 때문에 오늘날까지도 작품들의 문학 장르를 일관되게 규정하지 못하고 있다. 이 작품들은 대부분 고대의 소설, 여행기 문학περίοδοι, 행위 문학πράξεις과 관련이 있다. 그러나 작품들은 허구가 아니라 구전으로 내려오는 단편들과 성인들의 생애, 죽음, 순교에 관한 종교적 설화들을 개작하였다는 점에서 고대의 소설과는 구분된다. 쇠더R. Söder는 이 작품들의 다섯 가지 중요한 요소를 다음과 같이 분석하였다.

1) 여행의 동기
2) 영웅담적 요소, 곧 영웅들의 뛰어난 덕ἀρεταί과 능력δυνάμεις에 대한 강조
3) 기담적奇談的 요소, 곧 사도들이 빠져들어간 기이한 세계에 대한 묘사(식인종, 말하는 동물들 등)
4) 의도적 요소(무엇보다도 설교에서)
5) 실제적인 사랑의 동기에서뿐만 아니라 금욕적·설제적 특징에서도 나타나는 성적性的 요소

사도행전들은 그리스도교적 즐거움과 교화 및 가르침의 관점에서 독자들에게 도움이 되나 신학문제와 교회의 문제를 탐구하는 데 도움이 되지 않는 대중문학이다. 행전들은 새로 발견된 영지주의 작품들과는 근본적으로 차이가 있기

때문에 영지주의에서 유래하였다는 이론은 더 이상 설득력이 없다. 그렇지만
이 작품들이 영지주의의 개별 요소를 담고 있음을 부인해서는 안 된다.

1.1.의 서술 참조.

참고문헌 목록: CChr.SA. – R.A. Lipsius/M. Bonnet, *Acta Apostolorum Apocrypha* I-II/1-2, L
1891-1903.

번역서: Michaelis 216-438. – Schneemelcher⁵ II 71-438. – 영어 번역서: A. Walker: ANFa 7
(1886 = 1995) 477-564.

보조자료: M. Lipinski, Konkordanz zu den Thomasakten = BBB 67 (1988).

참고문헌: 사전 항목/각론서 항목: E. Plümacher: PRE.S 15 (1978) 11-70. – K. Zelzer/P.L.
Schmidt: HLL 4 (1997) 391-405.

연구서: R.A. Lipsius, Die apokryphen Apostelgeschichten und Apostellegenden. Ein Beitrag zur
altchristlichen Literaturgeschichte, 2 Bde. und Ergänzungsheft, Braunschweig 1883-90. – R. Sö-
der, Die apokryphen Apostelgeschichten und die romanhafte Literatur der Antike, St 1932. – M.
Blumenthal, Formen und Motive in den apokryphen Apostelgeschichten = TU 48/1 (1933). – F.
Bovon u. a., Les Actes apocryphes des Apôtres. Christianisme et monde païen, Genf 1981. – C.W.
Müller, Der griechische Roman: Neues Handbuch der Literaturwissenschaft II, Wi 1981, 377-412.
– N. Holzberg, Der antike Roman. Eine Einführung, Mn – Zü 1986. – T. Hägg, Eros und Tyche.
Der Roman in der antiken Welt, Mz 1987. – ANRW II 25.6 (1988) 4293-4527. – F. Bovon/A.
Graham Brock/Ch.R. Matthews (eds.), The Apocryphal Acts of the Apostles, C/MA 1999.

3.2.「베드로 행전」

지금까지 남아 있는 외경 사도행전 가운데 가장 오래된 「베드로 행전」*Acta Petri*
은 180~190년경에 소아시아 아니면 로마에서 씌었다. 작품의 약 3분의 1은
소실되었으며, 제2부의 대부분 내용과 결론 부분 및 제1부의 서로 다른 두 이
야기는 라틴어로 씌어진 「베르첼렌수스 행전」*Actus Vercellenses*과 그리스어로 씌어
진 두 수사본, 그리고 여러 단편에 전해진다. 그밖에 동방의 여러 번역본이 증
언하는 베드로의 순교에 관한 소식이 따로 전해진다.

전승에 따르면 제1부에서는 베드로가 12년 동안 머물렀고 마술사 시몬을 처
음으로 만난 예루살렘에서의 사건(사도 8,18-24 참조)을 다룬다. 제2부에서는 하느
님의 명령에 따른 베드로의 로마 여행과 그곳에서의 활동을 이야기한다. 바울
로가 로마에서 스페인으로 전도여행을 떠난 뒤, 시몬은 로마에 나타나 그곳의

그리스도교 공동체와 소수의 신실한 사람들까지 자기 사람으로 만들었으며, 불가사의한 행위로 로마 사람들을 경탄시켰다. 베드로는 시몬에 맞서 많은 기적을 행하고 공개적으로 열린 "기적 시범 시합"에서 그를 이겼다. 시몬이 비행술을 보여주려고 높은 곳에서 뛰어내렸을 때, 베드로의 기도가 이루어져 시몬의 다리가 부러졌다는 대결의 마지막 장면은 헐리우드 영화에도 나올 정도로 유명하다.

결론 부분은 여러 사도행전에 자주 나타나듯이 성적·금욕적 요소를 통해 야기된 베드로의 순교를 서술한다. 베드로는 정결에 관하여 설교하였다. 로마 시의 총독 아그리파는 설교에 분노하였고 도시에서는 소요가 일어났다. 새로운 정결문제로 아그리파의 소실 네 명이 그를 떠났으며, 많은 부인이 남편과 헤어지거나 정상적인 부부생활을 거부하였기 때문이다. 베드로는 임박한 체포를 두려워하여 로마에서 아피아로 도망가는 길에 그리스도를 만났다. 그가 "주님, 어디로 가시나이까"Quo vadis, Domine? 하고 물었을 때, 그리스도는 "나는 십자가에 못박히러 로마에 간다" 하고 대답하였다. 이 말을 듣고 베드로는 로마로 되돌아가 십자가에 못박혀 죽었다. 물론 그는 예수와 반대로 머리를 거꾸로 한 채 십자가에 못박혔다. 쿼바디스Quo vadis 이야기에서 바로 이 행전의 대중적인 영향을 알 수 있다. 오늘날에도 베드로가 예수를 만났다고 전해지는 장소에는 이러한 만남을 기억하기 위한 교회가 세워졌다. 교회의 대리석에는 예수가 이곳을 떠나 하늘로 올라갈 때 남긴 발자국이 조각되어 사람들에게 공경받고 있다. 폴란드 작가 헨릭 시엔키비즈Henryk Sienkiewicz(1846~1916년)는 「쿼바디스」Quo vadis로 세계적 명성을 얻었으며, 1905년에 노벨 문학상을 받았다.

문학적으로 베드로 행전은 행위 문학에 속한다. 작품의 목적은 이단자와 벌이는 논쟁이 아니라 악인에게 하느님의 뛰어난 능력을 보여준 기록힌 사람(θεῖος ἀνήρ)인 베드로의 놀랍고도 비범한 행위를 묘사하는 데 있다. 영웅담적 요소(기적, 환시 등)가 작품의 주된 구조이며, 작품 안에 연설, 대화, 기도가 되풀이하여 삽입된다. 예루살렘에서 로마로 가는 여행 보고는 단지 두 장소를 연결시킬 뿐, 작품 전체의 줄거리를 이루지 않기 때문에 여행기 문학에 속하지 않는다.

3.1.의 서술 참조.

참고문헌 목록: Lipsius: Lipsius/Bonnet I 45-103. – L. Vouaux, P 1922 (TfÜK).

번역서: Michaelis 317-79. – Schneemelcher⁵ II 243-89. – 영어 번역서: Peter and Paul: A. Walker: ANFa 7 (1886 = 1995) 477-86.

참고문헌: C. Schmidt, Die alten Petrusakten im Zusammenhang der apokryphen Apostelliteratur nebst einem neuentdeckten Fragment = TU 24/1 (1903). – C. Schmidt, Studien zu den alten Pet-rusakten: ZKG 43 (1924) 321-48; 45 (1927) 481-513. – G. Poupon, Les 'Actes de Pierre' et leur remaniement: ANRW 25.6 (1988) 4363-83. – K. Zelzer/P. L. Schmidt: HLL 4 (1997) 392-4. – J.N. Bremmer (ed.), The Apocryphal Acts of Peter. Magic, Miracles and Gnosticism, Lou 1998.

3.3. 「바울로 행전」

185~195년경 소아시아의 어느 장로가 저술한 「바울로 행전」*Acta Pauli*은 바울로의 많은 여행을 보고하면서 그의 행적들을 기술한다. 따라서 바울로 행전은 유형에서 여행기 문학에 속하나 베드로 행전의 영향을 받은 것 같다. 이 작품도 처음과 중간에 있는 단락이 많이 없어져 완전하게 남아 있지 않다. 그밖의 부분은 여러 방식으로, 그리고 여러 작품들, 곧 그리스어와 콥트어로 씌어진 파피루스, 「바울로와 테클라 행전」*Acta Pauli cum Theclae*, 「바울로와 고린토인들과의 서신 교환」(고린토인들에게 보낸 셋째 편지), 「바울로의 순교록」에서 전해진다. 슈네멜허는 이 작품들을 바탕으로 행전 본디의 형태를 가능한 한 재현하였다. 작품의 구조를 결정하는, 바울로가 거쳐 간 체류지는 다마스쿠스 – 예루살렘 – 안티오키아(시리아의?) – 이코니움 – 안티오키아(피시디아의?) – 미라 – 시돈 – 티루스, 내용이 빠져 있음, 스미르나 – 에페소 – 필립비 – 고린토 – 이탈리아 – 로마이다. 여기에 나오는 일화들은 거의 틀에 박힌 도식(여정의 묘사, 부활과 정결에 관한 바울로의 설교, 이로 인해 부인들이 남편들을 멀리하여 소동이 일어남, 기적을 통하여 구출됨, 여행을 계속함)을 따른다.

단편들에 근거하여 추측할 수 있듯이 없어진 앞부분은 아마도 다마스쿠스에서 바울로의 회개, 그곳에서의 첫번째 활동과 예루살렘에서의 활동을 묘사하는 것 같다. 나머지 작품에 남아 있는 안티오키아에서 일어난 일화가 예루살렘에서의 활동에 이어지며, 바로 「바울로와 테클라 행전」의 주요부로 넘어간다. 여기서 바울로는 조연 역할만 한다. 처녀 테클라는 이코니움에서 바울로의 설교에 감복하여 약혼자 곁을 떠났다. 그녀의 약혼자는 다른 남자들과 함께(그들의 부인들도 그들을 떠났기 때문에) 바울로를 전집정관에게 고소하였다. 이때문에 바울로는 감옥에 갇혔지만 테클라는 바울로에게서 더 배우려고 간수를 매수하여 밤에 감옥을 드나들었다. 곧 이 사실이 알려져 두 사람 모두 법정에 서게 된다. 바울로는 도시에서 추방되고 테클라는 화형을 선고받지만 화형의 불길은 그녀에게 어떤 해도 입히지 못했다. 인접한 도시인 안티오키아의 원형경기장에서 어떤 동물도 그녀를 공격하지 않아 그녀는 죽음을 모면하였다. 오히려 암사자 한 마리가 죽으면서까지 그녀를 보호하였다. 그녀는 스스로 세례를 받기 위하여 물이 담긴 통에 몸을 던졌으며, 마침내 공식적으로 풀려났다.

일부 내용이 없어진 채 전해지는 다른 작품도 이와 같은 도식을 따른다. 「바울로와 고린토인들과의 서신교환」은 두 사람이 고린토에서 선포한 영지주의의 유설, 곧 구약성서의 거부, 하느님의 전능하심에 대한 부인, 육체의 부활에 대한 부인, 세상의 창조주로서 하느님에 대한 부인, 마리아에게서 태어난 하느님 아들인 그리스도에 대한 부인을 소재로 한다. 행전은 로마에서 바울로의 순교로 끝난다. 그러나 루가가 쓴 사도행전의 보고와 달리 바울로는 자유인으로서 로마에 갔다. 그는 정결에 관한 설교 때문이 아니라 그리스도를 영원한 통치자로 선포하였기 때문에 순교하였다. 네로 황제는 이 선포가 자신의 권력을 유지하는 데 위험하다고 느꼈기 때문이다.

저자는 이전의 전승에 자신의 생각을 덧붙여 새로운 작품으로 짜맞추었다. 작품의 목적은 결코 신학적 내용을 전개하려는 것이 아니라 공동체를 교화하고 즐거움을 주기 위한 것이었다. 저자가 경전 사도행전을 알고 있었는지는 불확실하다. 그렇지만 바울로의 여정과 관련된 많은 지명이 일치하며, 일부 유사한 내용이 확인되었다. 이것으로 비무어 이 작품과 경진 사도행전이 공통된 원전을 사용하였다고 말할 수 있다. 그밖의 내용에서 바울로 행전은 완전히 다른 소재를 사용하기 때문이다.

"작은 몸집에 머리는 벗겨지고, 다리는 휘었으며, 두 눈썹은 붙어 있어 기품 있는 태도를 보이고, 코가 매우 낮은 남자"(3.2)로 묘사되는 바울로의 모습은 초대교회의 성화聖畵에 밑그림을 제시하였다. 성화 작가들은 그를 전형적으로 홀쭉한 얼굴, 뾰족한 수염, 머리가 벗겨진 인물로 그리는 반면, 베드로는 둥근 얼굴, 숱이 많은 머리, 곱슬곱슬한 수염을 지닌 인물로 묘사한다.

3.1.의 서술 참조.

편집본: Lipsius: Lipsius/Bonnet I 23-44, 104-17, 235-72. – L. Vouaux, Les Actes de Paul et ses Lettres Apocryphes, P 1913 (TfÜK). – C. Schmidt, Acta Pauli aus der Heidelberger koptischen Papyrushandschrift Nr. 1, L ²1905. – C. Schmidt, Πράξεις Παύλου, Acta Pauli. Nach dem Papyrus der Hamburger Staats- und Universitäts-Bibliothek. Unter Mitarbeit von W. Schubart, Glückstadt – H 1936. – M. Testuz, Papyrus Bodmer X-XII, Cologny – Genève 1959, 7-45. – A. Harnack = KIT 12 (²1912) 6-22.

번역서: Michaelis 268-317. – Weidinger 560-72. – Schneemelcher⁵ II 193-243. – 영어 번역서: A. Walker: ANFa 7 (1886 = 1995) 487-92.

참고문헌: A. F. J. Klijn, The apocryphal correspondence between Paul and the Corinthians: VigChr 17 (1963) 2-23. – W. Schneemelcher, Gesammelte Aufsätze zum Neuen Testament und zur Patristik, hrsg. W. Bienert/K. Schäferdiek = ABla 22 (1974) 182-239. – W. Rordorf, In welchem Verhältnis stehen die apokryphen Paulusakten zur kanonischen Apostelgeschichte und zu den Pastoralbriefen?: T. Baarda (ed.), Text and Testimony (FS A. F. Klijn), Kampen 1988, 225-41. – W. Rordorf, Was wissen wir über Plan und Absicht der Paulusakten?: D. Papandreou u. a. (eds.), Oecumenica et Patristica (FS W. Schneemelcher), St – B – K 1989, 71-82. – J.N. Bremmer (ed.), The Apocryphal Acts of Paul and Thecla, Kampen 1996. – K. Zelzer/P.L. Schmidt: HLL 4 (1997) 394-6.

4. 편 지

4.1. 문학 장르

외경 성서의 세번째 유형인 편지는 교부론의 기초 영역에서 그다지 상세하게 다룰 필요가 없다. 편지의 수는 그리 많지 않으며 초대교회의 문헌이나 신학에서 큰 의미를 지니지도 않는다. 모든 편지는 허구적 또는 가명假名편지 문헌에 속하며, 종종 어떤 작품(예를 들어 「바울로 행전」 가운데 고린토인들에게 보낸 셋째 편지, 압가르 전설 가운데 예수와 에데사의 왕 압가르와의 서신교환; 제5부 1. 참조)의 일부분으로 전해진다. 그밖에 라오디체아인들의 편지는 골로사이서 4장 16절에 나오는 바울로의 진술을 기초로 써었기 때문에 언급할 가치가 있다. "여러분이 이 편지를 읽은 뒤에는 라오디체아의 공동체도 읽도록 하고, 또 여러분도 라오디체아에서 오는 편지를 읽어 보시오." 마지막으로 바울로와 철학자 세네카가 주고받은 편지도 중요하다. 바울로의 편지들이 "비고전적" 문체로 씌었지만 그의 편지들은 유명한 철학자의 입을 빌려 로마 청중에게 소개되었으며, 실제로 고대에 대단한 영향을 미쳤다.

1.1.의 서술 참조.

편집본: PLS 1 673-8 (Paulus + Seneca). – PLS II 1486 f, 1522-42 (Titus). – A. Harnack = KIT 12 (²1931). – L. Bocciolini Palagi, Il carteggio apocrifo di Seneca e San Paolo, Florenz 1978 (TK). – Santos Otero³ 662-9.

번역서: Michaelis 440-61. – Weidinger 491-3, 554-60. – Schneemelcher⁵ II 41-70.

참고문헌: 사전 항목: H. Leclercq, Sénèque et S. Paul: DACL 15/1 (1950) 1193-8. – E. Kirsten, Edessa: RAC 4 (1959) 588-93. – A. Hamman, Seneca and Paul, Correspondence of: EECh II 767-8.

연구서: E. v. Dobschütz, Der Briefwechsel zwischen Abgar und Jesus: ZWTh 43 (1900) 422-86. – J.N. Sevenster, Paul und Seneca, Lei 1961. – F. Schnider/W. Stenger, Studien zum neutestamentlichen Briefformular = NTTS 11 (1987). – D. Trobisch, Die Entstehung der Paulusbriefsammlung. Studien zu den Anfängen christlicher Publizistik = NTOA 10 (1989). – I. Ramelli, L'epistolario apocrifo Seneca - san Paolo: alcune osservazioni: VetChr 34 (1997) 299-310. – A. Fürst, Pseudepigraphie und Apostolizität im apokryphen Briefwechsel zwischen Seneca und Paulus: JAC 41 (1998) 77-117. – G.G. Gamba, Il carteggio tra Seneca e San Paolo. Il "problema" della sua autenticità: Sal. 60 (1998) 209-250.

4.2. 「바르나바의 편지」

「바르나바의 편지」는 전통적으로 "사도 교부"의 작품에 속하지만 외경으로 평가해야 한다. 이 편지는 고대의 많은 지역에서 경전 또는 성서로 인정받았지만 사도의 이름을 가명으로 사용하기 때문에, 에우세비우스와 히에로니무스는 이 편지를 이미 외경으로 여겼다. 유명한 시나이 사본Codex Sinaiticus은 이 편지를 신약성서 바로 다음에 연결한다. 문학 장르의 관점에서 보면 이 작품은 편지 형식의 논문이다. 서두의 짧고 불완전한 인사말, 서언과 결론에서만 부분적으로 편지 형식과 유사하다. 일반적으로 순수한 편지에서 사용되는 발신인과 수신인의 이름을 쓰지 않고, 편지를 쓰게 된 동기도 언급하지 않는다.

저자는 편지의 어느 대목에서도 자신의 이름을 밝히지 않는다. 그럼에도 알렉산드리아의 클레멘스가 저자에 관하여 처음으로 증언한 이후 전통적으로 바울로의 동반자인 유다교 출신 바르나바를 저자로 생각하였다. 그러나 편지는 저자를 이교인 출신 그리스도인으로 표명하며, 추정한 저술 연도에 따르면 바르나바는 이미 숨을 거두었다. 16장 3-4절에는 성전을 파괴한 사람들이 성전을 재건한다는 기록이 있다. 클라우스 벵스트Klaus Wengst는 최근 이 성전 재건이 70년 티투스가 파괴한 예루살렘의 성전 재건을 가리키며, 하드리아누스 황제가 130년 그 자리에 주피터 카피톨리누스에게 바치는 신전을 건립하려고 해서 132년 바르-코크바 폭동이 일어났다는 의견을 제시하였다. 바르나바의 편지가 이 폭동을 언급하지 않은 것에 근거하여 벵스트는 저술 연도를 130~132년으로 추정하였다. 저술 장소는 전통적으로 이집트, 더 자세히 말하자면 알렉산드리아로 간주되었으나 오늘날에는 오히려 소아시아, 시리아 또는 팔레스티나로 보는 경향이 있다.

이 편지는 21장으로 구분되며, 17장 맨 뒷부분에 나오는 "(지금까지 말한 것으로) 충분합니다. 다른 깨달음과 가르침으로 넘어갑시다"라는 말은 명백히 중요한 두 부분에 중간 경계선을 긋는 진술이다. 짧은 인사 정식과 서언(1) 다음에 나오는 첫 부분(2-16)에서는 하느님, 그리스도, 하느님의 새로운 백성, 이 새로운 백성의 도덕적 의무에 관하여 성서(구약성서)에서 얻을 수 있는 인식이 언급된다. 둘째 부분(17-20)에서는 그리스도인들에게 빛과 어둠의 두 가지 길 가운데 하나를 택할 것을 권유한다. 이 두 가지 길에 관한 가르침은 유다교에서 유래하였으며, 「디다케」에서 더 체계적인 형태로 두 번 나온다. 21장에서는 주님의 계명을 따르라는 권고의 글, 인사말, 축복의 말로 끝난다. 외적인 관찰에서 알 수 있듯이 저자는 전승된 많은 단락을 개작하였다. 예를 들어 그는 성서를 70인역에서 직접 인용하지 않았다. 그는 성서 인용집Testimoniensammlung을 가지고 있었으며 다른 사료도 사용하였다. 이를 바탕으로 문장의 결합, 단절, 불일치를 설명할 수 있다. 후대에 가필加筆한 구절도 있다는 가정은 해결된 것으로 보아도 무방하다.

「바르나바의 편지」의 신학적 의미는 처음으로 구약성서 전체를 예형적·도덕적 의미에서 그리스도와 그리스도교적 생활방식에 대한 예언으로 이해한다는 점이다. 그러나 매우 극단적인 표현도 사용한다. 편지에 따르면 하느님과 유다 민족 사이에는 결코 계약이 없었으며 성서에 관한 그들의 문자적 이해는 근본적으로 그릇된 견해라는 것이다. 그리스도인만이 계약과 성서의 수령자이며, 이때문에 그들은 성서에 감추어진 낱말을 그리스도론적 · 도덕적 의미로 인식한다.

제2장의 서술 참조.

편집본: P. Prigent/R. A. Kraft = SC 172 (1971) (TfÜK). – Wengst 101-202 (TdÜK). – A. Lindemann/H. Paulsen, Die Apostolischen Väter. Griechisch-deutsche Parallelausgabe, Tü 1992, 23-75 (TdÜ).

번역서: Mayer 67-115. – H. Veil: Hennecke[1] 143-66; [2]503-18. – Zeller 71-105. – H. Windisch: HNT.E 299-413. – K. Thieme, Kirche und Synagoge. Die ersten nachbiblischen Zeugnisse ihres Gegensatzes im Offenbarungsverständnis: Der Barnabasbrief und der Dialog Justins des Märtyrers. Neu bearbeitet und erläutert, Olten 1945, 27-65. – 영어 번역서: A. C. Coxe: ANFa 1 (1885 = 1995) 133-49. – F. X. Glimm: FaCh 1 (1947) 185-222. – J.A. Kleist: ACW 6 (1948) 27-65, 166-83. – M. Staniforth, Lo 1968, 187-222.

보조자료: A. Urbán, *Concordantia* = AlOm A 165 (1996).

참고문헌: 사전 항목/각론서 항목: J. Schmid: RAC 1 (1950) 1212-7. – Vielhauer 599-612. – K. Wengst: TRE 5 (1980) 238-41. – F. Scorza Barcellona: EECh I 111-2. – K. Zelzer: HLL 4 (1997) 415.

주석서: F.R. Prostmeier, Der Barnabasbrief = KAV 8 (1999) (dÜK).

연구서: P. Prigent, Les testimonia dans le christianisme primitif. L'Épître de Barnabé I-XVI et ses sources, P 1961. – E. Robillard, L'épître de Barnabé: trois époques, trois théologies, trois rédacteurs: RB 78 (1971) 184-209. – K. Wengst, Tradition und Theologie des Barnabasbriefes = AKG 42 (1971). – L.W. Barnard, The "Epistle of Barnabas" and its Contemporary Setting: ANRW II 27.1 (1993) 159-207.

5. 묵시록

5.1. 문학 장르

"묵시록"이라는 명칭은 이 유형에서 그리스도교의 첫 작품이자 신약성서 경전인 요한의 "예수 그리스도의 계시" Ἀποκάλυψις Ἰησοῦ Χριστοῦ의 마지막 낱말에서 유래한다. 그러나 문학 유형은 유다교에서 유래하며, 구약성서 가운데 가장 중요한 묵시록은 다니엘서이다. 그리스도교의 묵시록은 전적으로 유다인 고유의 종말론으로 가득 찬 묵시문학을 모방하였다. 그러나 "모든 묵시록에 적용되는 형식적 원칙은 명확히 밝힐 수 없고",[5] 요한 묵시록이 그리스도교의 모든 묵시록 가운데 특수한 위치에 있지만 일관된 문체적·내용적 요소들은 확인될 수 있다.

1) 모든 묵시록은 가명으로, 곧 저자에게 없는 권위를 작품에 부여하기 위하여 과거에 유명한 인물의 이름을 빌려 저술되었다. 묵시록은 봉인에서부터 예정된 종말까지 비밀로 유지되어야 하기 때문에(다니 12,9: 묵시 6장 참조), 이미 오래 전에 씌어진 책으로 간주되어 항상 허구의 과거성으로 기술된다. 따라서 묵시록은 종말 환시에 대한 확실성에서도 독자에게 신뢰감을 주기 위하여 앞으로 일어날 일에 대한 정확하고 확증할 수 있는 역사 개요vaticinia ex eventu를 전형적 요소로 담고 있다. 또한 묵시록은 인류의 역사를 여러 시기로 구분하며 그 마지막 시기가 지금 시작되었다는 내용을 담는다.

2) 묵시록의 저자는 무아경 상태나 꿈에서 환시의 형태로 계시를 받으며, 내세를 알고 묘사하기 위하여 종종 하늘에 올라가 본 것처럼 서술한다(묵시 1,10-11 참조). 이러한 계시는 계시를 받은 사람이 하늘나라에 계신 하느님을 직접 대면하는 장면에서 정점에 이른다. 계시는 보통 1인칭 형식으로 묘사된다.

3) 환시들은 표상의 형태를 띠며 알레고리로 표현된다. 알레고리는 계시의 중재자angelus interpres나 하느님 또는 그리스도가 직접 설명한다.

4) 묵시록은 신적 질서 안에서 이루어진 현상을 이해시키기 위하여 여러 가지 난해한 현상들을, 특히 숫자로 체계화한다.

5) 묵시록은 결코 선택받은 사람들을 대상으로 하는 것이 아니라 실제적인 것, 곧 종말의 곤궁과 역경을 극복하기 위해 신자들의 신심을 북돋우고 그들을 이끌기 위한 것이다. 따라서 간청, 한탄, 칭찬, 감사, 찬미의 형태를 띤 권고와 기도가 묵시록의 고정적인 구성요소이다.

---

[5] W.G. Kümmel, Einleitung in das Neue Testament, Hei ¹⁷1973, 400.

묵시록의 표상세계는 네 가지 중요한 대립관계, 곧 두 시대에 관한 이원론, 보편주의와 개인주의, 염세주의와 내세의 희망, 결정론과 그리스도의 재림에 대한 임박기대로 특징지어진다. 세계사와 각각의 시대는 하느님의 위대하고 변함 없는 구원계획에 따라 창조 때부터 세상의 종말까지 예정되어 있다. 세상의 시대는 악하고 사탄이 지배하며, 종말의 정치적·우주론적 재앙 때까지 대대로 퇴화된다. 이 시대에 하느님께 대한 복종으로 민족적인 구원 기대와 관계 없는 개별적인 구원 기대가 입증되어야 한다. 그렇지만 죄, 우상숭배, 인간의 통치라는 옛 세계는 하느님의 나라가 오기 이전에 사라져야 한다. 하느님께서는 이러한 삶에서 계명을 지킨 경건한 이들이 새로운 세상에 참여하리라고 약속하신다. 다가오는 시대에 관한 구원을 기대하여 신자들은 자신들의 항구함과 성실함에 대한 보상 및 신을 멀리하여 받을 벌, 희망, 확신을 지닌다. 시대의 징표는 하느님께서 예정하신 종말이 가까이 왔음을(그러나 종말에 관한 정확한 시점을 예언할 수 없다) 증명한다. 지금이 회개하고 다가오는 시대를 준비하는 시대이다.

이러한 골자에서 2세기부터 그리스도교와 유다교의 묵시록을 그리스도교식으로 개작한 작품들, 예를 들어 「아브라함의 유언」*Testament Abrahams*, 「에즈라의 묵시록」, 슬라브어로 씌어진 「에녹서」가 저술되었다. 내용으로는 유다인의 내세에 관한 표상이 원시 그리스도교적 종말론으로 대체되거나 변형되었다. 2세기 묵시록의 주된 주제는 하느님의 종말론적 계획에 따라 아직 일어날 수 없는 재림의 지연에 대한 설명, 세계 종말, 내세에 관한 것이다. 그러나 4세기부터(3세기에 씌어진 묵시록은 이상하게도 전해지지 않는다) 관심사는 그리스도인의 도덕과 정통신앙을 강화하기 위한 천국과 지옥에 대한 묘사로 옮겨가거나, 최후의 심판과 세계 멸망의 구체적인 상황에 관하여 호기심을 불러일으키는 지식욕으로 방향이 바뀌었다. 교회의 종말론이 이미 4세기에 일정한 특징들을 획득하였기 때문이다. 어하튼 그리스도교 묵시록의 저자들은 유다인 저자들과 달리 소재를 독자적으로 구성할 수 있는 능력을 지니지 못하였다.

그리스도교의 가장 유명한 묵시록에는 「베드로의 묵시록」, 「이사야 승천기」, 「바울로의 묵시록」, 「토마의 묵시록」이 있다. 나그 함마디에서 영지주의의 여러 묵시록이 발견되었으나, 그 작품들의 가치는 아직도 상세히 밝혀지지 않았다.

1.1.의 서술 참조.

편집본: C. Tischendorf, *Apocalypses Apocryphae*, L 1866. – M.R. James, *Apocrypha anecdota* = TaS II/3 (1893). – A. Böhlig/P. Labib, Koptisch-gnostische Apokalypsen aus Codex V von Nag Hammadi im Koptischen Museum zu Alt-Kairo: WZ (H) Sonderband (1963) (TdÜ).

번역서: Michaelis 464-81. – Schneemelcher⁵ II 491-679. – 영어 번역서: A. Walker: ANFa 7 (1886 = 1995) 565-98. – A. Rutherfurd: ANFa 10 (1887 = 1995) 139-224.

참고문헌: 사전 항목: A. Oepke: ThWNT 3 (1938) 565-97. – J. Lebram/K. Müller/A. Strobel/K.-H. Schwarte: TRE 3 (1978) 192-275. – E. Romero Pose: EECh I 55-6.

편찬서: K. Koch/J. M. Schmidt (eds.), Apokalyptik = WdF 365 (1982). – D. Hellholm (ed.), Apocalypticism in the Mediterranean World and the Near East, Tü 1983. – C. Kappler u. a. (eds.), Apocalypses and voyages dans l'au-delà, P 1987.

연구서: W. Schmithals, Die Apokalyptik. Einführung und Deutung, Gö 1973. – A.J. Beagley, The "Sitz im Leben" of the Apocalypse with Particular Reference to the Role of the Church's Enemies = BZNW 50 (1987). – Ch. Rowland Apocalyptic Literature: D.A. Carson (ed.), It Is Written: Scripture Citing Scripture (FS B. Lindars), C 1988, 170-89. – A. Yarbro Collins, Early Christian Apocalyptic Literature: ANRW II 25.6 (1988) 4665-4711. – R.E. Sturm, Defining the Word "Apocalyptic": A Problem in Biblical Criticism: J. Marcus/ M.L. Soards (eds.), Apocalyptic and the New Testament (FS J. L. Martyn) = JSNT.S 24 (1989) 17-48. – W. Zager, Begriff und Wertung der Apokalyptik in der neutestamentlichen Forschung, Bern 1989.

5.2. 「헤르마스의 목자」

「헤르마스의 목자」는 그리스도교의 첫 수세기 동안 가장 인기 있었던 비경전 작품이었으며, 많은 지역에서 경전으로도 사용되었다. 작품의 많은 부분은 오랜 기간에 걸쳐, 곧 약 130~140년⁶ 사이에 로마에서 씌었다. 묵시록의 저자 헤르마스는 노예에서 해방된 자유인이며 소상인이었다. 이 작품에서 "목자"라는 명칭은 두번째 계시자의 모습에서 비롯된다. 이 작품은 5편의 환시visiones, 12편의 계명mandata, 10편의 비유similitudines로 나뉜다. 첫번째-네번째 환시와 다섯번째 환시-일곱번째 비유는 개별적인 책으로 서로 관계가 없지만 같은 저자⁷

---

⁶ 지금까지 밝혀진 저술 연도는 1세기 말에서 2세기 말까지 이른다.

⁷ 기에(Giet)와 노탱(Nautin)은 저자를 세 명으로 가정한다.

가 쓴 것이다. 저자는 작품의 구성에 따라 아홉번째 비유와 열번째 비유를 첨가하였다. 다섯번째 환시는 뒤에 오는 계명과 비유의 서론에 해당한다.

환시는 헤르마스가 로데라는 부인의 노예로 로마에 팔려갔다가 해방되었다는 이야기로 시작한다. 어느 날 그는 이전의 여주인이 티베르 강에서 목욕하는 것을 보고 강에서 나오는 그녀를 도와주었다. 그녀의 아름다움을 보고, 그는 속으로 부인을 아내로 삼았으면 하는 마음을 품었다. 며칠 뒤 그는 나폴리 북쪽에 자리한 여자 예언자가 살고 있는 쿠메Cumae로 가는 길에 영에 이끌려 길이 없는 지역으로 들어갔다. 그곳에서 옛 여주인이 하늘에서 나타나, 그가 마음속으로 품은 생각이 마음으로 저지른 간통이나 다름없다고 지적하였다. 헤르마스가 이 일로 깊은 생각에 빠져 있었을 때 여자 예언자로 보이는 노파가 빛나는 옷을 걸치고 나타났다. 그는 그녀가 교회의 화신이라는 것을 뒤늦게 알았다. 그녀는 헤르마스와 그의 가족 모두가 회개하도록 촉구하였다. 두번째 환시는 1년 뒤에 같은 장소에서 일어난다. 노파는 헤르마스에게 편지를 베껴쓰게 하고, 이 환시와 앞으로 있을 다른 환시를 로마 교회와 다른 지방의 여러 도시에 알리라는 명령과 함께 작은 책인 "하늘의 편지"를 건네주었다. 이 편지는 그리스도인 모두에게 마지막 회개의 가능성을 알려준다. 세번째 환시는 젊어진 노파가 헤르마스에게 교회를 상징하는 탑이 세워지는 것을 보여주면서 탑의 완성은 모든 그리스도인이 회개를 통해 완전해질 때까지 연기되리라고 말한다. 다섯번째 환시는 이후의 계명들과 비유에서 이상적인 그리스도교 세계를 보여주는 두번째 계시자로서 회개의 천사가 마침내 목자의 모습으로 나타난다.

문학 형태로 볼 때 「목자」는 묵시록이다. 특히 1인칭 설명, 환시, 무아경, "하늘의 편지"에 나오는 문체적 요소들이 묵시록임을 드러낸다. 헤르마스는 이 작품에서 유다·묵시적 전통을 따른다. 그렇지만 그는 로마 시대의 헤르메스 문헌[8]을 원형으로 삼아 노파와 목자의 모습으로 개작한다. 내용상 묵시록의 특

---

[8] 헤르메스 트리스메기스토스를 하느님으로 여긴 이교적·영지주의적 지혜 문헌의 모음집. G. Filoramo, Hermetism: EECh I, 377-8쪽; H.J. Sheppard/A. Kehl/R. McL. Wilson, Hermetik: RAC 14 (1988), 780-808쪽 참조.

징, 종말론적 미래, 또는 내세에 관한 계시가 없기 때문에 빌하우어Vielhauer는 이 작품을 "가假묵시록"이라 하였으며, 스타츠Staats는 오히려 "고대 가톨릭 교회의 묵시록의 원형"으로 여겼다.

「목자」의 주요 주제와 가치는 회개론에 있다. 이 회개론은 그리스도교의 일반적인 견해에 따르면 근본적인 죄를 용서하는 세례를 받은 뒤 다시 짓는 죄에 대해 일회적으로 용서를 받을 수 있음을 나타낸다. 그러나 회개론의 해석과 적용은 서로 다르게 평가된다. 빈디쉬Windisch와 디벨리우스Dibellius는 헤르마스 이전의 고대 그리스도교에서는 세례를 받은 뒤 다시 회개할 수 있는 가능성이 없었다고 한다. 이들은 「헤르마스의 목자」가, 세례받은 그리스도인이 매일 죄를 짓는다는 경험에 근거하여 (그리스도 재림의) 임박을 기대하는 상황에서, 성화聖化를 위한 엄격한 요구를 부인하면서 새로운 회개의 가능성을 열었다고 이해하였다. 따라서 헤르마스는 교회의 전통이나 자신의 권위를 증거로 내세울 수 없었기 때문에 필연적으로 묵시록, 직접적인 신적 계시, 위임의 형태를 취해야만 했다. 이와 달리 포쉬만Poschmann 등은 「헤르마스의 목자」가 회개 관습을 일회적인 것으로 한정하여, 이미 존속하는 교회의 관습을 굳히거나 강화시켰다는 것 외에는 아무것도 전하지 않는다고 이해하였다. 노르베르트 브록스Norbert Brox는 이러한 해석에 중용적인 입장을 취하여 헤르마스 당시의 교회는 일회적인 회개를 인정하였지만, 이 회개는 연기할 수 있거나 연기되었다고 규정하였다. 한편 헤르마스는 더 나아가 원시교회의 뜨거운 열정을 지키려고 하였으며 일회적으로 회개할 수 있는 기회를 현 시점으로 선포하였다.

고대교회에서 그밖의 회개에 관한 역사는 5세기까지 세례 후 중죄를 지었을 경우, 단지 일회적이고 공개적인 회개 가능성이 실제로 행해지고 있었음을 보여준다. 이 경우 회개에 부과된 보속이 강화되어 — 예를 들어 평생 성관계를 갖지 않는 것처럼 — 지키기가 힘들고 어렵기 때문에 회개는 점점 더 임종 때까지 연기되었다. 더구나 갈리아 교회회의는 젊은 사람들에게 회개를 허용하는 것을 금하였다. 5세기에 이르러서야 비로소 아일랜드와 스코틀랜드의 대륙 선교가 라틴 교회에 개인적이고 제한없이 되풀이될 수 있는 회개를 발전시켰다.

5.1.과 제2장의 서술 참조.

편집본: M. Whittaker = GCS 48 (²1967). – R. Joly = SC 53 (²1968) (TfÜK). – A. Carlini, Papyrus Bodmer XXXVIII: Erma, II Pastore (Ia-IIIa visione), Cologny – Genf 1991 (TK). – A. Lindemann/H. Paulsen, Die Apostolischen Väter. Griechisch-deutsche Parallelausgabe, Tü 1992, 325-555 (TdÜ). – O. Rainieri: OCP 59 (1993) 427-64 (äthiop).

번역서: Mayer 253-411. – Zeller 171-289. – M. Dibelius: HNT.E 415-644. – H. Weinel: Hennecke¹ 217-92; ²327-84. – 영어 번역서: A. C. Coxe: ANFa 2 (1885 = 1995) 1-58. – J.M.-F. Marique: FaCh 1 (1947) 223-350. – C. Osiek, Shepherd of Hermas, Minneapolis 1999 (eÜK).

참고문헌: 사전 항목/각론서 항목: Vielhauer 513-23. – R. Staats.: TRE 15 (1986) 100-8. – A. Hilhorst: RAC 14 (1988) 682-701. – P. Nautin: EECh I 377. – K. Zelzer/P. L. Schmidt: HLL 4 (1997) 415-7.

주석서: N. Brox, Der Hirt des Hermas = KAV 7 (1991) (ÜK).

연구서: Ph. Henne, La pénitence et la rédaction du Pasteur d'Hermas: RBI 98 (1991) 358-97. – H.O. Maier, The Social Setting of the Ministry as Reflected in the Writings of Hermas, Clement and Ignatius, Waterloo (Ont.) 1991. – Ph. Henne, La christologie chez Clément de Rome et dans le Pasteur d'Hermas = Par. 33 (1992). – R. Joly, Le milieu complexe du "Pasteur d'Hermas": ANRW II 27.1 (1993) 524-51. – C. Haas, Die Pneumatologie des "Hirten des Hermas": ANRW II 27.1 (1993) 552-86. – A. Schneider, "Propter sanctam ecclesiam suam". Die Kirche als Geschopf, Frau und Bau im Bußunterricht des Pastor Hermae = SEAug 67 (1999).

회개: B. Poschmann, *Paenitentia secunda*. Die kirchliche Buße im ältesten Christentum bis Cyprian und Origenes. Eine dogmengeschichtliche Untersuchung = Theoph. 1 (1940) 134-205. – H. Emonds/B. Poschmann, Buße: RAC 2 (1954) 802-12. – G.A. Benrath, Buße V: TRE 7 (1981) 452-73. – H. Vorgrimler: Buße und Krankensalbung = HDG IV/3 (1978) 33-6. – I. Goldhahn-Mueller, Die Grenze der Gemeinde. Studien zum Problem der Zweiten Buße im Neuen Testament unter Berücksichtigung der Entwicklung im 2. Jh. bis Tertullian = GTA 39 (1989). – Ph. Henne, La pénitence et la rédaction du Pasteur d'Hermas: RBI 98 (1991) 358-97.

5.3. 그리스도교 여예언자(시빌라)들의 신탁

묵시문학의 특유한 형태는 기원전 7세기로 거슬러올라가는 「시빌라의 신탁」*Oracula Sibyllina*에서 그 기원을 찾을 수 있다. 시빌라는 동방, 아마도 페르시아 출신으로 인간의 나이를 초월한 신비스러운 여예언자였으며, 5세기부터 그녀의 신탁이 그리스에 퍼졌다. 후대에는 여러 장소, 특히 에리트라이, 델피, 쿠메 등에 그녀의 이름으로 불리는 많은 시빌라(여자 예언자)가 있었다. 서사적 육각시(六脚詩)로 작성된 예언은 종종 위협적이고 불길한 예고를 담고 있으며, 현재의 억압에서 해방되는 새로운 나라를 선포했다. 따라서 이 신탁은 정치적·반로마적 선전으로 발전했다.

기원전 3세기에 그리스어를 사용하던 디아스포라 유다교는 여자 예언자들의 예언을 새로운 내용으로 변조하여 종교적으로 선전하였다. 여자 예언자들의 잠언은 이제 유일신론을 위한 증언이 되었으며, 무서운 징벌의 내용으로 세상의 심판을 예고하고 회개를 호소하였다. 잠언은 예언 전체의 진리를 증명하기 위하여 가명의 진술, 허구의 과거성, 앞으로 일어날 일에 대한 예언(vaticinia ex eventu), 미래형의 역사 개요를 계시와 결합하였다. 신자들의 신심을 깊게 하려는 묵시록과 달리 여자 예언자들은 외부에 대한 선전과 방어에 눈을 돌렸다. 기원후 2세기 중엽부터 그리스도교 신자들은 "형태, 주제, 정서에서 외부에 대항하여 자기주장을 내세워 투쟁하는 데에 매우 적합한 이 문학 유형"(Vielhauer, 494쪽)을 유다교에서 넘겨받았다.

오늘날 우리에게 알려진 12권[9]으로 된 「시빌라의 신탁」은 모두 세 형태가 혼합된 것으로 기원전 180년경부터[10] 기원후 3세기에 씌었다. 제6권에서는 그리스도교의 예언만, 제7권과 8권에서는 그리스도교의 예언을 주로 다루며, 다른 곳에서도 그리스도교의 영향을 증명할 수 있다. 28행만 싣고 있는 제6권에서는 그리스도의 십자가를 찬미하며, 제7권(162행)에서는 영지주의적으로 윤색된 표상들 안에서 이교 제국들의 멸망과 종말의 황금시대를 묘사한다. 500행에 이르는 제8권이 가장 중요하며, 고대 그리스도교에서 가장 많이 사용되고 증언되었다. 8권은 216행으로 로마에 대한 긴 비탄의 외침으로 시작되며, 그 다음에 그리스도교 종말론을 전개한다. 종말론의 첫 행(217행)에 콘스탄티누스 황제와 아우구스티누스가 인용한 유명한 $IX\Theta Y\Sigma$(물고기) 이합체의 시가 있다. $'I\eta\sigma o\hat{u}s\ X\rho\iota\sigma$-$\tau\grave{o}s\ \Theta\epsilon o\hat{u}\ v\grave{\iota}\grave{o}s\ \sigma\omega\tau\grave{\eta}\rho\ \sigma\tau\alpha v\rho\acute{o}s$(예수 그리스도 하느님의 아들 구원자 십자가).

많은 교부가 여자 예언자들의 신탁을 인용하였으며, 신탁은 중세까지 지속적인 영향을 미쳤다. 단테의 찬가 「분노의 날」Dies irae, 「신곡」Divina commedia과 시스티나 경당에 있는 미켈란젤로의 그림에서 영향의 흔적을 엿볼 수 있다.

---

[9] 제8권은 세 부분으로 전해지기 때문에 때때로 14권으로도 분류된다. 이 경우 1817년에 안젤로 마이(Angelo Mai) 추기경이 발견한 여예언자들의 신탁은 11-14권에 해당한다.

[10] 함만(Hamman)은 기원전 140년이라고 주장한다.

5.1.의 서술 참조.

편집본: J. Geffcken = GCS 8 (1902). – A. Kurfeß, Mn 1951 (TdÜ).

번역서: E. Kautzsch, Die Apokryphen und Pseudepigraphen des AT. Zweiter Band: Die Pseudepigraphen des AT, Tü 1900, 177-217. – Weidinger 542-7. – U. Treu: Schneemelcher[5] II 591-619.

참고문헌: 사전 항목: A. Rzach: PRE 2 A (1923) 2073-2183. – A. Hamman: EECh II 614-5. – L. Rosso Ubigli: TRE 31 (1999) 240-5.

주석서: V Nikiprowetzky, La troisième Sibylle = EtJ 9 (1970). – D.S. Potter, Prophecy and History in the Crisis of the Roman Empire: A Historical Commentary on the Thirteenth Sibylline Oracle, O 1990.

연구서: J. Geffcken, Komposition und Entstehungszeit der *Oracula Sibyllina* = TU 23/1 (1902). – K. Prümm, Das Prophetenamt der Sibyllen in kirchlicher Literatur mit besonderer Rücksicht auf die Deutung der 4. Ekloge Virgils: Schol. 4 (1929) 54-77, 221-46, 498-533. – B. Bischoff, Die lateinischen Übersetzungen und Bearbeitungen aus den *Oracula Sibyllina*: Mélanges J. de Ghellinck I: Antiquité = ML.H 13 (1951) 121-47. – B. Thompson, Patristic Use of the Sibylline Oracle: RR 16 (1951) 115-36. – S.A. Redmond, The Date of the Fourth Sibylline Oracle: SecCen 7 (1990) 129-49. – B. Teyssèdre, Les représentations de la fin des temps dans le chant V des *Oracles sibyllins*: les strates de l'imaginaire: Apocrypha I (1990) 147-65.

사도시대 이후의 문헌

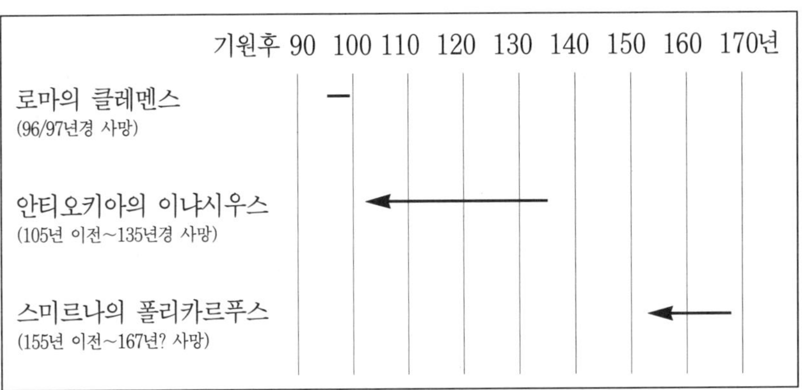

1. 서 론

경전 신약성서는 초대 그리스도교 문헌에 속하지 않고 교부론의 대상이 아니기 때문에, 오늘날 대부분의 교부론 학자는 교부론을 성서의 외경이 아니라 이른바 "사도 교부" 문헌부터 서술한다. 연대상 성서의 외경들은 당연히 나중에 다루어져야 한다. 그렇지만 성서가 그 특성상 초대 그리스도교 문헌이며 경전이라는 특별한 의미 때문에 외적인 이유로 교부론에서 배제된다 하더라도, 교부론은 성서의 생성 및 성서와 밀접히 관련된 성서의 외경에서 시작해야 한다. 물론 이러한 배치는 연대기적으로 적합하지 않다. 외경들은 5세기에 걸쳐 저술되었으며, 이 기간에 교부문헌은 다양한 형태로 발전하여 전성기에 이르렀기 때문이다. 따라서 지금은 교부들 최초의 작품으로 돌아가 연대순으로 취급해야 할 필요가 있다.

　사도시대 이후의 문헌은 신약성서와 같은 환경과 신학에서 생겨났다. 더욱이 고대교회는 이 작품 가운데 일부를 경전으로 여겼기 때문에, 이 시대의 문헌에 속하는 작품의 범주를 결정하는 것은 쉽지도 않으며 분명하지도 않다. 복음서, 사도행전, 묵시록의 장르만 신약성서 문헌에 포함하는 유형사적 기준은 사도시대 이후의 문헌을 분류하는 데 큰 도움이 된다. 성서의 작품 가운데 네번째 장르인 편지는 원시 그리스도교의 모든 문헌에 두루 나타나고, 외경 편지는 모두 가명假名 문헌에 속한다. 따라서 교회의 전통만이 이를 결정하는 기준이라고 할 수 있다.

　대략 90년부터 160년까지의 시기에 해당하는 사도시대 이후의 문헌은, 더러는 신약성서의 형태를 계승하고 더러는 새로운 형태를 발전시킨 네 가지 문학 장르로 특징지어진다. 먼저 모든 공동체에 공개적으로 낭독할 것을 전제한 순수한 편지가 생겨났고, 그밖에 전례와 공동체 생활이 가르침, 설교, 그리스도교 최초의 시에 대한 새로운 형태를 만들어냈다. 사도들의 제자 또는 시대적으로 사도들과 그리 멀지 않은 시대에 산 사람들이 저술한 이 작품들은 아직도 원시 그리스도교의 정신으로 가득 차 있었으며, 사도전승을 직접적인 증거로 내세우고 공동체의 구조, 생활의 표현, 신학, 언어면에서 신약성서의 작품과 매우 유사하다. "저자들은 그리스도 안에 나타나는 구원의 의미를 이해하기 쉬운 말로 신자들에게 설명하고, 그들에게 주님의 재림에 대한 희망을 확신시키려고 노력하였다. 그들은 공동체의 목자들에게 순명할 것을 요구하였으며 이단과 교회의 분열을 경고하였다. 2세기의 호교가들이 시도한 것처럼 그리스도교나 개별적인 교의론에 대한 학문적인 논증은 그들의 관심사가 아니었다"(Altaner/Stuiber ⁸1978, 43쪽).

　이 가운데 전통적으로 일곱 명의 저자 또는 작품이 사도 교부 또는 그 문헌에 속한다. 장-밥티스트 코틀리에Jean-Baptiste Cotelier는 1672년에 "사도시대에 꽃 피운" 교부들의 모음집을 출간하였는데, 모음집에는 「바르나바의 편지」, 로마의 클레멘스, 안티오키아의 이냐시우스, 스미르나의 폴리카르푸스의 편지와 「헤르마스의 목자」가 실려 있다. 후대에 히에라폴리스의 파피아스의 단편들과 「디오그네투스에게 보낸 편지」, 때때로 「디다케」와 「콰드라투스 단편」도 첨가되었다. 이 모음집에 실려 있는 사도 교부의 작품들은 이미 20세기 초부터 활발히 논의되어 작품들을 한정하고 정확한 의미로 규정하려 했지만 뜻을 이루지 못하였다. "사도 교부"가 문헌사의 범주에 따라 하나의 작품군을 형성하지 못해서가 아니라, 그 작품 가운데 더러는 외경에 속하고, 한편으로 사도시대 이후의 문헌에는 이 작품들 외에도 매우 많은 작품이 있기 때문이다.

참고문헌 목록: J.B. Lightfoot, The Apostolic Fathers, 5 vol., London ²1889-90 (TeÜK). – J.A. Fischer, Die Apostolischen Väter = SUC 1 (⁷1976) (TdÜK). – K. Wengst, Didache (Apostellehre), Barnabasbrief, Zweiter Klemensbrief, Schrift an Diognet = SUC 2 (1984) (TdÜK). – A. Lindemann/H. Paulsen, Die Apostolischen Väter. Griechisch-deutsche Parallelausgabe, Tü 1992 (TdÜ).

번역서: J.C. Mayer = BKV¹ (1869). – F. Zeller = BKV² 35 (1918). – HNT.E (1920-3) (ÜK). – Hennecke². – H.U. von Balthasar, Die Apostolischen Väter: Clemens von Rom, Ignatius von Antiochien, Polykarp von Smyrna, neu übersetzt und eingeleitet, Eins 1984.

보조자료: E.J. Goodspeed, *Index Patritsticus sive Clavis Patrum Apostolicorum Operum*, L 1907. – H. Kraft, *Clavis Patrum Apostolicorum*, Da 1963. – M. Günther, Einleitung in die Apostolischen Vater, Ffm 1997.

참고문헌: 각론서: Ph. Vielhauer, Geschichte der urchristlichen Literatur. Einleitung in das Neue Testament, die Apokryphen und die Apostolischen Väter, B – NY 1975.

편찬서: ANRW II 27.1 (1993) 588-762.

연구서: H. Köster, Synoptische Überlieferung bei den Apostolischen Vätern = TU 65 (1957). – L.W. Barnard, Studies in the Apostolic Fathers and their Background, O 1966. – J.A. Fischer, Die ältesten Ausgaben der Patres Apostolici. Ein Beitrag zu Begriff und Begrenzung der Apostolischen Väter: HJ 94 (1974) 157-90; 95 (1975) 88-119. – H. Lohmann, Drohung und Verheißung. Exegetische Untersuchungen zur Eschatologie bei den Apostolischen Vätern = BZNW 55 (1989). – H.E. Lona, Über die Auferstehung des Fleisches. Studien zur frühchristlichen Eschatologie = BZNW 66 (1993).

2. 편 지

2.1. 「클레멘스의 첫째 편지」

성서 이외의 교회 문헌 가운데 남아 있는 가장 오래된 작품은 「클레멘스의 편지」이다. 본문에 저자의 이름이 나오지 않지만 수사본들과 로마 교회의 믿을 만한 전승에 따르면 이 편지의 저자는 클레멘스이다. 이레네우스의 주교 목록은 클레멘스가 베드로의 세번째 후계자로 로마의 주교(90/92~101년)였다고 전한다. 로마 공동체가 고린토에서 일어난 소동[에우세비우스는 이 소동이 도미티아누스 황제의 통치 기간(81~96년)에 일어난 것으로 기술한다]에 관여하기를 지금까지 자제해 온 "갑작스러운 … 불행과 반목"(1.1)이라는 편지의 언급과 도미티아누스의 통치 말기에 로마에서 일어난 그리스도인에 대한 박해를 고려하면, 이 편지는 96/97년에 씌었다고 할 수 있다. 그밖에 저자에 관해서는 더 이상 알려진 것이 없다. 오리게네스와 에우세비우스가 증언하듯이 저자가 필립비서 4장 3절에 나오는 바울로의 동반자인 클레멘스와 동일 인물인지는 불확실하다. 여하튼 「클레멘스의 편지」는 저자가 자신을 대부분 복수-인칭으로 말하고 로마 공동체 전체가 발송자이지만 한 사람이 저술한 작품이다. 고린토인들에게 보낸 첫째 편지처럼 고린토 공동체의 논쟁이 저술의 동기였다. 곧, 고린토 공동체의 몇몇 장로가 젊은 사람들로 대체되었는데 몇 사람이 이에 동의하지 않았고, 다른 사람들은 이 논쟁에 관해 어떤 입장을 취해야 할지 결정하지 못하였다. 로마 공동체는 논쟁 소식을 듣고 이에 관여하기로 결정하였다.

총 65장에 이르는 편지 가운데 비교적 적은 단락(40-58)만이 논쟁과 관련이 있다. 이 단락은 하느님께서 의도하신 전례 규범과 교계제도의 질서에 근거하여 장로들이 면직되었다는 사실과 소동의 주동자들에게 회개를 요구하는 내용을 다룬다. 편지를 쓰게 된 동기를 짧게 언급(1-3)한 다음, 첫째 주요부(4-39)를 소동의 원인인 시기와 질투에 대한 긴 훈계, 겸손, 평화, 애호, 일치와 조화를 위한 권고 등 다양한 내용으로 채운다. 이러한 권고는 그리스도인의 종말론적 목표를 실행하는 데 성서의 본보기, 그리스도의 모범, 우주, 사회와 인간의 질서에 따를 것을 요구한다. 편지는 기도와 내용의 요약, 조언과 마침 인사로 끝난다(59-65).

편지의 근본적 특징, 특히 개별적인 사건을 해결하기 위하여 일시적으로 쓴 편지인지 또는 교회의 원칙적인 문제와 교의문제를 토의한 편지인지는 이견이 분분하다. 발터 바우어Walter Bauer는 고린토 교회의 투쟁을 정통신앙과 이단 사이의 일반적인 논쟁의 틀로 분류한다.[1] 「클레멘스의 편지」는 2세기에 이단을

---

[1] Walter Bauer, Rechtgläubigkeit und Ketzerei im ältesten Christentum = BHTh 10 (²1964), 99-109.

논박하는 문서로 이해되고 사용되었으며, 로마 공동체의 자발적인 관여를 잘 드러내고 있다는 사실이 이를 대변한다. 후자의 경우 베드로의 후계자라는 로마 공동체의 권위의식에서 영향력을 늘리려 하였다는 것은 틀림없는 사실일 수도 있다. 그러나 이 편지에는 단일 주교직이나 이를 위해 반드시 따르는 관할권에 대한 언급이 없기 때문에, 이 편지가 로마 공동체의 수위권 요구에 관한 첫 증언이라는 견해는 사실상 옳지 않다.

제2장 1.의 서술 참조.

참고문헌 목록: Fischer 1-107 (TdÜK). – A. Jaubert = SC 167 (1971) (TfÜK). – Lindemann/Paulsen 77-151 (TdÜ).

편집본: G. Schneider = FChr 15 (1994) (TdÜK).

번역서: R. Knopf: HNT.E 41-150 (ÜK). – R. Knopf/G. Krüger: Hennecke² 482-502. – von Balthasar 21-65. – G. Schneider = FC 15 (1994) 64-223 (TdÜ). – 영어 번역서: A.C. Coxe: ANFa 1 (1885 = 1995) 1-21. – J. Keith: ANFa 10 (1887 = 1995) 225-48 (*completed and revised reprint from ANFa 1*). – F. X. Glimm: FaCh 1 (1947) 1-63. – J.A. Kleist: ACW 1 (1961) 1-49, 103-17. – M. Staniforth, Lo 1968, 15-59.

참고문헌: 사전 항목/각론서 항목: A. Stuiber: RAC 3 (1957) 188-97. – Vielhauer 529-40. – D. Powell: TRE 8 (1981) 113-20. – P.F. Beatrice: EECh I 181. – D. Liebs: HLL 4 (1997) 417 f.

보조자료: A. Urbán, *Concordantia* = AlOm A 164 (1995).

주석서: A. Lindemann, Die Clemensbriefe = HNT 17 (1992) 3-181.

연구서: B. Bowe, A Church in Crisis: Ecclesiology and Paraenesis in Clement of Rome, Ph 1988. – H.O. Maier, The Social Setting of the Ministry as Reflected in the Writings of Hermas, Clement, and Ignatius, Waterloo (Ont.) 1991. – Ph. Henne, La christologie chez Clément de Rome et dans le Pasteur d'Hermas = Par. 33 (1992). – O.B. Knoch, Im Namen des Petrus und Paulus. Der Brief des Clemens Romanus und die Eigenart des römischen Christentums: ANRW II 27.1 (1993) 3-54. – A.W. Ziegler/G. Brunner, Die Frage nach einer politischen Absicht des Ersten Klemensbriefes: ANRW II 27.1 (1993) 55-76.

2.2. 안티오키아의 「이냐시우스의 편지」

에우세비우스는 이냐시우스가 이교인 출신의 그리스도인이며, 베드로의 두번째 후계자로 시리아에 자리한 안티오키아의 주교였다고 전한다. 그는 죄인으로 로마로 압송되는 도중에 일곱 통의 편지를 썼다. 이 편지들은 서로 다른 세 개의 긴 수정본에 전해지며, 수정본에 그밖의 가假-이냐시우스 편지들이 첨가되었다.

이러한 전승상의 문제로 이냐시우스가 몇 통의 편지를 썼는가에 관한 토론이 최근까지 활발히 이루어졌으나 아직도 명확히 해결되지 않았다.

이냐시우스는 소아시아 해안을 따라 북쪽으로 킬리키아나 팜필리아까지 당시의 연안 뱃길을 따라, 그 뒤에는 육로로 압송되었다. 그는 도중에 필라델피아에서 얼마 동안 체류하였는데 이러한 여정이나 체류는 호송원들이 결정하였다. 이들은 스미르나에서 다시 배를 타고 다음 체류지인 트로아스와 그리스의 필립비 근방 네아폴리스를 향해 떠났다. 이냐시우스가 스미르나에 오래 머무르는 동안 에페소, 마그네시아, 트랄레스의 주교들이 공동체의 대표단과 함께 그를 방문하였을 때, 이냐시우스는 그들 각각의 공동체에 보내는 편지를 그들에게 주었다. 그밖에 그는 안티오키아에서 직접 로마로 가는 사절 편에 로마 공동체에 보내는 편지(로마인들에게 보낸 편지 10,2 참조)에서 순교자로 죽는 것을 가로막지 말라고 미리 부탁하였다. 이냐시우스는 그리스로 넘어가기 전 트로아스에서 필라델피아, 스미르나 공동체, 스미르나의 주교 폴리카르푸스에게 편지를 보내면서 그들의 후대에 감사하였고, 그 사이에 박해가 끝난 안티오키아 공동체를 방문하거나 편지를 써 보내줄 것을 부탁하였다. 폴리카르푸스, 오리게네스, 에우세비우스가 확실히 증언하듯이 이냐시우스는 로마에서 순교하였다.

이냐시우스의 인물과 생애에 관해서는 더 이상 알려진 것이 없다. 비잔틴의 성인전은 그를 예수가 제자들에게 본보기로 보여준 어린이(마태 18,2)로, 히에로니무스는 사도 요한의 제자로 여겼다. 이 두 보고는 가설에 불과하나, 이냐시우스의 신학이 보여주듯이 그가 사도시대에 살았던 인물이라는 사실은 틀림없다. 에우세비우스가 전하듯이 이냐시우스가 트라야누스 황제의 통치 기간(98~117년)에 안티오키아에서 일어난 국부적局部的인 박해 때문에 107~110년경 순교하였다는 것이 오랫동안 확실한 연도로 인정되었다. 그는 그리스도의 이름을 고백하였기 때문에 원형경기장에서 사형선고를 받았으며, 사형 집행을 받기 위해 로마로 압송되었다. 최근의 연구는 이 해석에 의심을 품어 그가 로마로 압송되는 시기와 사망한 시기를 다소 모호하게 105~135년경으로 추정한다. 그가 재판을 받은 이유도 그리스도인에 대한 박해 때문이 아니라, 공동체

내부에서 일어난 논쟁이나 황제가 최종 판결을 내릴 수 있는 대역죄crimen laesae maiestatis 때문일 것으로 본다. 재판은 아직 끝나지 않았지만 사형선고가 결코 번복될 수 없기 때문에 그는 로마 공동체의 어떤 도움도 완곡히 사양하였던 것 같다.

역사적 상황에서 이해할 수 있듯이 특정한 동기로 간결하게 씌어진 이냐시우스의 편지들은 짜임새가 비체계적이고 내용이 방대하지는 않지만 고대의 편지 쓰는 방식과 수사학적 규칙에 따라 작성되었다. 편지의 주된 주제와 관심사는 다음과 같다.

1) 유설, 특히 그리스도 가현설(Doketismus)에[2] 대한 경고. 성찬 안에 현존하는 그리스도처럼 그의 육화, 죽음, 부활은 단지 외적인 허구의 형태를 통해서가 아니라 하느님의 아들이 인간이 되었다는 실재 안에서 일어난 것이다.

2) 삼위일체적 유일신론과 교회론 및 이 편지에서 처음으로 증언된 단일 주교직에 관한 신학의 일치. 지상교회[스미르나 공동체에 보낸 편지 8장 2절에서 처음으로 가톨릭 교회($\acute{\eta}$ $\kappa \alpha \theta o \lambda \iota \kappa \acute{\eta}$ $\acute{\epsilon} \kappa \kappa \lambda \eta \sigma \acute{\iota} \alpha$)라고 부름]의 조직은 하늘나라의 모상을 반영한다. 교회는 삼위일체의 전형에 따라 교계적으로, 주교의 지도하에 하위 등급인 장로와 부제로 조직된다. 바울로의 편지에서 알 수 있듯이 공동체의 합의 지도, 곧 두 등급의 교직(주교/장로-부제)과 카리스마 교직(사도, 예언자, 교사)이 시리아의 안티오키아에서 실제로 이미 시대에 뒤진 것으로 간주되었는지, 아니면 이냐시우스가 이 교직제도를 단지 발전 단계에 있는 교계제도의 이상형으로 제시한 것인지는 아직도 밝혀지지 않았다. 그에 따르면 전 교회는 몸인 그리스도에게 종속되고, 그리스도가 성부에게 순명하듯이 공동체는 교회의 우두머리인 주교에게 순명해야 한다. 최고의 이상은 모든 사람의 일치이다. 주교는 세례와 성찬, 혼인에 관한 직무를 거행하며 성봉신앙을 보호해야 한나. 득히 모범직인 생활을 영위할 의무가 있으며, 합법적인 직무의 실행에서는 아무에게도 종속되지 않는다.

---

[2] $\delta o \kappa \epsilon \hat{\iota} \nu$(= 나타나다)에서 유래함. 이미 신약성서에서도 나타나며, 2세기에 더욱 두드러진 이교적 교의. 이 유설은 하느님 아들의 수난, 곧 인성과 변화되지 않고 수난받지 않는 그의 신성의 일치를 그리스도 로고스가 가현적인 육체를 취하였다는 사실로 해석한다.

3) 순교신학과 순교에 대한 갈망. 이냐시우스가 그의 순교를 가로막는 어떤 시도도 하지 말아달라는 로마인들에게 보낸 편지는 그리스도교의 첫 2세기 동안에 널리 퍼진 순교에 대한 전형적인 갈망을 나타낸다. 이러한 갈망은 완전함에 대한 금욕적이고 윤리적 지향에만 기인하는 것이 아니라 그리스도를 따름이라는 신학에 기초를 둔다. 더욱이 이냐시우스의 순교에 대한 갈망은 성찬의 특징을 지닌다. "저는 하느님의 밀이며, 제가 그리스도의 순수한 빵이 될 수 있도록 동물의 이빨이 저를 갈 것입니다"(로마인들에게 보낸 편지 4,1).

이냐시우스의 편지는 급속히 보급되었다. 이냐시우스가 죽은 뒤 곧바로 필립비 공동체는 스미르나의 폴리카르푸스에게 그가 가지고 있는 이냐시우스의 편지들을 베껴서 보내줄 것을 부탁하였다. 폴리카르푸스가 필립비 공동체에 이냐시우스의 편지를 보낼 때 덧붙인 짧은 첨서添書는 오늘날 남아 있다(2.3. 참조).

제2장 1.의 서술 참조.

참고문헌 목록: P. Serra Zanetti, Bibliografia eucaristica Ignaziana recente: *Miscellanea Liturgica* I (FS G. Lercaro), R u. a. 1966, 341-89. – G. Trentin, Rassegna di studi su Ignazio di Antiochia: StPat 19 (1972) 75-87. – N. Collmar: BBKL 2 (1990) 1251-5.

편집본: Fischer 109-225 (TdÜK). – P.Th. Camelot: SC 10 (⁴1969) 9-155 (TfÜK). – Lindemann/Paulsen 176-241 (TdÜ).

번역서: W. Bauer: HNT.E 185-281 (ÜK). – L.A. Winterswyl, F 1938. – von Balthasar 67-110. – H. Paulsen: HNT 18 (1985) 1-107 (ÜK). – 영어 번역서: A.C. Coxe: ANFa 1 (1885 = 1995) 45-119. – G.G. Walsh: FaCh 1 (1947) 81-127. – J.A. Kleist: ACW 1 (1961) 51-99, 118-46. – M. Staniforth, Lo 1968, 61-131.

참고문헌: 사전 항목/각론서 항목: Vielhauer 540-52. – W.R. Schoedel: TRE 16 (1987) 40-5. – P. Nautin: EECh I 404-5. – R. Aubert: DHGE 25 (1995) 684-6. – H. Paulsen: RAC 17 (1996) 933-53. – P.L. Schmidt: HLL 4 (1997) 418.

주석서: W. R. Schoedel, Die Briefe des Ignatius von Antiochien. Ein Kommentar. Übers. G. Koester, Mn 1990 (e Ph 1985).

일반 연구서: R. Weijenborg, Les lettres d'Ignace d'Antioche. Étude critique littéraire et de théologie, Lei 1969. – H. Paulsen, Studien zur Theologie des Ignatius von Antiochien = FKDG 29 (1978). – R. Joly, Le dossier d'Ignace d'Antioche, Brü 1979. – P. Meinhold, Studien zu Ignatius von Antiochien = VIEG 97 (1979). – J. Rius-Camps, The Four Authentic Letters of Ignatius the Martyr = OCA 213 (1980). – Ch. Trevett, A Study of Ignatius of Antioch in Syria and Asia = SBEC 29 (1992). – W. R. Schoedel, Polycarp of Smyrna and Ignatius of Antioch: ANRW II 27.1 (1993) 272-358. – Ch. Munier, Où en est la question d'Ignace d'Antioche? Bilan d'un siècle de recherches 1870-1988: ANRW II 27.1 (1993) 359-484.

개별 주제에 관한 연구서: K. Bommes, Weizen Gottes. Untersuchungen zur Theologie des

Martyriums bei Ignatius von Antiochien = Theoph. 27 (1976). – L. Wehr, Arznei der Unster-
blichkeit. Die Eucharistie bei Ignatius von Antiochien und im Johannesevangelium = NTA NS
18 (1987). – J. Rius-Camps, Ignacio de Antioquia, ¿testigo ocular de la muerte y resurrección de
Jesús?: Bib. 70 (1989) 449-73. – H.O. Maier, The Social Setting of the Ministry as Reflected in
the Writings of Hermas, Clement, and Ignatius, Waterloo (Ont.) 1991. – R.M. Hübner, Thesen
zur Echtheit und Datierung der sieben Briefe des Ignatius von Antiochien: ZAC 1 (1997) 44-72.
– A. Lindemann, Antwort auf die "Thesen zur Echtheit und Datierung der sieben Briefe des
Ignatius von Antiochien": ZAC 1 (1997) 185-94. – Th. Lechner, Ignatius adversus Valentinia-
nos? Chronologische und theologiegeschichtliche Studien zu den Briefen des Ignatius von
Antiochien = SVigChr 47 (1999).

2.3. 스미르나의 「폴리카르푸스의 편지」

리용의 이레네우스는 스미르나의 주교 폴리카르푸스가 여러 통의 편지를 썼다
고 전한다. 그럼에도 전승사에 따르면, 오늘날 남아 있는 폴리카르푸스의 서간
은 14장으로 이루어진 필립비인들에게 보낸 편지뿐이다. 그러나 편지의 9장에
서 이냐시우스의 죽음을 전제하는 반면, 13장에서는 필립비인들에게 이냐시우
스의 운명에 관한 새로운 소식을 묻고 있다. 따라서 이 편지는 두 통의 편지로
이루어져 있으며, 13장은 필립비인들에게 보낸 첫째 편지로 폴리카르푸스가 필
립비 공동체의 요청에 따라 이냐시우스의 편지들을 그 공동체에 보낼 때 쓴 짧
은 첨서이다.[3] 피셔J.A. Fischer에 따르면 첫째 편지와 둘째 편지의 역사적 연관성
은 다음과 같다. 이냐시우스는 로마로 압송되어 가면서 필립비인들에게 박해가
끝난 안티오키아 교회에 편지를 써 보내줄 것을 부탁하였다. 필립비인들은 곧
바로 편지를 쓴 다음 그 편지를 스미르나의 폴리카르푸스에게 보내면서 폴리카
르푸스가 지니고 있는 이냐시우스의 편지들을 베껴서 그들에게 보내줄 것을 부
탁하였다. 폴리카르푸스는 필립비인들의 요청을 받아들여 자신들에게 보낸 첨
서에서 안티오키아 교회로 편지를 보내줄 것을 약속하였으며, 이냐시우스에 관
한 그밖의 소식에 관하여 물어보았다. 이러한 사건의 진행에 따르면, 필립비인
들에게 보낸 첫째 편지는 이냐시우스의 순교 여정과 시간적으로 매우 근접해

---

[3] 노탱(Nautin: EECh II, 701쪽)은 이 논제를 "충분한 근거를 제시하지 않은 것"으로 여겨
거부하였으며, 데한트슈터(Dehandschutter) 등도 하나의 편지라고 주장하였다.

있다. 이 경우 필립비인들에게 보낸 둘째 편지는 필립비인들의 답신에 대해 이 냐시우스의 운명을 물어보는 폴리카르푸스가 보낸 상세한 답신이다. 폴리카르 푸스가 쓴 두 통의 편지는 시기적으로 그리 멀지 않다. 최근의 연구는 이냐시 우스의 사망 연도를 107년~110년경으로 여기지 않기 때문에, 사망 연도를 135년경으로 추정하는 해리슨P.N. Harison도 이 추이에 동의한다. 내용은 일반적 인 권고 서간으로, 본문에 들어가기 전에 쓴 머릿글과 필립비 공동체를 칭찬한 다음에 신앙과 올바른 품행을 권고하며, 공동체의 여러 직무의 의무를 환기시 키고, 이단자들을 조심하라고 말한다.

폴리카르푸스의 생애에 관해서는 이냐시우스가 그에게 보낸 편지, 이레네우 스와 에우세비우스의 기록과 그의 순교에 관한 보고(제3장 4.2.1. 참조)에서 잘 전해 지고 있지만, 정확한 연도는 다음 다섯 가지 요인으로 확증하기가 어렵다.

1) "사도의 제자"라는 개념을 어떻게 국한시켜 이해할 것인가? 곧, 폴리카르푸 스의 스승인 요한을 사도 요한과 우리에게 잘 알려지지 않은 장로 요한 가 운데 누구와 동일시해야 하는가?

2) 이냐시우스의 순교 연도를 105년 또는 135년 사이에서 어디에 가깝다고 볼 것인가?

3) 로마의 주교 아니체투스는 그의 재임 기간 중(155~166년) 몇 년에 폴리카르푸 스를 만났는가?

4) 「폴리카르푸스 순교록」 9장에 나오는 폴리카르푸스가 86년 동안 그리스도를 섬겼다는 진술이 전 생애를 의미하는가 아니면 그가 그리스도교로 개종한 이후의 햇수를 의미하는가?

5) 폴리카르푸스가 순교한 날짜(「폴리카르푸스 순교록」 21.1)인 "크산티쿠스 달의 둘째 날, 3월 초하룻날 7일 전, 대 안식일에"와 에우세비우스의 연도(167년) 가운 데 어느 것이 정확한 진술인가?

"대 안식일"을 일요일로 해석하여 2월 23일로 산정하는 브렝다무르Brind'Amour의 가설은 논증력이 약한 것 같다.[4] 로르도르프는 "대 안식일"을 정기축제로 해석 했지만[반 담(Van Damme)도 같은 견해(TRE 27, 26쪽)], 이 날을 같은 날짜로 계산한다.

폴리카르푸스가 로마로 가서 아니체투스 주교와 교회의 여러 문제, 특히 부활축일의 날짜에 관해 논의한 것은 교회사에 지속적인 영향을 미쳤다. 이른바 "부활절 논쟁"에서 의견이 일치되지 않자, 로마의 주교 빅토르(189년경~199년경)는 전 세계 모든 그리스도교 공동체의 부활축일을 춘분 이후 첫 만월 다음에 오는 일요일로 정하려고 하였다. 이때 소아시아의 그리스도인들은 니산 달 14일이 평일이라는 사실을 고려하지 않은 채 유다인과 같은 날에 부활절을 거행하는 사도 요한의 전통에 바탕하여 이를 반대하였다. 이때문에 그들을 "14일파"Quartadezimaner라고 부른다. 그들은 이미 폴리카르푸스와 아니체투스가 이에 관해 합의를 이루어내지 못하였지만, 교회의 일치와 평화가 깨지지 않았다고 주의를 환기시켰다. 같은 이유로 리용의 이레네우스도 빅토르를 독려하여 평화를 유지하도록 권고하였기 때문에 이 논쟁은 궁극적으로 해결되지 않았다. 니체아 공의회가 니산 달 14일에 행하는 부활절 관습을 최종적으로 금지시킴으로써 이 관습은 실질적으로 실행하기가 점점 더 어려워졌다.

제2장 1.과 제3장 4.2.1.의 서술 참조.

편집본: Fischer 227-65 (TdÜK). – P.Th. Camelot: SC 10 (⁴1969) 157-93 (TfÜK) – Lindemann/Paulsen 242-57 (TdÜ).

번역서: W. Bauer: HNT.E 282-98 (ÜK). – von Balthasar 111-20. – H. Paulsen: HNT 18 (1985) 109-26 (ÜK). – 영어 번역서: A. C. Coxe: ANFa 1 (1885 = 1995) 31-36. – F.X. Glimm: FaCh 1 (1947) 129-43. – J.A. Kleist: ACW 6 (1948) 67-82, 184-96. – M. Staniforth, Lo 1968, 133-50.

참고문헌: 사전 항목/각론서 항목: P. Meinhold: PRE 21 (1952) 1662-93. – Vielhauer 552-66. – P. Nautin: EECh II 701. – D. Van Damme: TRE 27 (1997) 25-8. – P.L. Schmidt: HLL 4 (1997) 418.

주석서: J.B. Bauer = KAV 5 (1995) (dÜK).

연구서: P.N. Harrison, Polycarp's two Epistles to the Philippians, C 1936. – J.A. Fischer, Die Synoden im Osterfeststreit des 2. Jahrhunderts: AHC 8 (1976) 15-39. – B. Dehandschutter, Polycarp's Epistle to the Philippians: An Early Example of "Reception": J.-M. Sevrin u. a.

---

[4] 로르도르프(W. Rordorf, Zum Problem des "Grossen Sabbats" im Polykarp- und Pioniusmartyrium: JAC.E 8 [1980], 245-9쪽)는 대 안식일을 공공축제가 열리는 토요일, 곧 2월 23일의 정기축제로 해석하였다. 드보(P. Devos, "MEΓΑ ΣABBATON" chez saint Épiphane: AnBoll 108 [1990], 293-306쪽)는 평일이 아니라 죄에서 벗어나 그리스도 안에서 누리는 영적인 휴식으로 해석하였다. 브렝다무르(Brind'Amours)는 드보(Devos)에게 보낸 편지에서 이 해석에 동의하였다. P. Devos, Notatio in vitam s. Polycarpi: AnBoll 110 (1992), 260-2쪽 참조.

(eds.), The New Testament in Early Christianity. La réception des écrits néotéstamentaires dans le christianisme primitif = BEThL 86 (1989) 275-91. – W.R. Schoedel, Polycarp of Smyrna and Ignatius of Antioch: ANRW II 27.1 (1993) 272-358.

3. 공동체 본문

3.1. 「파피아스의 단편」

프리기아 지방에 자리한 히에라폴리스의 주교 파피아스가 쓴 5권으로 이루어진 「주님의 말씀에 관한 해석」은 주로 에우세비우스의 「교회사」와 이레네우스의 「이단 논박」*Adversus haereses*에 단편으로만 남아 있다. 더 나아가 파피아스라는 인물에 관해서는 그가 스미르나의 폴리카르푸스의 친구였다는 것 외에는 정확히 알려진 사실이 없다. 그가 사도 요한의 제자였는지에 관해서는 이미 이레네우스와 에우세비우스의 의견이 서로 다르다. 또한 작품이 씌어진 연도도 90~140년 사이로 아직 확증되지 않았다. 최근의 주석가들은 저술 연도를 130~140년경으로 추정하는 경향이 있다.

"이 작품은 명백히 예수의 말씀과 행위에 관한 보고를 여러 출처에서 추려내어 실은 모음집이자 주석서이다. 따라서 예수-전승은 진본의 관점에서 가려내고 해석을 통해 올바로 파악해야 한다"(Vielhauer, 761쪽). 파피아스는 반영지주의적 경향을 지니기 때문이다. 곧, 파피아스는 요한복음과 루가복음 또는 바울로의 편지들과 같이 영지주의자들에게 가치를 인정받은 성서보다 마르코복음과 마태오복음의 구전과 전승을 근거로 삼았다. 파피아스의 "해석"이 어떤 문학 유형에 속하는지는 단편만으로 결정할 수 없다. 여하튼 이 작품이 사도시대와 밀접히 연관된 매우 오래된 형태라는 점이 중요하다.

제2장 1.의 서술 참조.

참고문헌 목록: J. Kürzinger u. a., Papias von Hierapolis und die Evangelien des Neuen Testaments. Gesammelte Aufsätze, Neuausgabe und Übersetzung der Fragmente, Kommentierte Bibliographie, Rb 1983.

편집본: E. Preuschen, Antilegomena. Die Reste der außerkanonischen Evangelien und urchristlichen Überlieferungen, hrsg. und übers., Gi ²1905, 91-9 (TdÜ) – Lindemann/Paulsen 286-303 (TdÜ).

영어 번역서: A.C. Coxe: ANFa 1 (1885 = 1995) 151-5. – J.M.-F. Marique: FaCh 1 (1947) 369-88. – J.A. Kleist: ACW 6 (1948) 103-24, 204-10.

참고문헌: 사전 항목/각론서 항목: F. Wotke: PRE 18/2 (1949) 966-76. – Vielhauer 757-65. – L. Vanyó: EECh II 647. – U.H.J. Körtner: TRE 25 (1995) 641-4. – P. L. Schmidt: HLL 4 (1997) 418 f.

연구서: V Bartlet, Papias's "Exposition": Its Date and Contents: *Amicitiae Corolla* (FS J.R. Harris), Lo 1933, 15-44. – E. Gutwenger, Papias. Eine chronologische Studie: ZKTh 69 (1947) 385-416. – K. Beyschlag, Herkunft und Eigenart der Papiasfragmente: StPatr 4 = TU 79 (1961) 268-80. – U.H.J. Körtner, Papias von Hierapolis: Ein Beitrag zur Geschichte des frühen Christentums, Gö 1983. – G. Zuntz, *Papiana*: ZNW 82 (1991) 242-63. – W.R. Schoedel, Papias: ANRW II 27.1 (1993) 235-70. – Ch.E. Hill, What Papias said about John (and Luke). A 'New' Papian Fragment: JThS NS 49 (1998) 582-629.

3.2. 「디다케」

「열두 사도들의 가르침」은 고대에 매우 명성이 높았던 작품이었다. 그러나 그리스 정교회의 주교 필로테오스 브리엔니오스가 1873년 콘스탄티노플에서 완전한 원전을 발견할 때까지, 곧 근대까지는 경전 목록과 교부들의 언급을 바탕으로 이 작품이 저술되었다는 사실밖에 모르고 있었다. 그 뒤 더 상세한 전승 계보가 다른 본문들, 「사도 헌장」, 「사도 교회규범」, 「사도들의 가르침」*Doctrina Apostolorum*, 「바르나바의 편지」, 여러 교부의 인용문에서 확인되었다. 그밖에 파피루스 옥시린쿠스 1782호와 콥트어, 에티오피아어, 게오르기아어 번역본이 전승 계보를 알려준다.

시리아/팔레스티나(이집트?)에서 2세기 초에 씌어진 것으로 보이는 공동체 규범서인 「디다케」는 다섯 부분(16장)으로 이루어져 있는데, 윤리에 관한 태도(1/6장), 전례(7-10장), 떠돌이 예언자들과 유랑 그리스도인들과의 관계(11-13장), 공동체 생활(14-15장), 종말론(16장)에 관한 공동체 규범을 가르친다. 이러한 규범을 통해 알 수 있듯이, 「디다케」는 초대 공동체의 구조에 관해 폭넓지는 않지만 중요한 증언을 싣고 있다(Schöllgen). 1-6장은 「바르나바의 편지」의 18-20장과 같이 "두 가지 길"을 기록하며, 이로써 두 작품 모두 유다계 원전을 사용하였음을 알 수 있다.

그러나 「디다케」는 「바르나바의 편지」와 달리 "두 가지 길"을 생명과 죽음의 길
(「바르나바의 편지」는 빛과 어둠의 길)로 부르며, 후자보다 내용이 더 풍부하고 정돈된 구조
를 보여준다. 우리가 일반적으로 알고 있는 2세기 초의 전례 규범이나 공동체 규
범과 달리 카리스마 교직자(사도, 예언자, 교사)가 공동체에서 선출되어 성직이 수여된
주교나 부제와 같은 교직자보다 아직 더 높은 위치에 있었다. 참된 사도는 떠돌
이 예언자로 그는 공동체에 하루만, 예외적인 경우에 이틀만 머물러야 하며, 생
계 유지를 넘어서는 요구를 할 수 없었다. 성찬은 성찬 제정에 관한 말씀 없이
축복의 기도와 감사의 기도를 드린 뒤에 행한 풍족한 만찬, 곧 애찬愛餐이었다.

제2장 1.의 서술 참조.

편집본: J.-P. Audet = EtB (1958) (TfÜK). – W. Rordorf/A. Tuilier = SC 248 (1978) (TfÜK). –
Wengst 1-100 (TdÜK). – G. Schöllgen = FC 1 (1991) 23-139 (TdÜK). – Lindemann/Paulsen 1-
21 (TdÜ). – M. Metzger, Les *Constitutions apostoliques*, SC (320/329/336) P 1985/1986/1987
(TfÜK).

번역서: R. Knopf: HNT.E (1920) 1-40 (ÜK). – Hennecke² 555-65. – Zeller 1-16. – L.A. Win-
terswyl, F 1939. – 영어 번역서: A.C. Coxe: ANFa 7 (1886 = 1995) 377-83. – F.X. Glimm:
FaCh 1 (1947) 165-84. – J.A. Kleist: ACW 6 (1948) 1-25, 151-66. – M. Staniforth, Lo 1968,
223-37.

보조자료: A. Urbán, *Concordantia* = AlOm A 146 (1994).

참고문헌: 사전 항목/각론서 항목: J. Schmid: RAC 3 (1957) 1009-13. – Vielhauer 719-37. –
A. Tuilier: TRE 8 (1981) 731-6. – W. Rordorf: EECh I 234-5. – D. Liebs: HLL 4 (1997) 413 f.

주석서: K. Niederwimmer, Die Didache = KAV 1 (1989).

총론서: C.N. Jefford, The *Didache in* Context. Essays on Its Text, History and Transmission =
NT.S 77 (1995). – J.A. Draper (ed.), The Didache in Modern Research = AGJU 37 (1996).

연구서: F.E. Vokes, The Riddle of the Didache. Fact or Fiction, Heresy or Catholicism?, Lo
1938. – A. Adam, Erwägungen zur Herkunft der Didache: ZKG 68 (1957) 1-47 (= Sprache und
Dogma. Untersuchungen zu Grundproblemen der Kirchengeschichte, hrsg. G. Ruhbach, Gü
1969, 24-70). – B. Layton, The sources, date and transmission of Didache 1.3b-2.1: HThR 61
(1968) 343-83. – F.E. Vokes, The Didache – still debated: ChQ 3 (1970) 57-62. – A. Vööbus,
Liturgical Traditions in the Didache – PETSE 16 (1968). – S. Giet, L'énigme de la Didachè =
PFLUS 149 (1970). – W. Rordorf, Un chapitre d'éthique judéo-chrétienne: les deux voies: RSR
60 (1972) 109-28. – G. Schöllgen, Die Didache als Kirchenordnung. Zur Frage des Abfassungs-
zweckes und seinen Konsequenzen für die Interpretation: JAC 29 (1986) 5-26. – C.N. Jefford,
The Sayings of Jesus in the Teaching of the Twelve Apostles = SVigChr 11 (1989). – M. Del
Verme, *Didachè* e Giudaismo: la ἀπαρχή di Did. 13, 3-7: VetChr 28 (1991) 253-65. – F.E.
Vokes, Life and Order in the Early Church: the Didache: ANRW II 27.1 (1993) 209-33. – W.
Rordorf, Die Mahlgebete in *Didache* Kap. 9-10. Ein neuer *status quaestionis*: VigChr 51 (1997)
229-46.

4. 가장 오래된 설교: 이른바「클레멘스의 둘째 편지」

위에서 다룬 로마의 주교 클레멘스의 진본 편지 외에, 전승에 따르면 그의 이름으로 전해지는 둘째 편지가 있다. 그러나 이 작품은 편지도 아니고 클레멘스가 저술하지도 않았다. 이미 에우세비우스도 편지의 친저성을 의심하였으나 전승에서 편지가「클레멘스의 첫째 편지」에 연결되었기 때문에 이렇게 불릴 뿐이다. 옛 입문서들이 이 작품을 그리스도교에서 가장 오래된 익명의 설교로 분류한 것에는 이의가 없으나, 문학적 특성은 최근에 다시 논의되고 있다. 돈프리드Donfried와 스테게만Stegemann은 작품이 씌어진 동기를「클레멘스의 첫째 편지」와 밀접한 관계가 있는 것으로 여긴다. 돈프리드에 따르면 옛 장로들이 교직에 복직된 뒤 그들 가운데 한 사람이 곧 권고의 연설을 작성하여 공동체 앞에서 낭독하였다고 한다. 스테게만은 이름이 알려지지 않은 시리아 출신의 한 그리스도인이 120~160년 사이에「클레멘스의 첫째 편지」의 규율적인 면에 영향받아 이 작품을 더 보급시키고, 동시에 클레멘스의 그리스도론, 회개, 금욕에 관한 가르침을 보완하려 하였다고 주장한다. 그러나 벵스트Wengst와 바른스Warns는 위의 두 가설에 반대한다.

여하튼 둘째 편지는 미사에서 독서와 함께 낭독된 권고의 설교이다. 이 설교는 그리스도의 계명을 — 그리스도의 구원행위에 대한 보답으로, 다가오는 시대에 직면하여, 생명과 투쟁을 비교함으로써, 제한적인 회개의 가능성 때문에, 순명의 좋은 결과를 위하여 등등 — 준수할 것을 권고하는 여러 논거와 본보기를 체계적으로 분류하지 않은 채 20단락에 걸쳐 배열한다. 설교자는 성서와 그밖의 작품을 많이 인용하였으며, 이를 위해 70인역과 공관복음서 외에도 우리에게 알려지지 않은 외경 복음서를 사용하였나.

저술 장소에 관해서는 알려진 것이 전혀 없으며, 단지 로마, 고린토, 시리아 내지 이집트로 추측할 뿐이다. 저술 시기는 120~150년경으로 추정될 수 있다.[5]

---

[5] 바른스(Warns, 90-1쪽)는 이 설교가 발렌티누스적 영지주의와 논쟁하는 사실을 바탕으로 130/40년경에 씌었다는 견해를 반박하면서 저술 연도를 160년경으로 추정한다.

제2장 1.의 서술 참조.

참고문헌 목록: Wengst 203-80 (TdÜK). – Lindemann/Paulsen 152-175 (TdÜ).

번역서: R. Knopf: HNT.E 151-84. – H. v. Schubert: Hennecke[2] 588-95. – 영어 번역서: A.C. Coxe: ANFa 7 (1886 = 1995) 509-23. – J. Keith: ANFa 10 (1887 = 1995) 249-56 (*completed and revised reprint from ANFa 7*). – F.X. Glimm: FaCh 1 (1947) 65-79.

참고문헌: 사전 항목/각론서 항목: Vielhauer 737-44. – D. Powell: TRE 8 (1981) 121-3. – P.F. Beatrice: EECh I 181.

주석서: A. Lindemann, Die Clemensbriefe = HNT 17 (1992) 183-277.

논제의 요점: E. Baasland, Der 2. Klemensbrief und frühchristliche Rhetorik: "Die erste christliche Predigt" im Lichte der neueren Forschung: ANRW II 27.1 (1993) 78-157.

5. 그리스도교 최초의 시: 「솔로몬의 송가」

"원시 그리스도교의 많은 노래 가운데 몇 편만이 오늘날까지 전해지고 있다. 더구나 이 노래들도 어느 정도 이해하기 쉬운 인용문들로 다른 본문에 삽입되었다. 유다인의 구약성서 시편이나 쿰란 공동체의 「호다요트」*Hodajot*와 같은 책은 원시 그리스도교에 없었다"(Vielhauer, 750쪽). 1909년에 해리스J. Rendel Harris와 1912년에 부어키트F. C. Burkitt가 두 편의 시리아어 수사본(제2편은 제외)에서 솔로몬의 42편의 송가를 출판하여 많은 사람의 관심을 끌었다. 그때까지는 42편 가운데 5편(1, 5, 6, 22, 26)만이 「피스티스 소피아」의 콥트어 번역에 알려져 있었다. 1959년에는 3세기의 파피루스 보드머 11호에서 그리스어로 씌어진 열한번째 송가의 짧은 단락이 발견되었다. 이 송가들이 본디 어떤 언어(그리스어, 시리아어, 아르메니아어 또는 히브리어)로 씌었는가는 매우 많이 논의되었으며, 오늘날에는 시리아어로 씌었다는 의견으로 기울고 있다(L. Abramowski). 저술 장소는 시리아의 유다계 그리스도교 공동체이며, 저술 연도는 2세기 중엽으로 간주된다.

송가 가운데에는 구약성서 시편의 유형을 따르는 장엄한 산문 형식의 전례성가가 중요하다. 아브라모브스키R. Abramowski는 송가들을 문학 형식에 따라 교훈시(23, 24, 31-34), 공동체가 함께 부르는 노래(4, 6, 8, 9, 13, 30, 39, 41), 혼자 부르는 노래(1, 3, 7, 10, 11, 15, 17, 19, 21, 27-29, 35, 36, 38, 42), 기도를 위한 시(22, 25, 26, 37, 40)와 위의 형태가 섞여 있는 노래(12, 14, 16, 18, 20)로 분류하였다.

제1장 1.의 서술 참조.

참고문헌 목록: G. Kittel, Die Oden Salomos – überarbeitet oder einheitlich? Mit 2 Beilagen: I. Bibliographie der Oden Salomos, II. Syrische Konkordanz der Oden Salomos = BWAT (1914). – M. Lattke, Die Oden Salomos in ihrer Bedeutung für Neues Testament und Gnosis, 3 Bde. = OBO 25/1-3 (1979-86) (TdÜ, Konkordanz, Bibliographie).

편집본: H. Grimme, Die Oden Salomos syrisch-hebräisch-deutsch. Ein kritischer Versuch, Hei 1911. – G. Diettrich, Die Oden Salomos unter Berücksichtigung der überlieferten Stichengliederung aus dem Syrischen ins Deutsche übersetzt und mit einem Kommentar versehen = NSGTK 9 (1911). – W. Bauer = KIT 64 (1933) (TdÜ). – M. Testuz, Papyrus Bodmer X-XII, Cologny –- Genève 1959, 47-69 (TfÜ). – J.H. Charlesworth, The Odes of Solomon, O 1973 (TeÜK).

번역서: W. Bauer: Hennecke-Schneemelcher³ II 576-625.

참고문헌: 사전 항목/각론서 항목: J. Daniélou: DBS 6 (1960) 677-84. – Vielhauer 750-6. – M. Petit: DSp 11 (1982) 602-8. – Ch. Kannengiesser: EECh II 609-10.

연구서: R. Abramowski, Der Christus der Salomooden: ZNW 35 (1936) 44-69. – L. Abramowski, Sprache und Abfassungszeit der Oden Salomos: OrChr 68 (1984) 80-90. – M. Franzmann, The Odes of Solomon. An Analysis of the Poetical Structure and Form = NTOA 20 (1991).

제 2 부

박해시대의 문헌
(2세기 중엽~ 4세기 초)

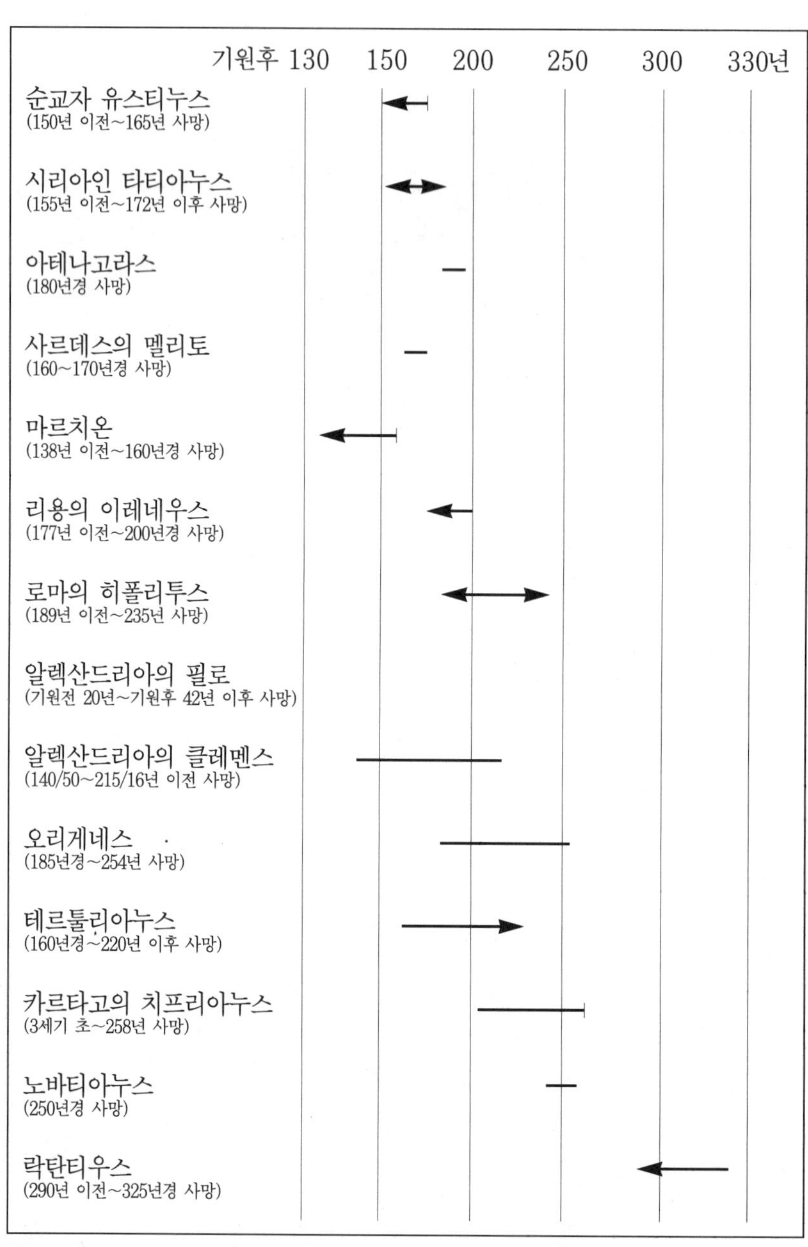

기원후 130   150   200   250   300   330년
순교자 유스티누스
(150년 이전~165년 사망)
시리아인 타티아누스
(155년 이전~172년 이후 사망)
아테나고라스
(180년경 사망)
사르데스의 멜리토
(160~170년경 사망)
마르치온
(138년 이전~160년경 사망)
리용의 이레네우스
(177년 이전~200년경 사망)
로마의 히폴리투스
(189년 이전~235년 사망)
알렉산드리아의 필로
(기원전 20년~기원후 42년 이후 사망)
알렉산드리아의 클레멘스
(140/50~215/16년 이전 사망)
오리게네스
(185년경~254년 사망)
테르툴리아누스
(160년경~220년 이후 사망)
카르타고의 치프리아누스
(3세기 초~258년 사망)
노바티아누스
(250년경 사망)
락탄티우스
(290년 이전~325년경 사망)

2세기 중엽에 들어서면서 교회의 상황이 변하게 되자 그리스도교 문헌의 내용도 근본적으로 변화하였다. 사도시대와 사도시대 이후에 씌어진 작품들의 내용은 주로 예수의 기쁜 소식을 보존하고 정확히 전하며, 공동체와 신자 각자의 그리스도교적 삶에 필요한 제도와 원칙을 규정하는 데 한정되었다. 교회는 메시아가 곧 재림할 것이라는 기대(임박기대)를 바탕으로 세상과 관련된 제도를 지속시키는 것을 더 이상 타당하지 않다고 여겼기 때문에, 주위의 비그리스도교 세계와 근본적·문학적 관계를 맺는 것을 불필요하게 보았다. 비그리스도교 세계와 관계를 맺는 분야는 일상생활과 선교 및 국부적으로 되풀이되는 박해에 대한 영적 극복에 한정되었다. 여기서 박해는 올바른 그리스도인 여부에 대한 검증 시험으로 해석되었다. 다른 한편으로 이교인 주위세계도 그리스도교와 정신적·문학적으로 긴밀한 관계를 맺으려 하지 않았다. 이교인 공공생활에서 그다지 비중을 차지하지 않은 그리스도교는 로마제국의 수많은 종교 집단 가운데 하나일 뿐이었다. 사람들은 유다교에서 생겨난 그리스도교를 유다교와 구분되지 않는 하나의 종파로 여겼다.

예수가 죽고 부활한 뒤 100년이 지나서야 그리스도인들은 주님의 재림이 예상할 수 없는 시기로 연기되고, 이때문에 지상에서 그리스도교의 제도적인 조직이 필요하다는 사실을 깨달았다. 이와 더불어 활발한 선교활동으로 도시에서는 그리스노인이 늘어났으며, 사람들은 그리스도교의 존재를 알게 되었디. 그 사이에 다양한 계층의 사람이 그리스도교에 들어왔다. 이교인 지식층의 비판에 따르면, 그리스도인들 가운데에는 교육을 받지 못한 이들과 쉽게 미혹된 이들도 있었다. 그러나 교양있는 그리스도인들은 철학적·수사학적 학식을 교회의 입장에서 활용하여, 신자들의 믿음에 확신을 주고, 기존 종교들과 벌인 논쟁에서 신앙의 합리성을 논증하고 변론하기 시작하였다. 그리스도교를 논박하는 이들과 이교인 지식인들은 — 반대되는 많은 진술에도 불구하고 — 그리스도인들의 논증을 인정하였으며, 이러한 논증은 문학적으로도 가치 있는 답변이었다. 반면 마르쿠스 아우렐리우스 황제(160~180년)의 스승인 치르타의 프론토는 공개적으로 그리스도인들을 논박하는 연설을 하였으며, 소피스트 사모사타의 루치아누스는 170년경 자신의 풍자서 「페레그리누스의 죽음」*De morte Peregrini*에서 그리스도인들이 이웃을 사랑하고 희생을 꺼리지 않는다며 그들을 조롱하였다. 알렉산드리아 출신의 플라톤주의자 첼수스는 178년경[1] 그리스도인들을 논박하는 「참된 가르침」*'Αληθὴς Λόγος*이라는 논쟁서를 저술하였다. 오리게네스는 자신의 방대한 작품 「첼수스 논박」*Contra Celsum*에서 이 작품을 반박하였다.

그리스도교-호교 작품들은 교회에 대한 이교 국가의 실질적 공격인 박해에 반론을 제기해야만 했다. 동시에 이러한 작품들은 그리스도교의 합리성과 무해성을 입증하였을 뿐만 아니라 그리스도교가 진리만 추구한다는 점을 논증하고, 신자들의 모범적 태도를 바탕으로 그리스도교가 국가발전에 중요한 역할을 한다는 점을 강조하였다. 그리스도인에 대한 박해, 이교인과 그리스도교의 논쟁이 2세기 중엽부터 4세기 초까지 그리스도교의 모든 문헌을 특징짓는 주요 내용이었다. 이때문에 이 시기를 먼저 "박해시대의 문헌"이라는 문학적 개념보다 교회사적 개념으로 이해할 필요가 있다. 그리스도인들에 대한 소송(때로는 법원 기록, 때로는 이 기록에 관한 보고와 설명)이 이 시기에 씌어진 문헌의 소재가 되었다. 3세기 중엽부터 전 제국에 걸쳐 일어난 대규모의 박해들은 교회 내부에 중대한 문제와 신학적 문제를 일으켰다. 많은 논문이 이러한 문제들을 다루고 이에 신학적으로 답변하였다.

고대의 철학적 · 수사학적 교육이 교회에 미친 영향은 당연히 외부에 대한 논쟁뿐만 아니라 교회의 내적인 발전(성서주석, 설교, 최초의 전성기에 이른 교의 등)으로 나아갔다. 성서가 문학적 형식과 양식을 제대로 갖추지 못해 비난받기는 했지만,

---

[1] 전통적이고 일반적으로 승인된 이 연도는 귀납적 추론에 의거한 것이며 최근에도 논의의 대상이 되었다.

그리스도교 저서들은 이제 고대의 문학적 기교가 곁들인 질적으로 뛰어난 작품으로 향상되었다. 신자수가 늘어난 그리스도교가 신학적으로 나아가야 하는 방향에 관한 교회 내부의 문학적 토론, 곧 무엇이 정통신학으로 받아들여질 수 있고, 무엇이 이단(비정통신앙)으로 배제되어야 하는지 결정하는 기준도 교회에서 발전되었다. 사람들은 3세기의 전환기에 그리스도교가 고대 헬레니즘 세계에서 토착화하는 이러한 복잡한 과정을, 물론 성서에 기록된 예수의 본질적이고 순수한 가르침이 변조되었다는 의미에서, 그리스도교의 "헬레니즘화"라는 개념으로 특징지었다. 해석학의 복잡한 문제점들을 여기서 상세히 다룰 수는 없다. 그렇지만 최근의 연구가 명백히 밝혀냈듯이, 그리스도교를 전 세계에 전파하기 위해서는 이러한 과정은 불가피하였다고 할 수 있다. 그리스도교의 기쁜 소식이 다른 언어와 문화로 번역되거나 전해지면, 이러한 과정은 결코 일방적으로 일어나지 않으며 헬레니즘 시대에 한 번으로 그치지 않고 매번 일어났다고 말할 수 있다. 이 경우 신앙을 위하여 잃은 것과 얻은 것이 어느 정도인지는 결코 올바로 평가할 수 없다.

　이러한 배경에서 생겨난 2·3세기의 그리스도교 문헌은, 먼저 2세기 말까지 로마제국의 대중어인 그리스어로 저술된 문헌과 2세기 말부터 북아프리카와 로마에서 라틴어로 쓰어진 문헌으로 분류된다. 내용과 문학적 유형에 따라 그리스도교 문헌은 호교서, 순교 보고서 및 신학서(논문, 주석서, 설교 등)로 구분된다. 이 가운데 정통신앙을 변론하는 논쟁서 및 편지, 전례서, 도덕서처럼 공동체의 실제적인 삶과 직접 관련된 작품들이 특별한 위치를 차지한다.

1. 치르타의 프론토

참고문헌: J.H. Waszink: RAC 8 (1972) 520-4. – A. Hamman: EECh I 330.

2. 첼수스(제3장 6.3.4. 참조)

편집본: O. Glöckner = KlT 151 (1924). – R. Bader, Der *ΑΛΗΘΗΣ ΛΟΓΟΣ* des Kelsos = TBAW 33 (1940) (TK). – G. B. Bozzo/S. Rizzo, Celso, Il discorso della verita Contro i cristiani, Mai 1989 (TiÜK).

번역서: Th. Keim, Kelsos/Celsus, Wahres Wort. Älteste Streitschrift antiker Weltanschauung gegen das Christentum vom Jahr 178 n. Chr., Zu 1873 = Mn 1991 (dÜK). – R.J. Hoffmann, Celsus, On the True Doctrine. A Discourse Against the Christians, O 1987 (eÜK). – G. Lanata,

Celso, II discorso vero, Mai 987 (iÜK).

참고문헌: 사전 항목과 포괄적 연구서: Ph. Merlan: RAC 2 (1954) 954-65. – C. Borret, Origène, Contre Celse V = SC 227 (1976) 9-198. – L. Rougier, Celse, Contre les chrétiens, P 1977. – A. Hamman: EECh I 155.

개별 주제에 관한 연구서: L. Rougier, Celse ou le conflit de la civilisation antique et du christianisme primitif, P 1925. – W. Völker, Das Bild vom nichtgnostischen Christentum bei Celsus, Halle/Saale 1928. – C. Andresen, Logos und Nomos. Die Polemik des Kelsos wider das Christentum = AKG 30 (1955). – H.-U. Rosenbaum, Zur Datierung von Celsus' *ΑΛΗΘΗΣ ΛΟΓΟΣ*: VigChr 26 (1972) 102-11. – K. Pichler, Streit um das Christentum. Der Angriff des Kelsos und die Antwort des Origenes = RThS 23 (1980).

3. 사모사타의 루치아누스

편집본: W. Nestle, Lukian, Der Tod des Peregrinos, Stuttgart 1925 (TdÜK). – *Luciani Opera III*, ed. M.D. Macleod = OCT (1980) 188-205.

번역서: K. Mras, Die Hauptwerke des Lukian griechisch und deutsch, Mn 1954, 470-505. – Ch. M. Wieland, Lukian, Werke II, B-Weimar 1981, 29-48 (ÜK).

참고문헌: M. Caster, Lucien et la pensee religieuse de son temps, P 1937. – P. Siniscalco: EECh I 508.

4. 교회와 그리스도교의 전파

참고문헌: 사전 항목: B. Kötting: RAC 2 (1954) 1138-59. – P. Siniscalco: EECh I 307 f.

연구서: A. von Harnack, Die Mission und Ausbreitung des Christentums in den ersten drei Jahrhunderten, 2 Bde., L ⁴1924. – A. Ehrhard, Die Kirche der Märtyrer. Ihre Aufgaben und ihre Leistungen, Mn 1932. – A. D. Nock, Conversion. The Old and the New in Religion from Alexander the Great to Augustine of Hippo, O 1933. – K. S. Latourette, A History of the Expansion of Christianity. I: The First Five Centuries, NY-Lo 1937. – A. Hamman, Die ersten Christen, übers. K. Schmidt, St 1985 (f P 1971). – A. Orbe, Introducción a la teologia de los siglos II y III, 2 Bde. = AnGr 248 (1987). – G. Bardy, Menschen werden Christen. Das Drama der Bekehrung in den ersten Jahrhunderten, übers. J. Blank, F u. a. 1988 (f P 1949).

5. 그리스도교와 이교 환경/철학/교육

편집본: W. den Boer, *Scriptorum Paganorum I-IV saec. de Christianis Testimonia (= Textus Minores* 2), Lei ²1965.

참고문헌: 사전 항목: C. Andresen, Antike und Christentum: TRE 3 (1978) 50-99. – M. Pellegrino, Classical Culture and Christianity: EECh I 176-8. – S. Lilla, Hellenism and Christianity: EECh I 372 f. – Ch. Munier, Jews and Christians: EECh I 436 f. – R.J. De Simone, Philosophy and the Fathers: EECh II 683. – A. Quacquarelli, Rhetoric: EECh II 735 f.

편찬서: ANRW II 23.1-2 (1979-80). – G. Gottlieb/P. Barcelo (eds.), Christen und Heiden in Staat und Gesellschaft des zweiten bis vierten Jahrhunderts, Mn 1992.

연구서: J. Geffcken, Das Christentum im Kampf und Ausgleich mit der griechisch-romischen Welt. Studien und Charakteristiken aus seiner Werdezeit, L-B 1920. – W. Nestle, Die Haupteinwände des antiken Denkens gegen das Christentum: ARW 37 (1941) 51-100. – P. de Labriolle, La réaction païenne. Étude sur la polémique antichrétienne du Ier au VIe siècle, P 1948. – J. Daniélou, Message évangélique et culture héllenistique aux IIe et IIIe siècles = BT 2 (1962) (e Lo 1973). – W. Jaeger, Das frühe Christentum und die griechische Bildung, übers. W.

Eltester, B 1963. – H.A. Wolfson, The Philosophy of the Church Fathers. I: Faith, Trinity, Incarnation, C/Mass. ²1964. – E. von Ivánka, *Plato Christianus*. Übernahme und Umgestaltung des Platonismus durch die Väter, Eins 1964. – E.R. Dodds, Pagan and Christian in an Age of Anxiety. Some Aspects of Religious Experience from Marcus Aurelius to Constantine, C 1965. – P. Kerestzes, Imperial Rome and the Christians II: From the Severi to Constantine the Great, Lanham/MD-Lo 1989. – G. Jossa, I cristiani e l'impero romano: da Tiberio a Marco Auelio, Neapel 1991.

6. 그리스도교와 유다교

참고문헌: J.M. Lieu, Image and reality. The Jews in the World of the Christians in the Second Century, Edinburgh 1996.

7. 그리스도교의 헬레니즘화

참고문헌: J. Hessen, Griechische oder biblische Theologie? Das Problem der Hellenisierung des Christentums in neuer Beleuchtung, Mn-Ba ²1962. – M.C. Bartolomei, Elenizzazione del cristianesimo. Linee di critica filosofica e teologica per una interpretazione del problema storico, L'Aquila-R 1984. – E.P. Meijering, Die Hellenisierung des Christentums im Urteil Adolf von Harnacks = VNAW 128 (1985). – C.-F. Geyer, Religion und Diskurs: die Hellenisierung des Christentums aus der Perspektive der Religionsphilosophie, St 1990.

8. 그리스도교와 로마제국/그리스도인 박해

참고문헌: 사전 항목: J. Vogt/H. Last: RAC 2 (1954) 1159-1228. – R. Freudenberger: TRE 8 (1981) 23-9. – W.H.C. Frend: EECh II 671-4.

연구서: J. Moreau, Die Christenverfolgung im romischen Reich = AWR NS 2 (1961). – W.H.C. Frend, Martyrdom and Persecution in the Early Church. A Study of a Conflict from the Maccabees to Donatus, O 1965. – R. Freudenberger, Das Verhalten der römischen Behörden gegen die Christen im 2. Jahrhundert, dargestellt am Brief des Plinius an Trajan und den Reskripten Trajans und Hadrians = MBPF 52 (1967). – A. Wlosok, Rom und die Christen. Zur Auseinandersetzung zwischen Christentum und römischem Staat, St 1970. – R. Klein (ed.), Das frühe Christentum im römischen Staat = WdF 267 (1971). – J. Molthagen, Der römische Staat und die Christen im zweiten und dritten Jahrhundert = Hyp. 28 (²1975). – Ch. Munier, L'Église dans l'Empire romain (IIe-IIIe siecles). Église et cité = HDIEO 2/3 (1979).

9. 신학

참고문헌: A. Orbe, Introducción a la teología de los siglos II y III, 2 vol. = AnGr 248 (1987). – M. Simonetti, Studi sulla cristologia del II e III secolo = SEAug 44 (1993).

제3장

그리스어 문헌

1. 서론: 그리스도교의 그리스어

그리스도교의 모든 저술가는 180년까지 로마제국의 일반 대중어인 "코이네" (*κοινὴ διάλεκτος*) 그리스어만 사용하였다. 사회의 모든 특수 단체에서 나타나는 현상과 마찬가지로 그리스도교의 복음을 전하기 위해 사용된 그리스어는 당연히 그리스도교의 "특수언어"로 발전하였다. 신생 그리스도교는 이미 사용하는 그리스어의 "특수언어", 곧 헬라화한 디아스포라 유다교의 언어를 계속 사용하였다. 그곳에서 히브리어 성서는 그리스어로 번역(70인역)되었으며, 성서의 강해 講解(Homilie)는 미사에서 그리스어로 행해졌다. 그리하여 유다·그리스 특수언어는 성서적·셈족 표상 및 용어들과 섞이게 되었다. 70인역Septuaginta은 신생 그리스도교에서 구약성서의 원전으로 간주되었다. 따라서 그리스도교는 70인역의 어휘와 구문 안에 내포된 셈어식 표현(Semitismen)을 그대로 넘겨받았다. 더 나아가 그리스도교는 자체의 고유한 구원 소식을 전하기 위해 새로운 낱말을 도입하거나 이미 있는 낱말을 새로운 뜻으로 사용하였다. 초대 그리스도인들 가운데 많은 사람이 평범한 계층이었기 때문에, 대중적 표현이 그리스도교 그리스어로 사용되었다. 그러나 그리스도교는 이교적·제의적 특수용어들을 전혀 받아들이시 않았나.

특히 다음의 변화는 주목할 가치가 있다.

– 호산나, 할렐루야, 아멘과 같은 성서적·전례적 낱말을 받아들임.

– 이미 사용한 개념을 히브리적·성서적 관념으로 동화시켜 새로 해석함(예를 들어 *δόξα* = kabod = 하느님의 영광; *διαθήκη* = b^{c}rith = 하느님과 인간의 계약, "유언").

- 구문론의 변화, 곧 *οὐρανοί* 또는 *εἰς τοὺς αἰῶνας τῶν αἰώνων*처럼 중복해서 사용함, 형용사 대신에 명사 속격을 형용사처럼 사용함(예: *ἄνθρω-πος τῆς ἀνομίας*). 정형동사 대신에 *ἐστίν* + 분사로 표현하는 완곡법과 *ἐν*으로 히브리 구문 b°를 모방함(예: *ἐν σαρκὶ ἔρχεσθαι*).

그밖에 어휘는 주로 의미를 제한하고(예: *ἐκκλησία* = 교회의 집회; *ἀπόστολος* = 열두 사도) 새로운 전문용어를 도입하여(예: *βαπτισμός* = 세례; *εὐχαριστία* = 성찬; *γραφή* = 성서) 의미가 바뀌었다.

더 나아가 교부들이 사용한 그리스어는 당시 일반적으로 사용한 언어의 발전 과정을 반영한다.

- 이오타화, 곧 모든 i 모음과 i 이중모음(*ι, η, υ*)을 모두 i로 발음함.
- 이소크로니아Isochronie, 곧 각 모음과 복모음의 장·단을 단일화함.
- 음의 높낮이를 알리는 음악적 악센트에서 강약Iktus을 나타내는 호식음呼息音 악센트로 변화함.
- 베타*β*가 W로 연화軟化함.

따라서 교부들의 작품 가운데 본문이 의도적인 아티카어풍으로 서술되지 않는 한, 대부분의 본문은 고전 아티카어의 발음이 아니라 현대 그리스어와 같이 발음해야 한다. 이러한 발전은 결코 일관되게 진행되지 않았다. 이에 관한 좋은 예가 세 개의 서로 다른 철자가 있는 다윗의 이름이다. *Δαυίδ* (*υ* = u), *Δαβίδ* (*β* = w), *Δαυείδ* (*ει* = i).

네덜란드의 고전 문헌학자 요셉 슈레이넨Josef Schrijnen은 1930년대에 고대 그리스도교의 특수언어를 연구하는 데 결정적으로 기여하였다. 그의 제자 가운데 뛰어난 학자인 크리스티네 모어만Christine Mohrmann은 스승의 작품을 이어받아 오늘날까지 계속 저술활동을 하고 있다.

언어 대사전: H. Stephan, *Thesaurus Graecae Linguae*, 8 Bde., P 1831-65.

사전: Ch. du Cange, *Glossarium ad scriptores mediae et infimae graecitatis*, 2 vol., Lyon 1688 = Graz 1958. – E.A. Sophocles, Greek Lexicon of the Roman and Byzantine Periods (From B.C. 146 to A.D. 1100), NY 1900. – H. Liddell/R. Scott/H. S. Jones/R. McKenzie, A Greek-English Lexicon, O 1968 (= ⁹1940 with a Supplement 1968). – G.W.H. Lampe, A Patristic

Greek Lexicon, O 1961. – H. Menge, Langenscheidts Großwörterbuch Griechisch-Deutsch, B u a. ²⁵1984. – W. Bauer, Griechisch-deutsches Wörterbuch zu den Schriften des Neuen Testaments und der frühchristlichen Literatur, B – NY ⁶1988, hrsg. K. und B. Aland.

문법서: R. Kühner/F. Blass/B. Gerth, Ausführliche Grammatik der griechischen Sprache, 4 Bde., Hn ³1890-1904. – E. Schwyzer, Griechische Grammatik, 4 Bde. = HKAW II.1.1-4 (⁴1968-71). – F. Blass/A. Debrunner/F. Rehkopf, Grammatik des neutestamentlichen Griechisch, Gö ¹⁵1979.

참고문헌: 사전 항목: V. Loi, Greek, Christian: EECh I 360-1. – P. Siniscalco, Languages of the Fathers: EECh I 472.

연구서: GCP. – GLCP. – G. Bardy, La question des langues dans l'Église ancienne, P 1948. – H. Poeschel, Die griechische Sprache. Geschichte und Einführung, Mn 1950. – O. Hoffmann/ A. Debrunner, Geschichte der griechischen Sprache, B ⁴1969, hrsg. von A. Scherer.

2. 그리스 호교가

그리스도교는 처음에는 유다인, 그 뒤에는 이교인과 논쟁해야 했기 때문에 이미 신약성서에도 호교적 요소들[메시아를 부인하는 유다인에 대한 비난, 메시아를 부인함으로써 유다인은 약속의 상속권을 상실하여 그 상속권이 그리스도인에게 넘어감, "알려지지 않은 신"에 관한 기존의 표상을 재치있게 사용하여 모든 신과 대립되는 한 분의 참된 하느님을 선포한 바울로의 아레오파고 법정 연설(사도 17,19-34)] 이 나타난다. 그러나 호교론은 2세기에 이르러 변화된 교회의 상황 때문에 고유한 문학 장르를 체계화하였다. 2세기 중엽에 활동한 저자들의 문학작품은 주로, 또는 전적으로 호교서이기 때문에 이들을 "그리스 호교가"(ἀπολογεῖν = 변호하다, 변론하다)라고 부른다. 그렇지만 후대의 교부시대에 그리스 교회와 라틴 교회에서 저술된 그밖의 호교서는 2세기의 호교서처럼 중요한 역할을 하지 못하였다.

호교론은 초기 그리스도교의 유래와 주위세계와의 관계 때문에 유다인과 이교인을 비난하였다. 만유나직 논쟁은 인종이 아니라 신앙이 문제였기에 유다인 배타주의와는 아무 상관이 없다. 논쟁은 두 가지 목적을 추구하였다.

1) 그리스도교는 유다교에서 비롯되었지만 유다교와 명확히 구분된다. 이 구분에는 무엇보다도 예수를 메시아로 인정하고, 구약성서를 그에 대한 예시로 설명하는 해석이 주된 역할을 한다. 따라서 구약Alter Bund은 예수에 관한 선구

자 또는 안내자의 의미만 지니며 신약의 빛 안에서 그리스도론적으로 해석되었다. 이로써 호교론은 그리스도인에게 유다인과의 논쟁에 필요한 논거를 제시하였으며, 유다교에서 준비된 하느님의 의지가 성취되었다는 의식에서 그 논거를 강화하고, 그리스도교가 유다화하는 것을 미리 막았다.

2) 그러나 호교론은 구약성서를 바탕으로 유다인들에게 메시아 신앙의 타당성을 설득하면서 그들을 개종시키려 하였다. 반유다적 호교론은 초기 그리스도교의 문헌 가운데 숫자상으로 많지 않아 큰 영향을 미치지는 않았다. 4세기 말에도 유다인은 많은 그리스도인을 유다교로 개종시켰다. 따라서 요한 크리소스토무스가 당시 여러 차례의 설교에서 그리스도인들이 유다교로 개종하는 것을 경고한 사실을 고려하면 호교론의 중요성은 명백해진다.

그리스도교에 가장 위험한 요소는 이교인 및 로마제국의 그리스도인들에 대한 끊임없는 박해였다. 데치우스 황제 치하의 박해(250/51년) 때까지 시기, 중상, 오해, 부당한 누명으로 적지 않은 그리스도인들이 신문을 받았다. 그러나 그들에게서 어떤 죄과도 발견하지 못했기 때문에 박해는 그다지 많이 일어나지 않았으며, 국부적이거나 시기적으로 한정되었다. 데치우스 황제는 제국의 국민에게 제물을 바치도록 명령하고, 이를 거부할 경우 이에 상응하는 처벌 규정을 만들었다. 그러나 이 규정이 박해에 대한 로마제국의 명백한 법률적 근거는 아니었다. 대부분의 경우 그리스도인이라는 사실(nomen Christianum) 자체가 처벌의 원인이었다. 제국에 통일된 법률의 근거를 만들고 부당한 박해에서 그리스도인을 보호할 수 있는 유일한 사람은 황제였다. 이런 까닭에 2세기의 호교가들은 황제들에게 그리스도교를 변론하면서 무엇보다도 두 가지 법률상의 모순에 주의를 환기시켰다. ① 그리스도인이라는 사실이 처벌의 대상이 된다면, 트라야누스 황제가 112년 플리니우스 2세와 주고받은 서신에서 규정하였듯이 국가는 모든 그리스도인을 고발당한 경우만이 아니라 항상 박해해야 한다. ② 그밖에 그리스도인이라는 사실이 어떤 범죄에 해당하며 처벌 대상이 되는지 증명되어야 한다. 그리스도인에게 주로 신 모독, 근친상간, 인육人肉식사, 영아살해와 같은 수많은 비방이 쏟아졌지만, 이것이 구체적으로 증명된 적은 한 번도 없었다.

따라서 호교가들은 국민이 그리스도인에 대해 지니고 있는, 궁극적으로는 박해를 불러일으킨 오해와 잘못된 표상들을 합리적으로 논증하고 설명해야 했다. 곧, 그들은 그리스도인들이 황제를 위하여 기도하고 공공생활에 참여하며, 그리스도교적이고 도덕적인 의무를 바탕으로 법률을 충실히 지키며, 그리스도교는 국가의 안녕과 국가법에 일치할 뿐만 아니라 이러한 것을 오히려 장려하는 유익한 종교라는 사실을 증명해야만 했다. 그러나 유일하고 참된 하느님을 공경한다는 그리스도인의 고유하며 확고한 확신 때문에 그들은 공적인 제신숭배에 참여하지 않았다. 따라서 그리스도교의 호교가들은 마침내 자신들의 신앙이 지닌 합리성과 우월성을 명료하게 논증해야 했고, 이 노력은 신학의 기초를 놓는 교회의 내적인 발전으로 나아갔다.

교양 있고 철학적 교육을 받은 동시대 사람들은 이미 제신에 관한 신화를 믿지 않았고, 그들의 세계상과 윤리적 행동을 결정짓는 독특하고 초월적인 신에 대한 이해를 발전시켰다. 이때문에 호교가들은 이교인에게 신앙에 대한 논증을 쉽게 전개할 수 있었다. 이교인의 이러한 종교적·도덕적 사고의 발전은 한 분이신 영원한 하느님을 선포하고 뛰어난 윤리적 특성을 지닌 그리스도교의 가르침에 긍정적 영향을 미쳤다. 그러나 신화적인 제신 신앙을 외면한 지적인 사람들은 로마제국에서 내적인 확신과 외적인 행위 사이에 실질적인 갈등을 일으켰다. 곧, 국가의 안녕을 위해 제의에 참여하는 것은 사람들이 추구하는 내적 확신이나 철학과는 관계가 없었다. 따라서 제물을 바치지 않고, 제신을 숭배하기 위한 공공축제를 멀리하는 그리스도인이 주장하는 그리스도교 "철학"의 절대성은 대부분의 사람을 이해시킬 수 없었다. 이 상황에서 호교가들은 그리스도교가 모든 철학 가운데 유일하게 합리적이고 가장 위대하고, 오래된 철학임을 논증해야 했다. 진리는 영원히 가지가 있기 때문에 무엇보다도 마지막의 "오래됨"에 관한 주장은 고대에서 특별한 의미를 지녔다. 이 관점에서 그리스도교의 호교론은 플라비우스 요세푸스와 알렉산드리아의 필로가 유다교를 호교하는 것과 일치하였다. 그렇지만 유다교는 로마제국과 의식적으로 분리된 상태를 유지하려 하였기 때문에 적극적인 호교론을 전개하지 않았다. 그러나 헬레니즘 세계에 뿌리박고 있는 유다교는 호메로스와 모세 가운데 누가 더 오래된 인물인가 하는 문제를 논리적으로 규명해야 했다.

초기 그리스도교 호교론은 근본적으로 세 가지 과제를 이루어내었다.

1) 그리스도교에 대한 실제적이고 논증적인 반박이 논리적 근거가 없음을 설득력 있게 실증하여 그리스도교를 옹호하였다.

2) 실제적인 상황을 설명하면서 그리스도교에 대한 그릇된 표상을 해명하였다.

3) 반대자의 종교가 열등하다는 것을 입증함으로써 그리스도교 신앙을 합리적으로 논증하고 정당화하였다. 이는 종종 반대자를 그리스도교로 개종시키려는 선교 열성에서 나타난다.

우리가 알고 있는 호교서 가운데 절반 가량은 소실되었으며, 몇몇 단편만 그것도 주로 에우세비우스의 「교회사」에 남아 있다. 콰드라투스는 하드리아누스 황제가 소아시아(123/24년 또는 129년) 또는 아테네(125/26년 또는 129년)를 방문하였을 때 호교서를 그에게 헌정하였다. 이 호교서는 우리가 알고 있는 호교서 가운데 가장 오래된 작품이다. 소아시아 출신의 수사학자 밀티아데스, 히에라폴리스의 아폴리나리우스, 사르데스의 멜리토는 마르쿠스 아우렐리우스 황제(161~180년)와 그의 공동 통치자인 루치우스 베루스(161~169년)에게 호교서를 보냈다. 마지막으로 펠라의 아리스톤Ariston은 140년경 유다인을 대상으로 한 그리스도교 호교서 「그리스도에 관한 야손과 파피스쿠스의 대화」를 저술하였다. 그러나 이 작품들은 모두 소실되었다.

앞으로 상세히 다루어야 할 작품들 외에 남아 있는 호교서는 다음과 같다.

1) 아테네 출신의 철학자 아리스티데스가 138년 하드리아누스 황제(117~138년) 또는 안토니우스 피우스 황제(138~161년)에게 바친 호교서.

2) 안티오키아의 테오필루스가 180년 직후에 아우톨리쿠스에게 보낸 세 권의 책. 이 책에서 저자는 친구에게 그리스도교의 의미를 증명하려 하였다.

3) 헤르미아스의 「비그리스도교 철학자들에 대한 풍자서」. 3세기경에 씌어진 이 작품에서 저자는 이교인의 제신 신앙과 철학자들의 불합리성을 공개적으로 비난한다.

4) 이름이 알려지지 않은 저자들이 쓴 3세기의 호교서 「그리스인들에게 보내는 권고」*Cohortatio ad Graecos*, 「단원론」*De monarchia*, 「그리스인들에 대한 연설」*Oratio ad Graecos*. 에우세비우스가 이미 311/12년 이전에 이 작품들을 유스티누스의 작품으로 알고 있었듯이, 작품들은 저술된 뒤 바로 「유스티누스의 전집」*Corpus Iustini*에 수록되었다.

편집본: CorpAP. – J. Geffcken, Zwei griechische Apologeten, L – B 1907 [Aristides, Athenagoras]. – E.J. Goodspeed, Die ältesten Apologeten. Texte mit kurzen Einleitungen, Gö 1914 (Aristides, Justin, Tatian, Athenagoras). – G. Ruhbach, Altkirchliche Apologeten = TKTG 1 (1966) (Quadratus, Aristides, Melito, Athenagoras). – R.M. Grant, Theophilus of Antioch, *Ad Autolycum* = OECT (1970) (TeÜ). – M. Marcovich, *Pseudo-Iustinus, Cohortatio ad Graecos, De monarchia, Oratio ad Graecos* = PTS 32 (1990). – M. Marcovich, *Theophili Antiocheni Ad Autolycum* = PTS 44 (1995).

번역서: V. Gröne/A. Bieringer/J. Leitl = BKV¹ (1872-3) (Tatian, Athenagoras, Theophilus, Hermias, Melito). – K. Julius/G. Rauschen/R. C. Kukula/A. Eberhard = BKV² 12 (1913) (Aristides, Justin: Apologien, Diognetbrief, Tatian, Athenagoras). – J. Leitl/A. Müller = BKV² 14 (1913) (Theophilus, Hermias, Minucius Felix, Firmicus Maternus). – Ph. Haeuser = BKV² 33 (1917) (Justin: Dialog, Ps. – Justin: Mahnrede). – 영어 번역서: A.C. Coxe: ANFa 2 (1885 = 1995) 85-121 (Theophilus, *To Autolycus*). – D. M. Kay, The Apology of Aristides the Philosopher: ANFa 10 (1887 = 1995) 257-79.

보조자료: E. J. Goodspeed, *Index Apologeticus*, L 1912.

참고문헌: 사전 항목: G. Bardy, Apologetik: RAC 1 (1950) 533-43. – L.W. Barnard, Apologetik I: TRE 3 (1978) 371-411. – M. Pellegrino, Apologists – Apologetic (general characteristics): EECh I 60. – P. Siniscalco: Aristides: EECh I 72-3. – P. Siniscalco, Hermias: EECh I 378. – P. Nautin, Theophilus of Antioch: EECh II 831-2.

편찬서: B. Pouderon/J. Doré (eds.), Les apologistes chrétiens et la culture grecque = ThH 105 (1998) (*Kongreß-Sammelband bis 4./5. Jh., griech. + lat. Autoren, darunter Tertullian, Augustinus, Theodoret von Kyros, Laktanz, Hieronmyus, Eusebius, Diognet*). – M. Edwards/M. Goodman/S. Price (in association with Christopher Rowland) (eds.), Apologetics in the Roman Empire. Pagans, Jews, and Christians, Oxford 1999.

일반 연구서: A. Puech, Les apologistes grecs du IIe siècle de notre ère, P 1912. – J.-R. Larin, Orientations maîtresses des apologistes chrétiens de 270 à 361 = AnGr 61 (1954). – R.M. Grant, Greek Apologists of the Second Century, Ph 1988.

개별 주제에 관한 연구서: R.M. Grant, The Chronology of the Greek Apologists: VigChr 9 (1955) 25-33. – R. Joly, Christianisme et philosophie. Études sur Justin et les Apologistes grecs du deuxième siècle, Brü 1973. – D.W. Palmer, Atheism, Apologetic, and Negative Theology in the Greek Apologists of the Second Century: VigChr 37 (1983) 234-59. – R.M. Grant, Five Apologists and Marcus Aurelius: VigChr 42 (1988) 1-17. – A. J. Droge, Homer or Moses? Early Christian Interpretations of the History of Culture = HUTh 26 (1989). – W. Kinzig, Der "Sitz im Leben" der Apologie in der Alten Kirche: ZKG 100 (1989) 291-317. – P. Pilhofer, PRESBYTERON

KREITTON. Der Altersbeweis der jüdischen und christlichen Apologeten und seine Vorgeschichte = WUNT II 39 (1990). – J.J. Walsh, On Christian Atheism: VigChr 45 (1991) 255-77. – M. Rizzi, Ideologia e retorica negli "*exordia*" apologetici. Il problema dell' "altro" (II-III secolo) = SPMed 18 (1993). – J.W. Hargis, Against the Christians. The Rise of Early Anti-Christian Polemic (= Patristic Studies 1), New York u. a. 1999 (*zu Celsus, Porphyrius und Julian Apostata*).

반유다적 호교서: A.L. Williams, *Adversus Judaeos*. A Bird's-Eye View of Christian *Apologiae* until the Renaissance, C 1935. – M. Simon, Verus Israël. Étude sur les relations entre Chrétiens et Juifs dans l'Empire romain (135-425), P 1948. – R. Wilde, The Treatment of the Jews in the Greek Christian Writers of the First Three Centuries = PatSt 81 (1949). – H. Schreckenberg, Die christlichen Adversus-Judaeos-Texte und ihr literarisches und historisches Umfeld (1.-11. Jh.), Ffm-Bern 1982.

2.1. 「디오그네투스에게 보낸 호교서」

우리에게 잘 알려지지 않은 디오그네투스에게 보낸 작품은 헨리쿠스 스테파누스(앙리 에스티앙)가 1592년에 첫 간행본을 낸 다음 「디오그네투스에게 보낸 편지」라고 불린다. 편지는 전통적으로 "사도 교부" 시대의 작품에 속한다. 그렇지만 호교서로 분류되는 이 작품은 디오그네투스가 대화의 상대자인 점을 제외하고는 고대의 편지 형식을 갖추고 있지 않다. 고대와 중세의 어느 문헌도 이 작품이 6/7세기까지 거슬러 올라가는 13/14세기의 유일한 사본을 싣고 있다고 증언하지 않는다. 15세기 중엽에 우연히 콘스탄티노플의 생선가게에서 포장지로 발견된 사본은 18세기 말에 스트라스부르그의 시립 도서관으로 옮겨졌으나 독불전쟁 동안인 1870년 8월 24일 프러시아군이 도시를 공격할 때 불타버렸다. 다행히도 이 호교서는 이전의 필사본, 교정본, 비평본을 바탕으로 매우 믿을 만하게 복원되었지만 본문에 많은 결함이 있다.

호교서의 서론(1.1)에서는 디오그네투스가 더 상세히 알고 싶어하는 세 가지 질문을 제시한다. ① 그리스도인의 신은 누구인가? 그리스도인들은 그를 어떻게 흠숭하나? 그들은 왜 죽음을 경시하나? 그들은 왜 그리스와 유다교의 제의를 따르지 않는가? ② 이웃 사랑은 왜 중요한가? ③ 왜 그들의 신앙은 이전이 아니라 지금에 와서야 알려졌는가? 2-4장에서는 첫번째 질문에 답변하기 위하여 디오그네투스가 곧바로 동의할 수 있는 철학적 신 개념을 화제의 실마리로 삼는다.

이교인의 신들은 단지 인간의 물질적 작품이기 때문에 그들을 공경하는 것은 무의미하다. 유다인들은 한 분이신 참된 하느님을 공경하지만, 그들은 하느님께 산 제물을 바치고 불합리한 율법 규정을 지나칠 정도로 엄격히 지키면서 그분을 잘못 공경한다. 5-6장에서는 그리스도인들의 고유한 행동방식을 묘사한다. 그들은 다른 사람들처럼 세상에 살고 있지만 그리스도에게 속해 있으므로 이미 하늘의 시민이다. 영혼이 육체를 능가하듯이 그들은 존재와 행위에서 세상을 능가한다. 7-8장에서는 철학적 여러 신에 관한 관념들을 비판하며, 전능하시고 만물을 창조하시며 눈에 보이지 않는 선하신 하느님께 대한 그리스도교적 표상을 설명한다. 이 설명으로 그리스도인의 신앙과 생활을 논증하고 세번째 질문에 대한 답변(9-10장)의 기초를 마련한다. 하느님과 성자의 구원계획은 처음부터 예정되었으며, 아들을 보내어 인간을 죄와 죽음에서 구원하는 것은 인간이 자신의 불의를 인정하고 스스로 구원하는 것이 불가능함을 깨달을 때에야 비로소 이루어진다. 10장에서는 디오그네투스에게 하느님을 인식하고 그분을 본받아 그리스도인이 될 것을 권유하면서 작품을 끝맺는다. 「디오그네투스에게 보낸 호교서」는 순수한 호교서라기보다는 그리스도교를 권유하는 작품에 더 가깝다.

그렇지만 디오그네투스의 질문과 호교서의 논증은 여러 관점에서 초대 그리스도교 호교서의 전형으로 볼 수 있다. 질문 가운데 일부는 새로운 종교의 근본적인 문제(신에 관한 관념)와 이 종교에서 가장 이목을 끄는 현상(이웃 사랑)에 관한 가르침을 요구하며, 더러는 신앙의 정당화를 기대하는 비판적 요청이다. 곧, 그리스도인들은 왜 로마제국에서 허용된 다른 모든 종교처럼 국가의 제의에 참여하지 않느냐? 그들은 국가의 제의에서 자유로운 유다교에 머무르지 않고 왜 새로운 제3의 길을 가느냐? 유사한 질문이 새로운 종교가 주장하는 진리에 대한 질문에도 적용된다. 진리는 영원하기 때문에 예부터 내려온 것이어야 하지 않는가? 새로운 것이 조상으로부터 확증된 전통과 더 좋은 관습mos maiorum을 능가할 수 있는가?

디오그네투스의 질문에 대한 답변도 마찬가지로 전형적인 특징을 나타낸다. 답변은 처음에 일반적인 확신(신화적 신 개념이 아닌 철학적 신 개념, 유다 관습의 부인)을 화제의 실마리로 삼는다. 그러고 나서 이 작품은, 예를 들어 육체와 영혼의 비교와 같은 철학적 용어 안에서(그러나 받아들일 수 없는 철학적 입장의 경계를 설정하면서) 그리스도 교를 긍정적이고 탁월하게 묘사하고, 그리스도교가 시대적으로 늦었지만 유일 하고 참된 종교임을 논증하면서 마침내 수신인에게 개종을 권고한다.

대다수의 학자는 11장과 12장을 후대에 다른 사람이 첨가했다고 생각하였 다. 그러나 안드리센Andriessen, 마루Marrou, 최근에 리지Rizzi는 이 두 장을 진본 으로 여겼다. 이와 달리 바나르Barnard는 11장과 12장이 동일한 저자의 두번째 작품으로서 전승사를 통해 첨가된 단락이라고 주장하였다. 작품의 저자가 누구 인지는 지금까지 알려지지 않았다. 「디오그네투스에게 보낸 호교서」가 소실된 콰드라투스의 호교서와 같은 작품이라는 안드리센의 주장은 거의 받아들이기 어려운 가설이다. 저술 연도와 장소에 관해서는 확실하게 알려진 것이 없다. 200년경에 씌었다는 견해가 압도적으로 많으며, 마루는 추정적인 저술 장소로 알렉산드리아를 제안하였다. 그러나 바나르는 저술 연도를 마르치온 논쟁 이전 인 140년경으로 주장한다. 여하튼 이 작품이 콘스탄티누스 시대 이후에 저술되 었다는 견해는 받아들일 수 없다.

2.의 서술 참조.

편집본: J. Geffcken, Hei 1928 (TK). – Bihlmeyer 141-9. – H.G. Meecham = PUM.T 7 (1949) (TeÜK). – H.-I. Marrou = SC 33 (²1965) (TfÜK). – Wengst 281-348 (TdÜK).

번역서: Rauschen 157-73. – J. Geffcken: Hennecke² 619-23. – B. Lorenz = ChMe 18 (1982) (ÜK). – 영어 번역서: A.C. Coxe: ANFa 1 (1885 = 1995) 23-30. – G.G. Walsh: FaCh 1 (1947) 351-67. – J.A. Kleist: ACW 6 (1948) 125-47, 210-21. – M. Staniforth, Lo 1968, 169-85.

보조자료: A. Urbán, *Concordantia in Patres Apostolicos, I: Concordantia in epistulam ad Diognetum* = AlOm A 135 (1993).

참고문헌: 사전 항목: S. Zincone: EECh I 237.

연구서: E. Molland, Die literatur- und dogmengeschichtliche Stellung des Diognetbriefes: ZNW 33 (1934) 289-312 [= *Opuscula Patristica* = BTN 2 (1970) 79-101]. – W. Eltester, Das Mysterium des Christentums. Anmerkungen zum Diognetbrief: ZNW 61 (1970) 278-93. – C.M. Nielsen, The Epistle to Diognetus: Its Date and Relationship to Marcion: AThR 52 (1970) 77-91. – R. Brändle, Die Ethik der "Schrift an Diognet". Eine Wiederaufnahme paulinischer und johanneischer Theologie am Ausgang des zweiten Jahrhunderts = AThANT 64 (1975). – A.L. Townsley, Notes for an Interpretation of the Epistle to Diognetus: RSC 24 (1976) 5-20. – A. Lindemann, Paulinische Theologie im Brief an Diognet: A.M. Ritter (ed.), Kerygma und Logos.

Beiträge zu den geistesgeschichtlichen Beziehungen zwischen Antike und Christentum (FS C. Andresen), Gö 1979, 337-50. – R.G. Tanner, The Epistle to Diognetus and Contemporary Greek Thought: StPatr 15 = TU 128 (1984) 495-508. – Th. Baumeister, Zur Datierung der Schrift an Diognet: VigChr 42 (1988) 105-11. – M. Rizzi, La questione dell'unità dell' *Ad Diognetum* = SPMed 16 (1989). – K. Schneider, Die Stellung der Juden und der Christen in der Welt nach dem Diognetbrief: JAC 42 (1999) 20-41.

2.2. 순교자 유스티누스

유스티누스의 작품 가운데 자전적 언급, 그의 순교에 관한 보고, 에우세비우스의 「교회사」와 에피파니우스의 작품에 나오는 진술을 바탕으로 그의 생애를 비교적 상세하게 알 수 있다. 그는 사마리아의 플라비아 네아폴리스(옛 지명: 시켐, 오늘날: 나블루스)에서 태어났다. 아버지의 이름은 프리스쿠스, 할아버지의 이름은 바키우스였다. 이러한 이름에서 알 수 있듯이 그는 로마 또는 그리스 이주민 가정 출신이다. 어쨌든 그는 할례를 받지 않았으며, 그의 작품에서도 사마리아의 유다교에 관한 아무 정보를 드러내지 않는다. 그는 여러 도시를 돌아다니며 스토아 학파, 소요학파, 피타고라스 학파에서 삶의 문제에 대한 해답을, 마지막으로 (중)플라톤 철학에서 "안식"을 찾으려 하였다. 그러나 예언서에 대한 주의를 환기시킨 어떤 노인과 나눈 대화가 유스티누스의 철학적 확신을 흔들리게 하였다. 마침내 그는 예언서에서 진리를 인식하였으며, 그 뒤 그리스도교 떠돌이 설교자의 표시로 철학자의 외투를 걸치고 다녔다. 이러한 자전적인 역사성은 추상적 요소를 매우 많이 싣고 있기 때문에 개별적으로 어느 정도까지 받아들여야 하는지는 이론의 여지가 있다. 다른 한편으로 이러한 "전형적" 인생 행로는 유스티누스가 걸어온 길을 상세하게 묘사한다. 그는 생애의 말기를 로마에서 보냈고, 이곳에서 많은 작품을 저술하였지만 이 가운데 세 작품만 남아 있다. 그가 순교자로 죽을 것을 예감하게 한 견유학파의 철학자 크레셴스와 유스티누스 사이에는 격렬한 의견 충돌이 있었다. 유스티누스가 루스티쿠스(163~167년) 총독 치하에서 실제로 크레셴스 때문에 처형되었는지는 확실하지 않다. 「부활절 연대기」 *Chronicon Paschale*에 전해지는 그의 사망 연도인 165년은 정확하다고 볼 수 있다.

에우세비우스는 「교회사」에서 유스티누스의 작품 목록을 전한다(IV 18,2-6). 유스티누스의 작품으로 생각되는 모든 수사본 가운데 150~160년에 저술된 세 작품(두 권의 「호교서」, 「유다인 트리폰과의 대화」, 몇몇 단편)만 진본으로 인정된다. 두 개의 다른 호교서가 저술되었는지, 또는 하나의 호교서가 두 부분으로 나뉘어졌는지에 관해서는 아직도 논의되고 있다. 무니어Ch. Munier는 최근에(1994년) 두번째 논제를 주장하였다. 그의 작품들은 장르의 관점에서 보면 특정한 동기에서 씌었기 때문에 체계적인 신학을 기대할 수 없다. 그렇지만 이 작품에도 삼위일체, 그리스도론, 창조론, 성서주석 등 많은 중요한 개별 진술이 들어 있다.

2.의 서술 참조.

참고문헌 목록: L.W. Barnard, Justin Martyr in Recent Study: SJTh 22 (1969) 152-64. – O. Skarsaune, Trekk fra nyere Justin-forskning: DTT 39 (1976) 231-57. – J. Morales, La investigación sobre San Justino y sus escritos: ScrTh 16 (1984) 869-96. – B. Wildermuth: BBKL 3 (1992) 888-95.

영어 번역서: Th. B. Falls = FaCh 6 (1948) (*Opera omnia*).

참고문헌: 사전 항목: O. Skarsaune, Art. Justin der Märtyrer, TRE 17 (1988) 471-8. – R. J. De Simone: EECh I 462-4.

총론서: L. Barnard, Justin Martyr. His Life and Thought, C 1967. – E.F. Osborn, Justin Martyr = BHTh 47 (1973).

성서: P. Prigent, Justin et l'Ancien Testament. L'argumentation scripturaire du traité de Justin contre toutes les hérésies comme source principale du Dialogue avec Tryphon et de la première Apologie = EtB (1964). – A. J. Bellinzoni, The Sayings of Jesus in the Writings of Justin Martyr = NT.S 17 (1967). – D. Bourgeois, La sagesse des Anciens dans le mystère du Verbe. Évangile et philosophie chez saint Justin philosophe et martyr, P 1981. – O. Skarsaune, The Proof from Prophecy. A Study in Justin Martyr's Proof-Text Tradition: Text-Type, Provenance, theological profile = NT.S 56 (1987).

연대기: A. G. Hamman, Essai de chronologie de la vie et des œuvres de Justin: Aug. 35 (1995) 231-9.

철학: C. Andresen, Justin und der mittlere Platonismus: ZNW 44 (1952-3) 157-95. – R. Holte, Logos Spermatikos. Christianity and Ancient Philosophy according to St. Justin's Apologies: STL 12 (1958) 109-68. – E. Robillard, Justin. L'itinéraire philosophique, Montréal – P 1989. – M.J. Edwards, On the Platonic Schooling of Justin Martyr: JThS NS 42 (1991) 17-34. – G. Girgenti, Giustino Martire. Il primo cristiano platonico, Mai 1995.

신학: E.R. Goodenough, The Theology of Justin Martyr. An Investigation into the Conceptions of Early Christian Literature and its Hellenistic and Judaistic Influences, Jena 1923. – J.J. Ayán Calvo, Antropología de san Justino. Exégesis del mártir a Gen I-III, Santiago de Compostela – Córdoba 1988. – G.A. Nocilli, La catechesi battesimale ed eucaristica di san Giustino martire, Bologna 1990. – P. Merlo, Liberi per vivere secondo il Logos. Principi e criteri dell'agire morale in San Giustino filosofo e martire = BSRel 111 (1995).

2.2.1. 「첫째 호교서」

「첫째 호교서」(153~155년경에 저술)는 두 부분으로 이루어져 있다. 1-29장에서는 그리스도인이 무신론자라는 고발에 변론한다. 유스티누스는 제신이 경악할 만한 사건과 재앙을 통해 인간을 미혹하여 그들 자신을 신으로 숭배하게 하는 악마라고 알고 있기 때문에, 그리스도인이 실제로 그들에게 경의를 표하지 않는 점을 시인한다. 말씀이자 하느님의 아들인 예수 그리스도는 악마가 쓰고 있는 기만의 가면을 벗겼으며, 그리스도를 통해 인간은 실제로 하느님을 경외하는 마음이 깊어졌다. 30-60장에서는 예수가 마술사가 아니라 실제로 하느님의 아들이라는 사실을 구약성서의 구절을 증거로 제시한다. 61-67장에서는 세례미사와 주일미사에 관해 서술한다. 마지막 장인 68장 전체는 하드리아누스 황제의 답서이다.

이 작품의 구성은 매우 산만하다. 유스티누스 작품의 전형적 특징이라 할 수 있는 주제를 벗어나는 것은 그가 역사적 자료를 매우 종속적으로 따르고 있으며 작품의 순서보다 사료들의 순서를 더 따르기 때문이다. 그러나 그의 사고 과정은 압축적이고 명료하며 다음 두 가지 사실을 전제한다. 그는 한편으로 철학자들이 인정한 경건한 삶을 이상으로 삼았다. 다른 한편으로 그리스도인이 사회적·정치적으로 불가피하게 도입된 국가의 제의에 참여하기를 거부하였듯이 그는 제의에 참여하면서 경건한 삶을 영위하려는 이교인의 이상을 비난하였다. 유스티누스는 철학적 종교비판을 화제의 실마리로 삼아 제신을 공격하면서 그리스도교를 변론한다. 호메로스의 작품에 나타나는 제신의 행위는 흉악하고 비도덕적이며, 그들을 본받는 사람은 중죄에 빠지게 된다. 죽은 신상들을 숭배하는 것은 비합리적인 행위이다. 따라서 유스티누스는 호메로스의 작품에 나타나는 제신의 뒤에는 악마들의 행동이 있다고 보았다. 시인들이 표현하는 제신과 달리 참된 하느님께서는 태어나시지도 않으며 정욕에 굴복하시지도 않는다. 그리스도는 수난과 부활을 통해 악마들의 우두머리인 사탄과 악마에게 승리를 거두었으며, 그를 믿고자 하는 모든 사람을 악마의 통치에서 해방시켰다. 사람이 된 로고스이며 하느님의 지혜인 그리스도는 악마의 반대편에 있으며, 창조

주의 중재자인 로고스는 모든 사람에게 지혜의 씨앗(*Λόγος σπερματικός*)을 뿌렸
다. 이때문에 그리스도 이전의 철학자들은 사고와 행동에서 이미 그리스도인이
었다. 대표적인 예가 악마들의 기만을 밝혀내고 그들에게 참된 하느님을 찾을
것을 권유한 소크라테스였다. 이때문에 그는 순교자로 죽어야만 했다.

2.2.2.「둘째 호교서」

「둘째 호교서」는「첫째 호교서」의 내용을 이어받은 작품으로 실질적인 동기에
서 저술되었다. 로마 시의 총독 우르비쿠스는 세 명의 그리스도인이 신앙을 고
백했다(nomen Christianum)는 이유만으로 그들을 처형하였다. 유스티누스는 이러한
불공평하고 잔혹한 행위에 대해 로마 당국에 항의하였으며, 그리스도교에 대한
당시의 많은 비판적 논점들을 반박하였다. 예를 들어 그는 그리스도인이 왜 그
들의 신에게 가장 빨리 갈 수 있는 자살을 금하는가 하는 조롱 섞인 질문에 답
변하였다. 박해는 진리와 덕을 증오하는 악마들의 행위이다. 이와 같은 원수들
이 이미 구약성서의 의인들과 하느님을 모르는 고대의 의인들을 괴롭혔다. 그
러나 하느님께서는 시험과 어려움을 통해 그의 제자들을 덕과 보상으로 인도하
셨기 때문에, 악마들은 그리스도인을 마음대로 억누를 수 없었다. 아울러 박해
는 그리스도인들에게 그들의 신앙이 우월하다는 것을 인상깊게 실증하는 기회
였다. 마지막으로 유스티누스는 황제가 정의, 경건함, 지혜에 대한 사랑의 정
신으로 그리스도인을 판결해 주기를 호소한다.

　유스티누스는 이 작품에서 초대 그리스도교의 호교론에 나타나는 몇 가지 전
형적인 논증을 사용한다. 곧, 그는 황제에게 그리스도인에 대한 판결이 대중의
인기에 부합하지 말고 법률과 지혜에 따라 이루어질 것을 호소하고, 예부터 의
인들이 당한 경우처럼 그리스도교에 대한 박해의 원인을 그리스도인의 지혜와
덕에 대한 악의에 찬 반대자들의 시기로 분석한다. 또한 그는 하느님께서, 완
전함을 향해 가는 도중에 있는 그리스도인을 시험하기 위하여 박해를 허용하셨
다고 평가한다. 끝으로 박해 때 그리스도인들이 보여준 인내는 어떤 것으로도,
죽음으로도 억누를 수 없는 그들의 신앙이 우월하다는 것을 증명한다.

2.와 2.2.의 서술 참조.

편집본: A. Wartelle, P 1987 (TfÜK). – A.C. Coxe: ANFa 1 (1885 = 1995) 163-93. – L.W. Barnard = ACW 56 (1997).

번역서: P.A. Richard = BKV¹ (1871). – H. Veil, Straßburg 1894 (ÜK). – Rauschen: BKV² 12 (1913) 55-155. – 영어 번역서: A.C. Coxe: ANFa 1 (1885 = 1995) 163-93. – L.W. Barnard = ACW 56 (1997).

참고문헌: L. Alfonsi, La struttura della I "Apologia" di Giustino: *Paradoxos politeia* (FS G. Lazzati) = SPMed 10 (1979) 57-76. – Ch. Saldanha, Divine Pedagogy. A Patristic View of Non-Christian Religions = BSRel 57 (1984) 39-73. – Ch. Munier, A propos des Apologies de Justin: RevSR 61 (1987) 177-86. – Ch. Munier, La méthode apologétique de Justin le Martyr: RevSR 62 (1988) 90-100, 227-39. – S.A. Panimolle, Storicità e umanità del Cristo nelle *Apologie* di S. Giustino martire: RivBib 38 (1990) 191-223. – Ch. Munier, L'apologie de saint Justin philosophe et martyr = Par. 38 (1994).

2.2.3. 「유다인 트리폰과의 대화」

「유다인 트리폰과의 대화」는 남아 있는 가장 오래된 반유다적 호교서이며, 이 가운데 서론과 74장 대부분은 소실되었다. 120장은 「첫째 호교서」에서 인용하였듯이 호교서로 저술되었음이 확실하다. 이 작품은 유스티누스와 트리폰이라는 교양 있는 유다인과 이틀간에 걸친 대화를 기록한다. 문학적 전형은 플라톤의 「대화」이다. 따라서 이 작품은 대화를 직접 기술한 것이 아니라 문학적으로 표현한 기록으로 보아야 한다.

이 작품은 142장으로 이루어져 있다. 유스티누스는 서론(2-8장)에서 자신의 교육과 개종을 자전적으로 보고한다. 첫번째 주요부(9-47장)에서는 그리스도교의 관점에서 구약성서를 설명한다. 모세의 율법은 시간적으로 제한된 유효성만 지니는 반면, 그리스도교는 새롭고 영원한 율법을 인류에게 제시한다. 두번째 주요부(48-108장)에서는 하느님인 그리스도에 대한 흠숭을 정당화하며, 세번째 주요부(109-142장)에서는 그리스도를 믿고 그의 율법을 따르는 국민은 새로운 이스라엘 민족과 하느님께서 선택하신 참된 민족을 대표하고 있음을 밝힌다.

대화의 서술방식은 서로 다른 수신인을 대상으로 하기 때문에 내용에서는 호교서와 다르지만, 방법에서는 근본적으로 동일하다. 유스티누스는 이교인에게는 (일반적으로 철학자들의 작품에서, 특히 그리스도에게서 이루어지는) 하느님의 단계적인 계시에 주의를 환기시키면서 새로운 그리스도교를 정당화한다.

그는 유다인에게는 같은 하느님이라는 관점에서 메시아의 도래에 대해 유다 민족이 계속해서 준비했다는 구체적인 내용을 다룬다. 따라서 그는 구약성서를 논증의 기반으로 사용하였으며, 구약에서 그리스도교의 진리가 어떻게 준비되었는가를 밝히기 위하여, 특히 예언서들을 많이 인용하였다.

2.와 2.2.의 서술 참조.

편집본: M. Marcovich = PTS 47 (1997).

번역서: Haeuser: BKV² 33 (1917) 1-231. – 영역: A.C. Coxe: ANFa 1 (1885 = 1995) 194-270.

참고문헌: N. Hyldahl, Philosophie und Christentum. Eine Interpretation der Einleitung zum Dialog Justins = AThD 9 (1966). – J.C.M. van Winden, An Early Christian Philosopher. Justin Martyr's Dialogue with Trypho, Chapters One to Nine = PP 1 (1971) (TK). – J. Nilson, To Whom Is Justin's *Dialogue with Trypho* Addressed?: TS 38 (1977) 538-46. – G. Otranto, Note sull' itinerario spirituale di Giustino. Fede e cultura in "Dialogo" 1-9: S. Felici (ed.), Crescita dell' uomo nella catechesi dei Padri (età prenicena) = BSReI 78 (1987) 29-39. – E. dal Covolo, "Regno di Dio" nel Dialogo di Giustino con Trifone Giudeo: Aug. 28 (1988) 111-23. – S.A. Panimolle, L'"ora" del Cristo nel "Dialogo con Trifone": VetChr 27 (1990) 303-32. – S.A. Panimolle, Storicità dell'incarnazione del Verbo e Vangelo dell'Infanzia nel *Dialogo con Trifone* di san Giustino: Mar. 52 (1990) 63-85. – S.A. Panimolle, Il ministero pubblico di Gesù nel *Dialogo con Trifone* di Giustino: Aug. 31 (1991) 277-307. – A. Rudolph, "Denn wir sind jenes Volk..." Die neue Gottesverehrung in Justins Dialog mit dem Juden Tryphon in historisch-theologischer Sicht = Hereditas 15 (1999).

여론餘論 1: 고대와 그리스도교의 대화록

그리스 호교가들은 고전시대부터 그리스 문학과 라틴 문학에서 꽃피운 대화록의 장르를 그리스도교 문헌에 처음으로 사용하였다. 이미 언급된 펠라의 아리스톤의 작품 「그리스도에 관한 야손과 파피스쿠스의 대화」(140년경)는 소실되었지만 우리가 알고 있는 첫번째 대화록이다. 남아 있는 첫번째 대화록은 앞에서 서술한 유스티누스의 「유다인 트리폰과의 대화」(150~160년)이며, 이후의 대화록은 다양한 형태와 주제로 교부시대에 두루 나타난다. 그리스도교 시대와 같이 고전시대의 대화록에서 대화를 직접 기술하는 경우는 매우 드물며, 일반적으로 뒤에 문학적으로 수정되었다. 보통 독자에게 윤리적·철학적·역사적 주제를 더 생생하고 인상깊게 묘사하기 위해 허구적 대화록의 형태도 사용하였다. 이러한 대화록은 논문의 형태로도 저술되었다. 그리스도교 저자들에게 이 유형의 뛰어난 본보기이자 전형은 플라톤과 치체로의 작품이었다.

문학적 대화록은 그 형태에서 직접적이고 생생한 대담으로 극화劇化할 수 있었다. 그러나 대화의 상대자는 뒤로 물러나 있으며, 따라서 대화록은 마치 혼자서 말하는 논문처럼 저술되었다. 이러한 경우 서론에서 활기찬 대화가 이루어진 뒤, 한 사람만 말하고 다른 사람은 결론에 이르러서만 그의 의견에 동의한다. 대화록은 제3자의 보고에 의존할 수도 있는데, 이 경우 삽입된 이야기는 사료가 어떤 작품이었는가를 알려준다. 마지막으로 한 사람의 강연에서 때때로 청중이 연사의 견해에 동의하기 위하여 등장할 경우, 대화록은 순수한 논문과 유사하다. 이와 같이 대화록은 논제의 질문들을 전개하기 위하여 가상의 대화자를 등장시키는 논 박서에 가깝다("그러나 다른 사람이 이의를 제기할 수 있었다 …").

그리스도교의 대화록은 당시의 사고와 불가피한 논쟁 때문에 형태나 철학적 · 윤리적 사고 전개에서 실질적으로 플라톤과 치체로의 고전적 전형을 따른다. 올림푸스의 메토디우스는 플라톤의 「향연」*Symposion*을 본받아 「향연」을, 니사의 그레고리우스는 「파이돈」*Phaidon*을 본받아 「영혼과 부활에 관한 대화」를 저술하였다. 미누치우스 펠릭스의 「옥타비우스」는 치체로의 「신들의 본성」*De natura deorum*을 전형으로 삼았으며, 아우구스티누스가 치체로의 「호르텐시우스」*Hortensius*의 영향을 받았다는 것은 일반적으로 널리 알려진 사실이다. 이와 달리 그리스도교는 욥기의 성서적 대화 형태, 후대 유다교 랍비 문학의 대화, 신약성서의 행전 및 편지의 대화 형식을 지속시키지 못하였다.[1]

그리스도교의 대화록은 내용에서 네 가지 형태로 발전하였다.[2]

1) 호교적 대화록. 이 대화록은 메시아에 대한 예언으로 구약성서의 의미와 그리스도에 대한 신앙의 의미를 이해시키기 위해 대체로 유다인과 이교인을 내상으로 썼다. 대화록은 그리스 교회에서는 아리스톤과 유스티누스, 라틴 교회에서는 미누치우스 펠릭스로부터 비잔틴 시대와 중세까지 이어졌다.

---

[1] 다른 견해에 관해서는 Beatrice, EECh I, 233쪽 참조.

[2] 성서적 대화라는 다섯번째 형태는 확실한 증거가 없다. Bardy: RAC 3, 954쪽 참조.

2) 신학적 대화록. 이 대화록은 주로 교회 안의 문제점과 이단적 사조와 논쟁을 벌인다. 이러한 양식의 뛰어난 예는 실제로 행한 담화에 근거한 오리게네스의 「성부, 성자, 영혼에 관한 헤라클레이데스와 그의 동료 주교들과의 대화」, 엔크라테이아파(극단적 금욕주의파)를 논박하는 올림푸스의 메토디우스의 「열 처녀의 향연 또는 동정성」, 자신의 그리스도론을 변론하는 네스토리우스의 「헤라클리데스의 책」*Liber Heraclidis*, 단성론자를 논박하는 치루스의 테오도레투스의 「에라니스테스」이다.

3) 철학적 대화록. 이 대화록은 고전 대화록의 전형을 가장 잘 따른다. 이 가운데 가장 중요한 본보기가 이미 언급된 니사의 그레고리우스와 누이 마크리나와의 대화를 기록한 「영혼과 부활에 관한 대화」, 카시치아쿰에서 쓴 아우구스티누스의 초기 대화록인 「아카데미아 학파 논박」*Contra academicos*, 「행복한 생활」*De beata vita*, 「독백」*Soliloquia*, 「자유의지론」*De libero arbitrio*, 보에티우스의 「철학의 위안」*Consolatio philosophiae*이다.

4) 마지막 형태로 고전시대에 전형이 없는 자전적 대화록이 성인들의 생애를 더 흥미롭고 감동적으로 묘사하기 위해 생겨났다. 이러한 대화록에는 술피치우스 세베루스의 「성 마르티누스의 생애」(*Vita*)와 이탈리아 성인들의 생애와 기적을 다룬 대 그레고리우스의 「대화」가 있다. 마지막 작품의 제2권은 성 베네딕도에게 헌정되었다.

참고문헌: 사전 항목: A. Hermann/G. Bardy: RAC 3 (1957) 928-55. – P. F. Beatrice: EECh I 233-4.
연구서: M. Hoffmann, Der Dialog bei den christlichen Schriftstellern der ersten vier Jahrhunderte = TU 96 (1966). – B.R. Voss, Der Dialog in der frühchristlichen Literatur = STA 9 (1970). – P. Perkins, The Gnostic Dialogue. The Early Church and the Crisis of Gnosticism, NY u.a. 1980.

2.3. 시리아인 타티아누스

타티아누스의 생애에 관한 연도는 정확하게 알려진 것이 없지만, 그의 생애는 그와 관계를 맺은 유스티누스의 생애와 많은 점에서 비슷하다. 유스티누스의 호교서에 나오는 자전적 진술에 따르면, 그는 "아시리아 사람의 땅", 곧 메소포타미아 또는 시리아에서 태어났으나 그리스 교육을 받았다. 여러 나라를 돌아다니고 철학과 밀교에서 진리를 추구한 뒤, 그는 (유스티누스와 같이) 성서에서 진리를 찾아 그리스도교로 개종하였다. 그는 개종한 뒤 스승 유스티누스와 함께 얼마 동안 로마에 머물렀으며, 스승과 함께 크레셴스와 논쟁을 벌였다. 유스티누스가 죽은(165년) 뒤, 그는 가톨릭 교회에서 떨어져 나와 극단적 금욕주의파인 엔크라테이아파($\acute{\epsilon}\gamma\kappa\rho\acute{\alpha}\tau\epsilon\iota\alpha$ = 절제)의 지도자가 되었다. 엔크라테이아파는 그리스도교 이전에 있었던 엄격주의에 뿌리를 둔 이단이다. 이들은 세상과 육체를 적대시하는 그릇된 윤리관 때문에 엄격한 금욕, 특히 육류, 술, 성생활의 절제를 그리스도교가 절대적으로 따라야 한다고 생각하였다. 에피파니우스(「약상자」 46,1)가 전하는 바에 따르면 타티아누스는 성찬례 때 술 대신에 물을 사용하였다고 한다. 이때문에 그는 172년경 로마에서 파문되어 그의 사상을 이단으로 여기지 않는 고향으로 돌아갔으며, 시리아, 킬리키아, 피시디아 지방에서 활동하였다.

2.3.1. 「그리스인들에 대한 연설」*Oratio ad Graecos*

155~170년 사이에 저술된 타티아누스의 호교서는 42장으로 이루어져 있다. 이 작품은 그리스도교의 우월성을 증명하기 위해 모든 그리스인, 곧 헬레니즘으로 특징지어지는 세계, 그곳의 제신, 철학, 문화를 비난한다. 헬레니즘 세계는 모든 "미개한 것"(그리스도교도 기원으로 볼 때 여기에 속함)에 대해서 자기들 문화가 우월하다고 확신하였기 때문에, 타티아누스는 서론(1-3)에서 그리스인이 자랑하는 모든 위대한 업적이 미개인으로부터 넘겨받았다는 것을 명시하면서 이 환상을 깨뜨리려고 하였다. 이에 대한 본보기로 그는 페니키아인의 문자, 이집트인의 역사 편찬, 마르시아Marsya인의 피리 연주 등을 제시하였다. 그밖에 그리스인의 수사학, 시문학, 철학은 어떤 숭고한 것도 제시하지 못하기 때문에 가치가 없다고 주장하였다. 4-8장에서는 하느님과 그의 창소들, 9-16상에서는 악마론, 영론, 심리학, 구원론을 긍정적으로 묘사하는 반면, 17-28장에서는 그리스인의 제신, 의학, 연극, 정치, 도덕의 무의미함과 비윤리성을 입증한다. 두 장(29-30)에 걸쳐 자신에 관해 저술한 뒤에 타티아누스는 31-41장에서 모세가 호메로스와 모든 그리스 저술가보다 더 오래된 인물이며, 이로써 유다교에서 유래된 그리스도교도 본원적인

진리 자체를 주장할 수 있다는 것을 밝히기 위하여 "오래됨"에 관한 논증을 전개한다. 그는 늘 토론에 응할 준비가 되어 있음을 알리며 작품을 끝맺는다(42).

이 작품의 구조는 여러 논점들이 마치 각주脚註처럼 더 상세히 설명하려는 의도로 되풀이되어 본론에서 긴 여론餘論으로 벗어난다. 이때문에 논점을 개별적으로 파악하기가 쉽지 않다. 마찬가지로 타티아누스의 신학도 정통신앙적 사상과 이단적 사상을 가려내기 어렵게 뒤섞여 있다. 그는 구약성서를 예수 그리스도의 아버지이신 하느님의 작품이 아니라 악한 데미우르구스의 작품으로 여겨 배척하였으며, 바울로의 편지도 일부 인정하지 않았다.

2.의 서술 참조.

참고문헌 목록: K.-G. Wesseling: BBKL 11 (1996) 552-71.

편집본: M. Whittaker = OECT (1982) (TeÜ). – M. Marcovich = PTS 43 (1995).

번역서: Kukula: BKV² 12 (1913) 175-257. – 영역: J. E. Ryland: ANFa 2 (1885 = 1995) 59-83.

참고문헌: 사전 항목 F. Bolgiani: EECh II 815.

연구서: M. Elze, Tatian und seine Theologie = FKDG 9 (1960). – H. Chadwick, Enkrateia: RAC 5 (1962) 352-3. – L.W. Barnard, The Heresy of Tatian: Studies in Church History and Patristics = ABla 26 (1978) 181-93. – W. L. Petersen, Textual Evidence of Tatian's Dependence upon Justin's 'ΑΠΟΜΝΗΜΟΝΕΥΜΑΤΑ: NTS 36 (1990) 512-34.

2.3.2. 「디아테사론」

우리에게 알려져 있는 타티아누스의 두번째 작품 「디아테사론」(τὸ διὰ τεσσάρων εὐαγγέλιον)은, 네 경전 복음서를 합친 복음서이다. 「디아테사론」이 이렇게 쓰여진 최초의 작품은 아니지만 이러한 유형의 작품 가운데 가장 유명하고 뛰어나며, 동방교회에서는 5세기까지 전례에 사용하였다. 작품의 원본은 남아 있지 않지만 여러 전승에 기초하여 전반적으로 재구성할 수 있다. 이를 위한 중요한 사료는 아르메니아어 번역본으로 남아 있는 시리아인 에프렘의 「디아테사론 주석」이다. 그밖에 아랍어, 페르시아어, 라틴어 번역본들, 아르메니아어와 게오르기아어 복음서의 본문과 여러 교부의 인용이 보조 역할을 한다.

「디아테사론」의 많은 문제점은 오늘날까지 확실하게 해결되지 않았다. 짧은 단편만 남아 있는 이 작품의 제목은 원본이 그리스어로 쓰였음을 암시하지만,

전승사는 오히려 시리아어로 씌었음을 나타낸다. 저술 장소(로마 또는 시리아)도 저술 연도를 어떻게 평가하느냐(타티아누스가 모교회를 등지기 이전 또는 이후)에 달려 있다. 여하튼 「디아테사론」은 이미 네 복음서를 명백히 경전으로 여기는 시기에 저술되었으나, 경전이 확정적으로 결정된 시기에 저술된 것은 아니다. 타티아누스가 「디아테사론」을 어느 정도까지 "마르치온의 복음서에 반대하여 저술하였고, 또 그의 가르침을 전혀 받아들이지 않았는지"[3]에 대해서는 더 연구해야 한다.

「디아테사론」은 요한복음의 그리스도론을 골자로 예수의 생애를 연속적이고 일관되게 서술하였다. 그밖에 네 복음서를 비교적 자유롭게 발췌하거나 복음서의 순서를 바꾸었으며, 더욱이 외경의 사료들에서 금욕주의적 · 반유다적 · 그리스도 가현설적 경향을 나타내는 내용을 보완하였다. 타티아누스의 저술 동기는 실천을 촉구하기 위한 성서의 양식을 제시하는 것이었다. 이로써 그는 성서의 많은 내용을 보완한다는 사실을 정당화한다. 엘제Elze는 이 경우 타티아누스의 신학적 근본 개념이 하느님과 그리스도교는 나뉠 수 없는 진리로 서로 일치하는 원리였다고 말한다. 본문이 여러 필사본으로 전승되어 이에 관한 문제점을 해결하는 데 어려움이 따르지만, 이 작품이 복음서 본문에 대한 가장 오래된 역사에 관한 정보를 제공한다는 점에서 의의가 있다. 「디아테사론」은 네덜란드어, 이탈리아어, 고대 영어, 고대 독일어로 씌어진 이러한 유형의 복음서와 독일의 신비가인 작센의 루돌프(1300년경~1377년)의 작품 「그리스도의 생애」에 이르기까지 중세에도 지대한 영향을 미쳤다.

2.3.1.의 서술 참조.

편집본: D. Ploij/C.A. Phillips/A.H.A. Bakker/A.J. Barnouw, The Liège Diatessaron, 8 Teile = VAW NS 31 (1929-70) (holl, e). – C.H. Kraeling, A Greek Fragment of Tatian's Diatessaron from Dura = StD 3 (1935). – L. Leloir, Saint Éphrem. Commentaire de l'Évangile Concordant. Version arménienne = CSCO 137, 145 (1953-4) (armen, l). – E. Sievers, Tatian. Lateinisch und altdeutsch mit ausführlichem Glossar, Pb ²1960. – L. Leloir, Saint Éphrem, Commentaire de l'Évangile concordant. Texte syriaque (manuscrit Chester Beatty 709) = CBM 8 (1963) (TIÜ). – I. Ortiz de Urbina, *Vetus evangelium Syrorum et exinde excerptum Diatessaron Tatiani* = BPM 6 (1967) 207-99. – J. Molitor, Tatians Diatessaron und sein Verhältnis zur altsyrischen und alt-

---

[3] H. v. Campenhausen, Die Entstehung der christlichen Bibel = BHTh 39 (1968), 206.

georgischen Überlieferung: OrChr 53 (1969) 1-88; 54 (1970) 1-75; 55 (1971) 1-61.

번역서: E. Preuschen/A. Pott, Tatians Diatessaron aus dem Arabischen übersetzt, Hei 1926. – L. Leloir, Éphrem de Nisibe, Commentaire de l'Évangile Concordant ou Diatessaron = SC 121 (1966) (fÜK). – 영어 번역서: H. W. Hogg: ANFa 10 (1887 = 1995) 33-129.

참고문헌: 사전 항목/각론서 항목: D. Wünsch, Evangelienharmonie: TRE 10 (1982) 626-36. – F. Bolgiani: EECh I 234. – K. Zelzer: HLL 4 (1997) 351 f.

연구서: E. Preuschen, Untersuchungen zum Diatessaron Tatians = SHAW.PH 1918/15. – C. Peters, Das Diatessaron Tatians. Seine Überlieferung und sein Nachwirken in Morgen und Abendland sowie der heutige Stand seiner Erforschung = OCA 123 (1939). – L. Leloir, Le Dia-tessaron de Tatien: OrSyr 1 (1956) 208-31, 313-35. – L. Leloir, Doctrines et méthodes de S. Éphrem d'après son commentaire de l'Évangile Concordant = CSCO 220 (1961). – L. Leloir, Le témoignage d'Éphrem sur le Diatessaron = CSCO 227 (1962). – G. Quispel, Tatian and the Gospel of Thomas. Studies in the History of the Western Diatessaron, Lei 1975. – T. Baarda, Early Transmission of Words of Jesus. Thomas, Tatian and the Text of the New Testament, ed. J. Helderman/S.J. Noorda, Amsterdam 1983. – W.L. Petersen, New Evidence for the Question of the Original Language of the Diatessaron: W. Schrage (ed.), Studien zum Text und zur Ethik des Neuen Testaments (FS H. Greeven) = BNZW 47 (1986) 325-43. – M.-É. Boismard avec la collaboration de A. Lamouille, Le Diatessaron: De Tatien à Justin = EtB NS 15 (1992). – W.L. Petersen, Tatian's Diatessaron: Its Creation; Dissemination; Significance, and History in Scho-larship = SVigChr 25 (1994).

2.4. 아테나고라스

아테나고라스는 고대에 지속적인 영향을 미치지 못했기에 그의 인물이나 생애에 관하여 확실하게 알려진 바가 아무것도 없다. 남아 있는 그의 두 작품에 관한 중요한 수사본인 914년에 쓰어진 파리 아레타스 사본 415호에는 호교서의 제목과 함께 그를 "아테네 출신의 철학자"라고 언급한다. 그러나 이 제목이 고대부터 유래한 것인지, 아니면 사본이 쓰어질 때 첨가된 것인지는 명확하지 않다. 이와 달리 시데의 필립보(5세기)의 작품을 발췌한 14세기의 또 다른 수사본은 아테나고라스가 알렉산드리아 학교의 첫번째 책임자였다고 전한다. 물론 시데의 필립보의 증언을 다 신뢰할 수 있는 것은 아니다. 프렌드W.H.C. Frend는 아테나고라스의 고향이 소아시아일 수도 있다고 추론한다.[4]

---

[4] W.H.C. Frend, Martyrdom and Persecution in the Early Church. A Study of a Conflict from the Maccabees to Donatus, Oxford 1965, 285-6.

또한 남아 있는 두 작품 「그리스도인을 위한 청원서」와 「죽은 자들의 부활」
(res)의 연도도 논의의 대상이 된다. 더구나 두번째 작품은 진본 여부가 문제된
다. 고대의 작품들은 그가 호교서를 저술하였다고 증언한다. 반면 「죽은 자들
의 부활」 뒤에 res라는 라틴어 낱말은 후대의 사본에서 덧붙여졌다. 이는 아테
나고라스가 호교서의 끝부분에서 그가 죽은 이들의 부활에 관한 문제를 훗날에
다루려고 한다는 사실을 나타내는 것이다. 따라서 아레타스 사본에서 res는
"동일한" 작품이라는 결론이 나온다. 최근 이 작품의 진본 여부에 관한 새롭고
충분한 논의가 있었으며, 아직도 논의되고 있다(2.4.2.의 참고문헌 참조).

2.의 서술 참조.
편집본: Opera omnia: W.R. Schoedel = OECT (1972) (TeÜ). – B. Pouderon = SC 379 (1992)
[leg, res (TfÜK)].
영어 번역서: *Opera omnia*. A.C. Coxe: ANFa 2 (1885 = 1995) 123-62. – J.H. Crehan = ACW
23 (1956).
참고문헌: 사전 항목: P. Keseling: RAC 1 (1950) 881-8. – P. Nautin: EECh I 95.
연구서: J.L. Rauch, Greek Logic and Philosophy and the Problem of Authorship in Athenago-
ras, Chicago 1968. – B. Pouderon, Athénagore d'Athènes, philosophe chrétien = ThH 82
(1989). – B. Pouderon, D'Athènes à Alexandrie. Études sur Athénagore et les origines de la
philosophie chrétienne, Québec-Lou-P 1997.

2.4.1. 「호교서」

아테나고라스는 마르쿠스 아우렐리우스 황제와 그의 아들이며 공동 통치자인
콤모두스에게 「호교서」를 바쳤다. 따라서 작품의 저술 연도는 틀림없이 176년
11월 27일(콤모두스가 공동으로 통치하기 시작한 때)과 180년 3월 17일(마르쿠스 아우렐리우스의
사망) 사이이다. 전 세계가 평화로이 지내고 있다는 1장의 진술을 어떻게 해석하
느냐에 따라(178년 8월 3일의 게르만족에 대한 출정 이전), 호교서를 개인적으로 바친 작품
이냐 아니면 단지 문학적 관습으로 황제에게 헌정하였느냐에 따라(176년 9월 마르쿠
스 아우렐리우스의 아테네 방문 또는 175/6년 겨울 알렉산드리아 방문), 그리고 아테나고라스의 거
주지가 어디였는가에 따라 연도에 관한 정확한 사실들이 밝혀질 수 있다. 포르
타Porta는 아테나고라스의 호교서가 177년 8월 박해받는 비엔과 리용 공동체의
편지에 대한 답변으로 저술되었다는 가설을 제시하였다.[5]

「호교서」는 그리스도인을 두고 대중적으로 비난하는 무신론, 근친상간, 인육 식사를 논박한다. 아테나고라스가 세 가지 비난 가운데 어디에 강조점을 두고 있는가는 「호교서」에서 다룬 주제의 분량으로 알 수 있다. 곧, 그는 총 37장 가운데 무신론은 28장에, 근친상간은 3장에, 인육식사는 2장에 걸쳐 다룬다. 사람들이 무신론자의 여러 행동방식의 특징을 고려하지 않고 무신론자를 국가의 적으로 생각하였다는 사실을 염두에 두면, 아테나고라스가 왜 무신론자에 관해 상세히 다룬지를 이해할 수 있다.

아테나고라스는 통치자들의 호의를 얻는 것, 로마제국 내의 매우 다른 종교적 관습의 묘사, 통치자들의 크나큰 관용, 평화를 사랑하는 정신에 대한 찬양으로 서문을 시작한다. 그는 제1부(4-12)에서 그리스도교의 신앙은 무신론이 아니라 이미 유명한 그리스 시인들과 철학자들이 주장한 유일신론이라고 설명한다. 그리스도교는 한 분이신 참된 신성에 대한 계시종교라는 것이다. 이렇게 전통적인 내용을 논증한 뒤, 아테나고라스는 8장에서 처음으로 이른바 공리적인 신神 증명을 한다. 신은 정의상per definitionem 창조되지 않았으며, 나누어질 수 없다. 따라서 많은 신이 있다면 그들은 존재상 서로 다르거나 자주적이어야 한다. 더욱이 세계의 창조주가 그의 피조물을 위해 모든 공간을 채운다면, 그밖의 자주적인 신을 위한 공간은 더 이상 아무 곳에도 없다. 제신은 단지 인간의 작품이거나 사람들이 신으로 받드는 사람들 또는 자연현상들, 그리고 이것들 안에서 기껏해야 악마들이 활동하고 있는 것이기 때문에, 그리스도인은 제신의식에 참여하는 것을 당연히 거부할 수밖에 없다(13-30). 아테나고라스는 마지막으로 근친상간과 인육식사에 대한 비난을, 그리스도인의 덕을 미워하는 부도덕한 사람들의 소행이라고 간단히 처리하였다(31-36).

아테나고라스의 논증 방법을 앞서 말한 호교가들의 논증 방법과 견주어보면, 방법론의 근본구조가 세부적으로는 달라도 같은 주제를 다루고 있음을 알 수 있다. 곧, 호교가들은 처음에 황제의 호의를 얻으려고 하였다. 그리고 나서 그들은

---

5 G. Porta, La dedica e la data della πρεσβεία di Atenagora: Did. 5 (1916), 53-70.

그리스도교 신앙이 이성적일 뿐만 아니라, 그리스·로마 철학에서 이미 언급되는 증명을 통해서 무엇보다도 그리스도교가 무신론이라는 비난을 논박하였다. 이로써 그들은 철학적 신에 대한 신앙과 신화적 신들에 대한 실제적 존경 사이의 모순을 재치있게 이용하였다. 마침내 사람들이 그리스도교를 근본적으로 시인하게 되면, 그밖의 모든 비난은 타락한 사람들이 덕에 따라 사는 사람들을 시기하는 것으로 간단히 다룬다. 아테나고라스는 「호교서」에서 대부분 간접적으로 알고 있는 고대의 많은 저자를 인용한다. 이로써 이성적·철학적 논쟁의 수준에서 이러한 철학적·문학적 교육을 바라는 교양 있는 이교인 독자의 주의를 끌었다.

2.4.의 서술 참조.

편집본: M. Marcovich = PTS 31 (1990).

참고문헌: A.J. Malherbe, The structure of Athenagoras, *"Supplicatio pro Christianis"*: VigChr 23 (1969) 1-20. – L.W. Barnard, Athenagoras. A Study in Second Century Christian Apologetic = ThH 18 (1972). – T.D. Barnes, The Embassy of Athenagoras: JThS NS 26 (1975) 111-4.

2.4.2. 「부활론」*De resurrectione*

최근의 논의와 관계 없이, 많은 학자가 진본으로 인정한 아테나고라스의 두번째 작품은 현대의 시각으로 보면 아마도 호교서보다는 신학사에서 더 중요한 의미를 지닐 것이다. 아테나고라스는 당시 매우 널리 알려진 두 가지 이의(① 죽은 사람의 부활은 불합리하다. ② 부활은 심판을 위해서만 일어난다)에 대해 죽은 사람의 육체와 영혼의 부활 가능성과 합리성을 변론한다. 위의 이의에 대해 아테나고라스는 인간 창조의 의미와 목적은 완전한 인간, 곧 영혼과 육체를 지닌 인간이 영원히 산다는 근본적인 전제를 논제로 삼는다. 그는 제2부에서 이에 관하여 상세히 논증한다. 따라서 육체가 모든 인간의 운명에 따라 죽었을 경우, 세상에서 없어지기 위하여 죽지 않은 영혼에서 분리되어야 한다면, 육체와 영혼은 부활을 위해 필연적으로 다시 결합되어야 한다(11,3-25). 창조주는 더 이상 존재하지 않는 신체의 모든 요소를 그가 본디 만든 대로 다시 결합할 수 있기 때문에, 부활은 합리적일 뿐만 아니라 그리 어려운 일도 아니며 하느님께는 당연한 일이고 그분의 의지를 잘 표현한 것이다. 그는 많은 사람에게 공통적으로 일어나는 문제점, 곧 물질적·물리적으로 제시된 매우 구체적인 문제점을 독창적인 자연과학적·의학적인 가정으로 푼다. 동물이 사람을 잡아먹고, 사람 또는 다른 동물이 그 동물을 잡아먹었다 하더라도 인간의 요소는 동물이나 다른 인간에 동화되지 않고 변화하지 않은 채 남는다(2-11,2).

죽은 이들의 부활에 관한 첫번째 논문을 쓴 아테나고라스의 직접적인 영향에 대해서는 알려진 사실이 없다. 그렇지만 이 작품에서는 이후 몇 세기에 걸쳐 일어난 부활 논쟁에서 중요한 역할을 했던 많은 문제가 처음으로 언급되었다.

2.4.의 서술 참조.

참고문헌: E. Gallicet, Atenagora o pseudo-Atenagora?: RFIC 104 (1976) 420-35. – L.W. Barnard, The Authenticity of Athenagoras' *De Resurrectione*: StPatr 15 = TU 128 (1984) 39-49. – B. Pouderon, L'authenticité du traité sur la résurrection attribué à l'apologiste Athénagore: VigChr 40 (1986) 226-44. – B. Pouderon, La chaîne alimentaire chez Athénagore. Confrontation de sa théorie digestive avec la science médicale de son temps: Orph. 9 (1988) 219-37. – B. Pouderon, Athénagore et Tertullien sur la résurrection: REAug 35 (1989) 209-30. – B. Pouderon, "La chair et le sang". Encore sur l'authenticité du traité d'Athénagore: VigChr 44 (1990) 1-5. – H. E. Lona, Die dem Apologeten Athenagoras zugeschriebene Schrift *"De resurrectione mortuorum"* und die altchristliche Auferstehungsapologetik: Sal. 52 (1990) 525-78. – D.T. Ruina, *Verba Philonica, ΑΓΑΛΜΟΤΟΦΟΡΕΙΝ*, and the Authenticity of the *De resurrectione* attributed to Athenagoras: VigChr 46 (1992) 313-27. – N. Zeegers, La paternité athénagorienne du *De resurrectione*: RHE 87 (1992) 333-74. – B. Pouderon, *Apologetica*. Encore sur l'authenticité du *"De resurrectione"* d'Athénagore: RevSR 67 (1993) 23-40; 68 (1994) 19-38.

3. 사르데스의 멜리토: 「과월절 설교」

리디아 지방에 자리한 도시 사르데스의 주교인 멜리토는 2세기 중엽 마르쿠스 아우렐리우스 황제에게 호교서를 헌정하였기 때문에 호교가에 속한다. 그러나 이 작품은 에우세비우스의 「교회사」(IV 26,1-14)에 열거된 그의 모든 작품과 마찬가지로 성서주석서 선집Katenen에 남아 있는 몇몇 단편마저 소실되었다. 물론 에우세비우스의 목록은 멜리토가 신학의 여러 주제에 관해 많은 작품을 저술한 저자라고 증언한다. 1940년 본너C. Bonner가 그때까지 몇몇 단편만 알려진 「과월절 설교」의 거의 완전한 본문을 새로 발견하여 출판함으로써 멜리토는 유명해졌다.

이전의 어떤 설교가 이러한 주목을 끌지 않았더라면(이른바 클레멘스의 둘째 편지에 이미 더 오래된 설교가 있다), 그 설교는 교회와 문헌의 발전에 관해 수백년 전부터 실질적이고 일반적으로 승인된 이론을 뒤엎지 못했을 것이다. 지금까지 남아 있는 본문을 바탕으로, 특히 루터 이후 개신교에서는 4세기 초 제국교회로 발전하고 제국교회를 선포하는 데 사용한 수사학이 교회를 몰락시켰다고 주장한다. 그러나 멜리토의 「과월절 설교」는 이미 2세기 소아시아 지방의 수사학의 뛰어난 본보기를 보여준다. 이 작품에 관한 활기찬 연구는 1960년대와 1970년대에 절정에 이르렀으며 오늘날까지도 이어지고 있다. 연구의 내용은 새로 발견된 본문에 근거하여 이전에 빠진 본문을 보완하는 것이었다. 아울러 확실한 비평본의 제작, 현대어로 번역, 주석 그리고 언어, 문체, 신학 전체에 대한 상세한 분석 및 이 작품에 영향받은 다른 부활절 설교와의 관계 등에 대한 연구가 이루어졌다.

이 설교와 후대의 부활절 논쟁에 관한 사료들에서 알 수 있듯이(에우세비우스, 「교회사」 V 24,2-6)[6] 멜리토의 소아시아 공동체는 사도 요한이 전한 전통에 따라 춘분 다음 첫 만월이 되는 날이 평일임에도 상관없이, 유다인처럼 니산달 14일에 부활절을 거행하였다. 따라서 이 공동체는 부활절 논쟁 이후 "14일파"라 불렸다. 이들은 그리스도교 부활절의 주요 내용인 그리스도의 수난, 죽음, 부활이 구약성서에 나오는 과월절(출애 12장)의 실현을 회상하기 때문에 니산달 14일이 더 적절하다고 주장하였다.

160~170년경에 행한 멜리토의 「과월절 설교」는 4부(105단락)로 이루어져 있으며, 각각 영광송으로 끝난다. 이 설교의 주제는 제목이 암시하듯이 예형론이다. 짧은 서론(1-10)에서는 옛 과월절과 새 과월절의 신비를 찬미하기 위하여 출애굽기 12장의 낭독을 언급한다. 제2부(11-45)에서는 본문의 의역, 사건의 극화, 예형론적 의미로 구약의 과월절을 해석한다. 이 해석에 따라서 제3부(46-65)에서는 그리스도의 파스카 희생의 이유와 준비(아담의 타락, 이에 따라 죄가 모든 인간에게 퍼짐, 이스라엘의 역사와 예언자의 글에 나오는 그리스도의 예형)를 설명한다. 마지막으로 내용이 방

---

⁶ 스미르나의 폴리카르푸스에 관해서는 제2장 2.3. 참조; 리용의 이레네우스에 관해서는 제3장 5.3.1. 참조.

대한 제4부(66-105)에서는 그리스도의 새로운 파스카, 곧 그리스도를 예형의 완성과 부활에서 그의 승리로 해석한다. 물론 멜리토는 그리스도를 죽인 것을 반유다적 비방(72-99)으로 장황하게 서술하며, 역설적으로 하느님의 선행 때문에 그리스도를 죽였다는 것과 이스라엘 사람들의 불법행위를 상세하게 묘사한다.

문체적으로 아시아 지방의 수사학적 표현양식이 눈에 띄게 반복되며, 설교 전체의 특징으로 나타난다. 이러한 수사학적 표현양식에는 이소콜라Isokola, 네 어구의 교차배열법Chiasmen, 대구법Antithesen, 호모이오텔레우타Homoioteleuta, 역설Paradoxa, 당착어법Oxymora(양립하는 말을 맞추어 수사적 효과를 내려는 어법), 두운법Alliterationen, 두어첩용Anapher(문장 시작 부분에서 단어의 반복) 등이 있다. 유다적·고전적 본보기에 따른 표현방식의 배열은 여러 번 시도되었으나 뚜렷한 성과를 거두지 못하였다. 이 작품은 수사학적으로 표현을 완벽하게 다듬은 찬가 형식의 성서주석 강해Homilie라고 할 수 있다.

이러한 축일 설교에서는 체계적인 신학을 기대할 수 없다. 그렇지만 주요 축일의 신비를 근거로 이미 상세히 연구된 신 개념, 창조론, 그리스도론, 구원사, 마리아론, 성서주석에 관한 개별 진술을 많이 인용한다.

참고문헌 목록: R.M. Mainka, Melito von Sardes. Eine bibliographische Übersicht: Clar. 5 (1965) 225-55. – H.R. Drobner, 15 Jahre Forschung zu Melito von Sardes (1965~1980). Eine kritische Bibliographie: VigChr 36 (1982) 313-33. – M. Frenschkowski: BBKL 5 (1993) 1219-23.

편집본: O. Perler = SC 123 (1966) (TeÜK). – J. Ibáñez/F. Mendoza Ruiz = BTeo 11 (1975) (TsÜK). – S.G. Hall = OECT (1979) (TeÜ).

번역서: J. Blank = Sophia 3 (1963) (ÜK).

참고문헌: 사전 항목: O. Perler: DSp 10 (1980) 979-90. – A. Hamman: EECh I 551. – S.G. Hall: TRE 22 (1992) 424-8.

연구서: B. Lohse, Das Passafest der Quartadezimaner = BFChTh II 54 (1953). – P. Nautin, Le dossier d'Hippolyte et de Méliton dans les florilèges dogmatiques et chez les historiens modernes = Patr. 1 (1953). – O. Perler, Ein Hymnus zur Ostervigil von Meliton? (Papyrus Bodmer XIII) = Par. 15 (1960). – W. Huber, Passa und Ostern. Untersuchungen zur Osterfeier der alten Kirche = BZNW 35 (1969). – I. Angerstorfer, Melito und das Judentum, Diss. Rb 1985. – F. Trisoglio, Dalla Pasqua ebraica a quella cristiana in Melitone di Sardi: Aug. 28 (1988) 151-85. – H. R. Drobner, Der Aufbau der Paschapredigt Melitos von Sardes: ThGl 80 (1990) 205-7. – A. Stewart-Sykes, The Lamb's High Feast. Melito, *Peri Pascha* and the Quartodeciman Paschal Liturgy at Sardis = SVigChr 42 (1998).

4. 순교 보고서

박해시대의 두번째 문학 장르로 그리스도교에 대한 박해를 직접 체험한 순교자들에 관한 작품이 2세기 중엽부터 생겨났다. 이 작품들은 세 부류, 곧 행전Acta, 순교록과 수난기Passiones/Martyria, 성인 전기로 구분된다. 행전에서는 보통 전집정관Proconsul 앞에서 이루어진 재판 절차에 관한 기록이 중요하다. 따라서 행전은 법원 서기의 기록에 의존하며 신문의 내용을 그대로 베낀다. 이 기록은 교회의 전승에만 남아 있기 때문에 후대의 그리스도교 편집자가 기록을 보완하거나 수정하였다는 사실을 배제할 수 없다. 이와 달리 순교록과 수난기에서는 그리스도교 저자가 종종 일정한 신학적 의미를 부언하면서 순교자들의 마지막 생애와 죽음을 서술한다. 성인 전기는 역사적 내용 외에 공상적인 경건한 이야기에 관한 많은 소재를 싣고 있다. 성인 전기는 성인전 문헌의 효시이지만 이 문헌은 4세기에 이르러 생겨났기 때문에 여기서 다루지 않는다.

순교자 행전은 보통 날짜 표기, 재판관과 피고인 이름, 고발 내용으로 시작한다. 그리스도교 저자는 서술되는 인물들을 "거룩한 순교자" 또는 "극악무도한 황제"로 묘사하며, 법률은 "불공정한" 것으로 표현한다. 전집정관은 피고인들의 신원 확인으로 신문을 시작하며, 피고인들은 신분 확인 때 이따금 그들의 이름이 아니라 그리스도인의 유일하고 참된 명칭인 "그리스도인/-임"Christianus/-a sum이라는 고백만을 진술한다. 재판의 절차를 보면, 재판관은 그리스도교에 관한 내용을 다루지 않고 그리스도인들의 진술로 범죄를 증명하려 하였다. 그는 단지 황제의 수호신에게 맹세할 것을 요구하거나, 황제를 위한 기원제물supplicatio을 바칠 것을 명하거나 예부터 전해오는 로마인들의 이성적인 종교로 돌아올 것을 권유하였다. 전집정관은 피고인들에게 그늘의 정순, 고령, 가성에서의 의무 등에 관하여 설명하고, 부, 명예, 관직 등을 약속하거나 고문 또는 죽음으로 위협하면서 그들을 회유하려고 노력하였다. 그러나 이 노력은 일반적으로 거의 성과를 거두지 못하였다. 오히려 순교자들이 그들 측에서 주도권을 잡아 그리스도교의 신앙을 설파하려 하였으며, 재판관과 청중에게 하느님께서 복수

하실 것이라고 위협하였다. 따라서 재판은 "그리스도인/ -임"이라는 신앙고백
과 이교인의 제의를 거부하는 결과로 끝나 사형이 선고되었다. 판결은 세 개의
작은 판자에 유죄, 사면, 미결정이라고 씌어진 선고판ex tabella으로 이루어진다.
곧, 판결은 준비되어 있었고 사전에 유죄로 결정되어 있었다.

순교록과 수난기는 행전에 들어 있는 내용을 바꾼다. 곧, 이 기록에서 그리
스도교 저자는 사건 전체(체포 상황, 감옥의 상황, 인물들의 특징, 고문과 그때 일어난 기적들)를
서술한다. 저자는 여기에 신학적·영적인 고찰을 덧붙이고, 성서를 인용하며,
무엇보다도 뒤에 순교할 신자들의 교화와 신심을 강화하기 위한 전승 의도를
명백히 나타낸다.

다음 서술은 순교자 보고서들의 문학 장르의 특성을 나타낸다. 곧, 2~3세기
의 다른 모든 작품이 문헌사적 연관성에 따라 여러 언어군과 저자들로 분류될
수 있는 반면, 순교자 보고서들은 언어와 저자가 전반적으로 일치하므로 함께
다루어야 한다.

빌라모비츠-묄렌도르프Ulrich von Wilamowitz-Moellendorff(1898년)가 이름 붙인 「이교
인 순교자 행전들」은 그리스도교 순교자 행전들과 동일시될 수 없고, 후자의
전형도 아니며 내용도 다르다. 이 행전들에서는 1~3세기의 22개 파피루스에
남아 있는, 알렉산드리아의 그리스 시민이 로마 통치에 대해 저항하는 선전서
가 중요하다. 선전서가 법정 기록의 양식을 취하고, 시민이 그들의 이상 때문
에 죽음을 무릅쓰고 국가 권력에 저항하였다고 보고하는 점에서는 그리스도교
의 순교자 행전들과 유사하다. 이 작품들이 그리스도교를 위해 지니는 다른 의
미는 테르툴리아누스(예: 「호교론」 50,5-9)가 비그리스도교 영웅들도 모범으로 삼을
만하다고 언급하였듯이, 기껏해야 그리스도인이 이들을 본보기로 삼아 영향받
았다는 점이다. 이와 달리 이미 유스티누스(「둘째 호교서」 10,8), 알렉산드리아의 클
레멘스(「양탄자」 IV 17,1-3), 요한 크리소스토무스(「성 바빌라」 7: PG 50, 543: SC 362, 136쪽
이하)는 그들이 신앙 때문에 죽은 순교자가 아니며, 죽음의 동기도 그리스도인과
완전히 다르다는 점을 명백히 제시한다. 이러한 문헌 유형을 중립적으로 「알렉
산드리아 사람들 행전」Acta Alexandrinorum으로 부른다.

편집본: ActaSS. – A. Schwerd, Lateinische Märtyrerakten. Ausgewählt und erläutert = HumC.L 1 (1960) (TK). – R. Knopf/G. Krüger/G. Ruhbach, Ausgewählte Martyrerakten = SQS NS 3 (⁴1965). – H.A. Musurillo, The Acts of the Pagan Martyrs. *Acta Alexandrinorum*, O 1954 (TK). – H. Musurillo, *Acta Alexandrinorum. De mortibus Alexandriae nobilium fragmenta papyracea Graeca* = BT (1961). – H. Musurillo, The Acts of the Christian Martyrs, O 1972 (TeÜ). – Th. Baumeister, Genese und Entfaltung der altkirchlichen Theologie des Martyriums = TC 8 (1991) (Textsammlung mit EdÜ).

번역서: G. Rauschen: BKV² 14 (1913) 289-369. – H. Rahner, Die Martyrerakten des zweiten Jahrhunderts, F ²1954. – A. Hamman, Das Heldentum der frühen Märtyrer, Aschaffenburg 1958. – O. Hagemeyer, Ich bin Christ. Frühchristliche Martyrerakten, Dü 1961 (ÜK). – K. Gamber, Zeugen des Herrn. Zeugnis der Martyrer der Frühkirche nach zeitgenössischen Gerichtsakten, Briefen und Berichten, Eins 1962.

참고문헌: 사전 항목/각론서 항목: H. Leclercq, Actes des Martyrs: DACL 1/1 (1907) 373-446. – H. Leclercq, Martyr: DACL 10/2 (1932) 2359-2512. – V. Saxer, Martyr – Martyrdom III. Acts, Passions, Legends: EECh I 533-5. – A. Wlosok: HLL 4 (1997) 419-21.

연구서: H. Delehaye, Les Passions des martyrs et les genres litt raires, Brü 1921. – G. Lanata, Gli atti dei martiri come documenti processuali, Mai 1973. – V. Saxer, Bible et hagiographie. Textes et thèmes bibliques dans les Actes des martyrs authentiques des premiers siècles, P 1985. – G.A. Bisbee, Pre-Decian Acts of Martyrs and Commentarii = HDR 22 (1988). – R. Cacitti, Grande Sabato. Il contesto pasquale quartodecimano nella formazione della teologia del martirio = SPMed 19 (1994). – Ch. Butterweck, "Martyriumssehnsucht" in der Alten Kirche? Studien zur Darstellung und Deutung frühchristlicher Martyrien = BHTh 87 (1995).

4.1. 행 전

4.1.1. 「유스티누스 행전」*Acta Iustini*

「부활절 연대기」에 따르면 유스티누스는 165년 로마에서 순교하였다(2.2. 참조). 「유스티누스 행전」에 따르면, 로마 시의 총독인 퀸투스 유니우스 루스티쿠스는 유스티누스와 그의 제자인 남자 다섯 명, 여자 한 명을 재판하였다. 남아 있는 세 편의 수정본 행전 가운데 가장 짧은 수정본(A)은 그리스도교의 편집자가 처음에 날짜와 이름을 기록하고 끝에서 처형에 관해 짧게 기록한 법정 기록의 전형을 제시하고 있어 최초의 행전으로 여겨진다. 여기서 로마의 반그리스도교적 법률은 불법*ἄνομος*으로, 피고인들은 성인聖人으로 묘사된다. 그리스도인을 대상으로 제신에게 제물을 바칠 것을 명한 특별법은 데치우스 황제 이전에는 알려지지 않았다. 따라서 수정본에서 이 법률을 언급한다는 것(뒷부분에 나오는 총독의 판결 논거에도 이를 언급함)은 뜻밖의 일이다.

　신문은 매우 간단하게 진행되었다. 총독은 피고인들에게 다음의 질문을 한다. 여러분은 어떻게 삽니까? 여러분은 무엇을 가르칩니까? 여러분은 어디에 모입니까? 당신은 그리스도인입니까? 그리스도인이 제신에게 제물을 바치라는 황제의 법률을 따르지 않을 경우, 총독은 태형이나 참수형으로 위협하면서 피고인들에게 내리는 형벌을 정당화하기 위하여 부활을 실제로 믿는지 묻는다. 그들이 이를 시인하면 사형을 선고하였다.

　피고인들의 답변과 질문은 간단한 신문 뒤에 숨어 있는 양측의 생각을 드러낸다. 따라서 유스티누스는 그리스도인의 생활방식에 관한 질문에 "저희는 죄를 짓지 않고 삽니다" 하고 대답한다. 이 답변 뒤에는 대중이 그리스도인을 죄를 짓는 집단으로 비난하고 있음을 알 수 있다. 가르침에 관한 질문에 유스티누스는 (그의 생애에서도 나타나듯이) 자신이 모든 철학을 알았지만, 마침내 그리스도교에서 참다운 진리를 확신하게 되었다고 대답하였다. 이와 함께 그는 총독에게 자신을 뛰어난 교양인이 아닌 것처럼 소개하며, 그리스도교는 사람들이 다른 모든 철학을 시험하고 나서 그것들을 거부한 뒤에 얻을 수 있는 유일하고 참된 철학이라고 설명하였다. 총독은 이와 관련된 그리스도교 신앙의 특징(세상의 창조자인 하느님, 하느님의 아들인 그리스도, 세상의 구원자와 선한 사람들의 스승인 그리스도와 그를 선포한 예언자들)에 대한 설명을 듣지 않고 곧바로 그리스도인이 모이는 장소에 관하여 물었다. 따라서 그리스도교에 관한 실질적인 토론은 이루어지지 않았으며, 총독은 그들이 범죄자라는 사실만을 증명하려 하였다. 그리스도인의 범죄 행위가 생활방식에서 증명되지 않으면, 명백히 모반죄라 할 수 있는 몰래 만나는 장소를 묻는다. 유스티누스는 이 질문에 다음과 같이 대답한다. "이 모임은 항상 공개적이며 모든 사람에게 알려졌고, 모든 사람이 올 수 있습니다." 이에 총독은 마지막으로 "당신은 그리스도인입니까" 하고 물었다.

　이로써 총독과 유스티누스 사이에 질문과 답변이 끝난 뒤, 총독은 계속해서 다른 피고인들에게 같은 질문을 되풀이하였다. 물론 총독은 유스티누스가 그들을 그리스도교로 개종시켰느냐(잘못 인도하였는가)고 질문하였다. 이와 같은 질문으로 그는 다른 피고인들에게 배교의 가능성과 그들의 일부만이라도 미신superstitio을 멀리할 수 있는 기회를 열어놓았다. 신문이 효과를 거두지 못하면, 총독은 각 피고인에게 "당신은 그리스도인입니까" 하고 묻고서 사형선고로 신문을 끝냈다. 그러나 판결은 그리스도인이라는 고백nomen Christianum이 아니라 법률에 따라 황제에게 제물을 바치지 않았다는 사실로 이루어졌다. 따라서 개종한 그리스도인이 제물을 바치지 않는다는 암묵적 가정 아래에서 구체적인 법률을 증거로 끌어냈다. 물론 알려진 사료에 따르면 그러한 법률이 있었는지, 또는 다른 범죄행위가 증명되지 않았을 경우 오직 그리스도인이라는 고백 때문에 사형에 처하는 것을 합법화하였는지는 불확실하다.

행전의 수정본 B는 본문에 대한 설명을 부연하여 내용을 확대한다. 법률은 명백히 황제에 대한 제물 규정이었으며, 총독은 그리스도인에게 이 규정을 이행할 것을 명령하였다. 유스티누스는 만남의 장소에 관한 질문에 하느님께서는 어디서나 항상 존재하신다는 말로 답변을 회피하였다. 수정본 C는 문학적으로 일치된 작품만으로 행전을 구성하였다. 황제와 총독은 악하고 불경스러운 인물로 특징지어지며, 순교자들의 의지를 꺾기 위한 잔인한 태형이 상세히 묘사되었다. 이 수정본에서는 정확한 사망 일자(6월 1일)와 순교자들의 영예로운 매장을 보고하며 그들에게 바치는 마침기도가 실려 있다. 지금까지는 수정본 B와 C가 A를 따른다는 의견이 정설이었으나, 최근 비스비G. A. Bisbee는 A와 B가 아마도 같은 원전에서 유래했을 것이라는 지금까지 다루지 않은 논제를 제시하였다.

1.과 4.의 서술 참조.

편집본: Rauschen 113-9. – Knopf/Krüger/Ruhbach 15-8. – Musurillo 42-61.

번역서: Rauschen 309-12. – Rahner 49-54. – Hamman 34-7. – Gamber 85-7. – 영어 번역서: A.C. Coxe: ANFa 1 (1885 = 1995) 303-6.

참고문헌: G. Lazzati, Gli atti di S. Giustino martire: Aevum 27 (1953) 473-97. – R. Freudenherger, Die Acta Justini als historisches Dokument: K. Beyschlag/G. Maron/E. Wölfl (eds.), *Humanitas – Christianitas* (FS W. von Loewenich), Witten 1968, 24-31. – G.A. Bisbee, The Acts of Justin Martyr: A Form-Critical Study: SecCen 3 (1983) 129-57.

4.1.2. 「쉴리움의 순교자들 행전」

「쉴리움의 순교자들 행전」은 고대교회의 남아 있는 라틴어 문서 가운데 가장
오래된 작품이다. 이 행전은 라틴어 성서 번역을 처음으로 언급하기 때문에,
성서 번역이 행전보다 앞서 이루어졌음을 알 수 있다. 따라서 우리가 알고 있
는 한 이 성서 번역은 틀림없이 가장 오래된 라틴-그리스도교 문헌이다(제4장 2.
참조). 쉴리움이 어디였는지는 아직도 확인되지 않았지만 북아프리카의 어느 장
소로 국한할 수 있다. 이와 달리 순교록의 연도는 행전의 도입 문장("프레센스가 두
번째로, 클라우디아누스가 8월 초하루 전 16일에 집정관이었을 때")을 바탕으로 180년 7월 17일로
정확히 산정할 수 있다.

　행전에서는 17단락으로 이루어진 짧고 믿을 만한 법정 기록이 중요하다. 이
기록은 양식이 개작된 것이 확실하지만 전집정관의 원본 기록과 다를 바 없다.
열여섯번째 단락에 따르면 일곱 명의 남자와 다섯 명의 여자가 재판을 받았다.
그들 가운데 스페라투스와 사투르니누스라는 두 사람만 대변인 역할을 하며,
여섯 사람은 신문에서 아무런 답변도 하지 않았다. 바로 이 여섯 사람의 이름
이 처음에 언급되지 않기 때문에(1) 그들의 이름이 나중에 첨가되었는지에 대해
서는 여러 가지 주장이 있으나 아직까지도 해결되지 않았다.

　행전은 조서 형식과 같이 날짜, 재판관의 이름, 피고인들의 이름, 심리 소재
에 대한 진술로 시작한다. 조서 형식대로 전집정관과 두 대변인 사이에 대화가
서서히 전개된다. 대화는 그들의 사고방식과 표현방법을 예로 들면서 소송의
근본 이유도 밝힌다. 전집정관은 그리스도교를 정신이상dementia과 사악한 신념
mala persuasio으로 여기지만 짐작건대 무신론으로 생각한 것 같지는 않다. 로마인
의 종교가 황제의 수호신에게 맹세할 것과 그에게 기원제물을 바칠 것을 규정
하였을지라도, 피고인들이 불법행위를 하지 않았고 황제의 건강을 위해 기도하
였다고 증언하였기 때문에, 전집정관은 이러한 증언을 종교적religiosus인 것으로
받아들였던 것이다. 전집정관과 대변인들의 진술에 대한 서로 다른 이해는
mysterium simplicitatis(= 황제에게 바치는 제물/그리스도교), imperium(= 황제의 제국/하
늘나라), mala persuasio(= 그리스도교/살인과 거짓 맹세), 황제에게 "존경"honor과 "경외"

timor/황제에게 honor, 하느님께만 timor와 같은 개념에서 이어진다. 전집정관의 유일한 목표가 그리스도인들을 배교시키고 그들을 "미몽에서 깨어나도록"ad bonam mentem redire 하는 것임이 신문을 통해 전형적으로 나타난다. 그러나 그는 피고인들과 실제로 논쟁을 벌이지는 않았다. 결국 신문은 그리스도인들의 신앙고백(Christianus/-a sum)으로 끝난다. 유예 기간 없이, 선고판에 적힌 참수형이라는 판결이 났다. 이에 대해 유죄선고를 받은 사람들은 하느님께 감사하였다. 이후 (17) 행전의 그리스도교측 편집자는 처형 집행을 덧붙였다. "그리고 그들은 그리스도의 이름을 위하여 곧바로 참수되었습니다. 아멘."

1.과 4.의 서술 참조.

편집본: Rauschen 120-2. – F. Corsaro, Note sugli "*Acta martyrum Scillitanorum*": NDid 6 (1956) 5-51 (glTK). – Knopf/Krüger/Ruhbach 28-9. – Musurillo 86-9.

번역서: Rauschen 317-9. – Rahner 77-79. – Hamman 56-8. – Hagemeyer 73-80. – Gamber 111-2. – 영어 번역서: A. Rutherfurd: ANFa 10 (1887 = 1995) 281-5.

참고문헌: 사전 항목/각론서 항목: H. Leclercq: DACL 15/1 (1950) 1014-21. – V. Saxer: EECh II 762. – A. Wlosok: HLL 4 (1997) 422 f.

연구서: H. Karpp, Die Zahl der Scilitanischen Märtyrer: VigChr 15 (1961) 165-72. – H. A. Gärtner, Die *Acta Scillitanorum* in literarischer Interpretation: WSt 102 (1989) 149-67.

4.1.3. 「치프리아누스 행전」*Acta Cypriani*

카르타고의 주교 치프리아누스의 소송에 관한 행전은 두 개의 다른 신문과 판결을 전하는 두 부분으로 되어 있다. 발레리아누스 황제는 257년 8월 칙령에서 그리스도교의 모든 집회, 더구나 공동묘지에서 여는 모임까지도 금지하였으며, 그리스도인들의 화합을 깨뜨리고 교인들에 대한 지도력을 약화시키기 위하여 주교들에게 추방령을 내렸다. 제1단락(1)에서는 257년 8월 30일 카르타고의 전집정관 아스파시우스 파테르누스가 치프리아누스에게 신문한 내용을 싣고 있다. 편집자가 행전의 첫 부분을 수정한 것 같지는 않다. 다른 행전과 마찬가지로 첫 부분은 날짜, 인물, 심리의 소재들로 시작된다. 이후 전집정관은 치프리아누스에게 그리스도교를 계속 믿을 것인지 묻고, "그리스도인"이라는 치프리아누스의 답변에 그를 키레나이카 지방 쪽으로 북아프리카 해안가에 있는 도시쿠루비스로 추방하라고 판결한다. 물론 이전에 치프리아누스에게 장로들의 이름을 대라고 하였지만, 그는 당연히 이를 거절하였다.

발레리아누스가 258년 7월 두번째로 공포한 칙령은 한층 더 강화되어 주교, 사제, 부제들을 곧바로 처형하도록 결정하자, 카르타고에 새로 임명된 전집정관 갈레리우스 막시무스는 치프리아누스에게 추방지에서 돌아오도록 명령하였다. 신문은 258년 9월 14일 전집정관이 요양하기 위해 머물던 영지에서 열렸다. 행전의 두번째 부분은 편집자의 종합적인 내용이 삽입되며, 맨 먼저 추방지에서 데려오는 과정(2.1-3.2)을 묘사한다. 신문은 일반적인 경우와 같이 피고인의 신분 확인으로 시작한다. 그러고 나서 전집정관은 치프리아누스에게 황제의 법률 제정에 따라 제신에게 제물을 바칠 것을 명령하였지만, 치프리아누스는 이를 거부하였다. 전집정관은 다시 한번 제물을 바칠 것을 요구하였으나 치프리아누스가 다시 이를 거부하자 판결이 선고되었다. 신 모독Sakrileg, 범죄자들과의 음모, 로마 제신의 적, 따라서 참수에 해당하는 "극악무도한 범죄"nequissimum crimen(3.3-4)라는 판결의 논증은 시사하는 바가 크다. 편집자는 치프리아누스의 순교를 보고하면서 행전을 끝낸다.

1.과 4.의 서술 참조.
편집본: G. Hartel: CSEL 3/3 (1871) CX-CXIV. – Knopf/Krüger/Ruhbach 62-4. – Musurillo 168-75.

번역서: Rauschen 366-9. – Hamman 115-8. – 영어 번역서: E. Wallis: ANFa 5 (1885 = 1995) 267-74.

참고문헌: 사전 항목/각론서 항목: V. Saxer: EECh I 212. – A. Wlosok: HLL 4 (1997) 426 f.

연구서: R. Reitzenstein, Die Nachrichten über den Tod Cyprians. Ein philologischer Beitrag zur Geschichte der Märtyrerliteratur = SHAW.PH 1913/14. – P. Corssen, Das Martyrium des Bischofs Cyprian: ZNW 15 (1914) 221-33, 285-316; 16 (1915) 54-92, 198-230; 17 (1916) 189-206; 18 (1917/18) 118-39, 202-23, 249-72. – J. Martin, Die *Vita et Passio Cypriani*: HJ 39 (1918/19) 674-712. – R. Reitzenstein, Bemerkungen zur Märtyrerliteratur. II. Nachträge zu den Akten Cyprians = NGWG.PH 1919/2, 177-219. – H. Montgomery, Saint Cyprian's Postponed Martyrdom. A Study of Motives: SO 63 (1988) 123-32. – W. Wischmeyer, Der Bischof im Prozeß: Cyprian als *episcopus, patronus, advocatus* und *martyr* vor dem Prokonsul: A.A.R. Bastiaensen/A. Hilhorst/C.H. Knepkens (eds.), *Fructus centesimus* (FS G.J.M. Bartelink) = IP 23 (1989) 363-71. – W. Wischmeyer, *Cyprianus episcopus* 2. Der 2. Teil der *Acta Cypriani*: G.J.M. Bartelink (ed.), *Eulogia* (FS A.A.R. Bastiaensen) = IP 24 (1991) 407-19. – Ch. Bobertz, An Analysis of *Vita Cypriani* 3.6-10 and the Attribution of *Ad Quirinum* to Cyprian of Garthage: VigChr 46 (1992) 112-28.

4.2. 순교록과 수난기

4.2.1. 「폴리카르푸스 순교록」*Martyrium Polycarpi*

스미르나의 주교 폴리카르푸스의 사망 연도는 순교록에서도 결정적인 단서를 제시하지 않는다(제2장 2.3. 참조). 순교록은 스미르나의 공동체가 필로멜리움의 공동체와 다른 모든 그리스도교 교회에 보내는 글과 인사말로 시작한다. 그 다음 서술에 관한 신학적 의도와 방법을 소개한다(1). 곧, 「폴리카르푸스 순교록」은 다른 사람들이 그리스도를 본받을 것을 격려하기 위하여 폴리카르푸스가 복음에 따라 그리스도를 따르고 있음을 보여준다. 이어 배교시키기 위해 행해진 온갖 고문, 위협, 설득, 약속을 의연히 견디어낸 순교자들에 대한 찬미(2-3)와 박해에서 배교한 사람들을 경고하는 내용(4)이 뒤따른다.

이러한 배경에서 「폴리카르푸스 순교록」은 실제로 상당한 영향을 미쳤다. 폴리카르푸스는 공동체의 권유에 따라 도시 밖의 농가로 피신하였으며, 그에 대한 수색이 계속되자 은신처를 다시 옮겼다. 그러나 어떤 노예가 고문에 못이겨 그가 머무르는 곳을 누설함으로써 추적자들이 그를 체포하려고 몰려왔다. 이때 그는 친절한 주인처럼 그들을 맞이하였으며 그들을 대접하고 두 시간 동안 물러나 기도하였다. 치안관은 경기장으로 가는 길에 배교하도록 설득하였으나 끝내 뜻을 이루지 못하였다(5-8).

경기장에 들어설 때 하늘에서 소리가 울리며 폴리카르푸스를 격려하였으며, 소송은 일반적인 신문처럼 시작되었다. 전집정관은 그의 이름을 묻고 나서 보통 하듯이 그를 배교시키려 하였으며, 마침내 황제의 수호신에게 맹세할 것을 명령하였다(9). 폴리카르푸스는 오히려 전집정관에게 그리스도교 신앙을 가르치려 하였고, 자신이 "그리스도인"이라고 고백(10)하였다. 고문, 숙음, 그밖의 위협적인 수단도 폴리카르푸스를 배교시킬 수 없었다. 오히려 그는 고발자들을 영원한 지옥불로 위협하였다(11). 그 다음에 이교인과 유다인은 화형을 위한 장작더미를 준비하였다. 불이 그의 몸을 태우지 못하자 전집정관은 사형집행인에게 단도로 그를 찔러 죽이게 하였다(12-16). 그의 시신은 유다인의 부추김으로 화장되었으나, 그리스도인들이 유골을 모아 경건하게 매장하였다(17-18). 편지의 결론은 순교자를 찬미하고 그의 본보기를 따를 것을(imitatio, 19-20) 권유하면서 끝난다.

콘젤만H. Conzelmann은 결론에 이어지는 연도에 관한 진술과 기도(21-22)를, 캄펜하우젠Campenhausen이 이름 붙인 이른바 "복음서-편집자"의 글로 돌리고 있다. 여기서는 먼저 열두 순교자에 관한 보고를 전하는데 폴리카르푸스의 순교가 정점을 이룬다. 편집자는 폴리카르푸스에 초점을 맞추어 그의 신학사상, 곧 복음에 따라 그리스도를 본받음을 중심으로 작품을 구성한다. 이와 달리 부쉬만G. Buschmann과 의견을 같이하는 데한트슈터B. Dehandschutter는 본문 전체의 편집적 일치를 주장한다. 이 경우에는 21장이 비교적 이른 시기에 첨가되었다는 것이 문제가 된다.

폴리카르푸스의 태도와 순교 당시 일어난 놀라운 사건들 및 순교 과정의 신학적·영적 의미에서 순교자 보고의 전형적 요소들을 알 수 있다. 그러나 두드러진 반유다적 기술은 「가피오니우스 순교록」에서만 나타나듯이 예외적인 것으로 보아야 한다.

1.과 4.의 서술 참조.

편집본: Knopf/Krüger/Ruhbach 1-8. – Musurillo 2-21. – A. Lindemann/H. Paulsen, Die Apostolischen Väter. Griechisch-deutsche Parallelausgabe, Tü 1992, 258-85 (TdÜ).

번역서: Rauschen 297-308. – Rahner 23-27. – Hamman 22-31. – 영어 번역서: A.C. Coxe: ANFa 1 (1885 = 1995) 37-44. – F.X. Glimm: FaCh 1 (1947) 145-63. – J.A. Kleist: ACW 6 (1948) 83-102, 197-204. – M. Staniforth, Lo 1968, 151-67.

주석서: G. Buschmann = KAV 6 (1998) (dÜK).

참고문헌: H. von Campenhausen, Bearbeitungen und Interpolationen des Polykarpmartyriums: SHAW 1957/3. – H. Conzelmann, Bemerkungen zum Martyrium Polykarps: NAWG.PH 1978/2. – B. Dehandschutter, *Martyrium Polycarpi*. Een literar-kritische studie = BEThL 52 (1979). – P. Brind' Amour, La date du martyre de saint Polycarpe (le 23 février 167): AnBoll 98 (1980) 456-62. – S. Ronchey, Indagine sul martirio di San Policarpo. Critica storica e fortuna agiografica di un caso giudiziario in Asia Minore, R 1990. – G. Buschmann, *Martyrium Polycarpi* – Eine formkritische Studie. Ein Beitrag zur Frage nach der Entstehung der Gattung Märtyrerakte = BZNW 70 (1994).

4.2.2. 「비엔과 리용 공동체의 편지」

폴리카르푸스가 순교한 지 10년 뒤 비엔과 루그두눔(오늘날: 리용)의 갈리아 공동체에 박해가 일어났다. 이 사실은 공동체들이 "아시아와 프리기아의 형제들"에게 보낸 편지에서 알 수 있으며, 이들의 편지는 에우세비우스의 「교회사」(V 1,3-2,8)에 남아 있다. 공동체의 구성원 대다수가 분명히 소아시아 출신이었기 때문에, 편지는 아마도 그들의 모공동체에 보내진 것 같다.

편지는 수신인(1,3)에 관한 통례적인 내용으로 시작되며, 그 다음 박해에 앞서 일어난 그리스도교 공동체에 대한 일반적인 집회금지를 보고한다(1,4-5). 오뎅Audin에 따르면, 177년 4월 초에서 8월 3일까지 일어난 순교에 관한 서술은 순교를 악마에 대항하는 투쟁으로 해석한다(1,6). 그러고 나서 난폭한 군중들의 괴롭힘, 고위 관리가 광장에서 행한 신문, 순교자의 고백, 고문 기구로 위협하는 내용이 뒤따른다(1,7-10). 그 다음 피고인들은 소송을 담당한 최고 재판관이 도착할 때까지 감옥에 갇혔다. 고발 내용은 무신론과 제신을 숭배하지 않은 것이었다(ἄθεος, ἀσεβής). 몇몇 사람은 배교하였으며, 더러는 그리스도교를 믿는 주인의 이교인 노예였다고 증언하였으며, 게다가 그리스도인에 대한 대중적인 중상(근친상간과 인육식사)을 거짓 증언하였다. 이 중상에 관해 편집자는 요한복음 16장 2절("그대들을 죽이는 자들이 … 하느님을 섬긴다고 생각할 때가 옵니다")을 인용하면서 주석한다(1,11-15).

1,16-63 단락은 네 명의 주요 인물, 곧 비엔의 부제 상투스, 갓 세례받은 마투르스, 아탈루스, 블란디나와 이름은 모르지만 순교의 고난을 함께한 사람의 순교에 관하여 설명한다. 모든 사람이 신앙을 고백하였으며, 이때문에 배교하거나 범행을 시인하도록 며칠 동안 잔혹한 고문을 받았다. 많은 사람이 이러한 고문을 받은 뒤 감옥에서 죽었으며, 그들 가운데에는 90세가 넘은 리용의 주교 포티누스도 있었다. 그러나 고문으로 생긴 사람들의 상처는 불가사의하게 치유되었다. 배교자들은 순교자들의 확고부동한 증언에 영향을 받고, 그들이 배교하였지만 자신들에게 더 나쁜 일이 일어나지 않자 다시 개종하였다. 그들은 그리스도인에게 일반적으로 부과된 벌을 받아야 했기 때문이었다. 편집자는 순교

의 의미와 가치를 성서에 기반을 두고 신학적으로 성찰함으로써 이 모든 과정을 묵시적으로 예언된 동물의 박해로 해석하였다. 마지막으로 그들은 참수형이 선고되자마자 처형되었다. 그러나 순교자들의 시신은 온전히 남아 있지 않았다. 박해자들은 시신들을 매장하지 않고 개에게 먹이로 주었으며, 남은 시신은 그리스도인의 부활에 대한 희망을 없애려고 화장하여 론 강에 재를 뿌렸다.

편지는 박해가 끝난 뒤의 상황을 간략히 서술하면서 끝난다(2,1-8). "순교자"는 그리스도와 순교한 사람들에게만 해당하는 경칭이었기 때문에, 박해에서 살아남은 사람들은 "순교자"라는 명칭을 단호히 거부하고, 단지 "고백자들"con-fessores(ὁμόλογοι)[7]로 불리기 원하였다. 이때문에 두 개념은 이후 일반적으로 구분되어 사용되었다. 고백자들은 믿음이 약한 사람들을 동정하고 그들을 위하여 기도하였다. 이러한 선례는 뒤에 일어난 박해, 특히 250/51년 데치우스 황제가 일으킨 박해 때 중요한 의미를 지닌다. 곧, 고백자들의 수난은 동시에 다른 사람들의 배교를 대신 속죄하는 의미를 지니게 된다. 바로 이러한 의미는 데치우스 황제가 일으킨 박해 당시의 어려운 상황에서 그리스도인의 신심을 강하게 하기 위해 편지를 전체적으로 개작하였음을 시사한다.

1.과 4.의 서술 참조.

편집본: M.J. Routh, *Reliquiae Sacrae I*, Oxford ²1846, 285-371 (TK). – Knopf/Krüger/Ruhbach 18-28. – Musurillo 60-85.

번역서: Rahner 55-76. – Hamman 43-55. – Hagemeyer 47-72. – Gamber 197-207.

참고문헌: 사전 항목: P. Nautin, Letter of the Church of Lyons and Vienne: EECh I 483-4. – V. Saxer, Lyons: EECh I 512-3. – Ch. Pietri, Vienne: EECh II 869.

연구서: A. Chagny, Les martyrs de Lyon de 177, Lyon 1936. – E. Griffe, La Gaule chrétienne à l'époque romaine, I: Des origines chrétiennes à la fin du IVe siècle, P ²1964. – J. Colin, L'Empire des Antonins et les martyrs gaulois de 177 = Ant. I 10 (1964). – A. Audin, Les martyrs de 177: CH 11 (1966) 343-67. – Les martyrs de Lyon (177). Colloque international du CNRS No. 575, Lyon 20-23 septembre 1977, P 1978. – Ch. Saumagne/M. Meslin, De la légalité du Procès de Lyon de l'année 177: ANRW II 23.1 (1979) 316-39. – W.A. Löhr, Der Brief der Gemeinden von Lyon und Vienne [Eusebius, h. e. V, 1-2(4)]: D. Papandreou u.a. (eds.), *Oecumenica et Patristica* (FS W. Schneemelcher), St – B – K 1989, 135-49.

---

[7] "고백자"라는 명칭은 가톨릭 교회에서 사용하는 "증거자"와 같은 용어이다 — 역자 주.

4.2.3. 「페르페투아와 펠리치타스 수난기」

「페르페투아와 펠리치타스 수난기」는 순교에 관한 가장 감동적이고, 이후 수백 년 동안 순교 보고서의 전형이 된 작품이다. 이 기록은 형식에서 후대의 모든 순교 보고서의 원형이 되고, 널리 퍼져 이 두 명의 성인을 공경하는 토대가 되었으며, 그들의 이름은 오늘날까지 로마의 성찬기도에 실려 있다. 수난기는 북아프리카의 도시 투부르보의 상류 가정 출신인 비비아 페르페투아라는 스물두 살의 젊은 부인, 젊고 만삭滿朔인 여자 노예이자 세례지원자[8]인 펠리치타스, 또 다른 세례지원자인 남자 노예 레보카투스, 사투루스와 세쿤둘루스라는 두 남자의 순교에 관하여 보고한다. 수난기(7)에 따르면 이들은 in natali Getae Caesaris에 순교하였다. 일반적인 견해에 따르면 이 날은 황제가 즉위한 날이 아니라 태어난 날이다. 학자들은 전통적으로 그가 태어난 해를 203년으로 추측한다.

　「페르페투아와 펠리치타스 수난기」는 21단락으로 이루어져 있다. 수난기는 페르페투아와 사투루스의 말 및 요한의 묵시록과 「헤르마스의 목자」를 강하게 상기시키는 묵시록적 요소들과 순교자 보고를 결합하기 때문에 문학적으로 독특한 작품이다. 편집자는 먼저 순교에 관한 숙고로 서문을 시작한다(1). 이러한 숙고는 몬타누스주의와 유사한 용어를 사용하기 때문에 저자를 테르툴리아누스로 추측하기도 하였다. 이전의 순교자들이 보여준 본보기는 전적으로 하느님의 은총에 대한 확증과 신자들의 교화를 위한 의미를 지녔지만 여기서는 성령의 새로운 활동, 새 예언, 환시를 더 중요한 것으로 여긴다("새 예언"은 몬타누스주의를 가리키는 명칭이다. 5.2.3. 참조). 다음으로 순교자들의 이름과 가족 상황이 사실적으로 기술되고(2), 첫번째 주요부(3-10)에서는 페르페투아의 자전적 보고가 1인칭 형식으로 이어진다.

---

[8] 고대교회에서 세례교육은 두 과정으로 이루어졌기 때문에, 이 작품에서는 세례지원자와 세례청원자라는 용어를 구분한다. "세례지원자"는 세례를 받기 위하여 입교 심사를 거친 뒤 대략 2-3년 동안 교육을 받았다. 오늘날의 예비자에 해당하는 "세례청원자"는 세례를 받기 몇 개월 전에 교회에 공식으로 등록되어 세례교육을 받았다. 고대교회의 세례는 대부분 성인(成人)세례였기 때문에 아우구스티누스처럼 어렸을 때 부모가 세례지원자로 등록할 수도 있다 — 역자 주.

페르페투아의 아버지가 그녀를 배교시키려고 세 차례나 설득하였지만 뜻을 이루지 못한 일, 광장에서 행한 신문, 그리스도인이라는 그녀의 고백, 야수형 (ad bestias) 선고가 이 부분의 뼈대를 이룬다. 한편 페르페투아가 감옥에서 체험한 세 가지 환시는 매우 독특하고 주목할 만하다. ① 한 마리의 용이 야곱의 사다리 밑에서 사다리로 올라가려는 모든 사람을 위협한다. 그러나 사투루스 다음으로 페르페투아는 겁먹지 않고 용의 머리를 사다리의 첫 발판으로 삼아 딛고 올라가 낙원에 들어갔다. 그곳에서 그녀는 달콤한 우유(세례 전례의 우유와 물)를 건네주는 목자〔그리스도/천사 (「헤르마스의 목자」, 제1장 5.2. 참조)〕의 영접을 받는다. 환시는 그녀가 사투루스 다음에 고통을 받고 순교를 견디어내는 것으로 끝난다. ② 페르페투아의 남동생인 디노크라테스는 일곱 살 때 얼굴에 암이 생겨 죽었다. 페르페투아는 고통스럽게 죽은 동생을 보고 날마다 그를 위해 기도하여 마침내 동생은 치유되고 구원받았다. ③ 순교하기 전날 그녀는 원형경기장에서 자신이 악마와 싸워 승리하는 환시를 보았다. 이는 그녀에게 순교로 얻은 승리의 표징으로 생각되었다. 11-13번째 단락은 페르페투아의 환시와 비슷한 사투루스의 하늘 환시를 싣는다. 이 환시에서 그는 이전에 사망한 순교자들을 만났다고 한다. 환시에 관한 보고는 14번째 단락에서 끝난다.

편집자는 15-21번째 단락에서 페르페투아의 지시에 따라 성인들의 순교 보고를 끝낸다. 펠리치타스는 순교하기 위하여 아기를 빨리 낳을 수 있게 해달라고 기도하여 8개월째에 조산하였다. 그녀는 순교의 위협을 받고 채찍질을 당하고 야수형을 받았지만, 동물들이 그녀를 해치지 않자 결국 참수당하였다. 사투루스는 모든 동물이 그를 두려워하여 물러서자 표범을 자극하여 자신을 물어뜯게 하였다. 그는 죽어가면서 자신의 피에 반지를 담근 뒤, 어떤 군인에게 자신의 죽음을 기억하라고 말하며 반지를 건네주었다. 19세기에 니콜라스 비제만 추기경은 여러 언어로 번역된 대중소설 「파비올라 또는 카타콤바의 교회」에서 사투루스를 작품의 주인공 판크라티우스의 본보기로 삼았다. 이 순교 보고서는 사투루스를 디오클레티아누스의 박해 때 로마에서 순교한 판크라티우스와 혼동한 것이다. 이때문에 이후부터 성화에서는 표범이 판크라티우스의 발치에 함께 있는 것으로 묘사된다.

1.과 4.의 서술 참조.

편집본: J. A. Robinson, The Passion of S. Perpetua, together with an appendix containing the original Latin text of the Scillitan Martyrdom = TaS 1/2 (1891) [glTK]. – P. Franchi de' Cavalieri = RQ.S 5 (1896) [= Scritti agiografici I: StT 221 (1962) 41-155] (glT, *Index verborum*). – C.I.M. I. van Beek, *Passio Sanctarum Perpetuae et Felicitatis*, vol. 1, N 1936 (glT, *Index verborum*). – Knopf/Krüger/Ruhbach 35-44. – Musurillo 106-31. – J. Amat = SC 417 (1996) (T/Tr.f/Com).

번역서: Rauschen 328-44. – O. Hagemeyer, Klosterneuburg 1938 (ÜK). – Hamman 66-80. – Hagemeyer 81-110.

참고문헌: 사전 항목/각론서 항목: E. Romero Pose: EECh II 670-1. – A. Wlosok: HLL 4 (1997) 423-6.

연구서: A.R. Salonius, *Passio S. Perpetuae*. Kritische Bemerkungen mit besonderer Berück-sichtigung der griechisch-lateinischen Überlieferung des Textes, Helsingfors 1921. – E. Corsini, Proposte per una lettura della "*Passio Perpetuae*": *Forma Futuri* (FS M. Pellegrino), Turin 1975, 481-541. – R. Braun, Nouvelles observations linguistiques sur le rédacteur de la *Passio Perpetuae*: VigChr 33 (1979) 105-77. – L.F. Pizzolato, Note alla *Passio Perpetuae et Felicitatis*: VigChr 34 (1980) 105-19. – M.A. Rossi, The Passion of St. Perpetua: Everywoman of Late Antiquity: R.C. Smith/J. Lounibos (eds.), Pagan and Christian Anxiety: A Response to E.R. Dodds, Lanham 1984, 53-86. – A. Pettersen, Perpetua, Prisoner of Conscience: VigChr 41 (1987) 139-53. – J. Amat, L'authenticité des songes de la Passion de Perpétue et de Félicit : Aug. 29 (1989) 177-91. – J.W. Halporn, Literary History and Generic Expectations in the *Passio* and *Acta Perpetuae*: VigChr 45 (1991) 223-41. – P. Habermehl, Perpetua und der Ägypter oder Bilder des Bösen im frühen afrikanischen Christentum. Ein Versuch zur *Passio sanctarum Perpetuae et Felicitatis* = TU 140 (1992). – B.D. Shaw, The Passion of Perpetua: PaP 139 (1993) 3-45. – J.E. Salisbury, Perpetua's Passion. The Death and Memory of a Young Roman Woman, NY-Lo 1997.

5. 이단 문헌과 반이단 문헌

5.1. 서론: 고대교회의 정통신앙과 이단

후대의 정통신앙 관점에서 보면, 이단(αἵρεσις(= 선택, 선발)은 신앙의 진리를 단지 선택적으로 승인하거나, 편파적으로 또는 무분별하게 이론을 전개하여 발생한다. 이단은 신앙에 관한 새로운 신학적 명제Theologumena가 발전하면서 점진적으로 일어나기도 하며, 지속적으로 발전된 견해들 가운데 해묵은 것을 완고하게 지킴으로써 역행적으로 일어나기도 한다. 이단의 역사적 발전을 보면 이단은 확실히 정통신학처럼, 곧 전승된 신앙의 자산을 될 수 있는 대로 정확하고 완전하게 해명하고 해석하려는 노력으로 신앙을 더 명백하고 포괄적으로 이해하고, 삶에서 그리스도를 더 충실히 따르려는 목표에서 일어났다. 결국 이단은 근본적인 신앙의 교의를 위태롭게 하거나, 교회에 받아들여지지 않거나, 이러한 결과를 초래한다는 점에서 정통신앙과 본질적으로 구별된다.

이단을 정통신앙과 분리하는 기준뿐만 아니라 결정권에 관한 분명한 자의식이 논쟁을 벌이는 동안에 발전하였기 때문에 초대교회에는 이단을 결정하는 데 어려움이 있었다. 결국 가톨릭 입장에서 말할 수 있는 기준은 신앙의 규범, 곧 성서에 기초를 두고, 교회의 전통에서 전승되고, 교회가 승인한 신앙 자산이다. 올바른 해석과 승인을 누가 최종적으로 결정하느냐 하는 포괄적인 문제는 베드로직의 권위에 관한 또 다른 문제를 불러일으켰다. 곧, 베드로직의 권위는 임의로 결정한 것이 아니라 수위권 신학이 처음으로 발전된 고대교회에서, 무엇보다도 로마 교회와 지역교회의 일치와 조화에 바탕을 두고 있었다. 이러한 체계적인 교의 결정은 확실히 첫 몇 세기 동안 차츰 인식되고 신학적으로 고찰되었다. 더군다나 이러한 교의 결정 자체가 정통신앙과 이단에 관한 논쟁의 한 부분이기도 했다.

참고문헌: 사전 항목: H.D. Betz/A. Schindler/W. Huber: TRE 14 (1985) 313-48. – N. Brox: RAC 13 (1986) 248-97. – V. Grossi: EECh I 376-7.

편찬서: Eresia ed eresiologia nella chiesa antica: Aug. 25 (1985) 579-903.

연구서: A. Hilgenfeld, Die Ketzergeschichte des Urchristentums urkundlich dargestellt, L 1884. – J. Brosch, Das Wesen der Häresie = GFTP 2 (1936). – H.E.W. Turner, The Pattern of Christian Truth. A Study in the Relations between Orthodoxy and Heresy in the Early Church, Lo 1954. – W. Bauer, Rechtgläubigkeit und Ketzerei im ältesten Christentum = BHTh 10 (²1964 mit einem Nachtrag hrsg. von G. Strecker). – M. Elze, Häresie und Einheit der Kirche im 2. Jahrhundert: ZThK 71 (1974) 389-409. – A. Le Boulluec, La notion d'hérésie dans la littérature grecque IIe-IIIe siècles, 2 Bde., P 1985. – Th. A. Robinson, The Bauer Thesis Examined. The Geography of Heresy in the Early Christian Church, Lewiston – Queenstown 1988. – R.M. Grant, Heresy and Criticism. The Search for Authenticity in Early Christian Literature, Louisville/KY 1993. – M. Simonetti, Ortodossia ed eresia tra I e II secolo, Messina 1994. – K. Lüdemann, Ketzer. Die andere Seite des frühen Christentums, St 1995 (e Lo 1996).

5.2. 이단적 사조

5.2.1. 영지주의

영지주의($\gamma\nu\hat{\omega}\sigma\iota\varsigma$ = 인식)는 2~3세기 교회에 가장 강력하고 위협적인 운동이었다. 당시 교회가 논쟁을 피할 수 없었던 영지주의는 다양하고 개별적으로도 매우 세분화한 학설체계에서 발생하였다. 문제는 근본적으로 그리스도교와 경쟁하면서 발전한 영지주의의 구원론과 이전에 사용된 근본 개념들의 수용이었다. 영지주의 구원론의 주요 관심사는 세상에서 악에 대한 설명, 인간이 세상에 처한 상황, 인간의 구원 가능성이었다. 구원은 피조물과 직접적으로 관련이 없는 완전히 초월적인 미지의 하느님에 의해 이루어진다. 태고에 인류의 타락으로 참된 하느님과 분리되고 구약의 하느님과 동일시되는 데미우르구스가 세상을 창조하였다. 이때문에 데미우르구스가 창조한 세상은 본디 악하다. 인간은 참된 본성에 따라 참된 하느님과 본질적으로 같으나, 인간 안에 있는 신적 섬광閃光은 세계에 얽매인 물질적인 육체로 말미암아 데미우르구스에 예속되었다. 이러한 이유로 인간의 동경과 목표는, 물질에서의 해방과 선택받은 사람들에게 유보된 인식을 통해서만 이를 수 있는 참된 하느님께 돌아가는 것이다. 인간은 세상에서 악에 어떤 책임도 없기 때문에, 그리스도는 십자가의 죽음으로 인간을 죄에서 구원한 것이 아니라 단지 그의 복음에서 인간의 구원을 위해 필요한 지식을 계시하였다.

다양하고 세분된 영지주의 학설체계의 근본 특징은 이와같이 간략히 묘사할 수 있다. 그러나 사료가 별로 남아 있지 않기 때문에 더 상세히 연구하기는 어렵다. 영지주의의 외경들은 그리스도교의 경전을 결정짓는 주요한 요소로 작용하였으며, 영지주의는 가톨릭 교회에 존재론적인 위협이 되었다. 따라서 20세기 중반까지만 해도 사람들은 가톨릭 교회가 후대에 영지주의 작품의 전승을 철저히 막아 교부들의 논박서들이 영지주의에 관하여 보고하거나 인용한 것 외에는 더 이상 알려진 것이 없다고 생각하였다. 사람들은 이레네우스, 히폴리투스, 알렉산드리아의 클레멘스, 테르툴리아누스, 에피파니우스의 부정적인 진술 때문에 영지주의의 작품들이 의식적이거나 무의식적으로 개찬되었다고 전제하였다.

5.2.1.1. 나그 함마디의 영지주의 도서관

앙리-샤를르 푸에Henri-Charles Puech와 장 도레스Jean Doresse가 1948년 이집트에서 대규모의 영지주의 도서관을 발견하였다는 보고는 학문적으로 많은 주목을 받았다. 1945년 12월 펠라케 모하에드 알리 에스-삼만은 두 동생과 함께 룩소르Luxor에서 북쪽으로 약 100km 떨어진 나그 함마디 근처에서, 콥트어로 씌어진 13편의 사본이 담긴 점토 항아리를 발견하여 카이로에 내다 팔았다. 사본 2~13호는 오늘날 콥트 박물관에 소장되어 있다. 사본 1호는 1952년 취리히의 융C.-G. Jung 연구소에 팔렸으며, 이 사본은 "융 사본"이라고 불린다.

거의 완전하게 잘 보존된 사본들은 4세기에 씌어진 것으로 보이며, 사본들에 실린 작품들은 4세기 이전에 씌었다. 특히 콥트어 번역인 52편의 그리스-영지주의 작품, 복음서, 사도행전, 대화록, 묵시록, 지혜서, 편지, 설교 등이 중요하다. 물론 이 작품들의 표제가 원전의 문학 유형과 늘 일치하지는 않는다. 모음집 가운데 가장 중요한 두 작품은 「진리의 복음」과 콥트어로 씌어진 「토마복음」이다(제1장 2.3. 참조). 영지주의에 관한 중요한 정보를 최초로 알아낼 수 있다는 중요성 때문에 사본들에 관한 활발한 연구활동이 바로 시작되었다. 비평본, 번역, 원전에 관한 학문적 평가는 상당히 진척되었으나 아직도 끝나지 않았다. 나그 함마디의 작품들은 영지주의에 관한 지식을 근본적으로 늘렸으며, 특히 원본을 완전하게 보완할 수 없을지라도 이레네우스의 진술이 확실하다는 것을 입증하였다.

참고문헌 목록: D.M. Scholer, Nag Hammadi Bibliography 1948-69 = NHS 1 (1971). – D.M. Scholer, Nag Hammadi Bibliography 1970-1994 = NHS 32 (1997).

편집본: NHS (1971 ff.) – The Facsimile Edition of the Nag Hammadi Codices, 11 vol., Lei 1972-84. – Bibliothèque copte de Nag Hammadi, Section "Textes", Québec 1977 ff. – J. Zandee, Lei 1991 (*NHC VII,4* TeÜK). – H.-G. Bethge = TU 141 (1997) (*NHC VIII,2* TdÜK). – U.-K. Plisch = TU 142 (1996) (*NHC XI,1* TdÜK). – H.-M. Schenke = TU 143 (1997) (*NHC II,3* TdÜK).

번역서: J. Leipoldt/H.-M. Schenke, Koptisch gnostische Schriften aus den Papyrus-Codices von Nag Hammadi = ThF 20 (1960). – ThLZ 98 (1973) – 103 (1978). – G. Lüdemann/M. Janßen, Bibel der Häretiker. Die gnostischen Schriften aus Nag Hammadi (dÜ). – 영어 번역서: The Nag Hammadi Library in English, Lei 1977.

보조자료: F. Siegert, Nag-Hammadi-Register. Wörterbuch zur Erfassung der Begriffe in den koptisch-gnostischen Schriften von Nag-Hammadi mit einem deutschen Index. Einführung von A. Böhlig = WUNT 26 (1982). – Bibliothèque copte de Nag Hammadi, Section "Concordances", Lou - P 1992 ff. – C.A. Evans/R.L. Webb/R.A. Wiebe, Nag Hammadi Texts and the Bible. A Synopsis and Index = NTTS 18 (1993).

참고문헌: 사전 항목: G. Filoramo: EECh II 581. – A.H.B. Logan, Simon Magus: TRE 31 (1999) 272-6.

편찬서: J.D. Turner/A. McGuire (ed.), The Nag Hammadi Library After Fifty Years = NHMS 44 (1997).

연구서: W. C. van Unnik, Evangelien aus dem Nilsand. Mit einem Beitrag "Echte Jesusworte?" von J. B. Bauer und mit einem Nachwort "Die Edition der koptisch-gnostischen Schriften von Nag-Hammadi" von W.C. Till, Ffm 1960. – C. Colpe, Heidnische, jüdische und christliche Über-lieferung in den Schriften aus Nag Hammadi I-X: JAC 15 (1972) 5-18; 16 (1973) 106-26; 17 (1974) 109-25; 18 (1975) 144-65; 19 (1976) 120-38; 20 (1977) 149-70; 21 (1978) 125-46; 22 (1979) 98-122; 23 (1980) 108-27; 25 (1982) 65-101. – M. Krause, Die Texte von Nag Hammadi: B. Aland u.a. (eds.), Gnosis (FS H. Jonas), Gö 1978, 216-43. – Ch.W. Hedrick/R. Hodgson (eds.), Nag Hammadi, Gnosticism and Early Christianity, Peabody/MA 1986. – C.M. Tuckett, Nag Hammadi and the Gospel Tradition. Synoptic Tradition in the Nag Hammadi Library, Edin-burgh 1986. – C. Scholten, Martyrium und Sophiamythos im Gnostizismus nach den Texten von Nag Hammadi = JAC.E 14 (1987). – A. Böhlig, Die Bedeutung der Funde von Medinet Madi und Nag Hammadi für die Erforschung des Gnostizismus: A. Böhlig/Ch. Markschies, Gnosis und Manichäismus. Forschungen und Studien zu Texten von Valentin und Mani sowie zu den Biblio-theken von Nag Hammadi und Medinet Madi = BZNW 72 (1994) 113-242. – A. Khosroyev, Die Bibliothek von Nag Hammadi. Einige Probleme des Christentums in Ägypten während der ersten Jahrhunderte, Altenberge 1995. – M. Franzmann, Jesus in the Nag Hammadi Writings, Edinburgh 1996. – G. Casadio, Vie gnostiche all'immortalità, Brescia 1997.

나그 함마디의 발견물에는 그리스도교적 영지주의 작품뿐만 아니라 비그리스도교적 작품들도 있으며, 이 부류의 작품들 사이에 상호작용이 있었던 것으로 추측된다. 곧, 이교적 영지주의 작품들은 그리스도교화하였으며, 그리스도교적 작품들은 이교화하였다. 어쨌든 이 작품들도 2세기 이전의 영지주의 발전에 대한 어떤 귀납적 추론을 돕지는 못했다. 이때문에 영지주의의 기원은 여전히 어둠에 싸여 있으나, 영지주의에서 그리스도교 이전의 헬레니즘 세계를 알기 위하여 계속해서 노력해 왔다는 사실만은 확실하다. 무엇보다도 라이첸슈타인R. Reizenstein과 부세트 W. Bousset를 비롯한 비교종교 학파 및 불트만R. Bultmann과 그의 학파의 시도가 그러하였듯이, 영지주의를 그리스 철학, 종교, 유다교, 페르시아 문헌, 신약성서 등에서 설명하려는 모든 시도가 올바르다고 볼 수는 없다. 그리스도교 이전에 영지주의가 있었다는 사실은 근본적으로 의문시된다. 영국의 교과 방침과 콜페C. Colpe의 최근 연구를 토대로 영지주의 운동이 1세기 이전에 그리스도교와 함께 또는 경쟁하면서 발생했다고 보아야 한다. 2세기에 발전한 영지주의의 학설체계를 보면 플라톤의 철학, 신화학, 유다교, 동방종교들에서 사용된 많은 근본 개념이 나타난다. 그러나 이 근본 개념들이 당시에 영지주의적 의미를 지녔는지 또는 후대에 영지주의가 수용하였는지는 지금까지 확실하게 논증되고 있지 않다.

이런 이유로 오늘날에는 인식론으로서의 영지주의와 근본 개념, 신화, 영지주의 학설체계를 전제하는 구원론으로서의 영지주의를 용어상 구분한다. 영지주의는 2세기에 이르러 그리스도교 학설체계로만이 아니라 비그리스도교 학설체계로 발전하였으나, 두 체계 사이에 공통적인 개념성이 없다는 것이 오늘날의 일반적인 견해이다. 마법사 시몬이 첫번째 영지주의자라는 교부들에게서 물려받은 확신은 결코 옳지 않다. 영지주의는 2세기에 매우 다른 두 체계, 곧 바실리데스와 발렌티누스의 학설체계에서 전성기를 이루었다.

참고문헌 목록: A. Adam, Neuere Literatur zum Problem der Gnosis: GGA 215 (1963) 22-46. – G. Giurovich, Bibliografia sullo gnosticismo: ScC 1970, Suppl. 1, 39*-54*. – K. Rudolph Gnosis und Gnostizismus. Ein Forschungsbericht: ThR 34 (1969) 121-75, 181-231, 358-61; 36 (1971) 1-61, 89-124; 37 (1972) 289-360; 38 (1974) 1-25. – D.M. Scholer, *Bibliographia Gnostica, Supplementum*: NT 13 (1971) ff. – R. van den Broeck, The Present State of Gnostic Studies: VigChr 37 (1983) 41-71. – G. Filoramo, Il risveglio della gnosi ovvero diventar dio, R – Bari 1990. – K. Rudolph, Die Gnosis: Texte und Übersetzungen: ThR 55 (1990) 113-52.

편집본: W. Völker, Quellen zur Geschichte der christlichen Gnosis = SQS NS 5 (1932). – C. Schmidt (ed.), Koptisch-gnostische Schriften, I: Die Pistis Sophia, die beiden Bücher des Jeû, unbekanntes altgnostisches Werk = GCS 45 (^{3}1962 bearb. W. Till). – G. Quispel, Ptolémée, Lettre à Flora = SC 24 (^{2}1966) (TfÜK). – F. Sagnard, Clément d'Alexandrie, Extraits de Théodute = SC 23 (1970) (TfÜK).

번역서: W. Schultz, Dokumente der Gnosis, Jena 1910. – R. Haardt, Die Gnosis Wesen und Zeugnisse, Sa 1967. – W. Foerster/A. Böhlig, Die Gnosis, 3 Bde., Zü – St 1969-80 (ÜK).

보조자료: M. Tardieu/J.-D. Dubois, Introduction à la littérature gnostique, I: Histoire du mot "gnostique", Instruments de travail, Collections retrouvés avant 1945, P 1986.

참고문헌: 사전 항목: É. Cornelis: DSp 6 (1965) 508-41. – R. Mortley/C. Colpe: RAC 11 (1981) 446-659. – K. Berger/R. McL. Wilson: TRE 13 (1984) 519 – 50. – G. Filoramo: EECh I 352-4.

입문서와 총론서: H. Jonas, Gnosis und spätantiker Geist I-II/1 = FRLANT 51 + 63 (^{3}1964/^{2}1966). – K. Rudolph (ed.), Gnosis und Gnostizismus = WdF 262 (1975). – B. Layton (ed.), The rediscovery of Gnosticism, 2 vol. = SHR 41 (1980-1). – H. Leisegang, Die Gnosis, St ^{5}1985. – G. Filoramo, A History of Gnosticism transl. A. Alcock, O 1990 (i Bari 1983). – K. Rudolph, Die Gnosis. Wesen und Geschichte einer spätantiken Religion, Gö ^{3}1990. – A.H.B. Logan, Gnostic Truth and Christian Heresy. A Study in the History of Gnosticism, Edinburgh 1996.

연구 상황: K.W. Tröger, Zum gegenwärtigen Stand der Gnosis- und Nag-Hammadi-Forschung: Ders. (ed.), Altes Testament – Frühjudentum – Gnosis. Neue Studien zu "Gnosis und Bibel", Gü 1980, 11-33. – H.-M. Schenke, Gnosis: Zum Forschungsstand unter besonderer Berücksichtigung der religionsgeschichtlichen Problematik: VF 32 (1987) 2-21. – M.J. Edwards, Neglected Texts in the Study of Gnosticism: JThS NS 41 (1990) 26-50. – M.A. Williams, Rethinking "Gnosticism". An Argument for Dismantling a Dubious Category, Princeton/NJ 1996.

중요한 개별 주제에 관한 연구서: C. Colpe, Die religionsgeschichtliche Schule. Darstellung und Kritik ihres Bildes vom gnostischen Erlösermythus = FRLANT 78 (1961). – G. van Groningen, First century gnosticism. Its origin and motifs, Lei 1967. – R. McL. Wilson, Gnosis und Neues Testament, übers. L. Kaufmann, St 1971 (e O 1968). – A. Orbe, Cristología gnóstica. Introducción a la soteriología de los siglos II y III = BAC 384-385 (1976). – S. Pétrement, Le Dieu séparé. Les origines du gnosticisme, P 1984. – G.A.G. Stroumsa, Another Seed: Studies in Gnostic Mythology = NHS 24 (1984). – H.A. Green, The Economic and Social Origins of Gnosticism, Atlanta/GA 1985. – J. Ménard, De la gnose au manichéisme, P 1986. – D.J. Good, Reconstructing the Traditions of Sophia in Gnostic Literature, Atlanta/GA 1987. – W.G. Röhl, Die Rezeption des Johannesevangeliums in christlich-gnostischen Schriften aus Nag Hammadi = EHS.T 428 (1991). – D. Voorgang, Die Passion Jesu und Christi in der Gnosis = EHS.T 432 (1991). – G. Iacopino, Il Vangelo di Giovanni nei testi gnostici copti = SEAug 49 (1995). – A. Magris, La logica del pensiero gnostico, Brescia 1997.

영지주의와 그리스도교: E. Haenchen, Gab es eine vorchristliche Gnosis?: ZThK 49 (1952) 316-49. – R.M. Grant, Gnosticism and Early Christianity, NY ²1966. – E.M. Yamauchi, Pre-Christian Gnosticism. A Survey of the Proposed Evidences, Grand Rapids/MI 1973. – K. Koschorke, Die Polemik der Gnostiker gegen das kirchliche Christentum. Unter besonderer Berücksichtigung der Nag-Hammadi-Traktate "Apokalypse des Petrus" (NHC VII,3) und *Testimonium Veritatis*" (NHC IX,3) = NHS 12 (1978). – B.A. Pearson, Gnosticism, Judaism and Egyptian Christianity, Minneapolis 1990. – S. Pietri, A Separate God. The Christian Origins of Gnosticism, Lo 1991. – M. Simonetti, Alcune riflessioni sul rapporto tra gnosticismo e cristianesimo: VetChr 28 (1991) 337-74. – D.L. Hoffman, The Status of Women and Gnosticism in Irenaeus and Tertullian = SWR 36 (1995) 23-77.

마법사 시몬: K. Beyschlag, Simon Magus und die christliche Gnosis = WUNT 16 (1974). – G. Lüdemann, Untersuchungen zur simonianischen Gnosis = GTA 1 (1975). – K. Rudolph, Simon-Magus oder Gnosticus? Zum Stand der Debatte: ThR 42 (1977) 279-359.

5.2.1.2. 바실리데스

바실리데스의 인물과 생애에 관해서는 알려진 것이 거의 없다. 다른 사류들이 증명하듯이 알렉산드리아의 클레멘스는 바실리데스가 하드리아누스 황제와 안토니우스 피우스 황제(117~161년) 치하에 알렉산드리아에서 활동하였다고 전한다(「양탄자」 VII 106,6). 그밖의 모든 정보는 불확실하다. 바실리데스의 작품은 24권으로 된 복음서 주석과 시편 또는 송가로 이루어져 있으나, 그가 어떤 복음서를 주석하였는지는 분명하지 않다. 오리게네스(『루가복음 첫째 강해』)는 그가 고유한 복음서를 저술하였다고 주장하였다.

그리스도교의 여러 저자가 바실리데스의 학설체계를 매우 다르게 전하기 때문에 이에 대한 일관된 상을 세울 수 없다. 이 경우 동일한 체계의 서로 다른 부분들 또는 그리스도교와 상반된 묘사로 그의 학설체계를 결정해서는 안 된다. 일반적으로 확실한 진술이라 여겨지는 클레멘스의 보고(『양탄자』 IV 81-83)는 인간의 고난이 늘 과실에 기인한다는 바실리데스의 학설을 비판하였다. 인간은 실제로 과실을 저지르지 않았더라도 죄의 성향을 가지고 있다. 곧, 과실 없이 고통당하는 어린이들, 순교자들, 더구나 그리스도 자신은 죄에 대한 성향 때문에 고난을 겪었다. 물론 순교는 죄, 더욱이 과실에 관한 성향을 정화하기 때문에, 소수의 선택받은 사람에게만 주어진 하느님의 선행으로 여겨야 한다.

이와 달리 히폴리투스(『논박』 VII 20-27)의 진술이 얼마나 신빙성이 있는지에 대해서는 수많은 논쟁이 일어났다. 히폴리투스는 바실리데스가 발전적 유출설流出說을 주장하였다고 한다. 태초에 무無가 있었으며, 하느님조차 "비존재"Nicht-Seiende였다. 하느님은 처음에 세상을 창조하기 위해 자체에 만물을 품고 있는 세상의 씨앗을 창조하였다. 이 세상의 씨앗에서 세 단계로 구분된 종속적인 친자관계가 발전하였다. 세 단계의 친자관계는 각각 더 낮은 하느님과 본질적으로 같으며, 그들이 지향하는 바는 순수한 하느님께로 돌아가는 것이다. 첫번째와 두번째 친자관계가 아버지께 다시 돌아간 반면, 세번째 친자관계는 이를 위해 먼저 정화되어야 한다. 씨앗덩어리에서 세상을 창조한 "위대한 통치자"가 생겨났다. 그 다음 구약의 예언자들이 말하는 두번째 통치자가 아담에서 모세에 이르는 구약의 하느님이다. 세번째 친자관계의 해방을 위해 마침내 복음이 세상에 왔다. 이 복음은 첫번째 통치자의 아들인 예수를 아버지 하느님의 존재 이상으로 나타낸다. 그를 통하여 세번째 친자관계에 있는 사람은 구원받고, 피조물 전체가 다시 아버지께 돌아간다(*ἀποκατάστασις*).

이와 달리 다른 사료들은 365개의 하늘의 창조자인 천사들을 기술하며, 그리스도가 십자가에서 죽은 것이 아니라 키레네 사람 시몬이 그리스도 대신에 죽었다고 한다. 남아 있는 정보로 바실리데스의 학설체계를 구성할 수 없지만, 그가 살던 당시 영지주의는 정통 그리스도교의 가르침을 위협할 정도로 전성기를 누렸다.

5.2.1.의 서술 참조.

편집본: Völker 38-57.

번역서: Schultz 138-57. – Haardt 41-52. – Foerster I 80-110.

참고문헌: 사전 항목: J.H. Waszink: RAC 1 (1950) 1217-24. – E. Mühlenberg: TRE 5 (1980) 296-301. – A. Monaci Castagno: EECh I 113.

연구서: P. Hendrix, De Alexandrijnsche Haeresiarch Basilides. Een Bijdrage tot de Geschiedenis der Gnosis, Amsterdam 1926. – G. Quispel, L'homme gnostique (La doctrine de Basilide): ErJb 16 (1948) 89-139 [= Gnostic Man. The Doctrine of Basilides: Gnostic Studies I = UNHAII 34/1 (1974) 103-33]. – W. Foerster, Das System des Basilides: NTS 9 (1962/63) 233-55. – W.-D. Hauschild, Christologie und Humanismus bei dem "Gnostiker" Basilides: ZNW 68 (1977) 67-92. – R.M. Grant, Place de Basilide dans la théologie chrétienne ancienne: REAug 25 (1979) 201-16. – D. Vigne, Enquête sur Basilide: A. Dupleix (ed.), Recherches et tradition (FS H. Crouzel) = ThH 88 (1992) 285-313. – W.A. Löhr, Basilides und seine Schule. Eine Studie zur Theologie- und Kirchengeschichte des zweiten Jahrhunderts = WUNT 83 (1996).

5.2.1.3. 발렌티누스

이 시기의 두번째 중요한 영지주의자는 발렌티누스이다. 바실리데스의 생애보다는 알려진 사실이 많지만, 마찬가지로 발렌티누스 인물에 관한 상세한 정보는 그리 많지 않다. 그렇지만 그의 학설체계는 비교적 상세하게 알려진 편이다. 이레네우스(「이단 논박」 III 4.3)와 에우세비우스(「교회사」 IV 11.1)가 보고하듯이 그는 이집트 출신으로 140년경에 로마로 갔다. 그는 그곳에서 정통신앙에서 등을 돌려 자신의 학교를 세웠다. 그는 155년 이후에 동방, 아마도 키프로스로 갔을 것이며, 로마로 돌아온 뒤 160년 초에 죽었다. 그의 작품 가운데 몇몇 단편만이 주로 알렉산드리아의 클레멘스의 작품에 남아 있다. 그의 삭품으로는 설교와 시편과 편지가 있다. 히폴리투스의 작품(「논박」 VI 37.7)에 그의 찬가 한 편이 실려 있다. 나그 함마디에서 발견된 작품 가운데 직접 그의 작품으로 보이는 내용은 없다.

그러나 발렌티누스의 제자들이 계승한 그의 학설체계는 영지주의를 반대하는 이들이 비교적 자세히 보고하여 잘 알려져 있다. 최근에 발렌티누스의 학설체계가 실제로 그에게서 나온 것인가라는 의문이 제기되었다. 그의 학설체계는 다음의 특징을 나타낸다. 신적인 플레로마[9]는 쌍으로 이루어진 30개의 에온들로 구성되어 있다. 이 가운데 첫 네 쌍이 가장 중요하고 원原-여덟 신적 존재Urogdoade를 형성하며, 여기서 다른 에온들이 나온다. 죄로 인해 이러한 쌍의 조화가 깨졌기 때문에 영적 인간은 천상의 상대자와 다시 일치해야 한다. 마지막 에온인 지혜(소피아)가 세상에서 신적인 요소를 낮추려는, 곧 영원하고 미지의 아버지를 알고자 하는 지나친 열망 때문에 죄가 생긴다. 아울러 천상의 구원자는 마침내 플레로마와 재일치로 이끄는 신적인 부분을 구원하기 시작한다. 인간은 세 그룹, 영적 인간Pneumatiker, 영혼적 인간Psychiker과 물질적 인간Hyliker으로 분류된다. 첫번째 그룹은 완전히 구원받고 플레로마와 일치되며, 두번째 그룹은 부분적으로만 일치되며, 세번째 그룹은 파멸된다.

5.2.1.의 서술 참조.

편집본: Völker 57-141.

번역서: Schultz 164-88. – Haardt 105-7. – Foerster I 162-314.

참고문헌: 사전 항목: C. Gianotto: EECh 11 859-60.

연구서: W. Foerster, Von Valentin zu Herakleon. Untersuchungen über die Quellen und die Entwicklung der valentinianischen Gnosis = BZNW 7 (1928). – F.-M. Sagnard, La gnose valentinienne et le témoignage de saint Irénée = EPhM 36 (1947). – A. Orbe, Estudios Valentinianos, 5 Bde. = AnGr 65, 83, 99, 100, 113, 158 (1955-66). – M. Simonetti, ΨYXH e $\Psi YXIKO\Sigma$ nella gnosi valentiniana: RSLR 2 (1966) 1-47. – G. C. Stead, The Valentinian Myth of Sophia: JThS NS 20 (1969) 75-104. – M.J. Edwards, Gnostics and Valentinians in the Church Fathers: JThS NS 40 (1989) 26-47. – M.R. Desjardins, Sin in Valentinianism, Atlanta 1990. – Ch. Markschies, *Valentinus Gnosticus?* Untersuchungen zur valentinischen Gnosis mit einem Kommentar zu den Fragmenten Valentins = WUNT 65 (1992). – H. Strutwolf, Gnosis als System. Zur Rezeption der valentinianischen Gnosis bei Origenes = FKDG 56 (1993). – J. Holzhausen, Der "Mythos vom Menschen" im hellenistischen Ägypten. Eine Studie zum "Poimandres" (= CH I), zu Valentin und dem gnostischen Mythos = Theoph. 33 (1994). – G. Quispel, The original doctrine of Valentinus the Gnostic: VigChr 50 (1996) 327-52. – F. Bermejo Rubio, La escisión imposible. Lectura del Gnosticismo Valentiniano, Salamanca 1998. – N. Förster, Marcus Magus. Kult, Lehre und Gemeindeleben einer valentinianischen Gnostikergruppe. Sammlung der Quellen und Kommentar = WUNT 114 (1999).

---

[9] $\pi\lambda\dot{\eta}\rho\omega\mu\alpha$ = 완전함, 충만, $ai\acute{\omega}\nu$ = 시대, $\acute{o}\gamma\delta o\acute{a}s$ = 여덟 (신적 존재), $\sigma\upsilon\zeta\upsilon\gamma\acute{\iota}\alpha$ = 쌍, $\sigma o\phi\acute{\iota}\alpha$ = 지혜, $\pi\nu\epsilon\hat{\upsilon}\mu\alpha$ = 영, $\psi\upsilon\chi\acute{\eta}$ = 영혼, $\ddot{\upsilon}\lambda\eta$ = 물질, 질료.

정통교회는 소수의 선택받은 사람에게만 유보된 인식을 통한 영지주의의 구원론에 두 가지 방식으로 대응하였다. 영지주의 신학이 그리스도교 신앙의 근간, 세상의 창조주와 예수 그리스도의 아버지인 구약의 하느님, 그리스도의 십자가 죽음을 통한 인간의 구원, 모든 사람에게 열려 있는 구원을 위태롭게 하였기 때문에, 교회는 영지주의 추종자들을 배척해야만 했다. 영지주의자들에 대한 문학적 투쟁은 그들 가르침의 오류를 드러냈으며, 다른 한편으로 그리스도교의 "참된 영지", 곧 신앙 안에서 이성적이고 철학적인 인식을 교회의 성서적 · 전통적 신학에서 긍정적으로 발전시켰다. 2~3세기의 그리스어권 교회에서 문학적으로 투쟁한 대표적 인물은 리용의 이레네우스와 로마의 히폴리투스였으며, 그리스도교의 참된 영지를 발전시킨 대표적 인물은 알렉산드리아 학파의 최초의 위대한 신학자인 알렉산드리아의 클레멘스와 오리게네스였다. 이들의 투쟁은 2~3세기에 상당한 영향력을 미친 그밖의 다른 몇몇 이단(마르치온, 몬타누스주의, 단원론)과도 관계가 있다.

5.2.2. 마르치온

마르치온의 작품인 (구약과 신약 사이의) 「대립명제」도, 그의 제자들의 어떤 작품도 남아 있지 않다. 따라서 그의 인물과 가르침에 관한 모든 지식은 반대자들, 주로 이레네우스, 테르툴리아누스, 히폴리투스, 알렉산드리아의 클레멘스의 작품에 바탕을 둔다. 마르치온은 흑해의 남쪽 해안에 있는 시노페에서 태어났다. 에피파니우스(「약상자」 42,1)에 따르면 주교인 아버지는 그가 처녀를 욕보였다고 그를 면직하였다. 아마도 이러한 내용은 그를 이단자로 낮추려고 후대에 꾸며낸 것 같다. 다른 문헌과 해석에서는 면직의 근거를 오히려 교의논쟁으로 보기 때문이다. 마르치온은 138년 로마로 가서 그리스도교 공동체의 환대를 받았으나, 비정통적인 가르침 때문에 144년 7월 다시 면직되었다. 그는 자신의 교회를 설립하였다. 유스티누스(「첫째 호교서」 25,6)에 따르면 마르치온의 교회는 10년 뒤에 이미 널리 퍼졌으며 5세기까지 존속하였다. 마르치온은 160년경 죽었다.

마르치온의 신학적 오류는 매우 풀기 어려운 신학적 딜레마에서, 처음에는 전적으로 정통적인 확신에서 시작되었다. 예수 그리스도가 선포한 선하신 하느

님이 어떻게 구약의 공정하고 벌하시는 하느님과 같을 수 있는가? 마르치온은
선하신 하느님을 절대화하였기 때문에 선하신 하느님을 벌하시는 하느님과 일
치시킬 수 없었다. 따라서 그는 두 하느님의 동일성, 구약성서 전체, 벌하시는
하느님과 관련된 신약성서의 모든 구절을 거부하였다. 그렇기 때문에 그의 성
서에는 루가복음과 (히브리 서간과 사목서간을 제외한) 바울로의 서간만 실려
있는데 그것도 많이 생략되었다. 또한 그는 신학적으로 선하신 하느님이 아니
라 (영지주의 학설과 같이) 데미우르구스가 세상과 인간을 창조하였다고 생각
하였다. 따라서 세상은 데미우르구스와 함께 거부되어야 하며, 사람들은 구원
받기 위하여 철저히 금욕하고 세상에서 멀리 떨어져 있어야 한다고 주장하였
다. 더 나아가 마르치온은 미사에서 포도주를 마시지 못하게 하였으며(그밖의 교회
전례는 받아들였다), 결혼과 성생활도 하지 못하게 하였다.

구약과 신약의 분리는 그리스도로 하여금 당연히 아담의 죄를 구제하지 못하
게 하였으며, 오히려 세상과 아무 관련이 없는, 그때까지 알려지지 않은 선하
신 하느님에 관한 소식을 인류에게 전해주었다. 게다가 마르치온은 그리스도의
탄생을 하느님의 아들이 세상에 옴으로 인해 더럽혀진 것으로 보기 때문에, 그
리스도가 마리아에게서 실제로 태어났다는 사실을 부정하여 그리스도가 가상의
육체를 취하였다고 생각하였다.

교부들은 마르치온을 영지주의자로 여겼다. 실제로 마르치온 학설의 많은 특
징, 특히 두 하느님의 분리, 세상에 대한 배척, 구원에 관한 지식의 선포자로
서 그리스도의 역할은 이러한 경향을 시사한다. 그의 학설 가운데 다른 요소들
은 자신의 교회 창설과 같이 영지주의와 전혀 관계가 없기 때문에, 필시 영지
주의와 분리된 고유한 현상으로 평가해야 한다. 그는 구약의 거부와 성서 경전
의 논증을 통해 신약성서 경전의 결정적인 해결에는 확실히 기여하였다.

참고문헌: 사전 항목: G. Pelland: DSp 10 (1980) 311-21. – B. Aland: EECh I 523-4. – B.
Aland: TRE 22 (1992) 89-101. – K. Zelzer: HLL 4 (1997) 350 f.

일반 연구서: A. von Harnack, Markion: Das Evangelium vom fremden Gott. Eine Monogra-
phie zur Geschichte der Grundlegung der katholischen Kirche = TU 45 (²1924). – A. von Har-
nack, Neue Studien zu Marcion = TU 44/4 (1923). – R.S. Wilson, Marcion. A Study of a

Second-Century Heretic, Lo 1933. – E.C. Blackman, Marcion and his Influence, Lo 1948. – D. Balás, Marcion Revisited: A Post Harnack Perspective, San Antonio 1980. – R.J. Hoffmann, Marcion: On the Restitution of Christianity. An Essay on the Development of Radical Paulinist Theology in the Second Century, Chico/CA 1984.

개별 주제에 관한 연구서: J. Knox, Marcion and the New Testament. An Essay in the Early History of the Canon, Chicago 1942. – A. Salles, Simon le Magicien ou Marcion: VigChr 12 (1958) 197-224. – P.G. Verweijs, Evangelium und neues Gesetz in der ältesten Christenheit bis auf Marcion = STRT 5 (1960). – J. Woltmann, Der geschichtliche Hintergrund der Lehre Markions vom "Fremden Gott": E.Ch. Suttner/C. Patock (eds.), Wegzeichen (FS H.M. Biedermann) = ÖC NS 25 (1971) 15-42. – B. Aland, Marcion. Versuch einer neuen Interpretation: ZThK 70 (1973) 420-47. – G. May, Marcion in Contemporary Views: Results and Open Questions: Sec-Cen 6 (1987-8) 129-51. – H.J.W. Drijvers, Marcionism in Syria. Principles, Problems, Polemics: SecCen 6 (1987-8) 153-72. – R.J. Hoffman, How Then Know This Troublous Teacher? Further Reflections on Marcion and his Church: SecCen 6 (1987-8) 173-91. – J.J. Clabeaux, A Lost Edition of the Letters of Paul. A Reassessment of the Text of the Pauline Corpus Attested by Marcion = CBQ.MS 21 (1989). – D.S. Williams, Reconsidering Marcion's Gospel: JBL 108 (1989) 477-96. – A. Orbe, En torno al modalismo de Marción: Gr. 71 (1990) 43-65. – A. Orbe, *Marcionitica*: Aug. 31 (1991) 195-244. – G. May, Marcione nel suo tempo: CrSt 14 (1993) 205-20. – U. Schmid, Marcion und sein Apostolos. Rekonstruktion und historische Einordnung der marcionitischen Paulusbriefausgabe = ANTT 25 (1995). – E. Norelli, Note sulla soteriologia di Marcione: Aug. 35 (1995) 281-305. – W.A. Löhr, Die Auslegung des Gesetzes bei Markion, den Gnostikern und den Manichäern: *Stimuli* (FS E. Dassmann) = JAC.E 23 (1996) 77-95.

5.2.3. 몬타누스주의

"몬타누스주의"는 이 운동을 전개한 사람의 주요 과제에 알맞게 자신들의 운동 자체를 "예언"이라고 자칭하였다. 이 운동의 반대자들은 이 사상이 교회의 전통과 다르다는 것을 나타내기 위하여 이 명칭에 "새로운"을 보완하여 "새 예언"으로 부르거나, 이 운동 창설자의 이름에 따라 "몬타누스주의" 또는 발생지에 따라 "프리기아 사람들의 이단"이라 불렀다. 몬타누스는 170년경 프리기아 지방에 있는 고향 아르다바우에서 자신을 복음서에서 약속한 — 지금 그리스도교 전체를 완전한 진리로 이끌 — 협조자(요한 14.26; 16.7)의 대변인이라고 선언하였다. 그에게 두 명의 여예언자 프리쉴라(또는 프리스카)와 막시밀라가 합류하였다. 이 예언자들에게서 일련의 신탁이 직접 전해졌으나 원본은 전해지지 않는다. 몬타누스주의에 관한 지식은 이 사상을 논박한 작품(특히 에우세비우스와 에피파니우스의 작품), 교회회의의 기록, 테르툴리아누스가 몬타누스파에 속해 있을 때 쓴 작품에서 알 수 있다.

테르툴리아누스도 받아들이지 않은 몬타누스의 월권을 제외하고 몬타누스는 2세기 교회의 매우 절박한 문제에 대응하려 하였다. 메시아의 재림이 가까이 왔다는 기대와 예언자들과 영의 소유자들에게 나타난 원시 공동체의 열광주의는 시들해졌으며, 제도교회가 이 자리를 대신하였다. 몬타누스와 추종자들은 가까이 다가온 세상의 종말을 선포하고, 그리스도인에게 세상을 멀리하고 종말을 준비할 것을 권고하면서 원시 공동체의 열광주의를 새로이 일으키려 하였다. 따라서 그들은 철저한 단식, 독신생활, 성생활의 자제, 많은 자선행위, 순교에 대한 열망을 권하였다. 그러나 이러한 요구는 단식일이 줄어들고 재혼만 금지되는 등 시간이 흘러감에 따라 완화되었다. 막시밀라는 자신이 죽자마자 새 예루살렘이 프리기아 지방의 페푸자 또는 티미온에 내려올 것이라 선포하였다.

이와같이 몬타누스주의는 교회의 목표를 철저히 추구하였기 때문에 처음에는 이단으로 인식되거나 단죄받지 않았다. 더욱이 리용의 고백자들은 177년경 몬타누스파를 중재하는 편지를 써서 이레네우스를 로마로 보냈다. 그러나 몬타누스파의 엄격주의는 결국 위험한 결과를 초래하는 운동으로 알려졌다. 몬타누스파는 예언자들에게 유일한 권위를 부여하여 성직자의 권위와 교계제도를 배척하고 모든 그리스도인에게 금욕생활을 요구하였으며, 많은 사람을 하느님의 보편적 구원의지에서 배제하고 성서의 권위보다 예언자의 권위를 더 높이 평가하였다. 2세기 말에서 3세기 초 고대교회에서 열린 교회회의는 몬타누스주의를 당연히 이단으로 단죄하였다.

179년 막시밀라가 죽은 뒤 세상의 종말이 일어나지 않자 새 예루살렘에 대한 임박기대는 상당한 타격을 입었다. 그러나 몬타누스주의는 더욱더 엄격한 도덕적 요구에 전념하여 200년부터 서방에서(특히 테르툴리아누스가 이 종파로 돌아섰기 때문에) 확고한 기반을 다졌다. 그 뒤로 몬타누스주의는 점차 쇠퇴하였지만 동방에서는 9세기까지도 그 흔적이 여전히 나타난다.

편집본: P. de Labriolle, Les sources de l'histoire du Montanisme. Textes grecs, latins, syriaques = CF 24 (1913) (TfÜK). – N. Bonwetsch = KlT 129 (1914). – R.E. Heine, The Montanist Oracles and Testimonia = PatMS 14 (1989) (TeÜ).

참고문헌: 사전 항목: H. Bacht: DSp 10 (1980) 1670-6. – B. Aland: EECh I 570-1. – W. H. C. Frend: TRE 23 (1993) 271-9.

연구서: N. Bonwetsch, Die Geschichte des Montanismus, Erl 1881. – P. de Labriolle, La crise Montaniste, P 1913. – W. Schepelern, Der Montanismus und die phrygischen Kulte. Eine religionsgeschichtliche Untersuchung, übers. W. Bauer, Tü 1929. – H. Kraft, Die altkirchliche Prophetie und die Entstehung des Montanismus: ThZ 11 (1955) 249-71. – K. Aland, Bemerkungen zum Montanismus und zur frühchristlichen Eschatologie: Kirchengeschichtliche Entwürfe. Alte Kirche, Reformation und Luthertum, Pietismus und Erweckungsbewegung, Gü 1960, 105-48. – T.D. Barnes, The Chronology of Montanism: JThS NS 21 (1970) 403-8. – J.A. Fischer, Die antimontanistischen Synoden des 2./3. Jahrhunderts: AHC 6 (1974) 241-73. – F. Blanchetière, Le montanisme originel: RevSR 52 (1978) 118-34; 53 (1979) 1-22. – A. Strobel, Das heilige Land der Montanisten. Eine religionsgeschichtliche Untersuchung = RVV 37 (1980). – W.H.C. Frend, Montanism, Research and Problems: RSLR 30 (1984) 521-37. – W.H.C. Frend, Montanism: A Movement of Prophecy and Regional Identity in the Early Church: BJRL 70 (1988) 25-34. – W. Tabbernee, Remnants of the New Prophecy. Literary and Epigraphical Sources of the Montanist Movement: StPatr 21 (1989) 193-201.

5.2.4. 단원론單原論

테르툴리아누스(「프락세아스 논박」 10,1)가 처음 사용한 단원론Monarchianismus이라는 개념은 일치된 신학체계나 학파를 나타내지 않는다. 단원론은 유다교에서 물려받은 유일신론을 바탕으로, 이교인의 다신론과 하느님 아버지와 아들을 분리된 두 신성으로 나눌 위험이 있는 영지주의의 개념을 막으려는 의미에서 발생하였다. 단원론은 하느님을 엄격한 하나의 근원monarchia(μόνος: 단독의, ἀρχή: 근원, 원칙), 곧 유일하고 나눌 수 없는 만물의 근원으로 선포한 모든 경향을 의미한다. 단원론은 온건하고 정통신앙적 형태로 성부와 성자를 동일본질(ὁμοούσιος)로 정의한 니체아 공의회에 적지 않은 기여를 하였다. 그러나 단원론은 하느님의 일치를 엄격히 해석하고, 이로써 성부에 대한 성자의 자주성을 시인하지 않아 이단에 빠져버렸다.

이단적 단원론은 서로 다른 운동에서 형성되었다. 더러는 신학에 근거하여, 더러는 주요 대표자에 따라 그 명칭을 지니게 되었다. 신학적으로 분류할 경우 근본적으로 두 형태로 나뉜다.

1) 양자설Adoptianismus: 양자설은 그리스도가 순수한 인간으로 태어나 성장하였다는 사실에 바탕을 두고 하느님의 일치를 보존하려 하였다. 그리스도는 요르단 강에서 세례를 받았을 때 또는 부활한 뒤에야 공로 때문에 하느님 아버지

에 의해 아들로 받아들여졌다. 양자설은 2세기 비잔틴의 테오도투스라는 무두장이에게서 유래하며, 뒤에 사모사타의 바울로(260~270년경 사망)와 시르미움의 포티누스(4세기 중엽)가 물려받았으나 성과를 거두지 못하였다.

2) 성부수난설Patripassianismus(pater: 아버지, passio: 수난) 또는 양태설Modalismus(modus: 방식, 양식): 이 학설은 하느님 아버지와 아들을, 한 분이신 하느님께서 서로 다른 방식으로 나타나신 것으로 이해하였다. 따라서 이 학설은 성부 자신이 성자의 모습으로 십자가에서 수난했다고 주장한다. 이러한 단원론은 2세기 말 스미르나의 노에투스가 로마에 전파했으며, 히폴리투스는 이에 학문적으로 대응하였다(단편 「노에투스 논박」). 사벨리우스는 로마에서 이 학설을 받아들여 3세기에 북아프리카에 널리 알렸다. 이에 대응하여 테르툴리아누스는 교부시대의 삼위일체에 관한 최초의 기초 작품인 「프락세아스 논박」을 저술하였다. 이 학설은 4세기 소아시아 안치라의 마르첼루스의 신학에서도 나타난다.[10]

참고문헌: 사전 항목: M. Simonetti, Adoptianists: EECh I 11. – M. Simonetti, Monarchians: EECh I 566. – M. Simonetti, Patripassians: EECh II 653-4. – M. Simonetti, Sabellius – Sabellianism: EECh II 748-9. – M. Simonetti, Theodotus of Byzantium: EECh II 830.

연구서: J.N.D. Kelly, Early Christian Doctrines, Lo ²1950, 115-26. – M. Simonetti, Sabellio e il sabellianismo: SSR 4 (1980) 7-28. – M. Decker, Die Monarchianer. Frühchristliche Theologie im Spannungsfeld zwischen Rom und Kleinasien, H 1987. – W.A. Bienert, Sabellius und Sabellianismus als historisches Problem: H.Ch. Brennecke/E.L. Grasmück/Ch. Markschies (eds.), Logos (FS L. Abramowski) = BZNW 67 (1993) 124-39. – G. Uríbarri Bilbao, Monarquía y trinidad. El concepto teológico "monarchia" en la controversia "monarquiana", M 1996.

5.3. 정통신앙 답변서

5.3.1. 리용의 이레네우스

이레네우스의 생애는 그의 작품들과 에우세비우스(「교회사」 V 3-25)가 이레네우스의 작품들에서 인용한 몇몇 구절에만 나온다. 그는 소아시아 출신으로 젊었을 때 스

---

[10] 체사레아의 에우세비우스를 비롯한 교부들이 안치라의 마르첼루스를 사벨리우스주의자라고 비난하였을지라도 마르첼루스의 학설이 양태설인지는 더 연구되어야 한다 — 역자 주.

미르나의 폴리카르푸스의 가르침을 들었으며, 리용 공동체의 많은 신자와 마찬가지로 상업적인 일로 갈리아에 갔다. 리용 공동체는 177년경 로마의 주교 엘레우테루스(174년경~189)에게 몬타누스파와 교회의 공동체성을 지킬 것을 조언하기 위해(5.2.3. 참조), 리용의 고백자들이 쓴 편지와 함께 장로인 이레네우스를 로마로 보냈다. 그가 로마에서 돌아온 지 얼마 안 되어 포티누스 주교가 순교하자(4.2.2. 참조), 리용 공동체는 이레네우스를 주교로 선출하였다. 로마의 주교 빅토르(약 189~약 199년)가 재임하는 동안에 일어난 부활절 논쟁에 관하여 이레네우스가 두번째 화해의 편지를 쓴 사실은 최근에 밝혀졌다. 이레네우스는 폴리카르푸스 주교와 로마의 주교 아니체투스가 부활절 날짜에 관해 서로 견해가 달랐음에도 화해하고 헤어진 경우를 떠올리면서, 14일파를 파문하지 말고 그들과 함께 교회 공동체성을 지키도록 변론하였다(제2장 2.3. 참조). 이레네우스는 200년경에 사망하였으며, 히에로니무스(「이사야서 주석」 17,64)는 그가 순교하였다는 사실을 알고 있었다.

에우세비우스는 이레네우스의 모든 작품을 알고 있었지만 몇몇 단편만 전한다. 이레네우스의 작품 가운데 두 작품, 일반적으로 「이단 논박」으로 불리는 그의 주저主著 「이렇게 잘못 불리는 인식에 대한 논증과 논박」과 「에피데익시스」로 인용되는 「사도적 선포의 논증」만이 남아 있다.

참고문헌 목록: M.A. Donovan, Irenaeus in Recent Scholarship: SecCen 4 (1984) 219-41. – N. Collmar: BBKL 2 (1991) 1315-26.

편집본: H. Jordan, Armenische Irenaeusfragmente mit deutscher Übersetzung nach W. Lüdtke = TU 36/2 (1913). – Ch. Renoux, Irénée de Lyon, Nouveaux fragments arméniens de l'*Adversus haereses et de l'Epideixis*: PO 39 (1978) 1-164 (Tl K).

번역서: E. Klebba/S. Weber = BKV² 3-4 (1912) (*Opera omnia*).

참고문헌: 사전 항목/각론서 항목: L. Doutreleau/L. Regnault: DSp 7/2 (1971) 1923-69. – H.-J. Jaschke: TRE 16 (1987) 258-68. – A. Orbe: EECh I 413-6. – R. Aubert: DHGE 25 (1995) 1477-9.

연구서: Reihe "Eirenaios". Études Irénéennes/Irenäische Studien, R 1979 ff. – A. Orbe, Parábolas evangélicas en san Ireneo, 2 vol., M 1972. – H.-J. Jaschke, Der Heilige Geist im Bekenntnis der Kirche. Eine Studie zur Pneumatologie des Irenäus von Lyon im Ausgang vom altchristlichen Glaubensbekenntnis = MBTh 40 (1976). – P. Bacq, De l'ancienne à la nouvelle alliance selon saint Irénée, P 1978. – Ch. Saldanha, Divine Pedagogy. A Patristic View of Non-Christian Religions = BSRel 57 (1984) 75-102. – A. Orbe, Espiritualidad de San Ireneo = AnGr 256 (1989). – A. Faivre, Irénée, premier théologien "systématique"?: RevSR 65 (1991) 11-32. – M. Blanchard, Aux sources du canon, le témoignage d'Irénée = CFi 175 (1993). – J. de Roulet,

Saint Irénée Évêque: RHPhR 73 (1993) 261-80. – D. Minns, Irenaeus, Lo 1994. – R. Noormann, Irenäus als Paulusinterpret = WUNT II 66 (1994).

인간학: A. Orbe, Antropología de San Ireneo = BAC (1969). – Y. de Andia, *Homo Vivens*. Incorruptibilité et divinisation de l'homme selon Irénée de Lyon, P 1986. – J. Fautino, L'homme image de Dieu chez saint Irénée de Lyon, P 1986. – J. Birrer, Der Mensch als Medium und Adressat der Schöpfungsoffenbarung. Eine dogmengeschichtliche Untersuchung zur Frage der Gotteserkenntnis bei Irenäus von Lyon = BSHST 59 (1989). – D.L. Hoffman, The Status of Women and Gnosticism in Irenaeus and Tertullian = SWR 36 (1995) 79-143.

그리스도론: A. Houssiau, La Christologie de saint Irénée, Lou – Gembloux 1955. – G. Joppich, *Salus carnis*. Eine Untersuchung der Theologie des hl. Irenäus von Lyon, Münsterschwarzach 1965. – J.T. Nielsen, Adam and Christ in the Theology of Irenaeus of Lyons, Assen 1968. – J.I. González Faus, Carne de Dios. Significado salvador de la encarnación en la teología de San Ireneo, Barcelona 1969. – H. Lassat, Promotion de l'homme en Jésus-Christ d'après Irénée de Lyon témoin de la Tradition des Apôtres, Straßburg 1974.

신학: A. Benoit, Saint Irénée. Introduction à l'étude de sa théologie = EHPhR 52 (1960). – W.R. Schoedel, Theological Method in Irenaeus: JThS NS 35 (1984) 31-49. – Y. Torisu, Gott und Welt. Eine Untersuchung zur Gotteslehre des Irenäus von Lyon = SIM 52 (1991). – J. Fantino, La théologie d'Irénée. Lecture des Écritures en réponse à l'exégèse gnostique. Une approche trinitaire, P 1994.

5.3.1.1. 「이단 논박」*Adversus haereses*

다섯 권으로 이루어진 방대한 논문 「이렇게 잘못 불리는 인식에 대한 논증ἔλεγχος과 논박ἀνατροπή」은 180년경 그리스어로 저술되었으나, 3세기 또는 4세기에 씌어진 라틴어 번역, 그리스어, 아르메니아어, 시리아어 단편으로만 남아 있다. 논문의 제목은 작품의 정확한 의도와 구조를 나타낸다. 이 작품은 주로 발렌티누스적 인식과 이레네우스가 앞선 단계로 여긴 이전의 모든 이단을 논박한다. 이레네우스는 발렌티누스가 "인식"이라고 부를 수 있는 권리가 없다고 말한다. 그리스도만 신앙에 대한 참되고 완전한 인식을 사도들에게 선포하였고, 사도들은 이 인식을 신약성서에 기록하였기 때문이다. 영지주의자들이 증거로 끌어다 대는 비밀의 책들과 극히 개인적으로 도취된 인식은 영지주의자들을 근본적으로 길을 잘못 들게 하여 이단이 될 수밖에 없게 만들었다. 이 "인식"(1-2권)으로 영지주의자들의 학설체계를 상세하게 비판함으로써 그들의 사상의 허위성을 폭로해야 한다. 이레네우스의 관점에서, 이 사상의 대표자들은 질문과 이의에 어떤 합리적인 답변을 할 수 없기 때문에 결국 패배자임을 시인해야 한다. 이렇게 거짓으로 증명된 인식에 대한 필연적인 논박(3-5권)은 참된 인식, 곧 전통적이고 정통

신앙적인 그리스도교 신앙의 긍정적인 설명과 논증으로 제시된다.

제1권에서는 이런 이유로 영지주의자 프톨레메우스의 학설체계를 설명하는 것으로 시작한다(1-9). 그 다음 프톨레메우스에게 교회와 일치된 신앙과 진리의 규범regula veritatis을 대안으로 제시하고(10-22), 발렌티누스주의의 선구자와 발생을 상세히 설명한다(23-31). 제2권의 제1부(1-11)에서는 창조자-신 위에 있는 플레로마 세계에 관한 발렌티누스의 근본 주제를 논박한다. 이러한 사상으로는 그리스도교의 유일신론뿐만 아니라 하느님 개념 자체도 포기해야 하기 때문이다. 한 분이신 하느님 밖의 사건들은 하느님과 논리적으로 구분된다. 제2부(12-19)에서는 에온들, 씨앗에 관한 사상, 지혜의 고난을 다룬다. 제3부(20-28)에서는 발렌티누스파의 숫자에 관한 사변을, 제4부(29-30)에서는 그들의 종말론을 반박한다. 제5부(31-35)에서는 마지막으로 영지주의의 비-발렌티누스 주제들을 논한다.

교회의 전통에 남아 있는 성서의 고유한 진리에 관한 긴 서론(1-5) 다음, 제3권의 제1부에서는 창조주 하느님을 유일하게 존재하는 신으로(6-15), 제2부(16-23)에서는 그리스도가 육화하였다는 사실에서 그가 하느님의 아들이고 피조물의 구원자임을 증명한다. 제3부(24-25)에서는 서론에 나오는 요점을 되풀이하여 설명하고 교회의 선포에 대한 반박을 경고하면서 끝맺는다. 제4권에서는 가톨릭 신학에 관한 근본적인 설명을 계속한다. 이를 위해 이레네우스는 예수의 말을 바탕으로 구약과 신약의 상관성을 제시하며(1-19), 신약의 내용을 예언한 구약의 의미(20-35)와 예수의 비유를 토대로 구약과 신약의 상관성을 증명한다(36-41). 제5권에서는 그리스도교의 신앙론에 관한 그밖의 세 가지 근본적인 주제로 방대한 작품을 끝낸다. 이러한 주제에는 바울로의 편지에 따른 육체의 부활(1-14), 장님의 치유와 예수의 십자가에 못박힘과 유혹에서 증명될 수 있는 창조주 하느님과 예수 그리스도의 아버지와의 동일성(15-24), 성서의 공밀론 서술을 도대로 창조주와 성부의 동일성에 관한 반복적 증명(25-36)이 있다.

야쉬케H.-J. Jaschke(TRE 16, 266쪽)는 이레네우스를 "교의학의 창시자"라고 부르나 이에 관하여 상세히 다루지는 않는다. 「이단 논박」은 앞으로 많은 영역에서 전형적이고 상당한 영향력을 미칠 폭넓은 신학체계를 실제적인 동기에서 처음으로 제시한다. 이레네우스 당시 신약성서 경전은 아직도 공식적으로 승인되지 않았고 일반적으로 구속력을 지닌 경전으로 확정되지 않았다. 따라서 그가 개별적으로 성서의 어떤 작품을 경전에 포함시켰는지도 정확히 알 수 없다. 그의 논증을 토대로 하면 경전은 이미 확고한 토대를 마련하였으며 영지주의의 책들이 외경으로 경전에서 빠졌음을 알 수 있다. 사도들은 그리스도에게서 직접 들은 완전한 진리를 신약성서에 빠짐없이 기록하였기 때문에 신약성서는 참된 신앙의 유일한 토대였다. 이 본원적인 진리가 세월이 흘러도 순수하게 보존될 수 있는 것은 로마의 주교들이 사도들을 뒤이어 로마 교회의 지속적인 전통을 보증하기 때문이다. 이레네우스는 이러한 계승에 대한 증거로 베드로 이후의 로마 주교의 목록을 처음으로 기록하였다(「이단 논박」 III 3,3). 정통신앙적 교회의 척도(이 개념도 이레네우스가 사용하였다)는 영지주의자들에게 없는 진리의 규범canon veritatis 과 신앙의 규범regula fidei이었다. 이러한 규범은 성서의 기쁜 소식, 세례신앙, 로마 교회와 일치된 신앙고백을 통해 규정되었다. "모든 교회, 곧 모든 신자는 그들이 어느 교회에 속하든 로마 교회의 고유한 근원 때문에 이 교회와 일치하여야 한다. 전 세계의 신자는 사도들로부터 내려오는 전승을 이 교회 안에 항상 보존한다"(「이단 논박」 III 3,2). 이로써 이레네우스는 오늘날까지 신학과 교회의 진리를 평가하는 기준, 교회론, 교황 수위권에 관한 신학의 기초를 놓았다.

그의 그리스도론적 개념 가운데 하나인 "하나이고 동일한"($\epsilon\hat{\iota}\varsigma$ $\kappa\alpha\iota$ $\alpha\dot{\upsilon}\tau\acute{o}\varsigma$) 그리스도 안에서 두 본성의 일치에 관한 표현도 수세기에 걸쳐 사용되었다. 이 개념은 아우구스티누스 이후 확고한 위치를 차지한 "하나의 위격인 그리스도" Christus una persona 정식으로 대체되었다. 마찬가지로 수세기 동안 인간의 올라감을 위한 하느님의 내려감에 관한 그의 육화신학도 여러 새로운 정식에서 유지되었다. "우리가 사람의 아들을 통하여 자녀가 될 수 있도록 하느님의 사람이 사람의 아들이 되었습니다"(「이단 논박」 III 16,3).

5.3.1.의 서술 참조.
편집본: A. Rousseau/L. Doutreleau/Ch. Mercier/B. Hemmerdinger = SC 100, 152-153, 210-211, 263-264, 293-294 (1965-82) (TfÜK).

번역서: H. Hayd = BKV¹ 2 Bde. (1872-3). – N. Brox = FC 8/1 (1993) 99-357; 8/2 (1993) (TdÜ). – N. Brox = FC 8/1-4 (1993-7) (TdU). – 영어 번역서: A.C. Coxe: ANFa 1 (1885 = 1995) 307-567. – D.J. Unger/J.J. Dillon = ACW 55 (1992) (*I*).

보조자료: B. Reynders, Lexique comparé du texte grec et des versions latine, armémenne et syriaque de l' *"Adversus Haereses"* de saint Irénée, 2 Bde. = CSCO 141-142 (1954).

참고문헌: (부분) 주석서: E. Lanne, L'Église de Rome *"a gloriosissimis duobus apostolis Petro et Paulo Romae fundatae et constitutae ecclesiae"* (Adv. Haer. III,3,2): Irén. 49 (1976) 275-322. – A. Orbe, Teología de San Ireneo. Comentario al libro V del "Adversus haereses", 3 Bde. = BAC 25, 29, 33 (1985-8). – M. Sciatella, Antropologia e cristologia in S. Ireneo di Lione: *Adversus Haereses* V, 1-2, analisi strutturale teologica e scritturistica del testo: Div. 32 (1989) 269-85. – D.H. Tripp, The Original Sequence of Irenaeus *Adversus Haereses*, I: A Suggestion: SecCent 8 (1991) 157-62. – A. Orbe, El Dios revelado por el Hijo. Análisis de Ireneo, *Adv. haer.* IV,6: Aug. 32 (1992) 5-50. – A. Orbe, *Gloria Dei vivens homo* (Análisis de Ireneo, *adv. haer.* IV, 20, 1-7): Gr. 73 (1992) 205-68. – A. Orbe, Los hechos de Lot, mujer e hijas vistos por san Ireneo (*adv. haer.* IV, 31, 1, 15/3, 71): Gr. 75 (1994) 37-64.

연구서: N. Brox, Offenbarung, Gnosis und gnostischer Mythos bei: Irenäus von Lyon. Zur Charakteristik der Systeme = SPS 1 (1966). – G. Jossa, Regno di Dio e Chiesa. Ricerche sulla concezione escatologica ed ecclesiologica dell'*Adversus haereses* di Ireneo, Neapel 1970. – V. Grossi, Regula veritatis e narratio battesimale in sant'Ireneo: Aug. 12 (1972) 437-63. – P.M. Bräuning, Die *"principalitas"* der römischen Gemeinde nach Irenäus, Diss. Halle 1975. – A. Orbe, Cristología gnóstica. Introducción a la soteriología de los siglos II y III = BAC 384-385 (1976). – R. Berthouzoz, Liberté et Grâce suivant la théologie d'Irénée de Lyon. Le débat avec la gnose aux origines de la théologie chrétienne, Fri – P 1980. – E. Lanne, "La règle de la vérité". Aux sources d'une expression de saint Irénée: *Lex Orandi – Lex Credendi* (FS C. Vagaggini) = StAns 79 (1980) 57-70. – W. Overbeck, Menschwerdung. Eine Untersuchung zur literarischen und theologischen Einheit des fünften Buches 'Adversus Haereses' des Irenäus von Lyon, Bern 1995.

5.3.1.2. 「에피데익시스」*Epideixis*

소책자인 「사도적 선포의 논증」은 575~580년경에 씌어진 아르메니아어 번역본에만 남아 있다. 에우세비우스의 「교회사」(V 26)에 이 작품이 언급되는 데도 번역본은 1904년에 이르러서야 발견되었다. 이 작품에서는 당시의 모든 유실, 특히 마르치온에 대한 이레네우스의 신학을 요약한다. 짧은 인사말과 서언(1-3) 다음 제1부에서는 구원사에 관한 신학, 곧 하느님과 창조(4-16), 인간의 죄와 하느님의 자비(17-30), 예수 그리스도를 통한 구원 실현(31-42)이 언급된다. 제2부에서는 성서의 계시에서 하느님 아들의 선재先在와 육화(43-51), 예수에 대한 예언의 성취(52-84), 메시아에 관한 예언의 성취인 그리스도교(85-97)와 같은 구원사의 진리를 논증한다. 98-100장에서는 신앙 안의 삶과 이단에 대한 저항을 권고하면서 작품을 끝낸다.

따라서 「에피데익시스」에서는 「이단 논박」과 달리 그리스도교 신앙론의 기초를 요약한 진술이 중요하며, 영지주의 배경을 언급하지만 영지주의를 상세히 반박하지는 않는다. "이레네우스의 논문은 오늘날 기초신학에 해당하는 과제를 해결하는 데 집중되어 있다. 이 작품은 반대자를 논박하는 의미뿐만 아니라 신앙을 이성적으로 증명하려는 의미에서도 호교적 특성을 지닌다"(Weber: BKV² 4, XIV).

5.3.1.의 서술 참조.

편집본: K. Ter-Měrkěrttschian/E. Ter-Minassiantz, Nachwort und Anmerkungen von A. von Harnack = TU 31/1 (1907). – K. Ter-Měrkěrttschian/S. G. Wilson/J. Barthoulot/J. Tixeront: PO 12 (1913) 655-802 (TfÜl. – L.M. Froidevaux = SC 62 (1959) (fÜK).

번역서: N. Brox = FC 8/1 (1993) 21-97 (TdÜ). – 영어 번역서: J. P. Smith = ACW 16 (1952).

보조자료: B. Reynders, Vocabulaire de la "Démonstration" et des fragments de Saint Irénée, Chevetogne 1958.

5.3.2. 로마의 히폴리투스

히폴리투스는 서방에서 그리스어로 저술활동을 한 마지막 교부였다. 더욱이 그리스어와 라틴어는 4세기 말까지 함께 쓰였지만, 히폴리투스 이후 서방에서는 라틴어만 사용하였다. 히폴리투스의 작품에서 추측할 수 있듯이, 그는 교황인 로마의 주교 빅토리우스 재임 때부터 폰티아누스의 재임(약 189~235년)까지 로마에 살았다. 그는 처음에 장로였으며, 칼리스투스 주교가 죽은(222년) 뒤 자신이 주교(217년부터?)라고 주장하였다(「논박」 서언 6; IX 12,21). 이 보고가 옳다면, 그는 아마도 칼리스투스 주교와 벌인 논쟁 때문에 자기 추종자들이 추대한 대립주교였음이 틀림없을 것이다. 그는 노에투스와 사벨리우스를 철저히 반대하여 칼리스투스를 단원론자라고 비난한 반면, 칼리스투스는 그를 이신론자二神論者라고 하였다. 그밖에 칼리스투스가 중죄를 범한 신자들에게 회개 예식을 관대하게 베풀어 성사에 그들을 다시 받아들인 반면, 히폴리투스는 엄격한 조건을 달아 그들을 받아들이기를 바랐다.

이러한 분열은 막시미누스 트락스 황제가 즉위한 뒤 로마의 두 주교, 폰티아 누스와 히폴리투스를 사르디니아로 추방한 235년까지 계속되었다. 두 명의 주교는 안테루스 주교(235~236년) 재임시 로마의 종파처럼 서로 화해하였으며, 사르디니아의 유배지에서 죽었다. 파비아누스 주교(236~250년)는 두 구眞의 시신을 로마로 가져와서 같은 날(8월 13일) 매장하였으며, 교회는 두 사람을 모두 성인으로 공경한다. 테스티니P. Testini는 1973년 피우미치노Fiumicino 근방의 이솔라 사크라 바실리카 지하에서 히폴리투스의 석관을 발견하였다. 그의 시신은 본디 비아 티부르티나Via Tiburtina에 매장되었으나 뒤에 이곳으로 이장되었다.

1551년 로마에서 머리가 파괴된 채 의자에 앉아 있는 사람의 대리석상이 발견되었다. 그 상의 기둥에 히폴리투스 작품의 일부 목록과 그의 「부활절 규범규정」Canon paschalis이 새겨져 있었다. 따라서 이 상은 히폴리투스의 초상으로 간주되어, 남자의 머리를 조각하여 올려놓았다. 그러나 구아르두치M. Guarducci는 이 석상이, 예를 들어 람프사코스처럼 그리스의 여자 철학자가 앉아 있는 모습을 본떠 만든 110년경의 복제품이라고 주장하였다. 이 상은 1959년까지 라테란 박물관에 보존되었으나, 그 뒤부터 바티칸 도서관의 입구 회랑에 전시되어 있다.

히폴리투스는 많은 작품을 저술하였다. 그의 작품 가운데, 특히 아가서의 모든 구절을 설명한 주석서(지금은 고대 게오르기아어 번역만 남아 있다), 「다니엘 주석」, 234~235년까지의 역사를 서술한 세계사 「연대기」가 남아 있다. 그러나 그가 교회사와 교부론에서 중요한 자리를 차지하는 것은 두 편의 주저 「모든 이단에 대한 논박」과 「사도전승」 때문이다. 노텡P. Nautin은 히폴리투스의 유명한 작품들을 그뿐만이 아니라 요세푸스 또는 요시푸스라는 알려지지 않은 저자가 일부분 저술하였다고 추론하였다. 그러나 오늘날 대부분의 학자는 두 명이 저술하였다는 이 논제를 받아들이시 않는다. 오히려 「사도전승」은 같은 저자가 시간적으로 서로 다른 두 시기에 쓴 작품일 것이다.

참고문헌 목록: G. Kretschmar, Bibliographie zu Hippolyt von Rom: JLH 1 (1955) 90-5. – F.W. Bautz: BBKL 2 (1990) 888-93.

편집본: *Benedictiones*: M. Brière/L. Mariès/B.-Ch. Mercier = PO 27/1-2 (1954) [g, armen, georg (TfÜK)]. – *Benedictiones Isaac et Iacob, In Danielem*: C. Diobouniotis/N. Beïs = TU

38/1 (1911). – Chronik: A. Bauer, Die Chronik des Hippolytos im Matritensis Graecus 121, nebst einer Abhandlung über den Stadiasmus Maris Magni von O. Cuntz = TU 29/1 (1905) (lgTK). – A. Bauer/R. Helm = GCS Hipp 4 (1929). – R. Helm = GCS Hipp 7 (1956). – *Contra Noetum*: R. Butterworth, Lo 1977 (TeÜ). – *Fragmente Contra Noetum, Adversus Iudaeos*: E. Schwartz, Zwei Predigten Hippolyts: SBAW.PPH 1936/3. – *In Canticum Canticorum, In Danielem*: G.N. Bonwetsch = GCS Hipp 1/1 (1897). – *In Danielem*: G Bardy/M. Lefèvre = SC 14 (1947) (TfÜK). – *De David et Goliath, In Canticum Canticorum, De Antichristo*: G. Garitte = CSCO 263-264 (1965) (georg TlÜ). – *Kleinere exegetische und homiletische Schriften*: H. Achelis = GCS Hipp 1/2 (1897).

번역서: SWKV 7 (1832) 129-248 (Antichrist, Susanna, *Adversus Iudaeos, Fragmentum adversus gentes, Contra Noetum, Fragmenta de incarnatione, De gratia, In Theophania* Canon). – V. Gröne = BKV[1] 2 Bde. (1873-4) (Antichrist, Canones). – G.N. Bonwetsch, Hippolyts Kommentar zum Hohenlied auf Grund von N. Marrs Ausgabe des grusinischen Textes = TU 23/2 (1902) (dÜK). – G.N. Bonwetsch, Drei georgisch erhaltene Schriften von Hippolytus: der Segen Jakobs, der Segen Moses, die Erzählung von David und Goliath = TU 26/1a (1904). – 영어 번역서: A. C. Coxe: ANFa 5 (1885 = 1995) 1-259 (*Opera omnia*).

참고문헌: 사전 항목: M. Richard: DSp 7/1 (1968) 531-71. – M. Marcovich: TRE 15 (1986) 381-7. – C. Scholten: RAC 15 (1991) 492-551. – P. Nautin: EECh I 383-5.

편찬서: M. Richard, Opera Minora I, Turnhout – Leuven 1976, Nr 10-20. – Ricerche su Ippolito = SEAug 13 (1977). – Nuove ricerche su Ippolito = SEAug 30 (1989).

연구서: G.N. Bonwetsch, Studien zu den Kommentaren Hippolyts zum Buche Daniel und Hohen Liede = TU 16/2 (1897). – E. Schwartz, Christliche und jüdische Ostertafeln = AGWG.PH NF 8/6 (1905). – A. d'Alès, La théologie de saint Hippolyte = BTH (1906). – P. Nautin, Le dossier d'Hippolyte et de Méliton dans les florilèges dogmatiques et chez les historiens modernes = Patr. 1 (1953). – A. Zani, La cristologia di Ippolito, Brescia 1984. – C. Osborne, Rethinking Early Greek Philosophy: Hippolytus of Rome and the Presocratics, Ithaca 1987. – A. Whealey, Hippolytus' Lost *De universo* and *De resurrectione*: Some New Hypotheses: VigChr 50 (1996) 244-56.

고고학: P. Testini, Sondaggi a S. Ippolito all'Isola Sacra. I depositi reliquiari scoperti sotto l'altare: RPARA 46 (1973/74) 165-77. – M. Guarducci, La statua di "Sant'Ippolito" in Vaticano: RPARA 47 (1974/75) 163-90. – P. Testini, La basilica di s. Ippolito: Ricerche archeologiche nell'Isola Sacra, R 1975, 41-132. – E. dal Covolo, Ancora sulla "statua di sant'Ippolito". Per una "messa a punto" dei rapporti tra i Severi e il Cristianesimo: Aug. 32 (1992) 51-9. – E. Prinzivalli, Hippolytus, statue of: EECh I 385. – M. Guarducci, San Pietro e Sant'Ippolito: storia di statue famose in Vaticano, R 1991. – A. Brent, Hippolytus and the Roman Church in the Third Century. Communities in Tension Before the Emergence of a Monarch-Bishop = SVigChr 31 (1995).

친저성: P. Nautin, Hippolyte et Josipe. Contribution à l'histoire de la littérature chrétienne du troisième siècle = ETHDT 1 (1947). – M. Richard, Dernières remarques sur s. Hippolyte et le soi-disant Josipe: RSR 43 (1955) 379-94. – P. Nautin, L'homélie d'Hippolyte sur le psautier et les œuvres de Josipe: RHR 179 (1969) 137-79. – M. Simonetti, Una nuova proposta su Ippolito: Aug. 36 (1996) 13-46.

노에투스 논박: J. Frickel, Der Antinoetbericht des Epiphanius als Korrektiv für den Text von Hippolyts *Contra Noetum*: Comp. 35 (1990) 39-53. – J. Frickel, Hippolyts Schrift *Contra Noetum*: ein Pseudo-Hippolyt: H.Ch. Brennecke/E. L. Grasmück/Ch. Markschies (eds.), Logos (FS L. Abramowski) = BZNW 67 (1993) 87-123.

5.3.2.1. 「모든 이단에 대한 논박」*Refutatio omnium haeresium*

히폴리투스는 이레네우스의 방대한 반영지주의 작품인 「이단 논박」과 그밖의 사료들을 이용하여 10권으로 이루어진 「모든 이단에 대한 논박」을 저술하였다. 이 작품은 무엇보다도 영지주의자들이 그리스 철학과 신화론의 표절자이며, 따라서 그들이 그리스도교의 신앙 자산과 아무 관계가 없음을 입증한다. 이때문에 1~4권에서는 소크라테스 이전의 학파로부터 4세기 히폴리투스 당시까지 그리스 철학 전체와 헬레니즘 철학을 폭넓게 구상한 전망을 제시한다. 그는 이로써 5~9권에서 영지주의의 이단들과 이들의 선구자들 및 유사한 견해를 지닌 사람들, 그리스 철학, 헬레니즘 철학을 독자 스스로 비교할 수 있게 하였다. 마지막으로 제10권에서는 전 작품을 간략히 요약한다(개요).

히폴리투스가 요약하는 형식으로 저술한 작품은 매우 독특한 전승사를 지닌다. 제1권은 이미 초기에 *Philosophumena*라는 제목의 철학 총론서로 따로 전해졌으며, 1701년에 다시 발견되어 오리게네스의 작품으로 여겨지기도 했다. 제2, 3권과 제4권의 앞부분은 소실되었으나, 앞뒤 문맥에 따라 이 부분에서 그리스와 동방의 밀교 제의와 신화론을 다루었음을 대략적으로 추론할 수 있다. 제4~10권은 1842년 발견되어 처음에는 오리게네스의 작품으로 간주되었으나, 1851년부터 히폴리투스의 작품으로 인정받았다.

5.3.2.의 서술 참조.
편집본: M. Marcovich = PTS 25 (1986).
번역서: K. Preysing = BKV² 40 (1922).
참고문헌: K. Koschorke, Hippolyts Ketzerbekämpfung und Polemik gegen die Gnostiker. Eine tendenzkritische Untersuchung seiner *"Refutatio omnium haeresium"* = GOF VI 4 (1975). – J. Frickel, Das Dunkel um Hippolyt von Rom. Ein Lösungsversuch: Die Schriften Elenchos und Contra Noëtum = GrTS 13 (1988). – J. Mansfeld, Heresiography in Context. Hippolytus' *Elenchos* as a Source for Greek Philosophy = PhAnt 56 (1992).

5.3.2.2. 「사도전승」*Traditio Apostolica*

215년경에 쓰어진 히폴리투스의 「사도전승」은 원본이 없어지고, 19세기에 발견된 콥트어, 아랍어, 에티오피아어, 라틴어로 개작된 번역만이 남아 있다.

이때문에 종종 그의 작품으로 다루어지지 않고 이전의 다른 법규에 관련된 작품(「디다케」, 「사도들의 가르침」)에서 다루어진다. 오늘날에도 히폴리투스의 친저성親著性을 인정하지 않는 학자도 있다. 그러나 딕스G. Dix(1937년)와 보테B. Botte(1963년)가 재구성한 바에 따르면 모든 번역본이 서로 달라도 같은 원전에서 나왔다고 할 수 있다. 이 작품에서는 「디다케」의 증언처럼 주교, 사제, 부제의 선거와 서품 예식, 미사의 성찬기도 및 교계제도와 과부, 독서자, 동정녀, 차부제, 치유자의 직무에 관한 초기 그리스도교의 공동체 생활과 전례에 관한 증언이 중요하다. 초대교회의 직무는 오늘날보다 매우 다양하게 발전하였으며, 교회에서 공식적으로 임명받은 직무와 지위가 있었다. 그 다음에 공동체에 들어가거나 지원하는 방식, 세례 준비, 세례예식, 경전, 성찬례, 도덕적으로 상스럽거나 이교인의 제신숭배와 관련되어 그리스도인이 가져서는 안되는 직업에 관한 상세한 목록(예를 들어 포주, 창녀, 배우, 검투사, 점성가)이 뒤따른다. 결론에서는 그밖의 전례 요소[애찬愛餐(아가페), 단식, 매장, 매일기도 시간, 교리문답과 십자가 표시의 이용]를 실행에 옮기는 방법에 관하여 서술한다.

편집본: 그리스어/라틴어: G. Dix, Lo ²1968 with corrections, preface and bibliography by H. Chadwick (lgTeÜ). – B. Botte = LWQF 39 (⁵1989 hrsg. A. Gerhards/S. Felbecker) (lTfÜ). – E. Tidner = TU 75 (1963) 115-50 (1). – 에티오피아어: H. Duensing = AGWG.PH 3/32 (1946) (TdÜ). – 아랍어: J. und A. Périer = PO 8/4 (1912) (TfÜ). – 콥트어: W. Till/J. Leipoldt = TU 58/5 (1954) (TdÜ).

번역서: W. Geerlings = FC 1 (1991) 141-313 (TdÜK).

보조자료: J. Blanc, Lexique comparé des versions de la *Tradition apostolique* de S. Hippolyte: RThAM 22 (1955) 173-92.

참고문헌: 사전 항목: P. F. Bradshaw, Kirchenordnungen I: TRE 18 (1989) 662-70. – P. Nautin: EECh I 63.

일반 연구서: H. Elfers, Die Kirchenordnung Hippolyts von Rom. Neue Untersuchungen unter besonderer Berücksichtigung des Buches von R. Lorentz: De Egyptische Kerkordening en Hippolytus van Rome, Pb 1938. – A.G. Martimort, Nouvel examen de la "Tradition Apostolique" d'Hippolyte: BLE 88 (1987) 5-25.

개별 주제에 관한 연구서: J.M. Hanssens, La liturgie d'Hippolyte. Ses documents, son titulaire, ses origines et son caractère = OCA 155 (1959). – J.M. Hanssens, La liturgie d'Hippolyte. Documents et études, R 1970. – J. Magne, Tradition apostolique sur les charismes et Diataxeis des saints Apôtres. Identification des documents et Analyse du rituel des ordinations, P 1975. – A. Jilek, Initiationsfeier und Amt. Ein Beitrag zur Struktur und Theologie der Ämter und des

Taufgottesdienstes in der frühen Kirche (*Traditio Apostolica*, Tertullian, Cyprian) = EHS.T 130 (1979). – M. Metzger, Nouvelles perspectives pour la prétendue *Tradition Apostolique*: EO 5 (1988) 241-59. – A.G. Martimort, Encore Hippolyte et la "Tradition Apostolique": BLE 92 (1991) 133-7.

6. 그리스도교 학파의 기원

고대의 학파를 구분하는 방법에는 여러 가지가 있다. 먼저 비그리스도교 영역에서와 같이 그리스도교에서 운영하는 교육 기관으로서의 학교와, 공통되는 특정 교의를 주장하는 학파를 근본적으로 구분해야 한다. 세 단계로 이루어진 헬레니즘·로마 교육은 예닐곱 살에 가정교사에게서 또는 교사litterator/ludi magister($\gamma\rho\alpha\mu\mu\alpha\tau\acute{\eta}s$)가 가르치는 초등학교에서 읽기, 쓰기, 계산을 배우는 기본 교육부터 시작한다. 그 다음 문법학자grammaticus가 일곱 "학예"의 첫번째 과목인 문법을 가르친다. 이 과정에서는 고대의 가장 중요한 문학 작품들, 특히 호메로스와 베르길리우스의 작품으로 언어의 기초를 가르친다. 나머지 여섯 부문(논리학, 수사학, 산수, 음악, 기하학, 천문학)은 수사학자에게서 배운다. 고대의 모든 교양인은 위와 같은 기초 교육 과정을 마쳤다. 많은 교부(예를 들어 테르툴리아누스)가 그리스도를 믿는 어린이들이 학교에서 불필요하고 해로운 이교인의 신화를 배운다고 한탄하였다. 그렇지만 고대에는 그리스도교 특유의 일반 교양을 가르치는 학교가 없었다. 이와 같은 문학 교육은 뛰어난 언어 구사를 필요로 하는 모든 직업, 수사학자(선생), 변호사, 정치가의 기초 과정이었다. 마지막으로 사고와 세상의 이해, 곧 철학을 위한 "고등학교"가 있었다. 이 경우는 학교의 개념과 구별된다. 사람들은 철학자의 강의를 들을 수 있었는데 학교에 다니지 않고도 철학적 교의("학파")를 접할 수 있었다. 가장 유명하고 중요한 철학학교는 기원전 387년부터 기원후 529년까지 세계사에서 가장 오랫동안 유지된 아테네에 있는 플라톤의 아카데미였다. 대 바실리우스, 나지안즈의 그레고리우스와 같은 뛰어난 교부들도 이곳에서 공부하였다.

3세기에 그리스도교 영역에서 세례지원자들에게 그리스도교 신앙에 관한 기초교육을 시키기 위해서 주교가 관할하는 학교가 발전하였다. 오리게네스는

217년부터 알렉산드리아에서 이런 종류 가운데 첫번째이자 유명한 교육기관을 운영하였다. 이러한 제도적 학교 이전에 또는 같은 시기에, 예를 들어 그리스도교에서 독자적으로 활동한 유스티누스와 같은 선생과 철학자가 있었다. 이들은 세속의 철학학교 의미에서 한편으로는 개종시키려고, 다른 한편으로는 신앙을 더 깊게 이해시키고 세상과 삶의 의미와 실천에 대하여 깊이 깨닫게 하려고 비그리스도교 학생들과 그리스도교 학생들을 모았다. 그리스도교와 같은 합리적 종교는 고대의 사람에게는 "철학"이었으며, 세상의 의미와 생활방식에 관한 체계였음을 잊어서는 안 된다.

문화의 중심지에서 일반적으로 주교의 위탁 없이 설립된 그리스도교의 "철학학교"가 특별한 의미를 지닌다. 교양 있는 많은 그리스도인이 이곳에 왔으며, 거대한 도서관이 그들의 연구를 뒷받침하였다. 180년경 판테누스라는 시칠리아 사람처럼, 같은 시대에 산 알렉산드리아의 클레멘스와 그 뒤에 오리게네스도 알렉산드리아에서 학생들을 모았다. 오리게네스는 230년 알렉산드리아의 주교와 사이가 나빠진 뒤, 팔레스티나의 체사레아로 가서 그곳 주교의 인가를 받고 새로운 학교를 세웠다. 이 학교는 4세기에 상당한 영향을 미쳤다. 약 260년부터 시작된 "안티오키아 학파"의 첫 국면은 제도적 학교가 아니라 안티오키아의 루치아누스에게서 유래하는 신학이었다. 이 학파의 신학은 이미 3세기 초에 에데사에서 생겨난 학파에 영향을 주었다. 안티오키아 학파는 타르수스의 디오도루스에 이르러 학설체계가 잡혔으며 그와 그의 뛰어난 제자들의 활동에 힘입어 4세기에 전성기를 맞이하였다.

"알렉산드리아 학파"와 "안티오키아 학파"는 성서해석 방법 및 4세기부터 시작된 삼위일체론과 그리스도론에 관한 교의논쟁에서 중요한 역할을 하였다. 안티오키아 학파는 성서해석에서 역사적 의미와 문자적 의미(그러나 반드시 이 의미에만 한정되지 않음)를 중시하였다. 이와 달리 알렉산드리아 학파는 성서의 알레고리적·도덕적·신비적 의미(아나고기아)에 몰두하였으며, 따라서 성서의 깊고 감추어진 의미를 찾고자 하였다. 이러한 노력은 밀교의 비밀서가 아니라, 교회에서 전승되고 인정된 작품들 안에서 신비를 찾는 "참된 인식"인 그리스도교에 대한 이 학파의 평가와 관계가 있다. 교의의 관점에서 안티오키아 학파는 하느님과 그리스도를 구분하려는 경향("분리 그리스도론")이 강한 반면, 알렉산드리아 학파는 하느님의 세 위격과 그리스도 안에서 두 본성의 일치를 더 강조("일치 그리스도론") 하였다. 두 학파의 이러한 대략적이고 전형적인 특성은 확실히 근본적인 경향 만을 나타내기 때문에 경솔히 도식적으로 적용해서는 안 된다. 곧, "두 학파" 각각의 신학 내용은 개별적으로 주의깊게 검토되고 평가되어야 한다.

학파

참고문헌: 사전 항목: K. Müller, Allegorische Dichtererklärung: PRE.S (1924) 16-22. – H. Fuchs, Bildung: RAC 2 (1954) 346-62. – H. Fuchs, Enkyklios Paideia: RAC 5 (1962) 365-98. – K. Thraede, Epos: RAC 5 (1962) 984-1007. – P. Blomenkamp, Erziehung: RAC 6 (1966) 502-59. – C.D.G. Müller, Alexandrien I: TRE 2 (1978) 248-61. – B. Drewery, Antiochien II: TRE 3 (1978) 103-13. – H.J.W. Drijvers, Edessa: TRE 9 (1982) 277-88. – M. Simonetti, Alexandria II. School: EECh I 22 f. – M. Simonetti, Antioch V. School: EECh I 50 f. – S. Pricoco, School: EECh II 759-62. – W. Liebeschütz, Hochschule: RAC 15 (1991) 858-911.

잡지: Adamantius, Pisa 1995 ff.

일반 연구서: R. Nelz, Die theologischen Schulen der morgenlandischen Kirchen während der sieben ersten christlichen Jahrhunderte in ihrer Bedeutung für die Ausbildung des Klerus, Bonn 1916. – G. Bardy, L'église et l'enseignement dans les trois premiers siècles: RevSR 12 (1932) 1-28. – W. Jaeger, Das frühe Christentum und die griechische Bildung, übers. W. Eltester, B 1963. – A. Quacquarelli, Scuola e cultura dei primi secoli cristiani, Brescia 1974. – H.-Th. Johann (ed.), Erziehung und Bildung in der heidnischen und christlichen Antike = WdF 377 (1976). – H.-I. Marrou, Geschichte der Erziehung im klassischen Altertum, übers. Ch. Beumann nach P ³1955/⁷1976, Mn 1977. – H.-I. Marrou, Augustinus und das Ende der antiken Bildung, übers. L. Wirth-Poelchau nach P ⁴1958, Pb u.a. 1982. – U. Neymeyr, Die christlichen Lehrer im zweiten Jahrhundert. Ihre Lehrtätigkeit, ihr Selbstverständnis und ihre Geschichte = SVigChr 4 (1989).

알렉산드리아: W. Bousset Jüdisch-christlicher Schulbetrieb in Alexandrien und Rom. Literarische Untersuchungen zu Philo und Clemens von Alexandria, Justin und Irenäus = FRLANT NS 6 (1915). – G. Bardy, Aux origines de l'École d'Alexandrie: RSR 27 (1937) 65-90. – E. Molland, The Conception of the Gospel in the Alexandrinian Theology = SNVAO.HF 1938/2. – P. Brezzi, La gnosi cristiana di Alessandria e le antiche scuole cristiane, R 1950. – M. Hornschuh, Das Leben des Origenes und die Entstehung der alexandrinischen Schule: ZKG 71 (1960) 1-25, 193-214.

안티오키아: G. Bardy, Recherches sur saint Lucien d'Antioche et son école = ETH (1936).

체사레아: A. Knauber, Das Anliegen der Schule des Origenes zu Cäsarea: MThZ 19 (1968) 182-203.

에데사: E.R. Hayes, L'École d'Édesse, P 1930.

니시비스: A. Vööbus, History of the School of Nisibis = CSCO 266 (1965). – H.J.W. Drijvers: TRE 24 (1994) 573-6.

성서주석

참고문헌 목록: *Elenchus biblicus* (EBB), R 1920 ff. – H.J. Sieben, *Exegesis Patrum*. Saggio bibliografico sull'esegesi biblica dei Padri della Chiesa = SuPa 2 (1983).

보조자료: *Biblia patristica*. Index des citations et allusions bibliques dans la littérature patristique, P 1975 ss. – G. Rinaldi, *Biblia gentium*. Primo contributo per un indice delle citazioni, dei riferimenti e delle allusioni alla Bibbia negli autori pagani, greci e latini, di età imperiale, R 1989. – H.J. Sieben, Kirchenväterhomilien zum Neuen Testament. Ein Repertorium der Textausgaben und Übersetzungen = IP 22 (1991).

잡지: Annali di storia dell'esegesi (ASEs), Bo 1984 ff.

참고문헌: 사전 항목: J.C. Joosen/J.H. Waszink, Allegorese: RAC 1 (1950) 283-7. – H. Schreckenberg, Exegese I: RAC 6 (1966) 1174-94. – W.E. Gerber, Exegese III (NT u. Alte Kirche): RAC 6 (1966) 1211-29. – H. Karpp, Bibel IV. Die Funktionen der Bibel in der Alten Kirche 1. Alte Kirche: TRE 6 (1980) 48-58. – J. Pépin/K. Hoheisel, Hermeneutik: RAC 14 (1988) 722-71. – M. Simonetti, Exegesis, patristic: EECh I 309-11. – J. Gribomont, Scrpture, holy: EECh II 762-4.

편찬서: La Bible et les pères, P 1971. – Bible de tous les temps, 3 vol., P 1984-6. – M. Tardieu (ed.), Les règles de l'interprétation, P 1987. – Cahiers de Biblia Patristica, P 1987 ff. – J. van Oort/U. Wickert (ed.), Christliche Exegese zwischen Nicaea und Chalcedon, Kampen 1992. – S. Felici (ed.), Esegesi e catechesi nei Padri (secc. II-IV) = BSRel 106 (1993). – E. Norelli (ed.), La Bibbia nell'antichità cristiana I. Da Gesù a Origene, Bo 1993. – S. Felici (ed.), Esegesi e catechesi nei Padri (secc. IV-VII) = BSRel 112 (1994). – Th. Finan/V. Twomey (ed.), Scriptural Interpretation in the Fathers: Letter and Spirit, C 1995. – G. Schöllgen/C. Scholten (ed.), *Stimuli*. Exegese und ihre Hermeneutik in Antike und Christentum (FS E. Dassmann) = JAC.E 23 (1996).

연구서: A.B. Hersmann, Studies in Greek allegoric interpretation, Chicago 1906. – H. Dachs, Die λύσις ἐκ προσώπου. Ein exegetischer und kritischer Grundsatz Aristarchs und seine Neuanwendung auf Ilias und Odyssee, Diss. Erl 1913. – F. Wehrli, Zur Geschichte der allegorischen Deutung Homers im Altertum, Borna - L 1928. – J. Pépin, Mythe et allégorie. Les origines grecques et les contestations judéo-chrétiennes, P 1958; ²1977. – The Cambridge History of the Bible, 3 vol., C 1963-70. – H. de Lubac, L'Écriture dans la tradition, P 1966. – H. Dörrie, Zur Methodik antiker Exegese: ZNW 65 (1974) 121-38. – B. de Margerie, Introduction à l'histoire de l'exégèse, 4 vol., P 1980-90 (*II-III* it R 1984-6). – M. Simonetti, Profilo storico dell'esegesi patristica = SuPa 1 (1981) (e Edinburgh 1994). – M. Simonetti, Lettera e/o allegoria. Un contributo alla storia dell'esegesi patristica = SEAug 23 (1985). – J. Pépin, La tradition de l'allégorie. De Philon d'Alexandrie à Dante. Études historiques, P 1987. – A. Pollastri/F. Cocchini, Bibbia e storia nel cristianesimo latino, R 1988. – B. Studer, *Delectare et prodesse*. Zu einem Schlüsselwort der patristischen Exegese SEAug 27 (1988) 555-81 [= id., *Dominus Salvator*. Studien zur Christologie und Exegese der Kirchenväter = StAns 107 (1992) 431-61). – H. Graf Reventlow, Epochen der Bibelauslegung, 3 vol., Mn 1990-6. – Ch Blönnigen, Der griechische Ursprung der jüdisch-hellenistischen Allegorese und ihre Rezeption in der alexandrinischen Patristik, Ffm 1992. – D. Dawson, Allegorical Readers and Cultural revision in Ancient Alexandria, Berkeley u.a. 1992. – F. Siegert, Homerinterpretation - Tora-Unterweisung - Bibelauslegung. Vom Ursprung der patristischen Hermeneutik: StPatr 25 (1993) 159-71.

6.1. 알렉산드리아의 필로

알렉산드리아 학파의 성서해석 방법은 이미 그리스도교 이전에 알렉산드리아 출신의 유다인 필로(기원전 20년~기원후 42년 이후)가 기초를 놓았다. 보이는 세상은 단지 이데아의 실제 세상의 모상이라는 플라톤과 스토아 학파의 세계관에 따라, 필로는 성서(구약)의 말씀 뒤에 숨어 있는 더 깊은 영적 의미를 발견하였다. 그는 영적 의미에 호메로스나 다른 시인들의 작품과 신화에 대해 학교에서 가르치는 세속적 해석 방법을 사용하였다. 이 작품들도 계몽된 철학의 빛 안에서 더 이상 문자적으로 이해될 수 없었기에 알레고리적 설명은 더 깊은 철학적·도덕적 의미를 한층 돋보이게 하였다. 필로는 유다인의 해석 방법과 철학에다 헬레니즘 철학과 교육을 접목하였다. 이러한 접목 과정은 알렉산드리아가 헬레니즘 세계의 중심지이며 로마제국 가운데 가장 큰 유다인 디아스포라 공동체의 고향이자 세계적 도시였기 때문에 쉽게 이루어질 수 있었다. 이곳에서는 이미 기원전 2세기에 히브리어로 씌어진 구약성서가 그리스어로 번역(70인역)되었다.

필로는 대략 60권의 작품, 주로 모세 오경에 관한 주석서와 철학 작품을 저술하였다. 알렉산드리아의 클레멘스, 오리게네스, 니사의 그레고리우스, 암브로시우스, 히에로니무스는 필로의 작품들을 원본으로 가지고 있었으며 이를 활용하였다. 그의 작품들은 그밖의 많은 교부에게 영향을 주었다. 에우세비우스와 히에로니무스는 그리스도교를 위한 필로의 가치를 매우 높이 평가하여 그를 그리스도인처럼 생각하였다. 유다교와 그리스도교가 둘 다 셈족에서 유래하였다는 사실보다는 헬레니즘 문화를 공통적으로 소유하고 있다는 점에서, 필로는 유다교의 신학을 그리스도교에 넘겨주는 데 뛰어난 본보기가 되었다. "유다계 그리스도교"의 연구는 최근에 이르러서야 활발해졌나.

참고문헌 목록: H.L. Goodhart/E.R. Goodenough, A General Bibliography of Philo Judaeus: E.R. Goodenough, The Politics of Philo Judaeus, Practice and Theory, New Haven 1938, 125-321. – E. Hilgert, *Bibliographia Philoniana* 1935-1981: ANRW II 21.1 (1984) 47-97. – R. Radice/D. T. Runia u.a., Philo of Alexandria. An Annotated Bibliography 1937-1986 = SVigChr 8 (1988). – D.T. Runia/R. Radice/D. Satran, Philo of Alexandria: An Annotated Bibliography

1986-1987: Studies in Hellenistic Judaism II 141-75. – D.T. Runia/R. Radice/P.A. Cathey, Philo of Alexandria, An Annotated Bibliography: D.T. Runia/D.M. Hay/ D. Winston (eds.), Heirs of the Septuagint: Philo, Hellenistic Judaism and Early Christianity (FS E. Hilgert) = BJSt 230 (1991) 347-74.

편집본: L. Cohn/P. Wendland, *Philonis Alexandrini Opera quae supersunt*, 8 Bde., B 1896-1930. – R. Arnaldez/C. Mondésert/J. Pouilloux u.a. (eds.), uvres de Philon d'Alexandrie, 36 vol., P 1961-88 (TfÜ).

번역서: L. Cohn u.a., Philo von Alexandria, Die Werke in deutscher Übersetzung, 6 Bde., Br 1909-38; Bd. 7, B 1964.

보조자료: P. Borgen/R. Skarsten, A Complete KWIC-Concordance of Philo's writings, Trondheim-Bergen 1973. – G. Mayer, *Index Philoneus*, B – NY 1974. – *Biblia Patristica*, Supplément, P 1982. – D.T. Runia, An *Index locorum Philonicorum* to Völker: Studies in Hellenistic Judaism I 82-93. – D. T. Runia, How to search Philo: Studies in Hellenistic Judaism II 106-39. – P. Borgen/K. Fuglseth/R. Skarsten, The Philo Index. A Complete Greek Word Index to the Writings of Philo of Alexandria, Grand Rapids/MI-C-Lei 2000.

참고문헌: 사전 항목: V. Nikiprowetzky/A. Solignac: DSp 12/1 (1984) 1352-74. – H. Crouzel: EECh II 682-3. – M. Mach: TRE 26 (1996) 523-31.

입문서: E. R. Goodenough, An Introduction to Philo Judaeus, O ²1962. – S. Sandmel, Philo of Alexandria. An Introduction, NY- O 1979.

편찬서: StPhilo. – ANRW II 21.1 (1984). – D. T. Runia (ed.), Studies in Hellenistic Judaism I-II, Atlanta/GA 1989-90. – D. T. Runia, Exegesis and Philosophy. Studies in Philo of Alexandria, Aldershot 1991. – D. T. Runia, Philo and the Church Fathers. A Collection of Papers = SVigChr 32 (1995).

일반 연구서: M. Pohlenz, Philon von Alexandreia: NAWG 1942/1 (1942) 409-87 (= Kleine Schriften I, hrsg. H. Dörrie, Hi 1965, 305-83). – J. Daniélou, Philon d'Alexandrie, P 1958. – R. Williamson, Jews in the Hellenistie World: Philo = CCWJCW I/2 (1989). – D.T. Runia, Philo in Early Christian Literature = CRI III 3 (1993).

개별 주제에 관한 연구서: P. Heinisch, Der Einfluß Philos auf die älteste christliche Exegese (Barnabas, Justin und Clemens von Alexandria). Ein Beitrag zur Geschichte der allegorisch-mystischen Schriftauslegung im christlichen Altertum = ATA 1/2 (1908). – W. Völker, Fortschritt und Vollendung bei Philo von Alexandrien. Eine Studie zur Geschichte der Frömmigkeit = TU 49/1 (1938). – I. Christiansen, Die Technik der allegorischen Auslegungswissenschaft bei Philo von Alexandrien = BGBH 7 (1969). – J.P. Martín, Filón de Alejandría y la génesis de la cultura occidental, Buenos Aires 1986. – D.T. Runia, Philo of Alexandria and the Timaeus of Plato = PhAnt 44 (1986). – P. Borgen, Philo, John and Paul: New Perspectives on Judaism and Early Christianity, Atlanta/GA 1987. – J. Ménard, La gnose de Philon d'Alexandrie, P 1987. – H. Burkhardt, Die Inspiration heiliger Schriften bei Philo von Alexandrien, Ba 1988. – R. Radice, Platonismo e creazionismo in Filone di Alessandria, Mai 1989. – J. Laporte, Théologie liturgique de Philon d'Alexandrie et d'Origène, P 1995 (i Mai 1998). – G. Kweta, Sprache, Erkennen und Schweigen in der Gedankenwelt des Philo von Alexandrien = EHS.Ph 403 (1996). – P. Borgen, Philo of Alexandria - an exegete for his time = NT.S 86 (1997). – P. Frick, Divine Providence in Philo of Alexandria, Tü 1999.

6.2. 알렉산드리아의 클레멘스

티투스 플라비우스 클레멘스는 140~150년경 아테네 또는 알렉산드리아에서 태어났으며, 당시 떠돌이 철학자들의 방식에 따라 그리스, 남부 이탈리아, 시리아, 팔레스티나, 알렉산드리아에서 여러 선생에게 철학교육을 받았다. 그는 180~190년경 알렉산드리아에 머무르는 동안 판테누스의 강의를 들었으며 자신도 철학학교를 세웠다. 이 학교는 주교의 위탁으로 판테누스가 설립한 세례지원자를 위한 학교였으며, 판테누스 다음으로 클레멘스가, 그 뒤에 오리게네스가 학교를 운영하였다는 견해가 오랫동안 지배적이었다. 그러나 오늘날 이 학교는, 예를 들어 유스티누스가 로마에 세운 경우처럼 철학적 방법으로 신앙을 고찰하는 그리스도교의 독립적인 철학학교이고, 세례지원자들을 교육하지는 않았으며, 교회의 특별한 위탁을 받지도 않은 것으로 여겨진다. 클레멘스는 성인成人이 되어서 그리스도교와 관계를 맺었으며 그가 사제품을 받았는지는 불확실하다. 202~203년 셉티미우스 세베루스 시대에 일어난 박해 초기에 클레멘스는 알렉산드리아를 떠나야 했는데, 팔레스티나(카파도키아?)에 있는 친구이며 나중에 예루살렘의 주교가 된 알렉산더에게 갔다. 알렉산더가 오리게네스에게 보낸 편지에서 알 수 있듯이 클레멘스는 215~216년 이전에 팔레스티나에서 사망하였다.[11]

클레멘스는 알렉산드리아의 부유하고 매우 교양 있는 지도층에게 진취적이고 고등종교인 그리스도교를 선포하는 일에 헌신하였으며, 이를 실천하고 정식화하는 데 플라톤과 스토아 학파의 철학을 활용하였다. 그는 교양 있는 이교인에게는 삶의 의미를 찾도록 하였으며, 그리스도인에게는 경건한 신앙생활의 실천은 물론 신앙을 이성적으로 숙고하게 하였나. 세 편의 주요 작품인 「이교인들

---

[11] 노텡(P. Nautin, Lettres et écrivains des IIe et IIIe siècles = Patr. 2 [1961], 138-41쪽)은 색다른 의견을 주장한다. 클레멘스는 사제였으며, 202년에 일어난 박해 때문이 아니라 215년 얼마 전에 (후대의 오리게네스와 유사하게) 데메트리우스 주교와의 불편한 관계 때문에 알렉산드리아를 떠났다. 그는 (팔레스티나의) 카파도키아에 머무르지도 않았으며 편지는 230~231년에 썼었다.

에 대한 권고」*Protreptikos an die Hellenen*, 「교육자」*Paidagogos*, 「양탄자」*Stromateis*는 이들을 대상으로 하였다. 이 저서들이 언제 씌었는지는 불확실하다. 에우세비우스의 「연대기」에 따르면 클레멘스는 이 작품들을 203년에 저술했다고 하나, 그의 전성기는 이미 193년에 시작되었다. 이 연도는 콤모두스 황제의 사망(192년)까지의 역사 개요를 싣고 있는 「양탄자」의 제1권과 일치한다.

참고문헌 목록: F.W. Bautz: BBKL 1 (1975) 1063-6. – E. Osborn, Clement of Alexandria: A Review of Research, 1958-1982: SecCen 3 (1983) 219-44.

편집본: *Opera omnia*: O. Stählin/L. Früchtel/U. Treu = GCS 4 Bde. (1905-36. Neuauflagen: I ³1972, II ³1960, III ²1970). – *Excerpta ex Theodoto*: F. Sagnard = SC 23 (1970) (TfÜK).

번역서: L. Hopfenmüller = BKV¹ (1875) (*Quis dives salvetur, Paidagogos*). – O. Stählin = BKV² II 7, 8, 17, 19, 20 (1934-38) (*Protreptikos, Paidagogos, Quis dives salvetur, Stromateis*). – O. Stählin/M. Wacht = SKV 1 (1983) (*Quis dives salvetur*). – 영어 번역서: A.C. Coxe: ANFa 2 (1885 = 1995) 163-605 (*Opera omnia*). – W. Wilson: ANFa 7 (1886 = 1995) 39-50 (*Excerpts of Theodotus*). – G.W. Butterworth = LCL (1919 = 1968) (*The Exhortation to the Greeks, The Rich Man's Salvation, To the Newly Baptized*).

참고문헌: 사전 항목: L. Früchtel: RAC 3 (1957) 182-8. – L. W. Barnard, Apologetik I: TRE 3 (1978) 390-1. – A. Méhat: TRE 8 (1981) 101-13. – M. Mees: EECh I 179-81.

연구서: R.B. Tollinton, Clement of Alexandria. A Study in Christian Liberalism, 2 Bde., Lo 1914. – M. von Pohlenz, Klemens von Alexandreia und sein hellenisches Christentum = NGWG.PH 1943/3, 103-80 (= Kleine Schriften 1, hrsg. H. Dörrie, Hi 1965, 481-558). – C. Mondésert, Clément d'Alexandrie. Introduction à l'étude de sa pensée religieuse à partir de l'Écriture = Theol(P) 4 (1944). – T. Camelot, Foi et Gnose. Introduction à l'étude de la connaissance mystique chez Clément d'Alexandrie = ETHS 3 (1945). – J. Moingt, La gnose de Clément d'Alexandrie dans ses rapports avec la foi et la philosophie: RSR 37 (1950) 195-251, 398-421, 537-64; 38 (1951) 82-118. – W. Völker, Der wahre Gnostiker nach Clemens Alexandrinus = TU 57 (1952). – E.F. Osborn, The Philosophy of Clement of Alexandria = TaS NS 3 (1957). – J. Bernard, Die apologetische Methode bei Klemens von Alexandrien. Apologetik als Entfaltung der Theologie = EThSt 21 (1968). – S.R.C. Lilla, Clement of Alexandria. A Study in Christian Platonism and Gnosticism = OTM (1971). – R. Mortley, Connaissance religieuse et hermeneutique chez Clément d'Alexandrie, Lei 1973. – J. Ferguson, Clement of Alexandria, NY 1974. – Ch. Saldanha, Divine Pedagogy. A Patristic View of Non-Christian Religions = BSRel 57 (1984) 103-50. – D. Ridings, The Attic Moses. The Dependency Theme in Some Early Christian Writers = SGLG 59 (1995) 29-139. – L. Rizzero, Clemente di Alessandria e la "φυσιολογία veramente gnostica". Saggio sulle origini e le implicazioni di un' epistemologia e di un' ontologia "cristiane" = RThAM.S 6 (1996). – P. Karavites, Evil, Freedom, and the Road to Perfection in Clement of Alexandria = SVigChr 43 (1999). – D. Kimber Buell, Making Christians: Clement of Alexandria and the Rhetoric of Legitimacy, Princeton/NJ 1999. – U. Schneider, Theologie als christliche Philosophie. Zur Bedeutung der biblischen Botschaft im Denken des Clemens von Alexandria (= AKG 73), Berlin 1999.

6.2.1. 「이교인들에 대한 권고」*Protreptikos*

「이교인들에 대한 권고」는 아리스토텔레스 이후 잘 알려진 철학적 권고라는 문학 유형에 속한다. 이 작품은 참된 로고스에 주의를 돌리도록 이교인들을 설득하며 작품의 의도와 구성은 호교론가들의 작품과 일치한다. 곧, 클레멘스는 한편으로 그리스도교 신앙을 긍정적이고 설득력있게 논증한다. 따라서 제1장에서는 인간을 위한 로고스의 의미에 대한 최초의 외침으로 그리스도, 구원계획, 구원에 대한 폭넓은 상을 제시한다. 그밖에 참된 하느님에 대해 이미 언급한 그리스 철학자와 시인들을 대상으로 오래됨과 진리에 관한 논증을 전개한다. 다른 한편으로 2-7장에서는 이교인의 종교와 제의를 비판한다. 마지막으로 8-12장에서는 인간들 가운데 인간으로 나타나고 모든 영혼의 지도자인 로고스와 함께 인간의 신격화를 위하여, 플라톤의 방식대로 로고스에 완전히 귀의歸依할 것을 호소한다.

클레멘스의 교육과 논증적 기량은 교양 있는 독자들을 염두에 둔 문체에서 드러난다. 그의 문체는 세련되며 수사학적으로 잘 다듬어지고 때때로 시적으로 표현된다. 아우구스티누스도 처음에 거칠게 씌어진 성서의 문체에 매우 반감을 가졌듯이 고대세계에서 수사학과 문학적 정교함이 얼마나 중요한 가치를 지녔는지를 생각해 보면, 클레멘스의 문체가 그리스도교를 선포하는 데 적지 않은 영향력을 미쳤음을 알 수 있다.

6.2.의 서술 참조.
편집본: C. Mondésert = SC 2 (²1949 mit A. Plassart) (TfÜK).
영어 번역서: S. P. Wood = FaCh 23 (1954).
참고문헌: H. Steneker, *ΠΕΙΘΟΥΣ ΔΗΜΙΟΥΡΓΙΑ*. Observations sur la fonction du style dans le Protreptique de Clément d'Alexandrie = GCP 3 (1967). – M. Galloni, Cultura, evangelizzazione e fede nel "Protrettico" di Clemente Alessandrino = VSen NS 10 (1986). – J.M. Blázquez, El uso del pensamiento de la filosofía griega en El Pedagogo (I-II) de Clemente de Alejandria: Anuario de Historia de la Iglesia 3 (1994) 49-80.

6.2.2. 「교육자」*Paidagogos*

클레멘스는 「교육자」의 서두에서 말을 분류하고 말의 역할을 정의한다. "인간에게는 세 가지 요소, 곧 신념, 행위, 정서가 있다. 권고는 하느님을 경외하도록 이끄는 안내자로 인간의 신념을 유지시킨다. … 조언은 모든 행위를 이끌며, 위로는 정서를 순화한다"(I 1-3). 세 권으로 이루어진 「교육자」의 주제는 인간 행위, 곧 윤리와 도덕이다. 노예인 교육자가 일상생활에서 주인의 아이들을 학교에 데려가고, 집에서도 보충교사repetitor로서 올바른 태도를 가르치는 것이다. 따라서 「교육자」는 이미 그리스도교로 개종한 사람들을 대상으로 삼으며 그리스도교의 올바른 생활방식은 두번째 단계로 완전한 학교에서 이들에게 전해져야 한다.

제1권에서는 교육자와 교육의 원칙(교육의 목표, 인간에 대한 교육자의 사랑, 교육의 보편성, 상과 벌)을 소개한다. 제2권과 3권에서는 도덕적으로 설교하는 문체로 개별적인 규정(식사, 마시기, 살기, 잠, 교제, 성생활, 육체를 돌봄, 소유 등)을 다룬다.

6.2.의 서술 참조.
편집본: H.-I. Marrou/M. Harl = SC 70, 108, 158 (1960-70) (Tf K).

6.2.3. 「양탄자」*Stromateis*

피에르 비토리Pier Vittori(1550년)가 클레멘스의 작품들을 최초로 간행한 이후, 「권고」, 「교육자」, 「양탄자」는 사람들을 신앙으로 이끌기 위한 3부작이라는 견해가 늘 주장되었다. 「권고」는 아직 신앙을 가지지 않은 사람들을 신앙으로 이끌고, 「교육자」는 그리스도교적 올바른 삶을 가르치는 초등교사이고, 「양탄자」에서는 디다스칼로스($\delta\iota\delta\acute{\alpha}\kappa\alpha\lambda o\varsigma$), 곧 완전한 교사가 말한다. 그러나 「양탄자」의 내용과 구성은 이와 다르다. 오히려 작품 제목 $\sigma\tau\rho\omega\mu\acute{\alpha}\tau\epsilon\iota\varsigma$(= 잡동사니)는 매우 다양한 단락을 모은 회고록Hypomnemata 또는 잡문Miscellanea의 문학 유형을 암시한다. 이와같이 「양탄자」는 참된 인식(그노시스)에 대한 체계적 학설 대신에 다양하고 혼합적인 호교적·윤리적·실천적 주제를 다룬다. 참된 영지주의자의 삶에 대한 묘사는 대체로 이 영역에 한정된다.

제1권, 제2권과 제6권의 일부 및 제7권의 끝부분은 교회 안팎의 호교론적 주제를 다룬다. 이교인의 언어, 철학, 문화는 본디 더 오래된 구약성서를 베끼면서 그리스도교를 준비하였다. 철학에 관한 지식은, 한편으로 철학에서 신앙에 관한 씨앗을 캐내고, 다른 한편으로 무엇을 거부해야 하는지를 알려주는 데 유익하다. 클레멘스는 영지주의자 발렌티누스와 바실리데스를 거슬러 참된 영지주의자의 덕 및 신앙과 지식의 올바른 관계를 밝힌다. 제7권의 끝부분에서는 교회에서 유설들이 발생한 이유를 설명하고 그들의 오류를 서술한다.

제3권에서는 전반적으로 윤리문제를 다룬다. 특히 결혼을 하지 않거나 난잡한 행동을 하는 극단적인 예를 들면서 결혼에 대한 올바른 평가를 내린다. 그밖에 대부분은 윤리문제와 관련하여 영지주의자를 다룬다. 참된 영지주의자의 근본적인 덕은 삶의 모든 시련, 고통, 병, 순교에서도 그를 이끄는 의로움과 사랑이다. 금욕, 덕을 향한 삶, 무감동ἀπάθεια에 관한 이상은 남녀 사이에 차이가 없다. 이러한 이상을 위하여 남자와 여자는 똑같이 부름을 받았으며 능력이 주어졌다(제4권). 참된 영지주의자는 진리를 인식하기 위하여 선포에 관한 표상과 알레고리를 통하여 신앙의 인식에 이른다(제5권). 그는 죄와 정욕πάθη에 대해 투쟁하며, 신앙과 도덕적 삶을 통하여 차츰 완전함으로 올라간다. 그는 인식(그노시스)에서 완전함에 이르게 되고, 이 완전함은 일상생활에서 아가페, 무감동, 기도, 순교, 곧 하느님을 닮음θεοποίησις에서 실증된다(제6권과 7권). 참된 영지주의자에 관한 클레멘스의 이론과 주석 방법은 많은 점에서 알렉산드리아의 필로의 영향을 받았다. 필로는 이러한 이상을 상세히 다루지 않지만 비슷하게 제시했다.

「양탄자」의 차례가 우연히 또는 임의적으로 이와같이 배열되었는지는 확실하지 않다. 메하Méhat(Étude, 35-41쪽)는 「양탄자」 I 15,2와 VI 103,1의 기록에 따라 ἀκολουθία physique, 곧 진리를 찾는 자연적이고 적절한 배열을 식별하였다.

6.2.의 서술 참조.

편집본: C. Mondésert/M. Caster/P.Th. Camelot/A. Le Boulluec/P. Voulet/P. Descourtieux = SC 30, 38, 278-279, 428, 446 (1951-99) (*I-II, V, VI, VII* TfÜK). – A. le Boulluec: Clemens Alexandrinus, Stromate VII = SC 428 (1998) (TfÜK).

번역서: F. Overbeck, Die Teppiche (Stromateis), hrsg. C. A. Bernoulli/L. Früchtel, Ba 1936. – 영어 번역서: J. Ferguson = FaCh 85 (1991) (*Stromateis I-III*).

참고문헌: A. Méhat, Étude sur les "Stromates" de Clément d'Alexandrie = PatSor 7 (1966). – L. Roberts, The literary form of the *Stromateis*: SecCen 1 (1981) 211-22. – D. Wyrwa, Die christliche Platonaneignung in den Stromateis des Clemens von Alexandrien = AKG 53 (1983). – A. van den Hoek, Clement of Alexandria and His Use of Philo in the *Stromateis*. An Early Christian Reshaping of a Jewish Model = SVigChr 3 (1988).

6.3. 오리게네스

오리게네스의 생애는 에우세비우스(「교회사」 VI), 에우세비우스의 소실된 작품들에서 자료를 모은 히에로니무스(「유명인사록」 54; 62; 「서간」 33; 44,1), 포티우스(「총서」 118)의 상세한 보고 및 그의 제자인 기적가 그레고리우스의 「감사의 연설」에서 전해진다. 따라서 그의 생애는 이전의 어떤 그리스도교 저자보다 잘 알려져 있다. 그는 185년경 알렉산드리아의 그리스도교 가정에서 태어났으며, 당시의 교육과정에 따라 초등교육 외에 탄탄한 그리스도교 교육을 받았다. 아버지 레오니데스가 201년 셉티미우스 세베루스 황제의 박해로 순교하였을 때, 어머니는 오리게네스의 옷을 숨겨 집 밖에 나가지 못하게 하여 순교를 열망하는 그의 젊은 혈기를 꺾을 수 있었다. 오리게네스는 이러한 그리스도교적 열망을 전 생애 내내 지녔으며, 그래서 많은 어려움을 겪기도 하였다.

아버지가 순교한 뒤 고위관리가 집안의 재산을 몰수하였기 때문에, 오리게네스는 어머니와 여섯 명의 동생들을 부양하기 위하여 알렉산드리아에 학교를 설립하였다. 데메트리우스 주교가 오리게네스에게 문법학교에서 세례지원자들을 가르쳐 달라고 부탁하여 그는 얼마 뒤 이 강의에 전념하였다. 그는 지나친 열정에 사로잡혀 그리스도교 문제만 전념하기 위하여 비종교적인 모든 책을 팔았다. 그러나 그는 신앙을 올바로 이해하기 위하여 다시 철학으로 돌아가야 했으며, 신플라톤주의의 창시자 암모니오스 사카스의 강의를 들었다. 마찬가지로 젊고 급진적인 혈기를 지닌 그는 하늘나라 때문에 고자가 된 사람들에 관한 말(마태 19,12)을 문자적으로 이해하여 스스로 고자가 되었다. 그는 학교가 번창하자 세례지원자 강의를 제자 헤라클레스에게 넘겨주고, 자신은 이전의 클레멘스처럼 교양 있는 이교인들을 선교하기 위해서 그들을 대상으로 하는 철학과 신학에 몰두하였다. 오리게네스가 암브로시우스라는 부유한 사람을 영지주의로부터 개종시킨 일은 유명하며, 암브로시우스는 그에게 막대한 자금을 후원하였다.

오리게네스는 30대에 저술활동을 시작하였고 수많은 여행을 하였다. 그는 로마에서 히폴리투스를 만났으며, 팔레스티나의 체사레아와 예루살렘에서 그곳

주교들의 친구가 되었다. 체사레아와 예루살렘의 주교들이 그가 평신도라는 사실을 알고도 그에게 설교를 부탁하여, 알렉산드리아의 주교 데메트리우스는 이에 항의하였다. 또한 요르단 지방장관의 초대로 그곳에 갔으며, 황제의 모친 율리아 맘메아에게 (그리스도교의 가르침을 전하기 위하여) 안티오키아에 갔다. 이러한 수많은 고위 성직자와 귀족들과의 교제는 그가 누린 명성과 존경을 나타낸다. 그러나 이러한 교제는 중요한 논쟁들의 원인이 되었고 알렉산드리아의 주교와 결별하는 동기가 되었다.

231년경 (그리스) 아카이아 지방의 주교들은 그곳의 이단자들과 토론의 자리를 마련하고 오리게네스를 초빙하였다. 오리게네스는 팔레스티나를 거쳐 그곳으로 가는 육로 여행중 체사레아에 있는 주교인 친구들이 데메트리우스 주교의 허락 없이 그에게 사제품을 주었다(그는 고자였기 때문에 사제직을 받을 수 없었다). 이에 데메트리우스 주교는 오리게네스가 알렉산드리아로 돌아오자 교회 회의에서 그의 사제직을 박탈하고 그를 국외로 추방하였다. 오리게네스는 알렉산드리아의 판결이 효력을 미치지 못하는 팔레스티나의 체사레아로 떠나 그곳에 학교를 세웠다. 이 학교는 서남아시아에서 알렉산드리아의 사상, 해석 방법, 신학을 전파하였다. 오리게네스는 그곳에서도 매일 설교를 하였다. 암브로시우스의 도움으로 일곱 명 이상의 속기사들이 그의 설교를 기록하였지만, 그가 행한 수백 번의 설교 가운데 단편 하나만 남아 있다.

그는 젊은 시절에 순교할 기회를 놓쳤지만 데치우스 황제의 박해(250/51년) 때에는 혹독한 시련을 겪었다. 그는 체포되어 고문을 받았으나, 유명 인사가 공개적으로 배교하면 다른 사람들에게 상당한 영향을 주리라는 생각에 박해자들은 그를 배교시키려고 죽이지는 않았다. 그는 모든 고통을 불굴의 정신으로 견디어냈으며, 이 가혹한 박해는 비교적 짧은 기간에 끝나 나시 석방되있다. 그러나 그는 이 후유증으로 건강을 해쳐 오래 살지 못하고 죽었다(아마도 254년). 그는 말년을 마지막 휴식처인 티루스에서 보냈으며, 13세기에도 그의 무덤이 그곳에 있었다.

오리게네스는 생활환경과 여러 특징이 그와 비슷한 아우구스티누스를 제외하고는 고대교회에서 가장 많은 작품을 쓴 저술가이다. 유감스럽게도 오리게네스 자신과 그의 작품에 관한 후대의 논쟁 때문에, 저서 가운데 많은 그리스어 원본이 소실되었다. 게다가 4세기에 루피누스가 친오리게네스 관점에서 신학적으로 문제점이 있는 부분들을 수정하였기 때문에, 그의 라틴어 번역본들은 신중히 이용되어야 한다. 그런데도 작품 목록과 수많은 단편 외에 오리게네스의 저서 가운데 많은 작품이 남아 있다. 단편들은 주로 성서주석서 선집, 「필로칼리아」*Philokalia*(대 바실리우스와 그의 친구인 나지안즈의 그레고리우스가 360년경 기획한 오리게네스의 작품 가운데 교의적 단락들의 모음집), 체사레아의 팜필루스의 「오리게네스 변론」(루피누스의 라틴어 번역으로 남아 있음), 친지와 반대자들의 작품, 오리게네스에게서 영향을 많이 받은 히에로니무스의 성서주석서에 남아 있다.

참고문헌 목록: H. Crouzel, Bibliographie critique d'Origène. Supplément II = IP 8 B (1996) (bis 1992). – H.G. Hödl: BBKL 6 (1993) 1255-71. – L. Lies, Zum derzeitigen Stand der Origenesforschung: ZKTh 115 (1993) 37-62, 145-71.

편집본: *Opera omnia*: PG 11-17. – E. Lommatzsch, 25 Bde., B 1831-48. – *Disputatio cum Heracleida*: J. Scherer = SC 67 (1960) (TfÜK). – *Epistula ad Gregorium Thaumaturgum*: H. Crouzel = SC 148 (1969) (TfÜK). – *Exhortatio ad martyrium, Contra Celsum, De oratione*: P. Koetschau = GCS Or 1-2 (1899). – *Fragmente Ps 118*: M. Harl = SC 189-190 (1972) (TfÜK). – *Philokalie, Epistula ad Iulium Africanum*: M. Harl/N. de Lange/É. Junod = SC 226, 302 (1976-83). – O. Guéraud/P. Nautin, Origène, Sur la Pâque. Traité inédit publié d'après un papyrus de Toura = CAnt 2 (1979) (TfÜK).

번역서: *De oratione, Exhortatio ad martyrium, Contra Celsum*: J. Kohlhofer = BKV[1] 3 Bde. (1874-7). – P. Koetschau = BKV[2] 3 Bde. (1926-7). – F.J. Winter, Origenes und die Predigt der drei ersten Jahrhunderte. Ausgewählte Reden = PdK 22 (1893) (*hom Gen 2+5, hom Lev 2, hom Cant 1, hom Jer 15, 16, 39, hom Lk 2, 7, 8*). – W. Schultz = Quellen 6 (1962) (glTdÜ *Contra Celsum, De principiis Auswahl, hom Lk 1, 12, 13, 29-31, 34*). – E. Früchtel = BGL 5 (1974) (*Disputatio cum Heracleida, Exhortatio ad Martyrium* ÜK). – J.J. O'Meara = ACW 19 (1954) (*Prayer, Exhortation to Martyrdom*). – R.A. Greer = CWS (1979) (*Exhortation to Martyrdom, On Prayer, On First Principles IV, The Prologue to the Commentary on the Song of Songs, Homily XXVII on Numbers*). – R.J. Daly = ACW 54 (1992) (*Treatise on the Passover, Dialogue with Heraclides*).

참고문헌: 사전 항목/각론서 항목: H. Crouzel: DSp 11 (1982) 933-61. – H. Crouzel: EECh II 619-23 – R. Williams: TRE 25 (1995) 397-420.

총론서: J. Daniélou, Origène, P 1948. – P. Nautin, Lettres et écrivains chrétiens des IIe et IIIe siècles = Patr. 2 (1961). – P. Nautin, Origène, sa vie et son œuvre, P 1977. – U. Berner, Origenes = EdF 147 (1981). – H. Crouzel, Origène, P – Namur 1985 (e San Francisco 1989).

편찬서: *Origeniana*, 1975 ff. – A. Dupleix (ed.), Recherches et tradition (FS H. Crouzel) = ThH 88 (1992). – Ch. Kannengiesser/W. L. Petersen (eds.), Origen of Alexandria, His World and His Legacy, Notre Dame 1988. – H. Crouzel, Les fins dernières selon Origène, Aldershot 1990.

전기: M. Hornschuh, Das Leben des Origenes und die Entstehung der alexandrinischen Schule: ZKG 71 (1960) 1-25, 193-214. – A. Knauber, Das Anliegen der Schule des Origenes zu Cäsarea: MThZ 19 (1968) 182-203. – J. Fischer, Die alexandrinischen Synoden gegen Origenes: OS 28 (1979) 3-16. – A. Monaci Castagno, Origene predicatore e il suo pubblico, Mai 1987. – A. Orbe, Orígenes y los Monarquianos: Gr. 72 (1991) 39-72.

철학: H. Crouzel, Origène et la philosophie = Theo(P) 52 (1962). – J.W. Trigg, Origen. The Bible and Philosophy in the Third-Century Church, Atlanta/GA 1983. – H. Crouzel, Origène et Plotin, P 1992.

신학: L.G. Patterson, Origen. His Place in Early Greek Christian Thought: StPatr 17/2 (1982) 924-43. – W. Schütz, Der christliche Gottesdienst bei Origenes, St 1984. – J.N. Rowe, Origen's Doctrine of Subordination. A Study of Origen's Christology = EHS.T 272 (1987). – H. Pietras, L'amore in Origene = SEAug 28 (1988). – E. Schockenhoff, Zum Fest der Freiheit. Theologie des christlichen Handelns bei Origenes = TTS 33 (1990). – J. Hammerstaedt, Der trinitarische Gebrauch des Hypostasisbegriffes bei Origenes: JAC 34 (1991) 12-20. – K. McDonnell, Does Origen Have a Trinitarian Doctrine of the Holy Spirit?: Gr. 75 (1994) 5-35. – H.S. Benjamins, Eingeordnete Freiheit. Freiheit und Vorsehung bei Origenes = SVigChr 28 (1994). – M. Fédou, La sagesse et le monde. Essai sur la christologie d'Origène, P 1994. – P. Widdicombe, The Fatherhood of God from Origen to Athanasius, O 1994, 7-120. – II. Zicbritzki, Heiliger Geist und Weltseele. Das Problem der dritten Hypostase bei Origenes, Plotin und ihren Vorläufern = BHTh 84 (1994). – J. Laporte, Théologie liturgique de Philon d'Alexandrie et d'Origène, P 1995. – D. Gemmiti, La donna in Origene, Na - R 1996. – Th. Hermans, Origène, théologie sacrificielle du sacerdoce des chrétiens = ThH 102 (1996). – G. Masi, Origène o della riconciliazione universale, Bo 1997. – S. Fernández, Cristo médico, según Orígenes. La actividad médica como metáfora de la acción divina = SEAug 64 (1999).

6.3.1. 성서주석 작품

오리게네스의 작품은 성서주석서가 많은 부분을 차지한다. 오리게네스는 알레고리 해석의 대가로 명성이 높았지만, 그도 맨 먼저 성서 본문을 문헌학적 · 비평적으로 탐구하는 낱말의 의미, 곧 역사적 · 문법적 의미를 성서해석의 출발점으로 삼았다. 이를 위해 그는 230년경 구약성서의 여섯 번역본(히브리 원본, 히브리 원본의 그리스어 음역, 아퀼라, 심마쿠스, 70인역과 테오도치온의 그리스어 번역본)을 대비對比하였다. 이때문에 이 육중닉본을 (시편의 경우 그밖의 다른 그리스어 세 번역본도 참고하였을지라도) "헥사플라"Hexapla라고 부른다. 이러한 목적은 교부들이 문자적으로 영감을 받았다고 여기는 70인역의 본문을 가능한 한 정확히 파악하기 위한 것이었다.

오리게네스는 성서주석의 원칙을 「원리론」 IV 2,4-5에서 서술한다. "성서의 의미들은 세 가지 방법으로 영혼 안에 기록되어야 한다. 단순한 것은 문자의 육체로 세워야 한다. 따라서 우리는 이를 명백한 의미라고 부른다. 문자의 영혼에서 약간 더 나아간 것과 완전한 것은 … '장차 있을 좋은 것들의 그림자'(골로 2,17; 히브 10,1)인 영적 율법으로 세워진다. 인간이 육체, 영혼, 정신으로 이루어지듯이 성서도 …. 그러나 육체적인 내용을 전혀 담지 않은 성서 본문들도 있기 때문에 사람들은 성서의 많은 부분에서 영혼과 정신만을 찾아야 한다." 따라서 오리게네스는 세 가지 의미(육체적 또는 문자적 의미, 영혼적 또는 도덕적 의미, 정신적 또는 신비적 의미)로 성서를 해석한다. 이 경우 문자적 의미는 오로지 낱말의 직접적이고 명백한 의미일 뿐, 성서에서 자주 나타나는 상징적 또는 전의적 의미가 아니다. 오리게네스는 상징적·전의적 의미에 관한 성서의 구절들을 결코 문자적 의미로 해석하지 않는다. 성서 본문의 각 낱말은 성령의 영감을 받아 문자적으로 씌어 하느님께 적합하고 상응하는 의미를 지니기 때문에, 이런 의미는 더 높은 영역에서 찾아야 한다. 도덕적 의미는 성서 안에 담긴 계명들과 문자적 규정들을 넘어서 공동체 설교에서 가르치는 그리스도교 생활에 관한 구체적인 행동지침을 성서에서 끌어낸다. 신비적 의미는 마침내 다음 세 가지 기능을 다룬다. 이 의미는 예형론적 해석으로 구약성서를 그리스도에 대한 예언으로 추론하고, 구원사에서 신앙에 관한 진술을 해석하며 그리스도인의 종말론적 희망을 설명한다. 곧, 신비적 의미의 중심과 실마리는 자신의 삶에서 구약의 약속을 성취하고 동시에 자신의 재림을 암시한 예수이다. 따라서 복음은 실재를 반영한다(1고린 13,12와 플라톤의 동굴의 비유 참조). 그러나 현세의 복음은 영원한 복음과 동일하기 때문에 그리스도인은 이미 복음과 교회의 성사에서 그리스도의 진리에 참여한다.

이런 이유로 요한 카시아누스는 덴마크의 아우구스티누스(1282년 사망)가 유명한 6각시로 표현한 성서의 네 가지 의미를 다음과 같이 정의하였다(「제도집」 14,8).

> Littera gesta docet, quid credas allegoria,
> moralis quid agas, quo tendas anagogia.

> 문자는 사실들을, 알레고리는 네가 믿어야 하는 것을 가르친다.

> 도덕적 의미는 네가 행해야 하는 것을, 아나고기아(신비적 의미)는 네가 어디를 지향해야 하는지를 가르친다.

오늘날의 관점에서 이러한 성서주석의 해석은 종종 이해할 수 없고 불합리한 것 같다. 그러나 이 원칙들은 타당성을 지니며 이미 신약성서에서도 이 원칙들이 적용되었다[예를 들어 그리스도에게 적용된 요나의 의미(마태 12,39-40) 또는 할례의 영적 의미(로마 2,29)]. 오늘날의 독자나 해석가도 이 원칙들을 이용하지 않고는 성서를 이해할 수 없다.

오리게네스는 성서 본문을 문헌학적·비평적 의미로 정확히 파악하는 데 바탕을 두고 성서주석 규칙들을 이용하면서 많은 주석 작품, 곧 성서에 관한 거의 모든 작품을 세 가지 문학 장르에 따라 저술하였다.

- τόμοι(토모이) = 학문적인 신학 주석서.

- σχόλια(스콜리아) = 성서 본문에 관한 각주 또는 어구 설명.

- ὁμιλίαι(호밀리아이, 강해) = 속기사가 기록하고 뒤에 부분적으로 개작하여 출판된 공개적인 설교.

오리게네스의 주석서 가운데 어떤 작품도 온전히 남아 있지 않다. 「마태오복음 주석」 가운데 8권, 「요한복음 주석」 가운데 9권만이 그리스어로 전해지며, 「아가서 주석」 가운데 4권, 「마태오복음 주석」 가운데 후반부, 로마인들에게 보낸 편지 가운데 10권이 라틴어로 남아 있다. 스콜리아는 단편으로만 전해지며, 강해는 총 279편이 전해지나 그 가운데 21편만이 그리스어 본문이다.

편집본: F. Field, *Origenis Hexaplorum quae supersunt*, 2 Bde., O 1867-75. – *Homiliae in Hexateuchum*: W.A. Baehrens = GCS Or 6-7 (1920-1). – *Homiliae in Exodum*: M. Borret = SC 321 (1985) (lTfÜK). – *Homiliae in Genesim*: H. de Lubac/L. Doutreleau = Sc 7 (²1976) (lTfÜK). – *Homiliae in Leviticum*: M. Borret = SC 286-287 (1981) (lTfÜK). – *Homiliae in Iesu Nave*: A. Jaubert = SC 71 (1960) (lTfÜK). – *Homiliae in Iudices*: P. Messié/L. Neyrand/M. Borret = SC 389 (1993) (lTfÜK). – *Homiliae in Samuelem*: P. und M.-Th. Nautin = SC 328 (1986) (TfÜK). – *Homiliae in Samuelem I, Canticum Canticorum, Prophetas, Commentarii in Canticum Canticorum*: W. A. Baehrens = GCS Or 8 (1925). – *Homiliae in Ieremiam, Commentarii in Lamentationes, Samuelem, Regna*: E. Klostermann = GCS Or 3 (1901). – *De engastrimytho*: E. Klostermann = KIT 83 (1912) 3-15. – *Commentarii in Canticum Canticorum*: L. Brésard/H. Crouzel/M. Borret = SC 375-376 (1991-2) (lTfÜK). – *Homiliae in Canticum Canticorum*: O. Rousseau = SC 37 (1954) (lTfÜK). – *Homiliae in Ieremiam*: P. Husson/P. Nautin = SC 232, 238 (1976/7) (TfÜK). – *Homiliae in Ezechielem*: M. Borret = SC 352 (1989) (lTfÜK). – *Commentarii in Matthaeum*: E. Klostermann/E. Benz/L. Früchtel = GCS Or 10-12 (1933-55, ²1968 bearb. U. Treu). – R. Girod = SC 162 (1970) (X-XI TfÜK). – *Homiliae et commentarii in Lucam*: M. Rauer = GCS Or 9 (1930). – H. Crouzel/F. Fournier/P. Périchon = SC 87 (1962) (hom lTfÜK). – *Commentarii in Iohannem*: E. Preuschen = GCS Or 4 (1903). – C. Blanc = SC 120, 157, 222, 290 (1966-82)

(TfÜK). – *Commentarii in Epistulam ad Romanos*: C.P. Hammond Bammel = VL 16, 33, 34 (1990-8). – *Homiliae in Numeros*: L. Doutreleau = SC 415 (1996), SC 442 (1999) (*I-XIX* lTfÜK). – *Homiliae in Psalmos*: E. Prinzivalli/H. Crouzel/L. Brésard = SC 411 (1995) (*36-38* lTfÜK).

번역서: R. Gögler, Origenes, das Evangelium nach Johannes, Zü – K 1959 (Auswahl). – E. Schadel = BGL 10 (1980) (*Die griechischen Jeremiashomilien* ÜK). – H.J. Vogt = BGL 18, 30, 38 (1983-93) (*Matthäuskommentar* ÜK). – H. de Lubac, "Du hast mich betrogen, Herr!": Der Origeneskommentar über Jeremia 20, 7, übers. H.U. von Balthasar, Eins 1984 (*Homilien zu Jeremias* 19-2O; f P 1979). Th. Heither = FC 2/1-4 (1990-4) (*Römerbriefkommentar* lTdÜ). – H.-J. Sieben = FC 4/1-2 (1991-2) (*Homilien zum Lukasevangelium* lgTdÜ). – 영어 번역서: A. Menzies: ANFa 10 (1887 = 1995) 287-512 (*Commentaries of the Gospels of John and Matthew*). – R.P. Lawson = ACW 26 (1957) (*The Song of Songs: Commentary and Homilies*). – R.E. Heine = FaCh 71 (1982) (*Homilies on Genesis, Homilies on Exodus*). – R.E. Heine = FaCh 80 (1989); 89 (1993) (*Commentary on the Gospel according to John*). – G.W. Barkley = FaCh 83 (1990) (*Homilies on Leviticus*). – J.T. Lienhard = FaCh 94 (1996) (*Homilies on Luke*). – J.C. Smith = FaCh 97 (1998) (*Homilies on Jeremiah, Homily on 1 Kings 28*).

보조자료: B.D. Ehrman/G.D. Fee/M.W. Holmes, The Text of the Fourth Gospel in the Writings of Origen I, Atlanta/GA 1992. – D.D. Hannah, The Text of I Corinthians in the Writings of Origen, Atlanta/GA 1997.

참고문헌: 사전 항목: S.P. Brock, Bibelübersetzungen I: TRE 6 (1980) 165-1.

편찬서: G. Dorival/A. Le Boulluec u.a. (ed.), *Origeniana Sexta*. Origène et la Bible/Origen and the Bible = BEThL 118 (1995). – A. Salvesen (ed.), Origen's Hexapla and Fragments, Tü 1998. – E. dal Covolo/L. Perrone (eds.), Mosè ci viene letto nella Chiesa. Lettura delle Omelie di Origene sulla Genesi = BSREL 153 (1999).

일반 연구서: F. Cocchini, Il Paolo di Origene. Contributo alla storia della recezione delle epistole paoline nel III secolo = VSen NS 11 (1992). – B. Studer, L'esegesi doppia in Origene: ASEs 10/2 (1993) 427-37.

연구서: H. de Lubac, Histoire et Esprit. L'intelligence de l'Écriture d'après Origène = Theol(P) 16 (1950). – R.P.C. Hanson, Allegory and Event. A Study of the Sources and Significance of Origen's Interpretation of Scripture, Lo 1959. – H. de Lubac, Exégèse médiévale. Les quatre sens de l'écriture, vol. 1 = Theol(P) 41 (1959). – R. Gögler, Zur Theologie des biblischen Wortes bei Origenes, Dü 1963. – E. Nardoni, Origen's Concept of Biblical Inspiration: SecCen 4 (1984) 9-23. – K.J. Torjesen, Hermeneutical Procedure and Theological Method in Origen's Exegesis = PTS 28 (1986). – B. Neuschäfer, Origenes als Philologe, 2 Bde. = SBA 18/1-2 (1987).

개별 주제에 관한 작품: C.P. Bammel, Die Hexapla des Origenes. Die *hebraica ueritas* im Streit der Meinungen: Aug. 28 (1988) 125-49. – V. Peri, Omelie Origeniane sui Salmi. Contributo all' identificazione del testo latino = StT 289 (1980). – G. Lomiento, L'esegesi origeniana del Vangelo di Luca, Bari 1966. – J.M. Poffet, La méthode exégetique d'Héracléon et d'Origène commentateurs de Jn 4. Jésus, la Samaritaine et les Samaritains = Par. 27 (1985). – H.J. Vogt, Beobachtungen zum Johannes-Kommentar des Origenes: ThQ 170 (1990) 191-208. – R. Roukema, The Diversity of Laws in Origen's Commentary on Romans, Amsterdam 1988. – Th. Heither, *Translatio religionis*. Die Paulusdeutung des Origenes in seinem Kommentar zum Römerbrief = BoBKG 16 (1990). – J.R. Díaz Sánchez-Cid, Justicia, pecado y filiación. Sobre el Comentario de Orígenes a los Romanos, Toledo 1991. – G. Bendinelli, Il commentario a Matteo di Origene. L'ambito della metodologia scolastica dell'antichità = SEAug 60 (1997).

6.3.2. 영성신학

오리게네스의 영성신학은 모든 성서주석서, 특히 강해에서 펼쳐진다. 그는 「아가서 주석」에서 신부를, 한편으로는 교회로, 다른 한편으로는 하느님과 결합된 인간의 영혼으로 해석하였다. 두 해석은 교부시대의 해석의 기초가 되었다. 사도들이 그리스도를 보기 위하여 그리스도와 함께 변모의 산에 올라갔듯이, 참된 영지주의자(여기서는 필로와 클레멘스를 가리킴)는 영적으로 하느님께 올라간다. 이를 위해 참된 영지주의자는 기도하고 덕을 행하여 정욕을 끊어야 하며, 육의 감각 기능들을 영의 감각 기능으로 발전시켜야 한다. 인간이 다섯 가지 감각 기능을 가지고 있듯이, 참된 영지주의자는 하느님을 보고, 듣고, 냄새맡고, 맛보고, 느끼기 위하여 내적인 감각 기능을 지녀야 한다. 이로써 인간은 타락으로 가려진 그의 완전한 모습(창세 1,26-27)을 되찾는다.

참고문헌: W. Völker, Das Vollkommenheitsideal des Origenes. Eine Untersuchung zur Geschichte der Frömmigkeit und zu den Anfängen der christlichen Mystik = BHTh 7 (1931). – K. Rahner, Le début d'une doctrine des cinq sens spirituels chez Origène: RAM 13 (1932) 113-45. – A. Lieske, Die Theologie der Logosmystik bei Origenes = MBTh 22 (1938). – H. Crouzel, Théologie de l'image de Dieu chez Origène = Theol(P) 34 (1956). – H.U. von Balthasar, Parole et mystère chez Origène, P 1957. – H. Crouzel, Origène et la "connaissance mystique" = ML.T 56 (1961). – G. Gruber, ZΩH. Wesen, Stufen und Mitteilung des wahren Lebens bei Origenes = MThS.S 23 (1962). – H. Crouzel, Virginité et Mariage selon Origène = ML. T 58 (1963). – J. Dupuis, "L'Esprit de l'homme". Étude sur l'anthropologie religieuse d'Origène = ML.T 62 (1967). – J. Chênevert, L'Église dans le Commentaire d'Origène sur le Cantique des Cantiques = Studia 24 (1969). – M. Eichinger, Die Verklärung Christi bei Origenes. Die Bedeutung des Menschen Jesus in seiner Christologie = WBTh 23 (1969). – W. Gessel, Die Theologie des Gebetes nach *De Oratione* von Origenes, Mn 1975. – J.J. Alviar, Klesis. The Theology of the Christian Vocation according to Origen, Dublin 1993. – F. Cocchini (ed.), Il dono e la sua ombra. Ricerche sul *ΠΕΡΙ ΕΥΧΗΣ* di Origene. Atti del I Convegno del Gruppo Italiano di Ricerca su "Origene e la Tradizione Alessandrina" = SEAug 57 (1997).

6.3.3. 「원리론」*De principiis*

오리게네스는 220~230년에 저술한 신학 작품에 *Περί ἀρχῶν*(ἀρχή = 기초, 근본, 원리) 이라는 적절한 표제를 달았다. 그는 신학의 근본 내용을 네 권으로 이루어진 이 작품에 기록하였다. 제1권에서는 창조 이전의 세계, 삼위일체와 영적 창조물(천사),

제2권에서는 창조주 하느님과 성부 하느님의 동일성, 세상과 인간의 창조와 구원, 제3권에서는 인간의 자유의지, 유혹, 죄, 종말에 모든 사물이 하느님께 본디의 상태로 돌아감, 제4권에서는 신앙의 원천인 성서의 영감과 해석을 다룬다.

오리게네스가 서론에서 강조하듯이 성서와 "신앙의 규범"은 모든 신학의 기초이다. 이로써 그는 자신의 신학이 정통적이며 교회의 전통에 뿌리박고 있음을 명백히 제시한다. 이 사실은 당시의 이단들에 대한 그의 태도에서도 나타난다. 그는 마르치온파에 대해서는 창조주의 자비, 예수의 아버지와 창조주의 동일성, 두 성서의 일치를, 발렌티누스파에 대해서는 자유의지와 죄에 대한 개인적 책임을, 그리스도 가현설파에 대해서는 구원의 전제로 그리스도의 참된 육화를, 양태론파에 대해서는 신적 세 위격의 자주성을, 입양설파에 대해서는 성자의 영원한 탄생을 증명한다.

다른 한편으로 이 작품은 후대에 더 이상 정통신앙으로 간주되지 않아 오리게네스 논쟁을 일으킨 신앙에 관한 신학적 명제를 담고 있다.

1) 그의 삼위일체론은 성부와 성자를 명백히 구분한다는 점에서 종속적이다. 그는 이 구분에서 성자를 하위의 능력으로 본다.

2) 영혼의 선재론: 인간의 영혼은 세상 이전에 창조되었다. 그러나 영혼이 타락한 천사들과 함께 하느님에게서 떨어져 나갔기 때문에〔ψυχή는 ψύχεσθαι(차게 하다)에서 파생됨〕 영혼은 육체 안에 머무르게 되었다.

3) 아포카타스타시스_ἀποκατάστασις_에 관한 설: 성자의 구원행위는 종말에 사탄까지도 포함하여 모든 존재를 다시 복된 본디의 상태로 되돌아가게 한다(1고린 15,23-26 참조).

「원리론」은 몇몇 그리스어 단편을 제외하고는 루피누스의 라틴어 번역으로만 완전히 남아 있다. 그러나 이 라틴어 번역은 오리게네스의 신학을 정확히 번역하지 않았기 때문에 주의를 기울여야 한다. 루피누스는 397년 오리게네스의 신학에 관한 첫번째 논쟁 때문에 이 작품을 번역하면서, 문제가 되는 부분을 손질하였기 때문이다. 이와 달리 399년 히에로니무스가 글귀를 충실하게 번역한 작품은 유감스럽게도 소실되었다.

편집본: P. Koetschau = GCS Or 5 (1913). – H. Görgemanns/H. Karpp = TzF 24 (1976) (TdÜK). – H. Crouzel/M. Simonetti = SC 252, 253, 268, 269, 312 (1978-84) (TfÜK).

영어 번역서: F. Crombie: ANFa 4 (1885 = 1995) 237-384.

참고문헌: G. Bardy, Recherches sur l'histoire du texte et des versions latines du *De principiis* d'Origène = MFCL 25 (1923). – M. Harl, Origène et la fonction révélatrice du Verbe incarné = PatSor 2 (1958). – F.H. Kettler, Der ursprüngliche Sinn der Dogmatik des Origenes = BZNW 31 (1966). – H.J. Vogt, Das Kirchenverständnis des Origenes = BoBKG 4 (1974). – H. Crouzel, Qu'a voulu faire Origène en composant le *Traité des Principes?*: BLE 76 (1975) 161-86, 241-60. – G. Dorival, Nouvelles remarques sur la forme du *Traité des Principes* d'Origène: Rech-Aug 22 (1987) 67-108. – J. Rius-Camps, Los diversos estratos redaccionales del *Peri Archon* de Orígenes: RechAug 22 (1987) 5-65. – P. Heimann, Erwähltes Schicksal. Präexistenz der Seele und christlicher Glaube im Denkmodell des Origenes, Tü 1988. – A. Scott, Origen and the Life of the Stars. A History of an Idea, O 1991. – N. Pace, Ricerche sulla traduzione di Rufino del "De Principiis" di Origene, Florenz 1990. – L. Lies, Origenes' "Peri Archon". Eine undogmatische Dogmatik, Da 1992.

6.3.4. 「첼수스 논박」*Contra Celsum*

서론에서 밝혔듯이 니체아 공의회 이전의 그리스도교와 이교인의 논쟁은 교양 인들을 대상으로 한 문학 논쟁이었다. 오리게네스는 논쟁에 선뜻 나서지 않았 지만 논쟁을 피할 수는 없었다. 이교인 철학자 첼수스는 178년경 그리스도인을 논박하는 「참된 가르침」('Αληθὴς Λόγος)이라는 작품을 저술하였다. 이 작품은 세 간에 널리 퍼진 대중의 선입관에 따라 그리스도교를 비방하는 작품들과는 매우 달랐다. 첼수스는 그리스도교에 관해 많은 정보를 수집하고, 철학의 관점에서 그리스도교를 논박하였다. 그는 당시의 플라톤 철학과 혼합주의 철학에 쉽게 결합된 로고스에 관한 그리스도인의 가르침과, 올바른 철학의 목표이기도 한 훌륭한 윤리와 모범적인 생활방식을 모두 인정하였다. 그러나 유다교·그리스 도교의 메시아에 관한 특징과 구체적으로 그리스도가 메시아라는 사실은 첼수 스에게 너무나도 터무니없는 것으로 보였다. 그는 그리스도가 사기꾼이고 마술 가였으며 그리스도의 부활 신화는 사도들이 날조한 것에 지나지 않는다고 믿었 다. 이러한 사실과 비교해 볼 때 그리스인의 철학적 신에 관한 신앙은 그리스 도교보다 훨씬 더 합리적인 것으로 나타난다.

「참된 가르침」은 그리스도인에게 전혀 호응을 얻지 못한 것 같다. 그러나 암 브로시우스는 피해를 가능한 한 줄이기 위하여 오리게네스에게 이에 대해 변론하라고 독촉하였다. 오리게네스는, 왜곡된 비난은 철저한 무관심으로 극복할 수 있고 신앙 안에 굳건히 서 있는 그리스도인은 이러한 비난에 이의를 달지 않는 다는 신념에 따라 처음에는 이 권고를 받아들이지 않았다. 그러나 그는 "그리스 도에 대한 신앙을 아직도 전혀 맛보지 못했거나 바울로 사도의 말대로 신앙이 약한 사람들"(로마 14,1)을 위해 마침내 반박서를 쓰기로 결심하였다(서론 6).

245~248년경에 저술되었으며 8권으로 구성된 「첼수스 논박」은 첼수스의 논 증을 면밀하게 따라가며 많은 구절을 첼수스의 작품에서 인용한다. 이 논박서 로 소실된 원본의 4분의 3 정도는 복원할 수 있다. 첼수스의 작품은 대략 세 가지 중요한 내용으로 이루어진다.

1) 신적 근원이 아니라 불확실하고 인간적 근원에서 유래하는 유다교에서 떨 어져 나간 종파로서 그리스도교.

2) 하느님의 아들이 내려왔다는 것에 바탕을 둔 한 메시아의 실존 불가능성.

3) 모든 관점에서 전통철학보다 열등하고, 그리스도교의 종파적 유일신론 자 체의 모순에서 비롯한 그리스도교 가르침의 무가치.

오리게네스의 반박서는 첼수스의 작품 순서에 따라 유다교에서 그리스도교의 유래 및 신론과 육화론으로 시작하며(I-II), 그리스의 영웅숭배와 제신숭배를 그 리스도와 비교한다(III). 제4-6권에서는 그리스도교 신앙의 특징인 삼위일체, 창 조, 선과 악, 하느님과 세상, 하느님께 대한 흠숭과 교회, 그리스도교적 삶, 종 말론을 설명한다. 제7-8권에서는 마지막으로 이교인, 유다인, 그리스도인의 신 흠숭에 대한 근원적 문제점으로 돌아가 한 분이신 참된 하느님과 그분에 대한 흠숭을 논증한다. 오리게네스는 그리스도의 신성을 주로 그리스도의 기적 및 그리스도인이 늘 실행하는 그리스도교의 진리로 논증한다.

제2부 서론의 서술 참조.
편집본: M. Borret = SC 132, 136, 147, 150, 227 (1967-76) (TfÜK).
영어 번역서: F. Crombie: ANFa 4 (1885 = 1995) 395-667.
참고문헌: 사전 항목: L. W. Barnard, Apologetik I: TRE 3 (1978) 391-4.
편찬서: L. Perrone (ed.), Discorsi di verità. Paganesimo, giudaismo e cristianesimo a confronto nel *Contro Celso* di Origine = SEAug 61 (1998).

연구서: A. Miura-Stange, Celsus und Origenes. Das Gemeinsame ihrer Weltanschauung nach den acht Büchern des Origenes gegen Celsus. Eine Studie zur Religions- und Geistesgeschichte des 2. und 3. Jahrhunderts = BZNW 4 (1926). – F. Mosetto, I miracoli evangelici nei dibattito tra Celso e Origene = BSRel 76 (1986). – M. Fédou, Christianisme et religions païennes dans le *Contre Celse* d'Origène = ThH 81 (1988). – L.H. Feldmann, Origen's *Contra Celsum* and Josephus' *Contra Apionem*: The Issue of Jewish Origins: VigChr 44 (1990) 105-35. L. Lies, Vom Christentum zu Christus nach Origenes' *Contra Celsum*: ZKTh 112 (1990) 150-77. – H.M. Jackson, The Setting and Seetarian Provenance of the Fragment of the *Celestial Dialogue* Preserved by Origen from Celsus's ’Αληθὴς Λόγος: HThR 85 (1992) 273-305. – Ch. Reemts, Vernunftgemäßer Glaube. Die Begründung des Christentums in der Schrift des Origenes gegen Celsus = Hereditas 13 (1998).

6.3.5. 오리게네스 논쟁

오리게네스 신학의 유포와 영향은 중세 이후의 몇 세기 동안은 올바로 평가될 수 없었다. 4세기 말경 오리게네스 신학에 관한 세기에 걸친 논쟁이 시작되었다. 논쟁을 일으킨 사람은 콘스탄티아(살라미스)의 주교 에피파니우스였다. 그는 당시까지의 모든 이단을 다룬 방대한 작품 「약상자」(374~377년에 저술됨)에 오리게네스도 포함시켰다. 그는 393년 예루살렘에서 교회축성 축일 설교를 하면서 그곳의 주교 요한을 오리게네스주의자라 비난하고, 그에게 오리게네스를 단죄할 것을 요구하였다. 곧이어 어떤 수도자가 이에 대한 지지를 얻고자 팔레스티나의 수도원을 순회하였다. 루피누스는 이 수도자의 제안을 거부하였으나 히에로니무스는 호의를 가지고 그를 맞이하였다. 이 사건으로 에피파니우스, 히에로니무스, 알렉산드리아의 테오필루스가 한편이 되고, 루피누스와 예루살렘의 요한이 한편이 되는 첫번째 오리게네스 논쟁(특히 「원리론」의 신학에 관해)이 일어났다.

6세기에 시나이에 있는 두 곳의 은수자 수도원의 수도자들이 오리게네스 신학 때문에 서로 다투게 되었을 때, 오리게네스 논쟁은 정점에 이르러 결말을 내리게 되었다. 유스티니아누스 황제는 543년 교황도 총대주교들도 이의를 제기하지 않은 반오리게네스 칙령을 반포하였다. 칙령에 따라 황제의 치안관이 오리게네스의 모든 작품을 가능한 한 몰수하여 없애버렸다. 이때문에 오늘날 오리게네스의 작품 가운데 원본이 제대로 남아 있는 것이 없다. 더욱이 제2차 콘스탄티노플 공의회(553년)는 규범규정 11조의 이단자 가운데 오리게네스도 언

급하였다. 그러나 황제의 초안에도, 공의회를 승인한 비길리우스 교황의 편지
에도 그의 이름이 거론되지 않았다는 사실은 공의회가 오리게네스를 단죄하지
않았으며, 그의 신학을 이단으로 분류하지 않았음을 나타낸다.

참고문헌: 사전 항목: G. Fritz: DThC 11/2 (1932) 1565-88. – H. Crouzel: EECh II 623-4. – R. Williams: TRE 25 (1995) 414-20.

연구서: F. Diekamp, Die origenistischen Streitigkeiten im sechsten Jahrhundert und das fünfte allgemeine Concil, Ms 1899. – F. Cavallera, Saint Jérôme. Sa vie et son œuvre, 2 vol. = SSL 1-2 (1932). – H. Crouzel, Qu'a voulu faire Origène en composant le *Traité des Principes?*: BLE 76 (1975) 161-86, 241-60. – W.A. Bienert, Dionysius von Alexandrien. Zur Frage des Origenismus im dritten Jahrhundert = PTS 21 (1978). – J.F. Dechow, Dogma and Mysticism in Early Christianity. Epiphainus of Cyprus and the Legacy of Origen = PatMS 13 (1988). – W.A. Bienert, Der Streit um Origenes. Zur Frage nach den Hintergründen seiner Vertreibung aus Alexandria und den Folgen für die Einheit der Kirche: F. v. Lilienfeld/A.M. Ritter (eds.), Einheit der Kirche in vorkonstantinischer Zeit, Bamberg 1989, 93-106. – F.X. Murphy/P. Sherwood, Konstantinopel II und III = GÖK 3 (1990) (f P 1974). – E.A. Clark, The Origenist Controversy. The Cultural Construction of an Early Christian Debate, Princeton/NJ 1992. – R. Williams, *Damnosa haereditas*: Pamphilus' Apology and the Reputation of Origen: H.Ch. Brennecke/E. L. Grasmück/Ch. Markschies (eds), Logos (FS L. Abramowski) = BZNW 67 (1993) 151-69.

제4장

라틴 문헌의 발단

참고문헌 목록: G. May, Lateinische Patristik. Hilfsmittel, Handbücher, Literatur- und Aus-legungsgeschichte: ThR 53 (1988) 250-76.

참고문헌: J. Daniélou, Histoire des doctrines chrétiennes avant Nicée III: Les origines du chris-tianisme latin, P ²1991. – HLL 4 (1997) 341-584.

1. 서론: 그리스도교의 라틴어

그리스어는 로마인이 그리스를 정복한 — 기원전 147년 고린토 정복을 제외하고 — 이후 제국 전체의 일반 대중어(κοινή διάλεκτος)가 되었다. 이때문에 서방에서도 그리스도교 전례와 문헌에서는 처음에 그리스어가 사용되었다. 이는 그리스 밖에서 지방어가 개별적으로 사용되었음을 뜻한다. 라틴어는 서방에서 공용어, 문학어, 민중어로 계속 쓰였다. 특히 북아프리카는 전혀 그리스어화하지 않았다. 어쨌든 평범한 주민들은 학교교육을 받지 않았으며, 매우 드물게 모국어 이외의 다른 언어를 배웠다. 2세기에 그리스도교 선교는 처음에 평범한 신분계급의 사람들에게 주로 이루어졌다. 따라서 그리스도교를 선포하고 실행(성서와 전례)하기 위한 원문이 2세기 말에 라틴어로 번역되기 시작하였다. 이 시기의 그리스도교 라틴 문헌 가운데 첫번째로 알려진 증언들은 그리스화하지 않은 아프리카에서 나타났다. 「쉴리움의 순교자들 행전」(180년, 제3장 4.1.2. 참조)과 197년부터 저술된 테르툴리아누스의 작품(3. 참조)이 그리스도교의 첫 라틴 문헌이다.

그리스어를 사용하는 그리스도인처럼 라틴어를 말하는 그리스도인도 "고전"(이교인) 라틴어가 그리스도교의 주제에 전혀 알맞지 않다고 느꼈다. 따라서 처음부터 번역가와 수신인의 출신에 따라 많은 민중어의 특성이(이 특성은 후대의 매우 교

양 있는 저자들에게서도 나타난다) 뒤섞인 그리스도교-라틴 "특수어"가 발전하였다. 이러
한 경우 근본적으로 세 가지 현상이 나타난다.

1) 사전 편찬 방법: 새로운 낱말의 생성.

① 히브리어 또는 그리스어에 있는 외래어〔할렐루야, 아멘, 에피스코푸스episcopus(= 주교), 에우카리스티아eucharistia(= 성찬)〕.

② 라틴어 낱말에 새로운 접미어의 첨가(예를 들어 devoratio, glorificare, corruptela).

③ 민중어 낱말의 사용(예를 들어 ire 대신에 ambulare, edere 대신에 manducare).

④ 그리스어 낱말의 번역(예를 들어 πρωτότοκος → primogenitus, εὐλογία → benedictio).

⑤ 내용이 유사한 새로운 낱말군의 생성(예를 들어 σάρξ = caro → carnalis, carneus incarnari).

2) 의미론: 전문용어를 포함한 낱말의 의미를 확대하고 축소함(예를 들어 caritas = 그리스도교적 사랑과 배려, figura = 신약성서에 대한 구약성서의 예형).

3) 문장론: 새로운 문장의 구조 또는 낱말의 연결.

① 히브리어 문장론의 수용(예를 들어 saecula saeculorum, vanitas vanitatum).

② 속격을 통해 더 상세히 규정함(예를 들어 plebs fidelium, terra promissionis).

③ 새로운 의미를 나타내기 위하여 낱말을 연결함(예를 들어 operari virtutes = 놀라운 효력이 있다).

④ 이전에 사용된 문장의 구조 변경(예를 들어 부정사를 취하는 대격 대신에 quia, quod, quoniam을 취하는 부문장).

참고문헌 목록: G. Sanders/M. Van Uytfanghe, Bibliographie signalétique du latin des chrétiens = CChr.LP 1 (1989).

라틴어 사전: *Thesaurus Linguae Latinae*, L 1900 ff. – A. Blaise, Le vocabulaire latin des principaux thèmes liturgiques, Tu 1966.

언어 사전: Ch. du Cange, *Glossarium mediae et infimae latinitatis*, 10 vol., Niort 1883-7 ed. L. Favre. – K.E. Georges, Ausführliches lateinisch-deutsches Handwörterbuch, 2 Bde., Hn ⁸1913. – A. Souter, A Glossary of Later Latin to 600 A.D., O 1949. – A. Blaise/H. Chirat, Dictionnaire latin-français des auteurs chrétiens, Tu 1964. – A. Blaise, Dictionnaire latin-français des auteurs du moyen-âge = CChr.CM (1975). – J.F. Niermeyer/C. van den Kieft/G.S.M.M. Lake-Schoonebeek, *Mediae latinitatis lexicon minus*, Lei 1976. – P.G.W. Glare, Oxford Latin Dictionary, O 1982.

문법서: R. Kühner/F. Holzweissig/C. Stegmann, Ausführliche Grammatik der lateinischen

Sprache, 3 Bde., Hn ²1912/⁵1976. – M. Leumann/J.B. Hofmann/A. Szantyr, Lateinische Grammatik, 3 Bde. = HAW II 2,1-3 (1977-9).

참고문헌: 사전 항목: P. Siniscalco, Languages of the Fathers: EECh I 472. – V. Loi, Latin, Christian: EECh I 474. – HLL 4 (1997) 341-584.

연구서: GLCP. – LCP. – G. Koffmane, Geschichte des Kirchenlateins, 2 Bde., Br 1879-81. – J. Schrijnen, Charakteristik des Altchristlichen Latein = LCP 1 (1932) (= Mohrmann IV 367-404). – M. A. Sainio, Semasiologische Untersuchungen über die Entstehung der christlichen Latinität = AASF 47/1 (1940). – G. Bardy, La question des langues dans l'église ancienne, P 1948. – Ch. Mohrmann, Études sur le latin des chrétiens, 4 vol. = SeL 65, 87, 103, 143 (1958-77). – E. Löfstedt, Late Latin = Instituttet for Sammenlignende Kulturforskning A 25 (1959). – G. Devoto, Geschichte der Sprache Roms, übers. I. Opelt, Hei 1968. – L. Leone, Latinità cristiana. Introduzione allo studio del latino cristiano, Lecce 1971. – V. Loi, Origini e caratteristiche della latinità cristiana, R 1978. – O. García de la Fuente, Antología del latín biblico y cristiano, Malaga 1990.

2. 최초의 라틴어 성서 번역서

우리가 알고 있는 한, 최초의 라틴어 성서가 그리스도교의 모든 라틴어 문헌 이전에 번역되었다는 사실은, 라틴어로 쓰여진 최초의 문헌들이 이미 성서 번역들을 언급하고 그것들을 사용하였다는 점에서 입증된다. 「쉴리움의 순교자들 행전」에서 전집정관 사투르니누스는 피고인들에게 "여러분이 갖고 있는 둥근 통capsa¹ 안에 있는 것이 무엇입니까" 하고 물었다. 이 질문에 스페라투스는 "바울로와 올바른 사람의 책과 편지들입니다"(12) 하고 대답하였다. 일반적으로 바울로의 편지들이 라틴어 번역본이었다는 사실은 피고인들이 라틴어로 답변한 것에서 알 수 있다. 이는 그들이 그리스어를 구사할 줄 모르는 민중계층이었기 때문이다. 테르툴리아누스는 그리스어 성서를 혼자서도 번역할 수 있었지만, 그가 인용한 신약성서는 라틴어 번역들, 또는 그가 이용할 수 있는 다른 전승들과 밀접한 관계가 있다. 따라서 적어도 2세기 후반의 묵아프리카에는 라틴어 번역들이 있었다. 구약성서의 라틴어 번역본에 관한 최초의 증언은 거의 반세

---

¹ 두루마리 책을 보존하고 운반하기 위해 보통 나무로 만든 둥근 통. 이 통은 예를 들어 라벤나에 있는 성 비탈레(S. Vitale)의 성서 저자들을 새긴 모자이크에서 철학자, 교사, 저술가들의 속성으로 묘사된다. J. Kollwitz, Capsa: RAC 2 (1954), 891-3쪽 참조.

기가 지난 뒤에 저술된 치프리아누스의 작품에 나타난다. 그러나 이 증언들은 라틴어 성서가 단지 그 이전에 번역되었다는 사실(terminus ante quem)을 나타내는 정도이다. 어쨌든 구약성서는 히브리 성서가 아니라 70인역에서 번역되었다.

번역자들은 문학적으로 고등교육을 받은 계층이 아니었다. 라틴어 성서에는 대중적 표현들과 어형들이 많이 섞여 있었으며, 아우구스티누스가 처음에 성서의 문체에 거부감을 나타내었듯이 문체가 매우 거칠었다. 그런데도 이 라틴어는 초기 그리스도교-라틴어의 어형을 형성하는 데 영향을 미쳤다.

(불가타판) 복음서의 머리말을 쓴 히에로니무스뿐만 아니라 아우구스티누스(「그리스도교 교양」 2,11)도 여러 라틴어 번역에 대해 말한다. 그 가운데 단편들만이 주로 교부들이 인용한 작품에 남아 있다. 이는 4세기 말부터 불가타, 곧 히에로니무스의 새 번역을 기초로 한 "일반 보급판"이 성서의 다른 번역들을 압도하였기 때문이다. 학자들은 단편들 가운데 번역의 다른 유형을 확증하려고 아프리카 번역(아프라), 이탈리아 번역(이탈라), 스페인어 번역(히스파나)을 구분하였다. 그러나 모든 번역은 서로 밀접한 관계가 있으며 히에로니무스 이전의 모든 번역본은 자주 "이탈라"라는 모糊 개념으로 표현된다. 또 다른 기초 자료와 번역이 있었는지는 오늘날 남아 있는 단편만으로는 정확한 상황을 밝히기가 쉽지 않다. 어쨌든 보이론 대수도원의 "베투스-라티나-연구소"Vetus-Latina-Institut는 1951년부터 보니파티우스 피셔Bonifatius Fischer의 지도로 페트루스 사바티어Petrus Sabatier의 편집본(1743년)을 이어받아 옛 라틴어 성서의 남아 있는 부분을 발간하면서 라틴어 신약성서의 원형을 찾는 데 연구의 중점을 둔다.

참고문헌 목록: BBL.

편집본: VL. – P. Sabatier, *Bibliorum Sacrorum Latinae Versiones antiquae seu Vetus Italica*, 3 vol., Reims 1743. – A. Jülicher/W. Matzkow/K. Aland, *Itala*. Das Neue Testament in altlateinischer Überlieferung, 4 Bde., B 1963, ²1970-6.

보조자료: AVL과 BYLI. Vetus-Latina-Institut, Beuron. – H.J. Frede, Kirchenschriftsteller. Verzeichnis der Sigel = VL I/1 (⁴1995).

참고문헌: 사전 항목/각론서 항목: V. Reichmann/S. P. Brock: TRE 6 (1980) 172-8. – K. Zelzer: HLL 4 (1997) 352-67.

편찬서: J. Fontaine/Ch. Pietri (eds.), Le monde latin antique et la Bible, P 1985.

연구서: AGLB. – F. Stummer, Einführung in die lateinische Bibel. Ein Handbuch für Vorlesungen und Selbstunterricht, Pb 1928 – B. Fischer, Das Neue Testament in lateinischer Sprache. Der gegenwärtige Stand seiner Erforschung und seine Bedeutung für die griechische Textgeschichte: K. Aland (ed.), Die alten Übersetzungen des Neuen Testaments, die Kirchenväterzitate und Lektionare – ANTT 5 (1972) 1-92 [= B. Fischer, Beiträge zur Geschichte der lateinischen Bibeltexte = AGLB 12 (1986) 156-274].

3. 테르툴리아누스

우리가 알고 있듯이, 라틴어를 사용한 그리스도교의 첫번째 저술가는 퀸투스 셉티미우스 플로렌스 테르툴리아누스이다. 그는 수세기 동안 일부분만 없어진 많은 작품을 남겼지만, 그의 생애는 비교적 많이 알려져 있지 않다. 그의 작품들은 그의 생애에 관하여 몇 가지 사실만 알려줄 뿐이고, 히에로니무스도 자신의 문헌사적 작품인 「유명인사록」(53)에서 그 이상의 정보를 제공하지 않는다. 테르툴리아누스는 이교인 가정 출신으로 160년경 카르타고에서 태어났다. 아버지는 사회적으로 명성이 나 있고 경제적으로도 안정된 로마 군대의 장교였다. 테르툴리아누스의 작품에서 수사학적으로 뛰어난 표현, 법률적 지식, 그리스어 구사력이 나타나듯이 아버지는 그에게 철저한 교육을 시켰다. 테르툴리아누스가 최초로 저술한 두 작품, 「이교인들에게」*Ad nationes*와 「호교론」*Apologeticum*은 197년부터 썼었다.

　그가 197년 이전 언제쯤에 그리스도교로 개종하였는지는 정확히 알려지지 않았다. 이후 10년 동안 그는 대략 20권의 작품(이교인과 유다인에 대한 호교서들, 영지주의자와 다른 이단자에 대한 교의적 · 논쟁적 유형의 작품 및 연극, 기도, 참회, 세례 등에 관한 실천적 · 금욕적 작품)을 저술하였다. 테르툴리아누스는 207년부터 몬타누스주의에 더욱 관심을 기울여, 마침내 213년경에는, 특히 참회 문제와 윤리적 이완주의*Laxismus*를 비난하여 가톨릭 교회와 궁극적으로 갈라섰다. 물론 이러한 "방향 전환"은 그의 활발한 저작활동을 중단시킨 것이 아니라 내용만 변화시켰다. 마르치온, 발렌티누스파를 논박하는 207년 이후의 작품들과 금욕적 · 교의적 작품들은 이제 엄격주의에 바탕을 두고 가톨릭 교회를 반박하였다. 테르툴리아누스에 대한 이후의 정보는 알려진 것이 전혀 없다. 그가 언제 어디서 죽었는지도 모른다. 그러나 그가 젊은 시절 잠시 로마에 간 것말고는 220년까지 카르타고를 떠난 일이 없기 때문에 그가 여기서 죽었다고 추론할 수 있다. 히에로니무스에 따르면 그는 "노년기까지"ad decrepitam aetatem, 따라서 적어도 63세까지는 살았다.

테르툴리아누스의 모든 작품은 당시의 사회, 문화, 교회, 북아프리카 신학에 관한 많은 정보를 제공한다. 시니스칼코P. Siniscalco는 테르툴리아누스의 신학을 제외한 인물과 작품에 관하여 과거 몇 년에 걸쳐 관심을 기울였으며, 다음과 같은 세 가지 주된 문제 영역을 제시하였다.

1) 주변의 로마 사회, 문화와 테르툴리아누스의 관계. 그 자신은 이러한 관계에서 매우 독특한 인물이었다. 이러한 관계를 진술하는 그의 작품들은 이 문화에 속한 모든 것을 부정적으로 해석하는 듯하다. 곧, 그는 이교인의 교육과 병역 등을 반대하였으며, 그리스도교와 로마인의 풍습과 제도(romanitas)는 그에게 양립하지 않는 것같이 보였다. 그러나 다른 학자들은 그를 다름아닌 그리스도교와 로마제국을 일치시키는 개척자로 여긴다. 이 맥락에서 아프리카가 로마제국에 점령되고, 테르툴리아누스의 관점과 사상을 특징짓는 몇몇 상황을 알아야 한다. 북아프리카는 로마의 통치 아래서도 자체의 고유한 기원과 전통을 중시하였다. 북아프리카 그리스도교의 기원은 전통적으로 로마에서 유래하였지만 (이와 달리 다른 진술들은 지중해 동쪽 지방에서 전해졌다고 해석한다), 북아프리카의 그리스도교도 이러한 전통에서 예외가 아니었다.

2) 철학과 테르툴리아누스의 관계. 테르툴리아누스는 신학 개념을 발전시키기 위하여 철학을 이용하지 않았다.

3) 테르툴리아누스는 그리스도교-라틴어의 창시자가 아니지만 그리스도교 라틴어를 발전시키는 데 크게 이바지하여 그리스도교 신학 라틴어의 창시자로 여겨진다. 더 나아가 그는 자신의 교육을 바탕으로 처음부터 고대의 문학 형태와 수사학을 도입하였다.

테르툴리아누스가 몬타누스주의에 물든 뒤 기억력(damnatio memoriae)이 실제로 쇠퇴하였지만, 그의 신학의 많은 부분은 후대 신학의 기초와 지침이 되었다. 수용사受容史가 말해주듯이 사람들은 그의 작품을 중세 때까지 읽었다. 히에로니무스의 보고(「유명인사록」 53)에 따르면 치프리아누스는 매일 테르툴리아누스의 작품을 읽었으며, 그가 이 작품을 읽고 싶으면 비서notarius에게 "스승님을 데려오시오" 하고 말하였다. 이와같이 테르툴리아누스의 작품은 후대의 사람들에게 좋은 평가를 받았다. 테르툴리아누스의 신학적 입장과 지식에 관해서는 내용이 서로 다른 네 편의 논문 「이교인들에게」와 「호교론」, 「이단자들에 대한 항고」*De praescriptione haereticorum*, 「프락세아스 논박」*Adversus Praxean*이 가장 중요하다.

참고문헌 목록: *Bibliographia Chronica Tertullianea*: REAug 22 (1976) ff. – R.D. Sider, Approaches to Tertullian: A Study of Recent Scholarship: SecCen 2 (1982) 228-60. – M. Frenschkowski: BBKL 11 (1996) 695-720. – R. Braun u. a. (eds.), *Chronica Tertullianea et Cyprianea* 1975-1994. Bibliographie critique de la première littérature latine chrétienne, P 1999.

편집본: *Opera omnia*: A. Reifferscheid/G. Wissowa/A. Kroymann/H. Hoppe/V. Bulhart/Ph. Borleffs = CSEL 20, 47, 69, 70, 76 (1890-1957). – CChr.SL 1-2 (1954). – *Ad uxorem*: Ch. Munier = SC 273 (1980) (TfÜK). – *Adversus Marcionem*: R. Braun = SC 365, 368 (1990/1) (TfÜK). – *Adversus Valentinianos*: J.-C. Fredouille = SC 280-281 (1980-1) (TfÜK). – F. Chapot = SC 439 (1999) (*Contra Hermogenem*). – *De anima*: J.H. Waszink, Amsterdam 1947 (TK). – *De baptismo*: R. F. Refoulé/M. Drouzy = SC 35 (1952) (TfÜK). – *De carne Christi*: J.-P. Mahé = SC 216-217 (1975) (TfÜK). – *De cultu feminarum*: M. Turcan = SC 173 (1971) (TfÜK). – *De exhortatione castitatis*: C. Moreschini/J.-C. Fredouille = SC 319 (1985) (TfÜ K). – H.-V. Friedrich, St 1990 (TdÜ). – *De idololatria*: J.H. Waszink/J. C. M. van Winden = SVigChr 1 (1987) (TeÜK). – *De monogamia*: P. Mattei – SC 343 (1988) (TfÜK). – *De paenitentia*: Ch. Munier = SC 316 (1984) (TfÜK). – *De patientia*: J.-C. Fredouille = SC 310 (1984) (TfÜK). – *De pudicitia*: C. Micaelli/Ch. Munier = SC 394-5 (1993) (TfÜK). – E. Evans, Lo 1960 (*De resurrectione* TeÜK). – *De spectaculis*: M. Turcan = SC 332 (1986) (TfÜK). – K.-W. Weber, St 1988 (TdÜK). – *De virginibus velandis*: Ch. Stücklin = EHS.T 26 (1974) (TdÜK).

번역서: *Opera omnia*: H. Kellner = BKV[1] 2 Bde. (1871/2). – K.A.H. Kellner/G. Esser = BKV[2] 7, 24 (1912/5). – W. Schultz = Quellen 3 (1961) (*Apologeticum, De praescriptione haereticorum, Adversus Marcionem, Adversus Praxean, De pudicitia*). – J.H. Waszink, Zü – Mn 1980 (*De anima, De testimonio animae, De censu animae* ÜK). – K.-W. Weeber, St 1988 (*De spectaculis* TÜ). – 영어 번역서: A.C. Coxe: ANFa 3 (1885 = 1995); 4 (1885 = 1995) 3-126 (*Opera omnia*). – T.R. Glover = LCL 250 (1931 = 1966) 1-301 (*Apology, De spectaculis*). – W.P. Le Saint = ACW 13 (1956) (*To His Wife, An Exhortation to Chastity, Monogamy*). – J. H. Waszink = ACW 24 (1956) (*Against Hermogenes*). – W.P. Le Saint = ACW 28 (1959) (*On Penitence, On Purity*).

보조자료: G. Claesson, *Index Tertullianeus*, 3 Bde., P 1974-5. – H. Quellet, Concordance verbale de *De corona* de Tertullien. Concordance – Index – Listes des fréquence – Bibliographie, Hi – NY 1975. – H. Quellet, Concordance verbale du *De cultu feminarum* de Tertullien, Hi – ZÜ – NY 1986. – H. Quellet, Concordances verbales de Tertullien = AlOm A: *De corona* 23 (1975); *De cultu feminarum* 60 (1986); *De patientia* 97 (1988); *De exhortatione castitatis* 131

(1992); *Ad uxorem* 152 (1994).

참고문헌: 사전 항목/각론서 항목: Ch. Munier: DSp 15 (1990) 271-95. – P. Siniscalco: EECh II 818-20. – H. Tränkle: HLL 4 (1997) 438-511.

총론서: P. Monceaux, Histoire littéraire de l'Afrique chrétienne depuis les origines jusqu' à l'invasion arabe, I: Tertullien et les origines, P 1901. – B. Nisters, Tertullian. Seine Persönlichkeit und sein Schicksal. Ein charakterologischer Versuch = MBTh 25 (1950). – J. Steinmann, Tertullien, P 1967. – T.D. Barnes, Tertullian, A Historical and Literary Study, O 1971.

편찬서: J. Granarolo/M. Biraud (eds.), Hommage à René Braun II: Autour Tertullien, P 1990. – R. Braun, Approches de Tertullien. Vingt-six études sur l'auteur et sur l'œuvre (1955-1990), P 1992.

신학: A. d'Alès, La théologie de Tertullien = BTH (1905). – R.E. Roberts, The Theology of Tertullian, Lo 1924. – W. Bender, Die Lehre über den Heiligen Geist bei Tertullian = MThS.S 18 (1961). – R. Cantalamessa, La cristologia di Tertulliano = Par. 18 (1962). – J. Moingt, Théologie trinitaire de Tertullien, 4 vol. = Theol(P) 68-70, 75 (1966-9). – R. Braun, *Deus Christianorum*. Recherches sur le vocabulaire doctrinal de Tertullien, P ²1977. – G.L. Bray, Holiness and the Will of God. Perspectives on the Theology of Tertullian, Lo 1979. – C. Rambeaux, Tertullien face aux morales des trois premiers siècles, P 1979. – G. Hallonsten, *Satisfactio* bei Tertullian. Überprüfung einer Forschungstradition = STL 39 (1984). – A. Viciano, Cristo salvador y liberador del hombre. Estudio sobre la soteriología de Tertuliano = CTUN 51 (1986). – G. Azzali Bernardelli, *Quaestiones Tertullianae criticae*, Mantua 1990. – C.B. Daly, Tertullian, the Puritan and His Influence. An Essay in Historical Theology, Dublin 1993. – C.B. Daly, Tertullian, the Puritan and His Influence. An Essay in Historical Theology, Dublin 1993. – D. Rankin, Tertullian and the Church, C 1995. – E. Osborn, Tertullian, first theologian of the West, C 1997. – M. Wellstein, Nova Verba in Tertullians Schriften gegen die Häretiker aus montanistischer Zeit, St-L 1999.

주위환경: R. Klein, Tertullian und das römische Reich, Hei 1968. – R. Sider, Ancient Rhetoric and the Art of Tertullian = OTM (1971). – J.-C. Fredouille, Tertullien et la conversion de la culture antique, P 1972. – E.I. Kouri, Tertullian und die römische Antike = SLAG A 21 (1982). – G. Schöllgen, *Ecclesia sordida?* Zur Frage der sozialen Schichtung christlicher Gemeinden am Beispiel Karthagos zur Zeit Tertullians = JAC.E 12 (1984). – D.L. Hoffman, The Status of Women and Gnosticism in Irenaeus and Tertullian = SWR 36 (1995) 145-207.

3.1. 「이교인들에게」*Ad nationes*와 「호교론」*Apologeticum*

테르툴리아누스가 197년 초와 말에 「순교자들에게」와 함께 저술한 최초의 두 저서는 처음으로 저술한 작품이라는 인상을 전혀 주지 않는다. 이는 테르툴리아누스가 당시 이미 40세에 접어들었으며, 교육과 직업활동을 기반으로 뛰어난 문학적·수사학적 실습을 하였다는 사실에 비추어보면 그리 놀라운 일이 아니다. 두 작품은 그리스도인에 대한 불공평한 박해에 반대하는 호교서이다. 「이교인들에게」는 흡사 방대한 「호교론」을 간략하게 서술한 준비작업 같다. 이 작품의 논증은 법률가로 숙련된 테르툴리아누스의 독특한 방식으로 전개된다. 「이교인들에게」 제1권에서 테르툴리아누스는, 그리스도인이라는 사실 이외의 혐의나 대중의 비난을 개별적으로 조사하지 않은 채 그리스도인이라는 고백만으로 형벌을 내린다면, 그리스도인에 대한 로마 당국의 이러한 조처는 불법이라고 폭로한다(1,1-6). 1장 7-20절에서는 구체적인 비난들을 다룬다. 테르툴리아누스는 이 비난들이 불합리할 뿐만 아니라 고발자들이 더 나쁜 죄를 지었기 때문에 그들은 그리스도인을 재판할 권리가 없다고 논증한다. 제2권에서는 제신 신화의 종교적·도덕적 부패를 증명하면서 제신 신화를 반박한다. 그밖에 제신은 신격화한 인간이거나 행위이기 때문에 로마를 위대하게 할 수 없다. 따라서 제신을 숭배하지 않는 것은 국가에 해를 끼치는 것이 아니다. 그 다음에 그리스도교를 변론하는 일반적인 진술이 이어진다. 전체적으로 볼 때 「이교인들에게」는 미완성 작품이라는 인상을 주지만, 곧이어 저술된 「호교론」은 이 주제를 다시 받아들여 많은 곳에서 간략하고 정확하게 또는 다른 관점에서 상세히 다룬다.

 「호교론」은 개인적으로 카르타고의 전집정관과 북아프리카의 지방총독에게 쓴 작품이다. 테르툴리아누스가 바로 방대한 변론서를 다시 쓴 이유는 아마도 아프리카에 임박한 박해 때문인 것 같다. 따라서 이 작품은 일반적으로 이교인을 대상으로 한 작품이라기보다 관계당국에게 쓴 그리스도교 옹호서로 보는 것이 더 적합한 듯하다. 50장으로 이루어진 이 작품의 제1-9장에서는 처음에 구체적인 범죄행위를 입증하지 않으면서 무지와 근거 없는 증오에 불타 그리스도인을 박해하는 근거와 정당성 여부를 논한다. 그리스도인과 관련된 법률들은 사악한 황제들이 공포하였으므로 이 법률들의 가치를 문제시하지 않을 수 없다. 더욱이 이교인은 그리스도인의 범죄행위, 곧 영아실해, 인육식사, 근친상간을 비난하였다. 제10-27장에서는 무신론에 대한 비난을 반박한다. 이교인의 신들은 단지 인간이거나 악마이기 때문에, 희생제물의 거부는 무신론을 의미하는 것이 아니라 오히려 전적으로 올바르고 유익한 행동이다. 이런 이유로 로마인은 신들에게 아무것도 신세를 지지 않으며, 유일한 숭배는 이교인이 잘못된 표상들을 가지고 있는 (철학자들보다 더 오래된) 성서에 계시된 하느님께 돌려야 한다. 제28-45장에서는 무신론에 근거하여 그리스도인을 대역죄로 처벌하고, 무신론이 국가에 해를 끼치는 행위라는 비난에 대해 계속 변론한다. 이교인의 신들은 황제와 국가에 어떠한 도움도 줄 수 없지만, 그리스도인이 참된 하느님께 바치는 기도와 충성스러운 행동은 국가에 도움이 된다. 그들은 박해를 받으면서도 국가에 머무르며 어떤 범죄행위도 저지르지 않았다. 오히려 그들은 신앙에 따라 도덕적으로 올바르게 산다. 제46-50장에서는 그리스도교의 신적 기원을 토대로 그리스도교가 모든 철학보다 우월하다는 것으로 작품을 끝맺는다. 그러나 사람들이 그리스도교를 단지 철학의 수준에 놓더라도 이를 묵인해야 한다.

「호교론」은 이와같이 통례의 호교론적 방법론으로 이교인이 그리스도인에게 가진 당시의 모든 비난과 그리스도교측의 변론(그리스도인이라는 명칭nomen Christianum에 대한 증오, 범죄행위에 대한 비난, 반그리스도교적 법률, 무신론, 대역죄, 희생제물의 거부로 국가에 해를 끼친다는 비난에 대해 국민으로서 그리스도인의 긍정적 역할, 다른 모든 철학, 곧 올바른 삶을 위한 지침보다 유일한 참된 하느님의 우월성과 그리스도교의 우월성에 관한 증명)을 체계적으로 보여준다. 「호교론」은 테르툴리아누스의 대표작으로 볼 수 있으며, 이 작품은 후대에 가장 많이 필사되고 유포되었다.

또한 이 작품에는 전례 없는 전승사가 있다. 곧, 많은 부분에서 서로 다른 두 번역본이 남아 있다. 이러한 상이점들은 전승사(필경사의 부정확성 등)를 통해서는 설명될 수 없고, 테르툴리아누스가 두 작품을 저술하였다는 사실에 바탕을 두어야 한다. 고대에 작품들을 개작하는 일은 원칙적으로 드문 일이 아니었으며, 더 오래된 번역본들이 소실되었거나 고대의 책방에서 이미 절판되었다고 할 수 있다.

3.의 서술 참조.

편집본: C. Becker, *Apologeticum*, Mn 1952 (TdÜK). – A. Schneider, *Ad nationes I* = BHRom 9 (1968) (TfÜK).

번역서: M. Haidenthaler, Tertullians zweites Buch *"Ad nationes"* und *"De testimonio animae"* = SGKA 23/1-2 (1942) (ÜK).

참고문헌: J. Lortz, Tertullian als Apologet, 2 Bde. = MBTh 9-10 (1927-8). – J.P. Waltzing, Tertullien, Apologétique. Commentaire analytique, grammatical et historique, P 1931. – C. Becker, Tertullians Apologeticum. Werden und Leistung, Mn 1954. – G. Eckert, *Orator Christianus*. Untersuchungen zur Argumentationskunst in Tertullians *Apologeticum*, St 1993.

<h2 style="text-align:center">3.2. 「영혼론」De anima</h2>

플라톤의 영혼론은 — 고대 후기의 다른 체계들, 그 가운데 특히 스토아 학파의 요소들과 혼합된 대중철학에서 — 잘 알려진 바와같이 수세기에 걸쳐 인간학에 영향을 미쳤다. 고대교회도 플라톤 철학에 영향을 받아 신학이론을 전개하고 설명하였지만, 모든 부분에서 이러한 철학을 무비판적으로 받아들일 수는 없었다. 영혼의 선재, 태어난 뒤에 육체에 영혼이 채워지거나 영혼이 이동된다는 가르침은 그리스도교의 창조신앙과 구원신앙에 모순된다. 203년 이후에 씌어진 테르툴리아누스의 「영혼론」은 논쟁의 여지가 있는 수용사의 한 단면을 보여 준다. 그는 철학자들의 받아들일 수 없는 견해들을 단호히 거부하였다. 왜냐하면 철학자들이 이를 통해 "이단자들의 선조"patriarchae haereticorum(여기서는 이단자들 가운데, 특히 발렌티누스파 영지주의자들을 가리킴)가 되었기 때문이다(3.1).

58장으로 이루어진 이 작품은 서론과 세 개의 주요부로 나뉜다. 서론(1-3)에서는 「파이돈」과 플라톤 철학을 조목조목 비판하면서 논문의 주제와 목적을 제시하고, 모든 것에 관한 명백한 전제로 창세 2,7에 따라 하느님께서 입김으로 영혼을 창조하셨다는 사실을 확증한다. 테르툴리아누스는 이미 헤르모게네스를 논박하는 작품 「영혼의 기원」De censu animae(오늘날 소실되었음)에서 이를 설명하였다고 덧붙여 언급한다.

첫째 주요부(4-21)에서는 영혼의 특성들을 상론한다. 테르툴리아누스는 스토아 학파의 철학자 제논에게서 선천적 영συμφυές πνεῦμα으로 영혼의 정의와 — 루가 16,22-24(부유한 방탕자가 지옥에서 아브라함의 품에 있는 가난한 라자로에게 시원한 물방울을 청하는 비유)과 관련하여 — 영혼의 육체성에 관한 특이한 표상을 넘겨받았다. 영혼이 이성적 부분과 비이성적 부분으로 구성되었다는 플라톤의 구분은 받아늘일 수 있시만, 이는 하느님의 본디 의도에 부합하지 않는다. 하느님께서는 영혼을 이성적 일체一體로 창조하셨으며, 인류가 타락한 다음에야 영혼의 한 부분을 비이성적으로 만드셨다. 영혼의 근본적인 일체는 필연적으로 결코 기능에 따라 영혼의 다른 부분들을 허용하는 것이 아니라, 육체를 넘어서 주어진 여러 능력에서만 활동한다. 이

때문에 국민 전체와 개별 인간의 차이는 영혼의 여러 부분에서 기인하는 것이 아니라 그들 각자의 주위환경, 육체적 특성, 특히 개인 교육에서 생기는 것이다.

둘째 주요부(22-41)에서는 영혼의 선재와 이를 변론하는 *ἀνάμνησις*, 곧 영혼이 태어나기 이전에 본 진리를 어렴풋이 기억한다는 플라톤의 가르침을 논박한다. 곧, 영혼은 태어날 때 육체와 함께 생겨난다. 영혼이 인간이 태어난 다음에 거의 느낄 수 없는 차가운 공기의 운동으로 생긴다는 스토아 학파의 견해도, 성서의 증언이나 여인들의 체험과 상반된다. 이와 함께 모든 형태의 영혼의 이동도 배제된다. 영혼과 육체는 처음부터 함께 성장하며, 선과 악, 곧 부끄러워하는 마음과 원죄에서 유래하는 악에 대한 성향이 생기는 열네 살에 함께 사춘기에 이른다. 이로써 영혼은 두 부분으로 나뉘지만 영혼 안에 선은 완전히 없어질 수 없다.

마지막으로 셋째 주요부(42-58)에서는 죽을 때 영혼의 운명을 설명하고, 이를 위해 잠과 꿈에 대한 인간의 일상적·체험을 화제의 실마리로 삼는다. 테르툴리아누스는 전통적 방식으로 잠을 죽음의 형제일 뿐만 아니라 부활의 상징으로, 꿈을 영혼의 끊임없는 활동에 대한 징후로 설명한다. 죽자마자 천국에 들어가는 순교자들의 영혼을 제외하고, 다른 모든 이들은 땅 아래서(마태 12,40: "땅의 중심에서" 참조) 부활을 기다린다. 그곳에서 육체가 부활하기 이전에 지상에서 행한 선한 행위와 악한 행위에 대한 보상이 시작된다. 이에 대한 대부분의 책임은 영혼이 지기 때문이다. 다른 한편으로 테르툴리아누스는 매장되지 않은 이들, 자살한 이들, 살해된 이들의 영혼은 지상에서 불안에 떨면서 방황해야 한다는 당시에 널리 퍼진 표상을 단호히 배격한다.

테르툴리아누스는 기원후 2세기 초에 활동한 의사 소라노스의 작품 「영혼론」 *Περὶ ψυχῆς*의 내용을 자주 인용하며, 그의 이름을 여러 번 언급한다(6,6: 8,3: 14,2 등). 그러나 이 주제에 관한 견해와 문제점이 곧 바뀌었기 때문에, 독창적인 내용과 중요성에 비해 당시 이 작품의 영향은 그리 크지 않았다.

3.의 서술 참조.
편집본: J.H. Waszink, Amsterdam 1933 (TdÜK). – J.H. Waszink, Amsterdam 1947 (TK).
번역서: J.H. Waszink: BAW.AC (1980) 33-183 (dÜK).

보조자료: J.H. Waszink, *Index verborum et locutionum*, Bn 1935.

참고문헌: G. Esser, Die Seelenlehre Tertullians, Pb 1893. – H. Karpp, Sorans vier Bücher Περὶ ψυχῆς und Tertullians Schrift *De anima*: ZNW 33 (1934) 31-47. – H. Karpp, Probleme altchristlicher Anthropologie. Biblische Anthropologie und philosophische Psychologie bei den Kirchenvätern des 3. Jahrhunderts = BFChTh 44/3 (1950) 41-91. – A.J. Festugière, La composition et l'esprit du *De anima* de Tertullien: RSPhTh 33 (1949) 129-61. – A.D. Nock, Tertullian and the ahori: VigChr 4 (1950) 129-41 [= ders., Essays on Religion 2, O 1972, 712-9). – J.H. Waszink, The technique of the *clausula* in Tertullian's *De anima*: VigChr 4 (1950) 212-45. – J. Amat, Songes et visions. L'au-delà dans la littérature latine tardive, P 1985, 39-50, 93-104, 148-53. – R. Polito, I quattro libri sull'anima di Sorano e lo scritto *De anima* di Tertulliano: RCSF 49 (1994) 423-68.

3.3. 「이단자들에 대한 항고」*De praescriptione haereticorum*

「이단자들에 대한 항고」는 아마도 가장 특이하고 유일한 형태의 호교서로 207/8년 이전에 저술되었다. 그때까지 호교론자들은 신앙이 다른 사람들이나 그리스도교의 이단자들과 벌인 논쟁에서 그리스도교의 진리를 설득력 있게 명시하고 논증하려고 하였다. 반면 테르툴리아누스는 이 작품에서 로마 민사소송법의 항고praescriptio를 정통신앙과 이단 사이의 논쟁에 사용하였다. 재판이 열리기 전에 소송 당사자들이 충분한 근거가 있는 이의를 서면으로 제출할 경우 소송은 열리지 않았다. 보통 이 경우 "원고를 위하여"praescriptio pro actore와 "피고를 위하여"praescriptio pro reo로 구분된다. 원고는 본질적 상황이 무시되었기 때문에 고소를 확대할 것을 요구하였으며, 피고는 고소의 축소, 완화, 취하를 청구하였다. 예를 들어 시효praescriptio temporis, 법원의 관할이 다름praescriptio fori, 원고 진술의 명백한 허위와 결점praescriptio mendaciorum, 외교적 면제praescriptio militiae 등이 허용되었다. 테르툴리아누스는 엄격한 법률적 의미가 아닐지라도 이러한 방법을 이단자들과의 관계에 전용하였다. 이난사들과 빌인 모든 논쟁은 성서와 교회의 전통에 바탕을 두어야 하는데, 이단자들은 성서를 다시 쓰고 교회의 전통 안에 머무르지 않기 때문에, 그들과의 토론에 관여해서는 안된다. 그들에게는 성서와 교회의 전통에 대한 권리가 없다. 이로써 이단자들과의 모든 토론은 근본적으로 부인되었다.

테르툴리아누스는 15-40장에 나오는 중요한 문제를 다루기 전에 먼저 해결해야 할 두 문제를 설명한다(제1-14장). 이단은 왜 있는가? 이단은 왜 성공하는가?(1-5). 이단은 무엇인가? 이단은 어디서 생기는가?(6-14). 그리스도는 이미 이단자들을 예언하였다["거짓 예언자들을 경계하시오"(마태 7,15)]. 이단자들[αἵρεσις(= 선택)에서 유래]은 철학["철학에서 비롯하지 않도록 조심하시오"(골로 2,8)]과 과도한 진리탐구로 인해 생긴다. 그들은 진리 전체에서 마음에 드는 부분만 선택하며 굳센 신앙을 위해서 엄격한 금욕주의와 같은 검증만 내세운다.

마지막 네 장(41-44)에서는 이단자들에 대한 교회의 법규, 곧 그들이 참된 교회를 대표할 수 없다는 내용을 다룬다. 전체적으로 볼 때 이 작품은 법률가인 테르툴리아누스의 숙달되고 빈틈없는 논리와 논쟁으로 특징지을 수 있다. "진지하지도 않고, 권위도 없으며, 규율도 없는 이단은 얼마나 허무하고, 세속적이며 인간적인가!"(41,1). 신자들은 이단자들과의 논쟁에 관여해서는 안 된다. "성서에 관한 토론은 당연히 위 또는 뇌에 착란을 일으키는 것 이외에는 아무 쓸모도 없기 때문이다"(16,2).

3.의 서술 참조.

편집본: R.F. Refoulé/P. de Labriolle = SC 46 (1957) (TfÜK).

참고문헌: A. Beck, Römisches Recht bei Tertullian und Cyprian. Eine Studie zur frühen Kirchenrechtsgeschichte = SKG.G 7/2 (²1967). – J.K. Stirnimann, Die Praescriptio Tertullians im Lichte des römischen Rechts und der Theologie = Par. 3 (1949). – D. Michaelides, Foi, Écritures et Tradition. Les "*Praescriptiones*" chez Tertullien = Theol(P) 76 (1969). – J.A. Alcaín, Las normas de lo cristiano en el "*De Praescriptione*" de Tertuliano: Comp. 35 (1990) 71-92.

3.4. 「마르치온 논박」*Adversus Marcionem*

역사적으로 되돌아볼 때 마르치온(제3장 5.2.2. 참조)은 고대 교회사에서 매우 중요하고 언급할 가치가 있는 인물이다. 동시대의 영지주의 사조들과 비교해 보면 그는 많은 이단자들 가운데 한 사람에 지나지 않았으나 테르툴리아누스가 살고 있던 시대에 마르치온은 이미 대표적인 이단자였다. 마르치온의 가르침이 모든 이단 가운데 가장 위험하였다는 사실은, 테르툴리아누스가 「발렌티누스파 논박」*Adversus Valentinianos* 이외에 다섯 권으로 된 자신의 가장 방대한 작품 「마르치온 논박」을 저술하였다는 사실과, 207/8년부터 각각 개정·증보된 세 가지 초안을 마무리하려고 애썼다는 점에서 증명된다. 퀴스펠G. Quispel의 분석에 따르면, 테르툴리아누스는 이미 마르치온을 논박한 유스티누스, 안티오키아의 테오필루스, 이레네우스의 작품에서 이에 관한 정보를 얻었다고 한다.

테르툴리아누스의 「마르치온 논박」은 마르치온의 가르침을 논박하는 신학적 작품이다. 이 작품은 마르치온 이단의 근본적인 두 가지 문제점에 따라 두 개의 주요 부분으로 이루어져 있다. 하나는 마르치온의 가르침을 논박하는 신학적 부분이다. 마르치온은 미지의 선하신 하느님이 그분의 아들 예수를 보낸 뒤 예수가 선포한 선하신 하느님과 구약의 공정하고 벌하는 하느님의 동일성을 부인하였다. 그에 따르면 미지의 선하신 하느님은 어떤 악한 피조물과 아무 관계가 없다. 이때문에 구세주인 선하신 하느님의 아들은 아담의 죄에서 인간을 해방시키기 위하여 물질로 이루어진 인간이 될 수 없으며, 악한 물질로 더럽혀지지 않은 채 아버지의 구원소식을 전하기 위하여 단지 가상의 육체를 취했을 뿐이다(I-III). 다른 하나는, 구약성서의 창조자 하느님과 관계없는 구절들을 모은 마르치온의 성서를 논박하는 성서주석적 부분이다(IV-V).

제1권에서는 마르치온의 작품, 인물, 가르침에 관한 짧은 서론 다음에(1-2) 마르치온이 주장한 미지의 하느님에 대한 가능성을 세 가지 이유에서 논박한다. ① 하느님은 '지극히 완전하신 분' summum magnum이라는 전제를 바탕으로, 논리적으로 한 분의 하느님만 있다. 따라서 예수의 아버지와 구약성서의 데미우르구스는 있을 수 없다(3-7). ② 미지의 하느님이 피조물을 악한 데미우르구스에게 매우 오랫동안 맡기고, 이렇게 늦세서야 자신을 계시한다는 것은 합당하지 않으며 논리적으로 불가능하다(8-21). ③ 마르치온의 가르침을 정확히 검토해 보면 미지의 하느님은 결코 벌하시지 않고, 특히 인간들의 구원을 위해 그들에게 결혼금지와 같은 매우 비인간적인 조건들을 제시하시는데, 그렇다면 그분은 결코 선하신 분이 아니다(22-29).

테르툴리아누스는 마르치온이 주장한 하느님은 있을 수도 없으며, 그가 미지의 선하신 하느님의 특징을 올바로 제시하지 못하였음을 이와같이 명시하였다. 제2권에서는 새로운 내용으로 넘어가는 서언(1-2) 뒤에, 창조자가 예수의 하느님과 전적으로 같다는 사실을 구약성서 자체에서 증명한다. 곧, 그분은 벌하는 하느님일 뿐만 아니라 그분 안에서 의로움과 선은 본질적으로 일치한다. 이는 이미 창조와 하느님께서 최초의 인간에게 주신 계명에서 나타난다(3-4). 또한 아담의 타락은 단지 그의 자유의사에서 비롯하며(5-10), 추정적으로 인간의 감정을 상하게 한다는 구약성서에 나오는 하느님의 명령들도 그분의 선과 의로움에 상응하는 것이다(7-21). 이때문에 사람들은 그분이 여러 면에서 너무 인간적으로 행동하신다는 마르치온의 비난에 대해 그분을 변론해야 한다. 이와 함께 그분은 인간의 구원을 위해 인간 가까이 오셨다(22-27). 마지막으로 마르치온의 「대립명제」를 논박하는 "반대립명제"에서 테르툴리아누스의 신학이 요약된다(28-29).

마침내 제3권에서는 예수가 구약성서에 나오는 유일한 하느님의 아들이고, 아담의 죄를 구제하기 위하여 인간이 되었으며, 가상의 육체를 취하지 않았다는 점을 명시한다. 제1부(1-11)에서는, 하느님은 준비되지 않은 구원을 위해 가장 나쁜 시점을 택하였으며, 가상의 육체를 지닌 구세주는 웃음거리일 뿐이라는 마르치온 구원론의 결점들을 비판한다. 제2부(12-24)에서는, 테르툴리아누스가 천년으로 계산한 시대의 종말인 예수의 재림 때까지 메시아에 관한 구약성서의 예언과 예수의 전기가 정확히 일치하는 점을 상세한 비교를 곁들이면서 증명한다. 이 경우 신약성서 시대부터 되풀이되는 근본적이고 호교론적 논증이 중요하다. 곧, 그리스도인은 유다인과 다르며, 메시아 민족으로 선택되었다는 것이다. 이를 위해 테르툴리아누스는 여기서 자신이 이전에 쓴 「유다인 논박」*Adversus Iudaeos*(197년경 저술됨) 9-14장에 나오는 논거의 많은 부분을 그대로 반복 인용한다.

제4권과 제5권에서는 성서의 많은 부분을 생략한 마르치온의 성서 본문을 한 구절씩 따라가면서 그가 근거 없이 임의로 성서를 취사선택하였다는 것을 되풀이하여 강조한다. 특히 마르치온이 계시로 인정한 본문이 그가 거부하는 창조자-신을 증언한다는 점을 밝힌다. 따라서 마르치온은 자신의 신학을 뒷받침할 만한 성서적 근거를 주장할 수 없고, 모교회만이 성서를 논증의 근거로 내세울 수 있다. 이는 이단자가 성서를 증거로 내세우는 것을 허용하지 않는다는 「이단자들에 대한 항고」*De praescriptione haereticorum*에서 전개한 논증과 유사한 논거이다. 왜냐하면 성서는 하나이며 참된 교회의 자산이기 때문이다.

3.의 서술 참조.

편집본: C. Moreschini, Mai 1971. – E. Evans, O 1972 (*IV-V* TeÜ). – R. Braun = SC 365, 368, 399 (1990-4) (*I-III* TfÜK).

참고문헌: V. Naumann, Das Problem des Bösen in Tertullians 2. Buch gegen Marcion: ZKTh 58 (1934) 311-63, 533-51. – G. Quispel, De bronnen van Tertullianus' *Adversus Marcionem*, Utrecht 1943. – C. Moreschini, Temi e motivi della polemica antimarcionita di Tertulliano: SCO 17 (1968) 149-186. – E.P. Meijering, Tertullian Contra Marcion. Gotteslehre in der Polemik, *Adversus Marcionem I-II* = PP 3 (1977).

3.5. 「프락세아스 논박」*Adversus Praxean*

테르툴리아누스는 "정서가 불안하고 짧은 기간 갇혀 단지 불편함을 겪었다는 이유로 자신을 고백자라고 과시하는"(1) 프락세아스가 단원론에 관한 학설을 소아시아에서 로마로 처음 들여왔다고 기록한다. 그 학설은 프락세아스의 제자가 아프리카로 전했으나, 그 뒤 곧 이단으로 밝혀져 테르툴리아누스는 이 학설이 널리 퍼지는 것을 막았다. 이 학설이 213년경 다시 보급되었을 때 테르툴리아누스는 이 학설의 주창자, 곧 프락세아스를 논박하는 작품을 써야 한다고 생각하였다.

  프락세아스는 노에투스의 방식으로 양태설, 곧 성부수난설을 주장하였다. 테르툴리아누스는 프락세아스의 학설이 어떻게 아프리카로 전해졌는가에 대한 서술(1-2)을 필두로 총 31장에 걸쳐 반론을 전개하였다. 이후에 그는 변론해야 할 가치가 있는 전통적 유일신론을 두 가지 논증에 따라, 하나는 평범한 사람들을 위하여, 다른 하나는 교양있는 사람들을 위하여 설명한다. 평범한 사람들을 위한 설명은 군주의 개념을 사용한다. 하느님의 세 위격과 일치는, 공동 통치자인 아들들과 함께 제국을 통치하나 제국의 일치가 깨어지지 않는 로마제국의 한 명의 황제와 비교되어야 한다. 테르툴리아누스는 교양있는 사람들을 위하여 성서를 적용한다. 출애굽기 33장 20절에 따르면 어떤 사람도 하느님을 볼 수 없으며, 하느님을 본 사람은 살아남을 수 없다. 곧, 보이는 하느님은 성부일 수가 없다. 단원론파가 인용한 성서 구절인 이사야서 45장 5절("내가 야훼다. 누가 또 있느냐? 나밖에 다른 신은 없다"), 요한복음 10장 30절("나와 아버지는 하나입니다"), 요한복음서 14장 9-11절("나를 본 사람은 이미 아버지를 보았습니다. …")에 대해 테르툴리아누스는 복음서에서 성부와 성자의 다름을 말하고 있는 구절들, 예를 들어 마태오복음 27장 46절("나의 하느님, 나의 하느님, 어찌하여 나를 버리셨습니까?"), 루가복음 23장 46절("아버지, 제 영을 당신 손에 맡기옵니다")을 인용한다. 아버지를 통한 들어높임, 하느님의 오른편에 앉음, 성부에게서 성자를 통해 성령을 보냄, 이 모든 것은 성부와 성자가 다르다는 것을 보여준다.

후대 신학의 관점에서 27장 11절의 한 문장은 중요하다. "우리는 한 위격에서 혼합되지 않고 결합된 이중의 상태, 하느님과 인간 예수를 본다"videmus duplicem statum, non confusum sed coniunctum in una persona, Deum et hominem Iesum. 이 문장은 칼체돈 공의회(451년)에서 그리스도론을 정의하는 데 큰 몫을 하였다. 따라서 이 문장이 아우구스티누스 시대까지 받아들여지지 않고 신학에 아무런 영향을 미치지 못하였는지는 문제삼지 않을 수 없다. 여하튼 두 본성을 지닌 그리스도의 하나의 위격에 관한 정식이 그리스도교 초기에 나왔다는 사실은 놀랄 만하다.

3.의 서술 참조.
편집본: E. Evans, Lo 1948 (TeÜK).
참고문헌: R. Cantalamessa, Prassea e l'eresia monarchiana: ScC 90 (1962) 28-50. – M. Siniscalco: EECh II 706.

4. 미누치우스 펠릭스

마르쿠스 미누치우스 펠릭스의 대화록 「옥타비우스」는 저술 동기, 대화에 참여한 인물들, 대화의 배경이 된 주위환경에 대한 묘사로 시작한다(1-4). 미누치우스 펠릭스는 친구 옥타비우스가 죽은 뒤 그들의 우정, 특히 로마의 포도 수확

축제 동안 나눈 대화를 떠올렸다. 옥타비우스는 아프리카에서 그를 방문하러 로마에 왔으며, 그들이 체칠리우스라는 다른 동행자와 함께 오스티아로 가는 길에 문제가 생겼다. 미누치우스 펠릭스도 아프리카 출신이었고, 대화의 구성과 문체에서 나타나듯이 세 사람 모두 법률가였다. 그들은 어두운 새벽에 해변가로 가고 있었는데, 체칠리우스가 길가에 서 있는 세라피스 상에 숭배의 표시로 손을 입에 대는 키스를 보냈다. 이에 대해 미누치우스 펠릭스와 마찬가지로 그리스도 신자인 옥타비우스는 일반 국민이 지닌 종교적 무지를 드러내는 것은 교양인에게 걸맞지 않다고 그를 비난하였다. 체칠리우스는 처음에는 어떤 이의도 제기하지 않았으나 바닷가를 산책하면서 내내 자존심이 상하였다. 그는 돌아오는 길에 미누치우스 펠릭스를 재판관으로 삼아 옥타비우스에게 토론을 벌이자고 제의하였다. 그들은 성벽 위에 앉았다. 미누치우스 펠릭스가 중앙에, 옥타비우스와 체칠리우스가 오른쪽과 왼쪽에 앉은 뒤 논쟁을 벌이기 시작하였다.

체칠리우스(5-13)는 이미 알고 있거나 다른 호교서나 순교자 행전들에서 언급된 비난들을 들먹이며 재미있고 수사학적으로 뛰어난 이의를 제기하였다. 앞을 내다볼 수 없는 우연이 분명히 세상을 지배하기 때문에, 창조주와 세계의 지도자인 한 분의 하느님을 믿는 그리스도교 신앙은 세상의 분명한 상황과 맞지 않는다. 더욱이 신을 이해하기 어렵다는 것은 최고의 철학적 인식에 속한다. 로마가 전통적 제신 신앙을 통해 세계의 강국으로 떠오르면서 적어도 그 실용성을 입증한 전통적 제신 신앙은 오히려 그리스도교보다 더 낫다(제신이 틀림없이 세계의 지도자라는 논리적 모순이 체칠리우스에게 두드러지게 나타나지 않지만 그는 이 모순을 슬쩍 넘어간다). 그러고 나서 그리스도교는 단지 무지한 사람들을 우둔하게 하며, 처참한 이승을 개선하지 못하고 그들에게 더 나은 저승에 대한 희망을 주어 위로하고 있다는 이전의 비난과 새로운 비난(근친상간, 영아살해, 인육식사, 십자가에 못박힌 나귀머리를 지닌 사람에 대한 숭배,[2] 향연, 주연, 간음)이 뒤따른다. 더 나아가 그리스도인은 빛을 싫어하는 무

---

[2] 이에 대한 증언은 로마의 일곱 언덕 가운데 중앙 언덕에서 발견된 "알렉사메노스가 그의 하느님을 경배하다"라는 3세기의 벽 낙서이다. 이 낙서에는 십자가에 못박힌 나귀머리를 지닌 사람에 대한 기도 자세를 바라보는 사람이 그려져 있다. W. Schäfke, Frühchristlicher Widerstand: ANRW II 23.1 (1979), 596-9쪽 참조.

뢰한이므로 모든 것을 숨겨야 한다. 하느님의 현존, 세계의 종말, 심판에 대한 그들의 신앙은 터무니없다. 마지막으로 체칠리우스는 토론의 승리를 확신한 듯이 옥타비우스에게 조소 섞인 답변을 요구하였다. 이에 대해 미누치우스 펠릭스는 자신의 뛰어난 변론으로 그를 비난하였다(14-15). 곧, 토론에서는 진리의 객관적 탐구만이 중요하다는 것이다.

옥타비우스는 체칠리우스가 주장한 내용을 순서대로 답변하였다(16-38). 각 사람에게는 이성과 인식이라는 재능이 있어, 각자는 철학자들도 인식한 세계의 질서에서 한 분의 창조주를 필연적으로 추론할 수 있다. 이와 달리 그리스의 신들은 역사가들이 증언하듯이 음탕하게 꾸민 이야기나 풍습과 밀접한 관계가 있는 신격화한 인간이거나 악마이며, 신이 아니라 잔인한 폭력이 로마를 강대국으로 만들었다. 마지막으로 옥타비우스는 그리스도인에 대한 중상들을 논박하며, 무엇보다도 그리스도인의 모범적인 행동을 예로 들어 그리스도교의 하느님께 대한 신앙과 종말론을 정당화한다. 체칠리우스는 곧바로 이에 설득되어 미누치우스 펠릭스의 판결 없이도 자신의 오류를 고백하고 그리스도교로 개종하였다(39-40).

수사학적으로나 문학적으로 잘 짜여진 대화록 「옥타비우스」는 초대 그리스도 호교론 가운데 가장 세련되게 그리스도교를 변론한다. 이 작품은 성서를 인용하지도 않고 그리스도의 이름을 언급하지도 않은 채 오로지 이성을 토대로 그리스도교를 논증하고, 그리스도인의 범죄행위에 대한 근거 없는 소문들을 논박한다. 대화록의 저술 연도에 관해서는 오늘날에도 의견이 서로 다르다. 확실히 197년에 저술된 테르툴리아누스의 「호교론」, 「이교인들에게」와 이 작품의 연관성은 매우 밀접하다. 많은 학자가 지금까지 확실한 증거를 제시하지 못하였지만 「옥타비우스」가 테르툴리아누스의 작품보다 앞서 저술되었다고 주장한다. 「옥타비우스」에 그리스도인을 논박하는 치르타의 프론토의 작품(2세기 중엽)이 언급되고, 치프리아누스의 작품 「우상들은 신이 아니다」 *Quod idola dei non sint*(246년 직후 저술됨)[3]에서 대화록을 인용하듯이 이 작품이 대략 언제부터 언제 사이에 씌었는지는 확정지을 수 있다.

---

[3] 대부분의 학자는 이 작품의 저자를 가-치프리아누스로, 저술 연도를 4세기로 주장한다 ― 역자 주.

참고문헌 목록: J.P. Waltzing, Bibliographie des Minucius Felix: MB 6 (1902) 5-49. – M. Fren-schkowski: BBKL 5 (1993) 1564-7.

편집본: C. Halm = CSEL 2 (1867) 1-71. – C. Schneider, Pb 1932 (TK). – J. Beaujeu, P 1964 (TfÜK). – B. Kytzler, Mn 1965 = Da 1991 (TdÜK). – B. Kytzler = BiTeu (1982). – B. Kytzler, St ²1983 (TdÜK).

번역서: A. Müller, Frühchristliche Apologeten II = BKV² 14 (1913) 123-204. – 영어 번역서: R.E. Wallis: ANFa 4 (1885 = 1995) 167-98. – G.H. Rendall = LCL 520 (1931 = 1968) 303-437. – G.W. Clarke = ACW 39 (1974).

보조자료: J.P. Waltzing, *Lexicon Minucianum*, Liège – P 1909. – B. Kytzler/D. Najock/A. No-wosand, *Concordantia in Minuci Felicis Octavium* = AlOm A 72 (1991).

참고문헌: 사전 항목/각론서 항목: L. W. Barnard, Apologetik I: TRE 3 (1978) 402. – A. Solignac: DSp 10 (1980) 1268-72. – P. Siniscalco: EECh I 562-3. – B. Kytzler: TRE 23 (1993) 1-3. – E. Heck: HLL 4 (1997) 512-9.

연구서: R. Beutler, Philosophie und Apologie bei Minucius Felix, Weida 1936. – B. Axelson, Das Prioritätsproblem Tertullian – Minucius Felix = SVSL 27 (1941). – G. W. Clarke, The Lite-rary Setting of the *Octavius* of Minucius Felix: JRH 3 (1965) 195-211. – W. Fausch, Die Einlei-tungskapitel zum "*Octavius*" des Minucius Felix. Ein Kommentar, Zü 1966. – C. Becker, Der "Octavius" des Minucius Felix. Heidnische Philosophie und frühchristliche Apologetik = SBAW.PPH 1967/2. – G.W. Clarke, The Historical Setting of the *Octavius* of Minucius Felix: JRH 4 (1967) 267-86. – M. Rizzi, Amicitia e veritas: iI prologo dell'*Octavius* di Minucio Felice: Aevum antiquum 3 (1990) 245-68. – A. Fürst, Der philosophiegeschichtliche Ort von Minucius Felix' Dialog »Octavius«: JAC 42 (1999) 42-49.

5. 카르타고의 치프리아누스

3세기 중엽 데치우스 황제와 발레리아누스 황제가 제국 전반에 걸쳐 일으킨 첫 번째 박해 때, 라틴 교회에는 생애와 활동과 중요성에서 매우 주목할 만한 두 인물이 나타났다. 카르타고의 주교인 체칠리우스 치프리아누스 타스치우스와 장로이며 로마의 분열된 종파의 주교인 노바티아누스가 그들이다. 이 두 사람 은 서로 만나지 않았으나 편지를 주고받았으며, 무엇보다도 각자의 활동 지역 에서 신학적·사목적 문제점에 대해 논쟁을 해야만 했다. 치프리아누스의 생애 는 주로 자신의 작품에서 드러난다. 이러한 작품에는 카르타고의 신분이 높고 교양있는 친구에게 그리스도교로의 개종을 묘사한 소책자 「도나투스에게」와 81 통의 편지를 수록한 서간집, 그의 순교에 관해서 앞에서 언급한 「행전」(제3장

4.1.3.) 및 폰티우스 부제가 치프리아누스가 사망하자마자 전승에 따라 저술하였으며 역사적으로 믿을 만한 내용을 싣고 있는 찬가 양식의 「생애」*Vita*가 있다.

치프리아누스는 3세기 초 카르타고에서 신분이 높고 부유한 가정에서 태어났으며, 당시의 관례에 따라 고등교육을 받아 연설가로 성공하였다. 히에로니무스처럼 그도 로마의 관직 경력cursus honorum을 위해 교육을 받고 나서 변호사 또는 수사학 선생이 되었는지는 불확실하다. 어쨌든 박해 동안 신분이 높은 친구들의 후원과 관청의 사려깊은 대우에서 잘 알 수 있듯이, 그는 아마도 원로원 귀족에 속하였던 것 같다. 치프리아누스는 246년경 카르타고의 사제 체칠리아누스의 영향으로 그리스도교로 개종하였다. 개종하면서 그는 재산을 공동체의 가난한 이들에게 기꺼이 나누어 주고 그리스도교 정신에 따라 살기 위하여 그때까지 하던 일을 그만두었다. 그는 짧은 기간에 많은 사람의 호감을 얻어 곧 사제로 서품되었으며, 248/49년에는 카르타고의 주교가 되었다. 치프리아누스의 빠른 승임陞任을 시샘한 카르타고의 다섯 사제가 보인 적대감은 253년에 가서야 없어졌다.

249년 가을, 데치우스 황제는 신들이 분노하여 제국에 위기가 왔다고 생각하여 제국의 모든 국민에게 기원제물을 바치라고 명하였다. 특히 이를 관리하도록 임명된 제물위원회는 기원제물을 바친 사람들에게 증서libellus를 교부하였다. 아직도 많은 증서가 사막의 모래에 파피루스로 묻혀 있다.[4] 증서에는 먼저 증서를 교부하는 지역이 정확히 기재되고 제물위원회의 주소가 기록된다. 그 다음 공식적인 문서 형식으로 신청자와 부모의 이름, 출신 지역과 거주 지역, 연령, 경력이 기록되고, 국민들은 위원회가 참석한 가운데 적법하게 제물을 바쳤다는 증서를 받기 위해 신들을 늘 올바르게 숭배하겠다는 맹세를 한다. 이어서 신청자와 위원회의 서명과 날짜가 뒤따른다.

제물을 바치지 않을 경우에는 감옥에 갇히고, 재산을 몰수당하고, 고문받고 추방되거나 사형선고를 받았다. 데치우스 칙령이 그리스도인만을 대상으로 하였는지는 확실하게 밝혀지지 않았다. 칙령은 제국의 모든 주민에게 제물을 바

---

[4] H. Leclercq, Dèce: DACL 4/1 (1920), 317-30쪽; Ders., Libelli: DACL 9/1 (1930), 80-5쪽; A. Di Berardino, Libellus: EECh I, 484쪽 참조.

칠 것을 의무화하였기 때문이다. 어쨌든 칙령은 로마제국의 제의 외에는 다른 제의를 거행하지 못하도록 하였기 때문에, 그리스도인에게 엄청난 결과를 초래하였다. 실제로 많은 그리스도인이 데치우스 압제 밑에서 실제로든 미봉책으로든 희생제물을 바쳤다. 어떤 사람들은 불에 태운 제물을 바치거나 향을 피웠으며, 다른 사람들은 실제로 제물을 바치지 않고 매수를 하거나 개인적 관계를 통해 필요한 증서를 얻었다. 치프리아누스 주교를 포함한 세번째 부류는 도피하여 박해를 피하였다. 치프리아누스는 자신의 생명을 지키기 위해서가 아니라 공동체를 염려하는 마음에서 목자들을 잃지 않으려고 피신하였다. 이미 249/50년경에 로마, 예루살렘, 안티오키아의 주교들이 감옥에 갇혔다가 죽었기 때문이다. 치프리아누스는 수많은 편지로 그의 공동체들을 지도하였으나, 이러한 행위로 그의 피신에 대한 비난을 면할 수 없었다. 오히려 로마 공동체는 그가 로마의 주교처럼 순교해야만 했다고 경고하였다. 이러한 태도는 테르툴리아누스의 작품 「박해에서 도피」*De fuga in persecutione*에서 저자가 변론하듯이, 원시 그리스도교의 순교에 대한 열망과 일치한다.

다행히 박해는 이미 250년 말에 수그러들어, 251년 부활절에는 실제로 끝났다. 이와 함께 박해로 말미암아 사목적·신학 문제들이 나타났다. 실제로든 미봉책으로든 제물을 바친 대부분의 그리스도인이 곧바로 배교를 뉘우치고 교회에 다시 받아들여지기를 갈망하였다. 교회의 지도자들은 "고백자들"confessores의 평화의 편지에 따라, 말하자면 박해 동안 고초를 겪으면서도 신앙을 지킨 사람들의 공로의 대가로 일부 배교자lapsi를 곧바로 받아들였다. 더러는 뉘우칠 경우 회개의 기간 없이 다시 받아들였다. 피신중에 있었던 치프리아누스는 이러한 조처를 엄금하고, 이 문제가 제국의 광범위한 지역교회에 관련되기 때문에 박해가 끝난 뒤 통일된 규범을 만들고사 하였다. 그 결과 251년 4월 초 카르타고에서 열린 교회회의는, 돈으로 증서를 매수한 사람들(libellatici)이 그에 맞는 참회를 한 다음에 교회에 받아들이기로 하였으며, 불에 태운 제물을 바친 사람들(sacrificati)과 향을 피운 사람들(thurificati)에게는 더 긴 참회 기간을 요구하였다. 중병에 걸린 사람들만 바로 교회에 받아들였다. 그러나 1년 뒤 새로운 박해가 일어나려

하자, 모든 사람이 다시 교회에 받아들여졌다. 펠리치시무스 부제, 대립주교 포르투나투스가 이끄는 윤리적 이완주의 종파와 대립주교 막시무스가 이끄는 엄격주의 종파는 이러한 규정을 결정하는 데 중요한 역할을 하지 못하였다.

로마에서도 교회정치사적 발전이 아니라 신학적 발전이 이와 매우 비슷하게 전개되었다. 251년 3월 코르넬리우스가 로마의 주교로 선출된 뒤, 로마 교회회의는 카르타고 교회회의처럼 대응하였다. 그러나 교회에서 인정하지 않은 사람들이 고백자들을 찾아가 화해선언을 받아내지 못하게 한 치프리아누스의 조처가 올바르다고 여긴 노바티아누스는, 자신이 볼 때 매우 느슨한 참회예식을 반대한다고 말하고 엄격한 조처를 주장하는 대립종파의 주교가 되었다. 이 사건은 제국의 광범위한 지역이 관련된 노바티아누스 분열로 확대되어 6세기까지 지속되었다.

로마의 주교 스테파누스가 교황직에 있을 동안(254년 3월~256년), 그와 치프리아누스 사이에는 이단자와 교회 분열자의 세례 유효성 문제에 관해 상당한 의견의 차이가 있었다. 스테파누스는 세례의 유효성은 오로지 세례 거행자의 정확한 베풂Spendung과 올바른 지향에 달려 있다(이 견해는 뒤에 교회의 유효한 가르침으로 인정받았다)고 주장하였다. 반면 치프리아누스는 이전의 테르툴리아누스처럼 북아프리카 전통에 따라 교회 밖에는 하느님의 성령이 활동하지 않고 세례가 유효하게 베풀어질 수 없으며, 따라서 이단자들은 다시 세례를 받아야 한다고 주장하였다. 스테파누스 주교가 257년에 죽고 치프리아누스도 발레리아누스의 박해 기간인 258년 9월 14일 죽었기 때문에, 이 논쟁은 해결되지 않았으나 로마와 카르타고 사이의 교회 공동체성은 깨지지 않았다.

치프리아누스의 이러한 생애에 근거하여 그의 수많은 작품 가운데 251년에 저술된 「배교자들에 관하여」, 「교회의 일치」, 그의 서신교환이 특히 중요하다.

참고문헌 목록: F.W. Bautz: BBKL 1 (1975) 1178-83. – *Chronica Cyprianea*: REAug 32 (1986) ff. – R. Braun u. a. (eds.), *Chronica Tertullianea et Cyprianea* 1975-1994. Bibliographie critique de la première littérature latine chrétienne, P 1999.

편집본: *Opera omnia*: G. Hartel = CSEL 3/1-3 (1868-71). – R. Weber/M. Bévenot/M. Simonetti/C. Moreschini/G. F. Diercks/G.W. Clarke = CChr.SL 3-3D (1972-99). – M. Poirier = SC

440 (1999) (*La bienfaisance et les aumônes*). – *Ad Donatum, De bono patientiae*: J. Molager = SC 291 (1982) (TfÜK). – *Vita*: Ch. Mohrmann/A.A.R. Bastiaensen/L. Canali: ViSa 3 (1975) 1-49 (TiÜK).

번역서: J. Baer = BKV² 34, 60 (1918-28). – 영어번역서: E. Wallis: ANFa 5 (1885 = 1995) 275-596 (*Opera omnia*). – M. Bévenot = ACW 25 (1957) (*The Lapsed, The Unity of the Catholic Church*). – R.J. Deferarri/A.E. Keenan/M.H. Mahoney/G.E. Conway = FaCh 36 (1958) (*Treatises*).

보조자료: P. Bouet/Ph. Fleury/A. Goulon/M. Zuinghedau/P. Dufraigne, Cyprien, Trait s. Concordance – Documentation lexicale et grammaticale, 2 vol., Hi – Zü – NY 1986.

참고문헌: 사전 항목/각론서 항목: A. Stuiber: RAC 3 (1957) 463-6. – M. Bévenot: TRE 8 (1981) 246-54. – R.D. Sider: EEC 246-8. – V. Saxer: EECh I 211-2. – P.L. Schmidt, *Vita Cypriani*: HLL 4 (1997) 433-5. – H. Gülzow/A. Wlosok/P.L. Schmidt: HLL 4 (1997) 532-75.

총론서: E.W. Benson, Cyprian, His Life, His Times, His Work, Lo 1897. – P. Monceaux, Histoire littéraire de l'Afrique chrétienne depuis les origines jusqu'à l'invasion arabe, II: Saint Cyprien et son temps, P 1902. – M. Sage, Cyprien = PatMS 1 (1975). – Ch. Saumagne, Saint Cyprien, évêque de Carthage, "pape" d'Afrique (248-258). Contribution à l'étude des "persécutions" de Dèce et de Valérien, P 1975.

개별 주제에 관한 연구서: J. Ernst, Papst Stephan I. und der Ketzertaufstreit = FChLDG 5/4 (1905). – A. von Harnack, Das Leben Cyprians von Pontius, die erste christliche Biographie = TU 39/3 (1913). – A. d'Alès, La théologie de saint Cyprien = BTH (1922). – H. Koch, Cyprianische Untersuchungen = AKG 4 (1926). – G.S.M. Walker, The Churchmanship of St. Cyprian = ESH 9 (1968). – V. Saxer, Vie liturgique et quotidienne à Carthage vers le milieu du IIIe siècle. Le témoignage de saint Cyprien et de ses contemporains d'Afrique = SAC 29 (1969). – M.A. Fahey, Cyprian and the Bible: a Study in Third-Century Exegesis = BGBH 9 (1971). – B. Kötting, Die Stellung des Konfessors in der Alten Kirche: JAC 19 (1976) 7-23. – M. Bévenot, Cyprian's platform in the rebaptism controversy: HeyJ 19 (1978) 123-42. – J.A. Fischer, Die Konzilien zu Karthago und Rom im Jahr 251: AHC 11 (1979) 263-86. – St. Cavallotto, Il magistero episcopale di Cipriano di Cartagine. Aspetti metodologici: DT 91 (1988) 375-407. – Ch. Bobertz, An analysis of *Vita Cypriani* 3.6-10 and the attribution of *Ad Quirinum* to Cyprian of Carthage: VigChr 46 (1992) 112-28. – J.H.D. Scourfield, The *De mortalitate* of Cyprian: Consolation and Context: VigChr 50 (1996) 12-41.

5.1. 「배교자들에 관하여」*De lapsis*

치프리아누스는 251년 초 카르타고로 돌아온 다음 배교자들의 문제에 대한 통일된 규칙의 토대를 마련하기 위하여 논문「배교자들에 관하여」를 저술하였다. 이 논문은 카르타고 공동체와 카르타고에 소집된 교회회의에서 낭독되었으며, 북아프리카 교회의 공동 조처로 승인되었다. 로마의 고백자들은 그들의 주교 코르넬리우스의 지지를 받아 이 조처를 강화하려고 필사본을 받았다.

이 작품은 36장으로 분류되며, 치프리아누스는 서론(1-3)에서 처음에 박해가 끝난 사실에 대한 기쁨을 하느님께 감사하고, 박해 동안 보여준 고백자들의 항구한 믿음을 찬양하며, 자신의 피신이 신앙을 지키려는 적합한 수단이었다고 변론한다. 주요부(4-28)에서는 이러한 정당한 태도와 배교자들을 대립시킨다. 처음에(4-7) 치프리아누스는 박해를 신앙에 대한 시험, 교회의 결점에 대한 벌, 성서의 예언과 일치하는 것으로 정당화한다. 그러나 많은 사람이 재산에 대한 걱정 때문에 박해를 피하지 않았다(8-12). 배교자에 관한 반응은 여러 범주로 구분된다. ① 제물을 바치라는 명령을 바로 따른 사람에게는 매우 엄한 조처를 취해야 한다. 고문으로 신앙을 버린 사람에게만 관용을 베풀어야 한다(13-17). ② 이때문에 고백자도 죄인을 다시 교회에 받아들이는 것을 쉽게 허락할 수 없다(18-20). ③ 치프리아누스가 여러 본보기에서 설명하듯이 부당하게 또는 주교의 의지에 반대하여 배교자를 교회에 다시 받아들이는 행위는 바로 이 지상에 하느님의 벌을 종종 초래한다(21-26). ④ 증서를 돈으로 매수한 사람들은 겉으로 배교하였기 때문에 그들도 참회해야 한다(27-28). 결론(29-36)에서는 참회 기간을 개별적으로 규정하고 회개를 호소하며, 참회를 마친 사람에게 하느님의 은총을 약속한다.

5.의 서술 참조.

편집본: M. Bévenot = OECT (1971) 1-55 (TeÜK).

참고문헌: M. Bévenot, The Sacrament of Penance and St. Cyprian's *De Lapsis*: TS 16 (1955) 175-213. – B. Poschmann, *Paenitentia secunda*. Die kirchliche Buße im ältesten Christentum bis Cyprian und Origenes = Theoph. 1 (1940) 368-424. – V. Fattorini/G. Picenardi, La riconciliazione in Cipriano di Cartagine (*ep. 55*) e Ambrogio di Milano (*De paenitentia*): Aug. 27 (1987) 377-406.

5.2. 「교회의 일치」*De ecclesiae unitate*

27장으로 이루어진 논문 「교회의 일치」는 무엇보다도 서로 다른 두 번역본으로 전해지는 4장 때문에 유명해졌다. 한 번역본(PT = Primatstext, 수위권 본문)에서 치프리아누스는 명백하게 로마 주교의 수위권에 관하여 말한다. "베드로 역시 다른 사도들과 같은 사도였지만 수위권은 그에게 주어집니다." 그러나 다소 더 긴

병행 본문(TR = Textus receptus, 공인 본문)은 이러한 신학을 부드럽게 주장하며 베드로를 단지 일치의 근원으로 말한다. "베드로 역시 사도였고 다른 사도들과 같이 동등한 명예와 권한을 받았습니다. 그러나 그리스도의 교회가 하나인 것으로 드러나기 위해서 그 시작은 일치에서 나옵니다." 오늘날까지 두 번역본의 분류와 평가는 명백히 설명하기 어려운 것 같다. 먼저 수위권 본문이 후대에 고친 것이라는 가정에 대해 베베노M. Bévenot는 두 편집본 모두 치프리아누스 자신이 저술하였다는 견해를 여러 출판물에서 주장하였다. 베베노에 따르면 251년 완전히 다른 문맥에서 저술된 수위권 본문이 이단자 세례 논쟁에서 로마 공동체에 의해 치프리아누스의 견해와 상반되는 매우 엄격한 의미로 해석되었기 때문에, 치프리아누스는 자신이 본디 의도한 의미를 더 명백히 제시하려고 수정을 결심하였다고 한다. 이러한 주장은 요즈음 다시 의문시되고 있지만(Campeau, Wickert), 많은 학자가 베베노의 논증을 지지한다.

논문 전체는 데치우스의 박해가 끝난 뒤 로마와 카르타고에서 발생한 분열이라는 실제적인 동기에서 체계적이라기보다 논리적·연상적으로 전개되는 순서에 따라 교회일치의 신학을 제시한다. 사탄은 그리스도의 계명을 따름으로써 그를 이겨내고 방심하지 않는 신자들을 어떤 다른 모습으로도 유혹할 수 없을 때, 마침내 예수의 모습으로 나타나 교회 안에서 분열을 일으킨다. 이때문에 1-3장에서는 사탄의 유혹술을 경고한다. 참된 교회의 기준은 베드로 교좌와의 일치이다(4-5). 주교 각자의 권위는 그리스도에게서 나오며, 주교는 자신의 교회에 대해 책임지고 하느님께만 자신의 행동에 대해 해명할 책임을 진다. 그렇더라도 주교들은 무엇보다 먼저 베드로의 교좌와 일치해야 한다. 교회의 일치는 한 집에서만 사는 순결한 신부, 솔기 없는 그리스도의 옷, 한 집안에서 행하는 구약성서의 과월절, 평화를 사랑하는 비둘기 형상으로 나타나는 성령 등에서 상징화된다(6-9). 이단과 분열은 불화에서 생기며 주님이 검증하는 시험으로만 용서받을 수 있다. 그러나 교회의 이단자들과 교회에서 떨어져나간 사람들의 세례, 성찬례, 순교 또는 종말론적 완성은 유효하지 않다(10-14). 옛날에 코라, 다단, 아비람(민수 16,1-33)과 고백자들의 경우처럼 하느님을 거역하고 잘못 서품된 사제들을 배출하는 것으로 분열은 확대된다. 한편으로 신앙을 위한 고통은 이 과정에서 단지 완성을 향해 가는 길의 시작이라는 것을 이해해야 하며, 유다 사도가 잘못하였다 해도 다른 사도들의 인내를 비난해서는 안 된다(15-22). 치프리아누스는 원시교회의 전형에 따라 일치하고, 하느님의 계명을 지키며, 신랑을 기다리며 깨어 있을 것을 권고하면서 작품을 끝맺는다(23-27).

이 논문이 제시하는 철저한 정통신앙적 교회론은 당연히 후대에 이단자들이 벌인 세례 논쟁의 근거가 되었다. 치프리아누스는 교회의 일치를 주교들에게 확약된 것으로 여겼다. 따라서 그는 교회의 완전성을 지키기 위하여, 합법적으로 임명되지 않았거나 가톨릭 교회의 다른 주교들과 일치를 이루지 않은 주교들이 행한 직무의 모든 유효성을 철저히 부인하였다.

5.의 서술 참조.

편집본: M. Bévenot = OECT (1971) 56-99 (TeÜK).

참고문헌: A. Beck, Römisches Recht bei Tertullian und Cyprian. Eine Studie zur frühen Kirchenrechtsgeschichte = SKG.G 7/2 (²1967). – U. Wickert, *Sacramentum unitatis*. Ein Beitrag zum Verständnis der Kirche bei Cyprian = BZNW 41 (1971). – P. Hinchcliff, Cyprian of Carthage and the Unity of the Catholic Church, Lo 1974.

수위권: H. Koch, Cyprian und der römische Primat. Eine kirchen- und dogmengeschichtliche Studie = TU 35/1 (1910). – J. Ernst, Cyprian und das Papsttum, Mz 1912. – H. Koch, *Cathedra Petri*. Neue Untersuchungen über die Anfänge der Primatslehre = BZNW 11 (1930). – B. Poschmann, *Ecclesia Principalis*. Ein kritischer Beitrag zur Frage des Primats bei Cyprian, Br 1933. – O. Perler, Zur Datierung der beiden Fassungen des vierten Kapitels *De Unitate Ecclesiae*: RQ 44 (1936) 1-44. – O. Perler, *De catholicae ecclesiae Unitate* cap. 4-5. Die ursprünglichen Texte, ihre Überlieferung, ihre Datierung: RQ 44 (1936) 151-68. – M. Bévenot, St. Cyprian's *De Unitate* chap. 4 in the Light of the Manuscripts = AnGr 11 (1937) (= Lo 1938). – L. Campeau, Le texte de la Primauté dans le "*De Catholicae Ecclesiae Unitate*" de S. Cyprien: ScEc 19 (1967) 81-110, 255-75. – H. Montgomery, Subordination or Collegiality? St. Cyprian and the Roman See: S.-T. Teodorsson (ed.), Greek and Latin Studies in Memory of Caius Fabricius = SGLG 54 (1990) 41-54. – A. Adolph, Die Theologie der Einheit der Kirche bei Cyprian = EHS.T 460 (1993).

5.3. 「서간집」

바울로와 이냐시우스의 서간집은 생성, 동기, 주제에서 신약성서 시대에 속하고 첫 번째 선교와 사형선고를 받으러 가는 여행의 특수한 상황을 반영한다. 반면 치프리아누스의 서간집은 학식이 깊은 주교의 재임 기간에 주고받은 다양한 내용의 편지로 이루어져 있다. 이 가운데 일부는 시사문제에 관한 글이며, 더러는 사목적 또는 신학문제에 관한 실제적인 동기에서 씌어진 편지, 개인편지, 교회회의의 서간과 치프리아누스에게 보낸 여러 편지이다. 4세기부터 관례적으로 보존되기 시작한 이러한 서간집은 저자들의 인물에 관한 직접적인 통찰력, 당시의 역사, 그들의 신학을 드러내며, 이와 함께 교부론의 가장 귀중한 사료 가운데 한 부분을 차지한다.

치프리아누스 서간집의 81통의 편지 가운데 59통은 자신이 쓴 서간이다(1-3, 5-7, 9-20, 25-29, 32-35, 37-41, 43-48, 51, 52, 54-56, 58-63, 65, 66, 68, 69, 71, 73, 74, 76, 80, 81). 6통의 편지는 그가 개작한 교회회의의 서간이고(4, 57, 64, 67, 70, 72), 16통의 편지는 다른 사람들이 그에게 보낸 것이다(8, 21-24, 30, 31, 36, 42, 49, 50, 53, 75, 77-79). 이 모든 편지는 주교 재임시에 주고받은 것으로 연도와 내용에 따라 다음과 같이 분류된다(Duquenne 참조).

1) 치프리아누스가 데치우스 박해 동안 카르타고 밖의 피신처에서 쓴 편지.
　　① 카르타고 공동체에 보낸 편지(5-7, 10-19).
　　② 로마의 주교좌가 비어 있을 동안 로마 공동체와 주고받은 편지(8, 9, 20-22, 27, 28, 30, 31, 35-37).
　　③ 고백자들의 평화서간의 문제점들과 펠리치시무스가 일으킨 분열의 문제점에 대해 박해가 끝난 뒤 자신의 공동체와 주고받은 편지(41-43).
2) 카르타고에서 교회 규율의 재정립과 노바티아누스 분열에 관한 편지.
　　① 로마의 주교 코르넬리우스의 선출과 노바티아누스 분열에 관한 편지(44-55).
　　② 회개자들을 교회에 다시 받아들이는 것과 트레보니우스 갈루스 황제 치하에서 여러 주제에 관한 편지(56-61, 64-66).
　　③ 로마의 주교 스테파누스 낭시 갈리아와 스페인에 보낸 편지(67, 68).
3) 이단자 세례논쟁에 관한 편지(69-75).
4) 발레리아누스 박해 동안에 쓴 편지(76-81).
5) 규율문제에 관해 쓴, 연도가 불확실한 편지(1-4), 누미디아 지방의 바르바리 출신의 그리스도교 죄인들을 위한 몸값으로 십만 은화와 함께 보낸 첨서(62).

많이 연구된 편지 63번은 성만찬 신학과 교회의 관습에 지침이 되는 글로 특별한 관심을 기울일 필요가 있다. 이 편지에서 치프리아누스는 성찬례에서 물과 섞인 포도주 대신에 물만 사용하는 이단 종파의 관습을 거부할 뿐만 아니라, 성찬이 교회에서 차지하는 중요성과 연관시켜 이 문제를 다룬다. 성찬은 교회에서 그리스도의 대리자인 사제가 바친 그리스도 희생의 신비적 현존을 뜻하며, 일치의 성사이다. 그리스도 친히 기초를 놓고, 이미 구약성서에서 성조들과 예언자들이 예시하고, 신약성서에서 복음사가들과 사도들이 명백히 증언한 전통을 엄격히 지키고 정확히 전할 것을 강조하듯이, 이 편지는 아마도 치프리아누스의 「교회의 일치」가 저술된 시기에 쓰어진 것 같다. 치프리아누스의 작품이 암시하듯이 그의 많은 편지가 분실되었다는 것은 분명하다. 편지의 형태와 문체는 고대 (그리스도교 내지 비그리스도교) 서간문학의 역사와 일치한다.

번역서: SWKV 5 (1832), 6 (1832) 3-46. – 영어 번역서: R. B. Donna = FaCh 51 (1964). – G. W. Clark = ACW 43 (1984), 44 (1984), 46 (1986), 47 (1989).

참고문헌: A. von Harnack, Über verlorene Briefe und Aktenstücke, die sich aus der cyprianischen Briefsammlung ermitteln lassen = TU 23/2 (1902). – J. Schrijnen/Ch. Mohrmann, Studien zur Syntax der Briefe des hl. Cyprian, 2 Bde = LCP 5-6 (1936-7). – L. Duquenne, Chronologie des lettres de S. Cyprien. Le dossier de la persécution de Dèce = SHG 54 (1972). – H. Gülzow, Cyprian und Novatian. Der Briefwechsel zwischen den Gemeinden in Rom und Karthago zur Zeit der Verfolgung des Kaisers Decius = BHTh 48 (1975). – R. Seagraves, *Pascentes cum disciplina. A Lexical Study of the Clergy in the Cyprianic Correspondence* = Par. 37 (1993). – P. Siniscalco, La lettera 63 di Cipriano sull'eucarestia. Osservazioni sulla cronologia, sulla simbolologia e sui contenuti: Storia e interpretazione degli antichi testi eucaristici, Genua 1995, 69-82.

여론餘論 2: 고대와 그리스도교의 편지

1) 일상 편지

편지의 원형인 「양분兩分된 대화」[데메트리오스, 「연설」(*De elocutione*) 223년] 또는 「참석하지 않은 사람들에 관한 연설」(암브로시우스, 「서간」 66,1)과 같이, 거리가 멀어서 상대방에게 직접 말할 수 없는 대화를 전하려고 일시적인 시사문제에 관해 쓴 글은 문학에 속하지 않았다. 이러한 편지들은 고대 이집트의 파피루스에만 남아 있으며 문화사적으로 중요하다. 문학적 편지는 이 편지들에서 유래하였지만, 특성과 공통성이 식별될 수 있는 경우에만 문학사의 대상이 된다. 고대에 개인 편지가 일회적으로 사용되었다는 사실은 이미 같은 종류의 문구文具에서도 나타난다. 처음에는 편지를 포개진 나무판자 위에 썼다. 사람들은 나무판자 안쪽을 파내고 겉에 밀랍을 바른 다음 답변을 써 발신자에게 다시 보냈다. 후대에, 특히 수신자가 편지를 소유해야 할 경우에는 비블로스 식물로 만든 종이를 사용하였다. 히에로니무스(「서간」 7.2)와 아우구스티누스(「서간」 15.1)가 전하듯이, 종이를 사용할 수 없는 경우 양피지와 같이 비싸고 오래 가는 문구들을 사용할 수 없었다. 이때문에 편지는 사용된 재료나 기능에 따라 $\gamma\rho\acute{a}\mu\mu\alpha\tau\alpha/\gamma\rho\alpha\mu\mu\acute{a}$-$\tau\iota o\nu/\sigma\acute{\upsilon}\gamma\gamma\rho\alpha\mu\mu\alpha$ – litterae(문서), $\delta\acute{\epsilon}\lambda\tau o\varsigma/\delta\epsilon\lambda\tau\acute{\iota}o\nu/\delta\acute{\iota}\pi\tau\upsilon o\nu/\pi o\lambda\acute{\upsilon}\pi\tau\upsilon o\nu/\pi\acute{\iota}$-$\nu\alpha\xi$ – tabula/tabellae(판), $\acute{\epsilon}\pi\iota\sigma\tau o\lambda\acute{\eta}/\acute{\epsilon}\pi\iota\sigma\tau\acute{o}\lambda\iota o\nu$ – epistula(발송물), $\beta\iota\beta\lambda\acute{\iota}o\nu$ – charta/codicillus/libellus(종이)라고 불렀다. 조그마한 판들은 경우에 따라서는 중앙에 구멍을 뚫어 하나로 묶었으며 끈의 끝부분을 봉인하였다. 그러나 그리 중요하지 않은 편지는 봉인하지 않았다. 종이는 포개 접거나 말아서 끈으로 묶었다. 이 경우 안전을 위하여 끈으로 종이를 꿰었다. 편지의 겉면에 빈 곳이 있을 경우 $\acute{a}\pi\acute{o}$, ab 등으로 시작하는 보내는 사람의 이름을 써놓았다.

고대의 편지는 보내는 사람의 이름(주격으로), 받는 사람의 이름(여격으로), 인사로 시작한다. "하느님의 뜻으로 그리스도 예수의 사도가 된 바울로와 교우 디모테오가 고린토의 하느님 교회와 아울러 온 아카이아의 모든 성도에게 문안합니다. 하느님 우리 아버지와 주님 예수 그리스도께로부터 은총과 평화가 여러분에게 내리기를 빕니다"(2고린 1.1-2). 예를 들어 로마인들에게 보낸 편지의 서언 (1.1-7)과 같이 편지가 의례적일수록 이러한 서언의 정식은 더 길었다. 편지는 인사로 끝나며, 더 중요하거나 의례적인 서간일 경우에는 날짜와 보내는 곳도 적었다. 신분이 높거나 매우 바쁜 사람들과 고위관리들은 편지를 받아쓰게 하거나 비서에게 대신 쓰게 하였다. 이 경우 적어도 끝맺는 인사말은 상대방을 존경하는 의미에서 친필로 서명하였다. "이 인사말은 나 바울로가 직접 씁니다. 주님 예수의 은총이 여러분과 함께 있기를 빕니다"(1고린 16.21.23).

개인이 편지를 보낼 경우, 자신의 노예에게 편지를 직접 전하게 하거나 여행하는 친지들을 통하여 또는 편지들을 종종 다발fasciculi로 모은 상인들을 통하여 전하였다. 마찬가지로 관공서 편지는 관청의 전령들이 전하였다. 아우구스투스 황제 때에 이르러 우편 역참cursus publicus이 설립되었다. 우편 역참에는 도보 전령과 기마 전령이 대기하고 짐마차가 준비되어 있었다. 역참은 황제의 우편물 또는 황제에게서 역마 사용허가증evectio을 받은 우편물을 전할 수 있도록 넓은 군용도로를 따라 설치되었다. 이 도로를 통해 급한 소식들은 하루에 150km 이상 전해졌다. 우편 역참은 콘스탄티누스 전환 이후 공식적인 교회 문서의 전달과 사람들(예를 들어 교회회의에 참석하는 주교들)의 수송에도 도움이 되었다는 점에서 교부시대에 중요한 역할을 하였다.

관공서 편지는 개인편지와 문학적 편지의 중간 문체로 씌어져, 일반적으로 문학에 속하지 않았지만 이따금 출판되거나 문서실에 보관되었다. 이러한 편지에 어울리는 고유한 관용 문체가 발달하였으며, 하드리아누스 황제 때부터 황제의 상서원尙書院에는 문필가들이 배치되었다. 따라서 이러한 편지는 문학적으로 뛰어난 문체로 씌었다.

2) 문학적 편지

문학적 편지는 두 부류로 분류된다.

1) "편지의 내용, 양식 또는 저자나 수신자의 지명도 때문에 저자가 살아 있을 때나 죽은 뒤에 출판되고, 문학작품으로 간주되어 독자들이 읽고 그 양식을 본뜬"(Sykutris: PRE.S 5, 187쪽) 순수한 개인편지는, 본디 일상 편지로 출판할 계획이 없었다. 처음에 개인편지는 저자가 죽은 뒤에야 출판되었지만, 치체로가 아티쿠스에게 보낸 편지는 그가 살아 있을 동안 널리 알려졌다. 플리니우스 2세와 나지안즈의 그레고리우스는 자신들의 편지를 모아 스스로 출판하였다.

2) 문학적 편지는 처음부터 널리 알리려고 저술되었다. 이 경우 문학적 편지는 편지의 형식과 양식에 따라 씌어진 순수한 편지인지, 편지의 형식만 갖춘 문학적 허구虛構인지가 중요하다. 사람들은 이러한 편지에서 다른 장르의 서술

방식에 속하는 문학적 규칙들을 비교적 엄격하게 적용하지 않았으며, 독자의 개인적 관심사를 염두에 두었다. 문학적 편지는 그리스도교에서 주제와 목적에 따라 변화하고 적응하면서 다음의 형태들을 발전시켰다.

① 고대에는 신문기사가 없었다. 따라서 사회·정치 문제를 공개적으로 알려야 할 경우, 연설이나 연설과 매우 유사하고 오늘날 "공개서간"이라고 부르는 "대중편지"로 대신할 수밖에 없었다. 이러한 편지는 본디 평화롭거나 로마에서 내란 — 체사르, 살루스트, 안토니우스 — 이 일어났을 때 번창하였으며, 로마 제국 시대에는 사실상 중단되었다. 신앙을 지키려고 권력자들에게도 공개적으로 저항한 그리스도교는 이 편지를 다시 번성케 하는 계기를 마련하였다.

② 윗사람이 아랫사람에게, 아버지가 아들에게, 스승이 제자에게 보낸 "교육서간"은 올바른 생활방식을 위한 철학적·윤리적 권고와 가르침을 싣고 있다. 실제적인 동기에서 씌어진 순수한 편지는 일반적으로 통용되는 지혜와 생활규범을 제시하여 많은 호응을 얻었다. 그밖에 철학자들의 작품에 수록된 표현이 있었다. 이 유형의 대가大家는 에피쿠르스와 「루칠리우스에게 보낸 편지」를 쓴 세네카였다. 그리스도교에서는 바울로가 처음으로 교훈적·교화적 교육서간을 썼으며, 이러한 편지의 형식은 교부시대 전반에 걸쳐 주교서간에서 유지되었다.

③ 교육서간과 밀접히 연관되며 편지 형태로 씌어진 학문적 논문은, 처음에는 같은 직업을 가진 동료나 친구에게 새로운 지식을 알리려는 의도에서 생겨났으며, 편지를 자유로운 형태의 소논문으로 다루고, 수신처를 쓰는 곳에 헌정의 말을 썼다. 이러한 편지 형식의 논문은 오늘날 정기간행물의 논문과 비교할 만하다. 이러한 논문은 그리스도교의 서간과 신학 작품에서 계속되었다.

④ 치유하는 특성도 지닌다고 여겨지는 "하늘의 편지"는 이른바 제신의 친서에서 유래하며, "제신의 교육서간"으로 노녁석·종교적 특싱에 관한 그들의 계시를 싣고 있다. 이 편지는 보통 세 가지 내용, 곧 이 편지가 발견되거나 편집자에게 전해진 과정에 대한 묘사, 형벌로 위협하는 권고와 경고, 마지막으로 마법적 보호 수단에 관한 보고로 분류된다. 사모사타의 루치아누스(2세기)는 이 형태를 자신의 "제신 편지"에서 풍자하였으나, 그리스도교에서는 이미 요한 묵

시록에서 신적 계시의 형태로 다시 받아들였다.

⑤ 시구 형태의 "운문서간"들은, 특히 시구 형태로 서술되지 않을 경우, 인사말과 헌정의 글도 실을 수 있는 당시 시의 특성 때문에 운문서간과 산문서간의 구분이 불분명하다. 이 서간은 로마인에게 매우 인기가 있었으나(Ovid), 후대에 그리스도교 문학에 유입되었다. 놀라의 파울리누스(355~431년)는 이 형식을 자기 스승이자 시인인 아우소니우스에게서 물려받았다.

⑥ 유명한 인물(알렉산더 대왕, 소크라테스, 플라톤, 아리스토텔레스 등)의 이름을 사용하는 "가명서간"은 이미 고전시대에 널리 사용되었다. 이 편지는 고대에 드물게 나타나는 위조라기보다 유명하고 존경받는 저자의 권위를 모방, 보완, 전승하는 것이 문제였다. 이러한 의미에서 이 서간은 그리스도교에서 특별한 의미를 지닌다. 원시 그리스도교 시대에 교육서간은 무엇보다도 사도들의 권위를 이용하려고 그들의 이름을 도용盜用하였기 때문이다.

참고문헌: 사전 항목: C. Dziatzko, Brief: PRE 3 (1899) 836-43. – O. Seeck, *Cursus publicus*: PRE 4 (1901) 1846-63. – J. Sykutris, Epistolographie: PRE.S 5 (1931) 185-220. – J. Schneider, Brief: RAC 3 (1957) 564-85. – E. Kornemann, Postwesen: PRE 22/1 (1953) 988-1014. – H. Zilliacus, Anredeformen: JAC 7 (1964) 157-82 = RAC.S 1 (1985-6) 465-97. – M. P. Ciccarese, Letter, Epistle: EECh I 483. – E. Peretto, Letters of communion: EECh I 484.

연구서: G. Luck, Brief und Epistel in der Antike: Altertum 7 (1961) 77-84. – K. Thraede, Grundzüge griechisch-römischer Brieftopik = Zet. 48 (1970). – E. Suárez de la Torre, La epistolografía griega: ECl 23 (1979) 19-46. – G. Tibiletti, Le lettere private nei papiri greci del III e IV secolo d. C. Tra paganesimo e cristianesimo, Mai 1979. – St.K. Stowers, Letter Writing in Greco-Roman Antiquity, Ph 1986. – J.L. White, Light from Ancient Letters: Foundation and Facets, Ph 1986. – P. Cugusi, L'epistolografia: modelli e tipologie di comunicazione: G. Cavallo/P. Fedeli/A. Giardina (eds.), Lo spazio letterario di Roma antica II, R 1989, 379-419. – M. Zelzer, Die Briefliteratur: Neues Handbuch der Literaturwissenschaft 4: Spätantike, Wi 1997, 321-53.

3) 그리스도교의 편지

그리스도교 문학은 비문학적 개인편지와 공개적인 교육서간의 경계에 있는 바울로의 편지에서 시작한다. 이 편지는 한편으로는 현실적인 문제를 널리 알리려는 것이 아니라 멀리 떨어져 있는 공동체들 사이의 거리를 줄이기 위해서였으며, 다른 한편으로는 모든 공동체에 널리 알리고 그리스도교의 가르침에 관한 근본적인 실행을 권고하는 일반적인 교육서간의 특성을 지녔다. 사도시대 이후에 씌어진 클레멘스의 첫째 편지, 안티오키아의 이냐시우스와 스미르나의 폴리카르푸스의 편지도 이 부류에 속한다. 베드로의 첫째 편지는 대중편지에 속하는 설교이며, 그리스도의 대사제직에 관한 신학 논문인 히브리인들에게 보낸 편지는 편지 형식을 띤 학문적 논문이다. "하늘의 편지"의 유형은 요한 묵시록의 그리스도 편지들과 「헤르마스의 목자」에서 지속된다. 이 시기에 신약과 신약의 외경에 대한 익명의 편지(고린토인들에게 보낸 셋째 편지, 라오디체아 사람들에게 보낸 편지, 예수와 에데사의 왕 압가르와의 서신교환, 본시오 빌라도가 클라우디우스 황제에게 보낸 편지, 바울로와 세네카의 서신교환, 바르나바의 편지, 사도들의 편지, 가暇-이냐시우스의 편지 등)가 많이 씌었다. 이 편지의 일부는 사도들의 권위를 빌려 저자의 신학을 제시하려 하였으며, 일부는 경건한 지식욕을 채우고자 하였다. 마지막으로 「디오그네투스에게 보낸 호교서」와 편지 형태의 순교자 보고서들(「폴리카르푸스 순교록」, 「비엔과 리용 공동체의 편지」)은 고전문학에 어떤 전형이 없기 때문에 명백히 분류하기가 쉽지 않으나 개인편지나 대중편지에 가깝다.

그밖에 첫 3세기 동안 그리스도교에서 많은 편지가 씌었다는 사실을 간접적으로 알 수 있지만 소수의 편지만 남아 있다. 스카풀라에게 보낸 테르툴리아누스의 편지는 "공개서간" 형식의 호교서이다. 오리게네스는 신학문제를 다루기 위해 편지의 형태를 이용하였다. 주교서간은 고린토의 주교 디오니시우스(2세기 후반)와 오리게네스의 제자인 알렉산드리아의 디오니시우스(주교, 248~264/5년)가 여러 형태로 발전시켰다. 이러한 서간은 치프리아누스의 서간집에 처음으로 보존되었다. 치프리아누스의 편지들은 다양한 유형(개인편지, 문학적 편지, 대중편지, 교육서간, 신학 논문, 직무서간)을 띤다. 주교서간은 (종종 질의에 대한) 신학과 교회에 관한 실제적이고 근본적인 문제를 주로 다루며, 교의, 윤리, 노력, 규율, 실행 문제를 교회의 삶으로 발전시켜 고유한 특성을 지니게 되었다. 이러한 종류의 서간은 4세기부터 카파도키아 사람들, 히에로니무스, 암브로시우스, 아우구스티누스, 요한 크리소스토무스, 알렉산드리아의 치릴루스의 대서간집으로 발전하였다. 이 서간집의 편집본은 필사본에 보존된 편지에 바탕을 두었으며, 보통 다른 사람들이 보내준 편지들도 자신의 편지 내용을 더 잘 이해시키거나 보완하기 위해 서간집에 실었다. 고전시대의 편지 이론도 4세기에 점차로 그리스도교의 편지들(예: 놀라의 파울리누스의 운문서간)에 상당한 영향을 주었다.

특이한 공문서로 "교회회의 서간"이 생겨났다. 이 서간에서는 교회회의에 참석하지 않은 교회에 교회회의의 결정을 전하면서 교회의 공동체성을 표현하였다. 새로 임명된 주교도 일치서간을 보내 동료 주교들에게 자신의 임기가 시작되었음을 알리고, 교의논쟁이 일어난 시기에는 자신의 신앙고백을 전하면서 그들에게 자신의 교의를 지지해 줄 것을 부탁하였다. 마찬가지로 데치우스 황제의 박해 때와 그 이후에 씌어진 "고백자들"의 "평화서간"도 일치서간에 속한다. "고백자들"이 평화서간에서 박해 동안 겪은 공로의 대가로 배교자들을 교회 공동체에 다시 받아들일 것을 청하였기 때문이다. 3세기 알렉산드리아에서는 유다교 과월절에 얽매이지 않고 춘분 이후 첫 만월 다음에 오는 일요일을 그리스도교 부활축일로 정하려는 필요성에서 부활축일 서간이 생겨났다. 알렉산드리아의 천문학자들은 이 기일이 제국에 가장 좋은 시기라고 밝혀내었으며, 총대주교는 이 기일을 편지로 총대교구의 주교들에게, 뒤에 로마에도 전하였다. 오늘날의 주교들이 사순시기가 시작될 때에 사목서한을 쓰듯이 알렉산드리아의 총대주교는 신학적·영적 실행을 편지로 전하기 위하여 이 시기를 이용하였다. 아타나시우스(367년에 씌어진 39번째 부활축일 서간은 신약성서 경전에 관한 결정적 진술을 처음으로 실었다), 테오필루스(385~412년), 알렉산드리아의 치릴루스(412~444년)의 축일서간은 남아 있다.

이러한 편지의 마지막 부류는 교회의 생활규범에 관한 칙서인 "교황서간"이다. 이 서간은 처음에 형제적·교회적 문체를 유지하였으나, 특히 시리치우스(384~399년), 인노첸시우스(402~417년), 조시무스(417~418년) 교황 때에 세속·관공서 문체로 "답서"Responsum와 "교령"Dekretale의 유형을 파생시켰다. 그 뒤에 활동한 교황들의 직무서간은 모두 남아 있으며, 그 가운데 대 레오(440~461년), 겔라시우스(492~496년), 대 그레고리우스(590~604년: 제11장 5.4. 참조) 교황의 서간집이 가장 중요하다. 468통의 편지, 공문서, 판례, 성서국의 다른 문서들의 모음인 카시오도루스의 "잡록"Variae(곧 편지들)이 이와 같은 문학적 유형에 속한다(제11장 3. 참조).

여론 2 2)의 서술 참조.

참고문헌 목록: C. Burini/G. Asdrubali Pentiti/M.C. Spadoni Cerroni/F. Sillitti, Epistolari cristiani (secc. I-V): repertorio bibliografico, 3 vol., R 1990.

참고문헌: 사전 항목: H. Leclercq, Lettres chrétiennes: DACL 8/2 (1929) 2683-2885. – Th. Klauser, Festankündigung: RAC 7 (1969) 767-85.

연구서: H. Jordan, Geschichte der altchristlichen Literatur, L 1911, 128-72. – G. Ghedini, Lettere cristiane dai papiri greci del III e IV secolo, Mai 1923. – D. Gorce, Les voyages, l'hospitalité et le port des lettres dans le monde chrétien des IVe et Ve siècles, P 1925. – A. von Harnack, Die Briefsammlung des Apostels Paulus und die anderen vorkonstantinischen christlichen Briefsammlungen, L 1926. – A.A.R. Bastiaensen, Le cérémonial épistolaire des chrétiens latins. Origine et premiers développements = GLCP 2/1 (1964). – C. Andresen, Zum Formular frühchristlicher Gemeindebriefe: ZNW 56 (1965) 233-59. – M. Naldini, II Cristianesimo in Egitto. Lettere private nei papiri dei secoli II-IV, Florenz 1968.

4) 고대의 편지 이론

치체로는 편지를 근본적으로 개인편지litterae privatae와 대중편지litterae publicae 및 가정편지litterae familiares, 상용편지litterae negotiales로 구분하였다. 그는 고대 문필가들의 여러 소견들로 구성된 편지 이론에 관례와 예의범절을 덧붙였다. 그러나 고전시대의 수사학 각론서에서는 편지 이론을 별도로 다루지 않았다. 상용편지와 대중편지에는 연설의 규칙들이 적용되었으며, 편지 형식의 논문에는 형식이 없었지만 토론이나 논문의 규칙들이 적용되었다. 나지안즈의 그레고리우스는 니코불로스에게 보낸 편지 51에서 개인편지에 관한 고전시대의 규칙들을 받아들이면서 문체에 관한 규정들을 놀라울 만큼 명료히 서술한다. 개인편지의 세 가지 특징은 $\chi\rho\epsilon\acute{\iota}\alpha/\sigma\upsilon\nu\tau\sigma\mu\acute{\iota}\alpha$(짧게 쓰기), $\sigma\alpha\phi\acute{\eta}\nu\epsilon\iota\alpha$(명료성), $\chi\acute{\alpha}\rho\iota\varsigma$(기품)이다. 편지의 길이는 내용의 범위, 중요성과 조화를 이루어야 한다. 중요한 내용을 너무 짧게 다루거나 사소한 내용을 너무 길게 다루어서는 안 된다. 어조는 가족을 대하듯이 단순하고 명료해야 하며, 교양 있는 사람과 교양 없는 사람을 동시에 대상으로 삼는 것이 가장 이상적이다. 편지는 수사학적 꾸밈이 전혀 없거나 거칠게 써도 안 되며, 미사여구를 많이 쓴다든지 장난삼아 써도 안 된다. 전체적으로 편지를 쓰는 사람의 개인적 특성이 나타나야 한다. 늦어도 4세기 이후에 나지안즈의 그레고리우스를 비롯한 모든 그리스도인, 특히 대부분의 주교는 적절한 학교 교육을 받고 수사학의 기초 지식을 익혔기 때문에 이러한 규칙들을 따랐다.

참고문헌: A.J. Malherbe, Ancient Epistolography Theorists, Atlanta/GA 1988.

6. 노바티아누스

노바티아누스가 3세기 중엽에 로마 공동체에서 매우 중요한 역할을 하였다는
것 외에는 그의 생애에 관하여 알려진 사실이 별로 없다. 에우세비우스(「교회사」
VI 43,13-17)에 따르면, 로마 태생인 그는 생명이 위험하였을 때 세례를 받았지만
견진성사는 받지 않았다. 이때문에 로마의 성직자와 신자들은 파비아누스 주교
가 그에게 사제품을 주는 것을 반대하였다. 그의 작품들이 입증하듯이 그는 고
등교육을 받았으며, "타고난" 지도자적 인품을 지닌 인물이다. 그는 데치우스
박해가 일어날 때까지 은둔생활을 하였으며 은수자로 살았던 것 같다. 파비아
누스 주교가 죽은 뒤인 250년 여름에야 비로소 그는 공동체에서 활동하였으며,
곧 지도적 역할을 하였다. 그는 저술활동을 하는 가운데 카르타고의 주교와 서
신을 교환하였다. 그의 세 편지는 치프리아누스의 서간집(30,31,36)에 남아 있다.
이 편지에서 그는 "배교자들"lapsi에 관한 문제에서 치프리아누스의 입장을 지지
하였다. 당시 그는 로마에서 가장 저명한 장로였으나 251년 로마의 주교로 그
가 아니라 코르넬리우스가 선출되었다. 코르넬리우스는, 박해가 끝난 뒤 치프
리아누스처럼 배교자들에 대하여 관대한 입장을 취하였기 때문에, 노바티아누
스는 엄격주의 종파의 우두머리가 되어 대립주교로 임명되었다. 그는 "순수한"
교회의 이상을 실현하려고 애썼으며, 교회의 신자들은 당연히 순수해야만 했
다. 따라서 세례 때 죄를 용서받은 뒤, 다시 중죄를 지은 사람은 교회에 들어
올 수 없었다. 물론 이러한 배경에는 노바티아누스에게 성서적 표상보다는 오
히려 스토아 학파의 표상이 자리잡고 있었기 때문인 것 같다. 교회사가 소크라
테스는 「교회사」(4,28)에서 노바티아누스를 순교자로 보고한다. 그는 발레리아누
스 황제의 박해 때 죽은 것 같다. 1932년 로마의 산 로렌조 부근의 소 카타콤
바에서 다음과 같은 비문이 발견되었다. "부제 가우덴티우스는 지극히 복된 순

교자 노바티아누스를 위하여 … 하였다"(Novatiano beatissimo martyri Gaudentius diaconus fecit). 그러나 소크라테스의 보고도 의심스러울 뿐만 아니라, 이 비문의 내용이 대립주교 노바티아누스를 가리킨다는 것도 확실하지 않다.

편집본: *Opera omnia*: G.F. Diercks = CChr.SL 4 (1972).

영어 번역서: R.E. Wallis: ANFa 5 (1885 = 1995) 605-50 (*Treatise Concerning the Trinity, On the Jewish Meats*). – R.J. DeSimone: FaCh 67 (1974) 157-76 (*The Trinity, The Spectacles, Jewish Foods, In Praise of Purity, Letters*).

참고문헌: 사전 항목/각론서 항목: R.J. DeSimone: DSp 11 (1982) 479-83. – H.J. Vogt: EEC 654. – H.J. Vogt: EECh II 603-4. – R.J. DeSimone, Novatianists: EECh II 604. – J.S. Alexander: TRE 24 (1994) 678-82. – H. Gülzow: HLL 4 (1997) 519-28.

연구서: A. d'Alès, Novatien. Étude sur la théologie romaine au milieu di IIIe siècle = ETH (1924). – H. Vogt, *Coetus Sanctorum*. Der Kirchenbegriff des Novatian und die Geschichte seiner Sonderkirche = Theoph. 20 (1968). – H. Gülzow, Cyprian und Novatian. Der Briefwechsel zwischen den Gemeinden in Rom und Karthago zur Zeit der Verfolgung des Kaisers Decius = BHTh 48 (1975). – P. Mattei, L'anthropologie de Novatien. Affinités, perspectives et limites: REAug 38 (1992) 235-59.

「삼위일체론」*De trinitate*

노바티아누스의 주저 「삼위일체론」은 240년경 저술되었으며, 내용과 구성에서 당시의 수많은 신학논쟁을 반영한다. 제1부(1-8)에서는 영지주의에 맞서 성부 하느님과 세상의 창조주의 동일성을 변론한다. 제2부(9-28)는 로고스에 관한 내용으로 이 작품의 대부분을 차지한다. 그는 마르치온파에 대해서는 예수가 창조주 하느님의 참된 아들임을(9), 그리스도 가현설파에 대해서는 예수의 참된 육화를(10), 양자설파에 대해서는 예수의 참된 신성을(11-25), 양태론자들에 대해서는 성부와 예수의 상위성을 주장하였다(26-28). 제29장에서는 성령에 대해 간략히 다루며, 제30-31장에서는 성부와 성자의 신석 두 위격의 구별에서 하느님의 일치를 다룬다.

테르툴리아누스는 이미 삼위trinitas의 개념을 사용하였다. 노바티아누스는 이 개념을 사용하지 않았으나 테르툴리아누스에게서 una substantia; tres personae, ex substantia dei와 같은 용어를 넘겨받았으며, 특히 incarnari(「삼위일체론」

138)와 praedestinatio(「삼위일체론」 94) 같은 낱말들을 라틴어에 도입하였다. 그가 성령에 대해 간략히 다루고, 성령을 하느님으로도 삼위일체의 세번째 위격으로도 분명하게 언급하지 않으며 하느님의 일치에 관한 토론에도 포함시키지 않았다는 것에 놀랄 필요는 없다. 이러한 신학적 성찰의 발달은 4세기 후반기에 이르러서야 비로소, 특히 대 바실리우스가 이루었기 때문이다. 노바티아누스는 성령을 무엇보다도 성화, 깨달음, 불사의 원천으로 생각하였다. 그에 따르면 성령은 모든 덕의 원천으로 세례를 통해 인간 안에 내재하며 인간을 죄로부터 지킨다. 그러나 로마의 첫번째 신학자가 남긴 이러한 대작이 후대에 어떤 영향을 미쳤는지는 알려진 것이 거의 없다.

6.의 서술 참조.

편집본: H. Weyer = Test. 2 (1962) (TdÜK). – V. Loi = CPS 2 (1975) (TiÜK).

참고문헌: R.J. DeSimone, The Treatise of Novatian the Roman Presbyter on the Trinity. A Study the Text and the Doctrine = SEAug 4 (1970). – R.J. DeSimone, Again the Kenosis of *Phil.* 2,6-11: Novatian, *Trin.* 22: Aug. 32 (1992) 91-104. – P. Mattei, Novatien, *De Trinitate* 31. Texte et Traduction. Commentaire philologique et doctrinale: MAST.M 20 (1996) 159-257.

7. 락탄티우스

이 시기의 위대한 마지막 라틴 교부는 루치우스 체칠리우스 피르미아누스 락탄티우스이다. 그는 그리스도인에 대한 박해가 일어난 시기에 살았으며, 박해에 대한 뚜렷한 특징이 드러나는 작품을 남겼다. 그는 뛰어난 고전적 문체 때문에 후대에 "그리스도교의 치체로"라고 불렸다. 그는 아프리카 출신으로 그곳의 유명한 수사학자인 아르노비우스의 강의를 들었으며 자신도 수사학 선생으로 활동하였다. 그가 수사학자로서 대단한 두각을 나타내었기 때문에, 디오클레티아누스 황제는 290년부터 300년까지 그를 라틴어 수사학 스승으로 황제의 새 관저가 있는 비티니아 지방의 니코메디아로 초빙하였다. 306년까지 니코메디아에 머물렀고, 훗날 황제가 된 콘스탄티누스도 그의 학생이었다. 콘스탄티누스는 락탄티우스를 이곳에서 알았으며, 이러한 인연으로 락탄티우스는 훗날에 콘스탄티누스의 장남 크리스푸스의 스승으로 트리어에 초빙되었다.

락탄티우스가 그리스도교로 개종한 정확한 시기에 관해서는 알려진 사실이 없다. 그러나 303년 2월 디오클레티아누스 황제의 박해가 시작되었을 때, 그는 수사학자의 관직을 사임하고 박해 동안 니코메디아나 그 근처에서 가난하게 살았기 때문에 개종 연도는 303년 이전인 것 같다. 그는 이 시기에 그리스도교 저술가로서 많은 작품을 쓰기 시작하였다. 그는 303/4년에 호교작품인 「하느님의 직무」*De opificio Dei*를, 304/311년에 주저主著인 「종교적 제도집」*Divinae institutiones*을 저술하였다. 313년 박해가 끝난 뒤 콘스탄티누스는 그를 자신의 아들 크리스푸스의 스승으로 314/5년 트리어에 초빙하였다. 그곳에서 그는 「박해자들의 죽음」*De mortibus persecutorum*을 316년에 완성하였으며, 호교서 「하느님의 분노」*De ira Dei*와 「종교적 제도집의 개요」*Epitome*를 썼다. 「개요」는 제2판에서 이미 (324년부터) 일인 통치자가 된 콘스탄티누스 황제에게 바치는 헌정사와 함께 출판되었다. 락탄티우스는 이 작품을 완성하지 못한 채 325년경에 죽은 것으로 추정된다.

참고문헌 목록: B. Kettern: BBKL 4 (1992) 952-65.

편집본: *Opera omnia*: S. Brandt = CSEL 19, 27 (1890-3). – *De ira Dei*: H. Kraft/A. Wlosok = TzF 4 (1974) (TdÜK). – Ch. Ingremeau = SC 289 (1982) (TfÜK). – *De opificio Dei*: M. Perrin = SC 213-214 (1974) (TfÜK).

번역서: A. Hartl – BKV² 36 (1919) (*De mortibus persecutorum, De ira Dei, Epitome, De opificio Dei*). – 영어 번역서: W. Fletcher: ANFa 7 (1886 = 1995) 1-328 (*Opera omnia*). – M.F. McDonald = FaCh 54 (1965) (*The Minor Works*).

참고문헌: 사전 항목/각론서 항목: É. Lamirande: DSp 9 (1976) 48-59. – A. Wlosok: HLL 5 (1989) 375-404. – M.P. McHugh: EEC 524-5. – A. Wlosok: TRE 20 (1990) 370-4. – V. Loi: EECh I 469-70.

편찬서: J. Fontaine/M. Perrin (eds.), Lactance et son temps, Recherches actuelles = ThH 48 (1978).

연구서: A. Wlosok, Laktanz und die philosophische Gnosis. Untersuchungen zu Geschichte und Terminologie der gnostischen Erlösungsvorstellung = AHAW.PR 1960/2. – V. Loi, Lattanzio nella storia del linguaggio e del pensiero teologico pre-niceno = BThS.F 5 (1970). – M. Perrin, L'homme antique et chrétien. L'anthropologie de Lactance 250-325 = ThH 59 (1981). – P. Monat, Lactance et la Bible. Une propédeutique latine à la lecture de la Bible dans l'Occident constantinien, 2 vol., P 1982.

「종교적 제도집」*Divinae institutiones*과 「종교적 제도집의 개요」*Epitome*

락탄티우스의 「종교적 제도집」은 박해가 끝날 무렵에 씌었다는 사실과 저술 의도 때문에 유형에서 그리스도교 라틴 문헌의 유일한 작품으로 여겨진다. 디오클레티아누스 황제는 그리스도교를 박해하고 옛 다신숭배로 돌아갈 것을 강요하였을 뿐만 아니라 국민들을 계몽하여 다신숭배를 이해시키려 하였다. 이런 이유로 303년 박해가 시작되자마자 이교인 철학자들과 문필가들은 전통적인 방식으로 그리스도인이 교양이 없고 부조리한 유설에 이끌린 사람들이라고 비방하는 여러 소책자를 출판하였다. 락탄티우스는 이미 그리스 호교론가들이 사용한 방식에 따라 이에 답변하였다. 그는 한편으로 그리스도교에 대한 비난을 반박하고, 다른 한편으로 그리스도인들의 교육을 논리적·철학적 논증으로 제시하였으며, 교양있는 이교인들을 설득하려고 호교서를 저술하였다. 「종교적 제도집」은 고전 문체와 치체로 문체로 그리스도교의 근본 종교론을 제시하면서, 이교인의 다신신앙과 철학이 아닌 그리스도교만이 진리를 요구할 수 있다는 것을 이교인의 관념세계와 개념성에 따라 논증한다. 퀸틸리아누스와 비교하여 선택된 표제는 이 작품의 근본 특성을 나타낸다. 곧, 하느님께서는 로마법의 가장과 같이 아버지, 주인, 보호자, 심판관이시며, 하느님과 인간의 관계를 근본적으로 규정하신다. 그분의 계명들은 인간에게 복종을 기대하고, 인간은 그 대가로 하느님의 적절한 보상을 받는다.

모두 7권으로 된 이 작품은 각 권에서 그릇됨에서 진리로 나아가는 것과 하느님께 더 가까이 가는 것을 목표로 삼는다. 제1권 "거짓 종교"*De falsa religione*에서는 다신론을 논박한다. 신 개념은 나눌 수 없는 최고의 능력summa potestas을 내포하기 때문에 한 분의 유일한 하느님만 논리적으로 있을 수 있다. 이 사실은 이교인 문헌의 증언들에서 확인된다. 그러고 나서 관례적인 제신 비판이 뒤따른다. 제신은 단지 신격화한 인간이며 그들은 상스러운 짓 때문에 인간의 윤리적 이상형에 적합하지 않다. 제2권 "오류의 기원"*De origine erroris*에서는 악마들에게서 유래하는 그릇된 다신숭배의 기원을 설명한다. 이는 참된 하느님께서 단지 인간을 시험하시기 위해서 허용한 것이다. 제3권 "거짓 지혜"*De falsa sapien-tia*에서는 철학자들을 그들의 가르침에 근거하여 논박한다. 스토아 학파가 주장하듯이 덕 자체는 삶의 목적이 아니라 영성을 얻기 위한 수단일 뿐이다. 지혜와 종교는 분리되어서는 안 된다. 제4권 "참된 지혜"*De vera sapientia*에서는 참된 지혜인 그리스도를 통한 그리스도교의 계시를 서술한다. 그리스도는 철학자들이 한 번도 이르지 못한 목표인 완전한 현인의 본보기이다. 철학자들 — 플라톤주의 — 이 올바로 인식하였듯이 하느님은 근본적으로 인식하기가 어려우며 진리는 계시를 통해서만 이를 수 있다. 그리스도만이 완전한 구원에 대한 지식을 중재한다. 제5권 "정의"*De iustitia*에서는 박해자들측에서 그들의 행위를 정당화하는 경건pietas과 정의iustitia에 대해 이의를 제기한다. 로마인이 매우 존경하는 영웅 에네아스Aeneas는 한 번도 본보기가 될 만큼 경건하게 행동하지 않았다. 참된 경건과 정의는 그리스도인에게서만 발견되며, 이교인은 이러한 경건과 정의를 우둔함으로 오해한다. 제6권 "참된 숭배"*De vero cultu*에서는 로마의 시민법ius civile이 아니라 하느님의 율법에 기초한 그리스도교의 윤리를 (정의를 전적으로 하느님과 인간에 대한 의무로 구분한 치체로 · 스토아 학파의 직무론 형태에서) 제시한다. 그밖에 이미 「바르나바의 편지」와 「디다케」에 나오는 두 가지 길에 관한 가르침과 덕과 악덕에 관한 상세한 목록을 서술한다. 마지막으로 제7권 "행복한 삶"*De vita beata*에서는 요한 묵시록의 그리스도교 전통에 있는 종말론으로 끝난다. 6,000년이 되려면 현세의 시대는 아직도 200년이 부족하다. 그 뒤 시인들이 묘사하는 "황금의 시대"가 실현되는 현세에서 천 년 동안 하느님 나라가 시작된다. 그 뒤 계속되는 선과 악의 마지막 투쟁 다음에 온 인류가 추구하는 영원한 하느님 나라가 세워진다.

「개요」는 「종교적 제도집」을 요약한 것이라기보다는 개별적인 부분을 근본적으로 개작하고 증보하였으며, 새로운 견해를 요약하여 서술한다. 이 작품의 많은 예문은 삭제되었으며 본디 그리스어로 씌어진 인용문들은 라틴어로 번역되었다. 전반적으로 논증과 표현은 간략하고 명료하다.

7.의 서술 참조.

편집본: *Divinae institutiones*: P. Monat = SC 204-205, 326, 337, 377 (1973-92) (I, II, IV, V TfÜK). – E. Heck/A. Wlosok = BiTeu (1994). – *Epitome*: M. Perrin = SC 335 (1987) (TfÜ K).

영어 번역서: M. F. McDonald = FaCh 49 (1964).

참고문헌: O. Nicholson, Flight from Persecution as Imitation of Christ: Lactantius' Divine Institute 1V,18,1-2: JThS NS 40 (1989) 48-65. – C. Lo Cicero, Una "citazione" di Seneca in Lattanzio e l'epilogo del V libro delle *Divinae Institutiones*: Orph. 12 (1991) 378-410.

제 3 부

정점으로 올라가는 제국교회의 문헌
(4세기 초~430년)

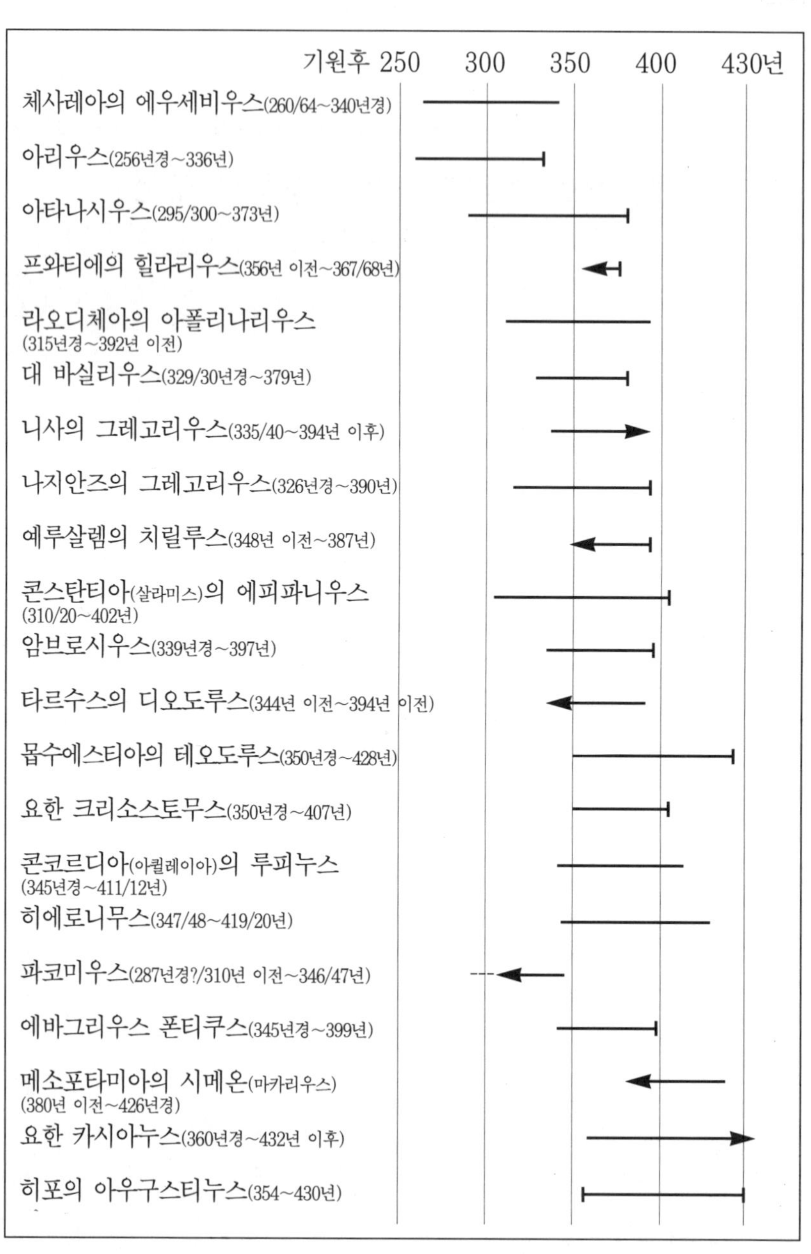

기원후 250   300   350   400   430년
체사레아의 에우세비우스(260/64~340년경)
아리우스(256년경~336년)
아타나시우스(295/300~373년)
프와티에의 힐라리우스(356년 이전~367/68년)
라오디체아의 아폴리나리우스
(315년경~392년 이전)
대 바실리우스(329/30년경~379년)
니사의 그레고리우스(335/40~394년 이후)
나지안즈의 그레고리우스(326년경~390년)
예루살렘의 치릴루스(348년 이전~387년)
콘스탄티아(살라미스)의 에피파니우스
(310/20~402년)
암브로시우스(339년경~397년)
타르수스의 디오도루스(344년 이전~394년 이전)
몹수에스티아의 테오도루스(350년경~428년)
요한 크리소스토무스(350년경~407년)
콘코르디아(아퀼레이아)의 루피누스
(345년경~411/12년)
히에로니무스(347/48~419/20년)
파코미우스(287년경?/310년 이전~346/47년)
에바그리우스 폰티쿠스(345년경~399년)
메소포타미아의 시메온(마카리우스)
(380년 이전~426년경)
요한 카시아누스(360년경~432년 이후)
히포의 아우구스티누스(354~430년)

이른바 "콘스탄티누스 전환"(313년)이 그리스도교와 교회문학에 새로운 시대를 열었다는 사실에는 의문의 여지가 없다. 이후 교회의 여러 활동이 자유로워졌으며, 교회는 로마제국에서 점점 더 중요한 기능을 맡으면서 국가제도와 문화와 긴밀한 관계를 맺었다. 수많은 사람이 교회에 몰려와 교회의 과제와 영향력이 커졌을 뿐만 아니라 많은 교양인이 교회에 들어왔기 때문에 공동체와 주교좌의 숫자도 늘었다. 이 시대의 교부문헌 가운데 대부분의 작품은 고등교육을 받은 주교들이 저술하였으며, 이들은 작품에서 당시의 신학적·사목적·종교적 문제를 다루었다. 교부학을 전체적으로 볼 때, 4세기와 5세기는 다른 시기보다 중요한 작품이 많이 저술되었기 때문에 이 시기를 흔히 교부학의 "전성기" 또는 "황금기"라고 한다. 그러나 이러한 용어는 "상승-전성-쇠퇴"라는 전통적인 도식을 따른 것이며, 이로써 문헌 자체의 분류 기준을 제시하지 않고 문헌을 관념의 범주에 한정한다. 4세기와 5세기 초에 저술된 문헌의 특징은, 그리스도교에 대한 관용(313년)에서 제국교회(396년)로 발전해 가는 교회의 다양한 생활방식을 보여줄 뿐만 아니라 제국교회의 틀을 나타낸다는 점이다. 이때문에 이 시기의 문헌은 여러 형태에서 "정점으로 올라가는 제국교회의 문헌"이라 할 수 있다.

본디 교부론의 교의사적 분류에 근거하여 시대 구분을 한다면 니체아 공의회와 칼체돈 공의회는 전통적으로 이 시대의 경계선에 해당한다. 역사가들도 5세기 전반부에 많은 지역에서 두 시대를 서로 구분하는 중요한 사건들이 일어났다는 사실에 대체로 동의한다. 그러나 문헌사적 시대 구분은 문헌 자체의 발달에 그 기준을 적용해야 한다. 이 경우 교의사적 관점뿐만 아니라 그밖의 다른 이유에서 이 시대의 마지막 시점은 칼체돈 공의회가 아니라 430년경인 것 같다.

1) 동방과 서방의 정치적 일치는 서고트족의 왕 알라리쿠스가 로마를 정복(410년)하면서 깨지기 시작하였지만, 서로마 황제와 로마 원로원과 같은 제국의 많은 제도는 6세기까지 명목상 남아 있었다. 그러나 "야만족" 통치자들 치하에서 서방의 제도는 이 시기에 끊임없이 바뀌었다. 문헌들도 아우구스티누스의 『신국론』De civitate Dei으로 현실적·역사적·신학문제에 관하여 논쟁하기 시작하였다.

2) 로마제국의 언어·문화·문학의 일치는 이미 아우구스티누스가 사망한 시기에 깨졌다. 아우구스티누스는 그리스어를 유창하게 구사하지 못하였지만 그리스어에 대한 기초적인 지식은 가지고 있었다. 그러나 이후 서방에서는 부족한 언어 지식 때문에 그리스 문헌이 라틴어 번역으로만 소개되었다.

3) 칼체돈 공의회는 신학사와 문헌사에서 어떤 시대의 종결이 아니라 정점이며, 공의회의 결정을 수용하기 위한 논쟁은 수백년 동안 부작용을 초래하였다. 428년부터 시작된 네스토리우스 논쟁은 저자의 생각으로는 교의의 관점에서 새로운 시대의 출발점으로 평가되어야 한다.

따라서 어떤 구체적인 연도를 결정할 수 없지만 아우구스티누스의 사망 연도(430년)를 새로운 시대를 위한 기준점으로 생각할 수 있다. 제국교회의 문헌이 그로 말미암아 정점에 이르렀으며, 다른 한편으로 아우구스티누스가 위에 언급된 기준에 따라 자신의 생활과 창작활동(「신국론」, 반달족의 북아프리카 정복, 어학 지식, 그리스도론에 관한 레포리우스의 "선先-네스토리우스" 문제, 에페소 공의회에 초청)에서 이미 새로운 시대를 반영하였기 때문이다.

교회의 모든 삶을 다룬 교부문헌 가운데 대부분의 작품은 4세기 초에서 430년 사이에 저술되었다.

- 신앙의 기초인 성서에 대한 이해
- 신앙에 관한 철학적 논증과 통찰
- 교회에 대한 새로운 이해를 요구하는 이단들과 그리스도교화한 국가와 벌인 논쟁에서 신학의 전개와 근본 교의의 발전
- 이미 시작된 "하느님의 나라"의 지평에서 쓴 역사
- 성사신학과 전례의 실행: 전례에 관한 본문과 그리스도교의 시를 포함한 세례 교리교육, 미사전례, 회개, 결혼
- 종교생활/경건, 교회의 교직, 수도제도/금욕
- 그리스도교의 교회법을 포함한 일상생활에서의 올바른 행동(윤리/도덕)
- 위에 언급된 모든 주제와 분야에 관한 설교

이러한 문헌들을 역사적으로 일목요연하게 서술하는 데에는 상당한 어려움이

따른다. 문헌이 풍부하고 다양할 뿐만 아니라 실제 어떤 교부도 하나의 범주에만 속하지 않기 때문이다. 연대순으로 서술할 경우에는 사실적인 연관성이 없어지며, 소재를 통시적으로 나누어 내용 중심으로 서술할 경우에는 역사적 발전 전체를 통찰할 수 없다. 특히 저자들의 교의사적 또는 지역적 분활을 충분히 이해할 수 없다. 따라서 제3부에서는 4세기 이후의 그리스도교 문헌을 세 가지 중요한 영역으로 구분한다.

1) 교회의 중요한 논쟁들을 마무리하는 신학, 특히 교의학. 대부분의 논쟁은 로마제국과 교회의 관계를 토대로 전개되었다.

2) 교회의 실제적인 모든 생활을 나타내는 사목: 선교, 개종, 강의, 설교, 전례, 성사, 사회활동 등.

3) 금욕 단체들과 수도 단체들. 일부 단체는 그리스도교의 독자적인 생활방식으로 공동체 생활에 흡수되고, 일부는 공동체 생활과 분리되었다.

이러한 요소들이 인물들과 작품들을 연대순으로 배열하는 근본 원칙이다. 세 요소 모두 앞으로 다룰 저자들에게서 나타날 수 있다. 이 경우 대부분의 내용은 저자에 관한 전체적인 통찰을 위하여 저자 중심으로 다루어지지만, 일부의 내용은 다른 저자의 작품과의 실질적인 연관성 때문에 다른 범주에서 다루어진다는 것을 기억해야 한다. 아우구스티누스는 확실히 이러한 분류에서 벗어난다. 그는 교회와 신학의 모든 사조를 받아들이고 그것들을 미래지향적으로 발전시켰다. 이때문에 그는 따로 다룰 필요가 있다.

4세기 역사의 개요

4세기 그리스도교 문헌을 이해하는 데 중요한 정치·교회·신학의 배경은 매우 다양하고 복잡하다. 그래서 이 시기의 문헌을 소개하기 전에 4세기의 역사에 관한 총괄적이고 조직적인 개요가 필요하다. 이에 상응하는 세 가지 관점, 곧 국가정책, 교회 자체의 사건 또는 교회정치적 사건, 신학문제에서 소재를 뽑아 배열하고 그 의의와 중요성을 분석할 것이다. 이러한 분석은 역사적으로 분리되지 않고 서로 관련있는 동일한 소재를 세 가지 다른 시각에서 고찰할 것이다. 이는 위의 세 가지 관점을 이해하기 위해 필요한 구조와 경향을 강조하고, 결론에서 이러한 분석을 요약하여 가능한 한 역사적 실재에 가까운 상像을 밝히려는 것이다.

1. 정치사

참고문헌 목록: K. Christ u. a., Römische Geschichte. Eine Bibliographie, Da 1976.

보조자료: V. Grumel, La chronologie = BByz.T 1 (1958). – A.H.M. Jones/J.R. Martindale/J. Morris, The Prosopography of the Later Roman Empire, 3 vol., C 1971-92.

참고문헌: A.H.M. Jones, The Later Roman Empire 284-602. A Social, Economic and Administrative Survey, vol. 1, O 1964. – W. Schneemelcher, Kirche und Staat im 4. Jahrhundert = BAR 37 (1970). – K. Christ, Römische Geschichte. Einführung, Quellenkunde, Bibliographie, Da ³1980. – G. Bonamente/A. Nestori (eds.), I cristiani e l'impero nel IV secolo, Macerata 1988. – A. Demandt, Die Spätantike. Römische Geschichte von Diocletian bis Justinian 284-565 n. Chr. = HAW 3/6 (1989). – A. Dihle (ed.), L'Église et l'empire au IVe siècle. Sept exposés suivis de discussions, Genf 1989. – B. Baldwin, Roman Empire: EEC 791-6. – F. Heim, La théologie de la victoire de Constantin à Théodose = ThH 89 (1992). – F. Paschoud/J. Szidat (ed.), Usurpationen in der Spätantike = Hist.E 111 (1997).

1.1. 서론: 신성 로마제국의 이념

4세기의 교회사와 신학사를 정치와 관련시킬 경우, 교회사와 신학사는 실제로 로마제국 황제의 정책과 긴밀히 연결되어 있다. 이 정책은 그리스도교를 처음으로 옹호한 황제이자 일인 통치자인 콘스탄티누스 대제(306/324~337년) 때부터 제국의 마지막 일인 통치자인 테오도시우스 대제(379/388~395년) 때까지 이어진다. 이 정책은 4세기에 제국이 발전하는 토대를 마련하였을 뿐만 아니라 중심 문제였다. 로마제국의 이념은 하나의 제국, 한 명의 황제, 한 분의 하느님 또는 일치된 국가의 제신, 곧 일치였다. 황제를 중심으로 한 신성 제국의 이념은 황제 개인에게서 표명되었다. 황제는 최고의 통치자, 일치의 수호자, 제국 안녕의 책임자일 뿐만 아니라 국가의 일치와 번영을 보장하는 제국의 제신이 구체화한 최고의 사제, 오히려 신 자체였다. 제국의 끊임없는 확장과 제국의 변방에서 게르만족, 슬라브족, 고트족, 동방의 여러 민족이 자주 침입하자, 디오클레티아누스 황제는 285년 제국을 4분령Tetrarchie 정치체제로 나누었다. 4분령 정치체제〔4분령의 통치자는 제1황제(senior Augustus)였다〕는 로마제국의 일치 이념을 깨뜨리지 않았으나, 제국의 분열과 네 명의 통치자 상호간에 권력투쟁의 징후를 보였다. 이 징후는 이미 공동 황제인 디오클레티아누스와 305년 4분령 정치 규정에 따라 마지못해 물러났다가 두 번(308년과 310년)에 걸쳐 황제에 오른 막시미아누스의 경우에서 나타난다. 4분령 정치제도는 디오클레티아누스 이후 더 이상 본디의 계획에 따라 이루어지지 않았다. 콘스탄티누스(324~337년), 콘스탄티우스 2세(353~361년), 율리아누스(361~363년), 요비아누스(363~364년), 테오도시우스(388~395년)만이 제국을 단독으로 통치하였으며, 다른 황제의 경우에는 항상 합법적·비합법적인 공동 통치자 — 찬탈자 — 가 있었다. 광대한 제국의 경계를 확정짓기 위해 파견된 리치니우스, 콘스탄스, 율리아누스처럼 군사적으로 영향력 있는 최고사령관들의 경우에는 이미 내전의 징후도 가지고 있었다. 그라티아누스와 발렌티니아누스 2세는 확실한 왕위계승을 위해 어린 나이에 공동 통치자로 임명되어서, 정치적 위협과 찬탈의 위험이 항상 도사리고 있었다. 다만 형제 사이인 발렌티니아누스 1세, 발렌스, 테오도시우스 치하에서는 신뢰를 바탕으로 하는 가족관계 때문에 평화적으로 공존할 수 있었다.

종교가 로마 황제의 이념이나 제국의 이념에 밀접하게 연관되어 있지 않았더라면, 여러 황제의 이와 같은 공존, 병존, 대립은 4세기의 교회사나 신학사에 중요하지 않았을 것이다. 제신은 로마를 부강하게 만들고 지키며 보호하였다. 신들의 활동과 그들에 대한 올바른 경신행위는 황제의 정치운, 전투운, 제국의 안녕과 밀접한 관계가 있었다. 콘스탄티누스 황제는 312년 그리스도교에 우호적이었을 때도 과거의 제신을 숭배하였으며 제국의 근본 이념을 버리지 않았다. 다만 과거의 제신이 있던 자리에 그리스도교의 신이 들어섰을 뿐이었다. 콘스탄티누스는 로마의 밀비오 다리에서 벌어진 막센티우스와의 전투에서 자신을 제국의 존립과 안녕을 보장하는 더 강력한 신, 참다운 신으로 표명하였다. 이전의 황제들이 제신의 대리인이었듯이, 콘스탄티누스 황제는 그리스도교 신의 대리인으로서 제국의 정치적·종교적 일치의 지도자였다. 따라서 에우세비우스는 콘스탄티누스를 "공동의 주교"*κοινὸς ἐπίσκοπος*(「콘스탄티누스의 생애」 I 44,2)라고 불렀으며, 콘스탄티누스는 자신을 교회 밖의 직무, 곧 "외적 영역에 관한 주교"*ἐπίσκοπος τῶν ἐκτός*(「콘스탄티누스의 생애」 IV 24)라고 불렀다. 그가 그리스도교에서 사제의 직무를 수행하지 않았더라도, 이 칭호는 테오도시우스 때까지 그리스도교에 우호적인 황제들이 지니던 "수석 대제관"pontifex maximus이라는 옛 칭호와 같다. 황제가 국민의 정치적·종교적 안녕을 배려하는 것은 통치자의 권리이자 의무였으며, 그의 종교 이념을 확증하는 것이었다.

이때문에 그리스도교를 옹호한 황제들은 교회 지도자로 활동하면서 교회회의를 소집하였고, 교회회의의 결성들을 상려하고 인가하고 거부하였으며, 주교의 선출을 승인하거나 면직하였다. 더구나 그들은 교회회의나 신학자의 조언에 따라 국민이 따라야 하는 신앙규범을 확정하였다. 테오도시우스 황제는 381년 신앙규범을 국법으로 제정하였다. 4세기에 도나투스파에서 시작하여 아리우스파, 니체아파, 프리쉴리아누스파에 이르기까지 공공 소요가 되풀이되었지만, 이러한 국법을 제정하는 데에는 제국의 이념을 실현하는 것이 중요하였다. 곧, 국법의 제정을 통한 제국의 이념은 공공 소요를 수습하는 것뿐만 아니라 국가의 공식적인 하나의 제의만 허용할 수 있고, 아울러 국가의 안녕을 위해 국가가 일치되고 보호되어야 한다는 것이었다. 따라서 이와 다른 종교와 신앙고백은 국가의 안녕을 해치지 않는 한에서만 허용될 수 있었다.

4세기에 이러한 일반적인 제국의 이념과 일치 및 안녕의 근본 목표는 상황에 따라 매우 다르고 구체적인 모습으로 나타났다. 콘스탄티누스 황제 치하에서는 이교인의 종교를 그리스도교화하는 것이 목표였으나, "배교자" 율리아누스 치하에서는 역으로 그리스도교를 이교화하는 것이 그 목표였다. 이러한 두 가지 모습은 그리스도교의 여러 신앙고백에서도 나타났다. 이는 통치자 자신이 교의를 확신해서 그런 것이 아니라 정치적 편의에 기인하는 것이었다. 4세기의 황제들 가운데 실제로 정치적 성과를 생각하지 않고 교의론을 순수한 교의적 신념만으로 밝힌 사람은 없었다. 정치의 성공은 실제로 제신의 호의와 신앙의 확신에 대한 정당성을 확증하는 것이었기 때문이었다. 황제의 종교정책은 그들의 권력정책에 속했으며, 종교와 교의는 곧바로 권력투쟁의 도구로 이용될 수 있었다. 황제들의 정책과 종교정책을 이러한 시각에서 보면, 그들의 애매하고, 더욱이 종종 모순되는 행동방식이 정치적으로 일관되어 있음을 알 수 있다.

번역서: P. R. Coleman-Norton, Roman State and Christian Church. A Collection of Legal Documents to A.D. 535, 3 vol., Lo 1966.

참고문헌: M. Vogelstein, Kaiseridee – Romidee und das Verhältnis von Staat und Kirche seit Constantin, Br 1930. – W. Enßlin, Gottkaiser und Kaiser von Gottes Gnaden = SBAW.PR 1943/6. – H. Berkhof, Kirche und Kaiser. Eine Untersuchung der Entstehung der byzantinischen und theokratischen Staatsauffassung im vierten Jahrhundert, übers. G.W. Locher, Z 1947. – F. Dvornik, Early Christian and Byzantine Political Philosophy. Origins and Background, vol. 2, Washington/DC 1966, 659-850. – J. Ziegler, Zur religiösen Haltung der Gegenkaiser im 4. Jh. n.Chr., Kallmünz 1970. – A. Piganiol, L'Empire chrétien (325-395), P ²1972. – J.R. Fears, *Princeps a diis electus*: The Divine Election of the Emperor as a Political Concept at Rome = PMAAR 26 (1977). – J.H.W.G. Liebeschuetz, Continuity and Change in Roman Religion, O 1979. – St. Elbern, Usurpationen im spätrömischen Reich, Bn 1984. – A. Dihle (ed.), L'Église et l'Empire au IVe siècle, EnAC XXXIV, Vandoeuvres-Genève 1989.

4세기 로마제국의 황제들

	서 방		동 방	
	황 제	부황제	황 제	부황제
관할 지방	이탈리아, 레티아, 아프리카	갈리아, 브리타니아, 스페인	트라키아, 소아시아, 시리아, 이집트, 리비아,	일리리쿰, 그리스, 달마티아, 판노니아
황실	밀라노, 아퀼레이아	트리어, 요크	니코메디아	시르미움, 테살로니카
305년	디오클레티아누스 치하의 제1, 2차 사분령의 퇴위			
	콘스탄티우스 클로루스 (+ 306년, 콘스탄티누스의 아버지)	세베루스	갈레리우스(+ 311년)	막시미누스 다이아 (+ 313년)
306년	세베루스(+ 307년)	콘스탄티누스		
306년	막센티우스(+ 312년)			
307년	콘스탄티누스			
308년	리치니우스	콘스탄티누스		
311년			리치니우스(+ 325년)	
312년	콘스탄티누스			
313년				리치니우스(+ 325년)
324년	대 콘스탄티누스 일인 통치자(+ 337년)			
337년	콘스탄스(부황제) 이탈리아, 아프리카, 판노니아, 달마티아 (황제)	콘스탄티누스 2세 (+ 340년) (황제)	플라비우스 달마티우스 (부황제): 트라키아와 콘스탄티노플(+ 337년)	콘스탄티우스 2세: 동방과 이집트 (황제)
337년 9월 9일				
338년			콘스탄스(서방 일리리쿰) 와 콘스탄티우스 2세(동 방 일리리쿰과 트라키아) 에게 분할됨	
340년	콘스탄스가 서방제국의 일인 통치자가 됨(+ 350년)			
350년	마그넨티우스(+ 353년)			
353년	콘스탄티우스 2세가 일인 통치자가 됨(+ 361년)			
355년	율리아누스(부황제)			
360년	(황제)			
361년	배교자 율리아누스가 일인 통치자가 됨(+ 363년)			
363년	요비아누스가 일인 통치자가 됨(+ 364년)			
364년	발렌티니아누스(+ 375년)와 그 동생 발렌스(+ 378년)			
367년	발렌티니아누스의 장남이 서방에서 제2 황제가 됨			
375년	발렌티니아누스 2세(차남) (+ 392년, 디오클레티아 누스의 4분령 경계에서))	그라티아누스(+ 383년)		
379년			테오도시우스	
383년		막시무스(+ 388년)		
388년	대 테오도시우스가 일인 통치자가 됨(+ 395년)			

1.1.1. 콘스탄티누스 대제(306/324~337년)

콘스탄티누스는 312년 막센티우스와 벌인 권력투쟁에서 자신에게 승리를 가져다 준 그리스도교의 하느님으로 믿음의 대상을 바꾸었으며, 324년에는 리치니우스와 싸워 이겼다. 그는 일인 통치자가 된 뒤 자신이 통치하는 동안 한 분의 하느님과 교회의 은혜로 제국을 외부의 적으로부터 보호하고, 일치된 제국으로 번영을 이루는 것을 최고의 목표로 삼았다. 그의 이러한 노력에 찬물을 끼얹은 사건이 신성 제국의 일치를 위태롭게 한 아리우스 논쟁이었다. 그는 이 논쟁을 정치적으로 중요하지 않은, 서로 다른 신학을 주장하는 학파의 철학논쟁으로 생각하였다. 그러나 그는 논쟁이 교회와 국가를 분열시킬 수도 있다고 확신하여 이를 스스로 해결하려고 하였다. 그는 니체아 공의회를 소집하고 주재하였으며, 동일본질 개념으로 그리스도의 신성에 관한 신학문제를 해결하고자 한 것 같다. 공의회는 주교들의 거의 만장일치에 가까운 찬성을 받아 공의회 신경Symbolum을 결정하였고, 황제는 그에게 복종하지 않는 세 명의 주교를 추방하였다.

논쟁은 이 결정으로 그치지 않았으며 콘스탄티누스의 뜻대로 끝나지도 않았다. 논쟁이 수그러들지 않자, 콘스탄티누스는 니체아의 결정들을 철저히 따르는 것이 아니라(이러한 시도에는 소요가 따랐기 때문이다) 제국의 내적 일치라는 정치적 필연성에 따라 교회와 제국의 평화를 유지하는 데 최고의 목표를 두었다. 아리우스를 교회에 받아들인 후속 니체아 교회회의(327년)가 열렸는지는 아직도 확실하지 않다. 어쨌든 황제는 아리우스를 억압하려는 다른 시도가 실패한 뒤(333년), 그의 목표에 끊임없이 방해가 된 아리우스파와 니체아파 가운데 신념이 철저한 안티오키아의 에우스타티우스(330년), 알렉산드리아의 아타나시우스(335년), 안치라의 마르첼루스(336년)를 추방하였다. 황제의 마음에 들고 그의 계획에 힘을 실어준 역을 맡은 배우들은, 정치적·신학적으로 중용적이고 화해적인 노선을 지향하는 체사레아의 에우세비우스와 니코메디아의 에우세비우스였다. 아리우스가 335년 예루살렘에서 열린 교회회의에서 명백하고 화해적인 신앙고백서를 제출한 뒤, 교회회의가 그를 교회에 다시 받아들이기로 결정한 것은 콘스탄티누스가 취한 일치정책의 논리적 귀결이다. 이 교회회의에 친히 참석한 황제가 알렉산드리아와 이집트 교회 사이의 분열은 곧 끝나야 한다고 호소한 것은 명백히 제국의 이념에 부합하는 것이었음을 고려해야 한다.

콘스탄티누스는 아리우스 논쟁을 해결하지 못하고 337년 5월 22일 숨을 거두었다. 아타나시우스와 마르첼루스가 유배를 간 서방 제국의 절반은 주로 니체아파에 속했으며, 동방 제국의 대부분은 아리우스파나 극단적인 두 종파 사이에서 중용의 길을 모색한 절충적 아리우스파에 속하였다.

편집본: V. Keil, Quellensammlung zur Religionspolitik Konstantins des Großen = TzF 54 (1989) (lgTdÜ).

참고문헌: 사전 항목: J. Vogt: RAC 3 (1957) 306-79. – St.G. Hall: TRE 19 (1990) 489-500. – R. M. Grant: EEC 225-7. – M. Forlin Patrucco: EECh I 193.

총론서: H. Dörries, Das Selbstzeugnis Kaiser Konstantins = AAWG.PH 34 (1954). – H. Dörries, Konstantin der Große = UB 29 (1958). – J. Vogt, Constantin der Große und sein Jahrhundert, Mn ²1960. – M. Clauss, Konstantin der Große und seine Zeit, Mn 1996. – H.A. Pohlsander, The Emperor Constantine, Lo - NY 1996.

편찬서: H. Kraft (ed.), Konstantin der Große = WdF 131 (1974). – G. Bonamente/F. Fusco (eds.), Costantino il Grande dall'antichità all'umanesimo, 2 vol., Macerata 1992-3.

연구서: A. Alföldi, The Conversion of Constantine and Pagan Rome, transl. H. Mattingly, O 1948. – V.C. de Clercq, Ossius of Cordova. A Contribution to the History of the Constantinian Period = SCA 13 (1954). – H. Kraft, Kaiser Konstantins religiöse Entwicklung = BHTh 20 (1955). – K. Aland, Die religiöse Haltung Kaiser Konstantins: StPatr 1 = TU 63 (1957) 547-600 = Ders., Kirchengeschichtliche Entwürfe. Alte Kirche, Reformation und Luthertum, Pietismus und Erneuerungsbewegung, Gü 1960, 202-39. – J. Straub, Constantine as *KOINOΣ EΠIΣKOΠOΣ*. Tradition and Innovation in the Representation of the First Christian Emperor's Majesty: DOP 21 (1967) 37-56 = *Regeneratio Imperii*. Aufsätze über Roms Kaisertum und Reich im Spiegel der heidnischen und christlichen Publizistik, Da 1972, 134-58. – A. Lippold, Bischof Ossius von Cordova und Konstantin der Große: ZKG 92 (1981) 1-15. – Norderval, The Emperor Constantine and Arius: Unity in the Church and Unity in the Empire: StTh 42 (1988) 113-50. – K.M. Girardet, Kaiser Konstantin d. Gr. als Vorsitzender von Konzilien. Die historischen Tatsachen und ihre Deutung: Gym. 98 (1991) 548-60. – J. Bleicken, Constantin der Große und die Christen. Überlegungen zur konstantinischen Wende = HZ.B NF 15 (1992). – R. Leeb, Konstantin und Christus. Die Verchristlichung der imperialen Repräsentation unter Konstantin dem Großen als Spiegel seiner Kirchenpolitik und seines Selbstverständnisses als christlicher Kaiser = AKG 58 (1992). – B. Bleckmann, Konstantin der Große, A 1996.

1.1.2. 콘스탄티누스의 아들들(337~361년)

1.1.2.1. 공동 통치 시기(337~353년)

콘스탄티누스는 세 명의 아들인 콘스탄티누스 2세, 콘스탄티우스 2세, 콘스탄스와 조카인 플라비우스 달마티우스에게 저마다 관할 지방에서 같은 권리를 지니는 부황제Caesar로 임명하여 제국을 나누어 주었다. 이러한 분할은 거의 필연적으로 패권투쟁을 불러일으키는 상황을 만들어 놓았다. 패권투쟁은 곧바로 시작되었다. 플라비우스 달마티우스는 337년에 권력에서 쫓겨났으며 대부분의 가족도 그와 함께 목숨을 잃었다. 그가 관할한 지방은 콘스탄티우스 2세와 콘스탄스에게 분할되었지만, 콘스탄티누스 2세는 지역 분할에서 제외되었다. 세 명의 형제는 337년 9월 9일 황제Augustus 칭호를 획득하였다. 몇 년 뒤(340년) 콘스탄티누스 2세도 콘스탄스와 벌인 권력투쟁에서 목숨을 잃어 이제 두 명의 황제만 남게 되었다. 제국의 서쪽 지역은 콘스탄스가, 동쪽 지역은 콘스탄티우스 2세가 다스렸다. 그러나 그들 사이에서도 서서히 경쟁심이 일어나게 되었고, 그들은 종교정책을 통해 영향력을 행사하였다. 콘스탄스는 서방의 니체아파를, 콘스탄티우스 2세는 (온건한) 아리우스파를 옹호하였다.

콘스탄스와 콘스탄티우스는 서로 견줄 만한 세력을 가지고 있었기 때문에 교회의 상황도 결말이 나지 않았다. 결국 이들의 균형은 마그넨티우스가 서방 제국의 제위帝位를 찬탈하고 콘스탄스가 암살(350년)됨으로써 콘스탄티우스에게 유리하게 기울었다. 마그넨티우스는 이교인인데도 서방의 니체아파 교회를 옹호했다. 그렇지만 그에게는 전투운이 따르지 않았다. 콘스탄티우스는 351년과 353년에 벌어진 결전에서 마그넨티우스에게 승리를 거두어 제국을 다시 통일했다. 전투가 벌어질 당시 콘스탄티우스가 전투에 참가하지 않고 경당에서 기도하고 있었다는 보고로 알 수 있듯이, 그의 승리는 그리스도교 신앙과 밀접한 관계가 있었다.

1.1.2.2. 일인 통치자인 콘스탄티우스 2세(353~361년)

콘스탄티우스 2세는 일인 통치자가 된 뒤 곧바로 니체아파에 대한 조처를 취하기 시작하였다. 황제는 제국 이념의 관점에서 일치된 신앙고백으로 정치적 일치를 유지하려 하였다. 그는 이러한 목적에 방해되거나 이의를 제기하는 사람들을 국가권력으로 굴복시켰다. 아를르 교회회의(353년)와 밀라노 교회회의(355년)는 황제에게 비타협적인 (아마도 콘스탄티우스측에서 대역죄로 보았을 마그넨티우스와의 관계 때문에) 아타나시우스를 단죄하였다. 또한 아타나시우스의 지지자인 카랄리스의 루치페루스, 프와티에의 힐라리우스, 코르도바의 오시우스, 로마의 리베리우스를 단죄하였다.[1] 황제는 알렉산드리아(356년)에서 아타나시우스를 추방하려는 자신의 목적을 관철시켰으며, 아리우스파인 카파도키아 사람 게오르구스를 주교로 임명할 때 군사력을 투입하는 것도 주저하지 않았다.

콘스탄티우스 2세는 시르미움 교회회의(357년)에서 동일본질$ὁμοούσιος$과 유사본질$ὁμοιούσιος$ 개념을 사용하지 못하게 하였다. 그러나 문제점 자체를 은폐하면서 제국의 일치를 이루려는 그의 첫번째 시도는 수포로 돌아갔다. 황제의 의도는 그 다음에 열린 리미니와 셀레우치아 이중 교회회의(359년)에서도 성과를 거두지 못하였다. 그러나 그는 국가권력을 이용하여 일치를 실현하려 하였기 때문에, 트라키아 지방에 있는 니케Nike에서 리미니 교회회의와 셀레우치아 교회회의의 대표단에게 시르미움 교회회의의 유사파 정식에 서명하라고 강요하였다. 이 정식은 콘스탄티노플 교회회의(360년)에서 승인되었으며, 더 나아가 파리 교회회의(360/61년)는 니체아 신앙고백의 핵심적인 낱말인 동일본질을 유사similitudo, $ὁμοίω-σις$의 의미로 해석하였다.

콘스탄티우스가 그를 거슬러 갈리아에서 진군해 오는 찬탈자 율리아누스를 대적하기 위하여, 페르시아인과 벌인 전쟁에서 귀환하는 도중 361년 11월 3일 킬리키아에서 죽지 않았더라면, 콘스탄티누스 이후 신앙의 일치(이번에는 유사파의 절충적 정식)는 황제의 간섭으로 이루어진 두번째 경우가 되었을 것이다. 니체아 신경을 물굴의 성신으로 옹호한 아타나시우스를 비롯한 일부 주교는 황제의 정책에 완강히 저항하였다.

---

[1] 프와티에의 힐라리우스(356년 베지에 교회회의에서 단죄받음)와 코르도바의 오시우스는 아를르 교회회의(353년)와 밀라노 교회회의(355년)에서는 단죄받지 않았다. 이 부분에서는 353년 아를르에서 단죄받은 트리어의 파울리누스와 355년 밀라노에서 단죄받고 추방된 밀라노의 디오니시우스와 베르첼리의 에우세비우스가 언급되어야 한다 — 역자 주.

1. 콘스탄스: J. Moreau: JAC 2 (1959) 179-84. – R.M. Grant: EEC 225. – M. Forlin Patrucco: EECh I 192.

2. 콘스탄티누스 2세: J. Moreau: JAC 2 (1959) 160-1. – M. Forlin Patrucco: EECh I 193.

3. 콘스탄티우스 2세: K. Kraft, Die Taten der Kaiser Constans und Constantius II.: JNG 9 (1958) 141-86. – J. Moreau: JAC 2 (1959) 162-79. – K.M. Girardet, Kaiser Konstantius II. als *"Episcopus Episcoporum"* und das Herrscherbild des kirchlichen Widerstandes (Ossius von Corduba und Lucifer von Calaris): Hist 26 (1977) 95-128. – R. Klein, Constantius II. und die christliche Kirche, Da 1977. – M. M. Mudd, Studies in the Reign of Constantius II, NY 1989. – R.M. Grant: EEC 231-3. – M. Forlin Patrucco: EECh I 198.

1.1.3. "배교자" 율리아누스(361~363년)와 요비아누스(363~364년)

율리아누스 황제는 즉위하자마자 공개적으로 이전의 제신諸神을 신봉한다고 고백하였기 때문에 그리스도교에서는 그를 "배교자"라고 부른다. 그의 즉위로 과거의 제신 신앙은 로마제국에서 마지막으로 짧은 기간이나마 부흥하였다. 율리아누스는 새로운 종교정책으로 어려움에 처한 로마제국을 굳건히 구축하려 하였다. 그는 그리스도교의 신앙고백을 손상하지 않은 채 교회의 영향력을 약화시키려고, 지금까지 그리스도교를 옹호한 황제 치하에서 지하로 숨어들어간 과거의 제의를 공공연히 권장하였다. 그는 제신만 숭배하는 과거의 종교정책을 폈지만 제국의 근본 이념은 동일하였다. 그리스도교는 국가의 안녕을 해치지 않는 한도 내에서 묵인되었다. 따라서 율리아누스는 콘스탄티우스가 종교정책의 관점에서 취한 추방판결을 지속시키는 것에 관심조차 없었다. 마찬가지로 귀환한 주교들을 다시 그들의 직책에 임명하거나 교회에 특권을 부여하는 것도 그의 관심 밖에 있었다. 제국의 일치된 종교라는 관점에서 그리스도교는 무엇보다도 자체의 분열 때문에 국가에 중요하지 않았다. 교회의 종파들이 벌인 논쟁의 결과로 공공 소요를 일으킬 경우에만 국가권력은 국시國是에 따라 교회에 간섭하였다. 따라서 알렉산드리아 교회회의에서 결정된 아타나시우스의 제4차 추방(362년 10월 24일)은 황제의 종교정치적 성공이라기보다는 아타나시우스가 이곳에서 일으킨 소요를 그 원인으로 보아야 한다.

율리아누스(363년 7월 26일 사망)의 이교적 조처와 달리 그의 후계자인 요비아누스(364년 2월 17일 사망)는 다시 교회에 모든 특권을 부여하고 아타나시우스를 귀환시켰다. 그는 교회에 우호적이었지만 1년도 채 안 되어 죽었다. 따라서 그의 종교정책은 교회사에서 중요한 역할을 하지 못하였다.

1. 요비아누스: G. Wirth, Jovian. Kaiser und Karikatur: *Vivarium* (FS Th. Klauser) = JAC.E 11 (1984) 353-84. – P. Siniscalco: EECh I 454.

2. "배교자" 율리아누스: 참고문헌 목록: M. Caltabiano, Un quindicennio di studi sull'imperatore Giuliano III (1965-1980): Koinonia 8 (1984) 17-31.

참고문헌: P. Allard, Julien l'Apostate, 3 vol., P 1900. – J. Bidez, Julian der Abtrünnige, Mn 1940. – G.W. Bowersock, Julian the Apostate, C/MA 1978. – R. Klein (ed.), Julian Apostata = WdF 509 (1978). – P. Athanassiadi-Fowden, Julian and Hellenism. An Intellectual Biography, O 1981. – C. Fouquet, Julien, la mort du monde antique, P 1985. – B. Gentili (ed.), Giuliano Imperatore, Urbino 1986. – D.B. Levenson: EEC 510-2. – M.L. Angrisani Sanfilippo: EECh I 459-60. – J. Bouffartigue, L'Empereur Julien et la culture de son temps, P 1992. – E.L. Grasmück, Kaiser Julian und der θεὸς λόγος der Christen: H.Ch. Brennecke/E.L. Grasmück/Ch. Markschies (eds.), Logos (FS L. Abramowski) = BZNW 67 (1993) 297-327. – R. Smith, Julian's Gods. Religion and philosophy in the thought and action of Julian the Apostate, Lo-NY 1995.

1.1.4. 발렌티니아누스(364~375년)와 발렌스(364~378년)

그리스도교의 종파에 따라 제국이 분할되는 상황은 형제인 발렌티니아누스와 발렌스 황제 치하에서도 이어졌다. 발렌스는 콘스탄티우스의 유사파 노선을 계속 지지하였으며, 특히 주교좌들의 보직補職을 통해, 더구나 공공연한 압력과 위협으로 이 종파가 승리를 거두도록 모든 조처를 취하였다. 알렉산드리아는 아타나시우스의 죽음(373년)으로 아리우스 논쟁에서 중심 역할을 하지 못한 반면, 카파도키아는 370년부터 체사레아의 대주교 바실리우스의 지도 아래 니체아파의 새로운 중심지로 서서히 떠오르고 있었다. 바실리우스는 발렌스 황제 앞에서 황제의 종교정책에 저항(372년)하였을 뿐만 아니라 형제, 친구들을 주교로 임명하여 자신의 관할 교구를 강화하였다. 그는 동생 그레고리우스를 374년에 니사의 주교로, 막내동생 베드로를 372년에 세바스테이아의 주교로, 학우 그레고리우스를 372년에 사시마의 주교로, 374년에는 나지안스의 주교로, 암필로키우스를 373/4년에 이코니움의 주교로 임명하였다.

발렌티니아누스 치하에서 서방교회는 로마의 주교 다마수스와 우르시누스 부제 사이의 내전內戰과 같은 논쟁이 일어나기 전까지는 종파간의 다툼 없이 니체아파에 머물러 있었다. 이러한 상황은 발렌티니아누스의 장남인 그라티아누스 치하에서도 마찬가지였다. 그라티아누스는 367년부터 부황제로서[2] 아버지와 함께 통치하였으며, 아버지가 사망(375년)한 뒤 갈리아, 브리타니아, 스페인을 통치하였다. 서방의 또 다른 통치 지역, 곧 디오클레티아누스의 분할에 따른 이탈리아, 레티아, 아프리카의 부황제는 발렌티니아누스의 둘째 아들인 발렌티니아누스 2세였으며, 그는 어머니 유스티나와 함께 아리우스파 신자였다. 이때문에 그라티아누스 치하에서 아리우스파를 논박한 밀라노의 주교 암브로시우스(374~397년)와 아리우스파인 밀라노 황실 사이에 유명한 분쟁이 일어났다. 암브로시우스는 385/86년 교회를 아리우스파에 넘겨주라는 황실의 요구를 두 번에 걸쳐 완강하게 거절함으로써 자기 뜻을 관철시켰다. 발렌티니아누스가 387년 니체아파를 지지하는 찬탈자 막시무스를 두려워하여 동방의 테오도시우스 황제에게 피신함으로써, 서방에서 통치자가 주도하여 아리우스주의를 옹호하는 일은 이제 끝났다.

1. 그라티아누스: M. Fortina, L'imperatore Graziano, Turin 1953. – G. Gottlieb, Ambrosius von Mailand und Kaiser Gratian = Hyp. 40 (1973). – G. Gottlieb: RAC 12 (1983) 718-32. – G. Gottlieb, Der Mailänder Kirchenstreit von 385/386. Datierung, Verlauf, Deutung: MH 42 (1985) 37-55. – M.P. McHugh: EEC 390. – M.G. Mara: EECh I 360.

2. 발렌스: R. Snee, Valens' Recall of the Nicene Exiles and Anti-Arian Propaganda: GRBS 26 (1985) 395-419. – M.P. McHugh: EEC 921-2. – M.G. Mara: EECh II 858.

3. 발렌티니아누스 1세: W. Heering, Kaiser Valentinian I. (364-375 n.Chr.), Magdeburg 1927. – M.P. McHugh: EEC 922. – M.G. Mara: EECh II 858.

4. 발렌티니아누스 2세: M.P. McHugh: EEC 922. – M.G. Mara: EECh II 858-9.

1.1.5. 테오도시우스 대제(379/388~395년)

동방에서 니체아파의 실질적인 승리는, 발렌스 황제가 서고트족과 벌인 아드리아노플 전투에서 죽은 뒤, 테오도시우스 황제가 379년 1월 19일 즉위함으로써 이루어졌다. 테오도시우스는 스페인에서 태어나 니체아 고백을 들으면서 자랐으며, 즉위하자마자 니체아 고백을 제국의 종교로 선언하였다. 이 선언은 개인의 신앙적 배경에서뿐만 아니라 로마제국의 이념인 하나의 일치된 신앙만이 제국에 있어야 한다는 자의식에 따른 것이었다. 그는 이미 379년 8월 3일 국민에게 니체아 고백만 받아들

---

[2] 그라티아누스는 367년부터 부황제가 아니라 서방의 제2황제로서 통치했다 — 역자 주.

이도록 명령하였으며, 자신이 로마와 알렉산드리아에서 배운 대로 국민은 그리스도교 신앙을 고백해야 한다는 칙령을 380년 2월 27일 제국 전체에 공포하였다. 황제는 380년 11월 24일 콘스탄티노플에 입성할 때 기본적인 종교정책을 이미 구상하였다. 그는 아리우스파 총대주교인 데모필로스를 나지안즈의 그레고리우스로 바꾸었으며, 그레고리우스가 직무를 수행할 수 있는 능력을 보이지 않자 381년 원로원 의원인 넥타리우스로 경질하였다. 아울러 테오도시우스는 두번째 전 세계 공의회를 콘스탄티노플에 소집하였다. 공의회는 아에티우스와 에우노미우스의 신아리우스주의, 아폴리나리우스주의, 성령적대론파, 마체도니우스파에 관한 신학문제들을 다루었다. 공의회는 성령의 신성에 관하여 니체아 신앙고백을 명확히 규정하였으며, 니체아 신앙고백을 실제적인 의미에서 궁극적으로 마무리지었다.

테오도시우스는 찬탈자 막시무스로부터 승리(388년)를 거두어 마지막으로 제국 전체를 일인 통치자 아래 통일하였으며, 391년에는 과거의 모든 이교 제의를 금지시키는 종교정책을 폈다. 이로써 니체아 신앙을 고백하는 그리스도교가 공식적으로 국교가 되었으며, 이미 384년부터 시작된 신전들과 신상들의 파괴는 더욱 거세졌다. 따라서 알렉산드리아에 있던 세라페이온을 비롯한 유명한 건축물들이 손상되었으며, 아쉽게도 그리스도인에게 중요한 많은 예술품과 문화적 보물까지 파괴되었다. 마찬가지로 예부터 내려오는 제신숭배와 관련된 풍습들, 이 가운데 수백년 동안 내려온 올림픽 경기도 중지되었다. 테오도시우스가 그리스도교를 위해서 제국에 내린 결정은, 일반적으로 하느님의 심판이라고 여긴 394년 9월 6일 프리기두스(오늘날: 비파흐) 전투에서 이교인 찬탈자 아르보가스트와 에우게니우스와 싸워 이김으로써 정치적으로 인정받았다.

발렌티니아누스 2세와 테오도시우스 치하의 서방에서 황제와 교회의 관계는 근본적으로 변하였다. 신성 제국의 이념과 교회 사건에 대한 황제의 결정권은 문제되지 않았으나, 순수한 신앙문제를 결정하는 것은 통치자의 권한이 아니라고 생각되기 시작하였다. 이전에도 주교들은 황제의 결정에 반대하고 신앙에 대한 확신을 주장하였지만, 황제가 그들에게 굴복한 적은 한 번도 없었다. 이러한 상황을 처음으로 바꾼 인물이 밀라노의 암브로시우스였다. 그는 발렌티니아누스 2세의 교회정책에 저항하였으며, 훗날 테오도시우스(390년)가 테살로니카에서 대학살을 자행하였을 때 그에게 교회에서 규정한 회개를 요구하여 자신의 뜻을 관철시켰다. 이러한 사건을 통해 서방교회는 부분적으로 황제로부터 해방되었을 뿐만 아니라 그들의 직무 자체를 넘겨받는 교회 발전이 이미 부분적으로 이루어졌다. 교회의 이러한 모습은 테오도시우스의 사망(395년) 후 점진적인 정치적 발달을 통하여 서방 로마제국이 멸망할 때까지 더욱더 촉진되었다.

참고문헌: W. Enßlin, Die Religionspolitik des Kaisers Theodosius d. Gr.: SBAW.PH 1953/2. – N.O. King, The Emperor Theodosius and the Establishment of Christianity = LHD (1961). – A. Lippold, Theodosius der Große und seine Zeit, Mn ²1980. – T.E. Gregory: EEC 892-3. – M.G. Mara: EECh II 828-9. – S. Williams/G. Friell, Theodosius: the Empire at Bay, Lo 1994.

2. 교회사

4세기 교회의 상황은 고대교회의 네 곳의 총대주교좌와 수많은 교회회의(종종 일년에 여러 번 열림)에서 가장 잘 나타난다. 황제들은 교회정책을 결정하였지만 절대권력을 행사하지 않았다. 오히려 그들은 교회회의를 소집하여 의장이 되고 교회회의의 결정 방향을 정하면서도 항상 주교회의의 승인을 받았으며, 승인받은 것을 실행하였다. 서열에 따라 로마, 콘스탄티노플, 알렉산드리아, 안티오키아로 구분되는 네 곳의 총대주교좌는 논쟁의 근원지이자 중심지였으며, 때로는 교회나 당시 세계의 문화와 정치 활동의 실질적인 출발점이었다. 4세기의 논쟁들은 서방교회에도 번졌지만 주로 동방에서 일어나고 그곳에서 끝났기 때문에, 로마는 논쟁에서 그리 중요한 역할을 하지 못하였다.

참고문헌: J.R. Palanque u. a., The Church in the Christian Roman Empire, 2 vol., Lo 1949-52. – H.-G. Beck, Kirche und theologische Literatur im byzantinischen Reich = HAW 12/2/1 (1959). – R. Lorenz, Das vierte bis sechste Jahrhundert (Westen): KIG I C 1 (1970); Ders., Das vierte Jahrhundert (Osten), KIG I C 2 Göttingen (1992). – K.F. Morrison (ed.), The Church in the Roman Empire, Chicago 1986. – E. Contreras/R. Peña, El contexto histórico eclesial de los Padres Latinos, siglos IV-V, Victoria 1993. – J. Ulrich, Die Anfänge der abendländischen Rezeption des Nizänums = PTS 39 (1994).

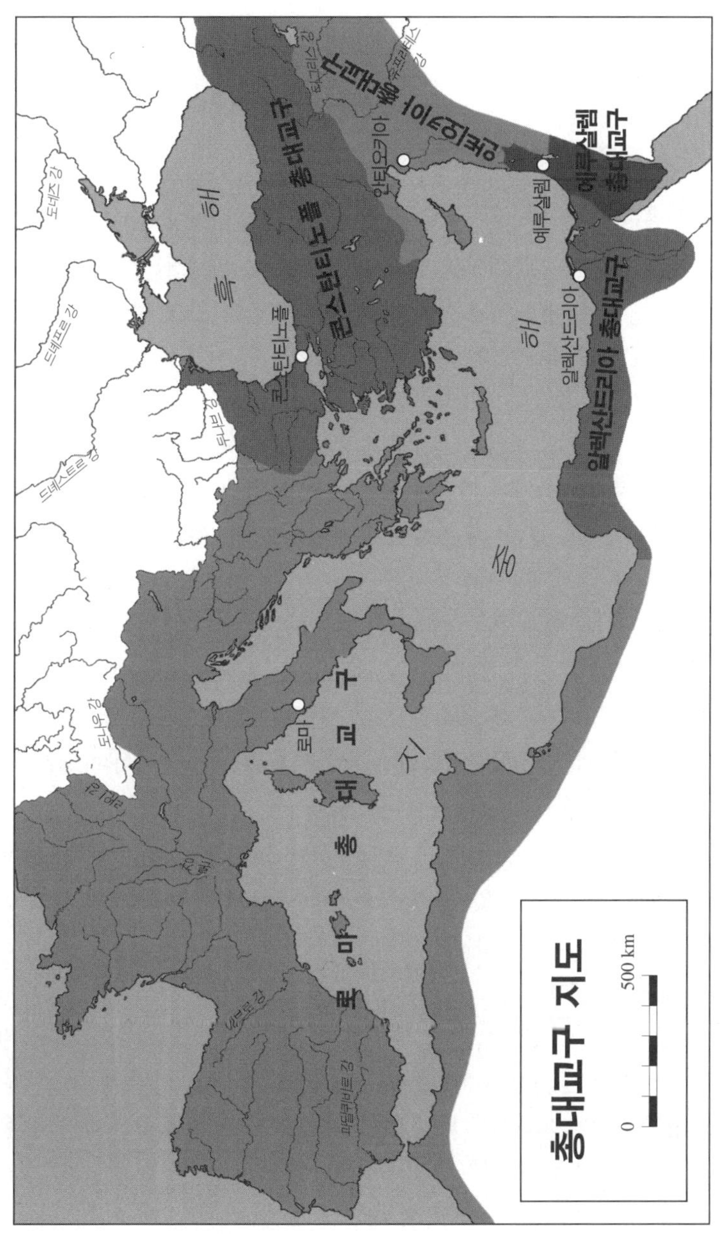

총대교구 지도
500 km
0
콘스탄티노폴 총대교구
콘스탄티노폴
로마 총대교구
로마
알렉산드리아 총대교구
알렉산드리아
예루살렘 총대교구
예루살렘
안티오키아 총대교구
안티오키아
흑해
지중해
다뉴브 강
드네스트르 강
드네프르 강
티그리스 강
유프라테스 강
메로빙거 강
돈 강

2.1. 총대주교좌

2.1.1. 알렉산드리아

4세기에 일어난 논쟁들의 발단은 "콘스탄티누스 전환" 이전에 알렉산드리아로 거슬러 올라간다. 아리우스주의 논쟁보다 앞서 일어났고, 이 논쟁에서도 중요한 역할을 한 알렉산드리아의 멜리티우스 분열은 알렉산드리아의 총대주교 베드로(300~311년)와 상부 이집트에 있는 리코폴리스의 주교 멜리티우스 사이에서 신학적·실천사목적 의견이 충돌하면서 일어났다. 베드로 자신은 박해 동안 피신하였다. 다른 주교들이 그의 이러한 행동을 정당한 것으로 시인한 반면, 멜리티우스는 박해 때 피신한 주교들의 주교좌를 공석으로 여겼다. 따라서 그는 비어 있는 주교좌에 자기 마음에 드는 후보자들을 임명하려는 월권을 행사하였다. 이에 베드로는 멜리티우스와 그의 지지자들을 파문하였다.

멜리티우스 종파에 관여한 아리우스는 사후에 자신의 이름이 붙은 "아리우스 논쟁"을 318년경 일으켰다. 알렉산드리아의 주교 알렉산더는 당시 부제이자 뒤에 자신의 후계자가 된 아타나시우스의 지지를 받으면서, 알렉산드리아 교회회의뿐만 아니라 니체아 공의회에서도 반아리우스적 입장을 취하였다. 아리우스는 처음에 알렉산드리아 교회회의에서, 그 다음에 안티오키아 교회회의(324/5년)와 니체아 공의회에서 단죄받고 파문받았다.

아타나시우스(328~373년)는 40년 동안 아리우스파를 논박하고 니체아 정통신앙을 옹호한 대표적 인물이었다. 그는 이러한 활동 때문에 교구에서 다섯 번 이상 추방되었으며, 그의 주교좌에는 네 명의 아리우스파 대립주교들이 잇달아 임명되었다. 366년 그가 마지막으로 알렉산드리아로 돌아온 뒤인 370년부터 니체아 정통신앙을 옹호하는 중심 역할은 체사레아의 바실리우스를 비롯한 카파도키아 사람들에게 넘어갔다. 아타나시우스의 후계자인 알렉산드리아의 베드로 2세(378~380년)도 발렌스 황제 치하에서 망명해야만 했다. 그 뒤 알렉산드리아의 총대주교들은 요한 크리소스토무스와의 논쟁(407년), 에페소 공의회와 칼체돈 공의회를 개최하는 동기가 된 네스토리우스와 에우티케스에 관한 논쟁에서 중심 역할을 했다.

참고문헌: 사전 항목: C.D.G. Müller, Ägypten IV: TRE 1 (1977) 512-33. – E. Ferguson, Alexander of Alexandria: EEC 19-20. – F.W. Norris, Alexandria: EEC 20-3. – J.E. Goehring, Egypt: EEC 291-4. – M.P. McHugh, Melitius of Lycopolis: EEC 593. – E. Ferguson, Peter of Alexandria: EEC 723-4. – Ch. Kannengiesser, Alexander of Alexandria: EECh I 20. – T. Orlandi/M. Simonetti/M. Falla Castelfranchi, Alexandria: EECh I 22-5. – M. Naldini, Egypt I. Origins of Christianity: EECh I 264. – M. Simonetti, Melitius of Lycopolis, Melitian schism: EECh I 551. – M. Simonetti, Peter I of Alexandria: EECh II 677-8. – M. Simonetti, Peter II of Alexandria: EECh II 678.

연구서: W. Telfer, Meletius of Lycopolis and Episcopal Succession in Egypt: HThR 48 (1955) 227-37. – E. Schwartz, Die Quellen über den melitianischen Streit: NGWG.PH 1905, 164-87 = Gesammelte Schriften 3: Zur Geschichte des Athanasius, B 1959, 87-116. – A. Martin, Athanase et les Mélitiens (325-335): Ch. Kannengiesser (ed.), Politique et Théologie chez Athanase d'Alexandrie = ThH 27 (1974) 31-61. – R. Williams, Arius and the Melitian Schism: JThS NS 37 (1986) 35-52. – T. Vivian, St. Peter of Alexandria, Bishop and Martyr, Ph 1988. – A. Martin, Les relations entre Arius et Melitios dans la tradition Alexandrine. Une histoire polémique: JThS NS 40 (1989) 401-13. – C.W. Griggs, Early Egyptian Christianity from its Origins to 451 C.E. = CoptSt 2 (1990).

2.1.2. 안티오키아

2.1.2.1. 에우스타티우스(324~327년경)에서 에우독시우스(359년)까지

4세기에 일어난 여러 논쟁에서 두번째로 중요한 곳은 동방의 다른 총대주교좌인 안티오키아였다. 뒤에 니체아 공의회에서 다시 받아들인 동일본질 개념은 이미 268년 안티오키아 교회회의에서 사모사타의 바울로 사건과 관련되어 단죄받았다. 알렉산드리아 교회회의에서 단죄받은 아리우스는 안티오키아에서 지지를 받았지만, 코르도바의 오시우스가 의장으로 활동한 교회회의(324/25년)에서는 단죄받았다. 이 교회회의는 공석이었던 총대주교좌에 니체아 공의회에서 중요한 역할을 한 에우스타티우스를 임명했다. 반니체아파가 더 큰 세력을 이루었기에 에우스타티우스는 체사레아의 에우세비우스가 의장으로 활동한 안티오키아 교회회의(328 또는 329년)에서 면직되었다. 지금까지는 그가 면직된 이유를 규율문제와 관련된 과실(부도덕, 권력남용)로 보았으나, 한슨Hanson의 연구에 따르면 사벨리우스주의와 관련이 있는 것 같다. 그러나 그가 면직된 본디의 이유는 아타나시우스나 마르첼루스처럼 철저한 니체아파로 콘스탄티누스의 일치정책과 화해정책에 방해가 되었기 때문이다.

에우스타티우스의 후계자들은 모두 에우세비우스파에 속하였다. 안티오키아에서는 신학적으로 늘 에우세비우스의 중용적 입장을 취한 교회회의가 여러 번 열렸다. 344년에 열린 교회회의는 로마의 주교가 보낸 사절들의 임무를 방해한 안티오키아의 주교 스테파누스를 면직하였다. 그의 후계자인 레온티우스(344~358년)는 더 급진적인 아리우스주의 성향을 지녔으며, 신아리우스주의의 창시자인 아에티우스에게 부제품을 주었다. 레온티우스의 후계자인 에우독시우스는 시리아 지방에 있는 게르마니치아의 주교였다. 그도 전임자의 비유사파 경향을 철저히 추구하여 아에티우스와 그의 제자 에우노미우스의 과격한 발언(성자는 모든 점에서 성부와 같지 않으며, 실제로 성부에게서 태어나지도 않았다)을 지지하였다. 이러한 과격한 아리우스파 노선은 콘스탄티누스 황제의 화해정책에 방해가 되었기 때문에, 에우독시우스는 358년 자신이 소집한 안티오키아 교회회의에서 면직되었다. 그러나 그는 셀레우치아(359년)와 콘스탄티노플 교회회의(360년)에서 황제와 체사레아의 아카치우스의 유사파 노선으로 방향을 바꾸어 황제의 총애를 얻었다. 더욱이 그는 마체도니우스의 면직으로 공석이 된 수도의 주교좌로 전임되었다. 그는 콘스탄티우스 황제의 사망(361년) 후 많은 사람의 혹평을 받았으나 황제 발렌스의 비호로 죽을 때(370년)까지 주교좌를 유지하였다.

참고문헌: 사전 항목: B. Drewery, Antiochien II: TRE 3 (1978) 103-13. – R. Lorenz, Eustathius von Antiochien: TRE 10 (1982) 543-6. – F.W. Norris, Antioch: EEC 52-4. – O. Pasquato/M. Simonetti, Antioch: EECh I 47-51. – M. Simonetti, Eudoxius: EECh I 295-6. – M. Simonetti, Eustathius of Antioch: EECh I 303.

연구서: P. Krause, Eustathius von Antiochien, Diss. Br 1921. – E. Burn, Eustathius of Antioch, Lo 1926. – R.V. Sellers, Eustathius of Antioch and His Place in the Early History of Christian Doctrine, C 1928. – E. Schwartz, Zur Kirchengeschichte des vierten Jahrhunderts: ZNW 34 (1935) 129-213 = Gesammelte Schriften 4: Zur Geschichte der Alten Kirche und ihres Rechts, B 1960, 1-110. – R. Devreesse, Le Patriarcat d'Antioche depuis la paix de l'église jusqu'à la conquête arabe, P 1945. – M. Spanneut, Recherches sur les écrits d'Eustathe d'Antioche avec une édition nauvelle des fragments dogmatiques et exégétiques, Lille 1948. – G. Downey, A History of Antioch in Syria from Seleucus to the Arab Conquest, Princeton 1961. – D.S. Wallace-Hadrill, Christian Antioch: A Study of Early Christian Thought in the East, C 1982. – R.P.C. Hanson, The Fate of Eustathius of Antioch: ZKG 95 (1984) 1171-9.

2.1.2.2. 멜레티우스 분열

4세기의 마지막 40년 동안 안티오키아는 이른바 "멜레티우스 분열"에 휘말렸다. 안티오키아에는 가톨릭 주교와 아리우스파 주교가 각각 한 명씩 있었을 뿐만 아니라, 아리우스파 외에 니체아파의 두 공동체가 서로 주교직을 놓고 경쟁하였다. 분열의 발단은 신학적으로도 규명하기가 어렵다. 340년 아카치우스는 체사레아의 에우세비우스의 주교좌를 이어받았으며, 에우세비우스와 황제의 유사파 정책을 계속 추구하였다. 그는 멜레티우스를 신학적으로 견해가 같은 사람으로 생각하여, 그를 안티오키아의 주교인 에우독시우스의 후계자로 천거하였다(360년). 그러나 멜레티우스는 얼마 뒤 콘스탄티우스 황제 앞에서 행한 설교에서 반아리우스파이며 유사본질파로 드러났다. 이때문에 그는 같은 해(360/61년) 안티오키아 교회회의에서 면직되었으며, 그의 주교좌에는 황제가 비호하는 유사파 인물이자 아리우스와 절친한 동료인 에우조이우스가 선출되었다. 콘스탄티우스 황제가 361년 죽었기 때문에, 멜레티우스는 자신의 공동체를 재조직하기 위하여 안티오키아로 돌아왔다(362년). 같은 해에 칼라리스의 루치페루스는 350년부터 안티오키아에서 니체아파의 지도자로 활동한 파울리누스를 주교로 임명하여, 당시 안티오키아에는 세 명의 주교, 곧 유사파인 에우조이우스, 반아리우스파(유사본질파)인 멜레티우스, 니체아파인 파울리누스가 있었다. 그러나 멜레티우스는 차츰 니체아파로 변해가고 있었다. 그가 363년 소집하고 유사파와 유사본질파 주교들이 주도적 역할을 한 안티오키아 교회회의에서는, 힐라리우스의 영향을 상당히 받은 파리 교회회의(360/61년)와 마찬가지로 유사본질의 의미에서 니체아파의 동일본질이 승인되었다. 동방교회의 반아리우스파 주교 대부분(그들 가운데는 대 바실리우스도 있었다)은 멜레티우스를 승인하였으며, 파울리누스를 사벨리우스주의자라고 비난하였다. 이와 달리 아타나시우스의 영향을 받은 이집트와 로마의 주교 펠릭스 2세가 이끌던 서방교회는 파울리누스를 안티오키아의 합법적인 가톨릭 주교로 인정하였다. 아타나시우스와 알렉산드리아 교회회의는 이미 362년에 유명한 "안티오키아인들에게 보낸 교의서간"에서 파울리누스 공동체와 연대할 것을 촉구하였다.

멜레티우스는 발렌스 황제가 아리우스를 시시하는 종교정책 때문에 두 번(365년과 369년)이나 망명해야 했으며, 발렌스 황제가 사망(378년)하기 바로 직전에 돌아올 수 있었다. 약 150여 명의 주교가 참석한 안티오키아 교회회의(379년)는 망명이라는 검증을 통해 명성이 더 올라간 멜레티우스를 동방교회 주교단의 지도자로 인정하였다. 그렇지만 파울리누스와의 일치를 위한 노력은 실패하였다.

대 바실리우스가 379년 1월 1일에 숨을 거두자 멜레티우스는 이후 동방교회에서 니체아파 주교단의 최고 지도자가 되었다. 그는 381년 콘스탄티노플 공의회의 의장이 되었으나 공의회가 열리고 있는 동안에 사망하였다.

안티오키아의 아리우스파 주교인 에우조이우스가 375년에 죽고, 그의 후계자가 된 도로테우스는 테오도시우스 황제의 반아리우스 법령으로 381년 면직되었다. 파울리누스는 서방교회의 전폭적인 지지를 받았지만 그때까지 안티오키아의 유일한 합법적인 주교로 인정받지 못하였다. 멜레티우스의 후계자는 요한 크리소스토무스의 스승인 플라비아누스(381~404년)였으며, 파울리누스(383년 사망)의 후계자는 에바그리우스(383~394년경)였다. 파울리누스는 임종 때 에바그리우스를 주교로 임명하였다. 에바그리우스가 죽은 뒤 그의 공동체는 플라비아누스의 공동체와 결합되면서 분열은 끝났다.

참고문헌: F. Cavallera, Le schisme d'Antioche (IVe-Ve siècle), P 1905. – F.W. Norris, Acacius of Caesarea: EEC 5-6. – M.P. McHugh, Meletius of Antioch: EEC 592-3. – M. Simonetti, Acacius of Caesarea: EECh I 5. – M. Simonetti, Euzoius of Antioch: EECh I 305. – M. Simonetti, Meletius of Antioch: EECh I 550. – M. Simonetti, Paulinus of Antioch: EECh II 660.

2.1.3. 콘스탄티노플

수도의 주교좌는 4세기에 황제의 정책을 가장 충실히 반영하였기 때문에, 콘스탄티누스의 사망(337년)부터 테오도시우스 황제의 통치 원년(379년)까지 전반적으로 아리우스파 주교들이 그곳을 관할하였다. 330년에 설립된 콘스탄티노플 교구의 첫번째 주교인 알렉산더는 니체아 신앙고백을 전적으로 지지하였으며, 335년 아타나시우스처럼 아리우스를 교회에 다시 받아들이기를 완강히 거부하였다. 이 일로 그는 망명하지 않았지만 콘스탄티누스 황제가 사망한 지 얼마 안되어 숨을 거두었다. 그의 후계자인 바울로는 339년 추방되었으며, 그의 자리는 아리우스파인 니코메디아의 에우세비우스에게 넘어갔다.

에우세비우스는 당시에 이미 아리우스와 밀접한 관계를 맺고 있었다. 그도 아리우스가 스승으로 묘사하는 안티오키아의 루치아누스의 제자였다(루치아누스의 제자 가운데 아리우스파 무리를 "실루치아누스파"Syllukianisten라고 부른다). 318년이 저물 무렵 베리토스

(오늘날: 베이루드)의 주교였던 에우세비우스는 니코메디아에 있는 루치니우스 황제의 황실로 초빙되었다. 그곳에서 에우세비우스는 아리우스를 지지하여 알렉산드리아의 알렉산더와 편지로 논쟁을 벌였다. 그는 아리우스를 옹호하려고 324년 비티니아 교회회의를 개최하였으며, 그 뒤에 아리우스파의 대변인으로 활동하였지만 순전히 교회정치적 계산에서 325년 니체아 신앙고백과 아리우스의 단죄에 서명하였다. 그러나 그는 공의회가 끝난 뒤 추방되었다. 327년에 열린 니체아 후속 교회회의 이후 그는 아리우스파의 우두머리로 329년 안티오키아의 에우스타티우스를, 335년 아타나시우스를, 336년 안치라의 마르첼루스를 면직하였다. 곧, 그는 니체아 신앙고백을 따르는 지도적인 주교들을 추방하였다. 그러나 수도의 주교좌를 차지하기 위해 콘스탄티노플의 주교 알렉산더를 내쫓으려 한 일은 뜻을 이루지 못하였다. 니체아파와 아리우스파 사이에서 중용정책을 실시한 콘스탄티누스와 달리, 황제 콘스탄티우스 2세는 아리우스파를 강력히 옹호하였기 때문에 에우세비우스는 알렉산더의 후계자 바울로도 면직(339년)하였다. 콘스탄티누스는 임종하는 자리에서 에우세비우스로부터 세례를 받았다. 콘스탄티누스의 절친한 친구이자 조언가인 체사레아의 에우세비우스가 그 당시 사망(339/40년)하였기 때문에, 니코메디아의 에우세비우스의 권위는 339년부터 매우 급속히 커졌다. 그는 로마의 율리우스가 전 세계 교회회의를 소집하려는 모든 노력을 좌절시켰다. 콘스탄스 황제는 니코메디아의 에우세비우스가 사망(341년)한 뒤 세르디카(343년)에 교회회의를 소집하였다. 에우세비우스가 교회의 장래를 위해 이룩한 가장 뛰어난 업적은 죽기 바로 직전에 고트족 출신인 울필라를 주교로 서품(341년)하여, 고트족에게 아리우스-그리스도교 신앙고백을 받아들이게 한 것이다.

이후 20여 년 동안 정치적 상황에 따라 바울로와 유사본질파인 마체도니우스 사이에 콘스탄티노플 주교좌가 여러 번 바뀌었다. 마체도니우스는 성령의 신성을 문제삼았으며, 그와 그의 추종자들, 곧 마체도니우스파는 성령의 신성을 부인하였다(성령적대론파). 성령에 관한 문제는 카파도키아 사람들의 관심의 대상이었으며, 콘스탄티노플 공의회(381년)의 핵심 사항이었다. 콘스탄티노플의 총대주교좌는 360년에서 370년까지는 안티오키아의 주교좌에서 전임되어 왔고 온건한 유사본질파 노선을 추구한 에우독시우스가, 370년에서 380년까지는 데모필로스가 관할하였다. 데모필로스는 테오도시우스 황제 치하(380년)에서 니체아 신앙고백에 대한 최종적인 결정을 승인하지 않았기 때문에 주교좌에서 물러나야만 했다. 테오도시우스는 그의 후계자로 나지안즈의 그레고리우스를 임명하였으나, 그레고리우스는 수도에서 주교의 임무를 수행하는 것이 벅차다고 느껴 콘스탄티노플 공의회 도중에 사임하였다. 따라서 황제는 당시 아직 세례지원자였던 넥타리우스라는 원로원 의원을 그레고리우스의 후계자로 임명하였다. 공의회는 이를 인준하였으며, 이는 훗날에 매우 적절한 것으로 밝혀졌다. 넥타리우스는 죽을(397년) 때까지 어떤 신학적 문제점도 일으키지 않고 주교직을 수행하였다. 그의 후계자가 요한 크리소스토무스(398~407년)이다.

참고문헌: 사전 항목 J. Meyendorff, Byzanz: TRE 7 (1981) 500-31. – G. Schmalzbauer, Konstantinopel: TRE 19 (1990) 503-18. – F.W. Norris, Constantinople: EEC 227-31. – G.J. Johnson, Eusebius of Nicomedia: EEC 327-8. – F.W. Norris, Nectarius: EEC 640. – Ch. Kannengiesser, Alexander of Constantinople: EECh I 21. – I. Dujcev/M. Simonetti/Ch. Kannengiesser, Constantinople (Istanbul): EECh I 194-8. – Ch. Kannengiesser, Eusebius of Nicomedia: EECh I 301-2. – M. Simonetti, Macedonius, Macedonians: EECh I 516. – Stiernon, Nectarius: EECh II 584. – M. Simonetti, Paul of Constantinople: EECh II 662-3.

연구서: A. Lichtenstein, Eusebius von Nikomedien. Versuch einer Darstellung seiner Persönlichkeit und seines Lebens unter besonderer Berücksichtigung seiner Führerschaft im arianischen Streit, Halle 1903. – F. Winkelmann, Die Bischöfe Metrophanes und Alexander von Byzanz: ByZ 59 (1966) 47-71. – G. Dagron, Naissance d'une capitale. Constantinople et ses institutions de 330 à 451 = BByz.E 7 (1974). – C. Luibhéid, The Arianism of Eusebius of Nicomedia: IThQ 43 (1976) 3-23.

2.1.4. 로마

로마는 서열로 볼 때 로마제국의 첫째 주교좌였지만 4세기의 논쟁에서는 중요한 역할을 하지 못하였다. 여러 교의논쟁의 발단과 중심지는 동방교회였고, 다른 한편으로 로마의 모든 주교는 서방교회 대다수의 주교와 마찬가지로 니체아파 노선을 따랐기 때문이다.

실베스터 주교(314~335년)는 니체아 공의회에 두 명의 장로를 보냈으며, 코르도바의 오시우스에게 자신의 관심사를 대변하도록 위임하였다. 그러나 그는 아리우스 논쟁에는 관여하지 않았다. 그의 두번째 후계자인 율리우스(337~352년)는 아타나시우스의 입장을 지지하여 에우세비우스파에 대해 단호한 태도를 취하였다. 로마 교회회의(341년)는 아타나시우스와 안치라의 마르첼루스를 복직시켰으며, 콘스탄스 황제에게 세르디카 공의회(343년)를 소집하도록 권유하였다. 유사파를 옹호하는 황제 콘스탄티우스 2세 당시 로마의 주교는 리베리우스(352~366년)였다. 그는 통치자의 요구에 따르지 않았기 때문에 355년 트라키아로 추방되어 그의 저항은 끝났다. 로마의 수석 부제 펠릭스는 콘스탄티우스의 부추김으로 아리우스파의 대립교황이 되었다. 리베리우스는 358년에 시르미움까지 왔으며, 그 뒤 로마로 돌아갈 수 있었다. 그는 357년 "제2차 시르미움 정식"에 서명하지 않았지만 적극적인 반대 의사를 표명하지 않았기 때문에, 아타나시우스와 힐라리우스는 그의 애매한 태도를 비난하였다. 황제가 강제로 의견을 일치시킨 리미니와 셀레우치아 이중 교회회의(359년)에서도 로마는 완전히 관심 밖에 있었으며, 교황의 사절들은 초청되지도 않았다. 콘스탄티우스가 죽은 뒤 리베리우스는 이탈리아의 주교들에게 보낸 서간(362/3년)에서 니체아파를 옹호하는 입장을 표명하였다. 무엇보다도 그는, 전설에 따르면 한여름에 흰 눈이 내리는 기적이 일어난 뒤 세워진 로마의 유명한 바실리카인 산타 마리아 마죠레Santa Maria Maggiore, 곧 "바실리카 리베리아나"Basilica Liberiana의 건립자로 기억된다〔→ 마리아 백설 축일(성모 대성전 봉헌 기념): 8월 5일〕.

다마수스 교황(366~384년)은 밀라노의 암브로시우스와 함께 가톨릭을 옹호한 발렌티니아누스와 테오도시우스 황제 치하에서 상부 이탈리아와 일리리아 지방의 유사본질파 주교단을 니체아파로 이끌어 서방교회를 니체아파로 인도하였다. 로마 교회회의(370년)는 밀라노의 아욱센티우스의 단죄를 승인하였으며, 이후의 교회회의(377년)는 대 바실리우스의 노력에 힘입어 아폴리나리우스파와 성령적대론파의 논거를 반박하였다. 암브로시우스가 소집한 아킬레이아 교회회의(378년)는 상부 이탈리아의 교회문제를 해결하였다. 그러나 다마수스는 바실리우스가 온갖 노력을 기울였지만 멜레티우스를 교회 공동체에 받아들이지 않았으며, 파울리누스만 안티오키아의 합법적인 주교로 인정하였다. 다마수스는 로마에서 성인 공경의 장려자, 카타콤바의 개봉자, 많은 순교자들의 무덤에 기념비를 세운 인물이고, "필로칼루스 소문자"로 기록된 짧은 풍자시들을 쓴 시인이며, 한때 그의 비서(?)였던 히에로니무스에게 성서의 라틴어 번역(불가타: 제7장 8.1. 참조)을 의뢰한 사람으로, 교회사, 그리스도교 고고학, 교부론에서 중요하다.

편집본: Th. Mommsen, *Gestorum Pontificum Romanorurn, vol. 1: Libri Pontificalis pars prior* = MGH.GPR 1 (1898). – L. Duchesne, Le *Liber Pontificalis*. Texte, introduction et commentaire, 3 vol., P ²1957 par C. Vogel. – C. Mirbt/K. Aland, Quellen zur Geschichte des Papsttums und des römischen Katholizismus, Bd. I: Von den Anfängen bis zum Tridentinum, Tü ⁶1967.

번역서: R. Davis, The Book of Pontiffs (*Liber Pontificalis*). The Ancient Biographies of the First Ninety Roman Bishops to AD 715, Liverpool 1989.

참고문헌: 사전 항목: M.P. McHugh, Damasus I: EEC 253-4. – E. Ferguson, Julius I: EEC 513. – M. P. McHugh, Liberius: EEC 537-8. – R.B. Eno, Papacy: EEC 681-6. – R. W. Mathisen, Rome: EEC 798-803. – B. Studer, Liberius: EECh I 485. – Ch. Pietri, Damasus: EECh I 218-9. – B. Studer, Julius I: EECh I 460. – B. Studer/M. Spinelli, Papacy: EECh II 640-6. – Ch. Pietri/U. Dionisi/P. Rouillard, Rome: EECh II 740-5.

연구서: AHP. – E. Caspar, Geschichte des Papsttums von den Anfängen bis zur Höhe der Weltherrschaft I, Tü 1930, 103-295. – M.A. Norton, Prosopography of Pope Damasus: J.M.F. Marique (ed.), Leaders of Iberian Christianity 50-650 A.D., Boston 1962, 13-80 [= Folia 4 (1950) 13-51; 5 (1951) 30-55; 6 (1952) 16-39]. – J. Taylor, St Basil the Great and Pope St Damasus I: DR 91 (1973) 186-203, 262-74. – A.C. Piepkorn, The Roman Primacy in the Patristic Era II. From Nicaea to Leo the Great: P. Empie/A. Murphy (eds.), Papal Primacy and the Universal Church, Minneapolis 1974, 73-97. – W. Gessel, Das primatiale Bewußtsein Julius' I. im Lichte der Interaktionen zwischen der Cathedra Petri und den zeitgenössischen Synoden: Konzil und Papst. Historische Beiträge zur Frage der höchsten Gewalt in der Kirche (FS H. Tüchle), Pb 1975, 63-74. – Ch. Pietri, *Roma Christiana*. Recherches sur l'Eglise de Rome, son organisation, sa politique, son idéologie de Miltiade à Sixte III (311- 340), 2 vol. = BEFAR 224 (1976). – M. Wojtowytsch, Papsttum und Konzile von den Anfängen bis zu Leo I. (440-461). Studien zur Entstehung der Überordnung des Papstes über Konzile = PuP 17 (1981). – J.N.D.Kelly, Reclams Lexikon der Päpste, St 1988 (e O 1986).

4세기 총대주교좌 네 곳의 주교들

1) 로마

니체아파	아리우스파
실베스터(314~335년) 마르코(336년) 율리우스(337~352년) 리베리우스(352~366년, 355~358년 추방됨) 다마수스(366~384년)	펠릭스 2세(355~358년, 365년 사망)

2) 콘스탄티노플[3]

니체아파	아리우스파
알렉산더(330~337년) 바울로(337~339년, 면직)	
	니코메디아의 에우세비우스(339~341년)
바울로(341~342년, 면직)	마체도니우스(342~346년, 면직)
바울로(346~352년, 면직)	마체도니우스(351~360년) 안티오키아의 에우독시우스(360~370년)
에바그리우스(370년) 나지안즈의 그레고리우스(379~381년, 면직) 넥타리우스(381~397년) 요한 크리소스토무스(398~404년, 면직)	데모필루스(370~380년, 면직)

3) 알렉산드리아

베드로(300~311년)	
니체아파	아리우스파
알렉산더(328년까지) 아타나시우스(328~373년) 　(335~337, 339~346, 356~362, 362/63, 　365/66년 추방됨)	피스토스(336년 또는 338년) 그레고리우스(339~344년 또는 348년) 그레고리우스(357~358년, 361년 피살) 루치우스(365년)

4) 안티오키아

니체아파	에우세비우스파(유사본질파)
에우스타티우스(324/25~328/29년, 면직)	스테파누스(344년까지) 레온티우스(344~358년) 에우독시우스(358~360년, 　콘스탄티노플로 전임됨) 멜레티우스(360~381년)

---

[3] Grumel, 434-5쪽과 Demandt, 498쪽(1. 정치사 참조) 참조. 홀백(A. Hohlweg: Beck, 803-4쪽)은 다르게 이해한다(총체적 참고문헌 목록 3. 참조).

멜레티우스 분열

파울리누스(362~383년)	멜레티우스(360~381년, 360/61~362년, 면직, 363년부터 동일본질파)	유사파
		에우조이우스(360/61~375년)
		도로테우스(375~381년, 면직)
에바그리우스(383~394년경)	플라비아누스(381~404년)	

2.2. 교회회의

4세기의 중요한 교회정치적·신학적 발달은 수많은 교회회의에서 이루어졌다. 교회회의는 역사적 의미에서 크게 두 가지로 구분된다. 그 하나는 중요한 신학 문제를 결정하는 것이고, 다른 하나는 교회회의에서 결정된 사항을 승인하고 관철시켜 주교 임명이나 면직 같은 규율문제를 매듭짓는 것이었다.

이러한 발달에 중요한 역할을 한 두 교회회의는 니체아(325년)와 콘스탄티노플(381년) "전 세계" 공의회였다. 니체아 공의회는 아리우스의 주장에 맞서 동일본질 개념을 사용하여 이후 반세기에 걸쳐 이 개념의 수용에 관한 논쟁을 불러일으켰다. 테오도시우스 황제가 소집한 콘스탄티노플 공의회는 니체아 신앙고백을 최종적으로 확정지었으며, 이 고백과 관련된 이단에 대한 문제점들을 해결하였다. 이러한 이단과 문제점은 에우노미우스를 옹호하는 신아리우스파, 성령의 신성을 인정하지 않는 성령적대론파(아리우스 논쟁에서 대 바실리우스 때까지는 무엇보다도 성부와 성자의 관계만 문제되었기 때문에, 이 문제가 해결된 뒤 필연적으로 나타나는 성령에 관한 문제는 이때까지 아리우스파나 니체아파에서 논의되지 않았다), 라오디체아의 아폴리나리우스가 제기한 그리스도의 신성과 인성의 완전성에 관한 그리스도론이었다.

이 두 공의회 사이에서 근본 교의를 결정한 교회회의는 다음과 같다.

안티오키아(341년)　　시르미움(351년과 357년)　　리미니/셀레우치아(359년)

세르디카(343년)　　안치라(358년)　　알렉산드리아(362년).

그밖에 스물한 번 열린 교회회의는 무엇보다도 교회정치적 요소를 띠지만 중요한 의미도 지닌다. 교회회의는 제국의 여러 도시에서 종종 일 년에 한 번 이상 열렸으며 정치적·신학적 결정들을 실제로 관철시켰다. 니체아와 콘스탄티노플 "전 세계" 공의회 사이, 곧 323년에서 360/61년 사이에 교회의 방향에 경계선을 그은 교회회의는 다음과 같다.

알렉산드리아(323년)	안티오키아(344년)	밀라노(355년)
안티오키아(324/25년)	밀라노(345년)	베지에(356년)
니체아(327년 ?)	시르미움(347년)	안티오키아(358년)
안티오키아(327년경)	안티오키아(352년)	갈리아(358년)
티루스(335년)	이집트(352년)	콘스탄티노플(360년)
예루살렘(335년)	로마(353년)	파리(360/61년)
로마(341년)	아를르(353년)	안티오키아(360/61년).

참고문헌 목록: AHC.

편집본: Mansi II 1081-1379; III 1-520. – C. Munier, *Concilia Galliae A.* 314 – A. 506 = CChr.SL 148 (1963). – J. Gaudemet, Conciles gaulois du IVe siècle = SC 241 (1977) (TfÜK).

참고문헌: C. J. Hefele/H. Leclercq, Histoire des conciles d'après les documents originaux I/1-II/1. – P 1907-8. – G. Roethe, Zur Geschichte der römischen Synoden im 3. und 4. Jahrhundert: Geistige Grundlagen römischer Kirchenpolitik = FKGG 11/2 (1937). – P. Palazzini (ed.), Dizionario dei Concili, 6 vol., Rom 1963-7. – E. Ferguson: EEC 237-9. – Ch. Munier: EECh I 205.

2.2.1. 안티오키아 교회회의(341년)까지

4세기의 신학문제와 직접 연관되지 않지만 268년 안티오키아 교회회의는 이에 관한 서막을 올렸다. 이 교회회의는 당시 안티오키아의 주교인 사모사타의 바울로를 단죄했다. 바울로의 단원론적 삼위일체론에서 성자의 자주성이 성부와 뚜렷이 구별되지 않았기 때문이었다. 힐라리우스(「교회회의론」 81)는 바울로가 당시 동일본질 개념을 사용하였으며, 교회회의는 이 개념을 거부하였다고 전한다.[4] 실제로 니체아 공의회 당시와 이후의 동일본질 개념은 단원론이나 사벨리우스주의의 의미를 나타낼 수 있는 위험이 있었다. 이 개념을 사용함으로써 니체아파는 적지 않은 비난을 받았으며, 이 낱말의 의미를 다른 종파의 사람들에게 이해시키지 못하였다.

---

[4] 이에 대한 비판에 관해서는 Brennecke, ZNW 75 (1984), 270-90쪽 참조.

아리우스 논쟁은 아리우스를 파문한 알렉산드리아 교회회의(323년)와 파문을 승인한 안티오키아 교회회의(324/25년)에서 시작되었다. 두 교회회의는 당시 새롭거나 독자적인 신학을 전개한 것이 아니라 단지 아리우스의 신학을 배척하고 전통적인 세례신앙을 강화하였을 뿐이다. 이러한 경향은 니체아 공의회 이후 대부분의 교회회의에서도 마찬가지였다. 아리우스를 교회에 받아들였다는 니체아 후속 교회회의(327년)가 열렸는지는 오늘날까지 명확히 설명되고 있지 않다. 어쨌든 체사레아의 에우세비우스가 의장으로 활동한 안티오키아 교회회의(328년 또는 329년)는 아리우스를 복권시켰으며, 안티오키아의 에우스타티우스, 가자의 아스클레파스를 면직하였다. 또한 에우세비우스파 주교인 안티오키아의 플라칠루스가 의장이었던 티루스 교회회의(335년)는 체사레아와 니코메디아의 두 에우세비우스의 부추김으로 아타나시우스를 면직하였다. 며칠 뒤에 열린 예루살렘 교회회의(335년 9월 17일)는 콘스탄티누스 황제와 두 명의 에우세비우스가 참석한 가운데 아리우스가 교회회의의 기대에 부응하는 신앙고백서를 제시한 뒤 그를 교회에 받아들였으며, 알렉산드리아와 이집트 교회에 분열을 끝낼 것을 촉구하였다.

신학의 발달은 안티오키아 교회의 축성에 즈음하여 341년 1월 6일에 열린 안티오키아의 "교회 축성 교회회의"에 이르러서야 이루어졌다. 안티오키아의 플라칠루스가 의장으로 활동한[5] 이 교회회의에는 97명의 에우세비우스파 주교가 참석하였으며 세 가지 정식을 가결하였다. 이 가운데 두번째 정식은 뒤에 "제2차 안티오키아 정식"으로 불리며 신학적으로 지속적 영향을 미쳤다. 이 정식은 과격한 아리우스주의와 니체아 신앙고백을 엄격히 고수하는 니체아파 사이에서 중용의 길을 찾으려는 노력으로 비유사파를 단죄하였으나 동일본질 개념을 간과하였다. 또한 제2차 안티오키아 정식은 성자의 신성을 강조하였으나 성부와 성자의 관계를 다소 종속적으로 이해하였으며, 하느님 안의 세 히포스타시스(위격)에 관한 오리게네스의 학설을 받아들였다. 362년 알렉산드리아 교회회의와 카파도키아 사람들은 세 위격에 관한 학설을 최종적으로 정통신앙의 정식으로 발전시켰다.

---

[5] 다른 문헌에 따르면 니코메디아의 에우세비우스가 의장이었다 — 역자 주.

서방의 콘스탄스 황제가 전 세계 공의회를 소집할 것을 강요하자 동방은 "제 2차 안티오키아 정식"을 수정한 이른바 "제4차 안티오키아 정식"을 제시하였다. 이 정식이 어느 교회회의에서 작성되었는지는 불확실하지만 제2차 안티오키아 정식을 계승하였으며, 동방과 서방에서 폭넓은 신학적 논의의 토대가 되었다. 이 정식에서 반아리우스적 구절들은 니체아 신앙고백과 밀접히 관련되어 표현되었으며, 오리게네스의 학설, 특히 세 히포스타시스에 관한 학설은 삭제되었다. 그러나 동일본질 개념도 사용되지 않았다.

같은 해 로마의 율리우스가 의장으로 활동한 로마 교회회의는 지금까지의 추정대로 안티오키아 교회회의 이전이 아니라 바로 뒤에 열렸다.[6] 이 교회회의는 회의에 참석한 아타나시우스와 마르첼루스를 복권시켰으나 동방의 주교들은 참석하기를 거부하였다.

편집본: Mansi II 1081-1368.

참고문헌: Hefele/Leclercq I/2, 633-736.

사모사타의 바울로: 참고문헌 목록: L. Perrone, L'enigma di Paolo di Samosata. Dogma, Chiesa e società nella Siria del III secolo: prospettive di un ventennio di studi: CrSt 13 (1992) 253-327.

참고문헌: F. Loofs, Paulus von Samosata. Eine Untersuchung zur altkirchlichen Literatur- und Dogmengeschichte = TU 44/5 (1924). – G. Bardy, Paul de Samosate. Étude historique = SSL 4 (1929). – H. de Riedmatten, Les Actes du procès de Paul de Samosate. Étude sur la christologie du IIe au IVe siècle – Par. 6 (1952). – H.Ch. Brennecke, Zum Prozeß gegen Paul von Samosata: Die Frage nach der Verurteilung des Homoousios: ZNW 75 (1984) 270-90. – F.W. Noris, Paul of Samosata: *Procurator Ducenarius*: JThS NS 35 (1984) 50-70. – J.A. Fischer, Die antiochenischen Synoden gegen Paul von Samosata: AHC 18 (1986) 9-30 [= Die Synoden von den Anfängen bis zum Vorabend des Nicaenums, Pb 1997, 351-78). – F.W. Norris: EEC 703. – M. Simonetti: EECh II 663.

니체아(327년): R. Lorenz, Das Problem der Nachsynode von Nicäa (327): ZKG 90 (1979) 22-40. – C. Lubhéid, The Alleged Second Session of the Council of Nicaea: JEH 34 (1983) 165-74. – Ch. Kannengiesser: EECh II 594-5.

티루스(335년): A. Di Berardino/M. Simonetti/B. Bagatti: EECh II 854-5.

안티오키아(341년): M. Tetz, Die Kirchweihsynode von Antiochien (341) und Marcellus von Ancyra. Zu der Glaubenserklärung des Theophronius von Tyana und ihren Folgen: D. Papandreou u.a. (eds.), Œcumenica et Patristica (FS W. Schneemelcher), St – B – K 1989, 199-217.

---

[6] 교회회의의 개최 순서에 관하여 지금까지 잘못 알려진 가정에 대해서는 Brennecke, PTS 26, 7-8쪽 참조.

2.2.2. 세르디카 교회회의(343년)[7]

동방교회의 지도자인 니코메디아의 에우세비우스가 사망한 뒤 동방교회의 영향력이 약화되자, 콘스탄스 황제는 서방교회의 주교들을 강요하여 제국의 동쪽에 있는 세르디카(오늘날: 소피아)에 보편 교회회의를 소집하는 데 성공하였다. 그러나 이 교회회의는 열망하고 바라던 교회의 일치를 이루기는커녕 동방교회와 서방교회의 분열을 촉진시켰다. 교회회의에서 양측의 중요한 논점 가운데 하나는 니체아 신앙고백에 관한 교의문제였으며, 다른 하나는 아타나시우스와 마르첼루스 등의 복권문제였다. 서방교회의 주교들은 동방교회의 주교들이 도착하기 전에 아타나시우스와 마르첼루스를 이미 교회 공동체로 받아들였기 때문에, 양측이 참가한 공동회의는 열리지 않았다. 양측이 분리되어 열린 교회회의는 서로 상대측을 파문하였다.

편집본: Mansi III 1-140. – DH 133-5.

참고문헌: Hefele/Leclercq I/2, 737-823. – H. Hess, The Canons of the Council of Sardica A. D. 343. A Landmark in the Early Development of Canon Law, O 1958. – L.W. Barnard, The Council of Serdica: Some Problems re-assessed: AHC 12 (1980) 1-25. – L.W. Barnard, The Council of Serdica 343 A. D., Sofia 1983. – L.W. Barnard, The Council of Serdica – Two Questions Reconsidered: A. G. Poulter (ed.), Ancient Bulgaria, Nottingham 1983, 215-31. – M. Tetz, *Ante omnia de sancta fide et de integritate veritatis*. Glaubensfragen auf der Synode von Serdika (342): ZNW 76 (1985) 243-69. – T.G. Elliott, The Date of the Council of Serdica: AHB 2 (1988) 65-72. – St.G. Hall, The Creed of Serdica: StPatr 19 (1989) 173-84. – M.P. McHugh: EEC 832-3. – I. Dujcev/M. Simonetti: EECh II 756-7.

2.2.3. 안티오키아(344년)에서 시르미움 교회회의(351년)까지: 포티누스주의

안티오키아 교회회의(344년)는 안티오키아의 스테파누스를 면직하였으며, 다음 해 밀라노 교회회의(345년)에서 제기된 "장행長行의 신앙고백"Ekthesis makrostichos을 작성한 것 같다. 이 문서는 제4차 안티오키아 정식, 세르디카 교회회의에서 파문받은 사람들의 명단, 신학에 관한 일곱 조항의 선언으로 이루어져 있다.

---

[7] 이 교회회의가 열린 정확한 연도(342년 또는 343년) 문제는 오늘날까지도 밝혀지지 않았다.

콘스탄스 황제가 소집한 밀라노 교회회의는 처음에 논쟁의 이차적 요소인 시르미움의 주교 포티누스에 관한 문제를 다루었다. 포티누스는 안치라의 마르첼루스의 제자로 단원론을 과격하게 주장하여 단죄받았다. 그는 로고스를 성부의 비인격적 능력δύναμις으로 이해하였으며, 성부는 예를 들어 구약의 현현에서처럼 이 능력을 통하여 활동한다고 보았다. 힐라리우스(「역사 단편」 B II 9,1)에 따르면 시르미움 교회회의(347년)는 이 판결을 승인하였으며, 콘스탄티우스 황제가 참석하고 안치라의 바실리우스가 의장이었던 시르미움 교회회의(351년)는 포티누스를 면직하고 추방하였다.

편집본: Mansi III 141-184. – DH 139.

참고문헌: Hefele/Leclercq I/2, 825-62. – M. Simonetti, Ekthesis makrostichos: EECh I 268. – M. Mirabella Roberti/A. Di Berardino, Milan: EECh I 559. – M. Simonetti, Photinus of Sirmium: EECh II 685-6. – N. Cambi/M. Simonetti, Sirmium: EECh II 783. – H. Rosenberg, Milan: EEC 596-7.

2.2.4. 안티오키아(352년)에서 시르미움 교회회의(357년)까지

이후의 모든 교회회의는 교의의 발전을 이루지 못한 채 아타나시우스에 대한 찬부贊否 결정만을 중점적으로 다루었다. 시르미움 교회회의에 이르러 콘스탄티우스 황제의 교회정책과 신학 발달은 다시 중요한 분기점이 되었다. 콘스탄티우스 황제는 아버지 콘스탄티누스와 같이 제국을 다시 일인 통치자 아래 통일한 뒤, 제국 전체에 구속력을 지니는 신앙정식을 만들고자 하였다. 황실 주교인 발렌스, 우르사치우스, 게르미니우스의 주도 아래 열린 시르미움 교회회의는 (351년의 "제1차 시르미움 정식" 이후에) "제2차 시르미움 정식"을 결의하였다. 또한 이 교회회의는 본질οὐσία/실체substantia 개념에 관한 모든 사변과 이 개념에서 파생된 낱말인 동일본질ὁμοούσιος과 유사본질ὁμοιούσιος을 사용하지 못하게 하였다. 오직 성서에서 증언된 진술만 유효하였으며, 이러한 진술들은 성자와 성부의 관계가 종속적이듯이 성부와 성자의 관계를 명백히 구별하는 의미로 해석되었다. 그렇지만 성자도 하느님이다. 이 교회회의는 성부와 성자의 관계를 이와같이 구별하여 니체아 신앙고백의 중심 개념인 동일본질을 처음으로 파기破棄했다.

편집본: Mansi III 231-66.

참고문헌: Hefele/Leclercq I/2, 863-902. – É. Griffe, La Gaule chrétienne à l'époque romaine, I: Des origines chrétiennes à la fin du IVe siècle, P ²1964. – M. Meslin, Les Ariens d'Occident 335-430 = PatSor 8 (1967). – M. Simonetti, Arianesimo Latino: StMed III 8/2 (1967) 663-744. – H. Rosenberg, Valens: EEC 921. – M. Simonetti, Germinius of Sirmium: EECh I 350. – M. Simonetti, Valens of Mursa and Ursacius of Singidunum: EECh II 858.

2.2.5. 안치라(358년)와 리미니/셀레우치아 이중 교회회의(359년)

안치라 교회회의와 리미니/셀레우치아 교회회의는 콘스탄티우스 황제가 361년 사망할 때까지 행한 일치 노력의 총결산이었다. 안치라의 바실리우스는 교회 축성을 기회로 358년 부활절 이전에 직접 교회회의를 소집하였으나 추운 계절 인 관계로 12명의 주교만 참석하였다. 이들은 비유사파와 니체아파 주교들을 면직하면서 처음으로 유사본질파[8]의 중용적 신앙고백을 제시하였다. 성자는 성 부와 "본질의 관점에서 비슷하다"ὅμοιος κατ' οὐσίαν. 바실리우스는 니체아 신앙 고백의 동일본질 개념이 268년 안티오키아 교회회의에서 이미 단죄받았다는 주장을 내세워 유사본질파의 입장에 동조하도록 황제를 설득하였다. 콘스탄티 우스 2세에 대한 바실리우스의 영향력이 줄어들자 황제는 유사파 입장을 정치 적으로 관철시켜 이에 저항하는 70명의 주교를 면직하고 추방시켰으며, 359년 서방의 리미니와 동방의 셀레우치아에 서방의 동일본질파 주교들과 동방의 유 사본질파 주교들이 나누어 참석한 교회회의인 이중 교회회의를 소집하였다. 이 중 교회회의에 참석한 모든 주교는 실제로 황제의 뜻을 따르지 않은 채 자신들 의 입장을 고수하였다. 그러나 황제는 양측의 주교들에게 트라키아 지방의 니 케에서 황실 주교들이 제안한 일치정식에 서명하라고 강요하였다. 이 일치정식 은 성자가 성부와 "성서의 말씀에 따라 비슷하다"ὅμοιος κατὰ τὰς γραφάς라는 중 립적이지만 내용이 없는 것이었다. 그 뒤에 열린 콘스탄티노플 교회회의(360년) 는 이 결정을 추인追認하였다. 다만 360/61년에 율리아누스 황제 치하에서 열릴

---

[8] 저자는 안치라의 바실리우스의 견해를 따르는 이들을 "유사파"로 기술한다(359쪽에서도 이들을 유사파로 기술함). 그렇지만 이 기술은 319쪽의 "유사본질파" 내용과 상반되기 때문 에 역자는 "유사파"를 "유사본질파"로 바꾸었다 — 역자주.

수 있었던 파리 교회회의는 이 결정에 반대하였으며, 성부와 성자의 관계를 동일본질로 고백하였다. 물론 이 개념은 유사본질similitudo, *ὁμοιουσία* 개념과 같은 화해적 의미를 전제하였다.

편집본: Mansi III 265-336.

참고문헌: Hefele/Leclercq I/2, 903-62. – Y.-M. Duval, La "manœuvre frauduleuse" de Rimini. A la recherche du *Liber aduersus Ursacium et Valentem*: Hilaire et son temps, P 1969, 51-103. – R. Lyman, Ancyra: EEC 36-7. – E. Ferguson, Basil of Ancyra: EEC 139. – D. Stiernon, Ancyra: EECh I 37. – M. Simonetti, Basil of Ancyra: EECh I 113. – M. Simonetti, Rimini, Council of: EECh II 737. – M. Simonetti, Seleucia in Isauria, Council of: EECh II 766-7.

2.2.6. 알렉산드리아 교회회의(362년)

콘스탄티우스 황제의 사망과 새 황제인 "배교자" 율리아누스가 교회의 모든 사건에 대한 철저한 무관심은 알렉산드리아 교회회의를 열 수 있는 계기가 되었다. 이 교회회의는 콘스탄티노플 공의회가 열리기 전 아리우스 논쟁에 궁극적인 방향을 제시하였다. 교회회의는 "안티오키아인들에게 보낸 교의서간"에서 대 바실리우스와 그의 동료들이 콘스탄티노플 공의회 때까지 정통적인 해결책으로 계속 발전시킨 신학적 중재 방법을 처음으로 제시하였다. 교의서간은 성령의 신성을 강조하였고, 하느님 안에 하나의 히포스타시스에 관한 진술 외에 세 히포스타시스에 관한 정식을 처음으로 인정하였다. 이와 함께 단지 실체가 아닌 위격으로서의 히포스타시스*ὑπόστασις*에 관한 서로 다른 이해를 처음으로 제시하였다.

아리우스 논쟁에 관한 이러한 신학 발전에서 알렉산드리아 교회회의 이후에는 중요한 교회회의가 더 이상 열리지 않았다. 발렌스 황제(364~378년)가 리미니와 셀레우치아 교회회의의 유사파 일치 노선을 전적으로 지지하였고, 니체아파뿐만 아니라 유사본질파에게도 정치적 조치로 일치 결정을 따르도록 하였기 때문이었다. 테오도시우스 황제는 379년부터 정치적 차원에서 논쟁을 마무리하였다. 키지코스의 에우노미우스를 중심으로 하는 비유사파 또는 "신아리우스파"는 니체아파, 특히 대 바실리우스, 니사의 그레고리우스와 함께 신학논쟁에서 중요한 역할을 하였지만, 교회정치적으로 보면 단지 하나의 종파에 지나지 않았다.

편집본: Mansi III 343-58.

참고문헌: 각론서 항목/사전 항목: Hefele/Leclercq I/2, 963-9. – H. Köster, Ὑπόστασις: ThWNT 8 (1969) 571-88. – B. Studer, Hypostase: HWP 3 (1974) 1255-9. – R.A. Norris, Hypostasis: EEC 443-4. – B. Studer, Hypostasis: EECh I 401-2. – G. C. Stead, Ousia: EECh II 626-7. – J. Hammerstaedt, Hypostasis: RAC 16 (1993) 986-1035.

연구서: R.E. Witt, ΥΠΟΣΤΑΣΙΣ: Amicitiae Corolla (FS J.R. Harris), ed. H.G. Wood, Lo 1933, 319-43. – M. Richard, L'introduction du mot "hypostase" dans la théologie de l'Incarnation: MSR 2 (1945) 5-32, 243-70. – H. Kraft, ΟΜΟΟΥΣΙΟΣ: ZKG 66 (1954/55) 1-24. – H. Dörrie, Ὑπόστασις. Wort- und Bedeutungsgeschichte: NAWG.PH 1955/3, 35-92. – G.C. Stead, Divine Substance, O 1977. – A. de Halleux, "Hypostase" et "personne" dans la formation du dogme trinitaire (ca. 375-381): RHE 79 (1984) 313-69, 625-70. – M. Tetz, Ein enzyklisches Schreiben der Synode von Alexandrien (362): ZNW 79 (1988) 262-81.

3. 신 학

교회사에서는 처음부터 교의에 관한 견해를 내용, 인물 또는 출신지에 따라 부르는 것이 관례였다. 이러한 범주는 여러 집단이 때때로 같은 사상을 주장하기 때문에 불가피하게 겹친다. 따라서 아래에서는 교의에 관한 서로 다른 역사적 발전과 종파의 명칭을 교의의 특징에 따라 적용하였다.

아리우스 논쟁을 이해하기 위해서는 근본적으로 서로 다른 네 가지 견해를 주장하는 종파를 분류해야 한다. 이러한 종파는 시대순에 따라 비유사파(안호모이스파), 동일본질파(호모우시오스파), 유사본질파(호모이우시오스파), 유사파(호모이스파)로 분류된다. 360년 이후에는 아폴리나리우스파와 성령적대론파가 추가되었으며, 이 경우 아폴리나리우스주의는 신학의 전문용어로 통용되지 않았다.

1. 일반 신학사: 번역서: A.M. Ritter, Kirchen- und Theologiegeschichte in Quellen 1: Alte Kirche, Neukirchen-Vluyn 1977.

참고문헌: B. Lohse, Epochen der Dogmengeschichte, St 1963. – L. Scheffczyk, Lehramtliche Formulierungen und Dogmengeschichte der Trinität: MySal 2 (1967) 146-220. – A. Adam, Lehrbuch der Dogmengeschichte, Bd. 1: Die Zeit der Alten Kirche, Gü ²1970. – J. Pelikan, The Christian Tradition. A History of Development of Doctrine, I: The Emergence of the Catholic Tradition (100-600), Chicago – Lo 1971. – J.N.D. Kelly, Early Christian Doctrines, Lo ⁵1977. – C. Andresen (ed.), Handbuch der Dogmen- und Theologiegeschichte, I: Die Lehrentwicklung im Rahmen der Katholizität, G 1982. – K. Beyschlag, Grundriß der Dogmengeschichte, Bd. I: Gott und Welt, Da 1982. – B. Studer, La riflessione teologica nella chiesa imperiale (sec. IVe V) = SuPa 4 (1989).

2. 구원론: 참고문헌: C. Andresen: RAC 6 (1966) 54-219. – B. Studer/B. Daley, Soteriologie. In der Schrift und Patristik = HDG 3/2a (1978). – B. Studer, Gott und unsere Erlösung im Glauben der Alten Kirche, Dü 1985. – M. Slusser: EEC 823-6. – B. Studer: EECh II 788-9.

3. 삼위일체 신학: 참고문헌 목록: Estudios Trinitarios, Salamanca 1967 ff. – V. Venanzi, Dogma e linguaggio trinitario nei Padri della Chiesa. Un panorama bibliografico 1960-1972: Aug. 13 (1973) 425-53. – E. Schadel u.a. (eds.), *Bibliotheca Trinitariorum*. Internationale Bibliographie trinitarischer Literatur I-II, Mn 1984-8.

참고문헌: B. de Margerie, La Trinité chrétienne dans l'histoire = ThH 31 (1975). – J. Barbel, Der Gott Jesu im Glauben der Kirche. Die Trinitätslehre bis zum 5. Jahrhundert, hrsg. A. Fries = CiW V/15e (1976). – M. O'Carroll, *Trinitas*. A Theological Encyclopedia of the Holy Trinity, Wilmington 1987. – F. Courth, Trinität. In der Schrift und Patristik = HDG 2/1a (1988). – T.E Torrance, The Trinitarian Faith: The Evangelical Theology of the Ancient Catholic Church, Edinburgh 1988. – D.F. Wright: EEC 911-7. – B. Studer: EECh II 851-3. – B. Sesboüé/B. Meunier, Dieu peut-il avoir un Fils? Le débat trinitaire du IVe siècle, P 1993.

4. 그리스도론: 번역서: H. Karpp, Textbuch zur altkirchlichen Christologie. Theologia und Oikonomia = NStB 9 (1972). – R.A. Norris, The Christological Controversy, Ph 1980 (Textsammlung e). – A. Orbe/M. Simonetti, II Cristo. Testi teologici e spirituali, vol. I³-II, Mai 1986-90 (glTiÜK).

참고문헌: R.V. Sellers, Two Ancient Christologies. A Study in the Christological Thought of the Schools of Alexandria and Antioch in the Early History of Christian Doctrine, Lo 1954. – J. Liébart, Christologie. Von der Apostolischen Zeit bis zum Konzil von Chalcedon (451) = HDG 3/1a (1965). – P. Smulders, Dogmengeschichtliche und lehramtliche Entfaltung der Christologie: MySal 3/1 (1970) 389-476. – L. Scipioni, Il Verbo e la sua umanità, Annotazioni per una cristologia patristica: Teologia 2 (1977) 3-51. – M. Serenthà, Cristologia patristica: per una precisazione dell'attuale "status quaestionis": ScC 106 (1978) 3-36. – A. Grillmeier, Jesus der Christus im Glauben der Kirche, F – Ba – W 1979 ff. (bisher 4 Teilbände). – G.H. Ettlinger, Jesus, Christ and Saviour, Wilmington (Del.) 1987. – R. Williams: TRE 16 (1987) 726-45. – A. Gilg, Weg und Bedeutung der altkirchlichen Christologie, Mn 1989. – F.W. Norris: EEC 197-206. – K. Beyschlag, Grundriß der Dogmengeschichte, II: Gott und Mensch, Da 1991. – M. Simonetti: EECh I 163-5.

5. 신학적 방법: B. Studer, *Schola Christiana*. Die Theologie zwischen Nizäa und Chalcedon, Pb 1998.

3.1. 비유사파(= 안호모이스파; 아리우스파, 신아리우스파, 에우노미우스파)

비유사파는 성자가 성부와 모든 점에서 같지 않다$\alpha\nu o\mu o\iota os$고 주깅힌다. 이디니시우스는 아리우스가 이 학설을 최초로 전개하였다고 한다. 성자는 "모든 점에서 성부의 본질과 특성에 걸맞지 않으며 같지 않다" $\dot{\alpha}\lambda\lambda\acute{o}\tau\rho\iota os$ $\mu\grave{e}\nu$ $\kappa\alpha\grave{\iota}$ $\dot{\alpha}\nu\acute{o}\mu o\iota os$ $\kappa\alpha\tau\grave{\alpha}$ $\pi\acute{\alpha}\nu\tau\alpha$ $\tau\hat{\eta}s$ $\tau o\hat{v}$ $\pi\alpha\tau\rho\grave{o}s$ $o\dot{v}\sigma\acute{\iota}\alpha s$ $\kappa\alpha\grave{\iota}$ $\dot{\iota}\delta\iota\acute{o}\tau\eta\tau os$(「아리우스파 논박」 I 6). 이 학설의 추종자들이 본원적 의미에서 "아리우스파"이다. 그러나 아타나시우스는 이 명칭을 아리

우스의 학설에만 한정하지 않고 니체아파가 아닌 모든 종파를 구별하지 않고 넓은 의미에서 사용하였다. 성부와 성자의 본질들*οὐσίαι*의 모든 유사성을 부인하는 것에 대한 직접적인 반작용이 동일본질로 표현되었다. 그렇지만 이후 수십년 동안의 역사적 발전은 이 두 개념에서 멀어져 유사성*ὁμοιούσιος, ὅμοιος*의 표현에 중점을 두었다.

안티오키아의 부제 아에티우스와 그의 비서이자 제자였으며 나중에 키지코스의 주교가 된 에우노미우스는 355년경부터 과격한 비유사파 학설을 다시 받아들였다. 아에티우스는 뛰어난 연설가였으며 토론의 명수로 상대방을 설득하는 능력이 뛰어났다. 그는 안치라의 바실리우스와 세바스테이아의 에우스타티우스와 벌인 공개토론에서 이들의 논거를 조리있게 논박하였다고 한다. 360년에 열린 콘스탄티노플 교회회의는 아에티우스를 단죄하는 동시에 에우노미우스를 주교로 임명하였다.

이들의 학설은 아리우스의 신학과 다르기 때문에 때때로 신아리우스파로 부른다. 이 학설은 특히 두 가지 점에서 아리우스의 신학과 다르지만, 다음과 같은 위험성을 안고 있었다. 첫째로, 그들은 매우 합리적인 신론을 전개하였다. 하느님의 본질은 인간이 성서적·교의적 전제를 논리적으로 정확히 사유하고 적용할 경우에만 인식할 수 있다. 두번째 요소로, 그들은 개념과 실재의 일치를 주장하여 표현된 실제성의 본성을 개념에서 확실히 추론할 수 있다고 하였다. 따라서 다른 개념들로 표현된 사물들은 그들의 본성에서도 서로 다르다. "태어나지 않은"*ἀγέννητος*이란 속성은 성부의 본질에만 속하며, 성자는 "태어난"*γεννητός*이란 속성을 지닌다. 따라서 성부와 성자의 본질들은 필연적으로 다르다(*ἀνόμοιος τῷ πατρὶ [καὶ] κατ' οὐσίαν*). 이 학설체계의 논리적 짜임새는 상당한 영향을 미쳐 저명한 신학자들, 곧 대 바실리우스, 알렉산드리아의 디디무스, 라오디체아의 아폴리나리우스, 몹수에스티아의 테오도루스도 이 학설체계를 쉽게 반박할 수 없었다.

니체아 정통신앙을 옹호한 테오도시우스 황제의 종교정책은 아리우스파 사상이 자리잡지 못하게 만들었다. 자신의 고유한 교회를 설립하려고 애썼던 에우노미우스는 그를 서임한 안티오키아(콘스탄티노플)의 에우독시우스가 신아리우스 사상에 철저하지 않다는 이유로 그와 맺은 관계를 끊었다. 에우노미우스는 383 년 단죄받아 처음에는 모에시아로, 나중에는 카파도키아의 체사레아로 추방되었으며, 394년 자신의 한 영지에서 죽었다.

편집본: B. Sesboüé/G.-M. de Durand/L. Doutreleau = SC 305 (1983) 177-299 (Eunomius, *Apologiae* TfÜK). – R.P. Vaggione, Eunomius, the Extant Works = OECT (1987) (ETeÜ).

참고문헌: 사전 항목: L. Abramowski, Eunomios: RAC 6 (1966) 936-47. – H.Ch. Brennecke, Stellenkonkordanz zum Artikel "Eunomios": JAC 18 (1975) 202-5. – A.M. Ritter, Eunomius: TRE 10 (1982) 525-8. – R.P. Vaggione, Aetius: EEC 13-4. – R.P. Vaggione, Anomoeans: EEC 45-6. – R.P. Vaggione, Eunomius of Cyzicus: EEC 325. – M. Simonetti, Aetius of Antioch: EECh I 13. – M. Simonetti, Anomoeans, Anomoeism: EECh I 42. – M. Simonetti, Eunomius of Cyzicus: EECh I 297.

연구서: M. Albertz, Zur Geschichte der jung-arianischen Kirchengemeinschaft: ThStKr 82 (1909) 205-78. – G. Bardy, L'héritage littéraire d'Aétius: RHE 24 (1928) 809-27. – L.R. Wickham, The *Syntagmation* of Aetius the Anomoean: JThS NS 19 (1968) 532-69. – L.R. Wickham, Aetius and the Doctrine of Divine Ingeneracy: StPatr 11 = TU 108 (1972) 259-63. – E. Cavalcanti, Studi Eunomiani = OCA 202 (1976). – T.A. Kopeček, A History of Neo-Arianism, 2 vol. = PatMS 8 (1979). – M. Wiles, Eunomius: Hair-Splitting Dialectician or Defender of the Accessibility of Salvation?: R. Williams (ed). The Making of Orthodoxy (FS H. Chadwick), C 1989, 157-72. – K.-H. Uthemann, Die Sprache der Theologie nach Eunomius von Cyzicus: ZKG 104 (1993) 143-75.

3.2. 동일본질파(= 호모우시오스파, 니체아파)

"동일본질파"(라틴어 homousiani – 그리스어 *ὁμοουσιασταί*)는 아리우스 논쟁에서 사용된 용어로 니체아 신경을 글자 그대로 받아들인 사람들이다. 이들 가운데 뛰어난 신학자는 아타나시우스, 코르도바의 오시우스, 안치라의 마르첼루스, 칼라리스의 루치페루스, 베르첼리의 에우세비우스, 세 명의 위대한 카파도키아 사람인 바실리우스, 나지안즈의 그레고리우스, 니사의 그레고리우스, 뒤에 다른 이유로 이단자로 단죄받은 시르비움의 포티누스와 라오디제아의 아폴리나리우스 등이다.

테오도시우스 황제와 콘스탄티노플 공의회가 최종적으로 승인한 동일본질의 개념은 두 가지 문제점을 안고 있었다. 첫째, 니체아 공의회는 이 낱말이 이미 268년 안티오키아 교회회의에서 사모사타의 바울로와 함께 단죄받았다는 사실을 모르고 이 낱말을 받아들였다. 안치라의 바실리우스가 358년 이 문제점을 밝히자 니체아파는 그들의 입장을 논증하는 데 상당한 어려움을 겪어야 했다. 둘째, 268년의 단죄는 실제로 신학문제와 관련이 있었다. 이 개념은 "사벨리우스의 단원론", 곧 성부와 성자의 위격적 차이를 없애는 것으로 이해되었다. 실제로 알렉산드리아 교회회의(362년)와 카파도키아 사람들의 신학에 이르기까지 4세기의 논쟁은 우시아*οὐσία*와 히포스타시스*ὑπόστασις*의 개념을 명확히 구분하지 못하였다. 우시아를 "본질"로, 히포스타시스를 "실체"로 이해할 경우, 하느님의 세 위격*τρεῖς ὑποστάσεις*에 관한 오리게네스의 표현방식은 생각할 수 없었다. 그러나 신적 위격들을 구분하는 용어의 결핍은 동일본질에 관하여 사벨리우스적 오해를 일으킬 수 있었다. 따라서 니체아파는 이 비난을 받아들여야만 했으며, 바로 이 때문에 안치라의 마르첼루스와 시르미움의 포티누스가 단죄받았다.

참고문헌: 사전 항목 K. Seibt, Marcell von Ankyra: TRE 22 (1992) 83-9. – F.W. Norris, Homoousios: EEC 434-5. – R. Lyman, Marcellus of Ancyra: EEC 566-7. – M. Simonetti, Homoousians: EECh I 396. – M. Simonetti, Homoousios: EECh I 396. – Ch. Kannengiesser, Marcellus of Ancyra: EECh I 522. – G. Ch. Stead, Homousios: RAC 16 (1994) 364-433.

연구서: M. Tetz, Zur Theologie des Markell von Ankyra I-III: ZKG 75 (1964) 217-70; 79 (1968) 3-42; 83 (1972) 145-94. – M. Simonetti, Su alcune opere attribuite di recente a Marcello d'Ancira: RSLR 9 (1973) 313-29. – M. Tetz, Markellianer und Athanasios von Alexandrien. Die markellische *Expositio fidei ad Athanasium* des Diakons Eugenios von Ankyra: ZNW 64 (1973) 75-121. – F. Dinsen, Homoousios. Die Geschichte des Begriffs bis zum Konzil von Konstantinopel (381), Kiel 1976. – W.A. Bienert, Das vornicaenische *ὁμοούσιος* als Ausdruck der Rechtgläubigkeit: ZKG 90 (1979) 151-75. – L. Barnard, Marcellus of Ancyra and the Eusebians: GOTR 25 (1980) 63-76. – M. Simonetti, Ancora su *Homoousios* a proposito di due recenti studi: VetChr 17 (1980) 85-98. – J.T. Lienhard, Marcellus of Ancyra in Modern Research: TS 43 (1982) 486-503. – J. T. Lienhard, Acacius of Caesarea: *Contra Marcellum*. Historical and Theological Considerations: CrSt 10 (1989) 1-21. – J.T. Lienhard, Basil of Caesarea, Marcellus of Ancyra, and "Sabellius": ChH 58 (1989) 157-67. – G. Feige, Die Lehre Markells von Ankyra in der Darstellung seiner Gegner = EThST 58 (1991). – K. Seibt, Die Theologie des Markell von Ankyra = AKG 59 (1994).

3.3. 유사본질파(= 호모이우시오스파; 에우세비우스파, 절충적 아리우스파)

4세기의 아리우스 논쟁에서 가장 애매모호한 입장은 라틴어 문서에서 "유사본질파"로, 그리스어 문서에서 "절충적 아리우스파"로 불리는 사람들의 신학에서 나타난다. 니체아파는 이 명칭에 명백히 부정적 태도를 보이지 않았다. 유사본질파는 반아리우스파였으며 더욱이 적지 않은 사람이 동시에 동일본질파였기 때문이었다. 가장 넓은 의미에서 "유사본질파"는 유사본질 개념을 알지 못하거나 사용하지 않은 채 사실상 세 명 — 체사레아, 에메사, 니코메디아 — 의 에우세비우스(따라서 에우세비우스파라고도 부름) 이후 아리우스주의와 니체아주의 사이에서 중용적 입장을 추구한 모든 사람이 여기에 속한다. 기원이 확실하지 않은 이 용어는 동일본질과 유사본질을 사용하지 못하게 한 "시르미움 교회회의의 제2차 정식"(357년)에 처음 나타난다. 본디의 의미에서 유사본질 개념은 안치라 교회회의(358년)에서 "본질의 관점에서 비슷하다"ὅμοιος κατ' οὐσίαν라는 정식을 관철시킨 안치라의 바실리우스파의 신학에 속하였다. 안치라의 바실리우스는 우시아를 개별적 실체로 이해하였으며, 따라서 그는 신성에 세 히포스타시스ὑποστάσεις와 세 우시아οὐσίαι가 있다고 주장하였다. 성자의 우시아가 신성을 나타낼 경우 성부의 우시아와 유사하다고 하였다. 이러한 경향은 콘스탄티우스 황제의 옹호로 동방에서 짧은 기간이지만 폭넓은 지지를 받았다. 그러나 황제가 니케의 정식(359년)과 콘스탄티노플 교회회의 이후 유사파에 호의를 보이자 유사본질파는 급격히 쇠퇴하였다.

유사본질파의 학설은 동일본질파와 결합하여 더 큰 중요성을 지녔다. 프와티에의 힐라리우스는 유배에서 돌아온 뒤에 이 학설을 서방에 도입하였으며, "유사본질"이라는 용어를 파리 교회회의에서처럼 동일본질과 같은 의미로 해석하였다. 동방에서도 일부 유사본질파는 대 바실리우스와 안티오키아의 멜레티우스의 중재로 마침내 동일본질파로 통합되었다. 그러나 일부는 341년의 안티오키아 정식을 고집하였으며, 360년부터는 성령의 신성문제로 완전히 분열되었다. 이들을 마체도니우스파라고 부른다.

참고문헌: J. Gummerus, Die homöusianische Partei bis zum Tode des Konstantius. Ein Beitrag zur Geschichte des arianischen Streites in den Jahren 356-361, Helsingfors 1900. – W.A. Löhr, Die Entstehung der homöischen und homöusianischen Kirchenparteien. Studien zur Synodalgeschichte des 4. Jahrhunderts, Bn 1986. – M. Simonetti: EECh I 395. – A.M. Ritter: DHGE 24 (1993) 1507-10.

3.4. 유사파(= 호모이스파)

"유사파"Homoier라는 개념은 그들의 교의정식 — 성자는 성부와 "성서의 말씀에 따라 비슷하다"ὅμοιος κατὰ τὰς γραφάς — 에 바탕을 두고 만든 현대적 용어이다. 유사파의 창시자는 에우세비우스의 후계자이자 안티오키아의 멜레티우스의 후원자인 체사레아의 아카치우스였다. 그는 이 정식을 가장 적합하고 융화적인 일치정식으로 제안하였다. 콘스탄티우스 황제는 이 정식을 옹호하여 니케 지방의 리미니/셀레우치아 이중 교회회의에 참석한 주교들에게 서명을 강요하였으며, 콘스탄티노플 교회회의(360년)에서 이 정식을 승인하게 하였다. 그러나 이 정식은 완전히 정치적으로 강요되고 황제의 권력으로 관철되었으며, 신학적으로도 만족할 만한 해결책을 제시하지 못하였기 때문에 그리 오래 가지는 못하였다. 콘스탄티우스 황제가 사망한 뒤 동방의 발렌스 황제도 이 정식을 옹호하였다. 한편 알렉산드리아 교회회의(362년), 라오디체아의 아폴리나리우스, 카파도키아 사람들은 이 문제를 다른 방식으로 전개하여 신학을 발전시켰다. 다른 한편 발렌스 황제는 찬탈자 프로코푸스, 고트족, 페르시아인들 때문에 일어난 국내·외적으로 해결하기 힘든 여러 정치적 상황과 많은 주교의 격렬하고 공개적인 저항에 부딪쳐 자신의 종교정책 방향대로 밀고 나갈 수 없었다.

이러한 역사적·종교적 상황 때문에 360/62년부터 논쟁과 신학 발달은 새로운 국면에 접어들어 이에 관한 작품들(에우노미우스를 옹호하는 신아리우스주의, 아폴리나리우스주의에 대한 체사레아의 대 바실리우스, 나지안즈의 그레고리우스, 니사의 그레고리우스의 논박)이 저술되었다. 세 명의 카파도키아 사람은 니체아 신앙고백을 받아들였으며, 콘스탄티노플 공의회에서 승인된 올바른 신학적 해결책을 제시하였다.

3.3.의 서술 참조.

참고문헌: H.Ch. Brennecke, Studien zur Geschichte der Homöer. Der Osten bis zum Ende der homöischen Reichskirche = BHTh 73 (1988). – R.M. Grant: EEC 433-4. – M. Simonetti: EECh I 395.

제5장

아리우스주의의 첫번째 국면

1. 체사레아의 에우세비우스

에우세비우스는 디오클레티아누스 황제의 박해 때 순교한(309년 또는 310년 2월 16일) 스승 팜필루스를 존경하는 뜻에서 자신의 이름에 스승의 이름을 덧붙였다. 그는 락탄티우스와 같은 시대에 산 인물로 그리스도교에 대한 로마 황제들의 박해와 관용 정책, 마침내 그리스도교를 인정하는 격동기에 살았다. 락탄티우스는 교회 직무에 한 번도 발을 들여놓지 않았고 콘스탄티누스 황제의 승리(324년)를 체험하지도 못하였다. 반면 에우세비우스는 콘스탄티누스가 통치하는 기간 내내 팔레스티나의 수도 체사레아의 주교였으며, 황제의 절친한 친구이자 조언자로서 그리스도교 제국의 역사신학에 관한 작품을 저술하였다. 그는 제국에서 일어난 첫번째 신학적·교회의 위기인 아리우스와 그의 학설에 관한 논쟁에 매우 깊이 관여하였다.

에우세비우스는 260~264년 사이에 체사레아에서 태어났으며, 이미 어린 나이에 역사 연구를 시작하였다. 팜필루스 장로의 협력자로서 그는 오리게네스가 체사레아에 세운 도서관의 발전과 성서 연구를 위해 헌신하였으며, 여러 번에 걸쳐 안티오키아, 체사레아 필립비, 예루살렘으로 학술여행을 떠났다. 디오클레티아누스 황제의 박해 동안 그는 307년 11월부터 체사레아의 감옥에 갇힌 팜필루스와 함께 오리게네스를 위한 변론서 가운데 첫 다섯 권을 저술하였다. 그는 팜필루스가 죽은 다음 한 권을 더 저술하여 여섯 권으로 이 책을 완성하였다(이 작품의 제1권만이 루피누스와 히에로니무스가 벌인 오리게네스주의 논쟁에서 중요한 역할을 한 루피누스의 라틴어 번역에 남아 있다). 에우세비우스는 박해 동안 티루스와 이집트의 테베에 머물렀다. 그가 감옥에 갇혔었는지는 확실하지 않으며, 그가 배교하였다는 후대의 비난은 근거가 없다. 박해가 끝나자마자 체사레아 교회는 313년에 그를 그곳의 주교로 임명하였기 때문이다. 이후 10년 동안 그는 저술활동보다 교회생활을 재건하고자 사목활동에 전념하였다.

알렉산더 주교가 의장으로 활동한 알렉산드리아 교회회의가 아리우스 장로를 파문한 뒤,[1] 아리우스는 동방교회의 주교들에게 지지를 요청하였다. 에우세비우스는 알렉산더에게 보낸 편지에서 아리우스를 변론하였으며, 체사레아 교회회의도 아리우스를 지지하였다. 이와 달리 324년 말 또는 325년 초에 열린 안티오키아 교회회의는 아리우스와 그의 지지자들을 파문하였는데, 그 가운데 에우세비우스도 끼여 있었다. 그러나 이 결정은 325년 초 안치라에서 열린 교회회의가 최종 결정을 내리기 전까지 일시적으로 취한 조치였다. 드디어 첫번째 "전 세계" 공의회인 니체아 교회회의는 성부와 성자의 "동일본질"이라는 정식을 확정하였다. 에우세비우스는 체사레아 교회의 신경을 기초로 자신의 정통신앙을 변론하였으며, 마지못해 동일본질 개념을 인정하였다. 그가 염려한 것은 이 개념이 사벨리우스적 경향을 띠고 있어 성부와 성자가 뚜렷하게 구분되지 않는다는 점이었다. 공의회는 그의 정통신앙에 관한 진술을 인정하였으나, 에우세비우스는 이후 몇 년 동안 동일본질 개념이 사벨리우스적 경향을 띠고 있다는 의구심 때문에 자신의 정통신앙을 밝혀야만 했다.

아리우스 논쟁이 계속되는 과정에서 에우세비우스는 여러 관점에서 논쟁거리가 될 만한 태도를 취하였다. 그는 니체아 신앙고백을 공식적으로 인정하였으며, 이후 더 이상 아리우스의 주장을 지지하지 않았다. 따라서 그의 정통신앙은 더 이상 공식적으로 문제가 되지 않았다. 다른 한편으로 그는 니체아파의 지도적인 인물들을 반대하는 조치에 관여하였다. 그는 안티오키아의 주교 에우스타티우스를 사벨리우스주의자로 여겨 면직하였으며(330년경), 주교좌의 이동을

---

[1] 318~323년 사이에 있었던 아리우스 논쟁이 정확히 언제 시작되었는지는 오늘날까지도 논란의 여지가 있다. 또한 아리우스가 파문을 받은 연도도 상한시점(terminus ante quem)을 통해서 324년으로 확정지을 수 있을 뿐이다.

금지한 니체아 공의회의 규범규정 15조를 근거로, 안티오키아 주교로 옮길 것을 권하는 제의를 거부하였다. 그는 335년 아타나시우스가 자신의 견해를 변론해야 했던 티루스 교회회의에서 의장으로 활동하였으나, 아타나시우스를 몰아내려는 음모에는 관여하지 않았다. 티루스 교회회의가 끝나자마자 그는 황제의 지시로, 비타협적인 반아리우스파 인물로 면직된 안치라의 주교 마르첼루스의 신학을 반박하는 두 권의 작품을 336년 저술하였다(「마르첼루스 논박」, 「교회신학」). 그가 틀림없이 뛰어난 정치적 수완을 발휘하였을지라도 그의 태도를 신학적 확신 없이 단순히 "우유부단"하거나 "알력적"이거나 정치적 계산에 따른 것으로만 치부해서는 안 된다. 그는 아리우스 신학과 니체아파 신학 사이에서 알렉산드리아 신학, 특히 오리게네스의 제자인 알렉산드리아의 디오니시우스의 절충적 신학을 제시하려고 노력하였다. 그렇지만 그의 신학 개념은 명확하지 않았기 때문에 그의 노력은 성과를 거두지 못하였다.

에우세비우스의 성서주석적·호교적 저서, 곧 「복음의 준비」*Praeparatio evangelica*, 「복음의 논증」*Demonstratio evangelica*, 「이사야서 주석」 등의 가치도 과소평가해서는 안 된다. 교회저술가로서 그의 명성은 무엇보다도 "교회사의 아버지"라는 경칭을 부여하게 한 역사서에 기인한다. 이러한 작품들로 그는 첫 3세기의 대단히 귀중한 사료의 수호자, 콘스탄티누스 제국에서 정점에 이른 그리스도교 구원사에 대한 이론가, 제국의 비공식적 역사가이자 자신의 이념을 제시한 역사가가 되었다. 그는 콘스탄티누스가 죽은 지 몇 년 안되어 사망(340년경)하였으며, 「콘스탄티누스의 생애」*Vita*는 콘스탄티누스가 죽은 뒤에 저술되었다.

참고문헌 목록: F. W. Bautz: BBKL 1 (1975) 1561-4.

편집본: *Opera omnia*: PG 19-24.

번역서: J. Molzberger = BKV¹ Eus 2 (1880) (*Vita Constantini, Oratio ad sanctorum coetum*). – A. Bigelmair/J.M. Pfättisch = BKV² 9 (1913) (*Vita Constantini, Oratio ad Sanctorum coetum, De martyribus Palaestinae*).

보조자료: *Biblia Patristica*. Index des citations et allusions bibliques dans la lttérature patristique, vol. 4, P 1987.

참고문헌: 사전 항목: J. Moreau: RAC 6 (1966) 1052-88. – D.S. Wallace-Hadrill: TRE 10 (1982) 537-43. – R. Lyman: EEC 325-7. – C. Curti: EECh I 299-301. – D. Ridings, The Attic

Moses. The Dependency Theme in Some Early Christian Writers = SGLG 59 (1995) 141-196. – H. Strutwolf, Die Trinitätstheologie und Christologie des Euseb von Caesarea. Eine dogmengeschichtliche Untersuchung seiner Platonismusrezeption und Wirkungsgeschichte = FKDG 72 (1999). – J. Ulrich, Euseb von Caesarea und die Juden. Studien zur Rolle der Juden in der Theologie des Eusebius von Caesarea = PTS 49 (1999).

총론서: F.J. Foskes-Jackson, Eusebius Pamphili, Bishop of Caesarea in Palestine and first Christian Historian. A Study of the Man and His Writings, C 1933. – D S. Wallace-Hadrill, Eusebius of Caesarea, Lo 1960.

편찬서: G. Ruhbach (ed.), Die Kirche angesichts der konstantinischen Wende = WdF 306 (1976). – H.W. Attridge/ G. Hata (eds.), Eusebius, Christianity and Judaism = StPB 42 (1992).

연구서: H. Berkhof, Die Theologie des Eusebius von Caesarea, Amsterdam 1939. – J.-R. Laurin, Orientations maîtresses d'apologistes chrétiens de 270 à 361 = AnGr 61 (1954) 9-145, 344-401. – A. Weber, ᾽APXH. Ein Beitrag zur Christologie des Eusebius von Cäsarea, R 1965 – D.L. Holland, Die Synode von Antiochien (324/25) und ihre Bedeutung für Eusebius von Caesarea und das Konzil von Nizäa: ZKG 81 (1970) 163-81. – L. Abramowski, Die Synode von Antiochien 324/25 und ihr Symbol: ZKG 86 (1975) 356-66. – H. von Campenhausen, Das Bekenntnis Eusebs von Caesarea (Nicaea 325): ZNW 67 (1976) 123-39. – C. Luibhéid, Eusebius of Caesarea and the Arian Crisis, Dublin 1981. – É. des Places, Eusèbe de Césarée commentateur. Platonisme et Écriture sainte = ThH 63 (1982). – C. Curti, *Eusebiana I. Commentarii in Psalmos*, Catania ²1989. – D. Ridings, The Attic Moses. The Dependency Theme in Some Early Christian Writers = SGLG 59 (1995) 141-196.

1.1. 서론: 에우세비우스 이전의 연대기와 역사신학

고대의 일반 문헌에서는 이미 헤로도투스와 투키디데스(기원전 5세기 중엽) 때부터 역사 편찬이 매우 발달한 반면, 그리스도교에서는 에우세비우스 이전까지는 교회사 편찬에 관한 유형이 없었다. 이와 같은 이유는 첫 3세기 동안 교회가 불안정한 상황에 처해 있었기 때문이다. 그러나 그리스도교에는 처음부터 역사의식과 아울러 역사신학적·연대기적 성향이 있었다. 교회는 신화가 아닌, 사람이 된 하느님의 아들 예수라는 역사적 인물에 바탕을 둔다. 신약성서는 역사를 편찬한 것이 아니라 주로 선포로 이루어졌지만 구체적이고 역사적으로 확증할 수 있는 연도나 장소를 언급하며[예: "헤로데가 유다 왕으로 있을 때"(루가 1,5), "아우구스투스 황제가 칙령을 내렸다"(루가 2,1), "안나스는 그 해의 대제관인 가야파의 장인이었다"(요한 18,13)], 하느님과 인간, 특히 유다 역사 안에서의 그리스도를 통한 구원사를 설명하면서 배열한다 [예: 예수의 족보(마태 1,1-17), "때가 차자 하느님이 당신 아드님을 보내셨다"(갈라 4,4)]. 교회는 종말기대에서 네 제국을 도식화하고(다니 2,1-49), 시편 90,4[＂당신 앞에서는 천 년도 하루와 같아 지나간 어제 같다＂(2베드 3,8 참조)]와 창조에 관한 6일 도식에 따라 천년왕국 시대를 산출[세계는 창조에서 궁극적인 하느님 나라의 건설 때까지 6,000년간 존속할 것이다(묵시 20,1-6 참조)]하는 역사신학적 표상들을 유다교에서 넘겨받았다.

2~3세기의 그리스도교는 한편으로 그리스도인보다 더 오래된 역사를 물려받았으며 더 뛰어나다고 생각하는 이교인과 벌인 논쟁에서 역사신학적 표상들을 발전시키고 구체화하였다. 다른 한편으로 교회 내적, 곧 임박기대에 대한 새로운 시각에서 임박한 세계의 종말을 예언한 몬타누스주의(제3장 5.2.3. 참조) 같은 이단과 벌인 논쟁에서 역사신학적 표상들을 발전시키고 구체화하였다. 호교가들은 이교인의 연대기와 성서의 연대기를 비교하여 그리스도교가 여러 면에서 더 오래되었다는 사실을 논증하고, 모세와 구약성서는 가장 오래된 문화와 철학자들보다 훨씬 이전에 있었으며, 철학자들은 구약성서를 표절했다고 주장하였다(제3장 2. 참조). 안티오키아의 테오필루스(「아우톨리쿠스에게 보내는 편지」 III 16-30)와 알렉산드리아의 클레멘스(「양탄자」 I 21), 그리고 그리스도교에서 처음 연대기를 쓴 율리우스 아프리카누스는 그리스도가 세계의 여섯번째이자 마지막 천년의 중간기에 태어났다고 생각했기 때문에, 이미 지나간 시대의 연도와 날짜까지도 정확히 계산하였다. 마지막에 언급된 율리우스 아프리카누스(240년경 사망)는 단편만 남아 있는 그의 작품 「연대기」*Χρονογραφίαι*에서 그리스도교의 새로운 문학 유형을 처음 만들었다. 이 작품에서 그는 창조 때부터 그가 살던 당시(221년)까지의 성서사와 세계사에 나오는 연도와 사건을 연대기적이며 공시적共時的인 순서로 비교·대조하였다. 몇 년 뒤에 이와 같은 도해에 따라 구성된 히폴리투스의 「연대기」는 235년까지 일어난 사건을 기록한다. 주교의 명단 목록, 여러 이단에 관한 서술을 비롯한 그밖의 모든 작품은 역사가에게 중요한 자료이지만 교의적 목적에서 씌었기 때문에 역사 편찬의 문학 장르에 속하지 않는다.

참고문헌: H. Hofmann, Die Geschichtsschreibung: Neues Handbuch der Literaturwissenschaft 4: Die Spätantike, Wi 1997, 403-67.

<h1 style="text-align:center">1.2. 역사서</h1>

참고문헌: R.W. Burgess, with the assistance of W. Witakowski, Studies in Eusebius and post-Eusebian chronography (= Hist.E 135), St 1999.

<h2 style="text-align:center">1.2.1. 「연대기」</h2>

에우세비우스도 연대기를 편찬하면서 역사 연구를 시작하였으며, 성서, 율리우스 아프리카누스, 플라비우스 요세푸스, 그리스의 연대기 저자, 역사가, 그밖에 그리스도교 저술가의 작품에서 자료를 모았다. 그리스도교의 연대기 편찬에서 에우세비우스의 작품이 돋보이는 점은 그가 매우 비평적인 사료를 선택하였다는 것 외에 세계사를 창조 때부터 다루지 않았으며, 천년왕국설의 표상들을 사용하지 않았다는 것이다. 그는 자신이 연도를 산정할 수 있는 사건들(아브라함의 탄생: 기원전 2016/15년)에서 시작하며, 그리스도의 탄생을 창조 때부터 계산하여 5200년으로 확정지었으나, 세계 종말에 관한 종말론적 연도는 기술하지 않았다. 그의 저술 의도는 시대의 완성이 가까이 왔다는 것이 아니라, 콘스탄티누스의 제국에서 세계사는 예정된 정점에 이르렀으며, 제국의 종말은 예상할 수 없다는 것을 실증하는 것이다. 이를 위해 전통적인 호교 수단으로 "오래됨" 논증이 펼쳐진다.

「연대기」는 두 권으로 되어 있다. 제1권($X\rho o\nu o\gamma\rho\alpha\phi\acute{\iota}\alpha$)에서는 고대에서 가장 중요한 민족인 갈대아인, 아시리아인, 히브리인, 그리스인, 로마인의 연표를 서술한다. 제2권($X\rho o\nu\iota\kappa o\acute{\iota}\ \kappa\alpha\nu\acute{o}\nu\epsilon\varsigma$)에서는 이를 바탕으로 역사 가운데 가장 중요한 사건들을 연표의 옆 난에 작성한다. 따라서 사건의 배열, 특히 중요한 종교 사건들에서 그리스도교를 준비하는 유다교의 역사가 여러 연대기적 체계에 따라 분명히 드러난다.

에우세비우스의 「연대기」는 두 번 출판되었다. 둘째 판版은 325/26년 콘스탄티누스 즉위 20주년을 기념하는 축제까지 다루며, 이전 학자들의 견해에 따르면 첫째 판은 303년까지 다루었다고 한다. 그러나 여러 학자가 동의하듯이[2] 최

---

[2] Wallace-Hadrill: TRE 10, 539쪽; Winkelmann: RAC 15, 752쪽.

근에 바른스(Barnes, Constantine and Eusebius, 111쪽)는 첫째 판의 내용이 276/77년으로 끝나며 3세기 말 이전에 출판되었다고 주장하였다. 출판 연도가 실제로 위에 언급한 연도와 가깝다는 견해에 대해서는[3] 신중히 검토할 필요가 있다. 에우세비우스가 매우 어린 나이에 역사 연구를 시작하였다 하더라도 이러한 작품을 완성하려면 몇 년간의 집필 기간이 필요하기 때문이다. 연대기의 원본은 소실되었으나, 후대에 연대기를 쓴 저자들의 작품에서 발췌된 글, 6세기의 아르메니아어 번역, 특히 히에로니무스의 라틴어 번역을 바탕으로 매우 믿을 만하게 복원할 수 있다. 히에로니무스는 380/81년 콘스탄티노플에 머무를 때 연대기를 알았다. 그는 제1권의 트로아스 사건까지를 어구에 충실하게 라틴어로 번역하였고, 콘스탄티누스 즉위 20주년 축제까지의 시기를 위해서는 로마의 역사와 문헌에 자신의 자료를 곁들여 378년까지의 역사를 보완하였다. 에우세비우스의 「연대기」는 술피치우스 세베루스(400년까지), 아퀴타니아의 프로스페루스(455년까지), 세빌라의 이시도루스(615년까지)가 쓴 세계 연대기의 전형이 되었으며, 라틴어권에서는 중세까지 영향을 미쳤다.

1.과 1.2.2.의 서술 참조.
편집본: J. Karst = GCS Eus 5 (1911). – R. Helm = GCS Eus 7 (³1984). – G. Brugnoli, *Curiosissimus Excerptor*. Gli "Additamenta" di Girolamo ai "Chronica" di Eusebio, Pisa 1995 (TK).
참고문헌: R. Helm, Hieronymus' Zusätze in Eusebius' Chronik und ihr Wert für die Literaturgeschichte = Ph.S 21/2 (1929). – D.S. Wallace-Hadrill, The Eusebian Chronicle: the Extent and Date of Composition of its Early Editions: JThS NS 6 (1955) 248-53. – A.A. Mosshammer, The *Chronicle* of Eusebius and Greek Chronographic Tradition, Lo 1979. – P. Siniscalco, Chronography-Chronology: EECh I 166-7.

1.2.2. 「교회사」

에우세비우스가 연대기를 통한 예비작업을 기초로 "교회사" 유형의 첫 작품을 저술하였는데도, 「교회사」는 매우 탁월한 짜임새를 갖추고 있다. 이 작품은 오늘날까지 영향을 미치며, 첫 3세기에 관한 가장 중요한 사료이다. 작품의 성립사는

---

[3] Wallace-Hadrill: TRE 10, 539쪽. 월레이스-하드릴은 에우세비우스의 탄생 연도를 "264년경"으로 말하지만, 그가 "이미 280년에 (저술을) 끝마쳤다"고 주장한다.

20세기 초부터 많이 논의되었다. 그리스도교의 역사를 창조 때부터 디오클레티아누스 황제의 박해까지 다루는 제1-7권은 이미 303년 이전, 경우에 따라서는 이미 3세기 말에 출판되었다. 이후에 출판된 판版들은 개작되고 보완되었다. 디오클레티아누스 황제의 박해 때부터 리치니우스에 대한 콘스탄티누스의 승리(324년)까지 다루는 제8-10권에는 325년까지의 사건이 덧붙여졌으며, 각각의 사건을 실제적인 시각에 따라 여러 번 고쳐 최종적으로 편집되었다고 할 수 있다. 이로써 에우세비우스 본디의 서술 의도에 대한 평가는 현저하게 바뀌었다. 311년 이후에 출판된 초판에 근거할 경우, 교회사는 처음부터 그리스도교의 호교서로 볼 수 있다. 곧, 콘스탄티누스 치하에서 그리스도교에 적대적인 모든 세력에 대한 그리스도교의 승리는 그리스도교의 신적인 기원과 처음부터 그리스도교의 승리에 목표를 두고 있는 구원사에서 모든 역경을 통한 하느님의 인도에 대한 증거로 나타난다. 그러나 제1-7권이 디오클레티아누스 박해 이전에 출판되었다면, 오늘날 문제되는 최종 편집본의 역사적 표상은 점차로 발전되었다고 볼 수 있다.

에우세비우스는 「교회사」에서 새로운 방식으로 황제와 교황을 연도에 따라 분류하고 풍부한 사료를 평가하였으며, 상세히 인용하였다. 에우세비우스는 이 사료를 체사레아와 예루살렘에 있는 규모가 큰 도서관에서 수집할 수 있었으며, 그 가운데 많은 내용은 에우세비우스의 「교회사」에만 남아 있다. 그의 견해에 따르면 역사가의 주된 임무는 확실한 본문들을 수집하고 간단한 설명을 곁들여 본문들을 배열하는 것이지, 사료에 대한 개인적 평가와 이로부터 나오는 역사적 사건들을 유기적有機的으로 제시하는 것이 아니다. 그가 사료들을 이용하는 방법은 자주 비판받았다. 그는 주된 사료와 보조사료를 구분하지 않고 구절들을 삭제하고 의역하였기 때문이다. 더구나 그는 자신의 진술을 그리스도교의 다른 저자들보다 더 전통신앙적으로, 다소 유명하지 않은 세속 저술가들을 매우 유명한 저술가로 평가하고, 내용 중심으로 서술하지 않고 많은 내용을 피상적이고 일방적으로 판단하기 때문이다. 에우세비우스가 현대의 역사학 기준에 따라 교회사를 저술하지 않았다 하더라도, 소재를 근본적으로 또는 의식적으로 고쳤다는 사실은 증명되지 않는다. 여하튼 그 자신은 역사 분야의 경쟁자들에게서도 권위를 인정받았다. 그가 자신의 생애를 다루는 8-10권에서는 객관적이고 공정한 판단보다 주관적이고 불확실하고 지나친 찬사의 글을 싣고 있다.

후대의 많은 교회 역사가가 에우세비우스의 「교회사」의 전형을 따른다는 사실에 자부심을 가지고 그의 교회사를 단지 번역하거나 그 이후의 역사를 뒤이어 기술하였다. 이러한 교회사가에는 콘코르디아(아퀼레이아)의 루피누스(395년까지), 소조메우스(425년까지), 치루스의 테오도레투스(428년까지), 학자 소크라테스(439년까지)가 있다.

1.의 서술 참조.

편집본: E. Schwartz/Th. Mommsen = GCS Eus 2/1-3 (1903-9). – K. Lake, 2 vol. = LCL (1926-32 = 1964-5) (TeÜ).

번역서: M. Stigloher = BKV¹ Eus 1 (1880). – Ph. Haeuser = BKV² II 1 (1932). – Ph. Haeuser /H. Kraft/H.A. Gärtner, Mn – Da 1967. – 영어 번역서: A.C. McGiffert: NPNF II 1 (1890 = 1995) 81-403. – R.J. Deferrari = FaCh 19 (1953), 29 (1955). – G.A. Williamson, Lo 1965.

참고문헌: *Eusebius*: R. Laqueur, Eusebius als Historiker seiner Zeit = AKG 11 (1929). – J. Sirinelli, Les vues historiques d'Eusèbe de Céarée durant la période prénicéenne, Dakar 1961. – R.M. Grant, Eusebius as Church Historian, O 1980. – M. Gödecke, Geschichte als Mythos. Eusebs "Kirchengeschichte", Ffm u. a. 1987. – D. Timpe, Was ist Kirchengeschichte? Zum Gattungscharakter der *Historia ecclesiastica* des Eusebius: W. Dalheim u. a. (eds.), FS R. Werner, Konstanz 1989, 171-204. – G.F. Chesnut, The First Christian Historians, Eusebius, Socrates, Sozomen, Theodoret and Evagrius, Mâcon (GA) ²1986. – A. Louth, The Date of Eusebius' *Historia Ecclesiastica*: JThS NS 41 (1990) 111-23. – F. Winkelmann, Euseb von Kaisareia. Der Vater der Kirchengeschichte, B 1991.

역사 편찬: F. Overbeck, Über die Anfänge der Kirchengeschichtsschreibung, Ba 1892. – A. Momigliano, Pagan and Christian Historiography in the Fourth Century A.D.: The Conflict Between Paganism and Christianity in the Fourth Century, O 1963, 79-99 = Essays in Ancient and Modern Historiography, O 1977, 107-26. – P. Meinhold, Geschichte der kirchlichen Historiographie I = OA III/5 (1967) 19-185. – A. Kehl/H.-I. Marrou, Geschichtsphilosophie: RAC 10 (1978) 703-79. –– B. Croke/A.M. Emmett (eds.), History and Historians in Late Antiquity, Sydney u. a. 1983. – P. Siniscalco: EECh I 388-90. – E. Stöve: TRE 18 (1989) 535-60. – F. Winkelmann, Historiographie: RAC 15 (1991) 724-65.

1.2.3. 「콘스탄티누스의 생애」 *Vita Constantini*

에우세비우스는 콘스탄티누스 황제가 사망한 뒤 네 권으로 된 「콘스탄티누스의 생애」를 저술하였다. 이 작품에서 가장 인기있는 단락은 로마의 밀비오 다리에서 막센티우스와 벌인 전투 직전에 나타난 십자가(I 28-31)이다. 콘스탄티누스 자신이 전하는 바로는, 그는 승리하게 해달라고 정오에 그리스도교의 신에게 기도하였는데 하늘에 빛으로 이루어진 십자가 형태의 나무기둥Tropaion[4]이 "이것으로 승리하여라"라는 문구와 함께 나타났다고 한다. 그러나 그는 이것이 나타난 의미를 바로 깨닫지 못하였기 때문에, 그리스도가 꿈에 나타나 그가 본 표시를 군기로 사용하라고 지시하였다고 한다(락탄티우스의 「박해자들의 죽음」 44장의 내용도 이와 유사함). 이때문에 라바룸Labarum, 곧 금박을 한 십자가 형태의 군기가 생기게 되었다. 군기의 꼭대기에는 그리스도를 가리키는 그리스어 첫 두 글자인 XP를 둘러싼 금과 보석들로 꾸민 관冠이 있다. 횡목에는 금실로 수를 놓고 빛나는 보석들이 박힌 정방형의 자색천이 걸리고, 그 밑에 금으로 만든 황제와 그의 아들들의 흉상을 붙였다. 이 라바룸은 324년부터 제국의 제국기가 되었다.

물론 로마의 과트로 코로나티Quattro Coronati 경당의 원형 그림에 묘사되어 있듯이 실베스터(314~335년) 교황이 콘스탄티누스 황제를 개종시킨 유명한 전설은 에우세비우스의 작품에 실려 있지 않다. 콘스탄티누스는 나병에 걸렸으며, 옛 전설에 따라 죄 없는 어린이의 피로 목욕하면 나을 수 있다고 믿었다. 실베스터 교황은 그에게 그리스도교 하느님의 능력과 세례의 치유 효과를 가르쳤다. 교황이 그에게 세례를 주자 콘스탄티누스는 실제로 나병에서 치유되었다고 한다. 이 전설은 5세기에 로마에서 생겨났으나 황제의 권력에 대한 중세 교황직의 통치권을 정당화한 8세기의 이른바 "콘스탄티누스의 증여"의 기초를 마련하였다. 콘스탄티누스는 기적적인 치유로 인해 그리스도가 성 베드로에게 부여한 권한을 인정하여 세계교회에 대한 교황의 수위권을 확정하였으며, 실베스터 교황에게 라테란 궁을 선사하고 로마와 서로마제국의 최고 지배권과 황제의 표장을 수여하였다.[5]

「콘스탄티누스의 생애」의 의도와 내용은 저자의 역사적 객관성에 관하여 매우 어려운 문제들을 제기한다. 아직까지 받아들여지지 않았지만 많은 학자는 에우세비우스가 이 작품을 저술하였다는 것을 부인하였다. 에우세비우스는 이 작품에서

---

[4] 트로파이온(Tropaion; τρέπειν = 돌리다)은 예부터 전투에서 적이 도망친 곳에 승리의 표시로 설치한 T자 모양의 나무기둥이다. T자의 횡목(橫木)에는 약탈한 병기들을 걸어두었다. 형태와 의미 때문에 이 기둥은 그리스도의 십자가로 전용(轉用)되었다.

[5] H. Fuhrmann, *Constitutum Constantini*: TRE 8 (1981), 196-202쪽(Lit.) 참조.

그리스도교를 인정한 당시의 로마제국 내에서 황제의 위치를 신학적으로 정의하고 설명하려고 하였다. 통치자인 하느님의 모상은 로고스를 따르는 본보기인 황제에게 반영된다. 그들의 관계는 삼위일체에서 성부와 성자의 관계와 비슷하며, 황제는 하느님을 대리하는 지상의 통치자이자 모든 신하의 스승으로서 직무를 수행한다. 이때문에 그를 "외적 영역의 주교"ἐπίσκοπος τῶν ἐκτός라고 부를 수도 있다. 그리스도교는 선조의 신앙을 이어받아 계속 나아가고 있는 반면, 구약의 시대는 단지 유다인의 교육과 준비를 위한 단계이다. 현재 그리스도의 제국인 로마제국은 그리스도의 가장 높은 권좌를 얻었다. 로마제국은 처음에 로마의 평화pax Romana를 통하여 그리스도교의 전파를 촉진하고 콘스탄티누스와 더불어 새로운 정치적·종교적 일치를 이루기 위하여 선택받았다. 이러한 일치의 관점에서 볼 때 황제는 제국과 교회의 지도자 — 황제교황주의Caesaropapismus — 이다.

「콘스탄티누스의 생애」는 "신의 뜻에 따라 사는 황제와 관련된 것만을 말하고 쓰려는", "진실로 복된 황제를 되도록이면 모든 유창한 말솜씨로 거리낌없이 찬양하려는"(I 11) 황제에 대한 찬사가 되어버렸다. 하느님의 지시와 권능으로 그리스도교의 모든 적에게 승리를 거둔 콘스탄티누스는 모세처럼 하느님께서 선택하신 민족의 지도자로 묘사된다. 그는 자신의 개인적 신심, 법률, 교회에 대한 적극적인 후원으로 교회와 국가를 하느님의 나라로 만들었으며, 특히 니체아 공의회에서 교회의 참된 가르침과 일치를 위해 온 힘을 기울였다. 이때문에 하느님께서는 부富와 지위로 그에게 복을 주셨으며 복된 임종을 맞게 하셨다. "이 작품을 정치철학을 위한 논술(Baynes), 순수한 신학작품(Winkelmann) 또는 이상적 군주에 관한 연구서(Farina)로 읽는 것이 작품에 대한 가장 올바른 평가이다"(Wallace-Hadrill: TRE 10, 541쪽).

1.2.1.과 1.2.2.의 서술 참조.
편집본: F. Winkelmann = GCS Eus 1/1 (1975).
영어 번역서: E. C. Richardson: NPNF II 1 (1890 = 1995) 481-610 (*Life of Constantine, Oration in Praise of Constantine*). – H.A. Drake, In Praise of Constantine. A Historical Study and New Translation of Eusebius' Tricennial Orations, Berkeley-Los Angeles-Lo 1976. – A. Cameron/S.G. Hall, O 1999 (*Life of Constantine* eÜK).
참고문헌: 친저성/본문에 관한 연구: F.W. Winkelmann, Die Textbezeugung der *Vita Constantini* des Eusebius von Caesarea = TU 84 (1962). – F. Winkelmann, Zur Geschichte des Au-

thentizitätsproblems der *Vita Constantini*: Klio 40 (1962) 187-243. – M.R. Cataudella, Sul problema della "Vita Constantini" attribuita a Eusebio di Cesarea: MSLCA 13 (1963) 41-59. – M.R. Cataudella, La "persecuzione" di Licinio e l'autenticità della "*Vita Constantini*": At. NS 48 (1970) 46-83, 229-50. – H.A. Drake, What Eusebius Knew. The Genesis of the *Vita Constantini*: CP 83 (1988) 20-38. – M.J. Hollerich, Myth and history in Eusebius's *De vita Constantini*: *Vit. Const.* 1.12 in Its Contemporary Setting: HThR 82 (1989) 421-45. – T. G. Elliott, Eusebian Frauds in the *Vita Constantini*: Phoenix 44 (1990) 162-71. – St. G. Hall, Eusebian and other Sources in *Vita Constantini* I: H.Ch. Brennecke/E.L. Grasmück/Ch. Markschies (eds.), Logos (FS L. Abramowski) = BZNW 67 (1993) 239-63.

역사신학: H. Eger, Kaiser und Kirche in der Geschichtstheologie Eusebs von Cäsarea: ZNW 38 (1939) 97-115. – R. Farina, L'impero e l'imperatore cristiano in Eusebio di Cesarea. La prima teologia politica del Cristianesimo = BThS.F 2 (1966). – J.-M. Sansterre, Eusèbe de Césarée et la naissance de la théorie "césaro-papiste": Byz. 42 (1972) 131-95, 532-94. – K.M. Girardet, Das christliche Priestertum Konstantins d.Gr. Ein Aspekt der Herrscheridee des Eusebius von Caesarea: Chiron 10 (1980) 569-92. – T.D. Barnes, Constantine and Eusebius, C 1981. – T.D. Barnes, Panegyric, history and hagiography in Eusebius' *Life of Constantine*: R. Williams (ed.), The Making of Orthodoxy (FS H. Chadwick), C 1989, 94-123. – M.J. Hollerich, Religion and Politics in the Writings of Eusebius: Reassessing the First "Court Theologian": ChH 59 (1990) 309-25.

1.3. 성서와 성서주석 작품

에우세비우스의 성서주석 작품 가운데, 특히 「시편 주석」, 「이사야서 주석」, 「지명 사전」*Onomastikon*이 중요하다. 아마도 327/28년 이후에 씌어진 에우세비우스의 후대 작품인 「시편 주석」의 중요성은, 프와티에의 힐라리우스와 베르첼리의 에우세비우스가 이 작품을 라틴어로 번역할 충분한 가치가 있다고 여긴 사실로도 평가될 수 있다. 「시편 주석」은 완전하지 않지만 매우 많은 부분(시편 51-95장은 완전하게, 나머지는 단편으로)이 남아 있으며, 이 작품을 자주 발췌하는 성서주석서 선집으로 거의 완전하게 재구성될 수 있다. 「이사야서 주석」도 성서주석서 선집으로 재구성될 수 있다.

「지명 사전」은 성서에 나오는 지명을 지리적·역사적으로 설명하고 알파벳순으로 나열한 목록이며, 오늘날까지 성지(팔레스티나)에 관한 가장 중요한 역사적 자료이다. 「지명 사전」도 상당한 호평을 얻어 히에로니무스는 이 작품을 개정·증보하여 라틴어로 번역하였다. 에우세비우스는 티루스의 주교 파울리누스의 제의로 이 작품을 저술하였기 때문에, 파울리누스가 사망한 331년 이전에 이를 완성하였을 것이다. 서론의 내용으로 알 수 있듯이 오늘날에는 전 작품 가운데 네 권만 남아 있다. 제1권에서는 히브리 성서에 나오는 민족 개념들에 대한 그리스어 번역, 제2권에서는 고대 유다의 지형과 열두 지파가 사는 지역의 지형, 제3권에서는 예루살렘과 예루살렘 성전지역의 지도 및 이에 대한 설명을 싣고 있다.

에우세비우스의 성서주석은 전반적으로 성서의 역사적 의미에 중점을 둔다. 시편과 예언서는 두 영역, 곧 저자와 동시대인들, 그리고 미래의 독자들에게 말하기 때문에 에우세비우스는 알레고리적 해석과 예형론적 해석을 역사적 의미와 함께 사용한다. 이때문에 그는 역사적 의미에서 본문의 영적 해석($\theta\epsilon\omega\rho\acute{\iota}a$)을 임의로 분리하는 것을 단호히 반대한다.

편집본: *Commentarii in Isaiam*: J. Ziegler = GCS Eus 9 (1975). – *Onomasticon*: E. Klostermann = GCS Eus 3/1 (1904).

참고문헌: *Onomastikon*: E. Klostermann, Eusebius' Schrift *ΠΕΡΙ ΤΩΝ ΤΟΠΙΚΩΝ ΟΝΟΜΑΤΩΝ ΤΩΝ ΕΝ ΤΗ ΘΕΙΑ ΓΡΑΦΗ* = TU 23,2b (1902). – P. Thomsen, Palästina nach dem Onomastikon des Eusebius: ZDPV 26 (1903) 97-141, 145-88. – M. Noth, Die topographischen Angaben im Onomastikon des Eusebius: ZDPV 66 (1963) 32-63. – C.U. Wolf, Eusebius of Caesarea and the Onomasticon: BA 27 (1964) 66-96.

성서 주석: C. Sant, The Old Testament Interpretation of Eusebius of Caesarea. The Manifold Sense of the Holy Scripture, Valetta 1967. – É. des Places, Eusèbe de Césarée commentateur. Platonisme et Écriture sainte = ThH 63 (1982). – C. Curti, L'esegesi di Eusebio di Cesarea. Caratteri e sviluppo: Le trasformazioni della cultura nella tarda antichità I, R 1985, 459-78.

이사야서 주석: M. Simonetti, Esegesi e ideologia nel *Commento a Isaia* di Eusebio: RSLR 19 (1983) 3-44. – M.J. Hollerich, Eusebius of Caesarea's *Commentary on Isaiah*. Christian Exegesis in the Age of Constantine, O 1999.

시편 주석: C. Curti, *Eusebiana I. Commentarii in Psalmos*, Catania ²1989. – C. Curti, La cronologia dei *Commentarii in Psalmos* di Eusebio di Cesarea: Quaderni catanesi di studi classici e medievali 2 (Catania 1990) 53-65.

<h1 style="text-align:center">1.4. 호교서</h1>

에우세비우스의 호교서들 가운데, 특히 2부작인 「복음의 준비」*Praeparatio evangelica*와 「복음의 논증」*Demonstratio evangelica*이 중요하다. 그가 주교로 서품되기(313년경) 이전에 저술된 「일반 초보 입문」*Introduzione elementare generale*은 2부작의 준비작업으로 여겨지며, 제10권에서 메시아에 관한 구약성서의 예언을 발췌하여 주석하였

다. 이 가운데 두번째 부분(6-9)과 몇몇 단편만이 「예언 발췌」*Eclogae propheticae*라는
고유한 제목으로 남아 있다.

수많은 인용에서 밝혀지듯이 「복음의 준비」와 「복음의 논증」의 저술 동기는, 유
명한 신플라톤주의자 포르피리우스(305년 사망)가 270년 이후에 쓴 15권으로 이루어
진 방대한 작품(오늘날 소실됨)에서 그리스도인을 비난하였기 때문이다. 3세기에 그리
스도인을 비난한 가장 저명한 인물 가운데 한 명인 포르피리우스의 이와 같은 논
쟁서에 대하여 초대 그리스도교의 호교가들은 처음부터 늘 두 가지 목표를 추구
하였다. ① 반대자들을 논박하고, 가능하다면 그들을 설득하려 하였다. ② 그리
스도인들의 믿음이 흔들리는 것을 예방하거나 이에 대처하고, 그들이 토론에서
논증할 수 있는 능력을 갖추도록 그들의 신앙을 확증하고 강화하였다(제3장 2. 참조).

에우세비우스도 이러한 두 가지 목표를 추구하였다. 그는 포르피리우스의 작품
에 포르피리우스를 논박하는 저서로 답변했으나 이 작품도 소실되었다. 티아나의
아폴로니우스가 예수 그리스도보다 뛰어나다고 주장한 비티니아의 지방총독 히에
로클레스를 논박한 소책자(311~317년에 저술됨)만 남아 있다. 「복음의 준비」와 「복음의
논증」은 두번째 단계에서 그리스도인들과 ― 에우세비우스가 강조하듯이 ― 특히
최근에 이교에서 개종한 이들을 대상으로 하였다. 이 호교론적 교리문답은 모든
반그리스도교적 논쟁, 종종 외견상 이성적 논쟁임에도 불구하고 이교도의 제신숭
배와 유다교(선택된 민족인 유다인이 그리스도인과 같이 하느님을 흠숭하고 그리스도교가 유다교에서 성장했음
에도)를 참된 신앙으로 보기에 문제가 되는 이유를 두 부분으로 나누어 논증한다.

따라서 「복음의 준비」는 제15권에서, 더 오래된 종교이며 참된 종교라고 주장
하는 이교인의 다신론과 고대철학을 일반적인 호교론 논거로 비판한다. 이를 위
해 에우세비우스는 전통적인 호교론의 오래됨 논증을 전개한다. 하느님께서 메
시아와 그의 복음을 준비하기 위하여 선택하신 민족은 유다인이다(이때문에 책제목이
「복음의 준비」이다). 모세는 호메로스 이전에 살았으며, 그리스 철학에서 실제로 어떤
진리가 발견될지라도 이는 성서에서 표절한 것이다. 제15권의 첫 단락에서 에우
세비우스는 두 개의 큰 부분으로 구성된 작품의 배열과 내용을 요약한다. 제1-6
권에서는 먼저 이교인의 제신신앙을 거부하면서, 초대 그리스도교 호교론의 전

통적 방식으로 이교인 제신신화의 비도덕성과 부조리(1-3), 이교인 신탁의 불합리성(4-5), 인간이 빠지게 되는 맹목적 운명에 대한 믿음(6)을 비판한다. 두번째 부분(7-13)에서는 — 전통적인 호교논증을 이용하면서 — 그리스도인들이 그리스 철학과 종교를 당연히 포기하고, 그 대신에 히브리인의 성서를 받아들인 점을 긍정적으로 기술한다. 모세와 예언자들은 그리스 철학자들 이전에 살았으며, 철학자들, 특히 플라톤은 단지 모세와 예언자들의 글을 표절하였기 때문이다(오래됨 논증). 제14-15권에서는 여러 그리스 철학자들의 모순과 오류를 명백히 제시한다.

이교인들과의 논쟁에서 그들의 신화와 철학이 반증의 기초이듯이, 「복음의 논증」에서는 그리스도인이 넘겨받은 구약성서가 반증의 기초였다. 유다인들은, 그리스도인들이 하느님의 선택된 민족에게 주어진 약속들을 부당하게 소유하기 위한 구실로 구약성서를 넘겨받았다고 비난하였다. 그리스도인들이 구약성서를 그대로 받아들였다면, 그들은 율법도 지켜야만 했다. 이에 대해 에우세비우스는 구약성서를 토대로 그리스도가 구약성서에서 예고한 메시아이고, 복음은 한 분이신 하느님 계시의 최종 형태이며, 율법은 단지 복음의 준비라고 논증한다demonstrare. 이때문에 본디 20장(1-10장 및 15장 대부분의 내용을 담고 있는 단편만 남아 있다)으로 이루어진 제1-2권에서는 구약성서 자체가 율법의 종말과 이교인의 부름을 어떻게 예견하였는지를 설명한다. 제3-9권에서는 메시아의 인성(3), 신성(4-5), 육화와 지상생활(6-9), 고난과 죽음(10)에 관한 구약성서의 예언을 명시한다. 소실된 제10권에서는 구약성서에서 부활, 승천, 영을 보냄, 교회의 창설에 관해 예언한 메시아의 구원사를 다룬다. 제15권의 단편에서는 다니엘서에 나오는 네 제국을 설명한다.

두 작품은 325년 이전에 저술된 것 같다. 「복음의 준비」는 아마도 311~322년에, 「복음의 논증」은 아리우스 논쟁과 니체아 공의회(325년)에 관하여 아무것도 암시하지 않은 것으로 보아 틀림없이 「복음의 준비」가 서술된 뒤 바로 씌있을 것이다.

제3장 2.의 참고문헌 목록 참조.

편집본: *Contra Hieroclem*: M. Forrat/É. des Places = SC 333 (1986) (TfÜK). – *Contra Marcellum, De ecclesiastica theologia*: E. Klostermann = GCS Eus 4 (1906). – *Demonstratio evangelica*: I. A. Heikel = GCS Eus 6 (1913). – *Praeparatio evangelica*: K. Mras/É. des Places = GCS Eus 8/1-2 (²1982-3). – É. des Places/J. Sirinelli/G. Schrœder/O. Zink/G. Favrelle = SC

206, 215, 228, 262, 266, 292, 307, 338, 369 (1974-91) (TfÜK). – *Theophania*: H. Gressmann = GCS Eus 3/2 (1904, ²1992 ed. A. Laminski).

참고문헌: H. Gressmann, Studien zu Eusebs Theophanie = TU 23,3 (1903). – H. Doergens, Eusebius von Cäsarea als Darsteller der griechischen Religion. Eine Studie zur altchristlichen Apologetik = FChLDG 14 (1922). – P. Henry, Recherches sur la Préparation évangelique d'Eusèbe et l'édition perdue des œuvres de Plotin publiées par Eustochius, P 1935. – J.J. O'Meara, Porphyry's "Philosophy from Oracles" in Eusebius' Praeparatio evangelica and Augustine's Dialogues of Cassiciacum: RechAug 6 (1969) 103-39. – M. Kertsch, Traditionelle Rhetorik und Philosophie in Eusebius' Antirrhetikos gegen Hierokles: VigChr 34 (1980) 145-71.

2. 아리우스

아리우스는 리비아 출신이며, 에우세비우스는 사실상 처음부터 아리우스 논쟁과 관련되어 있었다. 아리우스의 출생 연도는 256년경으로 추정된다. 그는 디오클레티아누스 황제의 박해가 시작된 뒤부터 알렉산드리아에 살았으며, 자신을 안티오키아의 루치아누스의 제자라고 말한다. 그러나 그의 신학은 오히려 오리게네스와 알렉산드리아의 특징을 나타낸다. 알렉산드리아의 주교 베드로(약 300~311년)는 그에게 부제품을 주었으나, 그가 멜리티우스 분열 때 리코폴리스의 멜리티우스를 옹호하자 그를 파문하였다. 그러나 아킬라스(311/12년) 주교는 그를 공동체에 받아들이고, 그에게 사제품까지 주었다. 그는 알렉산더(312~328년) 주교 아래서 (교회의 형태 때문에?) 바우칼리스ἡ Βαύκαλις(점토로 된 땅딸막하고 목이 좁은 토기)라고 부르는 교회의 주임신부로 활동하였다. 그는 이 성직을 맡는 동안 유창한 설교가로, 특히 훌륭한 사목자로 상당한 명성도 얻었다.

이 시기에 아리우스는 나중에 논쟁의 대상이 되고, 결국에는 단죄받은 성자와 성부의 관계에 대한 신학을 전개하였다. 이 당시 그의 주된 관심사는 그때까지 불명료한 오리게네스의 삼위일체론을 명백히 해석하는 것이었다. 오리게네스는 성부, 성자, 성령에게 각각 하나의 히포스타시스(위격)를 인정하였다. 그러나 그는 단원론의 의미에서 하느님의 일치를 지키고, 모든 사벨리우스주의에 대하여 삼위의 구별을 강조하기 위하여 성자와 성령을 성부에게 종속시켰다(종속론). 이러한 삼위三位의 정확한 관계에 관한 논의는 물론 이때까지 해결되지 않았다. 아리우스는 중플라톤주의 내지 신플라톤주의의 원리를 논거로 이 문제를 해결하려 하였다. 플라톤주의는 존재에 하나*τὸ ἕν*의 근원*ἀρχή*만 있다고 가르쳤다. 이 존재는 시작이 없으며, 본디의 의미 또는 자주적인 의미에서 하나의 실체*ὑπόστασις*에만 적합하다. 아리우스는 이 개념을 성부께 전용轉用하였다. 성부만이 모든 것의 근원이며 시작도 없고*ἄναρχος*, 곧 태어나지 않고*ἀγέννητος* 창조되지 않고*ἀγένητος*(이 개념들은 당시까지 동일한 과정을 나타내었다), 따라서 영원하며*ἀΐδιος* 변하지 않으며*ἄτρεπτος*, 달라지지 않는*ἀναλλοίωτος* 한 분뿐이신 하느님이다. 성부에게만 유일한 신적 히포스타시스, 곧 신성이 적합하다(히포스타시스와 우시아 개념은 이때까지도 명백히 구분되지 않았다). 이 사고도식에 따르면 이러한 신적 속성의 중복은 이신론二神論을 배제한다. 따라서 아리우스는 당시까지 해결되지 않은 오리게네스의 삼위일체 신학을 달리 설명하였으며, 성자를 명백히 피조물 자리에 놓았다. 성자는 태어났으며*γεννητός*, 따라서 필연적으로 피조물*κτίσμα, ποίημα*이다. "성자가 존재하지 않은 시대가 있었다"*Ἦν ποτε ὅτε οὐκ ἦν*라는 말이 아리우스 신학에 핵심이 되는 상투어이다. 이 정식은 아리우스의 주저主著「탈레이아」*Θάλεια*(향연)의 주된 내용이며, 아리우스를 다루는 거의 모든 사료에서 인용된다.

아리우스는 예수에 관한 성서의 증언에 대하여, 하느님의 아들은 모든 피조물 가운데 유일하게 탁월한 위치를 차지한다고 자신의 입장을 상세히 설명하였다. 성자는 창조 이전에 창조되었고, 다른 모든 것은 단지 그를 통해 창조되었다. 그는 모든 피조물 가운데 첫째이다(잠언 8,22-31). 그는 "하느님, 로고스, 소피아, 능력Dynamis"이라는 명칭도 지니나, 이러한 명칭은 본성 때문이 아니라 은총 때문이다. 하느님께서는 그리스도가 변하는*τρεπτός* 본성을 가졌지만 자유의지*αὐτεξούσιος*로 당신의 의지와 늘 결합한다고 예견하였기 때문에, 인간이 삶의 검증*ἀρετή*을 통해서만 얻어야 하는 영광*(δόξα)*을 처음부터 그리스도께 주셨다. 따라서 이러한 구상은 성자가 모든 피조물보다 위에 있음을 강조하나, 한편으로는 하느님 아버지와 성자 사이의, 다른 한편으로는 모든 다른 피조물과 성자 사이의 근본적이고 절대적인 차이를 거의 나타내지 못한다. 아리우스의 학설체계에 따르면 성자는 하느님이나 성부의 본성*οὐσία/ὑπόστασις*에 관여하지 않고, 따라서 서열, 권위,

영광에서 종속적이기 때문에 "참된 하느님"*ἀληθινὸς θεός*이 아니다. 따라서 성자는 우시아의 분할로 물질적인 표상들을 지니며, 성부와 성자는 시작이 없는 다른 두 본질을 전제로 하기 때문에 "동일본질"과 "동일영원"과 같은 개념도 부인된다. 성자는 "모든 점에서 성부의 본질과 특성에 걸맞지 않으며 같지 않다"*ἀλλότριος μὲν καὶ ἀνόμοιος κατὰ πάντα τῆς τοῦ πατρὸς οὐσίας καὶ ἰδιότητος*.

오피츠Hans-Georg Opitz는 아리우스 논쟁의 발단을 318년으로, 논쟁의 첫 단계를 318~322년으로 정하였다. 멜리티우스파는 "혁신적인 교의" 때문에 아리우스를 주교에게 고발하였으며, 아리우스는 로고스와 성부가 "동일영원"하다는 주교의 가르침을 논박하였다. 아울러 그는 오늘날 단편만 남아 있는 주저「향연」*Thaleia*을 저술하였다. 그는 자신의 정통신앙을 증명하기 위하여 320년경 여러 장로와 부제가 함께 서명한 편지를 알렉산더에게, 327년 말에는 알렉산드리아의 부제와 나중에 여러 해 동안 동반자로 같은 길을 걸은 에우조이우스와 함께 콘스탄티누스 황제에게 편지를 보냈다. 알렉산더 주교는 처음에 매우 조심스럽게 회칙回勅과 테살로니카 또는 비잔즈의 알렉산더에게 보낸 편지로만 대응하였다. 콘스탄티누스 황제는 이 논쟁을 처음에 철학자들의 말다툼과 다름없는, 곧 국가를 위해 중요한 교회의 일치를 쓸데없이 해치는 교회 내적인 의견 차이로만 생각하였다.

아리우스가 이집트를 포함한 다른 지역에서 매우 빠르게 대중적 인기와 지지를 얻자 알렉산드리아 교회회의(323년)는 그를 파문하였다. 물론 이러한 파문이 논쟁을 종식시키지 못하자 콘스탄티누스 황제는 일인 통치자가 된 다음 324년 9월 코르도바의 주교 오시우스를 공식적인 평화사절로 삼아 알렉산드리아에 파견하였다. 오시우스는 324년 안티오키아를 거쳐 황제의 관저가 있는 니코메디아로 돌아왔지만, 그의 중재 노력은 성과를 거두지 못하였다. 그러나 그는 알렉산드리아를 포함한 그밖의 지역에서 논쟁의 중요성을 인식하였고, 귀환하는 길에 안티오키아의 주교좌가 비어 있어 생긴 복잡한 상황을 체험하였다. 그가 의장으로 활동한 안티오키아 교회회의는 비어 있는 주교좌 문제를 해결하는 동시에, 아리우스의 신학에 대해 태도를 바꾸어 아리우스와 함께 체사레아의 에우세비우스를 포함한 세 명의 추종자를 단죄하였다. 그러나 이러한 단죄에는 더 많은 인원이 참석한 교회회의가 이 결정을 승인해야 한다는 조건이 따랐다. 다음 해에 맨 처음 안치라로 소집되고, 마침내 니체아에서 열린 교회회의는 보편적 신앙고백을 정식화하면서 "동일본질"이라는 개념을 채택하였다(3.1. 참조).

　　문제의 해결을 위해서 콘스탄티누스 황제가 취한 정책은 아리우스의 운명을 여러 번 바꾸어 놓았다(제3부 서론 1.1.1. 참조). 황제는 328년 아리우스를 일리리아의 유배지에서 소환하였으며, 아타나시우스를 알렉산드리아의 주교 알렉산더의 후계자로 임명하였다. 이러한 조치는 황제에게 비타협적인 아타나시우스에 대한 화해의 일환이었다. 황제는 333년 아리우스의 작품들을 태워버리라는 칙령을 반포하였다. 그러나 335년에 열린 예루살렘 교회회의는 체사레아의 주교 에우세비우스와 니코메디아의 주교 에우세비우스의 주도 아래 아리우스를 교회에 다시 받아들이는 데 찬성하였다. 아리우스는 336년 이 결정이 실행되기 바로 전에 사망하였다. 아리우스주의의 궁극적인 패배로 말미암아 그의 저서는 거의 남아 있지 않다.

참고문헌 목록: A.M. Ritter, *Arius redivivus?* Ein Jahrzwölft Arianismusforschung: ThR 55 (1990) 153-87. – A.M. Ritter, Arius in der neueren Forschung: R. Perič (ed.), *Homo imago et amicus Dei* (FS I. Golub), R 1991, 423-39.

편집본: E. Schwartz, Die Dokumente des arianischen Streits bis 325: Die Quellen über den melitianischen Streit: NGWG.PH 1905/3, 257-99 [= Ders., Gesammelte Schriften III (1959) 117-68]. – E. Schwartz, Das antiochenische Synodal-Schreiben von 325: NGWG.PH 1908/3, 305-74 [= partim Ders., Gesammelte Schriften III (1959) 169-87]. – Urkunden zur Geschichte des arianischen Streites = H.G. Opitz, Athanasius, Werke 3/1, B 1934 ff.

번역서: E. Bellini, Alessandro e Ario. Un esempio di conflitto tra fede e ideologia. Documenti della prima controversia ariana, Mai 1974 (iÜK).

참고문헌: 사전 항목: A.M. Ritter: TRE 3 (1978) 692-719. – Ch. Kannengiesser: EEC 92-4. – M. Simonetti: EECh I 76-8.

일반 연구서: M. Simonetti, Studi sull'arianesimo = VSen NS 5 (1965). – E. Boularand, L'hérésie d'Arius et la "foi" de Nicée, 2 vol., P 1972 3. M. Simonetti, La crisi ariana nel IV secolo = SEAug 11 (1975). – R.C. Gregg (ed.), Arianism. Historical and Theological Reassessments = PatMS 11 (1985). – J.T. Lienhard, The "Arian" Controversy: Some Categories Reconsidered: TS 48 (1987) 415-37. – R. Williams, Arius, Heresy and Tradition, Lo 1987. – R.P.C. Hanson, The Search for the Christian Doctrine of God. The Arian Controversy 318-381, Edinburgh 1988. – A. Martin, Le fil d'Arius: 325-335: RHE 84 (1989) 297-333. – A. Martin, Les relations entre Arius et Melitios dans la tradition Alexandrine. Une histoire polémique: JThS NS 40 (1989) 401-13. – Ch. Kannengiesser, Alexander and Arius of Alexandria: The last Ante-Nicene

Theologians: Comp. 35 (1990) 93-105.

논쟁의 발단/그리스도론: H.-G. Opitz, Die Zeitfolge des arianischen Streites von den Anfängen bis zum Jahre 328: ZNW 33 (1934) 131-59. – W. Telfer, When did the Arian Controversy begin?: JthS 47 (1946) 129-42. – W. Schneemelcher, Zur Chronologie des arianischen Streites: ThLZ 79 (1954) 393-400. – T.E. Pollard, The Origins of Arianism: JThS NS 9 (1958) 103-11. – M. Simonetti, Le Origini dell'arianesimo: RSLR 7 (1971) 317-30. – U. Loose, Zur Chronologie des arianischen Streites: ZKG 101 (1990) 88-92.

철학: L.W. Barnard, What was Arius' Philosophy?: ThZ 28 (1972) 110-17. – F. Ricken, Zur Rezeption der platonischen Ontologie bei Eusebios von Kaisareia, Areios und Athanasios: ThPh 53 (1978) 321-52. – R.D. Williams, The Logic of Arianism: JThS NS 34 (1983) 56-81.

교회회의(324/25년): L. Abramowski, Die Synode von Antiochien 324/25 und ihr Symbol: ZKG 86 (1975) 356-66.

향연: Ch. Kannengiesser, Où et quand Arius composa-t-il la *Thalie*?: P. Granfield/J. A. Jungmann (eds.), Kyriakon I (FS J. Quasten), Ms 1970, 346-51. – G.C. Stead, The *Thalia* of Arius and the Testimony of Athanasius: JThS NS 29 (1978) 20-52. – K. Metzler, Ein Beitrag zur Rekonstruktion der "*Thalia*" des Arius: K. Metzler/F.J. Simon, *Ariana et Athanasiana*. Studien zur Überlieferung und zu philologischen Problemen der Werke des Athanasius von Alexandrien, Opladen 1991, 11-45. – A. Pardini, Citazioni letterali della Θάλεια in Atanasio, Ar. 1,5-5: Orph. 12 (1991) 411-28. – Th. Böhm, Die *Thalia* des Arius: Ein Beitrag zur frühchristlichen Hymnologie: VigChr 46 (1992) 334-55.

신학: A. Tulier, Le sens du terme ὁμοούσιος dans le vocabulaire théologique d'Arius et de l'Ecole d'Antioche: StPatr 3 = TU 78 (1961) 421-30. – E.P. Meijering, *HN ΠΟΤΕ ΟΤΕ ΟΥΚ HN O ΥΙΟΣ*. A Discussion on Time and Eternity: VigChr 28 (1974) 161-8. – R. Lorenz, *Arius judaizans?* Untersuchungen zur dogmengeschichtlichen Einordnung des Arius = FKDG 31 (1980). – R.C. Gregg/D. E. Groh, Early Arianism – A View of Salvation, Lo 1981. – Th. Böhm, Die Christologie des Arius. Dogmengeschichtliche Überlegungen unter besonderer Berücksichtigung der Hellenisierungsfrage, St. Ottilien 1991.

전사前史: G. Bardy, Recherches sur St. Lucien d'Antioche et son école = ETH (1936). – L.W. Barnard, The Antecedents of Arius: VigChr 24 (1970) 172-88. – H.Ch. Brennecke, Lukian von Antiochien in der Geschichte des Arianischen Streites: H.Ch. Brennecke/E. L. Grasmück/Ch. Markschies (eds.), Logos (FS L. Abramowski) = BZNW 67 (1993) 170-92.

3. 니체아 공의회(325년)

콘스탄티누스 황제는 제국의 일인 통치자가 된(324년) 직후, 무엇보다도 아리우스 논쟁을 해결하기 위하여 교회사에서 첫번째 "전 세계" 공의회를 열었다. 그는 이 공의회를 처음에 안치라로 소집하였으나 뒤에 니코메디아의 관저 가까이에 있는 니체아로 소집하였다. 이 공의회는 교회 전체와 관련된 문제를 결정하여 보편적 의무를 지우고, 참석한 교부들이 지역적으로 교회 전체를 대표하였기 때문에, 처음으로 "전 세계" 공의회로 여겨졌다. 콘스탄티누스 황제는 공의회를 325년 5월 20일 황실의 제1회당에서 성대하게 개최하였으며, 공의회의 심의와 결정에 적지 않은 영향력을 행사하였다. 체사레아의 에우세비우스가 특히 「콘스탄티누스의 생애」에서 명시하듯이, 황제의 지도적 역할은 교회와 국가의 일치를 책임진 보증인으로 그의 통치 이념으로 설명된다. 따라서 이러한 역할은 그의 후계자들에게도 계속되었다. 후대의 전승에 따르면 니체아 공의회에는 정확히 318명의 주교가 참석하였으며, 이들은 처음으로 "거룩한 아버지"라는 칭호를 얻었다(서론 전문 분야로 "교부론" 2. 참조). 이 보고가 약 2,3백 명이 참석한 실제 숫자와는 다를지라도 318명은 아브라함의 하인 318명(창세 14,14), 또는 그리스어 철자의 의미로 τ(300 = 그리스도의 십자가)와 $\iota\eta$(18 = 예수)를 상징적으로 암시한다.[6] 공의회에서 뛰어난 활동을 한 중심인물은 다음과 같다.

- 코르도바의 주교 오시우스는 이미 황제의 지시로 알렉산드리아에서 중재 역할을 하였으며, 324/25년에 열린 안티오키아 교회회의의 의장이었다. 여러 문서에 따르면 그가 니체아 공의회에서 황제의 측근으로서, 두 명의 로마 장로와 함께 로마 주교의 공식적인 대표자로 직무를 수행하였음을 알 수 있다.
- 알렉산드리아의 총대주교 알렉산더와 당시 부제이며 나중에 그의 후계자가 된 아타나시우스는 반세기 동안 니체아파의 지도자이자 반아리우스 저항의 중심인물이었다.
- 공의회 바로 직전에 안티오키아 주교가 된 에우스타티우스는 니체아 신앙고백을 옹호하는 완고한 태도 때문에 330년 추방되었다.
- 체사레아의 주교 에우세비우스는 안티오키아 교회회의에서 일시적으로 파문된 뒤 공의회에서 자신의 정당성을 변론해야 했다. 그는 이후 아리우스주의와 완고한 니체아주의 사이에서 중용을 추구하는 데 중요한 정치적 역할을 했다.

---

[6] M. Aubineau, Les 318 serviteurs d'Abraham (Gen., XIV,14) et le nombre des Pères au Concile de Nicée(325): RHE 61 (1966), 5-43쪽; H. Chadwick, Les 318 Pères de Nicée: ebd., 808-11쪽 참조.

- 오늘날까지도 매우 인기가 있는 미라의 주교 성 니콜라우스도 이 공의회에 참석하였으나 두드러진 역할을 하지 못하였다.
- 아리우스파에서는 아리우스, 니코메디아의 주교 에우세비우스, 안티오키아의 루치아누스의 다른 제자들이 이 공의회에 참석한 대표적 인물이었다.

공의회가 며칠 동안 열렸는지는 정확히 알 수 없다. 공의회는 아마도 325년 6월 19일 또는 콘스탄티누스 황제의 20주년 통치기념 축제날인 325년 7월 25일에 끝난 것 같다. 공의회의 회기 때 회의록이 작성되었을 테지만 공의회 문서는 남아 있지 않다. 공의회의 결정사항들은 단지 간접적으로 전해진다. 공의회는 네 개의 문서를 공포하였다. 신앙고백 또는 신경(아리우스와 그의 추종자 두 명만 이에 서명하지 않아 그들은 면직되고 일리리아로 추방되었다), 보편적으로 교회 전체에 의무를 지운 부활축일에 관한 교령, 규율문제에 관한 20조의 규범규정, 공의회의 결정들을 형제 교회에 전하는 교회회의 서간이 그것이다.

편집본: Mansi II 635-1082 (gl). – DH 125-30 (glTdÜ). – C.H. Turner (ed.), *Ecclesiae occidentalis Monumenta iuris antiquissima. Canonum et Conciliorum Graecorum interpretationes latinae* I/1, O 1899-1913, 97-280, 297-368 (1).

번역서: Ortiz de Urbina 277-94.

참고문헌: 사전 항목: H.J. Vogt: EEC 648-51. – Ch. Kannengiesser: EECh II 595. – H.C. Brennecke: TRE 24 (1994) 429-41.

각론서: J. Hefele/H. Leclercq, Histoire des conciles d'après les documents originaux I/1, P 1907, 335-632. – I. Ortiz de Urbina, Nizäa und Konstantinopel = GÖK 1 (1964) 13-156 (f P 1963). – C. Luibhéid, The Council of Nicaea, Galway 1982. – L.D. Davis, The First Seven Ecumenical Councils (325-787). Their history and theology, Wilmington 1987.

연구서: F. Ricken, Nikaia als Krisis des altchristlichen Platonismus: ThPh 44 (1969) 321-41. – F. Ricken, Das Homousios von Nikaia als Krisis des altchristlichen Platonismus: B. Welte (ed.), Zur Frühgeschichte der Christologie. Ihre biblischen Anfänge und die Lehrformel von Nikaia = QD 51 (1970) 74-99. – M. Simonetti, Teologia alessandrina e teologia asiatica al concilio di Nicea: Aug.13 (1973) 369-98. – H. v. Campenhausen, Das Bekenntnis Eusebs von Caesarea (Nicaea 325): ZNW 67 (1976) 123-39 (= Urchristliches und Altchristliches, Tü 1979, 278-99). – B. Lonergan, The Way to Nicea. The Dialectical Development of Trinitarian Theology, trans. C. O'Donovan, Lo 1976 [= Ders., *De Deo Trino*, R 1964, 17-112]. – T.F. Torrance, The Trinitarian Faith. The Evangelical Theology of the Ancient Catholic Church, Edinburgh 1988. – M. Tetz, Zur strittigen Frage arianischer Glaubenserklärung auf dem Konzil von Nicaea (325): H.Ch. Brennecke/E.L. Grasmück/Ch. Markschies (eds.), Logos (FS L. Abramowski) = BZNW 67 (1993) 220-38.

3.1. 신 경

공의회가 다루어야 할 주요 사항은 아리우스의 신학에 대한 신학적 설명과 교회 전체에 의무를 지운 삼위일체 신앙을 결정하는 것이었다. 교부들은 처음에 이 문제를 신학적 명제가 아니라 신앙고백Symbolum의 형식으로 다루었다. 이미 신약성서에 나오듯이 그때까지는 신앙에 관한 짧은 정식으로 이루어진 지방교회의 신경만 있었다. 공동체에서 신앙을 고백하는 삶의 자리는 세례예식이었다. 이 예식이 거행될 때 세례자는, 오늘날 부활 전야 미사에서도 행하듯이 신앙에 관한 질문을 받았다. 세례고백은 본디 선언적 형식이 아니라 질문 형식이었으며, 신경이라는 명칭 자체는 세례를 받기 위해 제출해야 하는 "증거 문서"로서 세례고백의 기능을 하였다. 보편적으로 의무를 지우는 신앙에 대한 결정과 함께 세례고백은 정통 신앙의 시금석으로, 새로운 의미에서 "신앙의 규범"으로 변하였다.

공의회는 에우세비우스가 자신의 정통신앙을 입증하려고 제출한 체사레아 교회의 세례고백, 또는 시리아–팔레스티나의 고백을 신앙고백(신경)의 기초로 삼았다. 그러나 이 신앙고백에는 성서의 개념들 외에 철학적·전문적 개념, 이 가운데 동일본질 개념이 도입되었으며, 아리우스의 해석을 가능한 한 없앤 명제들로 보완되었다.

Πιστεύομεν εἰς ἕνα θεὸν	우리는 한 분이신 하느님을 믿는다.
πατέρα παντοκράτορα	그분은 전능하신 아버지이시며
πάντων ὁρατῶν τε καὶ ἀοράτων ποιητήν.	유형 무형한 만물의 창조주이시다.
Καὶ εἰς ἕνα κύριον Ἰησοῦν Χριστόν	그리고 우리는 한 분이신 주 예수 그리스도를 믿는다.
τὸν υἱὸν τοῦ θεοῦ	그분은 하느님의 외아들이시며
γεννηθέντα ἐκ τοῦ πατρὸς μονογενῆ	아버지에게서 나셨으며
τουτέστιν ἐκ τῆς οὐσίας τοῦ πατρός,	곧 아버지의 본질에서 나셨다.
θεὸν ἐκ θεοῦ	하느님에게서 나신 하느님이시며

φῶς ἐκ φωτός — 빛에서 나신 빛이시며

θεὸν ἀληθινὸν ἐκ θεοῦ ἀληθινοῦ, — 참 하느님에게서 나신 참 하느님이시다.

γεννηθέντα οὐ ποιηθέντα, — 그분은 창조되지 않고 나셨으며

ὁμοούσιον τῷ πατρί, — 아버지와 본질에서 같으시다.

δι' οὗ τὰ πάντα ἐγένετο, — 그분으로 말미암아 만물이,

τά τε ἐν τῷ οὐρανῷ καὶ τὰ ἐν τῇ γῇ — 하늘에 있는 것들이나 땅에 있는 것들이 생겨났다.

τὸν δι' ἡμᾶς τοὺς ἀνθρώπους — 그분은 우리 인간을 위하여

καὶ διὰ τὴν ἡμετέραν σωτηρίαν — 우리의 구원을 위하여

κατελθόντα καὶ σαρκωθέντα, — 내려오시어 육신을 취하시고

ἐνανθρωπήσαντα — 사람이 되셨으며

παθόντα — 고난을 받으시고

καὶ ἀναστάντα τῇ τρίτῃ ἡμέρα, — 사흘날에 부활하시고

ἀνελθόντα εἰς τοὺς οὐρανούς, — 하늘로 올라가셨으며

ἐρχόμενον κρῖναι ζῶντας καὶ νεκρούς. — 산 이들과 죽은 이들을 심판하러 오실 것이다.

Καὶ εἰς τὸ ἅγιον πνεῦμα. — 그리고 우리는 성령을 믿는다.

Τοὺς δὲ λέγοντας ἦν ποτε ὅτε οὐκ ἦν — "그분이 존재하지 않은 시대가 있었다",

καὶ πρὶν γεννηθῆναι οὐκ ἦν — "나시기 전에 존재하지 않았다" 하고 말하는 사람들을

καὶ ὅτι ἐξ οὐκ ὄντων ἐγένετο — 또는 비존재에게서 생겨났다거나

ἢ ἐξ ἑτέρας ὑποστάσεως — 다른 히포스타시스

ἢ οὐσίας φάσκοντας εἶναι — 또는 우시아에서 존재한다고 말하는 사람들을,

[ἢ κτιστὸν — 또는 하느님의 아들은 창조되었으며]

ἢ τρεπτὸν — 변할 수 있으며

ἢ ἀλλοιωτὸν τὸν υἱὸν τοῦ θεοῦ, — 달라질 수 있다고 말하는 사람들을

τοὺς ἀναθεματίζει ἡ καθολικὴ — 보편되고

καὶ ἀποστολικὴ ἐκκλησία. — 사도로부터 이어오는 교회는 파문한다.

신앙고백은 세 문장으로 이루어져 있으며 성령에 관한 세번째 부분은 "그리고 우리는 성령을 믿는다"로 끝맺는다. 성령은 세례 정식의 일부였으나, 성령론은 당시까지 문제점으로 제기되지도 더 이상 발전되지도 않았다. 더욱이 신학과 신앙고백의 근본적 관심사에서 드러나듯이 다른 상징들은 아버지와 아들로 나뉘거나 그리스도론(예수 그리스도를 통한 구원)과 거의 관련된다. 이러한 그리스도론적 시각은 시종일관 전개되고 있으며, 여기서 세계의 창조주이며 성자를 파견한 성부와 성령으로 확장된다. 그리스도론에 관련된 부분이 신앙고백 전체에서 가장 큰 비중을 차지하며, 바로 이 사실에서 논쟁들이 발생한다. 하느님 아버지에 관한 진술에는 의심할 요소가 없기 때문이다. 하느님 명칭의 첫 자리는 마땅히 성부에게 속한다. 그는 아버지이자 전능하신 만물의 창조주라는 사실에서, 하느님께 관한 그밖의 모든 속성이 논리적으로 이어진다.

니체아 신경 가운데 그리스도론과 관련된 부분에서 동일본질 개념은 반아리우스 고백의 핵심적인 표현이 되었다. 이 표현은 성자를 성부와 명백히 동일시하고, 이를 위해 공의회의 교부들은 다른 모든 정확한 개념을 덧붙였다. 당시까지 동의어였던 $\gamma\epsilon\nu\nu\eta\theta\epsilon\iota\varsigma$(태어난)와 $\gamma\epsilon\nu\eta\theta\epsilon\iota\varsigma$(창조된)의 개념이 명백히 구별되었는데, "태어난"은 성자가 성부의 (의지에서가 아니라) 본질($o\dot{v}\sigma\iota\alpha$)에서 영원 전에 태어났음을 의미하며 "창조된"은 피조물성($\pi o\iota\eta\theta\epsilon\iota\varsigma$)을 나타낸다. 따라서 그리스도는 전의적 의미에서만 하느님이 아니라 "참된 하느님에게서 나신 참된 하느님"이다. 신경을 보완하는 파문문에는 성자가 피조물 가운데 첫째이지만 피조물이라는 가정에 바탕을 둔 아리우스의 모든 신학적 명제에 관한 목록을 싣고 있다(공의회의 교의 결정이 반대자에 대한 파문으로 끝나는 관습은 제2차 바티칸 공의회에 이르러서 없어졌다).

먼저 성서의 케리그마 수호와 올바른 해석이 중요하였기 때문에 교부들은 비성서 개념을 근본적으로 불신하여 이를 신앙고백에 수용히는 데 신중을 기하였다. 공의회의 신경은 성부의 우시아에서 성자의 신성에 관한 철학적 해결에서 두 가지 문제점을 담고 있다. 이때문에 신경을 수용하기 위한 논쟁이 일어났다.

1) 당시까지 명확하게 구분되지 않은 우시아와 히포스타시스 두 개념을 같은 의미로 본 것은 신경의 사벨리우스적 해석을 자체에 숨기고 있는 것이며, 따라서 신

적 "위격들"을 명백히 구분하지 않았다. 이에 대한 명료한 구분은 콘스탄티노플 공의회의 "하나의 본성 – 세 위격"*μία φύσις – τρεῖς ὑποστάσεις* 정식에서 이루어졌다.

2) 육화된 성자의 신성과 인성의 관계에 논리적으로 뒤따르는 문제는 여기서 "사람이 되었다"*ἐνανθρωπήσαντα*라는 말로 보완하여도 전통적으로 성서용어인 "육신을 취하였다"*σαρκωθέντα*(요한 1,14)로 묘사되어(로고스-육신-도식), 라오디체아의 아폴리나리우스는 예수의 영혼을 분명히 부인하였으며, 네스토리우스는 "하느님을 낳으신 분"*θεοτόκος*이라는 칭호를 단호히 부인하였다. "로고스-인간-도식" 의미의 최종적인 해결은 칼체돈 공의회의 "하나의 위격 – 두 본성"*ἓν πρόσωπον – δύο φύσεις* 정식에서 이루어졌다.

3.의 서술 참조.

편집본: ACO 2/1 (1933) (323). (g); 2/3 (1935) (394) (1). – COD 4-15 (Symbol, Kanones gl). – G.L. Dossetti, II simbolo di Nicea e di Constantinopoli. Edizione critica = TRSR 2 (1967) (glTK).

참고문헌: 사전 항목: H. Lietzmann, Symbolstudien XIII: ZNW 24 (1925) 193-202. – H.J. Carpenter, *Symbolum* as a Title of the Creed: JThS 43 (1942) 1-11. – W. Rordorf, La confession de foi et son "Sitz im Leben" dans l'église ancienne: NT 9 (1967) 225-38. – D.L. Holland, The Creeds of Nicea and Constantinople Reexamined: ChH 38 (1969) 248-61. – J.N.D. Kelly, Altchristliche Glaubensbekenntnisse. Geschichte und Theologie, Gö 1972 (e O ³1972). – J.N.D. Kelly, The Nicene Creed: A Turning Point: SJTh 36 (1983) 29-39. – A.M. Ritter: TRE 13 (1984) 399-412. – A. de Halleux, La réception du symbole œcuménique, de Nicée à Chalcédoine: EThL 61 (1985) 1-47. – W.-D. Hauschild: TRE 24 (1994) 444-56.

연구서: J. Ulrich, Die Anfänge der abendländischen Rezeption des Nizänums = PTS 39 (1994). – R. Staats, Das Glaubensbekenntnis von Nizäa-Konstantinopel. Historische und theologische Grundlagen, Da 1996.

3.2. 부활축일 교령

스미르나의 폴리카르푸스와 로마의 주교 아니체투스, 리용의 이레네우스와 로마의 주교 빅토르 사이의 부활축일 논쟁 이래, 로마와 알렉산드리아 교회는 그들의 관습에 따라 춘분 이후 만월 다음에 오는 첫번째 일요일에 부활절을 지냈다. 이와 달리 소아시아의 그리스도인은 사도 요한의 전통에 따라 니산 달 14일 또는 그 다음 일요일에 부활절을 지냈다. 따라서 이 문제는 아직도 교회에서 공식적으로 결정되지 않았다. 니체아 공의회는 이 문제에 대해 모든 교회가 로마의 관례에 따라 부활축일을 지켜야 한다는 규정을 마침내 교령으로 결정하였다.

교령과 규범규정은 형식이나 기능에서 실제로 구분되지 않는다. 둘 다 신앙문제와 규율문제를 규정할 수 있다. 따라서 니체아 공의회는 부활축일 교령을 그 의미 때문에 20조의 규범규정에서 떼어놓은 듯하다. 물론 교령이 공의회의 상황, 문제점, 토론이 일어난 상황을 설명하고 규범규정처럼 단순한 결정들을 선포하지 않는다는 점에서 교령은 우리에게 전해진 규범규정의 형태와 구별된다.

3.의 서술 참조.

편집본: J.-B. Pitra, *Juris ecclesiastici Graecorum historia et monumenta* I, Rom 1864, 427-40 (Kanones, Osterfestdekret gl). – V.N. Beneševič, *Ioannis Scholastici synagoga L titulorum ceteraque eiusdem opera iuridica, tomus* I = ABAW.PH 14 (1937) 156.

참고문헌: J. Schmid, Die Osterfestfrage auf dem ersten allgemeinen Konzil von Nicäa = ThSLG 13 (1905). – F. Daunoy, La question pascale au concile de Nicée. EOr 24 (1925) 424-44. – G. Larentzakis, Das Osterfestdatum nach dem I. Ökumenischen Konzil von Nikaia (325). Die Rolle von Alexandrien und Rom: ZKTh 101 (1979) 67-78.

3.3. 규범규정

공의회의 20조 규범규정은 체계적인 순서 없이 교회의 구조(4-7. 15. 16), 성직자의 품위(1-3. 9. 10. 17), 공개 회개(11-14), 교회 분열자와 이단자의 재수용(8. 19)과 전례 규정(18. 20)을 다룬다. 규범규정 제3조에서는 어머니, 누이, 숙모나 백모 또는 완전히 신뢰할 만한 여성만 성직자가 머무르는 집에 살도록 규정한다. 제4조에서는 적어도 세 명의 주교가 주교를 서임하도록 규정하며, 제18조에서는 오늘날까지도 근본적으로 유효한 규정, 곧 부제가 사제에게 주님의 몸을 분배하는 것을 금한다. 제8조와 제19조에서는 어떤 조건에서 멜리티우스파와 파울리누스파를 교회에 다시 받아들일 수 있으며 받아들여야 하는지를 규정한다.

니체아 공의회 전후의 모든 교회회의와 공의회는 신앙 결정 외에 초교구적 문제들을 규정하기 위하여 이러한 규율규정을 실제로 공포하였다.

3.1.과 3.2.의 서술 참조.

편집본: P.-P. Joannou, Les Canons des Conciles Œcuméniques (IIe-IXe s.) = FCCO IX/I,1 (1962) 23-41.

참고문헌: W. Bright, The Canons of the First Four General Councils of Nicaea, Constantinople, Ephesus and Chalcedon, with notes, O ²1892. – P. L'Huillier, The Church of the Ancient Councils. The Disciplinary Work of the First Four Ecumenical Councils, Crestwood/NY 1996, 17-100.

3.4. 교회회의 서간

니체아 공의회는 공의회에 참석하지 못한 형제 교회에 공의회에 관한 소식을 알리고 교회 공동체에 함께 속해 있다는 표시로 여러 편의 교회회의 서간을 발송하였다. 이 가운데 알렉산드리아와 이집트 교회에 보낸 서간들만 남아 있다. 이 서간은 일반 편지처럼 발신인, 수신인에 관한 기록과 인사로 시작한다. "니체아의 위대하고 거룩한 공의회에 모인 주교들은 알렉산드리아의 위대하고 거룩한 교회, 이집트, 리비아, 펜타폴리스의 형제들에게 주님 안에서 구원을 빕니다." 그 다음으로 서간을 보내는 동기, 공의회의 과정, 아리우스, 멜리티우스 분열, 부활축일 교령에 관한 공의회의 결정에 대한 내용이 나온다. 규범규정들은 일일이 열거되지 않은 채 다음의 글로 대체되었다. "우리의 … 형제 알렉산더 앞에서 아직도 다른 결정들이 이루어져야 합니다. 그가 심의와 결정에 깊이 관여하였기 때문에 돌아가서 여러분에게 더 정확한 소식을 전해줄 것입니다." 이 서간은 관례에 따라 기도의 청원과 삼위일체에 관한 영광송으로 끝맺는 인사를 대신한다.

3.의 서술 참조.

편집본: Urkunde 23 zur Geschichte des arianischen Streites = H. G. Opitz, Athanasius, Werke 3/1, B 1934 ff., 47-51.

번역서: A. Seider, Theodoret von Cyrus, Kirchengeschichte: BKV² 51 (1926) 39-42.

4. 아타나시우스

알렉산드리아의 총대주교 알렉산더는 328년 4월 17일 사망하였다. 그는 니체아 공의회에 함께 참석하고 그곳에서 철저한 반아리우스 입장을 보인 아타나시우스 부제를 임종하는 자리에서 잠정적인 후계자로 미리 임명하였다. 그 당시

멜리티우스파 분열은 아직도 해결되지 않았다. 알렉산더는 니체아 공의회에서 멜리티우스파를 교회에 다시 받아들이라고 결정한 규칙Regel들을 따르지 않았기 때문에, 이집트 주교들 과반수 정도가 아타나시우스의 총대주교 권한을 인정하지 않았다. 따라서 멜리티우스파가 합법적인 선거로 자기네 파에 속한 인물을 주교로 선출하려고 하자, 알렉산더를 따르는 일부 주교들이 급히 서둘러 아타나시우스를 총대주교로 선출하여, 328년 6월 8일 주교로 서품하였다. 이들은 다른 결과가 일어날 것을 우려하여 참석하지 않은 투표자의 서명이 없었는데도 유효표로 여겨 니체아 공의회의 규범규정 4조를 위반하였다. 이 일로 아타나시우스는 뒤에 반대자들로부터 비난을 받았다. 그러나 콘스탄티누스 황제가 알렉산드리아 공동체에 보낸 축하 편지에서 그의 서품에 동의하였기 때문에 과반수의 이집트 주교들은 아타나시우스를 총대주교로 승인하였다.

지금까지의 전통적인 견해에 따르면 아타나시우스는 주교품을 받을 당시 33세였으며, 따라서 295년경에 태어났다고 한다. 그러나 최근에 마틴Martin(ThH 27, 42[34])과 칸넨기서Kannengiesser(TS 46, 524-5쪽; EEC, 110쪽)는 아타나시우스의 나이가 서품받을 당시 교회법에서 규정하는 30세가 되지 않았다고 주장하였다.[7] 이들에 따르면 그는 300년경에 태어났다고 할 수 있다. 아타나시우스의 출생, 어린 시절, 청년 시절에 관하여 확실하게 알 수 있는 사실은 거의 없다. 그는 알렉산드리아의 비그리스도교 가문 출신인 것 같다. 루퍼누스는 자신의 「교회사」(X 15)에서 알렉산더 주교가 어린 아타나시우스를 바닷가에서 알게 되었다고 적는다. 아타나시우스는 그의 친구들과 "세례"놀이를 할 때 주교의 역을 맡아 알렉산더의 관심을 끌었다고 한다. 알렉산더가 세례에 대해 자세히 물어보았을 때, 그는 아타나시우스가 예식을 정확히 집행한 것을 확인하였고, 어린 아타나시우스가 베푼 세례를 유효한 것으로 인정하였다고 한다. 알렉산더는 아타나시우스의 부모와 상의한 뒤 그의 교육을 사제들에게 맡겼으며, 그는 "사무엘과 같이 성전에서" 성장하였다고 한다. 이러한 사건의 보고가 경건한 성인전의 영역에 속하느

---

⁷ Simonetti, Crisi ariana 11: "poco più (o meno) che trentenne".

냐 속하지 않느냐 하는 문제는 아타나시우스의 탄생 연도를 어떤 근거에 따라 인정하느냐에 달려 있다. 알렉산더는 313년에 주교가 되었기 때문에 "어린" 아타나시우스는 당시 열세 살이거나 적어도 열여덟 살이었다고 할 수 있다.

이와 달리 아랍어로 남아 있는 세베루스 이븐 알-무카파Ibn al-Muqaffa의 「알렉산드리아의 총대주교 역사」가 사실에 더 가까운 듯하다(PO I/4, 407-8쪽). 이 보고에 따르면 아타나시우스는 알렉산드리아의 신분이 높고 부유한 과부의 아들이었으며, 그의 어머니는 그가 성인成人이 되었을 때 부친의 재산을 넘겨주려고 결혼을 독촉하였다고 한다. 그러나 아타나시우스가 결혼에 전혀 관심을 보이지 않자, 어머니는 그가 결혼생활과 일상생활에 매력을 느끼도록 밤마다 그의 침실에 예쁜 처녀들을 들여보냈다. 그러나 아타나시우스는 잠에서 깨어나면 처녀들을 항상 내쫓았다고 한다. 어머니는 낙심하여 도시의 유명한 마법사를 찾아갔다. 마법사는 아타나시우스와 이야기를 나눈 뒤, 아타나시우스가 그리스도교에 관심을 기울이고 있기 때문에 그녀의 노력이 헛되리라고 말하였다. 그러나 그는 아타나시우스가 위대한 인물이 되리라고 말하였다. 그녀는 아들을 잃지 않기 위하여 알렉산더 주교를 찾아가 아들과 함께 세례를 받았다고 한다. 어머니가 사망하자, 알렉산더는 아타나시우스를 양자로 받아들여 교육시켰으며 뒷날 그에게 부제품을 주고 비서로 삼았다. 아타나시우스 자신도 알렉산더의 독서자Lektor요 비서였으며(약 318/19년부터), 부제였다고 말한다. 이집트 수도생활과 매우 밀접한 관계를 나타내는 후대의 금욕적·은둔적인 경향도 그의 청년 시절에서 비롯된 것 같다.

아타나시우스는 주교품을 받은 직후 성직자의 지지를 얻고, 특히 수도생활을 교회에 융합하기 위하여 관할 교구들을 시찰(330~334년)하였다. 교회에 수도생활을 이끌어들이려는 노력은 성공을 거두어, 그는 몇 년 뒤 수도자들을 (아마도 첫번째로) 주교로 임명하게 하였고, 이에 수도원의 지지와 후원을 받았다. 그러나 그는 아리우스를 교회에 받아들이려는 콘스탄티누스 황제의 모든 노력에 끊임없이 투쟁하였다. 대립주교를 내세운 멜리티우스파는 이 문제에 관해 아리우스파, 특히 니코메디아의 에우세비우스와 협조하여 형사소송으로 아타나시우스를 면직하려고 하였다. 아타나시우스에게 대역죄(331/2년)와 살인죄(332/3년)를 뒤집어쓰우려는 시도는, 이른바 살해되었다는 아르세니우스 주교가 멜리티우스파에 숨어 있는 것을 아타나시우스가 찾아냄으로써 수포로 돌아갔다. 이런 관점에서 그의 반대자들은 팔레스티나 체사레아의 교구 법정에 그를 고소하였으나(334년) 아타나시우스는 이를 무시하였다. 따라서 황제가 소집하고 그도 참석한(그러나 그는 바로 콘스탄티노플로 돌아갔다) 티루스 교회회의는 아타나시우스를 면직하였다. 콘스탄티누스 황제는 아타나시우스의 항소를 기각하였으며 그를 335년 11월 7일 트리어로 추방하였다. 수도 콘스탄티노플 시민의 생계에 중대한 영향을 미치는 이집트의 곡식 공급을 압력 수단으로 활용하겠다는 아타나시우스의 위협을 "에우세비우스파"가 고발하였고, 특히 아리우스를 교회에 다시 받아들이려는 황제의 계획에 아타나시우스가 걸림돌이 되었기 때문이었다. 아타나시우스는 트리어에서 그와 함께 서방에서 니체아 신앙을 탁월하게 방어한 막시미누스 주교와, 뒤에 막시미누스의 후임자가 된 파울리누스와 좋은 관계를 가졌다.

콘스탄티누스 황제가 337년 5월 22일 사망한 뒤, 트리어에 사는 부황제이며 그의 장남인 콘스탄티누스 2세는 아타나시우스를 정치적 이유에서 동방으로 돌아갈 수 있도록 사면했다. 그의 동생 콘스탄티우스 2세가 이 결정을 승인하였기 때문에 아타나시우스는 337년 11월 23일 알렉산드리아로 다시 돌아갈 수 있었다. 338년에 열린 교회회의는 그를 주교로 복직시켰으며 티루스 교회회의의 판결을 무효로 하였다. 물론 그의 반대파는 복직을 인정하지 않고 알렉산드리아에서 소요를 일으켜 황제에게 불만을 표시하였으며, 아타나시우스와 로마의 관계를 끊으려 하였다. 마침내 그들은 339년 초에 카파도키아 출신의 그레고리우스를 대립주교로 내세웠다. 339년 3월 18일 이들로부터 추방당한 아타나시우스는 로마로 갔다. 당시 로마에는 안치라의 마르첼루스도 머무르고 있었다. 로마의 주교 율리우스는 교회회의에 에우세비우스파도 조정하였지만, 그들은 로마 주교가 관할권을 침해하였다는 이유로 참석을 거부하였다. 341년 로마에서 열린 교회회의는 아타나시우스와 마르첼루스의 복직을 승인하였다. 그러나 아타나시우스는 5년 뒤, 콘스탄스 황제가 추방된 주교들의 귀환을 비로소 허용함으로써 346년 10월 21일에 7년 이상의 망명생활에서 벗어나 다시 알렉산드리아로 돌아갈 수 있었다.

이후 10년 동안 아타나시우스는 사목활동과 저술활동에 전념할 수 있는 평화로운 시기를 맞이하였다. 그러나 근본적인 문제가 해결되지 않았기 때문에 353년부터 다시 문제가 불거졌다. 콘스탄티우스 황제는 아를르 칙령(353년)으로, 주교들에게 347/48년 포티누스와 안치라의 마르첼루스와 아타나시우스를 이단자로 묘사한 동방 주교들의 편지에 서명하라고 강요하였다. 이에 따라 아를르 교회회의(353년)와 밀라노 교회회의(355년)는 아타나시우스를 다시 단죄하였다. 이 서명을 거부한 트리어의 파울리누스와 로마의 리베리우스를 비롯한 몇 명의 주교는 망명해야만 했다. 아타나시우스는 356년 2월 8일 황제의 군대가 테오나스 교회를 점령하였을 때 간신히 도망하여, 그가 총대주교직을 맡은 초기부터 긴밀한 관계를 맺고 있던 수도원으로 피신하였다.

콘스탄티우스 황제가 361년 11월 3일 사망하고, 대립주교 게오르구스는 이미 358년 10월 2일에 추방되어 361년 12월 24일에 살해되었으며, 새 황제 "배교자" 율리아누스는 그리스도교에 관심이 없었기 때문에 아타나시우스는 362년 2월 21일에 그의 주교좌로 돌아올 수 있었다. 아타나시우스는 귀환하자마자 교회회의를 소집하였다. 이 교회회의는 안티오키아의 멜레티우스 분열을 다루었으며, "안티오키아 사람들에게 보낸 교의서간"에서 삼위일체 신학과 그리스도론에 대해 결정적으로 양보하였다. 교회회의는 교의서간에서 처음으로 하느님 안에 있는 세 히포스타시스에 관한 표현방식을 승인하고, 성령이 피조물이며 그리스도의 우시아와 분리된다는 가르침을 단죄하였다. 또한 처음으로 성자의 "육신을 취함"$\sigma\acute{\alpha}\rho\kappa\omega\sigma\iota\varsigma$과 "사람이 됨"$\acute{\epsilon}\nu\alpha\nu\theta\rho\acute{\omega}\pi\eta\sigma\iota\varsigma$에 대한 니체아 신앙고백의 개념을 그리스도론적으로 해석하였다. 율리아누스 황제는 아타나시우스의 성공적인 활동에 맞대응으로 추방령을 내렸다. 아타나시우스가 362년 10월 24일 알렉산드리아를 떠날 때 행한 예언적 담화("형제 여러분, 당황하지 마십시오. 이러한 일은 작은 구름처럼 빨리 지나가기 때문입니다")는 곧 이루어졌다. 율리아누스는 페르시아인과 벌인 전투에서 363년 6월 26일 사망하였다. 아타나시우스가 피신할 때 유명한 일화가 있었다. 그가 나일 강 상류 쪽으로 배를 타고 피신할 때 추격자들이 빠르게 뒤쫓아왔다. 그때 그는 뱃머리를 돌려 그들을 향해 대담하게 노를 저었다. 배가 서로 만났을 때 군인들은 순진하게도 아타나시우스를 보았느냐고 물었다. 그는 그들에게 사실대로, 그러나 애매하게 대답하였다. "그는 멀리 있지 않습니다. 여러분이 서두르면 그를 곧 잡을 수 있을 것입니다."

이후의 요비아누스 통치 기간과 아타나시우스의 마지막 추방에 관해서는 짧은 에피소드만 남아 있다. 요비아누스는 아타나시우스를 알렉산드리아의 합법적인 주교로 승인하였다. 그는 아타나시우스가 알렉산드리아로 귀환한 시기인 364년 2월 17일 사망하였다. 요비아누스의 후계자인 발렌스는 유사파를 옹호하였으며, 요비아누스 시대에 다시 임명된 모든 니체아파 주교에게 또다시 추방령을 내렸다. 아타나시우스는 황제의 군인들이 도착하기 전인 365년 10월 5일에 알렉산드리아를 떠났으나, 황제는 366년 2월 1일 칙령으로 그를 다시 복권시켰다. 이후 7년간 아타나시우스는 어려움 없이 지냈으며, 로마와(371년부터) 체사레아의 바실리우스와 긴밀한 관계를 가졌다. 바실리우스는 아타나시우스 이후 니체아파의 지도적 역할을 하였다. 아타나시우스와 안티오키아의 멜레티우스 사이의 교회일치를 위한 바실리우스의 중재 노력은 뜻을 이루지 못하였다. 아타나시우스는 373년 5월 2일 78세의 나이로 사망하였다.

서방교회는 1568년부터 그를 대 바실리우스, 나지안즈의 그레고리우스, 요한 크리소스토무스와 함께 "동방의 네 명의 위대한 교회학자" 가운데 한 명으로 존경하였다. 오늘날까지 영향력을 미치는 요한 아담 묄러Johann Adam Möhler의 교회상은 주로 아타나시우스에 관한 그의 연구로 이루어졌다(1827년). 에른스트 블로흐Ernst Bloch는 동일본질ὁμοουσία에 관한 가르침을 "혁명적 정식"으로 평가하였다. "아리우스파는 단지 하느님과 비슷함을 주장하였다. 그 대신에 정통파는 니체아 공의회에서 아리우스의 학설을 단죄하고 성부와 성자가 '동일본질', 곧 본질에서 같다는 아타나시우스의 학설을 선언하면서 그리스도에게 … 혁명적인 정식을 적용하였다"(Atheismus im Christentum 1968, 230-1쪽).

참고문헌 목록:Ch. Butterweck, Athanasius von Alexandrien. Bibliographie, Opladen 1995.
참고문헌: 사전 항목: G. Gentz: RAC 1 (1950) 860-6. – M. Tetz: TRE 4 (1979) 333-49. – Ch. Kannengiesser: EEC 110-2. – G. C. Stead: EECh I 93-5.

편찬서: Ch. Kannengiesser (ed.), Politique et théologie chez Athanase d'Alexandrie = ThH 27 (1974). – Kyrios 14 (1974).

연구서: E. Schwartz, Zur Geschichte des Athanasius I-IX: NGWG.PH 1904, 333-401, 518-47; 1905, 164-87, 257-99; 1908, 305-74; 1911, 367-426, 469-522. – E. Schwartz, Zur Kirchenge- schichte des vierten Jahrhunderts: ZNW 34 (1935) 129-213 (= Ders., Gesammelte Schriften IV, B 1960, 1-110). – E. Schwartz, Gesammelte Schriften III. Zur Geschichte des Athanasius, B 1959. – D. Ritschl, Athanasius. Versuch einer Interpretation = ThSt (B) 76 (1964) – L.W. Bar- nard, Athanasius and the Meletian Schism in Egypt: JEA 59 (1973) 181-9. – K.M. Girardet, Kaisergericht und Bischofsgericht. Studien zu den Anfängen des Donatistenstreites (313-315) und zum Prozeß des Athanasius von Alexandrien (328-346) = Ant. I/21 (1975). – M. Tetz, Zur Biographie des Athanasius von Alexandrien: ZKG 90 (1979) 304-38. – R. Klein, Zur Glaub- würdigkeit historischer Aussagen des Bischofs Athanasius von Alexandria über die Religions- politik des Kaisers Constantius II: StPatr 17/3 (1982) 996-1017. – D.W.H. Arnold, The Early Episcopal Career of Athanasius of Alexandria = CJAn 6 (1991). – T.D. Barnes, Athanasius and Constantius. Theology and Politics in the Constantinian Empire, C/MA-Lo 1993. – D. Brakke, Athanasius and the Politics of Ascetism, O 1995 [= Athanasius and Ascetism, Baltimore-Lo 1998). – A. Martin, Athanase d'Alexandrie et l'Église d'Égypte au IVe siècle (328-373) = CEFRA 216 (1996).

작 품

콥트어, 시리아어, 다른 언어로 전해지는 아타나시우스의 작품은 전적으로 주 교로서 활동한 내용과 논쟁들을 반영한다. 물론 그가 콥트어에 능통하였는지는 오늘날까지 명확히 설명되지 않았다. 부활축일 서간 가운데 367년에 쓴 39번 째 서간은 최종적인 신약성서 경전을 처음으로 기록하기 때문에 유명하다.

호교적 내용을 싣고 있는 2부작인 「이교인 논박」*Contra gentes*과 「육화론」*De in- carnatione*의 저술 시기는 오늘날까지 논의의 대상이 되고 있다. 몽포콩Montfaucon, 최근에 메이제링Meijering, 반 빈덴van Winden, 바른스(Barnes, Constantine and Eusebius, 206쪽)는 이 작품이 전통적인 호교론 문체로 쓰이고 아리우스주의에 대한 진술이 없다는 사실을 바탕으로 아리우스 논쟁 이전에 저술된 초기 작품으로 보았다. 이와 달리 틸레몽Tillemont, 슈바르츠Schwartz, 슈네멜허, 칸넨기서, 테츠Tetz는 트 리어로 추방된 시기(335~337년)에 이 작품을 쓴 것으로 분류하였으며, 「이교인 논 박」은 더 오래된 기록들을 개작하였다고 주장하였다. 게다가 이들은 아타나시우 스가 이 시기에 반대자들을 공개적으로 공격할 수 없었기 때문에 이 작품은 호교적 형식을 띤 신중한 변론서라고 주장하였다. 최근에는 이 책의 저술 연도를 총대주교 서임 초기인 328년(Stead), 328~335년(Petterson), 333년(Kehrhahn)으로 보는 의견이 늘고 있다. 따라서 저술 연도를 율리아누스 황제의 통치시기 (361~363년)로 추정하는 노르트베르크Nordberg의 제안은 논증이 빈약한 것 같다.

「아리우스파 논박론」*Orationes contra Arianos*은 아타나시우스가 로마로 추방되었을 때(340/41년) 저술되었으며, 마르첼루스 신학의 영향을 상당히 받아 논쟁의 여지가 있는 잠언 8장 22절("야훼께서 만물을 지으시려던 한 처음에 모든 것에 앞서 나를 지으셨다")에 많은 부분을 할애한다. 「아리우스파의 역사」*Historia Arianorum*에서는 "반그리스도인의 선구자"인 콘스탄티우스 황제의 강압수단(357/358년)에 관하여 수도자들에게 문의한다. 주교들과 황제에게 보낸 편지들은 모두 자신을 정당화하고 그의 반대자들을 비난하는 내용을 다룬다. 「니체아 교회회의의 교령」*De decretis Nicaenae synodi*(350/51년)은 문서가 남아 있지 않은 공의회의 역사를 알려주는 가장 중요한 사료에 속한다. 이집트의 수도생활에 관한 그의 주저인 「안토니우스의 생애」 *Vita Antonii*는 제8장 수도생활에 관한 문헌에서 다루겠다(제8장 4.).

4.의 서술 참조.

편집본: *Opera omnia*: PG 25-28. – H.-G. Opitz, Athanasius, Werke II/1-III/1, B 1934-41 (*De decretis Nicaenae synodi, De sententis Dionysii, Apologia de fuga sua, Apologia secunda, Epistula encyclica, De morte Arii, Epistula ad monachos, Historia Arianorum, De synodis*, Urkunden). – R.W. Thomson, *Athanasiana Syriaca*, 3 Bde. = CSCO 257-258, 272-273, 324-325 (1965-72) (TeÜ). – *Apologiae*: J.M. Szymusiak = SC 56 bis (1987) (TfÜK). – *Contra gentes*: P.Th. Camelot = SC 18 bis (1977) (TfÜK). – *Contra gentes, De incarnatione*: R.W. Thomson = OECT (1971) (TeÜK). – *De incarnatione*: Ch. Kannengiesser = SC 199 (1973) (TfÜK). – *Epistulae festales*: L.-Th. Lefort = CSCO 150-151 (1955) (kTfÜ). – R.-G. Coquin/E. Lucchesi, Un complément au corps copte des *Lettres Festales* d'Athanase (Paris, B.N., Copte 176*) (Pl. III): OLoP 13 (1982) 137-42. – R.-G. Coquin, Les Lettres Festales d'Athanase (CPG 2102). Un nouveau complément: le manuscrit IFAO, Copte 25 (Planche X): OLoP 15 (1984) 133-58. – R. Lorenz – BZNW 49 (1986) (Syr/kTdÜK); 10. Osterbrief. – *Expositiones in Psalmos*: G.M. Vian, Testi inediti dal Commento ai Salmi di Atanasio = SEAug 14 (1978). – *Historia acephala, syr. Index der Epistulae festales*: A. Martin/M. Albert = SC 317 (1985) (TfÜK). – K. Metzler/D.U. Hansen/K. Savvidis, Werke I/1,1-2: Die dogmatischen Schriften, B-NY 1996-8 (*Epistula ad episcopos Aegyptii et Libyae, Orationes I et II contra Arianos*).

번역서: SWKV 13,223-398 – 18 (1835-7) (*Opera omnia*). – F. Larsow, Die Fest-Briefe des Heiligen Athanasius, Bischofs von Alexandria. Aus dem Syrischen übersetzt und durch Anmerkungen erläutert, L – Gö 1852. – J. Fisch = BKV¹ 2 Bde. (1872-5) (*Contra gentes, De incarna-*

tione, Contra Arianos, Apologien, Vita Antonii, Expositiones in Psalmos). – J. Lippl/A. Stegmann/H. Mertel = BKV² 13, 31 (1913-7) (*Contra Arianos, Epistulae ad Serapionem, Epistula ad Epictetum, Contra gentes, De incarnatione, Vita Antonii, Vita Pachomii*). – P. Merendino, Osterfestbriefe des Apa Athanasios. Aus dem Koptischen übersetzt und erläutert, Dü 1965. – E.P. Meijering = PP 7 (1984) (*Contra gentes* eÜK). – E.P. Meijering/J.C.M. van Winden, Amsterdam 1989 (*De incarnatione* ÜK). – E.P. Meijering, 3 vol., Amsterdam 1996-8 (*Contra Arianos III* dÜK). – U. Heil = PTS 52 (1999) (*De sententia Dionysii* dÜK). – 영어 번역서: A. Robertson u.a. = NPNF II 4 (1893 = 1995) (*Contra gentes, De incarnatione Verbi, Depositio Arii, Epistola Eusebii, Ecthesis, In illud: Omnia* etc., *Epistola Encyclica, Apologia contra Arianos, De decretis, De sententia Dionysii, Vita Antonii, Ad episcopos Aegypti, Apologia ad Constantium, Apologia de fuga, Historia Arianorum ad Monachos, Orationes contra Arianos IV, De synodis, Tomus ad Antiochenos, Narratio ad Ammonium, Ad Afros, Letters*).

보조자료: G. Müller, *Lexicon Athanasianum*, B 1952.

일반 참고문헌: L. Th. Lefort, St. Athanase écrivain copte: Muséon 46 (1933) 1-33. – H.-G. Opitz, Untersuchungen zur Überlieferung der Schriften des Athanasius = AKG 23 (1935). – Ch. Stead, Athanasius' Earliest Written Work: JThS NS 39 (1988) 76-91. – K. Metzler/F. Simon, *Ariana et Athanasiana*. Studien zur Überlieferung und zu philologischen Problemen der Werke des Athanasius von Alexandrien = ARWAW 83 (1991). – J.D. Ernest, Athanasius of Alexandria: The Scope of Scripture in Polemical and Pastoral Context: VigChr 47 (1993) 341-62.

작품: Ch. Kannengiesser, L'énigme de la lettre *Au philosophe Maxime* d'Athanase d'Alexandrie: ΑΛΕΧΑΝΔΡΙΝΑ. Hellénisme, judaïsme et christianisme à Alexandrie (FS C. Mondésert), P 1987, 261-76. – L.W. Barnard, Studies in Athanasius' *Apologia Secunda*, Lou 1986. – L.W. Barnard, Studies in Athanasius' *Apologia Secunda* = EHS.T 467 (1992). – G.D. Dragas, St Athanasius *Contra Apollinarem*, Athen 1985. – H. Chadwick, Les deux *Traités contre Apollinaire* attribués à Athanase: ΑΛΕΧΑΝΔΡΙΝΑ. Hellénisme, judaïsme et christianisme à Alexandrie (FS C. Mondésert), P 1987, 247-60. – A. Petterson, A Reconsideration of the Date of the *Contra gentes – De incarnatione* of Athanasius of Alexandria: StPatr 17/3 (1982) 1030-40. – E.P. Meijering, Struktur und Zusammenhang des apologetischen Werkes von Athanasius: VigChr 45 (1991) 313-26. – Ch. Kannengiesser, Athanasius of Alexandria, Three Orations Against the Arians. A Reappraisal: StPatr 17/3 (1982) 981-95. – Ch. Kannengiesser, Athanase d'Alexandrie évêque et écrivain. Une lecture des traités *Contre les Ariens* = ThH 70 (1983). – L. Abramowski, Die dritte Arianerrede des Athanasius. Eusebianer und Arianer und das westliche Serdicense: ZKG 102 (1991) 389-413. – A. Camplani, Le lettere festali di Atanasio di Alessandria. Studi storico-critico, R 1989. – Ch. Kannengiesser, The Homiletic Festal Letters of Athanasius: D.G. Hunter (ed.), Preaching in the Patristic Age (FS W.J. Burghardt), NY- Mahwah/NJ 1989, 73-100. – M. Tetz, Über nikäische Orthodoxie. Der sog. *Tomus ad Antiochenos* des Athanasios von Alexandrien: ZNW 66 (1975) 194-222. – A. Petterson, The Arian Context of Athanasius' *Tomus ad Antiochenos* VII: JEH 41 (1990) 183-98. – J.C.M. van Winden, On the Date of Athanasius' Apologetical Treatises: VigChr 29 (1975) 291-5 [= Arche. A Collection of Patristic Studies by J.C.M. van Winden. Edited by J. den Boeft and D.T. Runia = SVigChr 41 (1997) 176-80].

아리우스파 반박: E.P. Meijering, Zur Echtheit der dritten Rede des Athanasius gegen die Arianer (*Contra Arianos* 3,59-67): VigChr 48 (1994) 135-56. – Ch. Kannengiesser, Die Sonderstellung der dritten Arianerrede des Athanasius: ZKG 106 (1995) 18-55. – E.P. Meijering, Zur Echtheit der dritten Rede des Athanasius gegen die Arianer (*Contra Arianos* III 1): VigChr 50 (1996) 364-86. – K. Metzler, Welchen Bibeltext benutzte Athanasius im Exil? Zur Herkunft der Bibelzitate in den Arianerreden im Vergleich zur *ep. ad epp. Aeg.*, Opladen 1997.

철학/신학: A. Laminski, Der Heilige Geist als Geist Christi und Geist der Gläubigen. Der Beitrag des Athanasios von Alexandrien zur Formulierung des trinitarischen Dogmas im vierten Jahrhundert = EThSt 23 (1969). – Th.F. Torrance, The hermeneutics of St. Athanasius: EkklPh 52/1 (1970) 446-68; 52/2-3 (1970) 89-106; 52/4 (1970) 237-49. – E.P. Meijering, Orthodoxy and Platonism in Athanasius. Synthesis or Antithesis?, Lei ²1974. – E.P. Meijering, Athanasius on the Father as the Origin of the Son: NAKG 55 (1974) 1-14. – J. Roldanus, Le Christ et l'homme dans la théologie d'Athanase d'Alexandrie. Étude de la conjonction de sa conception de l'homme avec sa christologie = SHCT 4 (²1977). – G. Larentzakis, Einheit der Menschheit, Einheit der Kirche bei Athanasius. Vor- und nachchristliche Soteriologie und Ekklesiologie bei Athanasius v. Alexandrien = GrTS 1 (1978). – G.D. Dragas, *Athanasiana*. Essays in the Theology of St. Athanasius, vol. 1, Lo 1980. – Ch. Kannengiesser, Athanasius of Alexandria and the Holy Spirit between Nicea I and Constantinople I: IThQ 48 (1981) 166-80. – Ch. Kannengiesser, Le Verbe de Dieu selon Athanase d'Alexandrie = CJJC 45 (1990). – A. Petterson, Athanasius and the Human Body, Bristol 1990. – R.K. Tacelli, Of One Substance. St Athanasius and the Meaning of Christian Doctrine. DR 108 (1990) 91-110. – Ch. Stead, Athanasius als Exeget: J. van Oort/U. Wickert (eds.), Christliche Exegese zwischen Nicaea und Chalcedon, Kampen 1992, 174-84. – P. Widdicombe, The Fatherhood of God from Origen to Athanasius, O 1994, 145-249. – A. Pettersen, Athanasius, Lo 1995. – K. Anatolios, Athanasius. The Coherence of his thought, Lo-NY 1998.

5. 프와티에의 힐라리우스

아타나시우스가 트리어로 추방(335년)되고 콘스탄티누스 황제가 사망(337년)한 뒤, 아리우스 논쟁은 서방제국에서 점점 확산되어 제국의 절반이 논쟁에 휘말리게 되었다. 아타나시우스의 신학적·교회정치적 노선이 트리어와 로마에서 많은 지지를 얻은 반면, 신학논쟁은 콘스탄티누스의 세 아들이 벌인 정치적 권력투쟁에 점점 더 휩싸였다. 제2 아퀴타니아Aquitania Secunda 지방에 있는 픽타비스(오늘날: 프와티에)의 주교 힐라리우스는 356년부터 이러한 상황에 직면하였다. 그도 제국의 다른 지방으로 추방되었고 아리우스주의 문제를 같은 방식으로 대응하였다는 점에서 아타나시우스의 운명과 같은 길을 걸었다. 그러나 그는 다른 점에서 아타나시우스와 현저히 구별된다. 아타나시우스는 세련되지 못한 흑백논리에 바탕을 두고 불굴의 정신으로 니체아 신앙을 주장하여 그의 견해와 상반되는 모든 사람을 아리우스파로 단죄하였다(그럼에도 그가 신학적으로 받아들인 니체아 신앙고백은 공의회 이후 1세기 동안 두드러지게 나타나지 않는다). 반면 힐라리우스는 유배지에서 서방과 다른 동방의 신학적 입장을 이해하였으며, 이를 니체아 신앙고백과 일치시키려 하였다.

아타나시우스를 단죄한 밀라노 교회회의(355년)의 결정은 서방에서 거센 저항에 부딪쳤다. 이와 더불어 아리우스파의 과격한 반응은 힐라리우스에게 공개적으로 교회회의의 결정에 반대하는 동기를 부여한 듯하다.[8] 그때까지 그는 두각을 나타내지 않아 이전의 생애에 대해 알려진 바가 전혀 없다. 힐라리우스는 4세기 초 프와티에에서 태어난 것이 거의 확실하며 이 도시의 상류층 출신인 것 같다. 그가 결혼하여 외동딸을 두었다는 베난티우스 포르투나스의 힐라리우스의 「생애」에 나오는 기록(I 3: PL 9, 187 A)은 확증되지 않았다. 더욱이 힐라리우스의 「생애」는 그 가치가 떨어진다. 힐라리우스의 작품들은 그가 뛰어난 수사학적·철학적·문학적 교육을 받았음을 보여주지만 그리스도교 교육도 받았는지는 분명하지 않다. 그의 작품 「삼위일체론」 *De trinitate*의 서론(I 1-14)에서, 그는 이교인에서 그리스도인이 된 자신의 영적 발달을, 철학적 삶의 의미와 신 문제에서 성서와 그리스도에 대한 믿음으로 나아가는 길로 묘사한다. 그러나 이 보고를 어느 정도까지 자전적으로 이해해야 하는지(Doignon: HLL 5, 448쪽; RAC 15, 140쪽), 아니면 문학적 상투어에 속하는지(Simonetti: EECh I, 381쪽; Brennecke: TRE 15, 315쪽)는 지금까지 명확하지 않다.

여하튼 힐라리우스는 성인이 되어 세례를 받고 350년경 프와티에의 주교가 되었으며, 355년경 아리우스파와 적대적인 관계를 맺는다. 아리우스파 가운데 아를르의 주교 사투르니누스가 대표적인 인물이다. 사투르니누스가 의장으로 활동하고 356년 봄에 열린 비테라(오늘날: 베지에) 교회회의는 힐라리우스를 단죄하였으며, 부황제인 율리아누스(나중에 '배교자'로 불림)는 그를 프리기아로 추방하였다. 4년간의 추방 기간은 그의 신학적 지평을 넓혀주고 아리우스주의의 문제점을 알게 한 결정적인 시기였다. 그는 상당히 자유롭게 활동하였으며 갈리아 지방의 주교들과 편지를 주고받았다. 그는 자신의 영성과 성서 이해에 감명을 준 오리게네스의 신학을 받아들이고 유사본질파와 접촉하였다. 또한 문제점과 지향이 다른 두 이단,

---

[8] 지금까지 일치된 의견이다. 브렌넥케(Brennecke: PTS 26, 230; TRE 15, 316쪽)는 이를 유배 기간에 나타난 행동으로 본다.

곧 사벨리우스주의의 위험을 내포하고 있는 극단적 니체아주의와 성부와 성자의 동일본질을 완전히 부정하는 비유사파 사이에서 신학적 중도를 추구하였다.

그가 유배간 사이에 시르미움(357년), 리미니(359년), 셀레우치아(359년 9월) 교회 회의가 열렸다. 그는 셀레우치아 교회회의에 참석하였다. 시르미움 교회회의는 정치적으로나 교회정치적으로 중요한 문제를 다루었다. 콘스탄티우스 황제는 아버지 콘스탄티누스 이후 일인 통치자로서 제국을 다시 통일하였으며, 아리우스주의에 대해 불굴의 정신으로 대응한 아타나시우스를 평화교란자로 여겨 단죄하였다. 그의 아버지 콘스탄티누스가 이전에 니체아에서 행한 것처럼, 그는 통일된 신학으로 제국과 교회의 이상적 일치를 회복시키려 하였다. 교회회의에 상당한 영향력을 미친 그의 조언자들은 신기두눔의 주교 우르사치우스, 무르사의 주교 발렌스, 시르미움의 주교 게르미누스였다. 시르미움 교회회의는 성자가 성부께 명백히 종속되고, 특히 동일본질과 유사본질 개념을 사용하지 못하게 한 신학선언(351년 제1차 시르미움 정식에 따라 "제2차 시르미움 정식"으로 부름)을 결의하였다. 로마의 리베리우스가 이 정식에 서명하지 않았을지라도, 이 정식은 갈리아 지방에서 열린 교회회의에서 명시적으로 단죄되었다. 갈리아 지방의 주교들과 끊임없이 편지를 주고받고, 「발렌스와 우르사치우스 논박 제1서」*Liber primus adversus Valentem et Ursacium*를 저술한 힐라리우스도 이 선언을 단죄하였다.

이에 대한 반응은 전혀 기대하지 않은 인물, 곧 336년 마르첼루스의 주교좌를 이어받은 안치라의 주교 바실리우스로부터 나타났다. 그는 358년 부활절 이전에 안치라에 열두 명의 주교만 참석한 교회회의를 소집하였다. 이들은 성부와 성자가 전혀 비슷하지 않다고 주장하는 과격한 아리우스파(비유사파)에 반대하는 동시에 니체아 신앙고백의 동일본질 대신에 유사ὅμοιος 개념을 새로 끌어들여 중용적인 입장을 취하였다. 따라서 이들을 "유사본질파"라고 부른다. 바실리우스는 황제가 이 입장에 동조하도록 설득하는 데 성공하였다. 교회회의는 안티오키아(341년)와 시르미움(351년) 교회회의의 결의를 증거로 내세워 358년 시르미움에서 비유사파의 지도적 인물인 아에티우스와 에우노미우스를 단죄하였다. 교회회의는 힐라리우스에게 유사본질파 신학을 이해할 수 있는 기회를 주어 그는 안치라의 바실리우스를 알게 되었다. 그는 자신의 작품 「교회회의론」 *De synodis*에서 (동방의 신학과 교회정책에 관한 정보를 얻고자 358년 부활절에 열린 갈리아 교회회의의 요청에 대한 응답으로) 갈리아 지방의 주교들에게 유사본질파 신학을 니체아 신앙고백의 정통적인 해석으로, 아울러 동일본질 *ὁμοούσιος*을 저버리지 않으면서(「교회회의론」 91) 동방과 서방의 일치정식으로 제안하였다. 힐라리우스는 이 제안에서 동방의 니체아 신앙고백을 통찰하게 하였을 뿐만 아니라, 359년에 열기로 계획한 제국 교회회의를 준비하기 위하여 공동전선을 구축하고 동방과 서방의 분열을 극복하는 데에 이 기회를 이용하였다.

그러나 교회의 일치를 이루려는 그의 노력은 이후의 사건들로 말미암아 무산되었다. 콘스탄티우스 황제는 그가 옹호하는 유사파 정식을 받아들이도록 서방에서 리미니 교회회의를, 동방에서 셀레우치아 교회회의를 동시에 열게 했다. 힐라리우스는 셀레우치아 교회회의에 유사본질파의 일원으로 참석했다. 힐라리우스는 「콘스탄티우스 논박서」*Liber contra Constantium*에서 황제의 이중 교회회의 조치에 대해 그를 신랄하게 논박하고, 그를 네로와 데치우스보다 더 나쁜 독재자라고 비난하였다. 이 작품은 황제가 사망한 뒤에야 출판되어 서방의 주교들에게 전달되었다.

서방의 부황제인 율리아누스는 군사력에 힘입어 360년 황제로 즉위하였으며, 힐라리우스는 갈리아 지방으로 귀환하였다. 학자들은 이 두 사건을 다음과 같이 서로 다르게 해석한다. "콘스탄티우스가 힐라리우스에게 귀환을 명령하였다"(Doignon, RAC 15, 141쪽). "그는 귀환을 허락받았다"(Simonetti, EECh I, 381쪽). "힐라리우스는 율리아누스의 찬탈 소식을 듣고 360년 초 황제의 승인 없이 갈리아로 돌아갔다"(Brennecke, TRE 15, 317쪽). "콘스탄티우스는 그를 사면하였거나 단순히 동방에서 떠나기를 권유하였다"(Doignon, HLL 5, 449쪽). 여하튼 새로운 정치적 상황, 곧 콘스탄티우스가 361년 11월 3일 사망하고 "배교자" 율리아누스가 그를 계승하여 제국의 통치자가 되었기 때문에, 힐라리우스는 서방에서 자신의 신학적 노선을 교회정치적으로 추구할 수 있었다. 그는 훗날 갈리아와 이탈리아 상부 지방에서, 특히 360/61년의 파리 교회회의에서 유사본질파의 화해정책에 따라 리미니/셀레우치아의 결의를 파기하려고 활발히 활동하였다. 그와 칼라리스의 루치페루스가 벌인 논쟁으로 두 사람 사이는 나빠졌지만, 베르첼리의 에우세비우스는 유배지에서 귀환하고 알렉산드리아 교회회의(362년)에 참석한 뒤 힐라리우스의 가장 열렬한 지지자가 되었다. 발렌티니아누스 황제를 통해 아리우스파인 밀라노의 주교 아욱센티우스를 면직하려는 두 사람의 노력은 좌절되었지만, 갈리아와 북이탈리아 지방을 반아리우스 교회로 다시 조직하려는 그들의 영향력은 매우 컸다. 힐라리우스는 생애 말기에 다음과 같은 중요한 활동을 하였다. 그는 신학작품을 저술하였을 뿐만 아니라 전례에 찬가를 도입하였다. 또한 오늘날까지 가장 인기있는 인물이며, 그의 제자이자 후대에 투르의 주교가 된 마르티누스와 함께 갈리아 지방에서 수도제도를 장려하였다. 힐라리우스는 367년 또는 368년에 사망하였다.[9] 교황 비오 9세는 1851년 5월 13일 그에게 교회학자라는 경칭을 수여하였다. 오늘날까지 영국법정 개정기, 옥스퍼드와 더럼Durham 대학의 봄학기는 전통적으로 성 힐라리우스의 축일인 1월 13일 또는 13일 전후에 시작되기 때문에 "힐러리 학기"라고 한다.

이미 언급한 현실적 문제에 관한 힐라리우스의 작품들 외에 그의 신학 발달 과정을 볼 수 있는 「마태오복음 주석」이나 「시편 주석」도 주목할 만한 가치가 있다. 「마태오복음 주석」은 추방되기 전에 전적으로 서방의 전형(테르툴리아누스, 치프리아누스, 노바티아누스)에 따라 저술되었다. 이와 달리 생애 말기에 저술된 「시편 주석」은 그가 서방에 전한 오리게네스의 성서주석과 신학에서 많은 영향을 받았다.

참고문헌 목록: F.W. Bautz: BBKL 2 (1990) 835-40.

편집본: *Opera omnia*: PL 9-10. – PLS I 241-86. – *Contra Constantium*: A. Rocher = SC 334 (1987) (TfÜK). – *Tractatus mysteriorum, Fragmenta historica, Libri ad Constantium I-II, Hymni, Fragmenta minora, Spuria*: A. Feder = CSEL 65 (1916). – *Tractatus mysteriorum*: J.P. Brisson – SC 19 (1967) (TfÜK).   P. Smulders, Hilarius of Poitiers' Preface to his *Opus Historicum* = SVigChr 29 (1995) (eÜK).

번역서: SWKV 7,333-386 – 13,1-122 (1832-4) (*Opera omnia*). – 영어 번역서: E.W. Watson/

---

[9] 게망(A.J. Goemans, La date de la mort de saint Hilaire: Hilaire et son temps, 107-11쪽)은 구체적으로 367년 11월 1일로 제의하였다. 이 제의가 그의 연구 결과이더라도 그 이후의 학자들은 이를 인정하지 않는다.

L. Pullan/W. Sanday u.a. = NPNF II 9 (1899 = 1995) 1-248 (*De synodis, De trinitate, Homiliae in Psalmos* 1, 53, 130).

참고문헌: 사전 항목/각론서 항목: H.Ch. Brennecke: TRE 15 (1986) 315-22. – J. Doignon: HLL 5 (1989) 447-80. – M.T. Clark: EEC 425-6. – J. Doignon: RAC 15 (1991) 139-67. – M. Simonetti: EECh I 381-2.

일반 연구서: P. Galtier, Saint Hilaire de Poitiers, le premier docteur de l'église latine = BTH (1960). – J. Doignon, Hilaire de Poitiers avant l'exil. Recherches sur la naissance, l'enseigne-ment et l'épreuve d'une foi épiscopale en Gaule au milieu du IVe siècle, P 1971.

편찬서: Hilaire de Poitiers, évêque et docteur, P 1968. – Hilaire et son temps, P 1969.

아리우스주의/삼위일체 신학: A. Fierro, Sobre la gloria en San Hilario. Una síntesis doctrinal sobre la noción bíblica de "doxa" = AnGr 144 (1964). – A. Martínez Sierra, La prueba escritu-rística de los arrianos según S. Hilario de Poitiers: MCom 41 (1964) 293-376. – C.F.A. Bor-chardt, Hilary of Poitiers' Role in the Arian Struggle = KHSt 12 (1966). – H.Ch. Brennecke, Hilarius von Poitiers und die Bischofsopposition gegen Konstantius II. Untersuchungen zur drit-ten Phase des arianischen Streites (337-361) = PTS 26 (1984). – D.H. Williams, A Reassess-ment of the Early Career and Exile of Hilary of Poitiers: JEH 42 (1991) 202-17.

신학: J.M. McDermott, Hilary of Poitiers: The Infinite Nature of God: VigChr 27 (1973) 172-202. – G.M. Newlands, Hilary of Poitiers: A Study in Theological Method = EHS.T 108 (1978). – P. Figura, Das Kirchenverständnis des Hilarius von Poitiers = FThSt 127 (1984). – M. Durst, Die Eschatologie des Hilarius von Poitiers. Ein Beitrag zur Dogmengeschichte des vierten Jahr-hunderts = Hereditas 1 (1987). – L.F. Ladaria, La cnstología de Hilario de Poitiers = AnGr 255 (1989). – J. Doignon, Innerer Glaube, Bekenntnis und schriftliche Festlegung des Glaubens im westlichen Römerreich des vierten Jahrhunderts: ThPh 65 (1990) 246-54.

전기: T.D. Barnes, Hilary of Poitiers on His Exile: VigChr 46 (1992) 129-40.

5.1. 「삼위일체론」*De trinitate*

힐라리우스의 주저는 12권으로 된 교의에 관한 논문인 「삼위일체론」이다. 「삼위일체론」은 아리우스주의와 벌인 논쟁에서 동방과 서방의 신학을 결합한 라틴 교회 최초의 작품이다. 제4권은 "이미 전에 저술한 책들에서"라는 진술로 시작한다. 이 진술로 첫 세 권은 그가 이미 추방(356년)되기 전에 다른 작품으로 출판되었고 뒤에 합본된 것으로 추론할 수 있다.[10] 그렇지만 지금까지는 12권 모두 유배기간(356~360년)에 썼다는 의견이 주된 견해이다.[11] 그러나 제3권과 제4

---

[10] Constant, Galtier, Borchardt, Doignon: Hilaire avant l'exil 18.

[11] Meslin, Kannengiesser, Simonetti, Meijering, Brennecke, Doignon(HLL 5, 463쪽)도 같은 견해다. 다만 스물더스(Smulders: Doctrine trinitaire, 41쪽; CChr. SL 62,2*)만이 견해를 수정했다.

권 사이에서 작품의 어조가 틀림없이 바뀌었기 때문에, 시모네티Simonetti는 힐라리우스가 자신의 계획을 변경하였다고 가정한다. 그는 힐라리우스가 처음에는 단편「신앙론」De fide만 구상하였지만 아리우스가 알렉산더에게 보낸 편지를 바탕으로 아리우스의 근본적인 두 명제를 논박하는 두번째 작품을 계획하였고, 마침내 두 작품을 합본하였다고 한다. 이와 달리 메이제링Meijering은 힐라리우스가 퀸틸리아누스의 수사학 규정들을 폭넓게 따르면서 12권으로 된 퀸틸리아누스의「웅변술」Institutio oratoria을 전형으로 삼아 처음부터 일관된 초안을 갖고 저술하였다고 주장하였다.

서로 다르게 전해온 표제「아리우스파 논박」Contra Arianos과「신앙론」또는「삼위일체론」은 이 작품이 두 작품으로 이루어졌다는 사실을 나타낸다. 힐라리우스는 아리우스파에 맞서 정통 삼위일체론을 변론하고 더 나아가 삼위일체의 신학 원칙도 전개하였다. 이 두 방식을 전개하는 데 그는 세례신앙과 성서해석을 토대로 하였다. 제1권은 인간의 철학에서 성서의 신앙으로 하느님의 진리를 찾는 방법을 다룬 서론(1-14)으로 시작한다(이미 위에서 언급한 바와같이 서론이 자전적인 특징을 지닌다는 이전의 가정은 대체로 받아들여지지 않는다). 서론에 이어 정통적인 가르침을 해치는 이단자들(사벨리우스와 아리우스: 15-16)을 열거하고 정통신앙을 이해하는 원칙(신앙, 당연히 현세의 사고과정에 대한 올바른 적용, 예: 17-19)을 열거한다. 이로써 힐라리우스는 논쟁의 여지가 있는 삼위일체 문제에 관한 사벨리우스와 아리우스의 배타적이고 극단적인 두 입장, 곧 동일본질에서 하나의 우시아를 매우 편협하게 이해하여 성부와 성자를 동일시하는 사벨리우스주의와 성부와 성자를 창조주와 피조물로 명백히 구분하는 아리우스주의를 배제한다. 동시에 힐라리우스는 태어남, 시간, 본성, 본질과 같이 인간이 사용하는 개념들을 하느님께 적용하는 것은 늘 충분하지 않으며, 더욱이 유추법은 하느님 개념과 전혀 다른 현세의 표상을 끌어들일 수 있다는 방법론적인 근본문제를 인식하였다. "이런 까닭에 모든 비유는 하느님께 알맞기보다는 인간에게 더 유용한 것으로 보아야 한다"(19). 20-36장에서는 나머지 11권의 내용을 개략적으로 설명하며, 37-38장에서는 기도로 제1권을 끝맺는다.

제2, 3권에서는 먼저 정통적인 삼위일체 신앙을 구체적으로 서술하며, 제4-12권에서는 아리우스파가 비판하는 삼위일체 신앙을 변론한다. 제2권에서는 원론적인 서론을 먼저 다루고 마태오복음 28장 19절의 세례 정식을 주석한다(1-5). 그 다음에 성부의 무한성과 비형용성(6-7), 창조 이전에 성자의 태어남과 그의 육화(8-28), 성령의 완전한 신성(29-35)을 다룬다. 제3권에서는 요한복음 14장 11절("내가 아버지 안에 있고 아버지께서 내 안에 계시다")(1-4), 예수의 기적(5-8), 성부와 성자가 서로 영광을 드러냄(요한 17.1-6)(9-17), 예수가 동정녀에게서 태어남, 그가 창조 이전에 태어난 것을 유추하여 부활 후에 나타남(18-21), 성자를 통한 성부의 계시(요한 17.6)(22-23), 인간의 지혜와 신적 지혜의 구별(24-26)로 논증을 덧붙여 설명한다.

제4-6권에서는 아리우스가 알렉산더에게 보낸 편지를 반박한다. 아리우스의 주요한 논거(성자의 신성과 영원성의 부인, 성자가 피조물이라는 주장)는 제4권 12-13장에 인용된다. 힐라리우스는 반대 논증을 위해서, 특히 구약성서 구절에서 예를 많이 든다. 이 경우 아리우스파가 성자의 가변성과 피조물성을 위한 논거로 드는 구약성서의 현현이 특별한 의미를 지닌다.[12] 인간으로 태어난 것이 성자를 변화시키지 않듯이, 이는 탄생의 예시와 현현에서 일어난 것이 아니다. 오히려 그 반대이다. 잠언 8장 22절에 따라 성자는 "주님께서 모든 일을 하시기 전에" 창조되었다. 따라서 그는 육화로 창조되지 않았고, 구약성서에서 말하듯이 창조 이전의 상태로 나타났다. 제7권에서는 설득력있는 성서 구절을 다시 인용하면서 성자와 성부의 동일본질을 증명한다. 이러한 성서 구절에는 요한복음 5장 18절("자신을 하느님과 동등하게 내세운다"), 10장 30절("나와 아버지는 하나입니다"), 5장 19절("아버지께서 하시는 일을 아들도 똑같이 합니다")이 있다.

제8-12권에서는 성자가 지닌 본성의 종속성에 바탕을 둔 아리우스의 중심적인 근본원리를 반박한다. 제8권: 성부와 성자의 일치는 본성의 영역에서 일어나는 것이지 의지를 통해서만 실현되는 것이 아니다. 제9권: 작용, 덕, 명예, 권능,

---

[12] B. Studer, *Ea specie videri quam voluntates elegerit, non natura formaverit*. Zu einem Ambrosius-Zitat in Augustins Schrift *de videndo deo* (ep. 147): VetChr 6 (1969), 91-143쪽, 특히 117-27쪽 [= Zur Theophanie-Exegese Augustins. Untersuchungen zu einem Ambrosius-Zitat in der Schrift *De videndo deo* (ep. 147) = StAns 59 (1971), 1-53쪽, 특히 27-37쪽] 참조.

영광, 생명은 성부와 마찬가지로 성자에게도 속한다. 제10권: 그리스도의 신성에 관한 수난의 의미. 제11권: 성자가 성부께 영원히 복종(1고린 15,28)하는 것은 패배나 약함을 뜻하는 것이 아니라, 일치와 동일함을 상징으로 나타낸 것이다. 제12권: 잠언 8장 22절에 따라 성자는 창조 이전에 태어났다. 이 작품은 인간의 모든 생각이나 개념을 뛰어넘는 하느님께 드리는 긴 기도로 끝난다(XII 52-57).

　「삼위일체론」은, 성서의 많은 부분이 성부와 성자의 일치와 동일성을 서술하지만, 적지 않은 구절에서는 종속적으로 해석될 수도 있는 성서의 증언과 세례 신앙을 매우 적절히 설명한다. 힐라리우스는 자신의 신학을 주로 테르툴리아누스와 노바티아누스의 삼위일체에 관한 신학작품 및 유사본질파 신학에 바탕을 두었다. 그렇지만 그는 자신의 독창적인 견해도 제시하였다. 특히 그는 반대자들이 일반적으로 사용한 구체적인 유추를 넘어서는, 곧 높은 수준의 추상 개념을 사용하면서 성서를 주석하였다.

5.의 서술 참조.

편집본: P. Smulders = CChr.SL 62-62 A (1979-80). – M. Figura/J. Doignon/G.M. de Durand/Ch. Morel/G. Pelland, = SC 443 (1999) (*I-III* TfÜK).

번역서: J. Fisch = BKV¹ (1878). – A. Antweiler = BKV² II 5-6 (1933-4). – E. P. Meijering/J.C.M. van Winden = PP4 (1982) (I 1-19, II, III eÜK). – 영어 번역서: St. McKenna = FaCh 25 (1954).

참고문헌: P. Smulders, La doctrine trinitaire de S. Hilaire de Poitiers. Étude précedée d'une Esquisse du mouvement dogmatique depuis le Concile du Nicée jusqu'au règne de Julien (325-362) = AnGr 32 (1944). – M. Simonetti, Note sulla struttura e la cronologia del *De Trinitate* di Ilario di Poitiers = SUSF 39 (1965) 274-300. – L.F. Ladaria, El Espíritu Santo en San Hilario de Poitiers, M 1977. – E. Cavalcanti, Filip. 2, 6-11 nel De Trin. di Ilario (De Trin. VIII, 45-47; X, 23-26): Cornp. 35 (1990) 123-43.

5.2. 성서주석 작품

힐라리우스의 「마태오복음 주석」*Commentarius in Matthaeum*과 「시편 주석」은 그의 생애와 신학적 발전의 두 국면을 반영한다. 「마태오복음 주석」은 그가 제국의 동쪽으로 추방되기 이전에(356년), 「시편 주석」은 그 뒤에 저술되었다. 따라서 「시편 주석」은 그리스 성서주석, 특히 오리게네스의 영향을 많이 받았다. 이러한 사실은 이미 히에로니무스의 「유명인사록」(100)에 나타난다. "힐라리우스는 시편 주석서도 저술하였으며 … 이 작품에서 오리게네스를 본받았으나 독창적인 내용도 많이 추가하였다."

「마태오복음 주석」은 복음을 첫 구절부터 계속 설명한다. 여기서 예수의 말씀과 행위가 해석의 주된 주제이며, 주요 본문을 이해하는 데 필요한 그밖의 부분은 주된 주제를 연결하는 구실을 한다. 성서주석에 대한 힐라리우스의 주된 관심사는 복음서 본문의 역사적 설명에서 시작하여 교회 전체와 각 개인의 삶을 위한 예수의 말씀과 행위의 영적 영향을 묻는 것이다. 이는 시대를 초월하여 적용될 수 있는 방법, 따라서 매우 현대적인 두 단계의 해석 방법이다. 예수가 직접 가르친 지침과 더불어 교회의 상징인 배, 교회에 대한 박해의 상징인 예수에 대한 유다인의 적대적 태도, 신적 은총이 없음을 나타내는 상징인 광야, 이방인을 부르는 본보기인 병든 이의 치유, 그리스도의 몸인 교회와 그 지체인 신자 각자를 나타내는 Christus totus에 대한 이해의 결과로 생기는 해석과 같은 반복된 도식이 이와같이 주석된다.

힐라리우스는 전통적인 방식에 따라 시편을 메시아에 대한 예언으로 이해하여 그리스도론·예형론으로 해석한다. 히에로니무스(「유명인사록」 100)는 힐라리우스가 시편 1-2, 51-62 및 118-150장을 주석하였다고 전하지만, 현재 남아 있는 주석서에는 그밖에도 9, 13, 14, 63-69, 91장도 해석되어 있다. 본문 자체의 서술로 이 작품이 본디 매우 방대하였음을 알 수 있다. 힐라리우스가 "오리게네스를 본받았으나 독창적인 내용도 많이 추가하였다"라는 히에로니무스의 의견은 「시편 주석」이 단편만 남아 있을지라도, 오리게네스의 작품과 비교하여 이 주석서를 저술하였다는 사실을 실증한다.

5.의 서술 참조.

편집본: *Commentarius in Matthaeum*: J. Doignon = SC 254, 258 (1978-9) (TfÜK). – *Commentarius in Ps 118*: M. Milhau = SC 344, 347 (1988) (TfÜK). – *Tractatus super Psalmos*: A. Zingerle = CSEL 22 (1981). – J. Doignon = CChr.SL 61 (1997) (*Tractatus super Psalmos. Instructio psalmorum. In Psalmos I-XCI*).

참고문헌: Ch. Kannengiesser, L'exégèse d'Hilaire: Hilaire et son temps, P 1969, 127-42.

마태오복음 주석서: M. Simonetti, Note sul Commento a Matteo di Ilario di Poitiers: VetChr 1 (1964) 35-64. – W. Wille, Studien zum Matthäuskommentar des Hilarius von Poitiers, A 1969. – P. C. Burns, The Christology of Hilary of Poitiers' Commentary on Matthew = SEAug 16 (1981). – P. Smulders, Hilarius van Poitiers als exeget van Mattheüs: Bijdr. 44 (1983) 59-82. – J. Driscoll, The Transfiguration in Hilary of Poitiers' Commentary on Matthew: Aug. 29 (1984) 395-420.

시편 주석서: E. Goffinet, Kritisch-filologisch element in de Psalmencommentaar van de H. Hilarius van Poitiers: RBPH 38 (1960) 30-44. – E. Goffinet, L'utilisation d'Origène dans le commentaire des Psaumes de saint Hilaire de Poitiers = StHell 14 (1965). – N.J. Gastaldi, Hilario di Poitiers, exegeta del Salterio. Un estudio de su exégesis en los comentarios sobre los salmos, P 1969. – G. Lutz, Das Psalmenverständnis des Hialrius von Poitiers, Trier 1969. – A. Orazzo, La salvezza in Ilario di Poitiers. Cristo salvatore dell'uomo nei Tractatus super Psalmos, Na 1986. – L.F. Ladaria, Adán y Cristo en los Tractatus super Psalmos de San Hilario de Poitiers: Gr. 73 (1992) 97-122.

제6장

아리우스주의의 두번째 국면과 아폴리나리우스주의

1. 라오디체아의 아폴리나리우스[1]

362년에 열린 알렉산드리아 교회회의 이후 성자와 성부가 동일한 신성을 지녔다는 삼위일체 교의의 진보적 설명은, 논리적으로 이에 뒤따르게 되는 그리스도론 문제를 곧바로 초래하였다. 그리스도 안에서 신성과 인성이 어떻게 결합되며, 따라서 실제로 어떻게 일치가 이루어지고, 그리스도가 하느님의 아들과 인간의 아들로서 분리되지 않고 공존하는가? 라오디체아의 주교 아폴리나리우스는 이러한 문제에 최초로 답변하려 하였다. 물론 그의 해결책은 교회에서 승인되지 않았으며, 따라서 그의 학설은 교회사에서 "아폴리나리우스주의"라는 이단으로 여겨졌다.

아폴리나리우스가 해결하려고 노력한 신학적 결과만 보고 그가 처음부터 정통 신앙을 부인한 신학자였다고 잘못 추론해서는 안 된다. 오히려 그 반대이다. 아폴리나리우스와 그의 아버지의 이름은 같다. 아폴리나리우스의 아버지는 알렉산드리아에서 문법선생으로 활동하다가 라오디체아로 이주하여, 315년경에 아들을 낳았다. 그는 이미 알렉산드리아에 살 때부터 아타나시우스와 가까이 지냈으며, 그와 자주 편지를 주고받았다. 더욱이 아타나시우스는 346년 두번째 추방에서 돌아오는 길에 라오디체아의 아폴리나리우스 집에 손님으로 머무르기도 하였다. 라오디체아의 아리우스파 주교 게오르수스는 이선에 알렉산드리아 총대교구의 사제였다. 그가 아리우스를 지지하였기 때문에 알렉산더 주교는 그를 면직하였다. 게오르구스는 아폴리나리우스 부자父子가 니체아 신앙고백을 충실히 따르고 이 고백

---

[1] 아폴리나리우스의 라틴명은 아폴리나리스이다 — 역자 주.

의 대표적 변론자인 아타나시우스와 가까이 지낸다는 이유로 그들을 파문하였다 (346년 이후). 니체아 신앙고백과 아폴리나리우스의 이러한 뿌리깊은 관계는 그의 생애와 신학을 평가하는 데 중요하다. 아폴리나리우스는 그리스도론 문제에서 자신을 아타나시우스의 신학적 후계자로 생각하였으며, 당시의 절박한 문제들, 곧 삼위일체 신학과 이에 뒤따르는 그리스도론을 상세하고 명확하게 표현하려고 애쓰는 정통적인 주교이자 신학자의 대표적 본보기로 생각하였다. "아폴리나리우스주의"는 이단적 사조에서 발생한 것이 아니라 정통신앙을 지키기 위한 신학적 시도에서 생긴 것이다. 그러나 이러한 시도는 교회에서 승인되지 않았으며, 아폴리나리우스 자신도 교회의 결정을 받아들이지 않았기에 이단으로 떨어졌다.

아폴리나리우스는 그의 아버지와 마찬가지로 교직에 몸담고 있었다. 라오디체아의 주교 테오도투스 재임 당시 아버지는 사제였으며, 아폴리나리우스는 공동체의 독서직을 맡았다. 그럼에도 이 부자가 소피스트 에피파니우스의 강연을 들었기 때문에 주교는 그들을 견책하였다(335년 이전). 게오르구스 주교가 359년 셀레우치아의 유사본질파 고백을 인정하여, 360년에 열린 콘스탄티노플 교회회의가 그를 면직하였는지 아니면 그가 360년에 사망하였는지는 명백하지 않다. 어쨌든 당시 유사파의 지도적 인물인 체사레아의 아카치우스가 360년 펠라기우스를 라오디체아의 새 (유사파) 주교로 임명하였기 때문에 니체아파도 아폴리나리우스를 주교로 서임하였다. 그러나 그가 영향력을 미칠 수 있는 지역은 서임과 더불어 멜레티우스 분열(제3부 서론 2.1.2.2. 참조)이 일어난 라오디체아에 가까이 있던 총대주교좌인 안티오키아였다.

뒤에 단죄받은 그의 그리스도론은, 그가 안티오키아 수도자 몇 명을 참석자로 파견한 알렉산드리아 교회회의(362년)와 그가 363년 요비아누스 황제에게 보낸 신앙고백에서 유래한다. 그러나 아폴리나리우스는 이후 오랫동안 바실리우스와 같이 알렉산드리아와 로마의 니체아파의 교회정책을 촉진시켰다. 그는 376년에 비탈리스라는 자신의 지지자를 안티오키아 주교로 서임하였으며, 먼저 다마수스 교황으로부터 이 서임에 대한 승인을 받았다. 히에로니무스가 안티오키아에서 아폴리나리우스의 강연을 들었던 377년에 이르러 국면이 뒤바뀌었다.

대 바실리우스는 로마의 다마수스 교황에게 보낸 편지(263번)에서 멜레티우스를 유일한 안티오키아의 주교로 인정하고 아폴리나리우스, 안티오키아의 파울리누스, 세바스테이아의 에우스타티우스를 파문할 것을 요청하였다. 그 뒤 377년 로마 교회회의, 379년 안티오키아 교회회의, 381년 콘스탄티노플 교회회의(그리스도론 문제를 다루지 않은 규범규정 제1조), 382년 로마 교회회의는 아폴리나리우스를 단죄하였다. 아폴리나리우스파에 대한 교회의 규정들은 나지안즈의 그레고리우스가 387년 콘스탄티노플의 총대주교 넥타리우스에게 의뢰하고, 넥타리우스가 황제에게 아폴리나리우스파에 대한 조치를 건의한 뒤인 388년에야 공포되었다.

아폴리나리우스는 392년 이전에 사망하였으나, 아폴리나리우스파 공동체는 5세기 중엽까지 널리 퍼져 있었다. 안티오키아에 있던 이 공동체는 425년 정통신앙을 고백하는 공동체와 결합하였다.

참고문헌: G. Gentz: RAC 1 (1950) 520-2. – G.L. Prestige, St. Basil the Great and Apollinaris of Laodicea, ed. H. Chadwick, Lo 1956. – E. Mühlenberg, Apollinaris von Laodicea = FKDG 23 (1969). – E. Mühlenberg: TRE 3 (1978) 362-71. – Ch. Kannengiesser: EEC 63-4. – Ch. Kannengiesser: EECh I 58-9.

1.1. 작 품

아폴리나리우스의 저서는 여러 성서주석·신학작품 가운데 소수의 작품만, 그것도 대부분 단편으로만 남아 있다. 가장 중요한 문헌은 대 바실리우스 서간집에 남아 있는 두 편의 편지(362번과 364번)와 니사의 그레고리우스가 아폴리나리우스의 「인간의 모상에 따른 신적 육화에 대한 논증」*Ἀπόδειξις περὶ τῆς θείας σαρκώσεως τῆς καθ' ὁμοίωσιν ἀνθρώπου*을 반박한 「아폴리나리우스 논박 웅변가」*Antirrheticus adversus Apolinarium*의 발췌문이다. 니사의 그레고리우스는 382년 예루살렘을 여행할 때에 아폴리나리우스의 학설을 처음으로 접하였지만, 반박서는 387년에야 출판되었다. 교부들의 성서주석서 선집에 있는 아폴리나리우스의 성서주석서 단편들 외에 다른 신학작품은 가명으로, 특히 그레고리우스 타우마투르구스, 아타나시우스, 율리우스, 로마의 펠릭스처럼 정통신앙을 고백한 교부들의 이름으로 남아 있었다. 따라서 그의 학설은 알렉산드리아의 치릴루스와 그리스도 단성설에 계속 영향을 미쳤다. 이미 6세기에 그의 많은 작품의 친저성이 밝혀졌으나 오늘날까지도 완전히 확인되지 않았다. 최근에야 엔리코 카타네오Enrico Cattaneo는 가假-크리소스토무스의 세 편의 부활절 설교가, 라인하르트 휩너Hübner는 가假-아타나시우스 작품으로 여긴 「사벨리우스파 논박」*Contra Sabellianos*이 그의 작품임을 증명하였다.

1.의 서술 참조.

편집본: H. Lietzmann, Apollinaris von Laodicea und seine Schule. Texte und Untersuchungen I, Tü 1904. – K. Staab, Pauluskommentare aus der griechischen Kirche. Aus Katenenhandachriften gesammelt und hrsg. = NTA 15 (1933 = 1984) 57-82. – H. de Riedmatten, La correspondance entre Basile de Césarée et Apollinaire de Laodicée I-II: JThS NS 7 (1956) 199-210; 8 (1957) 53-70. – J. Reuss, Matthäus-Kommentare aus der griechischen Kirche. Aus Katenenhandschriften gesammelt und hrsg. = TU 61 (1957) 1-54. – J. Reuss, Johannes-Kommentare aus der griechischen Kirche. Aus Katenenhandschriften gesammelt und hrsg. = TU 89 (1966) 3-64. – E. Mühlenberg, Apollinaris von Laodicea zu PS 1-150: Psahmenkommentare aus der Katenenüberlieferung I = PTS 15 (1975) 1-118.

참고문헌: G. Voisin, L'Apollinarisme. Étude historique, littéraire et dogmatique sur le début des controverses christologiques au IVe siècle, Lou – P 1901. – G. Furlani, Studi apollinaristici: RSFR 2 (1921) 257-85; 4 (1923) 129-46. – E. Cattaneo, Trois Homélies pseudo-Chrysostomiennes sur la Pâque comme œuvre d'Apollinaire de Laodicée. Attribution et étude théologique = ThH 58 (1981). – E. Mühlenberg, Apollinaris von Laodicea und die origenistische Tradition: ZNW 76 (1985) 270-83. – R.M. Hübner, Die Schrift des Apolinarius von Laodicea gegen Photin (Pseudo-Athanasius, *Contra Sabellianos*) und Basilius von Caesarea = PTS 30 (1989). – E. Mühlenberg, Zur exegetischen Methode des Apollinaris von Laodicea: J. van Oort/U. Wickert (eds.), Christliche Exegese zwischen Nicaea und Chalcedon, Kampen 1992, 132-47.

1.2. 그리스도론

이미 언급한 바와 같이 아폴리나리우스 그리스도론의 근본적인 관심사는 니체아 공의회 이후 삼위일체 신학에 나타나는 문제점을 해결하는 것이었다. 삼위일체의 제2격인 하느님의 아들이 어떻게 인간 예수와 결합하며, 이 실제적인 일치가 두 아들, 곧 하느님의 아들과 인간의 아들로 분리되지 않고 이루어지는가? 니사의 그레고리우스의 증언에 따르면, 사모사타의 바울로에게서 유래하는 이러한 분리 그리스도론과 순수한 인간인 예수가 은총을 통해 하느님의 아들로 받아들여졌다는 양자론적養子論的 그리스도론은 아폴리나리우스가 극복해야만 하는 유설이었다. "하느님의 아들이 마리아에게서 태어난 인간과 다르고 은총으로써 아들로 받아들여졌다고 어떤 사람이 가르친다면, 가톨릭 교회는 그를 파문한다. 따라서 두 아들, 곧 하느님에게 태어난 아들인 본디의 하느님 아들과 마리아에게 태어난 인간이 있다고 … 어떤 사람이 가르친다면 가톨릭 교회는 그를 파문한다"(「요비아누스에게」 3). 아폴리나리우스는 특히 「안티오키아인들에게 보낸 교의서간」의 제7절에서 그리스도론 문제를 올바르게 해결해야 한다고 밝혔다(Mansi III 349-52).

아폴리나리우스가 세운 그리스도론의 근본원리는 삼위일체의 제2격과 지상에 산 그리스도와의 동일성에 바탕을 두었다. 따라서 어떤 사람들은 아폴리나리우스가 예수의 육신도 하늘에서 내려오게 하였다고 그를 비난하였다. 이러한 동일성과 그리스도 안에서 하느님과 인간이 일치를 이루는 토대는 본질과 구분되지 않는 위격ὑπόστασις 개념이었다. 이 일치는 하나의 존재가 개별적으로 자립성을 갖고 있다는 데에 기초를 둔다. 스스로 결정하는αὐτοκίνητον 것은 본성상 개별 존재에 속하기 때문에, 그리스도 안에는 이러한 하나의 주도원리ἡγεμονικόν만 있을 수 있다. "본인(아폴리나리우스)의 견해로는, 어떤 사람이 그리스도 안에 두 종류의 이성, 곧 신적 이성과 인간적 이성이 있다고 가르친다면, 이는 그리스도가 손가락으로 바위덩어리에 글자를 새겨넣을 수 있다고 말하는 것과 같다. 신적 이성과 인간적 이성이 저마다 스스로를 이끈다면, 각각의 이성은 그 존재의 고유한 지향에 따라 움직인다. 이때문에 지향이 서로 다른 동일한 주체ὑποκείμενον 안에 두 주체가 뒤섞여 존재한다는 것은 불가능하다. 각각의 이성은 스스로 움직이는 주체로서 본성에 따라 의지를 실행하기 때문이다"(「단편」 150). 이를 바탕으로 아폴리나리우스는 그리스도 안에서 신적 주도원리가 인간적 주도원리의 자리를, 곧 로고스가 인간의 영혼을, 적어도 이성적 부분인 정신νοῦς의 자리를 차지해야 한다고 논리적으로 추론하였다. 이때문에 그는 그리스도를 육체를 취한 하느님θεὸς ἔνσαρκος, 또는 육체를 취한 정신νοῦς ἔνσαρκος으로 불렀다. 이로써 그는 본성의 영역에서 그리스도 안에서 하느님과 인간의 일치를 매우 매력적이고 논리적인 추론으로 설명하였다. 그리스도는 "하느님 로고스의 육체가 된 하나의 본성"$\mu\acute{\iota}\alpha$ $\phi\acute{\upsilon}\sigma\iota\varsigma$ $\tau o\hat{\upsilon}$ $\Theta\epsilon o\hat{\upsilon}$ $\Lambda\acute{o}\gamma o\upsilon$ $\sigma\epsilon\sigma\alpha\rho\kappa\omega\acute{\epsilon}\nu\eta$이며, 여기서 로고스는 하나의 영역에서 본성의 일치, 실체의 일치, 위격의 일치를 주도하는 역할을 한다.

아폴리나리우스는 일치를 위하여 인간의 의지가 배제된 그리스도 안에서 동적 활동의 일치라는 착상으로, 자유로운 두 의지력이 어떻게 일치를 손상하지 않고 하나의 위격 안에서 결합될 수 있는가를 제시하였다. 이에 바탕을 둔 단의론 논쟁은 그리스도의 두 본성을 교의화한 칼체돈 공의회의 결과로 나타난다. 아폴리나리우스는 이 문제를 예리한 논리로 해결하였으나 육화의 신비에 대한 문제를 배제하였기 때문에 그의 신학은 이단에 빠지게 되었다.

1.의 서술 참조.

참고문헌: Ch.E. Raven, Apollinarianism. An Essay on the Christology of the Early Church, C 1923. – H. de Riedmatten, La Christologie d'Apollinaire de Laodicée: StPatr 2 = TU 64 (1957) 208-34. – R.A. Norris Jr., Manhood and Christ. A Study in the Christology of Theodore of Mopsuestia, O 1963, 79-122. – A. Tuilier, Le sens de l'Apollinarisme dans les controverses théologiques du IVe siècle: StPatr 13 = TU 116 (1975) 295-305.

2. "세 명의 위대한 카파도키아 사람"

2.1. 서론: 이들의 가계와 중요성

대 바실리우스, 그의 동생인 니사의 그레고리우스, 바실리우스의 학우인 나지안즈의 그레고리우스는 신학과 교회를 위한 그들 특유의 위치와 중요성 때문에 "세 명의 위대한 카파도키아 사람"이라는 경칭을 얻었다. 그들은 이미 수세대에 걸쳐 그리스도교 신앙을 고백하였을 뿐만 아니라 교회생활에 적극적으로 참여한 가문의 출신으로, 이른바 4세기의 "콘스탄티누스 전환" 이후 두각을 나타낸 교회의 지도층 인물이었다. 그들은 부유하고 영향력있는 사회 지도층 출신으로 이에 걸맞은 뛰어난 학교교육을 받았으며, 상류계급 사람들이 출세하기 위해 밟아온 수사학자, 변호사, 정치인의 길을 걸었다.

바실리우스와 동생 그레고리우스의 외할아버지는 디오클레티아누스 황제가 일으킨 박해 때 순교하였다. 친할머니 성 마크리나 1세는 네오체사레아의 유명한 주교인 그레고리우스 타우마투르구스의 학생이었다. 그녀의 손자인 니사의 그레고리우스는 설교로 유명한 이 주교의 이름을 딴 것이다. 마크리나 1세는 박해 동안 남편과 함께 7년이나 산으로 피신해 살아야만 했다. 바실리우스와 그레고리우스의 아버지 성 바실리우스 1세는 원로원 귀족으로 부유한 지주였으며, 어머니 성 엠멜리아도 카파도키아의 부유한 가문 출신이었다. 그녀의 동생은 주교였다. 열 명의 남매 가운데 바실리우스와 그레고리우스 외에도 세 명의 남매, 곧 동생들의 생애에 지속적인 영향을 끼친 큰누이 성 마크리나 2세, 일찍 죽은 나우크라티우스, 막내동생이며 세바스테이아의 주교인 성 베드로가 교회에서 활동하고 금욕생활을 하였다.

나지안즈의 그레고리우스 가문도 외가 쪽으로는 적어도 3세대에 걸쳐 그리스도교 신자였다. 이 가문은 나지안즈 근처에 있는 아리안즈에 토지를 가지고 있었다. 그레고리우스의 아버지 성 그레고리우스 1세는 나지안즈의 선임주교였으며, 어머니 논나, 그레고리우스와 남매지간인 고르고니아와 체사리우스도 성인으로 존경받는다. 그의 사촌인 성 암필로키우스는 이코니움의 주교였으며, 많은 사람이 그를 "네번째 위대한 카파도키아 사람"으로 여긴다.

"세 명의 위대한 카파도키아 사람"은 모두 세속적인 출세를 외면하였다. 그들이 세속적 출세를 포기한 것은 교회 안에서 출세하기 위해서가 아니라, 그리스도를 철저히 따르면서 고독한 금욕생활에 전념하기 위해서였다. 그렇지만 세 명모두 그들의 출신과 교육에 바탕을 둔 정치적 지도력과 교회에서의 지도력 때문에 주교로 임명되었다. 특히 4세기 후반 중엽부터 주교들이 공공의 행정 임무를 넘겨받았다는 사실을 고려해야 한다. 바실리우스는 탁월한 교회정치가로, 나지안즈의 그레고리우스는 수사학자와 신학자로, 니사의 그레고리우스는 철학 사상가로 세 명 모두 특유의 독특한 자리매김을 하였다. 바실리우스와 나지안즈의 그레고리우스는 아타나시우스, 요한 크리소스토무스와 함께 비오 5세의 성무일도(1568년)에서 "동방의 네 명의 위대한 교회학자"로 선언되었으며, 아타나시우스와 함께 그리스 교회에서 삼위일체 교의를 위한 "세 명의 지도자"로 존경받았다. 반면 니사의 그레고리우스는 이러한 관점에서 다소 떨어져 있었다.

카파도키아 사람들처럼 교회의 지도적 인물들이 그룹을 이루는 것이 지역적 현상이라는 사실은 서방교회에서는 밀라노의 주교 암브로시우스 가문에서도 나타난다. 또한 이러한 현상은 수도정신으로 교우관계를 형성한 아우구스티누스와 어머니 성 모니카의 관계에도 나타나며, 마침내 이러한 교우관계에서 북아프리카 주교직의 중요한 부분을 유추할 수 있다.

보조자료: *Biblia Patristica*. Index des citations et allusions bibliques dans la littérature patristique 5, P 1991.

참고문헌: K. Holl, Amphilochius von Ikonium in seinem Verhältnis zu den großen Kappadoziern, Tü – L 1904. – J.F. Callahan, Greek Philosophy and the Cappadocian Cosmology: DOP 12 (1958) 29-57. – B. Otis, Cappadocian Thought as a Coherent System: DOP 12 (1958) 95-124. – J. Bernardi, La prédication des pères cappadociens. Le prédicateur et son auditoire, P 1968. – Th.A. Kopeček, The Social Class of the Cappadocian Fathers: ChH 42 (1973) 453-66. – Th.A. Kopeček, The Cappadocian Fathers and Civic Patriotism: ChH 43 (1974) 293-303. – R.C. Gregg, Consolation Philosophy. Greek and Christian *Paideia* in Basil and the two Gregories = PatMS 3 (1975). – G. May, Die Großen Kappadokier und die staatliche Kirchenpolitik von Valens bis Theodosius: G. Ruhbach (ed.), Die Kirche angesichts der Konstantinischen Wende = WdF 306 (1976) 322-36. – A. Rousselle, Aspects sociaux du recrutement ecclésiastique au IVe siècle: MEFRA 89 (1977) 333-70. – W. Eck, Der Einfluß der konstantinischen Wende auf die Auswahl der Bischöfe im 4. und 5. Jahrhundert: Chiron 8 (1978) 561-85. – P. Maraval, Encore les frères et sœurs de Grégoire de Nysse: RHPhR 60 (1980) 161-7. – G. Kontoulis, Zum Problem der Sklaverei (*ΔΟΥΛΕΙΑ*) bei den kappadokischen Kirchenvätern und Johannes Chrysostomus, Bn 1993.

2.2. 대 바실리우스

바실리우스는 이미 살아 있을 때 "대"大라는 경칭을 받았다. 그의 생애에 관한 몇몇 연대는 아직 명확하지 않으며 최근 다시 논의되고 있다. 그는 열 남매 가운데 장남[2]으로 329/30년경 태어났다. 그는 아버지에게서 고전 학문을, 그레고리우스 타우마투르구스의 학생이자 바실리우스에게 오리게네스의 알렉산드리아 신학의

---

[2] 하우쉴트(Hauschild: TRE 5, 302쪽)는 바실리우스의 형제 나우크라티우스가 10살쯤 많다고 보는 그리보몽(Gribomont: EECh I, 114쪽과 EECh II, 584쪽)의 주장에 대해 이와같이 설명한다.

기초를 다져준 할머니 마크리나에게서 그리스도교 신앙을 배웠다. 성인成人이 될 때까지 세례를 미루는 당시의 관습에 따라 그는 어려서 세례를 받지 않았다. 그는 나지안즈의 그레고리우스를 처음 만난 체사레아의 수사학 학교를 (343년부터?) 다닌 뒤, 집안의 재정적 도움으로 당시의 가장 유명한 학자들에게서 교육을 받았다. 그는 콘스탄티노플에서 훗날에 자신과 편지를 주고받은(「서간」 335-59번) 리바니오스에게서 교육받았으며(346년경~350년?), 아테네의 학당에서 유명한 수사학자 프로하이레시오스와 히메리오스의 강의를 들었다. 이곳에서 그는 뒷날에 황제가 되는 율리아누스를 알게 되었으며 나지안즈의 그레고리우스를 다시 만났다. 이때부터 그레고리우스와 평생지기로 지낸 바실리우스는 그레고리우스의 생애에 영적·교회정치적으로 결정적인 영향을 미쳤다. 그는 아테네에서 돌아온(356년?) 뒤 체사레아에서 얼마 동안 수사학을 가르쳤으나 그리스도교적·금욕적 생활방식을 철저히 수행하기 위하여 이 일을 그만두었다. 그는 세례를 받고 독서직을 받았으며, 그의 전 재산을 팔아 가난한 사람들을 구제하기 위한 기금으로 사용하였다. 그의 주된 관심사이자 활동의 한 부분인 가난하고 미천한 사람들을 위한 사회복지 사업은 특히 공적 지위와 연결되어 평생토록 계속되었다.

바실리우스는 시리아, 메소포타미아, 팔레스티나, 이집트 수도생활을 연구하기 위한 교육여행을 마친 뒤 어머니 엠멜리아, 누이 마크리나, 동생 나우크라티우스와 함께 폰투스 지방의 이리스 강변에 있는 안니시라는 가족 영지에 살았다. 그가 이곳에 머무를 때, 뒤에 수도원 설립의 전형이 된 수도 공동체가 그의 주위에 모였다. 또한 바실리우스는 이곳에서 금욕적 강령도 발전시켰으며, "동방 수도제도의 아버지"로 그의 활동에 기초를 놓은 두 규칙서 가운데 첫 수도규칙서를 저술하였다(제8장 2.2. 참조). 이 시기에 그는 나지안즈의 그레고리우스와 함께 오리게네스의 작품 가운데 교의에 관한 선집인 「필로칼리아」도 편찬하였다. 바실리우스는 서론에서 언급하듯이 수도적 은거생활을 끝내는 것을 주저하지 않았다. 그 이유는 364년부터 니체아파와 유사본질파가 발렌스 황제의 유사파 종교정책으로 상당히 압박을 받았기 때문이었다(제3부 서론 1.1.4. 참조). 따라서 이들은 이에 대응할 능력이 있고 영향력있는 교회 지도자가 절실히 필요하였으며,

그 결과 바실리우스는 친구들의 강한 권유로 364년 카파도키아 지방의 체사레아에서 사제로 서품되었다. 그는 이미 359/60년에 콘스탄티노플 교회회의에 참석하였으나, 체사레아의 주교 에우세비우스와 다투어 사이가 나빠졌고 다시 고독한 은거생활을 하였다.

바실리우스는 자신의 신학적 신념에 따라 당시 황제의 유사파 신앙고백을 단호히 거부하였으며, 니체아파의 경향을 따르는 유사본질파에 속하였다. 에우세비우스 주교가 당시 교회정치적으로 매우 어려운 상황에 거의 대응하지 못하였기 때문에, 바실리우스는 장로로서 이미 주교의 임무를 실제로 수행하였다. 바실리우스는 자신의 생애에 결정적 요소로 나타난 두 가지 목적, 곧 유사파를 옹호하는 정책을 펴는 국가에 대한 투쟁, 동방(절충적 아리우스파)교회와 니체아 신앙고백 또는 로마 교회와의 일치를 직접 추구하기 시작하였다. 발렌스 황제에 대한 체사레아 시市의 저항(365년)과 람프사쿠스(364년)와 티아나(366년) 교회회의는 바실리우스가 추구하는 두 가지 목적에 도움을 주었다.

그는 370년 가을 에우세비우스의 후계자로서 체사레아의 주교로 임명되었으며, 아울러 카파도키아 지방의 수석 대주교와 정치적 교구인 폰투스의 준교구장 주교(Exarch)가 되었다. 이미 알려진 바실리우스의 반유사파 입장 때문에 그가 주교로 선출되는 것을 반대한 로마 당국은 그가 자신들의 노선에 따르도록 애썼으며, 심지어 발렌스 황제는 372년 개인적으로 그를 회유하였으나 뜻을 이루지 못하였다. 바실리우스의 태도는 역사적 사실로도 인정되며, 나지안즈의 그레고리우스의 찬가(「연설」 43,46-53)는 황제 앞에서 보인 바실리우스의 감명깊은 불굴의 의지를 강조하였다. 그렇지만 이 찬가는 올바로 평가되어야 할 것 같다. 발렌스는 바실리우스를 면직하지 않았을 뿐만 아니라 372/3년에 아르메니아를 방문할 것을 위탁하였기 때문이다. 이는 바실리우스가 사회적으로나 정치적으로 뛰어난 위치에 있었다는 것만으로 설명할 수 없고, 오히려 황제로부터 이에 걸맞은 평가와 호의를 받았다는 사실을 대변한다. 그러나 바실리우스는 372년 카파도키아 지방의 분할로 자신이 맡은 교회의 관할 지방이 줄어드는 쓰라림을 맛보아야만 했다. 이에 그는 주교좌의 숫자를 늘려 형제, 친척, 친지들, 곧 사시마에 친구 나지안즈의 그레고리우스를, 니사에 동생 그레고리우스를, 이코니움에 암필로키우스를 주교로 임명하여 맞섰다.

그 뒤, 특히 373년 아타나시우스가 사망한 뒤 바실리우스의 주된 관심사는 안티오키아 분열을 종결하여 로마와 교회 공동체의 연대를 강화하는 것이었다. 이러한 노력은 그가 379년 1월 1일 죽을 때까지[3] 뚜렷한 성과를 거두지 못하였다. 그렇지만 그는 주교로 임명된 지 몇 년 사이에 카파도키아 교회와 더 나아가 세상사에 관한 탁월하고 정평있는 지도자가 되었다. 그의 이러한 역할은 그가 사망한 뒤 발렌스 황제가 사망(378년 8월 9일)하고 테오도시우스 황제가 통치하기 시작함으로써 (379년 1월 19일) 대조적으로 나타나는 신학적 · 교회정치적 해결에 직접 기여하였다.

바실리우스는 많은 작품을 저술하였으며, 그의 저서를 전체적으로 파악하는 것도 의미가 있다. 그의 작품은 대개 자신의 생활과 활동을 반영하는 교회 안의 실제 생활과 관련된다. 이러한 작품에는 유명한 소책자 「청년들이 그리스 문학에서 배워야 하는 방법」, 수많은 강해, 편지, 금욕생활에 관한 규칙서들, 방대한 교의작품인 「에우노미우스 논박」과 「성령론」이 있다. 6세기부터 이어져 내려와 오늘날 형식을 갖춘 이른바 "바실리우스 전례"도 중요한 부분에서는 그의 체사레아 전례개혁에서 유래한다.

2.1.의 서술 참조.

참고문헌 목록: Th.J. Stokes, A Bibliography of St. Basil the Great: Works Presently Held by the Leddy Library, Windsor (Ont.) 1977. – P.J. Fedwick, The Most Recent (1977-) Bibliography of Basil of Caesarea: Basilio di Cesarea (1983) 3-19.

편집본: *Opera omnia*: PG 29-32. – *De baptismo*: J. Ducatillon = SC 357 (1989) (TfÜK). – *De ieiunio I-II*: H. Marti = SVigChr 6 (1989) (ITdÜK). – *De origine hominis*: A. Smets/M. van Esbroeck = SC 160 (1970) (TfÜK). – *Homiliae in Hexaemeron*: St. Giet = SC 26 (1949) (ETfÜ). – E. Amand de Mendieta/S.Y. Rudberg, Eustathius. Ancienne version latine des neuf homélies sur l'Hexaéméron de Basile de Césarée = TU 66 (1958). – *Fragmente Ps 118*: M. Harl = SC 189-190 (1972) (TfÜK). – *Homiliae in Hexaemeron*: R.W. Thomson = CSCO 550-1 (1995) (syrTeÜ). – E. Amand de Mendieta/St.Y. Rudberg = GCS NF 2 (1997). – D.G.K. Taylor, The Syriac Versions of the *De spiritu sancto* by Basil of Caesarea = CSCO 576-577 (1999) (syrTeÜ).

번역서: SWKV 19-26 (1838-42) (*Opera omnia*). – V. Gröne, 3 Bde. = BKV[1] (1875-81) (*In

---

[3] 마라발(Maraval)은 뢰더(Röder 65[262])와 같이 바실리우스가 죽은 때를 377년 8월로 주장하며(2.2.1의 참조문헌 참조), 푸세(Pouchet)는 378년 9월이라고 주장한다.

Hexaemeron, Homiliae, Regulae, Epistulae). – A. Stegmann, 2 Bde. = BKV² I 46-47 (1925) (*In Hexaemeron, Homiliae, Epistulae*). – A. Stegmann/Th. Wolbergs = SKV 4 (1984) (*Ad adolescentes*, drei Predigten). – 영어 번역서: B. Jackson = NPNF II 8 (1895 = 1995) (*De spiritu sancto, Hexaemeron, Letters*). – M.M. Wagner = FaCh 9 (1950) (*Ascetic Works, includes The Long Rules*). – A.C. Way = FaCh 46 (1963) (*On the Hexaemeron, On the Psalms*).

보조자료: P.J. Fedwick, *Bibliotheca Basiliana Universalis*. A Study of the Manuscript Tradition of the Works of Basil of Caesarea, I: The Letters = CChr. (1993).

참고문헌: 사전 항목: G. Bardy: RAC 1 (1950) 1261-5. – W.-D. Hauschild: TRE 5 (1980) 301-13. – F.W. Norris: EEC 139-41. – J. Gribomont: EECh I 114-5.

편찬서: P.J. Fedwick (ed.), Basil of Caesarea: Christian, Humanist, Ascetic, 2 vol., Toronto 1981. – A. Rauch/P. Imhof (eds.), Basilius. Heiliger der Einen Kirche, Mn 1981. – Basilio di Cesarea, la sua età, la sua opera e il basilianesimo in Sicilia, 2 vol., Messina 1983. – J. Gribomont, Saint Basile, Évangile et Église. Mélanges, 2 tomes, Abbaye de Bellefontaine 1984. – Mémorial Dom Jean Gribomont (1920-1986) = SEAug 27 (1988).

작품: *Ad adolescentes*: E. Lamberz, Zum Verständnis von Basileios' Schrift *"Ad adolescentes"*: ZKG 90 (1979) 221-41. – W.F. Helleman, Basil's *Ad Adolescentes*: Guidelines for Reading the Classics: Dies. (ed.), Christianity and the Classics. The Acceptance of a Heritage, Lanham 1990, 31-51.

헥사에메론: Y. Courtonne, Saint Basile et l'hellénisme. Étude sur la rencontre de la pensée chrétienne avec la sagesse antique dans l'Hexaéméron de Basile le Grand, P 1934. – R. Lim, The politics of interpretation in Basil of Caesarea's *Hexaemeron*: VigChr 44 (1990) 351-70. – S. Y. Rudberg, Notes lexicographiques sur l'Hexaéméron de Basile: S.-T. Teodorsson, Greek and Latin Studies in Memory of Caius Fabricius = SGLG 54 (1990) 24-32.

그밖의 작품: V. Limberis, The Eyes Infected by Evil. Basil of Caesarea's Homily *On Envy*: HThR 84 (1991) 163-84. – E. Cavalcanti, Dall'etica classica all'etica cristiana: il commento al prologo del Libro dei Proverbi di Basilio di Cesarea: SMSR 14 (1990) 353-78. – M. Girardi, Basilio di Cesarea esegeta dei Proverbi: VetChr 28 (1991) 25-60. – E. Junod, Basile de Césarée et Grégoire de Nazianze sont-ils les compilateurs de la Philocalie d'Origène? Réexamen de la lettre 115 de Grégoire: Mémorial Dom Jean Gribomont (192-1986) = SEAug 27 (1988) 349-60.

연구서: M.M. Fox, The Life and Times of St. Basil the Great as Revealed in his Works = PatSt 57 (1939). – St. Giet, Les idées et l'action sociales de saint Basile, P 1941. – G.L. Prestige, St Basil the Great and Apollinaris of Laodicea, ed. H. Chadwick, Lo 1956. – M.A. Orphanos, Creation and Salvation According to St. Basil of Caesarea, Athen 1975. – P. Scazzoso, Introduzione alla ecclesiologia di san Basilio = SPMed 4 (1975). – P.J. Fedwick, The Church and the Charisma of Leadership in Basil of Caesarea, Toronto 1978. – P. Maraval, La date de la mort de Basile de Césarée: REAUg 34 (1988) 25-38. – R. Hübner, Die Schrift des Apolinarius von Laodicea gegen Photin (Pseudo-Athanasius, *Contra Sabellianos*) und Basilius von Caesarea = PTS 30 (1989). – K. Koschorke, Spuren der alten Liebe. Studien zum Kirchenbegriff des Basilius von Caesarea = Par. 32 (1991). – G. Mazzanti, Il fondamento biblico della cristologia di S. Basilio Magno: Vivens homo 3 (1992) 225-41. – J.-R. Pouchet, La date de l'élection épiscopale de saint Basile et celle de sa mort: RHE 87 (1992) 5-33. – Ph. Rousseau, Basil of Caesarea, Berkeley 1994. – V.H. Drecoll, Die Entwicklung der Trinitätslehre des Basilius von Cäsarea. Sein Weg vom Homöusianer zum Neonizäner = FKDG 66 (1996). – B. Sesboüé, Saint Basile et la trinité. Un acte théologique au IVᵉ siècle. Le rôle de Basile de Césarée dans l'élaboration de la doctrine et du langage trinitaires, Paris 1998. – M. Girardi, Basilio di Cesarea interprete della Scrittura. Lessico, principi ermeneutici, prassi, Bari 1998.

2.2.1. 「에우노미우스 논박」*Contra Eunomium*

키지코스의 에우노미우스는 360/61년 자신의 작품 「변론」*Apologie*에서 비유사파의 삼위일체 신학을 논증하고 변론하였다. 바실리우스는 이 작품이 설득력이 있지만 아울러 위험한 내용을 싣고 있는 작품이라는 것을 이내 깨닫고, 이에 대해 면밀하게 답변할 필요성을 느껴 363/64년에 세 권으로 된 「에우노미우스 논박」을 저술하였다(이른바 제4권과 5권은 바실리우스의 작품이 아니다). 세 권에서는 각각 삼위일체의 세 위격을 다루며, 에우노미우스의 본문을 면밀히 검토하고 중요한 단락을 글자 그대로 인용하면서 반박하는 방법론을 따랐다.

바실리우스는 제1권에서 두 단락에 걸쳐 에우노미우스의 올바르지 못한 의도를 폭로하는 내용의 서론을 쓰고 나서, 성부의 속성 "태어나지 않은"*ἀγέννητος*이 성부의 실체와 관련되며, 이때문에 태어난 사람인 성자는 성부의 실체와 달라야 한다는 에우노미우스의 근본 명제를 반박한다. 오히려 에우노미우스가 성자는 피조물이나 "모든 시대 이전에" 태어났다고 주장하듯이 에우노미우스의 시대론적 모순은 성부와 성자가 모두 영원하다는 것을 나타낸다. 제2권에서는 성자의 피조물성을 주장하는 에우노미우스의 논증이 이치에 어긋난다고 반박하면서 제1권에서 주장한 논증을 계속 펼친다. "태어남"은 성자가 한때 존재하지 않았다거나 하느님의 변화를 내포하는 정욕*πάθη*과 어떤 관계가 있음을 뜻하는 것이 아니다. 당연한 결과로 성령을 성자의 피조물로 여겨서는 안 된다. 따라서 제3권에서는 세 위격의 차이는 실체의 영역에서 구분되는 것이 아니라 서열이나 영광의 영역에서 구분된다고 설명한다. 영에 관해서는 "성령"과 협조자*Paraklet*라는 명칭 자체가 성령의 신성을 증명한다.

제3부 서론 3.1.의 서술 참조.

편집본: B. Sesboüé/G.-M. de Durand/L. Doutreleau = SC 299, 305 (1982-3) (TfÜK).

참고문헌: E. Cavalcanti, Il problema del linguaggio teologico nell' Adv. Eunomium di Basilio Magno: Aug. 14 (1974) 527-39. – Ph. Rousseau, Basil of Caesarea, *Contra Eunomium*. The Main Preoccupations: StPatr 17 (1982) 77-94 – D. Schmitz, Formen der Polemik bei Basilius in der Streitschrift "*Adversus Eunomium*": Glotta 67 (1989) 233-42.

2.2.2. 「성령론」*De spiritu sancto*

바실리우스는 「에우노미우스 논박」을 저술한 10년 뒤인 374년 후반기에서 375년 후반기 사이에 성령에 관한 작품을 저술하여, 성령에 관해 그에게 문의한 이코니움의 암필로키우스에게 보냈다. 총 30장으로 된 이 작품은 체계적 구조를 지니지 않고, 오히려 같은 영광이 성부와 성자와 같이 성령에게도 귀속되며, 성부와 성자와 함께 성령의 동일본질을 다루는 주제가 반복된다. 편지 형식으로 씌어진 제1장과 제30장을 제외하고 제2-29장의 논문은 잇달아 씌어진 세 부분으로 구분된다. 제2-5장에서는 신학문제를 다룬다. "성령적대론파"(바실리우스 자신이 사용한 이 용어가 구체적으로 어떤 종파를 가리키는지 확인되지 않는다)는 "성령 안에"*ἐν τῷ ἁγίῳ πνεύματι*라는 전통적인 정식 대신에, 바실리우스가 전례에 사용한 영광송의 "성령과 함께"*σὺν τῷ πνεύματι τῷ ἁγίῳ*라는 정식이 성령에게 부당하게도 성부와 성자와 같은 영광을 표명하였다고 비난하였다. 이에 대한 답변의 첫 단계로 제6-8장에서는 정통신앙을 지닌 그리스도인들에게 논쟁의 여지가 없는 성부와 성자의 동일흠숭*ὁμοτιμία* 개념에 대해 설명한다. 이 개념은 동일본질과 같은 의미이다. 그 구성에서 개별적으로 다른 내용을 설명하는 제9-30장에서는 성서의 증언, 세례 정식과 창조, 구원계획에 성령의 참여를 토대로 하여 한 분이신 하느님의 단원성*μοναρχία*을 유지하면서 동일한 영역에서 세 위격(히포스타시스)에 관한 가르침을 증명한다. 성부와 성자의 본성의 일치는 성령에게 같은 칭호와 영광을 부여한다.

제29장은 바실리우스가 "교부 논증"*argumentum patristicum*의 방법을 명확한 의미로 처음 사용하였기 때문에 신학사에서 특별한 의미를 지닌다. 교회는 4세기의 교의논쟁 동안 전통적으로 확인된 증언을 처음부터 증거로 내세웠으나, 바실리우스는 여기서 자신의 논증, 곧 영광송에서 *σύν*(~와 함께)을 사용한 점을 더 상세히 뒷받침하기 위하여 모든 교부의 교의를 인용하였다. 아우구스티누스와 431년 에페소 공의회에서 알렉산드리아의 치릴루스도 이 방법을 이어받았다. 이 방법은 근대까지도 계속 사용되었으며, 소재를 역사적·교의적으로 평가하기 위하여 오늘날까지도 통용된다. 이와 달리 임의로 선택한 교부들 작품의 내용을 단순히 인용하여 연결하는 것은 아무 의의도 없으며 논증력도 약하다.

편집본: B. Pruche = SC 17 (²1968) (TfÜK).

번역서: M. Blum = Sophia 8 (1967). – H.J. Sieben = FC 12 (1993) (TdÜ).

참고문헌: H. Dörries, *De Spiritu Sancto*. Der Beitrag des Basilius zum Abschluß des trinitarischen Dogmas = AAWG.PH III 39 (1956). – Th. Špidlík, La sophiologie de s. Basile = OCA 162 (1961). – H. Dehnhard, Das Problem der Abhängigkeit des Basilius van Plotin. Quellenuntersuchungen zu seinen Schriften *De spiritu sancto* = PTS 3 (1964). – P. Luislampe, *Spiritus vivificans*. Grundz ge einer Theologie des Heiligen Geistes nach Basilius van Caesarea = MBTh 48 (1979). – J.M. Yanguas Sanz, Pneumatología de San Basilio. La divinidad del Espíritu Santo y su consustancialidad con el Padre y el Hijo = CTUN 37 (1983). – M.A.G. Haykin, The Spirit of God. The Exegesis of 1 and 2 Corinthians in the Pneumatomachian Controversy of the Fourth Century = SVigChr 27 (1994).

2.2.3. 편지

바실리우스의 서간집에는 368통의 편지가 수록되어 있지만, 이 가운데 36번 또는 38번은 그가 쓴 편지가 아니다. 고대에 일반적으로 널리 행해졌듯이, 바실리우스의 서간집에는 그가 받은 15통 내지 17통의 편지도 실려 있다. 336, 338, 340, 341, 345, 346, 349, 352, 354, 355, 357, 358번은 리바니오스가, 362와 364번은 라오디체아의 아폴리나리우스가, 367번은 나지안즈의 그레고리우스가, 39번과 40번은 율리아누스 황제가 바실리우스에게 보낸 편지이다. 물론 39번과 40번의 진본성 여부, 곧 39번이 율리아누스가 바실리우스에게 보낸 편지인지, 40번의 저자가 율리아누스인지는 아직도 논의되고 있다.

바실리우스의 서간집에 수록되어 있지만, 그가 쓰지 않거나 다른 사람이 그에게 보내지 않은, 곧 진본성이 의심되는 편지는 8, 16, 38(?), 41-45, 47, 166, 167, 169-171, 189, 321, 342, 343, 347, 348, 360, 365, 366번이다.

편지 10, 342, 347, 348번은 바실리우스의 동생인 니사의 그레고리우스의 서간집 21, 28, 26, 27번에도 수록되어 있으나 바실리우스와 관련있는 편지이다(제6장 2.3.1. 참조).

마우루스판은 서간집을 연대기에 따라 세 부분으로 분류하였다. 1-46번은 주교 서임 이전에(357~370년), 47-291번은 주교 재임시에(370~379년)에 씌어진 편지이며, 292-365번은 연대를 정확히 산정할 수 없는 편지이다. J. 콰스틴(Patrologia II, 224-228쪽)은 편지를 여덟 가지로 분류하였다.

1) 우정서간: 1, 3, 4, 7, 12-14, 19-21, 27, 56-58, 63, 64, 95, 118, 123, 124, 132-135, 145-149, 152-158, 162-165, 168, 172-176, 181, 184-186, 192-196, 198, 200, 201, 208-210, 232, 241, 252, 254, 255, 259, 267, 268, 271, 278, 282, 285, 320, 332-334.

2) 추천서간: 3, 15, 31-37, 72-78, 83-88, 96, 104, 108-112, 137, 142-144, 177-180, 271, 273-276, 279-281, 303-319.

3) 위로서간: 5, 6, 28, 29, 62, 101, 107, 139, 140, 206, 227, 238, 247, 256, 257, 269, 300-320.

4) 규범서간: 53, 54, 188, 199, 217. 이코니움의 암필로키우스에게 보낸 마지막 세 편지는 회개에 관한 규범을 정확히 제시하며, 동방교회의 일반 교회법이 되었다.

5) 도덕서간과 금욕서간: 2, 10-11, 14, 18, 22-26, 49, 65, 83, 85, 97, 106, 112, 115, 116, 161, 173, 174, 182, 183, 197, 219-222, 240, 246, 249, 251, 259, 277, 283, 291-299, 366.

6) 교의서간: 9, 38(?), 52, 105, 113, 114, 125, 129, 131, 159, 175, 210, 214, 226, 233-236, 251, 258, 261, 262. 내용이 긴 편지 38번은 니사의 그레고리우스의 작품들 가운데 「본질과 실존의 상이성에 관하여」*Ad Petrum fratrem de differentia essentiae et hypostaseos*라는 제목의 논문으로 전해진다. 이 편지의 친저성은 오늘날까지 논쟁의 대상이 되고 있다.

7) 전례서간: 93, 207.

8) 역사서간: 204.

바실리우스가 전 로마제국의 중요 인물과 주고받은 편지를 통하여 그의 활동범위가 매우 폭넓었다는 사실을 알 수 있다.

- 밀라노의 주교 암브로시우스(제7장 3. 참조): 197.
- 바실리우스의 친구이며 니지안즈의 그레고리우스의 사촌인 이코니움의 주교 암필로키우스: 150, 161, 176, 188, 190, 199-202, 217, 218, 231-236, 248.
- 라오디체아의 주교 아폴리나리우스(제6장 1. 참조): 361, 363.

- 알렉산드리아의 총대주교 아타나시우스(제5장 4. 참조): 61, 66, 67, 69, 80, 82.
- 에데사의 주교 바르세스: 264, 267.
- 다마수스 교황: 371.
- 타르수스의 주교 디오도루스(제7장 4. 참조): 135, 160.
- 살라미스의 주교 에피파니우스(제7장 2. 참조): 258.
- 사모사타의 주교 에우세비우스: 30, 34, 48, 95, 98, 100, 127, 128, 136, 138, 141, 145, 162, 198, 209(?), 213(?), 237, 239, 241, 268.
- 세바스테이아의 주교 에우스타티우스: 79, 119, 223.
- 바실리우스의 학우이자 나지안즈의 주교인 그레고리우스(제6장 2.4. 참조): 2, 7, 14, 19, 71, 368.
- 바실리우스의 동생이자 니사의 주교인 그레고리우스(제6장 2.3. 참조): 38, 58.
- 저명한 수사학자인 히메리우스(바실리우스는 아테네에서 그의 가르침을 받았다): 274, 275(?).
- 안티오키아의 총대주교 멜레티우스(제3부 서론 2.1.2.2. 참조): 57, 68, 89, 120, 129, 216.
- 저명한 수사학자인 리바니오스(바실리우스는 콘스탄티노플에서 그의 가르침을 받았다): 335, 337, 339, 344, 350, 351, 353, 356, 359. 이들이 주고받은 편지는 총 25통에 이르며(335-359번), 이 가운데 342, 343, 347, 348번은 진본이 아니다. 336, 338, 340, 341, 345, 346, 349, 352, 354, 355, 357, 358번은 리바니오스가 바실리우스에게 보낸 편지이다.
- 알렉산드리아의 총대주교 베드로: 133, 266.

그밖에 수신자의 이름을 기재하지 않은 채 주교, 사제, 수도자, 관리들, 공동체 전체에 보낸 일련의 편지가 있다. 이는 바실리우스가 개별적으로뿐만 아니라 구조적으로 공공생활, 교회정치, 종교생활에 어떻게 영향을 미쳤는지를 나타낸다.

- 지방 주교들(54), 서방의 주교들(90), 이탈리아의 주교들(92), 해안지대의 주교들(203), 이탈리아와 갈리아의 주교들(243), 폰투스의 주교들(252), 이름을

알 수 없는 주교(282).

- 타르수스의 장로단(113), 네오체사레아의 성직자단(207), 사모사타의 성직자
  (219), 콜로니아의 성직자단(227), 니코폴리스의 성직자단(229), 니코폴리스의
  장로단(238), 안티오키아의 장로단(253), 소조폴리스의 성직자단(261).
- 타르수스의 공동체(114), 네오체사레아 사람들(204), 네오체사레아 남자들
  (210), 칼키스 사람들(222), 서방인들(242, 263), 니코폴리스 사람들(246, 247), 에
  우아이사 사람들(251).
- 수도자 생활에 관하여(22), 이름을 알 수 없는 여자 금욕자(46), 여자 금욕자
  들(52), 수도자들(257, 295).
- 네오체사레아의 지방총독(63), 이름을 알 수 없는 지방총독(84, 86), 세바스테
  이아의 지방총독(306), 이름을 알 수 없는 지방 감찰관(83, 284, 299, 312, 313),
  이름을 알 수 없는 군인(106), 이름을 알 수 없는 회계담당 공무원(142, 143),
  이름을 알 수 없는 주석가(144), 사모사타의 시의원들(183), 콜로니아의 10인
  대장들(228), 니코폴리스의 10인 대장들(230), 이름을 알 수 없는 법원 관리
  (286), 이름을 알 수 없는 황제의 특별자산 관리인(303), 이름을 알 수 없는
  하위 지휘관(311), 이름을 알 수 없는 공증인(333).
- 수신인을 전혀 알 수 없는 편지는 35-37, 77, 78, 85, 87, 88, 101, 117,
  165, 191, 209, 213, 249, 270, 273, 275, 285, 287-289, 298, 301,
  305, 307-310, 314-320, 322, 326, 327, 330-332번이다.

이와 같은 개관은 바실리우스가 어떤 인물이었으며, 그의 개인적 관계, 정치,
교회정치, 사목활동, 사회활동, 신학, 영성을 밝히는 중요한 실마리를 제공한
다. 더 나아가 그의 편지들은 완벽한 서간형식과 전형적인 서간체의 좋은 본보
기이다. 그의 친구인 나지안즈의 그레고리우스는 자신의 편지 51번에서 바실리
우스가 서간체의 대가라고 찬양하였다. 그의 스승 리바니오스도 바실리우스의
서간체가 자신의 서간체보다 더 뛰어나다고 여겼으며, 편지 338번에서 바실리
우스에게 다음과 같은 글을 써 보냈다. "편지를 전해 주는 사람들이 당신의 편
지를 나에게 건네주었을 때, 나는 말 한 마디 없이 조용히 편지를 다 읽고는 기

뽐에 넘쳐 미소를 머금은 채 말하였습니다. '우리가 졌습니다.' 편지를 전해 준 사람들은 '도대체 누가 당신을 이겼습니까? 당신은 졌다면서 왜 슬퍼하지 않습니까' 하고 물었습니다. '편지가 뛰어난 문체로 씌었다는 점에서 내가 지고 바실리우스가 이겼습니다. 그러나 그 사람이 내 친구이기 때문에 나는 기쁩니다' 하고 대답하였습니다. 내가 이렇게 말하자, 그들은 편지를 보고 (바실리우스의) 승리를 확인하고자 하였습니다. 알리피우스가 편지를 소리내어 읽고, 자리에 있던 사람들이 다 듣고는 내 말이 거짓이 아니라는 사실을 알게 되었습니다. 그러나 낭독한 사람이 편지를 갖고 떠난 다음 그는 — 다른 이들에게도 편지를 보여 주려는 의도인 듯싶습니다 — 나에게 돌려주지 않았습니다. 그러나 이와 같은 편지들을 보내주어 (나를) 이기십시오. 이는 나에 대한 승리를 뜻합니다."

편집본: Y. Courtonne, 3 vol., P 1957-66 (TfÜ). – R.J. Deferrari, 4 vol., Lo -C/MA 1961-4 (TeÜ). – M. Forlin Patrucco = CorPat 11 (1983) (*1-46* TiÜK). – B. Gain, Traductions latines de Pères grecs: La collection du manuscrit *Laurentianus San Marco 584*. Édition des lettres de Basile de Césarée = EHS XV 64 (1994).

번역서: W.-D. Hauschild, 3 vol. = BGrL 3, 32, 37 (1973-93) (ÜK). – 영어 번역서: A.C. Way/R. J. Deferrari = FaCh 13 (1951), 28 (1955).

참고문헌: A.C. Way, The Language and Style of the Letters of St. Basil = PatSt 13 (1927). – A. Cavallin, Studien zu den Briefen des hl. Basilius, Lund 1944. – B. Treucker, Politische und sozialgeschichtliche Studien zu den Basiliusbriefen, Bn 1961. – P. Mair, Die Trostbriefe Basilius' des Großen im Rahmen der antiken Konsolationsliteratur, I 1967. – Y. Courtonne, Un témoin du IVe siècle oriental. Saint Basile et son temps d'après sa correspondance, P 1973. – B. Gain, L' Église de Cappadoce au IVe siècle d'après la correspondance de Basile de Césarée (330-379) = OCA 225 (1985). – M.S. Troiano, Sulla cronologia di Ep. 52, Ad alcune religiose di Basilio di Cesarea: VetChr 27 (1990) 339-67. – J. Bernardi, La lettre 104 de S. Basile. Le préfet du prétoire Domitius Modestus et le statut des clercs: A. Dupleix (ed.), Recherches et tradition (FS H. Crouzel) = ThH 88 (1992) 7-19. – P. Devos, Aspects de la correspondance de S. Basile de Césarée avec S. Eusèbe de Samosate et avec S. Amphiloque d'Iconium: AnBoll 110 (1992) 241-59. – J.-R. Pouchet, Basile le Grand et son univers d'amis d'après sa correspondance. Une stratégie de communion = SEAug 36 (1992).

편지 38번: R. Hübner, Gregor von Nyssa als Verfasser der sog. *Ep. 38* des Basilius. Zum unterschiedlichen Verständnis der οὐσία bei den kappadozischen Brüdern: J. Fontaine/Ch. Kannengiesser (ed.), Epektasis (FS J. Daniélou), P 1972, 463-90. – P. Fedwick, A Commentary on Gregory of Nyssa or the 38th Letter of Basil of Caesarea: OCP 44 (1978) 31-51. – J. Hammerstaedt, Zur Echtheit von Basiliusbrief 38: *Tesserae* (FS J. Engemann) = JAC.E 18 (1991) 416-9.

2.3. 니사의 그레고리우스

니사의 그레고리우스 형제들과 마찬가지로 그의 생애 전반에 걸쳐 크나큰 영향을 미친 두 사람은, 그에게 금욕생활을 고무시킨 큰누이 마크리나와 그가 자신의 작품 여러 곳에서 "아버지와 스승"으로 부르는 형 바실리우스이다. 바실리우스에 대한 경칭이 그레고리우스의 생애를 구체적으로 밝히는 연도 연구에 어느 정도 연관되는지는 불확실하다. 그의 작품들에는 연도에 관한 암시도 거의 없고 자신을 설명하는 내용도 그리 많지 않기 때문에, 오늘날 그레고리우스에 관해서 학문적으로 상세하게 다룬 전기는 지금까지 이루어지지 않았다. 다만 그레고리우스가 어렸을 때 아버지가 죽었으며, 형인 바실리우스가 가장이 되었다는 사실만 확실하다. 그레고리우스가 바실리우스보다 나이가 얼마나 적은지, 바실리우스가 356년경 체사레아에서 수사학을 가르치고 있었을 때 그레고리우스가 학생이었는지는 아직도 밝혀지지 않았다.

일반적으로 그레고리우스는 335~340년 사이에 태어난 것으로 생각된다. 그는 형 바실리우스와 두 형제의 친구인 나지안즈의 그레고리우스처럼 체사레아, 콘스탄티노플, 아테네의 명성이 자자한 학교를 다니지 않았다. 그러나 그의 작품에 나타나듯이 그는 당시의 수사학, 철학, 일반 학문에 관한 기초 지식을 두루 갖추고 있었다. 그는 처음에 교회의 독서자가 되었으며, 그 뒤에 수사학자로 활동하였다. 그레고리우스 작품의 적지 않은 구절은 그의 주위환경과 인간의 행동방식에 관한 정확한 관찰과 상세한 자연과학적, 특히 의학적 지식을 보여준다. 그레고리우스가 동정성의 성과에 더 이상 관여할 수 없다는 「동정성」 3장의 진술을 바탕으로 사람들은 다른 증거도 없이, 그가 (테오세비아와?) 결혼하였다고 추론한다.

372년 카파도키아 지방이 둘로 분할되자 체사레아의 수석 대주교로 있던 바실리우스는 자신이 관할하는 지방에서 영향력이 두드러지게 줄어들었다. 따라서 그는 니체아파를 강화하기 위해 분할된 카파도키아 지방 가운데 제1 카파도키아Cappadocia Prima에 주교좌의 숫자를 늘려 형제와 친구들을 주교로 임명하였다. 이때 바실리우스는 그레고리우스를 체사레아에서 안치라 쪽으로 국도에 자리한 그다지 중요하지 않은 도시인 니사의 주교로 임명하였다. 그레고리우스 주교의 재임 기간은 두드러지게 매우 다른 두 시기로 구분된다. 그 분기점은 그레고리우스의 형 바실리우스와 누이 마크리나가 사망하고 테오도시우스 황제가 즉위하면서 교회정치적 상황이 니체아파에 완전히 호전되는 379년이다. 그레고리우스의 활동이 왜 갑자기 변하였는지는 아직도 정확하게 설명되지 않는다. 어쨌든 그레고리우스는 주교 재임 기간 가운데 첫 7년 동안 직무를 수행하는 데 매우 많은 어려움을 겪은 것 같다. 바실리우스는 그레고리우스가 대인관계와 교회정치적 문제에서 단순하다고 하소연하였으며(『서간』 58번과 100번), 그레고리우스가 "교회의 업무에 전혀 경험이 없기"(『서간』 215번) 때문에 375년에 그를 협상 대표단의 일원으로 로마에 보내지 않았다. 그레고리우스는 실제로 이 기간에 능숙하게 활동하지 못한 것 같다. 유사파는 니사에서 득세하였으며, 그들은 376년 그레고리우스가 교회 자산을 횡령하고 주교 선출 과정에서 부정을 저질렀다는 구실로 그를 면직하고 추방하였다. 378년 8월 9일 발렌스 황제가 사망한 뒤에야 비로소 그는 니사로 돌아올 수 있었다.

이와 달리 379년 이후 그레고리우스의 활동은 급변한다. 그는 영향력있는 교회정치가, 실제적인 교의문제에 관한 중요한 신학자, 존경받는 연설가, 설교가, 성서주석가로 등장하며 죽을 때까지 수도 콘스탄티노플과 황실과 긴밀한 관계를 가졌다. 그레고리우스는 379년에 열린 안티오키아 교회회의와 381년, 382년, 383년, 394년에 열린 콘스탄티노플 교회회의에서 중심 역할을 하였다. 379년의 안티오키아 교회회의는 그에게 폰투스 교구를 방문하도록 위임하였으며, 그는 이보라와 세바스테이아의 새 주교 선출을 주재하였다. 세바스테이아에서는 예상 밖의 결과가 일어나 그 자신이 수석 대주교로 선출되었다. 그는 동생 베드로를 세바스테이아의 주교로 임명하고 나서야 그곳을 떠날 수 있었다. 381년 콘스탄티노플 공의회(제2차 전세계 공의회)에서 그는 교의적으로 중요한 연설(『에바그리우스를 논박하는 신성론』*De deitate adversus Evagrium*)을 하였으며, 공의회 의장 멜레티우스의 사망으로 의장직을 넘겨받고 그에 대한 추도사를 하였다. 공의회가 끝난 뒤 그는 공의회의 결정을 승인한 황제의 칙령(「테오도시우스 법전」 16,1,3)에 바탕하여 정통신앙에 관한 규범으로 여겨지는 "규범적인 주교들"이 되었다. 공의회의 위탁에 따라 그는 381년 로마의 속령인 아라비아와 예루살렘의 논쟁을 해결하기 위하여 두 곳을 방문하였다. 그는 383년 콘스탄티노플 교회회의에서 「성자, 성령 신성론」*De deitate filii ei spiritus sancti*이라는 제목으로 연설하였다. 그가 황실에서 매우 존경받는 인물이었다는 사실은 385년에 죽은 공주 풀케리아와 여황제 플라칠라의 추도사를 그에게 부탁하였다는 점에서 알 수 있다. 394년 콘스탄티노플 교회회의의 참가자 명부에 기재된 이름이 그와 관련된 마지막 역사적 자료이다. 이로써 그레고리우스는 교회회의가 끝난 뒤 얼마 안되어 사망하였다고 추론할 수 있다.

2.1.의 서술 참조.

참고문헌: H. Dörrie: RAC 12 (1983) 863-95. – D.L. Balás: TRE 14 (1985) 173-81. – D.L. Balás: EEC 400-2. – J. Gribomont: EECh I 363-5.

2.3.1. 작품, 철학, 신학

숫적으로도 많고 내용에서도 다양한 그레고리우스의 작품 가운데 가장 중요한 작품들은 일곱 부분으로 구분된다.

1) 신아리우스파, 아폴리나리우스파, 마체도니우스파를 논박하는 당시의 그리스도론과 삼위일체 신학에 관한 논문: 「에우노미우스 논박」*Contra Eunomium*, 「아폴리나리우스 논박」*Adversus Apolinarium.*

2) 성서주석에 관한 논문과 강해: 「헥사에메론의 변론적 해설」*In Hexaemeron*, 「인간의 직무」*De hominis opificio*, 「전도서 해설」*In Ecclesiasten*, 「아가서 강해」*In Canticum Canticorum*, 「모세의 생애」*De vita Moysis*, 「주님의 기도」*De oratione dominica*, 「축복에 대한 강해」*De beatitudinibus.*

3) 금욕서와 영성서: 「동정성」*De virginitate.*

4) 성인전: 「마크리나의 생애」, 「그레고리우스 타우마투르구스의 생애」, 「형제 바실리우스에 대한 찬가」, 「성 에프렘의 생애」.

5) 주님의 축일, 교회의 성인 축일, 장례식에서 다룬 교의문제, 도덕, 실생

활의 주제에 관한 설교와 연설.

　6)「대교리문답」*Oratio catechetica*, 그리스도교 신앙의 근본 가르침에 관한 요약.

　7) 30여 편의 편지. 이 가운데 21번과 26-28번은 그레고리우스의 편지가 아니라 바실리우스의 편지이고, 30번은 동생 베드로가 그레고리우스에게 보낸 것이다. 이 편지들은 바실리우스와 나지안즈의 그레고리우스의 서간집에 함께 수록되어 있다. 그레고리우스의 생애에 관해서는 알려진 것이 별로 없고, 알려진 사실도 대부분 이 편지들에서 밝혀진 것이다.

　그레고리우스 작품의 연도는 몇몇의 경우에만 확증된다.「동정성」은 확실히 주교 재임 기간의 전반기인 379년 이전에 썼다. 그레고리우스는 바실리우스가 사망한 뒤에야 활발한 저술활동을 한 것 같으며, 이 시기에 바실리우스의 작품을 뒤이어 저술하였다(「에우노미우스 논박」,「헥사에메론의 변론적 해설」,「인간의 직무」). 에우노미우스는 바실리우스의「에우노미우스 논박」에 대해「변론을 위한 변론」 *Apologia apologiae*으로 회답하였다. 그레고리우스는 에우노미우스의 변론에 대해 이미 세상을 떠난 바실리우스를 대신하여「에우노미우스 논박」으로 답변한다. 그는 이 논박서에서 바실리우스의 방식을 따르며 에우노미우스 변론서의 매 구절을 인용하기 때문에, 이미 소실된 에우노미우스 작품의 많은 내용이 이 논박서에 남아 있다. 그밖에 에우노미우스가 381년 콘스탄티노플 공의회에 제시한 신앙고백에 대한 그의 반박refutatio이 논박서에 실려 있다.

　그레고리우스의 철학은 (중-신)플라톤주의로 특징지어진다. 이러한 철학적 경향은 대화록의 형식과 내용을 취한「영혼과 부활」*De anima et resurrectione*에서 가장 두드러지게 나타난다. 이 작품은 누이 마크리나가 죽기 바로 전에 그녀와 나눈 대화를 기록한 것으로 플라톤의「파이돈」형식을 따른다. 그레고리우스의 플라톤주의의 특징은 이 철학 사고를 그리스도교 사상과 세계관이 무저에 맞게 변형시켰다는 데 있다. 이러한 특징으로 말미암아 그는 다른 두 명의 카파도키아 교부와 구분되며, 후자들과 달리 심오한 철학 사상가라는 명성을 얻게 되었다.

　그의 신학은 다른 두 명의 카파도키아 교부와 같이 필로와 오리게네스의 알렉산드리아 전통에 따른다. 그는 자신의 작품 몇 군데에서 구체적으로 지칭하는 오리게네스에게서, 특히 아포카타스타시스, 곧 최후의 심판 때 악마와 마귀를 포함한 모든 사물이 본디의 복된 상태로 돌아간다는 견해를 받아들였다. 이 견해에 관하여 그는 고린토 전서 15장 25절과 관련하여 「그때 그리고 아들 자신」*Tunc et ipse filius*을 저술하였다. 제2차 콘스탄티노플 공의회는 오리게네스의 이 견해를 단죄하였으나 니사의 그레고리우스는 단죄하지 않았다. 오히려 제2차 니체아 공의회(787년)는 그에게 "교부들 가운데 교부"라는 경칭을 부여하였다. 그의 금욕적 · 신비신학에서는 (필립비서 3장 13절에 따라) 앞에 있는 것을 향해 내뻗음ἐπέκτα-σις이라는 표현이 결정적 역할을 한다. 그는 이 개념을 「모세의 생애」에서 예를 들어가면서 설명한다. 지복은 현세의 욕정을 끊은 뒤에 하느님께 올라가는 것과 무한하신 하느님께 대한 인식에서 끝없이 앞장서 나아가는 데 있다.

그레고리우스의 설교는 최근까지 "당시 수사학의 과장된 장중함을 나타내며, 다른 두 명의 카파도키아 교부의 설교와 같은 힘찬 생동감이 없다"(Altaner/Stuiber [8]1978, 306쪽)라는 비판을 받았다. 그러나 최근의 연구에서 밝혀졌듯이 이 견해는 옳지 않다.

참고문헌 목록: H. Brown Wicher, *Catalogus translationum et commentariorum*: Mediaeval and Renaissance Latin translations and commentaries. Annotated lists and guides V: *Gregorius Nyssenus*, Washington/DC 1984. – M. Altenburger/F. Mann, Bibliographie zu Gregor von Nyssa. Editionen – Übersetzungen – Literatur, Lei 1988.

편집본: *Opera omnia*: PG 44-46. – W. Jaeger/H. Langerbeck/H. Dörrie/H. Hörner u. a., *Gregorii Nysseni Opera*, B – Lei 1921 ff. (지금까지 14권 출간됨). – *De virginitate*: M. Aubineau = SC 119 (1966) (TfÜK). – *De mortuis*: G. Lozza = CorPat 13 (1991) (TiÜK). – *Epistulae*: P. Maraval = SC 363 (1990) (TfÜK). – *Oratio catechetica*: J.H. Srawley, C 1903 (TK). – *Vita Macrinae*: P. Maraval = SC 178 (1971) (TfÜK). – *Vita Moysis*: J. Daniélou = SC 1 bis (1955) (TfÜK).

번역서: J. Fisch/H. Hayd, 2 Bde. = BKV[1] (1874-80) (*Vita Macrinae, Oratio catechetica, De hominis opificio, De anima et resurrectione, De oratione dominica, De beatitudinibus, Orationes*). – K. Weiss/E. Stolz = BKV[2] 56 (1927) (*Oratio catechetica, De oratione dominica, De beatitudinibus, De anima et resurrectione, Vita Macrinae*). – H.U. von Balthasar, Eins [2]1954 (*In Canticum Canticorum*은 발췌되었음). – M. Blum = Sophia 4 (1963) (*Vita Moysis*). – J. Barbel = BGrL 1 (1971) (*Oratio catechetica* ÜK). – M. Blum = BGrL 7 (1977) (*De professione Christiana, De perfectione, De virginitate* ÜK). – H.R. Drobner, Die drei Tage zwischen Tod und Auferstehung unseres Herrn Jesus Christus. Eingeleitet, übersetzt und kommentiert = PhP 5 (1982). – H.J. Vogt: ThQ 171 (1991) 204-18 (*Ex communibus notionibus* ÜK). – J.-A. Röder, Gregor von Nyssa, *Contra Eunomium* I 1-146. Eingeleitet, übersetzt und kommentiert = Patrologia 2 (1993). – D. Teske = BGL 43 (1997) (*Briefe* ÜK). – F.X. Risch = BGrl 49 (1999) (*In Hexaemeron* ÜK).

- 영어 번역서: W. Moore/H.A. Wilson = NPNF II V (1893 = 1995) (*Against Eunomius, Answer to Eunomius' Second Book, On the Holy Spirit against Macedonius, On the Holy Trinity, On "Not Three Gods", On the Faith, On Virginity, On Infants' Early Deaths, On Pilgrimages, On the Making of Man, On the Soul and Resurrection, The Great Catechism, On Meletius, Sermon on the Baptism of Christ, Letters*). – H.C. Graef = ACW 18 (1954) (*The Lord's Prayer, The Beatitudes*). – V. Woods Callahan = FaCh 58 (1967) 91-122 (*On virginity, On perfection, On what it means to call oneself a Christian, On the Christian mode of life, The Life of Saint Macrina, On the soul and the resurrection*). – E. Ferguson = CWS (1978) (*The Life of Moses* eÜK). – R.E. Heine, O 1995 (*On the Inscriptions of the Psalms* eÜK).

보조자료: H.R. Drobner, Bibelindex zu den Werken Gregors von Nyssa, Pb 1988. – C. Fabricius/ D. Ridings, A Concordance to Gregory of Nyssa = SGLG 50 (1989) (microfiches). – F. Mann, *Lexicon Gregorianum*. Wörterbuch zu den Schriften Gregors von Nyssa, vol. 1-2 (ἀβαρής – δωροφορία), Lei 1999-2000.

참고문헌: 편찬서: J. Daniélou, L'être et le temps chez Grégoire de Nysse, Lei 1970. – H.R. Drobner/Ch. Klock (eds.), Studien zu Gregor von Nyssa und der christlichen Spätantike = SVigChr 12 (1990).

작품: R. Winling, La résurrection du Christ dans *l'Antirrheticus adversus Apollinarem* de Grégoire de Nysse: REAug 35 (1989) 12-43. – R. Winling, Mort et résurrection du Christ dans les traités *Contre Eunome* de Grégoire de Nysse: RevSR 64 (1990) 127-40, 251-69. – H.M. Meissner, Rhetorik und Theologie. Der Dialog Gregors von Nyssa *De anima et resurrectione* = Patrologia 1 (1991). – W. Jaeger, Two Rediscovered Works of Ancient Christian Literature: Gregory of Nyssa and Macarius, Lei 1954 = 1965. – R. Stupperich, Eine Architekturbeschreibung Gregors von Nyssa. Zur Diskussion um die Rekonstruktion des Martyrions von Nyssa im 25. Brief: A. Schütte u. a. (eds.), Studien zum antiken Kleinasien (FS K. Dörner), Bn 1991, 111-24. – P. Maraval, Grégoire de Nysse pasteur. La *Lettre canonique à Létoios*: RHPhR 71 (1991) 101-14. – F. Dünzl, Braut und Bräutigam. Die Auslegung des Canticum durch Gregor von Nyssa = BGBE 32 (1993). – F. Gasti, La *Vita Macrinae*: note di lettura: Athenaeum 69 (1991) 161-83. – B. Pottier, Dieu et le Christ selon Grégoire de Nysse. Étude systematique du "Contre Eunome" avec traduction inédite des extraits d'Eunome, Namur 1994. – M. Girardi, Annotazioni alla esegesi di Gregorio Nisseno nel *De beatitudinibus*: Aug. 35 (1995) 161-82. – H.J. Sieben, Die Vita Moisis (II) des Gregor von Nyssa - ein geistlicher Wegweiser: ThPh 70 (1995) 494-525. – R.J. Kees, Die Lehre von der *Oikonomia* Gottes in der *Oratio catechetica* Gregors von Nyssa = SVigChr 30 (1995). – Th. Böhm, Theoria - Unendlichkeit - Aufstieg. Philosophische Implikationen zu *De vita Moysis* von Gregor von Nyssa = SVigChr 35 (1996). – H.R. Drobner, *Archaeologia patristica*. Die Schriften der Kirchenväter als Quellen der Archäologie und Kulturgeschichte: Gregor von Nyssa, *Homiliae in Ecclesiasten* = SSAC 10 (1996). – U. Gantz, Gregor von Nyssa, *Oratio consolatoria in Pulcheriam*, Ba 1999.

철학/신비론/영성: H.U. von Balthasar, Présence et pensée. Essai sur la philosophie religieuse de Grégoire de Nysse, P 1942 = 1988. – H. Merki, ΟΜΟΙΩΣΙΣ ΘΕΩ. Von der platonischen Angleichung an Gott zur Gottähnlichkeit bei Gregor von Nyssa = Par. 7 (1952). – J. Daniélou, Platonisme et théologie mystique. Doctrine spirituelle de saint Grégoire de Nysse = Theol(P) 2 (²1953). – W. Völker, Gregor von Nyssa als Mystiker, Wi 1955. – D.L. Balás, ΜΕΤΟΥΣΙΑ ΘΕΟΥ. Man's Participation in God's Perfections According to Gregory of Nyssa = StAns 55 (1966). – E. Mühlenberg, Die Unendlichkeit Gottes bei Gregor von Nyssa. Gregors Kritik am

Gottesbegriff der klassischen Metaphysik = FKDG 16 (1966). – A.A. Mosshammer, Non-being and evil in Gregory of Nyssa: VigChr 44 (1990) 136-67. – G. Castelluccio, L'antropologia di Gregorio Nisseno, Bari 1992. – E. Peroli, Il Platonismo e l'antropologia filosofica di Gregorio di Nissa. Con particolare riferimento agli influssi di Platone, Plotino e Porfirio, Mai 1993. – C. Desalvo, L' "oltre" nel presente. La filosofia dell'uomo in Gregorio di Nissa, Mi 1996. – G. Dal Toso, La nozione di *proairesis* in Gregorio di Nissa. Analisi semiotico-linguistica e prospettive antropologiche = Patrologia 5 (1998). – J. Zachhuber, Human Nature in Gregory of Nyssa. Philosophical Background and Theological Significance = SVigChr 46 (2000).

수사학/문체: H.R. Drobner, Die Beredsamkeit Gregors von Nyssa im Urteil der Neuzeit: StPatr 18/3 (1982) 1084-94. – Ch. Klock, Untersuchungen zu Stil und Rhythmus bei Gregor von Nyssa. Ein Beitrag zum Rhetorikverständnis der griechischen Väter = BKP 173 (1987).

신학: W. Jaeger, Gregor von Nyssa's Lehre vom Heiligen Geist, hrsg. H. Dörries, Lei 1966. – R. M. Hübner, Die Einheit des Leibes Christi bei Gregor von Nyssa. Untersuchungen zum Ursprung der "physischen" Erlösungslehre = PhP 2 (1974). – F. Mateo-Seco, Estudios sobre la cristología de San Gregorio de Nisa, Pamplona 1978. – M. Canévet, Grégoire de Nysse et l'herméneutique biblique. Étude des rapports entre le langage et la connaissance de Dieu, P 1983. – G.L. Kustas, Philosophy and Rhetoric in Gregoiy of Nyssa: Kl. 18 (1986) 101-46. – A. Siclari, L'antropologia teologica di Gregorio di Nissa = StSR 8 (1989). – J. A. Brooks, The New Testament Text of Gregory of Nyssa, Atlanta/GA 1991. – M. Azkoul, St. Gregory of Nyssa and the Tradition of the Fathers = TSR 63 (1995).

2.3.2. 영향과 연구사

그레고리우스에 대한 연구는 더 정확히 이루어져야 한다. 그는 특히 서방교회에서 다른 두 명의 "위대한 카파도키아 사람"만큼 중요한 인물은 아니었다. 그러나 라틴어, 특히 시리아어 번역과 그의 작품 가운데 남아 있는 수많은 필사본은 그의 사상이 얼마나 존경받았으며 널리 퍼졌는가를 드러낸다. 이 사본들을 연구함으로써 20세기에 가장 많이 연구의 대상이 된 교부 가운데 한 명이 바로 그레고리우스이다. 유명한 고전 문헌학자 울리히 폰 빌라모비츠-묄렌도르프Ulrich von Wilamowitz-Moellendorff는 그레고리우스의 독특한 문체 때문에 그의 제자 베르너 애거Werner Jaeger에게 그레고리우스 작품들의 비평본을 맡겼다. 애거는 죠르죠 파스칼리Giorgio Pasquali와 함께 베를린에서 작업을 시작하였고, 하버드 대학에서 연구할 때(1939년)부터 많은 전문가와 함께 연구하였다. 그가 사망한(1961년) 뒤 이 연구 작업은 더러는 프랑크푸르트(Hermann Langerbeck과 Hadwig Hörner)에서, 더러는 뮌스터(니사의 그레고리우스 연구소)에서 계속되었다. 1969년 이후부터는 3~4년마다 국제 연구회의가 열린다.

참고문헌: M. Harl (ed.), Écriture et culture philosophique dans la pensée de Grégoire de Nysse, Lei 1971. – H. Dörrie/M. Altenburger/U. Schramm (eds.), Gregor von Nyssa und die Philosophie, Lei 1976. – U. Bianchi/H. Crouzel (ed.), Arché e Telos. L'antropologia di Origene e di Gregorio di Nissa. Analisi storico-religiosa = SPMed 12 (1981). – A. Spira/Ch. Klock (eds.), The Easter Sermons of Gregory of Nyssa. Translation and Commentary = PatMS 9 (1981). – A. Spira (ed.), The Biographical Works of Gregory of Nyssa = PatMS 12 (1984). – L. F. Mateo-Seco/J. L. Bastero (eds.), El "*Contra Eunomium I*" en la producción literaria de Gregorio de Nisa = CTUN 59 (1988) (영어 번역 싣고 있음). – S.G. Hall (ed.), Gregory of Nyssa, Homilies on Ecclesiastes. An English Version with Supporting Studies, B – NY 1993. – H.R. Drobner/A. Viciano (eds.), Gregory of Nyssa, Homilies on the Beatitudes. An English Version with Supporting Studies = SVigChr 52 (2000).

2.4. 나지안즈의 그레고리우스

나지안즈의 그레고리우스는 「자신의 삶에 관한 시」를 썼으며, 니사의 그레고리우스의 작품들과 달리 자신의 생애를 매우 많이 언급하기 때문에 생애와 작품 연도를 정하는 것은 그리 어렵지 않다. 그는 아버지 그레고리우스 1세(374년 100세의 나이로 사망함)가 45년 동안 주교로 활동하였던 소도시 나지안즈, 또는 그곳에서 멀지 않은 곳에 있는 아리안즈의 가족 영지에서 태어났다. 그렇지만 그레고리우스가 그밖의 어린 시절에 관해서는 의식적으로 기록하지 않았기 때문에 그의 출생 연도는 추론할 수밖에 없다. 전통적으로 크리스토프 융크(Christoph Jungck, 1974, 231-3쪽), 베른하르트 뷔스(Bernhard Wyss, RAC 12, 794쪽), 크리스토프 클로크(Christoph Klock, 1987, 84쪽)와 같은 학자들은 바실리우스(329/30년 출생)와 같은 해에 태어난 것으로 여기나,[4] 클레망세Clémencet와 싱코Sinko는 바실리우스보다 연장자로 언급되는 그레고리우스의 여러 진술을 바탕으로 그의 출생 연도를 326년으로 주장한다. 이와 달리 유스틴 모사이(Justin Mossay TRE 14, 164-5쪽)는 그레고리우스가 이미 300년경에 태어났다는 견해를 내세운다. 그러나 그레고리우스와 바실리우스가 30세라는 나이 차이로 체사레아와 아테네에서 함께 공부하였을리 없다는 사실로 미루어 모사이의 견해를 이해하기 매우 어렵지만, 출생 연도에 관한 그의 주장은 전적으로 326년과 일치하는 것 같다. 이에 대한 근거는 그레고리우스가

---

[4] 니사의 그레고리우스의 전기적 진술.

바실리우스보다 나이가 더 많다고 말하며, 그레고리우스가 381년 콘스탄티노플 공의회에서 "노인"으로 간주되고, 「연설」*oratio* 18,41에 따르면 어머니 논나가 아버지와 동년배이므로 그의 출생 당시 어머니는 이미 50세였음에 틀림없다.[5] 오히려 그가 390년에 사망하였을 때 90세였다는 「수다」*Suda*(1000년경에 쒸어진 사전)의 전승은 신빙성이 없다.

그레고리우스는 대 바실리우스와 마찬가지로 고등교육을 받았다. 그는 처음에는 바실리우스를 처음 만난 카파도키아의 체사레아에서,[6] 다음에는 팔레스티나의 체사레아, 알렉산드리아, 아테네의 학당Akademie에서 교육을 받았다. 그는 아테네에서 훗날에 황제가 된 율리아누스를 알았으며, 바실리우스를 다시 만나 이때부터 그와 평생지기가 되었다. 그레고리우스는 바실리우스와 같이 수사학을 가르치기 위하여 356년경 고향으로 돌아왔으나, 바실리우스의 영향으로 곧 금욕생활로 방향을 바꾸어 폰투스 지방의 이리스 강에 있는 안니시에서 얼마간 수도생활을 하였다. 이곳에서 그레고리우스와 바실리우스는 오리게네스 작품 가운데 교의에 관한 선집인 「필로칼리아」를 함께 펴냈다. 그후 그레고리우스는 세례를 받았으며, 나지안즈 교구에서 아버지의 일을 돕기 위해 361년 또는 362년 초 아버지에게서 사제서품을 받았다.[7] 그러나 그는 사제서품을 "강제로" 받았기에 성직을 거부하였으며, 362년 부활축일에 나지안즈로 돌아와서 행한 「연설」(*oratio* 1)에서 사제서품 받기를 주저한 이유를 변론하였다. 두번째 변론은 내용이 더 긴 사제직에 관한 「연설」(*oratio* 2)에서 계속된다. 이 연설은 뒤에 요한 크리소스토무스의 유명한 소책자 「사제직」*De sacerdotio*에 영향을 주었다. 이 연설에서 그의 생애 전반에 걸쳐 나타나고 여러 번 인생 방향을 결정적으로 바꾸어야 했던 그레고리우스의 특징이 처음 나타난다. 그는 4세기의 동년배 그리스 교부들과는 달

---

[5] 이 본문에서 그레고리우스의 어머니 이름이 "영적인 사라"를 암시하는 것은 아닌지?

[6] 그레고리우스가 바실리우스를 아테네에서 처음 만났다는 이전 교부학자들의 진술, 특히 「연설」 43,13을 증거로 잘못 내세우는 모사이(Mossay, TRE 14, 165쪽)의 견해는 바로잡아야 한다.

[7] 유스틴 모사이(Justin Mossay, La date de l'oratio II de Grégoire de Nazianze et celle de son ordination: Muséon 77 [1964], 175-86쪽; TRE 14, 166쪽)만이 사제서품 연도를 365년, 또는 율리아누스 황제(361~363년), 또는 발렌스 황제(364~378년)의 통치 기간으로 추정한다.

리 학식과 수사학을 특히 중요시하였다. 그렇지만 그는 실제로 급박한 사정에 처해 있을 때는 때때로 학식과 수사학을 경시하였다. 특히 그는 감상적인 성격 때문에 교회가 정치적으로 어려움에 처해 있을 때 바실리우스처럼 이를 추진력 있게 극복할 수 없었고, 이 경우 학문활동을 위해 기꺼이 숨어 살았다.

카파도키아 지방이 분할된 뒤 바실리우스는 그의 교구에 니체아파의 주교좌를 늘리고 그의 영향력을 강화하려는 의도에서, 372년 그레고리우스를 작지만 교통의 요지로 중요한 도시인 사시마의 주교로 임명하였다. 그러나 그레고리우스는 주교직을 거부하였으며, 아버지가 사망(374년)할 때까지 고향 나지안즈에서 아버지를 도와주었다. 그 뒤 그는 이사우리아 지방의 셀레우치아에 은거하였다. 발렌스 황제가 사망한 뒤 그는 콘스탄티노플에 있는 소규모의 니체아파 공동체를 지도해 달라는 요청을 받았다. 그러나 수도의 주교 데모필로스가 이끄는 대다수 그리스도인이 아리우스파였기 때문에, 그레고리우스는 (나중에 아나스타시아 교회가 된) 가정집에 머물렀다. 그는 380년 이곳에서 유명한 「5편의 신학적 연설」을 하였다. 이 연설에서 그는 니체아파의 삼위일체를 설명하였으며, 이 연설로 그는 "신학자"라는 경칭을 얻었다. 이 경칭은 451년에 열린 칼체돈 공의회의 문서에서 처음으로 확인된다. 히에로니무스도 이 연설을 들었다. 테오도시우스 황제는 380년 11월 24일 콘스탄티노플에 도착하자마자 데모필로스 주교에게 수도에서 떠날 것을 강요하였으며, 그레고리우스를 수도의 주교로 임명하였다. 콘스탄티노플 공의회는 그레고리우스를 수도의 주교로 승인하였으며, 안티오키아의 멜레티우스가 사망한 뒤 그를 공의회의 의장으로 선출하였다. 그러나 그레고리우스는 안티오키아의 멜레티우스 분열뿐만 아니라 신경에 관하여 공의회의 여러 종파가 수용할 수 있는 일치를 이끌어내지 못하였다. 게다가 그가 이미 사시마의 주교였기 때문에 콘스탄티노플의 주교좌로 옮기는 것은 위법이라는 비난을 받았다. 이 때문에 그레고리우스는 기꺼이 수도의 주교직에서 물러나고자 하였다. 그는 유명한 고별사(「연설」 42)를 하고 주교직에서 물러나 공의회가 끝나기 전에 나지안즈로 돌아갔으며, 그의 사촌 에울랄리우스가 계승한 383년까지 주교직을 맡았다. 그 뒤 그는 아리안즈의 가족 영지로 내려갔으며 그곳에서 390년경에 사망하였다.

　그레고리우스가 가장 활발하게 저술활동을 한 시기는 콘스탄티노플로 초빙된 (379년) 다음이다. 현재 남아 있는 설교 44편 가운데 과반수와 249통의 편지 가운데 대부분, 거의 모든 시가 이 시기에 저술되었다. 그의 유골은 1580년 6월 11일 이후 로마의 성 베드로 성전 왼쪽 앞에 있는 둥근 기둥에 보존되어 있다.

2.1.의 서술 참조.

참고문헌 목록: F. Lefherz, Studien zu Gregor von Nazianz. Mythologie, Überlieferung, Scholien, Bn 1958, 61-108. – E. Bellini, Bibliografia su san Gregorio Nazianzeno: ScC 98 (1970) 165*-181*. – F. Trisoglio, San Gregorio di Nazianzo in un quarantennio di studi (1925-1965), Turin ⁴1970 = RivLas 40 (1973). – A.C. Way/P.O. Kristeller/F.E. Cranz, *Catalogus translationum et commentariorum*: Medieval and Renaissance Latin Translations and Commentaries. Annotated Lists and Guides II, Washington/DC 1971, 43-192.

편집본: *Opera omnia*: PG 35-38. – *Corpus Nazianzenum* = CChr.SG 20, 27 (1988-92). – A. Lukinovich/Cl. Martingay, Genf 1997 (*De vita sua* TfÜK). – J. Grand'Henry, Corpus Nazianzenum 4: Versio arabica antiqua I: Oratio XXI (arab. 20) = CChr.SG 34 (1996). – H. Metreveli u. a., Corpus Nazianzenum 5: Versio iberica I: Orationes I, XLV, XLIV, XLI = CChr.SG 36 (1998). – A. Sirnian, Corpus Nazianzenum 6: Versio armenica II: Orationes IV et V = CChr.SG 37 (1999).

영어 번역서: Ch.G. Browne/J. E. Swallow: NPNF II 7 (1894 = 1995) 203- 482 (*Orations, Select Letters*).

보조자료: J. Mossay/B. Coulie/C. Detienne/Cetedoc, *Thesaurus Sancti Gregorii Nazianzeni* = CChr.SG 1990-1 microfichesl.

참고문헌: SGKA NF 2. Reihe.

사전 항목: B. Wyss: RAC 12 (1983) 793-863. – J. Mossay: TRE 14 (1985) 164-73. – F.W. Norris: EEC 397-400. – J. Gribomont: EECh I 361-2.

편찬서: C. Moreschini/G. Menestrina (eds.), Gregorio Nazianzeno teologo e scrittore, Bologna 1992.

포괄적 연구서: J. Bernardi, Saint Grégoire de Nazianze. Le Théologien et son temps (330-390), P 1995. – F. Trisoglio, Gregorio di Nazianzo il teologo = SPMed 20 (1996). – F. Trisoglio, Gregorio di Nazianzo, R 1999.

개별 주제에 관한 연구서: 생애와 작품: A. Benoit, Saint Grégoire de Nazianze, sa vie, ses œuvres et son époque, Marseille – P 1876 = Hi – NY 1973. – E. Fleury, Saint Grégoire de Nazianze et son temps = ETH (1930). – P. Gallay, La vie de saint Grégoire de Nazianze, Lyon – P 1943. – M.-M. Hauser-Meury, Prosopographie zu den Schriften Gregors von Nazianz = Theoph. 13 (1960). – R. Radford Ruether, Gregory of Nazianzus. Rhetor and Philosopher, O 1969. – M. Kertsch, Bildersprache bei Gregor von Nazianz. Ein Beitrag zur spätantiken Rhetorik und Popularphilosophie = GrTS 2 (1978). – B. Coulie, Les richesses dans l'œuvre de saint Grégoire de Nazianze. Étude littéraire et historique = PIOL 32 (1985). – U. Criscuolo, Gregorio di Nazianzo e Giuliano: Ταλαρίσκος (FS A. Garzya), Neapel 1987, 165-208. – E. Junod, Basile de Césarée et Grégoire de Nazianze sont-ils les compilateurs de la Philocalie d'Origène? Réexamen de la lettre 115 de Grégoire: Mémorial Dom Jean Gribomont (1920-1986) = SEAug 27 (1988) 349-60. – K. Demoen, Pagan and

Biblical Exempla in Gregory Nazianzen. A Study in Rhetoric and Hermeneutics = CChr.LP 2 (1996). – C. Moreschini, Filosofia e letteratura in Gregorio di Nazianzo, Mi 1997.

신학: J. Plagnieux, Saint Grégoire de Nazianze théologien = ESR 7 (1951). – J.M. Szymusiak, Eléments de théologie de l'homme selon s. Grégoire de Nazianze, R 1963. – J. Mossay, La mort et l'au-delà dans saint Grégoire de Nazianze = RTHP IV 34 (1966). – T. Špidlík, Grégoire de Nazianze. Introduction à l'étude de sa doctrine spirituelle = OCA 189 (1971). – H. Althaus, Die Heilslehre des heiligen Gregor von Nazianz = MBTh 34 (1972). – D.F. Winslow, The Dynamics of Salvation. A Study in Gregory of Nazianzus = PatMS 7 (1979). – C. Moreschini, La persona del Padre nella teologia di Gregorio Nazianzeno: VetChr 28 (1991) 77-102.

2.4.1. 시

신학적 소재와 그리스도교적 주제를 시로 표현한 것은 나지안즈의 그레고리우스가 처음은 아니다. 그러나 그는 당시의 그리스 교부학에서 유일무이하게 17,000행으로 완전한 줄거리를 전개하는 방대한 시를 지었다. 콘스탄티노플에서 아리안즈로 돌아온 뒤부터 죽을 때까지 저술한 대부분의 시carmina는 당시 유행했던 6각시, 2행시, 단장격 형태의 교훈시, 찬가, 애가, 경구로 이루어졌다. 그는 시의 형태로써 그리스도교의 복음을 더 쉽게 전하기 위해, 또한 그리스도교의 시를 그리스의 시와 견주기 위해 교의적·도덕적·자전적·서정적 주제를 다루었다(「시」 II 1,39). 그는 자신이 쓴 시의 특성을 내세우면서 그리스도인에게는 교육에 걸맞은 문학이 결핍되어 있다는 이전의 비난을 결정적으로 반박한다.

1969년에 앙드레 투이에André Tuilier와 프란체스코 트리소글리오Francesco Trisoglio는 그레고리우스의 이름으로 전해지는 희곡 「고난받는 그리스도」Christus patiens를 다시 진본으로 판정하였다.[8] 그러나 베른하르트 뷔스(RAC 12, 812쪽)는 이러한 주장을 받아들이기에는 확실한 증거가 너무 약하다고 반박하였다. 최근에 프란체스코 트리소글리오는 이 희곡을 다시 상세히 분석하고, 그레고리우스의 다른 작품들 및 문제의 12세기의 저자들, 곧 안티오키아의 그레고리우스, 테오도루스 프로드로모스, 요한 체체Johannes Tzetze, 콘스탄티누스 마나세Konstantin Manasse의

---

[8] Tuilier: SC 149 (1969), 11-8쪽. Trisoglio: Collana di testi patristici 16 (1979), 13-6쪽; 제2판(1990)은 뷔스(Wyss)의 비판을 고려하지 않는다.

작품들과 비교하였다. 그는 이 희곡이 그레고리우스의 진본 작품들과 많은 점에서 유사하다는 사실을 밝혀내고, 다른 저자들의 작품이라는 주장에 강한 의문을 제기하였다.[9] 이때문에 이 문제는 아직도 해결되지 않은 상태이다.

편집본: I 2,1,215-732: K. Sundermann = SGKA NF 2. Reihe 9 (1991) (EK). – I 2,9: R. Palla/M. Kertsch = GrTS 10 (1985) (TdÜK). – I 2,25: M. Oberhaus = SGKA NF 2. Reihe 8 (1991) (EK). – I 2,29: A. Knecht, Hei 1972 (TdÜK). – II 1,11: Ch. Jungck, Hei 1974 (TdÜK). – II 1,12: B. Meier = SGKA NF 2. Reihe 7 (1989) (TdÜK). – *Epigramme*: H. Beckby, *Anthologia Graeca*, 4 Bde., Mn 1957-8 (TdÜK). – C. Crimi/M. Kertsch/J. Guirau, Pisa 1995 (*carm. I 2,10* TiÜK). – L. Bacci, Pisa 1996 (*carm. II 2,6* TiÜK). – D. Sykes/Cl. Moreschini, O 1997 (*Poemata arcana* TeÜK).

영어 번역서: D. M. Meehan/Th. P. Halton = FaCh 75 (1987) (*Three Poems (Concerning His Own Affairs II/I/I; Concerning Himself and the Bishops II/I/XII; Concerning His Own Life II/I/XI)*.

참고문헌: M. Pellegrino, La poesia di S. Gregorio Nazianzeno = PUCSC IV 13 (1932). – F.E. Zehles, Kommentar zu den Mahnungen an die Jungfrauen (*carmen* I,2,2) Gregors von Nazianz, V.1-354, Ms 1987. – U. Beuckmann = SGKA NF 2. Reihe 6 (1988) (*carm* I 2,28 EK). – M. Regali, La datazione del carme II,2,3 di Gregorio Nazianzeno: SCO 38 (1988) 373-81. – G. Lozza, Lettura di Gregorio Nazianzeno, carme II 1,87: A. Garzya (ed.), Metodologie della ricerca sulla tarda antichità, Neapel 1989, 451-9. – R. Palla, Ordinamento e polimetria delle poesie bibliche di Gregorio Nazianzeno: WSt 102 (1989) 169-85. – C. Nardi, Note al primo Carme teologico di Gregorio Nazianzeno: Prometheus 16 (1990) 155-74. – M. Corsano, Problemi testuali ed esegetici nel carme 2,1,83 di Gregorio Nazianzenzo: Sileno 17 (1991) 139-47. – C. Crimi, *Nazianzenica I*: Orph. 12 (1991) 204-9 (시 1,2,10,206,942번을 다룸). – T. Špidlík, La théologie et la poésie selon Grégoire de Nazianze: R. Perić (ed.), *Homo imago et amicus Dei* (FS I. Golub), R 1991, 97-111. – F. E. Zehles/M. J. Zamora, Gregor von Nazianz: Mahnungen an die Jungfrauen (Carmen 1,2,2). Kommentar mit Einleitung und Beiträgen von M. Sicherl = SGKA NF 2. Reihe 13 (1996).

2.4.2. 연설

마우루스의 전집Corpus은 그레고리우스가 쓴 45편의 「연설」과 설교를 싣고 있으나, 그 가운데 35번은 그의 작품이 아니다. 이 작품들은 그레고리우스가 사제로 서품받은 361/2년부터 아리안즈에 은둔한 383년 사이에 씌었다. 이 가운데 과반수는 379년 콘스탄티노플로 초빙된 뒤에 씌었다. 더러는 그가 출판을 염두에 두고 쓴 연설이며, 더러는 연설 형식의 문서이다. 연설 4번과 5번, 그리고 사망

---

[9] F. Trisoglio, San Gregorio di Nazianzo e il Christus Patiens. Il problema dell'autenticità gregoriano del dramma, Florenz-Turin 1996.

한 "배교자" 율리아누스 황제에 대한 비방문은 확실히 출판을 염두에 두고 쓴 연설이다. 그레고리우스의 모든 연설은 수사학적으로 탁월할 뿐만 아니라 당시 어려운 신학문제를 명료하고 설득력있게 해결한다. 특히 이러한 연설에는 그에게 "신학자"라는 경칭을 부여한 5편의 「신학적 연설」(27-31번)이 있다. 그레고리우스는 이 연설에 스스로 "신학적 연설"이라는 이름을 붙였다(「연설」 28,1). 그는 콘스탄티노플에 머무를 당시(379~381년), 추측컨대 380년 나중에 아나스타시아 교회가 된 가정집에서 신학적 연설을 하였을 것이다. 대성당인 사도성당은 아리우스파 주교에게 속하였기 때문이었다. 여기서 "신학적"과 "신학자"라는 말은 고대교회의 "신론", 곧 신아리우스파(에우노미우스파)와 마체도니우스파(성령적대론파)와 벌인 논쟁에서 정통 삼위일체론을 증명하는 좁은 의미로 이해해야 한다. 그는 전통적인 니체아 신론을 뛰어나게 변론하고, 성자의 "태어남"γέννησις과 구별되는 성부에게서 성령의 "발發함"ἐκπόρευσις을 미래 지침적인 정식으로 사용하였으며, 동일본질의 개념을 성령에 사용할 것을 처음 주장하였다. 이로써 그는 바실리우스보다 뛰어나며, 삼위일체에서 성령을 잘 이해하여 간결한 용어로 명확히 정식화하였을 뿐만 아니라, 곧 열릴 콘스탄티노플 공의회 신경에서 추가로 다룰 주제인 성령을 보완하는 데 밑받침을 마련하였다.

2.4.의 서술 참조.

편집본: A. Engelbrecht = CSEL 46 (1910) (1). – J. Barbel = Test. 3 (1963) (*orr theol* TdÜK). – J. Bernardi/P. Gallay/M. Jourjon/G. Lafontaine/Cl. Moreschini/J. Mossay/M.-A. Calvet-Sebasti = SC 247, 250, 270, 284, 309, 318, 358, 384, 405 (1978-95) (1-12, 20-43 TfÜK). – H.J. Sieben, *Orationes theologicae* = FChr 22 (1996) (TdÜK). – B. Coulie = CChr.SG 28 (1994) (*orr II, XII, IX* armen). – J. Grand'Henry = CChr.SG 34 (1996) (*or XXI* arab).

번역서: J. Röhm, 2 Bde. = BKV[1] (1874-7). – Ph. Haeuser = BKV[2] 59 (1928) (*1-20*). – Ph. Haeuser/ M. Kertsch = SKV 5 (1981) (*6, 14*). – 영어 번역서: L.P. McCauley: FaCh 22 (1953) 1-156 (*Funeral Orations*).

참고문헌: H.-G. Beck, Rede als Kunstwerk und Bekenntnis – Gregor von Nazianz – = SBAW.PPH 1977/ 4. – R.Weijenborg, Some evidence of unauthenticity for the Discourse XI in honour of Gregory of Nyssa attributed to Gregory of Nazianzen: StPatr 17/3 (1982) 1145-8. – G. Lafontaine/B. Coulie, La Version arménienne des discours de Grégoire de Nazianze. Tradition manuscrite et histoire du texte = CSCO 446 (1983). – A. Kurmann, Gregor von Nazianz, Oratio 4 gegen Julian. Ein Kommentar = SBA 19 (1988). – G.H. Ettlinger, The Orations of Gregory of Nazianzus: A Study in Rhetoric and Personality: D.G. Hunter (ed.), Preaching in the Patristic age (FS W.J. Burghardt), NY – Mahwah/NJ 1989, 101-18. – A. Hanriot-Coustet, Quel est l'auteur du Discours 35 transmis parmi les œuvres de Grégoire de Nazianze?: RHPhR 71 (1991) 89-99. – F.W. Norris/L. Wickham/F. Williams, Faith Gives Fullness to Reason. The Five Theological Orations of Gregory Nazianzen = SVigChr 13 (1991) (eÜK).

2.4.3. 편지

그레고리우스는 고전적 전형에 따라 자신이 쓴 편지들을 출판하였으며, 편지 51번에서는 그리스도교 저자 가운데 유일하게 편지 쓰는 법에 관한 간략한 이론을 전개한다(여론 2.4) 참조). 남아 있는 총 249통의 편지 가운데 246-248번은 대 바실리우스 전집의 편지 169-171번에도 전해진다. 243번은 진본이 아니며 241번은 진본 여부가 문제시된다. 그레고리우스의 편지들은 형식에서는 거의 문학적이고 예술적 편지이며, 내용에서는 전반적으로 학식있는 주교의 일상 편지이다. 신학적으로 중요한 의미를 지니는 편지들은 「5편의 신학적 연설」과 짝이 되는 「3편의 신학적 편지」가 있고, 그밖에 그레고리우스 1세가 사망(374년)한 뒤 나지안즈의 주교좌가 비어 있는 동안 교구를 관할한 클레도니우스 장로에게 382년 여름에 보낸 편지인 101번과 102번, 그레고리우스의 후계자이자 요한 크리소스토무스(381~397년)의 전임자인 콘스탄티노플의 총대주교 넥타리우스에게 387년경 보낸 편지 202번이 있다. 넥타리우스는 총대주교로 선출될 당시 신학자가 아닌 원로원 의원이었으며 세례지원자도 아니었다. 따라서 그는 당시의 절박한 신학문제에 관여하지 않았으며, 그의 전임자나 후계자와는 달리 교인들과 황실 사이에 일어난 논쟁을 능숙히 피할 수 있었다. 그에게 보낸 편지 202번은 아리우스파, 마체도니우스파, 아폴리나리우스파의 끊임없는 음모를 주의하라는 경고를 담은 짧은 신학적 권고문이다.

　「5편의 신학적 연설」이 아리우스파와 성령적대론파와 벌인 논쟁에서 당시 신학적으로 중요한 문제점인 삼위일체론을 설명하는 반면, 「3편의 신학적 편지」는 주로 아폴리나리우스파와 벌인 논쟁인 그리스도론을 다룬다. 편지 101번(§32)은 그리스도 안에서 두 본성의 완전성을 분명하고 미래지침적인 형식으로 정의한다. "취해지지 않은 것은 치유되지 않으며, 하느님과 일치된 것은 구원받는다" *Tὸ γὰρ ἀπρόσληπτον, ἀθεράπευτον· ὃ δὲ ἥνωται τῷ Θεῷ, τοῦτο καὶ σῴζεται*. "각각 다른 분"ἄλλος καὶ ἄλλος(101 §20-21)으로 삼위일체의 세 위격과 대조적으로 "각각 다른 것"ἄλλο καὶ ἄλλο으로 두 본성의 구별은 이 정식을 보완한다. 에페소 공의회는 편지 101번 가운데 긴 단락을 증거로 인용하였으며, 칼체돈 공의회는 101번 전체를 공의회 문서로 받아들였다.

1,200편 이상에 이르는 연설의 그리스어 필사본, 라틴어와 동방 언어의 번역들, 수많은 어구 주석이 나타내듯이 그레고리우스의 작품은 전체적으로 폭넓게 유포되었으며, 그의 신학은 후세에 큰 영향을 끼쳤다. 그레고리우스 작품의 단행본과 소편집본editiones minores을 바탕으로 그의 시와 연설을 실은 대편집본editiones maiores이 1977년부터 괴레스 재단Görres-Gesellschaft의 후원, 유스틴 모사이 Justin Mossay(루뱅)와 마틴 지케를Martin Sicherl(뮌스터)의 지도, 수많은 국제적인 전문가의 도움으로 출판되었다.

편집본: P. Gallay = GCS 53 (1969) (신학적 편지 101, 102, 202, 243번이 없음). – P. Gallay/M. Jourjon = SC 208 (1974) (*epistulae theologicae* TfÜK).

번역서: M. Wittig = BGrL 13 (1981).

참고문헌: P. Gallay, Langue et style de saint Grégoire de Nazianze dans sa correspondance, P 1933. – A. Camplani, Epifanio (*Ancoratus*) e Gregorio di Nazianzo (*Epistulae*) in copto: identificazioni e *status quaestionis*: Aug. 35 (1995) 327-47.

3. 콘스탄티노플 공의회(381년)

379년 1월 19일 테오도시우스 황제의 취임, 같은 해 8월 3일 제국 전체에 걸쳐 앞으로는 니체아 신앙고백만 허용한다는 황제의 명령, 380년 2월 27일 제국 진제에 니체아 신앙의 그리스도교를 고백하라는 황제의 칙령, 380년 11월 24일 황제가 수도에 입성한 뒤 바로 콘스탄티노플의 아리우스파 총대주교 데모필로스를 나지안즈의 그레고리우스로 경질한 일련의 조치로 니체아 신앙은 50년 동안의 투쟁을 거쳐 궁극적인 승리를 거두게 되었다. 그렇지만 다른 종파에 대한 교회의 제재는 아직도 없었다. 고대교회의 사고방식에 따르면 황제, 주교, 총대주교도 자신의 절대권력만으로 교회 전체에 유효한 신앙규범을 확정할 수 없었으며, 보편된 "전세계" 공의회만이 이를 확정지을 수 있었기 때문이다〔381년 콘스탄티노플 공의회에 동방교회의 주교들만 참석하고, "전세계"라는 용어가 사용되지 않았지만(451년 칼체돈 공의회가 실질적인 의미에서 "전세계" 공의회이다), 이러한 원칙은 니체아 공의회에도 적용된다〕. 이때문에 니체아 공의회 이후에도 교회의 여러 부문에서 분규가 일어나 많은 교회회의가 열렸다.

그렇지만 니체아 공의회가 열린 뒤 55년 동안 교회정치적·신학적으로 많은 발전이 이루어져 단순히 니체아 신경의 승인만으로는 이러한 발전에 대응할 수 없었다. 당시의 교회는 에우노미우스주의 형태의 아리우스주의에 대처하고, 안티오키아의 멜레티우스 분열을 해결해야 했으며, 삼위일체론과 그리스도론에서 처음으로 나타난 신학의 문제점들, 곧 성령의 신성에 관한 문제(마체도니우스파/성령적대론파)와 그리스도 안에서 두 본성의 일치 방법에 관한 문제(아폴리나리우스주의)를 설명해야만 했다. 이런 까닭으로 테오도시우스 황제는 콘스탄티노플로 입성하자마자 380년 말 또는 381년 초 콘스탄티노플에 교회회의를 소집하였다. 381년 5월부터 7월까지 열린 교회회의에 150명의 주교가 참석하였다. 의장으로 활동한 안티오키아의 멜레티우스 외에 나지안즈의 그레고리우스, 니사의 그레고리우스, 그의 동생 세바스테이아의 베드로, 예루살렘의 치릴루스, 타루수스의 디오도루스 등이 교회회의에 참석하였다.

제5장 3.의 니체아 공의회에 관한 서술 참조.

편집본: Mansi III 521-600 (gl). – COD 21-35 (gl).

참고문헌: 사전 항목: A.M. Ritter: TRE 19 (1990) 518-24. – Ch. Kannengiesser: EECh I 195-6.

편찬서: IThQ 48 (1981) 157-267. – La signification et l'actualité du IIe concile œcumenique pour le monde chrétien d'aujourd'hui, Chambésy – Genève 1982. – Th. Piffl-Perčević/ A. Stirnemann (eds.), Das gemeinsame Credo, I – W 1983. – J. Saraiva Martins (ed.), *Credo in Spiritum Sanctum*, 2 vol., Vatikanstadt 1983.

연구서: C.J. Hefele/H. Leclercq, Histoire des conciles d'après les documents origineaux II/1, P 1908, 1-48. – E. Schwartz, Das *Nicaenum* und *Constantinopolitanum* auf der Synode von Chalkedon: ZNW 25 (1926) 38-88. – I. Ortiz de Urbina, Niz a und Konstantinopel = GÖK 1 (1964) 157-273 (f P 1963). – A.M. Ritter, Das Konzil von Konstantinopel und sein Symbol. Studien zur Geschichte und Theologie des II. Ökumenischen Konzils = FKDG 15 (1965).

3.1. 신 경

"니체아-콘스탄티노플" 신앙고백은 "사도"신경과 마찬가지로 오늘날까지 모든 그리스도 교회의 정통교리가 되었다. 콘스탄티노플 공의회가 니체아 공의회 신경을 넘겨받고 보완하였다는 가정은 (오늘날까지 신경의 출전에 관한 상황 연구가 어렵다 할지라도) 맞지 않는 것 같다. 공의회 문서들은 남아 있지 않으며 공의회 신경은 공식적인 형태로 칼체돈 공의회 문서에서 처음 전해지나, 그 이전에 이미 콘스탄티아(살라미스)의 에피파니우스가 자신의 작품 「정박자」(374년)에서 이 고백을 전하기 때문이다. 그러나 베른트 마누엘 바이쉬Bernd Manuel Weischer는 후대에 니체아-콘스탄티노플 신앙고백이 「정박자」에 삽입된 것으로 본다. 따라서 콘스탄티노플 공의회는 신경을 공식적으로 결정하지 않았지만, 칼체돈 공의회를 통해 우리에게 전해진 본문을 협의하거나 작성하였다는[10] 것이 오늘날 일반적으로 받아들여지는 견해이다.

니체아 신경과 콘스탄티노플 신경 정식을 비교해 보면 성부와 성자에 관한 첫 두 신앙 조항이 실제로 바뀌어 있는 일부 차이점과, 설명이 더 이상 필요하지 않은 문장이 다듬어졌다는 것, 그리고 정확한 표현을 보완하여 사용하였다는 점을 알 수 있다. 그러나 그리스도에 관한 신앙고백은 세 곳에서 분명히 부연되었다(그리스도의 육화에서 성령과 마리아의 역할, 그리스도의 수난과 죽음의 사실성과 역사성, 통치자와 재판관으로서 그의 종말론적 기능). 주님κύριος 칭호를 지닌 성령을 성부와 성자와 대등하게 놓고, 발發함ἐκπόρευσις을 나지안즈의 그레고리우스의 신학에서 받아들이고, 동일흠승ὁμοτιμία을 대 바실리우스의 신학에서 받아들여 성령에 관한 모든 부분이 새로이 작성되었다. 마찬가지로 성자와 성부의 관계를 잘못 이해한 사람들에 대한 파문문이 탈락된 반면 교회론적·종말론적 조항이 새로 첨가되었다.

---

[10] 이와 다른 견해에 관해서는 Kannengiesser: EECh I, 195-6쪽과 DH, 150쪽 참조. 칸넨기서는 바이쉬(Weischer)의 결과를 알지 못한 것 같다. 마찬가지로 이와 다른 견해를 제시하는 아브라모브스키(L. Abramowski)와 리터(A.M. Ritter)의 최근의 토론 참조.

니체아 신경	니체아-콘스탄티노플 신경
Πίστεύομεν εἰς ἕνα θεὸν	Πίστεύομεν εἰς ἕνα θεὸν
πατέρα παντοκράτορα	πατέρα παντοκράτορα
	ποιητὴν οὐρανοῦ καὶ γῆς
πάντων ὁρατῶν τε καὶ ἀοράτων ποιητήν.	ὁρατῶν τε πάντων καὶ ἀοράτων.
Καὶ εἰς ἕνα κύριον Ἰησοῦν Χριστόν	Καὶ εἰς ἕνα κύριον Ἰησοῦν Χριστόν
τὸν υἱὸν τοῦ θεοῦ	τὸν υἱὸν τοῦ θεοῦ μονογενῆ
γεννηθέντα ἐκ τοῦ πατρὸς μονογενῆ	τὸν ἐκ τοῦ πατρὸς γεννηθέντα
τουτέστιν ἐκ τῆς οὐσίας τοῦ πατρός,	
	πρὸ πάντων τῶν αἰώνων
θεὸν ἐκ θεοῦ	
φῶς ἐκ φωτός	φῶς ἐκ φωτός
θεὸν ἀληθινὸν ἐκ θεοῦ ἀληθινοῦ,	θεὸν ἀληθινὸν ἐκ θεοῦ ἀληθινοῦ,
γεννηθέντα οὐ ποιηθέντα,	γεννηθέντα· οὐ ποιηθέντα,
ὁμοούσιον τῷ πατρί,	ὁμοούσιον τῷ πατρί,
δι' οὗ τὰ πάντα ἐγένετο,	δι' οὗ τὰ πάντα ἐγένετο,
τά τε ἐν τῷ οὐρανῷ καὶ τὰ ἐν τῇ γῇ	
τὸν δι' ἡμᾶς τοὺς ἀνθρώπους	τὸν δι' ἡμᾶς τοὺς ἀνθρώπους
καὶ διὰ τὴν ἡμετέραν σωτηρίαν	καὶ διὰ τὴν ἡμετέραν σωτηρίαν
κατελθόντα καὶ σαρκωθέντα,	κατελθόντα ἐκ τῶν οὐρανῶν
	καὶ σαρκωθέντα ἐκ πνεύματος ἁγίου
	καὶ Μαρίας τῆς παρθένου
ἐνανθρωπήσαντα	καὶ ἐνανθρωπήσαντα
	σταυρωθέντα τε ὑπὲρ ἡμῶν ἐπὶ Ποντίου Πιλάτου
παθόντα	καὶ παθόντα
	καὶ ταφέντα
καὶ ἀναστάντα τῇ τρίτῃ ἡμέρᾳ	καὶ ἀναστάντα τῇ τρίτῃ ἡμέρᾳ

ἀνελθόντα εἰς τοὺς οὐρανούς

ἐρχόμενον
κρῖναι ζῶντας καὶ νεκρούς.

Καὶ εἰς τὸ ἅγιον πνεῦμα.

κατὰ τὰς γραφὰς
καὶ ἀνελθόντα εἰς τοὺς
  οὐρανούς
καὶ καθεζόμενον ἐν δεξιᾷ τοῦ
  πατρὸς
καὶ πάλιν ἐρχόμενον μετὰ δόξης
κρῖναι ζῶντας καὶ νεκρούς
οὗ τῆς βασιλείας οὐκ ἔσται
  τέλος.
Καὶ εἰς τὸ πνεῦμα τὸ ἅγιον,
τὸ κύριον καὶ ζωοποιόν,
τὸ ἐκ τοῦ πατρὸς
  ἐκπορευόμενον,
τὸ σὺν πατρὶ καὶ υἱῷ
  συμπροσκυνούμενον
καὶ συνδοξαζόμενον,
τὸ λαλῆσαν διὰ τῶν προφητῶν.
Εἰς μίαν ἁγίαν καθολικὴν καὶ
  ἀποστολικὴν ἐκκλησίαν.
Ὁμολογοῦμεν ἓν βάπτισμα εἰς
  ἄφεσιν ἁμαρτιῶν.
Προσδοκῶμεν ἀνάστασιν νεκρῶν
καὶ ζωὴν τοῦ μέλλοντος αἰῶνος.

Τοὺς δὲ λέγοντας ἦν ποτε ὅτε
  οὐκ ἦν
καὶ πρὶν γεννηθῆναι οὐκ ἦν
καὶ ὅτι ἐξ οὐκ ὄντων ἐγένετο
ἢ ἐξ ἑτέρας ὑποστάσεως
ἢ οὐσίας φάσκοντας εἶναι
[ἢ κτιστὸν]
ἢ τρεπτὸν
ἢ ἀλλοιωτὸν τὸν υἱὸν τοῦ θεοῦ,
τοὺς ἀναθεματίζει ἡ καθολικὴ
καὶ ἀποστολικὴ ἐκκλησία.

3.의 서술 참조.

편집본: ACO 2/1 (1933) (324) (g); 2/3 (1935) (395) (1). – DH 150 (glTdÜ). – G.L. Dossetti, II simbolo di Nicea e di Constantinopoli. Edizione critica = TRSR 2 (1967) (glTK).

참고문헌: 사전 항목: B.M. Weischer, Die ursprüngliche nikänische Form des ersten Glaubenssymbols im Ankyrōtos des Epiphanios von Salamis. Ein Beitrag zur Diskussion um die Entstehung des konstantinopolitanischen Glaubenssymbols im Lichte neuester äthiopistischer Forschungen: ThPh 53 (1978) 407-14. – A. de Halleux, La profession de l'Esprit-Saint dans le symbole de Constantinople: RTL 10 (1979) 5-39. – B. Schultze, Die Pneumatologie des Symbols von Konstantinopel als abschliessende Formulierung der griechischen Theologie (381-1981): OCP 47 (1981) 5-54. – Th. F. Torrance, The Incarnation. Ecumenical Studies in the Nicene-Constantinopolitan Creed A. D. 381, Edinburgh 1981. – GOTR 27 (1982) 359-453. – W.-D. Hauschild, Das trinitarische Dogma von 381 als Ergebnis verbindlicher Konsensusbildung: K. Lehmann/W. Pannenberg (eds.), Glaubensbekenntnis und Kirchengemeinschaft. Das Modell von Konstantinopel (381), F – Gö 1982, 13-48. – A. Kolb, Das *Symbolum Nicaeno-Constantinopolitanum*. Zwei neue Zeugnisse: ZPE 79 (1989) 253-60. – R. Staats, Die römische Tradition im Symbol von 381 (NC) und seine Entstehung auf der Synode von Antiochien 379: VigChr 44 (1990) 209-21. – W. Schneemelcher, Die Entstehung des Glaubensbekenntnisses von Konstantinopel (381): Ders., Reden und Aufsätze. Beiträge zur Kirchengeschichte und zum ökumenischen Gespräch, Tü 1991, 150-67. – L. Abramowski, Was hat das Nicaeno-Constantinopolitanum (C) mit dem Konzil von Konstantinopel zu tun?: ThPh 67 (1992) 481-513. – A.M. Ritter, Noch einmal: "Was hat das Nicaeno-Constantinopolitanum (C) mit dem Konzil von Konstantinopel zu tun?": ThPh 68 (1993) 553-60. – W.-D. Hauschild: TRE 24 (1994) 444-56.

연구서: R. Staats, Das Glaubensbekenntnis von Nizäa-Konstantinopel. Historische und theologische Grundlagen, Da 1996. – V. Drecoll, Wie nizänisch ist das Nicaeno-Constantinopolitanum? Zur Diskussion der Herkunft von NC durch Staats, Abramowski, Hauschild und Ritter: ZKG 107 (1996) 1-18.

3.2. 교의서간과 규범규정

공의회가 자체의 신경을 가결하지는 않았어도 공의회는 당시의 유설들을 단죄하고 규율상의 긴급한 문제들을 공식 문서에서 규정하였다. 곧, 교의서간Tomus과 규범규정의 형식으로 신앙을 고백하였다. 교의서간은 분실되었으나 규범규정 1조의 내용과 382년에 열린 콘스탄티노플 교회회의의 서간 내용에 따라 다시 구성할 수 있다. 규범규정 1조에서 공의회 교부들은 삼위를 하나의 히포스타시스로만 여기는 사벨리우스파의 견해를 부인하면서 니체아 신앙의 보편타당성과 성부, 성자, 성령의 본질의 일치를 확증하고, 에우노미우스파 또는 비유사파, 아리우스파 또는 에우독시우스파, 절충적 아리우스파 또는 성령적대론

파, 사벨리우스파, 마르첼루스와 포티누스의 추종자들, 아폴리나리우스파를 단
죄하였다.

　그밖의 세 규범규정은 의도적이지는 않았지만 교회사에 다양한 결과를 낳았
다. 규범규정 3조는 "새로운 로마"인 콘스탄티노플의 주교좌에 서열상 로마의
주교 다음 서열인 제2위의 명예 수위권을 부여하였다. 이로써 이전의 총대주교
좌인 알렉산드리아와 안티오키아는 제3, 제4서열로 내려갔다. 규범규정 2조와
4조는 주교들이 다른 교회 지역에 행정적으로 간섭하지 못하도록 조처하였다.
규범규정 4조는 견유학파大儒學派인 막시무스를 콘스탄티노플의 주교로 임명한
이집트 주교들의 독단적 서임을 무효로 선언하였다(380년). 규범규정 2조는 알렉
산드리아의 주교는 이집트 지역만, 동방의 주교들은 (디오클레티아누스가 개혁
한 제국의 분할에 따라) 동방의 교구들에만 관할권이 있다고 결정하였다. 이
결정은 오랜 기간에 걸쳐 부수적인 결과를 일으켰다. 한편으로 알렉산드리아는
콘스탄티노플에서 전개되는 교회의 사건들(요한 크리소스토무스, 네스토리우스, 에우티케스)
을 예의 주시하여 되도록이면 이와 관련된 잘못된 점을 바로잡으면서 간섭하고
자 하였다. 다른 한편으로 국가적으로 경계가 정해진 지역으로 주교들의 관할
범위가 제한되었으며, 이와 함께 교회의 구조가 국가의 구조로 철저하게 편입
되었다. 이는 5세기 중엽부터 늘어나는 로마 주교의 동방 교구에 대한 관할권
적 수위권을 인정하지 않는 의식을 동방에서 싹트게 하였으며, 수백년 뒤에 일
어난 교회분열의 원인 가운데 하나가 되었다.

3.의 서술 참조.

편집본: Theodoret, *Historia ecclesiastica* 5,9 (GCS 29, 289-94) (*Tomus*). – ACO 2/1 (1933)
(324). (g); 2/3 (1935) (395) (1). – DH 151 (Kanon 1 glTdÜ). – P.P. Joannou, Les Canons des
Conciles Œcumeniques (IIe-IXe s.) = FCCO IX/I,1 (1962) 42-54.

번역서: A. Seider, Theodoret von Cyrus, Kirchengeschichte: BKV² 51 (1926) 274-80 (*Tomus*).
– Ortiz de Urbina 313-8.

참고문헌: P. L'Huillier, The Church of the Ancient Councils. The Disciplinary Work of the
First Four Ecumenical Councils, Crestwood/NY 1996, 101-42.

제7장

사목자, 성서주석가, 금욕가

1. 예루살렘의 치릴루스

예루살렘의 주교 치릴루스는 381년 콘스탄티노플 공의회에 참석하였다. 그는 신학 발전에 몸바친 인물이라기보다는 지역 주교로서 논쟁에 관여하고, 신학적·교회정치적 종파 가운데서 하나의 종파를 결정하도록 강요받은 인물이다. 치릴루스는 처음에는 유사본질파에, 나중에는 동일본질파에 속하였다. "에우세비우스파"인 체사레아의 아카치우스는 348년 그를 예루살렘의 수석 대주교로 서임하였으며, 치릴루스는 셀레우치아 교회회의(359년)에서 주류인 유사본질파를 지지하였다. 그러나 그는 콘스탄티노플 공의회에서 유사본질파의 견해와 "마체도니우스파"에 더 가까운 자신의 입장을 철회하였다(제3부 서론 3.3. 참조). 따라서 공의회는 그가 합법적으로 주교로 서임된 것이라고 승인하였다. 그렇지만 이렇게 종파를 바꾸었다고 반드시 그의 신학적 입장이 달라진 것은 아니다. 프와티에의 힐라리우스와 360/61년 파리 교회회의 등도 유사본질파의 견해와 동일본질파의 견해가 신학적으로 완전히 일치하는 것으로 여겼기 때문이다.

치릴루스는 주교로 서임되고 몇 년 뒤(그의 이전 생애에 관해서는 단지 그가 예루살렘의 사제였다는 사실만 밝혀졌다) 교의문제가 아니라 규율문제로 아카치우스와 사이가 나빠졌다. 왜냐하면 그는 예루살렘 주교좌를 체사레아의 종속에서 빗이나게 하려고 했기 때문이다. 아카치우스는 (나중에 니사의 그레고리우스에게 일어난 경우와 비슷하게) 교회 재산을 불법으로 매각했다는 죄를 그에게 뒤집어씌워 이에 대해 답변하도록 그를 체사레아로 소환했다. 치릴루스가 2년 동안 소환에 응하지 않자 아카치우스는 358년 그를 면직했다. 그러나 셀레우치아 교회회의는 성자는 성부와

"성서의 말씀에 따라 유사하다"는 유사파 정식을 제안한 아카치우스를 면직했다
(제3부 4.4. 참조). 반면 치릴루스는 주류인 유사본질파를 지지하여 예루살렘으로 귀
환할 수 있었다. 그러나 불행하게도 콘스탄티우스 황제는 아카치우스의 신학에
동조하여, 리미니와 니케 지방에 있는 셀레우치아 이중 교회회의에서 참석자들에
게 유사파 정식을 받아들이도록 강요하였으며, 이 정식을 콘스탄티노플 교회회의
에서 승인하게 하였다. 이때문에 치릴루스는 다시 추방되었다. 그렇지만 율리아
누스 황제가 교회의 논쟁에 관심이 없고, 추방된 모든 주교를 교구로 되돌아가게
하여 추방 기간은 짧았다. 그러나 율리아누스의 통치 기간은 몇 년 동안만 지속
되었으며, 그의 후계자 발렌스(364~378년)는 콘스탄티우스의 유사파 정책을 계속
추구했다. 이때문에 치릴루스에 대한 추방판결이 다시 집행되어, 그는 세번째로,
이번에는 15년 동안 예루살렘을 떠나야만 했다. 발렌스의 사망과 그가 고백한 니
체아파가 궁극적으로 승리를 거둔 뒤, 치릴루스는 387년 3월 18일 숨을 거두기
까지 예루살렘에서 편안히 살 수 있었다. 그의 생애 말기에 관해서는 381년 콘스
탄티노플 공의회에 참석했다는 사실 외에 더 이상 상세히 알려진 바가 없다.

편집본: *Opera omnia*: PG 33, 331-1178. – W.C. Reischl/J. Rupp, 2 Bde., Mn 1848-60 = Hi 1967.
영어 번역서: A.A. Stephenson: FaCh 64 (1970) 141-240 (*Mystagogical Catecheses, Sermon on the Paralytic, Letter to Constantius, Fragments*).
참고문헌: 사전 항목: E.J. Yarnold: TRE 8 (1981) 261-6. – M. Simonetti: EECh I 215.
연구서: J. Mader, Der Heilige Cyrillus, Bischof von Jerusalem, in seinem Leben und seinen Schriften, Eins 1891. – J. Lebon, La position de saint Cyrille de Jérusalem dans les luttes provo-quées par l'arianisme: RHE 20 (1924) 181-210, 357-86. – I. Berten, Cyrille de Jérusalem, Eu-sèbe d'Émèse et la théologie semi-arienne: RSPhTh 52 (1968) 38-75. – A. Bonato, La dottrina trinitaria di Cirillo di Gerusalemme = SEAug 18 (1983). – R.C. Gregg, Cyril of Jerusalem and the Arians: Ders., Arianism. Historical and Theological Reassessments = PatMS 11 (1985) 85-109. – P.W.L. Walker, Holy City, Holy Places? Christian Attitudes to Jerusalem and the Holy Land in the Fourth Century, O 1990.

1.1. 「교리문답」

이미 언급한 바와 같이 교부론에서 치릴루스가 차지하는 의의는 교의작품이 아
니라 교리문답서에 있다. 그는 사순시기와 부활시기에 세례청원자와 갓 세례받

은 사람들에게 교리를 가르치면서 이 작품을 저술하였다. 이 작품은 신학적 ·
영적 · 문체론적 특성을 나타낼 뿐만 아니라 당시의 전례방식과 신앙에 관한 가
르침을 상세히 알려주기 때문에 유명해졌다. 전해지는 총 24편의 교리문답 가
운데 한 편의 입문 교리문답은 세례를 준비하는 시기에 세례청원자φωτιζόμενος
를 대상으로 썼다. 그리고 열여덟 편의 교리문답은 사순시기에 세례청원자를,
다섯 편의 "성사 입문" 교리문답은 성주간에 갓 세례받은 사람들νεόφυτοι을 대상
으로 쓴 것이다. "성사 입문" 교리문답은 다른 교리문답과 분리되어 몇몇 수사
본으로 전해지며, 이 수사본에는 저자가 치릴루스가 아닌 그의 후임자 예루살
렘의 주교 요한(417년까지)으로 기록되어 있다. 다섯 편의 "성사 입문" 교리문답
이 요한의 작품인지, 요한이 치릴루스의 자료를 개작하였는지, 또는 치릴루스
의 작품인지, 첫 열아홉 편의 교리문답과 달리 치릴루스 주교의 재임 초기가
아니라 말기에 씌었는지는 명백하지 않는다. 그러나 치릴루스가 16세기까지 틀
림없는 저자로 생각되었기 때문에 확실한 반대 증거가 나타나지 않는 한 저자
성에 관해 문제를 제기하는 것은 일단 접어두어야 한다.

　입문 교리문답은 첫 수세기 동안 많은 사람에게 나타난 종교적 열의에서가
아니라 오히려 교회 외적 · 정치적 · 사회적 · 직업적 이유에서 교회로 몰려드
는 4세기의 성장하는 교회의 특수한 상황을 반영한다. 따라서 입문 교리문답
은 세례를 준비하는 세례지원자들에게 올바른 동기와 내 · 외적 태도를 경고
한다. 마법사 시몬이나 혼인잔치에 예복을 입지 않고 온 손님(마태 22,11-14)과
같은 사람이 세례를 받으러 오면, 그들은 세례를 효과적으로 받지 못할 것이
기 때문이다(2-4). 아내와 남편, 주인 또는 친구의 마음에 들기 위하여 세례를
받는 모든 외적 이유는 기껏해야 최초의 자극에만 도움을 줄 뿐이다(5). 세례
의 숭고한 은총을 받기 위해서는 내적 준비가 매우 중요하다(6-8). 그밖에 세
례청원자와 세례받은 사람들을 위해서만 규정된 구마식과 교리문답에 열심히
참여하는 것이 준비 과정의 요소이다(비밀규율)(9-15). 이 교리문답은 정화욕淨化浴
으로써 세례를 신학적으로 설명하고, 그리스도의 성전을 세우자는 권고로 끝
맺는다(16-17).

입문 교리문답 다음에 서술되는 열여덟 편의 교리문답은 정확한 연도를 알수 없는 사순시기에 저술되었다. 이 문답서들은 (예루살렘의) 신앙고백 조항을 발췌한 성서 구절과 연결하여 한 단락씩 다루며, 신앙에 관한 가르침과 당시 예루살렘에서 가르치고 고백한 신경Credo에 대한 정보를 상세하게 알려준다. 교리문답 제1-3편에서는 죄, 회개, 죄의 용서, 그리스도의 죽음과 부활에 참여하는 내용으로 세례에 관한 근본문제를 다룬다. 교리문답 제4-5편에서는 먼저 그리스도교의 하느님상과 인간상에 대한 근본 원칙과 신경을 한 항목씩 설명하기 위하여 신앙이 무엇을 의미하는지 밝힌다. 제6편에서는 한 분이신 하느님, 제7-9편에서는 성부, 전능하신 창조자, 제10-15편에서는 육화에서 재림 때까지의 성자, 제16-17편에서는 성령, 제18편에서는 교회에 관하여 다룬다. 381년 콘스탄티노플 공의회가 최종적으로 확정한 신경의 전 단계로서 예루살렘 신경이 니체아 신앙고백에 비해 훨씬 앞서 있음을 마지막 세 편의 교리문답에서 알수 있다.

부활 전야에 세례를 받은 사람들에게 성주간 동안 행한 다섯 편의 "성사 입문" 교리문답에서는 세례청원자에게 아직도 비밀 규율로 규정된 주제, 곧 세례 예식, 견진예식(1-3), 미사의 성찬례(4-5)를 설명한다.

1.과 여론 3의 서술 참조.

편집본: A. Piédagnel/P. Paris = SC 126 (²1988) (*catt myst* TfÜK). – G. Röwekamp = FC 7 (1992) (*catt myst* TdÜ).

번역서: J. Nirschl = BKV¹ (1871) (*catt*). – Ph. Haeuser = BKV² 41 (1922) (*catt*). – L.A. Winterswyl, F 1939 (*catt myst*). – 영어 번역서: E.H. Gifford: NPNF II 7 (1894 = 1995) 1-157 (*Procatechesis, Catechetical Lectures*). – L.P. McCauley: FaCh 61 (1969) 87-249, 64 (1970) 1-140 (*Catecheses*). – A.A. Stephenson: FaCh 61 (1969) 67-85 (*Procatechesis*).

보조자료: *Biblia Patristica*. Index des citations et allusions bibliques dans la littérature patristique 4, P 1987.

참고문헌: A. Paulin, Saint Cyrille de Jérusalem catéchète = LO 29 (1959). – H.M. Riley, Christian Initiation. A Comparative Study of the Interpretation of the Baptismal Liturgy in the Mystagogical Writings of Cyril of Jerusalem, John Chrysostom, Theodore of Mopsuestia and Ambrose of Milan = SCA 17 (1974). – G. Hellemo, *Adventus Domini*. Eschatological Thought in 4th-Century Apses and Catecheses = SVigChr 5 (1989). – L. Zappella, "Elaion-Myron": l'olio simbolo dello Spirito Santo nelle catechesi battesimali di Cirillo di Gerusalemme: CrSt 11 (1990) 5-27. – P. Jackson, Cyril of Jerusalem's Use of Scripture in Catechesis: ThS 52 (1991) 431-50.

여론餘論 3: 그리스도교의 입교

교부들 작품에 나오는 많은 개별적인 보고 외에 예루살렘의 치릴루스의 교리문답서를 포함한 다음의 저서들은 고대교회의 세례예식과 세례신학을 상세히 전한다.

1) 신약성서
2) 「사도전승」(제3장 5.3.2.2.)
3) 테르툴리아누스의 「세례론」*De baptismo*
4) 암브로시우스의 「상징의 설명」*Explanatio symboli*, 「성사론」*De sacramentis*, 「신비론」*De mysteriis*(제7장 3.2.)
5) 아우구스티누스의 「기초 교리교육」*De catechizandis rudibus*
6) 니사의 그레고리우스의 「세례를 연기하는 사람들에 대하여」*De iis qui baptismum differunt*
7) 「에게리아의 여행기」*Itinerarium Egeriae*(제8장 5.)
8) 몹수에스티아의 테오도루스의 교리문답식 강해들(제7장 5.3.)
9) 요한 크리소스토무스의 「세례 교리문답」(제7장 6.3.)
10) 부활절 설교, 특히 소피스트 아스테리우스(341년 이후 사망)와 아우구스티누스의 부활절 설교(제9장)

그리스도교의 입교방식은 지역적·역사적으로 서로 차이가 있지만 다음의 세 가지 국면에서 분명히 구분된다.

1) 신약성서 시대에 세례는 간략한 가르침과 그리스도에 대한 신앙을 고백한 뒤 곧바로 베풀어졌다(사도 2,14-42 베드로의 오순절 설교 다음; 8,26-39 에티오피아인들의 세례). 이후 이 관습은 중세 초 중부 유럽과 북유럽을 선교할 때 다시 받아들여졌으며 근세에도 계속되었다.

2) 이러한 선교 관습은 세례지원자의 준비 기간이 길어짐으로써 곧 바뀌었다. 준비 기간은 이론을 가르치려는 것이 아니라 무엇보다도 세례 후 그리스도인답게 살 수 있도록 생활을 변화하기 위한 것이었다. 세례는 일회적인 죄의

용서로 간주되어 세례 후 그리스도인은 "완전하게" 살아야 했기 때문이다. 세례지원자가 자신의 직업도 포기해야 했다는 것은 많은 경우, 가령 그 직업이 이교인의 제신숭배와 관련 있을 경우 그리스도인으로서 그 일을 더 이상 계속해서는 안된다는 것을 뜻하였다. 평범한 죄는 기도와 선행으로 용서되었으며, 세 가지 중죄(배교, 음행, 살인)는 초기에는 두번째 회개를 허용하지 않았으며, 이러한 죄를 지은 사람은 공동체에서 쫓겨났다(파문).

콘스탄티누스 시대 이전에 세례지원자의 준비 기간은 보통 2~3년이었으나, 박해 때나 죽을 위험이 있거나, 특히 세례청원자가 특별한 이유를 제시할 경우에는 그 기간을 줄일 수 있었다. 세례지원자는 가능한 한 빨리 세례를 받기 원하였다. 그들 가운데 더러는 개인적으로, 더러는 알렉산드리아의 클레멘스와 같은 독자적인 그리스도교 선생에게서, 더러는 오리게네스가 알렉산드리아에서 가르친(제3장 6. 참조) 주교 관할의 교리교육 학교에서 교육을 받았다. 세례를 정해진 시기에 베풀어야 한다는 규정은 없었으며, 이미 부활 전야를 가장 적절한 때로 여겼지만 세례는 준비 기간이 끝나는 대로 이루어졌다. 세례지원자는 세례를 받기 얼마 전에 세례청원자들φωτιζόμενοι/electi, competentes로 받아들여지며, 공식 명부에 등록되었다. 이미 세례 준비 기간의 처음에 입회예식이 거행되고, 세례지원자가 공동체 말씀의 전례에 규칙적으로 참여한 뒤, 세례의 직접적인 준비로 다음의 예식이 이루어졌다: 입김을 불어넣거나 안수를 통한 구마식(사탄과 악을 끊음), 세례지원자에 대한 시험(그리스도인다운 처신에 대한 시험), 신앙고백서와 주님의 기도를 넘겨줌traditio과 낭송redditio.

그러나 그밖의 다른 모든 것, 특히 세례받은 사람만 참여할 수 있는 성찬례는 비밀 규율에 속하였다. 그렇지만 여기서 말하는 비밀 규율은 그리스도교의 가르침과 관습이 곧 공개되었기 때문에 신비종교나 영지주의의 종파와 같은 비밀 유지로 이해해서는 안되며, 성체에 대한 경외심 때문에 세례받은 신자만 성체를 영할 수 있다는 입교의 단계로 이해해야 한다. 갓 세례받은 사람이 성찬에 대한 교육 없이 성찬례에 직접 참여하였을 경우, 비밀 규율은 세례를 받은 뒤 반드시 이에 대한 가르침을 계속 받을 것을 요구하였다. 교리문답서가 이교인이 사용하는 신비 입교의 어휘를 받아들여, 그것을 "신앙의 신비" 의미에서 그리스도교적으로 새롭게 해석할 경우에는 이교인의 신비 입교와 다르지 않다.

3) "콘스탄티누스의 전환" 이후의 시대는 이전의 시기와 근본적으로 다르다. (그리스도교를 처음에는 허용하고 그 뒤에는 국가에서 장려하고, 마침내 제국 교회가 된) 이 시기에는 많은 사람이 언제 새로운 박해가 위협할지 모른다는 수백년 동안 내려온 신앙에 대한 열정없이 여러 다른 이유에서 세례를 받았다. 이러한 결과는 세례를 미루는 관습을 초래하였다. 어린이들은 그리스도교를 믿는 부모가 그들을 세례지원자로 신청하면, 성인成人이 된 뒤에 자신의 결정에 따라 세례를 받았다(잘 알려진 예가 세 명의 위대한 카파도키아 사람과 아우구스티누스이다). 성인은 그리스도교에 들어오기 위하여 세례지원자로 등록하고, 몇 년 뒤 또는 죽을 위험이 있거나 그들이 교회의 성직을 맡아야 할 경우 세례를 받을 수 있었다(예: 암브로시우스, 콘스탄티노플의 넥타리우스).

이로써 세례지원자의 준비 기간은 더욱 의미를 잃었으며, 이제 더 엄격히 조직화한 직접적인 세례 준비가 교리문답과 아울러 가장 중요한 부분이 되었다. 세례를 행하는 날짜는 보통 부활 전야였으며, 세례청원자의 준비 기간은 사순시기로, 세례 이후의 교리문답은 부활시기로 고정되었다. 이때의 예식과 내용은 근본적으로 변하지 않았으며 신청자가 세례를 받으려는 동기를 특별히 고려하지 않았다.

1-10번에서 언급된 저자들과 작품들의 서술 참조.

참고문헌 목록: G. Venturi, Problemi dell'iniziazione cristiana. Nota bibliografica: EL 88 (1974) 241-70. – G. Kretschmar, Nouvelles recherches sur l'initiation chrétienne: MD 132 (1977) 7-32.

편집본: J. Quasten = FlorPatr 7 (1935-6). – J.C. Didier – MCS 7 (1959). H. Kraft/H. Hammerich = KIT 174 (1969).

참고문헌: 사전 항목: A. Oepke, βάπτω κτλ: ThWNT 1 (1933) 527-44; 10/2 (1979) 998-1008 (Lit.). – K. Thraede, Exorzismus: RAC 7 (1969) 44-117. – W. Nagel, Exorzismus II. Liturgiegeschichtlich: TRE 10 (1982) 750-2. – C. Vogel, Handauflegung I (liturgisch): RAC 13 (1986) 482-93. – G. Kretschmar, Katechumenat/Katechumenen I. Alte Kirche: TRE 18 (1989) 1-5. – A. Hamman, Baptism I. Baptism in the Fathers: EECh I 107-8. – F. Cocchini, Catechesis: EECh I 150-1. – A. Hamman, Catechumen, Catechumenate: EECh I 151-2.

각론서: G. Kretschmar, Die Geschichte des Taufgottesdienstes in der alten Kirche: Leit. 5 (1970) 1-348. – B. Neunheuser, Taufe und Firmung = HDG 4/2 (²1983) 9-96. – B. Kleinheyer, Sakramentliche Feiern I. Die Feiern der Eingliederung in die Kirche = GDK 7/1 (1989) 12-95.

편찬서: H. Auf der Maur/B. Kleinheyer (eds.), Zeichen des Glaubens. Studien zu Taufe und Firmung (FS B. Fischer), Zü – Eins – K 1972. – S. Felici (ed.), Catechesi battesimale e riconciliazione nei Padri del IV secolo, R 1984. – A.M. Triacca/A. Pistoia (eds.), Mystagogie: pensée liturgique d'aujourd'hui et liturgie ancienne = BEL.S 70 (1993). – M.E. Johnson (ed.), Living Water, Sealing Spirit. Readings on Christian Initiation, Collegeville/MN 1995.

유아세례/성인세례: J. Jeremias, Die Kindertaufe in den ersten vier Jahrhunderten, Gö 1958. – K. Aland, Die Säuglingstaufe im Neuen Testament und in der alten Kirche = TEH NF 86 (1961). – A. Strobel, Säuglings- und Kindertaufe in der ältesten Kirche. Eine kritische Untersuchung der Standpunkte von J. Jeremias und K. Aland: O. Perels (ed.), Begründung und Gebrauch der heiligen Taufe. Aus der Arbeit einer Studientagung, B – H 1963, 7-69. – K. Aland, Die Stellung der Kinder in den frühen christlichen Gemeinden – und ihre Taufe = TEH NF 138 (1967). – P.A. Gramaglia, Il battesimo dei bambini nei primi quattro secoli, Brescia 1973. – E. Nagel, Kindertaufe und Taufaufschub. Die Praxis vom 3.-5. Jahrhundert in Nordafrika und ihre theologische Einordnung bei Tertullian, Cyprian und Augustinus = EHS.T 144 (1980). – H. Hammerich, Taufe und Askese. Der Taufaufschub in vorkonstantinischer Zeit, A 1994.

전례/세례 준비: A. Stenzel, Die Taufe. Eine genetische Erklärung der Taufliturgie = FGTh 7/8 (1958). – M. Dujarier, Le parrainage des adultes aux trois premier siècle de l'Église. Recherche historique sur l'évolution des garanties et des étapes catéchuménales avant 313, P 1962. – H. Auf der Maur, Die Osterhomilien des Asterios Sophistes als Quelle für die Geschichte der Osterfeier = TThSt 19 (1967). – J. Daniélou, La catéchèse aux premiers siècles. Ed. par R. du Charlat, P 1968. – J. Ries u. a. (eds.), Les rites d'initiation, Lou 1986. – V. Saxer, Les rites de l'initiation chrétienne du IIe au VIe siècle. Esquisse historique et signification d'après leurs principaux témoins, Spoleto 1988. – K. McDonnell/G.T. Montague, Christian Initiation and Baptism in the Holy Spirit. Evidence from the First Eight Centuries, Collegeville/MN 1991. – Th. M. Finn, Christian Baptism and the Catechumenate. Italy, North Africa and Egypt, Collegeville/MN 1992. – C. Granado, La confirmación en el siglo IV. Ambrosio de Milán, Catequesis Jerosolimitanas, Juan Crisóstomo: EstTrin 27 (1993) 21-79. – W. Harmless, Augustine and the Catechumenate, Collegeville/MA 1995. – G. Cavalotto, Catecumenato antico. Diventare cristiani secondo i Padri, Bo 1996.

상징: P. Lundberg, La typologie baptismale dans l'ancienne église = ASNU 10 (1942). – J. Daniélou, *Sacramentum futuri*. Études sur les origines de la typologie biblique = ETH (1950). – J. Ysebaert, Greek Baptismal Terminology. Its Origins and Early Development = GCP 1 (1962). – J. Daniélou, Liturgie und Bibel. Die Symbolik der Sakramente bei den Kirchenvätern, Mn 1963, 11-222 (f P 1958).

신학/영성: A. Benoit, Le baptême chrétien au second siècle. La théologie des Pères = EHPhR 43 (1953). – P.Th. Camelot, Spiritualité du baptême = LO 30 (1960). – G.W.H. Lampe, The Seal of the Spirit. A Study in the Doctrine of Baptism and Confirmation in the New Testament and the Fathers, Lo ²1967. – E. Mazza, La mistagogia. Una teologia della liturgia in epoca patristica = BEL.S 46 (1988). – J. Chalassery, The Holy Spirit and Christian Initiation in the East Syrian Tradition, R 1995. – Th.M. Finn, From Death to Rebirth. Ritual and Conversion in Antiquity, NY - Mahwah/NJ 1997.

2. 콘스탄티아_(살라미스)의 에피파니우스

4세기의 저명한 교부들은 보통 교회의 직무를 맡기 전인 젊은 시절에 세속 고등 교육을 받고 세상에서 여러 경력을 쌓았으며, 세례를 미룬 인물들이 많았다. 그들이 때때로 세속 교육의 정신적 위험을 (공론적으로) 경고하였을지라도 그들의 철학적·수사학적·문학적 지식은 알게 모르게 그들의 사상과 작품에 영향을 주었다. 그들은 당시의 문제점들을 극복하기 위하여 실제로 이러한 지식을 활용하였다. 그밖에 4세기에는 그리스도교와 성서에 관한 교육만 받고, 세속 학문에 관해서는 아는 바가 많지 않거나 전혀 모르는 다른 부류의 주교들도 있었다. 그들은 때때로 이미 어린 시절이나 젊은 시절에 세례를 받아 수도원에서 성장하였다. 그들의 작품은 다른 교부들에 비해 그리 많지 않고, 신학 발전을 위해서도 그다지 영향력을 미치지 못했기 때문에, 교부론에서 그들이 차지하는 역할은 미미하다. 그러나 공의회에 참석한 이러한 주교들이 백 명 정도나 되기 때문에 그들의 숫자와 교회에서 차지하는 중요성을 과소평가해서는 안 된다.

키프로스의 동쪽 해안에 있는 콘스탄티아(옛: 살라미스, 오늘날: 파마구스타)의 주교 에피파니우스는 마지막 부류에 속하는 인물이다. 그는 310~320년 사이에 남부 팔레스티나에 있는 엘레우테로폴리스 또는 그 근방에서 태어났다.[1] 그는 어린 시절에 교육을 받기 위하여 그의 전 생애에 걸쳐 영향을 준 이집트 수도원에 들어갔다. 이곳의 수도원 생활은 다음의 세 요소로 특징지어진다. 1) 금욕. 2) 일부 수도원은 오리게네스의 신학을 추구하였으며, 일부는 그의 신학을 거부함. 3) 성서를 주축으로 하는 교육만 받고 이교인 또는 이단적 학문으로서 세속 학문을 배우는 것을 거부함; 이와 함께 신앙의 진리들은 비판적·논쟁적 토론으로 숙고되거나 증명될 수 없으며, 성서나 공의회 결정을 충실히 지켜야 한다고 확신함. 이집트 수도자들은 아타나시우스의 견해에 찬동하였기 때문에

---

[1] 에피파니우스의 생애에 관한 연도는 아직도 확증되지 않는다. 지금까지 알려진 그의 탄생 연도는 "315년경", 주교 서임 연도는 365년과 367년(Altaner/Stuiber ²1978, 315쪽의 376년은 오식(誤植)인 것 같다), 예루살렘 여행 연도는 392년, 사망 연도는 403년이다.

그들은 니체아파의 동일본질을 절대적이고 더 이상 배경이나 전제조건에 따라 숙고해야 할 교의가 아니라고 생각하였다. 이러한 "전통주의적" 경향과 에피파니우스가 "퇴보적이고" "깊게 생각하지 않으며" "피상적"이라는 평가는 고대가 아닌 오늘날의 학자들이 내린 결론이다(Altaner/Stuiber ⁸1978, 315-6쪽 참조). 곧, 고대 교회의 관계를 생각하지 않고 현대의 "계몽적인" 견해를 무비판적으로 반영하는 것은 경계해야 한다. 철학적으로 사색하거나 순전히 성서에 바탕을 둔 두 경향은 서로 등을 돌리지 않고 서로 존중하고 신뢰해야만 한다. 한편으로 성서는 늘 모든 면에서 신학의 절대적 기초이고, 다른 한편으로 4세기의 중요한 문제점들은 실제로 신에 관한 문제점을 논리적·철학적으로 철저히 파헤치려는 시도에서 일어났기 때문이다. 따라서 4세기 신학을 결정적으로 발전시킨 교부들은 다름아닌 성서를 바탕으로 하였고, 교회의 결정으로 의심없이 승인되고 변론된 내용을 철학적 영역에서 답변하고 그 해결책을 찾았다.

에피파니우스는 스무 살 때쯤 팔레스티나로 돌아온 뒤 엘레우테로폴리스 근방의 베산두케에 있는 부모의 소유지에 수도원을 세워 오랫동안 수도원장으로 활동하였으며, 이 시기에 사제로 서품받았다. 철저한 니체아파인 그는 셀레우치아 교회회의에서 아마도 체사레아의 아카치우스의 주요 지지자였던 엘레우테로폴리스의 유사파 주교 에우티키우스와 사이가 나빠져 키프로스로 간 것 같다. 어쨌든 에피파니우스는 366년 콘스탄티아의 주교로 선출되기 얼마 전에 그곳에 머물렀다고 가정할 수 있다. 키프로스는 섬이라는 지리적 위치와 교회정치적인 이유에서 완전히 니체아파에 속해 있었다. 키프로스 교회는 총대주교좌인 안티오키아에서 떨어져 나가 콘스탄티아를 수석 대주교좌로 만들어 독립적인 지위를 얻으려고 하였다. 에피파니우스는 이 일을 성공적으로 마무리지었다. 더구나 안티오키아의 총대주교가 에우세비우스파였기 때문에 키프로스는 니체아파에 속하게 되었다.

에피파니우스는 35년 동안 주교직을 맡았으며, 이 기간에 사목활동 외에 당시 벌어진 여러 논쟁에서 분명한 입장을 취하였다. 그는 니체아 공의회에서 춘분 이후 만월 다음에 오는 첫 일요일을 유일하게 합법적으로 인정받은 부활축일로 지내는 알렉산드리아 관습을 지지하였으나, 과월절 다음 일요일에 행하는 "유다교"의 관습도 묵인하였다. 그는 안티오키아 분열에서는 니체아파인 파울리누스와 그의 후계자를 지지하였으나, 성화상 공경 문제에서는 니체아파의 견해와 다른 작품을 저술하였다. 이 작품은 8,9세기 성화상 논쟁Ikonoklasmus 동안 토론의 대상이 되어 일부분이 남아 있다.

에피파니우스는 오리게네스 논쟁의 첫 단계에서 가장 많이 언급된다. 추측건대 그는 반오리게네스 경향을 지닌 이집트에서 수도원 교육을 받았기 때문에 여러 이단을 반박하는 「약상자」(374~377년에 저술됨)에서 오리게네스도 이단자로 다루었다. 그는 393년 예루살렘의 교회축성 축일에 그곳을 방문하여 행한 축일 설교에서 오리게네스를 격렬히 공격하여 친오리게네스적인 그곳의 주교 요한과 갈등을 불러일으켰다. 이러한 갈등은 루피누스(친오리게네스)와 히에로니무스(반오리게네스)의 충돌도 일으켰으나 초기에 해결될 수 있었다. 그렇지만 400년에, 이시도루스 장로와 그와 절친한 니트리아 사막에서 온 네 명의 수도자(그들의 키가 매우 크기 때문에 "키다리 수사들"이라고 부름)가 알렉산드리아의 주교 테오필루스의 성직 수행과 생활방식을 비판하였다. 이에 대해 테오필루스가 자신이 이단으로 확신하는 오리게네스주의를, 그들이 신봉하였다고 고발하였기 때문에 논쟁이 다시 일어났다. 따라서 이들은 당시 적어도 무종파적이고, 더욱이 겉으로 친오리게네스적으로 행동하지 않은 콘스탄티노플의 주교 요한 크리소스토무스에게 지지를 부탁하였다. 테오필루스는 요한 크리소스토무스의 결정을 미리 막기 위하여 알렉산드리아에 교회회의를 소집하였으며, 팔레스티스나와 키프로스의 주교들에게도 지방 교회회의를 열 것을 권유하였다. 에피파니우스는 이 권유를 기꺼이 받아들였으며, 402년 가을(Nautin: 402년 초) 자신의 의향에 맞는 교회회의 결정을 가지고 콘스탄티노플로 갔다. 그는 그곳에 도착하여 요한 크리소스토무스의 환대를 거절하고 그와 함께 성찬례를 지내는 것을 거부하였다. 오히려 그는 요한의 허락없이 부제품을 주었으며, 요한의 적대자들과 협의하고 요한을 비난하는 설교를 하면서 공개적으로 그를 적대시하였다. 요한이 그에게 관할 지역을 떠나주기를 요청하자, 에피파니우스는 국민이 자신을 지지하지 않다는 것을 깨닫고는 배를 타고 떠나야만 했다. 그는 돌아가는 도중인 403년(Nautin: 402년) 5월 초, 동방교회와 서방교회가 그의 축일로 거행하는 12일에 사망한 것으로 보인다.

2.1. 「정박자」*Ancoratus*

에피파니우스의 문학사적 의의는 주로 이단론을 다루는 작품들에 근거한다. 이 작품들은 그가 전 생애에 걸쳐 지녔던 확신을 드러낸다. 팜필리아 지방에 있는 시에드라의 몇몇 사제와 한 명의 평신도가 그에게 정통적인 삼위일체 신앙, 특히 성령론을 자신들에게 가르쳐줄 것을 요청하였다(이에 관해서 편지를 주고받은 내용이 작품의 머리말에 남아 있다). 에피파니우스는 374년 이에 대한 답변으로 120단락으로 이루어진 논문 「정박자」를 그들에게 보냈다. 그는 이 작품에서 세례신앙과 성서의 증언을 토대로 아리우스파와 성령적대론파를 반박하는 삼위일체를 설명할 뿐만 아니라(2-75) 그밖의 가르침을 전하는 기회로 삼았다. 80개의 이단 목록(12-13)(이 목록은 「약상자」에서 상세하게 다룰 기본 주제가 되었다); 아폴리나리우스의 그리스도론에 대한 반박(76-82)(그러나 아폴리나리우스의 이름은 거명되지 않는다); 이교인과 이단자들, 특히 마니교를 반박하는 죽은 사람들의 영혼과 육체의 부활(83-100); 이교인의 다신론에 관한 그리스도교의 하느님과 인간에 대한 그분의 구원사(101-118). 이 작품은 두 편의 신경으로 끝나는데, 첫번째 신경(119)은 니체아-콘스탄티노플 신경의 본문과 같다. 따라서 이 신경은 오랫동안 381년 콘스탄티노플 신경의 의안으로 생각되었다. 그러나 최근 대다수의 학자는 이곳에 본디 니체아 신앙고백이 있었으나, 훗날에 필경사가 바꾼 것으로 확신한다. 두번째 신경(120)은 에피파니우스 자신이 말하듯이 세례 전례, 아마도 콘스탄티아 교회의 세례 전례에서 유래하였을 것이다.

2.2. 「약상자」*Panarion*

에피파니우스는 「정박자」에 이어 374~377년에 이단의 뱀에 물려 상처입은 사람들의 치유를 위해 「약상자」(「이단」*Haereses*이라고도 인용됨)를 저술하였다. 그는 히폴리투스의 「모든 이단에 대한 논박」*Refutatio omnium haeresium*을 이 작품의 전형으로 이용하였으며, 히폴리투스의 작품에 나오는 32개의 이단에 48개의 이단을 덧붙였다. 그밖에 그는 이레네우스의 「이단논박」과 그가 접할 수 있는 이단에 관한 여러 작품도 참조하였다. 이러한 인용 때문에 「약상자」에는 그렇지 않으면 없어졌을 이단자의 작품들과 다른 기록들의 표제와 귀중한 단편들이 남아 있다. 이 작품은 세 권Tomoi으로 구분된다. 세 편으로 이루어진 제1권에서는 (아담에서 노아까지의) 야만주의, (노아에서 바벨탑 건설 이후까지의) 스키타이주의, 헬레니즘 문화, 유다주의, 사마리아주의 등 46개의 이단을; 두 편으로 이루어진 제2권에서는 20개의 이단, 그 가운데에 영지주의, 사벨리우스파, 오리게네스파, 아리우스파를, 마찬가지로 두 편으로 이루어진 제3권에서는 11개의 이단, 그 가운데 성령적대론파, 아폴리나리우스파를 다룬다. 책이 나올 때 각 권 앞에 에피파니우스가 저술하지 않은 「발췌한 개요」*Anakephalaiosis*가 실렸다. 아우구스티누스가 자신의 저서 「이단론」*De haeresibus*에서 「발췌한 개요」를 이용한 사실로 미루어 볼 때 이 작품은 428년 이전에 씌었다.

편집본: *Opera omnia*: PG 41-43. – W. Dindorf, 5 vol., L 1859-62. – *Ancoratus, Panarion*: K. Holl/P. Wendland, 3 Bde. = GCS (1915-22).

번역서: *Ancoratus, Panarion* 발췌: C. Wolfsgruber = BKV[1] (1880). – J. Hörmann = BKV[2] 38 (1919). – F. Williams = NHS 35-36 (1987-94) (*Panarion, De fide* eÜ). 영어 번역서: F. Williams = NHS 35-36 (1987-94) (*Panarion, De Fide*). – Ph.R. Amidon, O 1990 (*Selected assages*).

보조자료: *Biblia Patristica*. Index des citations et allusions bibliques dans la littérature patristique 4, P 1987.

참고문헌: 사전 항목: W. Schneemelcher: RAC 5 (1962) 909-27. – P. Nautin: DHGE 15 (1963) 617-31. – C. Riggi: EECh I 281-2.

연구서: K. Holl, Gesammelte Aufsätze zur Kirchengeschichte II. Der Osten, Tü 1928, 204-24, 310-87. – L. A. Eldridge, The Gospel Text of Epiphanius of Salamis = StD 41 (1969). – B.M. Welscher, Die Glaubenssymbole des Epiphanios von Salamis und des Gregorios Thaumaturgos im Qerellos: OrChr 61 (1977) 20-40. – G. Vallée, A Study in Anti-Gnostic Polemics. Irenaeus, Hippolytus and Epiphanius, Waterloo (Ontario) 1981. – J.F. Dechow, Dogma and Mysticism in Early Christianity. Epiphanius of Cyprus and the Legacy of Origen = PatMS 13 (1988). – E.A. Clark, The Origenist Controversy. The Cultural Construction of an Early Christian Debate, Princeton/NJ 1992. – A. Pourkier, L'hérésiologie chez Épiphane de Salamine = CAnt 4 (1992). – A. Camplani, Epifanio (*Ancoratus*) e Gregorio di Nazianzo (*Epistulae*) in copto: identificazioni e *status quaestionis*: Aug. 35 (1995) 327-47.

3. 암브로시우스

오늘날 사람들은 아우렐리우스 암브로시우스를 일반적으로 아우구스티누스를 개종시키고 그에게 세례를 준 주교로 제일 먼저 기억한다. 서방의 수용사受容史에서 신학과 교회에 남긴 암브로시우스의 중요한 업적이 늘 아우구스티누스의 업적으로 빛을 잃는다 하더라도, 그의 업적은 후대에 상당한 영향을 미쳤을 뿐만 아니라 그에 걸맞은 인정도 받았다. 암브로시우스는 아우구스티누스, 히에로니무스, 대 그레고리우스 교황과 함께 "서방의 위대한 네 명의 교회학자"에 속한다. 그의 작품을 매우 높이 평가한 인문주의자들은 인쇄술이 발명되자 치체로, 락탄티우스("그리스도교의 치체로"), 아우구스티누스, 히에로니무스의 작품과 더불어 그의 작품을 제일 먼저 출판하였으며, 얼마 안되어 재판이 나왔다. 토마스 아퀴나스나 루터와 마찬가지로 중세의 여러 공의회는 그를 교회의 정통신앙을 지킨 증인으로 계속 인용하였다. 게다가 암브로시우스 자신은 동방의 신학을 많이 받아들여 몇몇 라틴 교부처럼 동방에 영향을 주었다. 그의 작품들은 곧 그리스어로 번역되고 사화집Florilegien에 수록되었다.

암브로시우스의 생애는 ("세 명의 위대한 카파도키아 사람"과 매우 비슷하게) 출생, 교육, 직업에서 4세기 여러 주교의 전형에 속한다. 그는 수세대에 걸쳐 그리스도교를 믿는 가정에서 태어났으며, 그의 가문은 로마 시의 귀족으로(그의 이름으로 추측건대, 아우렐리우스 가문?) 수많은 고위 관리와 여자 순교자 소테리스가 그와 같은 가문 출신이라는 사실에 자부심을 느꼈다. 그의 아버지는 수도 트리어에서 갈리아의 지방총독praefectus praetorio Galliarum이며, 또한 갈리아 지방의 최고 사법 전권을 위임받은 황제의 관리였다. 암브로시우스는 트리어에서 339년경에 태어났으며,[2] 세례를 미루는 당시의 관습에 따라 성인이 될 때까지 세례지원자로 있었다. 아버지가 일찍 사망하자 어머니는 세 자녀를 데리고 로마로 돌아갔다. 암브로시우스는 트리어에서 초등교육을 받은 뒤, 로마에서 당시 신분이 높고 교양

---

[2] 암브로시우스의 탄생 연도나 주교 서임 연도에 관해서는 다른 많은 의견이 제시되나, 필자는 다스만(E. Dassmann: TRE 2, 362-3쪽)의 견해를 따른다.

있는 사회계급에 주로 걸맞은 철학, 수사학, 문학 교육을 받았다. 이러한 교육은 법률에 관한 관직의 토대가 되었으며, 그의 작품 여러 곳에서 나타난다. 그 밖에 아우구스티누스가 그리스어를 몇 년 동안 어렵사리 배운 반면(「고백록」 I 14.23), 암브로시우스는 유창하게 구사할 정도로 그리스어 교육도 받았다. 실제로 당시 일반 대중어였던 그리스어에 대한 지식이 로마제국의 서쪽 지역에서 1세기 만에 사라지게 되는데, 이 사실은 세 명의 교부, 암브로시우스, 아우구스티누스, 대 레오 교황에게서 알 수 있다. 곧, 암브로시우스는 그리스어, 라틴어를 모두 구사하였으나, 아우구스티누스는 그리스어의 기초만 알았으며, 레오 교황은 그리스어를 전혀 몰라 칼체돈 공의회에 관해 협의할 때 통역사가 필요하였다.

암브로시우스는 그가 받은 교육과 가문의 전통에 따라 관직에 발을 들여놓았으며, 탁월한 능력으로 출세하였다. 그는 처음에 지방총독 관할 구역에 속한 시르미움 법원의 변호사advocatus였으며, 그 뒤 그곳의 지방총독인 프로부스의 고문으로 일하였고, 이미 370년경, 곧 30세에 밀라노에 관청 소재지가 있는 에밀리아-리구리아Aemilia-Liguria 지방의 황제 파견 행정관으로 임명되었다. 황제의 파견 행정관으로서 그는 공공질서를 유지할, 곧 밀라노의 아리우스파 주교 아욱센티우스의 후임자를 선거할 때 나타난 극심한 대립상태를 수습할 책임도 맡았다. 이러한 대립상태는 아리우스파와 니체아파 공동체가 평화적으로 공동의 후보를 추천하지 못하였기 때문에 나타났다. 그의 비서이자 전기작가인 파울리누스가 전하듯이(「생애」 6), 암브로시우스는 개인적으로 논쟁을 중재하기 위하여 급히 대성당으로 갔다고 한다. 그때 한 아이가 갑자기 "암브로시우스 주교!" 하고 외치자, 모든 사람이 곧바로 "놀랍고도 믿을 수 없는 일치"를 이루어 그를 도시의 새 주교로 뽑기로 합의하였다. 그러나 암브로시우스는 이 선거 결과를 받아들이기를 주저하고 사양할 구실을 찾았다. 황제 발렌티니아누스 1세가 승인한 뒤에야 그는 운명에 따랐다.

아우구스티누스나 투르의 마르티누스 같은 고대교회 주교들의 전기에도 이와 비슷한 사건이 있듯이, 암브로시우스가 불가사의하게 주교로 선출되고 주교직을 맡기를 주저하였다는 보고는 특이한 것이 아니다. 그렇지만 암브로시우스의 경우에는 역사적 사실이다. 각 방면에서 존경받고, 능력있고 황제의 유명한 파견 행정관으로 그가 나타났을 때, 일치를 이루지 못한 두 종파는 그를 가장 적절한 후보자로 여겼다. 그 자신뿐만 아니라 그의 집안이 니체아파였지만 아직 세례지원자로서 두 종파와 아무 관련이 없고, 두 종파 모두 그가 중용적으로 주교직을 수행할 것이라고 기대하였기 때문이다. 한편 암브로시우스에게는 주교직을 사양할 좋은 구실이 있었다. 그는 주교직을 열망하지도 않았으며 정부관리로서 사목적 · 신학적 경험도 없었다. 그는 개인적으로 자격이 없다고 생각하였음은 물론 교회법으로 미루어도 되는 세례를 아직 받지 않은 상태였다. 신도들의 즉흥적인 환호로 결정한 표결이 장래를 위해 실제로 생산적인 그들의 의향을 드러냈는지 증명되어야 했으며, 끝으로 황제의 교회정치적 입장이 고려되어야 했다. 주교직을 맡기를 주저하는 모든 조건이 사라지자, 암브로시우스는 자신의 진솔한 원의에 따라 니체아파 주교에게서 세례를 받았으며, 373년 (전통적으로는 374년) 12월 7일 주교로 서임되었다. 그가 세례를 받은 뒤 교회의 모든 성직을 며칠 사이에 차례차례 받았다는 파울리누스의 보고(「생애」 9)는 고대교회의 성직 수여 신학과 관습에 모순되며, 따라서 적합한 진술이라 할 수 없다. 아울러 파울리누스조차 이 보고를 소문에 바탕을 두고 기술한 것이었다(fertur omnia ecclesiastica officia implesse).

암브로시우스는 밀라노의 사제 심플리치아누스(그는 암브로시우스가 죽은 뒤 밀라노의 주교가 되었다)에게 신학교육을 받았다. 암브로시우스는 신학공부를, "배우기 위해서가 아니라 오히려 가르치기 위하여 시작하였다"[「사제들의 직무론」*De officiis ministrorum*(1,1,4)]고 진술한다. 397년 아우구스티누스의 보고에 따르면(「고백록」 VIII) 심플리치아누스는 이미 355년에, 저명한 수사학자이자 철학자인 마리우스 빅토리누스를 그리스도교로 개종시켜 유명해졌다. 암브로시우스는 사목자로서 공동체가 거는 기대에 어긋나지 않았으며, 본인은 니체아 교회정치 노선을 충실히 추구하면서도 성직자와 국민 사이의 불화를 곧 무마시켰다. 뒤에 일어난 분쟁은 공동체 내부의 논쟁이 아니라 주교와 황실 사이의 문제였다. 이때에 성직자와 국민은 암브로시우스를 지지하였다.

　　두 가지 유명한 일화, 곧 빅토리아 여신의 제단에 관한 논쟁과 밀라노의 아리우스파에게 교회를 넘겨주려는 시도에 대한 암브로시우스의 줄기찬 저항 때문에 일어난 분쟁이 있다. 서방에서 중용적 종교정책을 추구한 발렌티니아누스 황제가 사망(375)한 뒤, 암브로시우스는 그라티아누스 황제에게 니체아파를 옹호하는 정책을 펴도록 영향을 미쳤다. 더욱이 그는 아리우스주의를 논박하는 「그라티아누스에게 보낸 신앙론」*De fide ad Gratianum*과 알렉산드리아의 디디무스, 바실리우스, 아타나시우스와 긴밀한 관계를 유지하면서 서방교회에서 성령에 관한 첫 논문을 저술하였다. 황제 콘스탄티누스 2세는 로마가 세계를 지배하는 데 밑거름이 되었다는 제의적 상징인 빅토리아 여신의 제단을 로마 원로원의 집회실에서 철거하였으나, "배교자" 율리아누스는 이 제단을 다시 설치하게 하였다. 그라티아누스는 382년 제단을 다시 없애게 하였다. 그가 383년에 찬탈자 막시무스와 벌인 전투에서 사망하자, 로마 원로원은 수석 대제관pontifex maior 퀸투스 아우렐리우스 심마쿠스의 권유로 제단을 복구하자는 내용의 청원서를 밀라노 황실에 사절을 통해 보냈다. 이들은 신이 로마의 안녕을 지켰다는 과거의 확신을 매우 합리적으로 주장하고, 국가의 관점에서 모든 제의를 자유로이 지낼 수 있게 해달라고 청하였다. 그러나 암브로시우스는 이를 인정할 수 없었으며, 급히 반론을 작성하여 자신의 견해를 제시하였다. 국가는 자체의 안녕을 위해 진리와 오류를 서로 같은 가치에서 존속시킬 수 없으며, 황제는 한 개인으로서 그리스도인이 아닐 수 있지만, 관직을 맡은 사람으로서 공정해야 한다는 것이었다. 더욱이 암브로시우스는 진리를 관철하기 위하여 권력을 사용하기를 거부하였으며, 385년 트리어에서 일어난 이단자 프리쉴리아누스의 처형에 격렬히 항의하였다. 그렇지만 그도 현대적 의미의 "교회와 국가의 분리"를 생각할 수 없었다. 국가와 인간으로서 황제는 하나의 침된 종교민을 인정할 수 있으며, 참된 종교, 곧 니체아-그리스도교 고백을 장려해야 한다.

　　두번째 분쟁은 몇 년 뒤에 더 공개적으로 주목을 끌면서 일어났다. 아리우스파 문제는 아퀼레이아 교회회의와 콘스탄티노플 교회회의(381년)를 통해 동방과 서방에서 근본적으로 해결되었으나, 아리우스파는 실제 5세기까지 영향을 주었다. 당시 서방의 황제 발렌티니아누스 2세는 청소년이었으며, 이때문에 실질적인 세력을 행사한 어머니 유스티나와 일부 고트족 궁신들은 아리우스파였다. 이들은 아리우스파가 미사를 드릴 수 있도록 385년 부활절 이전에 도시 밖에 있는 포르티아나 소성당Basilica Portiana을 아리우스파에게 넘겨주기를 요구하였다. 암브로시우스는 이 요구를 단호히 거절하였으며, 이에 관한 협상은 황실 앞에서 소요를 일으킨 국민 때문에 아무 성과없이 결렬되었다. 특히 암브로시우스가 더 이상 국가권력에 저항하지 못하도록 아리우스파에게 관용과 집회권을 인정하는 법령이 386년 1월 23일 공포되었다. 이 법령을 바탕으로 황실은 밀라노에 있는 교회, 이번에는 성 밖에 있는 포르티아나 소성당이 아니라 시市 안에 있는 더 큰 성당을 넘겨달라고 새로 요구하였다. 암브로시우스는 이 요구를 일언지하에 거절하여 로마 당국으로부터 강제조처를 받았다. 이에 관한 보고는 암브로시우스가 누이 마르첼리나에게 보낸 편지(ep 20)에 기록되어 있다. 성지주일에 포르티아나 성당이 압류되었으나 그곳에 모인 공동체는 교회를 떠나지 않았다. 따라서 군인들이 교회를 에워쌌다. 암브로시우스는 교회에서 미사를 드리며 신자들과 함께 그곳을 밤낮으로 지켰다. 군인들은 신자들의 흔들림 없는 꿋꿋한 태도에 감명받았고, 황실은 주민들과 무력 충돌을 원하지 않았기 때문에 성 목요일 또는 성 금요일에 포위를 풀었다.

이 두 사건은 암브로시우스가 한편으로 그가 주교로 선출될 당시 자신을 열렬히 지지한 공동체의 분열을 어떻게 일치시켰으며, 다른 한편으로 신앙과 교회의 권리 문제에서는 어떠한 역경 속에서도 확고한 신념을 갖고 한 발자국도 물러서지 않는 그의 단면을 보여준다. 더욱이 이 두 사건은 동방과 서방제국에서 교회와 국가의 관계가 발전하는 계기가 되었다. 동방의 교회구조가 국가구조에 밀접히 연결되어 있고 교회의 문제에 간섭하는 황제에게 어느 누구도 이의를 제기하지 않는 반면, 서방에서는 교회와 국가의 권한이 분리되었다. 곧, 국가의 안녕과 유일한 참된 종교의 수호와 장려를 위한 황제의 신앙고백은 황제의 의무였으나 신앙의 문제, 곧 교회의 내적 문제는 교회 당국의 결정사항이 되었다.

몇 년 뒤에 일어난 세번째 유명한 사건인 테오도시우스 황제의 참회는 언뜻 보기에 이러한 새로운 관계를 반영하는 듯하다. 390년 일리리아 지방의 군사령 관이 테살로니카 원형경기장에서 흥분된 군중에 의해 맞아 죽은 사건이 일어났 다. 테오도시우스는 이에 격노하여 죄인들을 엄하게 처벌하도록 명령하였고, 이 에 군인들은 테살로니카 원형경기장에서 주민들을 대량 학살하여 지휘자의 원 수를 갚았다. 테오도시우스측에서 처벌 명령을 취소하기에는 이미 때가 늦었다. 이에 대해 암브로시우스는 황제가 살인이라는 대죄를 지었다고 생각하여, 황제 에게 보낸 친필 편지에서 교회에서 규정한 참회를 요구하였다. 테오도시우스는 이를 받아들여 참회자로 교회에 얼마 동안 들어가, 공동체 앞에서 공개적으로 죄를 고백한 뒤(아마도 390년 성탄절) 교회에 다시 받아들여졌다. 암브로시우스도 황 제도 이를 정치적 의미를 지닌 사건이 아니라 그들의 관계를 해치지 않는 교회 내적인 규율 행위로 생각하였다. 따라서 이 사건은 국가에 대해 교회가 위에 있 다는 첫 상징이 아니라 사목적인 배려의 행위로 이해해야 한다.

이와 같은 사건들이 보여주듯이 암브로시우스가 교회정치적으로 탁월한 활동 을 하면서도 자신의 작품에서 증언하듯이 24년 내내 그의 주된 일은 주로 사목활 동이었다. 그는 날마다 거룩한 미사(그는 편지 20,4에서 최초로 이 용어를 사용하였다)를 드렸 으며, 낮에도 오늘날의 성무일도 형식처럼 찬가와 독서로 이루어진 말씀의 전례 를 하고 저녁기도를 바쳤다. 그는 일요일과 대축일 및 세례청원자의 준비 기간에 매일 명료하면서도 설득력있는 설교를 하여 아우구스티누스처럼 교회에 대해 매 우 비판적인 인물까지 감동시켰다(「고백록」 VI 3,4). 그밖에 그는, 입교하려는 의도가 반드시 순수한 신앙의 확신에 바탕을 두지 않았더라도, 교회에 들어오려고 하는 수많은 세례청원자를 돌보았으며, 참회해야 하거나 교회에 다시 받아들여야 할 사람들을 보살피고 그리스도교식 결혼을 주신하며, 점점 키기는 사랑의 공동체 조직을 돌보아주었다. 그는 가난한 사람, 환자, 죄수를 돌보고 올바른 판결을 하 도록 영향력을 미쳤으며, 의지할 데 없는 이들의 권리를 보호하고, 사형선고를 받은 사람들을 사면시키기 위하여 노력하였다. 그의 작품이 모두 사목활동의 결 과라 하더라도, 이렇게 많은 활동을 하면서 저술활동을 할 시간을 냈다는 것은 놀라운 일이다. 아우구스티누스는 실망하면서 다음과 같이 보고하였다. "내가 바라던 대로 내가 원하는 것을 그에게 물어볼 수 없었습니다. 그가 많은 사람들의 어려움들을 돌보아줄 준비로 바빠 나는 그의 입과 귀에서 떨어져 있었기 때문입니다. 그들의 요청이 없으면, 얼마 안되는 시간이지만 그는 반드시 먹어야만 하는 음식물로 몸을 돌보든지 독서로 정신을 맑게 하였습니다"(「고백록」 VI 3,3). 아우구스티누스의 증언에 따르면 암브로시우스는 고대에 한결같이 사용된 큰 소리를 내며 읽는 방법과는 달리 속독법을 쓴 첫번째 유명한 인물이었다.

밀라노의 암브로시우스 대성당Basilika의 산 비토레 경당에 있는, 5세기의 모자이크로 된 암브로시우스의 초상화는 그가 실제로 어떤 인물이었는가를 짐작케 한다. 그는 머리가 짧고 수염이 덥수룩하며, 팔 없는 긴 옷과 수수한 외투를 걸친 마르고 근엄한 금욕가로 묘사된다. 대 바실리우스처럼 암브로시우스는 주교로 서임된 뒤 자신의 재산을 교회와 가난한 사람들에게 기증하고 주일과 대축일을 제외하고는 하루에 한 끼만 식사하여 "가벼운 행장을 한 가난한 군인처럼 주 그리스도를 본받을 수 있었다"(「생애」 38). 그는 397년 성 토요일(4월 4일)에 숨을 거두었으며, 다음날 순교자 게르바시우스와 프로타시우스 무덤 옆에 묻혔다. 바실리우스는 잊혔던 이 순교자들의 유골을 386년 6월 17일 불가사의하게 발견하여 6월 19일 주교좌 대성당으로 옮겼다(「생애」 14). 오늘날 그는 대성당 지하 납골소 유리관 안에 주교복을 입은 채 위의 두 성인 사이에서 영면하고 있다.

참고문헌 목록: P.F. Beatrice u. a. (eds.), Cento anni di bibliografia ambrosiana (1874-1974) = SPMed 11 (1981).

편집본: *Opera omnia*: PL 14-17. – PLS I 569-620. – *Opera omnia*, 21 vol., Mai – R 1978-89 (TiÜK). – *De fide*: O. Faller = CSEL 78 (1962). – *De paenitentia*: R. Gryson = SC 179 (1971) (TfÜK). – *De spiritu sancto, De incarnatione*: O. Faller = CSEL 79 (1964). – *Epistulae*: O. Faller = CSEL 82/1 (1968) (1-35). – R. Klein, Der Streit um den Victoriaaltar. Die dritte Relatio des Symmachus und die Briefe 17, 18 und 57 des Mailänder Bischofs Ambrosius = TzF 7 (1972) (TdÜK). – M. Zelzer = CSEL 82/3 (1982) (*70-77, extra collectionem, Gesta concilii Aquileiensis*). – M. Zelzer = CSEL 82/2 (1990) (36-69). – *Explanatio symboli, De sacramentis, De mysteriis, De paenitentia, De excessu fratris, De obitu Valentiniani, De obitu Theodosii*: O. Faller = CSEL 73 (1955). – *Vita Ambrosii*: Ch. Mohrmann/A. A. R. Bastiaensen/L. Canali, Mai ²1981, XXVII-XLII, 51-125, 281-338 (TiÜK). – M. Petschenig/M. Zelzer = CSEL 64 (²1999) (*Explanatio psalmorum XII*). – Michael Petschening/M. Zelzer = CSEL 62 (²1999) (*Expositio psalmi CXVIII*).

번역서: F.X. Schulte = BKV¹ 2 Bde. (1871-7) (*De virginibus, De viduis, De virginitate, De mysteriis, De paenitentia, De excessu fratris, De officiis ministrorum, De obitu Valentiniani, De obitu Theodosii, De fuga saeculi*). – Th. Köhler = PdK 20 (1892) (Auswahl). – J.E. Niederhuber = BKV² 17, 21, 32 (1914-7) (*Exameron, Expositiones evangelii secundum Lucam, De officiis ministrorum, De mysteriis, De virginibus, De obitu Theodosiani*). – J. Huhn, Fulda 1949 (*De bono mortis TÜK*). – I. Opelt, Dü 1967, 37-69 (*Vita Ambrosii*). – 영어 번역서: H. and E. de Romestein/H.T.F. Duckworth = NPNF II 10 (1896 = 1995) (*On the Duties of the Clergy, On the Holy Spirit, On the Death of Satyrus, On the Belief in the Resurrection, On the Christian Faith, On the Mysteries, On Repentance, Concerning Virgins, Concerning Widows, Letters 20, 21, 27, 28, 40, 41, 51, 57, 61-63*). – J.J. Sullivan/M.R.P. McGuire: FaCh 22 (1953) 157-332 (*Funeral Orations*). – M.M. Beyenka = FaCh 26 (1954) (*Letters*). – J.J. Savage = FaCh 42 (1961) (*Hexaemeron, Paradise, Cain and Abel*). – M.P. McHugh = FaCh 65 (1972) 5-65 (*Isaac, or the Soul; Death as a Good; Jacob and the Happy Life, Joseph, The Patriarchs, Flight from the World, The Prayer of Job and David*). – R.J. Deferrari = FaCh 44 (1963) 1-33 (*The Mysteries, The Holy Spirit, The Sacrament of the Incarnation of Our Lord, The Sacraments*).

보조자료: O. Faller/L. Krestan, Vorarbeiten zu einem *Lexicon Ambrosianum*. Wortindex zu den Schriften des hl. Ambrosius, W 1979.

참고문헌: 사전 항목: W. Wilbrand: RAC 1 (1950) 365-73. – E. Dassmann: TRE 2 (1978) 362-86. – L.J. Swift: EEC 30-2. – M.G. Mara: EECh I 28-9.

총론서: F.H. Dudden, The Life and Times of St. Ambrose, 2 vol., O 1935. – A. Paredi, S. Ambrogio e la sua età, Mai ²1960. – N.B. McLynn, Ambrose of Milan. Church and Court in a Christian Capital, Berkeley - Los Angeles - Lo 1994. – C. Pasini, Ambrogio di Milano. Azione e pensiero di un vescovo, T 1996. – H. Savon, Ambroise de Milan, P 1997.

편찬서: V. Monachino, S. Ambrogio e la cura pastorale a Milano nel secolo IV. Centenario di S. Ambrogio 374-1974, Mai 1973. – Y.-M. Duval (ed.), Ambroise de Milan, P 1974. – A. Paredi, Politica di S. Ambrogio, Mai 1974. – Ricerche storiche sulla chiesa ambrosiana nel XVI centenario dell'episcopato di sant'Ambrogio IV (1973-1974) = ArAmb 27 (1974). – G. Lazzati (ed.), *Ambrosius Episcopus* = SPMed 6-7 (1976). – Ambrogio vescovo di Milano (397-1997), Cassago Brianza 1998. – L.F. Pizzolato/M. Rizzi (eds.), *Nec timeo mori*. Atti del Congresso internazionale di studi ambrosiani nel XVI centenario della morte di sant'Ambrogio. Milano, 4-11 Aprile 1997 = SPMed 21 (1998).

연구서: Ambrosius. – ArAmb. – E. Dassmann, Die Frömmigkeit des Kirchenvaters Ambrosius von Mailand. Quellen und Entfaltung = MBTh 29 (1965). – R. Johanny, L'eucharistie, centre de l'histoire du salut chez Saint Ambroise de Milan = ThH 9 (1968). – P. Courcelle, Recherches sur saint Ambroise. "Vies" anciennes, culture, iconographie, P 1973. – G. Toscani, Teologia della chiesa in sant'Ambrogio = SPMed 3 (1974). – Th.G. Ring, *Auctoritas* bei Tertullian, Cyprian und Ambrosius = Cass. 29 (1975). – É. Lamirande, Paulin de Milan et la "*Vita Ambrosii*", Aspects de la religion sous le Bas-Empire, P 1983. – U. Faust, *Christo servire libertas est*. Zum Freiheitsbegriff des Ambrosius von Mailand = SPS 3 (1983). – A. Nawrocka, L'état des études concernant l'influence de l'éthique de Cicéron sur l'éthique de saint Ambroise: Helikon 28 (1988) 315-24. – E. Cattaneo, La religione a Milano nell'età di sant'Ambrogio = ArAmb 25 (1974). – S. Mazzarino, Storia sociale del vescovo Ambrogio = PRSA 4 (1989). – W. Berschin, La *Vita S. Ambrosii* e la letteratura biografica tardoantica: Aevum 67 (1993) 181-7. – M. Becker, Die Kardinaltugenden bei Cicero und Ambrosius: *De officiis* (= Chresis 4), Ba 1994. –

M. Adriaans, *Omnibus rebus ordo*. Vorstellungen über die Gesellschaftsstruktur im Werk des Bischofs Ambrosius von Mailand, Egelsbach 1995. – M. Biermann, Die Leichenreden des Ambrosius von Mailand. Rhetorik, Predigt, Politik = Hermes.E 70 (1995). – I.J. Davidson, Ambrose's *De officiis* and the intellectual climate of the late fourth century: VigChr 49 (1995) 313-33. – Ch. Markschies, Ambrosius von Mailand und die Trinitätstheologie. Kirchen- und theologiegeschichtliche Studien zu Antiarianismus und Neunizänismus bei Ambrosius und im lateinischen Westen (364-381 n. Chr.) = BHTh 90 (1995). – D.H. Williams, Ambrose of Milan and the End of the Nicene-Arian Conflicts, O 1995. – M. Roques, L'authenticité de l'*Apologia David altera*: historique et progrès d'une controverse: Aug. 36 (1996) 53-92, 423-58.

교회정치: H. von Campenhausen, Ambrosius von Mailand als Kirchenpolitiker = AKG 12 (1929). – J.-R. Palanque, Saint Ambroise et l'Empire romain. Contribution à l'histoire des rapports de l'Église et de l'État à la fin du quatrième siècle, P 1933. – C. Morino, Church and State in the Teaching of St. Ambrose, trans. M. J. Costelloe, Washington/DC 1969 (i R 1963). – F. Canfora, Simmaco e Ambrogio o di un'antica controversia sulla tolleranza e sul l'intolleranza, Bari 1970. – G. Gottlieb, Ambrosius von Mailand und Kaiser Gratian = Hyp. 40 (1973). – J. Wytzes, Der letzte Kampf des Heidentums in Rom = EPRO 56 (1977). – G. Gottlieb, Der Mailänder Kirchenstreit von 385/86. Datierung, Verlauf, Deutung: MH 42 (1985) 37-55. – G. Nauroy, L'année 386 à Milan. L'affaire des basilique et l'échec de l'arianisme en Occident = MAM 14 (1988). – G. Nauroy, Le fouet et le miel. Le combat d'Ambroise en 386 contre l'arianisme milanaise: RechAug 33 (1988) 3-86.

철학: P. Courcelle, Recherches sur les Confessions de saint Augustin, P ²1968, 311-382: Aspects variés du platonisme ambrosien. – G. Madec, Saint Ambroise et la philosophie, P 1974. – P. Courcelle, Die Entdeckung des christlichen Neuplatonismus: C. Andresen (ed.), Zum Augustin-Gespräch der Gegenwart I = WdF (²1975) 125-81.

3.1. 성서주석 작품

암브로시우스의 많은 성서주석 작품은 대부분 설교에 바탕을 둔 것으로 자신이 개작하고 보충하고 출판하였다. 남아 있는 20편의 주석서 가운데 가장 방대한 작품, 「루가복음 해설」*Expositio Evangelii secundum Lucam*만이 신약성서를 다룬다. 그밖의 다른 작품은 구약성서를 다루며, 확실히 몇 년간에 걸쳐 계속 발전된 그의 관심사와 성서 이해에 대한 독특한 단면을 제시한다. 암브로시우스는 초창기에 알렉산드리아의 필로의 영향을 받아 그리스도교의 필로Philo Christianus라고도 불린다. 그의 작품 「낙원론」*De paradiso*, 「카인과 아벨」*De Cain et Abel*, 「노아」*De Noe*, 「아브라함」*De Abraham*은 필로의 초록抄錄으로 볼 수 있으며, 학자들은 이 작품들에서 없어지거나 훼손된 필로의 작품을 복원하려고 애썼다. 암브로시우스의 작품에 두번째로 영향을 준 사람은 오리게네스였으며, 후기의 작품 가운데, 특히 「헥사에메론」
(6일 창조론)의 주석은 대 바실리우스의 영향을 많이 받았다. 암브로시우스는 알렉산
드리아 학파의 전형에 따라 알레고리적 해석과 예형론적 해석을 많이 사용한다.
빅토르 한Viktor Hahn이 밝혔듯이 그는 알레고리적 해석과 예형론적 해석을 기계적
으로 넘겨받지 않고, 구약과 신약에 나타나는 구원사의 일치를 자신의 이해에 알
맞은 방법으로 전개하였다. 그의 후기 작품들에서는 신플라톤적 사고, 도덕적 ·
교훈적 해석, 영적 · 사목적 의미가 그 주류를 이룬다. 프와티에의 힐라리우스에
따르면 암브로시우스는 그리스 교부들에 대한 폭넓은 지식과 수용을 통해 그리스
신학을 서방에 중재한 가장 위대한 인물이었다. 그러나 그는 성서해석에서는 동
방의 신학과 경계를 짓는 인물이었다. 그는 신약성서를 충분히 고려하지 않았기
에 유명한 그리스 교부들 가운데 신약성서를 위해 암브로시우스에게 전형이 될
인물이 없었다. 그는 신약성서의 해석에 문자적 의미를 더 많이 사용하였다.

3.의 서술 참조.

편집본: *Exameron, De paradiso, De Cain et Abel, De Noe, De Abraham, De Isaac vel anima, De bono mortis*: C. Schenkl = CSEL 32/1 (1896). – *De Iacob et vita beata, De Ioseph, De patriarchis, De fuga saeculi, De interpellatione Iob et David, De apologia prophetae David, Apologia David altera, De Helia et ieiunio, De Nabuthae, De Tobia*: C. Schenkl: CSEL 32/2 (1897). – *Expositio evangelii secundum Lucam*: C. und H. Schenkl: CSEL 32/4 (1902). – M. Adriaen = CChr.SL 14 (1957) (*exp Is*의 단편도 싣고 있음). – *Expositio de psalmo CXVIII*: M. Petschenig = CSEL 62 (1913). – *Expositio super psalmos XII*: M. Petschenig = CSEL 64 (1919). – G. Tissot = SC45 + 52 (²1971-6) (*exp Lk* TfÜK). – *De apologia prophetae David*: P. Hadot/M. Cordier = SC 239 (1977) (TfÜK).

번역서: J. Huhn, F 1950 (*De Nabuthae*).

참고문헌: R. W. Muncey, The New Testament Text of Saint Ambrose = TaS NS 4 (1959). – J. Pépin, Théologie cosmique et théologie chrétienne (Ambroise, Exam. I 1,1-4), P 1964. – V. Hahn, Das wahre Gesetz. Eine Untersuchung der Auffassung des Ambrosius von Mailand vom Verhältnis der beiden Testamente = MBTh 33 (1969). – H. Auf der Maur, Das Psalmenverständnis des Ambrosius von Mailand. Ein Beitrag zum Deutungshintergrund der Psalmenverwendung im Gottesdienst der Alten Kirche, Lei 1977. – E. Lucchesi, L'usage de Philon dans l'œuvre exégétique de saint Ambroise. Une "Quellenforschung" relative aux commentaires d'Ambroise sur la Genèse = ALGHJ 9 (1977). – H. Savon, Saint Ambroise devant l'exégèse de Philon le Juif, 2 vol., P 1977. – L.F. Pizzolato, La dottrina esegetica di sant'Ambrogio = SPMed 9 (1978). – C. Corsato, La *Expositio euangelii secundum Lucam* di sant'Ambrogio. Ermeneutica, simbologia, fonti = SEAug 43 (1993). – Th. Graumann, *Christus interpres*. Die Einheit von Auslegung und Verkündigung in der Lukaserklärung des Ambrosius von Mailand = PTS 41 (1994).

3.2. 교리문답 작품

암브로시우스는 수많은 세례청원자와 갓 세례받은 사람에게 행한 강의〔파울리누스의 증언에 따르면 "암브로시우스가 사망한 뒤 다섯 명의 주교가 그들을 가까스로 가르쳤다"(「생애」 38)고 한다〕를 토대, 세 편의 중요한 작품, 「신경의 설명」*Explanatio symboli*, 「성사론」*De sacramentis*, 「신비론」*De mysteriis*을 저술하였다. 이 작품들은 밀라노의 전례 관습과 암브로시우스 신학의 특징을 상세히 밝혀준다. 「신비론」의 저자성은 한번도 의심받지 않은 반면, 다른 두 권의 저자성은 오랫동안 토론의 대상이 되었다. 그렇지만 오늘날에는 일반적으로 암브로시우스의 작품으로 인정한다. 이러한 의혹은 두 작품의 특징, 곧 퇴고하지 않은 일부 문체, 비체계적인 순서, 되풀이되어 나오는 표현에서 알 수 있듯이 강의시간에 속기되었기 때문이다. 「신경의 설명」은 세례를 받기 전에 행하는 "신경을 넘겨줌"traditio symboli의 모임 때, 다른 두 권은 세례를 받은 다음에 행한 강의였다. 그러나 이 작품들에 적혀 있는 강의가 정확히 언제 이루어졌는지는 불확실하지만 암브로시우스 생애의 후기로 추정할 수 있다.

「신경의 설명」에서는 처음에 세례지원자를 시험하고 구마식을 치른 다음 신경을 넘겨주는 전례 시점에 관한 내용을 암시한다(1). "신경을 넘겨줌"은 성지주일 공동체의 미사 도중 세례지원자가 나간 뒤 밀라노 대성당의 세례당에서 이루어진다. 그 다음 바로 이 작품에서는 신경의 개념들과 신경의 라틴어 번역을 설명한다(2). 그 다음에 신경이 낭송되나 비밀 규율Arkandisziplin 때문에 기록되지 않았다. 그러나 다음 설명으로 본문을 재현할 수 있다. 본문은 암브로시우스가 다른 대목에서 증언하듯이(「신경의 설명」 4; 7), 니체아 신경이 아니라 로마 교회의 신경이다. 사벨리우스파와 아리우스파 이단(그러나 이들에 관해서는 시작하는 글과 끝맺는 글에서만 나온다)에 대해 정통적 신론을 전개하는 머리말(3-4) 다음에, 신경의 본문을 한 구절 한 구절씩 짧게 설명하며(5-8), 마지막으로 이 책의 저술 동기를 밝힌다. 저술 동기는 신자들이 이 신경을 암기하고, 암기를 위해 날마다 묵상하며, 세례지원자나 더욱이 이단자가 신경을 함부로 이용하지 못하게 하기 위해서였다(9).

「성사론」과 「신비론」에서는 세례와 성찬례를 상세히 다루며, 두 예식의 구원사적 의미와 영적(신비적) 의미를 한 단락씩 설명한다. 그밖에 「성사론」의 제5, 6 교리문답에서는 주님의 기도와 매일기도를 설명한다. 「성사론」은 확실히 필경사가 받아쓴 강의를 더 손질하지 않은 작품인 반면, 「신비론」은 뒤에 교정되거나, 베르나르트 보테Bernard Botte와 요셉 슈미츠Josef Schmitz가 주장하듯이 개작된 것이다.

여론 3과 3.의 서술 참조.

편집본: O. Faller = CSEL 73 (1955) 1-116. – B. Botte = SC 25 (²1961 = 1980) (TfÜK). – G. Banterle: *Opera omnia* 17 (1982) 25-169 (TiÜK).

번역서: F.X. Schulte = BKV¹ I (1871) 199-225 (*myst*). – J.E. Niederhuber: BKV² 32 (1917) 273-303 (*myst*). – J. Schmitz = FC 3 (1990) (*myst, sacr* TdÜ).

참고문헌: C. Calcaterra, La catechesi pasquale di Ambrogio di Milano. Motivazioni di pastorale liturgica = ArAmb 24 (1973). – H.M. Riley, Christian Initiation. A Comparative Study of the Interpretation of the Baptismal Liturgy in the Mystagogical Writings of Cyril of Jerusalem, John Chrysostom, Theodore of Mopsuestia and Ambrose of Milan = SCA 17 (1974). – J. Schmitz, Gottesdienst im altchristlichen Mailand. Eine liturgiewissenschaftliche Untersuchung über Initiation und Meßfeier während des Jahres zur Zeit des Bischofs Ambrosius (+ 397) = Theoph. 25 (1975). – Ch. Jacob, "Arkandisziplin", Allegorese, Mystagogie. Ein neuer Zugang zur Theologie des Ambrosius von Mailand = Theoph. 32 (1990). – A. Bonato, Origini della liturgia ambrosiana e riti battesimali nella catechesi mistagogica di Ambrogio: Aug. 37 (1997) 77-112.

3.3. 찬 가

이미 프와티에의 힐라리우스가 교회에서 처음으로 라틴 찬가를 창작하였지만 대중적인 노래로 보급하지는 못하였다. 찬가는 암브로시우스 때에 이르러서야 대중화하였으며 전례의 확고한 요소가 되었다. 바로 이 두 인물이 4세기에 동방과 서방교회 사이에 다리를 놓아, 전통적인 라틴 시Dichtung뿐만 아니라 동방의 찬가들도 받아들였다. 아우구스티누스는 이 사실을 「고백록」(IX 7,15)에서 증언한다. 386년 사순절에 교회가 포위되어 있는 동안 신자들은 처음으로 "찬가와 시편들을 동방교회의 방식대로 불렀으며, 이로써 자포자기하지 않을 수 있었습니다. … 이미 많은, 세계의 거의 모든 공동체가 이 관습을 본받고 있기 때문에 이 관습은 오늘날까지도 이어지고 있습니다". 아우구스티누스의 증언은 오늘날에도 적용된다. 암브로시우스는 라틴 성가의 아버지가 되었으며, 그의 노래들은 오늘날까지도 성무일도에서 많이 읽힌다. 그의 찬가가 널리 보급되고 성공을 거둔 결정적인 이유는, 처음으로 만들어졌을 당시의 놀라운 환희뿐만 아니라 대중적인 내용으로 씌어진 가사, 평일, 축일, 전례적·영적 충만, 하느님과의 신비적인 만남 등에 관련되는 마음에 와닿는 표상들, 쉬운 운율(단장격의 4각시, 오늘날까지 라틴 찬가에서 가장 많이 사용하는 운격), 그가 직접 작곡한 곡조 때문이다. 찬가들은 매우 인기가 있었으며 쉽게 이해할 수 있어, 바실리우스 자신이 전하듯이 신자들도 곧 그의 찬가를 본떠서 찬가를 만들었다(「아욱센티우스 논박 설교」 34).

그러나 바로 이러한 평이함 때문에 암브로시우스의 노래로 전해지는 많은 찬가에서 그의 작품을 가려내기가 어렵다. 이 가운데 네 편의 찬가는 아우구스티누스가 자신의 작품에서 명확히 증언하기 때문에 틀림없이 암브로시우스의 작품이다.

	오늘날의 전례시기
Aeterne rerum conditor	제1,3주 일요일, 수호천사 축일 아침기도(10월 2일)
Deus creator omnium	제1,3주 일요일, 제1 저녁기도
Iam surgit hora tertia	부활시기, 제3시경
Intende qui regis Israel	

그밖에 다음 14편의 노래도 암브로시우스의 작품이다.

	오늘날의 전례시기
Aeterna Christi munera	순교자 축일들, 아침기도
Agnes beatae virginis	성녀 아녜스(1월 21일), 아침기도
Amore Chisti nobilis	
Apostolorum passio	베드로, 바울로 축일(6월 29일), 아침기도
Apostolorum supparem	
Grates tibi Iesu novas	
Hic est dies verus Dei	부활시기
Iesu corona virginum	동정녀 축일들, 제2 저녁기도
Illuminans Altissimus	
Nunc Sancte nobis Spiritus	연중시기와 성탄시기, 제3시경
Rector potens verax Deus	연중시기와 성탄시기, 제6시경
Rerum Deus tenax vigor	연중시기와 성탄시기, 제9시경
Splendor paternae gloriae	제1,3주 월요일, 아침기도
Victor Nabor Felix pii	

암브로시우스가 「암브로시우스 찬가」, 「테 데움」*Te Deum*, 「엑술테트」*Exsultet*를 지었는지는 확실하지 않다.

3.의 서술 참조.
편집본: J. Fontaine, P 1992 (TfÜK).
참고문헌: M.-H. Jullien, Les sources de la tradition ancienne des quatorze *Hymnes* attribués à saint Ambroise de Milan: RHT 19 (1989) 57-189. – C.P.E. Springer, Ambrose's *Veni redemptor gentium*. The Aesthetics of Antiphony: JAC 34 (1991) 76-87. – A. Franz, Tageslauf und Heilsgeschichte. Untersuchungen zu den Ferialhymnen des Ambrosius, St. Ottilien 1993.

4. 타르수스의 디오도루스

알렉산드리아의 성서해석이 서방에서 암브로시우스를 통해 전성기를 이루었을 때, 이른바 "안티오키아 학파"의 전성기는 타르수스의 디오도루스에 의해 시작되었다. 디오도루스는 니체아파 정통신앙을 옹호한 선구자로 콘스탄티노플 공의회에서 교회 공동체가 정통신앙의 규범으로 삼은 "규범 주교들"에 속하였으며(「테오도시아누스 법전」 16,1,3), 교회의 신망을 받으며 사망하였다. 그의 신학이 제자 몹수에스티아의 테오도루스의 신학과 함께 5세기에 이른바 네스토리우스 논쟁의 소용돌이에 휘말려 그에 대한 회상과 작품의 전승은 불분명해졌다. 알렉산드리아의 치릴루스는 438년에 논쟁서 「디오도루스와 테오도루스 논박」에서 디오도루스와 테오도루스를 네스토리우스 그리스도론의 신학적 원조로 보았고, 콘스탄티노플 교회회의(499년)는 그의 작품을 사후死後에 단죄하였다. 반면 제2차 콘스탄티노플 공의회는 포티우스의 보고(「총서」 18)와 달리 "삼장三章 논쟁"과 관련하여 다음과 같은 논거로 그를 단죄하지 않았다. "경의를 받으며 돌아가신 분들을 판결하는 것은 우리의 임무가 아니다."[3]

디오도루스의 생애에 관해 정확하게 알 수 있는 사실은 안티오키아에서 활동한 시절뿐이다. 그는 안티오키아 또는 뒤에 그가 주교로 활동한 타르수스의 상류계급

---

[3] 안티오키아의 요한, 「프로클루스에게 보낸 편지」(PG 65, 878 C).

출신이었다. 그는 처음에 실바누스와 에메사의 에우세비우스에게서 교육을 받았으며, 그 뒤에는 대 바실리우스, 나지안즈의 그레고리우스, 362/3년에는 그와 논쟁을 벌인 "배교자" 율리아누스 황제처럼 고대 교육의 중심지인 아테네에서 교육을 받았다. 그는 안티오키아에서 레온티우스 주교(344~358년) 재임시 평신도 금욕가로 활동하였으며, 그 뒤 그에게 사제품을 준 멜레티우스(360~381년)와 함께 372년 아르메니아로 추방되었다. 이때 그는 대 바실리우스를 만났다. 그는 젊은이들(이 가운데에는 요한 크리소스토무스와 몹수에스티아의 테오도루스도 있었다)을 가르치는 아스케테리온(ἀσκη-τήριον)을 세워 교의적 의미만이 아니라 학문적 공공시설의 의미에서 "안티오키아 학파"를 창설하였다(제3장 6. 참조). 378년 발렌스 황제가 사망한 뒤 멜레티우스는 그를 타르수스의 주교로 임명하였다. 그밖의 생애에 관해서는 394년 타르수스에 다른 주교가 있었다는 사실에서, 그가 그전에 죽었다는 것밖에는 알 수 없다.

신학과 성서주석

디오도루스의 방대하고 다양한 작품은 이미 언급한 바와 같이 사후에 단죄되어 다 없어지고 단편만 남아 있다. 1980년에 이르러서야 장-마리 올리비에Jean-Marie Olivier는 완전하게 남아 있는 「시편 주석」이 그의 작품이라는 것을 입증하였다. 또한 포티우스(820년경~891년) 「총서」Bibliotheca(223)와 비잔틴 시대의 사전인 「수다」(10세기에 씌어진 사전)의 항목(δ 1149 A)에 그의 작품에 관한 상세한 내용이 실려 있다.

　디오도루스가 철학자 플라톤, 아리스토텔레스, 포르피리오스의 신관과 세계관에 대하여 논쟁하는 논문들은, 그의 교육 과정으로 알 수 있듯이 그가 세속 학문에도 매우 조예가 깊은 인물이었음을 증명한다. 대 바실리우스는 아마도 372년 이전에 씌어진 편지 135번에서 자신에게 보내준 두 권의 작품에 대해 감사하다고 전한다. 그는 편지에서 디오도루스의 명료한 사고의 전개와 치밀한 구성으로 이루어진 두번째 작품을 칭찬하는 반면, "잡다한 미사여구와 대화체의 견강부회牽強附會" 때문에 논증의 일관성을 해친다고 첫번째 작품을 비판하였다. 어쨌든 바실리우스는 이 편지에서 디오도루스의 뛰어난 수사학적 표현을 증언한 셈이다.

아리우스파, 마체도니우스파, 아폴리나리우스파를 논박하는 디오도루스의 교의서는 그가 철저한 니체아파임을 보여주며, 그리스도 안에서 두 본성의 구분을 강조한다. 499년에 열린 콘스탄티노플 교회회의와 같이 진리 자체가 절대적이라 하더라도 인식이 역사적으로 발전해 왔다는 사실을 인정하지 않는 정통 규범에 가치 기준을 둘 경우, 디오도루스가 "네스토리우스주의의 신학적 효시"라는 점을 인정할 수 있다. 물론 이러한 (비역사적) 기준에 따르면 많은 교부가 이단으로 단죄되어야 한다. 이와 달리 제2차 콘스탄티노플 공의회의 디오도루스 사건에서 나타나고, 오늘날까지 인간적으로 불가피한 인식의 역사적 발전에 대한 올바른 견해를 적용할 경우, 사람들은 모든 신학자를 당시의 인식 기준에 따라 판단해야만 한다. 이 경우 디오도루스는 "정통신앙의 기둥"이었고, 지금도 정통신앙의 기둥이라는 사실이 중요하지 훗날에 새로이 나타나는 문제와 관련하여 네스토리우스가 그의 신학에서 어떤 추론을 이끌어냈는가는 그다지 중요하지 않다. 아폴리나리우스는 디오도루스가 살아 있을 당시에 그리스도론에 관해서 처음으로 주의를 환기시켰으며, 두 본성의 일치에 관한 문제를 명확히 해결하는 것은 그때까지만 해도 높은 수준이 아니었기 때문이다.

디오도루스는 거의 모든 성서를 주석하였다. 그는 모든 주석서에서 알레고리적 해석과 예형론적 해석을 근본적으로 거부하지 않으면서도, 문자적 해석을 중시하는 전통적인 "안티오키아" 방식을 따른다. 자주 도식적으로 적용된 대비관계, 곧 "알렉산드리아 학파 = 알레고리적 해석, 안티오키아 학파 = 문자적 해석"은 오늘날의 인식 기준에서 보면 그다지 큰 차이가 있다고 할 수 없다. 디오도루스는 그가 배운 세속 문헌학과 해석학을 성서해석 방법의 토대로 삼았다. 그는 히포테시스ὑπόθεσις, 곧 성서의 역사적 상황 분석으로 성서주석을 시작하였다. 그 다음으로 내용을 강조하면서 개별적 구절을 다른 말로 해석하는 디아노이아διάνοια가 뒤따른다. 디오도루스는 자신의 주석 방법을 알레고리아ἀλληγορία와 구별되는 테오리아θεωρία로 부른다. 그는 테오리아에 관한 지금은 남아 있지 않은 이론적 논문을 저술하였다. 현재 남아 있는 작품에서도 그는 알레고리아와 테오리아가 서로 다른 점을 명백히 설명한다. 구약성서와 신약성서는 구원사 전

체와 하느님의 구원계획πρόνοια의 일치라는 공통되는 실제성ἀλήθεια의 두 부분을
이루기 때문에 우선 역사적으로 이해해야 한다. 더구나 역사적 실재는 장래의
구원사건에 대한 암시(예형론)를 내포할 수 있기에 역사적 의미가 중요한 역할을
한다. 이 점에서 디오도루스는 테오리아와 알레고리아를 근본적으로 구별한다.
알레고리아가 더 높은 의미를 위해 문자적 의미를 거부하는 반면, 테오리아는
문자적 의미를 기초로 구원사의 관계에서 예언적 진술을 인식한다. 디오도루스
에 따르면 전의적轉義的 의미를 지닌 본문이 도덕적 의미로 해석될 수 있지만, 이
본문에서 역사적 설명은 논리적으로 아무런 의미가 없다.

 "질문과 답변"προβλήματα καὶ λύσεις, ἐρωταποκρίσεις의 유형에 속하는「시편 주
석」에서 그는 성서 본문을 독자를 교육하고 가르치기 위한 것으로 이해하였으
며, 따라서 도덕적 해석을 가장 많이 사용한다. 그는 자신의 제자 몹수에스티
아의 테오도루스와 같이 이 주석서에 고대의 "인물 해석"을 적용하였다. 이 해
석은 세속적 시의 해석에서 유래하며 고대 학교교육의 기본 과목이었다. 다윗
은 구체적인 역사적 상황에서 시편을 노래하는 사람으로 나오지만, 사실 어떤
알려지지 않은 인물πρόσωπον이 신적 영감을 토대로 시편을 읊은 것이다. 이때문
에 그의 말은 이와 같이 말하는 각 인물과 관련되어야 하며, 그 인물의 관점(하
느님, 그리스도, 인간, 교회 등)에서 해석되어야 한다. 몹수에스티아의 테오도루스와 아
우구스티누스는 이 방법을 활용하여 같은 시대에 독자적으로 그리스도의 한 위
격 안에 있는 두 본성에 관한 "칼체돈 정식"의 기초를 마련하였다.

편집본: PG 33, 1545-1628. – R. Abramowski, Der theologische Nachlaß des Diodor von Tarsus: ZNW 42 (1949) 19-69 (syrglTdÜ). – J. Deconinck, Essai sur la chaîne de l'Octateuque, avec une édition des commentaires de Diodore de Tarse = BEHE 195 (1912) 85-173. – *Commentarii in Psalmos* 1-50: J.-M. Olivier = CChr.SG 6 (1980). – K. Staab, Pauluskommentare aus der griechischen Kirche aus Katenenhandschriften gesammelt und hrsg. = NTA 15 (1933 = 1984) 83-112.

참고문헌: 사전 항목: Ch. Schäublin: TRE 8 (1981) 763-7. – R. Greer: EEC 265-6. – M. Simonetti: EECh I 236-7.

연구서: R. Abramowski, Untersuchungen zu Diodor von Tarsus: ZNW 30 (1931) 234-62 [바르하드베삽바(Barḥadbešabba)의 교회사에 나오는「디오도루스의 생애」의 시리아어 본문과 독일어 번역도 싣고 있음]. – E. Schweizer, Diodor von Tarsus als Exeget: ZNW 40 (1941) 33-75. –

R.A. Greer, The Antiochene Christology of Diodore of Tarsus: JThS NS 16 (1966) 327-41. – M.-J. Rondeau, Le "Commentaire des Psaumes" de Diodore de Tarse et l'exégèse antique du Psaume 109/110: RHR 176 (1969) 5-33, 153-88; 177 (1970) 5-33. – R. Devreesse, Les anciens commentateurs grecs des Psaumes = StT 264 (1970) 302-11. – Ch. Schäublin, Untersuchungen zu Methode und Herkunft der antiochenischen Exegese = Theoph. 23 (1974). – M. Simonetti, Lettera e/o allegoria. Un contributo alla storia dell'esegesi patristica = SEAug 23 (1985) 156-67. – J.R. Pouchet, Les rapports de Basile de Césarée avec Diodore de Tarse: BLE 87 (1986) 243-72.

5. 몹수에스티아의 테오도루스

테오도루스는 타르수스의 디오도루스의 수제자이자 "안티오키아 학파"에서 가장 위대한 성서주석가였다. 그는 36년(392-428년) 동안 킬리키아 지방에 있는 몹수에스티아의 주교로 재임하였으며, 네스토리우스 논쟁과 그 다음의 "삼장 논쟁"에서 그의 스승과 비슷한 운명에 놓이게 되었다. 그는 스승과 함께 네스토리우스 그리스도론의 선구자로 여겨졌으며, 마침내 제2차 콘스탄티노플 공의회에서 에데사의 이바스와 치루스의 테오도레투스와 함께 단죄받았다. 이러한 사후의 단죄에 대한 평가는 근본적으로 디오도루스의 경우와 같지만, 테오도루스의 경우에는 공의회에서 단죄의 근거로 사용한 발췌문이 그의 신학을 완전하고 올바르게 보여주지 못했다는 인상을 준다. 디오도루스의 경우와 마찬가지로 테오도루스도 단죄를 받아 그의 수많은 작품 가운데 대부분, 심지어 단편까지도 없어졌다. 19세기와 20세기에 이르러서야 그 가운데 몇몇 단편이 완전한 상태로 발견되어(그의 친구나 반대자들이 단편들을 수집하였기 때문이다) 그의 사상에 관한 올바른 상을 추론할 수 있게 되었다. 시리아 교회는 테오도루스를 매우 존경하였으며, 13,14세기의 두 편의 작품 목록도 보존하고 있다. 그의 몇몇 중요한 작품은 시리아 번역본으로 남아 있다.

　테오도루스는 350년경 안티오키아의 유복한 가정에서 태어났으며, 요한 크리소스토무스와 함께 ― 그들 이전에 콘스탄티노플에서 교육받은 대 바실리우스의 경우처럼 ― 안티오키아에서 유명한 수사학자 리바니오스에게서 교육을 받았다(리바니오스는 354년 고향인 안티오키아로 돌아왔다). 테오도루스는 요한과 함께 성서를 연구하고 수도생활을 하기 위하여 타르수스의 디오도루스가 세운 아스케테리온에 들어갔으나, 3개월 뒤 결혼도 하고 변호사도 되기 위해서 공동체를 떠나려 하였다. 그러나 친구 요한의 권고로 그는 공동체에 계속 머물렀다. 권고의 글 「타락한 테오도루스에게」*Ad Theodorum lapsum*는 현재 남아 있다. 안티오키아의 총대주교 멜레티우스의 후임자인 플라비아누스가 383년 그에게 사제품을 주었으며, 386년부터는 378년에 타르수스의 주교가 된 디오도루스의 집에 머물렀다.[4] 392년에 그곳에서 멀지 않은 곳에 있는 몹수에스티아의 공동체는 그를 주교로 선출하였으며, 그는 죽을 때(428년)까지 그곳에 머물렀다.

그의 작품에 나타나는 사목활동 가운데 뛰어난 점은 이교인과 벌인 토론, 성서해석, 세례지원자와 신자의 교육이었다. 418년에 에클라눔의 율리아누스와 그의 친구인 몇몇 주교가 펠라기우스주의와 관련되어 면직된 뒤 그에게 보호를 청하자, 그는 그들을 기꺼이 맞이하였다(더욱이 율리아누스는 그의 「시편 주석」을 라틴어로 번역하였다). 그러나 그들은 킬리키아 지방의 교회회의에서 단죄받았다.

편집본: PG 66, 9-1020.

참고문헌: R. Devreesse, Essai sur Théodore de Mopsueste = StT 141 (1948). – R.M. Grant: EEC 888-9. – F.X. Murphy/P. Sherwood, Konstantinopel II und III = GÖK 3 (1990) 9-159. – J.M. Lera: DSp 15 (1991) 385-400. – M. Simonetti: EECh II 824-5.

5.1. 성서주석

테오도루스의 작품을 열거하는 목록에 따르면, 그는 구약성서의 중요한 작품(오경, 시편, 대예언서와 소예언서, 욥기, 전도서, 아가)과 대부분의 신약성서[마태오, 루가, 요한, 사도행전, (히브리인들에게 보낸 편지를 포함한) 바울로의 모든 편지]를 주석하였다. 이 가운데 완전하게 남아 있는 작품은 다음과 같다. 「열두 소예언서 주석」은 유일하게 그리스어 원본으로 남아 있다. 「요한복음 주석」은 (그리스어 성서주석서 선집의 단편 외에) 시리아어 번역본으로, 「시편 주석」은 더러는 에클라눔의 율리아누스의 라틴어 번역본으로, 더러는 성서주석서 선집에 단편(시편 1-80)으로 남아 있

---

[4] 이와 같은 최초의 주장에 관해서는 Lera: DSp 15, 385쪽 참조.

다. 열 편의 바울로 편지에 대한 주석서는 라틴어 번역본에, 그밖에 로마인들에게 보낸 편지, 고린토인들에게 보낸 첫째, 둘째 편지, 히브리인들에게 보낸 편지는 성서주석서 선집에 남아 있다.

　테오도루스의 성서해석 방법은 근본적으로 스승 디오도루스의 방법을 계승하면서 동시에 그 방법을 정확하게 규정하고 심화시켰다. 인류사는 두 시기$\kappa\alpha\tau\alpha\sigma\tau\acute{\alpha}$-$\sigma\epsilon\iota s$로 발전되며 그 중간 시기가 그리스도의 육화이다. 따라서 구약성서는 당시의 역사적 상황에 따라 해석해야 한다. 그리스도의 도래를 준비하는 경우에 역사적 상황은 예형론적 의미를 지닌다. 그렇지만 예형론적 해석에는 세 가지 기준이 적용되어야 한다. 1) 구약성서와 신약성서의 사건들이 비교될 수 있어야 한다. 2) 사건들은 구약성서 안에서 구체적인 구원의 힘을 지녀야 한다. 3) 그 사건들은 신약성서의 사실성에 적합해야 한다. 따라서 테오도루스는 시편의 예언(그는 시편 모두가 다윗 시대에 저술되지 않았다는 것을 알았으며, 고대교회에서는 전통적으로 다윗을 저자로 여기지 않았다), 이집트에서 이스라엘 민족의 해방, 요나 등을 그리스도와 신약성서의 예형으로 인정하면서도, 이 사건들을 실제로 적용하지는 않았다. 구약성서와 신약성서는 함께 전체를 이루지만, 다른 한편으로는 매우 근본적인 차이가 있기 때문에 그는 이교인과 구약성서를 신약성서와 대립시켰다. 두번째 인류의 시기는 그리스도의 육화로 시작하여 종말론적 완성까지 계속된다는 관점에서, 신약성서도 요한복음처럼 매우 상징적인 본문들에서 피상적으로 영향을 줄 수 있는 문학적 해석 외에 과거보다 장래에 대한 예언적 의미를 더 많이 지닌다.

편집본: 창세기: R.M. Tonneau, Théodore de Mopsueste, interprétation (du livre) de la Genèse (Vat. Syr. 120, ff. I-V): Muséon 66 (1953) 45-64 (syrTfÜ). – T. Jansma, Théodore de Mopsueste, interprétation du livre de la Genèse. Fragments de la version syriaque (B.M. Add. 17, 189, fol. 17-21): Muséon 75 (1962) 63-92 (syrTfÜK). – 시편: R. Devreesse = StT 93 (1939). – L. De Coninck/M. J. D'Hont – CCln.SL 88 A (1977) (I). – L. van Rompay = CSCO 435 436 (1982) (frgg Ps 118 + 138-148 syrTfÜ). – 전도서: W. Strothmann = GOF I/28 (1988) (frg syr). – W. Strothmann = GOF I/29 (1988) (syr Katenen). – 소예언서: H.N. Sprenger = GOF V/1 (1977). – 마태오: J. Reuss, Matthäus-Kommentare aus der griechischen Kirche aus Katenenhandschriften gesammelt und hrsg. = TU 61 (1957) 96-135. – 요한: J.-M. Vosté = CSCO 115-116 (1940) (syrTlÜ). – 바울로: H.B. Swete, 2 vol., C 1880-2 (lg). – K. Staab, Pauluskommentare aus der griechischen Kirche aus Katenenhandschriften gesammelt und hrsg. = NTA 15 (1933 = 1984) 113-212. – 단편: E. Sachau, L 1869 (lgsyr).

참고문헌: H. Kihn, Theodor von Mopsuestia und Junilius Africanus als Exegeten, F 1880. – L. Pirot, L'œuvre exégétique de Théodore de Mopsueste 350-428 après J.-C., R 1913. – M. Simonetti, Lettera e/o allegoria. Un contributo alla storia dell'esegesi patristica = SEAug 23 (1985) 167-80.

구약성서: M. Simonetti, Note sull'esegesi veterotestamentaria di Teodoro di Mopsuestia: Vet-Chr 14 (1977) 69-102. – D.Z. Zaharopoulos, Theodore of Mopsuestia on the Bible. A Study of His Old Testament Exegesis, NY- Mahwah/NJ 1989.

구약 팔경: R. Devreesse, Les anciens commentateurs grecs de l'Octateuque et des Rois (Fragments tirés des chaînes) = StT 201 (1959). – Ch. Schäublin, Untersuchungen zu Methode und Herkunft der antiochenischen Exegese = Theoph. 23 (1974). – L. Brade, Untersuchungen zum Scholienbuch des Theodoros Bar Konai. Die Übernahme des Erbes von Theodoros von Mopsuestia in der nestorianischen Kirche = GOF I/8 (1975).

요한: G. Ferraro, L'"ora" di Cristo e della Chiesa nel commentario di Teodoro di Mopsuestia al quarto Vangelo: Aug. 15 (1975) 275-307. – G. Ferraro, L'esposizione dei testi pneumatologici nel commento di Teodoro di Mopsuestia al Quarto Vangelo: Gr. 67 (1986) 265-96. – L. Fatica, I Commentari a *Giovanni* di Teodoro di Mopsuestia e di Cirillo di Alessandria. Confronto fra metodi esegetici e teologici = SEAug 29 (1988).

바울로: U. Wickert, Studien zu den Pauluskommentaren Theodors von Mopsuestia als Beitrag zum Verständnis der antiochenischen Theologie = BZNW 27 (1962). – R.A. Greer, The Captain of Our Salvation. A Study in the Patristic Exegesis of Hebrews = BGBE 15 (1973) 178-263.

5.2. 신 학

테오도루스 당시의 이단들과 논쟁하는 교의작품 가운데 오늘날 유일하게 완전히 남아 있는 작품은, 392년 아나자르부스에서 벌어진 「마체도니우스파와의 논쟁」*Disputatio cum Macedonianis*을 기록한 시리아어 번역본이다. 칼데아의 수석 대주교 아다이 쉐르는 20세기 초 테오도루스의 그리스도론에 관한 주요 논문인 「육화론」의 시리아 필사본을 얼마간 가지고 있었다. 그는 이 작품을 1905년 세르트(쿠르디스탄)에서 발견하였으나, 1922년 그의 도서관이 약탈되면서 잃어버렸다. 목록에 나오는 논문 「에우노미우스 논박」과 테오도루스의 그밖의 모든 작품은 단편까지도 없어졌다. 따라서 그의 신학에 대한 주요한 증언은 그의 성서주석 작품과 교리작품에 의존해야 한다.

테오도루스는 삼위일체론과 그리스도론을 펼치면서 교회의 전통을 충실히 따랐다. 삼위일체론은 카파도키아 사람들과 콘스탄티노플 공의회를 통해 이미 신학적으로 해결되었다. 그러나 그리스도론 문제, 곧 그리스도 안에서 신성과 인성이 어떻게 일치되는지, 한편으로 서로 다른 본성에 흡수되어 없어지지 않고 다른 한편으로 두 본성으로 서로 분리되어 있으면서 어떻게 일치하는가에 대한 답변은 아직도 해결되지 않았다. 테오도루스는 아폴리나리우스의 그리스도론에 대해 "취해진 인간"homo assumptus이라는 전통적 신학에 바탕하여 그리스도 안에 인성의 완전성을 매우 강조하였다. 자주적이고 완전한 인성에 대한 이러한 강조는 자체에 "두-아들-이론"의 위험을 안고 있었다. 이 이론 때문에 그는 네스토리우스주의와 관련되어 비난받지만, 그의 작품을 상세히 검토해 보면 그가 이러한 위험을 극복하고 있음을 보여준다. 전통적인 정식 "한 분이며 동일한 하느님, 말씀 … 인간"unus atque idem et Deus Verbum... et homo에 관하여 그는 같은 시대에 산 아우구스티누스와 같이 "인물-성서주석"을 활용하여 마침내 그리스도의 하나의 프로소폰πρόσωπον 개념에 도달하였다. 그러나 테오도루스에게 프로소폰은 아직도 후대의 칼체돈 공의회의 "위격"Person 의미가 아니었다. 여기서 이 개념은 하나의 본성 또는 히포스타시스가 나타나는 형태를 나타낸다. 이때문에 테오도루스는 그리스도의 신성과 인성을 각각의 프로소폰에 돌릴 수 있었으며, 두 본성의 일치를 하나의 공통된 프로소폰에 돌릴 수 있었다. 그러나 당시 그리스도론이 그리 발전되지 않은 상태에서 테오도루스가 "두-아들-이론"에 대하여 그리스도 안에서 완전한 두 본성이 혼합되지 않는 일치κατὰ συνάφειαν를 강조한 점을 고려한다면, 그는 네스토리우스주의의 선구자가 아니라 그가 살아 있을 때와 같이 정통신학자로 평가되어야 한다.

편집본: *Disputatio cum Macedonianis*: F. Nau: PO 9 (1913) 635-67 (syrTfÜ).

참고문헌: F.A. Sullivan, The Christology of Theodore of Mopsuestia = AnGr 82 (1956). – R.A. Greer, Theodore of Mopsuestia, Exegete and Theologian, Lo 1961. – R.A. Norris, Manhood and Christ. A Study in the Christology of Theodore of Mopsuestia, O 1963. – G. Koch, Die Heilsverwirklichung bei Theodor von Mopsuestia = MThS.S 31 (1965). – J. McW. Dewart, The Theology of Grace of Theodore of Mopsuestia = SCA 16 (1971). – A. Grillmeier, Jesus der Christus im Glauben der Kirche, I: Von der Apostolischen Zeit bis zum Konzil von Chalcedon (451), F – Ba – W ²1979, 614-34. – R.P. Vaggione, Some Neglected Fragments of Theodore of Mopsuestia's *Contra Eunomium*: JThS NS 31 (1980) 403-70. – A. Grillmeier (unter Mitarb. von Th. Hainthaler), Jesus der Christus im Glauben der Kirche, II/2: Die Kirche von Konstantinopel im 6. Jahrhundert, F – Ba – W 1989, 431-84. – N. El-Khoury, Der Mensch als Gleichnis Gottes. Eine Untersuchung zur Anthropologie des Theodor von Mopsuestia: OrChr 74 (1990) 62-71.

5.3.「교리문답」

1932년에 시리아어 번역본으로 남아 있는 테오도루스의 16편의 교리문답 강해가 발견되었다. 여론 3에서 언급된 이 작품들은 그리스도교의 입교와 테오도루스의 확실한 신학을 증명하는 가장 중요한 사료들이다. 관례처럼 제1-10편에서는 세례청원자를 대상으로 삼위일체론과 그리스도론에 강조점을 두어 니체아 신경을 다루며, 그밖의 6편에서는 갓 세례받은 사람들을 대상으로 주님의 기도(11), 세례 전례(12-14), 성찬(15-16)을 논한다. 대다수의 학자가 주장하듯이 테오도루스가 사제(388~392년)로 또는 주교(392~428년: Lietzmann, Riley)로서 이 강해를 행하였는지는 확실하지 않다. 이 강해는 여러 번에 걸쳐 행해질 수도 있었다(Lera: DSp 15,388쪽). 어쨌든 같은 시대의 요한 크리소스토무스의 세례 교리문답서들은 안티오키아에서는 일반적으로 주교가 아니라 사제가 세례를 교육하였다고 증언한다. 레라Lera의 결론을 따를 경우 테오도루스가 교리문답서를 저술한 연도는 388~392년이며, 설교지는 안티오키아가 아니라 타르수스이다.

여론 3의 서술 참조.

편집본: A. Mingana = WoodSt 5-6 (1932-3) (Commentary on the Nicene Creed, Commentary on the Lord's Prayer and on the Sacraments of Baptism and the Eucharist syrTeÜ). – H. Lietzmann, Die Liturgie des Theodor von Mopsuestia = SPAW.PH 1933/23, 915-36 (syrTdÜK). – R. Tonneau/R. Devreesse = StT 145 (1949).

참고문헌: F. J. Reine, The Eucharistic Doctrine and Liturgy of the Mystagogical Catecheses of Theodore of Mopsuestia = SCA 2 (1942). – A. de Lourmel, Théodore de Mopsueste catéchète: EtFr 18 (1968) 65-80. – V.-S. Janeras, En quels jours furent prononcées les homélies catéchétiques de Théodore de Mopsueste?: Mémorial Mgr G. Khouri-Sarkis, Lou 1969, 121-33. – H.M. Riley, Christian Initiation. A Comparative Study of the Interpretation of the Baptismal Liturgy in the Mystagogical Writings of Cyril of Jerusalem, John Chrysostom, Theodore of Mopsuestia and Ambrose of Milan = SCA 17 (1974). – A. Cañizares Llovera, El catecumenado según Teodoro de Mopsuestia: EPOM 52 (1976) 147-93. – J.M. Lera, "... y se hizo hombre". La economía trinitaria en las Catequesis de Teodoro de Mopsuestia, Bilbao 1977. – P. Bruns, Den Menschen mit dem Himmel verbinden. Eine Studie zu den Katechetischen Homilien des Theodor von Mopsuestia = CSCO 549 (1995).

6. 요한 크리소스토무스

디오도루스의 또 다른 뛰어난 제자이자 테오도루스의 친구인 요한은 웅변술이 출중하여 5세기부터 "크리소스토무스"(金口)라는 별명을 가지고 있었다. 라틴 교회에서는 라벤나의 주교 베드로(380년경~450년)만 이러한 명예로운 칭호 — 크리솔로구스(金語) — 를 얻었다. 요한의 생애는 대 바실리우스와 암브로시우스와 같은 4세기의 위대한 다른 교회 지도자의 생애와 많은 점에서 비슷하다. 그는 350년경 안티오키아의 유복한 가정에서 태어났다. 그의 아버지 세쿤두스는 정부 관리였으며, 어머니 안투사는 경건한 그리스도인으로 이미 스무 살에 과부가 되었다. 요한은 최고의 교육을 받았으며, 몹수에스티아의 테오도루스와 함께 당시 최고의 수사학자인 리바니오스에게서 수사학을 배웠다. 그는 372년 세례를 받은 뒤 타르수스의 디오도루스가 운영하는 아스케테리온에 들어가, 그곳에서 성서에 관한 "안티오키아 학파"의 전형적인 해석방법을 배우고 영적·금욕적 생활을 심화하였으며, 375년에 독서직을 받았다.

그러나 그는 철저하게 완전함을 추구하였기 때문에 교회 직무에 만족할 수 없었다. 그는 처음 4년 동안 안티오키아 근처의 공동체에 은거하였으며, 그 뒤 2년 동안 은수자로 생활하였다. 이 시기에 그는 대부분의 성서를 암기하였다. 그러나 그는 몸을 혹사하여 건강이 나빠졌다. 그래서 교회 직무를 맡기 위하여 안티오키아로 되돌아왔으며, 381년에 멜레티우스 주교에게서 부제직을 받았다. 안티오키아 교구의 부제로서 그의 주된 직무는 가난한 사람, 과부, 고아, 동정녀, 어린이 교육을 위한 자선활동, 사회복지 활동 및 이와 관련된 행정이었다. 당시의 직무로 보아 그의 직책은 오늘날의 총대리와 비교될 수 있다. 요한의 모든 작품은 항상 사목과 관련된 현실적이고 실질적인 요구에서 씌었기 때문에, 이 시기에 저술된 작품은 수도생활, 금욕생활, 동정녀, 결혼, 과부, 어린이 교육에 관한 것이었다. 여기에서 그의 삶의 방향을 제시하는 세 가지 측면을 엿볼 수 있다. 1) 그의 설교에서 나타나고 그를 "금구"金口로 만든 뛰어난 수사학 교육. 2) 성서의 가르침에 따라 가능한 한 더 완전하고 철저히 그리스도를 따르려는 노력 및 "적절한 때나 적절하지 않은 때나" 순교자가 되려는 노력. 3) 수도자로서 은거함으로써가 아니라 "세상에서" 사목문제를 해결함으로써 신앙생활을 실현함.

그가 5년 동안 부제로 활동한 뒤, 멜레티우스의 후임자인 플라비아누스 주교는 당시 유명한 수사학자에게 설교직을 맡기려는 뚜렷한 의도에서 386년 2월 28일 요한에게 사제품을 주었다. 그러한 의도가 아니었다면, 그가 서품을 받은 날에 설교를 했다는 것을 달리 설명할 길이 없다. 이 설교는 기록되어 남아 있다. 설교와 사목은 요한의 삶에서 가장 중요한 과제였기 때문에, 안티오키아에서 12년 동안 사제로 활동하고 추방되기까지 콘스탄티노플에서 6년간 주교로 재임하는 동안에 행한 700편이 넘는 설교가 전해진다. 설교는 주로 성서의 주제를 다루었으며 점차로 성서(창세기: 마르코복음, 루가복음, 야고보의 편지, 베드로의 첫째 편지를 제외한 신약성서 전부)의 모든 구절을 설교에서 주석하였다. 세 편의 주석서, 곧 욥기, 시편, 갈라디아인들에게 보낸 편지도 강해가 편집된 것이다. 성서에 관한 강해 외에 수많은 대축일과 성인 축일에 한 설교, 실제적인 공동체 설교, 아리우스파를 논박하는 몇 편의 교의작품과 8편으로 구성된 「유다인 논박 연설」*Orationes adversus Iudaeos*이 있다. 여기서 고대교회의 반유다적 문헌은 민족적 적대행위인 오늘날의 반셈족주의와 아무 관계가 없기 때문에, 반유다주의라고 표현하는 것은 주의해야 한다. 문제는 그리스도교와 모종교인 유다교 사이에 일어난 신학적 논쟁과 두 종교를 명확히 구분하는 것이었다. 요한 크리소스토무스도 자신의 「연설」에서 (신자들이 유다교로 다시 개종하는 실제적인 배경에서) 그리스도교 신앙과 유다교의 율법 실행의 불일치를 증명하였다.

콘스탄티노플의 총대주교 넥타리우스가 397년 9월 27일 사망한 뒤, 아르카디우스 황제는 매우 영향력있는 에우트로피우스 국무총리의 추천으로 안티오키아의 유명한 설교가를 넥타리우스의 후임자로 결정하였다. 에우트로피우스는 요한과 황실 사이에 앞으로 일어나는 충돌에서 중요한 역할을 하였다. 황제는 안티오키아 사람들이 훌륭한 사목자를 순순히 보내주지 않을 것을 염려하여, 안티오키아의 시장 아스테리우스에게 남의 이목을 끌지 않은 채 요한을 조용히 콘스탄티노플로 데려올 것을 지시하였다. 아스테리우스는 만나자는 이유도 밝히지 않고 도시의 성문 앞에서 요한과 만나기로 약속하였다. 그는 이미 대기시켜 둔 마차에 요한을 태운 다음 그에게 수도의 주교로 임명되었다는 사실을 전하고는 바로 콘스탄티노플로 떠나게 하였다. 알렉산드리아의 테오필루스는 398년 2월 26일 그에게 주교품을 주었다. 황제의 선택은 사목적 관점에서는 겉으로 성공한 것 같았으나 정치적 관점에서는 순탄하지 않았다. 요한은 자신의 선임자이자 이전에 원로원 의원이었던 넥타리우스와 같은 정치인이 아니었기 때문이다. 넥타리우스는 콘스탄티노플 공의회가 열리는 동안 사임한 나지안즈의 그레고리우스의 후계자로서 16년의 재임 동안 황실과 아무 문제없이 직무를 수행하였다. 다른 한편으로 많은 사람이 권력자와 손을 잡아 문제점들을 해결하였으며, 성직자와 국민 사이에 도덕적 이완주의가 만연하였고, 수도에 사는 수많은 수도자가 독자적인 길을 걸은 것 같다.

어린 시절부터 정치, 권력, 부에 대한 관심없이 그리스도에 관한 일에만 열심이었던 요한은 위와 같은 어려운 상황에 부딪쳤다. 이에 대한 요한의 태도는 안티오키아에서 사제라는 자리에 있을 때에는 정치적 위험이 없었지만, 정치적으로 민감한 수도의 주교로 교회의 지도적인 위치에서는 상황이 달랐다. 그럼에도 요한은 그의 교구를 복음의 원칙에 따라 개혁하려고 하였다. 밀라노의 암브로시우스처럼 그는 황실과 같은 화려한 주교의 삶을 소박한 생활방식으로 바꾸었으며, 필요하다면 자신의 소유물과 교회의 재산을 가난한 사람들, 병든 사람들, 여행자들을 위하여 팔았다. 또한 올림피아스와 같은 상류계급 귀부인들의 도움을 얻어 여자 봉사자들과 과부들이 행하는 사회사업을 재조직하였고, 세속의 성직자들에게 모범적으로 생활하도록 권고하였으며, 수도자들을 주교 관할권에 편입시키려 하였다. 그는 설교에서 황실에 사는 사람들을 비판하고, 이미 안티오키아에서와 같이 원형경기장에서 행해지는 대단히 인기있는 경기를 구경하느라 미사 참석을 소홀히 한 사실을 비판하면서도, 그는 공개적으로 그리스도교의 생활 원칙들을 선포하였다. 이로써 그는 한편으로 힘없는 신자들과 일부 성직자와 수도자들에게서 전폭적인 지지를 받았지만, 그밖의 사람들과는 적대적인 관계에 놓이게 되었다.

드디어 그는 주목할 만한 몇몇 사건으로 몰락하기에 이르렀다. 2년 전 요한의 주교직을 추천한 에우트로피우스 국무총리가 399년 황제의 노여움을 샀을 때, 요한은 그가 모든 사람의 권리인 교회로 도피하는 것을 허락하였다. 그는 이에 관한 첫번째 설교에서 에우트로피우스의 사건을 예로 들어 권력자들이 권력의 무상함을 깨닫도록 경고하였으며, 두번째 설교에서 교회가 포기할 수 없는 망명자의 피보호권을 정당화하였다. 402년 알렉산드리아의 주교 테오필루스가 알렉산드리아 출신의 장로 이시도루스, "키다리 수사들", 그밖의 이집트 수도자들에게 이단적 오리게네스주의라는 명목으로 죄를 뒤집어씌웠을 때, 이들이 요한에게 도움을 청하자 이들을 받아들였다. 그는 이 사건의 공정한 조사와 판결을 원하였지만, 알렉산드리아의 테오필루스와 콘스탄티아(살라미스)의 에피파니우스는 요한이 이단자들을 비호한다고 주장하였기 때문에 이들과 적대관계에 놓이게 되었다. 그밖에도 사치와 방종을 비판하는 그의 설교가 자신을 겨냥했다고 느낀 에우독시아 황후는 그의 몰락에 결정적 영향을 미친 인물이다.

황후는 처음에 정치적 영역이 아니라 교회의 영역에서 요한을 면직하려고 교사(敎唆)하였다. 테오필루스가 의장으로 활동하고, 요한에 대하여 반감을 품은 36명의 주교만 참석한 이른바 "참나무 교회회의"〔개최지인 칼체돈 근처에 있는 황후의 영지 "참나무"(Δρῦs)의 이름에 따라 이와같이 부름〕는 요한의 답변을 듣기 위해서 그를 소환하였다. 요한은 자신에 대한 단죄가 이미 결정된 사실이라는 것을 알고 세 번에 걸친 최고(催告)가 있음에도 출두하지 않았다. 이때문에 교회회의는 403년 가을 그의 주교직을 박탈하였으며 황제는 추방 판결에 서명하였다. 요한의 전기작가 팔라디우스가 전하는 바에 따르면 그를 추방하려는 날에 "황실의 침실에서 일어난 불행한 일", 곧 황후의 유산이 하늘의 불길한 전조로 해석되어 주교의 추방 명령이 취소됨으로써, 그는 추방되지 않았다(「생애」 9).

요한은 겁내지 않고 계속 설교를 하였으며, 상황이 호전되지 않자 아르카디우스 황제는 404년 부활절 이전에 도시를 떠날 것을 그에게 권고하였다. 요한이 이를 거부하여, 그는 자신이 맡고 있는 대성당에 들어갈 수 없었다. 이때문에 그가 콘스탄티우스의 목욕탕에서 부활 전야 세례 미사를 거행하고 있을 때 군인들이 들이닥쳐 강제로 미사를 드리지 못하게 하였다. 황제는 404년 6월 9일에 최종 추방 명령에 서명하여, 요한은 아르메니아의 쿠쿠수스에 3년 동안 유배되었다. 그러나 그는 그곳에서 콘스탄티노플, 페니키아, 페르시아 사람들을 자주 만났다(그의 240여 편의 다양한 편지는 이 시기에 쓰였다). 그의 반대자들은 그가 계속 영향을 미치는 것을 두려워한 나머지 황제를 부추겨, 그를 흑해의 동쪽 해안에 있는 외딴 곳이며 불모지인 피티우스로 추방하였다. 요한은 추방가는 길에 당한 극도의 잔인한 행위 때문에 탈진하여, 피티우스로 가는 도중인 407년 9월 14일[5] 폰투스 지방의 코마나에서 사망하였다.

인노첸시우스 교황은 412년 그의 명예를 회복시켰으며(요한 자신은 이미 두 통의 편지에서 그에게 호소하였다), 그의 유해는 438년 1월 27일 콘스탄티노플 사도교회에 성대하게 묻혔다. 그의 시신은 1626년 5월 1일 이후부터 로마의 베드로 대성전 성가대 경당에 안치되어 있다. 서방교회는 그를 1568년부터 아타나시우스, 대 바실리우스, 나지안즈의 그레고리우스와 함께 "동방의 네 명의 위대한 교회학자" 가운데 한 명으로, 동방교회는 콘스탄티누스 모노마코스(1042~1055년) 이래 대 바실리우스, 나지안즈의 고레고리우스와 함께 최고의 성직자로 공경한다.

요한은 서방의 아우구스티누스와 견줄 정도로 모든 그리스 교부 가운데 가장 많은 작품을 남겼다. 수세기에 걸쳐 저자를 모르는 수많은 작품도 그의 이름으로 전해진다. 조세 안토니오 데 알다마José Antonio de Aldama는 이 작품들을 철저히 선별하고 구별하였으나 아직도 최종적인 결론을 내리지 못하였다. 연구 결과에 따르면 오늘날 비잔틴 예식에서 사용하는 교회력의 전례방식인 이른바 "크리소스토무스 전례"도 지금까지 추측한 것보다 많은 요소가 그의 시대의 것이기는 하지만 그에게서 유래하는 것은 아니다.

참고문헌 목록: K.H. Uthemann: BBKL 3 (1992) 305-26.

편집본: *Opera omnia*: H. Savile, 8 vol., Eton 1612-3. – PG 47-64. – *Ad Theodorum lapsurn*: J. Dumortier = SC 117 (1966) (TfÜK). – *Ad viduam iuniorem*: B. Grillet/G.H. Ettlinger = SC 138

---

[5] 레루(Leroux, TRE 17, 125쪽)가 주장하는 "407년 9월 21일 …"(Baur II, 326-33쪽)은 407년 9월 14일로 바로잡아야 한다(Baur II, 350-9쪽).

(1968) (TfÜK). – *Commentarius in Iob*: H. Sorlin/L. Neyrand = SC 346 + 348 (1988) (TfÜK). – U. und D. Hagedorn = PTS 35 (1990) (TdÜ). – *Contra Anomoeos*: A.-M. Malingrey = SC 396 (1994) (VII-XII TfÜK). – *De Babyla*: M. A. Schatkin/C. Blanc/B. Grillet/J.-N. Guinot = SC 362 (1990) (TfÜK). – *De inani gloria*: A.-M. Malingrey = SC 188 (1972) (TfÜK). – *De incompre-hensibili dei natura*: J. Daniélou/A.-M. Malingrey/R. Flacelière = SC 28 (²1970) (TfÜK). – *De laudibus Pauli*: A. Piédagnel = SC 300 (1982) (TfÜK). – *De providentia*: A.-M. Malingrey = SC 79 (1961) (TfÜK). – *De virginitate*: H. Musurilio/B. Grillet = SC 125 (1966) (TfÜK). – *Epistulae ad Olympiadem/Vita Olympiadis*: A.-M. Malingrey = SC 13 (²1968) (TfÜK). – *In illud: Vidi dominurn*: J. Dumortier = SC 277 (1981) (TfÜK). – *In Isaiam*: J. Dumortier/A. Lei-fooghe = SC 304 (1983) (TfÜK). – *Opus imperfecturn in Matthaeum*: J. van Banning = CChr.SL 87 B (1988). – *Quod nemo laeditur*: A.-M. Malingrey = SC 103 (1964) (TfÜK). – *Pal-ladius, Dialogus de vita Chrysostomi*: A.-M. Malingrey/Ph. Leclercq = SC 341-342 (1988) (TfÜK). – L. Brottier = SC 433 (1998) (*Sermones in Genesim*).

번역서: J.A. Cramer/V. Moesl, Predigten und kleine Schriften, 11 Bde., L 1772-76 (25통의 편지도 싣고 있음). – J. Lutz, Tü ²1853 (52 Homilien). – F. Knors, Pb 1862 (Jo). – J. Fluck, Die ascetischen Schriften, F 1864. – J. C. Mitterrutzner/M. Schmitz/J. Wimmer/A. Hartl/J. Schwert-schlager/N. Liebert/B. Sepp = BKV¹ 10 Bde. (1869-84) [*De sacerdotio, De virginitate, Epistula ad Theodorum, De paenitentia, De statuis, Homiliae* (발췌), *Epistulae* (발췌), *Homillae in epistulas Pauli*]. – Max, Herzog zu Sachsen, 2 Bde., Rb 1910-1 (*In Matthaeum*). – J.C. Baur/A. Naegle/J. Jatsch/W. Stoderl = BKV² 8 Bde. (1915-36) (*In Matthaeum, De sacerdotio, In epistu-lam ad Romanos, Philippenses, Colossenses, Galatas, Ephesios*). – M. Haidenthaller, Linz 1951 (*Contra Iudaeos, Adversus Iudaeos*). – L. Schläpfer, Dü 1966 (*Vita Chrysostomi*). – J. Glagla, Pb 1968 (*De inani gloria* ÜK).

영어 번역서: W.R.W. Stephens/T.P. Brandram/R. Blackburn = NPNF I 9 (1889 = 1995) (*On the Priesthood; Two Letters to Theodore after his Fall; Letter to a Young Widow; Two Homilies: (I.) On St. Babylas, (II.) On St. Ignatius; Two Instructions for Cabdidates for Baptism; Three Homilies: (I.) That Demons do not Govern the World, (II. and III.) Concerning the Power of the Tempter; Three Homilies: (I.) Against Marcionists and Manichaeans, on the Passage "Father, If it be Possible", etc., (II.) On the Paralytic let down through the Roof, (III.) To Those who had not Attended the Assembly on the Passage "If Thine Enemy Hunger Feed Him"; Homily Against Publishing the Errors of the Brethren; Two Homilies on Eutropius; Treatise to Prove that no one can Harm the Man who does not Injure Himself; Four Letters to Olympias and one to Presbyters at Antioch; Correspondence of Innocent, Bishop of Rome, with St. Chrysostom and the Church of Constantinople; Twenty-One Homilies on the Statues*). – T.W. Chambers = NPNF I 10 (1889 = 1995) (*Homilies on First and Second Corinthians*). – G. Prevost/M.B. Riddle = NPNF I 11 (1889 = 1995) (*Homilies on Matthew*). – J. Walker/J. Sheppard/H. Browne/G.B. Stevens/J.B. Morris/W.H. Simcox = NPNF I 12 (1889 = 1995) (*Homilies on Acts and Romans*). – G. Alexander/J.A. Broadus/Ph. Schaff = NPNF I 13 (1889 = 1995) (*Homilies on Galatians, Ephesians, Philippians, Colossians, Thessalonians, Timothy, Titus, Philemon*). – Ph. Schaff/F. Gardiner = NPNF I 14 (1889 = 1995) (*Homilies on John, Hebrews*). – Th.A. Goggin = FaCh 33 (1957), 41 (1959) (*Homilies on Saint John*). – P.W. Harkins = FaCh 68 (1979) (*Discourses against judaizing Christians*). – P. W. Harkins = FaCh 72 (1984) (*On the Incomprehensible Nature of God*). – M.A. Schatkin = FaCh 73 (1985) (*Discourse on Blessed Babylas and Against the Greeks, Demonstration Against the Pagans that Christ is God*). – R.C. Hill = FaCh 74 (1986), 82 (1990), 87 (1992) (*Homilies on Genesis*). –

R.Ch. Hill, 2 vol., Brookline/MA 1998 (*Commentary on the Psalms*). – R.T. Meyer = ACW 45 (1985) (*Palladius, Dialogue on the Life of St. John Chrysostom*).

보조자료: J.A. de Aldama, *Repertorium Pseudo-Chrysostomicum* = PlRHT 10 (1965). – M. Aubineau, *Codices Chrysostomici Graeci, I: Britanniae et Hiberniae* = PIRHT 13 (1968). – R.E. Carter, *Codices Chrysostomici Graeci, II: Codices Germaniae* = PIRHT 14 (1968); III: *Codices Americae et Europae occidentalis* = PIRHT 15 (1970). – A.-M. Malingrey/M.L. Guillaumin, *Indices Chrysostomici, I: Ad Olympiadem, Ab exilio epistula, De providentia Dei* = AlOm A 31 (1978). – W. Lackner, *Codices Chrysostomici Graeci, IV: Codices Austriae* = PIRHT (1981). – R. E. Carter, *Codices Chrysostomici Graeci, V: Codicum Italiae pars prior* = PIRHT (1983). – R. A. Krupp, Saint John Chrysostom: A Scripture Index, Lanham/MD – NY – Lo 1984.

참고문헌: 사전 항목: J.-M. Leroux: TRE 17 (1988) 118-27. – R. Wilken: EEC 495-7. – A.-M. Malingrey: EECh I 440-2. – R. Aubert: DHGE 26 (1997) 1408-15.

총론서: Ch. Baur, S. Jean Chrysostome et ses œuvres dans l'histoire littéraire, Lou – P 1907. – Ch. Baur, Der heilige Johannes Chrysostomus und seine Zeit, 2 Bde., Mn 1929-30. A. Moulard, Saint Jean Chrysostom. Sa vie – son œuvre, P 1941. – D. Attwater, St John Chrysostom, Pastor and Preacher, Lo 1959. – J.N.D. Kelly, Golden Mouth. The Story of John Chrysostom - Ascetic, Preacher, Bishop, Lo 1995.

편찬서: *XPYΣOΣTOMIKA*. Studi e ricerche intorno a S. Giovanni Crisostomo per ii XV⁰ centenario della sua morte 407-1907, R 1908. – P.C. Christou (ed.), *ΣYMΠOΣION* Studies on St. John Chrysostom = ABla 18 (1973). – Ch. Kannengiesser (ed.), Jean Chrysostome et Augustin = ThH 35 (1975).

연구서: I. Auf der Maur, Mönchtum und Glaubensverkündigung in den Schriften des hl. Johannes Chrysostomus = Par. 14 (1959) – P. Rentinck, La cura pastorale in Antiochia nel IV secolo = AnGr 178 (1970). – R. Kaczynski, Das Wort Gottes in Liturgie und Alltag der Gemeinden des Johannes Chrysostomus = FThSt 94 (1974). – H.W.G. Liebeschütz, The Fall of John Chrysostom: NMS 29 (1985) 1-31. – M.A. Schatkin, John Chrysostom as Apologist. With Special Reference to *De incomprehensibili, Quod nemo laeditur, Ad eos qui scandalizati sunt,* and *Adversus oppugnatores vitae monasticae* = ABla 50 (1987). – R. Delmaire, Les "lettres d'exil" de Jean Chrysostome. Études de chronologie et de prosopographie: RechAug 25 (1991) 71-180. – N. Adkin, The Date of St John Chrysostom's Treatises on "*Subintroductae*": RBen 102 (1992) 255-66.

설교: M. von Bonsdorff, Zur Predigttätigkeit des Johannes Chrysostomus. Biographisch-chronologische Studien über seine Homilienserien zu neutestamentlichen Büchern, Helsingfors 1922. – W. Wenk, Zur Sammlung der 38 Homilien des Chrysostomus Latinus (mit Edition der Nr. 6, 8, 27, 32 und 33) = WSt Beiheft 10 (1988). – M. Kertsch, *Exempla Chrysostomica.* Zu Exegese, Stil und Bildersprache bei Johannes Chrysostomus = GrTS 18 (1995).

국가/사회/주위환경: A.J. Festugière, Antioche païenne et chrétienne. Libanius, Chrysostome et les moines de Syrie. Avec un commentaire archéologique sur l'Antiochikos (1968.) par R. Martin = BEFAR 194 (1959). – S. Verosta, Johannes Chrysostomus, Staatsphilosoph und Geschichtstheologe, Graz – W – K 1960. – O. Pasquato, Gli spettacoli in S. Giovanni Crisostomo. Paganesimo e Cristianesimo ad Antiochia e Costantinopoli nel IV secolo = OCA 201 (1976). – A. González Blanco, Economía y sociedad en el bajo impero según San Juan Crisóstomo, M 1980. – R.L. Wilken, John Chrysostom and the Jews. Rhetoric and Reality in the Late 4th Century, Berkeley – Los Angeles – Lo 1983. – G. Albert, Goten in Konstantinopel. Untersuchungen zur oströmischen Geschichte um das Jahr 400 n. Chr. = SGKA NF I/2 (1984). – A. Stötzel, Kirche als "neue Gesellschaft". Die humanisierende Wirkung des Christentums nach Johannes Chrysostomus = MBTh 51 (1984). – J.H.W.G. Liebeschuetz, Barbarians and Bishops. Army, Church, and State in the Age of Arcadius and Chrysostom, O 1990.

신학: P. Stockmeier, Theologie und Kult des Kreuzes bei Johannes Chrysostomus. Ein Beitrag zum Verständnis des Kreuzes im 4 Jahrhundert = TThSt 18 (1966). – A.M. Ritter, Charisma im Verständnis des Joannes Chrysostomos und seiner Zeit. Ein Beitrag zur Erforschung der griechisch-orientalischen Ekklesiologie in der Frühzeit der Reichskirche = FKDG 25 (1972). – F.-X. Druet, Langage, images et visages de la mort chez Jean Chrysostome, Namur 1990.

6.1. 「사제직」*De sacerdotio*

요한의 작품 가운데 가장 널리 퍼진 작품은 나지안즈의 그레고리우스의 「연설」 2번에서 영향을 받은 사제직에 관한 논문이다. 히에로니무스는 이 작품을 이미 393년에 지니고 있었다(「유명인사록」 129). 교회사가 소조메우스(「교회사」 6,3)는 요한이 부제(381~386년)였을 때 이 작품을 썼다고 하며, 다른 사람들은 그 이전인 수도원에 은거한 시기로 잡으나, 이 작품을 최종적으로 편집한 사람들(Nairn, Malingrey)은 388~390년으로 증명하였다.

6권으로 구성된 이 논문은 바실리우스라는 인물과 나눈 문학적 대화 형태의 글이다. 그러나 바실리우스가 누구이고, 역사적으로 생존한 인물이었는지는 밝혀지지 않았다. 제1권에 따르면, 이 책을 쓰게 된 동기는 요한과 그의 친구 바실리우스가 그들의 인생 항로에서 모든 것을 함께하자는 약속 때문이었다. 바실리우스는 요한도 주교직을 받아들일 것이라는 생각에서 이 직책을 받아들였으나, 요한은 주교라는 높은 지위와 책임 때문에 주교직을 맡지 않았다. 이때문에 바실리우스는 요한의 기만을 불평하고 요한은 그의 행동을 정당화하고 변론하기 위해 대화가 서서히 전개된다. 따라서 제2권에서는 그리스도의 사랑이 소명召命에서 어떻게 나타나는가에 대한 실증을 첫 부분에서 다룬 뒤, 곧 사제직과 주교직의 어려움과 위험을 논한다. 제3-6권에서는 요한의 능력을 넘어선 이 직무의 책임을 표명하고 그의 거부를 정당화하기 위한 것이라 하더라도, 사제의 임무에 대한 숭고한 상과 올바른 지도, 곧 동정녀와 과부의 보호, 정의의 실현, 하느님 말씀의 선포, 신앙을 위한 변론, 타인을 돌볼 책임, 그들의 잘못에 대한 책임 등

을 다룬다. 수도자는 자신의 구원만을 위해 진력해야 하지만, 사제는 공동체를
책임지기 위하여 매우 높은 수준의 학식, 열정, 체력, 덕을 갖추어야 한다. 이때
문에 그가 이 직무를 맡지 않은 것에 대한 형벌도 일반 수준을 뛰어넘는다.

6.의 서술 참조.
편집본: A.-M. Malingrey = SC 272 (1980) (TfÜK).
번역서: J.C. Mitterrutzner: BKV¹ I (1869) 16-148. – A. Naegle = BKV² 27 (1916).
보조자료: A.-M. Malingrey, *Indices Chrysostomici II* = AlOm A 31/2 (1989).
참고문헌: W.A. Maat, A Rhetorical Study of St. John Chrysostom's *De sacerdotio* = PatSt 71
(1944). – H. Dörries, Erneuerung des kirchlichen Amts im vierten Jahrhundert. Die Schrift *De
sacerdotio* des Johannes Chrysostomus und ihre Vorlage, die *Oratio de fuga sua* des Gregor von
Nazianz: B. Moeller/G. Ruhbach (eds.), Bleibendes im Wandel der Kirchengeschichte. Kirchen-
historische Studien, Tü 1973, 1-46. – P.G. Alves de Sousa, El sacerdocio ministerial en los lib-
ros *De sacerdotio* de San Juan Crisóstomo, Pm 1975. – A. Houssiau/J.-P. Mondet, Le sacerdoce
du Christ et de ses serviteurs selon les Pères de l'Église, Lou 1990. – R. Staats, Chrysostomus
über die Rhetorik des Apostels Paulus. Makarianische Kontexte zu "*De sacerdotio* IV,5-6":
VigChr 46 (1992) 225-40. – M. Lochbrunner, Über das Priestertum. Historische und systemati-
sche Untersuchung zum Priesterbild des Johannes Chrysostomus = Hereditas 5 (1993).

6.2. 「기둥강해」

테오도시우스 황제가 387년 사순절이 시작되기 바로 전인 2월 말에 새로운 세
금을 징수하자 안티오키아 시민들은 매우 격분하여 도시를 가로지르는 시위행
렬을 벌였으며, 광장에 세워진 황제와 그의 가족들의 입상을 파괴하였다. 이는
폭동과 황제 모독죄에 해당되기 때문에 시위자들을 사형에 처해야만 하였다.
따라서 안티오키아 시의 시장인 티사메누스는 곧바로 수많은 시민을 체포한
뒤, 그들을 재판하여 사형에 처하게 하였다. 도시 전체가 황제가 취할 엄한 형
벌, 곧 도시 전체의 파괴까지도 각오해야만 했다. 공포와 앞으로 무엇이 일어
날지 모르는 상황에서 안티오키아의 총대주교 플라비아누스는 황제에게 사면을
청하기 위하여 콘스탄티노플로 갔으며, 요한은 사순절 동안 22편의 설교를 하
였다. 이 설교는 그 동기에 따라 「기둥강해」라고 불리며, 그의 설교 가운데 가
장 뛰어나다. 그는 이 강해에서 안티오키아에서 벌어진 현재의 사건이 청중들

의 잘못으로 일어난 결과일 뿐만 아니라, 이 사건을 믿음과 부활절 기다림에서 신뢰와 희망을 주는 것으로 독특하게 이해하였다. 황제가 어떤 형벌을 주느냐 는 요한이 설교에서 구체적으로 제시한 영원한 구원이 마음의 회개와 완전한 품행에 달려 있기 때문에 중요하지 않았다. 플라비아누스가 콘스탄티노플에서 도시에 대한 사면 소식을 갖고 돌아왔기 때문에 부활절(4월 25일)의 마지막 설교 는 이루 말할 수 없는 환희로 끝낼 수 있었다.

베나르 드 몽파콩Bernard de Montfaucon은 그의 편집본(1718~1738년)에서 21번째 강해를 독자적인 「세례 교리문답」으로 여겨 출판하였다. 미뉴Migne도 이와같이 복제하여, 그때부터 21편만 「기둥강해」로 여겨졌다. 그러나 아타나시오스 파파도 풀로스-케라메우스는 이 강해를 본디의 자리로 다시 집어넣을 것을 처음으로 제안하였으며(1909년), 최근에 「세례 교리문답」의 편집자들은 다른 논거로 이 제안을 옹호하고 지지한다.

6.의 서술 참조.
편집본: PG 49, 15-222, 231-40.
번역서: J.C. Mitterrutzner = BKV¹ II (1874).
참고문헌: M.A. Burns, Saint John Chrysostom's Homilies on the Statues: A Study of their Rhetorical Qualities and Form = PatSt 22 (1930). – M. Soffray, Recherches sur la syntaxe de saint Jean Chrysostome d'après les "Homélies sur les statues", P 1939. – D.G. Hunter, Preaching and Propaganda in Fourth Century Antioch: John Chrysostom's *Homilies on the Statues*: Ders. (ed.), Preaching in the Patristic Age (FS W.J. Burghardt), NY – Mahwah/NJ 1989, 119-38. – F. van de Paverd, St. John Chrysostom, the Homilies on the Statues. An Introduction = OCA 239 (1991).

6.3. 「세례 교리문답」

이미 몹수에스티아의 테오도루스의 교리문답 강해에서 알 수 있듯이, 안티오키 아에서는 일반적으로 주교가 아니라 사제가 세례청원자들을 교육하였다. 대부 분 20세기(1909/1957년)에 발견된 요한의 유명한 11편의 「세례 교리문답」의 저술 시기는 그가 안티오키아에서 활동하던 때였다. 이 「세례 교리문답」은 388년에 행한 세 편(Piédagnel/Doutreleau) 또는 네 편(Papadopoulos-Kerameus, Kaczynski)의 교리문답과 389~397년 사이에 행한 여덟 편(Wenger) 또는 일곱 편(Kaczynski)의 교리문답 두 연작連作으로 이루어져 있다. 배열이 서로 다른 것은 하나의 강해가 두 연작의 수사본에 모두 있기 때문이다. 첫번째 작품 처음에 나오는 세 강해의 상관성만은 틀림없이 명백하다. 요한은 첫 작품의 네번째 교리문답을 부활절 30일과 20일 전에, 성 수요일에는 세례청원자만, 부활 전야에는 갓 세례받은 사람들을 포함한 모든 신자를 가르쳤다. 두번째 작품의 세 편의 교리문답은 사순절 시작과 마지막 날, 부활 전야에, 네 편의 교리문답은 성주간에 행해졌다. 라이너 카친스키Reiner Kaczynski는 "그리스도교의 원천"Fontes Christiani 판(1992년)에 요한이 387년 (4월 21일) 성 수요일에 세례청원자에게 행한 21번째의 기둥강 해를 "교리문답 1"이라 하여 덧붙였다. 이러한 배치가 옳은지에 대해서는 아직 도 철저한 연구가 이루어져야 한다. 21번째 강해를 교리문답서로 재삽입하는 것은 이 강해의 특수한 역할에 상반된다. 21번째 강해를 교리문답서로 넣을 경 우에는, 요한이 사순시기와 부활시기에 행한 그밖의 모든 설교를 세례 교리문 답으로 강조해야 하기 때문이다.

요한은 먼저 4세기에 널리 퍼진 세례를 미루는 관습에 대하여 세례청원자들 이 임종 때까지 세례를 미루지 않고 준비하는 것에 대한 기쁨을 표시한다. 그 는 세례를 새로 태어남, 깨달음, 그리스도와 함께 죽고 부활함, 영적인 약혼관 계, 모든 죄에 대한 근본적인 용서로 설명한다. 요한에 따르면 두번째 회개는 가능하지만 어렵기 때문에 되도록이면 하지 않기를 바란다. 세례 전후에도 규 율과 절도에 따라 악(특히 술마심)에 대한 투쟁을 계속해야 한다. 요한은 당시 자 신의 공동체나 도시에 상당히 널리 퍼진 문제인 맹세에 대해 여러 번 경고한 다. 그는 세례받는 날짜가 부활 전야로 정해진 의미, 세례예식(구마식, 성유 바름, 물 에 담금, 흰옷)의 의미, 아리우스파와 사벨리우스파의 질못된 해석에 대해 올바른 삼위일체 신앙과 그리스도 신앙을 특히 강조하면서 세례신경을 설명한다. 요한 은 세례를 받은 사람들에게 성찬의 의미를 가르치며 세례의 은총을 보존하도록 권유하나, 이미 성주간에 행해진 교리문답 II/5에서는 갓 세례받은 사람들이 다른 많은 신자와 함께 미사에 참여하지 않고 경마와 연극을 보러 간 것을 한

탄한다. 끝으로 교리문답 II/6과 7에서는 신앙과 그리스도교적 삶을 뛰어난 본
보기로 보여준 순교자들과 아브라함을 소개한다.

여론 3과 6.의 서술 참조.

편집본: A. Wenger = SC 50 (²1970) (TfÜK). – A. Piédagnel/L. Doutreleau = SC 366 (1990).

번역서: M. Schmitz: BKV¹ III (1879) 90-131. – R. Kaczynski = FC 6/1-2 (1992) (ETdÜ). –
영어 번역서: P.W. Harkins = ACW 31 (1963).

참고문헌: J.A. Weaver, Catechetical Themes in the Post-Baptismal Teaching of St. John Chry-
sostom = SST 159 (1964). – Th.M. Finn, The Liturgy of Baptism in the Baptismal Instructions
of St. John Chrysostom = SCA 15 (1967). – H.M. Riley, Christian Initiation. A Comparative
Study of the Interpretation of the Baptismal Liturgy in the Mystagogical Writings of Cyril of Je-
rusalem, John Chrysostom, Theodore of Mopsuestia and Ambrose of Milan = SCA 17 (1974). –
D. Sartore, Il mistero del battesimo nelle catechesi di S. Giovanni Crisostomo: Lat. 50 (1985)
358-95. – P. Devos, Saint Jean Chrysostome à Antioche dans quatre homélies baptismales (dont
BHG 1930 w): AnBoll 109 (1991) 137-56. – J.-P. Cattenoz, Le bapême mystère nuptial. Théo-
logie de saint Jean Chrysostome, Venasque 1993. – J. Knupp, Das Mystagogieverständnis des
Johannes Chrysostomus, Mn 1995.

7. 콘코르디아(아퀼레이아)의 루피누스

4세기 말과 5세기 초에 콘스탄티아(살라미스)의 에피파니우스, 요한 크리소스토무
스, 히에로니무스 등이 저마다 오리게네스 논쟁과 그의 신학에 관여한 반면,
티란니우스 루피누스는 오리게네스로 말미암아 문헌사에서 중요한 의미를 지닌
인물이 되었다. 오리게네스의 많은 작품 가운데 대부분이 루피누스의 번역서로
만 남아 있기 때문이다.

루피누스는 345년경 상부 이탈리아 지방의 수도인 아퀼레이아 서쪽에 있는
콘코르디아에서 태어났으며, 358년경~368년 사이에 히에로니무스와 함께 로
마에서 당시의 일반 문법과 수사학을 배웠다. 이것으로 그의 가문이 가난하지
않은 상류계급이었음을 추론할 수 있다. 그는 아퀼레이아로 돌아간 뒤 그곳의
수도 공동체에 들어갔으며, 30세 이전인 371/72년에 세례를 받았다. 얼마 뒤
그는 수도제도의 발상지인 이집트로 떠나 그곳에 8년 동안 머물렀다(373~380년).
그는 이 시기에 광야에 있는 수도원들을 방문하고 알렉산드리아에서 여자 금욕

가인 멜라니아 1세를 만났으며, 특히 장님 디디무스의 강연을 듣고 오리게네스 신학을 알게 되었다. 그는 381년 예루살렘 올리브 산에 남자 수도원을 세우고, 그곳에서 16년 동안 예루살렘의 주교들과 긴밀한 관계를 맺었다. 멜라니아는 이보다 몇 년 전에(374년에서 378년?)[6] 이곳과 가까운 곳에 수녀원을 세웠다. 예루살렘의 주교 요한은 390년에서 394년 사이에 그에게 사제품을 주었다. 393년에 오리게네스 논쟁이 일어나자 그는 오리게네스를 변론하였다. 이때문에 루피누스는 에피파니우스와 자신의 오랜 친구이자 386년부터 베들레헴에 살던 히에로니무스와 사이가 나빠졌다. 그는 397년 부활절에 히에로니무스와 공개적으로 화해하였으나 곧 그들 사이에 오리게네스 논쟁이 다시 일어났다.

루피누스는 397년 로마로 돌아가 바실리우스의 규칙서를 번역한 뒤, 팜필루스와 에우세비우스가 함께 쓴 「오리게네스 변론」을 라틴어로 번역하면서 자신의 정통신앙을 드러내는 "신앙의 고백"*professio fidei*을 머리말로, "오리게네스 작품의 위조"*De adulteratione librorum Origenis*를 끝맺는 말로 덧붙였다. 그는 이 작품에서 오리게네스가 교회의 전통신앙을 가르친 교사이며, 그의 작품 가운데 교회의 가르침을 거스르는 부분은 후대의 교정자가 가필한 것이라고 주장하였다. 그는 이듬해(398) 오리게네스의 「원리론」*De principiis*을 라틴어로 번역하면서 문제가 되는 부분을 정통신앙적으로 수정하여 히에로니무스의 오리게네스 번역서들과 어깨를 나란히 하였다. 히에로니무스는 함축적으로 자신을 가리키는 루피누스의 친오리게네스적 태도를 알아채고, 자신의 문자적이고 정확한 번역본을 논쟁적 어조를 띤 편지(「서간」 84)에 동봉하여 399년 로마로 보냈다. 이 시기에 아퀼레이아에 머무르던 루피누스는 「로마의 주교 아나스타시우스에게 보낸 변론」에서 자신을 변론하였으며(400년 말), 401년 초 두 권으로 이루어진 「히에로니무스 논박 변론」을 저술하였다. 이에 대해 히에로니무스가 「루피누스 논박 변론」 *Apologia adversus libros Rufini*(401/402)을 써서 신랄하게 답변하였지만 루피누스는 더 이상 대응하지 않았다.

---

⁶ N. Moine, Mélanie l'Ancienne: DSp 10 (1980), 958쪽 참조.

이후 그는 죽을 때[7]까지 번역에 온 힘을 기울였다. 그 가운데 중요한 번역 작품으로는 오리게네스의 여호수아(400년), 판관기, 시편 36-38(400년 또는 401년), 창세기, 출애굽기, 레위기 강해(403~404년), 로마서 주석(405~406년), 아가서 주석, 민수기 강해(410년)와 에우세비우스의 교회사가 있다. 그는 이 역사서를 대 테오도시우스의 통치 기간 말년(395녀)까지 보완하였다. 루피누스는 아다만티우스의 대화록을 오리게네스의 작품으로(398/9년 내지 400년경), 피타고라스 학파 사람인 섹스투스의 잠언을 교황 식스투스 2세의 작품으로(401년 이전), 가假-클레멘스의 작품을 클레멘스 교황의 작품으로(406년 또는 407년) 알고 잘못 번역하였듯이 그의 문헌비평적 판단력은 그다지 정확한 것 같지 않다. 루피누스는 고트족이 이탈리아를 침략하기 전에 로마로 피신하였으며(그가 406년에 로마에 머물렀다는 것이 이에 대한 증거이다. 더욱이 해먼드 뱀멀Hammond Bammel은 그가 403년부터 이곳에 머물렀다고 추측한다), 그 뒤 테레치나 근방의 수도원으로 피신하였다. 이곳에서 그는 408년 사순시기에 그의 가장 중요한 작품인 「성조들의 축복」*De benedictionibus patriarcharum*을 저술하였다. 410년 로마가 점령된 뒤 그는 시칠리아로 갔으며, 411년 10월에서 412년 초 사이에 메시나에서 사망하였다.

루피누스는 문구를 충실히 번역하는 문헌학적 목표를 염두에 두고 번역하지 않았다. 오히려 그는 줄어든 그리스어 지식 때문에 점점 그리스어권의 문화적·신학적 유산을 받아들이기 어려워지자, 당시의 이런 문제점을 극복하기 위하여, 번역작업을 통해서 필요한 부분을 전하려고 하였다. 특히 이러한 관점은 루피누스가 자신의 수정을 고백하고 정당화하는 오리게네스 작품의 번역에서 알 수 있다. 오리게네스의 동일 작품을 번역한 히에로니무스의 번역은 소실되어 루피누스의 번역을 검증할 수는 없다. 루피누스가 번역한 오리게네스의 많은 작품은 오리게네스 논쟁의 결과로 원본이 남아 있지 않기 때문에, 그는 오리게네스를 위한 뛰어난 증인이며, (더욱이 절대적으로) 그의 신학을 위한 없어서는 안될 증인이 되었다.

---

[7] 뱀멀(C.P. Hammond Bammel: JThS NS 28 [1977], 372-429쪽)은 자신의 연구에서 루피누스 생애 가운데 마지막 10년 동안의 연도가 확실하지 않다는 사실을 밝힌다.

8.의 서술 참조.

참고문헌 목록: H.R. Drobner: BBKL 8 (1994) 959-72.

편집본: *Opera omnia*: M. Simonetti = CChr.SL 20 (1961). – C. Lo Cicero, Versione delle omelie di Basilio (I-III), R 1996. – A. Salvini, Rufino di Aquileia, Omelie di Basilio di Cesarea tradotte in Latino, Neapel 1998 (lTiÜ). – *De benedictionibus patriarcharum*: M. Simonetti/H. Rochais/P. Antin = SC 140 (1968) (TfÜK). – *De ieiunio*: H. Marti = SVigChr 6 (1989) (TdÜK). – *Historia ecclesiastica*: Th. Mommsen: GCS 9/2 (1908) 951-1040. – *In Psalmos*: F. Merlo/J. Gribomont = CBLa 14 (1972) (TK).

번역서: H. Brüll = BKV¹ (1876) (*Commentarius in Symbolum*). – 영어 번역서: W.H. Fremantle: NPNF II 3 (1892 = 1995) 403-82, 541-68 (*Opera omnia*). – J.N.D. Kelly = ACW 20 (1955) (*A Commentary on the Apostles' Creed*). – Ph. R. Amidon, NY-O 1997 (*Church History 10 and 11*).

참고문헌: 사전 항목: F. Thelamon: DSp 13 (1988) 1107-17. – J. Gribomont: EECh II 746. – N. Henry: TRE 29 (1998) 460-4.

총론서: F.X. Murphy, Rufinus of Aquileia (345-411). His Life and Works = SMH NS 6 (1945). – G. Fedalto, Rufino di Concordia (345 c. – 410/11) tra Oriente e Occidente, Rom 1990.

편찬서: Rufino di Concordia e il suo tempo, 2 vol = AnAl 31 (1987). – Storia ed esegesi in Rufino di Concordia = AnAl 39 (1992).

연구서: M.M. Wagner, Rufinus the Translator. A Study of his Theory and his Practice as illustrated in his Version of the *Apologetica* of St. Gregory Nazianzen = PatSt 73 (1945). – C.P. Hammond Bammel, The Last Ten Years of Rufinus' Life and the Date of bis Move South from Aquileia: JThS NS 28 (1977) 372-429. – F. Thelamon, Païens et chrétiens au IVe siècle. L'apport de l'"Histoire ecclésiastique" de Rufin d'Aquilée, P 1981. – C.P. Hammond Bammel, Der Römerbrieftext des Rufin und seine Origenes-Übersetzung = AGLB 10 (1985). – T. Christensen, Rufinus of Aquileia and the *Historia ecclesiastica*, Lib. VIII-IX, of Eusebius, Kopenhagen 1989. – N. Pace, Ricerche sulla traduzione di Rufino del "*De principiis*" di Origene, Florenz 1990. – É. Junod, L'auteur de l'*Apologie pour Origène* traduite par Rufin. Les témoignages contradictoires de Rufin et de Jérôme à propos de Pamphile et d'Eusèbe: A. Dupleix (ed.), Recherches et tradition (FS H. Crouzel) = ThH 88 (1992) 165-79. – C. Molè Ventura, Principi fanciulli. Legittimismo costituzionale e storiografla cristiana nella tarda antichità, Catania 1992.

8. 히에로니무스

라틴 교회의 또 다른 위대한 번역가이자 가장 유명한 번역가는, 루피누스의 학우이며 뒷날에 오리게네스 논쟁에서 그의 적대자가 된 소프로니우스 에우세비우스 히에로니무스였다. 두 사람은 오랫동안 매우 비슷한, 때때로 공통된 생애의 길을 걸었다. 히에로니무스가 그의 작품에서 다른 저술가보다 자신에 관해 많이 말하지만, 그의 생애나 작품에 관해 언급하는 많은 연도는 불확실하다. 이때문에 연도 문제는 적어도 최근에 나온 세 가지 견해를 늘 비교해야 한다: Jean Gribomont [Quasten III (1978), 203-33쪽과 EECh I (1983/92), 430-1쪽], Pierre Nautin [TRE 15 (1986), 304-15쪽]과 Harald Hagendahl/Jan Hendrik Waszink [RAC 15 (1991), 117-39쪽].

히에로니무스는 347년 또는 348년에 에모나(오늘날: 슬로베니아의 류블리아나/라이바흐) 근방 스트리도니아(이곳의 정확한 위치는 알려지지 않고 있다)에서 루피누스처럼 그리스도 교를 믿는 지주 집안에서 태어났다. 그는 360년경 문법과 수사학을 공부하러 로마에 갔으며, 그곳에서 루피누스와 우정을 키웠다. 그의 스승은 유명한 문법 학자인 엘리우스 도나투스였다. 그는 이 기간에 라틴 고전문학가의 작품을 많이 수집하였을 뿐만 아니라 그가 훗날에 "치체로주의"와 그리스도교는 양립할 수 없다고 느꼈을지라도, 평생에 걸쳐 그 자신과 작품에 영향을 준 라틴어와 문학에 대해 많은 지식을 익혔다. 그는 당시 아직 세례를 받지 않았지만 이 시 기에 그가 어떻게 살았는지는 다음의 글에서 알 수 있다. "내가 어린이로 로마 에 머물면서 칠학예를 배우는 동안, 나는 일요일마다 또래의 친구들과 함께 같 은 의도로 사도들과 순교자들의 무덤을 찾아갔으며, 시신들이 양쪽 벽 땅 아래 에 묻힌 크립타[8]에 때때로 가곤 하였습니다"(「에제키엘서 주석」 XII 50,5/13, 243-254).

히에로니무스는 루피누스와 함께 로마의 수도 동아리를 알게 되었으며, 수도 생활의 이상에 강한 흥미를 가졌다. 루피누스가 아퀼레이아로 돌아가 이러한 이상을 직접 실천한 반면, 히에로니무스는 로마에서 세례를 받은 뒤, 먼저 (367/68년) 갈리아 지방의 황제 관저가 있는 트리어에서 관직을 얻은 것 같다. 아우구스티누스는 「고백록」(VIII 6,15)에서 트리어에 있는 두 명의 황제 대리인을 언급한다. 이 글에 따르면 그들은 산책하는 도중 수도자들의 집에 들어가 그곳 에서 이집트 수도자의 아버지인 「안토니우스의 생애」Vita를 읽고는, 곧바로 그 에게 심취하여 궁정 관직을 포기하였다고 한다(「안토니우스의 생애」는 안토니우스가 사망

---

[8] 이 본문에서 명백히 유추할 수 있듯이 고대에서 크립타는 카타콤바의 회랑을 뜻한다.

(355/6년 또는 357/8년)한 뒤 아타나시우스가 바로 저술하였으며, 안티오키아의 에바그리우스가 375년 이전에 라틴어로 번역하였다). 두 사람을 히에로니무스와 보노수스라고 제시한 피에르 쿠르셀Pierre Courcelle의 견해[9]를 따르지 않더라도, 어쨌든 이러한 장면에서 히에로니무스가 다시(370년경) 고향과 친구 루피누스의 아퀼레이아 공동체에서 금욕생활과 학문활동을 하고자 세속 경력을 포기하려고 결심하였다는 분위기를 느낄 수 있다. 위의 공동체는 얼마 뒤 아우구스티누스가 주도적 역할을 한 카시치아쿰과 타가스테의 동아리와 비교할 수 있다.

아퀼레이아에 있던 공동체가 해체되자 히에로니무스도 루피누스도 동방 수도제도의 근원지로 떠났다. 루피누스(373년)는 이집트로 갔으며, 히에로니무스(371년?)는 콘스탄티노플을 거쳐 안티오키아로 가서 그곳의 니체아파 공동체의 주교가 될 에바그리우스의 영접을 받았다. 히에로니무스는 동시리아 지방에 있는 칼키스 근방의 광야에서 은수자로 얼마간 지내다가[10] 그 뒤 안티오키아로 다시 돌아왔다. 379/80년경까지 안티오키아에 머물렀던 시기는 그의 생애에 방향을 정하는 뼈대를 이루었다. 그는 뒤에 번역활동의 기초가 된 그리스어와 히브리어 지식을 상당히 습득하였다. 아우구스티누스처럼 그는 성서의 세련되지 못한 문체 때문에 전에 읽다가 만 성서를 다시 집중적으로 읽기 시작하였다. 또한 훗날 성서 본문과 성서해석 작업의 기초가 된 라오디체아의 아폴리나리우스의 성서주석 강연을 들었다(377년?). 그가 꾼 유명한 꿈의 내용에서 드러나듯이 고전문학에 대한 심취, 곧 고전문학에 대한 병적인 욕망에서 성서 연구로 방향을 돌린 것은 극도의 삶의 위기에서 이루어졌다. 그는 꿈속에서 하느님의 법정 앞에 서서 판결을 들었다. "너는 치체로주의자이지 그리스도인이 아니다. 너의 보물이 있는 곳에 너의 마음도 있다"(마태 6,21. 「서간」 22,30). 그럼에도 그의 작품을 분석해 보면, 고전문학가들이 그리스도교의 뒤로 물리쳤다 하더라도, 그들은 한평생 히에로니무스에게 영향력을 끼쳤다는 것을 알 수 있다.

---

[9] Pierre Courcelle, Recherches sur les Confessions de saint Augustin, P 1950 181-7.

[10] 노탱(Nautin)은 이에 관한 히에로니무스 편지의 역사성을 의심하고, 히에로니무스가 378/79년에 안티오키아에서 동쪽으로 50Km에 자리한 마로니아에 있는 광야 끝에 살았다는 사실만 인정한다.

히에로니무스는 그가 라틴어로 번역한 오리게네스의 작품들을 에우스타티우스
가 남긴 도서관에서 연구하였다. 그는 에바그리우스처럼 니체아파 공동체에 속
했으며, 수도생활을 포기하지 않는다는 조건 아래 파울리누스에게서 사제품을
받고 저술활동을 시작하였다. 분명히 이 시기에 그는 그리스도교 문헌 가운데
수도자에 관한 첫번째 성인전인 이집트 은수자 「바울로의 생애」Vita를 저술하였
다. 노텡Nautin에 따르면 그는 이전에 이미 오리게네스의 작품(이사야, 예레미야, 에제키
엘 강해)을 번역하였다. 그러나 다른 학자들은 나지안즈의 그레고리우스의 권고로
이루어진 첫번째 번역작업의 연도를 히에로니무스가 뒤에 콘스탄티노플에 머무
르던 시기로 잡는다. 그는 379년 또는 380년 니체아파를 옹호하는 새 황제로부
터 안티오키아의 합법적인 주교로 인정받으려는 파울리누스 주교와 함께 콘스탄
티노플에 갔다. 그러나 파울리누스의 시도는 황제와 공의회(381년)가 멜레티우스
를 합법적인 주교로 인정하였기 때문에 수포로 돌아갔다. 이 시기에 히에로니무
스는 카파도키아 사람들인 콘스탄티노플의 총대주교 나지안즈의 그레고리우스,
니사의 그레고리우스, 이코니움의 암필로치우스와 교제하였으며, 번역작업을 시
작하거나 계속하였다. 여하튼 그는 콘스탄티노플에서 중세까지 영향을 미친 에
우세비우스의 「연대기」를 번역하면서 378년까지의 사건을 계속 다루었다.

　나지안즈의 그레고리우스가 콘스탄티노플의 주교좌를 그만둔 뒤, 파울리누스
와 히에로니무스는 니체아 공동체에 대한 승인을 받기 위한 노력을 포기하지 않
은 채 안티오키아로 돌아갔다. 그들은 382년 초 콘스탄티아의 에피파니우스와
함께 로마로 갔고, 히에로니무스는 통역자로 활동하였다. 밀라노의 암브로시우스
도 참석한 382년의 로마 교회회의는 파울리누스를 안티오키아의 유일한 합법적
인 주교로 승인하였으나, 그 결정이 동방에서는 아무 영향력도 미치지 않았다.
에피파니우스와 히에로니무스는 과부 파울라의 집에서 그녀의 딸 에우스토키움
과 마르첼라와 함께 살았다. 파울라와 그녀의 딸들은 (위대한 카파도키아 사람인
바실리우스와 니사의 그레고리우스의 어머니와 딸처럼) 집을 개조하여 수도원을
만들었다. 이는 히에로니무스가 학생시절에 만난 사람들을 이미 이 금욕 동아리
로 끌어들이고 자신의 지향을 지속적으로 추구하였다는 것을 나타낸다. 이 동아

리에서는 신분이 높고 부유하며 학식이 있는 사람들이 중요한 의미를 지닌다. 더욱이 마르첼라는 성서를 원문으로 연구할 수 있을 만큼 히브리어를 배웠다. 파울리누스와 에피파니우스가 383년 여름에 동방으로 돌아갔을 때, 히에로니무스는 자신이 전하듯이 다마수스 주교의 비서로 로마에 남았다(「서간」 123,9). 노텡은 이 진술의 정확성을 의심하지만, 12세기에 씌어진 히에로니무스의 「생애」에서는 그를 추기경으로 부르며, 후대의 성화에서도 그를 종종 추기경으로 그린다.

히에로니무스의 후원자이자 보호자인 다마수스 교황이 384년 12월 11일 사망한 뒤, 히에로니무스는 다마수스의 뒤를 이어 로마의 주교가 되리라고 확신하였다(「서간」 45,3). 그러나 히에로니무스가 금욕적 열정에서 영적·도덕적 결함이나 폐해를 곧이곧대로 그리고 신랄하게 비난하여 로마의 많은 사람을 적으로 만들었기 때문에, 사람들은 시리치우스를 후임자로 뽑았다. "히에로니무스는 본디 타고난 풍자가였다. 정확한 관찰과 재치 넘치는 문학적 기지뿐만 아니라 신랄함과 악의에서도 논쟁을 좋아하는 그 시대 사람들 가운데 그를 따를 사람이 없었다"[Harald Hagendahl: Gn. 40 (1968), 582쪽]. 여기서 처음으로 히에로니무스의 개성이 나타나지만, 뒤에 루피누스, 아우구스티누스 등과 벌인 논쟁에서 더 명백히 드러난다. 그는 다른 사람을 통렬하게 공격하지만, 그 자신은 다정다감하며 쉽게 마음의 상처를 입었다. 당시 로마 사람들이 그를 적대시하여 그는 그곳을 떠나야만 했다. 더욱이 사람들은 그가 금욕 동아리의 여인들과 부도덕한 관계를 가졌다고 의심하였다. 이때문에 그는 385년 8월 오스티아에서 예루살렘으로 가는 배를 탔다. 파울라와 딸 에우스토키움은 다른 여자와 함께 그를 뒤따라가 레죠 디 칼라브리아에서 만났다. 그들은 그곳을 떠나 키프로스와 안티오키아를 거쳐 385년 말에 예루살렘에 도착하였으나, 이집트의 수도자 마을과 알렉산드리아의 위대한 오리게네스 전문가인 디디무스를 방문하기 위하여 곧 예루살렘을 떠나 이집트로 향하였다. 그들은 386년 초 팔레스티나로 돌아가 마침내 베들레헴에 정주하였으며, 그곳에 하나의 수도원과 세 개의 수녀원을 설립하였다.

팔레스티나의 체사레아에 있는 오리게네스-에우세비우스 도서관의 풍부한 자료를 이용할 수 있었던 히에로니무스는 이후 몇 년 동안 저작활동에 전념하였다. 그는, 특히 성서 번역과 필레몬에게 보낸 편지, 갈라디아인들에게 보낸 편지, 에페소인들에게 보낸 편지, 디도에게 보낸 편지, 전도서, 미가, 스바니야, 나훔, 하바꾹, 하깨, 요나, 오바디야 주석서를 저술하였으며, 디디무스의 「성령론」, 오리게네스의 「루가복음 강해」를 번역하였다. 이 시기에 저술가 목록인 「유명인사록」*De viris illustribus*이 씌었다. 히에로니무스는 393년 9월 예루살렘의 교회 축성축일 뒤, 콘스탄티아의 에피파니우스와 예루살렘의 요한 사이에 벌어진 오리게네스 신학에 관한 논쟁에 휘말렸다. 그는 이미 오래 전부터 친분이 두터운 에피파니우스와 한편이 되었으며, 그의 친구 루피누스는 요한과 한편이 되었다. 이로써 루피누스와 몇 년간에 걸친 논쟁이 시작되었고, 히에로니무스는 교회와도 어려운 관계에 놓이게 되었다. 그가 설립한 수도원의 한 형제가 베들레헴의 수도원에 관할권을 가진 예루살렘의 주교 요한의 허락없이 에피파니우스에게서 부제품을 받았기 때문에, 요한은 수도원을 파문하였다. 히에로니무스는 그의 작품 「예루살렘의 요한 논박」*Contra Ioannem Hierosolymitanum*에서 이에 대해 변론하였으며, 알렉산드리아의 테오필루스에게 지지를 요청하였다. 히에로니무스가 다방면에 걸쳐 노력한 결과 요한은 마침내 397년 성 목요일에 히에로니무스를 교회에 다시 받아들였다. 동시에 히에로니무스는 루피누스와도 화해하였다. 오리게네스 논쟁에서 두 사람의 대립적 입장 때문에 오리게네스에 대한 히에로니무스의 태도가 근본적으로 변하였는지는 결정하기 쉽지 않다. 히에로니무스는 오리게네스의 논쟁 이전이나 이후나 오리게네스의 작품들을 존중하며 번역하였다. 히에로니무스가 논쟁에서 에피파니우스의 편에 있었다는 사실은 오로지 개인적인 이유 때문인 것 같으며, 루피누스와 펼친 필전筆戰은 오리게네스의 신학이 문제가 아니라 「원리론」 번역의 정확성에 대한 문제였다. 이때문에 397년부터 그들 사이에 다시 논쟁이 일어났다(7. 참조).

히에로니무스는 당시의 다른 유명한 주교들과 관계가 원만하지 않았다. 암브로시우스가 그의 작품 「성령론」을 디디무스의 「성령론」에서, 「루가복음 주석」은 오리게네스의 강해에서 베껴 썼기 때문에, 히에로니무스는 표절을 폭로하기 위하여 두 작품을 라틴어로 번역하였다. 번역 동기가 382년에 열린 로마 교회회의에서 암브로시우스가 그와 파울리누스를 지지하지 않은데 대한 복수심 때문인지 아니면 그의 언어학적 기득권 때문인지는 더 이상 확실히 알 수 없다. 400~404년 그가 아우구스티누스와 나눈 서신교환은 미묘한 결과를 낳았으며, 테오필루스와 요한 크리소스토무스 사이에 벌어진 오리게네스 논쟁 기간에 그는 테오필루스를 위해 이 편지를 라틴어로 번역하였다(뒤의 서간집 참조).

파울라가 오랜 투병 끝에 404년 1월 26일 사망했기 때문에, 히에로니무스는 403~405년에 저술활동을 중지하였다. 이후 그는 성서주석 작업[즈가리야, 말라기, 호세아, 요엘, 아모스(406년), 다니엘(407년), 이사야(408/9년), 에제키엘(411~14년 또는 412~15년), 예레미야(415년부터)]을 다시 계속하였다. 그는 이 시기 가운데 410년 8월 24일 알라리쿠스가 로마를 점령한 뒤, 또한 이후에 일어난 팔레스타나로 난민이 유입한 뒤에도 물론 저작활동을 중지하였다. 그는 415/16년 겨울에 예루살렘의 요한에게 은신처를 구한 펠라기우스파에 맞서 「펠라기우스파 논박 대화」*Dialogus contra Pelagianos*를 저술하였다.

히에로니무스는 419년 또는 420년 9월 30일에 사망하였다. 서방교회는 1295년부터 그를 암브로시우스, 아우구스티누스, 대 그레고리우스와 함께 "서방의 네 명의 위대한 교회학자"로 존경한다. 그는 성화에서 때때로 "집안에 있는 히에로니무스"와 (알브레히트 뒤러의 동판화로 가장 유명한) 그의 발 밑에 사자와 함께 있는 사람으로 묘사된다. 전자는 수도원에서 연구에 힘쓰는 그의 삶을, 후자는 사자와 관련된 전설을 암시한다. 9세기에 씌어진 「생애」에 나오는 전설에 따르면, 그가 사자의 앞발에서 가시를 빼주었는데, 그 뒤 사자가 고마움을 느끼고 그의 곁을 떠나지 않았다고 한다. 이 전설은 예를 들어 작센과 바이에른 지방의 공작인 하인리히(1142~1180년)도 "사자"라는 별칭을 사용할 만큼 후대에 영향을 주었다.

유명한 「히에로니무스의 순교자 축일표」*Martyrologium Hieronymianum*는 일년 동안의 순교자와 성인들에 관한 중요한 축일 목록으로, 히에로니무스가 쓴 것이 아니라 이전에 있던 세 종류의 순교자 축일표를 431~450년 사이에 북이탈리아(아퀼레이아?)에서 편집한 것이다.

참고문헌 목록: P. Antin: CChr.SL 72 (1959) IX-LII. – M. Tilly: BBKL 2 (1990) 818-21.

편집본: *Opera omnia*: PL 22-30. – PLS 2, 18-328. – *Adversus Pelagianos*: C. Moreschini = CChr.SL 80 (1990). – *Chronik*: R. Helm = GCS 24 (1913). – *Contra Iohannem*: J.-L. Feiertag = CChr.SL 79 A (1999). – *Contra Rufinum*: P. Lardet = CChr.SL 79 (1982). – G. Brugnoli, *Curiosissimus Excerptor*. Gli "Additamenta" di Girolamo ai "Chronica" di Eusebio, Pisa 1995 (TK). – P. Lardet = SC 303 (1983) (TfÜK). – *Homiliae*: G. Morin = CChr.SL 78 (1958). – *In Danielem*: F. Glorie = CChr.SL 75 A (1964). – *In Ezechielem*: F. Glorie = CChr.SL 75 (1964). – *In Hieremiam*: S. Reiter = CSEL 59 (1913). – S. Reiter = CChr.SL 74 (1960). – *In Ionam*: Y.-M. Duval = SC 323 (1985) (TfÜK). – *In Isaiam*: M. Adriaen = CChr.SL 73-73 A (1963). – R. Gryson/P.-A. Deproost/J. Coulie/E. Crousse = VL 23, 27, 30, 35, 36 (1993-9) (I-XVIII). – *In Matthaeum*: D. Hurst/M. Adriaen = CChr.SL 77 (1969). – É. Bonnard = SC 242 + 259 (1977-9) (TfÜK). – *In Prophetas minores*: M. Adriaen = CChr.SL 76-76 A (1969-70). – *Psalter*: H. de Sainte-Marie = CBLa 11 (1954). – *Quaestiones in Genesim, Hebraica nomina, In Psalmos, In Ecclesiasten*: P. de Lagarde/G. Morin/M. Adriaen = CChr.SL 72 (1959). – *Vita Hilarionis/Ephitaphium sanctae Paulae*: Ch. Mohrmann/A.A.R. Bastiaensen/J.W. Smit/L. Canali/C. Moreschini: Vite dei Santi IV, Verona 1975, 69-237, 291-369 (TiÜK). – *Vita Pauli eremitae*: R. Degòrski, R 1987.

번역서: P. Leipelt = BKV¹ 2 Bde. (1872-4) (편지, 성인전, 논쟁서를 발췌). – L. Schade = BKV² 3 Bde. (1914-37) (수도자 전기, 추도사, 강해, 교의서, 편지). – 영어 번역서: W.H. Fremantle: NPNF II 3 (1892 = 1995) (*Apology*). – W.H. Fremantle/G. Lewis/W. G. Martley = NPNF II 6 (1893 = 1995) (*Letters, Life of Paul the First Hermit, Life of St. Hilarion, Life of Malchus the Captive Monk, Against the Luciferians, Against Helvidius, Against Jovinianus, Against Vigilantius, Letter to Pammachius against John of Jerusalem, Against the Pelagians*). – M.L. Ewald = FaCh 48 (1964), 57 (1966) (*On the Psalms, On St. Mark, Various*). – M.L. Ewald: FaCh 15 (1952) 217-97 (*Life of St. Paul, the First Hermit; Life of Hilarion; Life of Malchus, the Captive Monk*). – J.N. Hritzu = FaCh 53 (1965) (*On the Perpetual Virginity of the Blessed Mary Against Helvidius, The Apology Against the Books of Rufinus, The Dialogue Against the Pelagians*). – C.T.R. Hayward, O 1995 (*Hebrew Questions on Genesis* eÜK).

보조자료: B. Lambert, *Bibliotheca Hieronymiana Manuscripta*. La tradition manuscrite des œuvres de saint Jérôme, 7 vol. = IP 4 (1969-72). – Cetedoc/E. Gouder/P. Tombeur, *Instrumenta Lexicologica Latina* zu CChr.SL 79, *series A (Formae), series B (Lemmata)*, Tu 1982-6 (microfiches). – Cetedoc, *Thesaurus Sancti Hieronymi, series A – Formae*, Tu 1990; *Concordantiae*, Tu o.J. (microfiches).

참고문헌: 사전 항목: P. Nautin: TRE 15 (1986) 304-15. – H. Hagendahl/J. H. Waszink: RAC 15 (1991) 117-39. – J. Gribomont: EECh I 430-1. – R. Aubert, Jérôme: DHGE 27 fasc.159/160, 1021-7.

일반 연구서: G. Grützmacher, Hieronymus. Eine biographische Studie zur alten Kirchengeschichte, 3 Bde. = SGTK VI/3, X/1-2 (1901-8) = Aalen 1969. – F. Cavallera, Saint Jérôme, sa vie et son œuvre, 2 vol. = SSL 1-2 (1922). – P. Antin, Essai sur saint Jérôme, P 1951. – F.X. Murphy, A Monument to Saint Jerome. Essays on Some Aspects of His Life, Works and Influence, NY 1952. – P. Antin, Recueil sur saint Jérôme = CollLat 95 (1968). – M. Testard, Saint Jérôme, l'apôtre savant et pauvre du patriciat romain, P 1969. – J.N.D. Kelly, Jerome. His Life, Writings, and Controversies, Lo 1975.

편찬서: Y.-M. Duval (ed.), Jérôme entre l'Occident et l'Orient. XVIe centenaire du départ de saint Jérôme de Rome et son installation à Bethléem, P 1988. – C. Moreschini/G. Menestrina (ed.), Motivi letterari ed esegetici in Gerolamo. Atti del convento tenuto a Trento il 5-7 dicembre 1995, Brescia 1997.

성서/성서주석: A. Souter, The Earliest Latin Commentaries on the Epistles of St. Paul, O 1927, 96-138. – J. Steinmann, Hieronymus, Ausleger der Bibel. Weg und Werk eines Kirchenvaters, K 1961 (f P 1958 = 1985). – W. Hagemann, Wort als Begegnung mit Christus. Die christozentrische Schriftauslegung des Kirchenvaters Hieronymus = TThSt 23 (1970). – V. Peri, Omelie origeniane sui Salmi. Contributo all'identificazione del testo latino = StT 289 (1980). – C. Estin, Les psautiers de Jérôme à la lumière des traductions juives antérieures = CBLa 15 (1984). – J.I. Pock, *Sapientia Salomonis.* Hieronymus' Exegese des Weisheitsbuches im Licht der Tradition, Graz 1992. – P. Jay, L'exégèse de saint Jérôme d'après son "Commentaire sur Isaïe", P 1985. – J. Braverman, Jerome's *Commentary on Daniel*: A Study of Comparative Jewish and Christian Interpretations of the Hebrew Bible = CBQ.MS 7 (1978). – Y.-M. Duval, Le livre de Jonas dans la littérature chrétienne grecque et latine. Sources et influence du Commentaire sur Jonas de saint Jérôme, 2 vol., P 1973. – F. Mali, Das *"Opus imperfectum in Matthaeum"* und sein Verhältnis zu den Matthäuskommentaren von Origenes und Hieronymus = IThS 34 (1991). – E.A. Clark, The Place of Jerome's Commentary on Ephesians in the Origenist Controversy: the Apokatastasis and Ascetic Ideals: VigChr 41 (1987) 154-71. – D. Brown, *Vir trilinguis.* A Study in the Biblical Exegesis of Saint Jerome, Kampen 1992. – J.I. Pock, *Sapientia Salomonis.* Hieronymus' Exegese des Weisheitsbuches im Licht der Tradition, Graz 1992. – A. Kamesar, Jerome, Greek Scholarship, and the Hebrew Bible. A Study of the *Quaestiones Hebraicae in Genesim*, O 1993.

논쟁/루피누스/오리게네스 논쟁: J. Brochet, Saint Jérôme et ses ennemis. Étude sur la querelle de Saint Jérôme avec Rufin d'Aquilée et sur l'ensemble de son uvre polémique, P 1905. – I. Opelt, Hieronymus' Streitschriften = BKAW NF II/44 (1973). – E.A. Clark, The Origenist Controversy. The Cultural Construction of an Early Christian Debate, Princeton/NJ 1992. – P. Lardet, L'Apologie de Jérôme contre Rufin. Un commentaire = SVigChr 15 (1993).

언어/문학: H. Goelzer, Étude lexicographique et grammaticale de la latinité de saint Jérôme, P 1884. – P. Courcelle, Les lettres grecques en Occident de Macrobe à Cassiodore, P ²1948, 37-115. – E. Arns, La technique du livre d'après saint Jérôme, P 1953. – H. Hagendahl, Latin Fathers and the Classics. A Study on the Apologists, Jerome and Other Christian Writers = AUG 64 (1958). – D. S. Wiesen, St. Jerome as a Satirist. A Study in Christian Latin Thought and Letters, Ithaca/NY 1964.

금욕/수도제도: Ph. Rousseau, Ascetics, Authority and Church in the Age of Jerome and Cassian, O 1978. – A. de Vogüé, Histoire littéraire du mouvement monastique dans l'antiquité. Première partie: le monachisme latin. De la mort d'Antoine à la fin du séjour de Jérôme à Rome (356-385), P 1991. – Ch. Krumeich, Hieronymus und die christlichen *feminae clarissimae*, Bn 1993. – B. Feichtinger, *Apostolae apostolorum.* Frauenaskese als Befreiung und Zwang bei Hieronymus, Ffm 1995. – L. Mirri, La dolcezza della lotta. Donne e ascesi secondo Girolamo, Magnano 1996. – P. Laurence, Jérôme et le nouveau modèle feminin. La conversion à la "vie parfaite", P 1997.

그밖의 연구서: Y. Bodin, Saint Jérôme et l'Église = ThH 6 (1966). – Ch. Pietri, *Roma Christiana.* Recherches sur l'Église de Rome, son organisation, sa politique, son idéologie de Miltiade à Sixte III (311-440), 2 vol. = BEFAR 224 (1976). – Ph. Rousseau, Ascetics, Authority and Church in the Age of Jerome and Cassian, O 1978. – H. Kech, Hagiographie als christliche Unterhaltungsliteratur. Studien zum Phänomen des Erbaulichen anhand der Mönchsviten des hl. Hieronymus, Göppingen 1977. – Gerolamo e la biografia letteraria, Genua 1989. – A. de Vogüé, Histoire littéraire du mouvement monastique dans l'antiquité. Première partie: le monachisme latin. De la mort d'Antoine à la fin du séjour de Jérôme à Rome (356-385), P 1991. – St. Rebenich, Hieronymus und sein Kreis. Prosopographische und sozialgeschichtliche Untersuchungen = Hist.E 72 (1992).

8.1. 성서 번역서

오늘날까지 통용되는 라틴어 성서 번역 "불가타"(“신新불가타”는 제2차 바티칸 공의회의 위탁으로 1979년에야 교정됨)는 히에로니무스에게서 유래한다. 그가 다마수스 교황에게서 이 번역을 공식적으로 위탁받았는지는 확실하지 않다. 여하튼 그는 로마에 체류(382~385년)할 때 이 작업을 시작했으며, 머리말을 다마수스 교황에게 바친다. 이전까지는 여러 지방교회에 서로 다른 라틴어 성서가 있었다. 현재 독일 보이론Beuron에 있는 베투스라티나연구소는 이 성서들을 수집하여 편집하고 있다(제4장 2. 참조).

히에로니무스는 라틴어 본문을 그리스어 원본과 비교하면서 맨 먼저 복음서들을 교정하였다. 구약성서에 관해서는 두 종류의 번역서가 있다. 하나는 오리게네스의 「육중역본」(헥사플라: 제3장 6.3.1. 참조)을 기초로 하였으나 시편, 욥기, 잠언, 아가, 전도서, 역대기만 수록되어 있으며(베들레헴에서 385년 이후 출판됨), 다른 하나는 히에로니무스의 증언에 따르면 히브리어 원본에 따른 완전한 번역서(393~404/5년에 출판됨)이다. 그렇지만 히에로니무스는 이를 번역하기에 히브리어 지식이 충분하지 않은 것 같기에, 히브리어 본문과 그리스어 음역을 실은 「육중역본」(헥사플라)을 사용한 것으로 추측할 수 있다.

제4장 2.의 서술 참조.

편집본: *Biblia sacra iuxta Latinam Vulgatam versionem*, 17 vol., R 1926-87. – R. Weber, 2 vol., St 1969. – *Nova Vulgata Bibliorum Sacrorum editio*, Vatikanstadt 1979.

보조자료: F. Kaulen, Sprachliches Handbuch zur biblischen Vulgata. Eine systematische Darstellung ihres lateinischen Sprachcharakters, F ²1904. – W.E. Plater/H. J. White, A Grammar of the Vulgate, Being an Introduction to the Study of the Latinity of the Vulgate Bible, O 1926. – B. Fischer, *Novae Concordantiae Bibliorum Sacrorum iuxta vulgatam versionem*, 5 vol., St 1977.

참고문헌: F. Stummer, Einführung in die lateinische Bibel. Ein Handbuch für Vorlesungen und Selbstunterricht, Pb 1928. – H.J. Vogels, Vulgatastudien. Die Evangelien der Vulgata untersucht auf ihre lateinische und griechische Vorlage = NTA 14/2-3 (1928). – G.Q.A. Meershoek, Le latin biblique d'après saint Jérôme = LCP 20 (1966). – H.F.D. Sparks, Jerome as Biblical Scholar: CHB 1 (1970) 510-41. – Institut für neutestamentliche Textforschung/V. Reichmann: TRE 6 (1980) 178-81. – T. Stramare (ed.), La Bibbia "Vulgata" dalle origini ai nostri giorni = CBLa 16 (1987). – R. Gryson, S. Jérôme traducteur d'Isaïe. Réflexions sur le texte d'Isaïe XIV,18-21 dans la Vulgate et dans l'*In Esaiam*: Muséon 104 (1991) 57-72. – M. Wissemann, Schimpfworte in der Bibelübersetzung des Hieronymus = BKA NF II/86 (1992). – St. Rebenich, Jerome: The "*vir trilinguis*" and the "*Hebraica veritas*": VigChr 47 (1993) 50-77.

8.2. 「유명인사록」*De viris illustribus*

로마의 전기작가 수에토니우스(약 70년 이후 사망)는 로마 정신의 뛰어난 문학적 업적을 찬양하고 부각하려고, 유명한 황제 전기 외에 저명한 저자들의 전기를 「유명인사록」이라는 제목으로 출판하였다. 히에로니무스는 이 작품을 의도적으로 실마리로 삼아, 그리스도교의 뛰어난 문학적 업적을 증명하고 교양 없는 사람들만 그리스도교로 개종한다는 비난에 맞서기 위하여, 393년 같은 제목으로 바울로부터 그 자신을 포함한 135명의 그리스도교 저자의 목록을 작성하였다. 히에로니무스는 이를 위해 모든 저자와 작품을 직접 연구하지 않고, 대부분 성서와 에우세비우스의 교회사에서 자료와 작품 목록을 수집하였다. 이 책은 "교부론의 근원"으로 여겨지며 뒤에도 후속 작품이 잇따랐다. 마르세이유의 겐나디우스(467년경),[11] 무엇보다도 아프리카와 스페인 주교들을 보완한 세빌라의 이시도루스(615~618년), 지방 역사의 관심에서 톨레도의 일데폰스(667년 사망)가 같은 제목으로 작품을 저술하였다. 마지막 작품에 추가된 열네 명의 스페인 주교 가운데 일곱 명은 일데폰스의 선임자인 톨레도의 주교였으며, 그 가운데 여덟 명만 저술활동을 하였다.

편집본: E.C. Richardson = TU 14/1a (1896). – G. Herding = BiTeu (1924).

영어 번역서: E.C. Richardson: NPNF II 3 (1892 = 1995) 359-84.

참고문헌: St. von Sychowski, Hieronymus als Litterarhistoriker. Eine quellenkritische Untersuchung der Schrift des h. Hieronymus "*De viris illustribus*" = KGS 2/2 (1894). – C.A. Bernoulli, Der Schriftstellerkatalog des Hieronymus. Ein Beitrag zur Geschichte der altchristlichen Litteratur, F – L 1895. – A. Feder, Studien zum Schriftstellerkatalog des heiligen Hieronymus. F 1927. – P. Nautin, La date du "*De uiris inlustribus*" de Jérôme, de la mort de Cyrille de Jérusalem et de celle de Grégoire de Nazianze: RHE 56 (1961) 33-5. – A. Ceresa-Gastaldo, La tecnica biografica del "*De viris illustribus*" di Gerolamo: Ren. 14 (1979) 221-36. – S. Pricoco, Storia letteraria e storia ecclesiastica dal *De viris inlustribus* di Girolamo a Gennadio = SicGym Quaderni 6 (1979). – I. Opelt, Hieronymus' Leistung als Literarhistoriker in der Schrift *De viris illustribus*: Orph. NS 1 (1980) 52-75. – P. Nautin, La liste des œuvres de Jérôme dans le "*De viris inlustribus*": Orph. NS 5 (1984) 319-34.

---

[11] 프리코코(S. Pricoco, Gennadius of Marseilles: EECh I, 342쪽)에 따르면 이 작품은 "오늘날 겐나디우스의 작품이 아닌 것으로 여겨지며 … 겐나디우스 당시 그와 친분이 있는 사람이 저술하였다고 말할 수 있다". 그러나 피에트리(Ch. Pietri, TRE 12 [1984], 376쪽)는 전통적인 견해인 겐나디우스가 "수사본 전승에서 확실히 동일하다"고 다시 확인하였다.

8.3. 「서간집」

히에로니무스의 서간집은 154통의 편지를 싣고 있으며, 히에로니무스와 그의 인간관계, 활동, 시대사를 전해주는 매우 귀중한 자료이다. 그 가운데 34통은 그가 쓴 것이 아니라 받은 것이거나, 그가 번역하였거나, 이유를 모른 채 그의 서간집에 수록된 다른 사람들의 편지이다(19, 35, 46, 51, 56, 67, 80, 83, 87, 89-96, 98, 100, 101, 104, 110, 111, 113, 116, 131, 132, 135-137, 144, 148-150). 이 편지를 쓴 사람은 다음과 같다.

아나스타시우스 교황(95)

아우구스티누스(56 = Aug ep 28, 67 = Aug ep 40, 101 = Aug ep 67, 104 = Aug ep 71, 110 = Aug ep 73, 111 = Aug ep 74: 프레시디우스에게 보낸 편지, 116 = Aug ep 82, 131 = Aug ep 166, 132 = Aug ep 167, 144 = Aug ep 202 A: 옵타투스에게 보낸 편지)

다마수스 교황(19, 35)

리다의 디오니시우스(94: 알렉산드리아의 테오필루스에게 보낸 편지, 히에로니무스가 번역함)

콘스탄티아(살라미스)의 에피파니우스(51: 예루살렘의 요한에게 보낸 편지, 히에로니무스가 번역함; 91)

인노첸시우스 교황(135: 카르타고의 아우렐리우스에게 보낸 편지, 136, 137: 예루살렘의 요한에게 보낸 편지)

팜마키우스와 오체아누스(83)

파울라와 에우스토키움(46: 마르첼라에게 보낸 편지)

루피누스(80)

예루살렘 교회회의(93: 알렉산드리아의 테오필루스에게 보낸 편지, 히에로니무스가 번역한 것 같다)

알렉산드리아의 테오필루스(87, 89, 90: 콘스탄티아의 에피파니우스에게 보낸 편지, 92: 히에로니무스가 번역함, 96: 16번째 부활축일 서간, 히에로니무스가 번역함; 98: 17번째 부활축일 서간, 히에로니무스가 번역함; 100: 21번째 부활축일 서간, 히에로니무스가 번역함; 113: 「장문의 편지」*Liber enormis*의 단편, 히에로니무스가 번역함)

편지 148번은 펠라기우스가 쓴 것이며, 149번의 저자(가假-콜룸바누스)는 알려져 있지 않다. 가자의 프로코피우스의 편지 150번은 스트리도니아의 히에로니무스가 아니라 히에로니무스라는 이름을 가진 다른 인물에게 보낸 것이다. 또한 편지 120번은 히에로니무스가 쓴 진본이며, 게다가 요한네스 디비악Johannes Divjak이 1981년 새로 발견한 29통의 아우구스티누스 편지 가운데 한 통(27*번)도 히에로니무스의 것이며, 또 다른 한 통(19*번)은 히에로니무스에게 보낸 것이다. 그밖에 이 편지들과 함께 전해지고 출판된 번역서의 여러 머리말도 서간집의 일부를 이룬다.

헤르만 요셉 프레데(Hermann Josef Frede, Kirchenschriftsteller, 357쪽)는 시리아 동쪽에 있는 칼키스 사막에서 보낸 편지들(epp 5-14)이 374년에 씌었다고 주장한다(이러한 구체적인 연도는 위에서 설명한 이 시기 연대기의 부정확성 때문에 추측으로만 알 수 있다). 피에르 노텡 Pierre Nautin은 "히에로니무스가 실제로 수도자들과 함께 살았다는 사실을 자신을 비방하는 사람들에게 증명하기 위하여 뒤늦게 387년에서야 이 편지들을 썼다는 추측에 상반되는 여러 요소"(TRE 15, 304쪽)를 바탕으로 이 편지들의 진본성을 부인한다. 필자가 아는 바에 따르면 노텡만 이러한 의견을 내세운다.

서간집에 전해지는 아우구스티누스와 히에로니무스의 서신교환은 처음에 우호적으로 이루어진 것은 아니었다. 아우구스티누스는 주교가 되기 이전인 394/95년에 처음으로 히에로니무스의 성서 번역에 대한 소견과 조언을 쓴 편지(ep 56 = Aug ep 28)를 히에로니무스에게 보냈다. 아우구스티누스는 70인역과 다른 라틴어 번역의 구절들을 표시해 주기를 바랐다. 그의 동료가 예루살렘으로 순례가는 길에 이 편지를 가지고 갔으나 히에로니무스에게 전해주지 못하였다. 아우구스티누스는 이 편지를 루피누스에게 보내 히에로니무스의 감정을 상하게 하였다. 따라서 아우구스티누스가 400년에 히에로니무스에게 또 다른 편지(ep 67 = Aug ep 40)를 썼을 때, 히에로니무스는 이에 회답할 가치가 없다고 생각하였다. 아우구스티누스는 이전의 일을 사과했으며, 그 뒤 때때로 힘들고 또한 오랫동안 이루어진 서신교환은 주로 성서와 신학의 문제를 다루었다.

ep 102 = Aug ep 68(402년)
ep 103 = Aug ep 39(397년? 또는 403년?)
ep 105 = Aug ep 73(403~4년)
ep 112 = Aug ep 75(403~4년)
ep 115 = Aug ep 81(405년?)
ep 134 = Aug ep 172(416년)
ep 141 = Aug ep 195(418년)
ep 142 = Aug ep 123(410년)
ep 143 = Aug ep 202(419년)

395년 또는 396년에 씌어진 편지 57번은 실제적인 동기에서 씌어졌지만, 이 문제를 넘어 히에로니무스의 번역 원칙, 곧 「번역하는 가장 좋은 방법」*De optimo genere interpretandi*에 관한 근본 원칙을 묘사한다. 히에로니무스는 콘스탄티아의 에피파니우스가 예루살렘의 요한을 오리게네스주의자라고 논박하는 내용의 편지를 번역하였다. 히에로니무스는 이 편지에서 요한에게 불리하고 부정확하고 편파적으로 번역했다는 비난에 대해 변론한다. 문제의 번역은 단지 사적인 것이지 출판을 의도한 것이 아니며, 도난되거나 누설되지 않으면 널리 알려질 수 없다고 해명한 뒤, 히에로니무스는 번역이 본문의 의미를 적절하게 묘사하는 것이며, 맹목적인 낱말의 번역에서 벗어나야 한다는 근본 원칙을 강조한다.

401년부터 "키다리 수사들"을 둘러싼 오리게네스 논쟁의 두번째 국면 동안에 이루어진 알렉산드리아의 총대주교 테오필루스와 요한 크리소스토무스 사이의 서신교환은 히에로니무스의 라틴어 번역에 남아 있다. 그렇지 않으면 이 논쟁에 관한 귀중한 기록은 없어졌을 것이다

그밖에 수도자로서 삶을 기록한 편지(14, 58, 122), 동정성에 관한 편지(22와 130), 과부의 신분에 관한 편지(46, 79), 사제직에 관한 편지(52), 다마수스 교황과 주고받은 서신(15, 16, 18-21, 35, 36)은 주목할 만한 가치가 있다.

편집본: I. Hilberg = CSEL 54-56 (1910-8). – J. Schmid = FlorPatr 22 (1930) (*epp* Hier-Aug). – J. Divjak = CSEL 88 (1981) 130-3 (*ep* 27*). – Y.-M. Duval: BAug 46 B (1987) 394-401, 560-8 (*ep* 27* TfÜK).

번역서: L. Schade = BKV² II-III (193-7) (2-17, 21-4, 27, 31-3, 37-41, 43-9, 52-5, 57-8, 60-3, 68-71, 75-6, 79, 81-2, 86, 88, 99, 102-3, 105, 107, 112, 114, 115, 118, 122-3, 125-6, 128-30, 133-4, 138-9, 141-3, 145-7, 151-4 nach Themen geordnet). – K. Ernesti, Pb 1902 (107, 128). – L. Schade/J. B. Bauer = SKV 2 (1983) (14, 22, 52, 107, 125). – C. White, The Correspondence (394-419) Between Jerome and Augustine of Hippo, Lewiston – Queenston - Lampeter 1990 (EeÜ). – 영어 번역서: Ch.Ch. Mierow/Th.C. Lawler = ACW 33 (1963) (*1-22*).

보조자료: J. Schwind, *Index in S. Hieronymi epistulas* = AlOm 149 (1994).

참고문헌: N. Pronberger, Beiträge zur Chronologie der Briefe des hl. Hieronymus, Amberg 1913. – J.N. Hritzu, The Style of the Letters of St. Jerome = PatSt 60 (1939). – P. Steur, Het Karakter van Hieronymus van Stridon bestudeerd in zijn brieven, N – Utrecht 1945. – M. Marcocchi, Motivi umani e cristiani nell'epistolario di S. Girolamo Mai 1967. – G. Stoico, L'epistolario di S. Girolamo. Studio critico-letterario di stilistica latina, Neapel 1972. – R.J. O'Donnell, When Saintly Fathers Feuded: The Correspondence Between Augustine and Jerome: Thought

54 (1979) 344-64. – J.M. Blázquez, Aspectos de la sociedad romana del Bajo Imperio en las cartas de San Jerónimo: Gerión 9 (1991) 263-88. – St. Rebenich, Der heilige Hieronymus und die Geschichte – Zur Funktion der *Exempla* in seinen Briefen: RQ 87 (1992) 29-46. – R. Hennings, Der Briefwechsel zwischen Augustinus und Hieronymus und ihr Streit um den Kanon des Alten Testaments und die Auslegung von Gal. 2,11-14 = SVigChr 21 (1994). – G. Menestrina, *"Domino dilectissimo Hieronymo Augustinus"*. Riflessioni sul carteggio Agostino-Gerolamo: id., Bibbia, liturgia e letteratura cristiana antica, Vago di Lavagno 1997, 89-177.

편지: N. Adkin, *"Oras: loqueris ad sponsum; legis: ille tibi loquitur"* (Jerome, *Epist* 22,25,1): VigChr 46 (1992) 141-50. – B. Feichtinger, Der Traum des Hieronymus-ein Psychogramm: VigChr 45 (1991) 54-77 (ep. 22,30). – N. Adkin, Jerome as Centoist. *Epist.* XXII,38,7: RSLR 28 (1992) 461-71. – N. Adkin, *"Taceo de meis similibus"* (Jerome, *Epist.* LIII, 7): VetChr 29 (1992) 261-8. – G.J.M. Bartelink, Hieronymus, *Liber de optimo genere interpretandi* (*Epistula* 57). Ein Kommentar = Mn.S 61 (1980). – J.H.D. Scourfield, Consoling Heliodorus. A Commentary on Jerome, *Letter* 60, O 1993 (TeÜK). – R. Hennings, Rabbinisches und Antij disches bei Hieronymus EP 121,10: J. van Oort/U. Wickert (eds.), Christliche Exegese zwischen Nicaea und Chalcedon, Kampen 1992, 49-71.

제8장

수도修道 문헌과 성인전 문헌

1. 서 론

지금까지 소개된 4세기의 여러 교부, 곧 아타나시우스, 카파도키아 사람들, 콘스탄티아의 에피파니우스, 타르수스의 디오도루스와 그의 제자들, 콘코르디아의 루피누스와 히에로니무스의 생애는 이미 수도제도에 관한 중요한 신학사적·교회사적 역할을 나타낸다. 그리스도교의 수도제도는 독수도獨修道 형태(*àva-χωρεîν* = 올라가다. 곧 사람들이 사는 나일 강 골짜기를 둘러싼 사막으로 올라가다)로 3세기 후반기에 이집트에서 생겨났다. 사람들은 복음의 정신을 철저히 따르는 방법으로 그리스도만을 위해 살고자(*μóναχος* = "그리스도를 위하여" 혼자 사는 사람들) 모든 재산, 더구나 사회적 교류까지도 포기하였다. 이러한 수도 형태는 먼저 지형적 요소, 기후와 풍토, 사회적 관계에 모두 적합한 이집트 사막지역에서 생겨났으며, 얼마 뒤에는 당시 상당한 영향을 미친 그리스 문화에 결코 동화하지 않은 채 토착의 지혜 문화를 지닌 시리아에서 생겼다. 얼마 뒤에 사막에서 공동체를 이루어 공주共住 생활을 하는(*κοινòς βíος* = 공동생활) 수도제도가 이번에도 이집트에서 처음 생겼다. 마침내 4세기 후반기에 사람들은 수도원 건물에 담을 만들어 주위와 격리(clausura/claustrum = 격리된 지역, 수도원)하여 도시에서도 수도생활을 하게 되었다. 수도 공동체에는 공동생활을 유지하기 위한 규칙이 필요하였다. 이 규칙이 수도문헌의 첫 유형이 되었으며, 후대에는 수도자들을 위한 영성서가 나오게 되었다.

수도제도와 밀접히 관련된 성인전 문헌은 4세기에 나타나기 시작하였으며, 넓은 의미에서 순례 보고서도 여기에 속한다. 그때까지 교회에서는 오로지 순교자만 성인으로 공경하였으며, 순교자들의 증언은 순교자 행전, 순교자 생애,

순교자들의 축일 설교에서 전해졌다. 수도자들 외에 그리스도인의 모범을 보여준 사람들이 또 있었다. 당시의 사람들은 예수가 살던 팔레스티나의 성지와 성인들의 무덤(특히 사도들과 로마에서 순교한 사람들의 무덤) 외에 수도자들을 "살아 있는 성인들"로 여겨 순례하였으며, 그들의 생애를 기록하여 유포하였다. 이러한 문헌은 이후 더 완전한 형식을 갖춘 성인전으로 빠르게 발전하였고, 그밖에 위대한 교부들과 성인들의 전기가 저술되었다. 이 가운데 더러는 이들에 대한 확실한 역사적 사실을 아무것도 모르는 지역에서 씌어지거나 또는 역사적 사실을 떠나 경건한 이야기나 기적 이야기를 덧붙여 씌어지기도 하였다. 여행기(iter = 길)는 혼자서 순례를 떠나려는 사람들에게는 여행 안내서로, 그러한 여행을 할 수 없는 사람들에게는 성지에 관한 교화적인 보고서로 사용되었다.

수도 문헌과 성인전 문헌은 4세기 중엽에 처음 생겨날 때부터 전성기에 이르렀으며, 이후의 교부시대에도 이어졌다. 이 문헌들은 특히 중세에 정점에 이르렀으며 현재까지도 이어진다.

번역서: H. Koch, Quellen zur Geschichte der Askese und des Mönchtums in der Alten Kirche = SQS NS 6 (1933). – K.S. Frank, Frühes Mönchtum im Abendland, 2 Bde., Zü – Mn 1975.

참고문헌: 사전 항목: J. Gribomont/P. Miquel/J. Dubois: DSp 10 (1980) 1536-71. – J.E. Goehring: EEC 612-9. – J. Gribomont: EECh I 566-7. – F. von Lilienfeld: TRE 23 (1993) 150-93.

입문서와 총론서: B. Lohse, Askese und Mönchtum in der Antike und in der alten Kirche = RKAM 1 (1969). – G.M. Colombás, El monacato primitivo. Hombres, hechos, costumbres, instituciones, 2 vol. = BAC (1974-5). – K.S. Frank (ed.), Askese und Mönchtum in der Alten Kirche = WdF 309 (1975). – K.S. Frank, Grundzüge der Geschichte des christlichen Mönchtums, Da 1979. – F. Prinz, Askese und Kultur. Vor- und frühbenediktinisches Mönchtum an der Wiege Europas, Mn 1980. – M. Augé, Lineamenti di storia dell'antico Monachesimo, R 1981. – J.-M. Garrigues/J. Legrez, Moines dans l'assemblée des fidèles à l'époque des Pères IVe-VIIIe siècle = ThH 87 (1990). – A. de Vogüé, Histoire littéraire du mouvement monastique dans l'antiquité. Première partie: le monachisme latin. De la mort d'Antoine à la fin du séjour de Jérôme à Rome (356-385), P 1991. – A. de Vogüé, Histoire littéraire du mouvement monastique dans l'antiquité. Première partie: Le monachisme latin. De l'Itinéraire d'Égérie à l'éloge funèbre de Népotien (384-396), P 1993. – A. de Vogüé, Histoire littéraire du mouvement monastique dans l'antiquité. Première partie: Le monachisme latin, 4 vol., P 1991-7.

기원: K. Heussi, Der Ursprung des Mönchtums, Tü 1936 = Aalen 1981. – R. Lorenz, Die Anfänge des abendländischen Mönchtums im 4. Jahrhundert: ZKG 77 (1966) 1-61. – P. Nagel, Die Motivierung der Askese in der Alten Kirche und der Ursprung des Mönchtums = TU 95 (1966). – A. Guillaumont, Aux origines du monachisme chrétien. Pour une phénoménologie du monachisme, Bégrolles 1979.

동방: A.-J. Festugière, Ursprünge christlicher Frömmigkeit. Bildung oder Heiligkeit im Mönchtum des altchristlichen Orients, übers. E. Feichtinger, F – Ba – W 1963 (f Les moines d'Orient I, P 1961). – Il monachesimo orientale = OCA 153 (1968). – S. Elm, "Virgins of God". The Making of Ascetism in Late Antiquity, O 1994. – T. Špidlík/M. Tenace/R. Cemus, Questions monastiques en Orient = OCS 259 (1999).

서방: I. Gobry, Les moines en Occident, 3 vol., P 1985-7. – I. Stahlmann, Der gefesselte Sexus. Weibliche Keuschheit und Askese im Westen des Römischen Reiches, B 1997. – Il monachesimo occidentale dalle origini alla *Regula Magistri* = SEAug 62 (1998).

이집트: D.J. Chitty, The Desert a City. An Introduction to the History of Egyptian and Palestinian Monasticism under the Christian Empire, O 1966. – L. Regnault, La vie quotidienne des Pères du désert en Égypte au IVe siècle, P 1990. – G. Gould, The Desert Fathers on Monastic Community, O 1993. – Elm 참조(동방 참조).

시리아: A. Vööbus, History of Ascetism in the Syrian Orient. A Contribution to the History of Culture in the Near East, 2 vol. = CSCO 184 (1958) + 197 (1960). – I. Peña/P. Castellana/R. Fernandez, Les reclus syriens. Recherches sur les anciennes formes de vie solitaire en Syrie = SBF.CMi 23 (1980). – I. Peña/P. Castellana/R. Fernandez, Les cénobites Syriens = SBF.CMi 28 (1983). – I. Peña, La desconcertante vida de los monjes sirios. Siglos IV-VI, Salamanca 1985 (i Turin 1990). – Ph. Escolan, Monachisme et église. Le monachisme syrien du IVᵉ au VIIᵉ siècle: un monachisme charismatique = ThH 109 (1999).

갈리아/러렝: S. Pricoco, L'isola dei santi. Il cenobio di Lerino e le origini del monachesimo gallico, R 1978. – R. Nouailhat, Saints et patrons. Les premiers moines de Lérins, P 1988. – C. M. Kasper, Theologie und Askese. Die Spiritualität des Inselmönchtums von Lérins im 5. Jahrhundert = BGAM 40 (1991).

개념사: K.S. Frank, *ΑΓΓΕΛΙΚΟΣ ΒΙΟΣ.* Begriffsanalytische und begriffsgeschichtliche Untersuchung zum "engelgleichen Leben" im frühen Mönchtum = BGAM 26 (1964). – F.-E. Morard, Monachos, Moine. Histoire du terme grec jusqu'au 4e siècle. Influences bibliques et gnostiques: FZPhTh 20 (1973) 332-411 (auch separat Fri 1974). – E.A. Judge, The Earliest Use of Monachos for "Monk" (P. Coll. Youtie 77) and the Origins of Monasticism: JAC 20 (1977) 72-89. – P. Miquel, Lexique du désert. Étude de quelques mots-clés du vocabulaire monastique grec ancien, Bégrolles 1986.

신학: E.E. Malone, The Monk and the Martyr. The Monk as the Successor of the Martyr = SCA 12 (1950). – Théologie de la vie monastique. Études sur la Tradition patristique = Theol (P) 49 (1961). – H. Holze, Erfahrung und Theologie im frühen Mönchtum. Untersuchungen zu einer Theologie des monastischen Lebens bei den ägyptischen Mönchsvätern, Johannes Cassian und Benedikt von Nursia = FKDG 48 (1992). – C.E. Kunz, Schweigen und Geist. Biblische und patristische Studien zu einer Spiritualität des Schweigens, F 1996.

2. 수도규칙서

1.의 서술 참조.

편집본: H.U. von Balthasar (ed.), Die großen Ordensregeln, Zü – K ²1961. – H. Styblo, Die *Regula Macharii*: WSt 76 (1963) 124-58. – J. Neufville, Règle des IV Pères et seconde Règle des

Pères. Texte critique: RBen 77 (1967) 47-106. – A. de Vogüé, Les Règles des Saints Pères = SC 297-298 (1982) (TfÜK).

번역서: G. Turbessi, Regole monastiche antiche, R 1974. – M. Puzicha, Die Regeln der Väter. Vorbenediktinische lateinische Regeltradition = MüSt 40 (1990).

보조자료: E. Kasch, Das liturgische Vokabular der frühen lateinischen Mönchsregeln = RBS.S 1 (1974). – J.-M. Clément, Lexique des anciennes règles monastiques occidentales, 2 vol. = IP VII A-B (1978). – P. Bonnerue, Concordance sur les activités manuelles dans les règles monastiques anciennes: StMon 35 (1993) 69-96.

참고문헌: A. Mundó, Études sur les anciennes règles monastiques latines, Oslo 1964. – M.M. Van Molle, Essai de classement chronologique des premiéres règles de vie commune connue en chrétienté: VS.S 21 (1968) 108-27. – A. de Vogüé, Les règles monastiques anciennes (400-700) = TSMAO 46 (1985). – J. Gribomont, Rules, monastic: EECh II 746-7. – P. Bonnerue, *Opus* et *labor* dans les règles monastiques anciennes: StMon 35 (1993) 265-91.

2.1. 파코미우스

편찬서: A. de Vogüé, De saint Pachôme à Jean Cassien = StAns 120 (1996) 17-267.

공동생활을 하는 수도제도는 4세기 초 이집트에서 생겨났다. 이 제도의 창시자인 파코미우스는 그의 생애가 전하는 바와 같이 맨 처음 7년 동안 독수도자로 살았으며, 그 뒤 320년경 신의 계시에 따라 덴데라 근처, 테베 지방의 중부 나일 강 오른쪽에 있는 타벤네시에 공주共住 수도원을 처음으로 설립하였다. 이러한 새로운 형태의 수도생활은 곧 큰 성과를 거두어, 그는 회원이 수백 명에 달하는 여덟 개의 수도원과 두 개의 수녀원을 세워 자신이 총수도원장이 되었다. 그의 작품이 상당한 호응을 얻은 이유는 이러한 공동체에서 장상을 포함한 모든 회원에게 동일하게 적용되고 의무를 지우는 규칙을 바탕으로 작품이 저술되었기 때문이다. 이와같이 세월이 지나면서 교회사에서 첫번째 수도자 규칙서가 생겨났다. 이 규칙서는 미리 완벽하게 구상되었거나 수도원을 설립하기 전에 씌어진 것이 아니라, 카리스마를 지닌 지도자 아래에서 행해진 공동생활의 체험을 바탕으로 씌어진 것이다. 이러한 지도자는 공동생활에 필요한 조건을 정확히 인식하고 공동생활의 가치를 평가할 줄 알았으며, 또한 다른 사람들을 올바로 판단할 줄 아는 능력과 감정이입 능력을 가지고서 이에 알맞은 통찰을 규칙서에 기록한 것이다. 따라서 오늘날 잘 알려진 파코미우스 규칙서의 초안이 파코미우스가 생존(347년 5월 9일 사망)[1]하였을 때 씌어졌는지, 또는 그의 후계자들이 그 규칙서에 다른 내용을 얼마나 덧붙였는지는 증명되지 않았다.

2.1.1. 「파코미우스 규칙서」

이 규칙서는 히에로니무스의 라틴어 번역서에만 완전하게 남아 있다. 매우 많은 그리스도인이 파코미우스가 세운 수도원에 입회하였기 때문에, 히에로니무스는 몇몇 알렉산드리아 시민의 요청으로 404년에 이 규칙서를 그리스어에서 라틴어로 번역하였다. 잘 알려진 많은 필사본과 "더 긴 수정본"recensio longior(진본으로 간주됨)과 "더 짧은 수정본"recensio brevior의 전승은, 파코미우스 규칙서가 라틴어권에서 얼마나 큰 인기를 누렸는지를 잘 나타낸다. 이 작품이 동방과 서방의 모든 규칙서와 누르시아의 베네딕도 규칙서에까지 영향을 미쳤다는 사실에는 의심의 여지가 없다. 이 규칙서에 들어 있는 총 193개의 짧은 규정들은 네 부분, 곧 144개의 항목으로 구성된 "규칙"praecepta, 18개의 항목으로 구성된 "규칙과 제도"praecepta atque instituta, 16개의 항목으로 구성된 "규칙과 판단"praecepta atque iudicia, 15개의 항목으로 구성된 규칙과 법규praecepta ac leges로 분류된다. 20세기에 콥트어 원본에서 규칙(88-130)에 관한 43항목, 서론과 함께 제도에 관한 18항목이 부분적으로 발견되었다. 히에로니무스가 참조한 그리스어 번역서는 소실되었으며, 발췌된 부분만 전해진다. 이 그리스어 번역서는 에티오피아어로도 번역되었다.

파코미우스 규칙서는 수도생활에 관한 체계적인 규칙이라기보다는 작품이 씌어진 역사를 바탕으로 한 개별적인 규정들에 관한 모음집이다. 이 규정들은 원칙들을 명백히 제시하기 위하여 많은 경우에 되풀이된다. 이러한 원칙은 파코미우스 규칙서에 뿌리를 누었을 뿐만 아니라 모든 규칙시 가운데 가장 큰 영향을 미친 누르시아의 베네딕도 규칙서에서도 나타난다. 여기서 우리는 파코미우스가 공동 수도제도의 창립과 규칙서에서 추구하려는 목적을 고려하여야 한다.

---

[1] 로렌즈(Lorenz: ZNW 80 (1989))의 의견을 따름. 전통적으로 그의 사망 연도는 346년 5월 9일이다.

그는 한편으로 자신의 경험으로 체득한 독수도자 제도의 위험을 피하고자 하였고, 다른 한편으로 은수자 생활에는 맞지 않으나 금욕생활을 하려는 많은 그리스도인에게 수도 공동체에서 금욕생활을 할 수 있는 기회를 주고자 하였다.

성서는 파코미우스 규칙서의 영적인 토대이며, 모든 사항의 기준이었다. 규칙서의 이러한 두 가지 특징은 공동생활κοινὸς βίος을 강화하는 모든 규정과 규칙서의 척도였다. 이 규칙서에는 금식, 노동, 기도 또는 외부세계와의 단절을 표현한 과장된 내용이 없으며 서원도 없다. 최고의 덕은 순명이다. 순명은 개인의 영웅행위가 아니라 공동체를 이루고 유지하는 역할을 하며, 장상도 다른 모든 사람과 마찬가지로 규칙을 지켜야 하기 때문에 이러한 기능에서 제외되지 않는다. 회원들은 모든 것을 함께하였다. 아침과 저녁에 하는 두 번의 식사와 두 번의 기도시간, 일요일 미사, 노동시간과 휴식시간, 의복, 소유물 등을 공유하였고, 외출하는 것도 다른 수도자를 동반할 때에만 허용되었다. 그리고 약 20명의 수도자가 한 명의 장상 아래 한 집의 독방에서 살았다. 따라서 사색, 기도, 명상을 위한 개인 공간과 시간이 있었다. 그밖에 중앙에는 공동건물(부엌, 식당, 병실)이 있으며, 후대에는 이 건물에 교회가 지어졌다. 그러나 초창기에 수도자들은 모두 함께 마을 교회로 갔다. 수도원의 회원수가 매우 많을 경우에만 성찬을 위해 마을 공동체와 사제를 수도원의 교회로 초대하였다. 모든 건물은 문이 하나인 담으로 둘러싸여 있었다. 문지기가 이 문을 감시하였으며, 수도원에 새로 들어온 사람들은 맨 처음 문지기 방에 머물렀다. 문지기는 마치 수련원장Novizenmeister과 같이 그들에게 수도원의 기본적인 생활을 가르쳤다. 수많은 규정이 노동을 다룬다. 노동은 거대한 수도 공동체의 경제적인 운영만이 아니라 개인적·영적 발전의 구성 요소로 높이 평가되었기 때문이다. 그밖에 지적인 관심사에 관한 규정도 있었다. 모든 수도자는 읽기를 배워야 했다.

2.1.2. 편지

파코미우스의 작품에는 「규칙서」 이외에 13통의 편지가 있다. 이 편지들은 20세기까지 히에로니무스가 404년(파울라가 죽은 뒤)에 번역한 라틴어본으로만 알려졌다.

편지의 그리스어 원본은 한스 크벡케Hans Quecke가 1975년에 처음 출판하였으며, 콥트어 원본의 단편들은 1968년부터 알려졌다(A. Hermann/A. Kropp). 파코미우스는 이집트의 여러 수도자들을 권고하고 영적으로 교화하기 위하여 편지들을 썼다. 그는 편지에서 성의 절제, 금욕, 유혹과 죄에 대한 경고, 수도자의 올바른 생활 방식을 위한 지침, 이러한 권고를 따름으로써 받게 되는 영원한 보상에 대한 약속을 다룬다. 편지 1-4, 6, 9a-b, 11a-b는 그리스어 문자들이 독특하게 결합되어 있어 이해하기 쉽지 않다. 히에로니무스는 자신의 번역에서 이 문자들을 "우리가 들을 수는 있지만 그 영향과 의미를 이해할 수 없는 천사가 가르치는 언어"라고 말하였다. 이때문에 그는 이 문자들을 그대로 인용하였다. 1988년 일로나 오펠트Ilona Opelt가 처음으로 이에 대한 해독을 다음과 같이 제안하였다.

A = 영 또는 "불멸"(영원한 삶)
B = 이완된 규율과 대립하는 엄격한 규율
Γ = 이완된 규율
Δ = 위험, 위협
E = 파멸적 요소
Z = 긍정적 개념: 생명?
H = 천국과 과월절
Θ = 하느님 아버지
I = 무죄, (인류 타락 이전의) 깨끗함
K = 인류의 타락
Λ = 성적 욕망
M = 약함

N = 금욕
Ξ = 풍부함
O = 긍정적 표지
Π = 긍정적 표지, 하느님
P = 그리스도
Σ = 살, 죽음
T = 죄
Υ = 금, 깨끗함에 대한 시금석, 불?
Φ = 맘몬, 부
X = 무죄
Ψ = 위험, 주의!
Ω = 승리, 환호

1.과 2.의 서술 참조.

참고문헌 목록: A. Schmidt: BBKL 6 (1993) 1413-9.

편집본: A. Boon/L.Th. Lefort, Lou 1932 (*Regula, Epistulae* 1). – P. B. Albers = FlorPatr 16 (1923). – L.Th. Lefort, Œuvres de s. Pachôme et de ses disciples = CSCO 159-160 (1956) (kTfÜ). – H. Quecke, Die Briefe Pachoms. Griechischer Text der Handschrift W. 145 der Chester Beatty Library = TPL 11 (1975). – H. Bacht = STGL 8 (1983) (lTdÜK). – J.E. Goehring, The Letter of Ammon and Pachomian Monasticism = PTS 27 (1986) (gTeÜK).

번역서: E. König: ThStKr 51 (1878) 323-37. – A. Veilleux, Pachomian Koinonia, 3 vol. = Cist-SS 45-47 (1980-2) (e).

참고문헌: 사전 항목: H. Bacht: DSp 12 (1984) 7-16. – J.E. Goehring: EEC 673-4. – J. Gribomont: EECh II 628.

연구서: P. Resch, La doctrine ascétique des premiers maîtres égyptiens du quatrième siècle, P 1931. – J. Leipoldt, Pachôm: BSAC 16 (1962) 191-229. – M.M. Van Molle, Confrontation entre les Règles et la littérature pachômienne postérieure: VS.S 21 (1968) 394-424. – A. Veilleux, La liturgie dans le cénobisme pachômien au quatri me siècle = StAns 57 (1968). – F. Ruppert, Das pachomianische Mönchtum und die Anfänge klösterlichen Gehorsams = MüSt 20 (1971). – H. Bacht, Das Vermächtnis des Ursprungs. Studien zum frühen Mönchtum, 2 Bde. = STGL 5 + 8 (1972-83). – A. de Vogüé, Saint Pachôme et son œuvre d'après plusieurs études récentes: RHE 69 (1974) 425-53. – Ph. Rousseau, Pachomius. The Making of a Community in Fourth-Century Egypt, Berkeley – Los Angeles – Lo 1985. – J.E. Goehring, New Frontiers in Pachomian Studies: B.A. Pearson/J.E. Goehring, The Roots of Egyptian Christianity, Ph 1986, 236-57. – R. Lorenz, Zur Chronologie des Pachomius: ZNW 80 (1989) 280-3. – T.G. Kardong, The Monastic Practices of Pachomius and the Pachomians: StMon 32 (1990) 59-78. – J. Weismayer, Pachomius und die Gemeinschaft der "Tabennisioten": Ders. (ed.), Mönchsväter und Ordensgründer. Männer und Frauen in der Nachfolge Jesu, Wü 1991, 11-32.

2.2. 「대 바실리우스 규칙서」

대 바실리우스의 수도규칙서들은, 그가 아테네에서 체사레아로 돌아온(356년?) 뒤 시리아, 메소포타미아, 팔레스티나, 이집트 수도생활의 중심지를 둘러본 교육여행, 파코미우스 규칙서, 자신의 생활사에서 자료를 모아 만든 책이다. 그러나 그 사이에 실제로 변한 교회의 상황이 바실리우스의 규칙서에 완전히 새로운 특성을 부여하였다. 파코미우스 규칙서는 교회에 대한 탄압이 끝나고 관용이 이루어진 단계, 무엇보다도 독수도자들에게 위험한 요소가 나타나는 상황에서 저술되었으며, 파코미우스의 수도제두는 아타나시우스에 의해 교회의 전체적인 틀 안으로 매우 빨리 들어왔다. 바실리우스가 금욕생활을 결심하였을 당시 제국의 그리스도교회는 매우 진척되었다. 그러나 교회는 니체아 공의회의 수용에 관한 논쟁으로 분열되었다. 그리고 아시아의 수도제도는 통합되지 않은 채 오히려 특유의 극단적인 금욕을 모든 그리스도인의 구원을 위해 필요한 것으로 보아 교회론적 이단으로 흐르는 경향이 있었다. 이러한 극단주의는 세례를 받자마자 금욕의 길을 선택한 바실리우스와 그레고리우스, 아우구스티누스와 같은 사람들의 결심에서도 드러난다. 세속 학문으로 고등교육을 받은 이들은 당시의 "세속" 그리스도교에 나타나는 문제점을 보고 그리스도인들이 완전하기 위해서는 금욕생활을 해야 한다고 여겼기 때문이다. 바실리우스에게 "동방 수도제도의 아버지"라는 경칭을 당연히 부여할 만큼 위대하고 영원히 남을 만한 업적은 정도를 넘어서 교회를 분열하는 금욕적 열광주의를 교회 안으로 통합시키고, 수도규칙서들 안에 교회의 내적인 기능과 규범에 대한 신학적·영적 기초를 마련하였다는 데에 있다.

바실리우스의 금욕 전집Corpus asceticum에는 그의 위대한 권위에 바탕을 두고 총 18편의 작품이 전해지나 그 가운데 7편만 진본으로 인정된다. 1) 하느님의 심판에 대한 설교, 2) 신앙에 대한 설교, 3) 도덕적 규칙들(윤리학), 4) 대大 아스케티콘의 서언, 5) 수도규칙서 소본, 6) 수도규칙서 대본, 7) 히포티포시스 Hypotyposis(ὑποτύπωσις = 개요/구상)의 서언. 그밖에 바실리우스의 금욕신학에 관한 중요한 단편인 편지 2번과 22번이 있다.

1)-2) 두 설교에서는 훗날에 바실리우스 자신이 개작한 형태의 도덕적 규칙들에 관한 서언이 중요하다.

3) 도덕적 규칙들은 359/60년, 곧 바실리우스가 나지안즈의 그레고리우스와 함께 안니시에 머무를 때에 저술되었다. 바실리우스는 이 작품에 유일하게 규칙들regulae(ὅροι)이라는 명칭을 붙였으며, 맨 먼저 성서에 근거한 80개 참조사항을 목록으로 작성하였고, 이 목록에 따라 성서를 읽도록 이끌었다. 후대의 증보판은 성서 구절을 발췌하여 첨가함으로써 작품을 쉽게 읽을 수 있게 하였다.

4)-6) 두 규칙서는 서언과 함께 "아스케티콘"이라 불린다. 장 그리보몽Jean Gribomont은 원본이 소실되고 루피누스의 라틴어 번역서(397년 이후)와 시리아 번역본에 남아 있는, 360~370년까지 10년 동안에 이루어진 첫 편집본을 "소小 아스케티콘"이라고 명명하였다. 이 편집본은 203개의 질문에 대해 답변한다. 확정적인 개작 — "대 아스케티콘" — 은 바실리우스가 주교로 재임하던 시기에 이루어졌다. 수도규칙서 대본은 55개의 질문과 답변으로, 수도규칙서 소본은 313개의 질문과 답변으로 구성되었다. 여기서 "대본"과 "소본"(Regulae fusius/brevius tractatae)은 답변의 수가 아니라 답변의 상세함에 따라 붙인 명칭이다.

7) 바실리우스는 「금욕에 관한 개요」ὑποτύπωσις (= 개요/구상) ἀσκήσεως라는 제목으로 도덕적 규칙들Moralia과 규칙서들을 문학적으로 수정하여 통합하였으며, 그가 직접 만나러 갈 수 없는 폰투스의 제자들에게 이 작품을 서론과 함께 보냈다.

이미 파코미우스 규칙서와 고대의 다른 모든 수도규칙서처럼, 바실리우스 규칙서들은 체계적 방식이 아니라 이집트 「교부들의 단화」Apophthegmata Patrum에서 구체적으로 제시된 질문과 답변의 양식이 나타내듯이 경험에서 이루어진 개별 규정들의 모음집이다. 이 규정들은 공통적인 근본 원칙을 따른다. 규칙서의 첫째 원칙은 파코미우스의 원칙과 같다. 곧, 성서는 모든 것에 대한 절대적인 규범이다. 그러나 두번째 원칙은 교회 안에 수도제도를 통합하고자 하는 바실리우스의 관심사에 부합한다. 곧, 성서는 교회 안의 모든 사람을 똑같이 성화하기 위한 길을 가르친다. 이때문에 바실리우스는 수도자들을 기꺼이 “하느님의 마음에 들려고 열심히 노력하는” 사람이라고 불렀다. 특히 수도자들에게 적용되는 것은 당연히 모든 그리스도인에게도 적용된다. 그런 까닭에 바실리우스의 규칙서들은 서로 사랑하라는 계명에 기초한다. 하느님께서 인간을 공동체적 존재로 창조하셨기 때문에, 인간은 수도자로서 공동체 안에서만 자아를 실현할 수 있다. 이러한 원칙을 바탕으로 바실리우스는 영적·금욕적 생활을 개별적(가난, 절제, 주님을 위한 자유로운 겸허, 하느님의 말씀에 순명, 하느님께서 의도하신 권위로 그분의 말씀을 말한 경우 수도원 장상들의 말뿐만 아니라 아내는 남편의 말에, 종은 주인의 말에, 자식들은 부모의 말에, 국민은 국가당국의 말에 순명할 것을 권유한다. 그밖에 모든 세목, 곧 기도, 식사, 이복, 노동, 외부 사람과의 교제, 시도, 회개 등)으로 설명한다.

규칙서들의 라틴어 번역서와 수많은 수사본이 나타내듯이, 바실리우스의 수도제도는 이미 그가 살아 있을 때 동방과 서방으로 보급되었다. 교황 그레고리우스 13세는 1579년 이탈리아에 아직 존속하는 수도원들을 로마 남쪽에 있는 “그로타페라타의 바실리우스 수도회”로 모았으며, 이 수도회는 오늘날까지 그곳에 있다.

편집본: PG 31, 619-1428. – K. Zelzer = CSEL 86 (1986) (l). – G. Uluhogian = CSCO 536-7 (1993) (armenTiÜ).

번역서: V. Gröne = BKV¹ II (1877). – von Balthasar 33-133 (발췌). – K.S. Frank, St. Ottilien 1981 (ÜK).

참고문헌: E.F. Morison, St. Basil and his Rule: A Study in Early Monasticism, O 1912. – W.K.L. Clarke, St Basil the Great. A Study in Monasticism, C 1913. – F. Laun, Die beiden Regeln des Basilius, ihre Echtheit und Entstehung: ZKU 44 (1925) 1-61. – M.G. Murphy, St. Basil and Monasticism = PatSt 25 (1930). – P. Humbertclaude, La doctrine ascétique de Saint Basile de Césarée = ETH (1932). – D. Amand, L'ascèse monastique de saint Basile. Essai historique, Maredsous 1948. – J. Gribomont, Histoire du texte des ascétiques de S. Basile = BMus 32 (1953). – J. Gribomont, Le Monachisme au IVe s. en Asie Mineure: de Gangres au Messalianisme: StPatr 2 = TU 64 (1957) 400-16. – J. Gribomont, Les Règles Morales de saint Basile et le Nouveau Testament: StPatr 2 = TU 64 (1957) 416-26. – J. Gribomont, Le renoncement au monde dans l'idéal ascétique de saint Basile: Irén. 31 (1958) 282-307, 460-75. – J. Gribomont, Un aristocrate révolutionnaire, évêque et moine: s. Basile: Aug. 17 (1977) 179-91.

2.3. 아우구스티누스의 수도서

아우구스티누스는 4세기의 인물로 대 바실리우스처럼 그리스도교 생활을 결심하자마자 수도 공동체 생활을 시작하였다. 그는 밀라노에서 개심한 뒤 386년 가을부터 세례를 받은 387년 부활절 때까지 어머니 모니카, 동생 나비기우스, 아들 아데오다투스, 사촌 라스티디아누스와 루스티쿠스, 친구 알리피우스와 두 젊은이 리첸시우스와 트리게티우스와 함께 밀라노 북동쪽 알프스 산맥 기슭에 자리한, 친구 베레쿤두스의 영지인 카시치아쿰으로 내려갔다. 안니시에서 바실리우스의 경우와 유사하게 파코미우스 방식의 수도생활인 일정한 형태의 안식(진리의 인식, 행운, 선, 하느님과 인간에 관한 플라톤/치체로 방식의 철학적 대화)이 이곳에서 중요하였다는 것은 이 기간에 씌어진 작품들에서 알 수 있다. 아우구스티누스가 타가스테로 돌아간 뒤인 388~391년까지 이 수도 공동체는 수도제도의 특징뿐만 아니라 학문적 특성도 상당히 갖추고 있었다. 지성을 갖춘 북아프리카의 엘리트들이 아우구스티누스의 주위에 모였으며, 구성원 가운데 여러 명이 주교로 임명되었다. 아우구스티누스는 수도생활에 방해가 되는 이러한 주교 임명을 불평하였을 뿐만 아니라, 자신도 주교좌가 비어 있는 도시의 방문을 되도록 억제하였다(「설교」 355,2). 그가 자신의 판단과 달리 히포에 가서 사제가 되었을 때, 그는 그곳에 간 본디의 의도를 이룰 수 있기를 간청하여 마침내 히포의 성직자들이 공동생활vita communis을 할 수 있는 수도원을 세울 수 있었다. 더 나아가 아우구스티누스는 축성 조건으로 무소유의 수도생활을 제시하였다(「설교」 355,6; 356,14). 그 자신은 주교직의 임무를 수행하느라 생기는 여러 장애 때문에 수도생활을 포기해야 했음을 항상 유감스럽게 생각했으며, 주교가 된 뒤에도 수도 공동체에서 명상하기 위하여 기회가 있을 때마다 그곳에 갔다. 따라서 아우구스티누스의 개심 이후부터 그의 전 생애는 수도생활과 밀접한 연관이 있다. 그는 두 권의 수도서, 「하느님의 종들을 위한 규칙서」Regula ad servos Dei와 「수도자들의 노동」De opere monachorum을 저술하였다.

2.3.1. 「규칙서」

놀랍게도 아우구스티누스가 사망한 100년 뒤, 에우기피우스 규칙서는 아우구스티누스가 수도규칙서를 저술하였다고 처음으로 보고하였고, 50년 뒤 어떤 필자는 아우구스티누스가 아우구스티누스 규칙서의 저자임을 확인하였다. 이와 더불어 아우구스티누스 규칙서가 총 아홉 단락으로 전해지는 데 대해 많은 본문비평 문제, 전승 문제, 친저성 문제, 저술 연도에 관한 문제가 제기되었다. 룩 베르헤이엔Luc Verheijen은 편집본(1967년)과 두 권의 주석서(1980~1988년)에서 이 문제들을 완벽하게 해결하였다. 이 문제들은 오늘날 조지 로리스George Lawless(1987년)가 일목요연하고 간결하게 요약한 연구 상황을 나타낸다. 아홉 단락 가운데 네 편은 남자 공동체를, 다섯 편은 여자 공동체를 대상으로 한다.

(ㄱ) 남자 규칙서

1) 규칙Praeceptum : "우리가 정한 너희가 지켜야 할 규정들은 이러하다"로 시작하여, "유혹에 빠지지 말게 하소서"로 끝난다.

2) 수도원 규정Ordo monasterii : 짧은 규칙. "가장 친애하는 형제들이여 무엇보다도 …"로 시작하여, "너희의 구원에서 …"로 끝난다.

3) 더 긴 규칙Praeceptum longius : 수도원 규정과 규칙의 통합.

4) 일반 규칙Regula recepta : 수도원 규정의 첫 문장 앞에 언급되는 규칙.

(ㄴ) 여자 규칙서

5) 견책Obiurgatio : 수녀들 사이의 다툼이나 원장수녀에 대한 불복종을 견책하는 편지. "Sicut parate est severitas..."로 시작하여, "expl." "... lacrimas Petri pastoris"로 끝난다(「서간」 211.1-4).

6) 규칙에 관한 설명Regularis informatio : 규칙Praeceptum에 관한 여자 규칙서 정식(「서간」 211.5-16).

7) 더 긴 편지Epistula longior : 견책과 규칙을 통합.

8) 여자 수도원 규정Ordo monasterii feminis datus : 수도원 규정의 여자 규칙서 정식.

9) 가장 긴 편지Epistula longissima : 견책에 관한 한 절, 여자 수도원 규정, 규칙을 설명하는 여러 절을 통합.

아우구스티누스의 규칙서들에는 세 개의 원문이 있다. 규칙(1)과 규칙에 관한 설명(6), 동일한 본문에 대한 남성과 여성에 관한 규정인 남자 수도원 규정(2)과 여자 수도원 규정(8), 견책(5). 그밖의 네 개의 본문은 이 단락들이 통합된 것인데 누가 통합하였는지는 불확실하다. 그러나 세 원문의 저자성, 저술 장소, 연도에 관해서는 대부분 학자의 견해가 일치하나 아직도 일반적으로 확증되지 않았다. 대부분의 학자는 세 원문 모두 아우구스티누스가 397년경 히포에서 먼저 수도 공동체를 위하여 저술하였고, 나중에 여자 규칙서를 위하여 개작하였다고 생각한다. 그러나 베르헤이엔Verheijen만은 이 견해에 동의하지 않고, 남자 수도원 규정(2)의 §§2-10은 아우구스티누스의 친구이자 타가스테의 주교인 알리피우스의 작품이라고 주장한다. 이 문제들에 대한 베르헤이엔과 로리스의 연구 보고와 논증은 개별적으로 상세히 검토되어야 한다.

규칙(= 규칙에 관한 설명)은 8장으로 구성된다. 1) 시기와 자만심을 없애고 저마다 필요한 만큼 소유를 공유함, 2) 특히 기도를 위해 세운 기도소에서 정한 시간에 기도하기, 3) 각자의 능력에 따른 음식과 의복에 대한 금욕, 4) 수도원 밖에서의 행동, 특히 이성異性에 대한 태도와 형제적 교정矯正, 5) 수도원 안에서의 행동, 곧 노동, 의복, 육체의 건강 관리, 병, 수도원 관리, 6) 수도원 안에서의 논쟁과 규율, 7) 순명과 장상, 8) 맺는 말(하느님의 은총을 청함, 규칙들을 일주일에 한 번 듣기를 규정함). 파코미우스 규칙서나 바실리우스 규칙서와 마찬가지로 아우구스티누스 규칙서들의 근본 사상은 성서에 나오는 원시 공동체(사도 4,31-35)를 철저히 따르는 것이었다. 이때문에 공동체 생활 자체는 삶 전체를 기능적으로 분류하는 모든 사람의 결정적인 근본 가치를 제시한다. 모든 사람은 성서 말씀의 가르침에 바탕하여 극단에 흐르지 않고 허풍이나 자만심에 빠지지 않아야 한다.

여자 수도원 규정Ordo monasterii feminis datus은 첫 구절에서 모든 규정의 원칙을 매우 명백히 강조한다. "친애하는 형제들이여 무엇보다도 하느님과 이웃을 사랑해야 합니다." 이 구절은 바실리우스 규칙서를 떠올린다. 그 다음에 수도원 생활에 관한 11단락의 간결한 규정들이 뒤따른다. 2) 기도시간, 3) 노동시간, 4) 개인의 무소유, 5)-6) 내적인 이의 없는 순명, 7) 음식과 식사 때의 독서, 8) 수도원을 떠남, 9) 회의 일정, 10) 교정correctio, 11) 이 규칙서들을 충실히 지키는 사람은 누구나 그리스도 안에서 구원받을 것이라는 확약. 수도 공동체 안의 생활은 무엇보다도 이기심을 극복하고, 하느님과 동료 인간을 사랑하는 데 도움이 된다. 독수도자처럼 극도로 개인적이고도 금욕적인 실행은 이러한 공동체 생활에서 요구되지도 않으며 바라지도 않는다. 공동체 생활은 주로 세 개의 기둥에 의해 떠받쳐지고 있다. 곧, 수도원의 모든 회원에 적용되는 예외없는 무소유, 기꺼이 따르는 순명, 모든 회원이 공동체의 생계에 기여하는 노동.

1.과 2.의 서술 참조.

참고문헌 목록: L.M.J. Verheijen, La Règle de saint Augustin. Complément bibliographique: Aug (L) 36 (1986) 297-303.

편집본: L. Verheijen, 2 vol., P 1967.

번역서: A. Zumkeller, Wü 1962 (ÜK). – W. Hümpfner/A. Zumkeller: von Balthasar 135-171. – T.J. van Bavel, Wü 1990 (ÜK).

참고문헌: 사전 항목: A. Zumkeller: TRE 4 (1979) 745-8.

연구서: A. Sage, La Règle de saint Augustin commentée par ses écrits, P 1961. – A. Sage, La vie religieuse selon saint Augustin, P 1972. – L. de Seilhac, L'utilisation par s. Césaire d'Arles de la Règle de s. Augustin. Étude de terminologie et de doctrine monastiques = StAns 62 (1974). – L. Verheijen, Nouvelle approche de la Règle de saint Augustin, Bégrolles 1980; II:

Chemin vers la vie heureuse, Lou 1988. – A. Zumkeller, Das Mönchtum des heiligen Augustinus = Cass. 11 (²1968). – G. Lawless, Augustine of Hippo and his Monastic Rule, O 1987. – A. Mary, The Rule of Saint Augustine. An Essay in Understanding, Villanova/PA 1992. – Sœur Marie-Ancilla, La Règle de saint Augustin, P 1996.

2.3.2. 「수도자들의 노동」*De opere monachorum*

수도자들의 노동문제로 400년경 카르타고에서 논쟁이 벌어졌다. 논쟁에 관여한 아우구스티누스는 카르타고의 주교 아우렐리우스의 요청으로 저술한 소책자 「수도자들의 노동」에서 이 문제를 신학적·실제적으로 해명하였다. 그는 「재론고」(II 47)에서 이 작품의 저술 동기를 다음과 같이 기술한다. "내가 수도자들의 육체노동에 관한 책을 저술한 것은, 카르타고에 수도원이 설립되면서 발생한 심상치 않은 상황이 발생했기 때문입니다. 곧, 그곳의 수도자들 가운데 어떤 사람들은 사도(바울로)의 말에 순명하여(2데살 3,6-12 참조) 육체노동으로 생계를 유지하려고 하였습니다. 반면 어떤 사람들은 신자들의 희사로 살기를 원하였으며, 일하지 않음을 자부하면서 그들의 생계의 원천인 노동을 거부하는 게 복음에 나온 주님의 경고('하늘의 새'와 '들의 백합꽃을 살펴보시오'(마태 6,26.28)를 더 잘 지키는 것이라고 주장하였습니다." 이와 달리 바울로의 말은 영적 의미로만 이해되어야 한다.

아우구스티누스는 논쟁의 여지가 있는 두 성서 구절을 정확하게 해석하고 성서 문맥과 성서 전체의 가르침을 고려하면서 수도원의 이상을 제시하였다. 먼저 그는 바울로가 사용한 노동 개념은 분명히 육체노동을 의미한다는 것을 확증하였다. 사도들은 신자들에게 그들의 생계를 요구할 명령과 권리를 그리스도에게서 받았으나, 바울로는 이 권리를 사용하는 것보다 오히려 약한 동료들을 생각하면서 자신의 육체노동으로 먹고 사는 일에 더 큰 가치를 두었다. 이것은 세속의 공동체에게 수도원을 배려하는 의무를 면제하는 것이 아니며, 또한 수도자들에게 일하지 말아야 한다는 구실을 주는 것도 아니다. 노동만이 복음의 가르침에 따르는 것이기 때문에 이 언급은 끊임없는 영적 행동을 위한 자유에 적합하지 않다. 오히려 일하기 싫어하는 수도자들의 나쁜 본보기는 다른 사람에게 악영향을 주기 때문에, 일을 할 수 없는 수도자만이 노동을 면제받을 수 있다.

곧, 수도자들이 잘못 이해한 복음서의 말씀은 완전한 무노동을 의미하는 것이
아니라 오히려 수도자가 노동을 할 수 없는 처지일 경우, 하느님의 배려로 신자
들이 그를 부양할 것이라는 신뢰를 가지라는 것이다. 게으름을 시험하려는 이러
한 배려는 일하기 싫어하는 수도자들이 주장하는 의미와 완전히 다르다. 이로써
아우구스티누스는 성 베네딕도 규칙서를 통해 매우 유명해진 격률格率의 의미와
논거를 명백히 제시하였다. "기도하고 일하라"ora et labora.

1.과 2.와 2.3.1.의 서술 참조.
편집본: I. Zycha: CSEL 41 (1900) 529-96.
번역서: R. Arbesmann, Wü 1972 (ÜK). – Frank I 39-106.

3. 수도 문헌

3.1. 에바그리우스 폰티쿠스

수도자에 관한 규칙서들이 공주共住 수도제도의 생활을 반영하는 반면, 그외의
수도 문헌, 특히 에바그리우스 폰티쿠스의 작품은 독수도자에 관해서 철저하게
통찰한 내용도 전한다. 에바그리우스는 345년경 폰투스 지방의 이보라에서 총
대리 주교의 아들로 태어났다. 당시의 여러 유명한 교부가 그의 생애에 결정적
인 영향을 주었다. 대 바실리우스는 그를 독서자로 선발하였으며, 나지안즈의
그레고리우스는 379년 이후에 그에게 부제품을 주었다. 그가 자신을 그레고리
우스의 제자라고 여러 번 묘사한 것처럼 그에게서 철저한 문학·신학 교육을
받았을 가능성도 없지 않다. 그는 381년 그레고리우스를 따라 콘스탄티노플로
가, 그곳에서 383년까지 총대주교 넥타리우스 밑에서 활동하였다. 그 뒤 그는
예루살렘 근교의 올리브 산에 있는 루피누스와 멜라니아의 수도원에 들어갔으
나 몇 달 뒤 이집트로 떠났다. 그는 이집트 남부지방의 니트리아에 2년 동안
머물렀으며, 그 뒤 니트리아 사막에 자리잡은, 켈리아의 공주 수도 형태와 독

수도 형태를 절충하여 받아들인 공동체에 들어가 죽을(399년) 때까지 그곳에서 살았다. 이 기간에 그는 필경사로서 필요한 생계비를 벌고, 주위의 다른 위대한 수도자의 아버지들과 긴밀한 관계를 유지하였다. 그들 가운데, 특히 이집트 사람 마카리우스는 위대한 안토니우스의 제자로서 그곳에서 40Km 정도 떨어진 스케티아 사막(오늘날: 와디 나트룬)에 있는 수도 공동체의 장상이었으며, 암모니우스는 네 명의 "키다리 수사" 가운데 한 명으로 요한 크리소스토무스와 함께 오리게네스 논쟁의 첫번째 국면에 연루된 인물이었다.

제2차 콘스탄티노플 공의회는 에바그리우스가 이미 죽었는데도 그를 오리게네스주의자로 단죄하였기 때문에(살아 있을 때에 정통신앙 저자로 여긴 사람을 사후에 단죄하는 문제점에 관해서는 제7장 4.의 디오도루스의 경우 참조) 그의 중요한 많은 작품이 빛을 보지 못하였다. 이러한 단죄로 그의 작품 가운네 그리스어 원본들은 다른 교부들, 특히 안치라의 닐루스(430년경 사망)의 이름으로 전해진 경우를 제외하고는 몇몇 단편들까지도 소실되었다. 그럼에도 에바그리우스는 독수도 형태의 영성을 문서상 처음으로 기록하였으며, 이집트의 수도제도가 4세기 그리스도교 세계에 본보기가 되었기 때문에 그의 지속적인 영향은 과소평가될 수 없다. 그의 많은 작품은 동방의 언어나 라틴어 번역본으로 남아 있다. 루피누스가 번역한 「이집트 수도자들의 역사」*Historia monachorum in Aegypto*, 에바그리우스와 함께 10년 동안 살았던 팔라디우스의 「라우시아카 역사」*Historia Lausiaca*, 「교부들의 단화」, 요한 카시아누스, 고백자 막시무스는 그의 생애를 상세히 보고할 뿐만 아니라, 그의 신학 전반에 관하여 언급한다.

에바그리우스의 작품은 두 장르, 곧 오리게네스의 알레고리적 해석방법을 따른 성서주석서 및 카파도키아 사람들처럼 오리게네스의 신비론에 토대를 두되 그들의 신비론을 되풀이하는데 그지지 않은 수도서와 금욕시로 이루어졌다. 에바그리우스의 영성신학은 독수도자의 삶의 의미에 관한 문제와 독수도자가 어떻게 이러한 삶과 관련된 어려움과 유혹을 극복하면서 하느님께 나아갈 수 있는지를 고찰한다. 이 경우 에바그리우스는 구원론적으로 모든 피조물은 처음에 순수한 영적 존재들*νόες*이었으며, 하느님께 대한 인식*γνῶσις*을 위해서만 창조되고 이를 통해 그와 하나가 되기 위한 존재들이었다는 자신의 이론을 전개한다. 그러나 영적 존재들은 하느님을 직접 바라볼 수 있는 영적인 관계에서 떨어졌기 때문에 영혼들이 되었다. 하느님께서는 당신의 자비로 영혼들을 여러 육체와 세계에서 더 이상 인식이 아니라 정관θεωρία에만 관여할 수 있는 천사, 인간, 악마로 바꾸어 놓으셨다. 따라서 타락한 영적 존재들의 구원은 정관에서 인식으로 올라감으로써 성취되며, 이 구원에서 하느님의 인식으로부터 떨어지지 않은 유일한 이성적 존재인 그리스도는 중재자로 활동한다.

에바그리우스에게서 수도생활의 목적은 전적으로 인식, 곧 세속의 모든 번뇌에서 벗어나는 아파테이아ἀπάθεια에 이르는 것이다. 이를 위해 수도자는 번뇌πάθη에 대해 투쟁을 시작하고, 이를 성공적으로 이끌기 위하여 먼저 헤시키아ἡσυχία, 곧 외적·내적 안식을 찾아야 한다. 수도자는 결혼과 세속의 재산을 포기하고 현세의 인간 공동체를 멀리하여 외적인 헤시키아(안식)에 이를 수 있다. 이로써 그는 아메림니아ἀμεριμνία, 곧 세속적인 모든 걱정에서 벗어난 자유를 누릴 수 있다. 게다가 수도자는 독방에 은거하여 내적 안식도 지녀야 한다. 이러한 내적 안식은 독방에서 고독과 고요함을 견디어낼 수 있고 지루함ἀκηδία을 극복함으로써 시작된다. 에바그리우스는 지루함에 대한 극복 수단으로 독수도자가 필요한 생계비를 벌 수 있는 육체노동, 참회의 눈물, 관상을 권한다. 수도자는 이 헤시키아에서 모든 사물πράγματα을 극복하여, 자신이 유혹에 빠지게 되는 프라티케πρακτική, 곧 영혼의 격정적 부분의 정화를 통해 상념과 투쟁하면서 아파테이아로 올라갈 수 있다. 에바그리우스는 이러한 상념을 여덟 가지 근본적인 악습, 곧 폭식, 음행, 금전욕, 슬픔, 분노, 태만, 허영심, 교만으로 명시한다. 이 악습들이 요한 카시아누스와 대 그레고리우스를 거치면서 서방에서는 일곱 가지 중죄가 되었다. 이러한 죄들에 대한 투쟁은 필연적으로 훨씬 더 강하게 나타나는 덕, 곧 믿음, 경외, 절제, 인내, 희망, 욕정에서 벗어남, 사랑, 인식, 신학, 지복에 대한 장려를 뜻한다. 여기서 에바그리우스의 알레고리적 성서해석과 그의 영성서 사이에 있는 내적인 관계를 인식할 수 있으며, 성서의 본질적이고 영성적 의미가 이 영지주의자에게서 나타나기 시작한다.

에바그리우스 주저의 제목 자체가 그의 신비론에 관한 인식을 나타낸다: *Λό-γος πρακτικός*; *Λόγος γνωστικός*; *Kephalaia gnostica; Sententiae ad monachos; Rerum monachalium rationes; De malignis cogitationibus; De octo spiritalibus malitiis; De oratione, Scholia in Psalmos*. 이 작품들의 복잡한 전승사와 보존 상태까지는 여기서 상세히 다룰 수 없다. CPG II 2430-82에 모든 작품이 일목요연하게 나온다.

1.의 서술 참조.

편집본: *Opera*: B. Sarghissian, Venedig 1907 (armen). – *Capitula practica, Rerum monachalium rationes, Capitula, Spiritales sententiae, De malignis cogitationibus, Sententiae*: PG 40, 1219-86. – *Tractatus ad Eulogium, De octo spiritibus malis, De oratione, De malignis cogitationibus*: PG 79, 1093-1234. – *De malignis cogitationibus*: W. Frankenberg = AAWG.PH NF 13/2 (1912) (*Cod. Vatic. syr. N. 178* TdÜ, *mal cog* syrTgÜ). – *De oratione*: I. Hausherr: OCP 5 (1939) 7-71 (syr + arab). – *Epistula (magna) ad Melaniam*: G. Vitestam, Seconde partie du traité, qui passe sous le nom de "La Grande lettre d'Évagre le Pontique à Mélanie l'Ancienne. Publiée et traduite d'après le manuscrit du British Museum Add. 17192 = SMHVL 1963-64/3 (syrTfÜ). – *Fragmente*: C. Guillaumont: TU 133 (1987) 209-21 (g). – *Gnosticus*: A. und C. Guillaumont = SC 356 (1989) (TfÜK). – *Kephalaia gnostica*: A. Guillaumont = PO 28/1 (1958) (syrTfÜ). – *Nonnen- und Mönchsspiegel*: H. Greßmann = TU 39/4 (1913) 143-65. – *Praktikos*: A. und C. Guillaumont = SC 170-171 (1971) (TfÜK). – *Scholia in Ecclesiasten*: P. Géhin = SC 397 (1993) (TfÜK). – *Scholia in Proverbia*: P. Gémin = SC 340 (1987) (TfÜK).

번역서: G. Bunge = Sophia 24 (1986) (*Epistulae* ÜK). – G. Bunge, K 1989 (*Praktikos*). – G. Bunge, Wü 1992 (*Über die acht Gedanken*).

참고문헌: 사전 항목: A. und C. Guillaumont: RAC 6 (1966) 1088-1107. – A. Guillaumont: TRE 10 (1982) 565-70. – F.W. Norris: EEC 329-10. – J. Gribomont: EECh I 306.

작품: I. Hausherr, Les versions syriaque et arménienne d'Évagre le Pontique. Leur valeur – leur relation – leur utilisation = OrChr 22/2 (1931). – J. Driscoll, A Key for Reading the *Ad Monachos* of Evagrius Ponticus: Aug. 30 (1990) 361-92. – J. Driscoll, The *"Ad monachos"* of Evagrius Ponticus. Its Structure and a Select Commentary = StAns 104 (1991). – M. O'Laughlin, The Bible, the Demons and the Desert. Evaluating the *Antirrheticus* of Evagrius Ponticus: StMon 34 (1992) 201-15. – G. Bunge, Das Geistgebet. Studien zum Traktat *De Oratione* des *Evagrios Pontikos*, K 1987. – P. Géhin, Un nouvel inédit d'Évagre le Pontique: son commentaire de l'Ecclésiaste: Byz. 49 (1979) 188-98. *Epistulae*: R. Melcher, Der 8. Brief des hl. Basilius, ein Werk des Evagrios Pontikus = MBTh 1 (1923). – A. et C. Guillaumont, Le texte véritable des *"Gnostica"* d'Évagre le Pontique: RHR 142 (1952) 156-205. – A. Guillaumont, Les *"Képhalaia gnostica"* d'Évagre le Pontique et l'histoire de l'origénisme chez les Grecs et les Syriens = PatSor 5 (1962). – M.-J. Rondeau, Le commentaire sur les Psaumes d'Évagre le Pontique: OCP 26 (1960) 307-48. – S. Elm, Evagrius Ponticus' *Sententiae ad Virginem*: DOP 45 (1991) 97-120.

연구서: S. Marsili, Giovanni Cassiano ed Evagrio Pontico. Dottrina sulla carità e la contemplazione = StAns 5 (1936). – A. Guillaumont, Évagre et les anathématismes antiorigénistes de 553:

StPatr 3 = TU 78 (1961) 219-26. – F. Refoulé, La christologie d'Évagre et l'Origénisme: OCP 27 (1961) 221-66. – A. Levasti, Il più grande mistico del deserto: Evagrio il Pontico (+ 399): RAMi 13 (1968) 242-64. – A. Dempf, Evagrios Pontikos als Metaphysiker und Mystiker: PhJ 77 (1970) 297-319. – A. Guillaumont, Un philosophe au désert: Évagre le Pontique: RHR 181 (1972) 29-56. – G. Bunge, Akedia. Die geistliche Lehre des Evagrios Pontikos vom Überdruß, K 1983. – G. Bunge, Geistliche Vaterschaft. Christliche Gnosis bei Evagrios Pontikos = BSPLi 23 (1988). – G. Bunge, Hénade ou monade? Au sujet de deux notions centrales de la terminologie évagrienne: Muséon 102 (1989) 69-91. – G. Bunge, *Mysterium unitatis*. Der Gedanke der Einheit von Schöpfer und Geschöpf in der evagrianischen Mystik: FZPhTh 36 (1989) 449-69. – R. Augst, Lebensverwirklichung und christlicher Glaube. Acedia – Religiöse Gleichgültigkeit als Problem der Spiritualität bei Evagrius Ponticus, Ffm – Bern – NY – P 1991. – S. Rubenson, Evagrios Pontikos und die Theologie der Wüste: H.Ch. Brennecke/E. L. Grasmück/Ch. Markschies (eds.), Logos (FS L. Abramowski) = BZNW 67 (1993) 384-401. – C. Joest, Die Bedeutung von *akedia* und *apatheia* bei Evagrios Pontikos: StMon 35 (1993) 7-53.

3.2. 메소포타미아의 시메온(마카리우스)

에바그리우스와 거의 같은 시대에 살았던 두번째로 중요한 수도자 저술가는 고대 수도제도의 또 다른 중심지인 서남아시아, 더 자세히 말하자면 메소포타미아에서 활동하였다. 그의 작품들은 "마카리우스"라는 이름으로 전해졌기 때문에 전통적으로 위대한 안토니우스의 제자이자 스케티아 사막에서 여러 수도 공동체를 설립한 이집트 수도자의 아버지인 마카리우스의 작품으로 여겨졌다. 그렇지만 이 작품에 나오는 몇몇 구절이 아시아의 수도자 운동, 결국에는 이단에 빠진 메살리아파 또는 "기도자들"(εὐχή = 기도)을 언급한다는 사실이 이미 13세기와 18세기에 주목을 끌었다. 이들은 수도자의 유일한 과제를 기도로 여겨 모든 규율과 교회에 얽매이는 것을 거부하였다. 이때문에 콘스탄티노플 교회회의(426년)와 에페소 공의회는 그들의 교과서인 "아스케티콘"Asketikon에서 발췌한 부분을 바탕으로 그들을 단죄하였다. 루이 빌쿠르Louis Villecourt는 1920년 바로 이 발췌한 부분들이 "마카리우스"의 작품들에서 인용되었음을 확증하였고, 그 뒤 "마카리우스"의 작품들이 메살리아파에서 유래하였다는 사실을 밝혀내었다. 헤르만 되리에스Hermann Dörries는 이 작품들의 저자가 메살리아주의의 지도자인 시메온이라고 확인하였다.

시메온/마카리우스의 생애는 그의 작품에서 많은 내용을 이끌어낼 수 있다. 그는 교양있는 그리스인으로서 상부 유프라테스 지방에 자신이 설립한 수도 공동체에서 살았다. 그는 콘스탄티노플 공의회의 교의 결정을 당연한 것으로 받아들였다. 게다가 그의 작품은 대 바실리우스의 작품과 실질적인 관계가 있었으며, 니사의 그레고리우스의 논술 「그리스도교 제도집」*De instituto Christiano*은 시메온/마카리우스로부터 영향을 받은 듯하다. 이 시기에 "아스케티콘"이 이미 단죄받았기 때문에 그는 위대한 카파도키아 사람들과 같은 시대의 인물이며, 380~426년 사이에 활동하였다고 할 수 있겠다.

시메온/마카리우스의 작품들은 네 개의 방대한 모음집으로 전해진다.

I(= B)은 64권(Logoi)으로 구성되며, 첫권은 이른바 "대 편지"이다.

II(= H)는 50편의 영적 강해들로 구성된다.

III(= C)은 43편의 강해들로 구성된다. 그 가운데 28편은 모음집 II와 명백히 구분되며, 8편은 모음집 I에도 있다.

IV(= W)는 26권으로 구성되며, 모음집 I에도 모두 수록되어 있다.

문학 장르에 따르면 이른바 "대 편지"에서 하나의 논술, 그밖에 두 통의 편지, 20개의 질문과 답변(Erotapokriseis), 50편의 강해, 30편의 언설집(Logia)이 중요하다.

시메온/마카리우스의 신학과 영성은 에바그리우스 폰티쿠스와 여러 면에서 매우 유사하지만 메살리아파를 옹호하느냐에 따라 근본적으로 구별된다. 그는 교회의 신학과 일치하여 인간의 모든 죄는 원죄에 바탕을 둔다는 데에서 출발한다. 그러나 그는 교회의 일반적인 신학과 달리 세례 때 일어나는 원죄의 정화를 인정하지 않고 세례를 단지 악에 대한 영적 투쟁의 시작으로 여기며, 인간은 이 투쟁에서 인간 안에서 하느님의 모습을 새롭게 하는 성령의 은총을 더 많이 받아야 한다고 주장하였다. 따라서 그에게 다른 모든 덕의 기초가 되는 가장 뛰어난 덕은 기도이며, 끊임없이 기도하는 것이 가장 이상적이다. 그러나 이러한 주장은 구원이 본질적으로 그리스도의 희생과 세례성사를 받음으로써 일어나는 것이 아니라 기도중에 일어나는 투쟁의 효과와 인간의 노력에 따른 그 효과로 얻어진 성령의 은총 때문에 일어나는 것을 뜻한다. 효과적인 기도의 전제조건은 안식ησυχία이다. 사탄이 안식에서 악한 생각으로 분심을 일으키려 하기 때문에 악한 생각과 투쟁하는 것이 필요하다. 투쟁의 구체적 형태는, 영혼이 하느님과 하나가 될 수 있도록 세속적 구속에서 벗어나 덧없는 것을 경시하는 표징인 가난과 독신으로 살아가는 공주 수도자 생활이다. 기도생활은 공동체의 개별생활과 분리되지 않으며, 서로를 위한 봉사διακονία의 과제와 기회를 준다. 이를 위하여 공동체는 경험 많은 금욕자들을 영적이고 실천적인 지도자로 삼아야 한다.

1.의 서술 참조.

편집본: M. Kmosko = PS 3 (1926) (*Liber graduum*). – G.L. Marriott, *Macarii Anecdota. Seven Unpublished Homilies of Macarius* = HThS 5 (1918 = 1969). – W. Jaeger, Two Rediscovered Works of Ancient Christian Literature: Gregory of Nyssa and Macarius, Lei 1954 = 1965 (*I 1*). – E. Klostermann/H. Berthold = TU 72 (1961) (*III*). – H. Dörries/E. Klostermann/ M. Kroeger = PTS 4 (1964) (*II*). – R. Draguet: CSCO 289 (1968) 2-8, 14-19 (*II 3, 19* syrT); 293 (1968) 1-5, 9-12 (f). – H. Berthold = GCS 2 Bde. (1973) (*I 2-64*). – V. Desprez = SC 275 (1980) (*III* TfÜK). – W. Strothmann, 2 Bde. = GOF.S 21 (1981) (syrTdÜ). – W. Strothmann, Schriften des Makarios/Symeon unter dem Namen des Ephraem = GOF.S 22 (1981) (g). – R. Staats, Makarios-Symeon, *Epistola magna*. Eine messalianische Mönchsregel und ihre Umschrift in Gregors von Nyssa "*De instituto christiano*" = AAWG.PH III/134 (1984).

번역서: M. Jocham = BKV¹ (1878) [2 *Briefe, 2 Gebete (I 1), II*]. – D. Stiefenhofen = BKV² 10 (1913) (*II*). – W. Strothmann, Makarios/Symeon. Das arabische Sondergut = GOF.S 11 (1975).

참고문헌: 사전 항목: V. Desprez/M. Canévet: DSp 10 (1980) 20-43. – O. Hesse: TRE 21 (1991) 730-5. – J. Gribomont: EECh I 514.

편찬서: W. Strothmann (ed.), Makarios-Symposium über das Böse. Vorträge der Finnischdeutschen Theologentagung in Goslar 1980 = GOF.S 24 (1983).

본문/전승: H. Dörries, Symeon von Mesopotamien. Die Überlieferung der messalianischen "Makarios"-Schriften = TU 55/1 (1941). – E. Klostermann, Symeon und Macarius. Bemerkungen zur Textgestalt zweier divergierender Überlieferungen = APAW.PH 1943/11. – R.A. Klostermann, Die slavische Überlieferung der Makariusschriften = GVSH.H 4/3 (1950). – W. Strothmann, Textkritische Anmerkungen zu den Geistlichen Homilien des Makarios/Symeon = GOF.S 23 (1981).

연구서: G. Quispel, Makarius, das Thomasevangelium und das Lied von der Perle = NT.S 15 (1967). – E.A. Davids, Das Bild vom Neuen Menschen. Ein Beitrag zum Verständnis des *Corpus Macarianum* = SPS 2 (1968). – R. Staats, Gregor von Nyssa und die Messalianer. Die Frage der Priorität zweier altkirchlicher Schriften = PTS 8 (1968). – A.J.M. Davids, Der große Brief des Makarios. Analyse einer griechischen Kontroversschrift: Th. Michels (ed.), Heuresis (FS A. Rohracher), Sa 1969, 78-90. – H. Dörries, Die Theologie des Makarios/Symeon = AAWG.PH

III/103 (1978). – Th. Ihnken, Zum 13. Kapitel des Großen Briefes des Makarios/Symeon. Eine Anmerkung: ZKG 97 (1986) 79-84. – V. Desprez, Le baptême chez le Pseudo-Macaire: EO 5 (1988) 121-55. – C. Stewart, "Working the Earth of the Heart". The Messalian Controversy in History, Texts, and Language to AD 431 = OTM (1991).

3.3. 요한 카시아누스

4세기의 세번째 위대한 수도자 저술가인 요한 카시아누스의 출생과 생애는, 그의 작품에서 드러나듯이 부분적으로는 루피누스와 히에로니무스, 부분적으로는 콘스탄티아의 에피파니우스와 유사하다. 그는 동방 수도제도의 정신이 어떻게 서방 수도제도에 활기를 주었고, 영향을 주었는지를 보여준다. 카시아누스는 360년경 도브룻샤(겐나디우스, 「유명인사록」 61: 스키티아 출신)의 부유한 그리스도교 가정에서 태어나 견실한 고전학교 교육을 받았으며, 라틴어와 그리스어에 능통하였다. 그는 어린이puer였을 때(「제도집」 서론 4), 곧 378~380년경에 친구 게르마누스와 함께 베들레헴의 탄생교회 근처에 있는 수도원에 들어갔다. 카시아누스가 자신을 "아직도 젊은이"라고 표현하듯이(「담화」 14,9), 얼마 뒤 두 사람은 이집트 수도제도를 알고자 그곳으로 갔으며, 에바그리우스 폰티쿠스가 이집트 수도 공동체를 영적으로 이끌 당시 테베를 방문한 뒤 스케티아 사막에 머물렀다. 399년경 오리게네스 논쟁 시초에[2] 그들은 콘스탄티노플로 갔다. 그곳에서 요한 크리소스토무스는 카시아누스의 의사에는 아랑곳없이 그에게 부제품을 주고 대성당의 보물을 감독하는 직무를 맡겼다. 요한이 면직(404년)된 뒤 카시아누스는 게르마누스와 함께 인노첸시우스 교황에게 보내는 편지를 갖고 로마로 파견되어, 그곳에 몇 년 동안 머무르면서 수석 부제이자 뒤에 교황이 된 레오와 우정을 나누었다. 그는 로마에서 사제품을 받았으나 그의 친구 게르마누스는 사망하여 그의 곁을 떠났다. 그는 생애 말기를 남부 갈리아 지방의 마실리아(오늘날: 마르세이유)에 머무르면서 성 빅토르 수도원과 성 살바토르 수녀원을 건립하였으며,

---

[2] 보르돌라니(F. Bordolani: EECh I, 149쪽)의 견해는 이와 다르다. "신인동형 동성론가들을 반대하는 알렉산드리아의 테오필루스의 편지(390년경)에 따르면 폭력적인 종교적 충돌이 그를 이집트에서 영원히 떠나게 하였다."

432년 이후에 사망하였다.

마실리아의 수도원에 머무르는 동안 그는 세 작품, 「제도집」*Institutiones*, 「담화」*Conlationes*, 「네스토리우스를 논박하는 그리스도의 육화에 대한 7권의 책」*De incarnatione Domini contra Nestorium libri VII*을 저술하였다. 마지막 작품은 콘스탄티노플의 총대주교 네스토리우스를 주교로 지칭하고 있어 그가 단죄받기 전, 곧 431년 여름 이전에 저술된 것이 틀림없다. 이 작품은 서방에서 유일하게 네스토리우스의 그리스도론을 반박한다. 제1권에서는 종종 "선先-네스토리우스주의자"로 불리는 갈리아 지방 출신인(마실리아?) 레포리우스(레포리우스의 견해는 이미 430년 이전에 아우구스티누스의 지도를 받으며 저술된 「교정 또는 만족에 관한 책」*Libellus emendationis sive satisfactionis*을 바탕으로 다시 정통신앙으로 인정받았다)를 반박한다. 카시아누스의 정통신앙은 의문의 여지가 없다. 그럼에도 그는 아우구스티누스가 북아프리카 하드루메툼의 수도자들에게 보낸 작품 「은총과 자유의지론」*De gratia et libero arbitrio*과 「훈계와 은총」*De correptione et gratia*(427년) 때문에 마실리아에서 일어난 논쟁에서 은총과 인간의 자유의지에 관한 아우구스티누스의 입장에 반대하여, 그의 이름은 「겔라시아누스 교령」*Decretum Gelasianum*(6세기 초) 가운데 로마 교회가 단죄한 저자들의 목록에 열거되어 있다.

1.의 서술 참조.

편집본: M. Petschenig = CSEL 17 (1888) (*Institutiones, De incarnatione*).

번역서: A. Abt/K. Kohlhund = BKV¹ 2 Bde. (1877-9) (*Opera omnia*). – 영어 번역서: E.C.S. Gibson: NPNF II 11 (1894 = 1995) 161-621 (*Institutiones, Conlationes, De incarnatione*).

참고문헌: 사전 항목/각론서 항목: A. Hamman: Patrologia III 486-96. – O. Chadwick: TRE 7 (1981) 650-7. – P.C. Burns: EEC 180-1. – F. Bordonali: FECh I 149. – M. Cappuyns: DHGE 11 (1949) 1319-48; DHGE 26 (1997) 1382-4.

편찬서: A. de Vogüé, De saint Pachôme à Jean Cassien = StAns 120 (1996) 271-522.

일반 연구서: L. Cristiani, Jean Cassien. La spiritualité du Désert, 2 vol., Abbaye Saint-Wandrille 1946 = ²1991. – J.-C. Guy, Jean Cassien. Vie et doctrine spirituelle, P 1961. – O. Chadwick, John Cassian, C ²1968. – C. Stewart, Cassian the Monk, O 1998.

은총론: A. Hoch, Lehre des Johannes Cassianus von Natur und Gnade. Ein Beitrag zur Geschichte des Gnadenstreits im 5. Jahrhundert, F 1895. – D.J. MacQueen, John Cassian on Grace and Free Will. With Particular Reference to Institutio XIII and Collatio XII: RechTh 44 (1977) 5-28.

수도 전승: S. Marsili, Giovanni Cassiano ed Evagrio Pontico. Dottrina sulla carità e la contem-

plazione = StAns 5 (1936). – A. Kemmer, *Charisma maximum*. Untersuchung zu Cassians Voll-
kommenheitslehre und seiner Stellung zum Messalianismus, Lou 1938. – H.O. Weber, Die Stel-
lung des Johannes Cassianus zur außerpachomianischen Mönchstradition. Eine Quellenunter-
suchung = BGAM 24 (1961). – P. Christophe, Cassien et Césaire, prédicateurs de la morale mo-
nastique, Gembloux – P 1969. – C. Leonardi, Alle origini della cristianità medievale: Giovanni
Cassiano e Salviano di Marsiglia: StMed 18/2 (1977) 491-608. – Ph. Rousseau, Ascetics, Au-
thority, and the Church in the Age of Jerome and Cassian, O 1978.

영성/신학: V. Codina, El aspecto cristológico en la espiritualidad de Juan Casiano = OCA 175
(1966). – J. Beaudry, L'humilité selon Jean Cassien, Montréal 1967. – C. Tibiletti, Giovanni
Cassiano. Formazione e dottrina: Aug. 17 (1977) 355-80. – C. Folsom, Anger, Dejection and
Acedia in the Writings of John Cassian: ABenR 35 (1984) 219-48. – V. Messana, Povertà e la-
voro nella paideia ascetica di Giovanni Cassiano, Caltanisetta 1985. – M. Zananiri, La contro-
verse sur la prédestination au Ve siècle. Augustin, Cassien et la tradition: P. Ranson (ed.), Saint
Augustin, P 1988, 248-61. – L. Giordano, *Morbus acediae*. Da Giovanni Cassiano e Gregorio
Magno alla elaborazione medievale: VetChr 26 (1989) 221-45. – G. Summa, Geistliche Unter-
scheidung bei Johannes Cassian, W 1992. – M.-A. Vannier, Jean Cassien a-t-il fait œuvre de
théologien dans le *De Incarnatione Domini?*: RevSR 66 (1992) 119-31.

3.3.1. 「공주 수도생활의 제도집」*De institutis Coenobiorum*

카시아누스는 현대의 편집본에서 「제도집」으로 부르는 작품을 프로방스 지방에
있는 압트의 주교 카스토루스의 권유로 저술하였다(419~426년). 이 작품은 수사
본들에 제목이 없고 따로따로 전해지는 두 부분으로 이루어지며,[3] 각 부분은 카
스토루스 주교에게 바치는 글로 시작한다. 제1-4권에서는 수도자의 의복(I), 이
집트 관습에 따른 밤기도(II), 팔레스티나와 메소포타미아의 관습을 본받아 낮
에 부르는 시편(III), 수도생활에 대한 제도(IV)를 다룬다. 제5-12권에서는 에바
그리우스 폰티쿠스와 일치하는 여덟 가지 중죄, 곧 폭식(V), 음행(VI), 금전욕
(VII), 분노(VIII), 슬픔(IX), 태만(X), 허영심(XI), 교만(XII)을 다룬다.

3.3.의 서술 참조.
편집본: J.-C. Guy = 3C 109 (1965) (TfÜ).
번역서: Frank I 107-93 (*inst I-IV*).

---

[3] 체드윅(Chadwick: TRE 7, 650쪽)은 이와 달리 세 부분으로 나눈다. "a: 수도자의 의복,
기도, 시편 노래에 관한 3권, b: 수도자에 대한 규칙들 또는 제도(Instituta)에 관한 1권, c:
중죄와 그 죄들을 극복하는 방법에 관한 8권."

3.3.2. 「교부들의 담화」*Conlationes*

묵시록에 나오는 24명의 장로를 암시하는 24편의 「담화」는 「제도집」을 보완하는 압권壓卷으로, 이미 바실리우스의 규칙서들과 후대의 「교부들의 단화」에서 알려진 형식을 따른다. 곧, 카시아누스 또는 그의 제자 게르마누스는 사막의 교부들에게 질문하고, 사막의 교부들은 이에 답변한다. 이 방식으로 영성의 대가들은 영적·실천적 문제들을 갖고 그들을 찾아오는 수도자들에게 실제적인 가르침을 준다. 이 작품은 잇달아 저술된 세 부분, I-X(425/426년), XI-XVII(427년), XVIII-XXIV(428/429년)으로 나뉜다. 이렇게 세 부분으로 나뉜 작품은 완전함을 지향하는 수도생활을 체계적으로 분류하여 설명하지 않으며, 때로는 하나의 주제를 여러 부분에서 다루고, 때로는 여러 주제를 함께 다루더라도 내용상 서로 연관성이 있는 완전한 입문서이다. 주요 주제는 수도생활의 목표(I), 육신과 정신(IV), 여덟 가지 중죄(V), 영적 투쟁(VII-VIII), 기도(IX-X), 완전성(XI), 순결(XII), 은사와 기적(XV), 내적 자유(XXI), 육신의 유혹(XXII)이다. 「담화」 제13권 "하느님의 보호"De protectione Dei는 카시아누스가 아우구스티누스에 맞서 "절충적 펠라기우스주의" 은총론(16세기부터 이와같이 부름)을 주장하기 때문에 신학사적으로 특별한 의미를 지닌다. 인간은 자신의 결정으로 신앙을 갖기 시작하므로, 하느님의 은총은 인간을 구원하기 위하여 반드시 인간의 자유의지와 함께 작용해야 한다.

3.3.의 서술 참조.
편집본: M. Petschenig = CSEL 13 (1886). – E. Pichery = SC 42, 54, 64 (1955-9) (TfÜ).
영어 번역서: B. Ramsey = ACW 57 (1997).

3.3.3. 영성신학

카시아누스는 그가 동방, 특히 이집트에서 알게 된 수도제도의 영성을 자신의 삶의 여정과 확신에 찬 의도에 따라 서방교회에 전하였다. 이 영성은 완결된 사고체계가 아니라 자신이 겪은 인생체험의 열매였다. 카시아누스에게 본질적인 수도생활의 목표는 세속의 모든 것을 철저히 부인하면서 기도만 하는 독수도자의 생활, 곧 영적 인식scientia spiritualis이다. 활동적 인식scientia activa으로 공주 수도 형태는, 수도자가 덕과 안식(tranquillitas → ἡσυχία, ἀπάθεια)에 도달할 때까지 고뇌passiones와 여덟 가지 중죄에 맞서 싸우면서 완전함을 향해 가는 도정의 첫 단계일 뿐이다. 성서를 끊임없이 고찰하고 성서의 의미를 철저히 통찰하는 것은 성령의 도움으로 최종적이고 영원한 기도의 길로 이끈다. 카시아누스는 이러한 기도를 하느님의 현존과 사랑의 불에 대한 고찰, 곧 "불의 기도"라고 불렀다.

4. 성인들의 생애와 역사

첫 3세기 동안 교회는 순교자만 성인으로 공경하였다. 따라서 이 시기의 성인전 문헌은 순교자 행전, 순교자 수난기, 이들에 대한 전례상의 축일 때 행한 설교로 구성된다. 그러나 이미 2세기와 3세기에 순교 개념이 고난과 그리스도교의 모범적인 삶이라는 두 가지 형태로 넓어지면서 4세기 성인전에 대한 변혁이 신학적으로 준비되었다. 교회는 박해 동안에 순교하지는 않았지만 그리스도의 이름을 위하여 고통을 받은 고백자들(에우세비우스, 「교회사」 V 2-3 참조)과 그리스도를 철저히 따르기 위하여 날마다 스스로 고행하는 금욕가들(알렉산드리아의 클레멘스, 「양탄자」 IV 3-4 참조)을 성인으로 공경하였다. 따라서 성인들의 생애를 다룬 작품의 첫 자리는 당연히 남녀 금욕가들이 차지한다.

아타나시우스의 「안토니우스의 생애」(355/356년 직후),

히에로니무스의 「테베의 바울로의 생애」(378/379년)와 「말쿠스와 힐라리온의 생애」(386년 직후),

니사의 그레고리우스의 「마크리나의 생애」(381년 직후),

「수도자들의 역사」(394/395년)

팔라디우스의 「라우시아카 역사」(419/420년),

게론티우스의 「멜라니아 1세의 생애」(440년경),

치루스의 테오도레투스의 「종교사」 또는 「수도자 역사」(444년경),

「교부들의 단화」, 「원로들의 말씀」(5/6세기).

그 뒤 얼마 안되어 성인 공경은 주교들에게 확대되어 그들의 생애를 다룬 기록
이 투르의 마르티누스를 필두로 시작되었다. 더러는 금욕가였으며, 더러는 전
에 순교한 주교들의 존경을 이어받으면서 순교에 버금가는 올바른 신앙을 고백
하고 증언하였기 때문이다.

니사의 그레고리우스의 「그레고리우스 타우마투르구스의 생애」(394년 이전),

술피치우스 세베루스의 「마르티누스의 생애」(397년 또는 397년 바로 이전),

팔라디우스의 「성 요한 크리소스토무스의 생애에 관한 대화」(408년),

파울리누스의 「암브로시우스의 생애」(422년),

포시디우스의 「아우구스티누스의 생애」(432~439년 사이).

그리스도교의 인물을 다룬 "생애"의 장르는 고대의 영웅을 숭배한 이교의 영향
을 많이 받았지만, 결코 그대로 이어받거나 동화하지 않고 그리스도교 특유의
내용을 지닌 독자적인 형식으로 발전되었다. 모든 생애에서 가장 인기있는 내
용은 중간에 끼여 있는 기적 이야기이다. 기적 이야기는 후대의 성인전에서 역
사적 근거도 없이 매우 많이 확대되었다.

중세의 라틴 교회는 초대 그리스도교의 수도제도에 관한 가장 중요한 증언으
로 「안토니우스의 생애」, 「이집트 수도자들의 역사」, 「원로들의 말씀」(「교부들의 단
화」와 유사한 잠언집), 팔라디우스의 「라우시아카 역사」, 그밖의 단편들을 「교부들의
생애」*Vitae Patrum*라는 모음집에 모아 놓았다. 모음집은 수도자 규칙서들과 함께
수도생활의 전형과 규범으로 사용되었다.

편집본: ActaSS. – Ch. Mohrmann (ed.), Vite dei Santi, 4 vol., Verona 1974-5 (TiÜK). – F. Hal-
kin, *Hagiographica inedita decem* = CChr.SG 21 (1989).

보조자료: BHL. – BHG. – BHO. – BSS. – A. Ehrhard, Überlieferung und Bestand der hagio-
graphischen und homiletischen Literatur der griechischen Kirche von den Anfängen bis zum
Ende des 16. Jahrhunderts, 3 Bde. = TU 50-52 (1937-52). – L. Perria, I manoscritti citati da Al-
bert Ehrhard. Indice a: A. Ehrhard, Überlieferung..., R 1979.

참고문헌: 사전 항목: D.H. Farmer, Hagiographie I. Alte Kirche: TRE 14 (1985) 360-4. – Th.
Baumeister/M. Van Uytfanghe, Heiligenverehrung I-II (Hagiographie): RAC 14 (1988) 96-183.
– V. Saxer, Hagiography: EECh I 370. – A. Solignac, *"Verba Seniorum"*: DSp 16 (1993) 383-
92. – A. Solignac, *"Vitae Patrum"*: DSp 16 (1993) 1029-35.

각론서: R. Agrain, L'hagiographie: ses sources, ses méthodes, son histoire, P 1953. – H. Delehaye, Les légendes hagiographiques = SHG 18 a (⁴1955). – R. Grégoire, Manuale di agiologia. Introduzione alla letteratura agiografica, Fabriano 1987.

편찬서: P. Franchi de' Cavalieri = StT 3, 6, 8, 9, 19, 22, 24, 27, 33, 49, 65, (1900-35). – Hagiographie, cultures et sociétés, IVe-XIIe siècles, P 1981. – L'agiografia latina nei secoli IV-VII: Aug. 24 (1984) 7-345. – A. Hilhorst, De heiligenverering in de eerste eeuwen van het christendom, N 1988. – A. Ceresa-Gastaldo (ed.), Biografia e agiografia nella letteratura cristiana antica e medievale, Trient 1990.

연구서: AnBoll. – BSS. – SHG. – F. Lanzoni, Genesi, svolgimento e tramonto delle legende storiche. Studio critico = StT 43 (1925). – H. Delehaye, *Sanctus*. Essai sur le culte des saints dans l'antiquité = SHG 17 (1927). – H. Delehaye, Cinq leçons sur la méthode hagiographique = SHG 21 (1934). – L. Bieler, ΘΕΙΟΣ ANHP. Das Bild des "göttlichen Menschen" in Spätantike und Frühchristentum, 2 Bde., W 1935-6 = Da 1976. – B. de Gaiffier, Études critiques d'hagiographie et d'iconologie = SHG 43 (1967). – P. Brown, The Cult of the Saints. Its Rise and Function in Latin Christianity, Chicago – Lo 1981. – P. Cox, Biography in Late Antiquity. A Quest for the Holy Man, Berkeley – Los Angeles – Lo 1983. – E. Mühlenberg, Les débuts de la biographie chrétienne: RThPh 122 (1990) 517-29. – L. Mirri, La vita ascetica femminile in San Girolamo, R 1992. – M. Van Uytfanghe, L'hagiographie: un "genre" chrétien ou antique tardif?: AnBoll 111 (1993) 135-88.

「안토니우스의 생애」*Vita Antonii*

독수자이며 이집트 수도자의 위대한 아버지인 안토니우스를 다룬 「안토니우스의 생애」는 그리스도교 문헌사에서 이런 유형으로는 첫번째 작품이다. 안토니우스는 백 살을 넘게 살고 355/6년에 사망하였다. 그가 사망한 뒤 바로 알렉산드리아의 아타나시우스는 자신의 세번째 유배 기간(356~362년)인 357/8년경에 자신에게 피난처를 제공한 이집트 수도자들과 함께 살면서 이 작품을 저술하였다. 아타나시우스가 이 작품을 쓴 의도는, 위대한 인물의 전기를 재현하는 데 있지 않고 삶의 이상과 전형을 묘사하는 것이었다. 그의 의도는 뜻을 이루어 「안토니우스의 생애」는, 특히 아우구스티누스가 「고백록」(VIII 6,15)에서 증언하듯이 그리스도교를 믿는 전 지역에 급속히 퍼셔나갔으며, 후대에 생애를 다루는 모든 작품의 귀감이 되었다. 이 작품에는 165편의 수사본과 안티오키아의 에바그리우스(375년 이전)의 라틴어 번역 및 콥트어, 시리아어, 아시리아어, 게오르기아어 번역본이 있다. 르네 드라게René Draguet(1980년)는 자신이 편찬한 시리아 본문의 편집본에서, 여러 번역본이 서로 다르다는 것을 바탕으로 「안토니우스의 생애」는 본디 안토니우스의 제자가 콥트어로 저술하였으며, 뒤에 아타나시우스가 아니라 그리스어를 사용하는 이름이 알려지지 않은 콥트 사람이 그리스어로 번역하였다는 의견을 냈다. 또한 시리아어 번역본이 본디 형태의 번역이라고 주장하였다. 티모티 바른스Timothy Barnes는 이 논제를 지지한다(1986년). 반면 찰스 칸넨기서Charles Kannengiesser(1985년)는 논증없이, 마틴 테츠Martin Tetz(1982년)와 앤드류 루스Andrew Louth(1988년)는 아타나시우스의 다른 진본들과 이미 이전에 인정된 문헌적 · 신학적 일치에 근거하여, 루이제 아브라모브스키Luise Abramowski(1988년)와 루돌프 로렌즈Rudolf Lorenz(1989년)는 전승사적 이유에서 이 논제를 부인하였다. 아달베르 드 보구에[Adalbert de Vogüé, Histoire littéraire du mouvement monastique I, 17쪽 주 1 (1991년)]와 바르테링크[G.M. J. Bartelink, SC 400 (1994년), 32-5쪽]는 아브라모브스키와 로렌즈의 의견에 동조한다.

「생애」는 이집트 밖에 사는 수도자들의 질문에 답변하는 편지 형식의 서론으로 시작한다. 이들은 자신들의 생활에 대해 가르침을 받으려고 수도생활의 기원을 상세히 알고자 하였다. 지금까지는 이 서론을 문학적 허구로 생각하였으나, 마틴 테츠는 서론을 역사적 사실과 일치하는 것으로 평가한다. 서론 다음에 94단락으로 구성된 안토니우스의 전기가 뒤따른다. 그의 전기는 먼저 그가 명문 출신임을 서술하고, 다음에 소년 시절, 소명, 부모의 집에서의 첫번째 수도생활, 그 뒤 나이 든 수도자를 통해 수도생활의 본보기를 배우고 나서 집 가까운 곳에서 행한 수도생활을 묘사한다. 그는 그곳에서 항상 고독을 추구하여 35세 때까지는 공동묘지에서, 그 뒤 20년 동안은 피스피르 근처의 폐허가 된 성채 안에서, 나머지는 시나이 산을 볼 수 있는 산기슭에서 살았다. 장소를 옮길 때마다 안토니우스는 그곳에 사는 악마들을 내쫓았기 때문에 매번 악마들의 격렬한 공격을 받았다(8. 12-3. 51-2). 사탄들이 안토니우스에게 불평한 것처럼(41), 그들은 그리스도교의 전파로 처음에는 도시에서 물러나야 했으며, 지금은 독수도자들에 의해 마지막 피난처인 사막에서 쫓겨났다. 악마들은 일반적으로 나쁜 생각(23) 또는 야단법석(39)을 무기로 삼아 금욕가를 공격하고, 이에 대해 금욕가는 기도와 십자성호, 그리스도의 이름을 부름으로써 이들을 방어한다.

이렇게 악마들과 벌인 투쟁은 독수도자 생활의 핵심요소였다. 수도자는 이러한 투쟁으로 순교자들의 행업을 충실히 따랐다. 안토니우스는 완전한 단계에 도달하여 악마들이 아무리 경건을 가장한 모습으로 나타나도 마침내 그들을 구분해 내는 능력을 가지게 되었다.

많은 제자가 안토니우스에게서 배우려고 사막에서 그를 따랐다. 아타나시우스는 안토니우스의 가르침을 생동감있게 나타내기 위하여 세속의 전형에 따라 문학적 기교를 사용하였다. 그는 세 개의 대화를 끼워넣었다. 16-43장은 "대교의연설"로 안토니우스는 여기서 그의 제자들과 함께 자신의 금욕계획을 말하며, 69-71장은 안토니우스의 가르침이 아리우스파의 가르침과 일치한다고 주장하는 아리우스파를 논박하는 연설이며, 72-80장은 철학자들과 벌인 논쟁이다. 마지막 두 대화에서는 매우 전통적인 주제와 논증 방법이 중요하다. 아타나시우스가 자신의 신학을 안토니우스를 통해 전개한 것인지 또는 안토니우스의 진술을 문학적으로 표현한 것인지는 확실하지 않다.

1.과 4. 및 제5장 4.의 서술 참조.

참고문헌 목록: Ch. Butterweck, Athanasius von Alexandrien. Bibliographie, Opladen 1995.

편집본: H.W.F.M. Hoppenbrouwers = LCP 14 (1960) (1). – Ch. Mohrmann/G.J.M. Bartelink/ P. Citati/S. Lilla – ViSa 1 (1974) (TiÜK). – G. Garitte = CSCO 117-118 (1967) (sahidTlÜ). – R. Draguet = CSCO 417-418 (1980) (syrTfÜ). – G.J.M. Bartelink = SC 400 (1994) (TfÜK).

번역서: A. Richard: BKV¹ II (1875) 215-330. – H. Mertel: BKV² 31 (1917) 677-777. – N. Hovorka/E. Stein/H. Glück, W 1925. – 영어 번역서: A. Robertson u.a. = NPNF II 4 (1893 = 1995) 188-221. – R.T. Meyer = ACW 10 (1950). – M.E. Keenan: FaCh 15 (1952) 125-216.

참고문헌: *Antonius*: E. Amélineau, Saint Antoine et les commencements du monachisme chrétien en Égypte: RHR 65 (1912) 16-78. – L. von Hertling, Antonius der Einsiedler = FGIL 1 (1929). – B. Steidle (ed.), *Antonius Magnus Eremita* 356-1956. *Studia ad antiquum monachismum spectantia* = StAns 38 (1956). – T. Orlandi: EECh I 44.

안토니우스의 생애: R. Reitzenstein, Des Athanasius Werk über das Leben des Antonius. Ein philologischer Beitrag zur Geschichte des Mönchtums = SHAW.PH 1914/8 – I. List, Das Antoniusleben des hl. Athanasius d. Gr. Eine literarhistorische Studie zu den Anfängen der byzantinischen Hagiographie = TBNGP 11 (1931). – H. Dörries, Die *Vita Antonii* als Geschichtsquelle = NAWG 1949, 357-410 = Ders., Wort und Stunde I. Gesammelte Studien zur Kirchengeschichte des vierten Jahrhunderts, Gö 1966, 145-224. – L. Boyer, La vie de s. Antoine. Essai sur la spiritualité du monachisme primitif, Bégrolles ²1950. – L.W. Barnard, The Date of S. Athanasius' *Vita Antonii*: VigChr 28 (1974) 169-75. – StPatr 17/2 (1982) 519-42. – G.J.M. Bartelink, Die literarische Gattung der *Vita Antonii*. Struktur und Motive: VigChr 36 (1982) 38-62. – M.

Tetz, Athanasius und die *Vita Antonii*. Literarische und theologische Relationen: ZNW 73 (1982) 1-30. – B. Brennan, Athanasius' *Vita Antonii*. A sociological interpretation: VigChr 39 (1985) 209-27. – T.D. Barnes, Angels of Light or Mystic Initiate? The Problem of the *Life of Antony*: JThS NS 37 (1986) 353-68. – A. Louth, St Athanasius and the Greek *Life of Antony*: JThS NS 39 (1988) 504-9.

번역본: L.Th. A. Lorié, Spiritual Terminology in the Latin Translations of the *Vita Antonii*, with Reference to the Fourth and Fifth Century Monastic Literature = LCP 11 (1955). – L. Abramowski, Vertritt die syrische Fassung die ursprüngliche Gestalt der *Vita Antonii*? Eine Auseinandersetzung mit der These Draguets: Mélanges Antoine Guillaumont. Contributions à l'étude des christianismes orientaux, Genf 1988, 47-56. – R. Lorenz, Die griechische *Vita Antonii* des Athanasius und ihre syrische Fassung. Bemerkungen zu einer These von R. Draguet: ZKG 100 (1989) 77-84.

5. 여행기

그리스도인들은 여행할 때 그들의 신앙과 밀접히 연관된 장소를 늘 방문하였다. 그러나 그리스도교의 실질적인 순례제도와 순례에 관한 문학적 증언들은 4세기에 이르러 나타나기 시작하였다. 이는 콘스탄티누스 황제 이후 그리스도교를 옹호하는 변화된 정치 상황, 로마제국의 지속적인 그리스도교화, 이와 관련된 고대세계에 그리스도교의 철저한 토착화, 금욕적 생활 형태인 "생활의 순례"로 신학적·경건사적 발전이 다양하게 이루어졌기 때문이다. 그러나 이 모든 것은 문헌사가 아니라 교회사에 속하고, 문헌의 증언을 상세히 설명할 필요가 없기 때문에 여기서 개별적으로 다룰 필요는 없다. 남아 있는 작품들은 결코 당시의 순례제도 전체를 드러내지 않기 때문이다. 지중해 주변에 있는 모든 국가가 순례의 목표로 삼은 곳은 그리스도가 발자취를 남긴 팔레스디나 성지, 시리아와 네소포타미아의 수도자들이 사는 지역, 소아시아, 콘스탄티노플, 그리스에 있는 순교자들과 성인들의 무덤, 이집트 사막의 성인들과 수도자들, 로마의 사도들과 순교자들의 무덤, 아프리카, 스페인, 갈리아의 성지들이다. 그러나 수많은 순례자 가운데 대부분은 순례지 근처에 살았기 때문에 안내서가 필요하지 않았으며 안내서를 만들지도 않았다. 남아 있는 모든 여행기의 저자들은 장거리 여행자로 순례지에서 멀리 떨어져 있는 고향 사람들에게 순례에 관하여 알려주고, 혼자 순례여행을 스스로 떠나려는 사람들에게 여행기Itinerarium를 넘겨주려는 의도에서 작품을 저술하였다. 순례의 흐름은 서방에서 동방으로 또는 동방에서 서방으로 이루어졌으나, 여행기들은 서방 순례자들이 라틴어로만 저술하였으며, 서로 다른 시기에 가장 중요한 두 성지를 보고한다. 4세기부터 6세기까지 예루살렘과 팔레스티나: *Itinerarium Burdigalense*; *Itinerarium Egeriae*; *Breviarius de Hierosolyma*; *Itinerarium Anonymi Placenti*; 7~8세기에 로마: *Notitiae ecclesiarum*; *De locis sanctis*; *Itinerarium Malmesburiense*; *Itinerarium Einsidlense*. 이 작품들의 중요한 의미는 한편으로 경건사 · 전례사 기술에, 다른 한편으로 고고학적 서술에 있다. 이 내용을 기초로 오늘날 남아 있는 단편들을 이해할 수 있으며 소실된 작품을 다시 구성할 수 있다.

편집본: P. Geyer = CSEL 39 (1898). – CChr.SL 175-176 (1965). – C. Milani, *Itinerarium Antonini Placentini. Un viaggio in Terra Santa del 560-570 d. C.*, Mai 1977 (TiÜK).

번역서: H. Donner, Pilgerfahrt ins Heilige Land. Die ältesten Berichte christlicher Palästinapilger (4.-7. Jahrhundert), St 1979.

참고문헌: 사전 항목: L. Dattrino, *Breviarius de Hierosolyma*: EECh I 128. – V. Saxer, Itineraries: EECh I 426-7. – A. Hamman, *Itinerarium Burdigalense*: EECh I 427.

연구서: A. Elter, Itinerarstudien, Bn 1908. – G. Bardy, Pèlerinages à Rome vers la fin du IVe siècle: AnBoll 67 (1949) 224-35. – B. Kötting, *Peregrinatio religiosa. Wallfahrten in der Antike und das Pilgerwesen in der alten Kirche* = FVK 33-35 (1950). – R. Gelsomino, L'*Itinerarium Burdigalense* e la Puglia: VetChr 3 (1966) 161-208. – E.D. Hunt, Holy Land Pilgrimage in the Later Roman Empire AD 312-460, O 1982. – B. Kötting, *Ecclesia peregrinans. Das Gottesvolk unterwegs. Gesammelte Aufsätze*, Bd. 2 = MBTh 54/2 (1988) 225-312. – R. Klein, Die Entwicklung der christlichen Palästinawallfahrt in konstantinischer Zeit: RQ 85 (1990) 145-81. – M. Calzolari, Introduzione allo studio della rete stradale dell'Italia romana = AANL.M IX 7/4 (1996). – H. R. Drobner, Die Palästina-Itinerarien der Alten Kirche als literarische, historische und archäologische Quellen: Aug. 38 (1998) 293-354.

에게리아의 여행기 *Intinerarium Egeriae*

부분적으로 남아 있지만 가장 유명하고 중요한 순례 보고는 교부문헌사에서 몇 명 안되는 여성 저자가 저술하였다. 저자에 관한 보고는, 1884년 가무리니G.F. Gamurrini가 아레조에서 발견한 유일한 필사본에서 익명으로 전해진다. 남아 있는 본문 가운데 여행기의 첫 부분과 그밖의 두 장이 없기 때문이다. 이 작품은 처음에 실비아, 에우케리아 또는 에테리아라는 이름으로 출판되었다. 그러나 오늘날에는 680년경 (스페인의 아스토라 교구의) 비에르조의 수도자 발레리우스의 편지가 증언하는 "에게리아"라는 이름을 일반적으로 가장 믿을 만한 명칭으로 사용한다. 마리우스 페로텡Marius Férotin(1903년)은 이 편지가 다름아닌 에게리아의 순례여행과 그녀의 여행기를 다루며, 여행기에서 저자와 소실된 부분의 내용에 관한 상세한 정보를 끌어낼 수 있다고 진술하였다. 「에게리아의 여행기」의 소실된 부분에 관한 그밖의 단편들은 수도자 베드로 디아코누스(1137년)가 쓴 중세의 팔레스티나 안내서인 「성지」*De locis sanctis*에 나온다. 베드로 디아코누스는 특히 「에게리아의 여행기」를 사용하면서 자신의 작품을 구성하였다. 에게리아는 북부 스페인의 갈리치아 또는 남부 갈리아(아퀴타니아/나르본) 출신으로 수도생활을 하였으나, 그녀가 수도원에 들어갔는지 아니면 당시 널리 퍼져 있는 개인적 금욕 형태를 선택하였는지, 381년 부활절에서 384년 부활절까지 콘스탄티노플, 시리아, 메소포타미아, 아라비아, 이집트로 이어진 순례여행을 하였는지는 확정할 수 없다. 여행 시기에 대한 오랜 논쟁은 폴 드보Paul Devos(1967년)의 결과가 나오고 나서야 끝이 났다. 보고서에 남아 있는 부분은 383년 12월 16일 토요일부터 384년 6월까지이다.

여행기의 소실된 첫 부분에 대한 여정은 발레리우스의 편지를 바탕으로 다음과 같이 추측할 수 있다. 에게리아가 고향에서 콘스탄티노플까지 해로나 육로로 갔는지는 알 수 없다. 여하튼 콘스탄티노플에서 예루살렘까지의 여정은 칼체돈에서 비티니아, 갈라디아, 카파두키아 지방을 지나, 타르수스와 안티오키아를 거쳐 해안을 따라 갈멜 산과 예루살렘까지이다. 그녀는 381년 부활절에 예루살렘에 도착했으며, 384년 부활절 이후에 그곳을 떠났다. 그녀는 이 기간에 예루살렘을 기점으로 여러 곳을 여행하였다. 그녀는 382년부터 처음에는 수도제도의 발상지들을 방문하고 383년 5월 18일에 돌아왔으며, 그 뒤에는 사마리아, 갈릴래아, 유다 지방을 여행하고 383년 12월 마침내 시나이에 도착하였다. 이곳부터 「여행기」에 남아 있는 부분이 이어진다.

49장으로 이루어진 이 작품은 크게 두 부분으로 나뉜다. 1-23장은 연대기에 따른 여행 보고이며, 24-49장은 예루살렘 전례와 전례가 거행된 장소들에 대한 상세한 서술로 아르메니아 독송집Lektionar[4]과 함께 가장 중요한 전례사 사료에 속한다. 에게리아의 여정은 다음과 같다.

시나이(383년 12월 16일 토요일~12월 19일 화요일) $(1,1-5,10)$

파란(383년 12월 20일 수요일) $(5,11)$

클리스마(383년 12월 21일~384년 1월 1일) $(6,1)$

아라비아(384년 1월 2일~7일) $(7,1-9,3)$, 이곳에서

예루살렘으로 돌아감(384년 1월) $(9,4-7)$, 그 다음에

느보 산(384년 2월) $(10,1-12,11)$

카르네아스(384년 2월 말~3월 초) $(13,1-16,7)$

메소포타미아(안티오키아 - 에데사 - 하란, 384년 3월 25일~4월) $(17,1-21,5)$

안티오키아와 셀레우치아를 거쳐 콘스탄티노플로 돌아감(384년 5월~6월) $(22,1-23,10)$

예루살렘 전례의 서술 내용은 다음과 같다.

성무일도(밤기도, 새벽기도, 제6시경, 제9시경)와 제10시경을 위한 Luzernarfeier $(24,1-7)$

주일전례(밤기도, 새벽기도, 제5/6시경까지 미사 — 이 뒤에 필사본 한 장이 빠져 있다) $(24,8-25,6)$

주의 공현축일, 8일 축일과 40일 축일 $(25,7-26)$

8주간(!)의 사순시기부터 부활절 뒤 40일째 축일(예수승천?)[5]을 포함한 성령강림절까지의 부활시기 $(27,1-44,1)$

---

⁴ Le Codex Arménien Jérusalem 121. II. Édition comparée du texte et de deux autres manuscrits. Introduction, textes, traduction et notes par A. Renoux = PO 36/2 (1971).

⁵ 에게리아는 그리스도의 승천을 언급하지 않는다. 거의 같은 시대에 산 요한 크리소스토무스(386년)와 니사의 그레고리우스(394년 이전)의 설교가 예수 승천을 처음 다룸으로써 어떤 관련성을 추측하게 한다. 아르메니아 독송집(57)은 이 내용이 예루살렘 전례에 없음을 입증한다.

마지막으로 45,1 - 47,5는 예루살렘의 세례 준비에 관한 정보를 제공하며, 골고타 산 위에 세운 순교자 교회의 축성축일로 보고는 끝난다(48,1 - 49,3). 그 뒤 사본은 갑자기 중단된다.

이 여행기는 고전시대의 규칙에 따라 퇴고한 교양 라틴어를 사용하지 않고 민중어로 기록되어 있기 때문에, 역사가, 전례학자, 고고학자, 무엇보다도 문헌학자들이 「에게리아의 여행기」의 연구에 관심을 기울인다.

5.의 서술 참조.

참고문헌 목록: C. Baraut, Bibliografía Egeriana: HispSac 7 (1954) 203-15. – M. Starowieyski, *Bibliographia Egeriana*: Aug. 19 (1979) 297-318. – S. Janeras, Contributo alla bibliografia Egeriana: Atti..., Arezzo 1990, 355-66.

편집본: A. Arce = BAC 416 (1980) (ETsÜ). – P. Maraval = SC 296 (1982) (TfÜK). – G. Röwekamp/D. Thönnes = FChr 20 (1995) (TdÜK).

번역서: H. Richter, Essen 1919. – H. Dausend = RQS 85 (1933). – H. Pétré/K. Vretska, Klosterneuburg 1958 (TdÜK). – Donner 69-137. – J. Wilkinson, Jerusalem – Warminster ²1981 (eÜK). – 영어 번역서: G. E. Gingras = ACW 38 (1970).

보조자료: W. van Oorde, *Lexicon Aetherianum*, Amsterdam 1929 = Hi 1963. – J.J. Iso Echegoyen, La *Peregrinatio Egeriae*: Una concordancia, Zaragoza 1987. – D.R. Blackman/G.G. Betts, *Concordantiae in Itinerarium Egeriae* = AlOm A 96 (1989).

참고문헌: 사전 항목/가론서 항목: A. Hamman: Patrologia III 529-32. – F.W. Norris: EEC 290-1. – A. Hamman: EECh I 263-4.

편찬서: Atti del Convegno Internazionale sulla *Peregrinatio Egeriae*. Nel centenario della pubblicazione del *Codex Aretinus 405* (già Aretinus VI, 3), Arezzo 23-25 ottobre 1987, Arezzo 1990.

연구서: A. Bludau, Die Pilgerreise der Aetheria = SGKA 15/1-2 (1927). – P. Devos, La date du voyage d'Égérie: AnBoll 85 (1967) 165-94. – P. Devos, Égérie à Bethléem. Le 40e jour après Pâques à Jérusalem: AnBoll 86 (1968) 87-108. – H. Sivan, Who was Egeria? Piety and Pilgrimage in the Age of Gratian: HSPh 81 (1988) 59-72. – C. Weber, Egeria's Norman Homeland: HSPh 92 (1989) 437-56. – P. Smiraglia, Un indizio per la cronologia relativa delle due parti dell'Itinerarium di Egeria: Studi di filologia classica in onore di G. Monaco IV, Palermo 1991, 1491-6.

문헌학: E. Löfstedt, Philologischer Kommentar zur *Peregrinatio Aetheriae*. Untersuchungen zur Geschichte der lateinischen Sprache, O – Uppsala – L ²1936 = 1911. – A.A.R. Bastiaensen, Observations sur le vocabulaire liturgique dans l'Itinéraire d'Égérie = LCP 17 (1962). – G.F.M. Vermeer, Observations sur le vocabulaire du pèlerinage chez Égérie et chez Antonin de Plaisance = LCP 19 (1965). – D.C. Swanson, A. Formal Analysis of Egeria's (Silvia's) Vocabulary: Glotta 44 (1967) 177-254. – C. Milani, Studi sull' *"Itinerarium Egeriae"*. L'aspetto classico della lingua di Egeria: Aevum 43 (1969) 381-452. – V. Väänänen, Le Journal-Épître d'Égérie (*Itinerarium Egeriae*). Étude linguistique = AASF B 230 (1987). – J. Oroz Reta, Del latín cristiano al latín litúrgico: algunas observaciones en torno al *Itinerarium Egeriae*: Latomus 48 (1989) 401-15.

제9장

히포의 아우구스티누스

1. 서 론

아우구스티누스는 레오 교황이나 그레고리우스 교황과 같이 "대"라는 경칭을 받지 못하였다. 그러나 그가 교회에서 가장 중요한 교부이며, 서방교회에서 가장 큰 영향력을 미친 교부라는 사실에는 이론의 여지가 없다. 그의 「고백록」은 수백 년에 걸쳐 변함없는 매력의 대상이 되었고, 신학 전체에 대한 구상은 토마스 아퀴나스 때까지 그와 경쟁할 상대가 없었다. 그의 인물, 작품, 사상에 관해 해마다 출판되는 수백 편의 작품이 증명하듯이(이때문에 교부론에서 이 분야를 완전히 이해하는 것이 점점 더 어렵게 되었지만) 그에 대한 폭넓은 연구는 지금까지도 끊임없이 이루어지고 있다. 우리는 지금까지 다른 모든 교부를 교회사와 문헌사의 맥락에서 배열하고 다루었다. 그러나 아우구스티누스는 서방교회의 모든 신학적 관심사를 다루고 교회와 신학이 나아가야 할 방향을 제시하였기 때문에, 따로 서술할 필요가 있다.

잘 알려진 대로 아우구스티누스 생애의 첫 30년 동안은 그가 천부적인 재능을 지닌 인물임을 보여주지만, 결코 그의 세계사적 소명을 알게 하지는 않는다. 그가 서른두 살 되던 387년 부활절에 밀라노에서 세례를 받았을 때야 비로소, 훗날에 세계적으로 유명한 「고백록」에서 문학적으로 표현한 파란만장한 생애가 그의 앞에 펼쳐졌기 때문이다. 그밖의 작품들 가운데, 특히 카시치아쿰에서 저술한 대화록, 편지, 설교는 주로 개종 이후의 생애에 관한 소식을 보완한다. 그리고 그가 사망한 뒤 제자이자 친구인 포시디우스가 몇 년 동안에 걸쳐 (432~439년) 쓴 「생애」가 있다. 포시디우스는 아우구스티누스와 함께 히포에 살았고 397년에는 칼라마의 주교가 되었다. 그는 아우구스티누스가 사망하였을 당시(430년) 반달족의 침입으로 히포에 피신하였다.

아우구스티누스의 작품에 관해서는 문헌사에서 유래가 드문 두 개의 목록이 있다. 그는 생애 말기에(426/427년) 「재론고」*Retractationes*라는 제목의 목록에서 자신의 작품들을 논평하였다. 「재론고」에서 그는 작품들이 씌어진 역사와 내용에 대하여 기록하였을 뿐만 아니라 비평적으로 교정하고 보완하였다. 그는 서론에서 다음과 같이 자신의 의도를 말한다. "나는 책이든, 편지든, 논고든 나의 작품들을 매우 엄정하게 평론하고 마음에 들지 않는 부분을 비평가의 입장에서 진술하고자 한다." 아우구스티누스가 자신의 작품 가운데 93 작품만 실제로 다루고 편지, 연설, 설교를 다루지 않았지만, 「재론고」의 독자적인 가치는 이 작품에만 나타나는 아우구스티누스의 정신적 발달을 문서를 통하여 증명했다는 데 있다. 아우구스티누스의 전기작가 포시디우스는 완전하지 않지만 아우구스티누스 개인 도서관의 매우 많은 장서를 바탕으로 아우구스티누스의 작품 목록Indiculus을 「생애」에 덧붙였다. 이 목록도 오늘날까지 남아 있으며, 특히 아우구스티누스의 소실된 작품에 대한 지식과 새로 발견된 작품들의 진본 결정(예: 1990년 마인츠에서 발견된 설교들)에 대단히 귀중한 자료로 증명되었다.

참고문헌 목록: A. Wilmart: Miscellanea Agostiniana II 149-233 (*Indiculus*). – REAug (1955 ff.). – R. Lorenz, Augustinusliteratur seit dem Jubiläum von 1954: ThR NS 25 (1959) 1-75. – R. Lorenz, Zwölf Jahre Augustinusforschung (1959-1970): ThR NS 38 (1974) 292-333; 39 (1975) 95-138, 253-86, 331-64; 40 (1975) 1-41, 97-149, 227-61. – T. van Bavel, Répertoire bibliographique de saint Augustin 1950-1960 = IP 3 (1963). – Augustine Bibliography/Fichier Augustinien, 4 vol., Boston/MA 1972. – C. Andresen, *Bibliographia Augustiniana*, Da ^{2}1973. – T.L. Miethe, Augustinian Bibliography, 1970-1980. With Essays on the Fundamentals of Augustinian Scholarship, Westpoint/CT – Lo 1982. – *Corpus Augustinianum Gissense* auf CD-ROM (CAG), Ba 1995 (아우구스티누스의 모든 작품과 20,000편의 참고문헌 제목을 싣고 있나).

편집본: PL 32-47 (*Opera omnia*). – PLS II 347-1648. – CSEL. – CChr.SL. – BAug (TfÜK). – A. A. R. Bastiaensen: ViSa 3 (1975) 127-241, 337-449 (*Vita Augustini*).

번역서: BAW.AC (TÜK). – BKV^1 8 Bde. (1871-8). – BKV^2 12 Bde. (1911-36). – A. von Harnack = APAW.PH 1 (1930) (*Vita Augustini*). – C.J. Perl (ed.), Deutsche Augustinusausgabe, Pb 1940 ff (bisher 15 Bde., teils mit T). – A. Kunzelmann/A. Zumkeller (eds.), Sankt Augustinus. Der Seelsorger. Deutsche Gesamtausgabe seiner moraltheologischen Schriften, 11 Bde., Wü 1949-75. – A. Kunzelmann/A. Zumkeller (eds.), Sankt Augustinus. Der Lehrer der Gnade. Lat.-dt. Gesamtausgabe seiner antipelagianischen Schriften, Wü 1955 ff.

보조자료: AugL. – D. Lenfant, *Concordantiae Augustinianae*, 2 vol., P 1656-65. – A. Cupetioli, *Theologia moralis, et contemplativa s. Aurelii Augustini*, 3 vol., Venedig 1738-41. – R.W. Battenhouse, A Companion to the Study of St. Augustine, NY 1955. – F. Moriones, *Enchiridion theologicum sancti Augustini*, M 1961. – W. Hensellek/P. Schilling/N. Winterleitner/J. Divjak, Vorarbeiten zu einem Augustinus-Lexikon = CSEL Beihefte 1974ff. – P.-P. Verbraken, Études critiques sur les sermons authentiques de saint Augustin = IP 12 (1976). – *Catalogus Verborum quae in operibus Sancti Augustini inveniuntur*, Eindhoven 1976 ff. (CChr.SL을 따름). – W. Hensellek/P. Schiiling/J. Divjak, Specimina eines *Lexicon Augustinianum* (SLA), erstellt auf Grund sämtlicher Editionen des CSEL, W 1987 ff. – M. Bettetini, Stato della questione e bibliografia ragionata sul dialogo *De musica* di s. Agostino 1940-1990: RFNS 83 (1991) 430-69. – P.-P. Verbraken, Mise à jour du fichier signalétique des Sermons des saint Augustin: IP 23 (1991) 484-90. – Allan D. Fitzgerald u. a. (eds.), Augustine through the Ages. An Encyclopedia, Grand Rapids/MI-Cambridge 1999.

참고문헌: 사전 항목: A. Schindler: TRE 4 (1979) 645-98. – G. Bonner: Augustinus-Lexikon I/4 (1990) 519-50. – M.R. Miles: EEC 121-6. – A. Trapé: EECh I 97-101.

잡지와 총서: AThA. – Aug. – Aug(L). – AugSt. – Augustinus. – Cass. – REAug. – Rech-Aug.

편찬서: Miscellanea Agostiniana. Testi e studi, 2 vol., R 1930-1. – *Augustinus Magister*, 3 vol., P 1954-5. – *Sanctus Augustinus, vitae spiritualis magister*, 2 vol., R 1959. – Ch. Kannengiesser (ed.), Jean Chrysostome et Augustin = ThH 35 (1975). – Congresso Internazionale su s. Agostino, Atti I-III = SEAug 24-26 (1987). – J. den Boeft/J. van Oort (eds.), *Augustiniana Traiectina*, P 1987. – P. Ranson (ed.), Saint Augustin, P 1988. – Agostino d'Hippona, *Quaestiones disputatae*, Palermo 1989. – C. Mayer/K.H. Chelius (eds.), Internationales Symposium über den Stand der Augustinus-Forschung = Cass. 39/1 (1989). – L. Alici/R. Piccolomini/A. Pieretti (ed.), Ripensare Agostino: interiorità e intenzionalità = SEAug 41 (1993). – J.T. Lienhard/E. C. Muller/R. J. Teske (ed.), Augustine: *Presbyter factus sum*, NY u.a. 1993. – F. Van Fleteren/J. C. Schnaubelt/J. Reino (ed.), Augustine: Mystic and Mystagogue, NY u.a. 1994. – F. LeMoine/Ch. Kleinherz (ed.), Saint Augustine the Bishop. A Book of Essays, NY - Lo 1994. – L. Alici/R. Piccolomini/A. Pieretti (ed.), Il mistero del male e la libertà possibile: I. Lettura dei Dialoghi di Agostino = SEAug 45 (1994); II. Linee di antropologia agostiniana = SEAug 48 (1995); III. Lettura del *De civitate Dei* di Agostino = SEAug 54 (1996); IV. Ripensare Agostino = SEAug 59 (1997). – L. Perissinotto (ed.), Agostino e il destino dell'Occidente, Rom 2000. – R. Dodaro/G. Lawless (eds.), Augustine and his critics. Essays in honour of Gerald Bonner, Lo-NY 2000.

생애: F. van der Meer, Augustinus der Seelsorger. Leben und Wirken eines Kirchenvaters, K 1953. – H. Marrou, Augustinus. Mit Selbstzeugnissen und Bilddokumenten, H 1958. – G. Bonner, St Augustine of Hippo. Life and Controversies, Lo 1963 = Norwich 1986. – P. Brown, Augustinus von Hippo. Eine Biographie, übers. J. Bernard, Ffm 1973 = Der heilige Augustinus. Lehrer der Kirche und Erneuerer der Geistesgeschichte, Mn 1975 (e Lo 1967). – O. Perler/J.-L. Maier, Les voyages de saint Augustin, P 1969. – A. Trapé, Aurelius Augustinus. Ein Lebensbild, übers. U. Brehme, Mn – Zü – W 1988 (i Fossano 1976). – V. Paronetto, Augustinus, Botschaft eines Lebens, Wü 1986 (i R 1981). – J. J. O'Donnell, Augustine, Boston/MA 1985. – C. Cremona, Augustinus: eine Biographie, übers. M. Haag, Zü 1988 (i Mai 1987). – M. Marshall, The Restless Heart. The Life and Influence of St. Augustine, Grand Rapids 1987. – C. Lorin, Pour saint Augustin, P 1988. – Ch. Kirwan, Augustine, Lo – NY 1989. – E. Dassmann, Augustinus, Heiliger und Kirchenlehrer, St – B – K 1993. – S. Lancel, Saint Augustin, Paris 1999.

작품: G. Madec, Introduction aux "Révisions" et à la lecture des œuvres de saint Augustin, P 1996.

사상/신학: P. Alfaric, L'évolution intellectuelle de saint Augustin, I: Du Manich isme au Néo-platonisme, P 1918. – J.J. O'Meara, The Young Augustine. The Growth of St. Augustine's Mind up to his Conversion, Lo – NY – Toronto 1954. – A. Mandouze, Saint Augustin. L'aventure de la raison et de la grâce, P 1968. – C. P. Mayer, Die Zeichen in der geistigen Entwicklung und in der Theologie Augustins = Cass. 24,1-2 (1969-74). – E. TeSelle, Augustine the Theologian, Lo 1970. – G.B. Mondin, II pensiero di Agostino. Filosofia, teologia, cultura, R 1988. – A. Vassallo, *Inquietum cor*. Con Agostino alla ricerca di Dio, Palermo 1988. – M. Vannini, Invito al pensiero di Sant'Agostino, Mai 1989. – J. McWilliam (ed.), Augustine, from Rhetor to Theologian, Waterloo (Ont.) 1992. – R. Canning, The Unity of Love for God and Neighbour in St. Augustine, Lou 1993. – J.M. Rist, Agostino. Il battesimo del pensiero antico, Mi 1997 (e C 1994). – T.K. Scott, Augustine. His Thought in Context, Mahwah/NJ 1995. – D.X. Burt, Augustine's World. An Introduction to His Speculative Philosophy, Lanham/MD 1996. – G. Madec, Saint Augustin et la philosophie. Notes critiques, P 1996. – B. Stock, Augustine the Reader. Meditation, Self-Knowledge, and the Ethics of Interpretation, C/MA - Lo 1996.

주위환경: P. Borgomeo, L'Église de ce temps dans la prédication de saint Augustin, P 1972. – P. Brown, Religion and Society in the Age of Saint Augustine, Lo 1972. – B. Blumenkranz, Die Judenpredigt Augustins. Ein Beitrag zur Geschichte der jüdisch-christlichen Beziehungen in den ersten Jahrhunderten, P 1973. – A.-G. Hamman, La vie quotidienne en Afrique du Nord au temps de saint Augustin, P 1979. – F. Morgenstern, Die Briefpartner des Augustinus von Hippo. Prosopographische, sozial- und ideologiegeschichtliche Untersuchungen, Bochum 1993. – J.E. Merdinger, Rome and the African Church in the Time of Augustine, New Haven - Lo 1997.

2. 전기, 저술활동, 아우구스티누스 사상의 특징

2.1. 개종하기 전까지

2.1.1. 소년기와 교육

아우구스티누스는 354년 11월 13일 북아프리카의 누미디아 지방에 있는 도시 타가스테(오늘날: 알제리의 숙 아라스)에서 태어났다. 그의 아버지 파트리치우스는 로마의 궁정 관리로 그리스도교 신자가 아니었으며(그는 죽기 바로 직전인 371년에 세례를 받았다), 어머니 모니카는 열심한 그리스도교 신자였다. 그의 형제자매에 관해서는 알려진 것이 별로 없지만 그는 결코 독자는 아니었다. 그에게는 적어도 나비기우스라는 형제와 이름을 알 수 없는 누이가 있었다. 나비기우스는 뒤에 아우구스티누스와 함께 밀라노와 카시치아쿰으로 여행을 갔으며, 타가스테의 수도 공동체에서 아우구스티누스와 함께 살았다. 모니카가 "아들들을 양육했다"는 「고백록」(IX 9,22: nutrierat filios)의 진술, 그리고 자신의 조카들과 조카딸들에 대한 아우구스티누스의 언급은 그의 형제가 더 많았을 것이라고 추측하게 한다. 아우구스티누스는 세례를 미루는 당시의 관습에 따라 성인이 될 때까지 세례를 받지 않았다. 그러나 그는 태어난 뒤 관례에 따라 세례지원자로 등록되었으며, 어머니는 그를 그리스도교 신앙 안에서 키웠다. 따라서 그는 개종하기 전까지 저지른 모든 탈선과 갈등 속에서도 항상 자신이 그리스도인이라고 생각하였으며, 가톨릭 신자가 아니었을지라도 그리스도를 찾았다. 어머니 모니카는 온 힘을 다하여 그를 가톨릭 교회로 이끌고, 모든 것을 그와 함께하려고 끊임없이 노력하였다. 모니카는 아우구스티누스가 아주 성가시게 느낄 정도로 30년(383년)이나 그를 지극한 모성애로 돌보았다(이에 대해 현대 심리학자들은 아우구스티누스를 자주 무책임하게 비판한다). 그녀의 이런 지극 정성은 아우구스티누스가 어머니의 허락없이 로마로 떠나 잠시 떨어져 있는 동안에도 계속되었고, 그녀는 몇 년 뒤 아들을 따라 밀라노로 갔다. 아우구스티누스는 「고백록」(III 11,19)에서 어머니의 유명한 환시에 대해 설명하면서 환시에 대한 동기를 해명한다. "어머니가 슬픔과 근심이 가득 찬 모습으로 나무판 위에 서 있었을 때, 얼굴에 희색이 만연한 젊은이가 기뻐하며 어머니에게 웃음지어 보이면서 오는 것을 보았습니다. 젊은이가 어머니에게 날마다 슬퍼하며 눈물을 흘리는 이유가 무엇이냐고 묻자, … 어머니는 내가 타락한 것이 슬퍼서 운다고 대답하였습니다. 젊은이는 어머니가 있는 곳에 나도 있다는 것을 유의하여 알아차리라고 당부하였습니다. 어머니가 이에 대해 생각하고 있을 때 어머니는 내가 같은 판자 위에서 당신 곁에 서 있는 것을 보았습니다." 그리고 얼마 뒤 신분을 자세히 알 수 없는 주교가 유명한 예언으로 그녀를 위로하였다. "이 눈물의 아들은 죽지 않을 것입니다"(「고백록」 III 12,21).

아우구스티누스의 부모는 얼마 안뇌는 재산에도 명예욕을 재우기 위해, 재능 있는 아들이 모든 직업(선생, 변호사, 정치가)에서 출세하기에 필요한 조건인 가장 좋은 학교교육을 받게 했다. 학교교육은 읽기, 쓰기, 계산하기를 배우는 초등교육 다음에 두 단계로 이루어졌다. 아우구스티누스는 고향 타가스테에서 학업을 마친 뒤 문법학자로부터 언어와 문학을 배웠으며, 수사학자로부터 변증법과 수사학과 그밖의 교양과목(수학, 음악, 기하학, 천문학, 철학)을 배우기 위해 처음에는 이웃 도시 마다우라로, 370년에는 북아프리카의 정치, 문화의 중심지이자 지방 수도인 카르타고로 갔다. 아우구스티누스는 「고백록」에서 학교시절을 생생히 묘사한다. 그는 모든 어린이처럼 모국어를 혼자서 터득한 뒤, 초등학교에서 일반적으로, 그리고 부모도 당연한 것으로 여긴 체벌을 받으면서 억지로 공부하는 것에 싫증을 느꼈다. 이러한 강압적인 공부로 그는 그리스어 수업을 매우 싫어했다. 그 결과 그리스어를 결코 유창하게 구사하지 못했다(그가 그리스어를 어느 정도 알고 있었는지에 대해 많은 토론이 있었다). 그러나 그는 라틴어 문학수업에는 열성을 보여 두각을 나타냈다.

아우구스티누스는 열여섯 살이 되기 전에 마다우라에서 집으로 돌아왔다. 그의 부모는 카르타고에서 지낼 아우구스티누스의 체류 비용과 학비를 마련해야 했기 때문에, 그는 타가스테에서 1년 동안 어쩔 수 없이 쉬어야 했다. 이 시기에 아우구스티누스는 「고백록」에서 전하듯이(II 3,6) 성性에 눈뜨기 시작했다. 그의 아버지는 곧 손자를 보리라는 희망에 가득 차 이를 기쁘게 받아들였지만 손자 아데오다투스가 태어나기 전에 사망하였다. 할 일 없고 또한 신체적으로 빨리 성장한 이 시기에 아우구스티누스가 마음이 맞는 한패의 젊은이와 함께 어울려 온갖 나쁜 짓을 한 것은 불 보듯 뻔한 일이었다. 그는 주교가 되어 「고백록」을 쓸 때 이 시기를 (특히 그와 친구들이 열매를 먹기 위해서가 아니라 뜻이 맞는 개구쟁이들이 우쭐거림으로 행한 배서리를) 매우 탐탁스럽지 않게 회고했다.

1.의 서술 참조.

참고문헌: F.G. Maier, Augustin und das antike Rom = TBAW 39 (1955). – M. Testard, Saint Augustin et Cicéron, 2 vol., P 1958. – H. Hagendahl, Augustine and the Latin Classics, 2 vol. = SGLG 20/1-2 (1967). – H.-I. Marrou, Augustinus und das Ende der antiken Bildung, Pb u. a. 1981 (f P ⁴1958). – J. Oroz Reta, San Agustín. Cultura clásica y cristianismo = BSal.E 110 (1988).

2.1.2. "참된 철학"을 찾아서: 가장과 마니교도

아우구스티누스는 카르타고에서 수사학 교육을 잘 마친 뒤 10여 년 동안 그의 생애에 중요한 영향을 미치는 세 가지 사건을 체험하였다. 이미 타가스테와 카르타고에서 진지하지 못한 성관계를 가진 뒤, 그는 늦어도 372년 아들 아데오

다투스가 태어난 해부터 한 여자와 계속해서 동거생활을 하였다(아우구스티누스는 이 여자의 이름을 밝히지 않는다). 이 여자와 정식으로 결혼하는 일은 두 사람의 신분 차이 때문에 가능하지 않았으며, 그의 출세에 어울리지 않아 이루어지지 않았다. 그는 출세에 유리하고 신분에 걸맞은 결혼을 하기 위하여 밀라노에서 그녀를 떠나 보냈기 때문이다(384년 이후). 열아홉 살에 그는 치체로의 대화록 「호르텐시우스」를 읽었으며, 이 작품은 오늘날 「고백록」에 인용된 단편으로만 전해진다. 이 작품은 그에게 "지혜를 위한 사랑"(철학)을 일깨웠으며, 개종하기 전까지 그를 여러 그릇된 길로 이끄는 기초가 되었지만 지혜를 위한 사랑을 끊임없이 추구하는 기반도 다져주었다. 고대 사람은 "철학"에서 이론적 사상의 구조뿐만 아니라 올바른 삶에 관한 깨달음과 생활방식(윤리학)을 이해하였기 때문이다. 이 때문에 이미 호교가들은 그리스도교를 "참된 철학"으로 추구할 만한 가치가 있다고 선포할 수 있었다. 아우구스티누스는 그가 받은 교육을 바탕으로 새로 발견한 "지혜를 위한 사랑"을 당연히 그리스도에 대한 문제와 연결시켜 성서 읽기에 관심을 기울였다. 그러나 그는 구약성서의 야만적인 역사, 무엇보다도 치체로의 작품과 견주어 성서의 매우 거친 문체에 매우 실망하였다.

이러한 상황에서 그는 자신이 찾는 모든 것에 해답을 줄 것 같은 마니교를 접하게 되었다. 그는 교회에서 단순히 가르치는 권위적인 신앙 대신에 그리스도의 이름, 합리성, 교육 그리고 구약성서를 거부하는 답변을 마니교에서 찾으려 하였다. 또한 그가 이미 오랫동안 고뇌하였던 "악은 어디에서 오는가"unde malum?라는 질문에 대해 물질적인 신의 표상과 이원론적 세계상에 근거를 두고 이해할 수 있는 답변, 곧 선과 악은 빛과 어둠의 끝없는 두 적대적인 원리들(제국들)로 존재하며, 인간은 영과 물질로 이루어져 있기 때문에 인간의 마음 속 Innere은 선과 악의 전쟁터라는 마니교의 이론에 매료되었다. 아우구스티누스는 대단히 높은 수준의 윤리와 금욕에 대한 규범을 지켜야 하는 선택받은 사람들(electi)보다 낮은 계층의 듣는 사람들auditores로 9년 동안[1] 마니교의 가르침을 따

---

[1] 아우구스티누스 자신의 진술(「고백록」 IV 1,1). 이와 달리 쿠르셀(Courcelle, Recherches sur les Confessions, 78쪽)과 본너(Bonner: AugL I/4, 525쪽)는 10년으로 계산한다.

랐다. 그럼에도 선택받은 사람들은 실제로 그를 마니교에 머무르게 한 커다란 매력의 대상이었다. 열심한 가톨릭 신자인 모니카는 아들이 마니교를 믿고자 하는 확고한 의향을 드러내자 대단히 놀랐다. 그녀는 이단자와 어떤 관계도 맺고 싶지 않았기에 아우구스티누스가 타가스테에서 교사로 활동하기 위하여 374/75년경 돌아왔을 때, 얼마간 집에 들어오지 못하게 하였다. 위에 언급한 환시 후에야 그녀는 아들의 구원을 위해 다시 그를 만나기 시작하였다. 이 시기에 아우구스티누스는 타가스테의 부유한 마니교도 로마니우스의 집에 묵으면서 보호를 받았다. 로마니우스는 아우구스티누스가 1년 뒤 친한 친구의 죽음 때문에 카르타고로 다시 돌아갔을 때, 그가 그곳에 머물기를 권하였다.

그렇지만 카르타고에서 교사로 활동하던 시기는 아우구스티누스에게 점점 더 실망을 안겨주었다. 학생들은 버릇이 없었고, 처음에 매우 설득력을 지닌 것으로 보였던 마니교와는 내면적으로 더욱더 멀어졌다. 마니교 체계의 모순에 대한 그의 비판적인 질문에 마니교의 추종자들은 명확한 답변을 하지 못하였기 때문이었다. 마니교 추종자들은 그들의 정신적 우두머리인 파우스투스 주교가 온다는 희망으로 그를 위로하였다. 파우스투스 주교는 아우구스티누스가 스물 아홉 살 때 카르타고에 왔다. 그러나 파우스투스는 아우구스티누스의 질문에 아무런 답변도 하지 못하는 내용 없는 능변가라는 사실만 증명되었다. 그럼에도 아우구스티누스는 그때까지 마니교와 공식적인 관계를 끊지 않았고, 친구들의 권유에 따라 더 나은 출세와 무엇보다 학생들이 다른 사람의 말을 잘 듣기를 기대하면서 로마로 떠났다.

2.1.3. 로마와 밀라노에서 수사학자: 회의론자와 플라톤주의자

아우구스티누스는 383년에 로마에 도착하였지만 이곳에 머무른 기간은 그리 길지 않았다. 그는 이곳에서도 학생들에게 실망하였다. 그들은 규율을 잘 지켰으나 스승의 사례를 사취詐取하기를 좋아하였다. 한편 그가 로마에 간 첫해에 빠른 출세를 위한 좋은 기회가 생겼다. 밀라노에 있는 황실은 로마 시의 총독 심마쿠스(383년 밀라노에서 빅토리아 여신의 제단을 복구하려고 한 심마쿠스와 동일 인물이다. 암브로시우스는 이러한 시도에 이의를 제기하였다. 제7장 3. 참조)에게 밀라노 황실에 근무할 수사학의 대가magister rhetoricae를 구해달라고 위탁하였다. 이 대가가 해야 할 일은 주로 황제와 다른 주요 인사들을 공개적으로 찬양하는 연설 외에 수사학을 강의하는 것이었다. 아우구스티누스는 마니교도 친구의 도움으로 이 관직에 추천되었으며, 새로운 관직을 맡기 위하여 384년 가을 전에 밀라노로 떠났다.

아우구스티누스는 이 시기에도 개종할 기미를 전혀 보이지 않았고, 그 자신도 이를 전혀 예상할 수 없었다. 그러나 이후 2년 동안 머무른 밀라노는 그의 발전의 궁극적인 정점, 곧 개종을 위한 여정의 종착역이 되었다. 이러한 개종에 가장 큰 영향을 미친 인물은 밀라노의 주교 암브로시우스였다. 아우구스티누스는 그 사이에 내면적으로 마니교와 완전히 멀어졌고, 지혜, 곧 그리스도를 찾는 가톨릭 교회의 세례지원자로 암브로시우스 주교의 미사에 참석하였다. 그가 훗날에 솔직히 고백하듯이(『고백록』 V 13.23) 미사에 참석한 이유는 암브로시우스에게서 확실한 진리를 배우기를 기대해서라기보다는 그가 밀라노에 도착하였을 때 암브로시우스가 그를 친절히 맞아준 데다, 암브로시우스가 위대한 연설가라는 명성에 실제로 걸맞은지 시험해 보고 싶었기 때문이었다. 암브로시우스는 아우구스티누스가 기대하였던 것보다 더 훌륭하게 그의 명성을 입증하였다. 그는 설교만이 아니라 구약성서를 플라톤적·영적으로 해석하여 숙련된 수사학자의 갈채를 받았다. 암브로시우스는 아우구스티누스가 구약성서의 역사에 관해 가졌던 이전의 나쁜 인상과 구약성서에 관한 마니교의 비판에서 처음으로 성서를 받아들일 수 있는 마음을 열어주었다.

이 사건으로 아우구스티누스는 마니교와 궁극적으로 관계를 끊었다. 모니카는 385년 초 밀라노에 도착하여 이와 같은 사실을 알고 매우 기뻐하였다. 그러나 아우구스티누스는 아직도 "아카데미아 학파의 방법에 따라" 모든 확신에 대한 원칙적인 방법론에 회의하였다. 아우구스티누스가 오류에서 벗어난 것은 모니카에게 이미 교회의 진리를 향한 희망찬 첫걸음을 의미했기 때문에, 그녀는 곧바로 아들이 앞으로 더 나아가도록 도와주었다. 이를 위한 첫번째 과정이 직업상의 출세뿐만 아니라 무엇보다도 아우구스티누스가 마침내 결혼이라는 안전한 피난처에서 세례를 받도록, 신분에 알맞은 결혼을 주선하는 일이었다(「고백록」 VI 13,23). 그래서 모니카는 아우구스티누스를 법적인 결혼 연령(12세)보다 두 살이나 적은 밀라노의 신분이 높은 집안의 처녀와 서둘러 약혼시켰다. 이때문에 아우구스티누스의 동거녀는 바로 그의 곁을 떠나야 했으며, 이 일로 그는 몹시 괴로워하였다. 동거녀는 아들 아데오다투스를 아우구스티누스에게 맡기고 아프리카로 돌아갔다.

금욕하면서 지혜를 찾는 삶에 대한 갈망과 아우구스티누스가 여전히 단념할 수 없는 성적 욕망 사이에서, 그의 결정 과정과 내면적 모순은 친구들을 통해 신플라톤 학파의 작품들을 알게 된 386년 초에 극에 달하였다. 이 작품들은 저명한 수사학자 마리우스 빅토리누스가 번역한 것 같다. 빅토리누스는 이미 포룸 로마눔Forum Romanum에 입상이 세워질 만큼 최고의 명예를 얻었고 355년경 세인의 주목을 받으며 그리스도교로 개종하였다. 당시 이미 유명한 수사학자인 마리우스 빅토리누스를 개종시킨 심플리치아누스 신부는 이러한 예를 아우구스티누스에게 이야기해 주었다(「고백록」 VIII 2,3-4). 플라톤주의는 그에게 처음으로 하느님께 대한 순수한 지적 개념을 존재와 선으로 이해시켰으며, 악의 기원에 대한 문제를 선의 (실체 없는) 결핍으로 해결하였다. 그러나 모든 인간 가운데 가장 지혜로운 사람이고, 교의적 권위가 아니라 구원자인 그리스도에 대한 문제는 아직도 해결되지 않았다. 이때문에 아우구스티누스는 다시 바울로의 편지에 몰두하여 바울로가 플라톤적 종합Synthese에서 은총의 교사임을 깨달았다. "나는 플라톤 학파 사람들의 작품에서 읽은 모든 참다운 것이 여기서 당신의 은총을 끊임없이 말하는 것을 발견하였습니다"(「고백록」 VII 21,27). 그는 그제야 비로소 이성 또는 신앙을 양자택일로 보지 않고, 신앙과 이성이 서로 보완하여 일치함으로써 전체를 이룬다는 것을 처음으로 인정하였다. 훗날 그는 유명한 이중 정식에서 신앙과 이성의 상호 기능을 다음과 같이 표현하였다. "믿기 위하여 이해하라. 이해하기 위하여 믿어라"intellege ut credas, crede ut intellegas(「설교」 43,9).

마침내 개종을 위한 결정적인 분기점은 아프리카 출신의 친구 폰티치아누스가 그에게 설명해 준 이집트 수도자들의 아버지인 안토니우스의 본보기에 따라 이루어졌다. "너는 그것을 들었느냐? 배우지 못한 사람들이 일어나 하늘을 쟁

취하는데, 우리는 심장이 없는 학문으로 살과 피 속에서 뒹구는구나"(『고백록』 VIII 8.19). 아우구스티누스는 친구 알리피우스에게 이 말을 외치면서 정원으로 뛰쳐나갔다. 이곳에서 지금 세계적으로 유명한 회개 장면이 일어난다. 아우구스티누스가 얼이 나간 듯이 배회하고 있을 동안에, 그는 이웃집에서 어린이가 외치는 소리를 들었다. "집어라, 읽어라, 집어라, 읽어라"tolle, lege, tolle, lege. 그는 이 말을 어린이의 놀이라고만 생각할 수 없었기 때문에, 안토니우스의 경우처럼 그 말을 성서를 펴서 읽으라는 하느님의 암시로 이해하여 바울로 서간의 로마서 13장 13-14절을 펴서 읽었다. "포식과 폭음, 음행과 방탕, 싸움과 시새움 속에 살지 맙시다. 주님 예수 그리스도를 새 옷으로 입고, 욕정을 위해 육신을 돌보지 마시오." "이 마지막 말씀을 읽고 난 뒤 곧바로 한 가닥의 확실한 빛이 내 마음에 쏟아져 들어오면서 회의에 대한 온갖 그림자들이 흔적없이 사라져 버렸습니다"(『고백록』 VIII 12.29). 이 회개 장면의 역사성에 관해서는 논란이 많다. 그럼에도 이 사건은 386년 8월 1일에 일어난 것으로 본다.[2]

2.1.4. 철학과 그리스도교

아우구스티누스가 플라톤의 어떤 작품을 개별적으로 알았는지, 그 작품들이 그의 사상에 어떤 영향을 미쳤는지, 그가 플라톤주의로 먼저 전향하였는지 또는 가톨릭 교회로 개종하였는지에 대해 많은 학자가 연구하였다. 오늘날의 연구 결과에 따르면 아우구스티누스는 플로티누스의 작품에서 영향을 받았으나, 특히 윌리 테일러Willy Theiler(1933년)가 주장하였듯이 포르피리오스의 작품에서는 영향을 받지 않았다. 또한 플라톤주의와 그리스도교 가운데 하나를 택하는 문제는 4세기의 교회 상황과 신학 상황을 잘못 이해한 데에서 나온 것이라는 결론에 이르렀다. 4세기의 그리스도교는 처음부터 플라톤 학파의 영향을 상당히 받았다. 위에서 언급하였듯이 지혜에 대한 추구는 아우구스티누스에게 항상 그리스도에 대한 추구를 담고 있으며, 철학과 그리스도교는 양자택일이 아니라 항상 일치되

---

[2] 이와 달리 본너(Bonner: AugL I/4, 532쪽)는 386년 8월 말로 주장한다.

어 나타난다. 그러나 아우구스티누스는 플라톤 학파의 작품에 그리스도가 없음을 깨달았기 때문에, 철학과 그리스도교를 동일시하지 않았다. 플라톤주의는 그와 교회의 신앙을 이해하고 설명하기 위한 철학적 기초였다. 이러한 철학적 기초는 그리스도교와 일치할 수 없는 "중대한 오류"(『재론고』 I 1,4), 더구나 "어리석은 것"(『연설』 241,6; 세계의 영원성, 영혼의 선재, 자연법칙에 어긋나고 부자연스러운 영혼과 물질적 육체의 일치, 주기적인 역사 관념 등)을 내포하기 때문에 기쁜 소식으로 보완되고 수정되어야 했다.

1.의 서술 참조.

참고문헌: Ch. Boyer, Christianisme et néo-platonisme dans la formation de s. Augustin, R ²1953. – J.J. O'Meara, Porphyry's Philosophy from Oracles in Augustine, P 1959. – R. Holte, Béatitude et Sagesse. Saint Augustin et le problème de la fin de l'homme dans la philosophie ancienne, P 1962. – A.H. Armstrong, St. Augustine and Christian Platonism, Villanova 1967. – E. König, *Augustinus Philosophus*. Christlicher Glaube und philosophisches Denken in den Frühschriften Augustins = STA 11 (1970). – J. Pépin, "*Ex Platonicorum persona*". Études sur les lectures philosophiques de saint Augustin, Amsterdam 1977. – L. Wittmann, *Ascensus*. Der Aufstieg zur Transzendenz in der Metaphysik Augustins, Mn 1980. – B. Bubacz, St. Augustine's Theory of Knowledge: A Contemporary Analysis, NY – Toronto 1981. – P.F Beatrice, *Quosdam Platonicorum Libros*. The Platonic Readings of Augustine in Milan: VigChr 43 (1989) 248-81. – R.J. O'Connell, St. Augustine's Platonism, Villanova 1984. – N. Fischer, Augustins Philosophie der Endlichkeit. Zur systematischen Entfaltung seines Denkens aus der Geschichte der Chorismos-Problematik, Bn 1987. – G. O'Daly, Augustine's Philosophy of Mind, Berkeley 1987. – U. Wienbruch, Erleuchtete Einsicht. Zur Erkenntnislehre Augustins, Bn 1989. – E. Roll, Der platonisierende Augustinus, St 1990. – J. Mader, Aurelius Augustinus, Philosophie und Christentum, W 1991. – D.X. Burt, Friendship and Society. An Introduction to Augustine's Practical Philosophy, Grand Rapids/MI-Cambridge 1999.

2.2. 세례에서 사제서품까지

2.2.1. 카시치아쿰에서 그리스도교적 생활의 안식과 세례 준비

그리스도교로 개종하려는 아우구스티누스의 결심은 바실리우스와 히에로니무스를 비롯한 같은 시대에 산 다른 많은 사람과 마찬가지로 금욕생활을 받아들이는 것이었다. 그는 어머니, 아들, 그밖의 몇몇 친척 그리고 친구들과 함께 추수휴가(8월 23일~10월 15일) 초에 밀라노에서 그리 멀지 않은, 친구 베레쿤두스의 영지가 있는 카시치아쿰으로 내려갔다(카시치아쿰은 밀라노에서 북쪽으로 30Km 떨어진 알프스 산맥 기슭에 있는 오늘날의 카사고 디 브리안자인 것 같다). 아우구스티누스는 이미 개종하기 전에 세속을 떠난 안식을 계획하였으나(「고백록」 VI 14,24 참조) 이제는 기도, 대화, 성서 읽기, 문학활동으로 특징짓는 그리스도교적 생활의 안식christianae vitae otium(「재론고」 I 1,1)이었다. 이곳에서 아우구스티누스와 친구들은 그들이 관심을 갖고 있는 문제에 관해 플라톤 학파의 방식으로 문학적 대화를 나누었다. 이때의 대화를 바탕으로 저술한 작품이 회의주의에 대한 「아카데미아 학파 논박」, 하느님께 대한 인식을 토대로 하는 「행복한 생활」, 신의 섭리에서 악의 문제에 관한 「질서론」De ordine, 하느님을 찾음과 영혼 불사에 관한 「독백」이다.

그는 휴가가 끝날 무렵에 수사학자 직무를 그만두고, 아들 아데오다투스와 친구 알피우스와 함께 387년 부활절의 세례청원자로 등록하려고 387년 초 밀라노로 돌아왔다. 그는 세례 준비 기간에 일곱 가지의 모든 교양과목artes liberales에 관한 개론서를 총서로 저술하려는 방대한 계획을 세웠으나 (오늘날 소실된) 「문법론」De grammatica과 「음악론」De musica만 저술하였다. 아우구스티누스는 매우 행복해하는 어머니가 참석한 가운데 387년 4월 24일 성 토요일 밤에 아들과 친구와 함께 밀라노 대성당의 세례당에서 암브로시우스 주교에게서 세례를 받았다.

참고문헌: D.E. Trout, Augustine at Cassiciacum: *otium honestum* and the social dimensions of conversion: VigChr 42 (1988) 132-46. – G. Reale u. a., L'opera letteraria di Agostino tra Cassiciacum e Milano, Palermo 1987. – M. Sordi u. a., Agostino a Milano: il battesimo, Palermo 1988. – L. Alici/R. Piccolomini/A. Pieretti (eds.), Il mistero del male e la libertà possibile: lettura dei Dialoghi di Agostino = SEAug 45 (1994).

2.2.2. 타가스테의 수도 공동체

아우구스티누스는 세례를 받자마자 (안니시에서 대 바실리우스처럼) 타가스테에 있는 부모의 소유지에 그리스도교적 안식otium을 위한 수도 공동체를 세우기 위하여, 어머니와 함께 로마 서쪽에 있는 오스티아 항을 거쳐 아프리카로 돌아가려고 하였다. 모니카는 오스티아에서 병이 나 387년 11월 13일 전에 사망하였다. 마크리나와 동생인 니사의 그레고리우스가 그랬던 것처럼, 그녀는 생애의 마지막 나날을 아들과 영적 대화를 나누면서 보냈으며, 유명한 "오스티아의 환시"를 체험하였다. 겨울철인 데다 찬탈자 마뉴스 막시무스가 이탈리아를 침입하여서 아프리카로 건너가는 일이 지연되자, 아우구스티누스는 로마에서 겨울을 나며 마니교파를 반박하는 저술활동에 전념하였다. 마침내 그는 동반자들과 함께 388년 여름이나 가을에 아프리카에 도착하여, 타가스테에 있는 부모의 소유지에 수도 공동체를 세웠다. 그는 전 재산을 수도 공동체를 설립하는 데 투입하였고, 동료들과 함께 3년 동안 영적·문학적으로 매우 풍성한 그리스도교적 안식otium christianum을 누리면서 살았다.

2.2.3. 히포에서 사제서품

아우구스티누스는 주교가 된 뒤 공동체에 행한 「설교」(425/426년) 355번에서 수도 공동체에 들어온 고등교육을 받은 구성원들이, 특히 주교좌가 비어 있는 도시를 여행할 때 계속 주교로 선출되었다고 설명한다. 공동체의 구성원들이 주교로 임명되는 일은 이 공동체가 추구하는 목표에 걸림돌이 되었다. 따라서 아우구스티누스는 되도록 주교가 없는 도시에 가지 않았다. 그는 391년 1월 수도 공동체를 세우기 위하여 히포 레기우스로 갔다. 그곳에는 발레리우스가 주교로 활동하였기 때문에, 그는 자신이 주교로 선출되리라는 위험성이 없다고 확신하였다. 그러나 그곳의 주교가 미사 도중에 교회에 모인 공동체에게 아우구스티누스를 사제로 임명하자고 제의하자 공동체는 환호하며 이에 동의하였다. 아우구스티누스의 전기작가 포시디우스(「아우구스티누스 생애」 4.2-3)가 전하는 바에 따르면 아우구스티누스는 주교직이 수도생활에 커다란 걸림돌이 될 것을 생각하고 눈물을 흘렸는데, 사람들은 이를 잘못 이해하여 그가 사제이지만 곧 주교가 될 것이라고 위로하였다고 한다. 아무튼 아우구스티누스는 본디의 계획을 실행할 수 있도록 발레리우스에게 간청하여 대성당 부근의 정원을 선물로 받았다. 그는 이곳에 수도원을 짓고 수도자들과 함께 살면서 본디 이곳의 수도자를 위해 규칙서를 저술한 것 같다(제8장 2.3.1. 참조).

포시디우스(「아우구스티누스 생애」 5.3-5)는 아우구스티누스가 사제로 서품된 주된 이유를 그리스 출신인 발레리우스 주교가 라틴어로 설교하는 데 어려움이 많았기 때문이라고 해석한다. 그러나 설교의 직무는 전통적으로 주교의 고유한 특권이었다. 따라서 아우구스티누스에게 설교를 맡긴 것은 처음에는 비판의 대상이었으나, 북아프리카의 다른 주교들도 발레리우스의 본보기를 따랐다. 아우구스티누스는 이를 위해 신학적으로 충분한 준비를 하지 못하였다고 생각하여 성서를 읽기 위해 얼마간의 연구 기간을 청하였으며, 발레리우스는 이를 쾌히 승낙하였다. 마침내 그는 391년 3월 15일 히포의 세례지원자들 앞에서 설교를 하였다. 따라서 정확히 알 수는 없지만 그의 사제서품 연도는 390년 말/391년 초였을 것이다.

2.3. 히포의 사제와 주교

2.3.1. 사목자, 교회정치가, 신학자, 금욕가

히포의 사제이자 주교(아우구스티누스는 395년 5월에서 397년 8월 사이에 주교로 임명되었으나 처음에는 발레리우스의 보좌주교였다)로 거의 40년 동안 활동한 아우구스티누스를 올바로 이해하려면, 그가 열심한 사목자, 영향력있는 교회정치가, 탁월한 신학자, 영적인 인간임을 항상 염두에 두어야 한다. 그는 타가스테의 수도 공동체에서 이미 모든 개인 재산을 포기하였으며, 히포에서는 사제로서 "정원 수도원"에 살았다. 그는 주교가 되어 주교청으로 들어갔을 때에도 생활방식은 완전히 금욕적이었으며, 교구의 성직자들도 대성당 수도원에서 수도생활을 하기를 기대하였다. 그가 생애 말기(425/426년)에 한 「설교」 355·356번과 포시디우스가 저술한 그의 「생애」(22-26)는 이에 관해 아우구스티누스의 설득력있는 증언을 전한다.

아우구스티누스의 모든 활동, 곧 저작, 논쟁, 신학은 사목에 그 뿌리를 둔다. 그의 작품 가운데 어느 것도 세상 물정을 모르는 학자의 이론적 체계가 아니며, 모든 작품이 자신의 교구와 당시의 사실적이고 실질적이며 사목적인 필요에서, 종종 전세계와 관련된 구체적인 요청으로 씌었다. 특히 이러한 활동은 방대한 설교집과 서간집에도 나타난다. 「시편 강해」와 「요한복음 주석」(3.2. 참조)과 더불어 오늘날 진본으로 인정된 559편의 설교Sermones ad populum가 남아 있다. 설교는 보통 속기사가 받아썼으며, 아우구스티누스의 도서관에 보관되어 있었다. 그밖에도 교회력의 주요 축일과 성인 축일, 성서, 그리스도교의 가르침, 올바른 그리스도교적 행동에 관해 약 40년 동안 실제로 행한 설교가 거의 3,000편에서 4,000여 편에 이른다. 프랑스와 돌보François Dolbeau는 1990년 마인츠 시립도서 관에 묻혀 있던 13편의 설교가 포시디우스의 목록Indiculus을 바탕으로 진본임을 증명하였다. 아우구스티누스는 문장을 활기있고 명확하게 표현할 줄 아는 뛰어난 연설가일 뿐만 아니라, 청중이 쉽게 이해하도록 가르치는 선생이었다는 것이 그의 설교집에서 나타난다. 그가 논쟁서에서 상대방을 설득하기 위하여 매우 배타적인 표현을 사용함으로써 오해받기 쉬운 내용이 많은 반면, 설교와 교리문답서에서는 중용적으로 표현한다. 따라서 아우구스티누스 신학을 올바로 보기 위해서는 논쟁서에만 의존해서는 안되며 늘 사목서로 보완해야 한다.

아우구스티누스를 연구하는 20세기의 위대한 학자 가운데 한 명인 아고스티노 트라페Agostino Trapé는 아우구스티누스의 다양한 활동을 다음과 같이 간단하게 요약하였다(Quasten III, 331-2쪽과 EECh I, 98쪽). "1) 히포의 교회를 위하여: 적어도 토요일과 일요일, 가끔 며칠 동안 계속 설교하기도 하고 하루에 두 번 설교하기도 하였음; 성직자와 국민 접견, 그리고 때때로 하루종일 걸리는 사법 사건과 항고의 결정을 위한 접견; 가난한 이들과 고아들을 보살핌, 성직자 교육, 수도원과 수녀원의 조직, 교회 재산의 관리, 환자 방문, 관청에서 공동체의 신자를 위한 중재. 2) 아프리카 교회를 위하여: 해마다 열리는 교회회의 참석을 위한 잦은 여행, 동료들과 교회에서 직무를 맡은 사람들을 방문하기 위한 여행. 3) 세계교회를 위하여: 여러 교의논쟁, 많은 질의에 대한 답변, 그가 논제로 삼은 여러 문제에 관한 저술." 특히 299통의 방대한 서간집은 40년이 넘는 (386~430년 사망할 때까지) 아우구스티누스의 사목적 · 시회적 · 정치적 · 개인직인 다양한 활동을 반영한다. 요한네스 디비약Johannes Divjak은 29통의 중요한 편지들을 새로 발견하여 철저히 연구한 뒤 1981년에 출판하였다.

아우구스티누스는 적대자와 논쟁할 때 어느 누구도 잘못된 길로 빠뜨려서는 안된다는 우려에서 처음에는 그들을 교회에 끌어들이려 하였으며, 그러고 나서 그들의 논제를 극복하려 하였다. 그가 관여한 네 가지 큰 논쟁은 40여 년 동안의 사목활동을 가장 잘 나타내고 있을 뿐만 아니라 그의 신학 발전에도 기여하였다.

1.의 서술 참조.

참고문헌: 인간학: E. Dinkler, Die Anthropologie Augustins = FKGG 4 (1934). – E.L. Fortin, Christianisme et culture philosophique au cinqui me siècle. La querelle de l'âme humaine en Occident, P 1959. – A. Maxsein, *Philosophia cordis*. Das Wesen der Personalität bei Augustinus, Sa 1966. – R.J. O'Connell, St. Augustine's Early Theory of Man, A.D. 386-391, C/MA 1968. – L. Hölscher, The Reality of Mind. Augustine's Philosophical Arguments for the Human Soul as a Spiritual Substance, Lo – NY 1986. – J.-M. Girard, La mort chez saint Augustin. Grandes lignes de l'évolution de sa pensée, teile qu'elle apparaît dans ses traités = Par. 36 (1992).

교의사: C. Eichenseer, Das *Symbolum Apostolicum* beim heiligen Augustinus mit Berücksichtigung des dogmengeschichtlichen Zusammenhangs = KGQS 4 (1960). – W. Wieland, Offenbarung bei Augustinus = TTS 12 (1978).

윤리/도덕: J. Mausbach, Die Ethik des heiligen Augustinus, 2 Bde., F ²1929. – O. Schaffner, Christliche Demut. Des hl. Augustinus Lehre von der Humilitas = Cass. 17 (1959). – J. Brechtken, Augustinus *Doctor caritatis*. Sein Liebesbegriff im Widerspruch von Eigennutz und selbstloser Güte im Rahmen der antiken Glückseligkeits-Ethik = MPF 136 (1975). – St. Budzik, *Doctor pacis*. Theologie des Friedens bei Augustinus = IThS 24 (1988). – J. Wetzel, Augustine and the Limits of Virtue, C 1992.

기도: M. Vincent, S. Augustin, maître de prière d'après les *Enarrationes in Psalmos* = ThH 84 (1990). – H. Stirnimann, Grund und Gründer des Alls. Augustins Gebet in den Selbstgesprächen (Sol. I,1,2-6), Fri 1992 (독일어 번역도 싣고 있음).

전례: W. Roetzer, Des heillgen Augustinus Schriften als liturgie-geschichtliche Quelle. Eine liturgie-geschichtliche Studie, Mn 1930. – A.E. Zwinggi, Die Osternacht bei Augustinus: LJ 20 (1970) 4-10, 92-113, 120-40, 250-53. – A.E. Zwinggi, Die Perikopenordnung der Osterwoche in Hippo und die Chronologie der Predigten des hl. Augustinus: Aug (L) 20 (1970) 5-34. – A.E. Zwinggi, Die fortlaufende Schriftlesung im Gottesdienst bei Augustinus: ALW 12 (1970) 85-129.

설교/교리교육: Ch. Mohrmann, Die altchristliche Sondersprache in den Sermones des hl. Augustinus = LCP 3 (²1965). – F. Schnitzler, Zur Theologie der Verkündigung in den Predigten des heiligen Augustinus, F 1968. – S. Poque, Le langage symbolique dans la prédication d'Augustin d'Hippone, P 1984. – E. Reil, Aurelius Augustinus, *De catechizandis rudibus*, ein religionsdidaktisches Konzept, St. Ottilien 1989.

창조신학: M.-A. Vannier, "Creatio", "conversio", "formatio" chez s. Augustin = Par. 31 (1991).

2.3.2. 논쟁과 신학

2.3.2.1. 마니교: 악은 어디에서 오는가?unde malum?

아우구스티누스는 사제시절 초기에 카르타고 출신의 장로 포르투나투스와 벌인 공개토론을 비롯하여 문학적·실제적으로 마니교에 대한 투쟁을 계속하였다. 포르투나투스는 히포에 머무르며 그곳의 "주민들을 그릇된 길로 이끌어 현혹하고"(「아우구스티누스 생애」 6,1) 있었다. 392년 8월 28~29일에 열린 토론에서 아우구스티누스가 논증을 통하여 포르투나투스를 궁지로 몰아넣자 포르투나투스는 더 이상 답변하지 못하고 히포를 떠났다. 토론 과정은 「마니교도 포르투나투스 논박」*Acta contra Fortunatum Manichaeum*에 기록되어 있다. 404년 12월 7일과 12일에 히포의 대성당에서 마니교도 펠릭스와 아우구스티누스 사이에 이루어진 공개토론은 마니교와 벌인 논쟁에 종지부를 찍었다. 마찬가지로 아우구스티누스는 이 토론에 관한 기록을 출판하였다. 이 시기에 마니교를 논박하는 그밖의 작품들이 저술되었으며, 그 가운데 가장 중요한 작품인 「마니교 기조서간 논박」*Contra epistolam Manichaei quam vocant Fundamenti*(주교 재임 초기에 저술됨)과 「선의 본질」*De natura boni*은 주로 다음의 세 주제를 다룬다.

1) 창조 후 영원한 두 제국인 선과 악이 서로 투쟁한다는 마니교도들의 가르침에 대해, 선한 하느님의 근본적으로 선한 창조에서 악의 근원을 선의 결핍으로 이해함.

2) 구약성서는 악한 신이 저술하였으며, 신약성서는 개찬되었다는 마니교 논제에 대해 구약성서의 신과 신약성서의 신의 동일성 및 두 성서의 일치.

3) 마지막으로 가톨릭교 가르침에 대한 확실한 신뢰.

1.의 서술 참조.

편집본과 번역서: 작품 목록 13, 16, 19, 20-21, 30, 47, 62, 73, 77, 79, 110, 116.

참고문헌: F. Decret, Aspects du manich isme dans l'Afrique romaine. Les controverses de Fortunatus, Faustus et Felix avec saint Augustin, P 1970. – E. Feldmann, Der Einfluß des Hortensius und des Manichäismus auf das Denken des jungen Augustinus von 373, Ms 1975. – F. Decret, L'Afrique manichéenne (IVe-Ve siècle). Étude historique et doctrinale, 2 vol., P 1978. – E. Feldmann, Die *Epistula Fundamenti* der nordafrikanischen Manichäer. Versuch einer Rekonstruktion, Altenberge 1987. – F. Decret, Essais sur l'Église manichéenne en Afrique du Nord et à Rome au temps de saint Augustin. Recueil d'études = SEAug 47 (1995).

2.3.2.2. 도나투스주의: 교회론과 성사론

디오클레티아누스가 일으킨 박해 동안 많은 성직자가 국가의 압력에 굴복하고 교회의 거룩한 책들을 로마 당국에 넘겨주었다*traditores*. 박해가 끝난 뒤 이른바 배교자*traditor* 논쟁이 북아프리카에서 벌어지고 있을 때, 카르타고의 주교 체칠리아누스의 서임(311/312년)에 즈음하여 도나투스의 주도 아래 "성인들"의 극단적인 교회가 형성되었다. 이들은 죄를 지은 성직자들이 성직을 수행하고 성사를 베푸는 일을 인정하지 않았다. 따라서 이 교회는 죄를 지은 성직자에게서 세례를 받은 사람들에게 다시 세례를 주고, 거룩한 교회가 죄지은 신자들로 구성되는 것을 거부하여 자신들만이 유일한 참된 교회라고 주장하였다. 도나투스주의는 지역적으로 북아프리카에만 퍼졌지만 아우구스티누스 당시 그곳의 가톨릭 교회는 소수에 지나지 않았다. 따라서 도나투스주의는 북아프리카 교회에서 확실히 마니교보다 더 위험한 문제로 나타났다. 그럼에도 아우구스티누스는 393년에 비로소 도나투스파와 논쟁하고, 400년경에 이르러 도나투스파에 대해 단호한 조치를 취하기 시작하였다. 아우구스티누스가 도나투스파에 뒤늦게 대응한 이유는, 도나투스파로 분열된 교회를 다시 가톨릭 교회와 일치시키려는 그의 고유한 체험과 본디의 지향에 바탕을 두었기 때문이다. 도나투스파를 논박하는 첫번째 작품인 「도나투스파 논박 노래」*Psalmus contra partem Donati*(393년)는 이와 같은 경향을 나타낸다. 이 작품은 도나투스주의의 역사와 오류들을 후렴이 있는 ABC 형식의 민요로 설명하며 재일치를 북돋운다. 아우구스티누스는 400년경 도나투스파 교회가, 특히 서아프리카, 곧 누미디아 지방에서 농부들로 구성된 난폭한 광신적 무리Circumcellionen가 모든 화해를 거부한다는 확신이 들고 난 다음에야 그들을 문학적으로 논박하였다. 아울러 그는 이 문제와 관련된 수많은 북아프리카 교회회의에 참석하였으며 이단자들에 대한 황제의 법률과 강제조치를 지지하고 실제 적용하면서, 교회정치적으로 단호한 조치를 취하기 시작하였다. 아우구스티누스의 「재론고」에서 알 수 있듯이 400~418년 사이에 도나투스파를 논박하는 수많은 작품이 저술되었으나 많은 저서가 소실되었다. 가상 중요한 작품들은 나음과 같다.

「세례론」*De baptismo*(400년경 저술)은 도나투스파가 최초로 분열을 일으킨 근본 논제를 반박한다. 이들은 죄를 짓지 않은 성직자들이 행한 성직만이 유효하며 그들만 성사를 베풀 수 있다고 주장하였다. 이와 달리 아우구스티누스는 성사의 유효성과 효과를 구분하였다. 합당하지 않은 사람이 베푼 성사는 처음에 성사를 받은 사람의 구원을 강화할 수 없을지라도, 그리스도만이 종의 손을 통하여 성사를 베푸는 사람이기에, 어쨌든 세례는 지울 수 없는 인호character를 찍는다. 아우구스티누스는 「요한복음 주석」(VI 7)에서 요한복음 1장 33절("바로 그분이 성령으로 세례를 베푸는 분이니라")의 설명을 후대에 유명해진 말로 표현하였다. "베드로가 세례를 주면 그리스도가 세례를 주는 것이며, 바울로가 세례를 주면 그리스도가 세례를 주는 것이고, 더욱이 유다가 세례를 주어도 그리스도가 세례를 주는 것입니다."

「교회의 일치」De unitate ecclesiae(마찬가지로 400년경에 저술됨)는 거룩한 신자들만 하나이고 거룩한 교회에 속할 수 있다는 도나투스파의 교회론 원칙을 논박한다. 도나투스파의 주장과 달리 아우구스티누스는, 교회일치의 기초를 이루는 그리스도의 몸으로서Christus totus caput et corpus 교회의 불가침적 성화와 교회 구성원의 죄지음 사이에 근본적이고도 교회의 장래에 방향을 제시하는 구분을 하였으며, 이때문에 교회는 완성될 때까지 혼합된 몸corpus permixtum으로 남아 있다고 주장하였다. 무엇보다도 보편적이어야 하는 하나의 교회만이 있을 수 있다. 아우구스티누스는 뒤에 자신의 교회론을 삼중의 공동체communio 개념으로 전개하였다. 지상교회는 그리스도 몸의 성성을 해치지 않는 선인들과 악인들로 이루어진 "성도들의 공동체"communio sanctorum로 존속한다. 이미 그리스도 안에서 죽은 이들은 그리스도 몸의 다른 부분, "정의로운 사람들의 공동체"communio iustorum를 구성한다. 종말론적 교회는 "예정된 이들의 공동체"communio praedestinatorum로 구원을 위해 부름받은 모든 사람으로 이루어진다(「신국론」 XX 9).

411년에 저술된 「카르타고인들과의 토론」Gesta conlationis Carthaginiensis과 「도나투스파와의 소토론」Breviculus conlationis cum Donatistis, 도나투스파에 대한 수많은 교회회의와 황제의 입법은 황제의 공증인notarius 마르첼리누스가 411년 6월 1일, 3일, 8일에 카르타고로 소집한 회의에서 정점에 이르렀다. 이 회의에서 286명의 가톨릭 주교들은 아우구스티누스를 대변인으로 내세워 뛰어난 논증을 전개하였다. 특히 아우구스티누스는 사흘째에 285명의 도나투스파 주교들의 책략을 무력하게 하고 신학적인 근본문제에서 논란의 여지가 있는 규율적 개별사항을 변론하는 데 성공하였다. 이에 따라서 호노리우스 황제는 412년 1월 30일에 반포한 칙령에서 도나투스파를 국가의 강제조치로 억압할 것을 명하였다.

1.의 서술 참조.

편집본과 번역서: 작품 목록 10, 12, 15, 17, 22, 25, 32, 38, 40, 49, 91, 101.

참고문헌 목록: É. Lamirande, Un siècle et demi d'études sur l'ecclésiologie de saint Augustin. Essai Bibliographique: REAug 8 (1962) 1-125 (별책으로도 간행됨). – É. Lamirande, Supplément bibliographique sur l'ecclésiologie de saint Augustin: REAUg 17 (1971) 177-82.

번역서: H. U. von Balthasar, Das Antlitz der Kirche = ChMe 41 (1991).

참고문헌: 도나투스주의: P. Monceaux, Histoire littéraire de l'Afriquc chrétienne depuis les origines jusqu'à l'invasion arabe, VII: Saint Augustin et le Donatisme, P 1923 = Brü 1966. – R. Crespin, Ministère et sainteté. Pastorale du clergé et solution de la crise donatiste dans la vie et la doctrine de saint Augustin, P 1965. – É. Lamirande, La situation ecclésiologique des Donatistes d'après saint Augustin. Contribution à l'histoire doctrinale de l'œcuménisme, Ottawa 1972.

교회론: F. Hofmann, Der Kirchenbegriff des hl. Augustinus in seinen Grundlagen und seiner Entwicklung, Mn 1933 = 1978. – J. Ratzinger, Volk und Haus Gottes in Augustins Lehre von der Kirche = MThS.S 7 (1954). – St.J. Grabowski, The Church. An Introduction to the Theology of St. Augustine, St. Louis 1957. – É. Lamirande, L'Église céleste selon saint Augustin, P 1963. – É. Lamirande, Études sur l'Ecclésiologie de saint Augustin, Ottawa 1969. – W. Simonis, *Ecclesia visibilis et invisibilis*. Untersuchungen zur Ekklesiologie und Sakramentenlehre in der afrikanischen Tradition von Cyprian bis Augustinus = FTS 5 (1970). – B. Mondin, Il pensiero ecclesiologico di sant' Agostino: SapDom 40 (1987) 369-91.

성사신학: W. Gessel, Eucharistische Gemeinschaft bei Augustinus = Cass. 21 (1966). – É. Schmitt, Le mariage chrétien dans l'œuvre de saint Augustin. Une théologie baptismale de la vie conjugale, P 1983. – V. Grossi, La catechesi battesimale agli inizi del V secolo. Le fonti agostiniane = SEAug 39 (1993).

2.3.2.3. 펠라기우스주의: 은총론과 예정론

참고문헌: P.-M. Hombert, *Gloria gratiae*. Se glorifier en Dieu, principe et fin de la théologie augustinienne de la grâce, P 1996. – V. H. Drecoll, Die Entstehung der Gnadenlehre Augustins (= BHTh 109), Tübingen 1999.

2.3.2.3.1. 펠라기우스

위와 같은 조치로 도나투스파에 대한 문제가 근본적으로 해결된 것은 아니었다. 도나투스파 교회가 궁극적으로 사라지기까지는 오랜 시간이 걸렸다. 다음의 논쟁은 펠라기우스가 처음으로 제기한 은총론에 관한 문제였다. 아우구스티누스는 죽을 때까지 이 논쟁에 관여하였다. 펠라기우스는 영국 출신으로 4세기 80년대 초부터 로마에 살았다. 그는 로마에서 히에로니무스에 의해 익히 우리에게 잘 알려진 금욕적 동아리에서 매우 대중적인 신학을 전개하였다. 근본적으로 그의 신학은 급속히 늘어난 신자수로 야기된 그리스도교 생활방식의 비영성적이고 도덕적으로 이완된 경향에 대한 반작용이었다. 당시의 제국교회에서 신자들은 신앙에서 무미건조하고 도덕적으로 느슨한 태도를 보였기 때문이다. 이러한 경향과 달리 펠라기우스는 선을 위한 인간의 의지 결정과 행동의 중요성을 강조하면서 매우 긍정적인 의미에서 모든 그리스도인에게 참다운 그리스도교 생활방식을 북돋우고자 하였다. 인간은 본성상, 곧 하느님의 모습을 따른(창세 1,26-27) 피조물로서 하느님을 위해 자유로이 결정하고, 그리스도교적 생활의 참다운 본보기exemplum인 그리스도를 따르면서 하느님의 계명에 복종하고, 이로써 구원에 도달할 능력과 함께 은총을 지닌다는 내용이 논거의 출발점이다. 따라서 그는 아담의 죄가 세세대대로 물려받는 원죄가 아니라 단지 아담 개인이 지은 죄로 보았으며, 인간은 굳은 의지로 아담을 모방하려는 유혹을 극복할 수 있다고 생각하였다. 이 경우 인간은 성사를 받아서가 아니라 자신의 공로merita에 따라 하느님의 은총을 받는다. 이러한 주장은 구원받기 위해서는 세례를 받아야 한다는 자의식을 바탕으로 당시 차츰 더 늘어가는 유아세례를 거부하게 하였다.

펠라기우스의 가르침은 신학을 본디의 의미, 곧 신에 대한 문제가 아니라 단지 윤리학과 관련된 것처럼 보여서 처음에는 이단으로 간주되지 않았다. 이때문에 논쟁은 펠라기우스 자신이 아니라 410년 8월 24일 로마의 사건이 일어난 뒤 카르타고에 머무른 그의 제자 첼레스티우스가 일으켰다. 이 사건에서 아우구스티누스는 최초로 펠라기우스주의의 구원론과 그리스도론의 위험성을 위장된 자기구원론으로 인식하였다. 인간이 오직 피조물의 본성과 자유로운 의지결정을 토대로 구원에 도달할 수 있고, 그리스도를 구원을 위한 본보기로 삼는다면 하느님의 아들은 무엇 때문에 십자가에서 죽었는가? 바울로가 고린토인들에게 보낸 첫째 편지(1,17)에서 이미 경고하였듯이 그리스도의 십자가가 그 의미를 잃는다ne evacuetur crux Christi고 말한 것은 이 경우에 정확히 들어맞는 것이 아닌

가? 따라서 아우구스티누스는 412년에 펠라기우스를 논박하는 첫 작품 「죄인들의 공로와 유아세례」*De peccatorum meritis et de baptismo parvulorum*를 저술하였다. 이 책에서 그는 선을 결정하기 위해서는 인간의 의지에 앞서는 하느님의 은총이 필요하고 원죄를 극복하기 위해서는 그리스도의 십자가 죽음에 참여하는 세례가 불가피하다는 내용을 강조한다. 아우구스티누스는 논쟁이 계속됨에 따라 그밖의 다른 중요한 작품들에서 율법과 은총의 관계(「영과 문자」)와 본성과 은총의 관계(「본성과 은총」)를 명확히 규정하였다. 하느님 계명의 실행은 이를 북돋는 은총 없이 정당화될 수 없으며, 본성과 은총은 서로 대립하는 것이 아니라 은총은 본성을 자유롭게 하며 치유한다(「재론고」 II 42).

아우구스티누스의 은총론에 따르면, 아담의 죄는 자신의 개인적 죄일 뿐만 아니라 전 인류를 영벌을 선고받은 집단massa damnata으로 만들었으며, 개인의 모방imitatio이 아닌 인간의 정욕concupiscentia이 널리 퍼짐propagatio으로써 세세대대로 건네지는 원죄가 되었다. 하느님께서 당신의 모상대로 창조하신 낙원의 원상태에서 인간의 본성은 하느님을 위해 직접 의지를 결정할 수 있지만, 원죄 때문에 타락한 인간의 본성은 더 이상 이를 행할 능력이 없다. 이를 위해서는 필연적으로 인간에게 이러한 결정 능력을 주고 북돋우며, 앞서 일어나는 하느님의 은총이 필요하다. 하느님의 계명을 지키는 것도 궁극적으로 계명을 완성하는 하느님의 은총이 있어야 가능하다. 그러나 인간의 자유의지는 은총의 효력efficacitas을 결정한다. 인간은 십자가에서 그리스도의 죽음을 통해 이미 구원되었으며, 따라서 구원에 필요한 세례를 통하여 필연적인 은총을 받는다. 그렇지만 이 은총의 효과 여부는 인간의 결정과 생활방식에 좌우된다. 그러나 하느님께서는 공로bona merita가 없어도 구원하시며, 죄mala merita가 없는 한 단죄하지 않으신다(「율리아누스 논박」 3.18.35) 할시라도, 사람은 자신의 결정이나 생활방식으로 늘 그냥 주어지는(gratuitas) 하느님의 은총을 강제로 요구할 수 없다. 인간은 하느님의 은총에 이의를 제기할 수 없으며 아무도 은총을 요구할 수 없다. 그렇다 하더라도 하느님께서 임의로 은총을 주시거나 주시지 않음으로 개인의 구원이 하느님의 예정에 완전히 종속된다는 아우구스티누스의 은총론은 문제가 있으며 교회에서 인정받지 못하였다. 이 예정론, 그리고 정욕을 통한 원죄의 대물림은 이후 두 번에 걸쳐 펠라기우스 논쟁을 불러일으켰으며 논쟁의 주요 주제가 되었다.

교황은 아우구스티누스의 입장을 여러 번에 걸쳐 지지하였다. 아우구스티누스의 서간집에는 펠라기우스를 단죄할 것을 요구한 카르타고와 밀레비스 교회회의의 편지, 그리고 아우구스티누스의 편지를 비롯한 다섯 주교의 편지(175-177번)에 긍정적으로 회답한 인노첸시우스 교황이 417년에 쓴 세 통의 편지(181-183번)가 있다. 교황은 417년 1월 17일에 펠라기우스와 첼레스티우스를 파문하였다. 사람들은 아우구스티누스가 417년 9월에 행한 유명한 「설교」 131번에 나오는 대칭어구 "로마가 말했으니 논의가 끝났다"Roma locuta – causa finita를 로마 주교좌의 최종적 교의권을 뜻하는 것으로 추론하였다. 그러나 이러한 추론은 본문에도 아우구스티누스 설교의 진술 의도에도 맞지 않는다. 오히려 사건은 정반대의 상황으로 전개되었다. 그 사이에, 곧 팔레스티나의 디오스폴리스 교회회의(415년 12월) 이후, 인노첸시우스 교황의 후계자인 조시무스(417년 3월부터)는 펠라기우스의 정중한 태도와 능란한 변론에 이끌려 그의 명예를 회복시켰으나, 아프리카 사람들은 교황의 현실적 입장과 달리 이 문제를 인노첸시우스의 판결로 해결된 것(causa finita)으로 여겼다. 조시무스 교황은 아프리카 주교들의 압력에 굴복했으며, 이러한 압력은 418년 4월 30일에 펠라기우스와 첼레스티우스에 대한 황제의 칙령을 반포하게 하였고, 곧이어 교황은 「회칙 서간」Epistula tractatoria에서 펠라기우스를 다시 단죄하였다.

1.의 서술 참조.
편집본과 번역서: 작품 목록 6, 61, 66-67, 80, 84, 86-87, 107.
참고문헌: G. Bonner: TRE 26 (1996) 176-85. – C. Mayer: AugL 1 (1986-94) 828.

2.3.2.3.2. 에클라눔의 율리아누스

「회칙 서간」은 펠라기우스 논쟁의 두번째 국면을 불러일으켰다. 남부 이탈리아의 에클라눔(오늘날: 캄파니아 지방 아벨리노 근처의 미라벨라 에클라노)의 주교 율리아누스를 비롯한 18명의 주교가 펠라기우스를 단죄하는 데 서명하지 않았기 때문이다.

율리아누스는 보니파시우스 교황(418년 12월 29일~422년 9월 4일)에게 펠라기우스에 대한 그의 파문이 어떤 결과를 가져왔는지 설명할 것을 요구하는 두 통의 편지를 보냈다. 이 관점에서 율리아누스는 라벤나 황실의 고위관리인 발레리우스에게도 불만을 호소하였다. 발레리우스는 보니파시우스 교황과 마찬가지로 아우구스티누스에게 자신의 신학적 입장을 의뢰하였다. 이 사건과 다른 많은 사건에서 아우구스티누스는 이미 살아 있을 때에 뛰어난 전문지식을 갖춘 인물이었음을 나타낸다. 사람들은 당시의 문제점들에 관해 아우구스티누스에게 편지를 쓰거나 직접 찾아가 만났으며, 아우구스티누스는 우리가 잘 알고 있는 모든 사건의 문제를 설득력있게 해결하였다. 그의 많은 작품이 이러한 문제에 관한 저작품이며, 그의 서간집에 수록된 대부분의 편지도 이러한 문제로 주고받은 것이다.

아우구스티누스는 황실의 고위관리 발레리우스에게 조언하기 위해 두 작품, 「펠라기우스파 두 서간 반박」*Contra duas epistolas Pelagianorum*과 「결혼과 정욕」*De nuptiis et concupiscentia*(418/419년)을 저술하였다. 이 작품들로 율리아누스의 신학적 입장을 재구성할 수 있다. 이 작품들에서 아우구스티누스는 자신이 자유의지를 부인하고 원죄에 집착하며, 무질서한 욕망을 악으로 평가하면서 결혼을 비난하고, 세례의 의미를 떨어뜨렸다는 비난을 논박한다. 이로써 격렬한 문학적 논쟁이 시작되었으며, 아우구스티누스는 이 논쟁이 끝나기 전에 죽었다. 「결혼과 정욕」의 제1권에 대해 율리아누스는 4권으로 이루어진 책자 「투르반티우스에게」*Ad Turbantium*로 답변하였으며, 이에 대해 아우구스티누스(421/422년)는 6권으로 구성된 상세한 논문 「율리아누스 논박」*Contra Iulianum*을 저술하였다. 「결혼과 정욕론」의 제2권에 대하여 율리아누스는 8권으로 이루어진 작품을 썼으며, 아우구스티누스는 이에 대하여 「미완성 작품인 율리아누스의 두번째 답변 반박」*Contra secundam Iuliani responsionem opus imperfectum*(428년)으로 논박하기 시작하였으나 끝까지 저술하지는 못하였다. 아우구스티누스는 펠라기우스 논쟁의 이 국면에서, 특히 정욕concupiscentia의 개념을 설명하였다. 결혼생활과 후손을 위한 성적 욕망은 제도적 관점에서 유익하고 인정받아야 한다. 그러나 아담의 타락 때문에 정욕은 본원적이고 하느님께 향한 질서에 더 이상 맞지 않고 무질서한 방식으로 물질적인 것에 순응하였다. 세례를 받은 사람들은 그들의 죄를 그리스도의 구원행위로 속죄받았지만 그 죄는 악의 무질서를 추구하는 경향으로 지속된다. 이때문에 원죄는 후세에 전해진다.

1.의 서술 참조.
편집본과 번역서: 작품 목록 18, 23-24, 81.

2.3.2.3.3. 하드루메툼과 마실리아의 수도자들

아우구스티누스가 살아 있을 때에 일어난 펠라기우스주의에 대한 세번째 국면은 앞의 두 국면과 직접적인 관련은 없다. 펠라기우스와 그의 추종자들은 더 이상 가톨릭 교회와 대립하지 않았으며, 펠라기우스 논쟁을 통하여 일어난 은총론과 특히 예정론에 관한 신학적 질문이 교회 안에서 계속되었기 때문이었다. 논쟁의 직접적인 계기는 아우구스티누스가 418년에 로마의 사제 식스투스에게 보낸 편지 194번이었다. 이 편지에서 그는 반펠라기우스적 관점에서 은총론에 대한 자신의 논증들을 분명하고 설득력있게 설명하였다. 이러한 설명에는 자유로이 주시는 하느님의 은총만이 인간이 관여하지 않아도 운명을 예정하는 것으로 생각할 수 있는 내용이 들어 있다. 이로써 북아프리카 하드루메툼(오늘날: 튀니지의 동해안에 있는 수세)의 수도자들은 하느님의 뜻에 따르려는 그들의 금욕적 노력이 아무런 의미가 없을지도 모른다는 것을 두려워하여 이 편지에 커다란 우려를 나타내었다. 아우구스티누스는(426년) 이러한 의혹에 대해 논문 「은총과 자유의지」로 답변하였다. 그는 이 작품에서 하느님의 은총은 인간의 의지 결정에 앞서며, 그 결정을 가능하게 하고, 인간의 행동을 동반하면서 완전하게 히지만, 은총이 자유로운 결정을 방해하거나 결정에 불필요한 것도 아니라는 자신의 견해를 명확히 밝혔다. 그러나 아우구스티누스의 이 답변에 하드루메툼의 몇몇 수도자는 하느님의 은총이 인간의 의지를 움직인다고 생각하여 형제적 훈계를 받아들일 수 없다는 결론에 이르렀다. 아우구스티누스는 이에 대한 답변으로 「훈계와 은총」에서 자신의 은총론을 또다시 설명하고, 특히 타락하기 전과 후에 나타나는 은총의 효과를 구분하였다. 곧, 하느님과 결합한 상태에서 은총은 직접적으로 작용할 수 있는 반면, 타락 후 은총은 인간의 저항에 부딪쳐 인간의 도움을 이용한다. 아우구스티누스는 이 경우에 필연적 도움adiutorium sine quo non인 은총과 개연적 도움adiutorium quo인 훈계를 구분한다.

이로써 하드루메툼의 수도자들의 의구심은 명백히 해결되었으나, 남부 갈리아 지방의 마실리아에서는 하드루메툼의 수도자들에게 보낸 두 권의 저서로 일어난 아우구스티누스의 은총론에 반대하는 수도자 무리가 생겨났다. 갈리아 지방의 수도자들은 인간의 결정과 공로에 대한 아우구스티누스의 은총과 예정의 역할이 매우 과대평가된 것으로 여겼다. 아우구스티누스의 친구인 아퀴타니아의 프로스페루스와 아프리카 출신인 힐라리우스라는 사람이 이 사실을 429년에 두 통의 편지(225와 226번)에 적어 그에게 알려주었다. 이에 대해 아우구스티누스는 갈리아 지방의 수도자들에게 보낸 두 권의 작품, 「성도들의 예정」De prae-destinatione sanctorum과 「인내의 은사」De dono perseverantiae를 저술하였다. 아우구스티누스는 이 작품들에서 예정은 "미리 결정함"이 아니라 "미리 앎"과 "은총의 준비"gratiae praeparatio를 의미한다고 강조하였다. 인간의 운명에 관해 강제적이거나 인간의 자유를 배제하는 하느님의 선결先決은 있을 수 없다. 분명한 것은 사람들이 펠라기우스처럼 모든 것을 인간의 공로로 돌리는 극단에 빠져서는 안 된다는 것이다. 하느님의 선행적이고 동반적이며 죄가 있어도 주시는 은총 없이는 신앙에 이를 수도, 신앙 안에 머무를 수도 없다. 하드루메툼의 경우나 아우구스티누스 생애 동안 벌어진 다른 많은 논쟁과 달리 갈리아 지방의 수도자들은 그의 신학을 받아들이지 않았다. 요한 카시아누스는 「담화」의 제13권에서 아우구스티누스의 은총론을 반박하였으며, 레랭Lérins의 사제이며 수도자인 빈첸치우스Vinzenz도 자신의 작품 「이론異論」Obiectiones에서 아우구스티누스를 날카롭게 비판하였다. 이때문에 두 수도원은 아우구스티누스의 은총론을 반대하는 중심지가 되었다. 아우구스티누스는 이 시기에 사망(430년)하였기 때문에, 아퀴타니아의 프로스페루스와 다른 사람들이 아우구스티누스를 대신하여 논쟁과 문학활동을 이어받았다. 이 논쟁은 "절충적 펠라기우스주의"(16세기부터 이와같이 부름)를 마침내 단죄한 오랑즈 제2차 공의회(529년) 때까지 계속되었다.

1.의 서술 참조.
편집본과 번역서: 작품 목록 39, 66, 88-89.
참고문헌: G. Nygren, Das Prädestinationsproblem in der Theologie Augustins = STL 12 (1956). – G. Bonner, Augustine and Modern Research on Pelagianism, Villanova/PA 1972. – G. Philips, L'Union personnelle avec le Dieu vivant. Essai sur l'origine et le sens de la grace créée = BEThL 36 (1974). – J. McW. Dewart, The Christology of the Pelagian Controversy: StPatr 17/3 (1982) 1221-44. – A. Trapé, S. Agostino: Introduzione alla Dottrina della Grazia, I: Natura e grazia, R 1987. – A. Trapé, S. Agostino: Introduzione alla Dottrina della Grazia, II: Grazia e libertà, R 1990. – R. Harden Weaver, Divine Grace and Human Agency. A Study of the Semi-Pelagian Controversy = PatMS 15 (1996). – J. Lössl, *Intellectus gratiae*. Die erkenntnistheoretische und hermeneutische Dimension der Gnadenlehre Augustins von Hippo = SVigChr 38 (1997).

2.3.2.4. 아리우스주의

아리우스파 그리스도교에 속해 있던 고트족과 다른 게르만 민족이 로마제국을 침입하고 북아프리카의 로마 군대에 게르만족 군인들이 투입되어서, 아우구스티누스는 생애 말기인 416년부터 아리우스주의를 다루어야 했다. 콘스탄티노플 공의회가 삼위일체론을 근본적으로 설명하였고, 아우구스티누스는 방대한 논문 「삼위일체론」을 이미 완성하여 이 책을 활용할 수 있었기에, 아리우스주의를 논박하기 위해 더 새로운 신학을 전개해야 할 필요성을 느끼지 못하였다. 그는 아리우스주의에 대하여 많지는 않지만 매우 중요한 작품들을 저술하였다. 이러한 작품에는 아우구스티누스가 서두에서 언급하지만 이름이 알려지지 않은 아리우스파 사람의 설교에 대한 「아리우스파 설교 반박」*Contra sermonem Arianorum*(418년), 이전의 도나투스파 논쟁과 견줄 만한 토론서인 「아리우스파 주교 막시미누스와의 토론」*Collatio cum Maximino Arianorum episcopo*(427/428년), 히포의 공개토론에서 아우구스티누스를 논박하지 못한 막시미누스가 카르타고로 돌아와 제기한 주장에 대한 「아리우스파 막시미누스 논박」*Contra Maximinum Arianum*(428년)이 있다. 이 작품들에서는 삼위일체론 외에 이미 언급한 바와 같이 아우구스티누스가 발전시킨 삼위일체 신학의 틀에서 전개되는 중요한 그리스도론 구절들이 나타난다. 이 구절들은 411년경에 완전히 발전된 그리스도론을 전개하거나 응용한다.

1.의 서술 참조.
편집본과 번역서: 작품 목록 26, 30, 35.

참고문헌: S. González, La preocupación arriana en la predicación de San Agustín, Valladolid 1989. – W.A. Sumruld, Augustine and the Arians. The Bishop of Hippo's Encounters with Ulfilan Arianism, Selinsgrove - Lo - Toronto 1994.

2.3.2.5. 레포리우스: "선先-네스토리우스주의" 사건

아우구스티누스는 사망하기 얼마 전에 지금까지와 전혀 다른 신학문제를 접하였다. 이 문제는 논쟁을 불러일으키지는 않았지만 네스토리우스주의와 관련된 문제를 다루고 있기 때문에 "선-네스토리우스주의" 사건이라고도 한다. 418~428년 마실리아의 주교는 갈리아 지방(마실리아 출신?)의 사제이자 수도자인 레포리우스를 그리스도론에 관한 이단적 주장 때문에 파문하였다. 레포리우스는 신학적 조언을 구하기 위하여 아우구스티누스를 찾아갔다. 아우구스티누스는 레포리우스의 "경건한 열매"를 "분별 없는 오류"로 인식하였다. "그(레포리우스)는 하느님께서 한 여자에게서 태어나셨고, 십자가에 못박힐 수 있으며, 인간으로 수난하셨다는 사실을 인정하려 들지 않았습니다. 그는 신성이 한 인간으로 변화하거나 혼합하여 변질되었다는 사실을 사람들이 믿는다는 것을 두려워하였기 때문입니다"(『서간』 219,3). 따라서 그리스도의 두 본성의 분리를 지나치게 강조하여 그리스도를 두 아들로 나눌 위험이 있고 후대에 네스토리우스가 받아들이지 않은 속성의 호환communicatio idiomatum이 문제였다. 아우구스티누스는 그리스도의 신성과 인성의 모든 행위의 유일하고 공동의 주체로 "그리스도의 하나의 위격"una persona Christi에 대한 자신의 신학으로 이 문제를 이미 해결하였다. 이때문에 그는 레포리우스에게 이 문제에 대해 적절하게 가르칠 수 있었으며, 그와 함께 (또는 그를 위하여) 『교정 또는 만족에 관한 책』*Libellus emendationis seu satisfactionis*을 저술하였다. 아우구스티누스는 이 작품 및 첨서(『서간』 219)와 함께 그를 집으로 돌려보냈으며, 그에 대한 파문을 철회할 것을 권고하였다.

1.의 서술 참조.

편집본: PL 31, 1221-30 = P. Glorieux, Prénestorianisme en Occident = MCS 6 (1959) 14-25.

참고문헌: A. Trapé, Un caso de nestorianismo prenestoriano en occidente resuelto por san Agustín: CDios 155 (1943) 45-67. – F. de Beer, Une tessère d'orthodoxie. Le *Libellus emendations*" de Leporius (vers 418-421): REAug 10 (1964) 145-85. – J.-L. Maier, La date de la rétractation de Leporius et celle du "sermon 396" de saint Augustin: REAug 11 (1965) 39-42. – F. Gori, La pericope cristologica del *De Trinitate X* pseudoatanasiano nel *Libellus emendationis* di Leporio: Aug. 31 (1991) 361-86.

2.3.3. 후계자 선출과 사망

아우구스티누스는 자신이 죽은 뒤에 일어날 수 있는 모든 논쟁을 미리 막기 위하여, 72세 때인 426년 9월 26일에 두 명의 다른 주교, 히포의 성직자, 신자가 참석한 공개 집회에서 보좌주교를 선출하게 하였다. 이에 관한 회의록이 작성되어 공식 문서(『서간』 213)로 테오도시우스 집정관과 황제 발렌티니아누스 3세에게 보내졌다. 아우구스티누스는 히포에서 선임자 발레리우스의 보좌주교가 되었을 때, 선임자가 살아 있을 당시 이미 주교로 서임되었다. 그러나 당사자들은 니체아 공의회의 규범규정 8조가 이를 엄금하고 있다는 것을 알지 못하였다. 아우구스티누스의 비공식 후임자인 에라클리우스는 선임자가 사망할 때까지 사제로 있었지만 이미 주교의 직무를 수행하였다. 아우구스티누스는 430년 8월 28일, 곧 429년부터 지브롤터 해협을 건너 북아프리카를 점령한 반달족이 히포를 석 달 동안 포위하고 있을 때 사망하였다. 황제 테오도시우스 2세는 아우구스티누스가 죽은 사실을 모르고 그를 431년 부활절에 에페소 공의회로 초청하였다. 제국의 동방에서 열린 교회회의들은 (세계 교회회의지만) 일반적으로 서방의 주교단이 참석하지 않았기 때문에 이 초청은, 특히 신학자로서 아우구스티누스가 제국 전체에 걸쳐 미친 권위를 보여주는 것이다. 아우구스티누스 이외에 이미 네스토리우스 논쟁에 관여하고, 논쟁에 사절들을 파견한 로마의 주교 첼레스티누스도 이 공의회에 초청되었다.

아우구스티누스는 히포의 대성당에 묻혔을 것이다. 500년경 아프리카에서 추방된 가톨릭 주교들은(반달족은 아리우스파였다) 그의 시신을 사르디아로 옮겼으며, 8세기에 롬바르드족의 왕인 리우트프란두스가 시신을 파비아로 이장하여 그는 오늘날까지도 그곳의 성 피에트로 교회에서 공경받고 있다. 아우구스티누스는 암브로시우스, 히에로니무스, 대 그레고리우스 교황과 함께 "서방의 위대한 네 명의 교회학자"에 속하며, 서방신학과 서방교회에 대한 그의 영향은 이루 말할 수 없을 정도로 지대하다. 지금까지도 "아우구스티누스 사상"을 다루는 작품들이 도서관의 많은 자리를 차지하고 있다.

3. 주요 작품과 신학

3.1. 「고백록」*Confessiones*

아우구스티누스의 작품 가운데 가장 유명하고 세계 문학사에 유일한 작품은 13권으로 이루어진 「고백록」이다. 이 작품은 그의 생애, 세례, 어머니 모니카의 사망(387년) 때까지 그의 내적 발전 과정을 알 수 있는 중요한 문헌이다. 라틴어에서 "고백"*Confessio*은 아우구스티누스가 개심하기 전까지 행한 그릇된 행동에 대한 "고백"뿐만 아니라 그 자신이 작품의 여러 구절에서 설명하듯이 하느님의 위대하심과 선하심에 대한 "인정"을 뜻한다. 예를 들어 시편 117장 1절 "주님을 찬미하라, 좋으신 분이시니"*confitemini Domino quoniam bonus*에 대한 「모군티누스 설교」*sermo Moguntinus* 1장 1절에 "고백은 성서에서 두 가지 방식, 하나는 하느님의 벌로, 다른 하나는 하느님께 대한 찬미로 언급되거나 이해되고 있습니다"라고 기록되어 있다. 아우구스티누스가 「재론고」(2.6)에서 증언하듯이 그는 「고백록」의 제목을 이와같이 이해하였다. "나의 선행과 악행에 관한 고백록 13권은 정의롭고 선하신 하느님을 찬미합니다." 따라서 「고백록」은 크게 두 부분으로 분류된다. 제1-9권은 아우구스티누스가 개심하기 전까지 행한 그릇된 행동에 대한 고백으로서 오스티아에서 어머니 모니카의 죽음으로 끝맺으며, 제10-13권에서는 하느님과 그분의 창조에 대한 찬미, 그리고 11권에서는 시간에 대한 유명한 철학을 논한다.

아우구스티누스는 암브로시우스가 사망(397년 4월 4일)한 뒤 「고백록」을 저술하기 시작하였다. 저술 동기로 구체적인 외적 원인이 있었는지 또는 단지 내적 동기였는지에 대해서는 많이 토론되었으나 아직도 뚜렷한 결론에 이르지 못하였다. 아마도 친구들이 이 작품을 저술하도록 그의 마음을 움직인 것 같다. 제 1부(제1-9권)는 398년 말에, 전 작품은 400년에 완성되어 작품의 일치성에 관한 토론이 있었으나, 대다수의 학자는 하나의 작품으로 여긴다. 고백록의 서술과 아우구스티누스 생애에 관한 같은 시대의 다른 사료들, 곧 카시치아쿰에서의 대화를 바탕으로 저술한 작품들과 비교해 보면 아우구스티누스의 내적 발전에 관한 서술이 많은 점에서 일치하지 않아 집중적인 연구의 대상이 되었다. 여하튼 이러한 불일치를 아우구스티누스의 건망증이나 그가 의식적으로 글을 바꾸었다고 여겨서는 안 된다. 오히려 주교의 시각이 12년에서 14년 뒤 사건들을 매우 다르게 평가하고, 방금 개심한 사람으로서 사건들을 다르게 구성하며, 중점을 둔 부분이 달랐다는 것에 바탕을 두어야 한다. 「고백록」의 근본 목적은 결코 "객관적"인 자전적 보고가 아니라 주교의 삶에 대한 성찰이다. 따라서 서로 다른 저술 시기와 저술 의도를 고려하여 두 사료들을 비교하면 진리에 가장 가까이 다가갈 수 있다. 그밖에 「고백록」에 관한 매우 방대한 연구 문헌은 주로 아우구스티누스의 전기, 교육, 내적 발전, 심리학, 철학, 신 개념, 세계관과 다른 많은 개별적인 문제들을 다룬다.

1.의 서술 참조.

편집본과 번역서: 작품 목록 34.

보조자료: R.H. Cooper/L.C. Ferrari/P.M. Ruddock/J.R. Smith, *Concordantia in libros XIII confessionum S. Aurelii Augustini. A Concordance to the Skutella* (1969) edition, 2 vol., Hi – Zü – NY 1991. – R. Cooper/L.C. Ferrari/P.M. Ruddock/J.R. Smith, *Concordantia in XIII libros De civitate Dei S. Aurelii Augustini* = AlOm 150,1-6 (1999).

참고문헌: 일반 연구서: P. Courcelle, Recherches sur les Confessions de saint Augustin, P ²1968. – R.J. O'Connell, St. Augustine's Confessions. The Odyssey of Soul, C/MA 1969. – M. Pellegrino, Le Confessioni di S. Agostino. Studio introduttivo, R ²1972. – L.C. Ferrari, The Conversions of Saint Augustine, Villanova/PA 1984. – D. Capps/J.E. Dittes (eds.), The Hunger of the Heart. Reflections on the Confessions of Augustine = SSSR 8 (1990). – J.J. O'Donnell, Confessions, 3 vol., O 1992 (TK). – *Status quaestionis*: L. Ferrari, Reconsiderando las *Confesiones* de Agustín. Treinta anos de descubrimientos: Augustinus 42 (1997) 279-96. – N. Fischer/C. Mayer (eds.), Die Confessiones des Augustinus von Hippo. Einführung und Interpretationen zu den dreizehn Büchern, F-Ba-W 1998.

부분 해석서: P.A. Gramaglia, Agostino, Confessioni I-II : Interpretazione e autobiografia, Genua 1990, 13-94. – L.C. Ferrari, Augustine's "Discovery" of Paul (Confessions 7,21,27): AugSt 22 (1991) 37-61. – C. Stanres, Augustine's Conversion. A Guide to the Argument of Confessions I-IX, Waterloo (Ont.) 1991. – J. Kreuzer, *Pulchritudo*. Vom Erkennen Gottes bei Augustin. Bemerkungen zu den Buchern IX, X und XI der *Confessiones*, Mn 1995. – R.J. O'Connell, Images of Conversion in St. Augustine's *Confessions*, NY 1996.

문학 유형과 구성: P. Courcelle, Les Confessions de saint Augustin dans la tradition littéraire. Antécédents et posterité, P 1963. – U. Duchrow, Der Aufbau von Augustins Schriften *Confessiones* und *De trinitate*: ZThK 62 (1965) 338-67. – W. Desch, Augustins Confessiones. Beobachtungen zu Motivbestand und Gedankenbewegung, Ffm u. a. 1988. – R. McMahon, Augustine's Prayerful Ascent: An Essay on the Literary Form of the Confessions, Athens/GA 1989. – C. Joubert, Le livre XIII et la structure des *Confessions* de saint Augustin: RevSR 66 (1992) 77-117.

신학: M. Löhrer, Der Glaubensbegriff des hl. Augustinus in seinen ersten Schriften bis zu den Confessiones, Eins – Zü – K 1955.

3.2. 성서주석과 성서 이해

「고백록」의 증언에 따르면 아우구스티누스는 세례를 받기 이전의 모든 오류 속에서도 두 가지 사실, 곧 그리스도를 찾음과 근본적인 계시의 원천으로서 성서에 대한 변함없는 존경을 지니고 있었다. 아우구스티누스가 가톨릭 교회에 가까워질 때마다 그는 성서 읽기에 몰두하였다. 그는 성서의 거친 문체와 구약성서의 천박한 내용에 실망하여 성서를 외면하였다. 그렇지만 이 당시 그는 마니교도에게서 그들의 성서 본문과 성서해석을 물려받았다. 암브로시우스는 아우구스티누스에게 구약성서의 의미를 올바로 이해할 수 있는 방법을 처음으로 가르쳐주었다. 그 뒤 아우구스티누스는 성서 연구, 특히 그가 개종하는 데 결정적 원인이 된 바울로 서간의 연구에 몰두하였다. "우리는 명민한 이성을 바탕으로 진리를 찾기에 너무 미약하기 때문에 성서의 권위를 바탕으로 진리를 찾을 필요가 있습니다. 당신께서 원하시지 않았더라면, 이미 모든 나라에 퍼진 권위를 각각의 성서에 부여하시지 않았으리라는 것과 사람들이 성서를 통하여 당신을 믿어야 하고 당신을 찾아야 한다는 것을 저는 이미 믿기 시작하였습니다"(「고백록」 VI 5,8). 이 글이 아우구스티누스가 주교로 있던 당시에 쓴 내용이라 하더라도, 이 정식은 성서가 그의 개종 시기에 결정적인 역할을 하였다는 중요한 증언이다. 아우구스티누스가 가톨릭 신자로 생활한 이후에도 성서는 계속 영향을 미쳤다. 성서 읽기와 해석은 카시치아쿰과 타가스테 공동생활의 일부였으며, 사제서품 이후 아우구스티누스는 사제와 주교로서 모든 선포의 기초인 성서를 해석하기 위하여 일정 기간 특별한 준비를 청하였다.

아우구스티누스가 개심한 뒤 바로 저술한 성서주석 작품은 마니교도들에 대한 반박서들로 그들과 관련된 유명한 말을 다음과 같이 전한다. "가톨릭 교회의 권위가 나에게 복음을 믿게 하지 않았다면 나는 복음을 믿지 않았을 것입니다"(「마니교 기조서간 반박」 5,6). 아우구스티누스가 거의 같은 시기(397년)에 「그리스도교 교양」의 제2권에서 강조하듯이 학문(언어 지식, 문학, 역사, 철학, 논리학, 자연과학, 수사학, 변증법)이 성서의 진지한 연구를 위해 필수적이라 할지라도, 진리에 대한 궁극적인 기준은 성서를 개인적으로 이해하는 것이 아니라 교회의 권위에 있다. 「그리스도교 교양」에서 그는 성서주석을 위하여 표지들signa에 관한 근본 이론을 전개한다(3.6. 참조).

아우구스티누스의 가장 중요한 두 권의 성서주석 작품은 서로 다른 장소와 매우 다른 시기에 행한 설교와 구술을 통해 기록한 강연 모음집이다. 본문 전체를 해석한 「시편 강해」와 「요한복음 주석」은 이러한 결과에서 생겨났다. 따라서 이 두 경우에 작품들이 씌어진 연도와 장소를 명확히 알 수 없다. 392~416년 또는 422년 사이에 저술된 「시편 강해」*Enarrationes in Psalmos*는 아우구스티누스의 작품 가운데 가장 방대하며, 교부시대에 시편 전체를 완전히 주석한 두 편의 작품 가운데 최초의 작품이었다(카시오도루스도 시편 전체를 해석한 작품을 저술하였다. 그는 이 작품의 서론에서 사료로 활용한 아우구스티누스의 작품을 계승하려는 확고한 의도를 명백히 밝히고 있다). 아우구스티누스는 시편을 주로 그리스도론적으로 설명하였다. 일부 교부를 제외하고(예를 들어 몹수에스티아의 테오도루스: 제7장 5.1. 참조) 고대교회의 일반적인 확신에 따르면 시편은 다윗 왕이 저술하였으며, 그리스도교 주석가들은 이 의견을 받아들여 (구약성서 전체와 같이) 시편을 그리스도를 대상으로 한 예언적 말씀으로 이해하였다. "주님께서 (시편의) 모든 구절을 말씀하셨습니다. 예언자가 말하였지만 주님의 대역으로ex persona 말하였습니다. 예언자가 스스로ex sua persona 말한다 할지라도 진리를 말씀하시는 주님 자신이 그를 통해 미리 말씀하신 것입니다"(「시편 강해」 56,13). 이 근본 원칙에 따라 아우구스티누스에게 그리스도(Christus totus)는 시편에서 문맥에 따라 하느님의 아들(ex persona capitis)이며 인간 (ex persona hominis, carnis)으로, 인류(ex persona generis humani)와 교회(ex persona corporis)의 대역으로 이해된다. 이에 대한 기준으로 어떤 의미가 문맥에 알맞고 명백한가 aptum라는 질문이 덧붙여진다. 본문을 해석하는 이 방법은, 이미 고전시대에 호메로스와 다른 시인들의 시에서 모호하고 불분명한 부분을 시 자체에서 설명하고, 전체적으로 영감받은 것으로 여긴 시의 더 깊은 의미를 파악하기 위하여 사용되었다. 아우구스티누스는 이 방법을 학교에서 배웠으며 성서주석에 자주 적용하였다.

「요한복음 주석」은 124편의 강연으로 이루어져 있으며, 오늘날까지도 저술 연도에 대한 논쟁이 계속되고 있으나, 대개 406~420년 사이에 저술되었다고 본다. 아우구스티누스는 요한이 공관복음서와 달리 그리스도를 하느님의 아들로 강조하기 때문에, 「요한복음 주석」을 뚜렷이 그리스도론적으로 해석한다.

1.의 서술 참조.

편집본과 번역서: 작품 목록 2, 36, 50, 53-4, 56-7, 62-4, 67, 72, 74, 92, 94-6, 106.

보조자료: D. Lenfant, *Biblia Augustiniana*, 2 vol., P 1661-70.

참고문헌: 작품: Th. Raveaux, Augustinus, *Contra adversarium legis et prophetarum*. Analyse des Inhaltes und Untersuchung des geistesgeschichtlichen Hintergrunds = Cass. 37 (1987). – B. Studer, Zur Theophanie-Exegese Augustins. Untersuchung zu einem Ambrosius-Zitat in der Schrift *De videndo Deo* (ep. 147) = StAns 59 (1971). – M. Vincent, Saint Augustin maître de prière, d'après les *Enarrationes in Psalmos* = ThH 84 (1990). – D. Dideberg, Saint Augustin et la Première Épître de saint Jean = ThH 34 (1975). – R.P. Hardy, Actualité de la révélation divine. Une étude des "*Tractatus in Iohannis Euangelium*" de saint Augustin = ThH 28 (1974). – M.-F. Berrouard, L'exégèse de saint Augustin prédicateur du quatrième Évangile. Le sens de l'unité des Écritures: FZPhTh 34 (1987) 311-38. – D. Wyrwa, Augustins geistliche Auslegung des Johannesevangeliums: J. van Oort/U. Wickert (eds.), Christliche Exegese zwischen Nicaea und Chalcedon, Kampen 1992, 185-216.

연구서: G. Strauss, Schriftgebrauch, Schriftauslegung und Schriftbeweis bei Augustin = BGBR 1 (1959). – A.-M. La Bonnardière, *Biblia Augustiniana*, 7 Fasc., P 1960-75. – U. Duchrow, Sprachverständnis und biblisches Hören bei Augustin = HUTh 5 (1965). – C. Basevi, San Agustín, la interpretación del Nuevo Testamento. Criterios exegéticos propuestos por S. Agustín en el "*De Doctrina Christiana*", en el "*Contra Faustum*" y en el "*De Consensu Evangelistarum*", Pm 1977. – B. de Margerie, Introduction à l'histoire de l'exégèse, III: Saint Augustin, P 1983. – A.-M. La Bonnardière (ed.), Saint Augustin et la Bible, P 1986.

3.3. 그리스도론과 구원론

아우구스티누스는 아주 어린 시절부터 세례지원자로서 경건한 어머니 모니카에
의해 집에서 그리스도의 이름을 자주 부르면서 자랐고, 그 자신이 「고백록」에서
증언하듯이 "참된 철학"을 위한 생애의 오랜 여정이 그리스도를 찾는 일이었다
는 사실은 의심할 여지가 없다. 그러나 이는 그가 세례받기 전에 이미 그리스도
에 관한 올바른 개념을 지녔다는 뜻은 아니다. "나는 당신을 누리기에 알맞은
힘을 얻을 수 있는 길을 추구하였으나 하느님과 인간 사이의 중개자, 곧 인간
예수 그리스도를 이해하기 전까지 그 길을 발견하지 못하였습니다. … 나는 어
떤 사람도 견줄 수 없는 지혜를 지닌 뛰어난 인간이신 우리 주 그리스도에 관해
많이 생각하였습니다. … 그러나 '말씀이 사람이 되셨다' 라는 진술이 어떤 구원
의 신비를 내포하고 있는지 아직 한 번도 어렴풋이라도 느낄 수 없었습니다. 나
는 그리스도가 인간의 육체만 지니거나 육체와 정신이 없는 영혼만 지닌 인간이
아니라 완전한 인간임을 깨달았습니다. 그러나 나는 이 인간에 관하여 그가 인
물에서 진리가 아니라 매우 탁월한 인성과 더 완전한 지혜로 다른 모든 이보다
탁월하다고 생각하였습니다. 나에 관해 말하자면 '말씀이 사람이 되셨다'(요한
1,14)라는 문장을 이해함으로써 가톨릭의 신앙이 포티누스의 오류와 얼마나 잘
구분되는지 일정 기간이 지난 뒤에야 깨달았음을 고백합니다"(「고백록」 VII 18,24 -
19,25). 따라서 아우구스티누스는 개종할 즈음에 오로지 철학적·신플라톤학파적
그리스도상을 지녔으며, 이때문에 20세기에 쉘Scheel, 반 바벨van Bavel, 뉴턴New-
ton은 특히 아우구스티누스의 그리스도론에 대한 철학의 영향을 탐구하였나.

그러나 「고백록」의 용어는 이미 이 시기에 아우구스티누스 주교의 그리스도
론이 근본적으로 발전하고 있음을 보여준다. 그는 인간 예수 그리스도를 중재
자의 구원론적 범주에서 생각했으며, 육화를 선재하는 참된 하느님 아들이 실
제적이고 완전한 인간을 받아들임을 뜻하는 것으로 인식했다. 이러한 인식은
그리스도 두 본성의 실재, 완전성, 그리고 두 본성의 관계를 어떻게 정의할 수
있는가라는 당시의 문제제기와 해결에 관한 틀 안으로 그를 이끌었다. 그는 여

러 단계를 거쳐 드디어 411년 편지 137번에서 다가올 칼체돈 공의회의 결정에 처음으로 결정적인 영향을 준 유명한 정식 "하나의 위격 안에 두 본성을 지닌 그리스도"Christus una persona in utraque natura를 문장, 진술 또는 행동의 주체에 관하여 묻는 고대의 세속적 해석 방법인 이른바 "인물-성서주석"을 통해 제시하였다. 그리스도는 인간 예수와 하느님의 아들로서 모든 말과 행동의 주체이며, 이로써 레포리우스와 후대에 네스토리우스의 그리스도론에서 매우 중요한 개념인 인간적 속성과 신적 속성의 호환communicatio idiomatum의 문제도 해결하였다. 아우구스티누스는 이 경우에 "예수"라는 칭호와 하느님이자 인간인 구원자의 기능으로써 "그리스도"라는 칭호의 의미를 구분하였다. "예수 그리스도께서 우리의 구세주이시며 한 분이라 할지라도 '예수'는 고유한 칭호이며 … '그리스도'는 성시의 칭호입니다. 따라서 그분이 예언자로 불리고 사제로 불리면, 그리스도께서는 모든 이스라엘 민족의 구원이 당신께 달려 있는, 기름부음을 받은 사람으로 드러납니다"(「요한 편지 주석」 3,6).

아우구스티누스의 구원론은 그리스도의 구원행위를 두 영역, 곧 교의와 그리스도의 경건에서 설명한다. 그리스도는 하느님과 인간 사이의 중개자mediator이며, 그가 인간일 경우 디모테오 전서 2장 5절에 바탕을 둔다. "하느님과 인간 사이의 중개자도 한 분뿐이시니 곧 인간 예수 그리스도이십니다." 중재는 논리적으로 두 당사자를 가정할 뿐만 아니라 중개자는 양측에 관련이 있어야 하기 때문에 필연적으로 그리스도는 인간이며 신이다. "그분이 단지 인간이셨다면 … 당신은 이에 결코 족하지 않았을 것이며, 그분이 단지 하느님이셨다면 … 당신은 이에 결코 족하지 않았을 것입니다"(「시편 강해」 134,5). 따라서 하느님의 아들은 하느님과 인간 사이의 골짜기에 다리를 놓기 위해 인간이 되었으며, 확실히 구약성서의 현현저럼 외적인 도구로써 인간의 모습을 이용한 것이 아니라 하느님-인간이 된 것이다. 하느님의 은총은 그리스도의 낮춤(Christus humilis)에서 유일하게 드러나고, 인간의 원죄, 곧 교만에 대한 결정적인 본보기를 보여주기 때문에 하느님 아들의 낮춤은 인간에 대한 필연적인 본보기였다(Christus exemplum et magister vitae).

그리스도가 마침내 당신의 몸, 곧 교회의 머리(Christus totus)인 이상, 그는 도나투스파에 반대하여 교회의 근본적이고 변함없는 성성聖性을 보증할 뿐만 아니라, 펠라기우스파에 반대하여 모든 은총의 중개자이다. 인간은 세례를 통하여 그리스도의 몸에 속하면서, 모든 은총을 얻은 그리스도의 구원행위에 참여해야만 구원의 은총을 받는다.

1.과 제3부 서론의 서술 참조.

참고문헌: 그리스도론: O. Scheel, Die Anschauung Augustins über Christi Person und Werk. Unter Berücksichtigung ihrer verschiedenen Entwicklungsstufen und ihrer dogmengeschichtlichen Stellung, Tü – L 1901. – T.J. van Bavel, Recherches sur la christologie de saint Augustin. L'humain et le divin dans le Christ d'après saint Augustin = Par. 10 (1954). – J.-L. Maier, Les missions divines selon saint Augustin = Par. 16 (1960). – J.T. Newton, Neoplatonism and Augustine's Doctrine of the Person and Work of Christ: A Study of the Philosophical Structure Underlying Augustine's Christology. Diss. Emory Univ. 1969. – O. Brabant, Le Christ, centre et source de la vie morale chez saint Augustin. Étude sur la pastorale des *Enarrationes in Psalmos* = RSSR.M 7 (1971). – W. Geerlings, *Christus Exemplum*. Studien zur Christologie und Christusverkündigung Augustins = TTS 13 (1978). – G. Remy, Le Christ médiateur dans l'œuvre de saint Augustin, 2 vol., P 1979. – A. Verwilghen, Christologie et spiritualité selon saint Augustin. L'hymne aux Philippiens = ThH 72 (1985). – H.R. Drobner, Person-Exegese und Christologie bei Augustinus. Zur Herkunft der Formel *una persona* = PhP 5 (1986). – G. Madec, La patrie et la voie. Le Christ dans la vie et la pensée de saint Augustin, P 1989. – G. Madec, Christus: AugL 1/5-6 (1992) 845-908. – B. Studer, *Gratia Christi – gratia dei* bei Augustinus von Hippo. Christozentrismus oder Theozentrismus? = SEAug 40 (1993). – O. González de Cardedal, Cristo en el itinerario espiritual de San Agustín: Salm. 40 (1993) 21-56.

구원론: J. Rivière, Le dogme de la rédemption chez saint Augustin, P 1933.

3.4. 「삼위일체론」*De trinitate*

"아우구스티누스가 삼위일체에 관한 자품을 저술히려 하였올 때, 그는 바닷가를 따라 걷다가 어떤 소년이 바닷가에 작은 구멍을 만들어 달팽이 껍질로 바닷물을 떠 구멍에 붓고 있는 것을 보았습니다. 아우구스티누스가 무엇을 하느냐고 묻자, 소년은 달팽이 껍질로 바닷물을 퍼다가 구멍에 담으려 한다고 대답하였습니다. 아우구스티누스가 그것은 불가능하다고 설명하고 어린이의 단순함에 미소를 짓자, 오히려 소년은 이 일을 할 수 있다고 아우구스티누스에게 대답하였습니다. 아우구스티누스가 자신의 작품에서 삼위일체 신비에 관한 가장 작은 부분만이라도 설명하는 것 …". 나탈리부스의 베드로(1493년)가 전하는 이 성인전[이미 13세기에 하이스터바흐의 체사리우스(1240년 사망)와 칸텝프레의 토마Thomas von Cantimpré(1263년)도 이 성인전을 알고 있었다][3]은 꾸며낸 이야기이지만 큰 인기를 얻었다. 아우구스티누스가 자신의 기념비적인 작품인 「삼위일체론」을 저술할 때 분투해야 했던 이유와 자신이 작품의 서론, 곧 카르타고의 주교 아우렐리우스에게 보낸 헌정 편지(「서간」 174)에 나오듯이, 삼위일체를 설명해야 하는 어려움을 이와같이 감동적이고 적절하게 묘사하였기 때문이다. 아우구스티누스는 이 작품을 14년(399~412년) 동안의 노고 끝에 12권으로 저술하였으나, 결과가 만족스럽지 않아 출판을 보류하였다. 성급한 제자들과 친구들은 그가 주저하는 이유를 불필요한 완전무결에 대한 그의 굳어진 습관 때문이라고 여겨, 아우구스티누스의 허락 없이 많은 필사본을 만들어 팔았다. 아우구스티누스는 이를 알고 매우 격분하여 작품을 끝내려고 하지 않았다. 그러나 그는 동료들의 간절한 요청으로 마침내 420년까지 그밖의 3권을 덧붙였으며 전체를 다시 한번 개작하였다. 따라서 오늘날 본문의 형태로 볼 때 첫 12권의 개별적 사상을 시간적으로 분류하는 것은 명확하지 않다.

「삼위일체론」은 외적 동기가 아니라 내적 동기에서 쓴 작품이기 때문에 아우구스티누스는 충분한 시간을 갖고 철저히 준비하였다. "나는 할 수 있는 한 삼위일체에 관해 이전에 씌어진 모든 책을 읽었습니다"(「삼위일체론」 I 4,7). 유감스럽게도 우리는 이러한 언급이 구체적으로 어떤 작품들(테르툴리아누스의 「프락세아스 논박」, 노바티아누스, 마리우스 빅토리누스, 프와티에의 힐라리우스 또는 그리스 저자들)을 가리키는지 정확히 알 수 없다. 15권으로 구성된 이 작품은 크게 다섯 부분으로 나뉘어진다. I-IV권은 삼위의 일치와 동일본질에 관한 증언, V-VII권은 삼위의 위격들의 서로 다른 특징인 관계들에 관한 가르침, VIII권은 진리, 선, 정의, 사랑을 통한 하느님께 대한 인식, IX-XIV권은 인간에게 나타나는 삼위일체의 모습, XV권은 이 작품의 요약과 마무리, 성자와 성령의 발함에 관한 성서의 증언을 그 내용으로 한다. 이 작품에서

---

[3] ActaSS Aug VI (1743) 357-358쪽. H.-I. Marrou, Saint Augustine et l'ange. Une légende médiévale: L'homme devant Dieu. Mélanges offerts au Père Henri de Lubac II, Parigi 1964, 137-49쪽; A. de Meijer, Saint Augustine and the conversation with the child on the shore. The history behind the legend: Augustinian Heritage 39 (1993) 21-34쪽 참조.

아우구스티누스 삼위일체 신학의 지침이 되는 특유한 진술은 다음과 같다.

1) 삼위일체는 서로 나뉠 수 없는 일치를 이루며 항상 일치하여 작용한다. 삼위일체는 구약성서의 현현에서 외형으로 사물, 동물, 천사의 모습을 취하면서 여러 형태와 인물로 나타나며, 신약성서에서 성자는 인간을 취하였을 뿐만 아니라 유일한 방법으로 인간이 되셨다. 그러나 삼위일체의 세 위격 모두는 항상 공동으로 행동한다.

2) 세 위격 모두 존재 자체이며 영원하고 불변하며 실체에서 동일하다. 따라서 세 위격의 차이는 그들의 본질에 있지 않고 그 명칭이 나타내는 그들의 관계에 있다. 성부는 시작이고 태어나지 않은 분이며, 성자는 말씀이고 성부의 모상이며, 성령은 선물이고 사랑이다.

3) 카파도키아 사람들이 그리스 교회에서 발전시킨 삼위일체 정식인 μία οὐσία – τρεῖς ὑποστάσεις의 라틴어 문자적 번역 una essentia – tres substantiae는 잘못된 번역이다. 마리우스 빅토리누스는 이 번역을 사용한다. 아우구스티누스도 위격이 언어 논리에서 어떤 관계 개념이 아니라 일치 개념이기 때문에 세 위격tres personae의 번역에 만족하지 않았다. "그럼에도 사람들은 하느님의 삼위가 의미하는 것을 '세 위격'으로 표현하는 것이 적당해서가 아니라 침묵하지 않기 위하여 '세 위격'을 말합니다"(「삼위일체론」 V 9,10).

4) 하느님의 모상인 인간은 삼위일체의 모상이다(창세 1,26-27 참조). 따라서 인간은 기억, 이해, 의지 또는 사랑으로 삼위일체이신 하느님을 자신 안에서 발견할 수 있다.

1.의 시술 참조.

편집본과 번역서: 작품 목록 109.

참고문헌: M. Schmaus, Die psychologische Trinitätslehre des hl. Augustinus = MBTh 11 (1927 = 1967). – M. Schmaus, Die Denkform Augustins in seinem Werk "De trinitate": SAM (1962). – U. Duchrow, Der Aufbau von Augustins Schriften Confessiones und De trinitate: ZThK 62 (1965) 338-67. – A. Schindler, Wort und Analogie in Augustins Trinitätslehre = HUTh 4 (1965). – A.-M. La Bonnardière, Recherches de chronologie augustinienne, P 1965. – O. Du Roy, L'intelligence de la foi en la Trinité selon saint Augustin. Genèse de sa théologie trinitaire jusqu'en 391, P 1966. – E. Hill, The Mystery of the Trinity, Lo 1985. – G. Ferraro, Lo Spirito Santo nel De Trinitate di sant'Agostino, Casale Monferrato 1987. – M.A. Smalbrugge, La nature trinitaire de l'intelligence augustinienne de la foi = ASTh 6 (1988). – U.R. Pérez Paoli, Der plotinische Begriff von *ὑπόστασις* und die augustinische Bestimmung Gottes als "*subiectum*" = Cass. 41 (1990). – J. Arnold, Begriff und heilsökonomische Bedeutung der göttlichen Sendung in Augustin's *De Trinitate*: RechAug 25 (1991) 3-69. – M. Spicer, El *De Trinitate*, bautismo de la inteligencia: Augustinus 36 (1991) 259-93. – M.R. Barnes, The Arians of Book V, and the Genre of *De Trinitate*: JThS NS 44 (1993) 185-95. – L. Ayres, The Christological Context of Augustine's *De trinitate* XIII: Toward Relocating Books VIII-XV: AugSt 29/1 (1998) 111-39.

3.5. 「신국론」*De civitate Dei*

410년 8월 24일 서고트족의 왕 알라리쿠스는 천 년 이상 유지된 로마제국을 역사상 처음으로 점령하였다. 이 점령은 로마인들에게는 글자 그대로 세계의 붕괴, 곧 영원한 도시, 세계의 중심지, 모든 문화의 총체인 로마의 붕괴와 그리스도교의 하느님이 옛 제신의 임무를 대신하여 제국을 배려하고 보호한다는 4세기 그리스도교가 넘겨받은 이데올로기의 붕괴로 이해되었다. 따라서 "세계의 멸망" 뒤 사람들은 이에 대한 책임으로 그리스도교를 거부하였다. 옛 제신을 배척하여 제국이 몰락했다는 로마인의 생각은 로마 이데올로기에 따르면 필연적인 결과였다. 로마인은 제신이 경배되었다면 이러한 재앙이 없었을 것이라고 믿었기 때문이다. 부유하고 교양있는 많은 로마인은 그들의 영지가 있는 북아프리카로 피신하였으며, 그곳에서 아프리카 그리스도교의 지도자인 아우구스티누스에게 자신들의 도전적인 비판에 답변할 것을 요구하였다. 이에 대해 아우구스티누스는 22권으로 방대하게 구상된 — "대작이자 힘든 일"magnum opus et arduum(「신국론」 I 서론) — 호교서 「신국론」으로 답변하였다. 이 작품을 완성하는 데 14년(413~426년)의 세월이 걸렸다. 413년에는 I-III권, 415년에는 IV-V권, 417년까지 VI-X권, 418년까지 XI-XIV권, 426년까지 XV-XXII권이 완성되었다.

아우구스티누스는 작품의 구성과 내용을 「재론고」(II 43)에서 매우 상세히 기술한다. "첫 다섯 권에서는 많은 이교인이 경배하는 제신에 대한 제의가 인간의 번영을 위하여 필요하고, 제의를 거행하지 못하게 한 것이 지금의 끔찍한 불행을 초래하였다고 생각하는 사람들의 견해를 반박한다. 이후의 다섯 권에서는 (때로는 더 가혹하고 때로는 덜 가혹하고, 장소와 시간과 사람에 따라 다른) 이와 같은 재난이 예부터 인간에게 일어났고 앞으로도 일어날 것이라고 시인하나, 제신에게 드리는 희생제의가 죽은 다음에 다가올 삶을 위해 유익하다고 확언하는 사람들에게 이의를 제기한다. 따라서 I-X권에서는 그리스도교와 모순되는 두 가지 그릇된 견해를 반박한다. 내가 내 견해는 뒷받침하지 않고 다른 사람들의 견해만 반박하였지만, 열두 권으로 이루어진 이 작품의 제2부에서는 아무도 나를 비난하지 않도록 그들의 견해도 다룬다. … 제2부의 첫 네 권은 두 나라, 하느님의 나라와 이 세상의 나라의 기원을, 그 뒤의 네 권은 두 나라의 경과 또는 발전을, 마지막 네 권은 두 나라에 상응하는 결말을 다룬다." 따라서 이 두 부분에서 방대하게 구성된 호교론과 그리스도교의 역사신학에 관한 서술이 이 작품의 핵심에 해당한다.

아우구스티누스는 로마의 안녕을 위해 제신숭배가 필요하다고 여기는 사람들에게(I-V) 다음과 같은 두 가지 주된 논거로 답변한다. 1) 로마는 다름아닌 제신을 숭배할 때 도덕적으로 타락하였으며 외부의 압박을 받았다. 2) 제신이 아니라 그리스도인의 하느님만이 로마를 위대하게 만드셨다. 아우구스티누스는 영원한 삶과 관련하여 제신숭배의 유용성(VI-X)을 주장하는 철학자들과 벌인 토론에서 그들의 견해에 동의하지 않는다. 제2부에서는 지상 제국과 영원한 제국으로 나누어 그리스도교의 구원사를 구상한다. 이러한 구분은 인류의 타락과 이기심을 지닌 천사에게서 유래하며, 인간의 타락은 천사의 유혹으로 일어났다. 따라서 악으로 얼룩진 지상의 나라는 인류사에서 (하느님의 사랑을 통해 지상의 나라에서 그분의 나라로 가는 길을 가르쳐준) 하느님의 아들이 육화할 때까지 이어진다. 그 뒤 두 제국은 완성 때까지 이 세상에 함께 존속하나, 완성의 때에 두 제국은 영원한 지옥과 영원한 행복으로 영원히 갈라진다.

1.의 서술 참조.

참고문헌 목록: F.D. Donnelly/M. A. Sherman, Augustine's *De civitate Dei*. An annotated bibliography of modern criticism, 1960-1990, NY 1990.

편집본과 번역서: 작품 목록 33.

참고문헌: J.H.S. Burleigh, The City of God. A Study of St. Augustine's Philosophy, Lo 1949. – CDios 167/ 1-2 (1955-6). – A. Wachtel, Beiträge zur Geschichtstheologie des Aurelius Augustinus, Bn 1960. – J.-C. Guy, Unité et structure logique de la "Cité de Dieu" de saint Augustin, P 1961. – H.A. Deane, The Political and Social Ideas of St. Augustine, NY – Lo 1963. – U. Duchrow, Christenheit und Weltverantwortung. Traditionsgeschichte und systematische Struktur der Zweireichelehre = FBESG 25 (1969) 181-319. – R.A. Markus, *Saeculum*. History and Society in the Theology od St. Augustine, Lo – C 1970. – J. Laufs, Der Friedensgedanke bei Augustinus. Untersuchungen zum XIX. Buch des Werkes *De civitate dei* = Hermes.E 27 (1973). – E.A. Schmidt, Zeit und Geschichte bei Augustinus = SHAW 1985/3. – G. Lettieri, Il senso della storia in Agostino d'Ippona. Il "*saeculum*" e la gloria nel "*De Civitate Dei*", R 1988. – J. van Oort, Jerusalem and Babylon. A Study into Augustine's *City of God* and the Sources of his Doctrine of the Two Cities = SVigChr 14 (1991). – R. Piccolomini (ed.), Interiorità e intenzionalità nel "*De civitate Dei*" di Sant'Agostino = SEAug 35 (1991). – P. Piret, La destinée de dieu. La Cité de Dieu. Un commentaire du "*De civitate dei*" d'Augustin, Brü 1991. – M. Ruokanen, Theology of Social Life in Augustine's *De civitate Dei* = FKDG 53 (1993). – B. Studer, La *cognitio historialis* di Porfirio nel *De Civitate Dei* di Agostino (*civ.* 10,32): La narrativa cristiana antica. Codici narrativi, strutture formali, schemi retorici = SEAug 50 (1995) 529-53. – E. Cavalcanti (ed.), Il *De civitate Dei*. L'opera, le interpretazioni, l'influsso, R 1996. – L. Alici/R. Piccolomini/A. Pieretti (ed.), Il mistero del male e la libertà possibile: III. Lettura del *De civitate Dei* di Agostino = SEAug 54 (1996). – M. Vessey/K. Pollmann/A. D. Fitzgerald (eds.), History, Apocalypse, and the Secular Imagination. New Essays on Augustine's *City of God*, Bowling Green/OH 1999 (= AugSt 30/2 [1999]).

3.6. 「교리 요강」*Enchiridion*과 「그리스도교 교양」*De doctrina christiana*

아우구스티누스의 생애 말기에 씌어진 이 두 작품은 대중적 호응을 상당히 얻어 큰 영향을 미쳤으며, 그의 원숙한 신학 전체를 간략하게 요약하였기 때문에 오늘날까지도 많이 읽히고 있다. "믿음, 희망, 사랑에 관한 소책자"인 「교리 요강」 은 아우구스티누스가 이 작품의 서론 및 「재론고」(II 63)에서 전하듯이, 다른 많은 작품과 마찬가지로 다른 사람의 요청으로 저술하게 되었다. 라우렌티우스라는 친구가 421년 아우구스티누스에게 하느님을 어떻게 올바로 공경할 수 있는가에 관한 소책자를 써달라고 부탁하였다. 라우렌티우스가 둘치티우스의 형제였다는 사실 외에 그에 관해 알려진 것은 없으며, 아우구스티누스는 얼마 뒤에 둘치티 우스에게도 답변서(「둘치티우스의 8명제 토론」)를 썼다. 라우렌티우스가 "어느 책에서도 이해할 수 없는 것을 분명히 이해할 수 있게 해달라고 요구하였기"(I 6) 때문에, 아우구스티누스는 바울로의 신학에 따라 그리스도교의 토대, 곧 믿음, 희망, 사랑으로 답변하였다. 그러나 소책자는 세 주제를 결코 균등하게 서술하지 않고 거의 대부분을 (신앙고백을 바탕으로, 하지만 매우 비체계적으로) 신앙(III 9에서 XXX 113까지)에 관해, 결론 부분에서만 희망(XXX 114-116)과 그리스도교적 생활방식의 원리로 사랑(XXXI 117-XXXII 121)을 다룬다. 이 작품은 매우 간략하게 아우구스티누스의 창조신학(III 9), 악에 관한 가르침(III 10-VII 22), 은총론(IX 30-32)을 포함한 구원론(VIII 23-XXXII 133), 그리스도론(X 33-XIII 41), 세례신학(XIII 42-XIV 49), 의화론(XIV 50-53), 종말론(XIV 54-55, XXIII 84-93, XXIX 109-113), 성령론(XV 56), 교회론(XV 57-XVI 63), 회개신학(XVII 64-XXIII 83), 예정론(XXIV 94-XXVII 102)을 설명한다.

「그리스도교 교양」은 두 부분으로 구성되며, 제1부의 III 25,35까지는 397년에 저술되었으며, 나머지 부분은 약 30년 뒤인 426/427년에 완성되었다. 아우구스티누스는 이 책을 마무리하기 위하여 「재론고」의 집필을 중단하였다. "나는 「그리스도교 교양」이 완성되지 않은 것을 알고 이 작품을 기꺼이 완성하려고 하였기에, 이 작품을 끝맺고 다른 작품들을 평론하려고 한다. 나는 제3권을 복음서에서 온 덩어리가 충분히 발효할 때까지 누룩을 밀가루 서 말 속에 집어넣은 여자의 말을 인용한 부분까지 썼다. 나는 마지막 권을 여기에 덧붙여 이 작품을 네 권으로 완성하였다. 작품의 첫 세 권은 성서를 이해하는 데 도움이 되는 반면, 제4권은 인식한 것을 묘사하는 방법을 가르친다"(「재론고」 II 4,1). 따라서 첫 세 권은 성서의 근본적인 해석학에 관계된다. 1) 성서에서 알 수 있는 교의적 진리, 곧 하느님, 삼위일체, 육화, 구원, 교회, 종말론. 2) 세 가지 윤리적·도덕적 진리, 곧 믿음, 사랑, 희망. 3) 성서주석의 근본 원칙들. 성서 연구에서 이 규칙들에 따라 인식한 것을 적절히 묘사하기 위한 요소는 다음과 같다. 4) 성서에 수록되어 있는 하느님의 고유한 지혜에 도움이 되는 수사학과 세속 문헌, 그리고 설교에서 사용할 어휘뿐만 아니라 기도와 청중의 성화를 위한 자신의 모범적인 생활을 통한 설교자의 철저한 준비. 이 작품의 개별적인 세 가지 주제는 아우구스티누스의 신학적인 중심 명제를 매우 명확히 나타내기 때문에 특히 강조할 필요가 있다.

1) 향유함frui과 사용함uti에 관한 가르침(I 4,4; 22,20; 31,34-35)은 「삼위일체론」과 「신국론」과 같은 대작에서도 중요한 역할을 한다. 본질적이고 영원한 선이며

삼위일체인 하느님만이 인간이 향유할 수 있는 존재/사물res인 반면, 창조된 다른 모든 것은 하느님의 향유에 도달하기 위해 인간이 사용하도록 규정되었다 (「83명제 자유 토론」 30 참조).

2) 표지들signa에 관한 이론(II 1,1 - 4,5). 사물들(res)과 표지들은 근본적으로 구분되어야 한다. 표지는 자신의 실존을 넘어 다른 실재를 가리키는 사물들이다. 이러한 표지들은 불이나 연기와 같이 자연적 방법으로, 또는 말이나 문자와 같이 약정에 따라 생겨날 수 있다. 약정적 표지는 지성과 표출의 의도를 전제한다. 표지의 이해는 항상 지성을 요구하기 때문이다. 자연적 표지는 창조된 세계의 부분인 창조주에 대한 암시이다. 그밖에 하느님께서는 의식적으로 설정된 표지들을 통하여 자신을 드러내시고자 한다. 따라서 인간은 그 표지인 말씀과 성사가 표현하려는 의도를 정확히 이해하여야 한다.

3) 티코니우스 규칙들에 관한 상론(III 30,42 - 37,50). 티코니우스(330년경~390년)라는 평신도가 성서주석에 관한 일곱 가지 근본 규칙, 특히 교회론적 규칙에 관한 「규칙서」*Liber Regularum*를 저술하였다. 아우구스티누스는 이 작품의 일곱 규칙을 각각 비판하면서도, 원칙적 내용들은 받아들이고 그 규칙을 다른 작품에서도 칭찬하거나 권고하였다.

편집본과 번역서: 작품 목록 46과 51.

참고문헌: W.R. O'Connor, The *uti/frui* Distinction in Augustine's Ethics: AugSt 14 (1983) 45-62. – G. Martano, Retorica della *ratio* e retorica della *fides*. Il 4⁰ libro del *De doctrina christiana* di S. Agostino: F. Matteo (ed.), L'umanesimo di sant'Agostino, Bari 1988, 537-51. – M. Dulaey, La sixième Règle de Tyconius et son résumé dans le *De doctrina christiana*: REAug 35 (1989) 83-103. – P. Prestel, Die Rezeption der ciceronischen Rhetorik durch Augustinus in "*De doctrina Christiana*", Ffm u. a. 1992. – D.W.H. Arnold/P. Bright, *De doctrina christiana*. A Classic of Western Culture, Notre Dame/IN - Lo 1995. – R.A. Markus, Signs and Meanings. World and Text in Ancient Christianity, Liverpool 1996. – K. Pollmann, *Doctrina christiana*. Untersuchungen zu den Anfängen der christlichen Hermeneutik unter besonderer Berücksichtigung von Augustinus, *De doctrina christiana* = Par. 41 (1996). – D. Foster, Eloquentia nostra (DDC IV,VI,10): A Study of the Place of Classical Rhetoric in Augustine's *De doctrina Christiana* Book Four: Aug. 36 (1996) 459-94.

티코니우스: 편집본: F. C. Burkitt = TaS 3/1 (1894).

참고문헌: P. Bright, The Book of Rules of Tyconius. Its Purpose and Inner Logic, Notre Dame/IN 1988. – P. Camastra, Il Liber regularum di Ticonio. Contributo alla lettura, Rom 1998.

작품 목록 (연도, 편집본, 번역서, 참고문헌)

[아우구스티누스 사전(I/1-2[1986] XXVI-XLIV)에 따른 약어. – BAug와 SC는 프랑스어 번역과 주석을 싣고 있다].
ALG = Sankt Augustinus, Lehrer der Gnade. Gesamtausgabe seiner antipelagianischen Schriften, Würzburg. ALGP = Dto. Prolegomena.

1. *Acad*   *De Academicis*(「아카데미아 학파 논박」; 386년 11월~387년 3월): 편집본: P. Knöll: CSEL 63 (1922) 3-81. – R. Jolivet: BAug 4 (1939) 14-203. – W. M. Green: CChr.SL 29 (1970) 3-61. – 번역서: E. Mühlenberg, Zü – Mn 1972. – 영어 번역서: D.J. Kavanagh: FaCh 5 (1948) 85-225. – J.J. O'Meara = ACW 12 (1951). – 참고문헌: A.J. Curley, Augustine's Critique of Skepticism. A Study of *Contra Academicos*, NY u.a. 1996. – Th. Fuhrer = PTS 46 (1997).

2. *adn Iob*   *Adnotationes in Iob*(「욥기 주해」): 편집본: J. Zycha: CSEL 28/2 (1895) 509-628.

3. *adu Iud*   *Adversus Iudaeos*(「유다인 논박」): 편집본: PL 42, 51-64. – 영어 번역서: M. Liguori: FaCh 27 (1955) 385-414.

4. *adult coniug*   *De adulterinis coniugiis*(「기혼자의 간통」; 420년경): 편집본: J. Zycha: CSEL 41 (1900) 347-410. – G. Combès: BAug 2 (1948) 108-233. – 번역서: J. Schmid, Wü 1949. – 영어 번역서: Ch. T. Huegelmeyer: FaCh 27 (1955) 53-132. – R. Kearney/D. G. Hunter: WSA I/9 (1999) 137-85.

5. *agon*   *De agone christiano*(「그리스도인의 투쟁」; 주교 재임 초기): 편집본: J. Zycha: CSEL 41 (1900) 101-38. – B. Roland-Gosselin: BAug 1 (²1949) 372-435. – 번역서: C.J. Perl, W 1948. – A. Habitzki/A. Zumkeller, Wü 1961, 1-34. – 영어 번역서: R.P. Russell: FaCh 2 (1947) 307-53.

6. *an et or*   *De animae et eius origine*(「영혼과 그 기원」; 420년경): 편집본: K.F. Urba/J. Zycha: CSEL 60 (1913) 303-419. – C.F. Urba/J. Zycha/J. Plagnieux/F.-J. Thonnard: BAug 22 (1975) 376-667. – 번역서: A. Maxsein/D. Morick: ALG 3 (1977) 167-282. – 영어 번역서: P. Holmes/R.E. Wallis/B. B. Warfield: NPNF I 5 (1887 = 1995) 309-71. – R.J. Teske: WSA I/23 (1997) 465-561.

7. *an quant*   *De animae quantitate*(「영혼의 위대함」; 387년 가을~388년 7월/8월): 편집본: W. Hörmann: CSEL 89 (1986) 131-231. – P. de Labriolle: BAug 5 (1939) 226-397. – 번역서: C.J. Perl, Pb 1960. – K.H. Lütcke/G. Weigel, Zü – Mn 1973. – 영어 번역서: J.J. McMahon: FaCh 4 (1947) 49-149. – J.M. Colleran – ACW 9 (1964) 1-112, 189-220.

8. *b coniug*   *De bono coniugali*(「결혼의 유익함」; 401년경): 편집본: J. Zycha: CSEL 41 (1900) 187-231. – G. Combès: BAug 2 (1948) 22-99. – 번역서: A. Maxsein, Wü 1949. – 영어 번역서: C.L. Cornish: NPNF I 3 (1887 = 1995) 395-413. – Ch.T. Wilcox: FaCh 27 (1955) 1-51. – R. Kearney/D.G. Hunter: WSA I/9 (1999) 27-61.

9. *b uid*   *De bono viduitatis*(「과부 신분의 유익함」; 414년경): 편집본: J. Zycha: CSEL 41 (1900) 305-43. – J. Saint-Martin: BAug 3 (²1949) 234-305. – 번역서: A. Maxsein, Wü 1952. – 영어 번역서: C.L. Cornish: NPNF I 3 (1887 = 1995) 439-54. – M.C. Eagan: FaCh 16 (1952) 265-319. – R. Kearney/D. G. Hunter: WSA I/9 (1999) 109-36.

10. *bapt* *De baptismo*(「세례론」; 400년경): 편집본: M. Petschenig: CSEL 51 (1908) 145-375. – M. Petschenig/G. Finaert/G. Bavaud = BAug 29 (1964). – 영어 번역서: J.R. King: NPNF I 4 (1887 = 1995) 407-514.

11. *beata u* *De beata vita*(「행복한 생활」; 386년 11월 13~15일): 편집본: P. Knöll: CSEL 63 (1922) 89-116. – W.M. Green: CChr.SL 29 (1970) 65-85. – J. Doignon = BAug 4/1 (1986). – 번역서: I. Schwarg-Kirchenbauer/W. Schwarg, Zü – Mn 1972. – 영어 번역서: R. A. Brown = PatSt 72 (1944) (ÜK). – L. Schopp: FaCh 5 (1948) 27-84. – M.T. Clark: CWS (1984) 163-93.

12. *breuic* *Breviculus conlationis cum Donatistis*(「도나투스파와의 소토론」; 411년 6월 1, 3, 8일): 편집본: M. Petschenig: CSEL 53 (1910) 39-92. – M. Petschenig/G. Finaert/E. Lamirande: BAug 32 (1965) 94-243. – S. Lancel: CChr.SL 149 A (1974) 261-306.

13. *c Adim* *Contra Adimantum Manichaei discipulum*(「마니교도 아디만투스 논박」; 392년): 편집본: J. Zycha: CSEL 25 (1892) 115-90. – R. Jolivet/M. Jourjon: BAug 17 (1961) 218-375.

14. *c adu leg* *Contra adversarium legis et prophetarum*(「율법과 예언서 반대자 논박」; 420년경): 편집본: K.-D. Daur: CChr.SL 49 (1985) 35-131. – 영어 번역서: R.J. Teske: WSA I/18 (1995) 337-449. – 참고문헌: Th. Raveaux = Cass. 37 (1987).

15. *c Don* *Contra Donatistas*(「도나투스파 논박」; 411년 6월 8일 이후): 편집본: M. Petschenig: CSEL 53 (1910) 97-162. – M. Petschenig/G. Finaert/E. Lamirande: BAug 32 (1965) 248-393.

16. *c ep Man* *Contra epistulam Manichaei quam vocant Fundamenti*(「마니교 기조서간 반박」; 주교 재임 초기): 편집본: J. Zycha: CSEL 25 (1892) 193-248. – R. Jolivet/M. Jourjon: BAug 17 (1961) 390-507. – 영어 번역서: R. Stothert: NPNF I 4 (1887 = 1995) 125-50.

17. *c ep Parm* *Contra epistulam Parmeniani*(「파르메니아누스 서간 반박」; 400년경): 편집본: M. Petschenig: CSEL 51 (1908) 19-141. – M. Petschenig/G. Finaert/Y.M.-J. Congar: BAug 28 (1963) 208-481.

18. *c ep Pel* *Contra duas epistolas Pelagianorum*(「펠라기우스파의 두 서간 반박」; 420년경): 편집본: K.F. Urba/J. Zycha: CSEL 60 (1913) 423-570. – C.F. Urba/J. Zycha/F.-J. Thonnard/E. Bleuzen/A.C. de Veer: BAug 23 (1974) 312-657. – 번역서: D. Morick: ALG 3 (1977) 283-408. – 영어 번역서: P. Holmes/R. E. Wallis/B.B. Warfield: NPNF I 5 (1887 = 1995) 373-434. – R.J. Teske: WSA I/24 (1998) 97-219.

19. *c Faust* *Contra Faustum Manichaeum*(「마니교도 파우스트 논박」; 397/8년): 편집본: J. Zycha: CSEL 25 (1892) 251-797. – 영어 번역서: R. Stothert: NPNF I 4 (1887 = 1995) 151-345.

20. *c Fel* *Contra Felicem Manichaeum*(「마니교도 펠릭스 논박」; 404년 12월 7일과 12일): 편집본: J. Zycha: CSEL 25 (1892) 801-52. – R. Jolivet/M. Jourjon: BAug 17 (1961) 644-757.

21. *c Fort* *Acta contra Fortunatum Manichaeum*(「마니교도 포르나투스 논박」; 392년 8월 28일과 29일): 편집본: J Zycha: CSEL 25 (1892) 83-112. – R. Jolivet/M. Jourjon: BAug 17 (1961) 132-93. – 영어 번역서: A.H. Newman: NPNF I 4 (1887 = 1995) 109-24.

22. *c Gaud* *Contra Gaudentium Donatistarum episcopum*(「도나투스파 주교 가우덴티우스 논박」): 편집본: M. Petschenig: CSEL 53 (1910) 201-74. – M. Petschenig/G. Finaert/E. Lamirande: BAug 32 (1965) 510-685.

23. *c Iul* *Contra Iulianum*(「율리아누스 논박」; 421년경): 편집본: PL 44, 641-874. – 영어 번역서: M. A. Schumacher = FaCh 35 (1957). – R.J. Teske: WSA I/24 (1998) 221-536.

24. *c Iul imp* *Contra Iulianum opus imperfectum*(「율리아누스의 미완성 작품 반박」): 편집본: M. Zelzer: CSEL 85/1 (1974) [I-III]. – PL 45, 1337-1608 [IV-VI]. – 영어 번역서: R.J. Teske = WSA I/25 (1999).

25. *c litt Pet* *Contra litteras Petiliani*(「페틸리아누스 서간 반박」; 398~401년): 편집본: M. Petschenig: CSEL 52 (1909) 3-227. – M. Petschenig/G. Finaert/B. Quinot = BAug 30 (1967). – 영어 번역서: J.R. King: NPNF I 4 (1887 = 1995) 515-628.

26. *c Max* *Contra Maximinum Arrianum*(「아리우스파 막시미누스 논박」): 편집본: PL: 42, 743-814. – 영어 번역서: R.J. Teske: WSA I/18 (1995) 229-336.

27. *c mend* *Contra mendacium*(「거짓말 논박」; 420/1년): 편집본: J. Zycha: CSEL 41 (1900) 469-528. – G. Combès: BAug 2 (1948) 350-453. – 번역서: P. Keseling, Wü 1953, 62-124. – 영어 번역서: H. Browne: NPNF I 3 (1887 = 1995) 479-50. – H.B. Jaffee: FaCh 16 (1952) 111-79.

28. *c Prisc* *Contra Priscillianistas*(「프리쉴리아누스파 논박」; 415년): 편집본: K.-D. Daur: CChr.SL 49 (1985) 165-78. – 영어 번역서: R.J. Teske: WSA I/18 (1995) 79-115.

29. *c s Arrian* *Contra sermonem Arrianorum*(「아리우스파 설교 반박」; 418년): 편집본: PL 42, 683-708. – 영어 번역서: R.J. Teske: WSA I/18 (1995) 117-71.

30. *c Sec* *Contra Secundinum Manichaeum*(「마니교도 세쿤디누스 논박」; 399년): 편집본: J. Zycha: CSEL 25 (1892) 905-47. – R. Jolivet/M Jourjon: BAug 17 (1961) 538-633.

31. *cat rud* *De catechizandis rudibus*(「기초 교리교육」; 400년경): 편집본: I.B. Bauer: CChr.SL 46 (1969) 121-78. – I. B. Bauer/G. Madec = BAug 11/1 (1991). – 번역서: J. Molzberger: BKV[1] IV (1877) 253-335. – S. Mitterer: BKV[2] VIII (1925) 233-309. – H. Rohde, Hei 1965. – W. Steinmann/O. Wermelinger = SKV 7 (1985). – 영어 번역서: S.D.F. Salmon: NPNF I 3 (1887 = 1995) 277-314. – J.P. Christopher = ACW 2 (1946). – 참고문헌: J.-P. Belche, Die Bekehrung zum Christentum nach Augustins Büchlein *De Catechizandis Rudibus*: Aug(L) 27 (1977) 26-69, 333-63; 28 (1978) 255-87.

32. *cath fr* *Ad catholicos fratres*(「가톨릭 형제들에게」; 400년경): 편집본: M. Petschenig: CSEL 52 (1909) 231-322. – M. Petschenig/G. Finaert/Y.M.-J. Congar: BAug 28 (1963) 502-707.

33. *ciu* *De civitate Dei*(「신국론」; 414~419년): 편집본: E. Hoffmann = CSEL 40/1-2 (1899~1900). – B. Dombart/A. Kalb, 2 vol., St 1928-9 = CChr.SL 47-48 (1955). – B. Dombart/A. Kalb/G. Bardy/G. Combès = BAug 33-37 (1959-60). – 번역서: U. Uhl = BKV[1] II-III (1873-4). – A. Schröder = BKV[2] I-III (1911-6). – C.J. Perl, 3 Bde., Sa 1951-3. – W. Thimme = BAW.AC 2 Bde. (1955, [2]1977-8 C. Andresen이 수정). – J. Bernhart, St 1955. – C.J. Perl, 2 Bde., Pb 1979 [TÜ]. – 영어 번역서: M.

Dods: NPNF I 2 (1886 = 1995) IX-511. – D.B. Zema/G.G. Walsh/G.
Monahan/D.J. Honan = FaCh 8 (1950), 14 (1952), 24 (1954). – G.E.
McCracken/W.M. Green/D.S. Wiesen/Ph. Levine/E. Matthews Sanford/
W.Ch. Greene = LCL 411-17 (1957-72) (TeÜ). – H. Bettenson, Lo 1972. –
R.W. Dyson, C 1998.

34. *conf*   *Confessiones*(「고백록」; 397년 4월 4일 이후~400년경): 편집본: W.
Watts = LCL 26-27 (1912 = 1968-70) (TeÜ).M. Skutella/A. Solignac/E.
Tréhorel/G. Bouissou = BAug 13-14 (1962-92). – L. Verheijen = CChr.SL
27 (1981). – 번역서: J. Molzberger = BKV¹ I (1871). – A. Hofmann =
BKV² VII (1914). – C.J. Perl/A. Holl, Pb 1964. – J. Bernhart, Mn ³1966
[TÜ]. – W. Thimme = BAW.AC (²1950) St 1967. – H.U. von Balthasar =
ChMe 25 (1985). – E.P. Meijering, Augustin über Schöpfung, Ewigkeit
und Zeit. Das elfte Buch der Bekenntnisse = PhP 4 (1979) [ÜK]. – 영어 번
역서: J.G. Pilkington: NPNF I 1 (1886 = 1995) 27-207. – V.J. Bourke =
FaCh 21 (1953). – A. C. Outler: LCC 7 (1955). – J.K. Ryan, Garden
City/NY 1960. – R.S. Pine-Coffin, Lo 1961. – H. Chadwick, O 1991. – M.
Boulding = WSA I/1 (1997).

35. *conl Max*   *Conlatio cum Maximino Arrianorum episcopo*(「아리우스파 주교 막시미
누스와의 토론」; 427년): 편집본: PL 42, 709-42. – 영어 번역서: R.J.
Teske: WSA I/18 (1995) 173-227.

36. *cons eu*   *De consensu evangelistarum*(「복음사가들의 일치」; 400년경): 편집본: F.
Weihrich = CSEL 43 (1904). – 영어 번역서: S.D.F. Salmond/M.B.
Riddle: NPNF I 6 (1888 = 1995) 65-236.

37. *cont*   *De continentia*(「절제론」; 395년 또는 412년 이후): 편집본: J. Zycha:
CSEL 41 (1900) 141-83. – J. Saint-Martin: BAug 3 (²1949) 22-101. – 번
역서: P. Keseling, Wü 1949. – 영어 번역서: C.L. Cornish: NPNF I 3
(1887 = 1995) 377-93. – M.F. McDonald: FaCh 16 (1952) 180-231. – R.
Kearney/D. G. Hunter: WSA I/9 (1999) 187-216.

38. *correct*   *De correctione Donatistarum*(「도나투스파에 대한 훈계」 [= ep 185]; 417년):
편집본: A. Goldbacher: CSEL 57 (1911) 1-44. – 영어 번역서: J.R. King:
NPNF I 4 (1887 = 1995) 629-51. – W. Parsons: FaCh 30 (1955) 141-90.

39. *corrept*   *De correptione et gratia*(「훈계와 은총」; 426년경): 편집본: PL 44, 915-
46. – J. Chéné/J. Pintard: BAug 24 (1962) 268-381. – 번역서: S. Kopp:
ALG 7 (1955 = ²1987) 160-239 [TÜ]. – 영어 번역서: P. Holmes/R.E.
Wallis/B.B. Warfield: NPNF I 5 (1887 = 1995) 467-91. – J.C. Murray:
FaCh 2 (1947) 237-305. – R.J. Teske: WSA I/26 (1999) 107-145.

40. *Cresc*   *Ad Cresconium grammaticum partis Donati*(「도나투스파 문법학자 크레스
코니우스에게」; 405년경): 편집본: M. Petschenig: CSEL 52 (1909) 325-
582. – M. Petschenig/G. Finaert/A.C. de Veer: BAug 31 (1968) 70-643.

41. *cura mort*   *De cura pro mortuis gerenda ad Paulum episcopum*(「바울로 주교에게 보
낸 죽은 이들을 위한 배려」; 424/5년): 편집본: J. Zycha: CSEL 41
(1900) 621-60. – G. Combès: BAug 2 (1948) 462-523. – 번역서: G. Sch-
lachter/R. Arbesmann, Wü 1975. – 영어 번역서: H. Browne: NPNF I 3
(1887 = 1995) 537-51. – J.A. Lacy: FaCh 27 (1955) 347-84.

42. *dial*   *De dialectica*(「변증법」): 편집본: J. Pinborg/B. Darrell Jackson, Dordrecht

– Boston 1975 [TeÜK]. – 번역서: H. Ruef, Augustin über Semiotik und Sprache. Sprachtheoretische Analysen zu Augustins Schrift "*De Dialectica*" mit einer deutschen Übersetzung, Bern 1981. – 참고문헌: J. Pépin, Saint Augustin et la dialectique, Villanova/PA 1976. – H. Ruef, Augustin uber Semiotik und Sprache. Sprachtheoretische Analysen zu Augustins Schrift "*De Dialectica*" mit einer deutschen Übersetzung, Bern 1981.

43. *disc chr*　　*De disciplina christiana*(「그리스도교 규율」): 편집본: R. Vander Plaetse: CChr.SL 46 (1969) 207-24. – 번역서: A. Habitzky/A. Zumkeller, Wü 1961, 35-51. – 영어 번역서: E. Hill: WSA III/10 (1994) 458-70.

44. *diu qu*　　*De diversis quaestionibus octoginta tribus*(「83명제 자유 토론」; 388~96 년): 편집본: G. Bardy/J.-A. Beckaert/J. Boutet: BAug 10 (1952) 52-379. – A. Mutzenbecher = CChr.SL 44 A (1975) 11-249. – 번역서: C.J. Perl, Pb 1972. – 영어 번역서: D.L. Mosher = FaCh 70 (1982).

45. *diuin daem*　　*De divinatione daemonum*(「악마들의 점술」; 406~408년): 편집본: J. Zy-cha: CSEL 41 (1900) 599-618. – G. Bardy/J.-A. Beckaert/J. Boutet: BAug 10 (1952) 654-93. – 영어 번역서: R.W. Brown: FaCh 27 (1955) 415-40.

46. *doctr chr*　　*De doctrina christiana*(「그리스도교 교양」; 397년 [3,25,35까지], 426/7 년): 편집본: G. Combès/J. Farges: BAug 11 (1949) 168-541. – W.M. Green = CSEL 80 (1963). – I. Martin: CChr.SL 32 (1962) 1-167. – 번역 서: R. Storf: BKV¹ IV (1877) 11-246. – S. Mitterer: BKV² VIII (1925) 14-225. – G. Arbesmann, Wü 1972. – 영어 번역서: J. F. Shaw: NPNF I 2 (1886 = 1995) 513-97. – J. J. Gavigan: FaCh 2 (1947) 1-235. – D. W. Robertson, Indianapolis 1958. – E. Hill = WSA I/11 (1996).

47. *duab an*　　*De duabus animabus*(「두 영혼」; 392년): 편집본: J. Zycha: CSEL 25 (1892) 51-80. – R. Jolivet/ M. Jourjon: BAug 17 (1961) 52-115. – 번역서: J. Perl, Pb 1966, 110-65 [TÜ]. – 영어 번역서: A.H. Newman: NPNF I 4 (1887 = 1995) 91-107.

48. *Dulc qu*　　*De octo Dulcitii quaestionibus*(「둘치티우스의 8명제 토론」; 425년): 편 집본: G. Bardy/J.-A. Beckaert/J. Boutet: BAug 10 (1952) 588-643. – A. Mutzenbecher = CChr.SL 44 A (1975) 253-97. – 영어 번역서: M.E. Deferrari: FaCh 16 (1952) 423-66.

49. *Emer*　　*Gesta cum Emerito Donatistarum episcopo*(「도나투스파 주교 에메리투스 와 논쟁」; 418년 9월 20일): 편집본: M. Petschenig: CSEL 53 (1910) 181-96. – M. Petschenig/G. Finaert/E. Lamirande: BAug 32 (1965) 450-87.

50. *en Ps*　　*Enarrationes in Psalmos*(「시편 강해」; 392~416년): 편집본: E. Dek-kers/I. Fraipont = CChr.SL 38-40 (1954-6). – 번역서: H. Weber, Pb 1955 [*1, 3, 6, 8-9, 18, 25, 30-1, 33, 36, 41-2, 44, 51, 53-5, 57, 60-1, 63, 65, 67-8, 70, 72, 75, 85-6, 91, 95, 99, 101-3, 113, 121, 125, 132, 136, 146, 148, 150*]. – H.U. von Balthasar = ChMe 20 (²1983) [선집]. – 영어 번역서: A.C. Coxe = NPNF I 8 (1888 = 1995). – S. Hebgin/F. Corrigan = ACW 29 (1960), 30 (1961) (*1-37*). – 참고문헌: M. Fiedrowicz, *Psalmus vox totius Christi*. Studien zu Augustins "*Enarrationes in Psalmos*", F - Ba - W 1997.

51. *ench*　　*Enchiridion de fide spe et caritate*(「믿음과 희망과 사랑에 대한 교리 요 강」; 421년경): 편집본: E. Evans: CChr.SL 46 (1969) 49-114. – J. Ri-vière/G. Madec/J.-P. Bouhot: BAug 9 (²1988) 102-327. – 번역서: J. Molz-

berger: BKV¹ IV (1877) 572-695. – S. Mitterer: BKV² VIII (1925) 391-502.
– J. Barbel = Test. 1 (1960) [TdÜK]. – P. Simon, Pb ²1962. – 영어 번역서:
J. F. Shaw: NPNF I 3 (1887 = 1995) 229-76. – L.A. Arand = ACW 3 (1947).
– B.M. Peebles: FaCh 2 (1947) 355-472. – A.C. Outler: LCC 7 (1955).

52. *ep* *Epistulae*(「서간」: 386~430년): 편집본: A. Goldbacher = CSEL 34/1
(1895) [*1-30*], 34/2 (1898) [*31-123*], 44 (1904) [*124-184*], 57 (1911) [*185-
270*]. – J.H. Baxter = LCL (1930 = 1965) (*2, 4, 10, 15-17, 21, 22, 28, 29,
34, 37, 38, 42, 48, 50, 60, 65-67, 83, 84, 86, 91, 97, 99, 100, 101, 110, 115,
122, 124, 126, 133, 144, 146, 150, 159, 173, 174, 179, 189, 191, 192, 200,
203, 209-211, 214, 220, 227, 229, 231, 232, 245, 246, 254, 258, 262, 268,
269*) (TeÜ). – J. Divjak = CSEL 88 (1981) [1*-29*]. – J. Divjak u. a. =
BAug 46 B (1987) [1*-29*]. – 번역서: Th. Kranzfelder = BKV¹ VII-VIII
(1878-9) [*3-4, 7, 9-14, 21-3, 27-9, 31, 33-6, 40, 43-4, 49, 51-5, 67, 71, 73,
76, 78, 82, 87, 93, 95, 98, 105-6, 108, 110-11, 120, 122, 127, 130, 133-4,
141-142, 144, 151, 153, 155, 177-9, 186, 189, 193-4, 204-5, 208-11, 217,
220, 228, 237, 243, 258, 262, 265*]. – A. Hoffmann = BKV² IX-X (1917)
[BKV¹과 같으나 16-7, 37, 50, 58번을 첨가하였으며, 237, 243, 258, 262,
265번은 없음]. – H. H. Lesaar, Pb 1929, 38-62 [*111, 134, 203, 210, 229,
263*]. – 영어 번역서: J.G. Cunningham: NPNF I 1 (1886 = 1995) 209-593.
– W. Parsons = FaCh 12 (1951), 18 (1953), 20 (1953), 30 (1955), 32
(1956), 81 (1989). – 참고문헌: Les lettres de saint Augustin découverts
par Johannes Divjak, P 1983. – L.F. Bacchi, The Theology of Ordained
Ministry in the Letters of Augustine of Hippo, San Francisco-London-
Bethesda 1998. – A. Fürst, Augustins Briefwechsel mit Hieronymus (=
JAC.E 29), Münster 1999.

53. *ep Io tr* *In epistulam Iohannis ad Parthos tractatus*(「파르토스에게 보낸 요한 편지
주석」: 413~418년 사이의 부활 축일): 편집본: J. Zycha: CSEL 25 (1891)
193-248. – P. Agaësse = SC 75 (1961). – 번역서: H.M. Biedermann, Wü
1986. – 영어 번역서: H. Browne/J.H. Myers: NPNF I 7 (1888 = 1995)
453-529. – J. Burnaby: LCC 8 (1955) 251-348. – J.W. Rettig: FaCh 92
(1995) 94-277. – 참고문헌: D. Dideberg, Saint Augustin et la premiére
épître de saint Jean. Une théologie de l'agapè = ThH 34 (1975).

54. *ep Rm inch* *Epistulae ad Romanos inchoata expositio*(「로마서 서언 해설」): 편집본:
J. Divjak: CSEL 84 (1971) 145-81. – 영어 번역서: P. Frederiksen Landes,
Chico/CA 1982, 51-89 (TeÜ).

55. *exc urb* *De excidio urbis Romae*(「로마 시의 몰락」): 편집본: M.V. O'Reilly =
PatSt 89 (1955) (TeÜK). – M.-V. O'Reilly: CChr.SL 46 (1969) 249-62. –
번역서: G. Leonhardi = PdK 5 (1889) 103 8. J. Fischer, Die Völkerwan-
derung im Urteil der zeitgenössischen kirchlichen Schriftsteller Galliens
unter Einbeziehung des heiligen Augustinus, Hei 1948, 61-8. – 영어 번역
서: E. Hill: WSA III/10 (1994) 435-44.

56. *exp Gal* *Expositio epistulae ad Galatas*(「갈라디아서 해설」: 394~395년): 편집본:
J. Divjak: CSEL 84 (1971) 55-141.

57. *exp prop Rm* *Expositio quarundarum propositionum ex epistula apostoli ad Roma-
nos*(「로마서 자유 명제 해설」): 편집본: J. Divjak: CSEL 84 (1971) 3-52.

- 번역서: Th.G. Ring: ALGP 1 (1989) [TÜ]. – 영어 번역서: P. Frederiksen Landes, Chico/CA 1982, 1-49 (TeÜ).

58. *f et op*   *De fide et operibus*(「신앙과 행위」; 413년): 편집본: J. Zycha: CSEL 41 (1900) 35-97. – J. Pegon/G. Madec: BAug 8 (1982) 354-461. – 번역서: S. Mitterer: BKV² VIII (1925) 316-85. – 영어 번역서: M. Liguori: FaCh 27 (1955) 213-82. – G. J. Lombardo = ACW 48 (1988).

59. *f et symb*   *De fide et symbolo*(「신앙과 신경」; 393년 10월): 편집본: J. Zycha: CSEL 41 (1900) 3-32. – J. Rivière/G. Madec/J.-P. Bouhot: BAug 9 (²1988) 18-75. – E.P. Meijering, Amsterdam 1987 (TeÜK). – 번역서: R. Storf: BKV¹ IV (1877) 492-565. – C.J. Perl, Pb 1968 [TÜ]. – 영어 번역서: S.D.F. Salmond: NPNF I 3 (1887 = 1995) 315-33. – J.H.S. Burleigh: LCC 6 (1953) 351-69. – R.P. Russell: FaCh 27 (1955) 309-45.

60. *f inuis*   *De fide rerum invisibilium*(「보이지 않는 사물에 관한 믿음」): 편집본: M.F. McDonald = PatSt 84 (1950) (TeÜK). – M.P.J. Van den Hout: CChr.SL 46 (1969) 1-19. – J. Pegon/G. Madec: BAug 8 (1982) 310-41. – 영어 번역서: C.L. Cornish: NPNF I 3 (1887 = 1995) 335-43. – R.J. Deferrari/M.F. McDonald: FaCh 4 (1947) 443-69.

61. *gest Pel*   *De gestis Pelagii*(「펠라기우스 논쟁」; 417년 말): 편집본: K.F. Urba/J. Zycha: CSEL 42 (1902) 51-122. – 번역서: B. Altaner: ALG 2 (1964) 198-319 [TÜ]. – 영어 번역서: P. Holmes/R.E. Wallis/B.B. Warfield: NPNF I 5 (1887 = 1995) 177-212. – J.A. Mourant/W.J. Collinge: FaCh 86 (1992) 91-177. – R.J. Teske: WSA I/23 (1997) 317-81.

62. *Gn adu Man*   *De Genesi adversus Manichaeos*(「마니교도 논박 창세기론」; 389년경): 편집본: PL 34, 173-220. – 영어 번역서: R.J. Teske: FaCh 84 (1991) 45-141. – 참고문헌: G. Pelland, Cinq études d'Augustin sur le début de la Genèse, Tournai-Montréal 1972. – J. Zycha/P. Agaësse/A. Solignac = BAug 48-49 (1972).

63. *Gn litt*   *De Genesi ad litteram*(「창세기의 문자적 해석」; 401~415년): 편집본: J. Zycha: CSEL 28/1 (1894) 3-435. – 번역서: C.J. Perl, Pb 1961-4. – 영어 번역서: J.H. Taylor = ACW 41-42 (1982). – 참고문헌: G. Pelland, Cinq études d'Augustin sur le début de la Genèse, Tournai-Montréal 1972. – R. Arteaga Natividad, La creación en los comentarios de san Agustín al Génesis, Zaragoza 1994.

64. *Gn litt imp*   *De Genesi ad litteram liber imperfectus*(「미완성 작품인 창세기의 문자적 해석」; 393년)· 편집본: J. Zycha: CSEL 28/1 (1894) 459-503. – 영어 번역서: J.H. Taylor = ACW 41-42 (1982). – R.J. Teske: FaCh 84 (1991) 143-88. – 참고문헌: G. Pelland, Cinq études d'Augustin sur le début de la Genèse, Tournai-Montréal 1972.

65. *gr et lib arb*   *De gratia et libero arbitrio*(「은총과 자유의지」; 426년경): 편집본: PL 44, 881-912. – J. Chéné/J. Pintard: BAug 24 (1962) 90-207. – 영어 번역서: P. Holmes/R. E. Wallis/B. B. Warfield: NPNF I 5 (1887 = 1995) 435-65. – S. Kopp: ALG 7 (1955 = ²1987) 76-159 [TÜ]. – R.P. Russell: FaCh 59 (1968) 243-308. – R.J. Teske: WSA I/26 (1999) 69-106.

66. *gr et pecc or*   *De gratia Christi et de peccato originali*(「그리스도의 은총과 원죄」; 418년 중엽): 편집본: K.F. Urba/J. Zycha: CSEL 42 (1902) 125-206. – C.F.

Urba/J. Zycha/J. Plagnieux/F.-J. Thonnard: BAug 22 (1975) 52-269. − 번
역서: A. Fingerle: ALG 2 (1964) 320-467 [TÜ]. − 영어 번역서: P.
Holmes/R.E. Wallis/B. B. Warfield: NPNF I 5 (1887 = 1995) 213-55. −
R.J. Teske: WSA I/23 (1997) 383-463.

67. *gr t nou*   *De gratia testamenti novi ad Honoratum*(「호노라투스에게 보낸 신약성서
의 은총론」 [= *ep* 140]; 412년): 편집본: A. Goldbacher: CSEL 44 (1904)
155-234. − 영어 번역서: W. Parsons: FaCh 20 (1953) 58-136.

68. *gramm*   *De grammatica*(「문법론」): 편집본: H. Keil *Grammatici latini* V, L 1868
= Hi 1961, 496-524.

69. *haer*   *De haeresibus ad Quodvultdeum*(「쿠옷불트데우스에게 보낸 이단론」;
428/9년): 편집본: R. Vander Plaetse/C. Beukers: CChr.SL 46 (1969)
286-345. − 영어 번역서: L.G. Müller = PatSt 90 (1956) (ÜK). − R.J.
Teske: WSA I/18 (1995) 13-77. − 참고문헌: S. Jannaccone, La dottrina
eresiologica di S. Agostino. Studio di storia letteraria e religiosa a proposi-
to del trattato *De haeresibus*, Catania 1952.

70. *imm an*   *De immortalitate animae*(「영혼의 불멸」; 387년 4월 24일 이전): 편집
본: W. Hörmann: CSEL 89 (1986) 101-28. − P. de Labriolle: BAug 5
(1939) 170-219. − 번역서: H.P. Müller, Zü − Bern 1954. − 영어 번역서:
L. Schopp: FaCh 4 (1947) 1-47.

71. *inq Ian*   *Ad inquisitiones Ianuarii*(「야누아리우스의 질문」 [= *ep* 54-55]; 400년경):
편집본: A. Goldbacher: CSEL 34/2 (1898) 158-213. − 영어 번역서: W.
Parsons: FaCh 12 (1951) 252-93.

72. *Io eu tr*   *In Iohannis evangelium tractatus*(「요한복음 주석」): 편집본: R. Willems
= CChr.SL 36 (1954). − M.-F. Berrouard = BAug 71-73 B (1969-89) [*1-
54*]. − 번역서: H. Hayd = BKV¹ V-VI (1877-8). − Th. Specht = BKV² IV-
VI (1913-4). − 영어 번역서: J. Gibb/J. Innes: NPNF I 7 (1888 = 1995) 1-
452. − J.W. Rettig = FaCh 78-79 (1988), 88 (1993), 90 (1994), 92 (1995)
1-94.

73. *lib arb*   *De libero arbitrio*(「자유의지론」; 383~395년): 편집본: F.J. Thonnard:
BAug 6 (²1952) 136-471. − W.M. Green = CSEL 74 (1956). − W.M.
Green: CChr.SL 29 (1970) 211-321. − F. De Capitani, Mai 1987 [TiÜK]. −
번역서: C.J. Perl, Pb ³1961. − W. Thimme = BAW.AC (1962) 30-363
[TÜ]. − 영어 번역서: J.H.S. BURLEIGH: LCC 6 (1953) 102-217. − M.
Pontifex = ACW 22 (1955). − R.P. Russell: FaCh 59 (1968) 63-241. − Th.
Williams, Indianapolis-C 1993.

74. *loc*   *Locutiones in Heptateuchum*(「구약 칠경 강해」): 편집본: J. Zycha: CSEL
28/1 (1894) 507-629. − I. Fraipont: CChr.SL 33 (1958) 381-465.

75. *mag*   *De magistro*(「교사론」; 388-391년): 편집본: F.J. Thonnard: BAug 6
(²1952) 14-121. − G. Weigel: CSEL 77/1 (1961). − K.-D. Daur: CChr.SL 29
(1970) 157-203. − B. Mojsisch, St 1998 (TdÜ). − 번역서: H. Hornstein,
Dü 1957. − C.J. Perl, Pb ³1974. − E. Schadel, Bamberg 1975 [ÜK]. − 영어
번역서: J.H.S. BURLEIGH: LCC 6 (1953) 64-101. − J.M. Colleran =
ACW 9 (1964) 113-86, 221-40. − R.P. Russell: FaCh 59 (1968) 1-61.

76. *mend*   *De mendacio*(「거짓말」; 395년): 편집본: J. Zycha: CSEL 41 (1900) 413-
66. − G. Combès: BAug 2 (1948) 240-343. − 번역서: P. Keseling, Wü

1953, 1-61. – 영어 번역서: H. Browne: NPNF I 3 (1887 = 1995) 455-77.
– M.S. Muldowney: FaCh 16 (1952) 45-110.

77. *mor* *De moribus ecclesiae catholicae et de moribus Manichaeorum*(「가톨릭 교회의 관습과 마니교도의 관습」; 388년): 편집본: B. Roland-Gosselin: BAug 1 (²1949) 136-367. – J.B. Bauer = CSEL 90 (1992). – 번역서: P. Keseling, Rb 1948. – 영어 번역서: R. Stothert: NPNF I 4 (1887 = 1995) 37-89. – D.A. and I.J. Gallagher = FaCh 56 (1965). – 참고문헌: J.K. Coyle = Par. 25 (1978).

78. *mus* *De musica*(「음악론」; 388~391년): 편집본: PL 32, 1081-1194. – G. Finaert/F.-J. Thonnard = BAug 7 (1947). – 번역서: C.J. Perl, Pb ³1962. – 영어 번역서: R. C. Tagliaferro: FaCh 4 (1947) 151-379. – 참고문헌: A. Keller, Aurelius Augustinus und die Musik = Cass. 44 (1993).

79. *nat b* *De natura boni*(「선의 본질」; 399년): 편집본: J. Zycha: CSEL 25 (1892) 855-89. – B. Roland-Gosselin: BAug 1 (²1949) 440-509. – 영어 번역서: J.H.S. BURLEIGH: LCC 6 (1953) 324-48. – A.H. Newman: NPNF I 4 (1887 = 1995) 347-65.

80. *nat et gr* *De natura et gratia*(「본성과 은총」; 415년경): 편집본: K.F. Urba/J. Zycha: CSEL 60 (1913) 233-99. – 번역서: A. Maxsein: ALG 1 (1971) 436-567. – 영어 번역서: P. Holmes/R.E. Wallis/B.B. Warfield: NPNF I 5 (1887 = 1995) 115-51. – J.A. Mourant/W. J. Collinge: FaCh 86 (1992) 1-90. – R.J. Teske: WSA I/23 (1997) 203-75.

81. *nupt et conc* *De nuptiis et concupiscentia ad Valerium*(「발레리우스에게 보낸 결혼과 정욕」; 419/20년): 편집본: K.F. Urba/J. Zycha: CSEL 42 (1902) 211-319. – C.F. Urba/J. Zycha/F.-J. Thonnard/E. Bleuzen/A.C. de Veer: BAug 23 (1974) 52-289. – 번역서: A. Fingerle: ALG 3 (1977) 77-166. – 영어 번역서: P. Holmes/R.E. Wallis/B.B. Warfield: NPNF I 5 (1887 = 1995) 257-308. – R.J. Teske: WSA I/24 (1998) 11-96.

82. *op mon* *De opere monachorum*(「수도자들의 노동」) – 제8장 2.3.2. 참조. – 영어 번역서: H. Browne: NPNF I 3 (1887 = 1995) 501-24. – M.S. Muldowney: FaCh 16 (1952) 320-94.

83. *ord* *De ordine*(「질서론」; 386년 11월~387년 3월): 편집본: P. Knöll: CSEL 63 (1922) 121-85. – R. Jolivet: BAug 4 (1939) 302-459. – W.M. Green: CChr.SL 29 (1970) 89-137. – 번역서: C.J. Perl, Pb 1940 = 1952. – E. Mühlenberg, Zü – Mn 1972. – 영어 번역서: R.P. Russell: FaCh 5 (1948) 227-332. – 참고문헌: V. Pacioni, L'unità teoretica del *De ordine* di S. Agostino, R 1996.

84. *orig an* *De origine animae*(「영혼의 기원」 [= ep 166]; 415년): 편집본: A. Goldbacher: CSEL 44 (1904) 545-85. – 영어 번역서: W. Parsons: FaCh 30 (1955) 6-31.

85. *pat* *De patientia*(「인내론」; 415년): 편집본: J. Zycha: CSEL 41 (1900) 663-91. – G. Combès: BAug 2 (1948) 530-77. – 번역서: J. Martin, Wü 1956. – 영어 번역서: H. Browne: NPNF I 3 (1887 = 1995) 525-36. – L. Meagher: FaCh 16 (1952) 233-64.

86. *pecc mer* *De peccatorum meritis et remissione et de baptismo parvulorum ad Marcellinum*(「마르첼리누스에게 보낸 죄인들의 공로와 용서, 그리고 유아세

례」: 412년): 편집본: K.F. Urba/J. Zycha: CSEL 60 (1913) 3-151. – 번역
서: R. Habitzky: ALG 1 (1971) 54-301 [TÜ]. – 영어 번역서: P. Hol-
mes/R. E. Wallis/B. B. Warfield: NPNF I 5 (1887 = 1995) 11-78. – R.J.
Teske: WSA I/23 (1997) 17-137. – 참고문헌: B. Delaroche, Saint Augus-
tin lecteur et interprète de saint Paul dans le *De peccatorum meritis et
remissione* (hiver 411-412), P 1996.

87. *perf iust* *De perfectione iustitiae hominis*(「인간의 의화의 완성」: 415년경): 편집
본: K.F. Urba/J. Zycha: CSEL 42 (1902) 3-48. – 번역서: A. Fingerle:
ALG 2 (1964) 128-97 [TÜ]. – 영어 번역서: P. Holmes/R.E. Wallis/B.B.
Warfield: NPNF I 5 (1887 = 1995) 153-76. – R.J. Teske: WSA I/23 (1997)
277-316.

88. *perseu* *De dono perseverantiae*(「인내의 은사」): 편집본: PL 45, 993-1034. – J.
Chéné/J. Pintard: BAug 24 (1962) 600-765. – 번역서: A. Zumkeller:
ALG 7 (1955 = ²1987) 328-439 [TÜ]. – 영어 번역서: M.A. Lesousky =
PatSt 91 (1956) (ÜK). – P. Holmes/R.E. Wallis/B.B. Warfield: NPNF I 5
(1887 = 1995) 521-52. – J.A. Mourant/W.J. Collinge: FaCh 86 (1992) 271-
337. – R.J. Teske: WSA I/26 (1999) 189-240.

89. *praed sanct* *De praedestinatione sanctorum ad Prosperum et Hilarium*(「프로스페루스
와 힐라리우스에게 보낸 성도들의 예정」: 427년 이후): 편집본: PL 44,
959-92. – J. Chéné/J. Pintard: BAug 24 (1962) 464-597. – 번역서: A.
Zumkeller: ALG 7 (1955 = ²1987) 241-327 [TÜ]. – 영어 번역서: P. Hol-
mes/R. E. Wallis/B. B. Warfield: NPNF I 5 (1887 = 1995) 493-519. – J.A.
Mourant/W. J. Collinge: FaCh 86 (1992) 179-270. – R.J. Teske: WSA I/26
(1999) 147-187.

90. *praes dei* *De praesentia dei ad Dardanum*(「다르다누스에게 보낸 하느님의 현존」
[= *ep* 187]; 417년): 편집본: A. Goldbacher: CSEL 57 (1911) 81-119. –
영어 번역서: W. Parsons: FaCh 30 (1955) 221-55. – M.T. Clark: CWS
(1984) 403-25.

91. *ps c Don* *Psalmus contra partem Donati*(「도나투스파 논박 시편 주해」: 394년경):
편집본: M. Petschenig: CSEL 51 (1908) 3-15. – R. Anastasi/G. Finaert/Y.
M.-J. Congar: BAug 28 (1963) 150-91.

92. *qu* *Quaestiones in Heptateuchum*(「구약 칠경 발췌 주해」): 편집본: J.
Zycha: CSEL 28/2 (1895) 3-506. – I. Fraipont: CChr.SL 33 (1958) 1-377.

93. *qu c pag* *Quaestiones expositae contra paganos*(「파가누스 논박 해설의 발췌 주
해」 [= *ep* 102]; 406~412년): 편집본: A. Goldbacher: CSEL 34/2 (1898)
544-78. – 영어 번역서: W. Parsons: FaCh 18 (1953) 148-77.

94. *qu eu* *Quaestiones evangeliorum*(「복음서 발췌 주해」: 400년경): 편집본: A.
Mutzenbecher = CChr.SL 44 D (1980) 1-118.

95. *qu Mt* *Quaestiones XVI in Matthaeum*(「마태오복음 16항목 발췌 주해」): 편집
본: A. Mutzenbecher = CChr.SL 44 B (1980) 119-40.

96. *qu uet t* *De octo quaestionibus ex veteri testamento*(「구약성서 8항목 발췌 주해」):
편집본: D. de Bruyne: CChr.SL 33 (1958) 469-72.

97. *reg* *Regulae*(「규칙서」) – 제8장 2.3.1. 참조. – 영어 번역서: M.T. Clark:
CWS (1984) 479-93. – G. Lawless, O 1987.

98. *retr* *Retractationes*(「재론고」: 426/7년): 편집본: P. Knöll = CSEL 36 (1902).

– G. Bardy = BAug 12 (1950). – A. Mutzenbecher = CChr.SL 57 (1984). – 번역서: C.J. Perl, Pb 1976 [TÜ]. – 영어 번역서: M.I. Bogan = FaCh 60 (1968).

99. *rhet* *De rhetorica*(「수사학론」): 편집본: C. Halm, *Rhetores latini minores*, L 1863 = Ffm 1964, 137-51.

100. *s* *Sermones*(「설교집」): 참고문헌 목록: H.R. Drobner, Augustinus von Hippo: *Sermones ad populum*. Überlieferung und Bestand - Bibliographie - Indices = SVigChr 49 (2000). – 편집본: PL 38, 332-1484. – PL 39, 1493-1638, 1650-2, 1655-9, 1663-9, 1671-84, 695-7, 1701-6, 1710-36. – PLS II 417-840. – C. Lambot = StPM 1 (1950) [*14-5, 34, 60, 101, 104, 166, 177, 184, 221, 254, 261, 298, 302, 339, 355-6, 358*]. – C. Lambot = CChr.SL 41 (1961) [*1-50*]. – S. Poque = SC 116 (1966) [*59, 121, 211-2, 227, 231-2, 237, 246, 250, 253, 257-8*]. – R. Demeulenaere: IP 19 (1989) 105-13 [*283*]. – R. Demeulenaere: IP 23 (1991) 67-73 [*84*]. – R. Demeulenaere: IP 24 (1991) 51-63 [*76*]. – L. De Coninck/B. Coppieters/R. Demeulenaere, Saint Augustin peut-il-être l'auteur des sermons *De puero centurionis* et *De filia archisynagogi?*: SE 38 (1998/99) 221-244 (비판본을 싣고 있음). – 번역서: G. Leonhardi = PdK 5 (1889) [*17, 34, 44, 56, 131, 137, 150, 158, 201, 220, 224, 227, 232, 267, 304, 350, 339, 346, 357-9*]. – H. H. Lesaar, Pb 1929, 9-37, [*187(1), 188(3), 193(1), 194(1), 339, 350(3), 357, Morin 1, Morin 21*]. – O. Bardenhewer, Marienpredigten aus der Väterzeit, Mn 1934, 41-54 [189, 215, 291]. – A. Schmitt, Mannheim 1947 [*55, 60, 62-3, 66, 73, 78, 87, 90, 92, 95, 97-8, 104, 112-3, 115-6, 123, 130, 138, 143, 145, 163, 165, 171, 184, 189, 198-9, 201, 205, 235, 263, 267, 271, 297, 314, 319, Morin*]. – Th. Michels, Sa 1962 [*Denis 8, Guelf 2-4, 8, 9, 12, 13, 15, 20, 21, append. 7, Mai 158, Wilmart 8, add.* – A. Schmitt, Bern 1967. – H.R. Drobner: Aug (L) 41 (1991) 483-95 [*227*]. – H.R. Drobner: Augustinus 38 (1993) 189-202 [*221*]. – H.R. Drobner, Wü 1993 [*335/K, 339, 340, 340/A, 383, 396*]. – E. Dassmann, Augustinus, Heiliger und Kirchenlehrer, St – B – K 1993, 157-8. [*272*]. – 영어 번역서: A Library of Fathers of the Holy Catholic Church, vol. 20 + 48, Oxford 1844-5 (s 51-183). – R.G. MacMullen/Ph. Schaff = NPNF I 6 (1888 = 1995) 237-545 (s 51-147). – D.J. Kavanagh = FaCh 11 (1951) 209-371 (s 53, 53A = Morin 11, 54, 55, 56, 60 = Lambot 19, 61, 72, 94, 109, 229 = Denis 6, 260A = Denis 8, 305A = Denis 13, 346, 375A = Denis 4, 375B = Denis 5). – Th.C. Lawler = ACW 15 (1952) (s 51, 140, 184-204 (189 = Frangipane 4)). – M.F. Toal, Patristic Homilies on the Gospels/The Sunday Sermons of the Great Fathers, 4 vol., Cork u.a. 1955-63 (s 52, 53A = Morin 1, 63, 63B = Morin 7, 73, 78, 82, 63A = Mai 25, 90, 91, 95, 98, 112, 115, 116, 121, 113B = Mai 13, 132, 137, 144, 219, 222, 224, 223A = Denis 2, 227, 259, 262, 264, 267, 268, 270, 295, 349, 361, 362, 341A = Mai 22). – M.S. Muldowney = FaCh 38 (1959) (s 184-265). – Ph.T. Weller, Selected Easter Sermons of Saint Augustine, St. Louis-Lo 1959 (s 56, 116, 138, 146, 212, 215, 219, 221 = Guelferbytanus 5, 223, 223A = Denis 2, 223B = Guelferbytanus 4, 227, 228B = Denis 3, 229, 229A = Guelferbytanus 7, 229C = Wilmart 8,

229E = Guelferbytanus 9, 229K = Guelferbytanus 13, 229M = Guelferbytanus 15, 229N = Guelferbytanus 16, 231, 255, 260A = Denis 8, 260B = Mai 89, 353, 375A = Denis 4). – Q. Howe, Selected Sermons of St. Augustine, NY u.a. 1966 - Lo 1967 (s 1, 10, 22, 34, 43, 68 = Mai 126, 73, 81, 150, 161, 183, 184, 194, 201, 213 = Guelferbytanus 1, 224, 241, 273, 274, 300, 340, 348, 349, 355, 360, 364, 374, 375C = Mai 95, 385, 392). – E. Hill = WSA III/1-11 (1990-7).

s Caillau	*Sermones A. B. Caillau et B. Saint-Yves*: 편집본: MAg I 243-74 = PLS II 417-43.
s Casin	*Sermones Casinenses*: 편집본: MAg I 401-19. – PLS II 531-5.
s Denis	*Sermones M. Denis*: 편집본: MAg I 11-164.
s Dolbeau	*Sermones Dolbeau:* 편집본: REAug 35 (1989) 432. – REAug 40 (1994) 290-8. – REAug 41 (1995) 281-8. – RechAug 28 (1995) 53-65. – F. Dolbeau, Vingt-six sermons au peuple d'Afrique, P 1996 (s Moguntini). – 번역서: H.R. Drobner: ThGl 83 (1993) 446-54. – H.R. Drobner: ThGl 84 (1994) 226-42. – 참고문헌: B. Löfstedt, Textkritisches und Sprachliches zu den neugefundenen Augustinpredigten: SE 38 (1998/99) 281-287.
s Étaix	*Sermones Étaix*: 편집본: RBen 86 (1976) 38-48. – REAug 26 (1980) 62-87. – RBen 98 (1988) 7-17. – REAug 39 (1993) 359-70.
s Frangip	*Sermones O. F. Frangipane*: 편집본: MAg I 169-237.
s frg	*Sermones Fragmente*: 편집본: PL 39, 1719-23. – PL 110, 107. – C. Lambot: RBen 51 (1939) 3-30.
s frg Lambot	*Sermones Lambot Fragmente*: 편집본: RBen 79 (1969) 206-14.
s frg Vebr	*Sermones Verbraken Fragmente*: 편집본: RBen 84 (1974) 245-70.
s Guelf	*Sermones G. Morin Guelferbytani*: 편집본: MAg I 441-585 = PLS II 536-657. – 번역서: H. R. Drobner: Augustinus 38 (1993) 189-202 [5].
s Haffner	*Sermones Haffner*: 편집본: RBen 77 (1967) 326-8.
s Lambot	*Sermones Lambot*: 편집본: PLS II 744-834, 839-40. – RBen 59 (1949) 55-81.
s Liver	*Sermones F. Liveriani*: 편집본: MAg I 391-5 = PLS II 528-31.
s Mai	*Sermones A. Mai*: 편집본: MAg I 285-386 = PLS II 443-528.
s Mogunt	*Sermones Moguntini*: s Dolbeau 참조.
s Morin	*Sermones G. Morin*: 편집본: MAg I 589-613, 624-664 = PLS II 657-708.
s Wilm	*Sermones A. Wilmart*: 편집본: MAg I 673-719. – PLS II 708-43, 834-9. – A. Wilmart: RBen 44 (1932) 201-6 [317].
101. s Caes eccl	*Sermo ad Caesariensis ecclesiae plebem*(「체사레아 교회의 신자들에게 보낸 설교」; 418년 9월 20일): 편집본: M. Petschenig: CSEL 53 (1910) 167-78. – M. Petschenig/G. Finaert/E. Lamirande: BAug 32 (1965) 416-45.
102. s dom m	*De sermone domini in monte*(「산상설교」): 편집본: A. Mutzenbecher = CChr.SL 35 (1967). – 번역서: A. Schmitt, St. Ottilien 1952. – 영어 번역서: W. Findlay/D. S. Schaff: NPNF I 6 (1888 = 1995) 1-63. – J.J. Jepson = ACW 5 (1948). – D.J. Kavanagh = FaCh 11 (1951) 17-208. – 참고문헌: A. Holl, Augustins Bergpredigtexegese nach seinem Frühwerk *De sermone Domini in monte*, W 1960.

103. *sent Iac*   *De sententia Iacobi*(「야고보의 명제」 [= ep 167]; 415년): 편집본: A.
Goldbacher: CSEL 44 (1904) 586-609. – 영어 번역서: W. Parsons: FaCh
30 (1955) 32-49.

104. *Simpl*   *Ad Simplicianum*(「심플리치아누스에게」; 397년 4월 4일 이후): 편집본:
G. Bardy/J.-A. Beckaert/J. Boutet: BAug 10 (1952) 410-579. – A. Mutzen-
becher = CChr.SL 44 (1970). – 번역서: Th.G. Ring = ALGP 3 (1991). –
영어 번역서: J.H.S. BURLEIGH: LCC 6 (1953) 370-406.

105. *sol*   *Soliloquia*(「독백」; 386년 11월~387년 3월): 편집본: W. Hörmann: CS-
EL 89 (1986) 3-98. – P. de Labriolle: BAug 5 (1939) 24-163. – 번역서:
H. Fuchs/H. Müller = BAW.AC (1954) = TuscBü (1986) [TÜ]. – C.J. Perl,
Pb 1955. – 영어 번역서: Ch. C. Starbuck: NPNF I 7 (1888 = 1995) 531-
60. – Th.F. Gilligan: FaCh 5 (1948) 333-426. – J.H.S. BURLEIGH: LCC 6
(1953) 19-63.

106. *spec*   *Speculum*(「거울」; 427년경): 편집본: F. Weihrich: CSEL 12 (1887) 3-
285.

107. *spir et litt*   *De spiritu et littera ad Marcellinum*(「마르첼리누스에게 보낸 영과 문자」;
412년): 편집본: K. F. Urba/J. Zycha: CSEL 60 (1913) 155-229. – 번역
서: E. Kochs = BSt 36 (1962). – A. Forster, Pb 1968. – S. Kopp: ALG 1
(1971) 302-435 [TÜ]. – 영어 번역서: P. Holmes/R. E. Wallis/B. B. War-
field: NPNF I 5 (1887 = 1995) 79-114. – J. Burnaby: LCC 8 (1955) 182-
250. – R.J. Teske: WSA I/23 (1997) 139-202. – 참고문헌: D. Marafioti,
L'uomo tra legge e grazia. Analisi teologica del *De spiritu et littera* di S.
Agostino, Brescia 1983.

108. *symb cat*   *De symbolo ad catechumenos*(「세례지원자를 위한 신경 강해」): 편집본:
R. Vander Plaetse: CChr.SL 46 (1969) 185-99. – 번역서: R. Storf: BKV[1]
IV (1877) 352-481. – 영어 번역서: C.L. Cornish: NPNF I 3 (1887 = 1995)
367-75. – M. Liguori: FaCh 27 (1955) 283-307. – E. Hill: WSA III/10
(1994) 445-57.

109. *trin*   *De trinitate*(「삼위일체론」; 399~420년): 편집본: W.J. Mountain/F. Glo-
rie = CChr.SL 50-50 A (1968). – 번역서: M. Schmaus = BKV[2] XI-XII
(1935-6). – 영어 번역서: A. West Haddan/W. G. T. Shedd: NPNF I 3
(1887 = 1995) 1-228. – St. McKenna = FaCh 45 (1963). – E. Hill = WSA
I/5 (1991).

110. *uera rel*   *De vera religione*(「참된 종교」; 390년): 편집본: W.M. Green: CSEL
77/2 (1961). – K.-D. Daur: CChr.SL 32 (1962) 187-260. – J. Pegon/G. Ma-
dec: BAug 8 (1982) 22-191. – 번역서: W. Thimme = BAW.AC (1962)
366-533 [TÜ]. – C.J. Perl, Pb [3]1974. – 영어 번역서: J.H.S. BURLEIGH:
LCC 6 (1953) 218-83.

111. *uers mens*   *Versus in mensa*(「식탁에서의 시」): 편집본: A. Riese, *Anthologia latina*
1/2, L [2]1906 = Amsterdam 1964, 40.

112. *uers Nab*   *Versus de s. Nabore*(「나보라의 시」): 편집본: A. Riese, *Anthologia latina*
1/2, L [2]1906 = Amsterdam 1964, 8 = PLS II 356-7.

113. *uid deo*   *De videndo deo*(「하느님께 대한 정관」; 413년): 편집본: A. Goldbacher:
CSEL 44 (1904) 274-331. – 영어 번역서: W. Parsons: FaCh 20 (1953)
170-224. – M.T. Clark: CWS (1984) 361-402.

114. *uirg*   *De sancta virginitate*(「거룩한 동정성」; 401년경): 편집본: J. Zycha: CS-
             EL 41 (1900) 235-302. – J. Saint-Martin: BAug 3 (²1949) 110-227. – 번역
             서: I. M. Dietz, WÜ 1952. – 영어 번역서: C.L. Cornish: NPNF I 3 (1887
             = 1995) 415-38. – J. McQuade: FaCh 27 (1955) 133-212. – R. Kearney/D.
             G. Hunter: WSA I/9 (1999) 63-107.

115. *un bapt*   *De unico baptismo contra Petilianum ad Constantinum*(「콘스탄티누스에
             게 보낸, 페틸리아누스를 논박하는 세례의 일회성」; 411년경): 편집본:
             M. Petschenig: CSEL 53 (1910) 3-34. – M. Petschenig/G. Finaert/A.C. de
             Veer: BAug 31 (1968) 664-737.

116. *util cred* *De utilitate credendi*(「신앙의 유익함」; 391년): 편집본: J. Zycha: CSEL
             25 (1891) 3-48. – J. Pegon/G. Madec: BAug 8 (1982) 208-301. – 번역서:
             C.J. Perl, Pb 1966, 2-93 [TÜ]. – A. Hoffmann = FC 9 (1992) [TÜ]. – 영어
             번역서: C.L. Cornish: NPNF I 3 (1887 = 1995) 345-66. – L. Meagher:
             FaCh 4 (1947) 381-442. – J.H.S. BURLEIGH: LCC 6 (1953) 284-323. –
             참고문헌: A. Hoffmann, Augustins Schrift "De utilitate credendi". Eine
             Analyse = MBTh 58 (1997).

117. *util ieiun* *De utilitate ieiunii*(「단식의 유익함」): 편집본: G. Combès: BAug 2
             (1948) 584-617. – S. D. Ruegg = PS 85 (1951) (TeÜK). – S. D. Ruegg:
             CChr.SL 46 (1969) 231-41. – 번역서: R. Arbesmann, WÜ 1958. – 영어
             번역서: M.S. Muldowney: FaCh 16 (1952) 395-422. – E. Hill: WSA
             III/10 (1994) 471-83.

제 4 부

고대 후기부터 중세 초기까지의 전환기 문헌
(430년경 ～ 8세기 중엽)

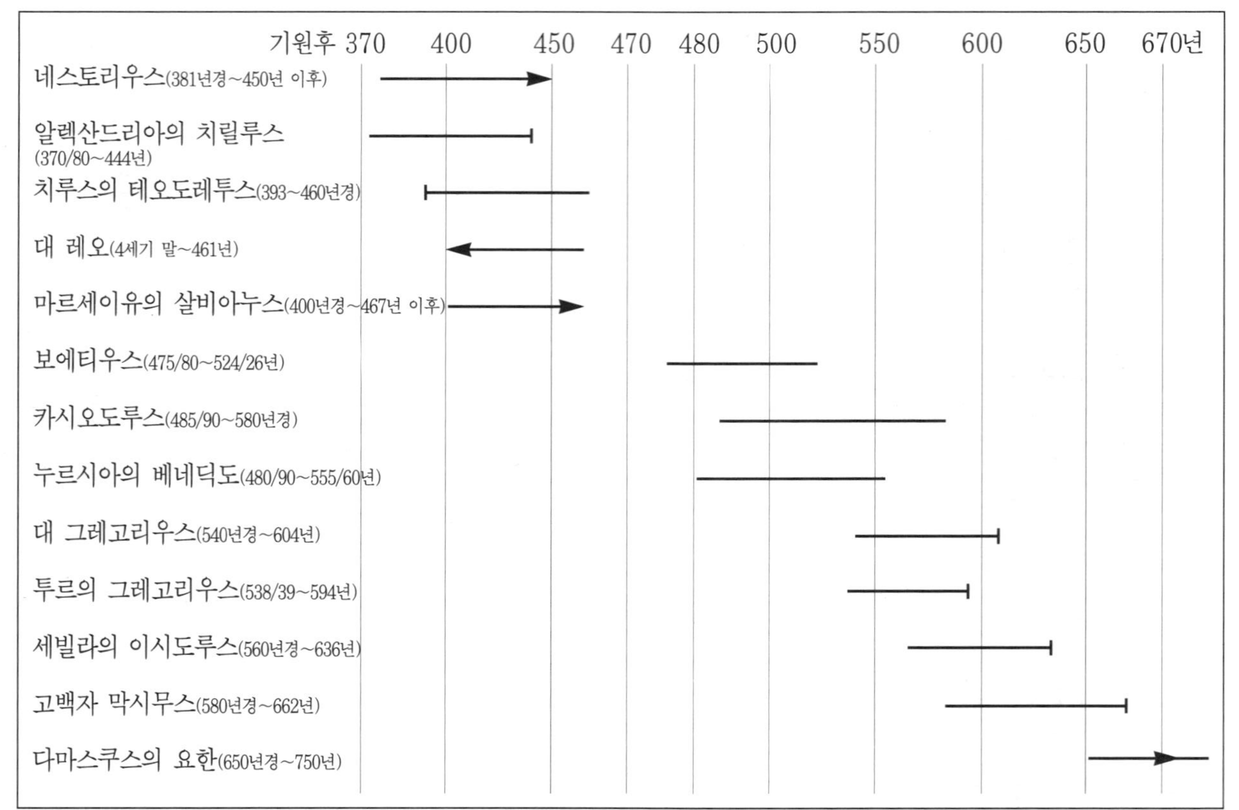

기원후 370 400 450 470 480 500 550 600 650 670년
네스토리우스(381년경~450년 이후)
알렉산드리아의 치릴루스(370/80~444년)
치루스의 테오도레투스(393~460년경)
대 레오(4세기 말~461년)
마르세이유의 살비아누스(400년경~467년 이후)
보에티우스(475/80~524/26년)
카시오도루스(485/90~580년경)
누르시아의 베네딕도(480/90~555/60년)
대 그레고리우스(540년경~604년)
투르의 그레고리우스(538/39~594년)
세빌라의 이시도루스(560년경~636년)
고백자 막시무스(580년경~662년)
다마스쿠스의 요한(650년경~750년)

서 론

제3부의 서론에서는 교부문헌의 마지막 시기가 430년경부터 시작하는 것으로
규정하였다. 그러나 이 시기는 전통적으로 서방의 세빌라의 이시도루스(636년 사망)
와 동방의 다마스쿠스의 요한(750년경 사망)으로 끝난다. 이러한 시기 구분은 칼체
돈 공의회(451년)를 교부시대의 마지막 사건으로 여겨야 한다는 이견에 부딪친다.
이러한 이견이 정당하다면 교부시대는 위에서 언급한 이유로 아우구스티누스로
끝나야만 한다. 그렇지만 고대 후기와 중세 초기의 시대 구분에 관한 복잡한 문
제점이 지금까지 해결되지 않았으며, 문헌사도 당시의 정치사나 문화사와 구별
되지 않는다. 따라서 문헌사를 면밀히 고찰할 경우, 교부시대는 7세기 내지 8세
기까지 계속되었다는 합당한 근거를 찾을 수 있다.

4세기에서 5세기의 과도기로 넘어가면서 언어의 일치만이 아니라 476년 서로
마제국이 멸망하면서 제국의 일치가 깨진 뒤, 이전 제국의 일부 지역과 문학은
민족 이동으로 심해지는 압박 때문에 점점 더 그들 고유의 독자적인 길을 걸었
다. 그러나 로마의 정치적·문화적 구조는 서방에서 새롭고 "중세적인" 구조로
바뀌기 전인 7~8세기까지 영향을 미쳤다("독일 민족"의 로마제국이 1806년까지 로마의 이념을
지켜가고 있고 로마제국의 문화적 영향이 오늘날까지도 계속된다는 사실은 이 경우 제외되어야 한다). 브리타
니아는 이미 407년에 몰락하였으며, 596년부터 대 그레고리우스의 선교로 새로
그리스도교화하였다. 서고트족은 5세기 초부터 스페인을, 반달족은 429년부터
북아프리카를 다스렸다. 갈리아는 게르만족, 고트족, 훈족과 같은 여러 다른 민
족이 이동하는 지역이었다. 따라서 로마의 통치는 실제로 도시에서만 유지되었으
며, 프랑크족의 통치 영역은 5세기 말부터 확대되었다. 이탈리아에서는 서로마제
국의 마지막 황제인 로물루스 아우구스투스를 476년 폐위시킨 오도아케르 다음
에, 서고트족 왕인 대 테오데리쿠스가 526년까지 유지된 제국을 건립하였다.

고트족과 반달족 제국은 동방과 서방의 옛 로마제국의 일치를 재건하려고 한 유스티니아누스 황제(518/527~565년)의 재통일 전쟁으로 멸망하였다. 유스티니아누스의 군대는 533년 북아프리카를, 535년부터는 달마티아와 이탈리아를 정복하였다. 고트족과의 전쟁은 수십년 동안 지속되었으며 스페인의 일부 지역만 점령하였다. 그러나 그의 정책은 이후 일관되지 못하였다. 롬바르드족은 568년부터 이탈리아를 침입하여 로마, 라벤나의 총독 관할 지역, 남부 이탈리아의 일부 지역, 시칠리아만이 8세기까지 동로마제국으로 남아 있었다. 스페인은 대략 625년부터 다시 서고트족에게 점령되고, 북아프리카는 7세기 말 아랍 정복자들의 손에 넘어갔다.

동로마제국의 상황은 622년부터 이슬람 교도의 침입으로 돌변하여, 750년까지 제국의 영토가 소아시아, 그리스, 발칸 지역으로 줄어들었다. 이러한 정치적 변화는 교부학의 마지막 시대를 서방에서는 7세기 중엽으로, 동방에서는 8세기 중엽으로 정하는 것을 정당화한다.

그밖에 네스토리우스 논쟁(428년), 에페소 공의회를 서두로 칼체돈 공의회, 이 공의회의 결정들의 수용을 둘러싼 투쟁을 거쳐 삼장 논쟁, 단의설單意說·단력설單力說 논쟁에서 그리스도론 설명, 콘스탄티노플에서 열린 두 공의회(553년과 680~683년), 니체아 공의회(787년)의 성화상 논쟁까지 포괄하는 신학적 연관성도 교부시대를 구분하는 데 고려해야 한다.

그러나 이 시대의 그리스도교 문헌이 동방과 서방에서 한 시대의 종말과 새로운 시대로 넘어가는 과도기적인 명백한 특징을 드러내면서도, 당시의 근본적인 상황을 반영하여 고대 교부문헌을 계승하고 구성요소로 이해하였다는 것은 매우 중요하다. 라틴 문헌은 서방의 매우 급격한 변혁 때문에 동방 문헌보다 훨씬 더 미래지향적인 내용을 싣고 있다. 위대한 과거와 이미 현실화한 새로운 시대에 대한 의식 사이의 긴장관계에서 그리스도교 문헌은, 한편으로는 로마제국의 위대한 업적들을 계속 장려하고 (전승적이고 편집적 특징을 지니는 면에서) 장래를 위해 보존해야 했으며, 다른 한편으로는 새로운 시대에 나타나는 문제들을 실제적·철학적·신학적으로 해결해야만 했다. 이러한 관점에서 중세

와 근대까지도 영향을 미친 중요하고 미래지향적인 그리스도교 작품들이 나오
게 되었다. 사람들은 일반적으로 베네딕도의 수도규칙서 또는 대 그레고리우스
의 작품만 기억한다.

　이 점에서 이 시기의 서방 문헌은 같은 시대의 동방의 그리스 문헌과 근본적
으로 구분된다. 동방에는 뚜렷한 정치적·문학적 단절이 없었기 때문이다. 이
슬람교가 지속적으로 전파되어 궁극적으로 비잔틴 제국의 "중세"가 시작되었을
때, 로마제국은 눈에 띄지 않게 비잔틴 제국으로 계속 발전하여 고대 후기의
그리스·교부문헌은 더욱더 과거지향적인 경향을 띠었으며, 가장 유명한 편집
자 다마스쿠스의 요한에 이르러 교부시대가 끝난다. 확실히 이 시기에도 중요
하고 독창적이고 독자적인 신학적·영적·전례적 작품들이 있었지만, 과거의
위대한 교부들을 회고하는 모음집과 전승이 대부분을 차지한다.

참고문헌: A. Cameron, The Mediterranean World in Late Antiquity AD 395-600, Lo-NY 1993
(i Genova 1996).

제10장

5세기의 신학 논쟁

참고문헌: L. Perrone, La chiesa di Palestina e le controversie cristologiche. Dal Concilio di Efeso (431) al secondo concilio di Costantinopoli (553), Brescia 1980. – A. Grillmeier, Christ in Christian Tradition I: From the Apostolic Age to Chalcedon (451), transl. J. Bowden, Lo -O ²1975 (d F ³1990).

1. 네스토리우스, 알렉산드리아의 치릴루스, 에페소 공의회(431년)

431년 에페소에 (세번째 전 세계) 공의회를 열게 한 네스토리우스 논쟁은 짧은 기간에 논쟁의 정점에 도달하였다. 네스토리우스는 381년경 시리아의 게르마니치아에서 태어났다. 그는 (아마도) 몹수에스티아의 테오도루스의 제자로 안티오키아에서 수도자와 사제로 살았으며, 경건함과 능변으로 상당한 명성을 얻었다. 이때문에 그는 428년 4월 10일에 정치와 교회에서 매우 중요한 주교좌인 수도 콘스탄티노플의 주교로 선출되었다. 그는 신앙을 순수히 지키려는 지나친 열의로 수십년 전부터 수많은 유명한 교부가 사용하고 대중적으로 널리 쓰인 "하느님을 낳으신 분"$\theta\epsilon o\tau\acute{o}\kappa o\varsigma$이라는 마리아의 칭호에 대하여, 마리아론 관점에서가 아니라 그리스도론 관점에서 이의를 제기하였다. 안티오키아 학파의 그리스도론은 그리스도의 신성과 인성 및 그 각각에 속하는 속성들을 엄격히 구분하였다. 태어난 사람은 하느님이 아니라 인간 예수이기 때문에 마리아는 실제로 "예수의 어머니"라고 할 수 있다. 네스토리우스는 한편으로 "하느님-인간" 안에서 완전한 두 본성의 내적 일치를 부인하지 않았다. 그런 까닭에 그는 "인간을 낳으신 분"$\acute{a}\nu\theta\rho\omega\pi o\tau\acute{o}\kappa o\varsigma$이라는 마리아에 대한 상반된 칭호를 거부하였다. 그는 한편으로 본성의 속성들을 명백히 구분하고, 다른 한편으로는 마리아에게서 태어난 인간 예수와 하느님의 일치를 나타내기 위하여, "하느님을 잉태하신 분"*θεοδόκος* 또는 "그리스도를 낳으신 분"*Χριστοτόκος*이라는 타협적인 칭호를 제안하였다.

신학적으로 완전히 올바른 두 본성을 구분하려는 네스토리우스의 이러한 노력은 "하느님을 낳으신 분"이라는 칭호가 널리 사용되었기 때문에 수포로 돌아갔다. 네스토리우스의 이 주장으로 말미암아 콘스탄티노플에서는 소동이 일어났으며, 특히 412년부터 치릴루스가 총대주교로 있던 알렉산드리아 사람들은 민감하게 반응하였다. 알렉산드리아의 치릴루스가 주교로 서임되기 전의 생애에 관해서는 알려진 것이 많지 않다. 그는 370~380년에 알렉산드리아에서 훗날에 총대주교가 될 테오필루스의 조카로 태어났으며, 테오필루스 주교 재임시 성직자가 되었고 얼마 동안 수도자로 생활한 듯하다. 그는 요한 크리소스토무스를 면직한 "참나무 교회회의"(403년)에 삼촌과 동행하였으며, 412년 10월 17일에 삼촌의 후임자로 알렉산드리아의 주교가 되었다. "그는 테오필루스(385-412년)에게서 권력과 야망뿐만 아니라 실행력, 정치적 능력, 반대자들에 대한 가혹함과 의구심을 물려받았다"(Simonetti: EECh I, 214쪽). 이교인, 유다인, 이단자들에 대한 반감으로 그는 알렉산드리아에서 노바티아누스파와 유다인들을 박해하였으며, 415년 여자 철학자 히파티아를 살해하게 한 격앙된 분위기를 조성하였다.

사람들은 치릴루스가 네스토리우스 논쟁에 관여한 동기를 교회정치사적 관점으로 축소하려 하였다. 치릴루스는 삼촌이자 선임자인 테오필루스가 주교로 있을 때에, 이미 요한 크리소스토무스를 추방하는 일에 관여하였다. 또한 그는 콘스탄티노플 공의회에서 알렉산드리아가 두번째 총대주교좌에서 로마, 콘스탄티노플 다음의 세번째 총대주교좌로 하향 조정된 뒤, 알렉산드리아의 권위를 다시 강화해야만 했다. 이것이 그가 논쟁에 관여하게 된 하나의 이유라는 데에는 의심의 여지가 없지만 교의적 계기없이 콘스탄티노플 총대주교를 공격하지는 않았을 것이다. 이때문에 사람들은 치릴루스가 다만 교회정치적 목표를 위해 신학 문제를 교묘하게 이용하였다고 추론하였다. 이 두 가지 이유 가운데 어떤 것이 직접적인 계기이고 결정적인 요소였는지, 또는 두 요소가 함께 영향을 미쳤는지를 결정하기가 쉽지 않을지라도, 치릴루스를 진지한 신학적·종교적 확신 없는 순수한 권력지향적 정치가로 치부해서는 안 된다. 그는 안티오키아의 그리스도론보다 그리스도 안에서 두 본성의 일치를 더 강조하는 알렉산드리아의 그리스도론 전통에서 성장하였다. 이러한 전통으로 인해 알렉산드리아는 칼체돈 공의회 이후에도 그리스도 단성론을 주장하여 보편교회에서 분리되었다.

치릴루스는 아타나시우스 이래, 이집트 교회에서 서방교회의 입장을 대변한 이집트 수도자들에게 보낸 편지(ep 1)와 429년 부활축일 서간으로 네스토리우스를 논박하는 활동을 시작하였다. 같은 해 그는 네스토리우스가 간결하고 신중하게 설명한 그리스도론에 대한 견해를 네스토리우스에게 문의하였다(ep 2). 그는 다음해 자신의 그리스도론을 상세히 서술하면서 네스토리우스에게 "하느님을 낳으신 분" 칭호를 받아들일 것을 권유하였다(ep 4). 두 사람은 모두 제국의 첫째 서열에 있던 로마에 그들의 입장을 지지해 줄 것을 요청하였다. 첼레스티누스 교황은 430년 8월 로마 교회회의 개최 이후 치릴루스의 입장을 지지하였다. 그는 치릴루스에게 자신의 이름으로 네스토리우스의 주장을 철회하도록 요구할 수 있는 전권과, 네스토리우스가 교황의 결정 통고를 받은 뒤 10일 이내에 복종하지 않을 경우 그를 면직시킬 수 있는 전권을 주었다. 그러나 치릴루스는 알렉산드리아 교회회의가 열린 뒤인 430년 11월에야 네스토리우스에게 교황의 결정과 동봉 편지(ep 17) 및 알렉산드리아의 그리스도론을 매우 과격한 방식으로 제시하고, 안티오키아 사람들이 받아들이기 어려운 12조항의 파문문을 보냈다. 이 파문문은 마리아에게 "하느님을 낳으신 분"이란 칭호를 승인[1], "품위에 따른 결합"*συνάφεια κατ' ἀξίαν*만이 아니라 자연적·실제적 일치*ἕνωσις φυσική*(3), 그리스도 두 본성의 히포스타시스에 따른*καθ' ὑπόστασιν* 일치의 정의(2), 마침내 프로소폰과 히포스타시스의 동일시, 속성의 호환(4)을 요구하였기 때문이다. 이 영역에서 논쟁은 일치할 수 없었기 때문에, 네스토리우스는 황제 테오도시우스 2세에게 논쟁을 해결할 수 있는 공의회 소집을 요청하였다. 황제는 430년 11월 19일에 동방제국의 주교들 및 첼레스티누스 교황과 히포의 아우구스티누스를 431년 성령강림절(6월 7일)에 에페소로 초대하였다.

그러나 공의회 개최는 정한 날짜가 지났지만 안티오키아의 총대주교 요한과 교황의 사절들, 시리아와 팔레스티나의 많은 주교가 도착하지 않아 지연되었다〔황실은 초대 서간을 아우구스티누스에게 보내기 전에 그가 이미 사망하였다는 사실을 모르고 있었으며, 초대서간은 431년 부활절(4월 19일)에야 아프리카에 도착하였다. 반달족의 침입으로 아프리카에서는 교회회의를 개최할 수 없었기 때문에 카르타고의 주교 카프레올루스는 바술라 부제만 대표로 파견하였다〕. 황제의 권한 대리인인 칸디디아누스가 공의회 개최에 이의를 제기하였고, 치릴루스는 안티오키아의 주교들이 곧 도착할 것을 알았지만 — 또는 알았기 때문에? — 그를 따르는 154명의 주교로 공의회를 개최하였다. 네스토리우스에게 보낸 치릴루스의 두번째 편지와 이에 대한 네스토리우스의 답변 서간이 낭독되었다. 네스토리우스에게 보낸 두번째 편지는 니체아 신앙고백과 함께 근본적이고 적절한 신앙진술로 생각되어, 참가자들은 어떤 내용을 첨가하지 않은 채 이를 만장일치로 승인하였다. 증인들의 진술이 있었으며, 그밖의 문서들, 그 가운데에 치릴루스의 편지와 12조항의 파문문도 낭독되었다. 마침내 네스토리우스는 단죄받고 면직되었다. 회의의 결정들은 나중에 보편적으로 유효한 공의회 교령으로 인정되었다. 그렇지만 이 회의는 "하느님을 낳으신 분" 칭호를 명백히 설명하지 않았을 뿐만 아니라 단죄받은 유설도 정의하지 않았다. 단지 치릴루스의 편지에서 전개된 알렉산드리아 그리스도론만 승인하여 그리스도론 문제는 해결되지 않은 채 연기되었다. 치릴루스의 그리스도론, 특히 히포스타시스에 따른 일치 $\ἕνωσις\ καθ'\ ὑπόστασιν$라는 정식이 신학적으로 대립관계에 있는 두 학파 가운데 한 학파의 견해만 나타내며, 프로소폰과 히포스타시스 개념이 지니는 의미가 이후에도 분명하지 않았다는 것을 완전히 도외시하였기 때문이다.

6월 26일에 도착한 안티오키아의 요한은 치릴루스가 주재한 회의를 인정하지 않고, 약 50명의 주교와 황제의 권한 대리인인 칸디디아누스가 참석한 다른 공의회를 열었다. 그들은 치릴루스와 그의 추종자들을 단죄하였으며, 12조항의 파문문을 취소하지 않을 경우 그들의 교회 공동체와 관계를 끊겠다고 통보하였다. 이에 황제는 6월 말에 양측이 참여한 새로운 공의회를 열 것을 명하였으나 치릴루스와 그의 추종자들은 이를 반대하였으며, 7월 9일 교황의 사절들이 도착하여 결정적인 지지를 받았다. 교황의 사절들은 이미 이루어진 로마의 결정에 따라 치릴루스를 지지하도록 위임받았다. 네스토리우스는 첼레스티누스가 이전에 내린 결정에 대해 자신의 주장을 철회하지 않았기 때문에, 교황의 사절들은 6월 22일 회의의 결정을 추인하였다. 결국 양측이 참가한 공의회는 열리지 않았다. 테오도시우스 황제는 처음에 양측의 부분 교회회의의 결정들을 인정하였으며, 모든 참가자에게 상황이 해결될 때까지 에페소에 머무를 것을 명하였으며, 8월 1일에 요한이라는 새로운 황제 대리인을 파견하였다. 황제의 대리인은 양측의 부분 교회회의의 결정들을 철저히 이행하여 네스토리우스, 치릴루스, 에페소의 주교 멤논을 체포하여 가두고, 공의회에 참가한 나머지 교부들을 그들의 교구로 돌아가게 하였다. 체포된 이들에 대한 공판이 진행되는 동안 치릴루스는 선물 공세로 황실에 지대한 영향력을 행사하였다. 공판은 9월 11일에 네스토리우스를 면직하는 결정으로 끝나 그는 안티오키아 근처의 수도원에 은거하게 되었다. 테오도시우스 황제는 마침내 공의회를 폐회하고 참가자들에게 귀국을 허용하였다. 치릴루스는 허락없이 이미 에페소를 떠났다.

네스토리우스는 안티오키아에서 4년 동안 살았으며, 그 뒤 테오도시우스 황제는 그를 처음에는 이두메아 지방의 페트라로, 마지막으로는 상부 이집트에 있는 "대 오아시스"로 추방하였다. 네스토리우스는 그곳에서 황제(450년 7월 28일 사망)와 자신의 적대자인 치릴루스(444년 6월 27일 사망)보다 오래 살았으며, 신학활동과 저술활동을 계속하였다. 치릴루스와 안티오키아의 요한은 433년 4월 일치정식에 합의하여 논쟁을 해결하였다. "두 본성의 일치가 일어났다. … 혼합 없는 이 일치 때문에 우리는 거룩한 동정녀가 하느님을 낳으신 분이라고 고백한다. 하느님의 말씀이 육신과 인간이 되셨기 때문이다"(DH 271-3 참조). 치릴루스의 편지(ep 39)는 "하늘이 기뻐하고 땅이 환호한나"(시편 95,11)는 시편 말씀으로 시작한다(또한 1439년 7월 6일의 플로렌스 공의회의 일치 칙서도 의식적으로 이 구절을 인용한다). 그러나 이러한 합의가 네스토리우스의 복직으로 이어지지는 않았다. 오히려 황제는 435년 그의 모든 작품을 태워버리게 하여 유감스럽게도 작품의 전승을 막아버렸다. 그러나 시리아의 모든 교회는 433년 일치정식을 받아들이지 않아 오늘날에도 네스토리우스파 교회로 남아 있으며, 네스토리우스 문헌의 중요한 부분을 전한다. 16세기에 그들의 일부, 곧 이라크, 이란, 시리아의 칼데아족이 다시 가톨릭 교회로 통합되었다. 이와 달리 인도의 남서 지방인 케랄라의 "토마 그리스도인들"은 가톨릭 교도이지만 시리아에서 전해진 그들의 기원과 주변 상황 때문에 역사의 흐름 속에서 네스토리우스파의 요소를 많이 수용하였다.

1.1. 네스토리우스의 작품과 신학

위에 언급한 이유로 말미암아 겐나디우스(「유명인사록」 53)와 에벳예수(「목록」 20)가 증언한 네스토리우스의 많은 작품 가운데, 요한 크리소스토무스의 이름으로 전해지는 일곱 편의 설교, 11통의 편지와 수많은 단편을 제외하면 한 작품, 시리아 번역본 「헤라클리데스의 책」만이 완전하게 남아 있다. 네스토리우스 생애 말기에 저술한 방대한 이 작품은 1895년에 코트카네스의 대주교 도서관에서 발견되었으며, 1910년에 처음 출판되었다. 네스토리우스는 이 작품에서 자신의 생애에 관해 서술하면서, 신학의 정통성을 변론한다. 네스토리우스의 작품 가운데 유일하게 완전히 남아 있는 이 문서는, 처음으로 에페소 공의회의 논쟁 외에 네스토리우스의 독창적인 사상을 밝혀, 아직도 끝나지 않은 그에 관한 평가에 새로운 지평을 열었다.

논쟁을 일으키고 에페소 공의회를 열게 한 그의 초기 그리스도론과 「헤라클리데스의 책」에 나타나는 후기 그리스도론 사이의 20년 간격을 주의깊게 고려해 볼 때, 오늘날 특히 루이지 스치피오니Luigi Scipioni의 연구에 따르면 다음과 같은 내용이 입증된다. 4세기 말에서 5세기까지 동방과 서방 신학은 사벨리우스주의, 아리우스주의, 아폴리나리우스주의와 같은 "단성설" 이단을 피하기 위하여 이레네우스 이래 "한 분이고 같은 분"εἶς καὶ αὐτός = unus atque idem과 같은 전통적인 이중정식을 넘어서, 그리스도 안에서 완전한 두 본성의 일치에 관한 적절한 정식을 탐구하였다. 이를 위해 그리스어에서 피시스φύσις와 본성의 영역에 관한 용어로 우시아οὐσία를 해명하기 위해서 두 개념, 프로소폰과 히포스타시스가 제시되었다. 두 개념의 정확한 의미가 먼저 규정되어야만 했다. 삼위일체 신학에서 히포스타시스는 하나의 본성에서 삼위를 구분하는 용어가 되었다. 특히 몹수에스티아의 테오도루스를 중심으로 한 안티오키아 신학은, 히포스타시스의 개념을 실제적이고 구체적인 실재의 의미에서 본성에 적용하려는 경향이 있는 반면, 프로소폰은 본성의 모든 외양外樣의 전체Summe이자 주체로 이해하려는 경향이 있었다. 이런 까닭에 네스토리우스와 마찬가지로 테오도루스에게서 두 본성은 각각 고유의 프로소폰을 지니며, 따라서 그리스도는 두 프로소폰δύο πρόσωπα을 지닌다. 그러나 두 프로소폰은 한 주체로 일치하여 하나의 프로소폰이 된다. 이 정식은 "하나의 위격"을 의미할 수도 있는데 하나의 위격과 같은 뜻은 아니다. 안티오키아 사람들은 일치 방법을 아직도 완전히 외적으로 함께 존재하는 것으로 오해할 수 있는 "결합"συνάφεια의 개념으로 표현하였으며, 네스토리우스는 이를 "호의에 의한, 의지에 따른"κατ' εὐδοκίαν이라는 개념으로 표현하였다. 네스토리우스는 그리스도 안에서 두 본성의 완전성과 자주성을 없애지 않는 안티오키아 학파의 근본적인 관심사를 받아들였다. 따라서 네스토리우스도 에페소 공의회 이전에는 알렉산드리아측에서 비난한 것처럼 "두 아들"을 가르치지 않았다(그는 명확히 이에 대해 항의하였다). 그러나 그는 다른측이 이해하기에 불충분한, 더구나 그릇된 개념으로 보이는 용어를 사용하였다. 양측이 같은 관심사를 해결하고자 하였으나 개념에서 일치하지 않았기 때문이다.

알렉산드리아의 신학도 다른 용어를 사용하지 않았다. 알렉산드리아파 사람들에게도 히포스타시스 개념은 본성의 영역에 속하였으며, 프로소폰은 본성의 외양들을 나타냈다. 그러나 그들에게는 무엇보다도 그리스도 안에서 두 본성의 실제적이고 내적인 일치를 나타내는 것이 중요했기 때문에 ἕν πρόσωπον κατὰ συνάφειαν 정식은 그들에게 매우 애매하고, 겉으로 한 아들 대신에 두 아들이 있는 것처럼 생각되었다. 그들에게 본성의 영역에서의 일치는, 하나의 본성 = 하나의 히포스타시스μία φύσις = μία ὑπόστασις로 이해되어야만 했다. 일치는 히포스타시스에 따라καθ' ὑπόστασιν 일어나지만, 이 일치가 20년 뒤 칼체돈 공의회에서 정의한 "위격적 일치"를 뜻하지는 않는다. 여기서 히포스타시스는

"위격"을 의미하지 않으며, 알렉산드리아 교회는 칼체돈 공의회에서도 이 용어의 의미 변화를 시인하지 않았기 때문이다.

라틴어와 라틴 신학은 이를 대체할 만한 전문용어를 알지 못하였고, 늦어도 아우구스티누스에 이르러 히포스타시스가 persona로 번역되었기 때문에, 제3자의 입장에서 문제점을 완전히 다르게 이해하였다. 히포스타시스를 "실체"Substanz로 번역하는 것은 삼위일체 정식을 불가능하게 만들었기 때문이다. persona라는 낱말은 외적인 현현과 행위의 주체라는 두 가지 의미를 지닐 수 있다. 삼위일체 정식에 병행하여 "두 본성 안에서 하나의 위격"una persona in utraque natura을 나타내는 아우구스티누스의 그리스도론에서 행위의 주체라는 의미가 관철되었다. 그런 까닭에 이제 라틴어로만 사고하게 된 서방은 치릴루스의 정식 "하나의 주체"μία ὑπόστασις = una persona를 네스토리우스의 정식 "외양"ἐν πρόσωπον = una persona보다 더 선호하였다. 그러나 치릴루스의 이해와 달리 프로소폰도 마찬가지로 "주체"를 의미할 수 있고, 안티오키아 신학에서 이와 같이 사용되었다는 미묘한 차이를 로마의 신학자들은 알아차리지 못하였다. 그러면 네스토리우스는 왜 부당하게 이단자로 단죄받았는가? 그가 자신의 진술로 의도한 것만 고려한다면 그의 신학은 정통이다. 그러나 교의사적 발전의 요점은 갈림길에서 하나의 정식을 택하고 다른 정식은 그릇된 것이나 이단으로 거부해야 했다는 점이다. 네스토리우스의 그리스도론이 오늘날의 인식에서 교회가 표현하고자 했던 것을 그대로 드러냈는지는 모르겠지만 교회는 이를 받아들이지 않았고, 네스토리우스는 교회의 결정에 따르지 않았기 때문에 이런 의미에서 네스토리우스는 당연히 이단자로 제외되어야만 했다.

편집본: F. Loofs, *Nestoriana. Die Fragmente des Nestorius gesammelt, untersucht und hrsg. Mit Beiträgen von St. A. Cook und G. Kampffmeyer*, Halle 1905. – P. Bedjan, P – L 1910 (*Liber Heraclidis*). – L. Abramowski/A. E. Goodman, A Nestorian Collection of Christological Texts, 2 vol., C 1972 (EsyrTeÜ).

번역서: S. Wenzlowsky, Die Briefe der Päpste und die an sie gerichteten Schreiben: BKV¹ III (1877) 399-407, 452-4, 532. – *Liber Heraclidis*: F. Nau, P 1910 (f).

참고문헌: 사전 항목/각론서 항목: A. Grillmeier, Jesus der Christus im Glauben der Kirche, Band 1: Von der Apostolischen Zeit bis zum Konzil von Chalcedon (451), F – Ba – W

³1990, 642-72, 687-91, 707-26 u.ö. – S.A. Harvey: EEC 648. – M Simonetti: EECh II 594. – L. R. Wickham: TRE 24 (1994) 276-86.

연구서: P. Batiffol, Sermons de Nestorius: RBI 9 (1900) 329-53. – E. Amann, L'affaire de Nestorius vue de Rome: RevSR 23 (1949) 5-37, 207-44; 24 (1950) 28-52, 235-65. – L.I. Scipioni, Nestorio e il concilio di Efeso. Storia, dogma critica = SPMed 1 (1974). – H.E.W. Turner, Nestorius Reconsidered: StPatr 13 = TU 116 (1975) 306-21. – A. de Halleux, Nestorius. Histoire et doctrine: Irén. 66 (1993) 38-51, 163-78.

헤라클리데스의 책: L.I. Scipioni, Ricerche sulla cristologia del "Libro di Eradide" di Nestorio. La formulazione teologica e il suo contesto filosofico = Par. 11 (1956). – L. Abramowski, Untersuchungen zum *Liber Heraclidis* des Nestorius = CSCO 242 (1963). – R.C. Chesnut, The Two Prosopa in Nestorius' *Bazaar of Heracleides*: JThS NS 29 (1978) 392-409. – J.J. O'Keefe, A Historic-Systematic Study of the Christology of Nestorius. A Reexamination Based on a New Evaluation of the Literary Remains in His *Liber Heraclidis*, Ms 1987.

1.2. 공의회 문서

에페소 공의회 이전의 모든 교회회의에 관한 보고와 기록들이 여러 지역에 전해지지만, 본질적인 의미에서 공의회 문서는 에페소 공의회에서 처음으로 작성되었다. 물론 이 문서들은 공의회의 회의록이 아니라 후대의 여러 편집자가 자신의 의도에 따라 모은 원문들이다. 에두아르트 슈바르츠Eduard Schwartz는 이 공의회 문서들을 기념비적인 편집본인 *Acta Conciliorum Oecumenicorum*(ACO)에서 출판하였다. 가장 중요한 그리스어 모음집들은 1) *Collectio Vaticana*, 2) *Collectio Seguieriana*, 3) *Collectio Atheniensis*이다. 이 모음집에서 *Collectio Seguieriana*는 *Collectio Vaticana*에 남아 있는 172편의 기록 가운데 146편에 대한 부분 모음집이며, *Collectio Atheniensis*에 남아 있는 177편의 기록 가운데 58편은 다른 기록을 싣고 있다. 세 모음집 모두 치릴루스에게 우호적인 알렉산드리아의 원형에서 유래하나 네스토리우스에게 우호적인 기록들도 있다.

라틴어 번역본들은 모두 "삼상 논생"과 세2차 콘스딘디노플 공의회외 관련된 단죄의 부당성을 증명하기 위하여 생겨났다. 1) 560년경에 콘스탄티노플에서 저술된 *Collectio Turonensis*, 2) 로마의 부제 루스티쿠스가 564/565년에 콘스탄티노플에서 번역하였으며 제1부에서 *Collectio Turonensis*를 베낀 *Collectio Casinensis*, 3) 첼레스티누스 교황의 역할을 특히 강조한 로마의 *Col-*

lectio Veronensis, 4) 스키티아 지방의 수도자가 533년 이후 콘스탄티노플 또
는 트라키아에서 "신칼체돈파"의 경향에서 번역한 *Collectio Palatina*, 5)-6)
내용이 길지 않은 *Collectio Sichardiana*와 *Collectio Winteriana*.

공의회 문서들은 황제와 공의회에 참가한 주교들의 서신교환, 공의회의 처리
방식과 참가자들의 명단, 결정, 설교, 연설, 치릴루스와 네스토리우스 작품들
의 발췌문, 교부 증언 모음집으로 구성된다. 이 가운데 증언 모음집들은 교부
논증을 적용하는데 신학적으로 특별한 의미를 지닌다. 치릴루스는 공의회에서
처음으로 "교부들"의 증언 모음집을 낭독하여 자신의 정통신앙을 위한 공식적
논증으로 사용하였다(서론 "전문 분야로 교부론" 2. 참조).

편집본: J. Flemming/G. Hoffmann, Akten der Ephesinischen Synode vom Jahre 449 = AG-
WG 15 (1917 = 1970) (syrTdÜ). – ACO I/1-5 (1922-9). – B.M. Weischer, Qērellos IV 1: Homi-
lien und Briefe zum Konzil von Ephesos = ÄthF 4 (1979) (äthiopTdÜ).

번역서: P.-Th. Camelot 225-51. – A.J. Festugière, Ephèse et Chalcédoine: Actes des Conciles,
P 1982, 5-650 (f).

참고문헌: 사전 항목/각론서 항목: C. J. Hefele/H. Leclercq, Histoire des Conciles d'après les
documents originaux II/1, P 1908, 555-621. – P.-Th. Camelot, Ephesus und Chalcedon = GÖK 2
(1963) 13-83 (f P 1962). – J. Liébart: TRE 9 (1982) 753-5. – M. Simonetti: EECh II 275-6.

연구서: A. d'Alès, Le dogme d'Éphèse, P 1931. – B. Studer, Il concilio di Efeso (431) nella
luce della dottrina mariana di Cirillo di Alessandria: S Felici (ed.), La mariologia nella catechesi
dei Padri (età postnicena): BSRel 88 (1989) 49-67. – H.-J. Vogt, Unterschiedliches Konzilsver-
ständnis der Cyrillianer und der Orientalen beim Konzil von Ephesus 431: H. Ch. Brennecke/E.
L. Grasmück/Ch. Markschies (eds.), Logos (FS L. Abramowski) = BZNW 67 (1993) 429-51. –
R. Teja, La "tragedia" de Efeso (431): Herejia y poder en la antegüedad tardía, Santander 1995.
– P. L'Huillier, The Church of the Ancient Councils. The Disciplinary Work of the First Four
Ecumenical Councils, Crestwood/NY 1996, 143-79.

1.3. 알렉산드리아의 치릴루스의 작품과 신학

치릴루스의 폭넓은 저술활동은 네스토리우스 논쟁 전후의 두 시기로 뚜렷이 구분
된다. 그는 논쟁 이전에는 성서주석과 아리우스주의를 논박하는 데 전념하였다.
성서주석서 가운데 오경에 관한 두 작품(「영과 진리로 드리는 흠숭과 공경」*De adoratione et cultu
in spiritu et veritate*과 「구약 오경의 우아함」*Glaphyra in Pentateuchum*)과 열두 소예언서 및 요한복

음 주석서가 남아 있으며, 그밖에 구약성서와 신약성서에 관한 수많은 단편이 성서주석서 선집에 남아 있다. 치릴루스도 구약성서가 예형론적으로 그리스도를 예시하는 것으로 이해하였지만, 오리게네스나 디디무스와는 달리 많은 본문을 문자적으로 이해하였다. 그는 아리우스주의에 맞서「거룩하고 동일본질인 삼위일체에 관한 지식의 보고」*Thesaurus de sancta et consubstantiali trinitate*와「거룩한 삼위일체에 관한 대화」*Dialogi de sancta trinitate*를 저술하였다. 이 작품들은 가톨릭의 삼위일체론을 전적으로 카파도키아 사람들과 콘스탄티노플 공의회의 노선에서 설명한다.

치릴루스는 네스토리우스와 관련하여 이미 앞에서 언급한 교의서간 1, 2, 4, 17 외에 430년 네스토리우스의 그리스도론을 상세히 반박하는「네스토리우스를 논박하는 5권의 책」*Libri V contra Nestorium*을 저술하였다. 그밖에 그는, 사모사타의 주교 안드레아와 치루스의 주교 테오도레투스가 자신의 "파문문"을 비판하자 이에 대해 두 권의 변론서,「동방의 주교들을 논박하는 12개 조항에 관한 변론」*Apologia XII capitulorum contra Orientales*과「테오도레투스를 논박하는 12개 조항 파문문에 대한 변론」*Apologia XII anathematismorum contra Thedoretum*으로 답변하였고, 에페소에 갇혀 있을 때「12개 조항에 대한 해설」*Explanatio XII capitulorum*을 추가로 저술하였다. 논쟁에서는 황제와 황실에 대한 설득이 중요하였기 때문에 치릴루스는 네스토리우스보다 노련한 교회정치가로서 이미 430년「참된 신앙에 관해 테오도시우스 황제에게 보내는 변론」*Oratio ad Theodosium imperatorem de recta fide*,「신앙에 관해 아르카디아와 마리나 황후에게 보내는 변론」*Oratio ad Arcadiam et Marinam augustas de fide*,「신앙에 관해 풀케리아와 에우독시아 황후에게 보내는 변론」*Oratio ad Pulcheriam et Eudociam augustas de fide*을 그들에게 헌정하였다. 그는 마지막 작품에서 이집트 교회회의가 끝난 다음「테오도시우스 황제에게 보내는 변론」을 보완하였다. 438년 타르수스의 니오도루스와 몹수에스디아의 테오도루스가 네스토리우스 신학의 선구자로 빗발치는 비판의 공세를 받을 때(이러한 비판으로 말미암아 그들은 "삼장 논쟁"과 499년, 553년 콘스탄티노플 교회회의에서 단죄받았다), 그는 오늘날 단편만 남아 있는 작품「디오도루스와 테오도루스 논박」*Contra Diodorum et Theodorum*에서 그들을 "네스토리우스주의의 아버지"라고 비난하였다.「그리스도가 한 분이라는 대화」*Dialogus, quod unus sit Christus*에서 치릴루스는 그리스도론을 요약한다. 그밖에 100통 이상의 편지, 수많은 강해 가운데 앞에서 언급한 일치서간 39번(「하늘이 기뻐하도다」*Laetentur coeli*), 편지 45번, 46번은 교의적으로 주목할 만하다. 생애 말기에 저술(433년 이후)한 대작 「율리아누스 황제 논박」*Contra Iulianum imperatorem*은 율리아누스의 「갈릴래아 사람들 논박」*Adversus Galilaeos*에 맞선 작품으로 이교인을 배척하는 치릴루스의 열정을 보여주지만, 이교인의 공격에 대해 그리스도교도 계속적으로 논증하고 변론해야 할 필연성을 나타낸다.

네스토리우스 논쟁에 관련하여 앞에서 서술한 치릴루스의 그리스도론의 개요 외에, 후대에 칼체돈 공의회의 그리스도론에 관한 논쟁과 콥트 교회의 분열을 일으킨 다음의 두 정식이 치릴루스의 그리스도론에서 이채롭다.

1) 치릴루스는 "하느님 로고스의 육체가 된 하나의 본성"*μία φύσις τοῦ Θεοῦ Λόγου σεσαρκωμένη*에 관하여 이 정식이 아타나시우스에게서 유래한다고 확신하였다. 그러나 이 정식은 실제로 아폴리나리우스에게서 유래하며, 그가 단죄받은 뒤 그의 작품은 아타나시우스 이름으로 전해졌다. 모든 신학적 발전과 치릴루스가 아폴리나리우스의 이단을 명시적으로 부인하였지만 그는 아폴리나리우스의 "말씀-살" 그리스도론 도식을 넘어서지 못하였으며, 인성을 병렬시키지 않고 종속시키는 위험을 극복하지 못하였다.

2) 치릴루스는 그리스도의 일치에 관해서 두 본성이 하나가 된다는 관념을 선호하였다. 그런 까닭에 칼체돈 공의회에서 알렉산드리아 신학자들은 "두 본성에서"*ἐκ δύο φύσεων* 정식을 관철하려고 하였으며, 궁극적으로 결정된 "두 본성 안에서"*ἐν δύο φύσεσιν*를 오랫동안 받아들이지 않았다. "두 본성 안에서"라는 정식은 아주 다른 의미일지라도 몹수에스티아의 테오도루스와 네스토리우스의 사고방식에서 두 프로소폰*πρόσωπα*이 일치하여 하나가 된다는 안티오키아의 관념과 매우 유사하다.

편집본: *Opera omnia*: PG 68-77. – Ph.E. Pusey, 7 vol., O 1868-77 = Brü 1965. – ACO I/1-5 (1922-9). IV/1 (1971). – *Commentarii in Lucam*: I.-B. Chabot/R. M. Tonneau = CSCO 70, 140 (1912-53) (syrTlÜ). – *Contra Iulianum imperatorem*: P. Burguière/P. Évieux = SC 322 (1985) (*I-II TfÜK*). – *De incarnatione, De recta fide*: G.M. de Durand = SC 97 (1964) (TfÜK). – *De trinitate*: G.M. de Durand = SC 231, 237, 246 (1976-8) (TfÜK). – *Epistulae*: R.Y. Ebied/L.R. Wickham, The Letter of Cyril of Alexandria to Tiberius the Deacon: Muséon 83 (1970) 433-82. – R.Y. Ebied/L.R. Wickham, An Unknown Letter of Cyril of Alexandria in Syriac: JThS NS 22 (1971) 420-34 (syrTeÜ). – R.Y. Ebied/L.R. Wickham = CSCO 359-360 (1975) (syrTeÜ). – L.R. Wickham, Select Letters = OECT (1983) (*4, 17, 41, 44-46, 55* TeÜ). – *Epistulae festales*: P. Évieux/W.H. Burns/L. Arragon/M.-O. Boulnois/M. Forrat/B. Meunier/R. Monier = SC 372, 392, 434 (1991-8) (I-XIII TfÜK). – R. Hespel, Le Florilège Cyrillien réfuté par Sévère d'Antioche. Étude et édition critique = BMus 37 (1955). – *Fragmenta apud Severum Antiochenum contra impium grammaticum*: J. Lebon = CSCO 93-94, 101-102 (1929-33) (syrTIÜ). – J. Reuss, Johannes-Kommentare aus der griechischen Kirche aus Katenenhandschriften gesammelt und hrsg. = TU 89 (1966) 188-95. – J. Reuss, Matthäus-Kommentare aus der griechischen Kirche aus Katenenhandschriften gesammelt und hrsg. = TU 61 (1957) 103-269. – B.M. Weischer, Qērellos I: Der Prosphonetikos "Über den rechten Glauben" des Kyrillos von Alexandrien an Theodosios II., Glückstadt 1973 (äthiopTdÜ). – B.M. Weischer, Qērellos III: Der Dialog "Daß Christus einer ist" des Kyrillos von Alexandrien = ÄthF 2 (1977) (äthiopTdÜ). – B.M. Weischer, Qērellos IV 3: Traktate des Severianos von Gabala, Gregorios Thaumaturgos und Kyrillos von Alexandrien = ÄthF 7 (1980) 79-117 (2 Melchisedek-Homilien äthiopTdÜ).

번역서 : S. Wenzlowsky, Die Briefe der Päpste und die an sie gerichteten Schreiben: BKV[1] III (1877) 407-16. – H. Hayd = BKV[1] (1879) (*Dialogi de trinitate, De incarnatione, Quod unus sit Christus, Contra eos qui Theotocon nolunt confiteri*). – O. Bardenhewer = BKV[2] II 12 (1935) (*Ad Theodosium imperatorem, Epistulae oecumenicae, Quod unus sit Christus, Contra eos qui Theotocon nolunt confiteri, Explanatio symboli*). – O. Bardenhewer, Marienpredigten aus der Väterzeit, Mn 1934, 80-6 (= ACO I/1/2 102-4). – B. M. Weischer: OrChr 51 (1967) 130-85; 52 (1968) 92-137 (*Quod unus sit Christus*). – 영어 번역서 : J.I. McEnerney = FaCh 76-77 (1987) (*Letters*).

참고문헌 : 사전 항목/각론서 항목 : G. Jouassard: RAC 3 (1957) 499-516. – A. Grillmeier, Jesus der Christus im Glauben der Kirche. Band 1: Von der Apostolischen Zeit bis zum Konzil von Chalcedon (451), F – Ba – W ³1990, 605-9, 673-86 u.ö. – E. R. Hardy: TRE 8 (1981) 254-60. – L. R. Wickham: EEC 249-50. – M. Simonetti: EECh I 214-5.

작품 : G. Jouassard, L'activité littéraire de S. Cyrille d'Alexandrie jusqu'à 428: Mélanges E. Podechard, Lyon 1945, 148-76. – N. Charlier, Le *"Thesaurus de Trinitate"* de saint Cyrille d'Alexandrie: RHE 45 (1950) 25-81. – A. Vööbus, Discoveries of Great Import on the Commentary on Luke by Cyril of Alexandria, Stockholm 1973. – M. Simonetti, Note sul commento di Cirillo d'Alessandria ai *Profeti minori*: VetChr 14 (1977) 301-30. – W.J. Malley, Hellenism and Christianity. The conflict between Hellenic and Christian Wisdom in the *Contra Galilaeos* of Julian the Apostate and the *Contra Julianum* of St. Cyril of Alexandria = AnGr 210 (1978). – L. Fatica, I commentari a *Giovanni* di Teodoro di Mopsuestia e di Cirillo di Alessandria. Confronto fra i metodi esegetici e teologici = SEAug 29 (1988). – L. Koen, The Saving Passion. Incarnational and Soteriological Thought in Cyril of Alexandria's Commentary on the Gospel according to St. John = AUU 31 (1991). – G. Münch-Labacher, Naturhaftes und geschichtliches Denken bei Cyrill von Alexandrien. Die verschiedenen Betrachtungsweisen der Heilsverwirklichung in seinem Johannes-Kommentar = Hereditas 10 (1996). – D. Pazzini, Il prologo di Giovanni in Cirillo di Alessandria = CSB 116 (1997). – S. Wessel, Nestorius, Mary and Controversy, in Cyril of Alexandria's Homily IV, (*De Maria deipara in Nestorium*, CPG 5248): AHC 31 (1999) 1-49.

연구서: B. de M. V. Monsegú, La Teología del Espiritu Santa según San Cirilo de Alejandria: RET 7 (1947) 161-220. – B. de M. V. Monsegú, Unidad y trinidad, propriedad y apropiación en las manifestaciones trinitarias, según la doctrina de San Cirilo Alejandrino: RET 8 (1948) 1-57, 275-328. – A. Kerrigan, St. Cyril of Alexandria Interpreter of the Old Testament = AnBib 2 (1952). – P. Galtier, Saint Cyrille et Apollinaire: Gr. 37 (1956) 584-609. – L.R. Wickham, Cyril of Alexandria and the apple of Discord: StPatr 15 = TU 128 (1984) 379-92.

그리스도론: A. d'Alès, Le symbole d'union de 433: RSR 21 (1931) 257-68. – J. van den Dries, The Formula of St. Cyril of Alexandria *MIA ΦΥΣΙΣ ΤΟΥ ΘΕΟΥ ΛΟΓΟΥ ΣΕΣΑΡΚΩ-MENH*, R 1939. – H. Chadwick, Eucharist and Christology in the Nestorian Controversy: JThS NS 2 (1951) 145-64. – J. Liébart, La doctrine christologique de saint Cyrille d'Alexandrie avant la querelle nestorienne, Lilie 1951. – P. Galtier, L' *"Unio secundum Hypostasim"* chez Saint Cyrille: Gr. (1952) 351-98. – G. Jouassard, "Impassibilité" du Logos et "impassibilité" de l'âme humaine chez saint Cyrille d'Alexandrie: RSR 45 (1957) 209-24. – H.M. Diepen, Douze dialogues de christologie ancienne, R 1960. – L.M. Armendariz, El nuevo Moisés. Dinámica cristocéntrica en la tipología de Cirilo de Alejandria = EstOn 3/5 (1962). – P. Imhof/B. Lorenz, Maria Theotokos bei Cyrill von Alexandrien. Zur Theotokos-Tradition und ihrer Relevanz. Eine dogmengeschichtliche Untersuchung der Verwendung des Wortes Theotokos bei Cyrill von Alexandrien vor dem Konzil von Ephesus unter Berücksichtigung von Handschriften der direkten Überlieferung, Mn 1981. – M. Simonetti, Alcune osservazioni sul monofisismo di Cirillo di Alessandria: Aug. 22 (1982) 493-511. – L.R. Wickham, Symbols of the Incarnation in Cyril of Alexandria: M. Schmidt/C. F. Geyer (eds.), Typus, Symbol, Allegorie bei den östlichen Vätern und ihre Parallelen im Mittelalter = EichB 4 (1982) 41-53. – R.M. Siddals, Logic and Christology in Cyril of Alexandria: JThS NS 38 (1987) 341-67. – A. de Halleux, Le dyophysisme christologique de Cyrille d'Alexandrie: H. Ch. Brennecke/E.L. Grasmück/Ch. Markschies (eds.), Logos (FS L. Abramowski) = BZNW 67 (1993) 411-28. – J.A McGuckin, St. Cyril of Alexandria: The Christological Controversy. Its History, Theology, and Texts = SVigChr 23 (1994). – L.J. Welch, Christology and Eucharist in the Early Thought of Cyril of Alexandria, San Francisco - Lo 1994. – B. Meunier, Le Christ de Cyrille d'Alexandrie. L'humanité, le salut et la question monophysite = ThH 104 (1997).

신학/철학: E. Weigl, Die Heilslehre des hl. Cyrill von Alexandnen = FChLDG 5/2-3 (1905). – A. Struckmann, Die Eucharistielehre des heiligen Cyrill von Alexandrien, Pb 1910. – A. Eberle, Die Mariologie des heiligen Cyrillus von Alexandrien = FThSt 27 (1921). – J. Hebensperger, Die Denkwelt des hl. Cyrill von Alexandrien. Eine Analyse ihres philosophischen Ertrags, Au 1927. – H. du Manoir de Juaye, Dogme et spiritualité chez saint Cyrille d'Alexandrie = ETHS 2 (1944). – W.J. Burghardt, The Image of God in Man According to Cyril of Alexandria = SCA 14 (1957). – H.M. Diepen, Aux origines de l'anthropologie de Saint Cyrille d'Alexandrie, Brügge 1957. – A. Dupré la Tour, La *doxa* du christ dans les œuvres exégétiques de saint Cyrille d'Alexandne: RSR 48 (1960) 521-43; 49 (1961) 68-94. – R.L. Wilken, Judaism and the Early Christian Mind. A Study of Cyril of Alexandria's Exegesis and Theology, New Haven – Lo 1971. – E. Gebremedhin, Life-Giving Blessing. An Inquiry into the Eucharistic Doctrine of Cyril of Alexandria = AUU 17 (1977). – J.-M. Labelle, Saint Cyrille d'Alexandrie. Témoin de la langue et de la pensée philosophiques du Ve siècle: RevSR 52 (1978) 135-58; 53 (1979) 23-42. – M.-O. Boulnois, Le paradoxe trinitaire chez Cyrille d'Alexandrie. Hérmeneutique, analyses philosophiques et argumentation théologique, P 1994. – A.H.A. Fernandez Lois, La cristología en los Comentarios a Isaias de Cirilo de Alejandria y Teodoreto de Ciro, R 1998.

2. 치루스의 테오도레투스

테오도레투스는 423년 안티오키아에서 북동쪽으로 약 100Km 떨어진 도시 치루스의 주교로 임명되었다. 안티오키아 학파와 알렉산드리아 학파, 곧 네스토리우스와 치릴루스의 그리스도론 논쟁이 일어났을 때, 테오도레투스는 치릴루스의 신학을 앞장서 반대한 신학자로서 안티오키아 학파의 그리스도론을 칼체돈 공의회(451년)까지 계속 전개하였다. 그러나 그는 사후에 타르수스의 디오도루스와 몹수에스티아의 테오도루스와 같은 운명에 처하게 되며, 제2차 콘스탄티노플 공의회(553년)는 "삼장 논쟁"에서 테오도루스와 그를 단죄하였다. 그 결과 안티오키아 학파의 두 대표자와 마찬가지로 그의 작품도 많이 소실되었다. 테오도레투스의 출생과 성장 과정은 당시의 많은 위대한 교회 지도자와 비슷하다. 그는 393년 안티오키아의 부유한 그리스도교 가정에서 태어났으며, 자신의 작품에서 명시하듯이 훌륭한 학교교육을 받았고, 어려서부터 교회 안에서 성장하였다. 그는 먼저 교회의 독서직을 맡았으며, 양친이 사망(416년)한 뒤 전 재산을 팔아 가난한 사람들에게 나누어 주고 시리아의 가발라에서 서쪽으로 약 45Km 떨어진 아파메아 근방에 있는 니케르타이의 수도원에 들어갔다. 그는 423년 치루스의 주교로 선출되었으며, 이후 그가 사망(460년경)[1]할 때까지 40년 동안 사목자, 신학자, 문학가, 교회정치가, 사회정치가로 활발히 활동하였다. 그는 많은 작품(특히 교회사, 성서주석·교의작품)을 저술하였을 뿐만 아니라 그리스 교회의 가장 중요한 신학자 가운데 한 명이었다.

테오도레투스는 주교가 된 뒤 약 10년 동안 무엇보다도 자신의 교구에 있는 수많은 이교인과 이단자에 맞서 투쟁하는 일에 전념하였다. 그러나 이 기간에 쓴 대부분의 작품은 소실되었다. 에페소 공의회에서 그는 안티오키아의 요한 대표단의 일원이었으며, 치릴루스를 비롯한 일부 교부들이 부분 공의회에서 단죄한 네스토리우스에 대한 결정을 요한과 함께 받아들이지 않았다. 공의회 이전인

---

[1] Y. Azéma: Pallas 31 (1984)과 DSp 15 (1991), 418-9쪽 참조. 지금까지 테오도레투스의 사망 연도는 일반적으로 466년으로 생각되었다.

431년 초에 테오도레투스는 안티오키아의 요한의 위임에 따라 「치릴루스의 12 조항 파문문 논박」*Impugnatio XII anathematismorum Cyrilli*을 저술하였다. 이 작품은 제2차 콘스탄티노플 공의회에서 단죄받았기 때문에, 치릴루스의 답변서 「테오도레투스를 논박하는 12조항 파문문의 변론」*Apologia XII anathematismorum contra Thedoretum*에만 남아 있다. 그는 당시 방대한 작품인 「거룩한 삼위일체의 신성에 관한 신학, 육화된 말씀의 인성과 구원활동」*De theologia sanctae trinitatis et de oeconomia*을 저술하였다. 이 작품도 「거룩한 삼위일체론」*De sancta trinitate*과 「육화론」의 제목으로 알렉산드리아의 치릴루스의 두 작품으로 전해졌기 때문에 보존되었다. 테오도레투스는 에페소 공의회가 끝난 뒤 바로 치릴루스의 그리스도론을 논박하는 작품 「치릴루스와 에페소 공의회를 논박하는 다섯 권의 책」*Pentalogus contra Cyrillum et concilium Ephesinum*을 저술하였으나 오늘날 몇몇 단편만 남아 있다. 테오도레투스는 안티오키아의 요한과 치릴루스가 433년에 합의한 "일치정식"을 작성하였지만, 합의서에서 네스토리우스의 단죄를 승인할 것을 요구하였기 때문에, 그는 얼마간 이 일치정식을 받아들이지 않았다. 그러다가 그는 안티오키아의 요한과 황제의 권유와 압박 때문에 436년 이 정식에 동의하였다. 438년 치릴루스가 이미 죽은 안티오키아 학파의 두 거장 타르수스의 디오도루스와 몹수에스티아의 테오도루스를 논박하자, 테오도레투스는 치릴루스를 논박하는 「디오도루스와 테오도루스 변론」*Pro Diodoro et Theodoro*을 저술하였다. 이 작품도 오늘날 단편만 남아 있다.

테오도레투스는 438년 이후부터 콘스탄티노플의 장로인 에우티케스에 관한 논쟁이 일어날 때까지 10년 동안 자신의 교구에서 조용히 활동하였다. 이 논쟁은 알렉산드리아와 콘스탄티노플, 곧 알렉산드리아 학파와 안티오키아 학파의 그리스도론 논쟁이 다시 일어나면서 칼체돈 공의회까지 계속되었다. 테오도레투스는 447년 에우티케스의 그리스도 단성론을 논박하는 그의 대표적인 교의서 「에라니스테스」를 저술하였다. 에우티케스의 단성론을 옹호하는 알렉산드리아 학파의 인물들이 주도한 군도群盜 교회회의(449년)는 테오도레투스를 면직하여, 그는 이전에 살았던 니케르타이의 수도원에서 약 2년 동안 유배생활을 해야만 했다. 그러나 칼체돈 공의회는 그가 네스토리우스의 단죄를 공식적으로 승인한 뒤 그를 복직시켰다. 이는 그의 근본적이고 변함없는 신학이 대 레오 교황과 칼체돈 공의회가 발전시킨 그리스도론과 유사하였고, 레오의 그리스도론이 안티오키아 학파의 그리스도론 관심사를 적절하게 평가하였기 때문이다. 테오도레투스는 약 460년까지 남은 생애를 특별한 사건 없이 교구 행정과 저술 활동에 전념하였다. 그는 교회와 화해하고 사망하였다. 그러나 제2차 콘스탄티노플 공의회에서 치릴루스를 논박한 그의 저서를 사후에 단죄한 것은, 타르수스의 디오도루스(제7장 4.)의 경우와 마찬가지로 그의 작품 가운데 많은 부분을 없애버리는 쓰디쓴 손실을 초래하였다.

참고문헌 목록: K.-G. Wesseling: BBKL 11 (1996) 936-57.

편집본: *Opera omnia*: PG 6, 1208-40. – PG 75, 1147-90, 1419-78. – PG 80-84. – CorpAP 4 (³1880) 2-67; 5 (³1881) 2-247. – ACO. – *Epistulae*: Y. Azéma = SC 40, 98, 111, 429 (1955 [²1982]-98) (TfÜK). – *Graecarum affectionum curatio*: P. Canivet = SC 57 (1958) (TfÜK).

번역서: G.M. Schuler/L. Küpper = BKV¹ (1878) (*De providentia, Historia ecclesiastica*). – S. Wenzlowsky, Die Briefe der Päpste IV = BKV¹ (1878) 280-7 (*Epistula ad Leonem*). – 영어 번역서: B. Jackson: NPNF II 3 (1892 = 1995) 1-348 (*Ecclesiastical History, Dialogues, Letters*). – Th. Halton = ACW 49 (1988) (*On Divine Providence*).

참고문헌: 사전 항목/각론서 항목: A. Grillmeier unter Mitarbeit von Th. Hainthaler, Jesus der Christus im Glauben der Kirche, Band 2/2: Die Kirche von Konstantinopel im 6. Jahrhundert, F – Ba – W 1989, 431-84 u.ö. – G. H. Ettlinger: EEC 888-91. – Y. Azéma: DSp 15 (1991) 418-35. – E. Cavalcanti: EECh II 827-8.

연구서: S.M. Wagner, A Chapter of Byzantine Epistolography, The Letters of Theodoret of Cyrus: DOP 4 (1948) 119-81. – L. Abramowski, Der Streit um Diodor und Theodor zwischen den beiden ephesinischen Konzilien: ZKG 67 (1955-6) 252-87. – P. Canivet, Histoire d'une entreprise apologétique au Ve siècle, P 1957. – G. Koch, Strukturen und Geschichte des Heils in der Theologie des Theodoret von Kyros. Eine dogmen- und theologiegeschichtliche Untersuchung = FTS 17 (1974). – Y. Azéma, Sur la date de la mort de Théodoret de Cyr: Pallas 31 (1984) 137-55, 192-3. – S.-P. Bergjan, Theodoret von Cyrus und der Neunizänismus. Aspekte der altkirchlichen Trinitätslehre = AKG 60 (1994). – D. Ridings, The Attic Moses. The Dependency Theme in Some Early Christian Writers = SGLG 59 (1995) 197-229.

2.1. 성서주석 작품

테오도레투스는 많은 성서주석 작품뿐만 아니라 주석서의 독창성과 특성 때문에, 몹수에스티아의 테오도루스에 버금가는 안티오키아 학파의 가장 위대한 성서학자로 여겨진다. 그의 성서주석서는 성서주석서 선집에서 자주, 그것도 제일 먼저 인용되는 것으로 보아 상당히 높은 평가를 받았다. 그는 두 가지 유형의 주석서를 저술하였다. 1) 아가, 다니엘서, 에제키엘서, 열두 소예언서, 시편, 이사야서, 예레미야서, 바울로의 열네 편지에 대한 본디 의미의 주석서. 2) 8경(창세기, 탈출기, 레위기, 민수기, 신명기, 여호수아서, 판관기, 룻기), 열왕기 상·하, 역대기 상·하를 질문과 답변 형식으로 설명한 주석서Erotapokriseis. 이 모든 성서주석서는 433년 이후에 씌어졌으며, 내용에서 논쟁의 여지가 없기 때문에 온전하게 전해진다.

테오도레투스는 성서를 해석할 때 항상 정확한 성서 본문을 인용하였으며, 성서 본문을 70인역의 여러 그리스어 번역본과 시리아어 번역본 페쉬타를 비교하였다. 이밖에도 작품의 진본성에 관한 문학적 근본문제, 저자성, 연도, 작품의 생성, 시대 상황, 저자의 의도, 양식, 문학 유형 등을 설명한다. 성서해석에서 그는 명백한 원칙을 추구하며, 어떤 일관된 틀이나 단순화한 도식(안티오키아 학파 = 문자적 해석, 알렉산드리아 학파 = 알레고리적 해석)을 따르지 않는다. 그는 본문의 내용과 난이성에 따라 성서를 해석한다. 그는 타르수스의 디오도루스와 몹수에스티아의 테오도루스보다 구약성서와 신약성서가 더 두드러지게 불가분의 보충적인 일치를 이루는 것으로 여겨, 구약성서가 그리스도를 예시하는 것으로 이해하고 예형적으로 해석한다. "테오도레투스는 알레고리적 자의自意와 사실 그대로의 문자적 의미 사이에서 중도를 취하려고 항상 노력하였다"[Viciano ThGl 80 (1990), 279쪽]. 그는 바울로의 편지를 무엇보다도 그리스도론과 구원론의 관점에서 해석한다.

2.의 서술 참조.

편집본: *Interpretatio in Isaïam*: J.N. Guinot = SC 276, 295, 315 (1980-4) (TfÜK). – *Quaestiones in Octateuchum*: N. Fernández Marcos/A. Sáenz-Badillos, M 1979. – *Quaestiones in Reges et Paralipomena*: N. Fernández Marcos/J.R. Busto Sáiz, M 1984.

번역서: L. Küpper: BKV¹ (1878) (*De providentia, Historia ecclesiastica*).

참고문헌: 작품: M. Simonetti, Le *Quaestiones* di Teodoreto su *Genesi* e *Esodo*: ASEs 5 (1988) 39-56. – J. Lépissier, Les *Commentaires des Psaumes* de Théodoret (version slave). Étude linguistique et philologique, P 1968. – B. Croke, Dating Theodoret's *Church History* and *Commentary on the Psalms*: Byz. 54 (1984) 59-74. – M. Simonetti, La tecnica esegetica di Teodoreto nel *Commento ai Salmi*: VetChr 23 (1986) 81-116. – J.-N. Guinot, La christologie de Théodoret de Cyr dans son commentaire sur le Cantique: VigChr 39 (1985) 256-72. – K. Jüssen, Die Christologie des Theodoret von Cyrus nach seinem neuveröffentlichten Isaiaskommentar: ThGl 27 (1935) 438-52. – F.A. Specht, Der exegetische Standpunkt des Theodor von Mopsuestia und Theodoret von Kyros in der Auslegung Messianischer Weissagungen aus ihren Commentaren zu den kleinen Propheten dargestellt, Mn 1871. – P.M. Parvis, Theodoret's Commentary on the Epistles of St. Paul, Historical Setting and Exegetical Practice, O 1975. – A. Viciano, Cristo el autor de nuestra salvación. Estudio sobre el Comentario de Teodoreto de Ciro a las Epístolas Paulinas = CTUN 72 (1990). – A. Viciano, Theodoret von Kyros als Interpret des Apostels Paulus: ThGI 80 (1990) 279-315. – S.-P. Bergjan, Die dogmatische Funktionalisierung der Exegese nach Theodoret von Cyrus: J. van Oort/U. Wickert (eds.), Christliche Exegese zwischen Nicaea und Chalcedon, Kampen 1992, 32-48.

연구서 : G.W. Ashby, Theodoret of Cyrrhus as Exegete of the Old Testament, Grahamstown 1972. – J.-N. Guinot, L'importance de la dette de Théodoret de Cyr à l'égard de l'exégèse de Théodore de Mopsueste: Orph. NS 5 (1984) 68-109. – J.-N. Guinot, Un évêque exégète: Théodoret de Cyr: Le monde grec ancien et la Bible, ed. C. Mondésert, P 1984, 335-60. – J.-N. Guinot, L'exégèse de Théodoret de Cyr = ThH 100 (1995).

2.2. 「에라니스테스」*Eranistes*와 테오도레투스의 그리스도론

테오도레투스는 네스토리우스 논쟁부터 에페소 공의회, 에우티케스 논쟁과 칼체돈 공의회까지의 전반적인 그리스도론 발달 과정을 체험한 유일하고 중요한 신학자이며, 그리스도론이 발달하는 데 중요한 역할을 하였다. 따라서 그의 그리스도론에 관한 작품들은 두 논쟁에 초점이 맞추어져 있다. 이러한 작품에는 위의 생애에서 언급하였듯이 제2차 콘스탄티노플 공의회의 단죄로 단편만 남아 있는 431년에서 438/440년 사이에 저술된 치릴루스 논박서들과, 그의 원숙하고 가장 중요한 논문으로 447년에 저술된 에우티케스의 단성설을 논박하는 「거지 또는 여러 형태」*Eranistes seu Polymorphus*가 있다. 「에라니스테스」에서는 이미 네스토리우스 논쟁 동안 진술된 개념의 형성 과정, 곧 이단의 역사에서 실질적인 오류들을 설명하는 것이 중요한 문제이다. 따라서 에우티케스의 단성설도 전에 있던 여러 형태이 이단(영지主의, 아리우스주의, 아폴리나리우스주의)에서 구걸하여 보은 유설이라는 것이다. 테오도레투스는 「에라니스테스」의 첫 세 권에서 단성설을 그리스도의 세 가지 근본 속성, 곧 그리스도 신성의 불변화성$\check{\alpha}\tau\rho\epsilon\pi\tau\sigma\varsigma$, 신성과 인성의 비혼합성 또는 자주성$\dot{\alpha}\sigma\acute{\upsilon}\gamma\chi\upsilon\tau\sigma\varsigma$, 신성의 무수난성$\dot{\alpha}\pi\alpha\theta\acute{\eta}\varsigma$에 관하여 거지의 모습으로 등장하는 단성론자와 정통신앙을 지닌 신자가 나누는 대화방식으로 입증한다. 제4권에서는 40개의 삼단논법으로 결과를 요약한다. 「에라니스테스」 특유의 가치는 테오도레투스의 그리스도론이 이론적으로 원숙한 방식을 사용했음은 물론, 논증을 위해 88권의 교부들 작품에서 298개 이상의 발췌문을 수록하고, 치릴루스의 모음집에 대응하는 안티오키아 그리스도론의 선집을 제시하는 데 있다. 아마도 이 선집은 에페소 공의회 당시에도 이미 있었으며, 공의회에서 치릴루스를 논박하는 데 사용된 것 같다. 테오도레투스가 그리스도론에 관한 두 논쟁뿐만 아니라 전 생애에 걸쳐 끊임없이 그리스도론을 발전시켰다는 사실은 그의 성서주석서, 설교, 남아 있는 232통의 편지, 「이단적 허구의 개요」 *Haereticarum fabularum compendium* 제5권으로 알 수 있다. 453년에 씌어진 마지막 작품은 테오도레투스의 그리스도론 사상에 관한 폭넓은 연구 자료를 제시한다.

테오도레투스는 안티오키아 그리스도론의 근본적인 관심사에 따라 그리스도의 완전성과 두 본성의 자주성을 강조한다. 그는 치릴루스의 ἕνωσις κατὰ φύσιν(= καθ' ὑπόστασιν)을 아폴리나리우스의 재현이라고 비난하면서 신성(ἡ λαβοῦσα)이 인성(ἡ ληφθεῖσα)을 취한다(ἐν τῇ συλλήψει)는 일치의 개념을 정립한다. 일치 뒤에는 행위(πρόσωπον)의 하나의 주체, 곧 그리스도만 있으나, 그의 신성과 인성은 각각의 특성을 유지한다. 하느님의 말씀은 인간이 되신(요한 1.14) 것이 아니라 인성, 곧 종의 모습(필립 2.7)을 취하신 것이다. 테오도레투스가 초기에 이처럼 내세운 그리스도론은 네스토리우스가 비난받은 "두 아들론"을 극복하지 못하였다. 그가 정립한 개념은 두 본성이 단지 겉으로만 함께 존재한다는 오해를 살 수 있기 때문이다. 이러한 이유는 아직도 해결되지 않은 용어의 문제, 곧 그가 마침내 칼체돈 공의회에서 받아들인 프로소폰과 히포스타시스를 동일하게 보는 데 근거한다. 이 점에서 그는 마리아의 "하느님을 낳으신 분" 칭호를 인정하였듯이 네스토리우스와 근본적으로 구별된다.

2. 와 2.1.의 서술 참조.

편집본: G.H. Ettlinger, O 1975.

참고문헌: M. Mandac, L'union christologique dans les œuvres de Théodoret antérieures au Concile d'Ephèse: EThL 47 (1971) 64-96. – J.L. Stewardson, The Christology of Theodoretus of Cyrus according to his Eranistes, Evanston 1972. – A. Grillmeier, Jesus der Christus im

Glauben der Kirche, Band 1: Von der Apostolischen Zeit bis zum Konzil von Chalcedon (451), F – Ba – W ³1990, 693-700 u.ö. – P.B. Clayton, Theodoret Bishop of Cyros, and the Mystery of the Incarnation in Late Antiochene Christianity, NY 1985. – A.H.A. Fernandez Lois, La cristología en los Comentarios a Isaias de Cirilo de Alejandria y Teodoreto de Ciro, R 1998.

2.3. 「교회사」

에우세비우스의 교회사는 324년 콘스탄티누스가 리치니우스에게 승리한 내용까지 다룬다. 에우세비우스와 테오도레투스 사이에 저술된 교회사에는 에우세비우스의 교회사를 번역하면서 395년까지 보완한 루피누스의 교회사, 305년에서 439년까지 다룬 소크라테스의 교회사, 324년에서 425년까지 기록한 소조메우스의 교회사가 있다.

테오도레투스는 324년까지 기록한 에우세비우스의 교회사에 이어 325년부터 428년까지 다룬 「교회사」를 449/450년에 저술하였다. 「교회사」는 작품이 씌어진 당시까지의 사건이 아니라 네스토리우스 논쟁 초기까지의 역사를 "객관성을 지키려는 신중함 또는 객관성에 대한 우려를 지닌 채"(Azéma: DSp 15, 426쪽) — 두 요소를 염두에 두고 — 기록한 것이다. 이 작품이 소크라테스와 소조메우스의 작품과 많은 부분에서 일치하는 것은, 테오도레투스가 이들의 교회사 내용을 인용한 것이 아니라 이들과 동일한 출전 사료를 사용하였음을 뜻한다. 테오도레투스가 작품을 쓴 목적은 에우세비우스의 역사신학적 의도와 앞에 언급한 이단이 실제로 널리 퍼졌다는 사실과 관련이 있다. 그의 「교회사」는 하느님의 섭리에 의해 이끌리고 지향된 구원사라는 전반적인 구상에서 호교적·반이단적 성향, 주로 반아리우스적 경향을 강하게 나타낸다. 이러한 의도 때문에 테오도레투스는 유감스럽게도 역사적 사실의 정확성이나 자신의 중용적인 판단력을 중요시하지 않았다. 그럼에도 이 작품의 가치는 당시 역사신학에 대한 증언과 수많은 사료를 개작한 (그렇지 않으면 알려지지 않았을) 기록들을 수록한 점에 있다.

2.의 서술 참조.

편집본: *Historia ecclesiastica*: L. Parmentier/F. Scheidweiler = GCS (²1954). – *Historia reli-*

giosa: P. Canivet/A. Leroy-Molinghen = SC 234, 257 (1977-9) (TfÜK).

번역서: K. Gutberlet = BKV² I (1926) (*Historia religiosa*). – A. Seider = BKV² II (1926) (*Historia ecclesiastica*).

참고문헌: A. Güldenpenning, Die Kirchengeschichte des Theodoret von Kyrrhos. Eine Untersuchung ihrer Quellen, Halle 1889. – P. Canivet, Le *Περὶ ᾿Αγάπης* de Théodoret de Cyr postface de l'*Histoire Philothée*: StPatr 7 = TU 92 (1966) 143-58. – P. Canivet, Le monachisme syrien selon Théodoret de Cyr = ThH 42 (1977). – G.F. Chesnut, The date of composition of Theodoret's Church History: VigChr 35 (1981) 245-52. – G.F. Chesnut, The First Christian Historians, Eusebius, Socrates, Sozomen, Theodoret and Evagrius, Mâcon/GA ²1986, 199-230. – H. Leppin, Von Constantin dem Großen zu Theodosius II. Das christliche Kaisertum bei den Kirchenhistorikern Socrates, Sozomenus und Theodoret = Hyp. 110 (1996).

3. 대 레오

교회의 역사에서 두 명의 교황, 레오 교황(440~461년)과 그레고리우스 교황(590~604년)만이 후세에 "대"大라는 경칭을 얻었다. 두 교황의 생애와 활동에 관해서는 많은 사실이 알려져 있으며 공통점이 많다. 그들이 태어난 가문과 그들이 받은 교육으로 보아 그들은 신분이 높고 부유한 로마인이었다. 또한 그는 서로마제국의 정치적·사회적 질서가 와해하거나 변혁하는 시기에 교회의 관심사를 실질적으로 제시하고 촉진하였을 뿐만 아니라, 피할 수 없는 정치와 공동체의 과제를 맡았으며, 로마의 위대한 문화유산을 보존하였다. 레오의 개인 전기에 관하여 매우 많은 사실이 알려져 있지만, 주교였을 때 쓴 그의 서간집에서 추측할 수 있듯이(서간집에서 그는 개인적인 문제를 매우 자제하며 기록한다) 「교황서」*Liber pontificalis*와 여러 저자는 그에 관해 일부 사실만 전한다.

레오는 5세기 초에 로마로 이주한 토스카나 가문 출신으로 4세기 말 로마에서 태어난 것 같다. 그는 교직의 길을 걸었으며, 아우구스티누스가 418년에 쓴 편지 191,1에서 언급하는 로마에서 시종직을 받은 사람이다. 430년 네스토리우스와 치릴루스가 로마의 주교에게 지지를 요청하였을 때, 그는 이미 로마 주교청에서 적지 않은 영향력을 미칠 수 있는 자리(아마도 수석 부제)에 있었다. 그는 논쟁에 관하여 첼레스티누스 교황에게 조언하였으며, 요한 카시아누스에게 「네

스토리우스를 논박하는 그리스도의 육화에 대한 7권의 책」을 저술할 것을 권하
였다. 이 시기에 그는 로마의 마니교도와 아리우스파에 맞서 활발하게 투쟁하
였다. 레오는 431년 예루살렘의 유베날이 자신의 주교좌를 총대주교좌로 승격
시키려는 야망을 품자 알렉산드리아의 치릴루스에게 유리하도록 첼레스티누스
교황에게 중재하였으며, 그의 선임자인 인노첸시우스, 첼레스티누스(422~432년),
식스투스 3세(432~440년)의 재임 기간에 로마가 반펠라기우스적 태도를 취하는
데 결정적인 영향을 미쳤다. 식스투스 3세는 440년 8월 19일 사망하였다. 레
오는 외교적 화해사절로 갈리아에 머무를 때 자신이 로마의 주교로 선출되었다
는 소식을 들었으며, 9월 29일 로마에서 주교로 서임되었다.

레오는 20년 이상 주교직을 수행하는 동안 세 가지 영역에서 두드러진 업적
을 남겼다.

1) 현대적 의미에서 그를 첫번째 교황으로 이해할 수 있고, 무엇보다도 "대"
라는 칭호를 얻게 한 교황의 관할권에 대한 그의 신학과 실천. 이러한 배경에는
"영원한 로마"와 예부터 첫째 총대주교좌이며 고대 로마제국 수도의 주교좌로
확실한 우위에 있다는 고대의 제국 이념이 깔려 있다. 그러나 레오 당시 서로마
제국은 민족 이동의 압박으로 무너지기 시작하였다. 이때문에 지금까지 국가의
공동체적·사회적·문화적 과제들을 떠맡을 수 있는 유일하고 확고한 조직은
그 이후 당연히 로마, 곧 수도의 주교가 이끄는 교회뿐이었다. 이로써 "영원한
도시"에 대한 이념은 그리스도교로 넘어가기 시작하였으며, 마찬가지로 로마제
국 이념의 후계자이자 대표자로 중세의 교황직이 발전하기 시작하였다.

레오가 자신의 설교와 실제적인 상황에 접하여 아를르, 테살로니카, 마우레
타니아에 보낸 여러 편지에서 권위있게 밝힌 선임자들의 수위권 신학을 완성한
것은 정치적인 발전과 맞물려 있다. 그리스도는 교회의 창설자이자 실질적인 목
자이며, 따라서 교회에서 영원히 수위권을 행사한다. 그리스도는 자신과 밀접하
게 연관된 베드로 위에 교회를 세웠으며, 베드로를 통해 다른 사도들에게 선교
의 임무를 부여하였고, 목자의 직무와 형제들의 신앙심을 굳게 하는 과제를 그
에게 주었다(마태 16,13-19; 루가 22,32; 요한 21,15-19 참조). 베드로의 자리를 이은 후계자

들은 그의 이러한 특수한 파견과 전권을 물려받았다. 사도들과 같이 모든 주교가 같은 명예honor를 물려받았으나 같은 전권potestas을 넘겨받은 것은 아니다. 교회의 교권제도는 로마의 주교를 정점으로 하는 피라미드 구조를 이룬다.

동시에 레오는 교회를 "성도들의 공동체"와 "성사들의 공동체"communio sacramentorum 및 교회회의에 참가한 구성원들의 구조에서 표현된 "성직자들의 일치"concordia sacerdotum인 사제와 주교의 공동체로 이해하였다. 이 경우 알렉산드리아와 안티오키아의 총대주교좌는 로마와의 특수한 관계 때문에 로마 바로 다음의 서열을 차지하게 되었다. 그래서 레오는 콘스탄티노플의 관할권을 알렉산드리아와 안티오키아의 상위에 두려고 한 칼체돈 공의회 규범규정 28조를 인정하지 않았다. 황제는 개인적으로 두 가지 권한을 행사하지만 그 기능은 명백히 구분되어야 한다. 그는 황제의 사제권auctoritas sacerdotalis으로 신앙과 교회를 보호하고 공의회를 소집하고 그 결정을 인준할 수 있었다. 또한 제국의 통치권potestas imperialis으로는 교회의 자유를 존중해야 하고, 교회 내부의 사건에 간섭해서는 안 되며 (제국의 존립과 안녕을 위한 절대적인 기초로서) 교회의 존속과 발전을 위한 외적인 조건들을 수행해야 했다.

2) 칼체돈 공의회를 열게 한 에우티케스에 관한 논쟁에서 레오의 확고한 신학적·교회정치적 역할. 433년 일치정식에 합의한 뒤, 알렉산드리아와 콘스탄티노플 사이의 세력 균형은 아직도 해결되지 않은 그리스도론 문제에 서로 이의를 제기하지 않았다. 로마의 주교 식스투스 3세(440년), 안티오키아의 주교 요한(442년), 알렉산드리아의 주교 치릴루스(444년), 콘스탄티노플의 주교 프로클로스(446년)가 사망한 뒤 세력 균형이 깨지자 거의 필연적으로 새로운 논쟁이 일어나야만 했다. 뛰어난 신학자이자 중용적인 교회정치가였던 프로클로스의 후계자는 지도력이 약한 플라비아누스였으며, 매우 능숙한 치릴루스의 주교좌는 그와 같이 교회정치에 열성이었으나 그보다 정치적 감각이 훨씬 떨어지는 디오스쿠루스가, 요한의 자리는 그의 연약한 조카 돔누스가 이어받았다. 그러나 식스투스 3세의 후계자인 레오는 당시 가장 강력한 지도력을 지녔다. 게다가 446년 황실에서 권력교체가 있어 친알렉산드리아적 사제이며 콘스탄티노플의 욥 대수

도원 원장인 에우티케스의 대자로 궁정 출납관인 크리사피우스가 지도적인 역할을 떠맡은 반면, 이미 에페소 공의회와 일치정식(433년)에 영향력을 미친 황제의 누이이자 동정녀인 풀케리아는 권력을 빼앗겨 수도원에 은거해야만 했다.

콘스탄티노플에 머무르고 있던 주교들이 개최한 교회회의 Σύνοδος ἐνδημοῦσα에서 도릴라이온의 주교 에우세비우스는 448년 11월 8일에 에우티케스를 고소하였다. 해결을 위해 서로 다른 제안을 내놓았기 때문에 11월 내내 심의를 한 뒤, 모든 주교는 433년의 일치정식이 니체아 신앙고백 fides Nicaena과 치릴루스가 네스토리우스에게 보낸 두번째 편지와 함께 모든 사람에게 적용된다는 데 의견의 일치를 보아 마침내 에우티케스를 단죄하였다. 그리스도는 일치 전에 두 본성으로 존재하며, 일치 뒤에는 하나의 본성으로만 존재한다(ἐκ δύο φύσεων... πρὸ τῆς ἑνώσεως, μετὰ δὲ τὴν ἕνωσιν μίαν φύσιν)고 에우티케스가 고백하였기 때문이다. 에우티케스, 황제 테오도시우스 2세, 플라비아누스 세 사람 모두 로마의 레오에게 편지로 문의하였고, 레오는 449년 6월 13일 장래를 위해 방향을 제시하는 유명한 「플라비아누스에게 보낸 교의서간」(「서간」 28)을 발송하였다. 황제는 이 문제의 해명을 위해 8월 1일 에페소에 공의회를 소집하였으며, 레오도 교회회의에 사절들을 파견하였다. 8월 8일에 디오스쿠루스 사회로 열린 교회회의는 레오의 교의서간을 무시한 채 로마 사절들의 반대에도 에우티케스를 복권시키고 플라비아누스를 면직하였다. 플라비아누스는 유형지로 가는 도중에 사망하였다(449년 또는 450년). 이런 까닭에 레오는 훗날에 이 교회회의를 "군도 latrocinium(群盜) 교회회의"(「서간」 95,2: ACO II/IV 51)라고 불렀으며(따라서 이 교회회의는 역사적 의미를 지니게 되었다), 그 결정들을 승인하지 않았다.

레오는 황실에 새로운 공의회 소집을 요청하였으나 뜻을 이루지 못하였다. 그러나 450년 7월 28일 테오도시우스 황제가 후손이 없는 채로 갑작스레 죽자 상황이 근본적으로 변하였다. 그의 누이 풀케리아는 수도원에서 황실로 돌아와 동정성을 지켜준다는 조건하에 원로원 의원인 마르치아누스와 결혼하였으며, 450년 8월 24일 그를 황제로 공포하여 그때부터 제국의 정책을 결정하였다. 황제가 「플라비아누스에게 보낸 교의서간」을 인정하고 수위권에 관한 문제가 해결되었기 때문에, 레오는 더 이상 공의회 개최에 관심이 없었다. 그러나 이번에는 새 황제가 레오가 전력을 기울였던 공의회 소집을 개최하고자 하였다. 황제는 레오가 주저한다는 것을 알기 전에 공의회를 소집하였기에, 레오는 이에 반대하지 않았지만 그의 사절을 의장으로 임명하여 자신이 공의회를 주재할 것을 주장하였다. 이로써 칼체돈 공의회는 교회사에서 로마 주교의 수위권을 인정하여 그의 사절이 의장으로 임명된 첫번째 전 세계 공의회가 되었다. 공의회는 「레오의 교의서간」을 추인하고 이를 바탕으로 신경을 정식화하였다. 그렇지만 신경의 수용을 둘러싼 논쟁이 공의회가 끝나자마자 시작되어 레오는 사망(461년)할 때까지 이 논쟁에 관여해야만 했다.

3) 로마 시를 구출하기 위한 두 번에 걸친 그의 사명. 452년 훈족의 왕 아틸라가 군대를 이끌고 이탈리아를 침공해 왔을 때, 레오는 황제의 특사와 함께 만투아까지 아틸라를 마중나가 그를 감동시켜 로마 시를 보호하였다. 455년 반달족의 왕 가이세리쿠스가 민족을 이끌고 로마 앞에 포진하였을 때, 레오는 두 번째로 로마 시를 방화와 살인에서 보호하는 데 성공하였으나, 로마 시는 14일 동안이나 계속된 약탈을 감수해야만 했다.

레오의 활동 가운데 이 세 가지 주요 과제는 교회 영역에만 한정되지 않고, 몰락해가는 서로마제국에서 정치적·사회적·문화적 공백 상태를 더욱더 채워야 하는 그의 폭넓은 사목활동 가운데 정점일 뿐이다. 학자들이 이구동성으로 강조하듯이 절제moderatio와 겸손humilitas의 덕이 그에게 내적으로 충만하였다. 교육과 학식 및 그리스도만이 교회의 주인이며 자신은 그리스도의 종이라는 자의식에 바탕을 두고, 레오는 신학적·규율적·정치적 사건을 해결하기 위해 중용과 타협이라는 방법을 추구하였다. 레오는 461년 11월 10일에 사망하였으며, 베네딕도 15세는 1754년 10월 15일 그를 교회학자로 선포하였다.

참고문헌 목록: A. Lauras, Études sur saint Léon le Grand: RSR 49 (1961) 481-99.

편집본: *Opera omnia*: PL 54-56. – PLS III 329-350. – *Epistulae*: W. Gundlach = MGH.Ep 3 (1892) 15-22. – O. Guenther = CSEL 35 (1895) 117-24. – ACO II/4 (1932). – *Tractatus*: J. Leclercq/R. Dolle = SC 22, 49, 74, 200 (²1964-76, 1973) (TfÜK). – A. Chavasse = CChr.SL 138-138 A (1973).

번역서: S. Wenzlowsky, Die Briefe der Päpste IV = BKV¹ (1878). – *Predigten*: M.M. Wilden BKV¹ (1876). – Th. Steeger = BKV² 2 Bde. (1927). – O. Bardenhewer, Marienpredigten aus der Väterzeit, Mn 1934, 68-79 (*21*). – Th. Steeger/P. Stockmeier = SKV 9 (1984) (*3, 16, 23, 33, 58, 59, 72, 74, 75, 82*). – 영어 번역서: Ch.L. Feltoe: NPNF II 12 (1895 = 1995) 1-205 (*Letters and Sermons*). – E. Hunt = FaCh 34 (1957) (*Letters*). – J.P. Freeland/A.J. Conway = FaCh 93 (1996) (*Sermons*).

보조자료: CChr.ILL A 40/B 40 (1987) (*Tractatus*).

참고문헌: 사전 항목: G. Hudon: DSp 9 (1976) 597-611. – B. Studer: TRE 20 (1990) 737-41. – G.A. Zinn: EEC 534-5. – B. Studer: EECh I 479.

일반 연구서: E. Caspar, Geschichte des Papsttums von den Anfängen bis zur Höhe der Weltherrschaft, I: Römische Kirche und *Imperium Romanum*, Tü 1930, 423-564. – R. Galli, S. Leone Magno e i suoi scritti: Did. 9 (1930) 51-235. – T. Jalland, The Life and Times of St. Leo the Great, Lo 1941. – R. Dolle, Saint Léon le Grand, Namur 1961. – N.W. James, Leo the Great and Prosper of Aquitaine: A Fifth Century Pope and His Adviser: JThS NS 44 (1993) 554-84.

교회론/구원론: J. Rivière, Le dogme de la rédemption après saint Augustin: RevSR 9 (1929) 11-42, 153-87. – E.M. Burke, The Church in the Works of Leo the Great, Washington 1945. – L. M. Govern, The Ecclesiology of Saint Leo the Great, Ms 1958. – J.-P. Jossua, Le salut, incarnation ou mystère pascal. Chez les Pères de l'Église de saint Irénée à saint Léon le Grand, P 1968, 251-382. – G. Hudon, L'Église dans la pensée de saint Léon: EeT 14 (1983) 305-36.

수위권/공의회: J. Ludwig, Die Primatworte Mt 16, 18.19 in der altkirchlichen Exegese = NTA 19/4 (1952). – W. Ullmann, Leo I and the Theme of Papal Primacy: JThS NS 11 (1960) 25-51. – A. Krömer, Die *Sedes Apostolica* der Stadt Rom in ihrer theologischen Relevanz innerhalb der abendländischen Kirchengeschichte bis Leo I., F 1972. – H.J. Sieben, Die Konzilsidee der Alten Kirche, Pb 1979, 103-47. – M. Wojtowytsch, Papsttum und Konzile von den Anfängen bis zu Leo I. (440-61). Studien zur Entstehung der Überordnung des Papstes über die Konzile = PuP 17 (1981). – St. O. Horn, Petrou Kathedra. Der Bischof von Rom und die Synoden von Ephesus (449) und Chalcedon = KKTS 45 (1982). – P. Stockmeier, *Universalis Ecclesia*. Papst Leo der Große und der Osten: FS G. Kretschmar, St 1987, 83-91.

문헌학/설교: J. Pschmadt, Leo der Große als Prediger, Elberfeld 1912. – W.J. Halliwell, The Style of Pope St. Leo the Great = PatSt 59 (1939). – M.M. Mueller, The Vocabulary of Pope St. Leo the Great = PatSt 67 (1943). – F.X. Murphy, The Sermons of Pope Leo the Great: Content and Style: D.G. Hunter (ed.), Preaching in the Patristic Age (FS W. J. Burghardt), NY- Mahwah/NJ 1989, 183-97. – W. Blümer, *Rerum Eloquentia*. Christliche Nutzung antiker Stilkunst bei St. Leo Magnus = EHS XV 51 (1991). – M. Naldini, I Sermoni di Leone Magno. Fra storia e teologia = BPat 30 (1997).

로마/로마제국: H.M. Klinkenberg, Papsttum und Reichskirche bei Leo d. Gr.: ZSRG.K 38 (1952) 37-112. – P. Stockmeier, Leos I. des Großen Beurteilung der kaiserlichen Religionspolitik = MThS.H 14 (1959). – J. Oroz Reta, San León, papa de la Romanidad: Helm. 13 (1962) 163-91. – C. Bartnik, L'interprétation théologique de la crise de l'empire romain par Léon le Grand: RHE 63 (1968) 745-84. – J. Fellermayr, Tradition und Sukzession im Lichte des römisch-antiken Erbdenkens. Untersuchungen zu den lateinischen Vätern bis zu Leo dem Großen, Mn 1979. – Ph.A. McShane, La *Romanitas* et le Pape Léon le Grand. L'apport culturel des institutions impériales à la formation des structures ecclésiastiques, Tournai - Montréal 1979.

신학: A. Guillaume, Jeûne et charité dans l'église latine des origines au douzième siècle, en particulier chez S. Léon le Grand, P 1951. – P. Hervé de l'Incarnation, La grâce dans l'œuvre de S. Léon le Grand: RThAM 22 (1955) 17-55, 193-212. – M.B. de Soos, Le myst re liturgique d'après saint Léon le Grand = LQF 34 (1958). – G. Hudon, La perfection chrétienne d'après les sermons de S. Léon, P 1959. – B. Studer, Die Einflüsse der Exegese Augustins auf die Predigten Leos des Großen: *Forma Futuri* (FS M. Pellegrino), Turin 1975, 915-30. – R. Fernandez, Antropolog a de San Leén Magno, Pm 1985.

「플라비아누스에게 보낸 교의서간」과 레오의 그리스도론

칼체돈 공의회에서 그리스도론을 결정하는 데 기초가 되어 세계적 명성을 얻었으며, 449년에 쓰어진 「플라비아누스에게 보낸 교의서간」*Tomus ad Flavianum*은 205절로 구성되어 있으며, (아렌스에 따르면 이전의 구분과 달리) 크게 다섯 부분으로 나뉜다.

I. 1-11: 상황을 간략히 서술하는 도입과 에우티케스에 대한 평가.

II. 12-53: 육화신학의 (그리스도 반가현설적) 발전 과정과 특히 에우티케스에 대해 새로 작성한 본문들.

   A. 12-29: 사도신경의 해석: 하느님, 성부에게서 성자의 영원한 출생과 동정녀에게서 이 세상에 태어남.

   B. 30-42: 성서를 통한 증명.

   C. 43-53: 에우티케스의 견해에서 예상되는 어려움에 대한 심층적 설명.

III. 54-157: 교의서간을 위해 작성한 일련의 인용에 관한 두 본성론 개요.

   A-E. 54-151: 레오, 브레스치아의 가우덴티우스, 아우구스티누스 논고외 본문들.

   F. 152-157: 에우티케스의 학설에 관한 판결.

IV. 158-187: 제II부의 계속.

   A. 158-162: 인성을 위한 증언인 예수의 수난과 죽음.

   B. 163-176: 구원과 교회를 위한 예수의 죽음의 의미.

   C. 177-187: 에우티케스의 특별한 진술을 논함.

V. 188-205: 결론: 그밖의 대응방식의 확립과 전권사절의 파견에 대한 통고.

신앙고백에 바탕을 둔 레오의 그리스도론 기초는 그리스도의 이중 탄생 및 하느님과 인간으로서 그리스도의 이중 동일본질에 관한 신학적 명제이다. "영원한 아버지와 동일하고 영원한 독생자께서는 성령과 동정녀 마리아에게서 태어나셨다"idem vero sempiterni genitoris unigenitus sempiternus natus est de Spiritu Sancto et Maria virgine(21). 따라서 신인神人의 일치를 위하여 하느님 아들의 육화에서 이중 접근이 일어나야만 했다. 하느님께서는 자신을 비우시고 인간은 위격의 일치로 올려졌다. "두 본성 각각의 특성 유지와 하나의 위격으로 일치에서 높임은 낮춤을, 강건함은 약함을, 영원은 면치 못할 죽음을 취한다"salva igitur proprietate utriusque naturae et in unam coeunte personam, suscepta est a maiestate humilitas, a virtute infirmitas, ab aeternitate mortalitas(54-56). 레오는 "두 본성 안에 그리스도의 하나의 위격"una persona Christi in utraque natura뿐만 아니라 일치를 위해 여기서 사용한 본성들의 상호 접근에 관한 관념에 대해 말하는 아우구스티누스의 중심적인 그리스도론 진술을 분명히 알고 있었기 때문에, 레오의 그리스도론의 근본 내용은 아우구스티누스에게 의존한다고 말할 수 있다. 두 본성은 변화하지 않고, 혼합되지 않는다. "참 하느님과 참 인간은 같은 분이며 … 신성이 낮춤을 통하여 변화하지 않듯이 인간은 높임으로 사라지지 않는다"qui enim verus est Deus, idem verus est homo... sicut enim Deus non mutatur miseratione, ita homo non consumitur dignitate(91-93). 그러나 두 본성이 결합하였을 때 그리스도 안에서 하나의 주체(하나의 위격)만이 행동한다agit enim utraque forma cum alterius communione. 여기서 필연적으로 속성의 호환이 분명해진다. "위격의 이 일치 때문에 두 본성 각각에 대해 다음과 같이 말할 수 있다. 인간의 아들은 하늘에서 내려왔으며 … 하느님의 아들은 십자가에 못박히고 묻히셨다"propter hanc ergo unitatem personae in utraque natura intellegendum, et filius hominis legitur descendisse de caelo〔요한 3,13〕, et rursum filius Dei crucifixus dicitur ac sepultus(126-133).

레오가 편지를 쓸 때에 문사文士들을 이용하였다는 것은 잘 알려져 있으며, 이는 편지에서 바로 알아낼 수 있다. 이러한 사실에서 마르세이유의 겐나디우스(「유명인사록」 4-5)가 전하듯이 「플라비아누스에게 보낸 교의서간」을 작성할 때 다른 사람들, 특히 아퀴타니아의 프로스페루스가 기고하였는가에 대한 문제가 제기된다. 최근의 연구는 레오가 독창적인 내용으로 기초를 놓았다는 사실과 함께 이 문제를 시인하는 경향이 있다.

편집본: ACO II/II/1 (1932) 24-33. – C. Silva-Tarouca = TD.T 9 (1932), 15 (1934); 20 (1935); 23 (1937). – DH 290-5 (ITdÜ).

번역서: S. Wenzlowsky, Die Briefe der Päpste IV = BKV¹ (1878) 197-210. – Camelot 251-9.

참고문헌: J. Gaidioz, Saint Prosper d'Aquitaine et le Tome à Flavien: RevSR 23 (1949) 270-301. – M.J. Nicolas, La doctrine christologique de saint Léon le Grand: RThom (1951) 609-60. – U. Dominguez-Del Val, S. León Magno y el *Tomus ad Flavianum*: Helm. (1962) 193-233. – B. Studer, *Consubstantialis Patri – Consubstantialis Matri*. Une antithèse christologique chez Léon le Grand: REAug (1972) 87-115. – A. Grillmeier, Jesus der Christus im Glauben der Kirche. Band 1: Von der Apostolischen Zeit bis zum Konzil von Chalcedon (451), F – Ba – W ³1990, 734-50 u.ö. – H. Arens, Die christologische Sprache Leos des Großen. Analyse des *Tomus* an den Patriarchen Flavian = FThSt 122 (1982). – B. Studer, *Una persona in Christo*. Ein augustinisches Thema bei Leo dem Großen: Aug. 25 (1985) 453-87.

4. 칼체돈 공의회(451년)

칼체돈 공의회와 그 신경은 교회사적으로 이전 시대의 마무리로 볼 수 있다. 이러한 견해는 교의사적 관점에서 공의회에서 결정한 그리스도의 "두 본성 안에서 하나의 위격"una persona in duabus naturis이라는 그리스도론 정식이 오늘날까지 가톨릭 교회에서 변함없이 사용되고 근본적인 수정없이 고백되기 때문에 옳다고 할 수 있다. 그렇지만 더 넓은 신학사적 관계에서 볼 때 칼체돈 공의회는, 결말에 해당하는 것이 아니라 428년 네스토리우스 논쟁의 그리스도 두 본성의 일치에 관한 문제 제기에서 시작되어, 공의회의 신학에 관한 논쟁의 여지가 있는 수용사, 삼장 논쟁, 제2차 콘스탄티노플 공의회, 그리스도 단의설 논쟁, 제3차 콘스탄티노플 공의회("트룰라눔" 680~681년)까지 펼쳐지는, 둥근 천장에서 방향을 제시하는 결정적인 정점이라 말할 수 있다.

네스토리우스 논쟁 이래 하느님이며 인간인 그리스도의 일치에 관해 아직도 궁극적으로 해명되지 않은 그리스도론 문제, 콘스탄티노플 교회회의(448년)부터 에페소의 군도群盜 교회회의와 레오가 「플라비아우스에게 보낸 교의서간」에 관한 직접적인 전사前史가 원인이 되어, 마르치아누스 황제는 451년 9월 1일 공의회를 니체아로 소집하였다. 레오 교황은 새로운 논쟁이 일어날지도 모른다는 우려로 공의회가 열리지 않거나 공의회를 이탈리아에서 열기 위하여, 훈족의 침입으로 불안한 정치적 상황이 호전될 때까지 공의회가 연기되기를 기대하였다. 그러나 그는 황제의 공의회 소집 권한을 문제삼을 수 없었기 때문에 교의 문제만 토론할 것을 요구하였다. 황제가 이에 동의하지 않았지만 그는 어쩔 수 없이 공의회 개최에 찬성하여 네 명의 사절, 곧 로마의 장로 보니파시우스, 릴리베움(시칠리아의 마르살라)의 주교 파스카시누스, 코스의 주교 율리아누스, 아스콜룸(아스콜리)의 주교 루첸시우스를 파견하였다. 황제는 훈족의 침입으로 451년 9월 1일 니체아에 갈 수 없었다. 약 450명의 주교가 니체아에 모였으나 황제의 참석 없이는 공의회가 열릴 수 없었기 때문에, 그는 공의회를 9월 22일로 연기하여 콘스탄티노플에서 가까운 칼체돈(오늘날: 소아시아 방면의 카디쾨이)으로 소집하였다. 이로써 그는 수도의 긴급한 국가 업무를 하면서 공의회 회의에 참석할 수 있었다.

공의회는 10월 8일부터 31일까지 회의를 열어 플라비아누스를 복권시키고, 디오스쿠루스를 면직하였다. 10월 22일 제5차 회기에서는 신경을 확정하였으며, 에페소 군도 교회회의(449년)에서 면직된 치루스의 주교 테오도레투스와 에데사의 주교 이바스를 다시 그들의 주교좌로 복권하였다. 제7차 ― 또는 15차 ― 회기는 28조항의 규범규정을 가결하였으나, 로마의 주교가 28번째 규범규정을 승인하지 않아 공의회 문서 모음집에는 27조항만 수록되었다.

참고문헌: 사전 항목: L.R. Wickham: TRE 7 (1981) 668-75. – F.W. Norris: EEC 190-2. – M. Simonetti: EECh I 159.

연구서: C.J. Hefele/H. Leclercq, Histoire des Conciles d'après les documents originaux II/1-2, P 1908, 622-880. – A. Grillmeier/H. Bacht (ed.), Das Konzil von Chalkedon. Geschichte und Gegenwart, 3 Bde., Wü 1951-4 = ⁵1979. – R.V. Sellers, The Council of Chalcedon, Lo 1953. – P.-Th. Camelot, Ephesus und Chalcedon = GÖK 2 (1963) 85-221. – P. Stockmeier, Das Konzil von Chalkedon. Probleme der Forschung: FZPhTh 29 (1982) 140-56. – G. May, Das Lehrverfahren gegen Eutyches im November des Jahres 448. Zur Vorgeschichte des Konzils von Chalkedon: AHC 21 (1989) 1-61. – J. van Oort/J. Roldanus (eds.), Chalkedon: Geschichte und Aktualität. Studien zur Rezeption der christologischen Formel von Chalkedon, Lou 1997.

4.1. 신 경

공의회의 교의 결정은 세 부분으로 나뉜다. 1) 교의 결정은 긴 전문前文에서 공의회가 열린 동기를 설명한 뒤, 니체아(325년), 콘스탄티노플(381년) 두 공의회의 신앙 진술과 치릴루스의 교회회의 서간들을 증거로 제시하고 허용할 수 없는 유설들[네스토리우스의 두 아들론에 바탕을 둔 "하느님의 어머니"Theotokos 칭호의 거부와 에우티케스의 그리스도 두 본성의 혼합]을 열거한다. 이후 2) 실질적인 그리스도론 결정은 교부들의 전승을 증거로 내세운다. 곧, 신경에 관한 분석이 명시하듯이 신경은 안티오키아의 요한이 433년 일치정식을 위해 치릴루스에게 보낸 편지(1-6), 레오의 교의서간(7-18, 20-21), 치릴루스가 네스토리우스에게 보낸 편지, 플라비아누스가 레오에게 보낸 편지(19, 21) 및 치루스의 테오도레투스의 편지(22-23)에 바탕을 두었다.

1. Ἑπόμενοι τοίνυν τοῖς ἁγίοις πατράσιν	따라서 우리는 모두 거룩한 교부들을 따르면서 (일치된 마음으로 가르치는 바입니다).
2. ἕνα καὶ τὸν αὐτὸν ὁμολογεῖν υἱὸν 3. τὸν κύριον ἡμῶν Ἰησοῦν Χριστὸν 4. συμφώνως ἅπαντες ἐκδιδάσκομεν,	우리는 한 분이고 같은 아들, 우리 주 예수 그리스도를 고백합니다.
5. τέλειον τὸν αὐτὸν ἐν θεότητι 6. καὶ τέλειον τὸν αὐτὸν ἐν ἀνθρωπότητι	같은 분이 신성에서 완전하시고 그리고 같은 분이 인성에서 완전하시며,
7. θεὸν ἀληθῶς καὶ ἄνθρωπον ἀληθῶς	참으로 하느님이시며 참으로 인간이십니다.
8. τὸν αὐτὸν ἐκ ψυχῆς λογικῆς καὶ σώματος,	같은 분이 이성적인 영혼과 육체로 이루어져 있으며,
9. ὁμοούσιον τῷ πατρὶ κατὰ τὴν θεότητα	신성에 따라 아버지와 동일본질이시며,
10. καὶ ὁμοούσιον ἡμῖν τὸν αὐτὸν κατὰ τὴν ἀνθρωπότητα,	그리고 같은 분이 인성에 따라 우리와 동일본질이십니다.
11. κατὰ πάντα ὅμοιον ἡμῖν χωρὶς ἁμαρτίας,	(그분은) 죄를 제외한 모든 점에서 우리와 같으시며

12. πρὸ αἰώνων μὲν ἐκ τοῦ πατρὸς γεννηθέντα κατὰ τὴν θεότητα,

신성에 따라 영원 전에 아버지에게서 나셨습니다.

13. ἐπ' ἐσχάτων δὲ τῶν ἡμερῶν

그러나 마지막 날에

14. τὸν αὐτὸν δι' ἡμᾶς καὶ διὰ τὴν ἡμετέραν σωτηρίαν

같은 분이 우리와 우리의 구원을 위하여

15. ἐκ Μαρίας τῆς παρθένου τῆς θεοτόκου κατὰ τὴν ἀνθρωπότητα

인성에 따라 하느님의 어머니이신 동정녀 마리아에게서 태어나셨습니다.

16. ἕνα καὶ τὸν αὐτὸν Χριστὸν υἱὸν κύριον μονογενῆ,

한 분이고 같은 분이 그리스도, 아들, 주님, 독생자이십니다.

17. ἐν δύο φύσεσιν

두 본성 안에서

18. ἀσυγχύτως ἀτρέπτως ἀδιαιρέτως ἀχωρίστως γνωριζόμενον

혼합되지 않으시고, 변화하지 않으시고, 분리되지 않으시고, 나누어지지 않으시고, 인식할 수 있으며

19. οὐδαμοῦ τῆς τῶν φύσεων διαφορᾶς ἀνῃρημένης διὰ τὴν ἕνωσιν

어디에도 일치 때문에 본성들의 구별이 없어지지 않으시고,

20. σωζομένης δὲ μᾶλλον τῆς ἰδιότητος ἑλατέρας φύσεως

오히려 두 본성 각각의 특성이 보존되시며

21. καὶ εἰς ἓν πρόσωπον καὶ μίαν ὑπόστασιν συντρεχούσης

하나의 프로소폰과 하나의 히포스타시스로 결합되시고,

22. οὐκ εἰς δύο πρόσωπα μεριζόμενον ἢ διαιρούμενον,

두 위격으로 나뉘거나 분리되지 않으십니다.

23. ἀλλ' ἕνα καὶ τὸν αὐτὸν υἱὸν μονογενῆ

한 분이고 같은 독생자, 아들,

24. θεὸν λόγον κύριον Ἰησοῦν Χριστόν,

하느님, 말씀, 주 예수 그리스도이십니다.

25. καθάπερ ἄνωθεν οἱ προφῆται περὶ αὐτοῦ

(이는) 예부터 예언자들이 그분에 관해

26. καὶ αὐτὸς ἡμᾶς Ἰησοῦς Χριστὸς ἐξεπαίδευσεν

그리고 예수 그리스도 자신이 우리에게 가르치신 바와 같이

27. καὶ τὸ τῶν πατέρων ἡμῶν παραδέδωκε σύμβολον.

그리고 우리 교부들의 신앙고백이 (이 가르침을) 전해주셨습니다.

이 결정은 신경을 받아들이지 않은 모든 사람에 대한 일반적인 파문으로 끝난다.

"그러나 칼체돈의 결정은 서로 다른 견해를 타협하거나 능숙하게 혼합한 것이라기보다는 여러 신학적 전승이 융합된 것이다"(Camelot, 159쪽). 실제로 칼체돈 신경은, 특히 용어의 해명에서 알렉산드리아와 안티오키아 그리스도론을 결합한 정점이며 종점으로 여길 수 있다. 그럼에도 신경은 "두 본성에서" 대신에 "두 본성 안에서"라는 진술을 택하여, 이 용어의 수용을 둘러싼 수백년 동안의 대립과 콥트 교회의 분열을 일으켰다. 이 용어는 알렉산드리아 신학에서 두 본성의 분리로 생각된 반면, 알렉산드리아 사람들이 사용하는 하나의 본성μία ϕύ-$\sigma\iota\varsigma$은 위격의 일치 후 이단적 단성설의 일치 개념으로 이해되었기 때문이다.

편집본: ACO II (1932-8). – DH 300-3 (TdÜ).

번역서: Camelot 260-4. – A. Festugière, Ephèse et Chalcédoine: Actes des Conciles = TDT 6 (1982) 651-895.

참고문헌: A. de Halleux, La définition christologique à Chalcédoine: RTL 7 (1976) 3-23, 155-70. – A. Grillmeier, Mit ihm und in ihm. Christologische Forschungen und Perspektiven, F – Ba – W 1975. – W.H.C. Frend, The Rise of the Monophysite Movement. Chapters in the History of the Church in the Fifth and Sixth Centuries, C u. a. ²1979. – A. Grillmeier, Jesus der Christus im Glauben der Kirche, Band 1: Von der apostolischen Zeit bis zum Konzil v. Chalcedon, F – Ba – W ³1990, 751-75. – A. de Halleux, La réception du symbole œcuménique, de Nicée à Chalcédoine: EThL 61 (1985) 5-47. – A. Baxter, Chalcedon, and the Subject of Christ: DR 107 (1989) 1-21. – J. Galot, "Une seule personne, une seule hypostase". Origine et sens de la formule de Chalcédoine: Gr. 70 (1989) 251-76.

4.2. 규범규정과 교회회의 서간

공의회가 마지막 회기에서 가결한 28조항의 규범규정은 교구, 성직자, 수도자에 관한 매우 다양한 규율문제를 다룬다. 이 가운데 10월 29일에 가결한 28번째 규범규정은 로마의 반대로 결국 승인받지 못하였다. 더 정확히 말하자면 이 규범규정은 레오가 곧바로 거부하였기 때문에 상당한 관심의 대상이 되었으며, 따라서 공의회 문서에 전해지지 않는다. 콘스탄티노플 공의회는 규범규정 3조에서 새로운 로마인 콘스탄티노플 주교좌를 로마 다음의 두번째 명예 서열로 인정하였으나, 다른 두 총대주교좌인 알렉산드리아와 안티오키아의 예부터 내려오는 관할권을 침해하지는 않았다. 공의회는 오히려 이러한 권리를 규범규정 2조에서 명백히 선언하였다. 그러나 칼체돈 공의회에서는 381년 공의회를 증거로 내세워 콘스탄티노플의 총대주교에게 고대 로마와 같은 권리를 부여하였다. 이러한 권리는 한편으로는 알렉산드리아와 안티오키아의 권리를 제한하고, 다른 한편으로 수위권 신학의 현 상황에서 콘스탄티노플이 두번째 수위권을 지님을 의미하였다. 결정에 참석하지 않은 교황의 사절들이 곧바로 이에 항의하였지만, 10월 30일에 열린 다음 회기에서 뜻을 이루지 못하였다. 공의회는 평상시대로 참석하지 못한 주교들에게 소식을 전하는 교회회의 서간을 작성하여 그것을 로마의 사절 편에 레오에게 보냈다(「서간」 98). 레오는 답변하기를 오랫동안 주저하였으며, 황제와 일부 주교들과 서신을 교환한 뒤 규범규정 28조를 제외한 공의회의 결정들을 453년 3월 21일자 서간에서 승인하였다.

편집본: DH 304-6 (TdÜ).

번역서: Camelot 264-70.

참고문헌: W. Bright, The Canons of the First Four General Councils of Nicaea, Constantinople, Ephesus and Chalcedon, with notes, O ²1892. – A. Wuyts, Le 28ème canon de Chalcédoine et le Fondement du Primat romain: OCP 17 (1951) 265-82. – V. Monachino, Genesi storica Canone 28⁰ di Calcedonia: Gr. 33 (1952) 261-91; II Canone 28⁰ di Calcedonia e S. Leone Magno: ebd. 531-65. – P. L'Huillier, The Church of the Ancient Councils. The Disciplinary Work of the First Four Ecumenical Councils, Crestwood/NY 1996, 181-328.

제11장

라틴 서방교회의 문헌

참고문헌: A. Di Berardino (ed.), Patrologia. Vol. IV: Dal Concilio di Calcedonia (451) a Beda. I Padri latini, Genua 1996.

1. 마르세이유의 살비아누스

살비아누스의 생애는 5세기의 상황과 거의 일치한다. 따라서 그는 민족 이동과 로마제국이 붕괴하면서 일어나는 여러 사건을 전 생애에 걸쳐 소용돌이의 중심 지인 갈리아에서 직접 체험하였다. 우리는 이러한 사건들에 관련된 그의 전기를 매우 많이("매우 적게"라는 표현이 더 어울림) 알고 있으며, 그의 작품들은 전적으로 이 사건들과 깊은 관계가 있다.

살비아누스는 400년경 쾰른 또는 트리어에서 태어났으며, 그가 젊은이였을 때(418~420년경) 체험한 프랑크족의 (세번째) 트리어 침략에 대한 묘사는, 그 신뢰성이 최근에 다시 의문시되었을지라도, 세계 문학에서 가장 감동적인 역사 증언에 속한다(「하느님의 주재」 VI 15,82-89). 그의 작품들이 증명하듯이 그는 틀림없이 고등교육과 법률 수업을 받았으며, 팔라디아라는 비그리스도인과 결혼하였다. 그가 그리스도교 가정에서 태어났는지 또는 언제 그리스도교로 개종하였는지는 알려진 바가 없다. 여하튼 이 부부는 딸 아우스피치올라를 낳은 뒤 그리스도교적·금욕적 동기에서 결혼생활을 절제하기로 합의하였다. 따라서 이 시기에 두 사람이 그리스도교 신앙을 고백하였다고 볼 수 있다. 개종의 시점은 대략적으로만 알 수 있다. 살비아누스는 개종으로 인해 몇 년 동안 장인·장모와 사이가 나빠졌으며, 그들이 그리스도교 신앙을 고백한 뒤에도 이러한 상태는 지속되었다. 개종한 지 7년째 되는 해에 쓴 편지 4번에서 살비아누스는 그들과 화해하려고 애썼으며, 그는 그 당시에도 분명히 아내와 딸과 함께 살고 있었다. 그는 늦어도 426년부터 러렝의 수도 공동체에 들어갔기 때문에 개종 연도는 적어도 420년 이전으로 잡을 수 있다. 그는 429년부터 러렝 또는 마르세이유에서 사제로 활동하였다. 그러나 그가 사제품을 언제, 어디서 받았는지, 또한 그의 사목활동에 관해서도 알려진 사실은 없다. 마르세이유의 겐나디우스는 467년경에 히에로니무스의 「유명인사록」 이후의 인물을 다루는 같은 제목의 작품(「유명인사록」 67)에서 살비아누스를 "원기왕성한 노년기"in senectute bona, 곧 육순이 넘은 매우 건강한 노인으로 묘사한다. 겐나디우스와 아를르의 힐라리우스는 그의 작품 목록을 작성하였으나 그 가운데 세 작품, 「하느님의 주재」*De gubernatione Dei*(겐나디우스의 목록에서: *De praesenti iudicio*), 「교회」*Ad ecclesiam*(겐나디우스의 목록에서: *Adversus avaritiam*), 아홉 통의 편지를 제외한 모든 작품이 소실되었다.

참고문헌 목록: H.R. Drobner: BBKL 8 (1994) 1258-66.

편집본: *Opera omnia*: C. Halm = MGH.AA I/1 (1877). – F. Pauly = CSEL 8 (1883). – *Epistulae, Ad ecclesiam*: G. Lagarrigue = SC 176 (1971) (TfÜK).

번역서: A. Mayer = BKV² II 11 (1935) (*Opera omnia*). – A. Mayer /N. Brox = SKV 3 (1983) (*Ad ecclesiam, Epistula ad Salonium*). – 영어 번역서: J.J. O'Sullivan = FaCh 3 (1947) 25-232 (*The Governance of God, Letters, The Four Books of Timothy to the Church*).

보조자료: *Salviani... Concordantiae operibus ejus adnexae alphabetice dispositae studio, ac labore patris Demetrii Barbulii*, Pisa 1729.

참고문헌: 사전 항목: G. Lagarrigue: DSp 14 (1990) 290-7. – M. Pellegrino: EECh II 754.

포괄적 연구서: M. Pellegrino, Salviano di Marsiglia = Lat. VI 1-2 (1940). – E. Griffe, La Gaule chrétienne à l'époque romaine, 2 vol., P 1966. – Ph. Badot/D. De Decker, Salvien de Marseille: note critique: Aug. 38 (1998) 223-77.

문헌학: C. Brakman, Observationes grammaticae et criticae in Salvianum: Mn. 52 (1924) 113-85. – L. Rochus, La latinité de Salvien = MAB.L 30/2 (1934). – O. Janssen, L'expressivité chez Salvien de Marseille I: Les adverbes = LCP 7 (1937).

주위환경/정치/역사관: G. Sternberg, Das Christentum des 5. Jahrhunderts im Spiegel der Schriften Salvians von Massilia: ThStKr 82 (1909) 29-78, 163-205. – A. Schäfer, Römer und Germanen bei Salvian, Diss. Br 1930. – J. Fischer, Die Völkerwanderung im Urteil der zeitgenössischen kirchlichen Schriftsteller Galliens unter Einbeziehung des hl. Augustinus, Hei 1948. – M. Janelli, La caduta di un impero nel capolavoro di Salviano, Neapel 1948. – E.A. Isichei, Political Thinking und Social Experience. Some Christian Interpretations of the Roman Empire from Tertullian to Salvian, Christchurch 1964. – A.G. Hamman, L'actualité de Salvien de Marseille. Idées sociales et politiques: Aug. 17 (1977) 381-93. – J. Badewien, Geschichtstheologie und Sozialkritik im Werk Salvians von Marseille = FKDG 32 (1980). G.W. Olsen, Reform after

the pattern of the primitive church in the thought of Salvian of Marseille: CHR 68 (1982) 1-12.
– J. Badewien, Zum Verhältnis von Geschichtstheorie und Theologie bei Salvian von Marseille:
StPatr 15 = TU 128 (1984) 263-7. – J.M. Blázquez Martínez, La crisis del Bajo Imperio en Oc-
cidente en la obra de Salviano de Marsella. Problemas económicos y sociales: Gerión 2 (1985)
157-82.

그밖의 연구서: G. Vecchi, Studi Salvianei I, Bologna 1951. – L.F. Barmann, Salvian of Mar-
seille re-evaluated: RUO 33 (1963) 79-97. – R. Kamienik, Quelques problèmes biographiques con-
cernant Salvien de Marseille restés sans solution: Annales Université Marie Curie-Skłodowska
(Lublin) Section F 23-24 (Lublin 1968-69) 74-110. – W. Blum, Das Wesen Gottes und das Wesen
des Menschen nach Salvian von Marseille: MThZ 21 (1970) 327-41. – Ph. Badot, La notice de
Gennade relative à Salvien: RBen 84 (1974) 352-66. – H. Fischer, Die Schrift des Salvian von Mar-
seille "An die Kirche". Eine historisch-theologische Untersuchung = EHS.T 57 (1976). – S. Pri-
coco, Una nota biografica su Salviano di Marsiglia: SicGym 29 (1976) 351-68. – C. Leonardi, Alle
origini della cristianità medievale: Giovanni Cassiano e Salviano di Marsiglia: StMed 18/2 (1977)
491-608. – I. Opelt, Briefe des Salvian von Marseille. Zwischen Christen und Barbaren: Romano-
barbarica 4 (1979) 161-82. – R.J. O'Donnell, Salvian and Augustine: AugSt 14 (1983) 25-34. – N.
Brox, *Quis ille auctor?* Pseudonymität und Anonymität bei Salvian: VigChr 40 (1986) 55-65.

「하느님의 주재主宰」De gubernatione Dei

살비아누스의 작품 「하느님의 주재」는 아우구스티누스의 「신국론」과 같은 상황
과 같은 의문에서 저술되었기 때문에 종종 비교되었다. 그리스도교의 신은 왜
예부터 내려온 로마 국가관과 종교관에서 신의 의무라 할 수 있는 로마제국을
야만인들로부터 보호하지 않았는가? 두 작품의 중요한 차이는 질문자들이 확실
히 다르다는 데 있다. 곧, 아우구스티누스의 「신국론」에서 질문자들은 그리스
도인을 비난하는 이전의 제신을 숭배하는 사람들이었다. 이들에 따르면 옛 제
신의 통치 아래서는 로마의 정복과 같은 재앙이 일어나지 않은 반면, 그리스도
인들은 로마인들을 힘없는 신에게 빠지는 그릇된 길로 인도하였다. 그러나 살
비아누스의 「하느님의 주재」에서 질문자들은 그리스도인들 자신이었다. 그들은
하느님께서 그들을 돌보아주신다는 것에 의심을 품었나. 이런 까닭에 살비아누
스는 곤경에 처한 그들의 신앙을 굳게 하고 아울러 다가올 재앙에 대비하기 위
하여 그들에게 불행의 원인과 의미를 설명해야 했다. 여덟 권으로 구성된 「하
느님의 주재」에 나오는 연설적 요소들은 이 작품이 공개적으로 행한 설교에 바
탕을 두고 있음을 엿볼 수 있다. 살비아누스에 따르면 사람들이 어려운 상황에

처한 요인은 결국 그리스도인들의 잘못된 태도에 있었다. 그들이 명목상 그리스도인이고 로마인으로서 야만인들보다 문화적으로 매우 우월하다는 극도로 맹목적인 확신을 가졌지만 그들의 생활과 문화는 실제로 매우 부패하였다. 반면 야만인들, 곧 작센족, 프랑크족, 훈족은 그리스도를 모르거나 왜곡된 아리우스주의의 그리스도를 알고 있지만(고트족과 반달족) 여러 관점에서 로마인보다 더 고상하게 행동한다는 것을 그리스도인들은 깨달아야만 했다. 이런 이유로 야만인들이 죄를 지었을 경우 그들의 무지 때문에 정통 그리스도인들보다 오히려 더 용서받아야 한다. 살비아누스는 한편으로 이 어려운 상황을 하느님의 공정한 징벌로 해석하고, 다른 한편으로 그리스도인들에게 더 올바른 태도와 품행을 일깨우고 그밖의 불행을 피하기 위하여, 고통스러울지라도 이러한 자기 인식을 작품에서 전하려고 하였다.

따라서 살비아누스는 두 가지 사실을 증명한다. 1) 하느님께서는 세상을 걱정하고 세상을 이끌기 위하여 실제로 세상에 현존하신다. 2) 하느님께서 그리스도인들의 행실을 고치기 위하여 악행에 대한 벌로 그들을 이러한 곤궁에 처하게 하신 것이니, 현재의 곤궁은 하느님 보살핌의 표징이다. 따라서 「하느님의 주재」는 다음과 같이 분류된다. 제1-2권에서는 구약성서와 신약성서의 역사 안에서 하느님의 현존과 섭리를 증명한다. 그밖의 6권에서는 하느님의 심판을 받을 수밖에 없었던 그리스도인의 모든 악덕에 관한 표상이 뒤따른다. 이웃사랑의 부족(3), 탐욕, 살인, 간음, 가난한 사람들에 대한 억압, 선에 대한 경멸, 거짓 맹세(4), 시골 사람들에 대한 부당한 억압에서 생긴, 추측건대 국가의 세금 청구로 그들의 토지에서 쫓겨난 반도들의 무리에 대한 제도(5), 연구, 미신(6), 간음, 불손(7), 우상숭배와 하느님의 종들에 대한 학대(8). 살비아누스는 이 악덕들에 대한 질책과 특히 트리어와 카르타고처럼 번성하는 그리스도교 도시의 정복으로 나타나는 악덕에 대한 하느님의 벌을, 수많은 예를 들어 구체적으로 설명한다. 이 설명으로 「하느님의 주재」는 역사적·문화사적으로 뛰어난 사료가 되었다. 살비아누스는 로마인들과 야만인들의 관습을 되풀이하여 비교하면서 야만인들이 도덕적으로 우월하다는 결론에 이른다. 이때문에 하느님께서는 당연히 그들에게 승리를 안겨주셨으며, 그리스도인들에게 회개할 것을 경고하신다. 제8권은 몇 장이 전개되다가 갑자기 끝난다. 살비아누스가 작품을 이와같이 끝맺었는지 또는 전승사에서 끝부분이 삭제되었는지는 알 수 없다.

440~450년 사이에 씌어진 이 작품의 역사적 가치에 관해서는 매우 많이 토론되었지만 개별 진술을 상세한 검토없이 확실한 사실로 받아들여서는 안 된다. 살비아누스는 어떤 "객관적이고 학문적인" 역사서를 쓰려 한 것이 아니라 로마제국과 야만족들에 관한 개별적으로 매우 제한된 자신의 지식을 기초로 하여, 특히 관습의 묘사와 평가를 목표 설정에 따라 분류하는 역사 호교서를 저술한 것이다. 더구나 살비아누스에게 중요하지 않은 정확한 연도, 이름, 지역이 많은 부분에서 틀렸다. 오늘날의 관점에서 당시의 상황과 평가를 비교하는 것은 여하튼 적절하지 않다.

1.의 서술 참조.
편집본: G. Lagarrigue = SC 220 (1975) (TfÜK).
번역서: A. Helf = BKV¹ (1877).

참고문헌: J.-C. Ignace, Salvien et les invasions du Vème siècle en Gaule d'après le "De gubernatione Dei", Toulouse 1966. – J. Blänsdorf, Salvian über Gallien und Karthago. Zu Realismus und Rhetorik in der spätantiken Literatur: H. R. Drobner/Ch. Klock (eds.), Studien zu Gregor von Nyssa und der christlichen Spätantike = SVigChr 12 (1990) 311-32.

2. 보에티우스

마르세이유의 살비아누스는 서로마제국이 몰락하는 시기에 살았고, (남아 있는) 그의 작품에서 위기의 의미를 밝히고, 이 위기를 정신적으로 극복하는 데 기여하였다. 그러나 섧은 가정, 수도지, 사제로서 그의 생애는 당시의 정치와 거리가 멀었다. 반면 아니치우스 만리우스 토르콰투스 세베리누스 보에티우스는 예부터 로마에 살았고 전통적으로 부유한 아니치우스 가문 출신으로 서로마제국이 붕괴하는 475~480년 사이에 태어났다. 이 가문에서는 기원전 2세기부터 집정관과 원로원 의원이 나왔으며, 후대의 교황인 대 그레고리우스와 친척간이었다. 보에티우스의 아버지도 오도아케르 치하 때인 487년 집정관이 되었다. 아버지가 일찍 사망한 뒤 퀸투스 아우렐리우스 멤미우스 심마쿠스가 그를 양자로 받아들였다. 양아버지는 암브로시우스가 주교로 재직할 때 로마 교황청에 빅토리아 입상의 재건을 요구한 유명한 원로원 의원인 심마쿠스의 후손이었으며, 뒤에 보에티우스의 장인이 되었다. 보에티우스의 혈통, 교육, 청년기는 그의 인생행로를 당연히 정치가의 길로 이끌었다. 정치활동은, 그가 동고트족의 왕 "대" 테오데리쿠스 치하에서 비극적인 죽음을 맞은 것처럼 그의 생애에 결정적으로 작용하였다. 테오데리쿠스는 493년 오도아케르의 권력을 찬탈하였으며, 497년 동로마 황제 아나스타시우스에게서 서방의 합법적 통치자로 승인받았다.

보에티우스는 라틴어와 그리스어를 포함한 뛰어나고 폭넓은 교육을 받았으며,[1] 그와 같은 가문의 많은 사람들처럼 로마의 문화유산을 보존하려고 노력하였다. 그는 대략 504년부터 자신의 사상이 플라톤과 아리스토텔레스의 사상과 근본적으로 일치한다는 것을 보이기 위하여, 그들의 전 작품, 주석서 및 "7학예"artes liberales의 개론서를 라틴어로 번역하였다. 그는 자신이 처음으로 이와 같이 부른 "4학예"quadrivium,[2] 곧 산수, 음악, 기하학, 천문학에 전념하였다. 이에 테오데리쿠스는 처음에 그를 (기술) 학자로 생각하여 화폐제도와 도량제도에 관한 검사와 시계 조립을 그에게 위임하였다. 보에티우스가 매우 뛰어난 능력을 발휘하자 테오데리쿠스는 곧 그를 중요한 정치적 관직에 임명하였다. 그는 이미 510년에 단독으로sine collega 집정관이 되었으며, 522년에 시종무장관magister officiorum으로 황실과 국가의 가장 높은 관직을 차지하였다. 같은 해에 아직 청년인 그의 두 아들은 집정관으로 임명되었다.

그러나 권력이 정점에 이르렀을 때 정치 상황이 변하여 그는 관직에서 쫓겨나고 생명을 잃게 되었다. 테오데리쿠스와 동로마의 관계는 정치적인 면에서뿐만 아니라 교회정치적인 면에서도 처음부터 불안정하였다. 칼체돈 공의회 결정들을 수용하기 위해 벌인 논쟁에서 아카치우스가 콘스탄티노플의 총대주교로

---

[1] 보에티우스가 아테네에서 몇 년 공부했다는 보고는 학계에서 더 이상 인정받지 못한다.

[2] 3학예(Trivium): 문법, 수사학, 변증법; 7학예와 함께 고대와 중세 교육제도의 기초.

활동하던 484년에 로마와 콘스탄티노플 사이에 일어난 "아카치우스 분열"은 테오데리쿠스의 입장을 강화하였다. 그러나 철저히 정통신앙적이고 서방지향적인 가톨릭 신자 유스티누스 황제(518~527년)는 519년 분열을 해결하고 로마 교회와 긴밀한 관계를 맺었다. 이는 고트족 통치를 반대하는 세력인 원로원의 일부 의원들에게 자극이 되었으며, 테오데리쿠스는 로마와 동로마제국이 그를 반대하여 꾸미는 음모를 두려워하였다. 아울러 고트족은 황제 콘스탄티우스 2세(337~361년) 치하에서 울필라가 선교한 뒤 아리우스파였다.

보에티우스는 이러한 정치적 소용돌이에 빠졌다. 원로원 의원 알비우스는 524~526년까지 동로마제국과 모반관계를 유지했다는 이유로 고소당하였다. 보에티우스가 동료를 위해 변호하였을 때, 정치적 입지가 약화된 상태에서 어떤 저항도 허용할 수 없던 테오데리쿠스는 보에티우스를 대역죄로 몰아 파비아 근방의 감옥에 가두어 변론할 기회도 주지 않고 처형하게 하였다. 그의 시신은 오늘날 파비아의 성 피에트로 성당에 묻혔다. 그는 이미 카롤링거 시대에 순교자로 간주되었다. 단테는 그를 천국에 있는 교회의 위대한 스승들 가운데 순교자로 다루며(「천국」 X 124-129), 시성성은 1883년 파비아에서 그에 대한 예식을 공식적으로 승인하였다. 보에티우스가 처형된 주된 이유가 확실히 정치적 문제라 할지라도 그를 순교자로 존경하는 까닭은, 당시 정치문제와 교회문제가 쉽게 분리될 수 없었고, 고트족의 아리우스주의와 로마, 콘스탄티노플의 가톨릭주의 사이에 있던 대립이 적어도 간접적인 역할을 하였기 때문이다.

보에티우스가 감옥에 갇혀 있을 때 저술한 주저 「철학의 위안」이 그리스도교의 어떠한 요소도 싣고 있지 않기 때문에, 사람들은 오랫동안 후대에 영향을 미친 삼위일체 신학과 그리스도론에 관한 네 작품을 보에티우스가 저술하였다는 것을 의심하였다. 그가 죽음에 지면하면서 한 번도 신앙 안에서 피난처를 찾으려고 애쓰지 않았다면 정말로 그를 그리스도인이라 할 수 있는가? 그렇지만 1860년 알프레드 홀더가 발견하고, 1877년 헤르만 우세너가 출판한 카시오도루스의 단편(「홀더의 小史」)은 이 작품들의 진본성과 보에티우스가 그리스도인임을 확실하게 증명한다. 보에티우스가 중세를 발전시키는 밑거름을 놓기 위해들인 노력은 높이 평가하지 않을 수 없다. 그의 개론서들은 고대의 교육을 중재하였으며, 번역서와 주석서들은 라틴어만 사용한 중세의 그리스 철학, 특히 아리스토텔레스 철학에 관한 지식을 보존하였다. 그의 철학작품들은 수세기 동안 교과서로 사용되었으며, 신학작품들은 그리스도론과 삼위일체론의 철학적 이해를 위한 고전적 정의를 싣고 있다. 「철학의 위안」은 매우 대중적이어서 이미 중세(10/11세기)에 민중어(앵글로 색슨어와 독일어)로 번역되었다.

참고문헌 목록: L. Obertello, Severino Boezio II, Genua 1974.

편집본: *Opera omnia*: PL 63, 537-1364; 64. – *Commentarii in librum Aristotelis ΠΕΡΙ ΕΡ-ΜΗΝΕΙΑΣ*: C. Meiser, 2 vol., L 1877-80. – *De hypotheticis syllogismis*: L. Obertello, Brescia 1969. – *De institutione arithmetica, De institutione musica, Geometria*: G. Friedlein, L 1867 = Ffm 1966. – *In Isagogen Porphyrii Commenta*: S. Brandt = CSEL 48 (1906). – J. Magee = PhAnt 77 (1998) (*De divisione* TeÜK). – H. Oosthout/I. Schilling, Boethius = CChr.SL 94 A (1999) (*De arithmetica*).

번역서: M. Elsässer, H 1988 (*Opera theologica*). – 영어 번역서: H.F. Stewart/E.K. Rand/S.J. Tester = LCL (²1973 = 1978) (*The Theological Treatises, The Consolation of Philosophy*).

보조자료: L. Cooper, A Concordance of Boethius. The Five Theological Tractates and the Consolation of Philosophy, C/MA 1928.

참고문헌: 사전 항목: F. Wotke: RAC 2 (1954) 482-8. – L. Pozzi: TRE 7 (1981) 18-28. – W.H. Principe: EEC 156-7. – U. Pizzani: EECh I 124-5.

편찬서: M. Gibson (ed.), Boethius. His Life, Thought and Influence, O 1981. – L. Obertello (ed.), Congresso internazionale di studi Boeziani. Atti, R 1981. – M. Fuhrmann/J. Gruber (eds.), Boethius – WdF 483 (1984).

일반 연구서/영향: E.K. Rand, Founders of the Middle Ages, C/MA 1928 = NY 1957, 135-80. – H.R. Patch, The Tradition of Boethius. A Study of his Importance in Mediaeval Culture, NY 1935 = 1970. – P. Courcelle, Les lettres grecques en Occident. De Macrobe à Cassiodore, P 1948, 257-312. – M.M. Tevis Kinard, A Study of Boethius and his Influence on Medieval Education, Austin/TX 1967. – F. Gastadelli, Boezio, R 1974. – L. Obertello, Severino Boezio I, Genua 1974. – A. Crocco, Introduzione a Boezio, Neapel ²1975. – L. Obertello, Boezio e dintorni: ricerche sulla cultura altomedievale, Florenz 1989.

작품: J. Shiel, Boethius' Commentaires on Aristotle: MRSt(L) 4 (1958) 217-44. – L.M. De Rijk, On the Chronology of Boethius' Works on Logic: Vivarium 2 (1964) 1-49, 125-61. – G. Schrimpf, Die Axiomenschrift des Boethius (*De Hebdomadibus*) als philosophisches Lehrbuch des Mittelalters = SPAMP2 (1966). – H. Chadwick, Boethius. The Consolations of Music, Logic, Theology, and Philosophy, O 1981. – G. Righi, A.M.S. Boezio, "*De Syllogismo Cathegorico*". Studio sul I libro, Mai 1984. – J.-P. Levet, Philologie et logique: Boèce traducteur des premiers chapitres du livre I des *Analytica Priora* d'Aristote: RHT 18 (1988) 1-62. – C. Micaeli, Studi sui trattati teologici di Boezio, Neapel 1988. – E. Stump, Boethius's *In Ciceronis Topica*, Ithaca/NY – Lo 1988. – R. Beinhauer, Untersuchungen zu philosophisch-theologischen Termini in *De Trinitate* des Boethius, W 1990. – St. Ebbesen, Boethius as an Aristotelian Commentator: R. Sorabij (ed.), Aristotle Transformed. The Ancient Commentators and Their Influence, Itha-ca/NY 1990, 373-91. – J. Shiel, Boethius' Commentaries on Aristotle: ebd. 349-72. – A. Galonnier, *Anecdoton Holderi* ou *Ordo generis Cassiodorum*: Éléments pour une étude de l'authenticité boécienne des *Opuscula sacra*, Lou-P 1997.

철학: M. Grabmann, Die Geschichte der scholastischen Methode. Erster Band: Die scholasti-sche Methode von ihren Anfängen in der Väterliteratur bis zum Beginn des 12. Jahrhunderts, F 1909 = Da 1956, 148-77. – K. Bruder, Die Philosophischen Elemente in den *Opuscula Sacra* des Boethius. Ein Beitrag zur Quellengeschichte der Philosophie der Scholastik = FGPP 3/2 (1928). – H.J. Brosch, Der Seinsbegriff bei Boethius. Mit besonderer Berücksichtigung von So-sein und Dasein = PGW 4/1 (1931). – M. Nédoncelle, Les variations de Boèce sur la personne: RevSR 29 (1955) 201-38. – J. Magee, Boethius on Signification and Mind = PhAnt 52 (1989).

신학: V. Schurr, Die Trinitätslehre des Boethius im Lichte der "skytischen Kontroversen" = FChLDG 18/1 (1935). – E. Dussel, La doctrina de la persona en Boecio, solución cristológica: Sap. 22 (1967) 101-26. – M. Lluch-Baixauli, La teología de Boecio en la transición del mundo clá-sico al mundo medieval = CTUN 69 (1990). – Cl. Micaelli, Dio nel pensiero di Boezio, Na 1995.

「철학의 위안」*De consolatione philosophiae*

보에티우스의 작품 가운데 가장 뛰어나고 유명한 작품은 5권으로 구성된 「철학의 위안」이다. 그는 죽기 전 감옥에 갇혀 있을 때인 524~526년에 이 작품을 저술하였다. 따라서 「철학의 위안」은 권력과 행복의 최정상에서 가장 깊은 불행의 낭떠러지로 떨어진 한 인간의 처지와 의문을 드러낸다. 왜 하느님께서는 악이 보답을 받고 선이 벌받는 것을 허용하시는가? 보에티우스는 자신의 의심 속에서 불충분하게 드러난 뮤즈(문예와 학문을 관장하는 아홉 여신), 곧 학예에서 맨 먼저 위안을 찾았다. 이런 관점에서 철학(학과목이 아님)이 고귀한 부인의 모습으로 그에게 나타나 그의 질문들을 논리적이고 설득력있게 설명하면서 그를 위로한다.

그녀는, 하느님께서 존재하시며 창조주로서 세계를 지도하신다(1권)는 확실한 전제에서 시작하며, 이러한 논리적 귀결을 전제로 다음이 4권에서 보에티우스의 근본 질문에 답변하기 위해 필요한 개념, 곧 운명, 행복, 불행, 선과 악, 자유를 설명한다. 제2권과 3권에서는 피상적인 행복과 참된 행복을 구분한다. 참된 행복은 맹목적인 운명에 의존할 수 없다. 따라서 행복은 겉으로 나타나는 성공, 권력, 부, 관직에 있지 않고 영원한 선에 있다. 행복을 향해 인간이 노력하는 까닭은 더 이상 아무것도 바라지 않는 선, 곧 완전함을 갈망하기 때문이다. 그러나 세속적인 모든 선은 선의 유한성 때문에 정의에서per definitionem 불완전하며, 완전한 선은 하느님뿐이고, 다른 모든 불완전한 선이 여기에 참여한다. 따라서 행복을 찾으려는 노력은 하느님을 찾는 노력이며, 하느님만이 참된 행복을 결정하실 수 있다. 그러나 악은 도대체 어디서 오며, 악의 거짓 행복은 어디서 오는가?(제4권). 이에 대한 논리적인 답변은 악은 결코 존재하지 않으며, 행복과 불행에 관한 인간의 평가는 신의 시각에서 볼 때는 불충분하다는 것이다. 악은 참된 선, 곧 하느님께 참여하지 못하기 때문에 겉보기와 달리 악은 진리 안에서 늘 불행하다. 이와 관련하여 제5권에서는 인간의 행위에서 책임성, 곧 인간의 자유와 하느님의 섭리에 관한 문제가 제기된다. 인간은 하느님의 선지先知에서 벗어날 수 있는가? 인간은 하느님의 선지로 인해 자신의 행위가 예정되어 있지 않은가? 이때문에 행위에 대해 책임을 안 져도 되는가? 철학은 이 질문에 대하여 개념들을 세분화하여 답변한다. 하느님의 영원한 섭리는 시간과 결부된 인간의 예지豫知와 비교되어서는 안 된다. 하느님의 전지全知는 미래를 예정하는 선견에 따른 것이 아니다. 하느님께서는 무시간적 존재이시기 때문에 미리 보는 것이 아니며, 세계사 전체는 그분에게 현존하는 것이다. 따라서 참된 행복을 찾는 인간의 노력(이와같이 철학은 철학의 위안을 추론한다)은 악덕에 대한 투쟁, 덕에 대한 장려, 우리의 행위 심판자로 우리 앞에 있는 하느님을 끊임없이 찾는 데 있다.

형식적인 관점에서도 「철학의 위안」은 고전시대의 문학적·철학적인 모든 정신적 자산을 하나로 합친 걸작이라 할 수 있다. 많은 수사법을 구사하면서 플라톤과 아리스토텔레스식의 대화와 견유학파적 풍자의 형식들을 따르고 있는 39편의 산문이, 같은 수의 시로 씌어진 부분(시학)과 교차되어 나온다. 철학적 학과목이 아니라 철학을 구체화하였다는 것은 보에티우스가 플라톤과 아리스토텔레스는 물론, 특히 스토아 철학을 망라하는 통일된 철학적 사상체계를 근본적으로 이해하였다는 것을 말한다. 이 작품은 철학의 고전적 의미에서 방향을 제시하고 삶의 극복을 다룬 순수한 철학작품이다. 이때문에 그리스도인이 죽음

에 직면하여 그리스도교적 유언 또는 적어도 분명히 그리스도교를 확신하는 유
언을 쓰지 않았다는 문제(더욱이 보에티우스가 그리스도 신자였는가를 의심할 정도로)에 대해 많
이 토론되었다. 이에 대하여 결정적으로 답변할 수는 없지만 이를 위해서는 고
대 교육에 전념한 보에티우스의 전 생애를 고려해야 한다. 그리스도교 신앙 자
체는 플라톤 철학의 전문용어와 사상세계를 많이 이용하였으며, 「철학의 위안」
의 신 개념이 철저히 그리스도교적이며, 하느님과 세상 및 악의 구별과 같은
많은 개별적 사상은 전적으로 철학에서만 온 것이 아니라 그리스도교에서도 이
어받았다고 할 수 있다.

2.의 서술 참조.

참고문헌 목록: P. Courcelle, Bibliographie de la "*Consolatio Philosophiae*" de 1967 à 1977:
Passaggio dal mondo antico al medio evo da Teodosio a San Gregorio Magno, R 1980, 222-4.

편집본: G. Weinberger = CSEL 67 (1934). – L. Bieler = CChr.SL 94 (1957). – E. Gegen-
schatz/O. Gigon, Mn – Zü 1990 (TÜK).

번역서: K. Büchner/F. Klingner, St 1971.

참고문헌: J. Gruber, Kommentar zu Boethius' *De consolatione philosophiae* = TK 9 (1978).

시: E. Rapisarda, Consolation Poesis in Boezio, Catania 1956. – H. Scheible, Die Gedichte der
"*Consolatio philosophiae*" des Boethius = BKAW NF 46 (1972). – Ch. Müller-Goldingen, Die
Stellung der Dichtung in Boethius' *Consolatio Philosophiae*: RMP 132 (1989) 369-95. – G.
O'Daly, The Poetry of Boethius, Lo 1991.

문학사/문헌학: K. Reichenberger, Untersuchung zur literarischen Stellung der "*Consolatio
Philosophiae*", K 1954. – J. Sulowski, Les sources de "*De consolatione Philosophiae*" de Boè-
ce: Sophia 25 (1957) 76-85. – J. Sulowski, The Sources of Boethius' "*De consolatione Philoso-
phiae*": Sophia 29 (1961) 66-94. – E. Rhein, Die Dialogstruktur der "*Consolatio Philosophiae*"
des Boethius, Ffm 1963. – P. Courcelle, La Consolation de Philosophie dans la tradition litté-
raire. Antécédente et postérité de Boèce, P 1967. – S. Lerer, Boethius and Dialogue. Literary
Method in the Consolation of Philosophy, Princeton/NJ 1985. – F. Troncarelli, La più antica
interpretazione della *Consolatio Philosophiae*: NRS 72 (1988) 501-50.

철학: I. Schwarz, Untersuchungen zur "*Consolatio Philosophiae*" des Boethius, W 1955. – V.
Schmidt-Kohl, Die neuplatonische Seelenlehre in der *Consolatio Philosophiae* des Boethius =
BKP 16 (1965). – P. Courcelle, Neuplatonisches in der "*Consolatio Philosophiae*" des Boe-
thius: Platonismus in der Philosophie des Mittelalters = WdF 177 (1969) 73-108. – J. Grüber,
Die Erscheinung der Philosophie in der "*Consolatio Philosophiae*" des Boethius: RMP 112
(1969) 166-86. – P. Courcelle, Le personnage de Philosophie dans la Littérature latine: JS 43
(1970) 209-52. – P. Courcelle, Le tyran et le philosophe d'après la "Consolation" de Boèce:
Passaggio dal mondo antico al medio evo da Teodosio a San Gregorio Magno, R 1980, 195-
222.

3. 카시오도루스

보에티우스와 마찬가지로 로마의 문화유산을 보존하려고 노력한 같은 시대의 중요한 인물은 원로원 의원인 마뉴스 아우렐리우스 카시오도루스였다. 그의 가문은 보에티우스의 가문처럼 전통이 깊지는 않았지만 아니치우스 가문뿐만 아니라 심마쿠스 가문과 친척이었으며, 그는 대 테오데리쿠스 치하에서 보에티우스와 함께 관료로 활동하였다. 그러나 다른 관점에서 보면 그의 생애와 활동은 보에티우스와 근본적으로 다르다. 보에티우스는 생애의 전성기에 대 테오데리쿠스의 노여움을 사서 처형되었다. 반면 나이가 몇 살 적은 카시오도루스는 적어도 92세까지 살았으며, 유스티아누스 황제 치하에서 새로운 제국이 통일되면서 고트족 제국이 멸망하자 남부 이탈리아에 있는 그의 영지에 세운 수도원 근처로 물러나 로마 교육(그러나 보에티우스처럼 철학이 아니라 주로 언어, 수사학, 문학)의 보존에 전념하였다. 그의 생애에 관해서는 다행스럽게도 자신의 작품, 특히 「카시오도루스 가문의 계보」*Ordo generis Cassiodororum*, 「잡록」*Variae*, 「홀더의 소사小史」*Anecdoton Holderi*에서 잘 전해진다.

이 작품들에 따르면 카시오도루스의 집안은 본디 시리아 출신이나, 그의 증조부가 반달족과 벌인 전쟁에서 두드러진 전과를 올려 5세기 중엽 남부 이탈리아의 스킬라체움(오늘날: 칼라브리아 지방의 스퀼라체)에 있는 영토를 가문의 영지로 받았다. 이때부터 그의 가문은 권력과 부가 늘어, 이미 할아버지와 아버지는 높은 관직에 있었다. 아버지는 오도아케르 치하에서 재무장관comes sacrorum largitionum을 역임했고, 테오데리쿠스 치하에서는 지방총독praefectus praetorio을 지냈으며, 뒤에 카시오도루스와 마찬가지로 501~507년 사이에 귀족patricius이 되었다. 카시오도루스의 출생 연도는 30년 이상 고트족 제국과 로마제국에서 활동한 관직 경력을 바탕으로 대략 추론할 수 있다. 그가 젊었을 때 지방총독인 아버지 밑에서 503~506년까지 의회의원consiliarius직을 맡았기 때문에(의원으로 그는 테오데리쿠스를 공개적으로 찬양하는 연설을 하였다), 그는 485~490년경에 태어났으며, 아마도 조금 더 이를 가능성도 있다. 506년 또는 507년 말에서 511년까지 그는 법무장관quaestor sacri palatii 직책을 맡았으며, 법무장관으로서 법률, 사면, 그밖의 공문서를 왕의 이름으로 작성하였다. 여기서 카시오도루스의 뛰어난 언어 능력과 표현력이 증명된다. 이러한 능력은 그가 이에 상응하는 학교교육을 받았음을 전제하지만, 지금까지 그의 교육과정은 밝혀지지 않았다. 514년에 그는 정집정관consul ordinarius이라는 경칭을 얻었고, 523년에는 보에티우스의 뒤를 이어 시종무장관이 되었다. 테오데리쿠스가 사망(526)한 뒤 그는 (아마도 루카니아와 브루티아의 개혁자로) 총독직을 맡았고, 533년 9월 1일에는 지방총독으로 임명되어, 야전 사령관 벨리사르의 동로마군이 로마를 점령(537년)할 때까지 이 관직을 맡았다. 카시오도루스는 명백히 정치적 당파와 거리를 두고, 여러 통치자, 곧 테오데리쿠스, 미성년자인 그의 아들 아탈라리쿠스, 그의 어머니 아말라스빈타 또는 그녀의 정적이자 살해자이며 후계자인 테오다하두스를 충실히 섬긴 행정가로서, 로마인들과 고트족의 통치가 평화롭게 결합할 수 있다는 이상에 가득 차 있었다.

살비아누스가 수도생활로 전환하는 것을 개종으로 부르듯이 카시오도루스는 동고트족 왕조의 멸망을 그의 개종conversio으로 부른다. 이 왕조가 멸망함으로써 확실히 종교적인 어떤 "개종"이 일어난 것은 아니다. 그렇지만 이 사건은 그가 관직에 있을 동안 이미 피력한 바 있는 교회와 종교의 특성을 지닌 교육계획을 실현하기 위하여, 스스로 공직생활에서 물러나는 생애의 중요한 전환점이 되었다. 아가페투스 교황과 함께 동방의 알렉산드리아 또는 니시비스의 학교들과 비길 만한 신학원을 로마에 설립하려는 카시오도루스의 의도는 교황의 죽음(536년)과 계속된 전쟁으로 좌절되었다. 그러나 그는 이후 10년 동안, 540년까지는 라벤나에서, 550년까지는 비길리우스 교황의 측근으로 콘스탄티노플에서 문학활동을 하였다. 554년 이후 그는 마치 뜻을 이루지 못한 로마의 학원 설립에 대한 보상처럼 스질라제움민灣에 있는 아버지의 영지(오늘날 스퀼라체에서 남동쪽으로 약 5km 떨어져 있음)에 중세의 의미에서 학문에 전념하는 수도 공동체와, 그곳에서 남서쪽으로 멀지 않은 카스텔룸 산에 독수도자들을 위한 마을도 만들었다. 그는 이 수도원을 그의 양어지의 명칭에 따라 "Monasterium Vivariense"라고 불렀으며, 간단히 부르는 "비바리움"Vivarium은 역사적으로 중요한 역할을 하였다. 물론 카시오도루스 자신은 수도원에 들어가지 않고 그 부근에서 4세기 이후부터 알려진 그리스도교적 안식을 누리면서 살았다. 그의 개인 집뿐만 아니라 수도원에도 당시에 중요한 의미를 지니는 도서관이 있었다. 이 도서관은 옛 작품들 또는 당대의 작품들을 필사하여 서가를 계속 채웠다. 수도원의 주된 임무는 고대의 교육 자료를 보호하고 후대에 물려주기 위한 필사, 번역, 제본, 작품들을 수집·보존하는 일이었다. 카시오도루스는 이와 비슷하고 독자적인 노력 외에 제국의 통일이 와해된 세계에서 이 역할을 맡을 수 있는 유일한 기관인 수도원, 곧 남부 프랑스, 아일랜드, 앵글로 색슨(현재의 영국)에 있는 수도원에도 이 과제를 부여하였으며, 이와 함께 이론적으로 중세의 모든 교육제도를 위한 기초를 놓았다. 그는 매우 늙었을 때까지 끊임없이 저술활동을 하였다. 그의 마지막 저서는 이 작품의 머리말에 따르면 93세 때 씌었다.

참고문헌 목록: A. Momigliano, Secondo contributo alla storia degli studi classici = SeL 77 (1960 = 1984) 219-29.

참고문헌: 사전 항목: D.M. Cappuyns: DHGE 11 (1949) 1349-1408. – R. Helm: RAC 2 (1954) 915-26. – Å. Fridh: TRE 7 (1981) 657-63. – T.G. Kadong: EEC 181. – M.L. Angrisani Sanfilippo: EECh I 149-50.

총론서: J.J. van den Besselaar, Cassiodorus Senator. Leven en werken van een staatsman en monnik uit de zesde eeuw, Haarlem – Antwerpen 1950. – J.J. O'Donnell, Cassiodorus, Berkeley – Los Angeles – Lo 1979. – V.A. Sirago, I Cassiodori. Una famiglia calabrese alla direzione d'Italia nel V e VI secolo, Soveria 1983. – S. Leanza (ed.), Cassiodoro. Dalla corte di Ravenna al Vivarium di Squillace. Atti del Convegno Internazionale di Studi - Squillace, 25-27 ottobre 1990, Soveria 1993.

편찬서: S. Leanza (ed.), Atti della settimana di studi su Flavio Magno Aurelio Cassiodoro, Soveria 1986.

고대 후기의 교육과 주위환경: G. Bardy, Cassiodore et la fin du monde ancien: ATh 6 (1945) 383-425. – A. Momigliano, Cassiodorus and Italian Culture of His Time: PBA 41 (1955) 207-45 [= Secondo contributo alla storia degli studi classici = SeL 77 (1960 = 1984) 191-218]. – P. Riché, Éducation et culture dans l'Occident barbare, 6e-8e siècle = PatSor 4 (1962). – F. Weissengruber, Cassiodors Stellung innerhalb der monastischen Profanbildung des Abendlandes: WSt 80 (1967) 202-50. – St. Krautschick, Cassiodor und die Politik seiner Zeit, Bn 1983. – B. Luiselli, Cassiodoro e la Storia dei Goti: Passaggio dal mondo antico al medio evo da Teodosio a San Gregorio Magno, R 1980, 225-53.

비바리움: H. Thiele, Cassiodor, seine Klostergründung Vivarium und sein Nachwirken im Mittelalter: SMGB 50 (1932) 378-419. – P. Courcelle, Le site du monastère de Cassiodore: MAH 55 (1938) 259-307. – P. Courcelle, Nouvelles recherches sur le monastère de Cassiodore: ACIAC5 (1954) (1957) 511-28. – E. Zinzi, Studi sui luoghi cassiodorei in Calabria, Soveria 1994.

작품과 영향

카시오도루스의 문학활동 가운데 대표적인 두 작품은 「잡록」(곧 편지들)과 「제도집」이다. 「잡록」은 카시오도루스가 국가의 공직활동을 마친 뒤(538년) 10년 동안에 걸쳐 쓴 모음집으로, 12권(얼마 지나지 않아 쓴 소논문 「영혼론」*De anima*을 13권으로 덧붙였다)으로 이루어져 있으며, 468통의 편지, 공문서, 판례, 상서국(尙書局)의 문서들을 싣고 있다. 레오 교황과 대 그레고리우스 교황의 서간집이 교회 행정에 관한 중요한 자료들을 제시하듯이, 이 작품은 고트족 제국의 통치과정에 대한 매우 깊은 통찰을 가능케 하며, 수신인과 사건에 따라 다양한 그의 능력과 더불어 수사학적 탁월함과 해박한 학식도 입증한다. 이 작품은 상서국 문체의 뛰어난 본보기로 매우 널리 보급되었을 뿐만 아니라 상당한 영향도 미쳤다.

더구나 매우 중요한 작품인 「제도집」은 비바리움의 수도자들을 위해 저술한 2부작, 「종교적 학문에 관한 제도집」과 「세속적 학문에 관한 제도집」*Institutiones divinarum litterarum*과 *Institutiones saecularium litterarum*의 문학 연구 각론서로, 중세의 전 기간에 개론서로 사용되었다. 제1부에서는 성서 연구를 위한 주석서, 실제적인 보조자료, 연구 방법을 제시한다. 제2부에서는 7학예에 관한 논문과 함께 문학의 가장 중요한 목록을 포함한 교육 전반에 걸친 기초적인 편람을 제시한다.

그밖의 중요한 작품들로 언급할 가치가 있고 다음 시대에 영향력을 미친 큰 저서들은 다음과 같다.

1) 이미 테오데리쿠스가 사망하기 전에 시작하여 538년에 12권으로 완성된 「고트족 역사」*Historia Gothica*는 고트족 역사가 요르다네스가 551년에 쓴 *Getica*의 발췌문에만 남아 있으며, 고트족 통치에 대한 역사적 합법성을 정당화하고 그 통치를 예찬한다.

2) 본문 전체를 해석한 「시편 주석」은 아우구스티누스의 「시편 강해」를 활용하였으나 이를 훨씬 능가하며, 그가 개종한 뒤 10년 동안 저술하였다.

3) 소크라테스, 소조메우스, 테오도레투스의 교회사에서 발췌하여 번역한 12권으로 구성된 「3부작의 교회사」*Historia ecclesiastica tripartita*(비바리움에서 저술됨)는 324

년부터 439년까지의 교회 역사를 다루며, 카시오도루스가 머리말을 덧붙였다.

4) 카시오도루스의 만년의 작품 「정서법」*De orthographia*은 「제도집」에 첨가되어 있으며, 고대의 여덟 문법에서 — 그렇지 않으면 소실되었을 — 수많은 초록을 싣고 있다.

카시오도루스는 중세의 교육제도를 준비함으로써 비길 데 없는 영향을 미쳤다. 더구나 그의 수도원에서 이루어진 필사활동은 고대의 수많은 작품을 중세와 근세까지 보존하였다.

3.의 서술 참조.

편집본: *Opera omnia*: PL 69, 501-1296; 70. – H. Usener, *Anecdoton Holderi*. Ein Beitrag zur Geschichte Roms in ostgothischer Zeit, Bn 1877 = Hi – NY 1969. – *Chronica*: Th. Mommsen: MGH.AA 11/2 (1894) 109-61. – *De orthographia*: H. Keil: *Grammatici Latini VII*, L 1880, 143-210. – *Expositio Psalmorum*: M. Adriaen = CChr.SL 97-98 (1958) – *Historia Gothorum*: Th. Mommsen: MGH.AA 5/1 (1882). – *Historia tripartita*: W. Jacob/R. Hanslik = CSEL 71 (1952). – *Institutiones*: R.A.B. Mynors, O ²1961. – *Variae, De anima*: Å.J. Fridh/J.W. Halporn = CChr.SL 96 (1973). – *Variae, Orationum reliquiae*: Th. Mommsen/L. Traube: MGH.AA 12 (1894) 1-385, 457-84.

번역서: L. Helbing, Eins 1965 (*De anima*). – W. Martens, L 1884 (*Historia Gothorum*). – 영어 번역서: P.G. Walsh = ACW 51-53 (1990-1) (*Explanation of the Psalms*).

보조자료: M. Di Marco, Concordanza del *De Anima* di Cassiodoro, Soveria 1992.

참고문헌: Allgemein: P Lehmann, Cassiodorstudien: Ph. 71 (1912) 278-99; 72 (1913) 503-17; 73 (1914-6) 253-73; 74 (1917) 265-9. – A. van de Vyver, Cassiodore et son œuvre: Spec. 6 (1931) 244-92. – P. Courcelle, Les lettres grecques en Occident de Macrobe à Cassiodore, P ²1948, 313-41. – S.J.B. Barnish, The Work of Cassiodorus after His Conversion: Latomus 48 (1989) 157-87.

영혼론: F. Zimmermann, Cassiodors Schrift "Über die Seele": JPhST 25 (1911) 414-49. – A. Crocco, Il "*Liber de anima*" di Cassiodoro: SapDom 25 (1972) 133-68. – F. d'Elia, L'antropologia di Cassiodoro tra ispirazione agostiniana e suggestioni del mondo classico. Note teoretiche e filologiche sul "*De anima*", R 1987.

역사: C. Clpolla, Considerazioni sulle "*Getica*" di Jordanes e sulle loro relazioni colla "*Historia Getarum*" di Cassiodoro Senatore: MAST.M 43 (1893) 99-134. – Th. Mommsen, Ostgothische Studien: Gesammelte Werke VI, B 1910, 362-484. – S. Lundström, Zur *Historia Tripartita* des Cassiodor = AUL.T 49/1 (1952) – B. Tönnies, Die Amalertradition in den Quellen zur Geschichte der Ostgoten. Untersuchungen zu Cassiodor, Jordanes, Ennodius und den *Excerpta Valesiana*, Hi 1989.

제도집: M.G. Ennis, The Vocabulary of the *Institutiones* of Cassiodorus. With Special Advertence to the Technical Terminology and its Sources = SMRL 9 (1939). – A. van de Vyver, Les Institutiones de Cassiodore et sa fondation à *Vivarium*: RBen 53 (1941) 59-88. – F. Troncarelli, *L'Ordo generis Cassiodororum* e il programma pedagogico delle *Institutiones*: REAug 35

(1989) 129-34. – P.B. Santiago Amar, La iniciación a la Biblia en las "*Institutiones Divinarum Litterarum*" de Casiodoro, R 1995.

시편 주석서: U. Hahner, Cassiodors Psalmenkommentar. Sprachliche Untersuchungen = MBM 13 (1973). – R. Schlieben, Christliche Theologie und Philologie in der Spätantike. Die schulwissenschaftlichen Methoden der Psalmenexegese Cassiodors = AKG 46 (1974). – R. Schlieben, Cassiodors Psalmenexegese. Eine Analyse ihrer Methoden als Beitrag zur Untersuchung der Geschichte der Bibelauslegung der Kirchenväter und der Verbindung christlicher Theologie mit antiker Schulwissenschaft = GAB 110 (1979). – G.P. De Simone, Cassiodoro e l'Expositio Psalmorum. Una lettura cristologica dei Salmi, Cosenza 1993.

잡록: A.Th. Heerklotz, Die *Variae* des Cassiodorus Senator als kulturgeschichtliche Quelle, Hei 1926. – O.J. Zimmermann, The Vocabulary of the *Variae* of Cassiodorus. With Special Advertence to the Technical Terminology of Administration = SMRL 15 (1944) = Hi 1967. – Å.J. Fridh, Études critiques et syntaxiques sur les *Variae* de Cassiodore = GVSH.H 6. Ser. 4/2 (1950). – Å. Fridh, Terminologie et formules dans les *Variae* de Cassiodore = SGLG 2 (1956). – Å. Fridh, Contributions à la critique et à l'interprétation des *Variae* de Cassiodore, Göteborg 1968. – M. Reydellet, La royauté dans la littérature latine de Sidoine Apollinaire à Isidore de Séville = BEFAR 253 (1981) 183-253. – G. Vidén, The Roman Chancery Tradition. Studies in the Language of *Codex Theodosianus* and Cassiodorus' *Variae* = SGLG 46 (1984). – V.A. Sirago, Puglia e Sud Italia nelle "*Variae*" di Cassiodore, Bari 1987. – L. Viscido, Studi sulle *Variae* di Cassiodore, Soveria 1987. – R. MacPherson, Rome in Involution. Cassiodorus' *Variae* in Their Literary and Historical Setting, Posen 1989.

4. 누르시아의 베네딕도

보에티우스와 카시오도루스와 함께 중세의 기초를 놓는 데 대단히 중요한 역할을 한 같은 시대의 세번째 인물은, 480~490년에 이탈리아에서 태어난 누르시아의 베네딕도였다. 더욱이 정치가이자 학자인 보에티우스와 카시오도루스는 베네딕도의 이름과 작품에 가려져 있으며, 베네딕도는 오늘날 "서방의 아버지"라는 유일무이한 경칭을 얻었다. 실제로 서방의 그리스도교는 베네딕도 수도제도의 형성 없이는 생각할 수 없을 정도로 역사적으로 발전하였다. 그러나 보에티우스, 카시오노두스, 베네딕도는 고대의 교육과 문화에서 가장 중요한 세 부분을 서로 보완하면서 보존한 삼총사로 볼 수 있다. 보에티우스는 철학을, 카시오도루스는 언어와 문학을 수도원 생활권과 교회의 문화 안에 심어 놓았으며, 베네딕도는 (교육에 적대적이었던 이전의 수도원 생활방식과 달리) 완전한 수도제도를 위해 학문과 지적 활동을 강조하면서 규칙서 안에 이러한 내용을 실었다. 그의 출신과 생애는 같은 시대에 살았던 위의 두 인물과 근본적으로 구별된다. 그가 로마에서 공부하였다는 사실이 입증하듯이, 그가 누르시아(오늘날: 움브리아 지방의 노르치아)의 명망있고 부유한 가문 출신이기는 해도 귀족 출신은 아니었다. 더구나 그는 결코 정치적 경력이나 철학적·문화적 연구에 관심을 기울이지 않았다.

대 그레고리우스 교황은 「대화」(593/594년) 제2권에서 베네딕도의 전기에 관한 사료를 거의 독점적으로 실은 기념비적 성인전을 남겼다. 동방의 수도자 역사를 바탕으로 이탈리아 성인들의 기적을 전하려는 작품의 목표에 따라, 이 작품은 애늙은이puer senex와 같은 문학적 상투어Topos로 시작하며 기적이 큰 줄기를 이루나, 성인전 요소와 역사적 사실을 신중히 분리하여 매우 신뢰할 수 있는 사료로 여겨진다. 이 작품은 정확하고 상세한, 부분적으로 다른 사람의 작품에서 증명할 수 있는 많은 사실과 연도를 싣고 있으며, 베네딕도의 네 제자(이들 가운데 한 명은 로마에 있는 라테란 수도원의 원장이었다)의 증언에 바탕을 두기 때문이다. 일반적으로 이러한 작품을 비판하려는 지나친 이성주의는 경계해야 한다. 기적에 관한 모든 보고는 그 자체로서(eo ipso) 성인전 이야기에 속하지 않으며, 유혹, 악마와 벌인 투쟁, 환시 등에 대한 평가는 처음부터 신앙의 측면을 고려해야 하기 때문이다.

그레고리우스의 보고에 따르면, 베네딕도는 이미 로마에서 짧은 기간 공부한 뒤 이 도시의 도덕적 타락에 역겨움을 느껴, 유모 암메와 함께 사비느 산맥의 아니오 계곡에 있는 엔피데(오늘날: 아니에네의 아필레)로 물러났다. 엔피데에서 그는 첫번째 기적을 행하였다. 유모가 이웃 사람에게서 점토로 된 체를 빌려쓰다 깨뜨렸으나, 그 체는 베네딕도의 기도로 다시 원상태로 맞추어졌다. 그러나 그는 이러한 일상생활과 떨어져 더 철저한 고독을 추구하기 위하여 엔피데에 오래 머무르지 않았다. 그는 인접한 수블라쿠스(오늘날: 수비아코) 근방에 사람이 다가갈 수 없는 동굴로 물러났다. 그는 그곳으로 가는 길에 독수도자의 옛 전통에 따라 로마누스라는 수도자에게서 수도복을 받았다. 그는 오늘날에도 수비아코 수도원 아래서 볼 수 있는 이 거룩한 동굴sacro speco에 삼 년 동안 머무르며, 로마누스 수도사가 절벽 위에서 바구니로 내려보내는 음식으로 생계를 이어갔다.

동방의 독수도자들에게서 알 수 있듯이 그의 은수생활은 근방에서 성인이라는 명성을 얻게 하였으나, 그는 이런 명성을 극복하기 위하여 육체적 시련으로 투쟁하였다. 이를 위해 그는 오늘날에도 동굴 옆에 있는 쐐기풀 덤불과 가시덤불에 벌거벗은 채 몸을 던졌다. 그의 명성을 듣고 온 인접해 있는 수도 공동체(비코바로?)는 자신들을 지도해 주십사고 간청하였다. 그러나 이 공동체 회원들이 그의 엄격한 요구사항들을 지키려 하지 않아, 이곳에서 그는 뜻을 이루지 못하였다. 오히려 그들은 음료수에 독을 타 그를 죽이려고 하였다. 그러나 베네딕도가 여느 때와 마찬가지로 물잔을 십자 표시로 축복하자 물잔이 깨졌다. 그는 이 음모를 모면하고 난 뒤 전에 있던 동굴로 다시 돌아갔다.

그럼에도 베네딕도의 명성은 널리 알려졌으며, 그의 주위에 제자들이 모여들었다. 그는 그들과 함께 근방에 12개의 수도원을 설립하였다(이 수도원에서는 한 명의 수도원장이 열두 명의 수도자를 지도하며 함께 생활하였다). 신분이 높은 로마인들은 젊은 아들들을 그에게 보내 그의 지도를 받게 하였으며(이들 가운데에는 나중에 성인이 된 마우루스와 플라치두스도 있었다), 이로써 고독의 시기는 끝났다. 그레고리우스는 플라치두스를 아직도 "매우 어린이 같다"고 표현한다. 마우루스는 (무의식적으로) 독특한 기적을 행하였다. 수도원의 순박한 고트족 수도자가 잡고 있던 낫자루에서 낫이 튀어나가 호수에 빠졌으나 마우루스의 명령에 따라 낫이 다시 나타나 자루에 연결되었다. 또한 플라치두스가 호숫가에서 물을 뜨다가 호수에 빠졌을 때, 베네딕도는 그를 구하도록 마우루스를 보냈다. 마우루스는 플라치두스를 구하는 일에 열심이어서 자신이 물 위를 걷는다는 것을 전혀 깨닫지 못하였다. 그러나 여기서도 베네딕도는 자신의 성공에 대해 이웃 교회의 성직자 플로렌티우스라는 장로가 다시 질투하는 것을 알게 되었다. 처음에 플로렌티우스는 베네딕도의 명령에 따라 까마귀 한 마리가 베네딕도에게 날라다주는 빵에 독을 넣어 그를 죽이려 하였다. "그는 스승의 육체를 죽일 수 없었기 때문에 형제들의 영혼을 파멸하려는 음모로 바꾸어" 수도원의 뜰에 벌거벗은 무희들을 보냈다. 베네딕도는 이러한 새로운 적의에 전과 같은 방식으로 대응하였다. 곧, 그는 적대자를 피해 몇몇 형제들과 함께 수비아코를 떠나 로마에서 라티나 도로를 따라 남쪽으로 약 140Km 떨어진 몬스 카시눔(오늘날: 몬테 카시노)으로 갔다.

베네딕도는 몬스 카시눔에 아폴로(또는 주피터?)의 옛 신전이 있는 것을 보고, 악마들의 저항에 맞서 신전을 성 마르티누스에게 봉헌하는 교회로, 산 정상에 있는 제단을 성 세례자 요한에게 봉헌하는 경당으로 바꾸면서 수도원 건립과 아울러 선교활동을 하였다. 베네딕도는 몬스 카시눔에 세운 수도원을 두 번 다시 떠나지 않았다. 그는 테라치나에 수도원을 건립할 때도 그곳을 방문하지 않고 몇 명의 수도자만 파견하였다. 근방에 있던 수녀원 원장인 그의 누이 스콜라스티카와 관련하여 그레고리우스는 두 가지 유명한 기적을 보고한다. 베네딕도가 해마다 스콜라스티카를 방문할 때, 그녀는 그에게 동료들과 함께 수녀원에서 하룻밤 머물기를 간청하였다. 그러나 베네딕도는 수도원 규칙을 철저히 지켜 이를 거부하였다. 이때문에 스콜라스티카는 그가 어쩔 수 없이 머무르도록 폭우를 내려달라고 기도하여 그 뜻이 곧바로 이루어졌다. 베네딕도는 3일 뒤 누이의 영혼이 비둘기와 같이 하늘로 올라가는 것을 보았다(이 모든 사건은 수비아코에 있는 수도원 교회의 벽화와 천장화에서 지금도 볼 수 있다. 마찬가지로 지금도 한 마리의 까마귀를 수도원 정원에서 키운다).

몬스 카시눔의 수도원에 머무르는 동안에 일어난 사건의 연도는 기록되어 있으며, 따라서 이 시기에 관해 믿을 만한 간접 증거를 제시한다. 제21장과 28-29장에 나오는 기근은 537/538년에 일어났으며, 카푸아의 게르마누스(35장)는 541년 초에 사망하였다. 그레고리우스는 고트족의 왕 토틸라에 관한 기적을 (그는 다른 사람을 대신 내세웠으나 베네딕도는 그가 입장할 때 그의 정체를 폭로하였다) 보고하는데, 토틸라는 546년 후반기에 베네딕도를 방문하였으며(14-15장), 카노사의 사비누스는 547년 초에 왔다(15장). 제31장에서 언급되는 고트족 잘라는 542~552년까지 수도원에서 행패를 부렸다. 이 연도들은 전승과 일치하며, 베네딕도는 529/530년경 카시눔에 왔으며, 그곳에서 547년경 사망하였다. 그러나 오늘날 그의 사망 연도는 오히려 555~560년 사이로 주장된다.

참고문헌 목록: BHB.
편집본: A. de Vogüé/P. Antin = SC 260 (1979) 120-249 (*Dialogi* II TfÜK).
번역서: *Dialoge II*: Th. Kranzfelder = BKV¹ I (1873) 72-127. – J. Funk = BKV² II 3 (1933)

50-105. – F. van der Meer/G. Bartelink, St. Ottilien 1980.

참고문헌: 사전 항목: H. Emonds: RAC 2 (1954) 130-6. – A. de Vogüé: TRE 5 (1980) 538-49. – T.G. Kardong: EEC 148-50. – S. Zincone: EECh I 119.

편찬서: E. von Severus, Gemeinde für die Kirche. Gesammelte Aufsätze zur Gestalt und zum Werk Benedikts von Nursia = BGAM.S 4 (1981). – P. Tamburrino (ed.), S. Benedetto e l'Oriente cristiano, Novalesa 1981. – Atti del 7º Congresso Internazionale di studi sull'alto medioevo, 2 vol., Spoleto 1982. – *Monastica II* = MCass 46 (1984).

연구서: I. Herwegen, Der hl. Benedikt. Ein Charakterbild, Dü ⁴1951. – G. Turbessi, Ascetismo e monachesimo in S. Benedetto, R 1965. – B. Jaspert, Benedikt von Nursia – der Vater des Abendlandes? Kritische Bemerkungen zur Typologie eines Heiligen: EuA 49 (1973) 90-104, 190-207. – A. de Vogüé, Autour de St. Benoit: VieMon 4 (1975). – M. Puzicha, Benedikt von Nursia – Ein Mensch *per ducatum evangelii*. Die Gestalt Benedikts bei Gregor d. Gr. im zweiten Buch der Dialoge: RBS 17 (1992) 67-84.

「규칙서」

"기도하고 일하라"Ora et labora. 이 금언이 규칙서에 기록되어 있지 않지만, 이는 베네딕도 수도제도와 수도원 정신의 진수眞髓가 되었다. 규칙서의 저명한 편집인이자 연구가인 보귀에Adalbert de Vogüé는 이 유명한 표어가 규칙서 전체의 의도를 요약한다면서, 다음과 같이 보충해야 한다고 주장한다. "기도하라, 일하라, 읽어라, 명상하라"(SC 86a, 339쪽). 그럼에도 이와같이 인상깊은 정식 "기도하고 일하라"는 그 타당성을 지닌다. "노동"은 (이미 아우구스티누스에게서와 같이) 베네딕도에게 육체노동뿐만 아니라 독서, 연구, 기도, 공동기도, 명상을 통해 하느님과 그분의 말씀을 철저히 이해하는 것을 뜻하기 때문이다. 베네딕도의 수도규칙서가 가장 성공적인 수도서가 된 반면, 아우구스티누스 규칙서와 이전의 다른 수도서들이 그렇지 못한 근본 이유는 베네딕도 수도서처럼 인간에 대한 깊은 깨달음, 비판적으로 숙고된 체험, 여기서 귀착되는 적절한 균형, 동시대적 적응력을 바탕으로 삼지 잃있기 때문이다. "우리는 이 지침에서 강압적인 것이나 견디기 어려운 것을 확정하고 싶지 않다"In qua institutione nihil asperum, nihil grave, nos constituros speramus(서론 46). 대 그레고리우스는 「대화」(II 36)에서 규칙서가 "뛰어난 분별력과 명쾌한 표현"discretione praecipuam, sermone luculentam으로 저술되었다고 진술하였다.

본문사와 전승사가 예상 밖의 내용을 일부 싣고 있음에도, 베네딕도가 저자라는 데 의구심을 품을 필요는 없다. 577년 롬바르드족이 몬테 카시노를 점령하였을 때, 수도자들이 로마로 가지고 가서 보존한 베네딕도의 추정 "자필"은, 1880년에 이르러 시작된 규칙서의 연구에 따르면, 단지 원본에 가까운 번역본으로 밝혀졌다. 베네딕도는 규칙서를 필경사에게 받아쓰게 하였기 때문에 추측건대 자필은 있을 수 없다. "유통 본문"Textus receptus은 칼 대제의 아헨 정통 표준사본을 통해 787년 이후 널리 퍼진 "순수 본문"Textus purus을 글자 그대로 전승한 것이 아니다. 이 본문은 베네딕도 규칙서를 고전 라틴어에 따라 표준화하고, 서론과 다른 본문을 요약하고 아울러 설명을 첨가한 7세기의 "개찬 본문"Textus interpolatus이 9세기의 본문과 합쳐진 것으로 밝혀졌다. 따라서 이 규칙서는, 예를 들어 유명한 어형 "Ausculta, o fili"가 아니라 "Obsculta, o fili"로 시작한다. 규칙서는 "전체에 대한 초안"을 바탕으로 저술한 것이 아니라 베네딕도의 수도원 생활체험을 모아놓은 작품임을 나타낸다. 규칙서는 베네딕도의 생애 말기인 550년경에 몬테 카시노에서 작성되었으며, 특히 결론부인 67-73장에서 알 수 있듯이 여러 번 개작되고 보충되었다. 이로 인해 규칙서는 완전해졌으며 매우 사려깊고 치밀하게 구성되었다.

규칙서는 성서의 많은 구절을 인용하면서 그리스도를 향한 수도생활의 목표를 제시하는 긴 서론과 73장으로 구성되었다.

1. 수도자들의 네 종류: 공주 수도자들, 독수도자들, 사라바이타, 기로바구스(떠돌이 수도자들); 앞의 두 수도자의 생활방식이 규칙서에서 용인되는 반면, 뒤의 두 수도자의 생활방식은 거부된다.

2-3. 수도원의 아빠스와 수도자들의 권고: 수도원의 아빠스는 수도원에서 그리스도의 대리자로서 직무를 수행하며 하느님께만 책임을 지고, 그리스도를 자신의 본보기로 삼아야 한다. 이때문에 그는 하느님께 뜻을 두려는 노력으로 더 완전한 모범을 보이도록 정진해야 하고, 수도자들을 세속적인 기준으로 차별해서는 안 된다. 무엇보다도 아버지로서 자신의 직무를 현명하고 중용적으로 수행해야 한다. 그는 중요한 일들이 있을 때 형제들의 권고를 들어야 하며, 형제

들은 그의 결정을 순명의 정신으로 따라야 한다.

4-7. 수도자들의 덕: 계명을 지킴. 자비, 절제, 기도, 경건, 순명, 침묵, 겸손의 행위들.

8-20. 공동기도와 거룩한 미사에 관한 규정 및 기도에 대한 올바른 태도.

21-30. 수도원의 규율규정: 십인장+人長, 잠, 여러 잘못, 벌, 수도원을 나간 형제들을 다시 받아들이는 문제에 관한 규정.

31-49. 수도원의 여러 직무와 임무: 물품 관리인, 주방 봉사, 병든 사람들을 돌봄, 독서자, 음식과 음료, 식탁 규정, 하루의 일과, 노동.

50-66. 수도원과 세속의 관계: 여행, 손님들, 서신교환, 의복과 신발, 수도자들과 어린이들 및 사제들의 입회, 수도자들의 서열, 아빠스의 선출, 원장의 임명, 문지기, 수도원 내부에 갖추어야 하는 시설. 입회를 허락받은 사람은 수도원에 정주stabilitas loci하면서 지금까지의 세속적 생활방식을 끊고 그리스도를 받아들이는 수도자로서 생활conversatio morum과 순명oboedientia을 서약해야 한다(58,17).

67-73장에서는 이미 다룬 많은 사항을 보충하거나 정확하게 규정하는 개별적인 규정들, 곧 여행, 무능력, 임무의 실행, 규율, 형제들 상호간의 순명, 수도자들이 가져야 할 열정을 첨가한다. 결론(73)에서는 규칙서가 모든 사물에 대해 복잡한 지침을 싣지 않는다는 것과 성서와 교부들이 수도자들의 가장 올바른 본보기임을 명백히 밝힌다. 베네딕도 규칙서는 짜임새있게 나뉘어 구성되지 않았지만 수도자들 상호간에 관련이 있는 규정들을 체험에 바탕하여 객관적으로 적은 것이다.

베네딕도는 규칙서를 새로 "창작"한 것이 아니라, 본문에서 명백히 입증되듯이, 성서에 기초를 두고 이미 수백년에 걸쳐 이어내려온 동방과 서방(파코미우스, 대바실리우스, 「교부들의 생애」, 아우구스티누스, 카시아누스)의 수도 전통을 바탕으로 저술하였다. 베네딕도 규칙서는 이른바 「스승의 규칙서」Regula magistri와 밀접한 관계가 있다. 「베네딕도 규칙서」와 「스승의 규칙서」는 대략 본문의 3분의 1(서론, 1장, 2장, 4-7장)이 일반적 구조가 같다. 1937년까지 「스승의 규칙서」는 「베네딕도 규칙서」를 7세기에 복제한 것으로 여겼다. 그 이후 솔레스멘스 베네딕도 수도회의 수도자게네스투트Dom Augustin Genestout는 「베네딕도 규칙서」가 「스승의 규칙서」에 의존한다고 주장하였으며, 이는 오늘날 일반적으로 받아들여진다. 더욱이 그는 「스승의 규칙서」의 사본인 에우기피우스의 규칙서가 아마도 534년 이전에 몬테 카시노에서 그리 멀지 않은 나폴리 근처에 있는 루쿨라눔의 에우기피우스 아빠스(535년경 사망, 본문에 관한 가장 오래된 두 사람의 증인 가운데 한 명)가 저술하였다는 가설도 제시하였다. 베네딕도의 규칙서가 대단한 성과를 거둔 토대는, 그가 전승을 단순히 모으지 않고 영적 가정인 수도 공동체ecclesiola를 (그의 주위에) 모으기 위하여 그리스도 중심의 엄격한 지도 이념에 따라 전체를 탁월하게 새로이 개작하였다는 데 있다. 규칙서의 내적인 특성 외에 대 그레고리우스의 「대화」의 증언과 영국 선교를 위해 베네딕도 수도자들을 파견(596년)한 것은 규칙서를 보급하는 데 결정적으로 기여하였다.

4.와 제8장 1.의 서술 참조.

베네딕도 규칙서: 참고문헌 목록: RBS. – A.M. Albareda, Bibliografía de la Regla Benedictina, Montserrat 1933. – B. Jaspert, *Regula Magistri*. Bibliographie ihrer historisch-kritischen Erforschung 1938-1970: StMon 13 (1971) 129-71 [= Ders., Studien zum Mönchtum = RBS.S 7 (1982) 147-85]. – B. Jaspert, Bibliographie der *Regula Benedicti* 1930-1980. Ausgaben und Übersetzungen = RBS.S 5 (1983).

편집본: PL 66, 215-932 (TK). – A. de Vogüé/J. Neufville = SC 181-186a (1971-7) [TfÜK. 186a = d RBS.S 16 (1983)]. – F. Villégas/A. de Vogüé = CSEL 87 (1976) (*Regula Eugippii*). – R. Hanslik = CSEL 75 (²1977). – Ph. Schmitz/A. Borias, Régle de saint Benoît, TU ⁵1987 (ETfU Konkordanz).

번역서: P. Bihlmeyer: BKV² 20 (1914) 231-325. – B. Steidle, Beuron ²1975 (TdÜ). – G. Holzherr, Zü – Eins – K 1980 (ÜK). – Salzburger Äbtekonferenz (ed.), Beuron 1992 (ETdÜ).

보조자료: B. Dalman, Lèxic d'espiritualitat benedictina = SubMon 18 (1987).

참고문헌: 사전 항목 F. Renner: TRE 5 (1980) 573-7.

편찬서: B. Steidle (ed.), *Commentationes in Regulam S. Benedicti* = StAns 42 (1957). – Hacia una relectura de la Regla de San Benito = StSil 6 (1980). – J. Gribomont (ed.), Commentaria in s. Regulam I = StAns 84 (1982). – B. Jaspert, Studien zum Mönchtum = RBS.S 7 (1982). – A. de Vogüé, Le Maître, Eugippe et saint Benoît. Recueil des articles = RBS.S 17 (1984). – A. de Vogüé, Études sur la règle de saint Benoît. Nouveau recueil, Bégrolle-en-Mauges 1996.

연구서: BALCL. – Ben. – BenM. – BenR. – BenS. – BGL – BHB. – RBen. – RBS. – RBS.S. – I. Herwegen, Sinn und Geist der Benediktinerregel, Eins – K – W 1944. – O. Porcel, La doctrina monastica de San Gregorio Magno y la *"Regula monachorum"*, M 1950. – A. Blazovich, Soziologie des Mönchtums und der Benediktinerregel, W 1954. – G. Holzherr, *Regula Ferioli*. Ein Beitrag zur Entstehungsgeschichte und zur Sinndeutung der Benediktinerregel, Eins – Zü – K

1961. – A. de Vogüé, La communauté et l'abbé dans la Règle de saint Benoît = TET (1961). – S. Pawlowsky, Die biblischen Grundlagen der *Regula Benedicti* = WBTh 9 (1965). – G.-M. Widhalm, Die rhetorischen Elemente in der *Regula Benedicti* = RBS.S 2 (²1977). – A. de Vogüé, Die *Regula Benedicti*. Theologisch-spiritueller Kommentar = RBS.S 16 (1983) [= f SC 186a (1977)]. – P. Miquel, La vie monastique selon saint Benoît, P 1979. – U. K. Jacobs, Die *Regula Benedicti* als Rechtsbuch. Eine rechtshistorische und rechtstheologische Untersuchung, K 1987. – M. Kaczmarkowski, Zur Textstruktur der Mönchsregel des hl. Benedikt von Nursia: M. Van Uytfanghe/R. Demeulenaere (eds.), *Aevum inter utrumque* (FS G. Sanders) = IP 23 (1991) 277-87.

스승의 규칙서: 편집본: A. de Vogüé/J.-M. Clément/J. Neufville/D. Demeslay = SC 105-107 (1964-5) (TfÜK). – F. Villegas/A. de Vogüé = CSEL 87 (1976) (*Regula Eugippii*).

번역서: A. Ohlmeyer, Münsterschwarzach 1974. – S. Frank, St. Ottilien 1989.

보조자료: M.J. Cappuyns, Lexique de la *Regula Magistri* = IP 6 (1964) (Wortindex).

참고문헌: 편찬서: B. Steidle (ed.), *Regula Magistri – Regula S. Benedicti. Studia Monastica* = StAns 44 (1959). – L. Eberle/C. Philippi (eds.), – The Rule of the Master, Kalamazoo 1977.

연구서: A. de Vogüé, La Règle du Maître et les Dialogues de S Grégoire: RHE 61 (1966) 44-76. – B. Jaspert, Die *Regula Benedicti – Regula Magistri –* Kontroverse = RBS.S 3 (²1977).

5. 대 그레고리우스

"Consul Dei — 하느님의 집정관", 로마의 베드로 대성전에 있는 대 그레고리우스 묘비에 새겨 있는 이 비문은 그가 사회와 교회에서 맡은 이중 역할을 가장 함축적으로 묘사한다. 그는 교황으로서 당시의 요구에 따라 이 역할을 매우 뛰어나게 완수하였다. 이로써 그는 교회의 역사에서 몇몇 인물에게만 부여된 "대"라는 경칭을 얻었으며, 암브로시우스, 히에로니무스, 아우구스티누스와 함께 "서방의 위대한 네 명의 교회학자"이다. 535년부터 동로마제국은 이탈리아를 다시 로마제국으로 통합하였으나, 북부 이탈리아와 중부 이탈리아는 568년 롬바르드족에 빼앗겨 총독의 관할 지역인 라벤나와 로마 및 남부 이탈리아와 시칠리아만 동로마제국의 영토로 남아 있었다. 585년 서고트족의 왕 레오비길두스는 스페인 전 지역을 통치하였으며, 그의 아들 렉카레두스는 587년 아리우스주의에서 가톨릭 신앙으로 개종하였다. 프랑크 왕국은 클로드비히(511년 사망) 이후 서유럽의 강대국이 되었으며, 가톨릭 신앙을 받아들여(498/499년) 교회의 희망과 일치를 이룰 수 있는 기틀을 마련하였다. 동로마제국, 롬바르드족, 프랑크족, 고트족은 서로 세력 다툼을 하고 있었다. 이 상황에서 그레고리우스 교황은 590년부터 한편으로는 정치, 행정, 사회 참여, 다른 한편으로는 신앙의 선포, 선교를 포함한 "베드로의 세습령"Patrimonium Petri을 지키면서 서방교회에서 신앙을 장려해야 하는 어려운 과제를 맡았다. 4세기부터 국가와 교회의 지도적 지위를 넘겨받은 그리스도교 지도층의 다른 많은 주교처럼 그레고리우스는 출신, 교육, 생애에서 이 역할에 매우 적합한 인물이었다.

그는 540년경 로마에서 태어났으며, 그의 집안은 아니치우스(보에티우스 참조) 가문의 친척으로 많은 사람이 높은 관직에 있었으며, 교회에도 열심한 귀족계급이었다. 그의 선조 가운데 두 명은 교황(펠릭스 3세(483~492년), 아가페투스(535~536년))이었고, 아버지는 (아마도 교황의 행정과 관련된 직책인) 관구 부제regionarius였으며, 이모 세 명은 수녀였다. 그레고리우스의 작품에 따르면, 그는 6세기 로마에도 있던 "고전적" 초등학교 교육을 받았으며, 가족의 전통에 따라 관직의 길cursus honorum로 나아갔다. 그는 572/573년 로마 시민행정의 가장 높은 공무원인 시 총독praefectus urbi이 되었다. 탁월한 견문과 경험을 전제로 하는 이 직책은 훗날에 교황직을 수행하는데 큰 도움이 되었다. 그는 574년 관직을 포기하고 (카파도키아 사람들에게 가치를 인정받고 카시오도루스에게서도 실현된 전통에 따라) 첼리우스 지방에 있는 가족 저택을 개조한 수도 공동체로 물러났다. 그는 이 저택을 성 안드레아에게 봉헌한 수도원으로 변경하였으나 수도원장 직무를 맡지는 않았다. 그밖에 그는 시칠리아의 가족 영지에 여섯 수도원을 건립하였다. 그레고리우스의 수도원에는 확실히 베네딕도의 정신이 가득 차 있었으며, 그는 이 시기에 베네딕도 규칙서를 읽었다. 그가 쓴 「대화」는 규칙서를 형식적인 면에서 중요시하지 않지만, 베네딕도에 대한 존경심을 드러낸다. 그레고리우스는 수도생활을 하면서 성서와 교부들(히에로니무스, 아우구스티누스, 베네딕도, 요한 카시아누스)을 연구하는 데 전념하였으며, 세속 교육을 뒤에 교황직을 수행하는 데 도움이 된 실질적인 신학 지식으로 보완하였다.

대 바실리우스와 아우구스티누스처럼 교회가 그레고리우스의 능력을 절실히 필요로 하였기 때문에, 그는 수도원에서 은거생활로 생애를 마칠 수 없었다. 그는 자신의 뜻을 이루지 못하였더라도 불가피한 활동생활vita activa에서 수도원의 관상생활vita contemplativa로 돌아갈 수 있기를 갈망하였다. 롬바르드족의 중부 이탈리아 침입은 라벤나에 있는 이탈리아 총독의 소재지와 로마를 점점 더 차단하였다. 이에 교황은 곤경에 빠진 이탈리아를 중재하도록 콘스탄티노플에 사절(Apokrisiarius)을 보내, 황제와 정부의 고위직 사람들과 직접 관계를 맺는 것이 시급하다고 생각하였다. 교황 베네딕도 1세(575~579년)와 교황 펠라기우스 2세(579~590년)는 이 임무를 맡도록 579년 그레고리우스를 선발하고 그에게 부제품을 주었다. 그레고리우스는 제국의 수도에 머무르면서, 외교적·정치적·교회 정치적 경험을 쌓아, 수많은 저명한 인물과 평생 동안 관계를 맺었다. 그 가운데에는 훗날 그에게 도움을 준 세빌랴의 레안더도 있었다.

교황 펠라기우스 2세는 아마도 그레고리우스가 이룩한 외교적 성과가 그의 기대에 부응하지 못하였기 때문에 585/586년 그를 콘스탄티노플에서 불러들였으며, 안드레아 수도원의 수도자 신분으로서 그레고리우스를 자신의 고문단 가운데 한 명으로 다시 임명하였다. 589/590년 겨울에 홍수와 기근이 들었고 뒤따라 흑사병이 만연하였다. 교황 펠라기우스 2세는 590년 2월 7/8일에 흑사병으로 사망하였다.[3] 그레고리우스는 부제로서 국민을 위한 사회사업과 자선사업의 임무를 맡아 대중으로부터 상당한 인기를 얻어 로마 주교좌의 후계자로 선출되었으며, 황제의 승인을 받은 뒤 590년 9월 3일 주교로 서임되었다. 그레고리우스가 이 직책을 맡기를 주저하였다는 보고는 4세기부터 성인전의 문학적 상투어(아우구스티누스, 투르의 마르티누스의 예 참조)가 되었다. 후대의 성인전은 이러한 행위를 도피로 인상깊게 미화하였으나, 모든 경우에 역사적 본질을 문제삼아서는 안 된다. 이는 특히 수도생활 방식을 포기하려 하지 않았던 점이나, 교황의 전임기 동안 매우 허약하여 병에 걸려 대부분의 시간을 병상에서 지냈고, 공개적으로 한 번 이상 설교할 수 없었던 그레고리우스의 경우에는 적절하다고 할 수 있다. 그러나 그레고리우스는 육체적으로 허약하다고 교황직의 책임을 두려워하여 물러서지 않았다. 857통의 방대한 편지 목록은 그레고리우스가 604년

---

[3] 이와 달리 만셀리(Manselli: RAC 12, 934쪽)는 베르톨리니에 견해에 바탕을 두어 2월 5일로 주장한다.

3월 12일[4] 사망할 때까지, 곧 교황직을 맡은 14년 동안 다양하고 광범위하며 어려운 과제를 어떻게 극복하였는지를 생생하게 전한다.

그레고리우스는 다음의 다섯 가지 중요한 과제에 관심을 기울였다.

1) 교회, 종교, 정치, 사회, 박애의 관점에서 로마 공동체, 로마 시, "베드로의 세습령"에 대한 배려, 2) 동로마와의 관계, 3) 롬바르드족, 4) 서방의 총대주교로 북아프리카에서 스페인, 갈리아, 영국까지 이르는 총대주교좌 전 지역에서 신앙의 보존과 전파에 대한 배려, 5) 저술활동. 그레고리우스의 위대한 업적은 이러한 다양한 과제와 문제점을 해결하였다는 데 있다.

1) 그레고리우스는 로마 교황청과 캄파니아, 시칠리아, 사르디니아, 북아프리카, 갈리아, 달마티아에 이르는 로마 교회의 소유지(Patrimonium Petri)에 대한 전반적인 행정 업무를 재구성하였다. 이곳에서 나오는 자산은 주로 롬바르드족의 침입으로 점점 더 늘어나는 난민들을 구제하는 데 사용되었다. 그레고리우스는 자신이 쓴 「사목규칙」에서 제시한 방침에 따라 성직자 품행의 교정, 합법적 주교 선출, 주교 관구의 재조직, 교회회의의 개최를 통한 사목의 강화, 당시의 해당 관할권에 관한 규정 준수에 심혈을 기울였다. 그밖에 이미 4세기부터, 특히 유스티니아누스 황제(527~565년)가 법률로 정한 다음부터 시민의 관습에 대한 재판권과 항소심은 주교들, 그중에서도 로마의 주교가 맡게 되었다.

2) 마우리키오스 황제(582~602년)와 포카스 황제(602~610년) 치하의 동로마와 정치적·교회정치적 관계는 그레고리우스가 교황으로 있을 당시, 그가 사절로 파견되었을 때의 돈독한 관계를 바탕으로 거의 문제가 없었다. 단지 두 사건, ① 그레고리우스가 롬바르드족과 추구한 평화 노력, ② 595년 콘스탄티노플의 총대주교 요한이 공식적으로 "전 세계의"*oikoumenikós* 칭호를 사용하자(이 칭호는 오늘날까지 사용됨), 그레고리우스는 요한이 자신의 수위권을 월권하고 간섭한다고 느꼈고, 따라서 두 주교는 심각한 긴장관계에 있었다. 이에 대해 그레고리우스는 오늘날까지 교황들이

---

[4] 일반적으로 「교황서」(Liber Pontificalis)에 바탕하여 3월 12일을 사망일자로 여기며, 이곳에 언급된 III idus martias는 13일이나 마르쿠스(Markus: TRE 14, 136쪽)는 3월 6일이라고 주장한다.

사용하는 "하느님의 종들의 종"servus servorum Dei이란 소박한 칭호를 사용했다.

3) 롬바르드족의 이탈리아 침입은 정치와 교회에 가장 급박한 문제였다. 대부분의 이민족은 아직도 이교인이었으며, 소수만 — 그 가운데 왕들 — 이 아리우스파 그리스도인이었다. 그레고리우스와 편지를 주고받은 테오델린다 여왕(589~627/628년)만이 가톨릭 신앙을 고백하였다. 로마의 방어와 보호, 롬바르드족과의 협상, 조세 지불에 관한 협상은 그레고리우스의 책임이었다. 동로마제국은 실질적인 도움을 줄 수 있는 입장이 아니었기 때문에, 그레고리우스는 고통받는 국민을 위하여 롬바르드족과 평화적 합의(이에 대해 그레고리우스와 라벤나의 총독은 심한 의견의 차이를 보였다)를 이루려고 노력하였다. 동시에 그는 그들을 가톨릭 신앙으로 개종시키려고 하였다. 테오델린다가 598년과 603년에 남편이자 왕인 아길룰푸스와 그레고리우스 사이에 두 가지 협정을 중재하고, 그녀의 아들 아달로알두스가 가톨릭에서 세례를 받아 세례금지가 풀렸다는 점에서 그레고리우스가 롬바르드족과 맺은 협상은 성공적이었다.

4) 그레고리우스가 브리타니아에 선교사들을 파견한 일은 이전의 서로마제국 교회 전체의 총대주교로서 그의 활동 가운데 가장 뛰어난 업적이다. 브리타니아는 407년부터 거의 200년 동안 로마에 종속되지 않았으며, 이전에 이루어진 선교의 모든 흔적은 더 이상 남아 있지 않았다. 위트비의 「생애」와 후대에 씌어진 베다 존자尊者의 「앵글로족의 교회사」Historia ecclesiastica gentis Anglorum(II 1)는 부분적인 차이가 있지만, 그레고리우스가 아직 교황이 되기 전에 로마의 노예 시장에서 있었던, 그와 앵글로족 사람이 최초로 만난 유명한 이야기를 전한다. 그레고리우스는 어느 날 시장에 갔다가 새로 도착한 물품들 가운데 깨끗한 피부와 금발에 얼굴이 잘 생긴 소년들을 보았다. 그가 어디서 왔느냐고 묻자, 그들은 브리타니아에서 왔으며 앵글로족Angli이라고 대답하였다. 그래서 그는 다음과 같이 외쳤다. "정말이지. 이들은 천사들angeli의 얼굴을 갖고 있어." 그밖에도 데이리Deiri 지방의 명칭을 "하느님의 분노에서de ira 구출된"으로, 그 지방의 왕 아엘레의 이름을 알렐루야에 대한 암시로 해석하였다. 그는 곧 개인적으로 앵글로족을 선교하려 하였으나 주교가 이를 허락하지 않았다. 그가 교황이

된 뒤에야 비로소, 그러나 자신의 원의를 바꾸어 596년 안드레아 수도원의 원장 아우구스티누스와 함께 40명의 수도자들을 브리타니아로 파견하였다. 이들은 캔터베리에 있는 켄트의 왕 에텔베르투스의 궁전, 더 자세히 말하면 갈리아 지방에서 이미 대중에게 가장 인기있는 성인인 마르티누스에게 봉헌한 궁전 경당(이 경당은 오늘날에도 캔터베리에 보존되어 있다)에서 갈리아 출신의 가톨릭 신자인 여왕 베르타를 만났다. 로마 광장에서 앵글로족 사람들을 만났다는 역사성이 확실하지 않을지라도, 이 이야기는 그레고리우스의 선교에 대한 열의를 적절히 묘사한다. 그레고리우스의 이러한 열의는 (그가 콘스탄티노플에서 알게 된 세빌라의 레안더와 긴밀한 관계를 바탕으로) 587년(렉카레두스 왕의 개종) 내지 589년(톨레도 제3차 교회회의)부터 스페인에서 가톨릭으로 개종한 서고트족 제국뿐만 아니라 갈리아, 프랑켄 지방과 북아프리카의 이단적 사조들에게까지도 적용된다.

5) 그레고리우스는 아래에서 더 상세히 논하는 작품들 외에 콘스탄티노플에 사절로 갔을 때부터 594년까지 에제키엘, 열왕기 상, 아가, 복음서들에 관한 강해와 주석서를 저술하였으며, 그 뒤에는 건강상의 이유로 편지만 썼다. 그는 확실히 당시 전례를 형성하고 개혁하는 데 지속적인 영향을 주었다. 그레고리우스의 이름으로 불리는 중세의 성사집Sakramentar, 후렴Antiphonar, 성무일도의 본문을 싣고 있는 전례서는, 그가 저자는 아니지만 그가 이룬 전통과 관련이 있다.

참고문헌 목록: R. Godding, Bibliografia di Gregorio Magno (1890~1989), R 1990.

편집본: *Opera omnia*: PL 75-79. – PLS IV 1525-85. – *Gregorii Magni Opera*, R 1992 ff. (TiÜ). – *Expositiones in Canticum Canticorum, Expositiones in librum primum Regum*: P. Verbraken = CChr.SL 144 (1963). – *Expositiones in Canticum Canticorum*: R. Bélanger = SC 314 (1984) (TfÜK). – *Expositiones in librum primum Regum*: A. de Vogüé/Ch. Vuillaume = SC 351, 391, 432 (1989-98) (TfÜK). – *Homiliae in Ezechielem*: M. Adriaen = CChr.SL 142 (1971). – Ch. Morel = SC 327, 360 (1986-90) (I-II TfÜK). – *Homiliae in Evangelia*: M. Fiedrowicz = FChr 28/1-2 (1997-8) (1-40 TdÜK). – R. Étaix = CChr.SL 141 (1999). – *Vita*: LP I 312-4. – H. Grisar, Die Gregorbiographie des Paulus Diaconus in ihrer ursprunglichen Gestalt, nach italienischen Handschriften: ZKTh 11 (1887) 158-73. – The Earliest Life of Pope Gregory the Great by an Anonymous Monk of Whitby. Text, Translation, & Notes by B. Colgrave, Lawrence/KA 1968 = Ann Arbor – Lo 1981.

번역서: 40 Homilien über die Evangelien, Klosterneuburg 1931. – L. Deimel, Ostermorgen, Mz 1940 (*Homiliae in Evangelia*). – G. Bürke = CMe 21 (1983) (*Homiliae in Ezechielem*). – 영어 번역서: D. Hurst, Kalamazoo/MI 1990 (*Forty Gospel Homilies*).

보조자료: CChr.ILL A 8 (1982) (*Expositiones in Canticum Canticorum, Expositiones in librum primum Regum*). – *Thesaurus Sancti Gregorii Magni. Series A: Formae* = CChr.SL (1986).

참고문헌: 사전 항목: P. Cannata: BSS 7 (1966) 222-87. – R. Gillet: DSp 6 (1967) 872-910. – R. Manselli (übers. G. Rexin): RAC 12 (1983) 930-51. – R. A. Markus: TRE 14 (1985) 135-45. – R. Gillet: DHGE 21 (1986) 1387-1420. – G. A. Zinn: EEC 393-7. – V. Recchia: EECh I 365-8.

총론서: F.H. Dudden, Gregory the Great. His Place in History and Thought, 2 vol., Lo 1905. – E. Caspar, Geschichte des Papsttums von den Anfängen bis zur Höhe der Weltherrschaft II, Tü 1933, 306-514. – R. Manselli, Gregorio Magno, Turin 1967. – J. Richards, Gregor der Große. Sein Leben – seine Zeit, Graz – W – K 1983 (e Lo 1980). – V. Paronetto, Gregorio Magno. Un maestro alle origini cristiane d'Europa, R 1985. – R.A. Markus, Gregory the Great and his world, C 1997.

편찬서: P. Catry, Parole de Dieu, Amour et Esprit-Saint chez saint Grégoire le Grand = VieMon 17 (1984). – J. Fontaine/R. Gillet/St. Pellistrandi (eds.), Grégoire le Grand, P 1986. Gregorio Magno e il suo tempo = SEAug 33-34 (1991). – J.C. Cavadini (ed.), Gregory the Great. A Symposium, Notre Dame-Lo 1995. – V. Recchia, Gregorio Magno papa ed esegeta biblico, Bari 1996.

사상/신학: C. Dagens, Saint Grégoire le Grand. Culture et expérience chrétiennes, P 1977. – G.R. Evans, The Thought of Gregory the Great, C 1986. – C. Straw, Gregory the Great: Perfection in Imperfection, Berkeley – Los Angeles – Lo 1988. – J. Modesto, Gregor der Große, Nachfolger Petri und Universalprimat = STG 1 (1989). – M. Fiedrowicz, Das Kirchenverständnis Gregors des Grossen. Eine Untersuchung seiner exegetischen und homiletischen Werke = RQ.S 50 (1995).

성서주석: V. Recchia, L'esegesi di Gregorio Magno al Cantico dei Cantici, Turin 1967. – P. Meyvaert, The Date of Gregory the Great's Commentaries on the Canticle of Canticles and on I Kings: SE 23 (1979) 191-216. – V. Recchia, Le omelie di Gregori Magno su Ezechiele (1-5) = QVetChr 8 (1974). – S. Muller, *"Fervorem discamus amoris"*. Das Hohelied und seine Auslegung bei Gregor dem Großen, St. Ottilien 1991. – D. Wyrwa, Der personliche Zugang in der Bibelauslegung Gregors des Großen: H. H. Schmid/J. Mehlhausen (eds.), *Sola Scriptura*. Das reformatorische Schriftprinzip in der säkularen Welt, Gü 1991, 262-78. – V. Recchia, I moduli espressivi dell'esperienza contemplativa nelle Omelie su Ezechiele di Gregorio Magno: schemi tropi e ritmi: VetChr 29 (1992) 75-112. – St.Ch. Kessler, Gregor der Große als Exeget. Eine theologische Interpretation der Ezechielhomilien = IThS 43 (1995).

선교: G. Jenal, Gregor der Große und die Anfänge der Angelsachsenmission (596-604): Angli e Sassoni al di qua e al di là del mare: SSAM 32 (1986) 793-849. – A. Furioli, San Gregorio Magno e l'evangelizzazione degli Anglosassoni. Ambiente, storia e metodologia di un'azione missionaria: ED 42 (1989) 471-93.

행정/정치: M. Vaes, La papauté et l'Église franque à l'époque de Grégoire le Grand (590-604): RHE 6 (1905) 537-56, 755-84. – E. Spearing, The Patrimony of the Roman Church in the Time of Gregory the Great, C 1918. – E. H. Fischer, Gregor der Große und Byzanz. Ein Beitrag zur Geschichte der päpstlichen Politik: ZSRG.K 36 (1950) 15-144. – O. Giordano, L'invasione longobarda e Gregorio Magno, Bari 1970. – V. Recchia, Gregorio Magno e la società agricola = VSen NS 8 (1978). – M. Reydellet, La royauté dans la littérature latine de Sidoine Apollinaire à Isidore de Séville = BEFAR 253 (1981) 441-503. – G. Jenal, Gregor der Große und die Stadt Rom (590-604): F. Prinz (ed.), Herrschaft und Kirche. Beiträge zur Entstehung und Wirkungsweise episkopaler und monastischer Organisationsformen = MGMA 33 (1988) 109-45.

5.1. 「욥기의 도덕」*Moralia in Iob*

그레고리우스는 콘스탄티노플에서 사절로 활동하는 동안 친구인 세빌라의 레안더의 권고로, 그가 살던 수도 공동체에서 욥기에 관해 강연하였다. 그레고리우스가 레안더에게 강연의 견본과 함께 보낸 편지(ep V 53a)에서 전하듯이, 그는 뒤에 욥기를 계속 다룬 35권의 주석서로 증보, 교정하고 문체를 다듬었다. 그러나 그가 언제 이 작품을 오늘날의 본문으로 출판하였는지는 확실하지 않다. 마르쿠스Markus(TRE 14, 138쪽)는 이 본문이 "늦어도 591년에 출판되었다"고 주장하였다. 그러나 아드리엔Adriaen(CCh.SL 143, V-VI쪽)은 관계되는 사료들의 기록을 바탕으로 그레고리우스는 591년 레안더에게 편지(ep I 41)를 보냈으며, — 이 작품은 이미 필사되어 여러 부로 만들어졌고 나중에 다시 보완되었으며, XXVII 11에서 앵글로 색슨족에 대한 선교를 암시하기 때문에 — 레안더는 필경 595년 이전에 견본을 받지 못하였다고 주장하였다. 단지 「욥기의 도덕」이 579년 이후 600/602년 이전에 출판되었다는 사실은 확실하다.

욥의 모습이 도덕적 성서주석에 적합하다는 것은 명백하며, 욥은 교부시대의 이상적 인물로서 긴 역사를 가지고 있다. 그레고리우스는 본디 욥기를 성서의 세 가지 의미, 곧 문자적·알레고리적·도덕적 의미로 해석하려고 하였다. 그러나 이 계획은 첫 세 권에서만 이루어진다. 그레고리우스는 제4권과 5권부터 사실상 문자적 해석을 다루지 않으며, 도덕적 의미가 주된 자리를 차지한다. 이런 이유로 오늘날 많이 사용되는 명칭인 「욥기의 도덕」이 본디의 명칭인 「욥기의 해설」 대신에 사용된다. 성서의 세 가지 의미에 따라 욥은 문자적 의미로 고난과 시련을 받는 역사적 인물을, 알레고리적/예형적 의미로 그리스도와 그의 육체와 교회를, 도덕적 의미로 비참한 처지에 있는 인간을 뜻한다. 하느님께로 나아가는 인간의 길은 마귀의 유혹을 극복하면서 천사의 도움과 목자의 선포로 제일 먼저 자기인식으로 통한다. 이러한 자기인식은 겸손, 순수한 마음, 경외, 참회의 열매를 맺으며, 따라서 각각의 인간을 위한 그리스도의 구원 행위를 뜻있게 한다. 그레고리우스는 아우구스티누스의 작품에서 많은 영향을 받았으나 다음의 논점에서만은 본질적으로 다르다. 그는 하느님의 은총에 대한 인간의 자유의지와 결정에 더 큰 자유로운 공간을 인정하였다.

5.의 서술 참조

편집본: R. Gillet/A. de Gaudemaris/A. Bocognano = SC 32-212, 221 (1974-5) [I-II, XI-XVI (TfÜK). – M. Adriaen = CChr.SL 143-143 B (1979-85).

참고문헌: R.M. Hauber, The Late Latin Vocabulary of the *Moralia* of Saint Gregory the Great. A Morphological and Semasiological Study = SMRL 7 (1938). – L. Weber, Hauptfragen der Moraltheologie Gregors des Großen. Ein Bild altchristlicher Lebensführung = Par. 1 (1947). – P. Catry, Épreuves du juste et du mystère de Dieu. Le commentaire littéral du *Livre de Job* par saint Grégoire le Grand: REAug 18 (1972) 124-44. – P. Aubin, Intériorité et extériorité dans les *Moralia in Job* de saint Grégoire le Grand: RSR 62 (1974) 117-66. – V. Recchia, Il metodo esegetico di Gregorio Magno nei "*Moralia in Job*" (ll. I, II, IV, 1-47): Invigilata Lucernis 7-8 (1985-6) 13-62. – M. Baasten, Pride according to Gregory the Great. A Study of the *Moralia* = SBEC 7 (1986). – J.P. Cavallero, La técnica didáctica de San Gregorio Magno en los *Moralia in Iob*: Helm. 41 (1990) 129-88.

5.2. 「사목규칙」*Regula pastoralis*

"베네딕도 규칙서가 중세의 수도자들에게 중요하듯이, 대 그레고리우스의 사목규칙은 전 세계의 성직자들에게 중요하다."「사목규칙」이 실제로 주교와 사제의 영성, 사목에 관한 기초적인 각론서가 되었기 때문에 종종 되풀이되는 이 진술은 확실히 오늘날에도 적용될 수 있다. 이 작품은 그레고리우스가 살아 있을 때 이미 이탈리아, 스페인, 프랑스, 영국에 전해졌고, 그리스어 번역으로 콘스탄티노플, 안티오키아, 예루살렘, 알렉산드리아에 유포되었다. 그레고리우스는 본문 앞에 라벤나의 주교 요한[5]에게 쓴 헌정서간에서 작품을 쓰게 된 동기와 작품의 구성을 말한다. 요한은 그레고리우스가 주교직 맡기를 주저하였기 때문에 그를 비난하였다. 이 소책자에서는 주교직이 고위직이고 어려운 직무여서 이에 대한 두려움을 느껴 주서한 것으로 설명힌다. 그레고리우스는 이러한 정당화를 글로 쓴 나지안즈의 그레고리우스, 요한 크리소스토무스의 전통을 따른다. 이 진술과 세빌라의 레안더에게 보낸 편지(ep V 53)에 바탕하면 이 작품의

---

[5] 편지의 호칭이 이름만 언급하기 때문에, 요한이 콘스탄티노플의 총대주교라는 다른 견해도 있다.

저술 시기는 그레고리우스가 교황직을 맡은 초기임이 확실하다. 곧, 591년 2월
의 교회회의 서간(ep I 24)에서 이 작품이 인용되듯이, 저술 시기는 590년 9월~
591년 2월 사이이다. 작품의 내용에 따르면 그레고리우스는 「규칙」의 내용을
「욥기의 도덕」에서 준비하고 있었다. 그러나 이 작품이 그레고리우스가 교황직
을 맡은 초기에 "이미 널리 퍼져 있었고", "교황직을 맡은 첫 몇 달 사이에 완
성되었다"(Markus: TRE 14, 136쪽)라는 견해는 아직도 해결되지 않았다.

　"이 책은 네 부분으로 분류된다. … (I) 어떤 방식으로 목자직에 이를 것인가?
… (II) 어떻게 자신의 삶을 설계할 것인가? … (III) 어떻게 교직을 맡을 것인
가? … (IV) 직무를 시작하기 전에 겸손을 잊지 않기 위하여 어떻게 매일 자신
의 결점을 알아내고자 노력하는가?"(요한에게 보낸 편지). 제1부 11장에서는 그레고리
우스 자신도 체험한 관상생활을 앗아가는 목자직의 어려움과 책임을 고찰하며,
이 직무를 맡거나 맡지 말아야 하는 필요 전제조건들을 분석한다. 마찬가지로
제2권 11장에서도 훌륭한 사목자의 품성에 관한 특징과 생활태도를 제시한다.
인간적인 순수함, 모범적인 품행, 분별력, 관심, 그가 맡은 사람들에 대한 현명
한 판단과 태도, 자신의 영성을 강화하려는 노력(여기서도 다시 그레고리우스
자신이 활동생활과 관상생활 사이에서 강하게 느끼는 긴장이 나타난다. 훌륭한
사목자는 이러한 긴장을 유지하고 서로 융합해야 한다). 제3부에서는 40장에 이
르는 방대한 규모에서 알 수 있듯이 작품의 중심이 되는 부분이다. 그레고리우
스는 「도덕」*Moralia*(XXX 3,13)에서 다룬 두 인물 집단, 남편과 아내, 젊은이와 노
인, 가난한 사람과 부자, 기쁜 사람과 슬픈 사람, 건강한 사람과 병든 사람에 대
한 긴 목록과 복음의 선포가 그들에게 어떻게 적절히 이루어져야 하는지를 제1
장에서 기록한다. 뒤따르는 34장에서는 이러한 분류와 밀접히 연결되어 각각 대
조되는 집단을 위한 적합한 선교방법을 설명한다. 37-39장에서는 모든 사람과
관계되는 일반적인 소견으로 제3부를 끝낸다. 40장에서는 결론으로 그가 진술한
내용에서 사목자가 스스로 본보기를 찾을 것을 독려한다. 제4권에서는 사목자에
게 겸손할 것을 간략히 권고하는데, 앞 세 권에 있는 한 장의 내용보다 길지 않
다는 점에서 그레고리우스가 전 작품을 서둘러 끝내려 한다는 인상을 준다.

5.의 서술 참조.

편집본: G. Kubis, L 1986 (ETdÜ). – B. Judic/F. Rommel/Ch. Morel = SC 381-382 (1992) (TfÜK).

번역서: Th. Kranzfelder = BKV[1] 1 (1873) 321-535. – J. Funk = BKV[2] II 4 (1933) 57-267. – 영어 번역서: J. Barmby: NPNF II 12 (1895 = 1995) 1-72. – H. Davis = ACW 11 (1950).

참고문헌: L. La Piana, Teologia e ministero della parola in S. Gregorio Magno, Palermo 1987. – J. Speigl, Die Pastoralregel Gregors des Großen: RQ 88 (1993) 57-76.

5.3. 「대화」

그레고리우스의 「욥기의 도덕」은 수도자를, 「사목규칙」은 사목자를 대상으로 하는 반면, 「대화」는 (이탈리아) 모든 신자를 대상으로 한다. 그레고리우스는 마지막 작품에서 이탈리아 성인들의 모범적인 생활을 본보기로 신자들의 신앙심을 깊게 하고 그들을 본받도록 격려하며, 하느님께서 현재의 어려운 역사에서도 성인들의 기적을 통하여 이 세상에서 당신의 능력을 실제로 행하고 계심을 밝히고자 하였다. 그레고리우스가 593년 7월 시라쿠스의 주교 막시미아누스에게 보낸 편지(ep III 50)에서는, 그와 함께 산 동료들이 이와 같은 작품을 저술할 것을 그에게 권유하였으며, 이 작품이 그들의 영적인 욕구에 부합하였다고 설명한다. 그는 라틴어 번역으로 서방에서도 널리 보급된 「교부들의 단화」, 루피누스의 「교부들의 생애」, 팔라디우스의 「라우시아카 역사」, 술피치우스 세베루스의 「마르티누스의 생애」, 6세기에 씌어진 「순교자들의 행적」과 같이 매우 대중적인 전형들을 따랐고, 베드로 부제라는 임의의 질의자와 대화하는 전통적인 문학 형태를 선택하였다. 투르의 그레고리우스는 같은 시대에 비슷한 목적으로 갈리아 지방 성인들의 「기적에 관한 책」*Libri Miraculorum*을 저술하였다.

위에 언급한 막시미아누스에게 보낸 편지가 증언하듯이, 그레고리우스는 「대화」의 자료를 구전에서 모았다. 이에 대해 현대의 역사가들은 그가 기적에 관한 이야기를 거의 무비판적으로 받아들였다고 비난하였다. "계몽된" 시각에서 본 이러한 비판은 그레고리우스의 의도를 확실히 잘못 판단한 결과이다. 그는 역사서를 저술하려고 한 것이 아니라, 수백년 동안 미친 엄청난 영향이 입증하듯이, 영적 교화서를 저술하려고 하였다. 「대화」의 저술 연도는 작품에 언급된 내용과 편지를 바탕으로 매우 정확히 국한할 수 있다. 그레고리우스는 교황직을 맡은 뒤 이 작품을 저술하기 시작하여 593년과 594년에는 집필중이었으며, 시라쿠스의 주교 막시미아누스의 사망을 언급하지 않기 때문에 틀림없이 594년 11월 이전에 완성했다.

「대화」의 저자성에 관해서는 16세기에서 18세기까지 오랫동안 토론되었으나, 프랑스 베네딕도 수도회의 마우루스판板이 이를 해결하였다. 그 뒤부터 이 작품을 그레고리우스의 진본으로 여겼다. 그러나 1982년 프란치스 클라크Francis Clark는 챈털리에서 열린 "그레고리우스 회의"의 기고에서 이 문제에 다시 이의를 제기하여 그 뒤 많은 학자가 가명을 사용하자고 주장하였다. 그 사이에 많은 전문가가 의견을 제시하였으나 아직도 분명한 결론에 이르지 못하였다.

「대화」는 4권으로 분류된다. 아달베르 드 보귀에는 자신의 편집본 서론에서 작품의 구조를 통찰력있게 분석하였으며, 외적으로 정교하고 전체적으로 짜임새 있는 구조를 풀어냈다(SC 251, 51-5쪽). 그레고리우스가 그의 작품들에서 여러 번 신적인 (영원한) 안식의 상징으로 이해한 유다인의 50년절(희년)에 걸맞은 숫자 50은 명백히 작품 전체와 관련된다. 제1권부터 3권까지는 이탈리아 성인들의 생활과 기적을 보고하며, 제4권에서는 종말론에 관한 논고를 전개한다. 제1권(12장)에서는 각장에서 한 명의 성인을 다루며, 제3권(38장)에서는 37명의 성인을 소개한다. 제2권(38장)은 작품의 중심으로 누르시아의 베네딕도만 다루며, 제1권과 3권은 제2권의 틀을 형성한다. 따라서 전체적으로 50명의 성인들을 다루며, 제4권의 62장과 함께 150장으로 되어 있다. 숫자의 상징을 더 자세히 살펴보면, 제2권과 3권은 대칭적으로 각 38장이고, 1권과 2권을 합칠 경우 50장이며, 3권과 4권이 합칠 경우 100장이다. 제1권에서는 저승에 내려감으로, 제2권에서는 승천으로, 제3권에서는 종말에 대한 전망으로 끝나며, 마지막으로 제4권에서는 종말을 신학적으로 설명한다.

5.의 서술 참조.
편집본: A. de Vogüé/P. Antin = SC 251, 260, 265 (1978-80) (TfÜK).
번역서: Th. Kranzfelder = BKV¹ I (1873) 19-296. – J. Funk = BKV² II 3 (1933). – 영어 번역서: O.J. Zimmerman = FaCh 39 (1959).
참고문헌: A. J. Kinnirey, The Late Latin Vocabulary of the Dialogues of St. Gregory the

Great = SMRH 4 (1935). – P. Boglioni, Miracle et nature chez Grégoire le Grand: Epopées, légendes et miracles = CEMéd 1 (1974) 11-102. – A. Vitale Brovarone, La forma narrativa dei Dialoghi di Gregorio Magno: problemi storico-letterari: AAST.M 108 (1974) 95-173. – A. Vitale Brovarone, Forma narrativa dei Dialoghi di Gregorio Magno: prospettive di struttura: AAST.M 109 (1975) 117-85. – G. Cracco, Uomini di Dio e uomini di Chiesa nell'alto medioevo. Per una reinterpretazione dei "Dialogi" di Gregorio Magno: RSSR 12 (1977) 163-202. – J.M. Petersen, The Dialogues of Gregory the Great in Their Late Antique Cultural Background = STPIMS 69 (1984). – F. Clark, The Pseudo-Gregorian Dialogues, 2 vol. = SHCT 37-38 (1987). – W.D. McCready, Signs of Sanctity. Miracles in the Thought of Gregory the Great = STPIMS 91 (1989). – F. Clark, The Renewed Controversy About the Authorship of the Dialogues: Gregorio Magno e il suo tempo II 5-25. – A. de Vogüé, Les dialogues, uvre authentique et publiée par Grégoire lui-meme: Gregorio Magno e il suo tempo II 27-40.

5.4. 「서간 목록」*Registrum epistularum*

치프리아누스, 위대한 카파도키아 사람들, 히에로니무스, 아우구스티누스, 대 레오 또는 카시오도루스의 서간집은 모두 당시의 모습을 실제적이고 생생하게 비춘 거울이며, 역사가에게는 대단히 귀중한 사료들이다. 대 그레고리우스가 14년간 교황직을 수행하는 동안 얼마나 많은 편지를 썼는지 — 보통 받아쓰게 하였음 — 에 대해서는, 그의 서신교환을 매일 기재한 교황청의 원목록인 일지日誌(Liber diurnus)가 9세기에 소실되어 알 수 없다. 그렇지만 8세기에 필사본이 만들어져 세 모음집, 곧 54통의 편지를 수록한 P, 200통을 수록한 C, 684통을 수록한 R에 남아 있다. 이 가운데 847통은 친저성에 의심이 없는 서신이며, 10통은 진본인지가 의심스럽다. 원본 모음집은 각 9월 1일에 시작하여 다음 해 8월 31일에 끝나는 연도 계산[6] 기간에 따라 14권으로 분류되었다(그의 작품들에 첨부된 편지들은 여기에 수록되어 있지 않다). 일 년 동안에 쓴 편지의 숫자가 16~240통으로 차이가 크기 때문에, 그레고리우스가 교황직을 맡고 있는 동안 수많은 과제로 수천 통의 편지(동료 주교들에게, 황제에게, 관리에게, 인사 결정, 특전 등)를 썼다고 주측할 수 있다. 편지는 대 레오와 카시오두루스와 마찬가지로 상서국에서 사용하는 문체로 썼었다. 따라서 편지에는 되풀이되는 정식이 자주 사용되나 그레고리우스는 편지마다 개인적으로 짧은 글을 덧붙였다.

---

[6] 297년 디오클레티아누스 황제가 도입한 5년마다(313년부터는 15년마다)의 조세 주기로써 교황청은 펠라기우스 2세(584년) 때부터 이 주기를 규칙적으로 사용하였다.

5.의 서술 참조.

편집본: P. Ewald/L. M. Hartmann = MGH.EP I-II (1887-93). – D. Norberg = CChr.SL 140-140 A (1982). – P. Minard = SC 370-371 (1991) (I-II TfÜK).

번역서: Th. Kranzfelder = BKV¹ II (1874). – J. Funk = BKV² II 4 (1933) 269-98. – 영어
번역서: J. Barmby: NPNF II 12 (1895 = 1995) 73-243; 13 (1898 = 1995) 1-111.

보조자료: CChr.ILL A 9 (1982).

참고문헌: M. B. Dunn, The Style of the Letters of St Gregory the Great = PatSt 32 (1931). – J.F. O'Donnell, The Vocabulary of the Letters of Saint Gregory the Great. A Study in Late Latin Lexicography = SMRL 2 (1934). – D. Norberg, *In Registrum Gregorii Magni studia critica. Commentatio academica*, 2 vol., Uppsala – L 1937-9. – D. Norberg, Qui a composé les lettres de saint Grégoire le Grand?: StMed III 21 (1980) 1-17. – D. Norberg, Critical and Exegetical Notes on the Letters of Gregory the Great = VHAAH.FF 27 (1982). – E. Pitz, Papstreskripte im frühen Mittelalter. Diplomatische und rechtsgeschichtliche Studien zum Brief-Corpus Gregors des Großen = BGQMA 14 (1990).

6. 투르의 그레고리우스

대 그레고리우스는 591년 2월 전집정관인 요한에게 보낸 편지(ep I 30)에서, "본인은 로마인의 주교가 아니라 롬바르드족의 주교가 되었습니다" 하고 탄식하였다. 서방의 마지막 유명한 두 교부인 투르의 그레고리우스와 세빌라의 이시도루스에게 이러한 진술은 문자적 의미 그대로 적용되었다. 로마제국의 정치구조는 이탈리아와 북아프리카에서 8세기까지도 영향을 미치고 교회는 근본적으로 로마 교회가 중심이 된 반면, 6세기와 7세기에 갈리아와 스페인의 상황은 이미 반전되었다. 프랑크족과 고트족은 다수민족이 되었으며, 로마인의 풍습과 제도는 교양계급에만 영향을 주었다. 이러한 이유로 마지막 라틴 교부들의 작품들은 아직도 고대 교부 전통에 의존하였으나, 이미 새로운 환경에 적응하여 궁극적으로 중세교회와 문화로 연결되었다.

그레고리우스는 원로원 귀족가문 출신으로 538년 또는 539년 11월 30일에 아르베르나, 오늘날의 클레르몽 페랑에서 태어났다. 그의 생애는 같은 시대에 살았던 대 그레고리우스의 생애와 거의 모든 면에서 일치하나, 갈리아의 여러 상황으로 인해 근본적인 차이도 있다. 그들이 받은 교육의 범위와 특성은 서로 매우 다르다. 대 그레고리우스가 폭넓은 로마식 교육을 받은 반면, 투르의 그레고

리우스는 주교인 삼촌의 집에서 주로 교회와 관련된 과목 중심으로 가르치는 학교에서 수업을 받았다. 그는 이미 14세 때에 교회에 봉사하기로 결심하였으며, 늦어도 563년부터는 리용에 있는 삼촌 니체티우스의 부제였으며,[7] 573년 8월에 사촌 에우프로니우스의 뒤를 이어 투르의 성 마르티누스 주교좌를 22번째로 이어받았다. 그의 가문에서 "다섯 명의 주교를 제외하고 다른 모든 주교가" 주교 착좌식에 참석하였다고 자신이 전하듯이(「프랑크족의 역사」 V 49), 그도 가문의 오랜 전통을 계승하였다. 그가 주교직을 맡았던 20년 이상의 기간 가운데 585년까지는 투르 시를 방어하기 위해 프랑크족의 세 국가와 벌였던 투쟁이 두드러진다. 이 투쟁에서 그는 통치자들의 협박에 맞서 교회의 독립과 권리를 대담하게 변호하고 주장할 수 있었으며, 마침내 평화를 중재하여 왕들의 중요한 조언자가 되었다. 그는 594년, 아마도 그의 축일인 11월 17일에 사망하였을 것이다.

참고문헌: 사전 항목: B.K. Vollmann: RAC 12 (1983) 895-930. – L. Pietri: TRE 14 (1985) 184-8. – P.C. Burns: EEC 402-3. – M. Simonetti: EECh I 365.

편찬서: Gregorio di Tours = CCSSM 12 (1977). – N. Gauthier/H. Galinié (eds.), Grégoire de Tours et l'espace gaulois, Tours 1997.

연구서: L. Pietri, La ville de Tours du IVe au VIe siècle: naissance d'une cité chrétienne = CEFR 69 (1983) 247-334. – G. de Nie, Views from a Many-windowed Tower. Studies in Imagination in the Works of Gregory of Tours, Amsterdam 1987. – Gregorio di Tours e i visigoti, Catania 1996.

「프랑크족의 역사」*Historia Francorum*와 「기적에 관한 책」*Libri Miraculorum*

남아 있는 방대한 이 두 작품은 공통점이 거의 없는 것 같지만, 자세히 분석해 보면 동일한 개념을 두 부분으로 다루었다는 것이 증명된다. 그레고리우스가 명백히 고대 로마 문화의 종말과 새로운 시대의 시작으로 생각한 시기에, 그는 역사를 인간에 대한 하느님의 행위와 계시의 부분으로 이해하였다. 그는 계시에서 정치적·세속적 사건들과 기적 사건들 사이에 근본적으로 차이가 없는 것으로

---

[7] 크러쉬(Krush)의 견해에 바탕을 둔 피에트리(Pietri: TRE 14 [1985]와 볼만(Vollmann: RAC 12 [1983])의 연도는 이 연도와 매우 틀리다.

생각하였다. 「인간을 통한 하느님의 행위」*gesta dei per homines*(「교부들의 생애」 9 서언)의 기록은 하느님의 구원계획과 구원행위에 대한 교육적 증언으로 중요한 역할을 하기 때문에, 그레고리우스에게 현재 일어나고 있거나 최근에 일어난 사건들은 당연히 이미 오래된 과거의 사건들보다 훨씬 중요하였다. 이때문에 그는 현재 또는 최근의 사건들을 매우 폭넓게, 더욱이 가능한 한 많이 수집하여 그의 작품들에 추가하고 보완하였다.

그레고리우스는 후대에 당연히 「프랑크족의 역사」만으로 불리는 역사서를, 본디 에우세비우스와 히에로니무스의 세계 연대기를 본받아, 창조 때부터 당시까지의 세계사인 「역사에 관한 10권의 책」*Decem libri historiarum*으로 계획하였다. 그러나 그레고리우스는 제1권에서 이미 투르의 마르티누스의 사망(397년)까지 다루고, 당대에 더 가까이 올수록 프랑크 왕국의 역사만 상세히 서술한다. 제2-4권에서는 지기베르투스 1세의 사망(575년) 때까지, 제5-10권에서는 591년 여름까지의 연대기를 도표로 기록한다. 이로써 이 작품은 프랑크 왕국의 초기 역사에 관한 가장 중요한 사료를 전하며, 특히 그레고리우스는 많은 내용을 자신의 지식과 목격자의 보고를 바탕으로 기록하였다. 역사에 관한 그의 총체적 개념은 (살비아누스의 견해와 전혀 다른 반면, 카시오도루스의 고트족 역사와 유사하게) 하느님의 섭리로 프랑크 민족이 중요한 역할을 맡았다는 신적 구원사에 대한 관념Idee을 대변한다. 유다인과 로마인은 구원의 추진자로서 그들의 임무를 자신들의 죄 때문에 빼앗겼으며, 지금은 프랑크족이 뽑혔다. 그렇지만 이들도 서로 반목하여 하느님의 은총을 잃어버릴 위험에 처해 있다. 그러나 하느님의 끊임없고 놀라운 구원행위는 활기찬 현재에서 결코 희망을 사라지게 하지 않는다.

이런 까닭에 「기적에 관한 책 8권」*Libri Miraculorum VIII*은 근본적으로 역사서술이 주를 이룬다. 제1권에서는 주님과 사도들의 기적, 특히 갈리아 지방의 순교자들의 기적에 관하여, 제2권에서는 그레고리우스가 젊은 시절부터 매우 존경한 아르베르나에서 304년에 사망한 순교자 율리아누스에 관하여 서술한다. 제3-6권에서는 투르의 성 마르티누스에 관하여 묘사한다. 제3권에서는 그레고리우스가 교직을 맡을 때까지 알던 마르티누스의 생애와 기적을 요약하며, 제4-6

권 "역사"에서는 비슷한 방식으로 그레고리우스가 주교로 있을 동안 투르의 성 마르티누스의 무덤에서 일어난 기적에 관한 정확한 연대기를 다룬다. 제7권 "교부들의 생애"*De vita Patrum*에서는 갈리아 지방, 주로 그가 살았던 지역인 아르베르나와 투르 근방에 살았던 23명 성인의 전기에 관하여, 제8권 "고백자들의 영광"*In gloria confessorum*에서는 갈리아 지방의 성인들에 관하여 서술한다. 그레고리우스는 역사서술뿐만 아니라 성인전에서도 동일한 목적을 이룰 수 있다고 생각하였기 때문에, 「기적에 관한 책」도 가능한 한 직접적이고 다양한 역사 지식으로 하느님의 구원행위를 깨닫기 위하여 많은 역사 자료를 실었다. 그레고리우스는 시대, 장소, 인명, 증인 등을 정확히 기술하거나 인용하려고 노력하였다. 그러나 고대 후기의 규칙에 따라 퇴고한 문체에 관심을 보이지 않았다. 그럼에도 그는 의도적으로 거친 문체rusticitas를 사용하여 이 영역에 관한 자신의 단점을 감추려 하지 않은 것 같다. 오히려 그의 작품을 분석해 보면 그가 고상한 구어체를 사용함으로써 자신이 염두에 둔 독자층에 적절한 용어를 사용했다고 추론할 수 있다.[8]

6.의 서술 참조.

편집본: *Opera omnia*: PL 71. – *Historia Francorum*: B. Krusch/W. Levison/W. Holtzmann = MGH.SRM 1, 1² (1951). – B. Krusch/M. Bonnet = MGH.SRM 1, 2² (1969).

번역서: R. Buchner = AQDGMA 2-3 (1970-2) (*Historia Francorum* TdÜ).

참고문헌: M. Bonnet, Le latin de Grégoire de Tours, P 1890 = Hi 1968. – J.M. Wallace-Hadrill, The Work of Gregory of Tours in the Light of Modern Research: THS V 1 (1951) 25-45. – M. Vieillard-Troiekouroff, Le monuments religieux de la Gaule d'après les œuvres de Grégoire de Tours, P 1976. – M. Weidemann, Kulturgeschichte der Merowingerzeit nach den Werken Gregors von Tours, 2 vol., Mz 1982. – M. Heinzelmann, Hagiographischer und historischer Diskurs bei Gregor von Tours?: M. Van Uytfanghe/R. Demeulenaere (eds.), *Aevum inter utrumque* (FS G. Sanders) = IP 23 (1991) 237-58.

프랑크족의 역사: F.-L. Ganshof, Een historicus uit de VIe eeuw: Gregorius van Tours, Brü 1966. – J. Schneider, Die Darstellung der Paupers in den Historien Gregors von Tours. Ein Beitrag zur sozialökonomischen Struktur Galliens im 6. Jh.: JWG 4 (1966) 57-74. – E.H. Walter, Hagiographisches in Gregors Frankengeschichte: AKuG 48 (1966) 291-310. – M. Oldoni, Gregorio di Tours e i "Libri Historiarum": letture e fonti, metodi e ragioni: StMed III 13 (1972) 563-700. – F. Thürlemann, Der historische Diskurs bei Gregor von Tours. Topoi und Wirklich-

---

[8] 그레고리우스의 작품과 문체에 관한 평가에 관해서는 학자들의 견해가 매우 다르다.

keit = GWZ 89 (1974). – B. Vetere, Strutture e modelli culturali nella Società merovingia. Gregorio di Tours: una testimonianza, Galatina 1979. – M. Reydellet, La royauté dans la littérature latine de Sidoine Apollinaire à Isidore de Séville = BEFAR 253 (1981) 345-437. – R. Sonntag, Studien zur Bewertung von Zahlenangaben in der Geschichtsschreibung des frühen Mittelalters: die *Decem libri historiarum* Gregors von Tours und die *Chronica* Reginos von Prüm, Kallm nz 1987. – W. Goffart, The Narrators of Barbarian History (A.D. 550-800): Jordanes, Gregory of Tours, Bede, and Paul the Deacon, Princeton 1988, 112-234. – K.A. Winstead, The Transformation of the Miracle Story in the *Libri Historiarum* of Gregory of Tours: MAc 59 (1990) 1-15. – A.H.B. Breukelaaer, Historiography and Episcopal Authority in Sixth-Century Gaul. The Histories of Gregory of Tours interpreted in their historical context = FKDG 57 (1994). – M. Heinzelmann, Gregor von Tours (538-594), "Zehn Bücher Geschichte". Historiographie und Gesellschaftskonzept im 6. Jahrhundert, Da 1994.

기적에 관한 책: J. Schlick, Composition et chronologie des *De virtutibus sancti Martini* de Grégoire de Tours: StPatr 7 = TU 92 (1966) 278-86. – M. Carrias, Études sur la formation de deux légendes hagiographiques à l'epoque mérovingienne. Deux translations de saint Martin d'après Grégoire de Tours: RHEF 57 (1972) 5-18. – O. Giordano, Sociologia e patologia del miracolo in Gregorio di Tours: Helikon 18-19 (1978-9) 161-209. – R. Van Dam, Saints and Their Miracles in Late Antique Gaul, Princeton/NJ 1993.

7. 세빌라의 이시도루스

이시도루스는 당시의 스페인·서고트족 교회에서 매우 중요한 인물이었지만, 그의 생애에 관한 연도는 몇몇 사실만 전해진다. 그는 아마도 로마 시민권을 가진 그리스계 출신으로, 스페인 남동부에 자리한 카르타기니엔시스(오늘날: 카르타게나) 시에서 560년경 태어났다. 552년 또는 555년 유스티니아누스 황제가 제국을 다시 통일함으로써 동로마제국이 이 도시를 점령하였을 때, 그의 가정은 히스팔리스(오늘날: 세빌라)로 이주하였다. 이시도루스는 이곳에서 주교가 관할하는 학교에 다녔으며, 그의 백과사전적 작품에서 드러나듯이 폭넓은 교육을 받았다. 집안 식구들처럼 그도 교직의 길을 걸었으며, 마침내 599년과 601년 사이에 큰형 레안더(그는 콘스탄티노플에서 대 그레고리우스와 우정을 맺었다)의 후계자로 세빌라의 대주교가 되었다. 그는 서고트족이 아리우스주의에서 가톨릭 교회로 개종하는 것(587/589년)을 체험하였다. 그는 35년간 주교직에 있으면서 스페인의 국가 통일을 위한 투쟁과 로마인들의 추방(621년)을 목격하였고, 제4차 톨레도 교회회의(633년)의 의장이자 연장자로서 (200년 동안의 투쟁과 침략 후) 서고트족 왕국에 가톨릭 교회를 뛰어나게 재조직하고 융합시켰다. 그는 636년, 아마도 4월 4일에 사망하였을 것이다. 교황 인노첸시우스 13세는 1722년 그에게 "교회학자"라는 경칭을 부여하였다.

이시도루스는 당시의 학문 전체를 집성하여 중세에 넘겨준 백과사전적 작품을 남겼다. 이 작품에는 고트족, 반달족과 스웨브족의 역사, 에우세비우스와 히에로니무스의 작품들 이후의 사건들을 기록한 연대기, 성서주석 개론서, 자연과학 작품들(「자연에 대하여」*De natura rerum*, 「차이」*Differentiae*, 「동의어들」*Synonyma*), 아우구스티누스와 히에로니무스의 작품에서 자료를 모은 「이단론」, 「교회의 직무」 *De ecclesiasticis officiis*, 수도규칙서가 수록되어 있다. 히에로니무스와 마르세이유의 겐나디우스가 같은 제목으로 문화사에 관해 저술한 「유명인사록」은 교부론에 특별한 의미를 지닌다. 그는 이 작품에서 주로 스페인 출신의 저자들을 보완하였으며, 톨레도의 일데폰스(667 사망)는 뒤에 그밖의 14명의 스페인 사람(그 가운데 일곱 명이 톨레도의 주교였다)을 증보하였다.

참고문헌 목록: B. Altaner, Der Stand der Isidorforschung Ein kritischer Bericht über die seit 1910 erschienene Literatur: *Miscellanea Isidoriana* 1-32. – J.N. Hillgarth, The Position of Isidorian Studies: A Critical Review of the Literature Since 1935: *Isidoriana* 11-74. – A. Segovia, Informe sobre Bibliografia Isidoriana (1936-1960): EE 36 (1961) 73-126. – W. Haubrichs, Zum Stand der Isidorforschung: ZDP 94 (1974) 1-15. – J.N. Hillgarth, The Position of Isidorian Studies: A Critical Review of the Literature Since 1975: StMed 24 (1983) 817-905.

편집본: *Opera omnia*: PL 81-84. – PLS IV 1801-66. – *Commonitiuncula ad sororem*: A.E. Anspach = SEHL 4 (1935). – *De differentiis verborum*: C. Condoñer Merino, P 1992. – *De ecclesiasticis officiis*: Ch.M. Lawson = CChr.SL 113 (1989). – *De haeresibus*: A.C. Vega = SEHL 5 (1940). – *De natura rerum*: J. Fontaine, Bordeaux 1960. – *De ortu et obitu patrum*: C. Chaparro Gómez, P 1985 (TsÜ). – *De variis quaestionibus* = SEHL 6-9 (1940). – *De viris illustribus*: C. Codoñer Merino, Salamanca 1964 (TK). – *Epistulae*: G.B. Ford, Amsterdam ²1970. – E. Anspach, *Taionis et Isidori nova fragmenta et opera*, M 1930, 23-183. – *Historia Gothorum, Chronica*: Th. Mommsen: MGH.AA 11/2 (1894) 241-506. – *Historia Gothorum*: C. Rodriguez Alonso, León 1975 (TsÜK).

참고문헌: 사전 항목: J. Fontaine: DSp 7/2 (1971) 2104-16. – R.J.H. Collins: TRE 16 (1987) 310-5. – M.P. McHugh: EEC 475-6. – R. Tenberg: BBKL 2 (1990) 1374-9. – J. Fontaine: EECh I 418-9. – R. Aubert: DHGE 26 (1997) 214-8.

편찬서: *Miscellanea Isidoriana*, R 1936. – M. C. Díaz y Díaz (ed.), *Isidoriana*, León 1961.

일반 연구서: L. Araujo Costa, San Isidoro, arzobispo de Sevilla, M 1942. – I. Quiles, San Isidoro. Biografia, escritos doctrinas, Buenos Aires 1945. – J. Fontaine, Isidore de Séville et la culture classique dans l'Espagne wisigothique, 3 vol., P 1959-83. – J. Madoz, San Isidoro de Sevilla, semblanza de su personalidad literaria, León 1960. – J. Pérez de Urbel, Isidor von Sevilla. Sein Leben, sein Werk und seine Zeit, K 1962 (s Barcelona 1945). – H.-J. Diesner, Isidor von Sevilla und seine Zeit – AzTh 52 (1973). – H.-J. Diesner, Isidor von Sevilla und das westgotische Spanien = ASAW.PH 67/3 (1977). – R. Collins, Early Medieval Spain. Unity in Diversity, 400-1000, NY – Lo 1983.

개별 주제에 관한 연구서: G. v. Dzia owski, Isidor und Ildefons als Litterarhistoriker. Eine quellenkritische Untersuchung der Schriften *“De viris illustribus”* = KGS 4/2 (1898). – P. Séjourn , *Saint Isidore de Séville. Son rôle dans l'his*toire du droit canonique, P 1929. – J.R. Geiselmann, Die Abendmahlslehre an der Wende der christlichen Spätantike zum Frühmittelalter. Isidor von Sevilla und das Sakrament der Eucharistie, Mn 1933. – P.J. Mullins, The Spiritual Life According to Saint Isidore of Seville = SMRL 13 (1940). – G. Mancini, Osservazioni critiche sull'opera di Isidore, Pisa 1955. – J. de Churruca, Las Instituciones de Gayo en San Isidoro de Sevilla, Bilbao 1975. – F.-J. Lozano Sebastián, San Isidoro de Sevilla, teología del pecado y la conversión, Burgos 1976. – M. Reydellet, La royauté dans la littérature latine de Sidoine Apollinaire à Isidore de Séville = BEFAR 253 (1981) 505-97. – F.-J. Lozano Sebastián, San Isidoro y la filosofía clásica, León 1982. – G. Gasparotto, Isidoro e Lucrezio. Le fonti della meteorologia isidoriana, Verona 1983. – A. Caipin, Il sacramento dell'ordine. Dalla teologia isidoriana alla teologia tomista, Bologna 1985, 7-74. – J. Fontaine, Tradition et actualité chez Isidore de Seville, Lo 1988. – A. Carpin, L'eucaristia in Isidoro di Siviglia, Bologna 1993. – P. Cazier, Isidore de Seville et la naissance de l'Espagne catholique = ThH 96 (1994).

<h2 style="text-align:center">「어원학」Etymologiae과 「명제」Sententiae</h2>

이시도루스의 모든 작품 가운데 백과사전적 특성 때문에 중세의 신학과 세속 학문의 개론서가 된 두 작품이 중요하다. 「어원학」은 20권으로 이루어져 있으며, "7학예"(문법, 수사학, 변증법, 산수, 기하학, 음악, 천문학)의 기초학문에서 시작하여 의학, 법률학, 연대학, 역사, 교회, 신학, 국가제도, 언어, 인간학, 자연과학, 지리, 건축학, 농업과 군사제도, 놀이, 항해, 세간살이, 음식물에 이르기까지 언어적 · 역사적 · 문화적 · 자연과학적 학문과 당시의 신학 전체를 종합한다. 제10권에서는 어원학만을 다루지만, 이시도루스는 언어와 언어의 분석이 실재를 이해하는 방법을 제시한다는 고대의 근본적 확신에 따라, 모든 작품에 이 명칭을 사용한다. 이 작품은 이시도루스가 사망하였을 당시 완성되지 않았으며, 그의 제자인 사라고사의 주교 브라울리우스(631~651년)가 이를 완성하여 640년경 출판하였다.

「명제」는 「어원학」을 신학적으로 보완한 작품이며, 대 그레고리우스의 「욥기의 도덕」이 폭넓은 영향을 미쳤다고 처음으로 증언한다. 이시도루스는 이 작품에서 금후 국가제도와 긴밀히 연관된 서고트족의 그리스도교를 위한 포괄적인 종교윤리를 세 부분, 곧 교의, 영성, 도덕으로 나누어 서술한다.

7.의 서술 참조.

편집본: *Etymologiae*: W. M. Lindsay, 2 vol. = SCBO (1911). – P.K. Marshall/M. Reydellet/J. André, P 1981-4 (II, IX, XVII). – *Sententiae*: P. Cazier = CChr.SL 111 (1998).

보조자료: A.-I. Magallón-García, *Concordantia in Isidori Hispalensis Etymologias* = AlOm A 120,1-4 (1995-6).

참고문헌: J. Sofer, Lateinisches und Romanisches aus den Etymologiae des Isidor, Gö 1930. – A. Borst, Das Bild der Geschichte in der Enzyklopädie des Isidor von Sevilla: DA 22 (1966) 1-62. – B. Recaredo García, Espiritualidad y "*lectio divina*" en las "Sentencias" de San Isidoro de Sevilla, Zamora 1980. – W. Schweikard, "*Etymologia est origo vocabulorum*". Zum Verständnis der Etymologiedefinition Isidors: *Historiographia linguistica* 12 (1985) 1-25.

제12장

그리스 동방교회의 문헌

1. 성서주석서 선집

교부학의 마지막 시기에 그리스 문헌의 회상적이고 집록적 특성을 보여주는 전형적인 본보기가 "성서주석서 선집"이다. 이 모음집은 성서 본문을 실제적이고 독창적인 신학으로 설명하지 않고 편집자가 이전에 씌어진 하나 또는 여러 주석서를 그대로 발췌하여 나란히 실어 놓았다. 이 경우 편집자는 때때로 알렉산드리아 주석과 안티오키아 주석의 서로 다른 해석을 비교하기 위하여 의식적으로 두 학파의 주석서들을 대조한다. 이러한 문학 형태의 창시자는 가자의 프로코피우스(465~530 직후까지)이며, 그는 특히 오리게네스의 주석서(구약 팔경, 열왕기 상·하, 잠언, 집회서, 아가에 관한 Ἐκλογαι ἐξηγητικαί)를 처음으로 편찬하였다. "성서주석서 선집"은 매우 큰 인기를 얻어 많은 경우에 원본의 전승을 밀어젖혔다. 이로써 "성서주석서 선집"은 적어도 소실된 작품들의 (많은) 부분을 보존하고 있기 때문에 오늘날 문헌 연구에 중요한 가치를 지닌다(앞의 사르데스의 멜리토, 오리게네스, 라오디체아의 아폴리나리우스, 타르수스의 디오도루스, 몹수에스티아의 테오도루스, 알렉산드리아의 치릴루스, 치루스의 테오도레투스의 작품 참조). 서방에서 자주 사용되는 명칭 "성서주석서 선집"(라틴어 catena = "사슬"에서 유래)은 1321년 토마스 아퀴나스가 사용한 복음서들의 발췌 주석서에 관한 명칭(catena aurea)에서 유래하였다. 그렇지만 그 자신은 이 명칭에 「계속된 해설」expositio continua이라는 표제를 덧붙였다. 이를 위한 라틴어와 그리스어의 본래 명칭은 ἐκλογαι, συναγωγή, συλλογή, excerpta, collectanea였다. 성서주석서 선집에는 형태에 따라 다음 세 종류가 있다.

　1) 가장 자주 사용하는 형태인 "여백 성서주석서 선집"은 한 쪽 또는 여러

쪽의 중앙에 종종 더 큰 글자로 성서 본문을 싣고 서너 쪽의 여백에 발췌문들을 기록한다. 발췌문들은 숫자나 부호(~ ÷ 등)로써 본문에 딸리며, 발췌문마다 때때로 굵은 활자로 저자 이름을 가필한다. 발췌문들은 본문의 전승과정에서 부정확한 문헌을 참조하기 때문에 각 경우에 비판적 안목을 가지고 검토해야 한다.

2) 드물게 사용되는 "단段 성서주석서 선집"은 한 쪽을 둘로 나누어 각 단에 본문과 주석을 싣는다.

3) "본문 성서주석서 선집"은 각쪽의 처음에 성서 본문을, 그 다음에 해석을 번갈아 가면서 기록한다.

일정한 수의 주석서 원본을 계속 필사하는 성서주석서 선집은, 여백에 본문의 여러 어원을 설명하는 성서주해Scholien의 유형 및 서로 다른 문헌을 함께 실은 선집Florilegien의 유형(이러한 요소들이 성서주석서 선집이 계속 발전하는 데 도움을 주었다)과 구분된다. 이미 가자의 프로코피우스는 자료가 많기 때문에, 구약 팔경 성서주석서 선집에서 주석을 요약하고 자신의 견해를 첨가하였다.

7세기부터 시리아어, 아르메니아어, 콥트어 성서주석서 선집은 부분적으로 그리스어 성서주석서 선집을 번역하거나 그들의 언어로 씌어진 성서주석서들을 발췌하였다. 라틴어권에서 성서주석서 선집은 이따금 나타났다. 주해와 해설Ex-posita은 6세기 카롤링거 시대부터 대중화하였으며, 그 뒤 중세에서 어구 주해 Glosse라는 형태로 꽃을 피웠다. 그러나 그리스어 성서주석서 선집과 달리 라틴 어권에서는 교부들의 원작품이 이러한 발췌문 외에도 완전하게 남아 있기 때문에, 주석서 선집은 발췌문에 대한 정보와 수용사의 보조적인 증언으로만 이용되었다. 이 작품들은 종교개혁 시대에 종교개혁적 성서해석에 반대한 권위 있는 증언들의 모음집으로 큰 의의를 지니게 되어, 그리스어 성서주석서 선집도 라틴어로 번역되었다. 성서주석서 선집에 대한 주요 관심사는 소실된 작품들을 복구하는 데 있다. 그럼에도 현대의 연구는 이러한 성서주석서 선집에서 소실된 원본을 재구성할 뿐만 아니라, 본문을 총체적으로 검토할 수 있는 증거로서 본디 형태에서 개별적인 성서주석서 선집들도 편집한다.

편집본: J. A. Fabricius, *Bibliotheca Graeca sive notitia scriptorum veterum graecorum quorumque monumenta integra aut fragmenta edita exstant tum pleroque e mss. ac deperditis ab auctore recognita*, vol. 7, H 1715, 727-88. – J. A. Fabricius/G. Ch. Harles, vol. 8, H ²1802, 637-700. – J.A. Cramer, *Catenae Graecorum Patrum in Novum Testamentum*, 8 Bde., O 1838-44 = Hi 1967.

구약 팔경: J. Deconinck, Essai sur la chaîne de l'Octateuque = BEHE.H 195 (1912). – R. Devreesse, Les anciens commentateurs grecs de l'Octateuque et des Rois (Fragments tirés des chaînes) = StT 201 (1959). – F. Petit, *Catenae Graecae in Genesim et in Exodum I-II* = CChr.SG 2 + 15 (1977-86). – F. Petit, La chaîne sur la Genèse. Édition intégrale I: Chapitres 1 à 3, Lou 1991.

시편: R. Cadiou, Commentaires inédits des psaumes. Études sur les textes d'Origène contenus dans le manuscrit *Vindobonensis 8* = CEA (1936). – R. Devreesse, Les anciens commentateurs grecs des Psaumes = StT 264 (1970). – M. Harl, La chaîne palestinienne sur le psaume 118 (Origène, Eusébe, Didyme, Apollinaire, Athanase, Théodoret) = SC 189-190 (1972). – E. Mühlenberg, Psalmenkommentare aus der Katenenüberlieferung = PTS 15, 16, 19 (1975-8) (Didymus, Apollinaris), – J.-M. Oliver, Les fragments "Métrophane" des chaînes exégétiques grecques du psautier: RHT 6 (1976) 31-78. – G. Dorival, Les chaînes exégétiques grecques sur les psaumes. Contribution à l'étude d'une forme littéraire I = SSL 43 (1986). – C. Curti, La catena palestinese sui Salmi graduali: Paideia 45 (1990) 93-101.

욥기: U. und D. Hagedorn, Die älteren griechischen Katenen zum Buch Hiob = PTS 40 e 48 (1994-7).

잠언, 전도서, 아가: M. Faulhaber, Hohelied-, Proverbien- und Prediger-Catenen = ThSLG 4 (1902). – O. Hoppmann, Die Catene des Vaticanus gr. 1802 zu den Proverbien analysiert (= Catenenstudien 2), L 1912. – S. Leanza, Le catene esegetiche sull'Ecclesiaste: Aug. 17 (1977) 545-52. – S. Leanza, *Procopii Gazaei Catena in Ecclesiasten necnon Pseudochrysostomi Commentarius in eundem Ecclesiasten* = CChr.SG 4 (1978). – S. Lucà, La catena dei 3 Padri sull'Ecclesiaste: FS A. Ardiszoni I, ed. E. Livrea/G. A. Privitera, R 1978, 557-82. – S. Leanza, Un nuovo testimone della Catena sull'Ecclesiaste di Procopio di Gaxa, il Cod. Vindob. Theol. Gr. 147 = CChr.SG 4 Suppl. (1983). – S. Lucà, *Anonymus in Ecclesiasten Commentarias qui dicitur Catena Trium Patrum* = CChr.SG 11 (1983). – A. Labate, Nuove catene esegetiche sull'Ecclesiaste: *ANTIΔΩPONI* (FS M. Geerard), Wetteren 1984, 241-63. – A. Labate, *Catena Hauniensis in Ecclesiasten in qua saepe exegesis servatur Dionysii Alexandrini* = CChr.SG 24 (1992).

예언서: M. Faulhaber, Die Propheten-Catenen nach römischen Handschriften = BSt (F) 4,2-3 (1899).

복음서: J. Reuss, Matthäus-, Markus- und Johannes-Katenen nach den handschriftlichen Quellen untersucht = NTA 18,4-5 (1941). – J. Reuss, Matthäus-Kommentare aus der griechischen Kirche. Aus Katenenhandschriften gesammelt und hrsg. – TU 61 (1957). – J. Reuss, Johannes-Kommentare aus der griechischen Kirche. Aus Katenenhandschriften gesammelt und hrsg. = TU 89 (1966). – B. Ehlers, Eine Katene zum Johannes-Evangelium in Moskau, auf dem Athos (Dionysiu), in Athen und in Oxford (050) = ANTT 3 (1969) 96-133. – J. Reuss, Lukaskommentare aus der griechischen Kirche. Aus Katenenhandschriften gesammelt und hrsg. = TU 130 (1984).

바울로: O. Lang, Die Catene des Vaticanus gr. 762 zum Ersten Korintherbrief analysiert (= Catenenstudien 1), L 1909. – K. Staab, Die griechischen Katenenkommentare zu den katholischen

Briefen: Bib. 5 (1924) 296-353. – K. Staab, Die Pauluskatenen nach den handschriftlichen Quellen untersucht, R 1926. – K. Staab, Pauluskommentare aus der griechischen Kirche. Aus Katenenhandschriften gesammelt und hrsg. = NTA 15 (1933 = 1984).

보조자료: G. Karo/J. Lietzmann, *Catenarum Graecarum Catalogus* = NGWG.PH 1902. – CPG 4 (1980) 185-259.

참고문헌: H. Lietzmann, Catenen. Mitteilungen über ihre Geschichte und handschriftliche Überlieferung. Mit einem Beitrag von H. Usener, F – L – Tü 1897. – R. Devreesse, DBS 1 (1928) 1084-1233. – M. Richard, *Opera Minora* I-III, Tu – Lou 1976-7. – E. Mühlenberg: TRE 17 (1988) 14-21. – C. Curti: EECh I 152-3.

2. 가假-디오니시우스 아레오파기타

"몇몇이 더불어 믿게 되었는데 그 가운데 아레오파고 판사인 디오니시오도 있었다"(사도 17,34). 디오니시우스 아레오파기타라는 가명을 사용했기 때문에 오늘날까지도 확인되지 않는 어느 저자가, 유명하고 중요한 네 권의 작품을 저술하였다. 이 작품들은, 에페소의 히파티우스(532년)와 다른 몇몇 사람이 의혹을 제기한 경우를 제외하고, 일반적으로 사도행전에서 언급된 바울로의 제자가 쓴 진본으로 간주되었다. 이 작품들은 파리에 있는 셍 데니의 힐두인 수도원장이 라틴어로 번역(827~835년: 852년에 요한 스코투스 에리우게나가 다시 한번 교정하였다)하여 중세 전 기간에 걸쳐 높이 평가되었고 상당한 영향을 미쳤다. 더욱이 힐두인 수도원장은 자신의 「디오니시우스의 생애」에서 그를 파리 시의 성인으로 여겼다. 인문주의자 로렌조 발라(1457년)와 로테르담의 에라스무스(1504년)는, 디오니시우스 전집Corpus Dionysiacum이 시리아노스(5세기 초반)와 그의 제자 프로클로스(412~485년)의 신플라톤주의에 의존하고 있음을 확증하여, 저자가 바울로의 제자인 디오니시우스가 아님을 밝혀내었다. 다른 한편으로 이미 510년 내지 518/528년에 안티오키아의 세베루스는 이 전집이 5세기 후반이나 6세기 초에 저술된 것이라고 인용하였다. 그밖에도 이 전집은 플라톤의 「파르메니데스」와 니사의 그레고리우스의 그리스도교적 플라톤주의에 결정적인 영향을 받았음이 명백히 드러난다. 그 뒤 많은 학자가 가-디오니시우스가 누구인가에 관한 많은 가설을 제시하였으나 지금까지도 수긍할 만한 확실한 견해가 없다. 그의 작품들의 편집본과 번역에 즈음하여 국제적인 일간지(1992년)가 이에 관한 논설을 실었듯이,[1] 오늘날도 이 문제를 해결하는 데에는 상당한 시간이 필요한 것 같다. 저자가 아테네에서 오랫동안 살았던, 시리아 출신의 그리스도인이라는 사실이 작품들을 바탕으로 추론된다(5세기 말 아테네에는 많은 시리아인 학자가 살았다).

참고문헌 목록: J.-M. Hornus, Le récherches récentes sur le pseudo-Denys l'Aréopagite: RHPhR 35 (1955) 404-48. – K.F. Doherty, Toward a Bibliography of Pseudo-Dionysius the Areopagite 1900-1955: MSM 33 (1956) 257-68. – J.-M. Hornus, Les recherches dionysiennes de 1955 à 1960: RHPhR 41 (1961) 22-81. – K.F. Doherty, Pseudo-Dionysius the Areopagite: 1955-1960: MSM 40 (1962) 55-9. – S. Lilla: Aug. 22 (1982) 568-77.

참고문헌: 사전 항목: 편찬서: R. Roques/P. Sherwood/A. Wenger/A. Rayez/ Ph. Chevallier/H. Weisweiler/ G. Dumeige/A.-A. Fracheboud/S. de St. – Anthonis/J. Turbessi/M. de Gandillac/A. Ampe/A. Combès/R. Marcel/J. Krynen/E. de la Vièrge du Carmel/P. – H. Michel/S.-P. Michel/O. de Veghel: DSp 3 (1957) 244-429. – R. Roques: RAC 3 (1957) 1075-1121. – R. Aubert: DHGE 14 (1960) 265-310. – G. O'Daly: TRE 8 (1981) 772-80. – J.A. Brooks: EEC 268. – S. Lilla: EECh I 238-40. – 편찬서: Y. de Andia (ed.), Denys l'Aréopagite et sa postérité en Orient et en Occident, P 1997.

총론서: V. Poletti, Dionigi Areopagita, Faenza 1967. – S. Lilla, Introduzione allo studio dello Ps. Dionigi l'Areopagita: Aug. 22 (1982) 533-77. – A. Louth, Denys the Areopagite, Lo 1989.

작품과 신학

「디오니시우스 전집」은 확인되지 않은 한 저자가 쓴 네 논문으로 이루어져 있다. 1)「신적 명칭들」*De divinis nominibus*, 2)「신비신학」*De mystica theologia*, 3)「천상의 계급구조」*De caelesti hierarchia*, 4)「교회의 계급구조」*De ecclesiastica hierarchia*. 저자는 이 전집에서 자신이 저술한 다른 일곱 작품을 암시하나, 이 작품들이 다른 사람들의 작품에서 전혀 언급되지 않기 때문에 학자들은 이를 가명假名 작품으로 여긴다 이 작품들은 저서에 더 큰 권위를 부여하기 위하여 가명으로 출간되었다. 후대의 다른 작품에서 디오니시우스 아레오파기타의 이름으로 전해지는 그밖의 모든 작품은 「전집」을 저술한 저자의 작품이 아니다. 가-디오니

---

[1] K. Flasch, Strahl des göttlichen Dunkels. Die Entlarvung des Pseudo-Dionysius Areopagita ist ein wissenschaftliches Unikum: 1992년 2월 8일에 발행된 Frankfurter Allgemeine Zeitung, Beilage "Bilder und Zeiten".

시우스의 신학과 철학에서, 특히 두 편의 논문에서 각각 전개되는 두 가지 사고 과정은 매우 주목할 만한 가치가 있다.

1) 신학과 영성을 부정신학theologia negativa과 불명료의 신비로 전개하는 하느님의 절대적 초월성과 인식 불가능성(1-2). 가디오니시우스가 구약성서, 플라톤, 신플라톤주의 및 특별히 알렉산드리아 교부들과 카파도키아 교부들을 본받아 다루는 모든 신적 명칭, 곧 선, 빛, 아름다움, 사랑, 존재, 생명, 지혜, 진리, 능력, 정의, 구원, 평화 등은 전혀 인식할 수 없는 하느님의 본질에 대해 아무것도 표현할 수 없다. 이러한 이유로 하느님께 관한 모든 명칭은 형용하기 어려운 그분의 본질을 나타내는 것이 아니라 그분의 활동만을 나타낸다. 이와 관련하여 가디오니시우스는 프로클로스와 연계하여, 특히 어떤 실존에도 귀속될 수 없는 악의 문제를 상세히 논한다. 하느님만 존재하고 악은 단지 선의 결핍으로 이해될 수 있기 때문이다. 하느님의 절대적 초월성에 관한 이러한 신학은 갑작스러운 깨달음으로 이끄는 것이 아니라 이번에도 또한 알렉산드리아 교부들과 카파도키아아 교부들을 본받은 불명료의 신비로 이끈다. 하느님과 일치하기 위하여 인간은 모든 감각적 표상, 경험, 사고를 포기해야 한다는 것을 깨달아, 하느님을 인식할 수 없다는 것을 통찰해야 한다. 이때문에 하느님과의 신비적 일치는 인간의 완전한 무지에서 이루어진다.

2) 피조물 전체가 단계적(위계적)이지만 조화를 이룬 배열에서, 하느님께서는 천상의 계급구조의 머리이실 뿐만 아니라, 성자의 육화를 통하여 세속(교회) 계급구조의 머리이시다(3-4). 하늘의 계급(매우 자주 사용하는 이 낱말은 가디오니시우스의 신조어이다)은 다음의 세 가지 3체三體로 구성된다.

① 세라핌 – 케루빔 – 좌품천신 (천상의 계급구조 7)
② 주권 – 능력 – 권세 (천상의 계급구조 8)
③ 영주령 – 대천사 – 천사 (천상의 계급구조 9)

이 3체는 교회 계급구조의 두 가지 3체에서 계속된다.

① 주교 – 사제 – 부제 (교회의 계급구조 5)
② 수도자 – 공동체 – 정화의 상태 (교회의 계급구조 6)

우주 전체가 계급적 질서를 가지는 의미와 목적은 상승과 하느님과 일치이다. 상승과 일치는 정화, 갑작스러운 깨달음, 입교를 통해 위에서 아래로 계속 주어지며, 같은 방식으로 아래에서 위로 올라갈 수 있게 한다.

「디오니시우스 전집」은 이루 말할 수 없을 정도로 대단한 영향을 미쳤다. 전집의 영향을 받은 신학자와 신비가는 교회사의 대표적인 인물들이다: 고백자 막시무스, 대 그레고리우스, 존 스코투스 에리우게나, 셍 빅토르의 후고와 리차드, 베드로 아벨라르, 성 티에리의 빌헬름, 이사악 데트와, 로버트 그로세테스테, 존 위클리프, 대 알베르투스, 토마스 아퀴나스, 마이스터 에크하르트, 요한 타울러, 니콜라우스 쿠사누스, 십자가의 요한.

편집본: *Opera omnia*: R.W. Thomson = CSCO 488-489 (1987) (armenTeÜ). – *De divinis nominibus*: B.R. Suchla = PTS 33 (1990). – *De caelesti hierarchia, De ecclesiastica hierarchia, De mystica theologia, Epistulae*: G. Heil/A.M. Ritter = PTS 36 (1991). – *De caelesti hierarchia*: R. Roques/G. Heil/M. de Gandillac = SC 58 (²1970) (TfÜK).

번역서: J. Stiglmayr: BKV² II (1933) (*De divinis nominibus, Epistulae 1 + 8*). – W. Tritsch, Mn 1956 (*De divinis nominibus, De mystica theologia, Epistulae*). – G. Heil = BGrL 22 (1986) (*De caelesti hierarchia, De ecclesiastica hierarchia* ÜK). – B.R. Suchla = BGrL 26 (1988) (*De divinis nominibus* ÜK). – H.J. Vogt: ThQ 173 (1993) 113-32 (*De divinis nominibus I-II* ÜK).

보조자료: A. van der Daele, *Indices ps.-dionysiani* = RTHP 3/3 (1941). – A. van der Daele, *Indices ps.-dionysiani* = RTHP 3/3 (1941). – Ph. Chevallier, Index complet de la langue grecque du Pseudo-Aréopagite: Dionysiaca II, P 1950, 1585-1660.

참고문헌: 작품: P. Scazzoso, Ricerche sulla struttura del linguaggio dello Pseudo-Dionigi Areopagita = PUCSC IV/14 (1967). – P. Rorem, Pseudo-Dionysius. A Commentary on the Texts and an Introduction to Their Influence, O 1993. – I. Stiglmayr, Das Aufkommen der Pseudo-Dionysischen Schriften und ihr Eindringen in die christliche Literatur bis zum Laterankonzil 649: IV. Jahresbericht des öffentlichen Privatgymnasiums an der Stella Matutina zu Feldkirch (1895) 3-96. – St. Gersh, From Iamblichus to Eriugena. An Investigation of the Prehistory and Evolution of the Pseudo-Dionysian Tradition = SPGAP 8 (1978). – E. Corsini, Il trattato *De Divinis Nominibus* dello Pseudo-Dionigi e i commenti neoplatonici al Parmenide = PFLUT 13/4 (1962). – S. Lilla, Zur neuen kritischen Ausgabe der Schrift *Über die göttlichen Namen* von Ps. Dionysius Areopagita: Aug. 31 (1991) 421-58. – B.R. Suchla, Textprobleme in der Schrift Περὶ Θείων ὀνομάτων des Ps. Dionysius Areopagita: Aug. 32 (1992) 387-422. – D. Rutledge, Cosmic Theology. The Ecclesiastical Hierarchy of Pseudo-Denys, Lo 1964. – R.F. Hathaway, Hierarchy and the Definition of Order in the Letters of Pseudo-Dionysius. A Study in the Form and Meaning of the Pseudo-Dionysian Writings, Den Haag 1969.

신비론: R. Roques, Contemplation, extase et ténèbre chez le Pseudo-Denys: DSp 2 (1953) 1885-1911. – W. Völker, Kontemplation und Ekstase bei Pseudo-Dionysius Areopagita, Wi 1958. – J. Vanneste, Le Mystère de Dieu. Essai sur la structure rationelle de la doctrine mystique du pseudo-Denys l'Aréopagite, P 1959. – P. Rorem, Biblical and Liturgical Symbols within the Pseudo-Dionysian Synthesis = STPIMS 71 (1984). – Ch.A. Bernard, La doctrine mystique de Denys l'Aréopagite: Gr. 68 (1987) 523-66. – I. E. M. Andreggen, La Teología mística de Dionisio Areopagita: Teol. 29 (1992) 169-79.

철학: H. Koch, Pseudo-Dionysius Areopagita in seinen Beziehungen zum Neuplatonismus und Mysterienwesen. Eine litterarhistorische Untersuchung = FChLDG 1/2-3 (1900). – G. della Volpe, La dottrina del Areopagita e i suoi presuppositi neoplatonici, R 1941. – M. Schiavone, Neoplatonismo e Cristianesimo nello Pseudo Dionigi, Mai 1963. – E. v. Ivánka, *Plato Christianus*. Übernahme und Umgestaltung des Platonismus durch die Väter, Eins 1964, 223-89. – P. Spearritt, A Philosophical Enquiry into Dionysian Mysticism, B singen 1975. – B. Brons, Gott und die Seienden. Untersuchungen zum Verhältnis von neuplatonischer Metaphysik und christlicher Tradition bei Dionysius Areopagita = FKDG 28 (1976).

신학: Ph. Chevallier, Jésus-Christ dans les œuvres du Pseudo-Aréopagite, P 1951. – A. Brontesi, L'incontro misterioso con Dio. Saggio sulla teologia affermativa e negativa nello Pseudo-Dionigi. Note di una lettura, Brescia 1970. – H. Goltz, *IEPA ΜΕΣΙΤΕΙΑ*. Zur Theorie der hierarchischen Sozietät im Corpus Areopagiticum, Erl 1974. – V. Muñiz Rodríguez, Significado de los nombres de Dios en el Corpus Dionysiacum, Salamanca 1975. – Ch.- A. Bernard, Les formes de la Théologie chez Denys l'Aréopagite: Gr. 59 (1978) 39-69. – E. Stein, Wege der Gotteserkenntnis. Dionysius der Areopagite und seine symbolische Theologie, Mn 1979. – E. Bellini, Teologia e teurgia in Dionigi Areopagita: VetChr 17 (1980) 199-216. – M. Ninci, L'universo e il non-essere I: transcendenza di Dio e molteplicità del reale nel monismo dionisiano = TeT 30 (1980). – R. Roques, L'univers dionysien. Structure hiérarchique du monde selon le Pseudo-Denys = Theol (P) 29 (1954) = P 1983. – Y. de Andia, Henosis. L'union à dieu chez Denys l'Aréopagite = PhAnt 71 (1996).

3. 고백자 막시무스

막시무스의 전기에 관한 믿을 만한 보고는 626년부터 그리스도 단의설 · 단력설 논쟁과 관련되어 나타났다. 그는 이 논쟁에 신학적으로 깊이 관여하였으며, 논쟁으로 말미암아 "고백자"로 사망하였다. 논쟁 이전의 생애에 관한 그밖의 모든 연도는 10세기에 그리스어로 씌어진 「생애」(게오르기아어로 저술된 「생애」는 이 작품의 내용을 따른다)와 1973년 세바스티안 브록Sebastian Brock이 편집한 7세기 또는 8세기에 시리아어로 씌어진 「생애」에서 유래한다. 그러나 이 두 사료는 편파적이며 대립적인 입장에서, 곧 그리스어로 씌어진 「생애」는 막시무스를 두 본성론에 관해 정통신앙을 옹호한 고백자로 찬양하기 위하여, 시리아어로 씌어진 「생애」는 그를 단성설에 대한 반대자로 비방하기 위하여 저술되었다. 626년 이전 상황에 관한 두 보고 가운데 어느 것이 옳은지는 결정할 수 없지만, 두 작품 모두 역사적 가치가 있다. 이때문에 두 작품을 동시에 비교하면서 참고해야 한다.[2] 그리스어 사료들은 역사적 자료가 미비한 경우에는 잘 알려진 성인전의 내용으로 보완한 것 같다. 그밖에 그의 순교에 관하여 그리스어로 씌어진 두 보고가 있다. 그 가운데 하나는 제자이며 함께 고통을 나눈 교황사절 아타나시우스가 전한다.

그리스어 문헌에 따르면 막시무스는 580년경 콘스탄티노플의 신분이 높은 가정에서, 시리아어 문헌에 따르면 팔레스티나에서 모스키온이라는 사마리아 출신의 상인과 페르시아 출신의 여자 노예의 아들로 태어났다. 그는 황실의 공직을 맡아 관직에 몸담았으며, 황실의 서기라는 영향력이 큰 지위에 올랐다. 그는 614년 콘스탄티노플 밖에 있는 크리소폴리스 수도원의 원장이 되기 위하여 이 관직을 포기하였다. 그는 훗날 마르마라 바다의 남쪽 해안에 자리한 키지코스의 주교 요한과 나눈 대화에 기초하여 「불명료」*Ambigua*를 저술하였다고 한다(그러나 이 작품은 실제로는 626년 이후 아프리카에서 씌어졌다. 「그리스어 번역본」). 이와 달리 시리아어 「생애」에 따르면 그는 열 살 때 성 카리톤Chariton의 예루살렘 수도원에 들어가 이곳에서 막시무스라는 이름을 받았으며, 오리게네스의 작품들을 연구하였다고 한다. 그는 614년 아랍인의 침입으로 예루살렘을 떠나 키지코스로 가 그곳에서 황실과 긴밀한 관계를 맺었다. 따라서 이러한 사실들, 곧 막시무스의 수도생활 방식, 황실과의 관계, 키지코스의 체류는 그밖의 인생 여정에 근거해 볼 때 신뢰할 만하고 일치하는 대목이다.

막시무스는 626년 페르시아인과 아랍인의 침입을 피해 키프로스와 크레타를 거쳐 북아프리카로 갔으며, 그곳에서 단성설과 관련된 단의설 내지 단력설 논쟁에 전념하였다. 그는 이미 이에 관한 짧은 교의 논문을 저술하였다. 이 논쟁들은 네스도리우스, 에페소 공의회, 칼체돈 공의회, 제2차 콘스탄티노플 공의회를 거쳐 제3차 콘스탄티노플 공의회에 이르기까지, 그리스도 안에서 완전한

---

[2] 케레사-가스탈도(Ceresa Gastaldo: EECh I, 547쪽)는 시리아어로 씌어진 「생애」를 지지한다. 머피/쉐우드의 독일어 번역(Murphy/Sherwood: G K III, 188-9쪽; 원판: 1974)은 시리아어로 씌어진 「생애」를 믿지 않으며, 브로이켈레르(Breukelaar)는 참고문헌 목록에서 이 작품을 인용하나 이용하지는 않았다.

두 본성의 일치에 관한 정확한 이해와 적절한 개념을 찾고자 하는 전체적인 문맥 안에서 파악해야 한다. 특히 그리스도의 두 본성의 완전성과 자주성을 강조하는 안티오키아 그리스도론과, 이와 달리 주로 두 본성의 일치를 강조하는 알렉산드리아 그리스도론은 서로 대립되어 그들 사이에 중용 내지 두 학파의 견해 가운데 올바른 요소들을 참작하여 의견의 일치를 이룰 수 있는 해결책을 찾아야만 했다. 이러한 논쟁이 발전하는 인식 과정에서 필연적이고 특징적이듯 두 학파의 견해는 대립적인 관점들에 번갈아 접근하면서 진척되었으며, 이를 통해 두 견해는 서로 보완되고 마침내 서로 받아들일 수 있는 중용적인 해결책에 도달하였다. 에페소 공의회에서는 알렉산드리아 신학이 주장하는 "하느님을 낳으신 분" 칭호가 관철되었다. 칼체돈 공의회에서는 두 본성에 하나의 위격에 관한 정식에서 안티오키아 신학의 관심사가 관철되었지만, 이집트 교회와 다른 단성설파 교회는 이 정식을 받아들일 수 없어 가톨릭 교회와 분리되었다. 제2차 콘스탄티노플 공의회는 "삼장"을 단죄하면서 다시 알렉산드리아 신학에 접근하였다. 막시무스 당시, 페르시아인들과 아랍인들의 침입으로 인한 외적 압력으로 로마제국은 내부의 강화를 위해 종교적 일치를 절실히 필요로 하였다. 이때문에 단성론자들과 신학적으로 합의하고 재일치하기 위한 노력이 계속되었다. 사람들은 알렉산드리아 신학을 올바로 평가하려고 노력하였으며, 두 본성에 관하여 더 이상 칼체돈 공의회의 신경으로 돌아가지 않으면서 그리스도 안에서 하나의 활력*ἐνέργεια*과 하나의 의지*θέλησις*에 관하여 말하였다.

막시무스가 626년 아프리카로 간 해에 콘스탄티노플의 총대주교 세르기우스(610~638년)는 파시스의 주교 키로스에게 보낸 편지에서, 그리스도의 활력에 대한 신학을 처음으로 제시하였다. 이 신학은 633년 콥트 교회와 일치조약을 맺게 하였다. 그러나 이 일치정식은 팔레스티나의 수도자 소프로니우스의 강력한 저항에 부딪쳤다. 당시 소프로니우스는 막시무스를 알게 된 북아프리카에서 콘스탄티노플로 귀환하고 있었다. 논쟁이 확산되는 것을 미리 막기 위하여 세르기우스 총대주교는 634년, 훗날에 알렉산드리아의 총대주교가 된 키로스에게 그리스도의 활력들을 결코 숫자상으로 명명하지 말라는 결정*ψῆφος*을 전하였다.

해결되지 않은 문제의 옳고 그름을 가리지 않은 채 이러한 명령으로는 논쟁이 진정될 수 없다는 것을 역사가 보여준다. 같은 해 소프로니우스는 예루살렘의 주교가 되었다. 주교로 서임된 그는 통례대로 자신의 공동체를 교회의 공동체에서 받아들여 줄 것과 그가 공동체의 전통을 이어받는다는 이른바 "교회회의 서간"을 자신의 신앙고백과 함께 다른 총대주교들에게 보냈다. 소프로니우스는 이 서간을 그리스도 안에서 하나의 활력에 관한 신학을 통렬하게 비난하는 기회로 활용하였다. 세르기우스는 638년 그의 결정에 상세한 설명ἔκθεσις을 곁들여 다시 제시하여 헤라클리우스 황제의 서명을 받았으며, 이 결정은 지방 교회회의에서 승인되었다.

세르기우스는 638년 사망하여 피루스가 후계자가 되었다. 피루스는 정치적 동기로 면직(641년)된 뒤 막시무스를 논쟁에 끌어들였다. 막시무스는 아프리카에서 제국의 정치계와 교회의 지도적인 인물들과 긴밀한 관계를 맺고 있었으며 당시 가장 중요한 신학자였다. 645년 7월 카르타고에서 막시무스와 피루스 사이에 사변적인 공개 토론이 벌어졌다(이 토론에 관한 기록은 전해진다). 피루스는 토론에 승복하여 교황 앞에서 자신의 유설을 부인할 것을 미리 언명하였다. 막시무스는 피루스와 함께 로마에 가서 그곳에 머물렀으며, 마르티누스 교황(649~653년) 당시 영향력이 가장 큰 신학자로서 이 시대에 일어난 여러 논쟁에 깊이 관여하였다. 황제 콘스탄스 2세(641~668년)는 결국 648년 신앙에 관한 칙서τύπος περὶ πίστεως에서, 634년 세르기우스의 결정을 이어받아 그리스도의 활력과 의지에 관한 모든 토론을 금지시켰다. 그러나 마르티누스 교황은 황제의 칙령을 무시하고 649년 10월 5일 라테란에 교회회의를 소집하여, 10월 31일에 막시무스의 신학적 책임하에 단의설과 단력설에 관한 가르침을 단죄하였다. 황제는 그 뒤 몇 년 농안의 종교정책에서 교황의 시시를 얻으려 하였으나 그의 모든 노력은 좌절되었다. 이때문에 그는 653년 6월 17일에 마르티누스와 막시무스를 로마에서 체포하여 콘스탄티노플로 압송하고 그들에게 대역죄를 선고하였다. 막시무스에 관한 소송은 655년 트라키아 지방에 있는 비지아로 추방한다는 판결로 끝났다. 황제가 몇 년에 걸쳐 우호적인 노력을 보였지만, 막시무스는 유형지에서도 황제의 종교정책에 반대하였다. 이때문에 황제는 그의 저항을 뿌리 뽑기 위하여 662년 초 그와 함께 제자 아나스타시우스와 교황이 전에 콘스탄티노플에 사절로 보낸 아나스타시우스를 콘스탄티노플로 소환하여 다시 재판에 회부하였다. 그들은 황제의 칙령에 저항하였기 때문에 혀와 오른손을 자르게 하는 "페르시아형"을 선고받았다. 그 뒤 막시무스는 흑해 주변에 있는 카지카로 추방되어 662년 8월 13일 쉐마리스 성채에서 병고로 사망하였다. 18년 뒤 제3차 콘스탄티노플 공의회는 그를 복권하고 그의 신학을 승인하였으며, 교회는 그를 거룩한 고백자로 공경하고 있다.

참고문헌 목록: P. Van Deun, Maxime le Confesseur. État de la question et bibliographie exhaustive: SE 38 (1998/99) 485-565.

번역서: H. Rahner, Kirche und Staat im frühen Christentum. Dokumente aus acht Jahrhunderten und ihre Deutung, Mn 1961, 392-35 (*Acta*, 그리스어, 독일어 발췌).

참고문헌: 사전 항목: I.-H. Dalmais: DSp 10 (1980) 836-47. – G.C. Berthold: EEC 590-2. – A. Ceresa-Gastaldo: EECh I 547-8. – D. De Vocht: TRE 22 (1992) 298-304.

생애: R. Devreesse, La vie de saint Maxime le Confesseur et ses recensions: AnBoll 46 (1928) 5-49. – W. Lackner, Zu Quellen und Datierung der Maximosvita (BHG³ 1234): AnBoll 85 (1967) 285-316. – Ch. v. Schönborn, Sophrone de Jérusalem. Vie monastique et confession dogmatique = ThH 20 (1972). – C.N. Tsirpanils, *Acta S. Maximi*: Theol (A) 43 (1972) 106-24. – S. Brock, An Early Syriac Life of Maximus the Confessor: AnBoll 91 (1973) 299-346. – J.M. Garrigues, Le martyre de saint Maxime le Confesseur: RThom 76 (1976) 410-52.

작품과 신학

성서주석, 금욕, 교의, 성사 입문에 관한 90편 이상의 작품과 45통의 편지가 막시무스의 이름으로 남아 있다. 그의 그리스도론은 당연히 단의설과 단력설에 관한 논쟁과 밀접한 관계가 있다. 그렇지만 그리스도의 두 활력에 관한 그의 신학적 논증은 인간학, 구원론, 신비론에 관한 전반적인 이해에 기초를 둔다. 의지, 작용력δύναμις, 활력은 본성φύσις, οὐσία의 부분이며, 때문에 그리스도는 두 본성의 완전성과 구원을 위하여 이것들을 이중으로 소유해야 한다. 그러나 이것들은 그리스도 안에서 유일무이하게 함께 작용하며, 스스로 결정하는αὐτεξούσιος

그리스도의 인간 의지는 아담과 그의 후손들과 달리 자유의지$\acute{\epsilon}\kappa o\acute{v}\sigma\iota o\varsigma$로 신적 의
지뿐만 아니라 인간적 번뇌도 받아들인다. 반면 인간은 아담의 원죄 이후 본성
과 번뇌에 종속되었다. 그러나 인간은 덕으로 번뇌와 투쟁하고 그것을 떨쳐버리
면서 하느님을 인식하기 위하여 그리스도의 자발적인 수난을 통하여 열려진 길
에 다시 올라갈 수 있고 올라가야 한다. 막시무스는 이 신학에서 알렉산드리아
신학자들, 특히 오리게네스와 위대한 카파도키아 사람들의 신학을 따르지만, 에
바그리우스 폰티쿠스와 가假-디오니시우스 아레오파기타의 전통도 따른다. 그는
가-디오니시우스의 작품을 주해Scholien로 저술하였으며, 이로써 가-디오니시우
스가 서방에서 상당한 영향을 미치는 데 기초를 마련하였다.

3.의 서술 참조.

참고문헌 목록: M.L. Gatti, Massimo il Confessore. Saggio di bibliografia generale raggionata
e contributi per una ricostruzione scientifica del suo pensiero metafisico e religioso, Mai 1987.

편집본: *Opera omnia*: PG 90-91. – *Ambigua*: E. Jeauneau = CChr.SG 18 (1988) (gl). – *Capita
de caritate*: A. Ceresa-Gastaldo = VSen NS 3 (1963) (TiÜ). – *Disputatio cum Pyrrho*: M. Dou-
cet, Montreal 1980. – *Epistulae*: R. Devreesse, La fin inédite d'une lettre de saint Maxime: Un
baptême forcé de Juifs et de Samaritains à Carthage en 632: RevSR 17 (1937) 25-35. – R. Dev-
reesse, La lettre d'Anastase l'apocrisiaire sur la mort de S. Maxime le Confesseur et des ses
compagnons d'exil. Text grec inédit: AnBoll 73 (1955) 5-16. – P. Canart, La deuxième lettre à
Thomas de S. Maxime le Confesseur: Byz. 34 (1964) 415-45. – *Expositio in Psalmum LIX, Ex-
positio orationis dominicae*: P. van Deun = CChr.SG 23 (1991). – *Quaestiones ad Thalassium*:
C. Laga/C. Steel = CChr.SG 7 + 22 (1980-90) (gl). – *Quaestiones et dubia*: J.H. Declerck =
CChr.SG 10 (1982). – *Scholia Dionysii*: PG 4, 13-576. – *Vita Virginis*: M.-J. van Esbroeck =
CSCO 478-479 (1986) (georgTfÜ).

번역서: E. v. Ivánka, Maximos der Bekenner. All-eins in Christus, Eins 1961 (Auswahl).

참고문헌: 편찬서: F. Heinzer/Ch. Schönborn (eds.), Maximus Confessor = Par. 27 (1982).

일반 연구서: P. Sherwood, Saint Maxime le Confesseur et la crise de l'origénisime monasti-
que, P 1961. – W.B. Green, Maximus Confessor: An Introduction: M. L'Engle/W. B. Green
(eds.), Spirit and Light. Essays in Historical Theology, NY 1976, 75-96. – B.R. Suchla, Die sog.
Maximus-Scholien des *Corpus Dionysiacum Areopagiticum* = NAWG 1980/3. – F.X. Mur-
phy/P. Sherwood, Konstantinopel II und III = GÖK 3 (1990). – A. Nichols, Byzantine Gospel.
Maximus the Confessor in Modern Scholarship, Edinburgh 1993. – A. Louth, Maximus the
Confessor, Lo 1996. – J.-C. Larchet, Maxime le Confesseur, médiateur entre l'Orient et
l'Occident, P 1998.

작품: P. Sherwood, An Annotated Date-List of the Works of Maximus the Confessor = StAns 30
(1952). – P. Sherwood, The Earlier *Ambigua* of Saint Maximus the Confessor and His Refutation of
Origenism = StAns 36 (1955). – H.U. von Balthasar, Die "Gnostischen Centurien" des Maximus
Confessor = FThSt 61 (1941). – C. De Vocht, Un nouvel opuscule de Maxime le Confesseur, source

des chapitres non encore identifiés des cinq centuries théologiques (CPG 7715): Byz. 57 (1987) 415-20. – I.-H. Dalmais, Un traité de théologie contemplative. Le Commentaire du Pater de S. Maxime le Confesseur: RAM 29 (1953) 123-59. – P.M. Blowers, Exegesis and Spiritual Theology in Maximus Confessor. An Investigation of the *Quaestiones ad Thalassium* = CJAn 7 (1991).

인간학: J. Loosen, Logos und Pneuma im begnadeten Menschen bei Maximus Confessor, Ms 1941. – I. Hausherr, Philautie. De la tendresse pour soi à la charité selon saint Maxime le Confesseur = OCA 137 (1952). – L. Thunberg, Microcosm and Mediator. The Theological Anthropology of Maximus the Confessor = ASNU 25 (1965). – J.-M. Garrigues, Maxime le Confesseur. La charité, avenir divin de l'homme = ThH 38 (1976). – F. Heinzer, Anmerkungen zum Willensbegriff Maximus' Confessor: FZThPh 28 (1981) 372-92. – L. Thunberg, Man and the Cosmos. The Vision of St Maximus the Confessor, Crestwood/NY 1985. – J.P. Farrell, Free choice in St. Maximus the Confessor, South Canan/PA 1989.

그리스도론/구원론/삼위일체론: J.-M. Garrigues, L'énergie divine et la grâce chez Maxime le Confesseur: Ist. 19 (1974) 272-98. – J.-M. Garrigues, La Personne composée du Christ d'après saint Maxime le Confesseur: RThom 74 (1974) 181-204. – F.-M. Léthel, Théologie de l'agonie du Christ. La liberté humaine du Fils de Dieu et son importance sotériologique mises en lumière par saint Maxime le Confesseur = ThH 52 (1979). – F. Heinzer, Gottes Sohn als Mensch. Die Struktur des Menschseins Christi bei Maximus Confessor = Par. 26 (1980). – N. Madden, Le Christ et la Trinité selon Maxime le Confesseur, P 1983. – P. Piret, Le Christ et la Trinté selon Maxime le Confesseur = ThH 69 (1983). – G. Bausenhart, "In allem uns gleich außer der Sünde". Studien zum Beitrag Maximos' des Bekenners zur altkirchlichen Christologie. Mit einer kommentierten Übersetzung der "*Disputatio cum Pyrrho*" = TSTP 5 (1992). – V. Karayiannis, Maxime le Confesseur, essence et énergies de Dieu = ThH 93 (1993).

영성/신비론: W. Völker, Maximus Confessor als Meister des geistlichen Lebens, Wi 1965. – R.E. Asher, The Mystical Theology of St. Maximus the Confessor: ABR 29 (1978) 87-95. – P. M. Blowers, Maximus the Confessor, Gregory of Nyssa, and the Concept of "Perpetual Progress": VigChr 46 (1992) 151-71. – J.-C. Larchet, La divinisation de l'homme selon saint Maxime le Confesseur, P 1996. – K. Savvidis, Die Lehre von der Vergöttlichung des Menschen bei Maximos dem Bekenner und ihre Rezeption durch Gregor Palamas, St. Ottilien 1997.

신학: H.U. v. Balthasar, Kosmische Liturgie. Das Weltbild des Maximus des Bekenners, Eins ²1961. – S.L. Epifanovsky, Saint Maximus the Confessor and Byzantine Theology. New Introduction by G. Florovsky, Farnborough 1971. – A. Riou, Le Monde et l'Église selon Maxime le Confesseur = ThH 22 (1973). – V. Croce, Tradizione e ricerca. Il metodo teologico di san Massimo il Confessore = SPMed 2 (1974).

4. 다마스쿠스의 요한

요한은 아랍계 그리스도인 가문 출신으로 650년경 다마스쿠스에서 태어나 750년경 예루살렘 근방의 사바스 수도원에서 사망하였다. 그리스 교부론은 전통적으로 요한에서 끝난다. 이러한 시대 구분에 대한 근거는 제4부의 서론에서 설명되었다. 아랍인들이 635년 다마스쿠스를 정복하였을 때, 마호메트의 후계자인 칼리프(회교국의 군주)들은 처음에 그리스도교에 대해 관용적인 종교정책을 폈다. 요한은 훗날 칼리프가 된 야지드(680~683년)와 함께 자랐으며, 그리스 출신의 스승에게서 기본적인 고전교육을 받았고, 할아버지와 아버지처럼 황실의 중요한 관직을 맡았다. 칼리프 압드 엘 말렉(685~705년)이 그리스도인들을 배척하기 시작하고 그들을 관직에서 쫓아내자, 요한은 700년경 예루살렘 근방의 성 사바스 수도원으로 물러나 남은 여생을 보냈다. 예루살렘의 주교 요한(706~717년)이 그에게 사제품을 주었다. 다마스쿠스의 요한은 수도원 시절에 연구와 신학적 저술활동에 전념하여 중요한 많은 작품의 열매를 맺었다. 작품들의 보급과 영향은 그가 죽은 지 얼마 안 되어 많은 언어로 번역되었다는 사실에서 평가할 수 있다. 가장 중요하고 방대한 작품은 "철학"*Capitula philosophica* 또는 *Dialectica*, "유설"*De haeresibus*, "올바른 신앙에 관한 해설"*Expositio fidei* 또는 *De fide orthodoxa* 3권으로 된 「인식의 원천」이다. 요한은 찬가 시인으로도 명성을 얻었다. 그의 설교 가운데 마리아에 관한 강해들과 미래에 방향을 제시하며 상당한 영향력을 준 성화상에 관한 세 연설이 유명하다. 도덕과 금욕에 관한 본문들에 대한 성서-교부 선집인 「거룩한 병행 구절」*Sacra* 또는 *Hiera parallela*의 진본성은 오늘날까지 논의되며, 중세에 매우 인기가 높았다. 널리 보급된 바르람-소설*Barlaam-Roman*은 확실히 그의 작품이 아니다.

황제 레오 3세(717~741년)는 일시 중단되었다가 843년까지 지속된 성화상 논쟁을 726/727년에 일으켰다. 그는 성화상을 반대하는 연설을 하고 콘스탄티노플 궁전의 칼케문에 걸린 그리스도 성화를 떼어내게 하였다. 게르마누스 총대주교는 730년 성화상 파괴에 대해 저항하여 면직되었지만, 요한은 안전하게 제국 밖에서 성화상에 관한 유명한 세 연설에서 성화상 공경을 변론함으로써 미래를 위한 신학의 기초를 마련하였다. 그러나 성화상에 적대적인 입장을 취한 히에리아 교회회의(754년)는 그를 단죄하였다. 니체아에서 열린 제7차 전 세계 공의회(787년)는 요한을 복권시켰을 뿐만 아니라 그의 성화상 신학을 전적으로 지지하였다. 요한은 750년경 성 사바스 수도원에서 사망하였다. 전승에 따르면 그는 100세 이상 살았으며, 히에리아 교회회의는 그를 사후에 단죄하였다. 칼리프 야지드(대략 642~647년 탄생)가 그의 놀이친구였다는 사실에서 대략적인 그의 생애에 관한 연도가 밝혀진다. 교황 레오 13세는 1890년 8월 19일 교령에서 그를 교회학자로 선포하였다.

당시의 다른 교부들과 마찬가지로 요한은 무엇보다도 이전 신학자들의 전통을 따르는 편집자였다. 그는 자신의 대작인 「인식의 원천」의 서두에서 "자신의 것은 아무것도" 첨가하지 않겠다고 기술한다("철학" 서언 60). 그럼에도 모든 학자는 그가 결코 이전에 씌어진 작품들을 기계적으로 편찬하거나 반복하지 않은 것에 동의한다. 개작된 풍부한 자료와 자료의 탁월한 선택과 분류는 그의 창의성과 구성력을 증명하며, 그는 많은 곳에서 특히 성화상 연설에서 전통에 바탕을 둔 새롭고 독창적인 신학을 전개하였다.

참고문헌 목록: J.M. Hoeck, Stand und Aufgaben der Damaskenos-Forschung: OCP 17 (1951) 5-60. – A. Kallis, Handapparat zum Johannes-Damaskenos-Studium: OS 16 (1967) 200-13.

편집본: *Opera omnia:* B. Kotter = PTS 7, 12, 17, 22, 29 (1969-88). – 이슬람교에 관한 작품: R. Le Coz = SC 383 (1992) (TfÜK). – 성탄절 설교/마리아 설교: P. Voulet = SC 80 (1961) (TfÜK).

번역서: D. Stiefenhofer = BKV² 44 (1923) (*De fide orthodoxa*). – O. Bardenhewer, Marienpredigten aus der Väterzeit, Mn 1934, 131-82. – G. Richter = BGrL 15 (1982) (*Capitula philosophica* ÜK). – 영어 번역서: S.D.F. Salmond: NPNF II 9 (1899 = 1995) 1-101 (*Exposition on the Orthodox Faith*). – Barlaam and Ioasaph. With an English Translation by G.R. Woodward/H. Mattingly. Introduction by D.M. Lang = LCL 34 (1914 = 1967). – F.H. Chase = FaCh 37 (1958) (*The Fount of Knowledge, On Heresies, The Orthodox Faith*).

참고문헌: 사전 항목: M. Richard, Florilèges Damascéniens. DSp 5 (1964) 476-86. – B. Studer: DSp 8 (1974) 452-66. – B. Kotter: TRE 17 (1988) 127-32. – G.C. Berthold: EEC 498-9. – B. Studer: EECh I 442-3. – K.-H. Uthemann: BBKL 3 (1992) 331-6. – R. Aubert, Jean Damascène: DHGE 26 (1997) 1458 f.

총론서: J. Nasrallah, Saint Jean de Damas. Son époque, sa vie, son œuvre, Harissa 1950.

작품: J. Szövérffy, A Guide to Byzantine Hymnography, Brookline/MA – Lei 1978-9. – B. Kotter, Die Überlieferung der Pege Gnoseos des hl. Johannes von Damaskos = SPB 5 (1959). – G. Richter, Die Dialektik des Johannes von Damaskos. Eine Untersuchung des Textes nach seinen Quellen und seiner Bedeutung = SPB 10 (1964).

신학/철학: J. Bilz, Die Trinitätslehre des hl. Johannes von Damaskus. Mit besonderer Berücksichtigung des Verhältnisses der griechischen zur lateinischen Auffassungsweise des Geheimnisses = FChLDG 9/3 (1909). – C. Chevalier, La Mariologie de saint Jean Damascène = OCA 109 (1936). – B. Studer, Die theologische Arbeitsweise des Johannes von Damaskus = SPB 2 (1956). – K. Rozemond, La christologie de saint Jean Damascène = SPB 8 (1959). – A. Kallis,

Der menschliche Wille in seinem Grund und Ausdruck nach der Lehre des Johannes Damaske-nos, Naussa 1965. – A. Siclari, Giovanni di Damasco. La funzione della "Dialectica", Perugia 1978. – F.R. Gahbauer, Die Anthropologie des Johannes von Damaskos: ThPh 69 (1994) 1-21.

이슬람교: P. Khoury, Jean Damasène et l'Islam, Lou – P ²1969. – D.J. Sahas, John of Damascus on Islam. The "Heresy of the Ishmaelites", Lei 1972. – A.-Th. Khoury, Apologétique byzantine contre l'Islam (VIIIe-XIIIe siècle): POC 29 (1979) 242-300; 30 (1980) 132-74; 32 (1982) 14-49.

「성화상에 관한 연설」

성화상 논쟁은 (4세기와 5세기의 삼위일체 신학과 그리스도론 논쟁과 유사하게) 무엇보다도 해명되지 않은 용어, 곧 이콘$_{\epsilon\iota\kappa\acute{\omega}\nu}$과 프로키네시스$_{\pi\rho\text{о}\kappa\acute{\upsilon}\nu\eta\sigma\iota\varsigma}$ 때문에 일어났다. "이콘"은 형상이 묘사된 실재를 포함한다는 표상을 의미할 수 있다. 그러나 구약성서와 이슬람교에서는 보이지도 않고 이해할 수도 없는 하느님의 어떤 형상도 있을 수가 없으며, 하느님의 형상을 공경하는 것과 성화상을 만드는 것은 우상숭배였다. 다른 한편으로 "프로키네시스"는 인간이나 대상에게 적용되지 않고 하느님께만 관련되며, 그분께 적용되는 한 "흠숭"의 의미를 지닌다. 요한의 성화상에 관한 유명한 세 연설의 공로는 이 용어의 문제점을 인식하고 제2차 니체아 공의회에서 채택된 개념들을 명확히 구분하면서 미래지향적으로 설명하였다는 데 있다.

형상은 항상 원형$_{\pi\rho\omega\tau\text{о}\tau\acute{\upsilon}\pi\text{о}\varsigma}$의 모상$_{\dot{\alpha}\nu\tau\iota\tau\acute{\upsilon}\pi\text{о}\varsigma}$이다. 형상은 원형과 비슷하나 필연적으로 다르며, 그밖에 동일성도 가지고 있다. 그렇지만 형상의 개념과 의미는 인간적인 묘사로만 이끌어낼 수 없으며, 삼위일체와 구원계획에 바탕을 두기 때문에 세 종류, 곧 인격을 지닌 형상, 실재를 준비하는 형상, 실재를 모사하는 형상을 지닌다. 1-1) 하느님의 아들은 성부의 본원적 형상이며(요한은 여기서 알렉산드리아 신학을 받아들인다), 1-2) 인간은 하느님이 형상과 모습에 따라 창조된(창세 1.26-27) 하느님 형상의 형상이다. 2) 형상의 두번째 의미는 그리스도 안에서 미래의 구원을 예시하는 구약성서의 예형들$_{\tau\acute{\upsilon}\pi\text{о}\iota}$과 관련된다(여기서 요한은 예형론적 성서주석에 관한 용어로 말한다). 이 예형들은 일반적인 견해에 따르면 "장래의 선에 대한 그림자"일 뿐만 아니라 그 예형들 안에서 이미 신적인 구원의 은총이 분명해진다. 3) 마침내 세번째이자 최하층의 단계로 재현, 따라서 묘사된 실재와 비슷하며 동시에 다른 실재를 암시하거나 회상하는 형상들이 있다. 따라서 하느님께 관한 형상의 묘사는 정의를 통해per definitionem 그 자신을 포함하지 않으며, 더 나아가 구약성서의 형상 금지에 대하여 하느님께서 사람이 되셨다는 사실로 그리스도교에서 그 정당성을 지닌다. 이와같이 하느님은 형상으로 이해될 수 있으며 재현될 수 있다.

요한은 프로키네시스 개념을 피조물에게 걸맞은 단순한 공경과 하느님께만 상응하는 흠숭προκύνησις κατὰ λατρείαν으로 처음 구분하였다. 그러나 하느님과 성인들의 성화상에 관한 "프로키네시스"는 어떤 경우에도 대상에 적용되지 않고 (고대의 전통에 따라) 형상의 재현에서 마치 현존하는 것으로 묘사된 인격과 항상 관련된다. 하느님의 영에 관한 이 현존에 바탕을 두는 경우에만 은총과 활력도 형상의 특성에 속하게 된다.

성화상에 관한 연설들 가운데 두번째 연설의 연도가 콘스탄티노플의 총대주교 게르마누스의 면직(730년)보다 이르고, 두번째 연설과 세번째 연설이 첫번째 연설을 인용하나 그 연도에 관하여 어떤 명확한 암시도 주지 않기 때문에, 이에 관한 정확한 연도는 오늘날까지 토론의 대상이 된다. 성화상에 관한 연설들은 성화상 파괴Ikonoklasmus가 일어날(726~730년) 즈음에 행해졌다고 여겨진다. 그러나 요한 전집Opera omnia의 편집자인 보니파티우스 코터(1975년)는 첫번째 연설이 730년에, 두번째 연설이 첫번째 연설 얼마 뒤, 아마도 730년 또는 731년 초에, 세번째 연설이 그 뒤 결정하기 어려운 시기에 행해졌다고 주장한다. 오히려 최근에는 세번째 연설 또는 세 연설 모두 741년 이후에 행해졌다는 의견이 점점 확고한 위치를 차지한다(Stein, 1980; Speck, 1981). 어느 경우든 세 연설은 교부신학의 수용과 계승에서 당시의 실제적인 문제를 새로 해결하려는 요한의 신학적 방법에 관한 전형적인 실례를 제시한다.

편집본: B. Kotter = PTS 17 (1975).

참고문헌: 본문비평: P. Speck, Eine Interpolation in den Bilderreden des Johannes von Damaskos: ByZ 82 (1989) 114-7 (I 67과 II 70에 관한 연구).

성화상 신학: H. Menges, Die Bilderlehre des hl. Johannes von Damaskus, Ms 1938. – Th. Nikolaou, Die Ikonenverehrung als Beispiel ostkirchlicher Theologie und Frömmigkeit nach Johannes von Damaskos: OS 25 (1976) 138-65. – V. Fazzo, Rifiuto delle icone e difesa cristologica nei discorsi di Giovanni Damasceno: VetChr 20 (1983) 25-45.

성화상 논쟁사: St. Gero, Byzantine Iconoclasm during the reign of Leo III. With particular attention to the oriental sources = CSCO 346 (1973). – St. Gero, Byzantine Iconoclasm during the reign of Constantine V. With particular attention to the oriental sources = CSCO 384 (1977). – G. Dumeige, Nizäa II = GÖK 4 (1985) (f P 1978). – P. Schreiber, Der byzantinische Bilderstreit: Kritische Analyse der zeitgenössischen Meinungen und das Urteil der Nachwelt bis heute: Bisanzio, Roma e l'Italia nell'alto medioevo, Spoleto 1988, 319-407. – V. Fazzo, I Padri e la difesa delle icone: A. Quacquarelli, Complementi interdisciplinari di Patrologia, R 1989, 413-55. – A. Giakalis, Images of the Divine. The Theology of Icons at the Seventh Ecumenical Council = SHCT 54 (1994).

제 5 부

그리스도교 동방교회의 문헌

시리아인

바르데사네스(154~222년)

시리아인 타티아누스(155년 이전~172년 이후)

아프라하트(337년경/345년)

에프렘(306년경~373년)

에바그리우스 폰티쿠스(345년경~399년)

보스트라의 티투스(362년 이전~378년 이전)

치릴로나스(4세기 말)

메소포타미아의 시메온(마카리우스)
(380년 이전~426년경)

발라이(5세기)

에데사의 라불라스(435년 사망)

에데사의 이바스(주교, 435~457년)

바르사우마(496년 사망)

나르사이(399~502년)

마북의 필로크세누스(440년경~523년)

사룩의 야고보(451년경~521년)

안티오키아의 세베루스(488년 세례, 538년 사망)

에페소의 요한(507년경~588년)

마르 아바(주교, 540~552년)

선율가 로마노스(560년 사망)

베드로 칼리니쿠스(591년 사망)

대 바바이(550년경~628년)

그레고리우스 이븐 알-이브리
(그레고리오스 바르헤브레우스)(1225/6~1286년)

압디소(에벳예수) 바르 베리카
(주교, 1291~1318년)

이집트인(콥트인)

안토니우스(251~356년)

알렉산드리아의 베드로(주교, 300~311년)

알렉산드리아의 알렉산더(주교, 311~328년)

알렉산드리아의 아타나시우스
(295/300~373년)

알렉산드리아의 테오필루스
(총대주교, 385~412년)

알렉산드리아의 치릴루스(370/80~444년)

아트리페의 셰누테(348~454/466년)

아르메니아인

마스토츠-메스롭(361/62~439/40년)

콜브의 에즈닉(5세기 전반기)

요한 만다쿠니(484/85~498/99년)

아가탄겔로스(5세기 후반기)

엘리세우스(660년경)

맘브레 베르카톨(7세기?)

코레네의 모세
Moses von Korene(9세기 전반기?)

나렉의 그레고리우스
Gregor von Narek(944~1010년경)

아랍인

세베루스 이븐 알-무카파
(955년 이전~987년 이후)

서 론

고대에 그리스도교가 전파된 주요 지역은 로마제국과 제국교회의 영역과 일치한다. 이때문에 대부분의 교부문헌은 당연히 제국의 주요 언어인 그리스어와 라틴어로 씌었다. 그렇지만 제국 내에는 토착어들도 있었으며, 그리스도교는 제국의 국경을 넘어서도 전파되었다. 따라서 그 지역이 비교적 넓지 않다 하더라도, 동방 제국의 국경 안팎에서 시리아어, 콥트어, 에티오피아어, 아르메니아어, 게오르기아어로 씌어진 독자적인 문학이 발달하였다. 이 언어들로 씌어진 남아 있는 작품들은 대부분 번역서이지만, 모든 작품이 독특하고 때때로 매우 중요한 저서가 되었다. 이 언어권의 교회와 문헌들이 라틴-그리스어권 제국교회와 얼마나 활발한 관계를 맺고 있었는지는 주로 그 생성시기와 정치적·지리적 상황과 연관이 있다. 시리아어와 콥트어 문헌은 전반적인 신학 발전에 크게 기여하였다. 반면 지역적으로 떨어져 있는 에티오피아어 문헌과 5세기에 이르러 생겨난 아르메니아어와 게오르기아어 문헌은, 로마제국이 점차 몰락하고 이로 말미암아 이 언어권의 나라들이 고립됨으로써 제국교회와 동떨어지게 되었다. 어쨌든 전체적으로 보면, 이 언어권의 문헌들은 라틴·그리스어 문헌의 주된 흐름을 따라가지 않는(이는 이 문헌들의 독창적 논증을 정당화하고 가능하게 하였다) 독자적인 문학 유형을 형성하였다. 후대에 부차적인 교부학 언어로 아랍어와 고대 슬라브어가 나타났다. 이 언어들은 결코 교부시대의 언어가 아니지만 교부문헌의 전승에 일익을 맡은 번역 문헌으로 중요한 의미를 지닌다. 원전이 소실되거나 안전하게 전해지지 않은 수많은 작품과 원본을 확인하는 데 중요한 그밖의 본문에 관한 증언들이 이 언어들로 씌어진 문헌에 남아 있다.

참고문헌 목록: S. Voicu, Lingue orientali e patristica greca: Aug. 16 (1976) 205-15. – M. Albert/R. Beylot/R.-G. Coquin/B. Outtier/Ch. Renoux, Christianismes orientaux. Introduction à l'étude des langues et des littératures = ICA 4 (1993).

편집본: *Corpus Scriptorum Ecclesiasticorum Orientalium* (CSCO), R. – *Patrologia Orientalis* (PO), P.

잡지: *Acta Orientalia* (AcOr), Lei. – Le Muséon. Révue d'études orientales, Lou. – *Oriens Christianus* (OrChr), R. – *Orientalia* (Or.), R. – *Orientalia Christiana Periodica* (OCP), R. – *Orientalia Lovaniensia Periodica* (OLoP), Lou. – Orientalistische Literaturzeitung (OLZ), L. – Parole de l'Orient (ParOr), Kaslik. – Proche-Orient chrétien (POC), Jerusalem. – Revue de l'Orient chrétien (ROC), P. – Rivista degli studi orientali (RSO), R. – Studi e ricerche sull'Oriente Cristiano (SROC), R.Reihen: Gottinger Orientforschungen (GOF), Wi. – Orientalia Christiana Analecta (OCA), R.

총서: Göttinger Orientforschungen (GOF), Wi -*Orientalia Christiana Analecta* (OCA), R.

참고문헌: 사전 항목: P. Siniscalco, Lingue dei Padri: DPAC II 1962-6. – G. Kretschmar, Kirchensprache: TRE 19 (1990) 74-92.

사전: J. Assfalg/P. Krüger, Kleines Wörterbuch des christlichen Orients, Wi 1975 (f P - Tu 1991).

각론서: C. Brockelmann/J. Leipoldt/F.N. Finck/E. Littmann, Geschichte der christlichen Litteraturen des Orients (= Die Literaturen des Ostens in Einzeldarstellungen 7/2), L 1907, ²1909, neue Edition mit erneuerter Bibliographie von N. Nagel 1979. – A. Baumstark, Die christlichen Literaturen des Orients, 2 vol., L 1911. – G. Furlani, Letterature dell'Oriente cristiano: G. Tucci (ed.), Le Civiltà ell'Oriente II, Florenz - R 1957, 191-228. – A. Guil\laumont/J. Doresse/R. Schneider/H. Berbérian, Chrétienté orientale: R. Queneau (ed.), Histoire des littératures I, P 1955, ²1973, 751-821.

1. 시리아어 문헌

고대에 저술된 작품의 범위와 내용에서 가장 중요한 그리스도교 고유의 문헌은 시리아에서 나왔다. 시리아는 폼페이우스가 기원전 65-62년에 정복한 이래 로마제국의 속주가 되었다. 그 지역은 북쪽으로 타우루스 산맥에서 남쪽으로 아라비아까지, 서쪽으로 지중해 해안에서 동쪽으로 유프라테스 강까지이다. 이 지역은 후대에 정치적으로 여러 번 분할되고 분리되었지만, 메소포타미아와 페르시아 지역과 함께 시리아어가 사용된 주된 지역이었다. 사도행전의 증언에 따르면, 시리아 지방의 일부인 팔레스티나의 그리스도교화는 사도들, 특히 바울로의 첫번째 선교의 직접적인 결과로 이루어졌다. 이미 3세기에 시리아는 로마제국에서 그리스도교가 가장 널리 전파된 지역이 되었다.

시리아어는 일반적으로 에데사를 중심으로 사용된 아람어(예수와 예루살렘 원시 공동체가 사용한 언어)가 후대에 발전한 형태이며, 아카드어, 히브리어, 페르시아어, 그리스어에서 많은 영향을 받았다. 시리아어는 고유한 알파벳과 서법(오른쪽에서 왼쪽으로 써 나감)을 지닌 셈어이며, 다른 셈어의 알파벳(예를 들어 히브리어)과 매우 유사하며, 22자음으로 이루어져 있다. 모음들은 히브리어처럼 문자에 점을 찍거나 부호로 표시한다. 그러나 오늘날 "에스트란겔로"〔그리스어 στρογγύλος(둥근)에서 유래됨〕라고 부르는 문자는 5세기 초에야 통일된 형태로 발전되었으며, 그때까지 에스트란겔로는 히브리어의 정방형 문자와 비슷하였다. 시리아어는 위에 언급된 시리아 전 지역과 메소포타미아와 페르시아까지 유포되었으며, 오늘날까지 네스토리우스파, 야고보파, 황제파, 마론파, 칼데아파, 말라바르파 교회의 언어로 사용된다. 물론 시리아어는 8세기에 두 형태의 알파벳, 곧 시리아 서부지역에서 야고보파와 마론파가 사용하는 "세르토"와 시리아 동부지역에서 사용되는 "칼데오"로 나뉘었다.

시리아어에 관한 가장 오래된 증언들은 에데사를 중심으로 한 지역에서 1세기와 2세기에 씌어진 비그리스도교 비문들이다. 시리아어의 첫번째 그리스도교 문학적 증언들은 기원후 2세기에 같은 지역에서 나타난다. 이 경우 특히 영지주의적·비정통신앙적 본문과 유다교의 본문이 중요하다. 이 본문들은, 예를 들어 토마 복음서, 필립보 복음서, 토마 행전 같은 외경, 솔로몬 송가(제2장 5. 참조), 클레멘스의 작품들, 디다스칼리아처럼 콥트어와 그리스어 번역으로 남아 있다. 대부분 번역으로 남아 있는 교부시대의 다른 동방 문헌과 달리 시리아어 문헌은 전반적으로 원본으로 보존되어 있으며, 그리스 교회와 밀접한 관계를 맺고 있음을 나타낸다.

그리스도교 시리아어 문헌사는 네 국면으로 분류된다.

1) 2~4세기에 로마제국의 중심지이자 2개 국어(시리아어-그리스어)를 사용하던 에데사와 니시비스에서 시작되어 꽃피운 첫번째 전성기의 제국 밖에 있던 메소포타미아와 페르시아 출신의 중요 저자들. 두 언어가 사용된 첫번째 국면에서 가장 중요한 세 명의 저자는 이미 그리스 교부론에서 다루었다. 호교가 타티아누스(2세기: 제3장 2.3. 참조), 수도자 에바그리우스 폰티쿠스(345~399년: 제8장 3.1. 참조), 메소포타미아의 시메온(마카리우스)(380년경~426년: 제8장 3.2. 참조)의 작품들은 그리스어

를 사용하는 지역에서 그리스어로 번역되어 지속적인 영향을 주었기 때문이다. 그리스도교 시리아어 문헌을 대표하는 가장 중요한 인물인 아프라하트와 에프렘은 다음의 개요에서 더 상세히 다룰 것이다.

시리아어로 맨 먼저 저술활동을 한 바르데사네스(154~222년)는 이미 시리아 신학 전체에 전형이 된 찬가를 도입하였다. 후대에 에프렘은 마르치온, 마니, 바르데사네스를 논박하였다(아래의 1.2. 참조). 주로 3-6세기에 씌어진 페르시아 순교자 행전들, 363년 보스트라의 주교 티투스와 시인 치릴로나스(4세기 말)가 마니교도들을 논박하는 네 권으로 이루어진 작품, 시리아어 성서 번역본들, 에데사 교회를 설립한 성인들의 전기가 특히 중요하다.

가장 오래된 시리아어 복음서는 2세기에 번역된 타티아누스의 「디아테사론」이다(제3장 2.3.2. 참조). 그밖에 300년경에 각 복음서가 매우 자구적으로 번역되었다(Vetus syriaca). 두 번역본은 5세기 중엽에 오늘날까지 사용되는 페쉬타('단순함')로 대체되었다. 후대에 신약성서와 구약성서가 여러 번 번역되었지만 페쉬타는 시리아 성서본으로 계속 사용되었다. 페쉬타의 구약성서 번역본은 기원후 2세기까지 소급하는 것 같다.

체사레아의 에우세비우스(「교회사」I 13; II 1,6-8)(제5장 1.2.2. 참조)와 「에게리아의 여행기」(19,6)(제8장 5. 참조)는 시리아어로 씌어진, 예수와 에데사의 왕 압가르가 주고받은 (외경) 편지가 에데사의 문서실에 보존되어 있었다고 전한다. 이 편지에 따르면 압가르는 예수가 유다인들의 음모에서 벗어나고 자신의 병도 치료해 주도록 예수에게 에데사에 오기를 청하였다. 예수는 답신에서 지상의 임무를 마친 뒤에 제자 한 명을 보내겠다고 약속하였다. 이 외경 서신교환은 에데사 교회의 사도성과 정통신앙 및 교계제도와 전례제도의 합법성에 관한 방대한 교화서인 「아다이 가르침」*Doctrina Addai*(에우세비우스와 에게리아가 이에 관하여 아무것도 모르는 것으로 보아 빨라야 4세기 말)에 삽입되었다. 이에 따르면 사도 토마는 예수께서 승천하신 뒤에 유다 타대오(아다이)를 압가르 왕에게 보냈다. 유다 타대오는 압가르 왕의 병을 고쳐 주고 왕과 백성을 그리스도교로 개종시켰다. 그 뒤 아다이는 개인적으로 교회제도와 미사규정을 에데사 교회에 제시하였다고 한다. 후대에 압가르와 티베리우스 황제가 주고받은 또 다른 외경 서신, 십자가 발견에 관한 전설, 압가르의 사절이 예수의 모습을 그려 에데사로 가져왔다는 이야기가 「아다이 가르침」에 추가되었다. 그러나 후대에 유명해진 에데사의 그리스도 이콘(성화)에 관해서는 학자 에바그리우스(「교회사」 4, 27)가 593년에 처음 언급한다.

2) 5세기에서 7세기까지 두번째 국면에 씌어진 그리스도교 시리아어 문헌은 안티오키아 학파의 영향을 많이 받은 두 지역, 곧 중심지가 티그리스 강가에 자리한 셀레우치아-크테시폰인 동페르시아 지방과 로마제국의 동쪽 지방에서 꼴을 갖추었다. 5세기에는 매우 유명한 그리스 교부들의 작품이 번역되기 시작하였고, 「단계에 관한 책」*Liber graduum*과 「보물 동굴」*Spelunca thesaurorum*과 같은 중요한 작품들이 저술되었으며, 발라이 주교, 라불라스 주교(435년 사망), 에데사의 이바스(457년 사망)와 같은 저술가들이 활동하였다. 이바스는 칼체돈 공의회(451년)에서 정통신앙을 따르는 사람으로 승인되어 복권되었으나, 라불라스와 이바스는 이른바 제2차 콘스탄티노플 공의회(553년)에서 네스토리우스 그리스도론의 선구자인 몹수에스티아의 테오도루스와 함께 단죄받음으로써 일반 교회사에서도 잘 알려진 인물이다.

5세기 말에 칼체돈 공의회 신학의 수용을 둘러싼 논쟁에서, 시리아 교회는 페르시아 지역의 네스토리우스파 교회와 서쪽 지역의 단성론파 교회로 분열되었다. 이 시기에 페르시아 지역에서 활동한 네스토리우스파 교회의 주요 저자들로는 당시의 위대한 신학자들인 니시비스 학파의 창시자 나르사이(399~502년), 니시비스의 대주교 바르사우마(늦어도 496년 사망), 동시리아 출신인 카톨리쿠스 마르 아바(552년 사망), 니시비스 북쪽에 위치한 이즐라 산 위에 세워진 대수도원의 원장이자 수도자인 대 바바이(550년경~628년)가 있다. 단성론파 교회의 대표적인 인물로는 단성론파의 대변인이었던 미북의 주교 필로크세누스(523년 사망), (온건한) 단성론자이며 저명한 설교가인 사룩의 야고보(451년경~521년), 칼체돈주의와 네스토리우스주의 사이에서 중도적 입장을 취한 안티오키아의 총대주교 세베루스(538년 사망), 교회사가이며 성인 전기작가인 에페소의 요한(507년경~588년), 안티오키아의 야고보파 총대주교 베드로 칼리니쿠스(591년)가 있다.

3) 시리아어 문헌의 세번째 국면은 10세기까지 계속되나, 이미 7세기부터 이슬람교의 정복으로 쇠퇴하기 시작한다.

4) 네번째 국면(10~16세기)은 그리스도교 시리아어 문헌의 마지막 단계로서, 12세기와 13세기에 다시 한번 전성기에 이른다. 이 시기의 대표적 인물이 시리아 정통교회의 지도자인 그레고리우스 이븐 알-이브리(그레고리오스 바르헤브레우스, 1225/6~86년)이다. 특히 니시비스의 네스토리우스파 대주교 압디소 바르 베리카(에벳예수, 1318년 사망)가 저술한 네스토리우스파 시리아어 문헌 목록은, 교부론에 중요한 자료이다. 이 목록은 히에로니무스의 「유명인사록」과 견줄 수 있는 저서로, 히에로니무스의 작품과 마찬가지로 저자 자신의 작품으로 끝나며, 네스토리우스와 네스토리우스파의 다른 저자들의 소실된 작품들에 관한 엄청난 보고를 싣고 있다.

이후 시리아어는 네스토리우스파, 야고보파, 황제파, 마론파, 칼데아파, 말라바르파 교회의 전례에서만 사용된다.

서론의 서술 참조.

참고문헌 목록: P.B. Dirksen, An Annotated Bibliography of the Peshitta of the Old Testament = MPIL 5 (1989). – S.P. Brock, Syriac Studies. A Classified Bibliography (1960-1990), Kaslik 1996 (ParOr 4 [1973] 393-465; 10 [1981-2] 291-412; 14 [1987] 289-360; 17 [1992] 211-301)에서 편찬됨)

편집본: *Patrologia Syriaca* (PS), 3 vol., P 1894-1926.

영어 번역서: B.P. Pratten: ANFa 7 (1886 = 1995) 645-743 (*Memoirs of Edessa and Ancient Syriac Documents*).

어휘사전: R. Payne Smith u. a., *Thesaurus Syriacus*, 2 vol., O 1879-1901 = Hi 1981. – J.P. Margoliouth, Supplement to the *Thesaurus Syriacus* of R.P. Smith, O 1927 = Hi 1981.

사전: J. Payne Smith, A Compendious Syriac Dictionary, O 1903 = 1985. – J. Brun, *Dictionarium syriaco-latinum*, Beirut 1911. – C. Brockelmann, *Lexicon Syriacum*, Halle ²1928. – L. Costaz, Dictionnaire syriaque-français, Syriac-English Dictionary, Beirut 1963.

문법서: R. Duval, Traité de grammaire syriaque, P 1881 = 1969. – Th. Nöldeke, Kurzgefaßte syrische Grammatik, L ²1898 = Da 1977 (e Lo 1904). – C. Brockelmann, Syrische Grammatik mit Litteratur, Chrestomathie und Glossar, B 1899, ²1925 = L 1951. – L. Palacios, Grammatica Syriaca, R u. a. ²1954 ed. V. Camps. – L. Costaz, Grammaire syriaque, Beirut 1955, ³1992. – J.F. Healey, First Studies in Syriac, Birmingham 1980. – J. Joosten, The Syriac Language of the Peshitta and Old Syriac Versions of Matthew. Syntactic Structure, Inner-Syriac Developments and Translations Technique = SStLL 22 (1996). – M. Pazzini, Grammatica Siriaca (= Studium Biblicum Franciscanum Analecta 46), Jerusalem 1999.

잡지: Orient syrien (OrSyr), P.

총론서: *Symposium Syriacum* I-VII = OCA 197 (1974), 205 (1978), 221 (1983), 229 (1987), 236 (1990), 247 (1994), 256 (1998). – S.P. Brock, Syriac Perspectives in Late Antiquity, Lo 1984. – H.J.W. Drijvers, East of Antioch: Studies in Early Syriac Christianity, Lo 1984.

참고문헌: 사전 항목: A. Di Berardino, Siria: DPAC II 3225-7. – F. Rilliet, Siriaco: DPAC II 3232-8.

문헌사: J.S. Assemani, *Bibliotheca Orientalis Clementino-Vaticana. De scriptoribus Syris*, 4 vol., R 1719-28 = Hi 1975. – W. Wright, A Short History of Syriac Literature, Lo 1894 = Amsterdam 1966. – R. Duval, Anciennes littératures chrétiennes II: La littérature syriaque, P ³1907 = Amsterdam 1970 (sp Pm 1913). – A. Baumstark, Geschichte der syrischen Literatur mit Ausschluß der christlich-palästinensischen Texte, Bn 1922 = B 1968. – O. Bardenhewer, Geschichte der altkirchlichen Literatur. Vierter Band: Das fünfte Jahrhundert mit Einschluß der syrischen Literatur des vierten Jahrhunderts, F ²1924 = Da 1962, 318-421. – J.-B. Chabot, Littérature syriaque, P 1934. – I. Ortiz de Urbina, *Patrologia Syriaca*, R ²1965. – S.P. Brock, An Introduction to Syriac Studies: J.H. Eaton (ed.), Horizons in Semitic Studies, Birmingham 1980, 1-33. – P. Bettiolo, Lineamenti di Patrologia siriaca: A. Quacquarelli (ed.), Complementi interdisciplinari di Patrologia, R 1989, 503-603.

연구서: E.R. Hayes, L'École d'Édesse, P 1930. – A. Vööbus, History of Asceticism in the Syrian Orient, 2 vol. = CSCO 184, 197 (1958-60). – A. Vööbus, History of the School of Nisibis = CSCO 266 1965). – R. Murray, Symbols of Church and Kingdom. A Study in Early Syriac Tradition, C 1975. – J.-M. Sauget, L'apport des traductions syriaques pour la patristique grecque: RThPh 110 (1978) 139-48. – W. Cramer, Der Geist Gottes und des Menschen in frühsyrischer Theologie = MBTh 46 (1979).

1.1. 아프라하트

아프라하트의 생애와 인물은 어둠에 가려져 있으며, 더구나 그는 자신의 작품에서 자신에 관해 언급하지 않겠다고 언명한다(「가르침」 22.26). 그의 작품들의 수사본 전승이나 문헌사 전승도 5세기부터 그를 '페르시아의 현인' 이라는 경칭을 덧붙여 부른다. 이는 그의 작품들의 내용과 어휘로 증명된다. 그는 페르시아 사산조의 서쪽 지방(메소포타미아)에 살았다. 22개의 시리아어 알파벳을 다양하게 결합하여 시형으로 배열한 「가르침」*Demonstrationes*에서, 그가 이 작품을 337년(1-10번)과 344년(11-22번)에 저술하였으며, 345년에 23번을 부록으로 덧붙였다는 사실을 추론할 수 있다. 그는 자신이 속해 있던 "계약의 아들들", 곧 금욕집단에 이 작품을 헌정하였다. 그러나 그가 살아 있을 때 누린 드높은 명성을 제외하고, 그가 교직을 맡았는지는 증명되지 않고 있다. 그가 창립자 이름에 따라 마르 마타이라고 불리는 수도원의 주교였다는 1364년에 씌어진 수사본의 난외 어구주석은, 연대기적 이유로 잘못 주해된 것으로 보아야 한다. 이 수도원은 율리아누스 황제(361~363년) 치하의 박해시대에 티그리스 강가에 자리한 모술에서 북동쪽으로 약 8km 떨어진 곳에 세워졌다.

「가르침」의 인기와 중요성은 수많은 번역으로 입증된다. 1-19번은 시리아어 원본을 제외하고 아르메니아어 번역에서, 6번은 게오르기아어 번역에서, 5번과 8번의 단편은 에티오피아어 번역에서 저자가 니시비스의 야고보라는 이름으로 전해진다. 왜냐하면 본문 전승에서 아프라하트는 때때로 야고보라고도 불리기 때문이다. 에티오피아어 번역본은 아마도 시리아어에서 직접 번역된 것이 아니라 아랍어 번역본에서 번역된 것 같다. 이 번역본의 단편들에서는 저자가 에프렘으로 전해진다.

「가르침」은 헬레니즘화된 전통이 아니라 전적으로 유다계 그리스도교 전통에 있는 고대교회의 역사와 신학에 대한 이해를 유일하게 밝혀주고 있다는 점에서 오늘날의 연구에 특별한 의미를 지닌다. 전형적인 시리아어 형태의 찬가와 기도로 늘 내용이 끊어지는 「가르침」의 1-10번에서는 믿음, 영적 생활, 교회의 삶에 관한 주제를 다룬다. 곧, ① 믿음, ② 사랑, ③ 단식, ④ 기도, ⑤ 전쟁, ⑥ 계약의 아들들, ⑦ 회개자들, ⑧ 죽음에서 부활, ⑨ 겸손, ⑩ 목자들에 관하여 다룬다. 「가르침」 5번에서 아프라하트는 다니엘의 묵시적 환시와 연관지어 로마제국에 대한 샤푸르 2세의 전쟁 준비를 공허한 것으로 해석하고 재평가한다. 아프라하트는 「가르침」 7번에서 영혼의 선한 지도자, 참회의 아버지, 의사인 그리스도의 훌륭한 제자라는 것을 증명할 수 있는 교직자가 될 것을 매우 인상깊게 권고한다. 그들에게 맡겨진 과제를 행하지 않는 것은 죄인들을 죽음으로 이끄는 것과 마찬가지이기 때문이다.

「가르침」의 두번째 부분은 정치적으로 완전히 변화된 상황에서 씌었다. 샤푸르 2세는 344년 그리스도인에게는 잔혹한 박해를 시작한 반면, 유다인들에게는 관용정책을 폈다. 이는 메소포타미아에서 많은 유다인 공동체들이 그리스도인들을 논박하는 계기가 되었다. 곧, 유다인들은 하느님께서 그리스도인에 대한 박해를 그저 바라보시기만 하는 반면, 유다인들은 그분께서 선택하신 민족이라는 것을 보여주려고 그들을 박해에서 보호해 주셨다고 주장하였다. 유다인들은 이러한 외적 압박에 대한 비판과 더불어 그리스도교 신앙이 참된 것인지 의구심을 품었다. 이에 대해 아프라하트가 여러 번에 걸쳐 강조하였듯이, 그는 그리스도인들의 믿음을 깊게 하려 하였고 그렇게 해야 했다. 그리스도인들이 박해가 일어나는 동안 괴로움을 겪지 않는 유다교로 개종하는 것을 막기 위하여, 그는 그리스도인들에게 유다인들의 논박이 잘못되었다는 사실을 납득시키는 동시에 유다인들을 논박하는 결정적인 논거를 제시하였다. 그는 그리스도인의 신앙과 유다인 신앙의 신학적·실질적 차이, 곧 ⑪ 할례, ⑫ 과월절, ⑬ 안식일, ⑭ 음식에 대한 판별, ⑮ 한 민족 대신에 여러 민족을 택함, ⑯ 하느님의 아들인 메시아, ⑰ 동정성과 성성(聖性)에 관한 유다인 논박, ⑱ 유다인들은 모이도록 예정되었다는 주장에 대한 논박을 바탕으로 그리스도교는 유다교의 메시아 (사상)의 완성인 반면, 유다교는 예형론적 전 단계로 시대에 뒤졌다는 사실을 명백히 논증하였다. 할례는 세례에서, 과월절은 부활절에서, 율법은 복음에서, 이스라엘 민족은 교회에서 완성되었다. 「가르침」 21번 "박해에 관하여"에서는 그리스도인에 대한 격려 및 유다인들이 자신들의 역사를 오해하고, 구약성서가 증언하듯이 그들의 역사에서 의인들도 박해한 유다인들이 오히려 그리스도인들을 조롱한다고 항변하면서 두번째 부분을 마친다.

「가르침」 14번 "권고에 관하여"에서는 수도 셀레우치아-크테시폰 그리스도인 공동체에 보낸 지방 교회회의의 권고문들을 요약한다. 「가르침」 20번에서는 "가난한 이들의 돌봄에 관하여", 22번에서는 "죽음과 마지막 시대에 관하여", 345년에 부록으로 덧붙여진 23번 "딸기에 관하여"에서는 인간과 함께 계속되는 하느님의 구원사를 말한다. 이러한 구원사에서 유다인들이 먼저 선택되었으나, 그들에 대한 축복은 그리스도의 참된 포도나무로 넘어갔다.

서론과 1.의 서술 참조.
편집본: W. Wright, Lo 1869 (syrTeÜ). – I. Parisot: PS 1/1 (1894); 1/2 (1907) 1-489 (syrTlÜ). – F.M. Esteves Pereira: C. Bezold (ed.), Orientalische Studien 2 (FS T. Nöldeke), Gi 1906, 877-

92 (5 äthiop). – G. Garitte: BeKa 17/18 (1964) 82-7 (6 georg). – G. Garitte: Muséon 77 (1964) 301-66 (6 georgTlÜ). – G. Lafontaine = CSCO 382-383, 405-406, 423-424 (1977-80) (1-19 armenTfÜ). – J.-M. Sauget: Muséon 92 (1979) 61-9 (frgg arab). – T. Baarda: NTS 27 (1981) 632-40 (8 äthiop eÜ).

번역서: 독일어: G. Bert = TU 3,3/4 (1888) (T/K). – P. Bruns = FC 5/1-2 (1991) - 영어: J. Gwynn: NPNF II 13 (1898 = 1969) 343-412 (1, 5, 6, 8, 10, 17, 21, 22). – 불어: M.-J. Pierre = SC 349, 359 (1988-9) (fÜK). – 이탈리아어: G. Ricciotti, Mi 1926. – G. Ricciotti, R o.D. (1, 23).

참고문헌: 사전 항목: A. Vööbus: JAC 3 (1960) 152-5 = RAC.S 4 (1986) 497-506. – G. G. Blum: TRE 1 (1977) 625-35. – R. Lavenant: DPAC I 58-61. – P. Bruns: LThK³ 1 (1993) 802-3.

포괄적 연구서: P. Schwen, Afrahat, seine Person und sein Verständnis des Christentums = XXNSGTK 2 (1907 = 1973).

성서/성서주석: O.E. Evans, Syriac New Testament Quotations in the Works of Aphraates and Contemporary Sources, Leeds 1951. – T. Baarda, The Gospel Quotations of Aphrahat, the Persian Sage. Aphrahat's Text of the Fourth Gospel, Amsterdam 1975. – R.J. Owens, The Genesis and Exodus Citations of Aphrahat, the Persian Sage = MPIL 3 (1983). – K.A. Valavanolickal, The Use of the Gospel Parables in the Writings of Aphrahat and Ephrem, Ffm 1996.

문헌학: E. Hartwig, Untersuchungen zur Syntax des Afraates, L 1893. – L. Haefeli, Stilmittel bei Afrahat dem Persischen Weisen = LLSt NS 5 (1932 = 1968). – A. Vööbus, Methodologisches zum Studium der Anweisungen Aphrahats: OrChr 46 (1962) 25-32. – G. Nedungatt, The Authenticity of Aphrahat's Synodal Letter: OCP 46 (1980) 62-88. – Kh. Samir/P. Yousif, La version arabe de la IIIe Demonstration d'Aphrahat: Actes du IIe Congrès international d'études arabes chrétiennes = OCA 226 (1986) 31-66.

유다교: S. Funk, Die haggadaischen Elemente in den Homilien des Aphraates, W 1891. – F. Gavin, Aphraates and the Jews: JSOR 7 (1923) 95-166. – J. Neusner, Aphrahat and Judaism. The Christian-Jewish Argument in Fourth-Century Iran = StPB 11 (1971). – J.G. Snaith, Aphrahat and the Jews: Mélanges E.I.J. Rosenthal, 1982, 235-50.

성사: E. J. Duncan, Baptism in the Demonstrations of Aphraates the Persian Sage = SCA 8 (1945). – T. Jansma, Aphraates' Demonstration VII §§ 18 and 20. Some observations on the discourse on penance: ParOr 5 (1974) 21-48. – F. Pericoli Ridolfini, I sacramenti negli scritti del Sapiente Persiano: SROC II/3 (1979) 157-71. – F.S. Pericoli Ridolfini, Battesimo e penitenza negli scritti del "Sapiente Persiano": S. Felici (ed.), Catechesi battesimale e riconciliazione nei Padri del IV secolo = BSRel 60 (1984) 119-29.

신학: H.L. Pass, The Creed of Aphraates: JThS 9 (1908) 267-84. – D. Ploij, Der Descensus ad inferos in Aphrahat und den Oden Salomos: ZNW 14 (1913) 212-31. – I. Ortiz de Urbina, Die Gottheit Christi bei Afrahat = OrChr(R) 87 (1933). – A. Vogel, Zur Lehre von der Erlösung in den Homilien Aphraats. Die Deutung der Christuserlösung als Vollendung der alttestamentlichen Heilsgeschichte bei Aphraat, dem Persischen Weisen, Hof 1966. – F. Pericoli Ridolfini, Note sull' antropologia e sull'escatologia del "Sapiente Persiano": SROC I/1 (1978) 5-17; I/2 (1978) 5-16. – F. Pericoli Ridolfini, Problema trinitario e problema cristologica nelle Dimostrazioni del Sapiente Persiano: SROC II/2 (1979) 99-125. – M.-J. Pierre, L'âme ensommeilée et les avatars du corps selon le Sage Persan. Essai sur l'anthropologie d'Aphraate: POC 32 (1982) 233-62; 33 (1983) 104-42. – P. Bruns, Das Christusbild Aphrahats des Persischen Weisen = Hereditas 4 (1990).

1.2. 에프렘

에프렘에게는 "니시비스의" 또는 단지 "시리아인"이라는 덧이름이 붙는다. 그는 시리아 교회에서 가장 많은 작품을 쓴 중요한 인물이며, 그리스도교 시리아 문헌의 사상과 문화를 가장 폭넓게 받아들인 저술가이다. 그는 306년경 니시비스 또는 그 근방의 그리스도교를 믿는 부모에게서 태어났다. 그는 세례를 받은 뒤 아프라하트도 속했던, "계약의 아들들"이라는 금욕단체에 들어갔다. 그는 전통적으로 부제로 불린다. 그가 자신의 스승으로 존경한 니시비스의 첫번째 주교인 야고보(338년 사망)의 재임 시기에 그는 니시비스에서 교사로 활동하였다. 이 시기에 그의 유명한 작품인 「니시비스의 노래」*Carmina Nisibena* 1-34장의 대부분, 찬가 「에덴 동산」*De paradiso*, 「이단 논박」*Contra haereses*, 「신앙론」*De fide*이 저술되었다. 에프렘이 살아 있을 때 니시비스 시는 페르시아인들의 포위를 세 번 (338, 346, 350년)에 걸쳐 용맹스럽게 막아낸 바 있다. 배교자 율리아누스 황제는 니시비스 시를 구하기 위해 페르시아로 출정(363년 4~6월)하였다. 에프렘은 「율리아누스 반박가」와 그 이전에 저술된 「교회찬가」에서, 이 전투의 비참한 결말 (율리아누스는 전투에서 사망하고, 그의 후계자 요비아누스는 니시비스를 페르시아인들에게 넘겨주었다)을 이전의 제신숭배로 되돌아간 율리아누스의 종교정책과 그가 그리스도인에게 취한 조처에 대한 엄하고 공정한 벌이라고 노래하였다. 페르시아인들은 요비아누스와 맺은 평화조약에서 로마제국의 대부분의 국민이 니시비스에서 떠나야 한다고 요구하였다. 이때 에프렘은 364년 에데사로 이주하였다. 그는 373년 6월 9일 죽을 때까지 나머지 10년을 에데사의 성서주석 학교에서 교사로 활동하였다. 많은 문헌의 보고에 따르면 그는 유명한 '페르시아 학파'를 창립하였다고 한다. 그러나 창립 과정에서 그가 어떤 역할을 하였는지는 명료하게 밝혀지지 않고 있다. 그의 많은 작품이 이 시기에 저술되었다고 확언할 수는 없지만, 에데사에 머문 기간에 그는 활발한 저술활동을 한 것 같다. 이 가운데 타티아누스의 「디아테사론 주석」(제3장 2.3.2. 참조)과 아리우스파를 논박하는 「신앙찬가」는 분명히 이 시기에 저술되었다.

에프렘은 시리아어권 밖에도 영향을 미쳤으며 명성이 자자했다. 그 자신은 시리아어로만 작품을 저술하였지만, 그가 생존해 있을 때에 — 이러한 유형에서 유일하게 — 그리스 교회뿐만 아니라 라틴 교회도 그의 사상을 받아들였다. 히에로니무스는 자신의 작품 「유명인사록」(115)에서 에프렘을 다루면서, 그의 작품들이 교회에서 성서봉독 다음에 낭독되었다고 보고한다. 히에로니무스는 성령에 관한 에프렘의 작품을 그리스어 번역본으로 읽었다고 전한다. 교회사가 소조메우스는, 5세기 초 에프렘의 대부분의 작품을 그리스어 번역본으로 갖고 있었다고 증언한다(「교회사」 III 16,4). 물론 에프렘의 그리스어 번역본Ephraem Graecus의 다양한 전승에는 진본이 아닌 작품이 많다. 이러한 사정은 라틴어 본문 전승과 아르메니아어 본문 전승에서도 마찬가지이다. 교황 베네딕도 15세가 1920년 10월 5일 그에게 "교회학자"라는 경칭을 부여한 것은 서방교회에서 실질적인 그의 중요성을 강조한 것이다. 이로써 그는 가장 위대한 교부 대열에 합류하게 되었다(서론 전문 분야로 "교부론" 2. 참조).

에프렘은 주로 매우 예술적인 자신의 신학적·금욕적·전례적 찬가, 운문 형식의 연설들Mēmrē, 아리우스파를 논박하는 「신앙찬가」의 마지막 여섯 찬가(81-87)와 같은 예술적 정점에 달한 노래Madrasche들에서, 또한 마리아의 동정녀 잉태에 관한 표상으로, 하늘의 이슬로 수정되어 조개에서 진주가 생긴다는 전통적 구전을 명상적으로 고찰하여 문학적 명성을 얻었다. 에프렘은 이와 함께 시리아의 전형적·전통적 방식으로 신학을 전개하였다. 시리아의 첫번째 저술가인 바르데사네스가 이미 기초를 놓은 이 방식은 당시에 이미 전성기에 이르렀으며, 시리아 출신의 신학자들 대부분에게 상당한 영향을 미쳤다. 예를 들어 탁월한 위치를 차지하는 인물이 에데사 출신의 선율가 로마누스(560년 사망)이다. 시리아 신학은 개념과 추론적 논증이 아니라, 본디 그리스 교회에서 많이 사용되지 않지만 라틴 교회가 선호하는 시, 노래, 기도의 형태에서 가장 잘 표현되는 사건, 표상, 상징들로 전개되었다. 이러한 사고방식이 에프렘 신학의 특징이다. 그는 철학적·합리적 사고로 하느님을 이해하려는 노력을 모든 신학적 오류의 근원으로 여겼다. 따라서 그는 표상, 상징과 더불어 하느님을 깨닫게 하는 두 "계시서", 곧 성서와 창조물로 하느님을 인식하려 하였다. 이때문에 에프렘은 그리스도론에서는 그리스도에 관한 성서의 명칭(왕, 목자, 신랑, 의사)을, 삼위일체론에서는 자연(해, 불, 빛, 열, 나무와 열매인 아버지와 아들)을 바탕으로 삼았다. 그는 구원론에서 에덴 동산을 노아의 방주와 시나이 산과 비교하였으며, 구원은 "나무에서 나무로 가는 길"(에덴 동산의 나무에서 그리스도의 십자가로 가는 길)로 묘사하였다. 확실히 이러한 표상어는 그리스 교부와 서방 교부에게서도 나타나지만, 에프렘은 풍부한 표상어와 시적 특성을 주로 신학을 전개하는 데 사용한다는 점에서 다른 교부들을 훨씬 능가한다.

더 나아가 마르치온, 마니, 바르데사네스에 대한 다섯 편의 논박, 강해, 편지가 증명하듯이, 에프렘은 예술성이 뛰어난 시리아 산문의 대가이다.

서론과 1.의 서술 참조.

참고문헌 목록: M. Roncaglia, Essai de bibliographie sur saint Éphrem: ParOr 4 (1973) 343-70. – K. Samir, Compléments de bibliographie éphremienne: ebd. 371-91.

편집본: 디아테사론/성서주석: L. Leloir, Commentaire de l'Évangile Concordant = CSCO 137, 145 (1953-4) (armenTlÜ). – R.M. Tonneau, *In Genesim et Exodum commentarii* = CSCO 152-3 (1955) (syrTlÜ). – L. Leloir, Commentaire de l'Évangile concordant. Texte syriaque (Ms Chester Beatty 709), Dublin 1963. – G.A. Egan, An Exposition of the Gospel = CSCO 291-2 (1968) (armenTeÜ). – L. Leloir, Commentaire de l'Évangile Concordant. Texte Syriaque (Manuscrit Chester Beatty 709). Folios Additionels = CBM 8 (1990) (syrTlÜ).

찬가와 설교: Th.J. Lamy, *Hymni et sermones*, 4 vol., Mecheln 1882-1902 (syrTlÜ). – E. Beck, Hymnen *De fide* = CSCO 154-5 (1955) (syrTdÜ). – E. Beck, Hymnen Contra haereses = CSCO 169-70 (1957) (syrTdÜ). – E. Beck, Hymnen *De paradiso* und *Contra Julianum* = CSCO 174-5 (1957) (syrTdÜ). – E. Beck, Hymnen *De nativitate (Epiphania)* = CSCO 186-7 (1959) (syrTdÜ). – E. Beck, Hymnen *De ecclesia* = CSCO 198-9 (1960) (syrTdÜ). – E. Beck, *Sermones de fide* = CSCO 212-3 (1961) (syrTdÜ). – E. Beck, *Carmina Nisibena* = CSCO 218-9, 240-1 (1961-3) (syrTdÜ). – L. Mariès/Ch. Mercier, Hymnes conservées en version arménienne = PO 30/1 (1961) (armenTlÜ). – E. Beck, Hymnen *De virginitate* = CSCO 223-4 (1962) (syrTdÜ). – E. Beck, Hymnen *De ieiunio* = CSCO 246-7 (1964) (syrTdÜ). – E. Beck, Paschahymnen = CSCO 248-9 (1964) (syrTdÜ). – E. Beck, *Sermo de Domino nostro* = CSCO 270 271 (1966) (syrTdÜ). – E. Beck, *Sermones* = CSCO 305-6, 311-2, 320-1, 334-5 (1970-3) (syrTdÜ). – Ch. Renoux, Mēmrē sur Nicomédie = PO 37 (1975) (syr/armenTfÜ).

그밖의 작품: C.W. Mitchell/A.A. Bevan/F.C. Burkitt, S. Ephraim's Prose Refutations of Mani, Marcion, and Bardaisan, 2 vol., Lo 1912-21 = Farnborough 1969 (syrTeÜ). – S.P. Brock, Letter to Publius: Muséon 89 (1976) 261-305 (syrTeÜ). – B. Outtier, Textes arméniens relatifs à S. Éphrem = CSCO 473-4 (1985) (armenTfÜ).

친저성이 의심되는 작품: E. Beck, Hymnen auf Abraham Kidunaya und Julianos Saba = CSCO

322-3 (1972) (syrTdÜ). – E. Beck, Nachträge = CSCO 363-4 (1975) (syrTdÜ). – E. Beck, *Sermones in Hebdomadam Sanctam* = CSCO 412-3 (1979) (syrTdÜ).

생애: Lamy II 3-89 (syrTlÜ). – Ps-Gregor v. Nyssa: PG 46, 819-50 (gTlÜ). – Symeon Metaphrastes: PG 114, 1253-68 (gTlÜ). – G. Garitte, Vies géorgiennes de S. Symeon Stylite l'ancien et de S. Éphrem = CSCO 171-2 (1957) (georgTlÜ). – J. P. Amar, A Metrical Homily on Holy Mar Ephrem by Mar Jacob of Sarug = PO 47/1 (1995) (syrTeÜ).

번역서: 독일어: P. Zingerle, 3 vol. = BKV¹ (1870-6). – O. Bardenhewer/A. Rücker, 2 vol. = BKV² 37, 61 (1919-28). – E. Beck, Lobgesang aus der Wüste, F 1967. – E. Beck, Brief an Hypatios: OrChr 58 (1974) 76-120 (ÜK). – E. Beck, Rede gegen eine philosophische Schrift des Bardaisan: OrChr 60 (1976) 24-68 (dÜK). – S. Euringer/A. Rucker/W. Cramer, Ausgewählte Nisibenische Hymnen = SKV 10 (1984). – E. Beck, Der syrische Diatessaronkommentar: OrChr 67 (1983) 1-31; 73 (1989) 1-37; 74 (1990) 1-24; 75 1991) 1-15; 76 (1992) 1-45; 77 (1993) 104-119 (dÜK).

영어: J. Gwynn, Selections from the Hymns and Homilies: NPNF II 13 (1898 = 1969) 113-341. – S. P. Brock, The Harp of the Spirit. Eighteen Poems of Saint Ephrem, Lo 1983. – S.N.C. Lieu/J. M. Lieu, The Emperor Julian. Panegyric and Polemic, Liverpool ²1989, 87-128 (ÜK). – K.E. McVey, Hymns, NY - Mahwah/NJ 1989. – S. Brock, Hymns on Paradise, Crestwood/NY 1990. – C. McCarthy, Commentary on Tatian's Diatessaron. An English Translation of Chester Beatty Syriac MS 709 with Introduction and Notes = JSSt.S 2 (1993).

프랑스어: L. Leloir, Commentaire de l'Évangile Concordant ou Diatessaron = SC 121 (1966). – R. Lavenant, Hymnes sur le paradis = SC 137 (1968). – P. Fhégali/C. Navarre, Les chants de Nisibe, P 989. – G.A. M. Rouwhorst, Les hymnes pascals d'Éphrem de Nisibe = SVigChr 7/2 (1989). – D. Cerbelaud/A.-G. Hamman, Hymnes sur les Azymes, sur la Crucifixion, sur la Résurrection = CPF 58 1995).

이탈리아: G. Ricciotti, Inni alla Vergine, R 1925.

라틴어: E. Beck, Hymnen über das Paradies = StAns 26 (1951) (ÜdK).

보조자료: F.C. Burkitt, S. Ephraim's Quotations From the Gospel = TaS 7/2 (1901). – L. Leloir, L'Évangile d'Éphrem d'après les œuvres édités. Recueil des textes = CSCO 180 (1958). – G.A. Egan, An Analysis of the Biblical Quotations of Ephrem in "An Exposition of the Gospel" (Armenian Version) = CSCO 443 (1983).

편찬서: XVIe Centenaire de Saint Éphrem (373-1973) = ParOr 4 (1973).

참고문헌: 사전 항목/각론서 항목: E. Beck/D. Hemmerdinger-Iliadou/J. Kirchmeyer: DSp 4/1 (1960) 788-822. – E. Beck: RAC 5 (1962) 520-31. – L. Leloir: DHGE 15 (1963) 590-7. – R. Murray: TRE 9 (1982) 755-62. – F. Rilliet: DPAC I 1103-7. – A. de Halleux: GK 1 (1984) 284-301. – W. Cramer: LThK³ (1995) 708-10.

입문서: B. Outtier, Saint Éphrem d'après ses biographies et ses œuvres: ParOr 4 (1973) 11-33. – A. de Halleux, Mar Ephrem, théologien: ParOr 4 (1973) 35-54. – A. de Halleux, Saint Éphrem le Syrien: RTL 14 (1983) 328-55.

인간학/우주론/영성: W. Cramer, Die Engelvorstellungen bei Ephräm dem Syrer = OCA 173 (1965). – N. El-Khoury, Die Interpretation der Welt bei Ephraem dem Syrer, Mz 1976. – E. Beck, Ephräms des Syrers Psychologie und Erkenntnislehre = CSCO 419 (1980). – T. Bou Mansour, La liberté chez Éphrem le Syrien: ParOr 11 (1983) 89-156; 12 (1984-85) 3-89. – S.P. Brock, The Luminous Eye. The Spiritual World Vision of Saint Ephrem, R 1985 = CistSS 124

(1992) (f Bégrolles-en-Mauges 1991). – T. Bou Mansour, La pensée symbolique de saint Éphrem le Syrien = BUSE 16 (1988).

성서/디아테사론론: L. Leloir, Doctrines et méthodes de S. Éphrem d'après son Commentaire de l'Évangile Concordant (Original syriaque et version arménienne) = CSCO 220 (1961). – St. Hidal, Interpretatio Syriaca. Die Kommentare des heiligen Ephram des Syrers zu Genesis und Exodus mit besonderer Berücksichtigung ihrer auslegungsgeschichtlichen Stellung = CB.OT 6 (1974). – T. Kronholm, Motifs from Genesis 1-11 in the genuine Hymns of Ephrem the Syrian, with particular reference to the influence of jewish exegetical tradition = CB.OT 11 (1978). – W.L. Petersen, The Diatessaron and Ephrem Syrus as Sources of Romanos the Melodist = CSCO 475 (1985). – K.A. Valavanolickal, The Use of the Gospel Parables in the Writings of Aphrahat and Ephrem, Ffm 1996.

역사: A. Vööbus, Literary, Critical and Historical Studies in Ephrem the Syrian, Stockholm 1958. – E. Beck, Ephräms Polemik gegen Mani und die Manichäer im Rahmen der zeitgenössischen griechischen Polemik und der des Augustinus = CSCO 391 (1978).

성사: G. Saber, La théologie baptismale de Saint Éphrem. Essai de théologie historique, Kaslik 1974. – E. Beck, Dōrea und Charis. Die Taufe. Zwei Beiträge zur Theologie Ephräms des Syrers = CSCO 457 (1984). – P. Yousif, L'eucharistie chez saint Éphrem de Nisibe = OCA 224 (1984).

신학: E. Beck, Die Theologie des hl. Ephraem in seinen Hymnen über den Glauben = StAns 21 (1949). – E. Beck, Ephraems Reden über den Glauben. Ihr theologischer Lehrgehalt und ihr geschichtlicher Rahmen = StAns 33 (1953). – J. Martikainen, Das Böse und der Teufel in der Theologie Ephraems des Syrers, Åbo 1978. – E. Beck, Ephräms Trinitätslehre im Bilde von Sonne/Feuer, Licht und Wärme = CSCO 425 (1981). – J. Martikainen, Gerechtigkeit und Güte Gottes. Studien zur Theologie von Ephraem dem Syrer und Philoxenos von Mabbug = GOF.S 20 (1981). – G.A.M. Rouwhorst, Les hymnes pascals d'Éphrem de Nisibe. Analyse théologique et recherche sur l'évolution de la fête pascale chrétienne à Nisibe et à Edesse et dans quelques Églises voisines au quatrième siècle = SVigChr 7/1 (1989).

2. 콥트어 문헌

'콥트'라는 말은 그리스어 *aíγύπτος*를 모방한 아랍어 '콥티'qobti에서 유래된 이집트어를 뜻한다. 따라서 콥트어는 이집트어이다. 이집트어의 가장 오래된 형태, 곧 고대 이집트 제관들이 사용한 성무자는 기원전 8세기까지 상형문자 또는 성문자의 이탤릭체였다. 이 언어는 기원전 8세기에 문자가 없어지거나 결합됨으로써 민중어(= *δῆμος* 민중), 곧 통속어로 발전되었으며, 기원전 3세기까지 사용되었다. 기원전 4세기부터 프톨레메우스 왕조 치하에서 그리스 문화와 언어가 이집트에 상당한 영향을 미쳐, 콥트어는 그리스어 알파벳과 그리스어의 많은 외래어를 받아들였다. 콥트어는 민중어 7개의 자모[샤이(schâi: sch), 파이(fâi: f), 카이(châi: h; 보하리어에서만 사용), 호리(hori: h), 쟌자(dschandscha: 강-dsch), 키이마(Kjima: 연-dsch), 티(ti)]에 그리스어 알파벳 24 자모(고대 후기의 대문자 형태의 알파에서 오메가까지)를 받아들여 31자모의 알파벳으로 이루어져 있다.

콥트어에는 두 개의 주요 방언, 곧 상부 이집트에서 사용된 사히드어Sahidisch와 하부 이집트에서 사용된 보하리어Boharisch가 있다. 그밖에 8개의 지역 방언이 있는데, 예를 들면 상부 이집트에서는 아흐미미어Achmimisch가, 중부 이집트에는 파후미어Faijumisch와 멤피스어Memphitisch가 사용되었다. 기원후 3세기에서 8세기까지 널리 사용된 문학어는 사히드어였으며, 9세기에서 12세기까지는 보하리어였다. 10세기부터는 아랍어가 이집트 민중어인 콥트어를 완전히 밀어 젖혀, 콥트어는 콥트 교회의 전례어로만 존속한다.

콥트어 문헌은 주로 번역 작품이다. 콥트어로 번역된 최초의 본문들, 곧 구약성서와 신약성서의 번역본, 영지주의 작품과 고대 후기 이집트의 종교적 계시론과 비교(秘教)에 관한 작품들은 기원후 4세기에 번역된 것으로 추정된다. 이 작품들에 관해서는 특히 나그 함마디의 영지주의 도서관이 유명하다(제3장 5.2.1.1. 참조). 그 뒤에 그리스어로 씌어진 수도 문헌, 영적-도덕적 문헌, 강해서들이 번역되었다. 이 가운데 사르데스의 멜리토의 「과월절 설교」가 유명하다(제3장 3. 참조). 칼 슈미트Carl Schmidt가 1930년 메디네트 마디에서 발견한 콥트어 마니교 문서의 많은 부분은 유감스럽게도 제2차 세계대전 때 소실되었다.[1]

콥트어로 씌어진 최초의 문헌은 이집트 수도제도와 관련하여 생겨났다. 안토니우스(251~356년; 「안토니우스의 생애」: 제8장 4. 참조)의 편지들 가운데 단편만이 콥트어 원

---

[1] C. Schmidt/H. Polotsky, Ein Mani-Fund in Ägypten. Originalschriften des Mani und seiner Schüler. Mit. einem Beitrag von H. Ibscher = SPAW.PH 1933/1; H.H. Schaeder: Gn. 9 (1033), 337-62쪽; A. Böhlig, Die Bedeutung der Funde von Medinet Madi und Nag Hammadi für die Erforschung des Gnostizismus: A. Böhlig/Ch. Markschies, Gnosis und Manichäismus. Forschungen und Studien zu Texten von Valentin und Mani sowie zu den Bibliotheken von Nag Hammadi und Medinet Madi = BZNW 72 (1994), 113-242쪽 참조. 참고문헌 목록: M. Tardieu, Études manichéennes. Bibliographie critique 1977-1986, Teheran - P 1988; G. B. Mikkelsen, *Bibliographia Manichaica*. A Comprehensive Bibliography of Manichaeism through 1996, Tü 1997 참조.

본으로 남아 있지만, 7통의 완전한 편지는 게오르기아어와 아랍어 번역으로 남아 있다. 그밖에 아랍어로 전해지는 13통의 편지는 그의 제자들이 쓴 것이다. 이집트 공주(共住) 수도제도의 아버지인 파코미우스의 생애와 작품들은 이미 고대 그리스도교 수도규칙서와 관련하여 다루었다(제8장 2.1. 참조). 익명의 저자가 아마도 5세기 초에 사막의 아버지들과 어머니들(그 가운데 세 명의 여성이 있다)의 영적 가르침과 일화들을 모은 「교부들의 단화」*Apophtegmata Patrum*는 4세기와 5세기 독수도자들의 삶과 사상을 반영한다. 또한 394/95년 일군의 팔레스티나 수도자들의 이집트 여행에 관한 허구적 보고인 「이집트 수도자들의 역사」*Historia monachorum in Aegypto*(이 작품은 팔라디우스의 「라우시아카 역사」*Historia Lausiaca*와 자주 혼동된다) 및 오노프리우스의 제자 파프누티우스가 저술한 「성 오노프리우스의 생애」는 언급할 가치가 있다.

알렉산드리아의 총대주교 베드로(300~311년), 알렉산더(311~328년), 아타나시우스(328~373년)(제5장 4. 참조), 테오필루스(385~412년)의 설교, 편지(특히 매년 발표하는 부활축일 서간), 교리문답서 및 알렉산드리아의 치릴루스(412~444년)(제10장 1. 참조)의 설교, 성서주석, 찬가들이 콥트어로 남아 있다. 그밖에 외경 복음서들, 이와 관련된 문헌들, 그 가운데 400년경에 저술된 「목수 요셉의 이야기」, 사도행전, 묵시록 및 수많은 콥트 순교자 성인전기들이 콥트어로 씌었다.

콥트 교회와 가톨릭 제국교회의 분열을 초래한 칼체돈 공의회(451년) 신경의 수용을 둘러싼 논쟁 때문에 교의서와 논쟁서들이 저술되어 콥트어 문헌은 다시 한번 전성기를 맞게 된다. 그렇지만 이 전성기는 곧(750년부터) 이슬람교도인 아랍인들의 침입으로 끝났다. 이때부터 콥트어는 일반적으로 교회의 전례서에서만 사용되었다.

서론의 서술 참조.

참고문헌 복톡: Coptic Bibliography (CoptBibl), R. – Coptic Bibliography. Supplement (CoptBibl.S), R. – W. Kammerer with the collaboration of E. Mullet Husselmann and L.A. Shier, A Coptic Bibliography, Ann Arbor 1950.

사전: W.E. Crum, A Coptic Dictionary, O 1939 = 1972. – R. Kasser, Compléments au Dictionnaire Copte de Crum = PIFAO.BEC 7 (1964). – W. Westendorf, Koptisches Handwörterbuch, Hei 1965-77. – G. Roquet, Toponymes et lieux-dites égyptiens enregistrés dans le dictionnaire copte de W.E. Crum = PIFAO.BEC 10 (1973). – J. Černy, Coptic

Etymological Dictionary, C u. a. 1976. – R. Smith, A Concise Coptic-English Lexicon, Grand Rapids 1983. – W. Vycichl, Dictionnaire Etymologique de la langue copte, Lou 1983.

문법서: G. Steindorff, Koptische Grammatik mit Chrestomathie, Wörterverzeichnis und Literatur, B ²1904 = 1979. – W.C. Till, Koptische Grammatik (Saidischer Dialekt). Mit Biographie, Lesestücken und Wörterverzeichnissen, L ²1961 = 1978. – T. Orlandi, Elementi di lingua e letteratura copta. Corso di lezioni universitarie, Mi 1970. – H.J. Polotsky, Collected Papers, Gerusalemme 1971. – C.C. Walters, An Elementary Coptic Grammar of the Sahidic Dialect, O 1972. – J. Vergote, Grammaire Copte, 2 vol., Lou 1973-83. – T.O. Lambdin, Introduction to Sahidic Coptic, Mâcon/GA 1982. – T. Orlandi, Elementi di grammatica copto-saidica, R 1983.

백과사전: The Coptic Encyclopedia, 8 vol., NY u. a. 1991.

잡지: Enchoria. Zeitschrift für Demotistik und Koptologie, Wi. – Journal of Coptic Studies, R. – Kēmi. Revue de philologie et d'archéologie égyptiennes et coptes, P.

총서: Cahiers de la Bibliothèque Copte (CBCo), Lou. – Coptic Studies (CoptSt), Lei.

총론서: Atti dei Congressi internazionali degli studi copti I = CoptSt 1 (1978), NHS 14 (1978), Enchoria 8 (1978); II (R 1985); III (Warschau 1990); IV (Lou 1992); V/1-2,2 (R 1993). – B.A. Pearson/J. E. Goehring (ed.), The Roots of Egyptian Christianity, Ph 1986. – A. Camplani (ed.), L'Egitto cristiano. Aspetti e problemi in età tardoantica = SEAug 56 (1997).

참고문헌: 사전 항목: E. O'Leary: DACL 9/2 (1930) 1599-1635. – M. Krause: LÄ 3 (1980) 694-728. – T. Orlandi: DPAC I 774-80. – M. Krause/K. Hoheisel: RAC.S 1/2 (1985) 14-88. – M. Krause: LThK³ 6 (1997) 360-2.

문헌사: F. Pericoli Ridolfini, Letteratura copta: O. Botto (ed.), Storia delle letterature d'Oriente I, Mi 1969, 765-800. – S. Morenz, Die koptische Literatur: HO I/2 (²1970) 239-50. – T. Orlandi, La Patrologia copta: A. Quacquarelli (ed.), Complementi interdisciplinari di Patrologia, R 1989, 457-502.

연구서: C.D.G. Müller, Die alte koptische Predigt, Hei 1954. – Th. Baumeister, Martyr invictus. Der Martyrer als Sinnbild der Erlösung in der Legende und im Kult der frühen koptischen Kirche, Ms 1972. – C.W. Griggs, Early Egyptian Christianity from its origins to 451 C.E. = CoptSt 2 (1990). – A. Grillmeier unter Mitarbeit von Th. Hainthaler, Jesus der Christus im Glauben der Kirche 2/4: Die Kirche von Alexandrien mit Nubien und Äthiopien nach 451, F - Ba - W 1990.

아트리페의 셰누테

콥트어로 저술활동을 한 사람들 가운데 가장 중요하고, 가장 많은 작품을 쓴 사람은 아크밈(상부 이집트) 근처 아트리페 수도원의 아빠스인 셰누테이다. 이 수도원은 그의 이름에 따라 "셰누테 수도원"(데이르 안바 셰누다)으로 불렸으며, 오늘날에는 "백색의 수도원"(데이르 엘 아비아드)이라고 부른다. 셰누테의 생애에 관한 자료는 별로 남아 있지 않다. 몇 안 되는 자료도 모두 콥트어 문헌으로만 전해지며, 그리스어 문헌에는 그에 관한 기록이 없다. 알렉산드리아의 치릴루스를 수행하여 참석한 에페소 공의회(431년)에서 행한 설교에서, 그는 60년전부터 성서를 끊임없이 읽고, 43년전부터 성서를 전하였다고 한다. 이는, 그가 371년부터 수도자였으며 388년부터 수도원장이었음을 뜻한다. 그의 제자이자 후계자로 "백색의 수도원"의 아빠스인 베사가 쓴 「생애」에 따르면(베사의 편지와 설교들도 남아 있다) 셰누테는 아크밈 근처의 셰나롤레트 마을에서 소작인의 아들로 태어났으며, 어릴 적에 양을 치는 목동이었다. 그는 이미 어렸을 때(360년경) 외삼촌 피올Pjol이 세우고 지도한 아트리페의 수도원에 들어갔으며, 외삼촌이 385년경 죽자 그의 뒤를 이어 수도원장이 되었고, 118세의 나이로 7월 7일(오늘날 그의 축일)에 숨을 거두었다고 한다. 15년 주기로 연도를 계산하는[2] 베사는 자신의 글에서 셰누테의 사망 연도가 451/52년 또는 466년이라고 진술한다. 그렇지만 셰누테가 자신의 작품에서 칼체돈 공의회(451년) 바로 다음에 죽은 네스토리우스보다 몇 년 더 살았다고 한 여러 진술에서 유추할 수 있듯이, 그는 틀림없이 466년 7월 7일에 사망하였다. 이를 바탕으로 그의 출생연도를 348년으로 산정할 수 있다. 그러나 "백색의 수도원"에 있는 비문에는 그의 출생연도가 348년으로, 사망연도는 454년으로 기록되어 있다.

셰누테는 엄격한 규정에 바탕하여 큰 발전을 이룬 아트리페 수도원(이곳에 남자들과 여자들이 거주하는 집이 있었다)에서 수도자들의 지도를 자신의 삶의 주요 과제로 삼았다. 더 나아가 그는 주위에 사는 사람들을 위해서도 헌신적으로 활동하였다. 그는 5세기의 경제위기에서 그들이 살아남도록 도왔으며, 그들을 유목민들의 약탈과 대지주들의 착취로부터 지켜 주었다. 그는 자신이 활동한 지역을 넘어서 교회와 국가기관의 조언자로도 활동하였다.

셰누테가 남긴 문학적 유산(수도자들에 대한 설교의 종교교육, 다양한 문제로 교회와 국가 관청과 주고받은 편지, 네스토리우스주의, 영지주의, 오리게네스주의에 관한 신학적 논문, 멜리티우스파와 이교인을 논박하는 신학적 논문)은 그의 폭넓은 활동과 중요성을 반영한다. 작품들의 복잡한 전

---

[2] 디오클레티아누스 황제가 297년 실시한 조세주기. 이 주기는 처음에는 5년이었지만 315년부터는 15년이었다. 교황 펠라기우스 2세(584년)는 이 주기를 교황청 행정에 도입하였다.

승상황과 편집상황에 바탕을 둘 경우, 작품들에 대한 포괄적인 문헌적·신학적 평가는 이제 걸음마 수준이다. 전체적으로 볼 때 세누테는 알렉산드리아의 그리스도론, 철저한 정통신앙, 모든 형태의 이교, 이단, 분열에 대한 교회의 외적 규율 및 엄격한 도덕, 경건, 금욕을 열렬히 옹호한 인물인 것 같다. 그가 자신의 작품들에 그리스의 정신적·사상적 자산을 결코 받아들이지 않았다는 소견은 더 이상 근거가 없다.

서론과 2.의 서술 참조.

참고문헌 목록: P.J. Frandsen/E. Richter Aerøe, Shenoute: A Bibliography: D.W. Young (ed.), Studies in honour of H.J. Polotsky, East Gloucester/MA 1981, 147-76.

편집본: H. Guerin, Sermons inédits de Senouti: RdE 10 (1902) 148-64; 11 (1905) 15-34. – J. Leipoldt/E.W. Crum = CSCO 41, 42, 73 (1906-13) (*Vita et opera*). – E.C. Amélineau, 2 vol., P 1907-14 (*Opera* koptTfÜ). – É. Chassinat, Le quatrième livre des entretiens et épîtres de Shenouti = MIFAO 23 (1911). – P. Du Bourguet, Entretien de Chénouté sur les devoirs des juges: BIFAO 55 (1955) 85-109. – K.H. Kuhn, Letters and Sermons of Besa = CSCO 157-8 (koptTeÜ). – P. Du Bourguet, Entretien de Chénouté sur des problèmes de discipline ecclésiastique et de cosmologie: BIFAO 57 (1958) 99-142. – K.H. Kuhn, Pseudo-Shenoute on Christian Behaviour = CSCO 206-7 (1960) (koptTeÜ). – P. Du Bourguet, Diatribe de Chénouté contre le démon: BSAC 16 (1961) 17-72 (syrTfÜK). – K. Koschorke/S. Timm/F. Wisse, Schenute, De certamine contra diabolum: OrChr 59 (1975) 60-77. – G. Colin = CSCO 444-5 (1982) (*Vita* äthiopTfÜ). – T. Orlandi, R 1985 (*Contra Origenistas* TiÜ).

번역서: H. Wiesmann = CSCO 96, 108, 129 (1931-51) (*Vita et opera* lÜ). – D.N. Bell = CistSS 73 (1983) (*Vita* eÜ).

참고문헌: 사전 항목: T. Orlandi: DPAC II 3110 s. – K. H. Kuhn: The Coptic Encyclopedia 7 (1991) 2131-3. – H.R. Drobner: BBKL 9 (1995) 153-4.

연구서: J. Leipoldt, Schenute von Atripe und die Entstehung des national ägyptischen Christentums = TU 25/1 (1903). – J.F. Bethune-Baker, The Date of the Death of Nestorius: Schenute, Zacharias, Evagrius: JThS 9 (1908) 601-5. – L.Th. Lefort, Catéchèse christologique de Chenoute: ZÄS 80 (1955) 40-55. – H.-F. Weiss, Zur Christologie des Schenute von Atripe: BSAC 20 (1969/70) 177-209.

3. 에티오피아어 문헌

루가의 사도행전(8,27-39)에 따르면, 에티오피아인의 첫번째 개종과 세례는 이미 사도 필립보에 의해 이루어졌다. 이 에티오피아인은 예루살렘 순례여행을 마치고 돌아가는 에티오피아의 여왕 칸다케의 궁전 내시로 디아스포라 유다인이었다(당시 에티오피아 제국의 수도인 악숨은 위도 14도 위쪽에 있었으며, 오늘날의 수도 아디스 아바바에서 북쪽으로 600km쯤 떨어져 있었다). 몇 세기 뒤에 로마제국과 에티오피아의 상업관계를 토대로 상업 식민지에 그리스도교의 첫 공동체가 형성되었다. 그러나 에티오피아에 대한 실질적인 선교는 4세기 중엽부터 두 명의 시리아 평신도인 프루멘티우스와 아이데시우스 형제가 에자나 왕과 세아자나 왕을 개종시킴으로써 이루어졌다(루피누스, 「교회사」 1(X) 9-10 참조). 프루멘티우스가 얼마 뒤 이웃한 지역의 총대주교인 아타나시우스에 의해 알렉산드리아에서 주교품을 받았기 때문에, 에티오피아 교회는 이때부터 1959년까지 알렉산드리아 관할권 아래에 있었다.

에티오피아어는 셈어에 속하여, 고대 남부 아랍어에서 유래한 고유한 알파벳을 갖고 있다. 그러나 오른쪽에서 왼쪽으로, 왼쪽에서 오른쪽으로 한 줄씩 바꾸어 가면서 쓰는 고대 남부 아랍어인 부스트로페돈bustrophedon과 달리 에티오피아어는 왼쪽에서 오른쪽으로만 쓴다. 알파벳은 본디 30개의 자음이었으나 4세기 초에 모음부호가 추가되었다. 에티오피아어의 모음부호는 다른 셈어(히브리어, 시리아어)처럼 문자 위나 밑에 점으로 표시하는 대신에, 하나의 자음이 모음에 따라 일곱 가지로 변화한다. 이 변화로 뒤에 어떤 모음이 오는지를 알 수 있다. 따라서 자음과 모음이 고유한 부호로 표시된다. 후대에 변화된 다른 형태가 이중모음을 표시하기 위하여 첨가되었다. 고대 그리스도교 문헌은 에티오피아어의 고전적 형태인 이른바 '게에즈'Ge'ez로 썼다.

그리스도교 에티오피아어 문헌도 일반적으로 작품의 범위가 비교적 좁은 번역서이다. 제국이 그리스도교화되자마자 그리스어 성서가 번역되기 시작되었다. 그러나 단기간에 번역된 것이 아니라 7세기 후반기에 이르러서야 완결되어 성서 해석에 상당한 차이점이 나타난다. 그밖에 다음과 같은 작품들이 번역되었다.

　구약성시와 신약성시의 외경, 곧 「희년서」, 「에녹서」, 「에스라의 묵시록」, 「이사야 승천기」, 에데사 왕 압가르와 예수의 외경 서신교환(제1장 4.1.과 여론 2.3. 참조), 「베드로의 묵시록」, 「헤르마스의 목자」(제1장 5.2. 참조).
- 로마의 히폴리투스(제3장 5.3.2. 참조)의 「적 그리스도에 대한 논증」.
- 파코미우스의 수도규칙서(제8장 2.1.1. 참조), 은수자 「바울로의 생애」, 이집트

수도자들의 아버지인 「안토니우스의 생애」(제8장 4. 참조)와 같은 수도 문헌.

- 콘스탄티아(살라미스)의 에피파니우스(제7장 2. 참조)의 작품으로 여겨지는 「자연과학자」*Physiologus*. 4세기에 씌어진 이 작품은 자연의 상징을 다루며, 수많은 개작과 번역으로 그리스도교 예술에 상당한 영향을 미쳤다.

- 요한 크리소스토무스의 강해들.

- 알렉산드리아의 치릴루스가 쓴 29편의 반네스토리우스 작품 모음집. 이 모음집은 치릴루스의 두 작품, 곧 테오도시우스 황제와 그의 두 여동생인 아르카디아와 마리나에게 보낸 「참된 신앙에 관한 변론」과 대화록 「그리스도가 하나라는 것」*Quod unus sit Christus*으로 시작하며, 쿼렐로스(Qērellos: 키릴로스)라는 제목으로 전해진다. 모음집의 나머지는 네스토리우스를 논박하는 여러 저자들의 강해이다.

- 이슬람교가 에티오피아 제국을 점령함으로써 국어 게에즈는 8세기부터 사라지기 시작하였으며, 전례어, 교회 용어, 교회 문헌에서만 존속한다.

서론의 서술 참조.

편집본: B.M. Weischer, Qērellos I-IV.3, A - Wi 1973-93.

사전: Ch.F.A. Dillmann, *Lexicon Linguae Aethiopicae cum indice Latino*, L 1865 = NY 1955 = Osnabrück 1970. – S. Grébaut, Supplément au *Lexicon linguae aethiopicae* d'August Dillmann (1865) et édition du Lexique de Juste d'Urbin (1850-1855), P 1952. – G. da Maggiora, Vocabolario etiopico-italiano-latino ad uso dei principianti, Asmara 1953. – W. Leslau, Comparative Dictionary of Ge'ez (Classical Ethiopic). Ge'ez-English/English- Ge'ez, with an index of the Semitic Roots, Wi 1987.

문법서: A. Dillmann, Grammatik der äthiopischen Sprache, L ²1899 = Graz 1959. – A. Dillmann/C. Bezold/J.A. Crichton, Ethiopic Grammar, Lo 1907 = Amsterdam 1974. – M. Chaîne, Grammaire éthiopienne, Beirut 1907. – C. Conti Rossini, Grammatica elementare della lingua etiopica, R 1941. – T.O. Lambdin, Introduction to Classical Ethiopic (ge'ez) = HSSt 24 (1978).

잡지: Annales d'Éthiopie (AEt), P - Addis Ababa. – Journal of Ethiopian Studies (JEtS), Addis Ababa. – Rassegna di studi etiopici (RSEt), R.

참고문헌: 사전 항목: G. Lanczkowski: JAC 1 (1958) 134-53 = RAC.S 1/2 (1985) 94-134. – F. Heyer: TRE 1 (1977) 572-96. – O. Rainieri: DPAC I 1251-61. – G. Fiaccadori: LThK³ 1 (1993) 1149-54.

각론서: I. Guidi, Storia della letteratura etiopica, R 1932. – E. Cerulli, La letteratura etiopica, Florenz - Mi ³1968. – L. Ricci, Letterature dell'Etiopia: O. Botto (ed.), Storia delle letterature dell'Oriente I, Mi 1969, 801-911.

역사 연구서: H. Brakmann, *TO ΠΑΡΑ ΤΟΙC ΒΑΡΒΑΡΟΙC ΕΡΓΟΝ ΘΕΙΟΝ*. Die Einwurzelung der Kirche im spätantiken Reich von Aksum, Bn 1994.

4. 아르메니아어 문헌

소-카우카수스의 남쪽과 북서 이란에 걸쳐 있는, 곧 오늘날 동-소아시아 지역에서 사용된 아르메니아어(인도 게르만어에 속하며 페르시아어와 유사함)와 문화는 기원전 7세기에 아르메니아(트라코-프리기아) 민족이 서쪽에서 이주할 때로 거슬러올라간다. 사도 유다 타대오와 바르톨로메오가 아르메니아를 선교하였다는, 5세기에 이르러서야 알려진 전승의 역사성은 불확실하다. 그렇지만 아르메니아 그리스도인들에 관한 개별적인 언급은 이미 2세기 말부터 나타나며, 체사레아(카파도키아)의 레온티우스가 314년 계몽가 그레고리우스를 아르메니아의 주교로 서품함으로써 그리스도교 공동체와 교회구조가 갖춰져 있었다는 사실이 입증된다. 독자적인 아르메니아어 문헌은 422년경 마스토츠-메스롭 주교가 발전시킨 고유한 알파벳이 창안된 이후에 나타났다. 아르메니아어는 모음이 매우 다양한 언어로서 38자모로 이루어져 있다. 이전에 아르메니아어를 시리아어 알파벳으로(동아르메니아어) 또는 그리스어 알파벳으로(서아르메니아어) 사용하려 한 시도가 성공하지 못한 이유도 이때문이다. 오늘날 아르메니아어는 중세시대에 아르메니아 민족의 이주로 말미암아 두 방언, 곧 동아르메니아어와 터키-아르메니아인이 사용하는 서아르메니아어로 갈라졌다. 서아르메니아어는 유럽, 특히 베네치아와 비인에 있는 메키타르파 수도회를[3] 통해 잘 알려졌다. 아르메니아 문자는 왼쪽에서 오른쪽으로 쓰며, 악센트는 그리스어 악센트를 따른다.

　아르메니아어 교부문헌 시기는 6세기 초부터 10세기까지이다. 따라서 시기적으로는 라틴·그리스 교부학의 시대 구분을 넘어선다. 이는 민족 교회가 당

---

[3] 1701년 세바스테이아의 메키타르가 베네딕도 규칙을 받아들여 창립한 수도회. 이 수도회는 아르메니아 교회와 합병되었으며 주로 아르메니아어 연구와 이 언어의 작품을 출판하는 데 전념한다.

시 고립되어 있었다는 사실로 설명될 수 있다. 다른 모든 민족 교회의 문헌처럼 아르메니아어 문헌 대부분도 그리스어와 시리아어로 씌어진 작품의 번역이다. 이러한 번역은 성서와 성서의 외경에서 시작하여, 위대한 그리스·시리아 교부들, 곧 아프라하트, 아타나시우스, 대 바실리우스, 에프렘, 콘스탄티아(살라미스)의 에피파니우스, 에우세비우스, 나지안즈의 고레고리우스, 니사의 그레고리우스, 이레네우스, 요한 크리소스토무스, 알렉산드리아의 치릴루스, 예루살렘의 치릴루스, 가발라의 세베리아누스, 치루스의 테오도레투스 및 플라톤, 아리스토텔레스, 알렉산드리아의 필로의 작품에까지 걸쳐 있다. 보이쿠Voicu는 번역 문헌을 세 국면으로 분류하였다.

1) 5세기 전반기의 "황금 시기". 이 시기의 번역은 아르메니아어의 형태를 매우 충실히 따른다.

2) 5세기 후반기부터 6세기 전반기까지의 "백은白銀 시기". 이 시기의 언어는 고전 형태에서 벗어났으며, 많은 신조어가 도입되고 원문을 되도록 문구에 충실하게 번역하려 하였다.

3) 세번째 국면인 6세기 후반기부터 8세기 전반기까지 헬레니즘에 우호적인 학파가 형성된 시기. 이 시기에는 원문에 종속되는 경향이 두드러졌으며, 가능한 한 원문을 충실히 묘사하기 위해 아르메니아어 언어 규칙을 지키지 않았다.

5세기부터 10세기까지 많은 문헌이 아르메니아어로 씌었다. 첫번째 국면에서는 신학서와 역사서가 많이 저술되었으며, 두번째 국면에서는 주로 강해서와 성서주석서가 저술되었다. 신학서는 대부분 그리스도론을 다루었다. 아르메니아 교회는 그리스도론 논쟁에서 네스토리우스주의와 단성론과 떨어져 독자적인 길을 걸었으나 칼체돈 공의회의 신경도 받아들이지 않았다. 역사서는 일반적으로 아르메니아의 지방 교회사 및 이와 직접 관련있는 사건을 주로 다룬 반면, 7세기와 8세기에 이르러서는 철학서가 현저하게 많이 저술되었다. 아르메니아 출신의 대부분의 저자, 곧 마스토츠-메스롭(361/62~489/40년), 콜브의 에즈닉(5세기 후반기), 요한 만다쿠니(484/5~498/9년), 아가탄겔로스(5세기 후반기), 엘리세우스(660년경), 맘브레 베르카톨(7세기?), 코레네의 모세(9세기 전반기?), 나렉의 그레고리우스(944~1010년경)는

서방교회에서 그리 중요한 인물이 아니며, 아르메니아 지역 밖의 교회에 미친 영
향도 크지 않다.

서론의 서술 참조.

참고문헌 목록: Annual Bibliography of Armenian Studies, C/Mass. – V. Mistrith, Biblio-
graphie arménienne: Studia Orientalia Christiana. Collectanea (SOC.C), Kairo 1964 ff. – A.
Salmaslian, Bibliographie de l'Arménie, P 1946. – V. Nersessian, An Index of Articles on
Armenian Studies in Western Journals, Lo 1975. – G. Uluhogian, Bibliography of Armenian
Dictionaries: Rivista di studi bizantini e slavi 5 (Bologna 1985) 1-103.

어휘사전: G. Awetik'ean/X. Siwrmélean/M. Awgerean, Thesaurus Armeniacus, 2 vol.,
Venedig 1836-7.

사전: 독일어: D. Froundjian, Armenisch-Deutsches Wörterbuch, Mn 1952 = Hi 1987.

영어: P. Aucher, A Dictionary English and Armenian, 2 vol, Venedig 1821-5. – M. Bedrossian,
New Dictionary Armenian-English, Venezia 1875-9. – M.G. Kouyoumdjian, A Comprehensive
Dictionary Armenian-English, Kairo 1950.

불어: P. Aucher, Dictionnaire abrégé français-arménien, et arménien-français, 2 vol., Venedig
1812-7. – A. de Nar Bey (A. Calfa), Dictionnaire arménien-français, P ⁴1893.

이탈리아어: E. Ciakciak, Dizionario armeno-italiano, 2 vol., Venezia 1837.

라틴어: I. Mískgian, *Manuale Lexikon Latino-Armenum*, R 1893. – B. Reynders, Lexique
comparé du texte grec et des versions latine, arménienne et syriaque de l' "Adversus Haereses"
de saint Irénée, 2 vol. = CSCO 141-142 (1954). – B. Reynders, Vocabulaire de la "Démonstra-
tion" et des fragments de Saint Irénée, Chevetogne 1958.

문법서: A. Meillet, Altarmenisches Elementarbuch, Hei 1913. – H. Jensen, Altarmenische
Grammatik, Hei 1959. – F.C. Roszko, A Classical Armenian Grammar, Indianapolis 1970. – D.
Van Damme, A Short Classical Armenian Grammar = OBO.D 1 (1974). – R. Godel, An Intro-
duction to the Study of Classical Armenian, Wi 1975. – R.W. Thomson, An Introduction to
Classical Armenian, NY 1975. – M. Minassian, Manuel pratique d'arménien ancien, P 1976. –
F. Feydit, Cahiers de grammaire arménienne = Bazmavep 125 (1976-7). – R. Schmitt,
Grammatik des Klassisch-Armenischen mit sprachvergleichenden Erläuterungen, Innsbruck
1981.

잡지: Handes Amsorya. Zeitschrift für armenische Philologie (HandAm), V. – Journal of the
Society for Armenian Studies, Los Angeles. – Revue des Études Arméniennes (REArm), P.

참고문헌: 사전 항목: G. Klinge: RAC 1 (1950) 678-89. – W. Hage: TRE 4 (1979) 40-57. –
S.J. Voicu. DPAC I 373-6. – M. van Esbroeck: LThK³ 1 (1993) 999-1004.

문헌사: J. Karst, Geschichte der armenischen Literatur, L 1930. – O. Bardenhewer, Geschichte
der altkirchlichen Literatur. Fünfter Band: Die letzte Periode der altkirchlichen Literatur mit
Einschluß des ältesten armenischen Schrifttums, F 1932 = Da 1962, 177-219. – H. Thorossian,
Histoire de la littérature arménienne des origines jusqu'à nos jours, P 1951. – K. Sarkissian, A
Brief Introduction to Armenian Christian Literature, Lo 1960. – V. Inglisian, Die armenische
Literatur, Armenische und kaukasische Sprachen: HO I/7 (1963) 157-250. – K. Sarkissian,
Introduction à la littérature arménienne chrétienne = CECO 2 (1964). – S.P. Hairapetian,

History of ancient and medieval Armenian literature, Los Angeles 1986. – S.J. Voicu, La Patristica nella letteratura armena (V-X sec.): A. Quacquarelli (ed.), Complementi inter-disciplinari di Patrologia, R 1989, 657-96.

5. 게오르기아어 문헌

유럽과 아시아를 연결하는 중요한 상업로들이 게오르기아(고대에는 '이베리아' 라고 부름)에 걸쳐 있었음에도, 그리스도교는 비교적 뒤늦게 이 지방에 전파되었다. 서게오르기아(고대의 콜키스) 지방의 흑해 해안에 있는 그리스 식민지 피티운타(피티우스/비크빈타) 출신의 스트라토필로스라는 주교가 니체아 공의회(325년)에 참석하였다. 후대에 요한 크리소스토무스는 콜키스로 추방되었다(제7장 6. 참조). 그리스도교는 아마도 해로를 통하여 이곳에 전파된 것 같다. 오늘날 확실한 진술로 여겨지는 루피누스의 「교회사」(1(X) 11)의 보고에 따르면, 콘스탄티누스 당시 성 니노가 게오르기아 지방에 그리스도교를 전파하였다. 게오르기아의 첫번째 주교는 요한(335~363년경)으로 알려져 있다. 게오르기아 교회는 6세기까지 인접한 아르메니아 교회의 관할하에 있었다. 이는 게오르기아어 문헌의 발전에도 영향을 미쳤다.

게오르기아어는 인도 게르만 어군에도 셈 어군 또는 타우리스 어군에도 속하지 않는 카우카시아 지방의 독자적인 언어이며, 38자모로 이루어진 알파벳과 고유한 문자를 지니고 있다. 이 문자가 언제 생겼는지에 관한 정확한 연대는 오늘날까지도 논쟁거리가 되고 있다. 어쨌든 게오르기아어에 관한 최초의 증언들은 기원후 5세기 후반기에 비문, 성서 번역, 전례서에서 나타난다. 그 뒤에 성서주석, 교의, 논쟁, 금욕, 설교술, 시, 교회법에 관한 교부들의 작품 및 성인전이 게오르기아어로 번역되었다. 고대에는 일반적으로 아르메니아어, 시리아어, 그리스어로 씌어진 작품이, 후대에는 아랍어로 씌어진 작품이 게오르기아어로 번역되었다. 게오르기어어로 씌어진 그리스도교 문헌은 주로 성인전이었다. 그 가운데 특히 성 니노의 「생애」와 480년경에 저술된 「성 슈싸니크의 순교록」이 언급할 가치가 있다.

서론의 서술 참조.

사전: R. Meckelein, Georgisch-Deutsches Wörterbuch, B-L 1928. – E. Cherkesi, Georgian-English Dictionary, O 1950. – J. Molitor, Altgeorgisches Glossar zu ausgewählten Bibeltexten, R 1952. – K. Tschénkeli, Georgisch-Deutsches Wörterbuch, 3 vol., Zü 1960-70. – J. Molitor, *Glossarium Ibericum* = CSCO 228, 243, 265, 280, 373 (1962-76).

문법서: F. Zorell, Grammatik zur altgeorgischen Bibelübersetzung mit Textproben und Wörterverzeichnis, R 1930 = 1978. – H. Fähnrich/A. Schanidse, Altgeorgisches Elementarbuch, Tiflis 1982 (georg 1976). – R. Zwolanek/J. Assfalg, Altgeorgische Kurzgrammatik = OBO.D 2 (1976).

잡지: Bedi K'art'lisa (BeKa), P. – Revue des études géorgiennes et caucasiennes (REGC), P.

참고문헌: 사전 항목: R. Janin: DThC 6/1 (1924) 1239-89. – G. Garitte: DSp 6 (1967) 244-56. – M. Falla Castelfranchi: DPAC II 1454-9. – M. van Esbroeck: DPAC II 1459-62. – J. Aßfalg/D.M. Marshall: TRE 12 (1984) 389-96. – R. Aubert: DHGE 20 (1984) 681-3. – J. Assfalg: LThK³ 4 (1995) 490-2. – O. Lordkipanidse/H. Brakmann: RAC 17 (1996) 12-106.

문헌사: G. Peradze, Die alt-christliche Literatur in der georgischen Überlieferung: OrChr 3,3-4 (1928-9) 109-116, 282-8; 5 (1930) 80-98, 233-6; 6 (1931) 97-107, 241-4; 8 (1933) 86-92, 180-98. – J. Karst, Litterature georgienne chretienne, P 1934. – M. Tarchnischvili/J. Assfalg, Geschichte der kirchlichen georgischen Literatur = StT 185 (1955). – K. Kekelidze, Etiudebi dzveli k'art'uli literaturis istoridan (Studien zur Geschichte der antiken georgischen Literatur), 14 vol., Tiflis 1955-86. – K. Kekelidze, K'art'uli litrraturis istoria, 2 vol., Tiflis 1958-60. – K. Kekelidze, Histoire de la littérature géorgienne I, Tiflis ⁴1960. – I. Abuladze, Dzveli k'art'uli agiograp'uli dzeglebi, 6 vol., Tiflis 1964-89. – D.M. Lang, Landmarks in Georgian Literature, L 1966. – M. van Esbroeck, Les plus anciens homéliaires géorgiens. Étude descriptive et historique = PIOL 10 (1975). – H. Fähnrich, Georgische Literatur, Aachen 1993. – M. Tarchnischvili/G. Deeters: Georgische Literatur: HO I/7 (1963) 129-55.

6. 아랍어 문헌

아랍어는, 이슬람교가 그리스도교 고대 문헌의 마지막 시기에 근동, 북아프리카, 스페인을 점령함으로써 교부시대와 관계를 맺게 된다. 그리스 교부 가운데 미지막 인물인 디마스쿠스의 요한이 사망하였을 때(750년경)(제12장 4. 참조), 이슬람교는 아르메니아 전체, 시리아, 팔레스티나, 이집트, 북아프리카, 스페인을 점령하였다. 요한은 이러한 환경에서 태어나 성장하였으며, 아랍인들이 그리스도교에 관용정책을 펴는 동안(700년경까지), 어린 시절부터 그와 절친한 칼리프들이 통치하던 시기에 자신의 아버지와 할아버지처럼 황실의 중요한 관직을 맡았다.

그럼에도 아랍어는 교부학에서 부차적 언어로 여겨진다. 왜냐하면 아랍어로 씌어진 교부들의 작품이 없고, 단지 그리스어, 아르메니아어, 시리아어, 콥트어로 씌어진 작품들이 아랍어로 번역되거나 라틴어로 씌어진 몇몇 작품이 스페인에서 번역되었기 때문이다.

그리스도교 아랍어는 코란에 사용된 고전 아랍어와 근본적으로 다르다. 시리아-팔레스티나 지역에서 지방어로 저술된 최초의 작품들도 고전 아랍어의 영향을 받지 않았다. 이 두 언어는 11세기에 이르러 통일되며, 이때 그리스도교의 많은 전문용어가 사라졌다. 아랍어 작품은 남동 팔레스티나의 아람어 방언인 나바테아어으로 씌었으며, 따라서 시리아어와 비슷하다. 최초의 그리스도교 비문들은 512년 제베드, 568년 하란에서 발견되었으며, 이슬람교 이전의 그리스도교 문헌, 예를 들어 성서 번역본이 이미 있었는지는 오늘날까지도 논쟁의 대상이다.

그리스도교 아랍어 문헌에 관한 최초의 필사본들은 885년에 씌어진 것으로 추정된다. 첫 국면에는 성서, 성인전, 교부들의 작품, 교회법과 전례에 관한 본문, 언어와 학문에 관한 작품들이 번역되었다. 그리스도교 아랍어로 씌어진 작품은 여러 지방교회〔황제파, 마론파, 서시리아인과 동시리아인〔네스토리우스파, 야고보파, 칼데아파〕, 콥트인, 아랍어를 사용하는 아르메니아인〕에서 19세기까지 수천 편(이 가운데 역사서가 중요하다)이 저술되었다. 첫 국면 다음에 아랍어로 씌어진 작품은 게오르기아어로 번역되고, 12세기부터는 에티오피아어로 번역되었다. 그리스도교 아랍어 문헌이 많다는 것은 아랍어를 사용하는 교회가 숫적으로 많고 널리 퍼졌으며, 그리스 철학과 학문이 아랍 문화에 전해졌다는 사실로 설명될 수 있다. 예를 들어 알렉산드리아의 아타나시우스의 「생애」에 관한 가장 획실한 문헌인(제5장 4. 참조) 세베루스 이븐 알-무카파의 「알렉산드리아의 총대주교 역사」는 매우 중요하다. 그밖에 교부학과 관련하여 그리스도교 아랍어 문헌이 중요한 이유는 다른 언어권에서 소실된 수많은 교부문헌들의 단편이 이 언어로 씌어진 작품에 남아 있기 때문이다.

서론의 서술 참조.

참고문헌 목록: R. Caspar u. a., Bibliographie du dialogue islamo-chrétien: Islamochristiana 1 (1975) 125-81, 2 (1976) 187-249.

사전: E.W. Lane, An Arabic-English Lexicon 1-8, Lo - Edinburgh 1863-93. – G. Graf, Verzeichnis arabischer kirchlicher Termini = CSCO 147 (²1954). – H. Wehr, Arabisches Wörterbuch für die Schriftsprache der Gegenwart, 2 vol., L 1952 = ³1958; Supplement 1959 (ingl Wi ⁴1979 ed. M. Cowan). – M. Ullmann u. a., Wörterbuch der Klassischen Arabischen Sprache, Wi 1957 ss. – Vocabolario arabo-italiano, 3 vol., R 1966-73. – G. Schregle, Arabisch-Deutsches Wörterbuch, Wi 1981 ff.

문법서: L. Veccia Vaglieri, Grammatica teorico-pratica della lingua araba, 2 vol., R ²1938-61. – J. Blau, A Grammar of Christian Arabic = CSCO 267, 276, 279 (1966-7). – W. Fischer, Grammatik des klassischen Arabisch, Wi 1972. – M. Gaudefroy-Demombynes/R. Blachère, Grammaire de l'arabe classique, P ³1975. – W. Wright, A Grammar of the Arabic Language, C ³1967.

잡지: Al-Andalus. Revistas de la Escuelas de Estudios árabes de Madrid y Granada. – Arabica, Lei. – Bulletin d'arabe chrétien (BACh), Lou. – Mélanges de l'Institut Dominicain d'Études Orientales du Caire (MIDEO), Kairo. – Mélanges de la Faculté Orientale de l'Université Saint-Joseph (MFOB), Beirut.

참고문헌: 사전 항목: M. Höfner: RAC 1 (1950) 575-85. – B. Spuler: TRE 3 (1978) 577-87. – M. van Esbroeck: DPAC I 306-8. – M. van Esbroeck: LThK³ 1 (1993) 906-7.

각론서: C. Brockelmann, Geschichte der arabischen Literatur, 2 vol., Weimar - B 1898-1902; 3 vol. supplementi Lei 1936-42; 6 vol. Kairo 1977. – G. Graf, Geschichte der christlichen arabischen Literatur = StT 118, 133, 146-147, 172 (1944-53). – F. Sezkin, Geschichte des arabischen Schrifttums bis ca. 430 H., 9 vol., Lei 1967-84.

연구서: Kh. Samir (ed.), Actes du Deuxième Congrès International d'Études Arabes Chrétiennes = OCA 226 (1986).

7. 고대 슬라브어 문헌

슬라브 민족이 본디 살던 곳은 비스와 강과 러시아의 서부 흑해로 들어가는 드네프르 강 사이의 지역이었다. 슬라브 민족의 서쪽으로 이동은 이미 기원전 500년경에 시작되었으며, 남부 유럽으로 이동은 기원후 4세기와 5세기에 이르러 고트족과 훈족의 이동으로 촉진되었다. 이들은 로마제국의 영토인 노리쿰, 판노니아, 딜마티아, 발칸, 그리스까지 섬유하였으며, 그 결과로 6세기 말부터 그리스도교와 접하게 된다. 이들의 그리스도교화는 그리스 출신의 형제인 치릴루스와 메토디우스에 의해 863년부터 본격적으로 시작되었다(이들은 '슬라브 민족의 사도'로서 존경받고, 1980년부터 성 베네딕도와 더불어 '유럽의 수호성인'으로 공포되었다). 이때까지 슬라브 민족에게는 문자가 없었기 때문에 치릴루스는 자국어로 전례를 거행하고 교회 문헌을 저술하기 위하여 그리스 소문자와 동방 알파벳을 받아들여 변형시킨 이른바 "글라골리카"를 만들었다. 글라골리카는 모라비아에서 보헤미아, 마케도니아, 불가리아까지, 크로아티아 해안, 세르비아, 보스니아에서 루마니아와 남부 러시아까지 퍼졌다. 그러나 이 언어는 10세기부터 새로운 치릴루스-알파벳에 점차 자리를 내주었으며, 크로아티아에서만 사용되고 있다. 본디 둥근 글씨체인 글라골리카는 13세기부터 오늘날 사용되는 둥글지 않은 형태로 발전하였다.

이미 치릴루스와 메토디우스는 성서, 교회 전례서뿐만 아니라 그리스어로 씌어진 교부들의 작품을 고대 슬라브어로 번역하기 시작하였다. 교부들의 저서가 이러한 작품들에 부차적으로 전승되었기 때문에 이 모든 것은 교부시대 이후에도 중요성을 지닌다. 9세기에 비잔틴에서 대문자가 눈에 띄게 소문자로 변화하여, 많은 본문이 소문자 슬라브어 번역으로만 남아 있다. 이들이 가장 선호한 작품으로는 대 바실리우스, 요한 크리소스토무스, 나지안즈의 그레고리우스의 작품들, 특히 전례서 및 다마스쿠스의 요한의 교의 각론서인 「정통신앙」*De fide orthodoxa* 등이 있다. 그밖에 다음의 작품들이 언급할 가치가 있다.

- 준교구장 주교(Exarcha) 요한의 방대한 작품인 「헥사에메론」(9세기 중엽). 이 작품은 바실리우스, 가발라의 세베리아누스, 요한 크리소스토무스가 쓴 같은 제목의 작품과 그밖의 문헌들을 편집하였다.
- 올림푸스의 메토디우스의 「자유의지론」*De libero arbitrio* 번역(10세기 초). 이 작품은 몇몇 단편만 그리스어로 남아 있다.
- 코스마스 인디코플레우스테스의 「그리스도교 풍토기」*Topographia christiana*.
- 시리아인 에프렘의 「권고」*Paraineseis*(10세기 전반기).
- 로마의 히폴리투스의 「다니엘서 주석」. 이 작품은 그리스어 전승에서는 대부분, 고대 슬라브어 전승에서는 완전하게 남아 있다.
- 요한 클리마쿠스의 「천국의 계단」*Scala paradisi*.
- 예루살렘의 치릴루스의 「교리문답」.
- 가-디오니시우스 아레오파기타의 작품들(9/10세기).

서론의 서술 참조.

본문 모음집: F.W. Mareš, An anthology of Church Slavonic texts of westem (Czech) origin. With an outline of Czech.Church Slavonic language and literature, and with a selected bibliography, Mn 1979.

사전: F. Miklosich, *Lexicon Palaeoslovenico-Graeco-Latinum*, W 1862-5 = 1977. – L. Sadnik/R. Aitzetmüller, Handwörterbuch zu den altkirchenslavischen Texten, Hei - 's- Gravenhage 1955. – *Lexicon Linguae Palaeslovenicae*, Prag 1966 ff. – T.A. Lysaght, Material towards the Compilation of a Concise Old Church Slavonic-English Dictionary, Wellington 1978.

문법서: P. Diels, Altkirchenslavische Grammatik. Mit einer Auswahl von Texten und einem Wörterbuch, Hei 1932, ²1963. – A. Leskien, Handbuch der altbulgarischen (altkirchenslavischen) Sprache. Grammatik, Texte, Glossar, Hei ⁹1969. – A. Tovar, Antiguo eslavo eclesiástico (Antiguo búlgaro) (Paradigmas gramaticales, textos, lexico), M 1949, ²1987. – N.S. Trubetzkoy, Altkirchenslavische Grammatik = SÖAW.PH 228/4 (1954). – H.H. Bielefeldt, Altslavische Grammatik, Halle 1961. – H.G. Lunt, Old Church Slavonic Grammar, 's- Gravenhage 1968, ⁶1974.

잡지: Byzantinoslavica (BySl), Praga. – Revue des études slaves (RESl), P. – Ricerche slavistiche, R - Florenz. – Studia slavica Academiae Scientiarum Hungaricae (SSH), Budapest. – Zeitschrift für slavische Philologie (ZSlP), Hei.

참고문헌: 사전 항목: R. Rogošič LThK² 4 (1960) 906-8. – I. Dujčev: DPAC II 2575-81. – F.W. Mareš: LMA 5 (1991) 1178-80.

문헌사: A.S. Archangelskij, Tvorenija otcov Cerkvi v drevne-russkoj pis'mennosti. Izvlečenija iz rukopisej i opyty istoriko-literaturnych izučenj I-IV, Kazan 1889-90. – M. Murko, Geschichte der älteren südslawischen Literaturen (= Die Literaturen des Ostens 5/2), L 1908.

색 인

329-33 340-4 351-3 359 361 376 418-9
510 601 710
- 콘스탄티누스 2세 287 290 292 353
- 콘스탄티우스 2세 284 287 290-3 300-1
303 305 313-5 321-2 353-4 357 361-2
414 429 623
- 콤모두스 163 216
- 테오도시우스 (대) 284-5 287 294-6 302
304-5 308 315 318-9 381 391-2 399 405-
6 431 457 462 706
- 테오도시우스 2세 583 585 591 605
- 트라야누스 120 144
- 트레보니우스 갈루스 261
- 티투스 104
- 포카스 644
- 프로코푸스 (찬탈자) 322
- 플라비우스 달마티우스 287 290
- 호노리우스 534
롬바르드족 544 578 638 641 643-5 654
루치아누스 (안티오키아의) 302 338 344
루치우스 (알렉산드리아의) 307
루치페루스 (칼라리스의) 291 301 319 363
루피누스 (콘코르디아/아퀼레이아) 222 228 231
278 323 331 351 423 460-7 468 471 474-5
479 487 494-5 501 601 651 705 710
리바니오스 379 385 387-8 443 449

마니교 424 521-3 531-3 700
마니교도 91 97 520-3 528 532 547-8 561-2
566 568 603 688
마르 아바 684 689
마르켈루스 (안치라의) 198 288-9 299 303
305 311-3 319-20 325 353-4 357 361 411
마르치온 134 150 161 193-5 203 246-8 688
697
마르치온파 228 237 271
마르티누스 (투르의) 158 363 427 506 636
643 646 651 655-7

마리우스 빅토리누스 428 524 553-4
마스토츠-메스롭 684 707-8
마체도니우스 (콘스탄티노플의) 300 303 307
마체도니우스파 295 303 321 392 403-4 406
413 441 446
마카리우스 → (메소포타미아의) 시메온
막시무스 (고백자) 495 576 669-76
막시미누스 (트리어의) 353
맘브레 베르카놀 684 708
메살리아파 498-9
메토디우스 (올림푸스의) 157-8 714
멜레티우스 분열 300-2 308 354 372 399
406
멜레티우스 (안티오키아의) 300-2 305 307
321-2 355 373 387 391 399 406 440 444
449-50 466
멜리토 (사르데스의) 134 146 166-8 663 700
멜리티우스 (리코폴리스) 298 308 338
멜리티우스 분열 298 338 351
멜리티우스파 298 340 349-53 703
모세 (코레네의) 684 708
「목수 요셉 이야기」 87 701
몬타누스주의 181 193 195-7 199 237-8 327
무라토리의 경전 78
묵시록 75 80 87 105-13 181 186 265-7 275
701
- 「바울로의 묵시록」 107
- 「베드로의 묵시록」 107 705
- 「야고보의 묵시록」 87
- 「에즈라의 묵시록」 107 705
- 「토마의 묵시록」 107
미누치우스 펠릭스 157 250-3
밀티아데스 146

「**바**르나바의 편지」 71 103-5 127-8 267 275
바르데사네스 684 688 696-7
바르람 소설 677
바르사우마 684 689

에우조이우스 (안티오키아의) 301-2 308 340
에우티케스 298 411 596 599 604-5 608 612
에즈닉 (콜브의) 684 708
에프렘 (시라아인) 63 65 160 392 684 688
  692 695-9 708 714
에피파니우스 (콘스탄티아/살라미스) 94 96 151
  159 185 193 195 231 278 372 387 407
  421-5 452 460-1 466-8 474 476 479 501
  706 708
「엑술테트」 439
엘리세우스 684 708
엘리우스 도나투스 464
여예언자(시빌라) 111-3
여자 예언자들의 신탁 111-3
여행기 480 510-4
-「에게리아의 여행기」 417 511-4 688
역사 편찬 326-7 331
영지/영지주의 72 78-9 86 91-3 97-8 101
  107 109 112 126 129 185-9 191 193-4
  197 200-1 204 207 218-9 227 237 243
  246 271 418 425 599 687 700 703
예우의 책 86
예정론 535 538 540-1 558 569
오도아케르 577 622 628
오래됨 논증 145 160 217 327
오리게네스 91 118 120 134 136 158 190
  193 207 209-10 213 215 220-32 267 310-
  1 320 323 325 338-9 360 363 367-8 378-
  9 393-4 398 418 421 423 435 460-3 466-
  9 471-2 495 501 591 663 671 675
오리게네스 논쟁 228 231-2 423 460-3 468-
  9 471 476 495 501
오리게네스주의 323 423 452 495 703
오리게네스파 425 476
오시우스 (코르도바의) 291 299 304 319 340
  343
옥시린쿠스-파피루스 72 91 127
요르다네스 631

요세푸스/요시푸스 205
요한 (다마스커스의) 65-6 576-7 579 676-81
  711 714
요한 (안티오키아의) 584-5 595-6 604 612
요한 (에페소의) 684 689
요한 (예루살렘의) 231 415 423 461 468-9
  474 476
요한 만다쿠니 684 708
요한 카시아누스 224 278 495-6 501-5 541
  602 642
요한 크리소스토무스 65 144 170 267 278
  298 302 304 307 355 377 398 404 411
  417 423 440 443 448-60 468 476 495 513
  582 586 649 706 708 710 714
우르사치우스 (신기디움의) 313 361
우르시누스 293
울필라 303 623
「원로들의 말씀」 505-6
외경 77-113 161 185 202 267 687-9 701
  705 708
위트비의 「생애」 645
유베날 (예루살렘의) 603
유사본질(호모이우시오스)파 320-1
유사(호모이스)파 322
유스티누스 (순교자) 94 134 147 151-9 170-3
  193 210 215 247
율리아누스 (에클라눔의) 444 537-40
율리우스 아프리카누스 327-8
「이교인들에 대한 권고」 215-7
이냐시우스 (안티오키아의) 115-6 119-24
이단 137 158-60 183-98 228 231-2 237 239
  245-7 249 256 259-62 704
이단자 세례 논쟁 255 259-61
이레네우스 (리옹의) 117 123-6 134 167 185-
  6 191 193 196 198-204 207 247 348 425
  708
이바스 (에데사의) 443 611 684 689
「이사야 승천기」 107 705